Vergabe- und Vertragsrecht 2024

Vergabe- und Vertragsrecht 2024

Die wichtigsten Vorschriften für die Vergabe und Abwicklung öffentlicher Aufträge und zum Rechtsschutz

bearbeitet von

Prof. Dr. Mark von Wietersheim,
Rechtsanwalt, Berlin

und

Prof. Dr. Christopher Zeiss,
Hochschule für Polizei und öffentliche Verwaltung
Nordrhein-Westfalen – HSPV NRW

6., vollständig überarbeitete Auflage

Reguvis

Kooperationspartner des
Bundesanzeiger Verlages

Bibliografische Information der Deutschen Nationalbibliothek

Die Deutsche Nationalbibliothek verzeichnet diese Publikation in der Deutschen Nationalbibliografie; detaillierte bibliografische Daten sind im Internet über http://dnb.d-nb.de abrufbar.

Reguvis Fachmedien GmbH
Amsterdamer Str. 192
50735 Köln
service@reguvis.de

www.reguvis.de

Reguvis ist Kooperationspartner
der Bundesanzeiger Verlag GmbH
Amsterdamer Straße 192
50735 Köln

ISBN (Print): 978-3-8462-1047-5

ISBN (E-Book): 978-3-8462-1048-2

Produktmanagement: Gabriele Heymann-Heß

Satz: Cicero Computer GmbH, Bonn

Druck und buchbinderische Verarbeitung: Plump Druck & Medien GmbH, Rheinbreitbach

Printed in Germany

Vorwort

In der Vorauflage wurde kurz nach der Reform des Vergaberechts die neue Rechtslage für die Praxis erklärt. Inzwischen gibt es viele Erfahrungen mit den Neuregelungen und auch die Rechtsprechung hat viele offene Fragen oder Unklarheiten geklärt.

Darüber hinaus ist die Gesetzgebung nicht untätig geblieben. Die Einführung der Vergabestatistik und des Wettbewerbsregisters wirken sich auf die Abläufe bei den Auftraggebern aus. Die seit Anfang 2018 geltenden neuen BGB-Regelungen zu Bauverträgen in den §§ 650a ff. BGB haben den ersten Praxistest erfahren. Zum 25.10.2023 wurden die eForms eingeführt.

Für die Vergabe von Aufträgen im Unterschwellenbereich wurde die UVgO formuliert und inzwischen flächendecken eingeführt.

Dabei ist das Ziel des Kompendiums das Gleiche geblieben: Das Buch will ein Nachschlagewerk für den Schreibtisch und Ihre tägliche Arbeit sein. Mit einem Griff sollen Sie alle maßgeblichen Vorschriften für alle Phasen eines Beschaffungsvorhabens im Blick haben. Unabhängig davon, ob Sie mit der Vorbereitung oder der Durchführung eines Vergabeverfahrens oder mit der Durchführung oder Abwicklung des Vertrages befasst sind: Dies Buch soll Ihr zentrales Nachschlagewerk sein!

Zu diesem Zweck wird der Abdruck der Vorschriften um zahlreiche Hinweise „Für die Praxis" ergänzt. Normtexte werden dabei kurz erläutert, auf typische Gefahren für den Rechtsanwender wird hingewiesen und eine praktische Handlungsanleitung zur Entschärfung gegeben.

Mit den Hinweisen „Für die Praxis" soll es dem Rechtsanwender – trotz der Vielzahl der bei einer Vergabe zu beachtenden Regelwerke – gelingen, ein Vergabeverfahren erfolgreich abzuschließen.

Über Anregungen, Lob und Kritik von Ihnen – als Nutzer dieses Buches – würden wir uns freuen (vergabe@reguvis.de).

Berlin/Bielefeld, im Juni 2024

Mark von Wietersheim

Christopher Zeiss

Inhaltsverzeichnis

Einleitung

I. EU-Recht als Rechtsrahmen

Der Anwendungsbereich des Vergaberechts ist groß: „Öffentliche Auftraggeber" im Sinne des Vergaberechts sind insbesondere Staat, Kommunen, Behörden, Institutionen (§ 99 Nr. 1 und 3 GWB sowie Haushaltsrecht). Auch (öffentliche) Unternehmen werden erfasst (§ 99 Nr. 2 GWB). Sogar privatwirtschaftliche Unternehmen im Bereich der Infrastruktursektoren können an das Vergaberecht gebunden sein (§ 100 Abs. 1 Nr. 2 GWB). Zudem werden bestimmte Zuwendungsempfänger vom EU-Vergaberecht erfasst (§ 99 Nr. 4 GWB).

Dieser Kreis der Auftraggeber beschafft Bauleistungen, Waren und Dienstleistungen wie jeder Private auf dem Markt. Dafür geben staatliche Stellen in Europa jährlich ca. 16 % des Bruttoinlandsprodukts der EU, geschätzt über 2 Bio. Euro, aus. In Deutschland geben Bund, Länder und Kommunen für die Beschaffung von Bau-, Liefer- und Dienstleistungen jährlich insgesamt ca. 290 bis 300 Mrd. Euro aus und verfügen dadurch auch über ein enormes Marktpotenzial.

Wegen der erheblichen marktwirtschaftlichen Bedeutung dieser Ausgaben im EU-Binnenmarkt und mit Blick auf den haushaltsrechtlichen Grundsatz der Wirtschaftlichkeit und Sparsamkeit darf die öffentliche Verwaltung aber nicht „einfach so" Aufträge vergeben. Sobald die verschiedenen Schwellenwerte erreicht oder überschritten werden, müssen Beschaffungen nach bestimmten Regeln abgewickelt werden: dem Vergaberecht.

Das EU-Recht stellt weitere Anforderungen, die sich alle aus den folgenden fünf Grundprinzipien ableiten lassen:

- Diskriminierungsverbot,
- Transparenz,
- Wettbewerb,
- Wirtschaftlichkeit und
- Verhältnismäßigkeit.

Um die Einhaltung dieser Grundsätze wirksam kontrollieren und durchsetzen zu können, haben Unternehmen einen einklagbaren Rechtsanspruch darauf, „dass die Bestimmungen über das Vergabeverfahren eingehalten werden" (§ 97 Abs. 6 GWB).

II. Grundstruktur des Vergaberechts im Oberschwellenbereich

Das deutsche Vergaberecht setzt die europäischen Richtlinien in einem sog. Kaskadensystem um. Die Umsetzungsregelungen springen von der Stufe des Gesetzes, dem Teil 4 des GWB, auf der Grundlage der dort zu findenden Ermächtigungsgrundlagen für das Verordnungsrecht der Bundesregierung hin zu der anzuwendenden Vergabeverordnung und für Bauleistungen auf die Vertrags- und Vergabeordnung für Bauleistungen.

Seit der Vergaberechtsreform 2016 sind unterhalb des GWB vier sektorenspezifische Regelwerke zu finden: die VgV, die SektVO, die VSVgV und die Konzessionsvergabeverordnung (KonzVgV) und zusätzlich die Vergabestatistikverordnung (VergStatVO).

Außerdem sind Vorschriften der EU zu beachten: Das GWB verweist auf zwei Anhänge der allgemeinen Vergaberichtlinie RL 2014/24/EU. Die EU ist außerdem für die Gestaltung der Einheitlichen Europäischen Eigenerklärung (EEE) und den Inhalt der Standardformulare für Veröffentlichungen zuständig.

Die Konzessionsrichtlinie RL 2014/23/EU (KVR) wurde – dem bisherigen System folgend – in einer neuen „Verordnung über die Vergabe von Konzessionen (Konzessionsvergabeverordnung – KonzVgV)" umgesetzt. Bei zwei Verordnungen, der SektVO und der KonzVgV, hat der Verordnungsgeber für den Baubereich auf die letzte Stufe, die VOB/A, verzichtet.

Ebenfalls vergleichsweise neu ist die Vergabestatistikverordnung (VergStatVO). Die VergStatVO betrifft allerdings sowohl Aufträge nach dem EU-Vergaberecht als auch im Unterschwellenbereich und spielt insoweit eine Sonderrolle in der Struktur des Vergaberechts.

Auch das Wettbewerbsregistergesetz (WRegG) und die hierauf basierende Wettbewerbsregisterverordnung (WRegV) gelten für Unterschwellen- wie für Oberschwellenvergaben.

Für den Sonderbereich der Beschaffung von Fahrzeugen gilt das Saubere-Fahrzeuge-Beschaffungs-Gesetz (SaubFahrzeugBeschG).

Weggefallen sind bereits 2016 die VOL/A-EG (oder VOL/A Abschnitt 2) und die VOF. Allerdings wird in § 29 Abs. 2 VgV auf ein Regelwerk der Vergabeausschüsse, die VOL/B, verwiesen. Diese ist auch weiterhin in der Regel in den Vertrag einzubeziehen. VOB/A-EU und VOB/A-VS werden beibehalten.

Für die Beibehaltung der VOB/A gibt es einen sachlichen Grund, nämlich die Bewahrung des Gesamtwerkes der VOB als Besonderheit im Baubereich. Erst durch die Gesamtheit der Regeln in VOB/A, der in der Baupraxis weitgehend anerkannten und bewährten VOB/B sowie insbesondere der VOB/C ergibt sich für den großen Bereich der Bauaufträge ein einheitliches Verständnis der Leistungsbeschreibung für alle Bieter und damit die Kalkulation und Vorlage gleichartiger Angebote. Ohne dieses Werk als Gesamtheit ist z.B. ein einheitliches Verständnis von Mengenangaben nicht möglich, wesentlich sind insoweit u.a. die Aufmaß- und Übermessensregeln in der VOB/C.

Die allein entscheidende Weichenstellung im deutschen Vergaberecht ergibt sich immer aus der Beantwortung der Frage, ob der Wert eines Auftrags oberhalb oder unterhalb des maßgeblichen **Schwellenwerts** liegt. Welche Rechtsgrundlagen im konkreten Beschaffungsfall zu beachten sind, hängt alleine von dem objektiv und sorgfältig zu ermittelnden Schwellenwert ab. Im Anschluss ist die Art der zu vergebenden Leistung zu ermitteln. Auch die EU-Schwellenwerte sind mittlerweile unmittelbar dem EU-Recht zu entnehmen. Die Höhe der Schwellenwerte wird in regelmäßigen Abständen von der EU überprüft und – wegen ihrer Verankerung im Government Procurement Agreement (GPA) – der aktuellen Wechselkursentwicklung angepasst.

Die Vorschriften des Oberschwellenvergaberechts sind anzuwenden, wenn der Wert eines zu vergebenden Auftrags die EU-Schwellenwerte übersteigt. Diese sind aktuell seit 01.01.2024 für die Jahre 2024 und 2025 (um nur die wichtigsten zu nennen):

- für klassische öffentliche Auftraggeber:
  - Liefer- und Dienstleistungsaufträge: 221.000 €
  - Bauaufträge: 5,538 Mio. €
- für Sektorenauftraggeber:
  - Liefer- und Dienstleistungsaufträge: 443.000 €
  - Bauaufträge: 5,538 Mio. €.

III. Grundstruktur des Teils 4 des GWB

Das GWB enthält – über die Regelungen zum Anwendungsbereich, zu den allgemeinen Verfahrensgrundsätzen und zum Rechtsschutz hinaus – auch detaillierte Regelungen zum Vergabeverfahren. Dies gilt insbesondere für Anforderungen an

- die Leistungsbeschreibung (§ 121 GWB),
- die Eignung (§ 122 GWB),
- den Ausschluss, die Selbstreinigung und die Verjährung der Ausschlussgründe (§§ 123 bis 126 GWB) sowie
- Auftragsänderungen (§ 132 GWB).

Durch die Übernahme zentraler Vergaberegelungen in das GWB hat der Gesetzgeber 2016 die Bedeutung dieser Regelungen verstärkt: Diese haben jetzt unmittelbaren Gesetzesrang.

Der Teil 4 des GWB tritt mit dem Anspruch an, die wesentlichen Vorgaben zur Vergabe von öffentlichen Aufträgen und von Konzessionen zu enthalten. Diese wesentlichen Vorgaben sind insbesondere die allgemeinen Grundsätze des Vergaberechts, der Anwendungsbereich, die Vergabearten, die grundsätzlichen Anforderungen an Eignung, Zuschlag und Ausführungsbedingungen, die Gründe für den Ausschluss von einem Vergabeverfahren und die neuen Vorgaben der Richtlinien für die Kündigung sowie die Änderung von öffentlichen Aufträgen und Konzessionen während der Laufzeit.

In Kapitel 1 („Vergabeverfahren") sind die Vorgaben für die Vergabeverfahren geregelt (§§ 97 bis 154 GWB).

Der Vergaberechtsschutz ist in Kapitel 2 („Nachprüfungsverfahren") in den §§ 155 bis 184 GWB geregelt. Besonders zu erwähnen ist die Einbeziehung der Konzessionsvergabe in den vergaberechtlichen Primärrechtsschutz, § 155 GWB.

Kapitel 1 des Teils 4 des GWB mit den Regelungen zu den Vergabeverfahren beginnt mit Abschnitt 1 (§§ 97 bis 114) mit Grundsätzen, Definitionen und Regelungen zum Anwendungsbereich. In Abschnitt 2 (§§ 115 bis 135 GWB) ist die Vergabe von öffentlichen Aufträgen durch (klassische) öffentliche Auftraggeber geregelt. Diese Regelungen gelten im Wesentlichen auch für besondere Beschaffungsfälle – sie sind also gleichsam „vor die Klammer gezogen".

Abschnitt 3 (§§ 136 bis 154 GWB) enthält die Regelungen für die Vergabe von öffentlichen Aufträgen in besonderen Bereichen und von Konzessionen: In seinem Unterabschnitt 1 (§§ 136 bis 143 GWB) geht es um die Vergabe von Aufträgen durch Sektorenauftraggeber. Die Vergabe von verteidigungs- oder sicherheitsspezifischen öffentlichen Aufträgen ist in Unterabschnitt 2 (§§ 144 bis 147 GWB) angesprochen. Vorgaben für die Vergabe von Konzessionen sieht der Unterabschnitt 3 in den §§ 148 bis 154 GWB vor. Jeder dieser Unterabschnitte enthält in §§ 142, 147, 154 GWB eine Vorschrift über „sonstige anwendbare Vorschriften", die im Wesentlichen auf die gleichsam „vor die Klammer gezogenen" Vorschriften des Abschnitts 1 verweisen.

Bereits in § 97 Abs. 1 GWB wird der geänderte Geltungsbereich des Teils 4 des GWB angesprochen, wenn dort von „öffentliche(n) Aufträgen und Konzessionen" die Rede ist. Auch die Vergabe von Bau- und Dienstleistungskonzessionen ist jetzt Teil des Vergaberechts. Für diese Vergaben werden etwas andere Begriffe verwendet: Die Vertragspartner werden als „Konzessionsgeber" und „Konzessionsnehmer" bezeichnet. Was eine Konzession ist, definiert § 105 GWB. Weitere Regelungen finden sich in den §§ 148 bis 154 GWB und in der auf Grundlage von § 113 GWB erlassenen „Verordnung über die Vergabe von Konzessionen (Konzessionsvergabeverordnung – KonzVgV)".

Als Oberbegriff für öffentliche Auftraggeber i.S.d. § 99 GWB, Sektorenauftraggeber i.S.d. § 100 GWB und Konzessionsgeber i.S.d. § 101 GWB wird mit § 98 GWB der Begriff des „Auftraggebers" im Sinne des 4. Teils des GWB verwendet. Dieser Begriff wird etwa verwendet, um in § 2 Abs. 1 VergStatVO eine umfassende Pflicht zur Datenübermittlung vorzusehen, § 2 Abs. 2 VergStatVO hingegen gilt nur für „öffentliche Auftraggeber", also nicht für Sektorenauftraggeber und Konzessionsgeber.

Ebenfalls geregelt sind die Voraussetzungen für eine nicht dem Teil 4 des GWB unterfallende öffentlich-öffentliche Zusammenarbeit in § 108 GWB (insbesondere Inhouse-Geschäfte und Interkommunale Zusammenarbeit).

Gesteigerte Bedeutung hat die Regelung in § 114 GWB zu Monitoring und zur Pflicht zur Übermittlung von Vergabedaten an das BMWK. Näheres dazu ist in der auf Grundlage des § 114 GWB erlassenen „Verordnung zur Statistik über die Vergabe öffentlicher Aufträge und Konzessionen (Vergabestatistikverordnung – VergStatVO)" enthalten.

IV. Grundstruktur der Vergabeverordnung (VgV)

Durch die Vergaberechtsreform 2016 wurden Bedeutung aber auch Umfang der VgV erhöht. Sie umfasst 83 Paragrafen. In der VgV sind die Regeln für die Vergabe von Aufträgen im Oberschwellenbereich für öffentliche Auftraggeber i.S.d. § 98 GWB niedergelegt. Die Vergabe der früher bis 2016 von der VOL/A-EG und der VOF erfassten Leistungen wird jetzt von der VgV abgedeckt.

Die VgV erfasst grundsätzlich alle Liefer- und Dienstleistungen. Auch freiberufliche Leistungen sind nicht mehr generell privilegiert. Die Vergabe von Leistungen der Architekten und Ingenieure etwa ist in Abschnitt 6 der VgV („Besondere Vorschriften für die Vergabe von Architekten- und Ingenieurleistungen", §§ 73 bis 80 VgV) geregelt. Besondere Regelungen sieht § 130 GWB i.V.m. Anhang XIV Richtlinie 2014/24/EU für bestimmte soziale und andere besondere Dienstleistungen vor.

Auch inhaltlich beruht die VgV auf dem GWB. Die Regelungen von GWB und VgV greifen deutlich ineinander, da das GWB mit dem Anspruch formuliert wurde, die wesentlichen Vorgaben für Vergabeverfahren zu enthalten. Dieses Ineinandergreifen wird z.B. in § 30 Abs. 1 VgV deutlich, der Vorgaben für die Aufteilung eines Auftrags in Lose macht, aber ausdrücklich den Vorrang der gesetzlichen Regelung des § 97 Abs. 4 GWB anspricht. Auch die in §§ 14 ff. VgV näher dargestellten Vergabeverfahren und ihr Verhältnis zueinander sind in § 119 GWB angelegt.

Abschnitt 1 der VgV enthält in Unterabschnitt 1 (§§ 1 bis 8 VgV) Allgemeine Bestimmungen, u.a. zur Auftragswertschätzung (§ 3 VgV), zur Vermeidung von Interessenkonflikten (§ 6 VgV) und zur Dokumentation (§ 8 VgV). Ein eigener Unterabschnitt 2 ist der elektronischen Kommunikation gewidmet (§§ 9 bis 13 VgV). Er enthält u.a. die technischen und organisatorischen Anforderungen an die verwendeten elektronischen Mittel in der sog. E-Vergabe (siehe dazu näher Vorbemerkung zu § 9 VgV).

Der Ablauf von Vergabeverfahren ist in Abschnitt 2 der VgV („Vergabeverfahren", §§ 14 bis 63 VgV) weitgehend chronologisch geregelt. In Unterabschnitt 1 (§§ 14 bis 20 VgV) geht es um die Verfahrensarten, also den Katalog der zulässigen Vergabeverfahren und deren grundsätzliche Ausgestaltung. In § 14 VgV ist näher geregelt, unter welchen Voraussetzungen andere Verfahren als das offene und das nicht offene Verfahren gewählt werden können. Nachfolgend sind für die Vergabeverfahren die wesentlichen Verfahrensschritte beschrieben und die hierbei zu beachtenden Fristen benannt. Zentral für die Fristbemessung ist außerdem die Vorschrift des § 20 VgV mit der Festlegung, dass die Fristsetzungen angemessen sein müssen.

Auf besondere Methoden und Instrumente wie Rahmenvereinbarungen, dynamische elektronische Beschaffungssysteme, elektronische Auktionen und elektronische Kataloge geht Abschnitt 1 Unterabschnitt 2 der VgV ein (§§ 21 bis 27 VgV).

Die Vorbereitung des Vergabeverfahrens ist in Abschnitt 1 Unterabschnitt 3 (§§ 28 bis 36 VgV) geregelt. Dort sind Themen wie Markterkundung (§ 28 VgV), Aufteilung nach Losen (§ 30 VgV) und Anforderungen an die Leistungsbeschreibung (§ 31 VgV) angesprochen – in vielen Punkten in näherer Ausfüllung der Vorgaben des GWB. So finden sich z.B. grundsätzliche Anforderungen an die Leistungsbeschreibung in § 121 GWB, in § 31 VgV sind diese näher ausgestaltet.

In Abschnitt 1 Unterabschnitt 4 (§§ 37 bis 41 VgV) geht es um die Veröffentlichungspflichten des Auftraggebers.

Die Anforderungen an die anbietenden Unternehmen sind der Gegenstand von Abschnitt 1 Unterabschnitt 5 (§§ 42 bis 51 VgV). Dort sind z.B. Fragen der Eignungsleihe (§ 47 VgV) und die von den Bietern zu fordernden Nachweise angesprochen, in § 50 VgV die Einheitliche Europäische Eigenerklärung (EEE).

In Abschnitt 1 Unterabschnitt 6 (§§ 52 bis 55 VgV) und Unterabschnitt 7 (§§ 56 bis 63 VgV) werden dann Vorgaben für die Einreichung, die Auswertung von Teilnahmeanträgen und Angeboten gemacht. Eine wichtige Vorschrift ist ganz sicherlich § 58 VgV betreffend die Zuschlagserteilung und die zulässigen Zuschlagskriterien.

Die Übergangsbestimmungen für die zwingende Anwendung elektronischer Kommunikation (sog. Pflicht zur E-Vergabe) in § 81 VgV sind inzwischen durch Zeitablauf gegenstandslos.

Inhaltlich bleiben einige Unterschiede zwischen den einzelnen Vergabeverordnungen jedoch bestehen, manche werden sogar stärker. Die in der VSVgV in § 16 Abs. 2 geforderte abschließende Liste von Nachweisen ist in der VgV und der SektVO nicht vorgesehen. In der Praxis hat dieser Unterschied aber keine Auswirkungen, da Eignungskriterien und die geforderten Nachweise gemäß § 48 Abs. 1 VgV in der Bekanntmachung oder der Aufforderung zur Interessenbestätigung genannt sein müssen.

Während die VgV und die SektVO bei der Nachforderung von Unterlagen in § 56 Abs. 2, 3 VgV, § 51 Abs. 2, 3 SektVO zwischen unternehmensbezogenen und leistungsbezogenen Unterlagen unterscheiden, wird in § 22 Abs. 6 VSVgV insoweit nicht differenziert. § 31 Abs. 2 Nr. 8 VSVgV sah schon bisher vor, dass ein Fehlen der Preise für unwesentliche Preispositionen nicht zum Ausschluss eines Angebots führt, die SektVO a.F. enthielt insoweit keine Regelung. Jetzt ist nach § 51 Abs. 3 SektVO ein Nachfordern von Preisangaben für solche unwesentlichen Preispositionen möglich; Gleiches ermöglicht § 56 Abs. 3 VgV.

V. Grundstruktur der Konzessionsvergabeverordnung (KonzVgV)

Die Vergabe von Konzessionen durch Sektorenauftraggeber ist in der Konzessionsvergabeverordnung (KonzVgV) geregelt. Sie ist am 18.4.2016 in Kraft getreten. Die KonzVgV beruht ebenfalls auf der Verordnungsermächtigung des § 113 GWB.

Die Regelungen der KonzVgV gelten sowohl für Baukonzessionen als auch für Dienstleistungskonzessionen und unterwerfen diese grundsätzlich der Anwendung des Vergaberechts. Die maßgeblichen Regelungen dazu finden sich im GWB (§§ 101, 105 GWB) und in der KonzVgV.

Viele Regelungen zur Vergabe von Konzessionen ergeben sich bereits aus den Allgemeinen Vorschriften des Teils 4 des GWB. Außerdem enthält das GWB in Abschnitt 3 einen eigenen Unterabschnitt 3 („Vergabe von Konzessionen"), der in den §§ 148 bis 154 GWB Sonderregelungen enthält.

Wie im GWB vorgezeichnet, verwendet die KonzVgV etwas andere Begrifflichkeiten. Die Vertragspartner werden als „Konzessionsgeber" und „Konzessionsnehmer" bezeichnet. Mit der KonzVgV wurden erstmalig die Anforderungen an die Vergabe von Dienstleistungskonzessionen geregelt; diese unterlagen zuvor nicht dem Vergaberecht.

Der Aufbau und die Formulierungen der KonzVgV ähneln sehr dem der VgV. Vorangestellt sind mit Abschnitt 1 Allgemeine Bestimmungen (§§ 1 bis 6 KonzVgV), u.a. zur Auftragswertschätzung (§ 2 KonzVgV), zur Vermeidung von Interessenkonflikten (§ 5 KonzVgV) und zur Dokumentation (§ 6 KonzVgV), sowie ein eigener Unterabschnitt 2 zur Kommunikation (§§ 7 bis 11 KonzVgV). In Abschnitt 2 sind die Vorgaben für Vergabeverfahren enthalten. Dieser Abschnitt wird – insoweit anders als bei der VgV und SektVO – mit einem Unterabschnitt 1 „Allgemeine Verfahrensvorschriften" eingeleitet, der in den §§ 12 und 13 KonzVgV allgemeine Anforderungen an die einzuhaltenden Verfahrensgrundsätze enthält. Anders als sonst im Vergaberecht ist für die Vergabe von Konzessionen kein abschließender Katalog von Verfahrensarten vorgesehen. Konzessionsgeber können also im Rahmen der allgemeinen Verfahrensgrundsätze ihr Verfahren frei gestalten, insbesondere sind stets Verhandlungen mit den beteiligten Unternehmen zulässig. Der Konzessionsgeber ist nach § 13 Abs. 2 KonzVgV verpflichtet, vorab den Ablauf festzulegen und den Unternehmen zu übermitteln. Der Konzessionsgeber ist in der Folge an den übermittelten geplanten Ablauf gebunden. Erstmals ist mit § 155 GWB auch umfassender vergaberechtlicher Primärrechtsschutz in Konzessionsvergabeverfahren vorgesehen.

VI. Grundstruktur der Sektorenverordnung (SektVO)

Bereits im Jahr 2009 ist die Sektorenverordnung (SektVO) in ihrer ursprünglichen Fassung in Kraft getreten. Seither gelten für öffentliche und private Sektorenauftraggeber einheitlich die Vorschriften der SektVO. Die Verfahrensregelungen für die Vergabe von Bauleistungen sind zentral in der SektVO enthalten.

In der Grundstruktur ähnelt die SektVO weitgehend der VgV. Es kann daher auf die Darstellung der Struktur der VgV verwiesen werden (siehe Punkt V.).

Inhaltlich werden die Vorgaben der Sektorenrichtlinie umgesetzt, wobei zum einen auf einen möglichst großen Gleichlauf der Regelungen in VgV und VSVgV geachtet wurde, zum anderen darauf, die europarechtlichen Vorgaben der Richtlinie 2014/25/EU möglichst 1:1 umzusetzen. Soweit die Sektorenauftraggeber größere Freiheiten haben, z.B. bei der Anwendung des Verhandlungsverfahrens, ist dies in der SektVO berücksichtigt.

VII. Grundstruktur der Vergabeverordnung Verteidigung und Sicherheit (VSVgV)

An der VSVgV wurden 2016 nur einige inhaltliche Änderungen vorgenommen, die Struktur der VSVgV als solche wurde nicht geändert.

Der Anwendungsbereich der VSVgV ergibt sich aus § 104 Abs. 1 GWB. Der sachliche Anwendungsbereich wurde neu formuliert. Der jetzt verwendete Oberbegriff lautet „verteidigungs- oder sicherheitsspezifische Aufträge", bisher wurde von „verteidigungs- und sicherheitsrelevanten Aufträgen" gesprochen. Der persönliche Anwendungsbereich umfasst alle öffentlichen Auftraggeber i.S.d. § 99 GWB und alle Sektorenauftraggeber i.S.d. § 100 GWB. Konzessionsgeber werden nicht angesprochen.

Formal bestehen gewisse Unterschiede zur VgV: Die VSVgV ist in „Teile" gegliedert, die VgV ebenso wie SektVO und KonzVgV in „Abschnitte" und „Unterabschnitte". Was die Gliederungsfolge angeht, sind die Unterschiede jedoch weniger auffällig.

Weiterhin gilt für alle betroffenen Auftraggeber, dass sie bei der Vergabe von Bauaufträgen zur Anwendung der VOB/A-VS verpflichtet sind. Abschnitt 3 der VOB/A enthält die auf Aufbau und Inhalt des Abschnitts 2 basierenden, aber angepassten Bauvergabebestimmungen für den Bereich Sicherheit und Verteidigung.

VIII. Grundstruktur der Vergabestatistikverordnung (VergStatVO)

Um einen besseren Überblick über die Vergabe öffentlicher Aufträge und Konzessionen zu erhalten, wurde die „Verordnung zur Statistik über die Vergabe öffentlicher Aufträge und Konzessionen (Vergabestatistikverordnung – VergStatVO)" 2016 eingeführt. Sie ist seit dem 01.10.2020 vollständig anwendbar.

Die VergStatVO nimmt vom Regelungsgehalt her eine Doppelrolle ein. Sie sieht Vorgaben für alle öffentlichen Aufträge vor, unabhängig davon, ob der Auftragswert die EU-Schwellenwerte überschreitet oder nicht. Sie beruht auf einer eigenen Verordnungsermächtigung in § 114 Abs. 2 Satz 4 GWB, die übrigens – anders als § 113 GWB – keinen Parlamentsvorbehalt vorsieht.

Rechtsgrundlage ist § 114 Abs. 2 Satz 4 GWB. Die Verpflichtung zur Anwendung der VergStatVO betrifft nach § 114 Abs. 2 Satz 1 GWB und § 1 Satz 1 VergStatVO Auftraggeber i.S.d. § 98 GWB, also öffentliche Auftraggeber nach § 99 GWB, Sektorenauftraggeber nach § 100 GWB und Konzessionsgeber nach § 101 GWB. Allerdings wird bei der Verpflichtung zur Datenübermittlung differenziert: Die Regelung für die Datenübermittlung bei Unterschwellenvergaben erfasst nach § 2 Abs. 2 VergStatVO nur öffentliche Auftraggeber i.S.d. § 99 GWB, also weder Sektorenauftraggeber noch Konzessionsgeber.

Der sachliche Anwendungsbereich wird in § 114 Abs. 2 Satz 1 GWB ebenfalls bestimmt. Danach übermitteln die angesprochenen Auftraggeber „Daten zu öffentlichen Aufträgen im Sinne des § 103 Absatz 1 und zu Konzessionen im Sinne des § 105". Dies wird in § 2 VergStatVO näher definiert. Nach § 2 Abs. 1 VergStatVO sind für Vergaben von öffentlichen Aufträgen nach § 103 Abs. 1 GWB und Konzessionen nach § 105 GWB bei Erreichen oder Überschreiten der EU-Schwellenwerte die in § 3 Abs. 1 bis 8 VergStatVO genannten Daten an das BMWi zu übermitteln. Nach § 2 Abs. 2 VergStatVO müssen öffentliche Auftraggeber i.S.d. § 99 GWB Daten für Unterschwellenvergaben an das BMWi übermitteln, wenn der Auftragswert 25.000 € netto übersteigt, der Auftragswert den EU-Schwellenwert unterschreitet (ein nach dem EU-Vergaberecht zu vergebendes Kleinstlos wäre von § 2 Abs. 1 VergStatVO erfasst) und der Auftrag im Übrigen unter die Regelungen des 4. Teils des GWB fallen würde. Es sind also insbesondere die weiteren Merkmale des Auftragsbegriffs nach § 103 Abs. 1 GWB zu prüfen, auch die Ausnahmen in den §§ 107 ff. GWB sind zu berücksichtigen.

Die bei Vergabe öffentlicher Aufträge – unabhängig vom Überschreiten des EU-Schwellenwertes – zu übermittelnden Daten ergeben sich aus § 3 VergStatVO.

In § 4 VergStatVO finden sich Regelungen zur statistischen Aufbereitung und Übermittlung der Daten sowie zur Veröffentlichung zu statistischen Zwecken. Andere Behörden als das BMWK erhalten nach § 4 Abs. 4 VergStatVO Zugang zu den Daten. In § 6 VergStatVO ist die Datenübermittlung für die wissenschaftliche Forschung näher geregelt.

In den Anlagen der VergStatVO finden sich nähere Festlegungen zu den zu übermittelnden Daten.

IX. Grundstruktur des Wettbewerbsregistergesetzes (WRegG) und der Wettbewerbsregisterverordnung (WRegV)

Im WRegG und der auf seiner Grundlage ergangenen WRegV geht es darum, dass Auftraggeber eine Grundlage für ihre Entscheidungen über einen Ausschluss nach §§ 123, 124 GWB erhalten sollen. Hierfür soll das beim Bundeskartellamt geführte Wettbewerbsregister Daten bereitstellen. Die gesamte Eingabe (z.B. durch Staatsanwaltschaften und Wettbewerbsbehörden) sowie die Abfragen durch die Auftraggeber erfolgen rein digital. Daher ist dies im Jahr 2022 in die operative Phase gegangene Projekt auch ein technisch anspruchsvolles Vorhaben.

Seit dem 01.12.2021 sind die Strafverfolgungsbehörden sowie die zur Verfolgung von Ordnungswidrigkeiten berufenen Behörden verpflichtet, dem Bundeskartellamt registerrelevante Rechtsverstöße mitzuteilen. Ab diesem Tag haben registrierte Auftraggeber bereits die Möglichkeit zur Abfrage des Wettbewerbsregisters.

Ab dem 01.06.2022 sind öffentliche Auftraggeber, Sektorenauftraggeber und Konzessionsgeber in Vergabeverfahren mit den in § 6 WRegG näher bestimmten Auftragswerten zur Abfrage des Wettbewerbsregisters verpflichtet.

Ab dem 01.06.2022 können Unternehmen und natürliche Personen Auskunft über den sie betreffenden Inhalt des Wettbewerbsregisters verlangen.

Ab dem 01.06.2022 können Stellen, die ein amtliches Verzeichnis i.S.d. § 48 Abs. 8 VgV führen, mit Zustimmung des betroffenen Unternehmens Auskunft über den das Unternehmen betreffenden Inhalt des Wettbewerbsregisters verlangen.

Im Wettbewerbsregister werden die in § 2 WRegG genannten Verurteilungen und Bußgelder eingetragen. Vor der Eintragung wird das betroffene Unternehmen angehört, § 5 WRegG. Eintragungen werden entweder nach Fristablauf (§ 7 WRegG) oder, wenn das Unternehmen erfolgreich eine durchgeführte Selbstreinigung nachweisen kann (§ 8 WRegG), gelöscht.

In der WRegV sind Einzelheiten der Kommunikation (§§ 1-9 WRegV) und Verfahrensvorgaben für den Nachweis einer Selbstreinigung (§§ 10, 11 WRegV) geregelt.

X. Grundstruktur der VOB/A – EU

Die vom Deutschen Vergabe- und Vertragsausschuss für Bauleistungen (DVA) erarbeiteten Abschnitte 2 und 3 der Vergabe- und Vertragsordnung für Bauleistungen Teil A (VOB/A) gelten in der Fassung der Bekanntmachung vom 31. Januar 2019 (BAnz AT 19.02.2019 B2).

Der Abschnitt 2 der VOB/A mit den Bestimmungen für Vergaben von Bauaufträgen, die den EU-Schwellenwert überschreiten, ist überschrieben mit „**Vergabebestimmungen im Anwendungsbereich der Richtlinie 2014/24/EU**" und wird „**VOB/A – EU**" abgekürzt. Diese Änderungen wirken sich auch auf die Zitierweise der Vorschriften aus. Wie schon bei der Ausgabe 2012 findet sich in der Fußnote zum Titel eine vorgesehene Zitierweise: „§ x EU Absatz y VOB/A". Die Zitierweise für die VOB/A 2012 beruhte auf der Formulierung der damaligen VgV, z.B. in § 4 Abs. 2 Nr. 2 VgV a.F., in der verwiesen wurde auf „die Bestimmungen des § 8 EG VOL/A, § 15 EG Absatz 10 VOL/A und § 23 EG VOL/A", und wird mit der Ausgabe 2019 weitergeführt. Auch innerhalb der VOB/A-EU wird diese Zitierweise verwendet.

Im Aufbau folgen die Oberschwellenregelungen der VOB/A dem Muster des Abschnitts 1. Die Vorschriften wurden zur besseren Verständlichkeit, aber unverändert, in zahlreiche Abschnitte, jetzt in **a- bis d-Paragrafen**, aufgegliedert.

Inhaltlich und im Hinblick auf die Formulierungen wurde weitestgehend auf einen Gleichlauf mit den Vorschriften für die Vergabe von Liefer- und Dienstleistungen geachtet, was mit der Ausgabe 2019 noch einmal intensiviert wurde. Bei der Abfassung der VOB/A-EU stand immer das Ziel im Mittelpunkt, den Praktikern möglichst ein durchgeschriebenes Werk für die Durchführung von Vergaben zur Verfügung zu stellen. Deshalb werden einige Vorgaben von VgV und GWB in der VOB/A-EU wiederholt, z.B. greift § 22 EU VOB/A die Regelungen zur Änderung von Verträgen aus § 132 GWB auf. An anderer Stelle wird nur auf höherrangige Vorschriften verwiesen, so z.B. in § 20 EU VOB/A. Die Anforderungen an die Dokumentation regelt weiterhin § 20 EU VOB/A.

Zur Vermeidung überlanger Vorschriften werden einige Paragrafen geteilt. Beispielsweise wurden die Regelungen zur Leistungsbeschreibung, die früher in 15 Absätzen des § 7 EG VOB/A zu finden waren, bei weitgehend gleichem Inhalt und gleicher Reihenfolge in die §§ 7 EU, 7a EU, 7b EU, 7c EU VOB/A aufgeteilt. Die Gliederung entspricht den bisherigen Zwischenüberschriften.

Die **Innovationspartnerschaft** ist als weiteres Vergabeverfahren in den Katalog der Verfahren aufgenommen und inhaltlich geregelt. Wie auf EU-Ebene und in § 119 Abs. 2 GWB vorgegeben, stehen dem öffentlichen Auftraggeber auch nach § 3a EU VOB/A das **offene** und das **nicht offene Verfahren** gleichberechtigt zur Verfügung. Der **wettbewerbliche Dialog** ist gemäß § 3a EU Abs. 4 VOB/A auch unter den Voraussetzungen für ein Verhandlungsverfahren zulässig. § 3b EU Abs. 3 VOB/A enthält Regelungen zum Ablauf eines **Verhandlungsverfahrens**.

§ 4a EU VOB/A regelt auch für den Baubereich die **Rahmenvereinbarung**. Die Anforderungen an die Vergabe nach **Losen** (§ 5 EU VOB/A) enthalten ergänzende Vorschriften zu den gesetzlichen Vorgaben im GWB.

Die §§ 6 EU bis 6f EU VOB/A und §§ 16 EU bis 16b EU VOB/A regeln die **Eignungsprüfung** unter Verwendung der neuen Begrifflichkeiten und der mit der Durchführungsverordnung (EU) 2016/7 eingeführten **Einheitlichen Europäischen Eigenerklärung (EEE)** sowie unter Einbeziehung des Informationssystems **e-Certis** neu. Darüber hinaus sind zusätzliche Anforderungen an die **Eignungsleihe** vorgesehen und § 6f EU VOB/A konkretisiert die Anforderungen des § 125 GWB an die **Selbstreinigung**.

Die Anforderungen an die **Leistungsbeschreibung** in den §§ 7 EU bis 7c EU VOB/A regeln auch die Verwendung von Bescheinigungen und Gütezeichen als Nachweis für die Einhaltung technischer Anforderungen und Kriterien (§ 7a EU Abs. 5 und 6 VOB/A).

Die §§ 11a EU und 11b EU VOB/A regeln die Vorgaben an die **E-Vergabe**.

Die Regelung zur **Angebotswertung** erlaubt auch die Verwendung von Organisation, Qualifikation und Erfahrung des vorgesehenen Personals als Zuschlagskriterium (§ 16d EU Abs. 2 Nr. 2 Buchst. b VOB/A) und enthält Vorgaben für die Bewertung des Lebenszyklusansatzes (§16d EU Abs. 2 Nr. 5 bis 7 VOB/A).

Die VOB/A-EU enthält keine eigenen Anforderungen an die Vergabedokumentation. Insoweit wird auf § 8 VgV verwiesen (§ 2 Satz 1 VgV, § 20 EU VOB/A).

§ 22 EU VOB/A enthält die Voraussetzungen zur Vergabepflicht von sog. **wesentlichen Auftragsänderungen**.

XI. Grundstruktur des Vergaberechts im Unterschwellenbereich

1. Allgemeines

Welche Regeln für die Vergabe von Aufträgen mit Auftragswerten unterhalb des EU-Vergaberechts anwendbar sind, ergibt sich jeweils aus dem Haushaltsrecht, für das u.a. Bund und Länder jeweils für sich verantwortlich sind. Daher können Vorschriftenwerke wie die Unterschwellenvergabeordnung (UVgO) oder die VOB/A Abschnitt 1 nur eine Art vorformulierten Referenzvorschlag machen.

Nicht zuletzt, um Unternehmen bundesweit möglichst einheitliche Regelungen zu bieten, beziehen sich praktisch alle Bundesländer auf die UVgO und die VOB/A. Sehr oft regeln die Bundesländer in ihren Vergabegesetzen (bis auf Bayern) oder Verwaltungsvorschriften ergänzende oder abweichende Vorgaben.

Mit der Formulierung der UVgO Anfang 2017 wurde ein Prozess in Gang gesetzt, bei dem für die Vergabe von Liefer- und Dienstleistungen die VOL/A praktisch durchgängig ersetzt wurde. Für die Vergabe von Bauleistungen hat sich weiterhin die VOB/A als Referenz bewährt.

Im Unterschwellenvergaberecht sind – genau wie bei allen Vergaben, die nicht unmittelbar vom Oberschwellen- oder Unterschwellenvergaberecht erfasst werden – bei einem eindeutigen grenzüberschreitenden Interesse am Auftrag Anforderungen aus dem EU-Primärrecht, wie etwa das Gleichbehandlungsgebot und der Wettbewerbsgrundsatz, zu beachten (siehe dazu das Kapitel „B. I. Vergaberecht unterhalb der Schwellenwerte – EU-Recht").

2. VOB/A 2019 – Abschnitt 1: Basisparagrafen

Abschnitt 1 der vom Deutschen Vergabe- und Vertragsausschuss für Bauleistungen (DVA) erarbeiteten Vergabe- und Vertragsordnung für Bauleistungen Teil A (VOB/A) gilt aktuell in der Fassung vom 31. Januar 2019 (BAnz AT 19.02.2019 B2).

3. VOB/B 2016

Durch die vom Deutschen Vergabe- und Vertragsausschuss für Bauleistungen (DVA) verabschiedete Vergabe- und Vertragsordnung für Bauleistungen (VOB/B) in der Fassung der Bekanntmachung vom 7. Januar 2016 (BAnz AT 19.01.2016 B3; berichtigt am 21. März 2016, BAnz AT 01.04.2016 B1) wurde die VOB/B nur geringfügig geändert. Die Änderungen dienten auch hier der Integration der neuen Vergaberichtlinie. Insbesondere erfolgte die Umsetzung der vertragsrechtlichen Vorschriften des Art. 71 (Vergabe von Unteraufträgen – Subunternehmerproblematik) und Art. 73 (Kündigung von Aufträgen) der RL 2014/24/EU. Die Diktion für die Kündigung von Aufträgen wurde angepasst und vereinheitlicht.

4. UVgO

Die Unterschwellenvergabeordnung (UVgO) vom 7. Februar 2017 (BAnz AT 07.02.2017 B1) hat die VOL/A praktisch durchgängig verdrängt.

Die UVgO orientiert sich in Aufbau und Formulierung weitgehend an der VgV, um bei vergleichbaren Regelungsinhalten möglichst identische Regelungen zu bieten. In vielen Punkten weicht sie jedoch von der VgV ab, um für die Anwender Erleichterungen zu schaffen. Sie verweist außerdem in zahlreichen Regelungen auf anwendbare Vorschriften des GWB.

5. Vergabe freiberuflicher Leistungen

Da die VOF durch die Vergaberechtsreform 2016 als eigenständiges Regelwerk aufgehoben wurde, richtet sich die Vergabe von freiberuflichen Leistungen bei Oberschwellenvergaben – wie bei anderen Dienstleistungen – nach den hierzu im GWB und in der VgV enthaltenen Regelungen, bei Unterschwellenvergaben nach der UVgO.

XII. Ausblick

2016 wurde die größte Reform des Vergaberechts seit dem Wechsel von der „haushaltsrechtlichen Lösung" in das GWB-Vergaberecht abgeschlossen. Die Regelungen waren und sind Gegenstand von Rechtsprechung und Literatur.

In den letzten Jahren sind das Vergaberecht und die vergaberechtliche Praxis zwei der sog. Megatrends gefolgt. Dies ist zum einen die Digitalisierung und zum anderen die zunehmende Betonung von Nachhaltigkeit.

Die Digitalisierung wurde seit 2016 nicht nur durch den inzwischen in weiten Teilen des Vergaberechts zwingend vorgeschriebenen Einsatz elektronischer Kommunikationsmittel (was i.d.R. die Verwendung eines Vergabemanagementsystems bedeutet) intensiviert, sondern auch durch die Melde- und Abfragepflichten bei der Vergabestatistik und dem Wettbewerbsregister. Zum 25.10.2023 wurden die eForms als neue Technik der Bekanntmachung eingeführt und es wurde der Datenservice Öffentlicher Einkauf beim Beschaffungsamt des BMI geschaffen.

Die Nachhaltigkeit der öffentlichen Beschaffung ist nicht nur als Möglichkeit und Aufforderung in den Regelungen des GWB angesprochen, sondern auch Gegenstand von Regelwerken wie dem Saubere-Fahrzeuge-Beschaffungs-Gesetz (SaubFahrzeugBeschG), dem einer Generalklausel ähnelnden § 13 Klimaschutzgesetz sowie von Einzelregelungen wie dem § 45 KrWG oder dem Lieferkettensorgfaltspflichtengesetz (LkSG).

Beide Entwicklungen werden sich sicher fortsetzen. Dies macht die Beschaffung im Einzelfall nicht immer einfacher. Bereits jetzt ist in der Praxis eine Entwicklung zu sehen, bei der sich kleinere Auftraggeber zu zentralen Vergabestellen i.S.d. § 120 Abs. 4 GWB zusammenschließen und insgesamt die Aus- und Fortbildung mehr Bedeutung gewinnen.

Das Vergaberecht muss sich aber weiterhin täglich als sinnvolles und dem vernünftigen Menschenverstand entsprechendes Werkzeug für eine gute, sparsame und wirtschaftliche Beschaffung beweisen.

A

Vergaberecht

Oberhalb der Schwellenwerte

I.
Gesetz gegen Wettbewerbsbeschränkungen (GWB)

In der Fassung der Bekanntmachung vom 26. Juni 2013 (BGBl. I S. 1750, 3245), zuletzt geändert durch Artikel 3 des Gesetzes vom 12. Juni 2024 (BGBl. 2024 I Nr. 190)

– Auszug –

Teil 4
Vergabe von öffentlichen Aufträgen und Konzessionen

Vorbemerkung: Teil 4 des GWB enthält insbesondere

- Regelungen zur **Anwendbarkeit** des Vergaberechts (§§ 98 bis 118 GWB),
- Regelungen zu den allgemeinen **Prinzipien** des Vergaberechts (§ 97 GWB),
- allgemeine Bestimmungen zum **Vergabeverfahren** (§§ 119 bis 135 GWB) und
- Regelungen zum Rechtsschutz (§§ 155 bis 184 GWB).

Die allgemeinen Verfahrensregelungen für klassische Auftraggeber (§§ 119 bis 135 GWB) grundsätzlich auch für sektorspezifische Beschaffungen. In den **sektorspezifischen Unterabschnitten** (Sektorenauftraggeber: §§ 136 bis 143 GWB; verteidigungs- und sicherheitsspezifische Beschaffungen: §§ 144 bis 147 GWB; Konzessionsvergabe: §§ 148 bis 154 GWB) sind die Abweichungen von den allgemeinen Bestimmungen geregelt. Gleiches gilt für die **besonderen Arten von Dienstleistungen**: soziale und andere besondere Dienstleistungen (§ 130 GWB) und Personenbeförderung im Eisenbahnverkehr (§ 131 GWB).

Die zentrale **Übergangsbestimmung** für die Vergaberechtsreform 2016 – § 186 Abs. 2 GWB – ist zu beachten.

Kapitel 1
Vergabeverfahren

Abschnitt 1
Grundsätze, Definitionen und Anwendungsbereich (§§ 97 – 114)

§ 97
Grundsätze der Vergabe

(1) Öffentliche Aufträge und Konzessionen werden im Wettbewerb und im Wege transparenter Verfahren vergeben. Dabei werden die Grundsätze der Wirtschaftlichkeit und der Verhältnismäßigkeit gewahrt.

(2) Die Teilnehmer an einem Vergabeverfahren sind gleich zu behandeln, es sei denn, eine Ungleichbehandlung ist aufgrund dieses Gesetzes ausdrücklich geboten oder gestattet.

(3) Bei der Vergabe werden Aspekte der Qualität und der Innovation sowie soziale und umweltbezogene Aspekte nach Maßgabe dieses Teils berücksichtigt.

(4) Mittelständische Interessen sind bei der Vergabe öffentlicher Aufträge vornehmlich zu berücksichtigen. Leistungen sind in der Menge aufgeteilt (Teillose) und getrennt nach Art oder Fachgebiet (Fachlose) zu vergeben. Mehrere Teil- oder Fachlose dürfen zusammen vergeben werden, wenn wirtschaftliche oder technische Gründe dies erfordern. Wird ein Unternehmen, das nicht öffentlicher Auftraggeber oder Sektorenauftraggeber ist, mit der Wahrnehmung oder Durchführung einer öffentlichen Aufgabe betraut, verpflichtet der öffentliche Auftraggeber oder Sektorenauftraggeber das Unternehmen, sofern es Unteraufträge vergibt, nach den Sätzen 1 bis 3 zu verfahren.

(5) Für das Senden, Empfangen, Weiterleiten und Speichern von Daten in einem Vergabeverfahren verwenden Auftraggeber und Unternehmen grundsätzlich elektronische Mittel nach Maßgabe der aufgrund des § 113 erlassenen Verordnungen.

(6) Unternehmen haben Anspruch darauf, dass die Bestimmungen über das Vergabeverfahren eingehalten werden.

Für die Praxis:

1. Normzweck. § 97 GWB regelt die grundlegenden **Prinzipien des Vergaberechts**, insbesondere

- Gleichbehandlungsprinzip,
- Wettbewerbsprinzip,
- Transparenzprinzip,
- Wirtschaftlichkeit und
- Verhältnismäßigkeit.

In § 97 **Abs. 6** GWB wird klargestellt, dass die Unternehmen einen **einklagbaren Rechtsanspruch** auf Beachtung der Verfahrensvorschriften haben.

2. Prinzipien des Vergaberechts.

a) Diskriminierungsverbot. Das in § 97 **Abs. 2** GWB verankerte **Gleichbehandlungsgebot** bzw. Diskriminierungsverbot gehört zu den elementaren Prinzipien sowohl des Gemeinschaftsrechts als auch des deutschen Verfassungsrechts. Jeder Bieter ist gleich zu behandeln, Diskriminierungen sind untersagt. Eigentlich sollte dies für öffentliche Auftraggeber – die in der Regel dem Grundgesetz unterworfen sind – eine Selbstverständlichkeit sein.

Gleichbehandlungsgebot bzw. Diskriminierungsverbot besagen, dass kein Bieter gegenüber anderen Bietern bevorzugt oder benachteiligt werden darf. Dabei kann eine Diskriminierung offen oder verdeckt sein. Die **offene Diskriminierung** ist leicht zu erkennen: Durch die Vergabeunterlagen werden bestimmte Unternehmen unmittelbar diskriminiert oder bevorzugt, weil sie einem näher definierten Bieterkreis angehören oder weil die verlangten Produkte nicht von allen Bietern angeboten werden können. Wenn bei einer Vergabe beispielsweise nur ortsansässige Unternehmen zugelassen werden sollten, so wären alle auswärtigen Unternehmen offen diskriminiert.

Nicht ganz so leicht zu erkennen ist die **verdeckte Diskriminierung**. Hier werden Bieter indirekt/mittelbar diskriminiert, weil sie einer Gruppe angehören, die typischerweise bestimmte Anforderungen nicht erfüllt. So läge beispielsweise eine verdeckte Diskriminierung vor, wenn statt der Ortsansässigkeit im obigen Beispiel gefordert wird, dass der Firmensitz des Bieters maximal zehn Kilometer Fahrtstrecke vom Leistungsort entfernt sein darf. In dieser Variante sind alle Unternehmen mittelbar diskriminiert, bei denen zwischen Firmensitz und Leistungsort eine Fahrtstrecke von mehr als zehn Kilometern liegt. Aus dem Gleichbehandlungsgebot ist beispielsweise auch abzuleiten, dass ergänzende Bieterinformationen an alle Bieter gleichzeitig gesendet werden müssen. Auch sind die Angebote ausländischer Unternehmen genauso zu behandeln wie Angebote inländischer Konkurrenten. Aus diesem Grund dürfen auch nicht etwa Nachweise (z.B. Meistertitel) gefordert werden, die typischerweise nur von inländischen Unternehmen erbracht werden können.

b) Wettbewerbsprinzip. Das **Wettbewerbsprinzip** (§ 97 **Abs. 1 Satz 1** GWB) dient dem Ziel, allen potenziellen Bewerbern einen freien Zugang zu den Beschaffungsmärkten der öffentlichen Hand zu ebnen. Gleichzeitig ermöglicht die Beachtung des Wettbewerbsprinzips es dem öffentlichen Auftraggeber, Verträge zu den bestmöglichen Konditionen abzuschließen. Daher ist § 127 Abs. 1 Satz 1 GWB, wonach der Zuschlag auf das wirtschaftlichste Angebot erteilt wird, nur eine besondere Ausgestaltung des Wettbewerbsprinzips. Aus dem Wettbewerbsprinzip resultiert der

Vorrang des offenen Verfahrens. Aus dem Wettbewerbsprinzip folgt auch, dass bei einem Abweichen vom Grundsatz des offenen Verfahrens grundsätzlich ein Teilnahmewettbewerb durchgeführt werden muss. Aus dem Wettbewerbsprinzip folgt beispielsweise auch, dass die Vergabestelle den Kreis der Bieter nicht durch überzogen hohe Anforderungen an deren Leistungsfähigkeit einschränken darf.

c) Transparenzprinzip. Die peinlich genaue Beachtung des Transparenzprinzips (§ 97 **Abs. 1 Satz 1** GWB) hilft nicht nur dabei, den bösen Schein der Korruption zu vermeiden, sondern auch dabei, deutlich zu machen, dass Wettbewerbs- und Gleichbehandlungsgebote beachtet wurden. Transparenz sorgt für einen wirkungsvollen Wettbewerb. Die Bieter wissen, was gewollt wird. Angebote sind vergleichbar. So wird tatsächlich das günstigste Angebot ausgewählt, und alle Bieter werden gleichbehandelt.

Der Auftraggeber wird durch das Transparenzgebot verpflichtet, ex-ante-Transparenz und ex-post-Transparenz herzustellen. **Ex-ante-Transparenz** im Vergabeverfahren läuft in erster Linie über die **Vergabeunterlagen**. So muss das Leistungsverzeichnis die Leistung „eindeutig und erschöpfend" beschreiben (§ 121 Abs. 1 Satz 1 GWB). Auch müssen Eignungs- und Zuschlagskriterien und ihre Gewichtung klar definiert werden. Nur so ist sichergestellt, dass alle Bewerber die Beschreibung im gleichen Sinne verstehen und eine einwandfreie Preisermittlung möglich ist. Auch Rahmenumstände (z.B. Boden- und Wasserverhältnisse einer Baustelle) müssen beschrieben werden.

Entscheidendes Instrument der **ex-post-Transparenz** ist der **Vergabevermerk**. Über die Vergabe ist ein Vermerk zu fertigen, der die einzelnen Stufen des Verfahrens, die Maßnahmen, die Feststellungen sowie die Begründung der einzelnen Entscheidungen enthält (siehe dazu die Anmerkung bei § 8 VgV). Aber auch die **Bieterinformation** nach § 134 GWB ist ein wichtiges Mittel für Transparenz.

d) Wirtschaftlichkeit und Verhältnismäßigkeit. Die Grundsätze der Wirtschaftlichkeit und der Verhältnismäßigkeit als Prinzipien des Vergaberechts entfalten Wirkung **zugunsten des Auftraggebers**, weil das Leistungsbestimmungsrecht zusätzlich gewährleistet wird. Damit ist klargestellt, dass das Vergaberecht dem Auftraggeber keine extrem unwirtschaftlichen Beschaffungen aufzwingen will. So kann der Auftraggeber z.B. mit der Wirtschaftlichkeit argumentieren, wenn er keine 100 % barrierefreie Leistung beschafft, obwohl dies eigentlich von § 121 Abs. 2 GWB angeordnet wird. Aber auch der Ausschluss unangemessen hoher Angebote kann direkt auf diesen Grundsatz gestützt werden.

Diese neuen Prinzipien wirken aber auch **zugunsten der Unternehmen**. So kann etwa unangemessen strengen Eignungsanforderungen auch deren Unverhältnismäßigkeit entgegengehalten werden.

3. Pflicht zur Aufteilung in Lose. Durch § 97 **Abs. 4** GWB wird die Aufteilung in **Teil- und Fachlose** zum Regelfall, von dem nur in eng umgrenzten Ausnahmefällen abgewichen werden darf. Dies zeigt sich entscheidend schon im Wortlaut von § 97 Abs. 4 Satz 2 GWB: „Leistungen sind in der Menge aufgeteilt (Teillose) und getrennt nach Art oder Fachgebiet (Fachlose) zu vergeben." Zwar verbleibt für die Auftraggeber betreffend die Aufteilung in Mengenlose (Teillose) ein Gestaltungsspielraum, bei dem auch wirtschaftliche Aspekte berücksichtigt werden können (vgl. OLG Düsseldorf, Beschl. v. 12.1.2011, VII-Verg 63/10 – Gebäudereinigung), gleichwohl ist die auch in Nachprüfungsverfahren immer wieder gegenständliche Vorgabe nicht zu unterschätzen. Dabei ist auch das Gebot der Trennung in Fachlose weit zu verstehen. So ist z.B. bei Gebäudereinigungsleistungen zwischen der Unterhaltsreinigung und der Glasreinigung zu unterscheiden (OLG Koblenz, Beschl. v. 30.3.2012, 1 Verg 2/11 – Gebäudereinigung). Beim Straßenbau ist die Errichtung einer Lärmschutzwand ein eigenständiges Fachlos (OLG München, Beschl. v. 9.4.2015, Verg 1/15 – Lärmschutzwand BAB 9 Holledau-Allershausen).

Während allerdings die Auftrennung in Fachlose noch recht weit verbreitet ist, bestehen bei der Aufteilung in Mengen- bzw. Teillose in der Praxis erhebliche Unsicherheiten. Dabei ist diese Art der Losvergabe genauso vorgeschrieben wie Fachlose: Es sollten also beispielsweise nicht nur PC und Monitore in zwei Fachlose getrennt ausgeschrieben werden, sondern auch eine Beschaffung von 400 PC in zwei Teillose à 200 PC. Auch ist bei einem Gebäudereinigungsauftrag betreffend verschiedene Liegenschaften grundsätzlich zwischen der Unterhaltsreinigung und der Glasreinigung (Fachlose) und den verschiedenen Liegenschaften (Teillose) zu unterscheiden (OLG Koblenz, Beschl. v. 30.3.2012, 1 Verg 2/11 – Gebäudereinigung).

Die Lose müssen in der **Größe** so zugeschnitten sein, dass darin eine echte Förderung von Mittelstand und Wettbewerb liegt. Dabei ist der **Mittelstandsbegriff branchenspezifisch** zu bestimmen.

Die Lose dürfen nicht so weit zerteilt werden, dass sich die Aufteilung in Lose nur noch als Alibi oder Almosen darstellt. Mit den Losen darf auch kein Rosinenpicken verbunden sein. Somit sollten Teil- bzw. Mengenlose in etwa gleich groß und ähnlich ertragreich sein.

4. Bieterrechte einklagbar. Mit § 97 **Abs. 6** GWB wird klargestellt, dass die Unternehmen einen einklagbaren Rechtsanspruch auf Beachtung der Verfahrensvorschriften haben. § 97 GWB ist damit eine Schlüsselnorm für Vergabeverfahren und Rechtsschutz (siehe dazu näher „C.I. Rechtsschutz im Vergaberecht").

§ 98
Auftraggeber

Auftraggeber im Sinne dieses Teils sind öffentliche Auftraggeber im Sinne des § 99, Sektorenauftraggeber im Sinne des § 100 und Konzessionsgeber im Sinne des § 101.

Für die Praxis: § 98 GWB regelt die **persönliche Anwendbarkeit des Vergaberechts**. An das Vergaberecht sind danach solche Rechtspersönlichkeiten gebunden, die als „Auftraggeber" zu qualifizieren sind. „Auftraggeber" ist der **Oberbegriff** für öffentliche Auftraggeber (§ 99 GWB) sowie Sektorenauftraggeber (§ 100 GWB) und Konzessionsgeber (§ 101 GWB). So unterscheidet z.B. § 2 VergStatVO bei den Pflichten zwischen Auftraggebern und öffentlichen Auftraggebern.

§ 99
Öffentliche Auftraggeber

Öffentliche Auftraggeber sind

1. Gebietskörperschaften sowie deren Sondervermögen,
2. andere juristische Personen des öffentlichen und des privaten Rechts, die zu dem besonderen Zweck gegründet wurden, im Allgemeininteresse liegende Aufgaben nichtgewerblicher Art zu erfüllen, sofern
   a) sie überwiegend von Stellen nach Nummer 1 oder 3 einzeln oder gemeinsam durch Beteiligung oder auf sonstige Weise finanziert werden,
   b) ihre Leitung der Aufsicht durch Stellen nach Nummer 1 oder 3 unterliegt oder
   c) mehr als die Hälfte der Mitglieder eines ihrer zur Geschäftsführung oder zur Aufsicht berufenen Organe durch Stellen nach Nummer 1 oder 3 bestimmt worden sind;

   dasselbe gilt, wenn diese juristische Person einer anderen juristischen Person des öffentlichen oder privaten Rechts einzeln oder gemeinsam mit anderen die überwiegende Finanzierung gewährt, über deren Leitung die Aufsicht ausübt oder die Mehrheit der Mitglieder eines zur Geschäftsführung oder Aufsicht berufenen Organs bestimmt hat,
3. Verbände, deren Mitglieder unter Nummer 1 oder 2 fallen,
4. natürliche oder juristische Personen des privaten Rechts sowie juristische Personen des öffentlichen Rechts, soweit sie nicht unter Nummer 2 fallen, in den Fällen, in denen sie für Tiefbaumaßnahmen, für

die Errichtung von Krankenhäusern, Sport-, Erholungs- oder Freizeiteinrichtungen, Schul-, Hochschul- oder Verwaltungsgebäuden oder für damit in Verbindung stehende Dienstleistungen und Wettbewerbe von Stellen, die unter die Nummern 1, 2 oder 3 fallen, Mittel erhalten, mit denen diese Vorhaben zu mehr als 50 Prozent subventioniert werden.

Für die Praxis: 1. Normzweck. § 99 GWB unterwirft **klassische öffentliche Auftraggeber** dem Vergaberecht. An das Vergaberecht sind danach solche Einrichtungen gebunden, die als „öffentlicher Auftraggeber" zu qualifizieren sind. Wer als öffentlicher Auftraggeber an das Vergaberecht gebunden ist, wird durch die verschiedenen Tatbestände des § 99 Nr. 1 bis 4 GWB bestimmt.

2. Klassische Auftraggeber (Gebietskörperschaften etc.). Nach § 99 **Nr. 1** GWB sind Gebietskörperschaften und deren Sondervermögen an das Vergaberecht gebunden. In der Praxis sollten bei der Anwendung des § 99 Nr. 1 GWB kaum Probleme auftreten. Es handelt sich nämlich typischerweise um Institutionen, die seit jeher nach dem staatlichen bzw. kommunalen Haushaltsrecht ausschreibungspflichtig sind. Zu den Gebietskörperschaften zählen auch die rechtlich unselbständigen **Eigen- und Regiebetriebe** der Gemeinden. Dabei handelt es sich um bloß haushaltsmäßig selbständige Teile der Gemeindeverwaltung. Typische Beispiele sind Stadtwerke oder städtische Dienstleistungsbetriebe, soweit diese nicht in eine privatrechtliche Form umgewandelt (formell privatisiert = organisatorisch privatisiert) sind. Sind Eigen- und Regiebetriebe formell privatisiert, so wird es sich regelmäßig um einen Fall des § 99 Nr. 2 GWB handeln.

3. Auftraggeber im funktionalen Sinne (GmbH etc.). Bereits der Wortlaut des § 99 **Nr. 2** GWB macht deutlich, dass es auf die Rechtsform (öffentlich-rechtlich oder privatrechtlich), in der der Auftraggeber organisiert ist, nicht ankommt. Gleichwohl sind viele Streitigkeiten über die Anwendbarkeit des Vergaberechts in Unsicherheiten hinsichtlich der Auslegung des § 99 Nr. 2 GWB begründet. Grund dafür ist, dass bei der Auslegung des § 98 Nr. 2 GWB der **funktionale Auftraggeberbegriff** zur Anwendung kommt. Ob eine juristische Person danach als öffentlicher Auftraggeber einzuordnen ist, kann anhand folgender Prüfungsschritte überprüft werden:

- Schritt 1: Gibt es einen **besonderen Gründungszweck?** Der Gründungszweck kann dabei z.B. einem Gesellschaftsvertrag, einem Gründungsstatut oder einer Satzung entnommen werden.
- Schritt 2: Liegt eine **Tätigkeit im Allgemeininteresse** vor? Eine Tätigkeit im Allgemeininteresse liegt vor, wenn Staatsfunktionen (z.B. Polizei oder Steuererhebung) oder Aufgaben der Daseinsvorsorge (z.B. Verkehr, Energieversorgung, Abfallentsorgung, Abwasserbeseitigung, Kultur-, Sport- und Bildungseinrichtungen, Wirtschaftsförderung) betroffen sind.
- Schritt 3: Handelt es sich um eine **Tätigkeit nichtgewerblicher Art**? Die Tätigkeit muss von Marktmechanismen entkoppelt sein. Dies ist etwa der Fall, wenn entstehende Verluste durch staatliche Zuschüsse gedeckt werden (z.B. kommunale Schwimmbadgesellschaft, Stadtwerke GmbH mit Quersubventionierung durch den steuerlichen Querverbund) oder ein Monopol zugewiesen wird (z.B. kommunale Schlachthöfe oder Bestattungsunternehmen).
- Schritt 4: Wird von **staatlicher Seite Kontrolle ausgeübt**? Dies kann etwa durch überwiegende Finanzierung, Besitz der Gesellschaftsanteile oder Besetzung der Leitungsfunktionen geschehen. Dabei liegt eine staatliche Finanzierung übrigens auch vor, wenn der Staat das Unternehmen nicht unmittelbar finanziert, sondern nur eine Beitrags- und Gebührenpflicht festschreibt (z.B. bei Krankenkassen oder Rundfunkanstalten).

4. Verbände. Mit „Verbänden" i.S.d. § 99 **Nr. 3** GWB sind insbesondere **Zweckverbände** gemeint.

5. Subventionierte Bauprojekte. Gemäß § 99 **Nr. 4** GWB werden auch solche natürlichen oder juristischen Personen des Privatrechts dem Vergaberecht unterworfen, welche Tiefbaumaßnahmen für Krankenhäuser, Sport- und Freizeiteinrichtungen usw. ausführen und deren Projekt von klassischen öffentlichen Auftraggebern zu mehr als 50 % finanziert wird.

§ 100
Sektorenauftraggeber

(1) Sektorenauftraggeber sind

1. öffentliche Auftraggeber gemäß § 99 Nummer 1 bis 3, die eine Sektorentätigkeit gemäß § 102 ausüben,
2. natürliche oder juristische Personen des privaten Rechts, die eine Sektorentätigkeit gemäß § 102 ausüben, wenn
   a) diese Tätigkeit auf der Grundlage von besonderen oder ausschließlichen Rechten ausgeübt wird, die von einer zuständigen Behörde gewährt wurden, oder
   b) öffentliche Auftraggeber gemäß § 99 Nummer 1 bis 3 auf diese Personen einzeln oder gemeinsam einen beherrschenden Einfluss ausüben können.

(2) Besondere oder ausschließliche Rechte im Sinne von Absatz 1 Nummer 2 Buchstabe a sind Rechte, die dazu führen, dass die Ausübung dieser Tätigkeit einem oder mehreren Unternehmen vorbehalten wird und dass die Möglichkeit anderer Unternehmen, diese Tätigkeit auszuüben, erheblich beeinträchtigt wird. Keine besonderen oder ausschließlichen Rechte in diesem Sinne sind Rechte, die aufgrund eines Verfahrens nach den Vorschriften dieses Teils oder aufgrund eines sonstigen Verfahrens gewährt wurden, das angemessen bekannt gemacht wurde und auf objektiven Kriterien beruht.

(3) Die Ausübung eines beherrschenden Einflusses im Sinne von Absatz 1 Nummer 2 Buchstabe b wird vermutet, wenn ein öffentlicher Auftraggeber gemäß § 99 Nummer 1 bis 3

1. unmittelbar oder mittelbar die Mehrheit des gezeichneten Kapitals des Unternehmens besitzt,
2. über die Mehrheit der mit den Anteilen am Unternehmen verbundenen Stimmrechte verfügt oder
3. mehr als die Hälfte der Mitglieder des Verwaltungs-, Leitungs- oder Aufsichtsorgans des Unternehmens bestellen kann.

Für die Praxis: § 100 GWB unterwirft die sog. **Sektorenauftraggeber** den weniger strengen Vergabebestimmungen der SektVO (siehe dort). Durch § 100 GWB werden vom persönlichen Anwendungsbereich des Vergaberechts erfasst:

- **öffentliche Sektorenauftraggeber** (§ 100 Abs. 1 Nr. 1 GWB, z.B. Stadtwerke GmbH) und
- **private Sektorenauftraggeber** (§ 100 Abs. 1 Nr. 2 GWB, z.B. börsennotierter Stromkonzern).

Wenn öffentliche Sektorenauftraggeber handeln, muss vom allgemeinen Vergaberecht abgegrenzt werden. Die besonderen Regelungen der SektVO gelten für öffentliche Sektorenauftraggeber (§ 100 Abs. 1 Nr. 1 GWB) nur, wenn diese Auftraggeber eine Sektorentätigkeit ausüben. Wann genau eine Sektorentätigkeit vorliegt, wird durch die Regelung des § 102 GWB definiert.

Wenn unklar ist, ob ein privater Sektorenauftraggeber (§ 100 Abs. 1 Nr. 2 GWB) noch dem Vergaberecht unterworfen ist, muss in jedem Einzelfall überprüft werden, ob die Sektorentätigkeit noch bestimmten Unternehmen „vorbehalten" ist (vgl. § 100 Abs. 2 Satz 1 GWB). Beispielsweise gehört **Energieerzeugung** nicht mehr zum Bereich der Sektorentätigkeiten. Es gibt keine ausschließlichen Rechte, die bestimmten Unternehmen die Energieerzeugung „vorbehalten" würden. Siehe dazu näher die Anmerkung zu § 3 SektVO.

§ 101
Konzessionsgeber

(1) Konzessionsgeber sind

1. öffentliche Auftraggeber gemäß § 99 Nummer 1 bis 3, die eine Konzession vergeben,
2. Sektorenauftraggeber gemäß § 100 Absatz 1 Nummer 1, die eine Sektorentätigkeit gemäß § 102 Absatz 2 bis 6 ausüben und eine Konzession zum Zweck der Ausübung dieser Tätigkeit vergeben,
3. Sektorenauftraggeber gemäß § 100 Absatz 1 Nummer 2, die eine Sektorentätigkeit gemäß § 102 Absatz 2 bis 6 ausüben und eine Konzession zum Zweck der Ausübung dieser Tätigkeit vergeben.

(2) § 100 Absatz 2 und 3 gilt entsprechend.

Für die Praxis: § 101 GWB erstreckt den persönlichen Anwendungsbereich des Vergaberechts auch auf Konzessionsgeber. Insbesondere werden **Dienstleistungskonzessionen** erfasst (§ 105 Abs. 1 Nr. 2 GWB). Zudem müssen nun auch **Sektorenauftraggeber** die Regelungen des Vergaberechts bei der Vergabe von Konzessionen beachten (§ 101 Abs. 1 Nr. 2 und 3 GWB).

Im Gegenzug unterliegen die Konzessionsgeber bei der Vergabe von **Bau- und Dienstleistungskonzessionen** nur gelockerten vergaberechtlichen Verpflichtungen (vgl. §§ 148 bis 154 GWB). Die Legaldefinitionen für Bau- und Dienstleistungskonzessionen sind in § 105 Abs. 1 GWB enthalten (siehe dort). Die gelockerten Verfahrensregelungen für die Vergabe von Baukonzessionen und Dienstleistungskonzessionen wurden in der KonzVgV zusammengefasst.

Unterhalb des Schwellenwertes brauchen **Dienstleistungskonzessionen** nicht nach dem Vergaberecht in einem förmlichen Verfahren vergeben zu werden. Gleichwohl gelten bei **Binnenmarktrelevanz** auch für die Vergabe von Dienstleistungskonzessionen unterhalb des Schwellenwertes bestimmte Mindestanforderungen an **Transparenz, Wettbewerb und Nichtdiskriminierung** (vgl. EU-Kommission, Mitteilung der Kommission zu Auslegungsfragen in Bezug auf das Gemeinschaftsrecht, das für die Vergabe öffentlicher Aufträge gilt, die nicht oder nur teilweise unter die Vergaberichtlinien fallen, ABl. C 179/2 vom 1.8.2006). Daher muss auch bei der Vergabe von Dienstleistungskonzessionen unterhalb des Schwellenwertes eine Art „Ausschreibung light" durchgeführt werden. Insbesondere muss die Absicht einer Konzessionsvergabe rechtzeitig europaweit bekanntgemacht werden (siehe dazu auch „B. Vergaberecht unterhalb der Schwellenwerte", insb. „B. I. EU-Recht"). Die förmlichen Anforderungen der KonzVgV gelten jedoch nicht. Damit gilt also im Ergebnis für die Vergabe der meisten Dienstleistungskonzessionen – trotz der mit §§ 101, 105 GWB verbundenen Ausdehnung des Anwendungsbereichs des Vergaberechts – weiterhin die alte Rechtslage.

§ 102
Sektorentätigkeiten

(1) Sektorentätigkeiten im Bereich Wasser sind

1. die Bereitstellung oder das Betreiben fester Netze zur Versorgung der Allgemeinheit im Zusammenhang mit der Gewinnung, der Fortleitung und der Abgabe von Trinkwasser,
2. die Einspeisung von Trinkwasser in diese Netze.

Als Sektorentätigkeiten gelten auch Tätigkeiten nach Satz 1, die im Zusammenhang mit Wasserbau-, Bewässerungs- oder Entwässerungsvorhaben stehen, sofern die zur Trinkwasserversorgung bestimmte Wassermenge mehr als 20 Prozent der Gesamtwassermenge ausmacht, die mit den entsprechenden Vorhaben oder Bewässerungs- oder Entwässerungsanlagen zur Verfügung gestellt wird oder die im Zusammenhang mit der Abwasserbeseitigung oder -behandlung steht. Die Einspeisung von Trinkwasser in feste Netze zur Versorgung der Allgemeinheit durch einen Sektorenauftraggeber nach § 100 Absatz 1 Nummer 2 gilt nicht als Sektorentätigkeit, sofern die Erzeugung von Trinkwasser durch den betreffenden Auftraggeber erfolgt, weil dessen Verbrauch für die Ausübung einer Tätigkeit erforderlich ist, die keine Sektorentätigkeit nach den Absätzen 1 bis 4 ist, und die Einspeisung in das öffentliche Netz nur von dem Eigenverbrauch des betreffenden Auftraggebers abhängt und bei Zugrundelegung des Durchschnitts der letzten drei Jahre einschließlich des laufenden Jahres nicht mehr als 30 Prozent der gesamten Trinkwassererzeugung des betreffenden Auftraggebers ausmacht.

(2) Sektorentätigkeiten im Bereich Elektrizität sind

1. die Bereitstellung oder das Betreiben fester Netze zur Versorgung der Allgemeinheit im Zusammenhang mit der Erzeugung, der Fortleitung und der Abgabe von Elektrizität,
2. die Einspeisung von Elektrizität in diese Netze, es sei denn,
   a) die Elektrizität wird durch den Sektorenauftraggeber nach § 100 Absatz 1 Nummer 2 erzeugt, weil ihr Verbrauch für die Ausübung einer Tätigkeit erforderlich ist, die keine Sektorentätigkeit nach den Absätzen 1 bis 4 ist, und
   b) die Einspeisung hängt nur von dem Eigenverbrauch des Sektorenauftraggebers ab und macht bei Zugrundelegung des Durchschnitts der letzten drei Jahre einschließlich des laufenden Jahres nicht mehr als 30 Prozent der gesamten Energieerzeugung des Sektorenauftraggebers aus.

(3) Sektorentätigkeiten im Bereich von Gas und Wärme sind

1. die Bereitstellung oder das Betreiben fester Netze zur Versorgung der Allgemeinheit im Zusammenhang mit der Erzeugung, der Fortleitung und der Abgabe von Gas und Wärme,
2. die Einspeisung von Gas und Wärme in diese Netze, es sei denn,
   a) die Erzeugung von Gas oder Wärme durch den Sektorenauftraggeber nach § 100 Absatz 1 Nummer 2 ergibt sich zwangsläufig aus der Ausübung einer Tätigkeit, die keine Sektorentätigkeit nach den Absätzen 1 bis 4 ist, und
   b) die Einspeisung zielt nur darauf ab, diese Erzeugung wirtschaftlich zu nutzen und macht bei Zugrundelegung des Durchschnitts der letzten drei Jahre einschließlich des laufenden Jahres nicht mehr als 20 Prozent des Umsatzes des Sektorenauftraggebers aus.

(4) Sektorentätigkeiten im Bereich Verkehrsleistungen sind die Bereitstellung oder das Betreiben von Netzen zur Versorgung der Allgemeinheit mit Verkehrsleistungen per Eisenbahn, automatischen Systemen, Straßenbahn, Trolleybus, Bus oder Seilbahn; ein Netz gilt als vorhanden, wenn die Verkehrsleistung gemäß den von einer zuständigen Behörde festgelegten Bedingungen erbracht wird; dazu gehören die Festlegung der Strecken, die Transportkapazitäten und die Fahrpläne.

(5) Sektorentätigkeiten im Bereich Häfen und Flughäfen sind Tätigkeiten im Zusammenhang mit der Nutzung eines geografisch abgegrenzten Gebiets mit dem Zweck, für Luft-, See- oder Binnenschifffahrtsverkehrsunternehmen Flughäfen, See- oder Binnenhäfen oder andere Terminaleinrichtungen bereitzustellen.

(6) Sektorentätigkeiten im Bereich fossiler Brennstoffe sind Tätigkeiten zur Nutzung eines geografisch abgegrenzten Gebiets zum Zweck

1. der Förderung von Öl oder Gas oder
2. der Exploration oder Förderung von Kohle oder anderen festen Brennstoffen.

(7) Für die Zwecke der Absätze 1 bis 3 umfasst der Begriff „Einspeisung" die Erzeugung und Produktion sowie den Groß- und Einzelhandel. Die Erzeugung von Gas fällt unter Absatz 6.

Für die Praxis: § 102 GWB enthält die **Legaldefinition** der Sektorentätigkeit. Die Einordnung einer Tätigkeit als „Sektorentätigkeit" muss **nicht für die Ewigkeit** gelten. Siehe dazu näher die Anmerkung zu § 100 GWB. Das zugehörige Freistellungsverfahren wird in § 3 SektVO geregelt (siehe dort).

§ 103
Öffentliche Aufträge, Rahmenvereinbarungen und Wettbewerbe

(1) Öffentliche Aufträge sind entgeltliche Verträge zwischen öffentlichen Auftraggebern oder Sektorenauftraggebern und Unternehmen über die Beschaffung von Leistungen, die die Lieferung von Waren, die Ausführung von Bauleistungen oder die Erbringung von Dienstleistungen zum Gegenstand haben.

(2) Lieferaufträge sind Verträge zur Beschaffung von Waren, die insbesondere Kauf oder Ratenkauf oder Leasing, Mietverhältnisse oder Pachtverhältnisse mit oder ohne Kaufoption betreffen. Die Verträge können auch Nebenleistungen umfassen.

(3) Bauaufträge sind Verträge über die Ausführung oder die gleichzeitige Planung und Ausführung

1. von Bauleistungen im Zusammenhang mit einer der Tätigkeiten, die in Anhang II der Richtlinie 2014/24/EU des Europäischen Parlaments und des Rates vom 26. Februar 2014 über die öffentliche Auftragsvergabe und zur Aufhebung der Richtlinie 2004/18/EG (ABl. L 94 vom 28.3.2014, S. 65) und Anhang I der Richtlinie 2014/25/EU des Europäischen Parlaments und des Rates vom 26. Februar 2014 über die Vergabe von Aufträgen durch Auftraggeber im Bereich der Wasser-, Energie- und Verkehrsversorgung sowie der Postdienste und zur Aufhebung der Richtlinie 2004/17/EG (ABl. L 94 vom 28.3.2014, S. 243) genannt sind, oder
2. eines Bauwerkes für den öffentlichen Auftraggeber oder Sektorenauftraggeber, das Ergebnis von Tief- oder Hochbauarbeiten ist und eine wirtschaftliche oder technische Funktion erfüllen soll.

Ein Bauauftrag liegt auch vor, wenn ein Dritter eine Bauleistung gemäß den vom öffentlichen Auftraggeber oder Sektorenauftraggeber genannten Erfordernissen erbringt, die Bauleistung dem Auftraggeber unmittelbar wirtschaftlich zugutekommt und dieser einen entscheidenden Einfluss auf Art und Planung der Bauleistung hat.

(4) Als Dienstleistungsaufträge gelten die Verträge über die Erbringung von Leistungen, die nicht unter die Absätze 2 und 3 fallen.

(5) Rahmenvereinbarungen sind Vereinbarungen zwischen einem oder mehreren öffentlichen Auftraggebern oder Sektorenauftraggebern und einem oder mehreren Unternehmen, die dazu dienen, die Bedingungen für die öffentlichen Aufträge, die während eines bestimmten Zeitraums vergeben werden sollen, festzulegen, insbesondere in Bezug auf den Preis. Für die Vergabe von Rahmenvereinbarungen gelten, soweit nichts anderes bestimmt ist, dieselben Vorschriften wie für die Vergabe entsprechender öffentlicher Aufträge.

(6) Wettbewerbe sind Auslobungsverfahren, die dem Auftraggeber aufgrund vergleichender Beurteilung durch ein Preisgericht mit oder ohne Verteilung von Preisen zu einem Plan oder einer Planung verhelfen sollen.

Für die Praxis: § 103 GWB regelt den **sachlichen Anwendungsbereich** des Vergaberechts. Vergaberecht gilt, soweit der Auftraggeber **wie ein privater Einkäufer** von Bau-, Liefer- und Dienstleistungen auftritt. Daher ist der Auftraggeber dann nicht an das Vergaberecht gebunden, wenn er als Verkäufer auftritt. Dies ist beispielsweise der Fall bei dem Verkauf von Gesellschaftsanteilen oder Grundstücken. Hier gilt es aber aufzupassen: In bestimmten Fällen können auch in Verkäufen **verdeckte Beschaffungsfälle** liegen. In der Folge bleibt es bei der Bindung an das Vergaberecht. Beispielsweise kann ein Verkauf von Gesellschaftsanteilen einer Krankenhaus-Facility-Management-GmbH mit einem Reinigungsauftrag verbunden sein. Dann ist die gesamte Transaktion als öffentlicher Auftrag einzuordnen. Auch der **Verkauf von Sekundärrohstoffen** (z.B. Altpapier, Computerschrott) kann als Entsorgungsauftrag einzuordnen sein (BGH, Urt. v. 1.2.2005, X ZB 27/04 – Entsorgung von Altpapier).

Kein öffentlicher Auftrag liegt vor, wenn der öffentliche Auftraggeber **hoheitlich handelt**. Daher ist etwa das Erteilen von Genehmigungen und Konzessionen, z.B. für Messen und Märkte, nicht an das Vergaberecht gebunden.

Die Rechtsprechung hat am Beispiel eines **Arzneimittelrabattvertrages** ein weiteres Merkmal für einen öffentlichen Auftrag herausgearbeitet: die **Selektivität,** also die Auswahl nur eines oder weniger Auftragnehmer. Wenn in einem sog. **Open-House/Open-Book-Modell** jedes Unternehmen, das einen entsprechenden Antrag stellt und bestimmte Zulassungsvoraussetzungen erfüllt, einen Vertrag erhält, fehle es schließlich an einer Wettbewerbsbeschränkung (OLG Düsseldorf, Beschl. v. 13.8.2014, VII-Verg 13/14, Verg 13/14).

Ausnahmen für bestimmte Leistungen bzw. Vertragsarten finden sich u.a. in den §§ 107, 116 GWB.

§ 104
Verteidigungs- oder sicherheitsspezifische öffentliche Aufträge

(1) Verteidigungs- oder sicherheitsspezifische öffentliche Aufträge sind öffentliche Aufträge, deren Auftragsgegenstand mindestens eine der folgenden Leistungen umfasst:

1. die Lieferung von Militärausrüstung, einschließlich dazugehöriger Teile, Bauteile oder Bausätze,
2. die Lieferung von Ausrüstung, die im Rahmen eines Verschlusssachenauftrags vergeben wird, einschließlich der dazugehörigen Teile, Bauteile oder Bausätze,
3. Liefer-, Bau- und Dienstleistungen in unmittelbarem Zusammenhang mit der in den Nummern 1 und 2 genannten Ausrüstung in allen Phasen des Lebenszyklus der Ausrüstung oder
4. Bau- und Dienstleistungen speziell für militärische Zwecke oder Bau- und Dienstleistungen, die im Rahmen eines Verschlusssachenauftrags vergeben werden.

(2) Militärausrüstung ist jede Ausrüstung, die eigens zu militärischen Zwecken konzipiert oder für militärische Zwecke angepasst wird und zum Einsatz als Waffe, Munition oder Kriegsmaterial bestimmt ist.

(3) Ein Verschlusssachenauftrag im Sinne dieser Vorschrift ist ein Auftrag im speziellen Bereich der nichtmilitärischen Sicherheit, der ähnliche Merkmale aufweist und ebenso schutzbedürftig ist wie ein Auftrag über die Lieferung von Militärausrüstung im Sinne des Absatzes 1 Nummer 1 oder wie Bau- und Dienstleistungen speziell für militärische Zwecke im Sinne des Absatzes 1 Nummer 4, und

1. bei dessen Erfüllung oder Erbringung Verschlusssachen nach § 4 des Gesetzes über die Voraussetzungen und das Verfahren von Sicherheitsüberprüfungen des Bundes oder nach den entsprechenden Bestimmungen der Länder verwendet werden oder
2. der Verschlusssachen im Sinne der Nummer 1 erfordert oder beinhaltet.

Für die Praxis: § 104 GWB ist maßgebend für die Bestimmung des sachlichen Anwendungsbereichs der „Vergabeverordnung Verteidigung und Sicherheit (**VSVgV**)".

Durch § 104 **Abs. 1** GWB wird der sachliche Anwendungsbereich der VSVgV definiert, da hier **verteidigungs- und sicherheitsrelevante Aufträge** aufgeführt sind.

§ 104 **Abs. 2** GWB enthält die Legaldefinition der **Militärausrüstung**, welche für die Beschaffungspraxis einen wesentlichen Teil des sachlichen Anwendungsraums der VSVgV definiert. Eine – keinesfalls abschließende – **Auslegungshilfe** bietet die **Militärgüterliste** (vgl. Antwort auf schriftliche Anfrage E-1324/01 von Bart Staes, Verts/ALE, an den Rat, 2001/C 364 E/091 ABl. Nr. C 364 E, S. 85 f.).

Vom Begriff der **Militärausrüstung** umfasst werden danach:

„1. Handfeuerwaffen, auch automatisch, wie Gewehre, Karabiner, Revolver, Pistolen, Maschinenpistolen und Maschinengewehre, mit Ausnahme von Jagdwaffen, Kleinkaliberpistolen und anderen Kleinkaliberwaffen mit einem Kaliber unter 7 mm.

2. Artilleristische Waffen, Nebel-, Gas- und Flammenwerfer, wie:
   a) Kanonen, Haubitzen, Mörser, Geschütze, Panzerabwehrwaffen, Raketenwerfer, Flammenwerfer; rückstoßfreie Kanonen;
   b) Kriegsgeräte wie Nebel- und Gaswerfer.
3. Munition für die unter 1 und 2 genannten Waffen
4. Bomben, Torpedos, Raketen und ferngesteuertes Kriegsgerät:
   a) Bomben, Torpedos, Granaten, einschließlich Nebelgranaten, Rauchtöpfe, Raketen, Minen, ferngesteuertes Kriegsgerät, Wasserbomben, Brandbomben;
   b) Apparate und Vorrichtungen für militärische Zwecke, eigens konstruiert für die Handhabung, das Scharfmachen, die Entschärfung, die Detonation und den Nachweis der unter a) aufgeführten Geräte.
5. Feuerleitungsmaterial für militärische Zwecke:
   a) Flugbahnprüfungsgeräte, Infrarot-Zielgeräte und anderes Nachtzielmaterial;
   b) Entfernungsmesser, Ortungsgeräte, Höhenmesser;
   c) elektronische, gyroskopische, optische und akustische Beobachtungsvorrichtungen;
   d) Visiergeräte für Bombenabwurf und Höhenrichtwerke für Kanonen, Periskope für die in dieser Liste aufgeführten Geräte.
6. Panzerwagen und eigens für militärische Zwecke konstruierte Fahrzeuge:
   a) Panzerwagen;
   b) Militärfahrzeuge, bewaffnet oder gepanzert, einschließlich Amphibienfahrzeuge;
   c) Panzerzüge;
   d) Militärfahrzeuge (Halbkettenfahrzeuge);
   e) Militärfahrzeuge zur Reparatur von Panzerwagen;
   f) besonders für den Transport der unter 3 und 4 aufgeführten Munition konstruierte Anhänger.
7. Toxische oder radioaktive Wirkstoffe:
   a) biologische oder chemische toxische Wirkstoffe und radioaktive Wirkstoffe zur Vernichtung von Menschen, Tieren oder Ernten im Kriegsfall;
   b) militärische Geräte zur Verbreitung, Feststellung und Identifizierung der unter a) aufgeführten Stoffe;
   c) Material zum Schutz gegen die unter a) aufgeführten Stoffe.
8. Pulver, Explosivstoffe und flüssige oder feste Treibmittel:
   a) Pulver und flüssige oder feste Treibmittel, besonders für die unter 3, 4 und 7 aufgeführten Geräte entwickelt oder hergestellt;
   b) Explosivstoffe für militärische Zwecke;
   c) Brandsätze und Geliermittel für militärische Zwecke;
9. Kriegsschiffe und deren Sonderausrüstungen:
   a) Kriegsschiffe aller Art;
   b) Sonderausrüstungen zum Minenlegen, Minensuchen und Minenräumen;
   c) U-Bootnetze.

10. Luftfahrzeuge und ihre Ausrüstungen zu militärischen Zwecken.
11. Elektronenmaterial für militärische Zwecke.
12. Eigens für militärische Zwecke konstruierte Aufnahmeapparate.
13. Sonstige Ausrüstungen und sonstiges Material.
14. Teile und Einzelteile des in dieser Liste aufgeführten Materials, soweit sie einen militärischen Charakter haben.
15. Ausschließlich für die Entwicklung, Herstellung, Prüfung und Kontrolle der in dieser Liste aufgeführten Waffen, Munition und rein militärischen Geräte entwickelte Maschinen, Ausrüstungen und Werkzeuge."

Von dem Begriff „Militärausrüstung" werden grundsätzlich auch sog. **Dual-Use-Güter** erfasst, also solche Güter, die ursprünglich für zivile Zwecke konzipiert wurden, später aber für militärische Zwecke angepasst oder eingesetzt werden (vgl. EuGH, Urt. v. 7.6.2012, C-615/10 – InsTiimi Drehtischanlage, „tiltable turnable"; EuGH, Urt. v. 8.4.2008, C-337/05 – Augusta).

§ 104 **Abs. 3** GWB enthält die Legaldefinition der **Verschlusssachenaufträge**. Verschlusssachenaufträge können insbesondere bei **Beschaffungen der zivilen Sicherheitsbehörden** (z.B. Polizei) zu finden sein. Ein Verschlusssachenauftrag liegt nicht nur vor, wenn die gesamten Vergabeunterlagen als Verschlusssache eingestuft sind, sondern auch, wenn die Auftragsdurchführung die Verwendung von Verschlusssachen voraussetzt, z.B. die Verschlüsselung für gesicherte E-Mail-Anwendungen oder ein Kryptofax.

§ 105
Konzessionen

(1) Konzessionen sind entgeltliche Verträge, mit denen ein oder mehrere Konzessionsgeber ein oder mehrere Unternehmen

1. mit der Erbringung von Bauleistungen betrauen (Baukonzessionen); dabei besteht die Gegenleistung entweder allein in dem Recht zur Nutzung des Bauwerks oder in diesem Recht zuzüglich einer Zahlung; oder
2. mit der Erbringung und der Verwaltung von Dienstleistungen betrauen, die nicht in der Erbringung von Bauleistungen nach Nummer 1 bestehen (Dienstleistungskonzessionen); dabei besteht die Gegenleistung entweder allein in dem Recht zur Verwertung der Dienstleistungen oder in diesem Recht zuzüglich einer Zahlung.

(2) In Abgrenzung zur Vergabe öffentlicher Aufträge geht bei der Vergabe einer Bau- oder Dienstleistungskonzession das Betriebsrisiko für die Nutzung des Bauwerks oder für die Verwertung der Dienstleistungen auf den Konzessionsnehmer über. Dies ist der Fall, wenn

1. unter normalen Betriebsbedingungen nicht gewährleistet ist, dass die Investitionsaufwendungen oder die Kosten für den Betrieb des Bauwerks oder die Erbringung der Dienstleistungen wieder erwirtschaftet werden können, und
2. der Konzessionsnehmer den Unwägbarkeiten des Marktes tatsächlich ausgesetzt ist, sodass potenzielle geschätzte Verluste des Konzessionsnehmers nicht vernachlässigbar sind.

Das Betriebsrisiko kann ein Nachfrage- oder Angebotsrisiko sein.

Für die Praxis: 1. Legaldefinitionen. § 105 **Abs. 1** GWB enthält die Legaldefinitionen für **Baukonzessionen** (§ 105 Abs. 1 Nr. 1 GWB) und **Dienstleistungskonzessionen** (§ 105 Abs. 1 Nr. 2 GWB). § 105 GWB erstreckt so – gemeinsam mit § 101 GWB – den Anwendungsbereich des Vergaberechts auch auf die Vergabe von Konzessionen (siehe dazu die Anmerkung zu § 101 GWB).

Maßgebliches Merkmal für das Vorliegen einer Konzession (§ 105 GWB) in Abgrenzung vom öffentlichen Auftrag (§ 103 GWB) ist, dass der Konzessionsnehmer das **Betriebsrisiko** für die Nutzung des Bauwerks oder für die Verwertung der Dienstleistungen trägt (§ 105 **Abs. 2 Satz 1** GWB).

Ein **allgemeiner Verlustausgleich** spricht gegen die Übernahme des Betriebsrisikos (vgl. § 105 Abs. 2 Satz 2 Nr. 2 GWB; vgl. auch EuGH, Urt. v. 10.11.2011, C-348/10 – Busverkehrsleistungen in der Stadt und im Kreis Ludza; EuGH, Urt. v. 10.9.2009, C-206/08 – WAZV Gotha).

Grundsätzlich kann eine Konzession auch dort vorliegen, wo der Konzessionär neben dem Recht zur Nutzung des Baus bzw. der Verwertung seines Nutzungsrechts ein **zusätzliches Entgelt** (Preis) erhält. Dies ergibt sich schon aus dem Wortlaut der Definitionen in § 105 Abs. 1 GWB („… zuzüglich einer Zahlung …"). Das zusätzliche Entgelt darf jedoch nicht dazu führen, dass der Konzessionär kein wirtschaftliches Risiko mehr tragen muss. Soweit das zusätzliche Entgelt **mehr als die Hälfte der Einnahmen** des Konzessionärs aus der von ihm erbrachten Leistung ausmacht, wird vermutet, dass er kein wirtschaftliches Risiko im Sinne des Konzessionsbegriffs mehr trägt (*Zeiss* in: Heiermann/Zeiss, jurisPK-Vergaberecht, 6. Aufl. 2022, § 99 GWB Rn. 251).

Im Ergebnis liegt daher ein öffentlicher Auftrag (§ 103 GWB) – und keine Konzession (§ 105 GWB) – vor, wo die Einnahmen des „Konzessionärs" aus den zusätzlich gezahlten Entgelten die Einnahmen aus der Verwertung des Nutzungsrechts übersteigen (BGH, Beschl. v. 8.2.2011, X ZB 4/10 – VRR; OLG Düsseldorf, Beschl. v. 21.7.2010, VII-Verg 19/10 – VRR). Beispielsweise ist der Betrieb einer S-Bahn bzw. eines SPNV-Angebots danach keine Dienstleistungskonzession, wenn Zuzahlungen der öffentlichen Hand bereits 64 % der Gesamtkosten decken und die Einnahmen aus dem Fahrkartenverkauf deutlich übersteigen (BGH, Beschl. v. 8.2.2011, X ZB 4/10 – VRR; OLG Düsseldorf, Beschl. v. 21.7.2010, VII-Verg 19/10 – VRR).

2. Beispiele. Zur Veranschaulichung hier noch einige Beispiele:

- Überträgt eine Stadt die **Fernverpflegung ihrer Kindertagesstätten und Ganztagsschulen** an ein Catering-Unternehmen und übernimmt dabei das Einnahmerisiko für das Catering-Unternehmen, handelt es sich nicht um eine Dienstleistungskonzession (§ 105 Abs. 1 Nr. 2 GWB), sondern um einen öffentlichen Auftrag (§ 103 GWB; vgl. *Zeiss* in: Heiermann/Zeiss, jurisPK-Vergaberecht, 6. Aufl. 2022, § 99 GWB Rn. 247).
- Demgegenüber handelt es sich um eine Dienstleistungskonzession i.S.d. § 105 Abs. 1 Nr. 2 GWB, wenn ein **Pachtvertrag über Betrieb und Bewirtschaftung einer Halle** vergeben werden soll und tatsächlich das wirtschaftliche Risiko vom Hallenpächter getragen werden muss. Dies gilt selbst dann, wenn der Hallenbetreiber in geringem Umfang ein zusätzliches Entgelt erhält (VK Sachsen-Anhalt, Beschl. v. 1.8.2013, 2 VK LSA 04/13 – Pachtvertrag betreffend Stadthallenbetrieb).
- Auch der Betrieb eines **kommunalen Fernsehkabelnetzes mit „Triple-Play"-Funktionalität** (also unter Einschluss von Telefon- und Internetanschluss) kann eine Dienstleistungskonzession darstellen (EuGH, Urt. v. 14.11.2013, C-221/12 – streitbeilegender Vergleich betreffend eine Konzession zur Nutzung des gemeindlichen Kabelnetzes).
- Ebenso kann **die Bezuschussung des Breitbandausbaus im ländlichen Raum** eine Dienstleistungskonzession darstellen (OLG München, Beschl. v. 25.3.2011, VII-Verg 4/11 – Schnell-im-Netz.de GmbH & Co. KG u. GSMB Invest GmbH & Co. KG ./. Landkreis Rhön-Grabfeld u. Telekom AG).

§ 106
Schwellenwerte

(1) Dieser Teil gilt für die Vergabe von öffentlichen Aufträgen und Konzessionen sowie die Ausrichtung von Wettbewerben, deren geschätzter Auftrags- oder Vertragswert ohne Umsatzsteuer die jeweils festgelegten Schwellenwerte erreicht oder überschreitet. § 114 Absatz 2 bleibt unberührt.

Für die Praxis: Das GWB und die auf seiner Grundlage erlassenen Verordnungen gelten nur für Aufträge, die eine bestimmte Größenordnung überschreiten. Liegt der Auftragswert unterhalb dieser sog. EU-Schwellenwerte, muss der Auftraggeber nur das für ihn geltende Haushaltsrecht beachten. Auch Rechtsschutz nach §§ 155 ff. GWB gibt es nur für Aufträge, die diese Schwellenwerte überschreiten.

Wie die Schätzung vorzunehmen ist, regelt § 3 VgV, der auch für Bauvergaben gilt. Maßgeblicher Zeitpunkt, zu dem die Schätzung aktuell sein muss, ist der Tag der Absendung der Bekanntmachung oder – etwa bei einem Verhandlungsverfahren ohne Teilnahmewettbewerb der Zeitpunkt, an dem das Verfahren auf andere Weise eingeleitet wird.

Der Auftraggeber darf das Vergaberecht nicht durch eine Losaufteilung oder eine ungeeignete Schätzmethode umgehen. Wie der Auftragswert bei einem Vergabeverfahren konkret zu schätzen ist, ergibt sich aus § 3 VgV.

Übersteigt der Auftragswert den EU-Schwellenwert, kann der Auftraggeber einzelne Lose nach nationalem Vergaberecht vergeben. Dafür müssen zwei Voraussetzungen vorliegen: 80 % des Auftrages müssen nach EU-Recht vergeben werden und das einzelne Los darf 80.000 € bei Liefer- und Dienstleistungen und 1 Mio. € bei Bauleistungen nicht übersteigen.

Für länger laufende Verträge sind die Vorgaben in § 3 Abs. 10 VgV zu beachten.

(2) Der jeweilige Schwellenwert ergibt sich

1. für öffentliche Aufträge und Wettbewerbe, die von öffentlichen Auftraggebern vergeben werden, aus Artikel 4 der Richtlinie 2014/24/EU in der jeweils geltenden Fassung; der sich hieraus für zentrale Regierungsbehörden ergebende Schwellenwert ist von allen obersten Bundesbehörden sowie allen oberen Bundesbehörden und vergleichbaren Bundeseinrichtungen anzuwenden,
2. für öffentliche Aufträge und Wettbewerbe, die von Sektorenauftraggebern zum Zweck der Ausübung einer Sektorentätigkeit vergeben werden, aus Artikel 15 der Richtlinie 2014/25/EU in der jeweils geltenden Fassung,
3. für verteidigungs- oder sicherheitsspezifische öffentliche Aufträge aus Artikel 8 der Richtlinie 2009/81/EG des Europäischen Parlaments und des Rates vom 13. Juli 2009 über die Koordinierung der Verfahren zur Vergabe bestimmter Bau-, Liefer- und Dienstleistungsaufträge in den Bereichen Verteidigung und Sicherheit und zur Änderung der Richtlinien 2004/17/EG und 2004/18/EG (ABl. L 216 vom 20.8.2009, S. 76) in der jeweils geltenden Fassung,
4. für Konzessionen aus Artikel 8 der Richtlinie 2014/23/EU des Europäischen Parlaments und des Rates vom 26. Februar 2014 über die Konzessionsvergabe (ABl. L 94 vom 28.3.2014, S. 1) in der jeweils geltenden Fassung.

Für die Praxis: Die Höhe der Schwellenwerte beruht auf internationalen Verpflichtungen der EU, festgelegt im Government Procurement Agreement und ist deswegen alle zwei Jahre neu festzusetzen. Die Schwellenwerte betragen für den Zeitraum 2024 – 2025:

- für die Vergabe von Bauleistungen 5,538 Mio. €
- für die Vergabe von Konzessionen 5,538 Mio. €
- für die Vergabe von Liefer- und Dienstleistungen
  - durch subzentrale Auftraggeber 143.000 €
  - für alle anderen öffentlichen Auftraggeber 221.000 €
  - für Sektorenauftraggeber 443.000 €.

Bei der Neufestsetzung der Schwellenwerte berücksichtigt die Kommission bestimmte Wechselkursentwicklungen. Die neuen Schwellenwerte werden meist im November veröffentlicht. Bei

Aufträgen knapp über/unter dem Schwellenwert ist es zu diesem Zeitpunkt unbedingt empfehlenswert, die Entwicklung der Schwellenwerte zu beobachten.

(3) Das Bundesministerium für Wirtschaft und Energie gibt die geltenden Schwellenwerte unverzüglich, nachdem sie im Amtsblatt der Europäischen Union veröffentlicht worden sind, im Bundesanzeiger bekannt.

Für die Praxis: Im Übrigen siehe dazu die Anmerkung zu § 2 VgV.

§ 107
Allgemeine Ausnahmen

(1) Dieser Teil ist nicht anzuwenden auf die Vergabe von öffentlichen Aufträgen und Konzessionen

1. zu Schiedsgerichts- und Schlichtungsdienstleistungen,
2. für den Erwerb, die Miete oder die Pacht von Grundstücken, vorhandenen Gebäuden oder anderem unbeweglichem Vermögen sowie Rechten daran, ungeachtet ihrer Finanzierung,
3. zu Arbeitsverträgen,
4. zu Dienstleistungen des Katastrophenschutzes, des Zivilschutzes und der Gefahrenabwehr, die von gemeinnützigen Organisationen oder Vereinigungen erbracht werden und die unter die Referenznummern des Common Procurement Vocabulary 75250000-3, 75251000-0, 75251100-1, 75251110-4, 75251120-7, 75252000-7, 75222000-8, 98113100-9 und 85143000-3 mit Ausnahme des Einsatzes von Krankenwagen zur Patientenbeförderung fallen; gemeinnützige Organisationen oder Vereinigungen im Sinne dieser Nummer sind insbesondere die Hilfsorganisationen, die nach Bundes- oder Landesrecht als Zivil- und Katastrophenschutzorganisationen anerkannt sind.

(2) Dieser Teil ist ferner nicht auf öffentliche Aufträge und Konzessionen anzuwenden,

1. bei denen die Anwendung dieses Teils den Auftraggeber dazu zwingen würde, im Zusammenhang mit dem Vergabeverfahren oder der Auftragsausführung Auskünfte zu erteilen, deren Preisgabe seiner Ansicht nach wesentlichen Sicherheitsinteressen der Bundesrepublik Deutschland im Sinne des Artikels 346 Absatz 1 Buchstabe a des Vertrags über die Arbeitsweise der Europäischen Union widerspricht, oder
2. die dem Anwendungsbereich des Artikels 346 Absatz 1 Buchstabe b des Vertrags über die Arbeitsweise der Europäischen Union unterliegen.

Wesentliche Sicherheitsinteressen im Sinne des Artikels 346 Absatz 1 des Vertrags über die Arbeitsweise der Europäischen Union können insbesondere berührt sein, wenn der öffentliche Auftrag oder die Konzession verteidigungsindustrielle Schlüsseltechnologien betrifft. Ferner können im Fal des Satzes 1 Nummer 1 wesentliche Sicherheitsinteressen im Sinne des Artikels 346 Absatz 1 Buchstabe a des Vertrags über die Arbeitsweise der Europäischen Union insbesondere berührt sein, wenn der öffentliche Auftrag oder die Konzession

1. sicherheitsindustrielle Schlüsseltechnologien betreffen oder
2. Leistungen betreffen, die
   a) für den Grenzschutz, die Bekämpfung des Terrorismus oder der organisierten Kriminalität oder für verdeckte Tätigkeiten der Polizei oder der Sicherheitskräfte bestimmt sind, oder
   b) Verschlüsselung betreffen

   und soweit ein besonders hohes Maß an Vertraulichkeit erforderlich ist.

§ 108
Ausnahmen bei öffentlich-öffentlicher Zusammenarbeit

(1) Dieser Teil ist nicht anzuwenden auf die Vergabe von öffentlichen Aufträgen, die von einem öffentlichen Auftraggeber im Sinne des § 99 Nummer 1 bis 3 an eine juristische Person des öffentlichen oder privaten Rechts vergeben werden, wenn

1. der öffentliche Auftraggeber über die juristische Person eine ähnliche Kontrolle wie über seine eigenen Dienststellen ausübt,
2. mehr als 80 Prozent der Tätigkeiten der juristischen Person der Ausführung von Aufgaben dienen, mit denen sie von dem öffentlichen Auftraggeber oder von einer anderen juristischen Person, die von diesem kontrolliert wird, betraut wurde, und
3. an der juristischen Person keine direkte private Kapitalbeteiligung besteht, mit Ausnahme nicht beherrschender Formen der privaten Kapitalbeteiligung und Formen der privaten Kapitalbeteiligung ohne Sperrminorität, die durch gesetzliche Bestimmungen vorgeschrieben sind und die keinen maßgeblichen Einfluss auf die kontrollierte juristische Person vermitteln.

Für die Praxis: Mit dieser Regelung wird die frühere, intensive Rechtsprechung zur sog. Inhouse-Vergabe in das GWB übernommen. In § 108 Abs. 1 GWB geht es um die Situation, dass der öffentliche Auftraggeber ein ihm untergeordnetes Unternehmen beauftragen will, z.B. eine Kommune, eine rechtlich selbständige GmbH. Für rechtlich unselbständige Untereinheiten ist kein Rückgriff auf § 108 GWB erforderlich.

Für eine Auftragserteilung ohne Vergabeverfahren müssen alle in Abs. 1 genannten Voraussetzungen vorliegen.

Einige Fragen sind auch bei dieser Regelung nicht ganz gelöst. Wie sind die 80 % zu berechnen, wenn die Einheit eine Aufgabe des Auftraggebers übernimmt, die Vergütung aber direkt von den Bürgern erhält? Sehr häufig wird danach differenziert, ob die Tätigkeit dem freien Wettbewerb unterworfen ist (z.B. Stromlieferung) oder nicht (z.B. bei Anschluss- und Benutzungszwang). Bei einer Tätigkeit, die dem freien Wettbewerb ausgesetzt ist, werden die Zahlungen der Bürger nicht dem öffentlichen Auftraggeber zugerechnet.

Die Vergabe an eine sog. Enkel-Gesellschaft, an der der öffentliche Auftraggeber nur mittelbar beteiligt ist, ist in Abs. 2 geregelt.

Abs. 3 betrifft weitere Situationen, nämlich die Auftragserteilung von einer Tochtergesellschaft an den öffentlichen Auftraggeber oder von einer Tochter an eine andere Tochter.

Auftragsvergaben an ein Unternehmen, an dem mehrere öffentliche Auftraggeber beteiligt sind, sind in Abs. 4 geregelt.

(2) Die Ausübung einer Kontrolle im Sinne von Absatz 1 Nummer 1 wird vermutet, wenn der öffentliche Auftraggeber einen ausschlaggebenden Einfluss auf die strategischen Ziele und die wesentlichen Entscheidungen der juristischen Person ausübt. Die Kontrolle kann auch durch eine andere juristische Person ausgeübt werden, die von dem öffentlichen Auftraggeber auf gleiche Weise kontrolliert wird.

(3) Absatz 1 gilt auch für die Vergabe öffentlicher Aufträge, die von einer kontrollierten juristischen Person, die zugleich öffentlicher Auftraggeber im Sinne des § 99 Nummer 1 bis 3 ist, an den kontrollierenden öffentlichen Auftraggeber oder an eine von diesem öffentlichen Auftraggeber kontrollierte andere juristische Person vergeben werden. Voraussetzung ist, dass keine direkte private Kapitalbeteiligung an der juristischen Person besteht, die den öffentlichen Auftrag erhalten soll. Absatz 1 Nummer 3 zweiter Halbsatz gilt entsprechend.

(4) Dieser Teil ist nicht anzuwenden auf die Vergabe von öffentlichen Aufträgen, bei denen der öffentliche Auftraggeber im Sinne des § 99 Nummer 1 bis 3 über eine juristische Person des privaten oder öffentlichen Rechts zwar keine Kontrolle im Sinne des Absatzes 1 Nummer 1 ausübt, aber

1. der öffentliche Auftraggeber gemeinsam mit anderen öffentlichen Auftraggebern über die juristische Person eine ähnliche Kontrolle ausübt wie jeder der öffentlichen Auftraggeber über seine eigenen Dienststellen,
2. mehr als 80 Prozent der Tätigkeiten der juristischen Person der Ausführung von Aufgaben dienen, mit denen sie von den öffentlichen Auftraggebern oder von einer anderen juristischen Person, die von diesen Auftraggebern kontrolliert wird, betraut wurde, und
3. an der juristischen Person keine direkte private Kapitalbeteiligung besteht; Absatz 1 Nummer 3 zweiter Halbsatz gilt entsprechend.

(5) Eine gemeinsame Kontrolle im Sinne von Absatz 4 Nummer 1 besteht, wenn

1. sich die beschlussfassenden Organe der juristischen Person aus Vertretern sämtlicher teilnehmender öffentlicher Auftraggeber zusammensetzen; ein einzelner Vertreter kann mehrere oder alle teilnehmenden öffentlichen Auftraggeber vertreten,
2. die öffentlichen Auftraggeber gemeinsam einen ausschlaggebenden Einfluss auf die strategischen Ziele und die wesentlichen Entscheidungen der juristischen Person ausüben können und
3. die juristische Person keine Interessen verfolgt, die den Interessen der öffentlichen Auftraggeber zuwiderlaufen.

(6) Dieser Teil ist ferner nicht anzuwenden auf Verträge, die zwischen zwei oder mehreren öffentlichen Auftraggebern im Sinne des § 99 Nummer 1 bis 3 geschlossen werden, wenn

1. der Vertrag eine Zusammenarbeit zwischen den beteiligten öffentlichen Auftraggebern begründet oder erfüllt, um sicherzustellen, dass die von ihnen zu erbringenden öffentlichen Dienstleistungen im Hinblick auf die Erreichung gemeinsamer Ziele ausgeführt werden,
2. die Durchführung der Zusammenarbeit nach Nummer 1 ausschließlich durch Überlegungen im Zusammenhang mit dem öffentlichen Interesse bestimmt wird und
3. die öffentlichen Auftraggeber auf dem Markt weniger als 20 Prozent der Tätigkeiten erbringen, die durch die Zusammenarbeit nach Nummer 1 erfasst sind.

Für die Praxis: In § 108 Abs. 6 GWB geht es um die sog. interstaatliche oder interkommunale Kooperation, also die gemeinsame Erfüllung einer Aufgabe durch zwei oder mehr öffentliche Auftraggeber gemeinsam. Auf diese Weise sollen öffentliche Auftraggeber ihre Ressourcen kombinieren können. Voraussetzung ist ein (tatsächlich) kooperatives Konzept, vgl. z.B. OLG Koblenz, Beschl. v. 27.01.2021, Verg 1/19.

(7) Zur Bestimmung des prozentualen Anteils nach Absatz 1 Nummer 2, Absatz 4 Nummer 2 und Absatz 6 Nummer 3 wird der durchschnittliche Gesamtumsatz der letzten drei Jahre vor Vergabe des öffentlichen Auftrags oder ein anderer geeigneter tätigkeitsgestützter Wert herangezogen. Ein geeigneter tätigkeitsgestützter Wert sind zum Beispiel die Kosten, die der juristischen Person oder dem öffentlichen Auftraggeber in dieser Zeit in Bezug auf Liefer-, Bau- und Dienstleistungen entstanden sind. Liegen für die letzten drei Jahre keine Angaben über den Umsatz oder einen geeigneten alternativen tätigkeitsgestützten Wert wie zum Beispiel Kosten vor oder sind sie nicht aussagekräftig, genügt es, wenn der tätigkeitsgestützte Wert insbesondere durch Prognosen über die Geschäftsentwicklung glaubhaft gemacht wird.

(8) Die Absätze 1 bis 7 gelten entsprechend für Sektorenauftraggeber im Sinne des § 100 Absatz 1 Nummer 1 hinsichtlich der Vergabe von öffentlichen Aufträgen sowie für Konzessionsgeber im Sinne des § 101 Absatz 1 Nummer 1 und 2 hinsichtlich der Vergabe von Konzessionen.

§ 109
Ausnahmen für Vergaben auf der Grundlage internationaler Verfahrensregeln

(1) Dieser Teil ist nicht anzuwenden, wenn öffentliche Aufträge, Wettbewerbe oder Konzessionen

1. nach Vergabeverfahren zu vergeben oder durchzuführen sind, die festgelegt werden durch

a) ein Rechtsinstrument, das völkerrechtliche Verpflichtungen begründet, wie eine im Einklang mit den EU-Verträgen geschlossene internationale Übereinkunft oder Vereinbarung zwischen der Bundesrepublik Deutschland und einem oder mehreren Staaten, die nicht Vertragsparteien des Übereinkommens über den Europäischen Wirtschaftsraum sind, oder ihren Untereinheiten über Liefer-, Bau- oder Dienstleistungen für ein von den Unterzeichnern gemeinsam zu verwirklichendes oder zu nutzendes Projekt, oder

b) eine internationale Organisation oder

2. gemäß den Vergaberegeln einer internationalen Organisation oder internationalen Finanzierungseinrichtung bei vollständiger Finanzierung der öffentlichen Aufträge und Wettbewerbe durch diese Organisation oder Einrichtung zu vergeben sind; für den Fall einer überwiegenden Kofinanzierung öffentlicher Aufträge und Wettbewerbe durch eine internationale Organisation oder eine internationale Finanzierungseinrichtung einigen sich die Parteien auf die anwendbaren Vergabeverfahren.

(2) Für verteidigungs- oder sicherheitsspezifische öffentliche Aufträge ist § 145 Nummer 7 und für Konzessionen in den Bereichen Verteidigung und Sicherheit ist § 150 Nummer 7 anzuwenden.

§ 110
Vergabe von öffentlichen Aufträgen und Konzessionen, die verschiedene Leistungen zum Gegenstand haben

(1) Öffentliche Aufträge, die verschiedene Leistungen wie Liefer-, Bau- oder Dienstleistungen zum Gegenstand haben, werden nach den Vorschriften vergeben, denen der Hauptgegenstand des Auftrags zuzuordnen ist. Dasselbe gilt für die Vergabe von Konzessionen, die sowohl Bau- als auch Dienstleistungen zum Gegenstand haben.

Für die Praxis: In § 110 GWB geht es um Aufträge, die einen gemischten Gegenstand haben. In Abs. 1 ist der Grundsatz festgelegt, dass bei solchen Verträgen der „Hauptgegenstand" des Vertrages bestimmt, welche vergaberechtlichen Vorschriften anwendbar sind, vgl. z.B. zur Ermittlung des Hauptgegenstands bei einem gemischten Vertrag OLG Düsseldorf, Beschl. v. 16.10.2019, Verg 66/18.

Für Verträge, die aus unterschiedlichen Dienstleistungen oder teilweise aus Lieferleistungen, teilweise aus Dienstleistungen bestehen, sieht Abs. 2 eine Festlegung des „Hauptgegenstandes" anhand des Wertes der jeweiligen Leistungen vor.

Für Verträge, die Bauleistungen und Liefer-/Dienstleistungen umfassen, ist der Wert der Leistungen nur eines von mehreren möglichen Merkmalen. Es ist letztlich immer im Einzelfall zu entscheiden, was für ein Vertrag vorliegt. Lässt sich dies nicht zweifelsfrei entscheiden, ist im Zweifel den strengeren Regeln über die Vergabe von Liefer- und Dienstleistungen der Vorrang zu geben.

(2) Der Hauptgegenstand öffentlicher Aufträge und Konzessionen, die

1. teilweise aus Dienstleistungen, die den Vorschriften zur Vergabe von öffentlichen Aufträgen über soziale und andere besondere Dienstleistungen im Sinne des § 130 oder Konzessionen über soziale und andere besondere Dienstleistungen im Sinne des § 153 unterfallen, und teilweise aus anderen Dienstleistungen bestehen oder

2. teilweise aus Lieferleistungen und teilweise aus Dienstleistungen bestehen,

wird danach bestimmt, welcher geschätzte Wert der jeweiligen Liefer- oder Dienstleistungen am höchsten ist.

§ 111
Vergabe von öffentlichen Aufträgen und Konzessionen, deren Teile unterschiedlichen rechtlichen Regelungen unterliegen

(1) Sind die verschiedenen Teile eines öffentlichen Auftrags, die jeweils unterschiedlichen rechtlichen Regelungen unterliegen, objektiv trennbar, so dürfen getrennte Aufträge für jeden Teil oder darf ein Gesamtauftrag vergeben werden.

(2) Werden getrennte Aufträge vergeben, so wird jeder einzelne Auftrag nach den Vorschriften vergeben, die auf seine Merkmale anzuwenden sind.

(3) Wird ein Gesamtauftrag vergeben,

1. kann der Auftrag ohne Anwendung dieses Teils vergeben werden, wenn ein Teil des Auftrags die Voraussetzungen des § 107 Absatz 2 Nummer 1 oder 2 erfüllt und die Vergabe eines Gesamtauftrags aus objektiven Gründen gerechtfertigt ist,
2. kann der Auftrag nach den Vorschriften über die Vergabe von verteidigungs- oder sicherheitsspezifischen Aufträgen vergeben werden, wenn ein Teil des Auftrags diesen Vorschriften unterliegt und die Vergabe eines Gesamtauftrags aus objektiven Gründen gerechtfertigt ist,
3. sind die Vorschriften zur Vergabe von öffentlichen Aufträgen durch Sektorenauftraggeber anzuwenden, wenn ein Teil des Auftrags diesen Vorschriften unterliegt und der Wert dieses Teils den geltenden Schwellenwert erreicht oder überschreitet; dies gilt auch dann, wenn der andere Teil des Auftrags den Vorschriften über die Vergabe von Konzessionen unterliegt,
4. sind die Vorschriften zur Vergabe von öffentlichen Aufträgen durch öffentliche Auftraggeber anzuwenden, wenn ein Teil des Auftrags den Vorschriften zur Vergabe von Konzessionen und ein anderer Teil des Auftrags den Vorschriften zur Vergabe von öffentlichen Aufträgen durch öffentliche Auftraggeber unterliegt und wenn der Wert dieses Teils den geltenden Schwellenwert erreicht oder überschreitet,
5. sind die Vorschriften dieses Teils anzuwenden, wenn ein Teil des Auftrags den Vorschriften dieses Teils und ein anderer Teil des Auftrags sonstigen Vorschriften außerhalb dieses Teils unterliegt; dies gilt ungeachtet des Wertes des Teils, der sonstigen Vorschriften außerhalb dieses Teils unterliegen würde und ungeachtet ihrer rechtlichen Regelung.

(4) Sind die verschiedenen Teile eines öffentlichen Auftrags, die jeweils unterschiedlichen rechtlichen Regelungen unterliegen, objektiv nicht trennbar,

1. wird der Auftrag nach den Vorschriften vergeben, denen der Hauptgegenstand des Auftrags zuzuordnen ist; enthält der Auftrag Elemente einer Dienstleistungskonzession und eines Lieferauftrags, wird der Hauptgegenstand danach bestimmt, welcher geschätzte Wert der jeweiligen Dienst- oder Lieferleistungen höher ist,
2. kann der Auftrag ohne Anwendung der Vorschriften dieses Teils oder gemäß den Vorschriften über die Vergabe von verteidigungs- oder sicherheitsspezifischen öffentlichen Aufträgen vergeben werden, wenn der Auftrag Elemente enthält, auf die § 107 Absatz 2 Nummer 1 oder 2 anzuwenden ist.

(5) Die Entscheidung, einen Gesamtauftrag oder getrennte Aufträge zu vergeben, darf nicht zu dem Zweck getroffen werden, die Auftragsvergabe von den Vorschriften zur Vergabe öffentlicher Aufträge und Konzessionen auszunehmen.

(6) Auf die Vergabe von Konzessionen sind die Absätze 1, 2 und 3 Nummer 1 und 2 sowie die Absätze 4 und 5 entsprechend anzuwenden.

§ 112
Vergabe von öffentlichen Aufträgen und Konzessionen, die verschiedene Tätigkeiten umfassen

(1) Umfasst ein öffentlicher Auftrag mehrere Tätigkeiten, von denen eine Tätigkeit eine Sektorentätigkeit im Sinne des § 102 darstellt, dürfen getrennte Aufträge für die Zwecke jeder einzelnen Tätigkeit oder darf ein Gesamtauftrag vergeben werden.

(2) Werden getrennte Aufträge vergeben, so wird jeder einzelne Auftrag nach den Vorschriften vergeben, die auf seine Merkmale anzuwenden sind.

(3) Wird ein Gesamtauftrag vergeben, unterliegt dieser Auftrag den Bestimmungen, die für die Tätigkeit gelten, für die der Auftrag hauptsächlich bestimmt ist. Ist der Auftrag sowohl für eine Sektorentätigkeit im Sinne des § 102 als auch für eine Tätigkeit bestimmt, die Verteidigungs- oder Sicherheitsaspekte umfasst, ist § 111 Absatz 3 Nummer 1 und 2 entsprechend anzuwenden.

(4) Die Entscheidung, einen Gesamtauftrag oder getrennte Aufträge zu vergeben, darf nicht zu dem Zweck getroffen werden, die Auftragsvergabe von den Vorschriften dieses Teils auszunehmen.

(5) Ist es objektiv unmöglich, festzustellen, für welche Tätigkeit der Auftrag hauptsächlich bestimmt ist, unterliegt die Vergabe

1. den Vorschriften zur Vergabe von öffentlichen Aufträgen durch öffentliche Auftraggeber, wenn eine der Tätigkeiten, für die der Auftrag bestimmt ist, unter diese Vorschriften fällt,
2. den Vorschriften zur Vergabe von öffentlichen Aufträgen durch Sektorenauftraggeber, wenn der Auftrag sowohl für eine Sektorentätigkeit im Sinne des § 102 als auch für eine Tätigkeit bestimmt ist, die in den Anwendungsbereich der Vorschriften zur Vergabe von Konzessionen fallen würde,
3. den Vorschriften zur Vergabe von öffentlichen Aufträgen durch Sektorenauftraggeber, wenn der Auftrag sowohl für eine Sektorentätigkeit im Sinne des § 102 als auch für eine Tätigkeit bestimmt ist, die weder in den Anwendungsbereich der Vorschriften zur Vergabe von Konzessionen noch in den Anwendungsbereich der Vorschriften zur Vergabe öffentlicher Aufträge durch öffentliche Auftraggeber fallen würde.

(6) Umfasst eine Konzession mehrere Tätigkeiten, von denen eine Tätigkeit eine Sektorentätigkeit im Sinne des § 102 darstellt, sind die Absätze 1 bis 4 entsprechend anzuwenden. Ist es objektiv unmöglich, festzustellen, für welche Tätigkeit die Konzession hauptsächlich bestimmt ist, unterliegt die Vergabe

1. den Vorschriften zur Vergabe von Konzessionen durch Konzessionsgeber im Sinne des § 101 Absatz 1 Nummer 1, wenn eine der Tätigkeiten, für die die Konzession bestimmt ist, diesen Bestimmungen und die andere Tätigkeit den Bestimmungen für die Vergabe von Konzessionen durch Konzessionsgeber im Sinne des § 101 Absatz 1 Nummer 2 oder Nummer 3 unterliegt,
2. den Vorschriften zur Vergabe von öffentlichen Aufträgen durch öffentliche Auftraggeber, wenn eine der Tätigkeiten, für die die Konzession bestimmt ist, unter diese Vorschriften fällt,
3. den Vorschriften zur Vergabe von Konzessionen, wenn eine der Tätigkeiten, für die die Konzession bestimmt ist, diesen Vorschriften und die andere Tätigkeit weder den Vorschriften zur Vergabe von öffentlichen Aufträgen durch Sektorenauftraggeber noch den Vorschriften zur Vergabe öffentlicher Aufträge durch öffentliche Auftraggeber unterliegt.

§ 113
Verordnungsermächtigung

Die Bundesregierung wird ermächtigt, durch Rechtsverordnungen mit Zustimmung des Bundesrates die Einzelheiten zur Vergabe von öffentlichen Aufträgen und Konzessionen sowie zur Ausrichtung von Wettbewerben zu regeln. Diese Ermächtigung umfasst die Befugnis zur Regelung von Anforderungen an den Auftragsgegenstand und an das Vergabeverfahren, insbesondere zur Regelung

1. der Schätzung des Auftrags- oder Vertragswertes,
2. der Leistungsbeschreibung, der Bekanntmachung, der Verfahrensarten und des Ablaufs des Vergabeverfahrens, der Nebenangebote, der Vergabe von Unteraufträgen sowie der Vergabe öffentlicher Aufträge und Konzessionen, die soziale und andere besondere Dienstleistungen betreffen,
3. der besonderen Methoden und Instrumente in Vergabeverfahren und für Sammelbeschaffungen einschließlich der zentralen Beschaffung,

4. des Sendens, Empfangens, Weiterleitens und Speicherns von Daten einschl eßlich der Regelungen zum Inkrafttreten der entsprechenden Verpflichtungen,
5. der Auswahl und Prüfung der Unternehmen und Angebote sowie des Abschlusses des Vertrags,
6. der Aufhebung des Vergabeverfahrens,
7. der verteidigungs- oder sicherheitsspezifischen Anforderungen im Hinblick auf den Geheimschutz, auf die allgemeinen Regelungen zur Wahrung der Vertraulichkeit, auf die Versorgungssicherheit sowie auf die besonderen Regelungen für die Vergabe von Unteraufträgen,
8. der Voraussetzungen, nach denen Sektorenauftraggeber, Konzessionsgeber oder Auftraggeber nach dem Bundesberggesetz von der Verpflichtung zur Anwendung dieses Teils befreit werden können, sowie des dabei anzuwendenden Verfahrens einschließlich der erforderlichen Ermittlungsbefugnisse des Bundeskartellamtes und der Einzelheiten der Kostenerhebung; Vollstreckungserleichterungen dürfen vorgesehen werden.

Die Rechtsverordnungen sind dem Bundestag zuzuleiten. Die Zuleitung erfolgt vor der Zuleitung an den Bundesrat. Die Rechtsverordnungen können durch Beschluss des Bundestages geändert oder abgelehnt werden. Der Beschluss des Bundestages wird der Bundesregierung zugeleitet. Hat sich der Bundestag nach Ablauf von drei Sitzungswochen seit Eingang der Rechtsverordnungen nicht mit ihnen befasst, so werden die unveränderten Rechtsverordnungen dem Bundesrat zugeleitet.

Für die Praxis: Auf Grundlage des § 113 GWB wurden die Vergabeverordnung (VgV), die Sektorenverordnung (SektVO), die Konzessionsvergabeverordnung (KonzVgV) und die Vergabeverordnung Verteidigung und Sicherheit (VSVgV) erlassen.

Neu ist, dass auch der Bundestag am Erlass dieser Verordnungen beteiligt ist. Damit ist das Verfahren zu Erlass und Änderung der Verordnungen etwas komplizierter geworden, da nicht mehr nur Bundesregierung und Bundesrat, sondern auch der Bundestag zusammenwirken. Je nach Lage der Sitzungswochen kann dies zu einer erheblichen Verzögerung führen. Auf der anderen Seite wird so die demokratische Legitimität der Verordnungen deutlich erhöht.

§ 114
Monitoring und Vergabestatistik

(1) Die obersten Bundesbehörden und die Länder erstatten in ihrem jeweiligen Zuständigkeitsbereich dem Bundesministerium für Wirtschaft und Energie über die Anwendung der Vorschriften dieses Teils und der aufgrund des § 113 erlassenen Rechtsverordnungen bis zum 15. Februar 2017 und danach auf Anforderung schriftlich Bericht. Zu berichten ist regelmäßig über die jeweils letzten drei Kalenderjahre, die der Anforderung vorausgegangen sind.

(2) Das Statistische Bundesamt erstellt im Auftrag des Bundesministeriums für Wirtschaft und Energie eine Vergabestatistik. Zu diesem Zweck übermitteln Auftraggeber im Sinne des § 98 an das Statistische Bundesamt Daten zu öffentlichen Aufträgen im Sinne des § 103 Absatz 1 unabhängig von deren geschätzten Auftragswert und zu Konzessionen im Sinne des § 105. Das Bundesministerium für Wirtschaft und Energie wird ermächtigt, im Einvernehmen mit dem Bundesministerium des Innern, für Bau und Heimat durch Rechtsverordnung mit Zustimmung des Bundesrates die Einzelheiten der Vergabestatistik sowie der Datenübermittlung durch die meldende Stelle einschließlich des technischen Ablaufs, des Umfangs der zu übermittelnden Daten, der Wertgrenzen für die Erhebung sowie den Zeitpunkt des Inkrafttretens und der Anwendung der entsprechenden Verpflichtungen zu regeln.

Für die Praxis: Auf dieser Grundlage ist die Vergabestatistikverordnung (VergStatVO) erlassen. Sie regelt die Meldungen an die beim Statistischen Bundesamt geführte Vergabestatistik.

Abschnitt 2
Vergabe von öffentlichen Aufträgen durch öffentliche Auftraggeber (§§ 115 – 135)

Unterabschnitt 1
Anwendungsbereich (§§ 115 – 118)

§ 115
Anwendungsbereich

Dieser Abschnitt ist anzuwenden auf die Vergabe von öffentlichen Aufträgen und die Ausrichtung von Wettbewerben durch öffentliche Auftraggeber.

Für die Praxis: Die Vorschriften des Abschnitts 2 – §§ 115 bis 135 GWB – gelten unmittelbar nur für Beschaffungen durch klassische öffentliche Auftraggeber (§ 99 GWB). Wesentliche Verfahrensregelungen gelten aber aufgrund entsprechender Verweisungsnormen in abgestufter Regelungsdichte entsprechend auch für sektorspezifische Beschaffungen (vgl. z.B. für den Sektorenbereich § 142 GWB).

§ 116
Besondere Ausnahmen

(1) Dieser Teil ist nicht anzuwenden auf die Vergabe von öffentlichen Aufträgen durch öffentliche Auftraggeber, wenn diese Aufträge Folgendes zum Gegenstand haben:

1. Rechtsdienstleistungen, die eine der folgenden Tätigkeiten betreffen:
   a) Vertretung eines Mandanten durch einen Rechtsanwalt in
      aa) Gerichts- oder Verwaltungsverfahren vor nationalen oder internationalen Gerichten, Behörden oder Einrichtungen,
      bb) nationalen oder internationalen Schiedsgerichts- oder Schlichtungsverfahren,
   b) Rechtsberatung durch einen Rechtsanwalt, sofern diese zur Vorbereitung eines Verfahrens im Sinne von Buchstabe a dient oder wenn konkrete Anhaltspunkte dafür vorliegen und eine hohe Wahrscheinlichkeit besteht, dass die Angelegenheit, auf die sich die Rechtsberatung bezieht, Gegenstand eines solchen Verfahrens werden wird,
   c) Beglaubigungen und Beurkundungen, sofern sie von Notaren vorzunehmen sind,
   d) Tätigkeiten von gerichtlich bestellten Betreuern, Vormündern, Pflegern, Verfahrensbeiständen, Sachverständigen oder Verwaltern oder sonstige Rechtsdienstleistungen, deren Erbringer durch ein Gericht dafür bestellt oder durch Gesetz dazu bestimmt werden, um bestimmte Aufgaben unter der Aufsicht dieser Gerichte wahrzunehmen, oder
   e) Tätigkeiten, die zumindest teilweise mit der Ausübung von hoheitlichen Befugnissen verbunden sind,
2. Forschungs- und Entwicklungsdienstleistungen, es sei denn, es handelt sich um Forschungs- und Entwicklungsdienstleistungen, die unter die Referenznummern des Common Procurement Vocabulary 73000000-2 bis 73120000-9, 73300000-5, 73420000-2 und 73430000-5 fallen und bei denen
   a) die Ergebnisse ausschließlich Eigentum des Auftraggebers für seinen Gebrauch bei der Ausübung seiner eigenen Tätigkeit werden und
   b) die Dienstleistung vollständig durch den Auftraggeber vergütet wird,
3. den Erwerb, die Entwicklung, die Produktion oder die Koproduktion von Sendematerial für audiovisuelle Mediendienste oder Hörfunkmediendienste, wenn diese Aufträge von Anbietern von audiovisuellen Mediendiensten oder Hörfunkmediendiensten vergeben werden, die Ausstrahlungszeit oder die

Bereitstellung von Sendungen, wenn diese Aufträge an Anbieter von audiovisuellen Mediendiensten oder Hörfunkmediendiensten vergeben werden,

4. finanzielle Dienstleistungen im Zusammenhang mit der Ausgabe, dem Verkauf, dem Ankauf oder der Übertragung von Wertpapieren oder anderen Finanzinstrumenten, Dienstleistungen der Zentralbanken sowie mit der Europäischen Finanzstabilisierungsfazilität und dem Europäischen Stabilitätsmechanismus durchgeführte Transaktionen,

5. Kredite und Darlehen, auch im Zusammenhang mit der Ausgabe, dem Verkauf, dem Ankauf oder der Übertragung von Wertpapieren oder anderen Finanzinstrumenten oder

6. Dienstleistungen, die an einen öffentlichen Auftraggeber nach § 99 Nummer 1 bis 3 vergeben werden, der ein auf Gesetz oder Verordnung beruhendes ausschließliches Recht hat, die Leistungen zu erbringen.

(2) Dieser Teil ist ferner nicht auf öffentliche Aufträge und Wettbewerbe anzuwenden, die hauptsächlich den Zweck haben, dem öffentlichen Auftraggeber die Bereitstellung oder den Betrieb öffentlicher Kommunikationsnetze oder die Bereitstellung eines oder mehrerer elektronischer Kommunikationsdienste für die Öffentlichkeit zu ermöglichen.

Für die Praxis: 1. Normzweck. § 116 GWB regelt **Ausnahmefälle**, in welchen das **GWB-Vergaberecht nicht anwendbar** ist. Dabei enthält § 116 GWB die Ausnahmetatbestände, die nur für **allgemeine Beschaffungen** klassischer öffentlicher Auftraggeber (§ 99 GWB) gelten. Zu beachten ist, dass neben § 116 GWB auch die allgemeinen Ausnahmetatbestände, nämlich §§ 107 bis 109 GWB, sowie § 132 GWB gelten.

Von den Ausnahmen des § 116 GWB sind insbesondere diejenigen des § 116 Abs. 1 Nr. 1 GWB und § 116 Abs. 1 Nr. 2 GWB bedeutsam.

2. Rechtsdienstleistungen. Nach dem Ausnahmetatbestand des § 116 Abs. 1 Nr. 1 GWB ist insbesondere die **Prozessvertretung**, aber auch die **Erstellung eines Gutachtens zur Einschätzung der Erfolgsaussichten eines Rechtsbehelfs** (§ 116 Abs. 1 Nr. 1 Buchst. b GWB) vom Vergaberecht freigestellt.

Praxistipp: Selbst Rechtsberatungen und anwaltliche Tätigkeiten, die nicht unter § 116 Abs. 1 Nr. 1 GWB subsummiert werden können, werden im Vergaberecht privilegiert. Sie gehören zu den besonderen Dienstleistungen i.S.d. § 130 GWB. Daher gilt hier ein deutlich höherer Schwellenwert (750.000 €) – und außerdem ein vereinfachtes Verfahren.

3. Forschungs- und Entwicklungsdienstleistungen. Durch die Vergaberechtsreform 2016 wurde auch der Anwendungsraum der Ausnahme für Forschungs- und Entwicklungsdienstleistungen (§ 116 Abs. 1 Nr. 2 GWB) ausgedehnt.

Zu beachten ist allerdings, dass es sich bei den Forschungs- und Entwicklungsleistungen tatsächlich um innovative Leistungen handeln muss, die einen **wissenschaftlichen und/oder technischen Fortschritt** herbeiführen. Dabei kommt es allerdings nicht darauf an, ob es sich um Grundlagenforschung oder angewandte Forschung handelt (BayObLG, Beschl. v. 27.2.2003, Verg 25/02). Die Anpassung einer Standardsoftware wird jedenfalls nicht als Forschungs- und Entwicklungsleistung einzuordnen sein.

Die gesteigerte praktische Bedeutung dieser Ausnahme beruht insbesondere darauf, dass die Rückausnahme – anders als in der Vorgängernorm (§ 100 Abs. 4 Nr. 2 GWB a.F.) – nur noch für bestimmte Forschungs- und Entwicklungsdienstleistungen gilt. Dies bedeutet im Klartext, dass grundsätzlich nur Forschungs- und Entwicklungsleistungen der folgenden CPV-Codes dem Vergaberecht unterfallen:

- 73000000-2 (Forschungs- und Entwicklungsdienste und zugehörige Beratung),
- 73100000-3 (Dienstleistungen im Bereich Forschung und experimentelle Entwicklung),

- 73110000-6 (Forschungsdienste),
- 731110003 (Forschungslabordienste),
- 73112000-0 (Meeresforschungsdienste),
- 73120000-9 (Experimentelle Entwicklung),
- 73300000-5 (Planung und Ausführung von Forschung und Entwicklung),
- 73420000-2 (Vordurchführbarkeitsstudie und technologische Demonstration) und
- 73430000-5 (Test und Bewertung).

Alle Forschungs- und Entwicklungsdienstleistungen, die unter andere Referenznummern des CPV-Codes fallen, sind vom Anwendungsbereich des Vergaberechts ganz ausgenommen (Einzelbegründung zu § 116 Abs. 1 Nr. 2 GWB, BT-Drucks. 18/6281, S. 94).

Der Ausnahmetatbestand soll zudem auch die **Kofinanzierung von Forschungs- und Entwicklungsprogrammen durch die Industrie** erleichtern (vgl. Begründung zu § 116 Abs. 1 Nr. 2 GWB, BT-Drucks. 18/6281, S. 94; *Summa* in: Heiermann/Zeiss/Summa, jurisPK-Vergaberecht, 5. Aufl. 2016, § 116 GWB Rn. 23).

§ 117
Besondere Ausnahmen für Vergaben, die Verteidigungs- oder Sicherheitsaspekte umfassen

Bei öffentlichen Aufträgen und Wettbewerben, die Verteidigungs- oder Sicherheitsaspekte umfassen, ohne verteidigungs- oder sicherheitsspezifische Aufträge zu sein, ist dieser Teil nicht anzuwenden,

1. soweit der Schutz wesentlicher Sicherheitsinteressen der Bundesrepublik Deutschland nicht durch weniger einschneidende Maßnahmen gewährleistet werden kann, zum Beispiel durch Anforderungen, die auf den Schutz der Vertraulichkeit der Informationen abzielen, die der öffentliche Auftraggeber im Rahmen eines Vergabeverfahrens zur Verfügung stellt,
2. soweit die Voraussetzungen des Artikels 346 Absatz 1 Buchstabe a des Vertrags über die Arbeitsweise der Europäischen Union erfüllt sind,
3. wenn die Vergabe und die Ausführung des Auftrags für geheim erklärt werden oder nach den Rechts- oder Verwaltungsvorschriften besondere Sicherheitsmaßnahmen erfordern; Voraussetzung hierfür ist eine Feststellung darüber, dass die betreffenden wesentlichen Interessen nicht durch weniger einschneidende Maßnahmen gewährleistet werden können, zum Beispiel durch Anforderungen, die auf den Schutz der Vertraulichkeit der Informationen abzielen,
4. wenn der öffentliche Auftraggeber verpflichtet ist, die Vergabe oder Durchführung nach anderen Vergabeverfahren vorzunehmen, die festgelegt sind durch
   a) eine im Einklang mit den EU-Verträgen geschlossene internationale Übereinkunft oder Vereinbarung zwischen der Bundesrepublik Deutschland und einem oder mehreren Staaten, die nicht Vertragsparteien des Übereinkommens über den Europäischen Wirtschaftsraum sind, oder ihren Untereinheiten über Liefer-, Bau- oder Dienstleistungen für ein von den Unterzeichnern gemeinsam zu verwirklichendes oder zu nutzendes Projekt,
   b) eine internationale Übereinkunft oder Vereinbarung im Zusammenhang mit der Stationierung von Truppen, die Unternehmen betrifft, die ihren Sitz in der Bundesrepublik Deutschland oder einem Staat haben, der nicht Vertragspartei des Übereinkommens über den Europäischen Wirtschaftsraums ist, oder
   c) eine internationale Organisation oder
5. wenn der öffentliche Auftraggeber gemäß den Vergaberegeln einer internationalen Organisation oder internationalen Finanzierungseinrichtung einen öffentlichen Auftrag vergibt oder einen Wettbewerb ausrichtet und dieser öffentliche Auftrag oder Wettbewerb vollständig durch diese Organisation oder Einrichtung finanziert wird. Im Falle einer überwiegenden Kofinanzierung durch eine internationale Or-

ganisation oder eine internationale Finanzierungseinrichtung einigen sich die Parteien auf die anwendbaren Vergabeverfahren.

Für die Praxis: § 117 GWB regelt für Beschaffungen, die Verteidigungs- oder Sicherheitsaspekte umfassen, **ohne** verteidigungs- oder sicherheitsspezifische Aufträge i.S.d. § 104 GWB zu sein, **Ausnahmefälle**, in welchen das **GWB-Vergaberecht nicht anwendbar** ist. Ist ein Ausnahmetatbestand des § 117 GWB verwirklicht, führt dies nicht zur Anwendung der VSVgV, sondern zur Unanwendbarkeit des gesamten Vergaberechts. Damit enthält § 117 GWB (ebenso wie § 116 GWB) Ausnahmetatbestände, die nur für **allgemeine Beschaffungen** klassischer öffentlicher Auftraggeber (§ 99 GWB) gelten. § 117 GWB darf nicht mit § 145 GWB verwechselt werden, der besondere Ausnahmen für die Vergabe von verteidigungs- oder sicherheitsspezifischen öffentlichen Aufträgen i.S.d. § 104 GWB regelt.

Bei der Anwendung des § 117 GWB ist zu berücksichtigen, dass die Sicherheits- und Geheimhaltungsinteressen in der Regel auch durch besondere Vorkehrungen im Vergabeverfahren oder ggf. auch die Anwendung der VSVgV gewahrt werden können. Daher ist die entsprechende Ausnahme eng auszulegen. Näher zur VSVgV siehe die dortige Vorbemerkung.

§ 118
Bestimmten Auftragnehmern vorbehaltene öffentliche Aufträge

(1) Öffentliche Auftraggeber können das Recht zur Teilnahme an Vergabeverfahren Werkstätten für Menschen mit Behinderungen und Unternehmen vorbehalten, deren Hauptzweck die soziale und berufliche Integration von Menschen mit Behinderungen oder von benachteiligten Personen ist, oder bestimmen, dass öffentliche Aufträge im Rahmen von Programmen mit geschützten Beschäftigungsverhältnissen durchzuführen sind.

(2) Voraussetzung ist, dass mindestens 30 Prozent der in diesen Werkstätten oder Unternehmen Beschäftigten Menschen mit Behinderungen oder benachteiligte Personen sind.

Für die Praxis: Mit § 118 GWB wird im deutschen Recht ein Dilemma aufgelöst: Gemäß § 141 SGB IX sollen Aufträge der öffentlichen Hand, die von anerkannten Werkstätten für behinderte Menschen ausgeführt werden können, bevorzugt diesen Werkstätten angeboten werden. § 118 GWB ermöglicht es, unterschiedlichen Anforderungen gerecht zu werden: Es wird ein Wettbewerb durchgeführt, der Teilnehmerkreis des Vergabeverfahrens wird jedoch auf anerkannte Behindertenwerkstätten beschränkt.

Unterabschnitt 2
Vergabeverfahren und Auftragsausführung(§§ 119 – 135)

Für die Praxis: Im GWB findet sich eine Vielzahl von wichtigen Vorgaben für die Durchführung von Vergabeverfahren. Diese Vorschriften werden durch die Regelungen in der VgV und der VOB/A-EU ergänzt. Gesetzestechnisch erfolgt dies teils durch Verweisungen, teils durch Wiederholungen. Im Ergebnis führt dies für den Praktiker dazu, dass er stets mit mindestens zwei Regelwerken arbeiten muss.

§ 119
Verfahrensarten

(1) Die Vergabe von öffentlichen Aufträgen erfolgt im offenen Verfahren, im nicht offenen Verfahren, im Verhandlungsverfahren, im wettbewerblichen Dialog oder in der Innovationspartnerschaft.

(2) Öffentlichen Auftraggebern stehen das offene Verfahren und das nicht offene Verfahren, das stets einen Teilnahmewettbewerb erfordert, nach ihrer Wahl zur Verfügung. Die anderen Verfahrensarten stehen nur zur Verfügung, soweit dies aufgrund dieses Gesetzes gestattet ist.

(3) Das offene Verfahren ist ein Verfahren, in dem der öffentliche Auftraggeber eine unbeschränkte Anzahl von Unternehmen öffentlich zur Abgabe von Angeboten auffordert.

(4) Das nicht offene Verfahren ist ein Verfahren, bei dem der öffentliche Auftraggeber nach vorheriger öffentlicher Aufforderung zur Teilnahme eine beschränkte Anzahl von Unternehmen nach objektiven, transparenten und nichtdiskriminierenden Kriterien auswählt (Teilnahmewettbewerb), die er zur Abgabe von Angeboten auffordert.

(5) Das Verhandlungsverfahren ist ein Verfahren, bei dem sich der öffentliche Auftraggeber mit oder ohne Teilnahmewettbewerb an ausgewählte Unternehmen wendet, um mit einem oder mehreren dieser Unternehmen über die Angebote zu verhandeln.

(6) Der wettbewerbliche Dialog ist ein Verfahren zur Vergabe öffentlicher Aufträge mit dem Ziel der Ermittlung und Festlegung der Mittel, mit denen die Bedürfnisse des öffentlichen Auftraggebers am besten erfüllt werden können. Nach einem Teilnahmewettbewerb eröffnet der öffentliche Auftraggeber mit den ausgewählten Unternehmen einen Dialog zur Erörterung aller Aspekte der Auftragsvergabe.

(7) Die Innovationspartnerschaft ist ein Verfahren zur Entwicklung innovativer, noch nicht auf dem Markt verfügbarer Liefer-, Bau- oder Dienstleistungen und zum anschließenden Erwerb der daraus hervorgehenden Leistungen. Nach einem Teilnahmewettbewerb verhandelt der öffentliche Auftraggeber in mehreren Phasen mit den ausgewählten Unternehmen über die Erst- und Folgeangebote.

Für die Praxis: Bei der Wahl der **Verfahrensart** sind dem Auftraggeber eine Reihe von flexibleren Handlungsmöglichkeiten eröffnet.

1. Freies Wahlrecht zwischen offenem und nicht offenem Verfahren. Anders als nach dem früheren Recht hat der Auftraggeber stets das freie Wahlrecht zwischen dem offenen und dem nicht offenen Verfahren. Beide sind in der Reinform, also richtig ausgeführt, Verfahren mit einer grundsätzlich gegebenen Wettbewerbsintensität, wobei jedoch im Vergleich der beiden Verfahrensarten deutliche Unterschiede bestehen.

Beim **nicht offenen Verfahren** kommt es zu einem öffentlichen Teilnahmewettbewerb, an dem sich jedes Unternehmen beteiligen kann. Aus den Bewerbern suchte der Auftraggeber eine bestimmte Anzahl von Bewerbern aus und fordert sie auf, Angebote abzugeben. Andere Unternehmen dürfen sich mit einem Angebot nicht beteiligen. Beim offenen Verfahren hingegen setzt sich der Wettbewerb bis zur Angebotsabgabe fort. Jedes Unternehmen kann sich mit einem Angebot an einem solchen Verfahren beteiligen.

Beim offenen Verfahren hat der Auftraggeber also die Aufgabe, sich mit einer Vielzahl von Angeboten auseinanderzusetzen. Dies kann, insbesondere bei der Zulassung von Nebenangeboten, einen erheblichen Aufwand bedeuten. Beim nicht offenen Verfahren ist die Zahl der zu erwartenden Angebote von vornherein begrenzt. Allerdings kann es passieren, dass aufgeforderte Unternehmen sich am Ende doch nicht mit einem Angebot beteiligen. Außerdem erfolgt die Auswahl unter den Unternehmen nicht nach wirtschaftlichen Kriterien, sondern lediglich nach Eignungskriterien. Ob die so ausgesuchten Unternehmer überhaupt repräsentativ für den Markt sind, was die inhaltliche Gestaltung ihrer Angebote angeht, und ob sie die verschiedenen Preissegmente des Marktes widerspiegeln, kann in einem Teilnahmewettbewerb gar nicht ermittelt bzw. berücksichtigt werden.

Es kommt hinzu, dass beim nicht offenen Verfahren auch der Teilnahmewettbewerb und die anschließende Phase der Bieterauswahl einen angemessenen Zeitraum dauern müssen. In den meisten Fällen wird daher ein nicht offenes Verfahren länger dauern als ein offenes.

Vor dem Hintergrund des Wirtschaftlichkeitsgrundsatzes, der das ganze Vergaberecht maßgeblich bestimmt, wird daher in vielen Fällen das offene Verfahren mit seiner höheren Wettbewerbsintensität für die öffentliche Hand vorzuziehen sein. Ein nicht offenes Verfahren wird sich hingegen anbieten, wenn die Leistung besondere Anforderungen an das ausführende Unternehmen stellt.

2. Verhandlungsverfahren und wettbewerblicher Dialog. Auch beim Verhandlungsverfahren und beim wettbewerblichen Dialog sind flexible Wahlmöglichkeiten vorhanden. Für die Durchführung eines wettbewerblichen Dialogs gibt es keine besonderen Bedingungen mehr, sondern er kann unter den gleichen Voraussetzungen wie ein Verhandlungsverfahren gewählt werden.

3. Definition der Verfahrensart. § 119 GWB enthält in den **Abs. 3 bis 7** jeweils eine kurze Definition, wodurch sich das jeweilige Vergabeverfahren im Wesentlichen auszeichnet.

In § 14 Abs. 3 und 4 VgV und § 3a EU VOB/A finden sich die maßgeblichen Regelungen, wann ein Auftraggeber sich für ein bestimmtes Verfahren entscheiden kann.

§ 120
Besondere Methoden und Instrumente in Vergabeverfahren

(1) Ein dynamisches Beschaffungssystem ist ein zeitlich befristetes, ausschließlich elektronisches Verfahren zur Beschaffung marktüblicher Leistungen, bei denen die allgemein auf dem Markt verfügbaren Merkmale den Anforderungen des öffentlichen Auftraggebers genügen.

(2) Eine elektronische Auktion ist ein sich schrittweise wiederholendes elektronisches Verfahren zur Ermittlung des wirtschaftlichsten Angebots. Jeder elektronischen Auktion geht eine vollständige erste Bewertung aller Angebote voraus.

(3) Ein elektronischer Katalog ist ein auf der Grundlage der Leistungsbeschreibung erstelltes Verzeichnis der zu beschaffenden Liefer-, Bau- und Dienstleistungen in einem elektronischen Format. Er kann insbesondere beim Abschluss von Rahmenvereinbarungen eingesetzt werden und Abbildungen, Preisinformationen und Produktbeschreibungen umfassen.

(4) Eine zentrale Beschaffungsstelle ist ein öffentlicher Auftraggeber, der für andere öffentliche Auftraggeber dauerhaft Liefer- und Dienstleistungen beschafft, öffentliche Aufträge vergibt oder Rahmenvereinbarungen abschließt (zentrale Beschaffungstätigkeit). Öffentliche Auftraggeber können Liefer- und Dienstleistungen von zentralen Beschaffungsstellen erwerben oder Liefer-, Bau- und Dienstleistungsaufträge mittels zentraler Beschaffungsstellen vergeben. Öffentliche Aufträge zur Ausübung zentraler Beschaffungstätigkeiten können an eine zentrale Beschaffungsstelle vergeben werden, ohne ein Vergabeverfahren nach den Vorschriften dieses Teils durchzuführen. Derartige Dienstleistungsaufträge können auch Beratungs- und Unterstützungsleistungen bei der Vorbereitung oder Durchführung von Vergabeverfahren umfassen. Die Teile 1 bis 3 bleiben unberührt.

Für die Praxis: In § 120 GWB geht es um einige Besonderheiten beim Einsatz **elektronischer Vergabeverfahren** (Abs. 1 bis 3) und bei der Durchführung von Vergabeverfahren durch eine **zentrale Beschaffungsstelle** (Abs. 4). Die Einzelheiten zu den besonders elektronisch unterstützten Werkzeugen finden sich in der VgV: zum dynamischen Beschaffungssystem in den §§ 22 bis 24 VgV, zur elektronischen Auktion in den §§ 25 und 26 VgV und zum elektronischen Katalog in § 27 VgV.

§ 121
Leistungsbeschreibung

(1) In der Leistungsbeschreibung ist der Auftragsgegenstand so eindeutig und erschöpfend wie möglich zu beschreiben, sodass die Beschreibung für alle Unternehmen im gleichen Sinne verständlich ist und die Angebote miteinander verglichen werden können. Die Leistungsbeschreibung enthält die Funktions- oder Leistungsanforderungen oder eine Beschreibung der zu lösenden Aufgabe, deren Kenntnis für die Erstellung des Angebots erforderlich ist, sowie die Umstände und Bedingungen der Leistungserbringung.

(2) Bei der Beschaffung von Leistungen, die zur Nutzung durch natürliche Personen vorgesehen sind, sind bei der Erstellung der Leistungsbeschreibung außer in ordnungsgemäß begründeten Fällen die Zugänglichkeitskriterien für Menschen mit Behinderungen oder die Konzeption für alle Nutzer zu berücksichtigen.

(3) Die Leistungsbeschreibung ist den Vergabeunterlagen beizufügen.

Für die Praxis: In § 121 GWB enthält das GWB selbst eine Regelung zu den vergaberechtlichen Anforderungen an eine Leistungsbeschreibung. Ausgehend von den Grundsätzen der Transparenz (§ 97 Abs. 1 Satz 1 GWB) und der Gleichbehandlung der Bieter (§ 97 Abs. 2 GWB) verlangt § 121 Abs. 1 Satz 1 GWB, dass der Auftraggeber eine **Leistungsbeschreibung** erstellt, die so **eindeutig und erschöpfend wie möglich** ist und die **von den Bietern im gleichen Sinne verstanden** werden kann. Der Grundsatz des möglichst intensiven Wettbewerbs ist dadurch berücksichtigt, dass nur Angebote miteinander konkurrieren sollen, die aufgrund der so erstellten Leistungsbeschreibung auch miteinander vergleichbar sind.

Nähere Hinweise, wie die Leistungsbeschreibung zu erstellen ist, finden sich in § 31 VgV. Insbesondere ist zu beachten, dass dort in § 31 Abs. 3 VgV der Bezug von verlangten Anforderungen zur auszuführenden Leistung sehr weit geöffnet wird. Danach darf der Auftraggeber auch Anforderungen stellen bezogen auf den Prozess oder die Methode zur Herstellung oder Erbringung der Leistung oder auf ein anderes Stadium im Lebenszyklus des Auftragsgegenstands einschließlich der Produktions- und Lieferkette, auch wenn derartige Faktoren keine materiellen Bestandteile der Leistung sind (§ 31 Abs. 3 Satz 2 VgV).

§ 122
Eignung

(1) Öffentliche Aufträge werden an fachkundige und leistungsfähige (geeignete) Unternehmen vergeben, die nicht nach den §§ 123 oder 124 ausgeschlossen worden sind.

Für die Praxis: Die kurze Formulierung in § 122 Abs. 1 GWB enthält mehrere wichtige Regelungen. Dort wird definiert, was unter „**Eignung**" im vergaberechtlichen Sinne zu verstehen ist. Nach dieser **Definition** kommt es allein auf die **Fachkunde und Leistungsfähigkeit** des Unternehmens an. Die früher verwendeten und zum Eignungsbegriff gehörigen Anforderungen von Zuverlässigkeit und Gesetzestreue werden seit der Vergaberechtsreform 2016 nicht mehr verwendet. Diese Anforderungen sind aber nicht weggefallen, sondern werden bei den Ausschlussgründen (§§ 123 und 124 GWB) abgefragt und führen, wenn ein Unternehmen sie nicht erfüllt, zum Ausschluss.

Praxistipp: In vielen Fällen dürfte es daher sinnvoll sein – und das legt auch die Formulierung des Abs. 1 nahe – zuerst die Ausschlussgründe der §§ 123 und 124 GWB zu prüfen und nur bei den nicht auszuschließenden Unternehmen in die weitere Eignungsprüfung zu gehen.

(2) Ein Unternehmen ist geeignet, wenn es die durch den öffentlichen Auftraggeber im Einzelnen zur ordnungsgemäßen Ausführung des öffentlichen Auftrags festgelegten Kriterien (Eignungskriterien) erfüllt. Die Eignungskriterien dürfen ausschließlich Folgendes betreffen:

1. Befähigung und Erlaubnis zur Berufsausübung,
2. wirtschaftliche und finanzielle Leistungsfähigkeit,
3. technische und berufliche Leistungsfähigkeit.

Für die Praxis: Die **Eignungskriterien**, die der Auftraggeber vorgeben darf, werden in § 122 Abs. 2 Satz 2 GWB näher beschrieben. Danach dürfen sie nur die dort in den Nr. 1 bis 3 näher beschriebenen Kategorien betreffen. Jede dieser drei Nummern ist in der VgV in einem eigenen Paragrafen noch einmal ausführlich geregelt. Dort finden sich jeweils eine Beschreibung, was unter den Kriterien zu verstehen ist, und eine (teils abschließende) Liste von Nachweisen, die ein Auftraggeber fordern darf. Näheres

- zur Befähigung und Erlaubnis zur Berufsausübung (Nr. 1) findet sich in § 44 VgV,
- zur wirtschaftlichen und finanziellen Leistungsfähigkeit (Nr. 2) in § 45 VgV und
- zur technischen und beruflichen Leistungsfähigkeit (Nr. 3) in § 46 VgV.

(3) Der Nachweis der Eignung und des Nichtvorliegens von Ausschlussgründen nach den §§ 123 und 124 kann ganz oder teilweise durch die Teilnahme an Präqualifizierungssystemen erbracht werden.

(4) Eignungskriterien müssen mit dem Auftragsgegenstand in Verbindung und zu diesem in einem angemessenen Verhältnis stehen. Sie sind in der Auftragsbekanntmachung, der Vorinformation oder der Aufforderung zur Interessensbestätigung aufzuführen.

Für die Praxis: In § 122 Abs. 4 Satz 1 GWB findet sich als inhaltliche Forderung, dass Eignungskriterien zum einen mit dem Auftragsgegenstand in Verbindung stehen müssen und zum anderen zu diesem in einem angemessenen Verhältnis stehen müssen. So soll beispielsweise regelmäßig der nachzuweisende Jahresumsatz auf das Doppelte des Auftragswertes begrenzt werden. Weiter enthält § 122 Abs. 4 Satz 2 GWB die Forderung, dass der Auftraggeber die Eignungskriterien vorab bekanntmachen muss. Dabei steht ihm, wenn er eine Vorinformation als Aufruf zum Wettbewerb nutzt, auch eine relativ späte Festlegung offen.

Die Eignungskriterien sind in der Bekanntmachung selber oder in einem direkt über die Bekanntmachung zugänglichem Dokument (sog. deep link) zu veröffentlichen. Erfolgt dies nicht, können sie Bietern nicht als Ausschlussgrund entgegengehalten werden.

§ 123
Zwingende Ausschlussgründe

(1) Öffentliche Auftraggeber schließen ein Unternehmen zu jedem Zeitpunkt des Vergabeverfahrens von der Teilnahme aus, wenn sie Kenntnis davon haben, dass eine Person, deren Verhalten nach Absatz 3 dem Unternehmen zuzurechnen ist, rechtskräftig verurteilt oder gegen das Unternehmen eine Geldbuße nach § 30 des Gesetzes über Ordnungswidrigkeiten rechtskräftig festgesetzt worden ist wegen einer Straftat nach:

1. § 129 des Strafgesetzbuchs (Bildung krimineller Vereinigungen), § 129a des Strafgesetzbuchs (Bildung terroristischer Vereinigungen) oder § 129b des Strafgesetzbuchs (Kriminelle und terroristische Vereinigungen im Ausland),
2. § 89c des Strafgesetzbuchs (Terrorismusfinanzierung) oder wegen der Teilnahme an einer solchen Tat oder wegen der Bereitstellung oder Sammlung finanzieller Mittel in Kenntnis dessen, dass diese finanziellen Mittel ganz oder teilweise dazu verwendet werden oder verwendet werden sollen, eine Tat nach § 89a Absatz 2 Nummer 2 des Strafgesetzbuchs zu begehen,
3. § 261 des Strafgesetzbuchs (Geldwäsche),
4. § 263 des Strafgesetzbuchs (Betrug), soweit sich die Straftat gegen den Haushalt der Europäischen Union oder gegen Haushalte richtet, die von der Europäischen Union oder in ihrem Auftrag verwaltet werden,
5. § 264 des Strafgesetzbuchs (Subventionsbetrug), soweit sich die Straftat gegen den Haushalt der Europäischen Union oder gegen Haushalte richtet, die von der Europäischen Union oder in ihrem Auftrag verwaltet werden,
6. § 299 des Strafgesetzbuchs (Bestechlichkeit und Bestechung im geschäftlichen Verkehr), §§ 299a und 299b des Strafgesetzbuchs (Bestechlichkeit und Bestechung im Gesundheitswesen),
7. § 108e des Strafgesetzbuchs (Bestechlichkeit und Bestechung von Mandatsträgern) oder § 108f des Strafgesetzbuchs (unzulässige Interessenwahrnehmung),
8. den §§ 333 und 334 des Strafgesetzbuchs (Vorteilsgewährung und Bestechung), jeweils auch in Verbindung mit § 335a des Strafgesetzbuchs (Ausländische und internationale Bedienstete),
9. Artikel 2 § 2 des Gesetzes zur Bekämpfung internationaler Bestechung (Bestechung ausländischer Abgeordneter im Zusammenhang mit internationalem Geschäftsverkehr) oder

10. den §§ 232, 223a Absatz 1 bis 5, den §§ 232b bis 233a des Strafgesetzbuches (Menschenhandel, Zwangsprostitution, Zwangsarbeit, Ausbeutung der Arbeitskraft, Ausbeutung unter Ausnutzung einer Freiheitsberaubung).

(2) Einer Verurteilung oder der Festsetzung einer Geldbuße im Sinne des Absatzes 1 stehen eine Verurteilung oder die Festsetzung einer Geldbuße nach den vergleichbaren Vorschriften anderer Staaten gleich.

(3) Das Verhalten einer rechtskräftig verurteilten Person ist einem Unternehmen zuzurechnen, wenn diese Person als für die Leitung des Unternehmens Verantwortlicher gehandelt hat; dazu gehört auch die Überwachung der Geschäftsführung oder die sonstige Ausübung von Kontrollbefugnissen in leitender Stellung.

(4) Öffentliche Auftraggeber schließen ein Unternehmen zu jedem Zeitpunkt des Vergabeverfahrens von der Teilnahme an einem Vergabeverfahren aus, wenn

1. das Unternehmen seinen Verpflichtungen zur Zahlung von Steuern, Abgaben oder Beiträgen zur Sozialversicherung nicht nachgekommen ist und dies durch eine rechtskräftige Gerichts- oder bestandskräftige Verwaltungsentscheidung festgestellt wurde oder
2. die öffentlichen Auftraggeber auf sonstige geeignete Weise die Verletzung einer Verpflichtung nach Nummer 1 nachweisen können.

Satz 1 ist nicht anzuwenden, wenn das Unternehmen seinen Verpflichtungen dadurch nachgekommen ist, dass es die Zahlung vorgenommen oder sich zur Zahlung der Steuern, Abgaben und Beiträge zur Sozialversicherung einschließlich Zinsen, Säumnis- und Strafzuschlägen verpflichtet hat.

(5) Von einem Ausschluss nach Absatz 1 kann abgesehen werden, wenn dies aus zwingenden Gründen des öffentlichen Interesses geboten ist. Von einem Ausschluss nach Absatz 4 Satz 1 kann abgesehen werden, wenn dies aus zwingenden Gründen des öffentlichen Interesses geboten ist oder ein Ausschluss offensichtlich unverhältnismäßig wäre. § 125 bleibt unberührt.

Für die Praxis: Wenn die in § 123 Abs. 1 Nr. 1 bis 10 GWB oder § 123 Abs. 4 Satz 1 GWB genannten Voraussetzungen vorliegen, wird der Auftraggeber um einen Ausschluss des betroffenen Unternehmens im Regelfall nicht herumkommen. Als wichtiges Mittel, das Vorliegen eines Ausschlussgrundes festzustellen und damit § 123 GWB mit Leben zu füllen, ist inzwischen das Wettbewerbsregister dazugekommen.

Nur in Ausnahmefällen liegen die Voraussetzungen des § 123 Abs. 5 GWB vor, wonach ein Ausschluss u.a. aus zwingenden Gründen des öffentlichen Interesses unterbleiben kann oder der Ausschluss offensichtlich unverhältnismäßig wäre.

In allen anderen Fällen ist der Unternehmer ohne weitere Abwägung von Für und Wider auszuschließen. Dies ist bei den Ausschlussgründen des nachfolgenden § 124 GWB anders. Bei ihnen hat der Auftraggeber eine Ermessensentscheidung zu treffen.

Fälle, bei denen der Auftraggeber trotz Vorliegens eines zwingenden Ausschlussgrundes von einem Ausschluss absehen kann, dürften in der Praxis absolut selten sein. Die Voraussetzungen des § 123 Abs. 5 GWB sind immer eng auszulegen.

§ 124
Fakultative Ausschlussgründe

(1) Öffentliche Auftraggeber können unter Berücksichtigung des Grundsatzes der Verhältnismäßigkeit ein Unternehmen zu jedem Zeitpunkt des Vergabeverfahrens von der Teilnahme an einem Vergabeverfahren ausschließen, wenn

1. das Unternehmen bei der Ausführung öffentlicher Aufträge nachweislich gegen geltende umwelt-, sozial- oder arbeitsrechtliche Verpflichtungen verstoßen hat,

2. das Unternehmen zahlungsunfähig ist, über das Vermögen des Unternehmens ein Insolvenzverfahren oder ein vergleichbares Verfahren beantragt oder eröffnet worden ist, die Eröffnung eines solchen Verfahrens mangels Masse abgelehnt worden ist, sich das Unternehmen im Verfahren der Liquidation befindet oder seine Tätigkeit eingestellt hat,
3. das Unternehmen im Rahmen der beruflichen Tätigkeit nachweislich eine schwere Verfehlung begangen hat, durch die die Integrität des Unternehmens infrage gestellt wird; § 123 Absatz 3 ist entsprechend anzuwenden,
4. der öffentliche Auftraggeber über hinreichende Anhaltspunkte dafür verfügt, dass das Unternehmen mit anderen Unternehmen Vereinbarungen getroffen oder Verhaltensweisen aufeinander abgestimmt hat, die eine Verhinderung, Einschränkung oder Verfälschung des Wettbewerbs bezwecken oder bewirken,
5. ein Interessenkonflikt bei der Durchführung des Vergabeverfahrens besteht, der die Unparteilichkeit und Unabhängigkeit einer für den öffentlichen Auftraggeber tätigen Person bei der Durchführung des Vergabeverfahrens beeinträchtigen könnte und der durch andere, weniger einschneidende Maßnahmen nicht wirksam beseitigt werden kann,
6. eine Wettbewerbsverzerrung daraus resultiert, dass das Unternehmen bereits in die Vorbereitung des Vergabeverfahrens einbezogen war, und diese Wettbewerbsverzerrung nicht durch andere, weniger einschneidende Maßnahmen beseitigt werden kann,
7. das Unternehmen eine wesentliche Anforderung bei der Ausführung eines früheren öffentlichen Auftrags oder Konzessionsvertrags erheblich oder fortdauernd mangelhaft erfüllt hat und dies zu einer vorzeitigen Beendigung, zu Schadensersatz oder zu einer vergleichbaren Rechtsfolge geführt hat,
8. das Unternehmen in Bezug auf Ausschlussgründe oder Eignungskriterien eine schwerwiegende Täuschung begangen oder Auskünfte zurückgehalten hat oder nicht in der Lage ist, die erforderlichen Nachweise zu übermitteln, oder
9. das Unternehmen
   a) versucht hat, die Entscheidungsfindung des öffentlichen Auftraggebers in unzulässiger Weise zu beeinflussen,
   b) versucht hat, vertrauliche Informationen zu erhalten, durch die es unzulässige Vorteile beim Vergabeverfahren erlangen könnte, oder
   c) fahrlässig oder vorsätzlich irreführende Informationen übermittelt hat, die die Vergabeentscheidung des öffentlichen Auftraggebers erheblich beeinflussen könnten, oder versucht hat, solche Informationen zu übermitteln.

(2) § 21 des Arbeitnehmer-Entsendegesetzes, § 98c des Aufenthaltsgesetzes, § 19 des Mindestlohngesetzes, § 21 des Schwarzarbeitsbekämpfungsgesetzes und § 22 des Lieferkettensorgfaltspflichtengesetzes vom 16. Juli 2021 (BGBl. I S. 2959) bleiben unberührt.

Für die Praxis: Wenn bei einem Bewerber oder Bieter die Voraussetzungen eines in § 124 Abs. 1 GWB genannten Ausschlussgrundes vorliegen, darf der Auftraggeber dieses Unternehmen nicht automatisch und ohne weitere Prüfung vom Vergabeverfahren ausschließen. Er muss vielmehr abwägen, ob tatsächlich die Eignung des Unternehmens in Frage gestellt ist. Hierzu wird er regelmäßig das Unternehmen anhören und so den Sachverhalt näher aufklären müssen.

Ist ein Unternehmen beispielsweise insolvent, muss der Auftraggeber abwägen, welche Risiken ein Vertrag beinhaltet. Er muss dann aufklären, welchen Stand das Insolvenzverfahren hat. Liegt ein beschlossener Insolvenzplan vor? Ist die weitere Existenz des Unternehmens wegen eines bevorstehenden Endes des Insolvenzverfahrens absehbar (anschaulich entschieden mit Beschluss der VK Niedersachsen vom 27. 8.2021 (VgK-32/2021)?

Das Unternehmen muss sich an dieser Aufklärung beteiligen. Tut es dies nicht und kann es seine Leistungsfähigkeit nicht nachweisen, schließt der Auftraggeber es aus.

§ 125
Selbstreinigung

(1) Öffentliche Auftraggeber schließen ein Unternehmen, bei dem ein Ausschlussgrund nach § 123 oder § 124 vorliegt, nicht von der Teilnahme an dem Vergabeverfahren aus, wenn das Unternehmen dem öffentlichen Auftraggeber oder nach § 8 des Wettbewerbsregistergesetzes dem Bundeskartellamt nachgewiesen hat, dass es

1. für jeden durch eine Straftat oder ein Fehlverhalten verursachten Schaden einen Ausgleich gezahlt oder sich zur Zahlung eines Ausgleichs verpflichtet hat,
2. die Tatsachen und Umstände, die mit der Straftat oder dem Fehlverhalten und dem dadurch verursachten Schaden in Zusammenhang stehen, durch eine aktive Zusammenarbeit mit den Ermittlungsbehörden und dem öffentlichen Auftraggeber umfassend geklärt hat und
3. konkrete technische, organisatorische und personelle Maßnahmen ergriffen hat, die geeignet sind, weitere Straftaten oder weiteres Fehlverhalten zu vermeiden.

§ 123 Absatz 4 Satz 2 bleibt unberührt.

(2) Bei der Bewertung der von dem Unternehmen ergriffenen Selbstreinigungsmaßnahmen sind die Schwere und die besonderen Umstände der Straftat oder des Fehlverhaltens zu berücksichtigen. Die Entscheidung, dass die Selbstreinigungsmaßnahmen des Unternehmens als unzureichend bewertet werden, ist gegenüber dem Unternehmen zu begründen.

Für die Praxis: Die Selbstreinigung soll es Unternehmen ermöglichen, trotz Vorliegens eines Ausschlussgrundes nach § 123 GWB oder § 124 GWB nicht von der Teilnahme an dem Vergabeverfahren ausgeschlossen zu werden und so die Chance auf öffentliche Aufträge zu erhalten. **Voraussetzung** hierfür ist, dass ein Unternehmen die den Ausschlussgrund bildende Vergangenheit beseitigt (z.B. durch Zahlung von Schadensersatz und Aufklärung, § 125 Abs. 1 Nr. 1, 2 GWB) und die Rahmenbedingungen dafür schafft, dass auch zukünftig eine Wiederholung verhindert wird (§ 125 Abs. 1 Nr. 3 GWB).

Will sich ein Unternehmen auf die Selbstreinigung berufen, muss es – insbesondere wenn es einen zwingenden Ausschlussgrund (§ 123 GWB) erfüllt – dem Auftraggeber die **Nachweise** für die erfolgreiche Selbstreinigung übermitteln, im Zweifel muss bereits die Bewerbung bzw. das Angebot auf die Selbstreinigung verweisen.

Der Nachweis der Selbstreinigung kann entweder im konkreten Vergabeverfahren erfolgen oder gegenüber dem Wettbewerbsregister. Erklärt das **Wettbewerbsregister** die Selbstreinigung für erfolgreich, bindet das die öffentlichen Auftraggeber, nicht hingegen die umgekehrte Entscheidung mit Ablehnung des Vorliegens einer Selbstreinigung.

§ 126
Zulässiger Zeitraum für Ausschlüsse

Wenn ein Unternehmen, bei dem ein Ausschlussgrund vorliegt, keine oder keine ausreichenden Selbstreinigungsmaßnahmen nach § 125 ergriffen hat, darf es

1. bei Vorliegen eines Ausschlussgrundes nach § 123 höchstens fünf Jahre ab dem Tag der rechtskräftigen Verurteilung von der Teilnahme an Vergabeverfahren ausgeschlossen werden,
2. bei Vorliegen eines Ausschlussgrundes nach § 124 höchstens drei Jahre ab dem betreffenden Ereignis von der Teilnahme an Vergabeverfahren ausgeschlossen werden.

§ 127
Zuschlag

(1) Der Zuschlag wird auf das wirtschaftlichste Angebot erteilt. Grundlage dafür ist eine Bewertung des öffentlichen Auftraggebers, ob und inwieweit das Angebot die vorgegebenen Zuschlagskriterien erfüllt. Das wirtschaftlichste Angebot bestimmt sich nach dem besten Preis-Leistungs-Verhältnis. Zu dessen Ermittlung können neben dem Preis oder den Kosten auch qualitative, umweltbezogene oder soziale Aspekte berücksichtigt werden.

(2) Verbindliche Vorschriften zur Preisgestaltung sind bei der Ermittlung des wirtschaftlichsten Angebots zu beachten.

(3) Die Zuschlagskriterien müssen mit dem Auftragsgegenstand in Verbindung stehen. Diese Verbindung ist auch dann anzunehmen, wenn sich ein Zuschlagskriterium auf Prozesse im Zusammenhang mit der Herstellung, Bereitstellung oder Entsorgung der Leistung, auf den Handel mit der Leistung oder auf ein anderes Stadium im Lebenszyklus der Leistung bezieht, auch wenn sich diese Faktoren nicht auf die materiellen Eigenschaften des Auftragsgegenstandes auswirken.

(4) Die Zuschlagskriterien müssen so festgelegt und bestimmt sein, dass die Möglichkeit eines wirksamen Wettbewerbs gewährleistet wird, der Zuschlag nicht willkürlich erteilt werden kann und eine wirksame Überprüfung möglich ist, ob und inwieweit die Angebote die Zuschlagskriterien erfüllen. Lassen öffentliche Auftraggeber Nebenangebote zu, legen sie die Zuschlagskriterien so fest, dass sie sowohl auf Hauptangebote als auch auf Nebenangebote anwendbar sind.

(5) Die Zuschlagskriterien und deren Gewichtung müssen in der Auftragsbekanntmachung oder den Vergabeunterlagen aufgeführt werden.

Für die Praxis: Der Auftraggeber legt selber fest, nach welchen Kriterien er die Auswahl zwischen den vorliegenden Angeboten treffen will. Durch die Festlegung der **Zuschlagskriterien** nimmt der Auftraggeber auch Einfluss darauf, welche Leistung ihm die teilnehmenden Unternehmen anbieten. Insbesondere dann, wenn der Auftraggeber nicht nur den Preis als Zuschlagskriterium verwendet, können die Bieter ihre Angebote auf die bestmögliche Erfüllung der Zuschlagskriterien hin optimieren. Dies ist letztlich auch vom Auftraggeber erwünscht, weil er dadurch die für ihn **wirtschaftlichste Leistung** bekommt (vgl. auch § 127 Abs. 1 Satz 1 GWB).

Nach wie vor ist der Auftraggeber daher in keiner Weise gezwungen, das **qualitativ oder preislich billigste Angebot** zu beauftragen. Ganz im Gegenteil: Durch die Leistungsbeschreibung und die Festlegung der Zuschlagskriterien nimmt er massiven Einfluss darauf, welche Leistung er zu welchen Bedingungen beauftragen kann.

Im Gesetzestext (§ 127 Abs. 1 Satz 3 GWB) ist dies dadurch ausgedrückt, dass ausdrücklich auf das **beste Preis-Leistung-Verhältnis** hingewiesen wird.

Wie bisher kann der Auftraggeber auch **qualitative, umweltbezogene oder soziale Aspekte** berücksichtigen (vgl. § 127 Abs. 1 Satz 4 GWB). Dabei ist nach § 127 Abs. 3 GWB auch eine **sehr weite Verbindung mit dem Auftragsgegenstand** ausreichend. So können sich nach Satz 2 Zuschlagskriterien auch auf Prozesse im Zusammenhang mit der Herstellung, Bereitstellung oder Entsorgung der Leistung beziehen, sogar auf den Handel mit der Leistung oder auf ein anderes Stadium im Lebenszyklus der Leistung. Ausdrücklich ist dort festgelegt, dass sich ein solcher Faktor nicht auf die materiellen Eigenschaften des Auftragsgegenstandes Auftrittes auswirken muss.

Nähere Festlegungen zu den zulässigen Zuschlagskriterien finden sich auch in **§ 58 VgV**. So sind z.B. in § 58 Abs. 2 Nr. 1 VgV nähere Hinweise auf die zu berücksichtigenden Kriterien zu finden. In § 58 Abs. 2 Nr. 2 VgV geht es um die Bewertung der Organisation, Qualifikation oder Erfahrung des konkret mit der Ausführung des Auftrags betrauten Personals. Nach § 58 Abs. 3 VgV gibt der Auftraggeber in der Auftragsbekanntmachung oder den Vergabeunterlagen auch die Gewichtung der einzelnen Zuschlagskriterien an.

Der BGH hat inzwischen die grundsätzliche Zulässigkeit und die Anforderungen an ein sog. **Schulnotensystem** geklärt (BGH Beschl. v. 4.4.2017, X ZB 3/16). Danach sind insbesondere an die Angaben, wann welche Punktzahlen erreicht werden können, keine zu hohen Anforderungen zu stellen. Um die Transparenz und Rechtssicherheit des Verfahrens zu sichern, besteht in solchen Fällen jedoch eine erhöhte Dokumentationspflicht des Auftraggebers. Solche Punktesysteme können damit bei der Bewertung von konzeptionellen oder funktionalen Angeboten herangezogen werden, um die besonderen Vorteile des jeweiligen Angebotes zu berücksichtigen.

§ 128
Auftragsausführung

(1) Unternehmen haben bei der Ausführung des öffentlichen Auftrags alle für sie geltenden rechtlichen Verpflichtungen einzuhalten, insbesondere Steuern, Abgaben und Beiträge zur Sozialversicherung zu entrichten, die arbeitsschutzrechtlichen Regelungen einzuhalten und den Arbeitnehmerinnen und Arbeitnehmern wenigstens diejenigen Mindestarbeitsbedingungen einschließlich des Mindestentgelts zu gewähren, die nach dem Mindestlohngesetz, einem nach dem Tarifvertragsgesetz mit den Wirkungen des Arbeitnehmer-Entsendegesetzes für allgemein verbindlich erklärten Tarifvertrag oder einer nach § 7, § 7a oder § 11 des Arbeitnehmer-Entsendegesetzes oder einer nach § 3a des Arbeitnehmerüberlassungsgesetzes erlassenen Rechtsverordnung für die betreffende Leistung verbindlich vorgegeben werden.

(2) Öffentliche Auftraggeber können darüber hinaus besondere Bedingungen für die Ausführung eines Auftrags (Ausführungsbedingungen) festlegen, sofern diese mit dem Auftragsgegenstand entsprechend § 127 Absatz 3 in Verbindung stehen. Die Ausführungsbedingungen müssen sich aus der Auftragsbekanntmachung oder den Vergabeunterlagen ergeben. Sie können insbesondere wirtschaftliche, innovationsbezogene, umweltbezogene, soziale oder beschäftigungspolitische Belange oder den Schutz der Vertraulichkeit von Informationen umfassen.

Für die Praxis: Durch die Möglichkeit, Auftragnehmern Bedingungen für die Ausführung eines Auftrags aufzugeben (§ 128 Abs. 2 GWB), werden die Möglichkeiten des Auftraggebers zur Einflussnahme auf die Leistung und deren Erbringung abgerundet. Diese Bedingungen sind rechtlich gesehen **Vertragsbedingungen** und müssen als solche in den Vertragsunterlagen berücksichtigt und dort verbindlich abgesichert werden. Angesichts der grundsätzlich sowieso gegebenen Vertragsfreiheit bedeutet die Festlegung in § 128 Abs. 2 Satz 3 GWB, in dem die Inhalte dieser sog. **Ausführungsbedingungen** näher festgelegt sind, lediglich die Klarstellung, dass auch vergaberechtlich insoweit keine Bedenken bestehen.

§ 129
Zwingend zu berücksichtigende Ausführungsbedingungen

Ausführungsbedingungen, die der öffentliche Auftraggeber dem beauftragten Unternehmen verbindlich vorzugeben hat, dürfen nur aufgrund eines Bundes- oder Landesgesetzes festgelegt werden.

§ 130
Vergabe von öffentlichen Aufträgen über soziale und andere besondere Dienstleistungen

(1) Bei der Vergabe von öffentlichen Aufträgen über soziale und andere besondere Dienstleistungen im Sinne des Anhangs XIV der Richtlinie 2014/24/EU stehen öffentlichen Auftraggebern das offene Verfahren, das nicht offene Verfahren, das Verhandlungsverfahren mit Teilnahmewettbewerb, der wettbewerbliche Dialog und die Innovationspartnerschaft nach ihrer Wahl zur Verfügung. Ein Verhandlungsverfahren ohne Teilnahmewettbewerb steht nur zur Verfügung, soweit dies aufgrund dieses Gesetzes gestattet ist.

(2) Abweichend von § 132 Absatz 3 ist die Änderung eines öffentlichen Auftrags über soziale und andere besondere Dienstleistungen im Sinne des Anhangs XIV der Richtlinie 2014/24/EU ohne Durchführung eines neuen Vergabeverfahrens zulässig, wenn der Wert der Änderung nicht mehr als 20 Prozent des ursprünglichen Auftragswertes beträgt.

Für die Praxis: In § 130 Abs. 1 GWB ist festgelegt, dass für bestimmte soziale und andere besondere Dienstleistungen vergaberechtliche Sonderregelungen gelten. Für die Frage, welche Leistungen dies genau sind, wird in § 130 Abs. 1 Satz 1 GWB auf Anhang XIV der Richtlinie 2014/24/EU verwiesen.

Für diese Vergaben gilt ein **Schwellenwert von 750.000 €** (§ 106 Abs. 2 Nr. 1 GWB i.V.m. Art. 4 Buchst. d RL 2014/24/EU).

Für diese Leistungen gelten einige Sonderregelungen:

- Nach § 130 Abs. 1 Satz 1 GWB und § 65 Abs. 1 VgV hat der Auftraggeber das freie Wahlrecht zwischen dem offenen Verfahren, dem nicht offenen Verfahren, dem Verhandlungsverfahren mit Teilnahmewettbewerb, dem wettbewerblichen Dialog und der Innovationspartnerschaft.
- Nicht in der VgV angesprochen ist die Regelung des § 130 Abs. 2 GWB, die Vertragsänderungen nach § 132 Abs. 3 GWB bis zu einem Auftragsvolumen von 20 % des Ausgangsvertrags zulässt (anstelle der sonst für Dienstleistungen vorgesehenen 10 %).
- Nach § 65 Abs. 6 VgV dürfen Rahmenvereinbarungen für bis zu sechs Jahren abgeschlossen werden.
- Nach § 65 Abs. 3 VgV kann der Auftraggeber von den sonst geltenden Mindestfristen abweichen.
- Der Auftraggeber muss keine Einheitliche Europäische Eigenerklärung akzeptieren, § 65 Abs. 4 VgV.

§ 131
Vergabe von öffentlichen Aufträgen über Personenverkehrsleistungen im Eisenbahnverkehr

(1) Bei der Vergabe von öffentlichen Aufträgen, deren Gegenstand Personenverkehrsleistungen im Eisenbahnverkehr sind, stehen öffentlichen Auftraggebern das offene und das nicht offene Verfahren, das Verhandlungsverfahren mit Teilnahmewettbewerb, der wettbewerbliche Dialog und die Innovationspartnerschaft nach ihrer Wahl zur Verfügung. Ein Verhandlungsverfahren ohne Teilnahmewettbewerb steht nur zur Verfügung, soweit dies aufgrund dieses Gesetzes gestattet ist.

(2) Anstelle des § 108 Absatz 1 ist Artikel 5 Absatz 2 der Verordnung (EG) Nr. 1370/2007 des Europäischen Parlaments und des Rates vom 23. Oktober 2007 über öffentliche Personenverkehrsdienste auf Schiene und Straße und zur Aufhebung der Verordnungen (EWG) Nr. 1191/69 und (EWG) Nr. 1107/70 des Rates (ABl. L 315 vom 3.12.2007, S. 1) anzuwenden. Artikel 5 Absatz 5 und Artikel 7 Absatz 2 der Verordnung (EG) Nr. 1370/2007 bleiben unberührt.

(3) Öffentliche Auftraggeber, die öffentliche Aufträge im Sinne von Absatz 1 vergeben, sollen gemäß Artikel 4 Absatz 5 der Verordnung (EG) Nr. 1370/2007 verlangen, dass bei einem Wechsel des Betreibers der Personenverkehrsleistung der ausgewählte Betreiber die Arbeitnehmerinnen und Arbeitnehmer, die beim bisherigen Betreiber für die Erbringung dieser Verkehrsleistung beschäftigt waren, übernimmt und ihnen die Rechte gewährt, auf die sie Anspruch hätten, wenn ein Übergang gemäß § 613a des Bürgerlichen Gesetzbuchs erfolgt wäre. Für den Fall, dass ein öffentlicher Auftraggeber die Übernahme von Arbeitnehmerinnen und Arbeitnehmern im Sinne von Satz 1 verlangt, beschränkt sich das Verlangen auf diejenigen Arbeitnehmerinnen und Arbeitnehmer, die für die Erbringung der übergehenden Verkehrsleistung unmittelbar erforderlich sind. Der öffentliche Auftraggeber soll Regelungen vorsehen, durch die eine missbräuchliche Anpassung tarifvertraglicher Regelungen zu Lasten des neuen Betreibers zwischen der Veröffentlichung der Auftragsbekanntmachung und der Übernahme des Betriebes ausgeschlossen wird. Der bisherige Betreiber ist nach Aufforderung durch den öffentlichen Auftraggeber verpflichtet, alle hierzu erforderlichen Angaben zu machen.

§ 132
Auftragsänderungen während der Vertragslaufzeit

(1) Wesentliche Änderungen eines öffentlichen Auftrags während der Vertragslaufzeit erfordern ein neues Vergabeverfahren. Wesentlich sind Änderungen, die dazu führen, dass sich der öffentliche Auftrag erheblich von dem ursprünglich vergebenen öffentlichen Auftrag unterscheidet. Eine wesentliche Änderung liegt insbesondere vor, wenn

1. mit der Änderung Bedingungen eingeführt werden, die, wenn sie für das ursprüngliche Vergabeverfahren gegolten hätten,
   a) die Zulassung anderer Bewerber oder Bieter ermöglicht hätten,
   b) die Annahme eines anderen Angebots ermöglicht hätten oder
   c) das Interesse weiterer Teilnehmer am Vergabeverfahren geweckt hätten,
2. mit der Änderung das wirtschaftliche Gleichgewicht des öffentlichen Auftrags zugunsten des Auftragnehmers in einer Weise verschoben wird, die im ursprünglichen Auftrag nicht vorgesehen war,
3. mit der Änderung der Umfang des öffentlichen Auftrags erheblich ausgeweitet wird oder
4. ein neuer Auftragnehmer den Auftragnehmer in anderen als den in Absatz 2 Satz 1 Nummer 4 vorgesehenen Fällen ersetzt.

(2) Unbeschadet des Absatzes 1 ist die Änderung eines öffentlichen Auftrags ohne Durchführung eines neuen Vergabeverfahrens zulässig, wenn

1. in den ursprünglichen Vergabeunterlagen klare, genaue und eindeutig formulierte Überprüfungsklauseln oder Optionen vorgesehen sind, die Angaben zu Art, Umfang und Voraussetzungen möglicher Auftragsänderungen enthalten, und sich aufgrund der Änderung der Gesamtcharakter des Auftrags nicht verändert,
2. zusätzliche Liefer-, Bau- oder Dienstleistungen erforderlich geworden sind, die nicht in den ursprünglichen Vergabeunterlagen vorgesehen waren, und ein Wechsel des Auftragnehmers
   a) aus wirtschaftlichen oder technischen Gründen nicht erfolgen kann und
   b) mit erheblichen Schwierigkeiten oder beträchtlichen Zusatzkosten für den öffentlichen Auftraggeber verbunden wäre,
3. die Änderung aufgrund von Umständen erforderlich geworden ist, die der öffentliche Auftraggeber im Rahmen seiner Sorgfaltspflicht nicht vorhersehen konnte, und sich aufgrund der Änderung der Gesamtcharakter des Auftrags nicht verändert oder
4. ein neuer Auftragnehmer den bisherigen Auftragnehmer ersetzt
   a) aufgrund einer Überprüfungsklausel im Sinne von Nummer 1,
   b) aufgrund der Tatsache, dass ein anderes Unternehmen, das die ursprünglich festgelegten Anforderungen an die Eignung erfüllt, im Zuge einer Unternehmensumstrukturierung, wie zum Beispiel durch Übernahme, Zusammenschluss, Erwerb oder Insolvenz, ganz oder teilweise an die Stelle des ursprünglichen Auftragnehmers tritt, sofern dies keine weiteren wesentlichen Änderungen im Sinne des Absatzes 1 zur Folge hat, oder
   c) aufgrund der Tatsache, dass der öffentliche Auftraggeber selbst die Verpflichtungen des Hauptauftragnehmers gegenüber seinen Unterauftragnehmern übernimmt.

In den Fällen des Satzes 1 Nummer 2 und 3 darf der Preis um nicht mehr als 50 Prozent des Wertes des ursprünglichen Auftrags erhöht werden. Bei mehreren aufeinander folgenden Änderungen des Auftrags gilt diese Beschränkung für den Wert jeder einzelnen Änderung, sofern die Änderungen nicht mit dem Ziel vorgenommen werden, die Vorschriften dieses Teils zu umgehen.

(3) Die Änderung eines öffentlichen Auftrags ohne Durchführung eines neuen Vergabeverfahrens ist ferner zulässig, wenn sich der Gesamtcharakter des Auftrags nicht ändert und der Wert der Änderung

1. die jeweiligen Schwellenwerte nach § 106 nicht übersteigt und
2. bei Liefer- und Dienstleistungsaufträgen nicht mehr als 10 Prozent und bei Bauaufträgen nicht mehr als 15 Prozent des ursprünglichen Auftragswertes beträgt.

Bei mehreren aufeinander folgenden Änderungen ist der Gesamtwert der Änderungen maßgeblich.

(4) Enthält der Vertrag eine Indexierungsklausel, wird für die Wertberechnung gemäß Absatz 2 Satz 2 und 3 sowie gemäß Absatz 3 der höhere Preis als Referenzwert herangezogen.

(5) Änderungen nach Absatz 2 Satz 1 Nummer 2 und 3 sind im Amtsblatt der Europäischen Union bekannt zu machen.

Für die Praxis: 1. Wesentliche Auftragsänderung. In § 132 GWB findet sich in Abs. 1 Satz 1 die grundsätzliche Festlegung, dass eine **wesentliche Änderung** eines öffentlichen Auftrags während der Vertragslaufzeit die Durchführung eines neuen Vergabeverfahrens erforderlich macht.

Wesentlich sind Änderungen, die dazu führen, dass sich der öffentliche Auftrag erheblich von dem ursprünglichen vergebenen öffentlichen Auftrag unterscheidet (Abs. 1 Satz 2).

Sodann ist in Abs. 1 Satz 3 beispielhaft (nicht abschließend, da nur „insbesondere") näher beschrieben, welche Änderungen als wesentlich anzusehen sind. In Abs. 1 Satz 3 Nr. 1 geht es um neue oder geänderte Bedingungen, die im laufenden Verfahren die Berücksichtigung anderer Bieter (Buchst. a) oder die Annahme anderer Angebote (Buchst. b) als die, die tatsächlich teilgenommen haben, ermöglicht hätte. In Buchst. c hingegen geht es um das Interesse anderer Teilnehmer, die gerade nicht am Vergabeverfahren teilgenommen haben.

2. Prüfungsreihenfolge. Bei der Prüfung, ob eine wesentliche oder eine unwesentliche Vertragsänderung vorliegt, bietet es sich an, von der Reihenfolge der Absätze des § 132 GWB abzuweichen:

In **Abs. 2 Satz 1** geht es dann in Nr. 1 um die Umsetzung vertraglich vorgesehener **Überprüfungs- oder Optionsklauseln**. Genau genommen handelt sich hierbei nicht um eine Vertragsänderung, sondern um die Durchführung des bereits mit der Änderungsmöglichkeit abgeschlossenen Vertrags. Allerdings ist dort näher geregelt, welche Anforderungen an diese Klauseln aus vergaberechtlicher Sicht zu stellen sind, damit es nicht zu einer wesentlichen Änderung kommt. Nach dieser Regelung müssen die Klauseln Angaben zu Art, Umfang und Voraussetzungen der Auftragsänderungen enthalten und klar, genau und eindeutig formuliert sein.

In **Abs. 3** findet sich eine lediglich an den Auftragswerten orientierte Regelung. Danach darf die Änderung den jeweiligen Schwellenwert nicht übersteigen und bei Lieferdienstleistungen nicht mehr als 10 % und bei Bauaufträgen nicht mehr als 15 % des ursprünglichen Auftragswerts betragen. Kommt es zu mehreren Änderungen, ist der Gesamtwert der Änderungen maßgeblich.

In Abs. 2 Satz 1 Nr. 2 geht es um **zusätzliche Leistungen**, die nicht in ursprünglichen Vertragsbedingungen vorgesehen waren und bei denen ein Wechsel des Auftragnehmers entweder aus wirtschaftlichen oder technischen Gründen nicht erfolgen kann und, den fiktiven Bieterwechsel unterstellt, mit erheblichen Schwierigkeiten oder beträchtlichen Zusatzkosten verbunden wären. Im Hinblick auf den Ausnahmecharakter dieser Regelung muss der Auftraggeber näher darlegen, welche Gründe vorliegen und wieso es hier nicht nur unerhebliche Schwierigkeiten gegeben hätte.

Nach Abs. 2 Satz 1 Nr. 3 können dem Auftragnehmer zusätzlich weitere Leistungen übertragen werden, wenn sie im Rahmen der **Sorgfaltspflicht** des Auftraggebers nicht vorhersehbar waren.

In Abs. 2 Satz 1 Nr. 4 geht es um den **Austausch des bisherigen Auftragnehmers**. Dies kann entweder aufgrund einer Überprüfungsklausel i.S.v. Nr. 1 (Buchst. a) oder im Rahmen einer Unternehmensumstrukturierung (Buchst. b) gleichermaßen unproblematisch erfolgen. Die dritte Möglichkeit ist, dass der öffentliche Auftraggeber selbst in den Vertrag des Hauptauftragnehmers mit den Unterauftragnehmern eintritt (Buchst. c).

In den beiden Fallgruppen des Abs. 2 Satz 1 Nr. 2 und 3 darf der **Preis um nicht mehr 50 %** des ursprünglichen Auftragswertes erhöht werden, wobei der Wert mehrerer Änderungen nicht aufaddiert wird (vgl. § 132 Abs. 2 Satz 2 und 3 GWB).

3. Bekanntmachung. Wichtig ist außerdem die Vorschrift des § 132 Abs. 5 GWB. Danach sind Änderungen nach § 132 Abs. 2 Satz 1 Nr. 2 und 3 GWB im Amtsblatt der Europäischen Union bekannt zu machen.

§ 133
Kündigung von öffentlichen Aufträgen in besonderen Fällen

(1) Unbeschadet des § 135 können öffentliche Auftraggeber einen öffentlichen Auftrag während der Vertragslaufzeit kündigen, wenn

1. eine wesentliche Änderung vorgenommen wurde, die nach § 132 ein neues Vergabeverfahren erfordert hätte,
2. zum Zeitpunkt der Zuschlagserteilung ein zwingender Ausschlussgrund nach § 123 Absatz 1 bis 4 vorlag oder
3. der öffentliche Auftrag aufgrund einer schweren Verletzung der Verpflichtungen aus dem Vertrag über die Arbeitsweise der Europäischen Union oder aus den Vorschriften dieses Teils, die der Europäische Gerichtshof in einem Verfahren nach Artikel 258 des Vertrags über die Arbeitsweise der Europäischen Union festgestellt hat, nicht an den Auftragnehmer hätte vergeben werden dürfen.

(2) Wird ein öffentlicher Auftrag gemäß Absatz 1 gekündigt, kann der Auftragnehmer einen seinen bisherigen Leistungen entsprechenden Teil der Vergütung verlangen. Im Fall des Absatzes 1 Nummer 2 steht dem Auftragnehmer ein Anspruch auf Vergütung insoweit nicht zu, als seine bisherigen Leistungen infolge der Kündigung für den öffentlichen Auftraggeber nicht von Interesse sind.

(3) Die Berechtigung, Schadensersatz zu verlangen, wird durch die Kündigung nicht ausgeschlossen.

Für die Praxis: In § 133 GWB sind verschiedene Fälle der Kündigung durch den öffentlichen Auftraggeber zusammengefasst.

In **Abs. 1 Nr. 1** geht es um eine wesentliche Änderung, die entgegen § 132 GWB ohne das eigentlich erforderliche neue Vergabeverfahren vorgenommen wurde.

In **Abs. 1 Nr. 2** geht es darum, dass der Auftraggeber einen Bieter beauftragt, den er nach § 123 Abs. 1 bis 4 GWB hätte ausschließen müssen. Dieser Kündigungsfall dürfte regelmäßig auf falschen Erklärungen des Bieters beruhen und soll dazu dienen, Fehlverhalten dieser Art zu sanktionieren.

In **Abs. 1 Nr. 3** geht es um die Feststellung einer Vertragsverletzung durch den EuGH und soll dem öffentlichen Auftraggeber die Möglichkeit geben, solche Verträge zu kündigen. In der Vergangenheit hatte es sich mehrfach als problematisch erwiesen, dass zivilrechtlich keine Kündigungsmöglichkeit für solche Verträge bestand.

Die **Folgen der Kündigung** sind zumindest teilweise auch in § 133 GWB festgelegt. Nach Abs. 2 Satz 1 darf der Auftragnehmer die Vergütung für die bisher erbrachten Leistungen verlangen. Nur für den Fall, dass dem Bieter trotz eines eigentlich vorliegenden, aber ursprünglich nicht berücksichtigen Ausschlussgrundes der Auftrag erteilt wurde, wird dieser Anspruch dem Auftragnehmer nur gegeben, wenn seine bisherigen Leistungen für den Auftraggeber nach wie vor von Interesse sind (vgl. Abs. 2 Satz 2).

Nicht geregelt ist, wie die nicht ausgeführten Leistungen zu vergüten sind. Hierbei wird es auch darauf ankommen, wer den Kündigungsgrund zu vertreten hat. Nach der Gesetzesbegründung ist dies insbesondere bei den Schadensersatzansprüchen nach § 133 Abs. 3 GWB zu berücksichtigen.

§ 134
Informations- und Wartepflicht

(1) Öffentliche Auftraggeber haben die Bieter, deren Angebote nicht berücksichtigt werden sollen, über den Namen des Unternehmens, dessen Angebot angenommen werden soll, über die Gründe der vorgesehenen Nichtberücksichtigung ihres Angebots und über den frühesten Zeitpunkt des Vertragsschlusses unverzüglich in Textform zu informieren. Dies gilt auch für Bewerber, denen keine Information über die Ablehnung ihrer Bewerbung zur Verfügung gestellt wurde, bevor die Mitteilung über die Zuschlagsentscheidung an die betroffenen Bieter ergangen ist.

(2) Ein Vertrag darf erst 15 Kalendertage nach Absendung der Information nach Absatz 1 geschlossen werden. Wird die Information auf elektronischem Weg oder per Fax versendet, verkürzt sich die Frist auf zehn Kalendertage. Die Frist beginnt am Tag nach der Absendung der Information durch den Auftraggeber; auf den Tag des Zugangs beim betroffenen Bieter und Bewerber kommt es nicht an.

(3) Die Informationspflicht entfällt in Fällen, in denen das Verhandlungsverfahren ohne Teilnahmewettbewerb wegen besonderer Dringlichkeit gerechtfertigt ist. Im Fall verteidigungs- oder sicherheitsspezifischer Aufträge können öffentliche Auftraggeber beschließen, bestimmte Informationen über die Zuschlagserteilung oder den Abschluss einer Rahmenvereinbarung nicht mitzuteilen, soweit die Offenlegung den Gesetzesvollzug behindert, dem öffentlichen Interesse, insbesondere Verteidigungs- oder Sicherheitsinteressen, zuwiderläuft, berechtigte geschäftliche Interessen von Unternehmen schädigt oder den lauteren Wettbewerb zwischen ihnen beeinträchtigen könnte.

Für die Praxis: § 134 GWB verlangt, dass der Auftraggeber grundsätzlich alle Bieter und Bewerber vor Abschluss des Vertrages informiert. Dies soll den Unternehmen die Möglichkeit sichern, Rechtsschutz suchen zu können. Die mit der unterlassenen Information verknüpfte Nichtigkeitsandrohung des § 135 GWB zeigt, welche Bedeutung die Transparenz und der Bieterrechtsschutz für den Gesetzgeber haben.

Bewerber sind die Unternehmen, die sich in einem Teilnahmewettbewerb beteiligen. Wurden sie bereits frühzeitig über die Ablehnung ihrer Bewerbung informiert, müssen sie später nicht noch einmal informiert werden. In allen anderen Fällen muss ihnen der Auftraggeber wie den Bietern, die mit einem Angebot teilgenommen haben, den Namen des Unternehmens, dessen Angebot angenommen werden soll, sowie die Gründe für die vorgesehene Nichtberücksichtigung ihres Angebots sowie den frühesten Zeitpunkt des Vertragsschlusses **mitteilen** (Abs. 1 Satz 1). Diese Mitteilung erfolgt in Textform, also per **E-Mail** oder auch per Telefax. Im Hinblick auf die Fristverkürzung nach Abs. 2 dürfte die Versendung per E-Mail inzwischen der Regelfall sein.

Nach § 134 Abs. 2 GWB darf der Zuschlag erst 15 Kalendertage nach Absendung der Information erteilt werden (Satz 1), wobei sich diese Frist bei der – inzwischen die Regel bildende – Versendung auf elektronischem Weg oder per Telefax auf **10 Kalendertage** verkürzt (Satz 2).

Praxishinweis: Nach der bisherigen Rechtsprechung darf der Vertrag jedoch auch nicht vor Ablauf der Frist, die der Auftraggeber selbst für den frühestmöglichen Zeitpunkt des Vertragsschlusses genannt hat (vgl. § 134 Abs. 1 Satz 1 GWB), geschlossen werden. Auftraggeber sollten daher regelmäßig die **Mindestfrist benennen** und keinen später liegenden Termin, da sie dieser selber bindet und diese Bindung im Extremfall zur Nichtigkeit des Vertrags führen kann.

Ausnahmen von der Informationspflicht finden sich in § 134 Abs. 3 GWB, wobei diese eng auszulegen sind.

§ 135
Unwirksamkeit

(1) Ein öffentlicher Auftrag ist von Anfang an unwirksam, wenn der öffentliche Auftraggeber

1. gegen § 134 verstoßen hat oder
2. den Auftrag ohne vorherige Veröffentlichung einer Bekanntmachung im Amtsblatt der Europäischen Union vergeben hat, ohne dass dies aufgrund Gesetzes gestattet ist,

und dieser Verstoß in einem Nachprüfungsverfahren festgestellt worden ist.

(2) Die Unwirksamkeit nach Absatz 1 kann nur festgestellt werden, wenn sie im Nachprüfungsverfahren innerhalb von 30 Kalendertagen nach der Information der betroffenen Bieter und Bewerber durch den öffentlichen Auftraggeber über den Abschluss des Vertrags, jedoch nicht später als sechs Monate nach Vertragsschluss geltend gemacht worden ist. Hat der Auftraggeber die Auftragsvergabe im Amtsblatt der Europäischen Union bekannt gemacht, endet die Frist zur Geltendmachung der Unwirksamkeit 30 Kalendertage nach Veröffentlichung der Bekanntmachung der Auftragsvergabe im Amtsblatt der Europäischen Union.

(3) Die Unwirksamkeit nach Absatz 1 Nummer 2 tritt nicht ein, wenn

1. der öffentliche Auftraggeber der Ansicht ist, dass die Auftragsvergabe ohne vorherige Veröffentlichung einer Bekanntmachung im Amtsblatt der Europäischen Union zulässig ist,
2. der öffentliche Auftraggeber eine Bekanntmachung im Amtsblatt der Europäischen Union veröffentlicht hat, mit der er die Absicht bekundet, den Vertrag abzuschließen, und
3. der Vertrag nicht vor Ablauf einer Frist von mindestens zehn Kalendertagen, gerechnet ab dem Tag nach der Veröffentlichung dieser Bekanntmachung, abgeschlossen wurde.

Die Bekanntmachung nach Satz 1 Nummer 2 muss den Namen und die Kontaktdaten des öffentlichen Auftraggebers, die Beschreibung des Vertragsgegenstands, die Begründung der Entscheidung des Auftraggebers, den Auftrag ohne vorherige Veröffentlichung einer Bekanntmachung im Amtsblatt der Europäischen Union zu vergeben, und den Namen und die Kontaktdaten des Unternehmens, das den Zuschlag erhalten soll, umfassen.

Für die Praxis: Die Nichtigkeitsfolge des § 135 Abs. 1 GWB macht deutlich, welchen Stellenwert der Gesetzgeber der Bieterinformation beimisst. In der Praxis der Vergabekammern hat diese Vorschrift in den letzten Jahren eine durchaus nennenswerte Bedeutung erhalten. Auftraggeber sollten daher auf keinen Fall die Anforderungen des § 134 GWB unterschätzen, sondern diese ernst nehmen.

Es kommt in der Praxis immer wieder vor, dass Unternehmen erteilte Zuschläge erfolgreich angreifen. Wichtige Fallgruppen sind die Durchführung von Verhandlungsverfahren ohne Teilnahmewettbewerb, ohne dass die Voraussetzungen hierfür vorliegen, und die wesentliche Änderung von Verträgen ohne Durchführung eines neuen Vergabeverfahrens.

Die Unwirksamkeit nach Abs. 1 des § 135 GWB kann nur unter den Voraussetzungen der Abs. 2 und 3 geltend gemacht werden. Dabei kann der Auftraggeber auf die Dauer der Frist, innerhalb der dies möglich ist, Einfluss nehmen, indem er nach Abs. 3 eine Bekanntmachung veranlasst und so die dritten Unternehmen zur Verfügung stehende Zeit verkürzt.

Abschnitt 3
Vergabe von öffentlichen Aufträgen in besonderen Bereichen und von Konzessionen
(§§ 136 – 154)

Unterabschnitt 1
Vergabe von öffentlichen Aufträgen durch Sektorenauftraggeber
(§§ 136 – 143)

Vorbemerkung: Auf die Anmerkungen zu § 100 GWB (Sektorenauftraggeber) und § 102 GWB (Sektorentätigkeiten) wird verwiesen. Die Verfahrensregelungen sind im Einzelnen der SektVO zu entnehmen.

§ 136
Anwendungsbereich

Dieser Unterabschnitt ist anzuwenden auf die Vergabe von öffentlichen Aufträgen und die Ausrichtung von Wettbewerben durch Sektorenauftraggeber zum Zweck der Ausübung einer Sektorentätigkeit.

§ 137
Besondere Ausnahmen

(1) Dieser Teil ist nicht anzuwenden auf die Vergabe von öffentlichen Aufträgen durch Sektorenauftraggeber zum Zweck der Ausübung einer Sektorentätigkeit, wenn die Aufträge Folgendes zum Gegenstand haben:

1. Rechtsdienstleistungen im Sinne des § 116 Absatz 1 Nummer 1,
2. Forschungs- und Entwicklungsdienstleistungen im Sinne des § 116 Absatz 1 Nummer 2,
3. Ausstrahlungszeit oder Bereitstellung von Sendungen, wenn diese Aufträge an Anbieter von audiovisuellen Mediendiensten oder Hörfunkmediendiensten vergeben werden,
4. finanzielle Dienstleistungen im Sinne des § 116 Absatz 1 Nummer 4,
5. Kredite und Darlehen im Sinne des § 116 Absatz 1 Nummer 5,
6. Dienstleistungen im Sinne des § 116 Absatz 1 Nummer 6, wenn diese Aufträge aufgrund eines ausschließlichen Rechts vergeben werden,
7. die Beschaffung von Wasser im Rahmen der Trinkwasserversorgung,
8. die Beschaffung von Energie oder von Brennstoffen zur Energieerzeugung im Rahmen der Energieversorgung oder
9. die Weiterveräußerung oder Vermietung an Dritte, wenn
   a) dem Sektorenauftraggeber kein besonderes oder ausschließliches Recht zum Verkauf oder zur Vermietung des Auftragsgegenstandes zusteht und
   b) andere Unternehmen die Möglichkeit haben, den Auftragsgegenstand unter den gleichen Bedingungen wie der betreffende Sektorenauftraggeber zu verkaufen oder zu vermieten.

(2) Dieser Teil ist ferner nicht anzuwenden auf die Vergabe von öffentlichen Aufträgen und die Ausrichtung von Wettbewerben, die Folgendes zum Gegenstand haben:

1. Liefer-, Bau- und Dienstleistungen sowie die Ausrichtung von Wettbewerben durch Sektorenauftraggeber nach § 100 Absatz 1 Nummer 2, soweit sie anderen Zwecken dienen als einer Sektorentätigkeit, oder
2. die Durchführung von Sektorentätigkeiten außerhalb des Gebietes der Europäischen Union, wenn der Auftrag in einer Weise vergeben wird, die nicht mit der tatsächlichen Nutzung eines Netzes oder einer Anlage innerhalb dieses Gebietes verbunden ist.

§ 138
Besondere Ausnahme für die Vergabe an verbundene Unternehmen

(1) Dieser Teil ist nicht anzuwenden auf die Vergabe von öffentlichen Aufträgen,

1. die ein Sektorenauftraggeber an ein verbundenes Unternehmen vergibt oder
2. die ein Gemeinschaftsunternehmen, das ausschließlich mehrere Sektorenauftraggeber zur Durchführung einer Sektorentätigkeit gebildet haben, an ein Unternehmen vergibt, das mit einem dieser Sektorenauftraggeber verbunden ist.

(2) Ein verbundenes Unternehmen im Sinne des Absatzes 1 ist

1. ein Unternehmen, dessen Jahresabschluss mit dem Jahresabschluss des Auftraggebers in einem Konzernabschluss eines Mutterunternehmens entsprechend § 271 Absatz 2 des Handelsgesetzbuchs nach den Vorschriften über die Vollkonsolidierung einzubeziehen ist, oder
2. ein Unternehmen, das
   a) mittelbar oder unmittelbar einem beherrschenden Einfluss nach § 100 Absatz 3 des Sektorenauftraggebers unterliegen kann,
   b) einen beherrschenden Einfluss nach § 100 Absatz 3 auf den Sektorenauftraggeber ausüben kann oder
   c) gemeinsam mit dem Auftraggeber aufgrund der Eigentumsverhältnisse, der finanziellen Beteiligung oder der für das Unternehmen geltenden Bestimmungen dem beherrschenden Einfluss nach § 100 Absatz 3 eines anderen Unternehmens unterliegt.

(3) Absatz 1 gilt für Liefer-, Bau- oder Dienstleistungsaufträge, sofern unter Berücksichtigung aller Liefer-, Bau- oder Dienstleistungen, die von dem verbundenen Unternehmen während der letzten drei Jahre in der Europäischen Union erbracht wurden, mindestens 80 Prozent des im jeweiligen Leistungssektor insgesamt erzielten durchschnittlichen Umsatzes dieses Unternehmens aus der Erbringung von Liefer-, Bau- oder Dienstleistungen für den Sektorenauftraggeber oder andere mit ihm verbundene Unternehmen stammen.

(4) Werden gleiche oder gleichartige Liefer-, Bau- oder Dienstleistungen von mehr als einem mit dem Sektorenauftraggeber verbundenen und mit ihm wirtschaftlich zusammengeschlossenen Unternehmen erbracht, so werden die Prozentsätze nach Absatz 3 unter Berücksichtigung des Gesamtumsatzes errechnet, den diese verbundenen Unternehmen mit der Erbringung der jeweiligen Liefer-, Dienst- oder Bauleistung erzielen.

(5) Liegen für die letzten drei Jahre keine Umsatzzahlen vor, genügt es, wenn das Unternehmen etwa durch Prognosen über die Tätigkeitsentwicklung glaubhaft macht, dass die Erreichung des nach Absatz 3 geforderten Umsatzziels wahrscheinlich ist.

§ 139
Besondere Ausnahme für die Vergabe durch oder an ein Gemeinschaftsunternehmen

(1) Dieser Teil ist nicht anzuwenden auf die Vergabe von öffentlichen Aufträgen,

1. die ein Gemeinschaftsunternehmen, das mehrere Sektorenauftraggeber ausschließlich zur Durchführung von Sektorentätigkeiten gebildet haben, an einen dieser Auftraggeber vergibt oder
2. die ein Sektorenauftraggeber, der einem Gemeinschaftsunternehmen im Sinne der Nummer 1 angehört, an dieses Gemeinschaftsunternehmen vergibt.

(2) Voraussetzung ist, dass

1. das Gemeinschaftsunternehmen im Sinne des Absatzes 1 Nummer 1 gebildet wurde, um die betreffende Sektorentätigkeit während eines Zeitraums von mindestens drei Jahren durchzuführen, und
2. in dem Gründungsakt des Gemeinschaftsunternehmens festgelegt wird, dass die das Gemeinschaftsunternehmen bildenden Sektorenauftraggeber dem Gemeinschaftsunternehmen mindestens während desselben Zeitraums angehören werden.

§ 140
Besondere Ausnahme für unmittelbar dem Wettbewerb ausgesetzte Tätigkeiten

(1) Dieser Teil ist nicht anzuwenden auf öffentliche Aufträge, die zum Zweck der Ausübung einer Sektorentätigkeit vergeben werden, wenn die Sektorentätigkeit unmittelbar dem Wettbewerb auf Märkten ausgesetzt ist, die keiner Zugangsbeschränkung unterliegen. Dasselbe gilt für Wettbewerbe, die im Zusammenhang mit der Sektorentätigkeit ausgerichtet werden.

(2) Für Gutachten und Stellungnahmen, die aufgrund der nach § 113 Satz 2 Nummer 8 erlassenen Rechtsverordnung vorgenommen werden, erhebt das Bundeskartellamt Kosten (Gebühren und Auslagen) zur Deckung des Verwaltungsaufwands. § 62 Absatz 1 Satz 3 und Absatz 2 Satz 1, Satz 2 Nummer 1, Satz 3 und 4, Absatz 5 Satz 1 sowie Absatz 6 Satz 1 Nummer 2, Satz 2 und 3 gilt entsprechend. Hinsichtlich der Möglichkeit zur Beschwerde über die Kostenentscheidung gilt § 73 Absatz 1 und 4 entsprechend.

> **Für die Praxis:** Siehe hierzu die Anmerkungen zu § 3 SektVO (Antragsverfahren, die unmittelbar dem Wettbewerb ausgesetzt sind).

§ 141
Verfahrensarten

(1) Sektorenauftraggebern stehen das offene Verfahren, das nicht offene Verfahren, das Verhandlungsverfahren mit Teilnahmewettbewerb und der wettbewerbliche Dialog nach ihrer Wahl zur Verfügung.

(2) Das Verhandlungsverfahren ohne Teilnahmewettbewerb und die Innovationspartnerschaft stehen nur zur Verfügung, soweit dies aufgrund dieses Gesetzes gestattet ist.

> **Für die Praxis:** Siehe hierzu die Anmerkungen zu § 13 SektVO (Wahl der Verfahrensart).

§ 142
Sonstige anwendbare Vorschriften

Im Übrigen gelten für die Vergabe von öffentlichen Aufträgen durch Sektorenauftraggeber zum Zweck der Ausübung von Sektorentätigkeiten die §§ 118 und 119, soweit in § 141 nicht abweichend geregelt, die §§ 120 bis 129, 130 in Verbindung mit Anhang XVII der Richtlinie 2014/25/EU sowie die §§ 131 bis 135 mit der Maßgabe entsprechend, dass

1. Sektorenauftraggeber abweichend von § 122 Absatz 1 und 2 die Unternehmen anhand objektiver Kriterien auswählen, die allen interessierten Unternehmen zugänglich sind,
2. Sektorenauftraggeber nach § 100 Absatz 1 Nummer 2 ein Unternehmen nach § 123 ausschließen können, aber nicht ausschließen müssen,
3. § 132 Absatz 2 Satz 2 und 3 nicht anzuwenden ist.

> **Für die Praxis:** In § 142 GWB werden die wesentlichen Verfahrenserleichterungen für die Beschaffung durch Sektorenauftraggeber deutlich erkennbar. Auf die Vorbemerkung zur SektVO sowie die Anmerkungen zu § 13 SektVO wird verwiesen.

§ 143
Regelung für Auftraggeber nach dem Bundesberggesetz

(1) Sektorenauftraggeber, die nach dem Bundesberggesetz berechtigt sind, Erdöl, Gas, Kohle oder andere feste Brennstoffe aufzusuchen oder zu gewinnen, müssen bei der Vergabe von Liefer-, Bau- oder Dienstleistungsaufträgen oberhalb der Schwellenwerte nach § 106 Absatz 2 Nummer 2 zur Durchführung der Aufsuchung oder Gewinnung von Erdöl, Gas, Kohle oder anderen festen Brennstoffen die Grundsätze der Nichtdiskriminierung und der wettbewerbsorientierten Auftragsvergabe beachten. Insbesondere müssen sie Unternehmen, die ein Interesse an einem solchen Auftrag haben können, ausreichend informieren und bei der Auftragsvergabe objektive Kriterien zugrunde legen. Die Sätze 1 und 2 gelten nicht für die

Vergabe von Aufträgen, deren Gegenstand die Beschaffung von Energie oder Brennstoffen zur Energieerzeugung ist.

(2) Die Auftraggeber nach Absatz 1 erteilen der Europäischen Kommission über das Bundesministerium für Wirtschaft und Energie Auskunft über die Vergabe der unter diese Vorschrift fallenden Aufträge nach Maßgabe der Entscheidung 93/327/EWG der Kommission vom 13. Mai 1993 zur Festlegung der Voraussetzungen, unter denen die öffentlichen Auftraggeber, die geographisch abgegrenzte Gebiete zum Zwecke der Suche oder Förderung von Erdöl, Gas, Kohle oder anderen Festbrennstoffen nutzen, der Kommission Auskunft über die von ihnen vergebenen Aufträge zu erteilen haben (ABl. L 129 vom 27.5.1993, S. 25). Sie können über das Verfahren gemäß der Rechtsverordnung nach § 113 Satz 2 Nummer 8 unter den dort geregelten Voraussetzungen eine Befreiung von der Pflicht zur Anwendung dieser Bestimmung erreichen.

Unterabschnitt 2
Vergabe von verteidigungs- oder sicherheitsspezifischen öffentlichen Aufträgen
(§§ 144 – 147)

Für die Praxis: Zur Anwendbarkeit der Regelungen der §§ 144 bis 147 GWB siehe die Anmerkung zu § 104 GWB. Die Verfahrensregelungen sind im Einzelnen in der VSVgV enthalten.

§ 144
Anwendungsbereich

Dieser Unterabschnitt ist anzuwenden auf die Vergabe von verteidigungs- oder sicherheitsspezifischen öffentlichen Aufträgen durch öffentliche Auftraggeber und Sektorenauftraggeber.

§ 145
Besondere Ausnahmen für die Vergabe von verteidigungs- oder sicherheitsspezifischen öffentlichen Aufträgen

Dieser Teil ist nicht anzuwenden auf die Vergabe von verteidigungs- oder sicherheitsspezifischen öffentlichen Aufträgen, die

1. den Zwecken nachrichtendienstlicher Tätigkeiten dienen,
2. im Rahmen eines Kooperationsprogramms vergeben werden, das
   a) auf Forschung und Entwicklung beruht und
   b) mit mindestens einem anderen Mitgliedstaat der Europäischen Union für die Entwicklung eines neuen Produkts und gegebenenfalls die späteren Phasen des gesamten oder eines Teils des Lebenszyklus dieses Produkts durchgeführt wird;

   beim Abschluss eines solchen Abkommens teilt die Europäische Kommission den Anteil der Forschungs- und Entwicklungsausgaben an den Gesamtkosten des Programms, die Vereinbarung über die Kostenteilung und gegebenenfalls den geplanten Anteil der Beschaffungen je Mitgliedstaat mit,
3. in einem Staat außerhalb der Europäischen Union vergeben werden; zu diesen Aufträgen gehören auch zivile Beschaffungen im Rahmen des Einsatzes von Streitkräften oder von Polizeien des Bundes oder der Länder außerhalb des Gebiets der Europäischen Union, wenn der Einsatz es erfordert, dass im Einsatzgebiet ansässige Unternehmen beauftragt werden; zivile Beschaffungen sind Beschaffungen nicht-militärischer Produkte und Beschaffungen von Bau- oder Dienstleistungen für logistische Zwecke,
4. die Bundesregierung, eine Landesregierung oder eine Gebietskörperschaft an eine andere Regierung oder an eine Gebietskörperschaft eines anderen Staates vergibt und die Folgendes zum Gegenstand haben:
   a) die Lieferung von Militärausrüstung im Sinne des § 104 Absatz 2 oder die Lieferung von Ausrüstung, die im Rahmen eines Verschlusssachenauftrags im Sinne des § 104 Absatz 3 vergeben wird,

   b) Bau- und Dienstleistungen, die in unmittelbarem Zusammenhang mit dieser Ausrüstung stehen,
   c) Bau- und Dienstleistungen speziell für militärische Zwecke oder
   d) Bau- und Dienstleistungen, die im Rahmen eines Verschlusssachenauftrags im Sinne des § 104 Absatz 3 vergeben werden,
5. Finanzdienstleistungen mit Ausnahme von Versicherungsdienstleistungen zum Gegenstand haben,
6. Forschungs- und Entwicklungsdienstleistungen zum Gegenstand haben, es sei denn, die Ergebnisse werden ausschließlich Eigentum des Auftraggebers für seinen Gebrauch bei der Ausübung seiner eigenen Tätigkeit und die Dienstleistung wird vollständig durch den Auftraggeber vergütet, oder
7. besonderen Verfahrensregeln unterliegen,
   a) die sich aus einem internationalen Abkommen oder einer internationalen Vereinbarung ergeben, das oder die zwischen einem oder mehreren Mitgliedstaaten der Europäischen Union und einem oder mehreren Staaten, die nicht Vertragsparteien des Übereinkommens über den Europäischen Wirtschaftsraum sind, geschlossen wurde,
   b) die sich aus einem internationalen Abkommen oder einer internationalen Vereinbarung im Zusammenhang mit der Stationierung von Truppen ergeben, das oder die Unternehmen eines Mitgliedstaates der Europäischen Union oder eines anderen Staates betrifft, oder
   c) die für eine internationale Organisation gelten, wenn diese für ihre Zwecke Beschaffungen tätigt oder wenn ein Mitgliedstaat öffentliche Aufträge nach diesen Regeln vergeben muss.

§ 146
Verfahrensarten

Bei der Vergabe von verteidigungs- oder sicherheitsspezifischen öffentlichen Aufträgen stehen öffentlichen Auftraggebern und Sektorenauftraggebern das nicht offene Verfahren und das Verhandlungsverfahren mit Teilnahmewettbewerb nach ihrer Wahl zur Verfügung. Das Verhandlungsverfahren ohne Teilnahmewettbewerb und der wettbewerbliche Dialog stehen nur zur Verfügung, soweit dies aufgrund dieses Gesetzes gestattet ist.

§ 147
Sonstige anwendbare Vorschriften

Im Übrigen gelten für die Vergabe von verteidigungs- oder sicherheitsspezifischen öffentlichen Aufträgen die §§ 119, 120, 121 Absatz 1 und 3 sowie die §§ 122 bis 135 mit der Maßgabe entsprechend, dass ein Unternehmen gemäß § 124 Absatz 1 auch dann von der Teilnahme an einem Vergabeverfahren ausgeschlossen werden kann, wenn das Unternehmen nicht die erforderliche Vertrauenswürdigkeit aufweist, um Risiken für die nationale Sicherheit auszuschließen. Der Nachweis, dass Risiken für die nationale Sicherheit nicht auszuschließen sind, kann auch mit Hilfe geschützter Datenquellen erfolgen.

Unterabschnitt 3
Vergabe von Konzessionen
(§§ 148 – 154)

Für die Praxis: Siehe hierzu die Anmerkungen zu § 101 GWB (Konzessionsgeber) und § 105 GWB (Konzessionen). Die Verfahrensregelungen sind im Einzelnen in der KonzVgV enthalten.

§ 148
Anwendungsbereich

Dieser Unterabschnitt ist anzuwenden auf die Vergabe von Konzessionen durch Konzessionsgeber.

§ 149
Besondere Ausnahmen

Dieser Teil ist nicht anzuwenden auf die Vergabe von:

1. Konzessionen zu Rechtsdienstleistungen im Sinne des § 116 Absatz 1 Nummer 1,
2. Konzessionen zu Forschungs- und Entwicklungsdienstleistungen im Sinne des § 116 Absatz 1 Nummer 2,
3. Konzessionen zu audiovisuellen Mediendiensten oder Hörfunkmediendiensten im Sinne des § 116 Absatz 1 Nummer 3,
4. Konzessionen zu finanziellen Dienstleistungen im Sinne des § 116 Absatz 1 Nummer 4,
5. Konzessionen zu Krediten und Darlehen im Sinne des § 116 Absatz 1 Nummer 5,
6. Dienstleistungskonzessionen, die an einen Konzessionsgeber nach § 101 Absatz 1 Nummer 1 oder Nummer 2 aufgrund eines auf Gesetz oder Verordnung beruhenden ausschließlichen Rechts vergeben werden,
7. Dienstleistungskonzessionen, die an ein Unternehmen aufgrund eines ausschließlichen Rechts vergeben werden, das diesem im Einklang mit den nationalen und unionsrechtlichen Rechtsvorschriften über den Marktzugang für Tätigkeiten nach § 102 Absatz 2 bis 6 gewährt wurde; ausgenommen hiervon sind Dienstleistungskonzessionen für Tätigkeiten, für die die Unionsvorschriften keine branchenspezifischen Transparenzverpflichtungen vorsehen; Auftraggeber, die einem Unternehmen ein ausschließliches Recht im Sinne dieser Vorschrift gewähren, setzen die Europäische Kommission hierüber binnen eines Monats nach Gewährung dieses Rechts in Kenntnis,
8. Konzessionen, die hauptsächlich dazu dienen, dem Konzessionsgeber im Sinne des § 101 Absatz 1 Nummer 1 die Bereitstellung oder den Betrieb öffentlicher Kommunikationsnetze oder die Bereitstellung eines oder mehrerer elektronischer Kommunikationsdienste für die Öffentlichkeit zu ermöglichen,
9. Konzessionen im Bereich Wasser, die
   a) die Bereitstellung oder das Betreiben fester Netze zur Versorgung der Allgemeinheit im Zusammenhang mit der Gewinnung, dem Transport oder der Verteilung von Trinkwasser oder die Einspeisung von Trinkwasser in diese Netze betreffen oder
   b) mit einer Tätigkeit nach Buchstabe a im Zusammenhang stehen und einen der nachfolgend aufgeführten Gegenstände haben:
      aa) Wasserbau-, Bewässerungs- und Entwässerungsvorhaben, sofern die zur Trinkwasserversorgung bestimmte Wassermenge mehr als 20 Prozent der Gesamtwassermenge ausmacht, die mit den entsprechenden Vorhaben oder Bewässerungs- oder Entwässerungsanlagen zur Verfügung gestellt wird, oder
      bb) Abwasserbeseitigung oder -behandlung,
10. Dienstleistungskonzessionen zu Lotteriedienstleistungen, die unter die Referenznummer des Common Procurement Vocabulary 92351100-7 fallen, und die einem Unternehmen auf der Grundlage eines ausschließlichen Rechts gewährt werden,
11. Konzessionen, die Konzessionsgeber im Sinne des § 101 Absatz 1 Nummer 2 und 3 zur Durchführung ihrer Tätigkeiten in einem nicht der Europäischen Union angehörenden Staat in einer Weise vergeben, die nicht mit der physischen Nutzung eines Netzes oder geografischen Gebiets in der Europäischen Union verbunden ist, oder
12. Konzessionen, die im Bereich der Luftverkehrsdienste auf der Grundlage der Erteilung einer Betriebsgenehmigung im Sinne der Verordnung (EG) Nr. 1008/2008 des Europäischen Parlaments und des Rates vom 24. September 2008 über gemeinsame Vorschriften für die Durchführung von Luftverkehrsdiensten in der Gemeinschaft (ABl. L 293 vom 31.10.2008, S. 3) vergeben werden, oder von Konzessi-

onen, die die Beförderung von Personen im Sinne des § 1 des Personenbeförderungsgesetzes betreffen.

§ 150
Besondere Ausnahmen für die Vergabe von Konzessionen in den Bereichen Verteidigung und Sicherheit

Dieser Teil ist nicht anzuwenden auf die Vergabe von Konzessionen in den Bereichen Verteidigung und Sicherheit,

1. bei denen die Anwendung der Vorschriften dieses Teils den Konzessionsgeber verpflichten würde, Auskünfte zu erteilen, deren Preisgabe seines Erachtens den wesentlichen Sicherheitsinteressen der Bundesrepublik Deutschland zuwiderläuft, oder wenn die Vergabe und Durchführung der Konzession als geheim zu erklären sind oder von besonderen Sicherheitsmaßnahmen gemäß den geltenden Rechts- oder Verwaltungsvorschriften begleitet sein müssen, sofern der Konzessionsgeber festgestellt hat, dass die betreffenden wesentlichen Interessen nicht durch weniger einschneidende Maßnahmen gewahrt werden können, wie beispielsweise durch Anforderungen, die auf den Schutz der Vertraulichkeit der Informationen abzielen, die Konzessionsgeber im Rahmen eines Konzessionsvergabeverfahrens zur Verfügung stellen,
2. die im Rahmen eines Kooperationsprogramms vergeben werden, das
   a) auf Forschung und Entwicklung beruht und
   b) mit mindestens einem anderen Mitgliedstaat der Europäischen Union für die Entwicklung eines neuen Produkts und gegebenenfalls die späteren Phasen des gesamten oder eines Teils des Lebenszyklus dieses Produkts durchgeführt wird,
3. die die Bundesregierung an eine andere Regierung für in unmittelbarem Zusammenhang mit Militärausrüstung oder sensibler Ausrüstung stehende Bau- und Dienstleistungen oder für Bau- und Dienstleistungen speziell für militärische Zwecke oder für sensible Bau- und Dienstleistungen vergibt,
4. die in einem Staat, der nicht Vertragspartei des Übereinkommens über den Europäischen Wirtschaftsraum ist, im Rahmen des Einsatzes von Truppen außerhalb des Gebiets der Europäischen Union vergeben werden, wenn der Einsatz erfordert, dass diese Konzessionen an im Einsatzgebiet ansässige Unternehmen vergeben werden,
5. die durch andere Ausnahmevorschriften dieses Teils erfasst werden,
6. die nicht bereits gemäß den Nummern 1 bis 5 ausgeschlossen sind, wenn der Schutz wesentlicher Sicherheitsinteressen der Bundesrepublik Deutschland nicht durch weniger einschneidende Maßnahmen garantiert werden kann, wie beispielsweise durch Anforderungen, die auf den Schutz der Vertraulichkeit der Informationen abzielen, die Konzessionsgeber im Rahmen eines Konzessionsvergabeverfahrens zur Verfügung stellen, oder
7. die besonderen Verfahrensregeln unterliegen,
   a) die sich aus einem internationalen Abkommen oder einer internationalen Vereinbarung ergeben, das oder die zwischen einem oder mehreren Mitgliedstaaten der Europäischen Union und einem oder mehreren Staaten, die nicht Vertragsparteien des Übereinkommens über den Europäischen Wirtschaftsraum sind, geschlossen wurde,
   b) die sich aus einem internationalen Abkommen oder einer internationalen Vereinbarung im Zusammenhang mit der Stationierung von Truppen ergeben, das oder die Unternehmen eines Mitgliedstaates der Europäischen Union oder eines anderen Staates betrifft, oder
   c) die für eine internationale Organisation gelten, wenn diese für ihre Zwecke Beschaffungen tätigt oder wenn ein Mitgliedstaat der Europäischen Union Aufträge nach diesen Regeln vergeben muss.

§ 151
Verfahren

Konzessionsgeber geben die Absicht bekannt, eine Konzession zu vergeben. Auf die Veröffentlichung der Konzessionsvergabeabsicht darf nur verzichtet werden, soweit dies aufgrund dieses Gesetzes zulässig ist. Im Übrigen dürfen Konzessionsgeber das Verfahren zur Vergabe von Konzessionen vorbehaltlich der aufgrund dieses Gesetzes erlassenen Verordnung zu den Einzelheiten des Vergabeverfahrens frei ausgestalten.

§ 152
Anforderungen im Konzessionsvergabeverfahren

(1) Zur Leistungsbeschreibung ist § 121 Absatz 1 und 3 entsprechend anzuwenden.

(2) Konzessionen werden an geeignete Unternehmen im Sinne des § 122 vergeben.

(3) Der Zuschlag wird auf der Grundlage objektiver Kriterien erteilt, die sicherstellen, dass die Angebote unter wirksamen Wettbewerbsbedingungen bewertet werden, sodass ein wirtschaftlicher Gesamtvorteil für den Konzessionsgeber ermittelt werden kann. Die Zuschlagskriterien müssen mit dem Konzessionsgegenstand in Verbindung stehen und dürfen dem Konzessionsgeber keine uneingeschränkte Wahlfreiheit einräumen. Sie können qualitative, umweltbezogene oder soziale Belange umfassen. Die Zuschlagskriterien müssen mit einer Beschreibung einhergehen, die eine wirksame Überprüfung der von den Bietern übermittelten Informationen gestatten, damit bewertet werden kann, ob und inwieweit die Angebote die Zuschlagskriterien erfüllen.

(4) Die Vorschriften zur Auftragsausführung nach § 128 und zu den zwingend zu berücksichtigenden Ausführungsbedingungen nach § 129 sind entsprechend anzuwenden.

§ 153
Vergabe von Konzessionen über soziale und andere besondere Dienstleistungen

Für das Verfahren zur Vergabe von Konzessionen, die soziale und andere besondere Dienstleistungen im Sinne des Anhangs IV der Richtlinie 2014/23/EU betreffen, sind die §§ 151 und 152 anzuwenden.

§ 154
Sonstige anwendbare Vorschriften

Im Übrigen sind für die Vergabe von Konzessionen einschließlich der Konzessionen nach § 153 folgende Vorschriften entsprechend anzuwenden:

1. § 118 hinsichtlich vorbehaltener Konzessionen,
2. die §§ 123 bis 126 mit der Maßgabe, dass
   a) Konzessionsgeber nach § 101 Absatz 1 Nummer 3 ein Unternehmen unter den Voraussetzungen des § 123 ausschließen können, aber nicht ausschließen müssen,
   b) Konzessionsgeber im Fall einer Konzession in den Bereichen Verteidigung und Sicherheit ein Unternehmen von der Teilnahme an einem Vergabeverfahren ausschließen können, wenn das Unternehmen nicht die erforderliche Vertrauenswürdigkeit aufweist, um Risiken für die nationale Sicherheit auszuschließen; der Nachweis kann auch mithilfe geschützter Datenquellen erfolgen,
3. § 131 Absatz 2 und 3 und § 132 mit der Maßgabe, dass
   a) § 132 Absatz 2 Satz 2 und 3 für die Vergabe von Konzessionen, die Tätigkeiten nach § 102 Absatz 2 bis 6 betreffen, nicht anzuwenden ist,
   b) die Obergrenze des § 132 Absatz 3 Nummer 2 für Bau- und Dienstleistungskonzessionen einheitlich 10 Prozent des Wertes der ursprünglichen Konzession beträgt und
   c) bei Fehlen einer vertraglichen Indexierungsklausel im Sinne des § 132 Absatz 4 der aktualisierte Wert unter Berücksichtigung der durchschnittlichen Inflationsrate in Deutschland berechnet wird,

4. die §§ 133 bis 135,
5. § 138 hinsichtlich der Vergabe von Konzessionen durch Konzessionsgeber im Sinne des § 101 Absatz 1 Nummer 2 und 3 an verbundene Unternehmen,
6. § 139 hinsichtlich der Vergabe von Konzessionen durch Konzessionsgeber im Sinne des § 101 Absatz 1 Nummer 2 und 3 an ein Gemeinschaftsunternehmen oder durch Gemeinschaftsunternehmen an einen Konzessionsgeber im Sinne des § 101 Absatz 1 Nummer 2 und 3 und
7. § 140 hinsichtlich der Vergabe von Konzessionen durch Konzessionsgeber im Sinne des § 101 Absatz 1 Nummer 2 und 3 für unmittelbar dem Wettbewerb ausgesetzte Tätigkeiten.

Teil 5
Anwendungsbereich der Teile 1 bis 3

§ 185
Unternehmen der öffentlichen Hand, Geltungsbereich

(1) Die Vorschriften des Ersten bis Dritten Teils dieses Gesetzes sind auch auf Unternehmen anzuwenden, die ganz oder teilweise im Eigentum der öffentlichen Hand stehen oder die von ihr verwaltet oder betrieben werden. Die §§ 19, 20 und 31b Absatz 5 sind nicht anzuwenden auf öffentlich-rechtliche Gebühren oder Beiträge. 3Die Vorschriften des Ersten bis Dritten Teils dieses Gesetzes sind nicht auf die Deutsche Bundesbank und die Kreditanstalt für Wiederaufbau anzuwenden.

(2) Die Vorschriften des Ersten bis Dritten Teils dieses Gesetzes sind auf alle Wettbewerbsbeschränkungen anzuwenden, die sich im Geltungsbereich dieses Gesetzes auswirken, auch wenn sie außerhalb des Geltungsbereichs dieses Gesetzes veranlasst werden.

(3) Die Vorschriften des Energiewirtschaftsgesetzes stehen der Anwendung der §§ 19, 20 und 29 nicht entgegen, soweit in § 111 des Energiewirtschaftsgesetzes keine andere Regelung getroffen ist.

(4) Die Vorschriften des Ersten bis Dritten Teils dieses Gesetzes sind nicht auf Treuhandverwaltungen, Kapitalmaßnahmen oder Enteignungen nach den §§ 17, 17a oder 18 des Energiesicherungsgesetzes anzuwenden. Satz 1 gilt entsprechend für Übertragungen von Vermögensgegenständen nach § 17 Absatz 5 Satz 2 oder § 17b des Energiesicherungsgesetzes an juristische Personen des öffentlichen Rechts oder des Privatrechts, deren Anteile ausschließlich vom Bund oder von der Kreditanstalt für Wiederaufbau unmittelbar oder mittelbar gehalten werden. Satz 1 gilt nicht für Privatisierungen nach § 17b Absatz 2 Satz 3 oder § 20 Absatz 3 des Energiesicherungsgesetzes.

Teil 6
Übergangs- und Schlussbestimmungen

§ 186
Anwendungsbestimmung zu § 47k

(1) Das Bundesministerium für Wirtschaft und Klimaschutz hat

1. das Vorliegen der erforderlichen technischen Voraussetzungen für eine Übermittlung der abgegebenen Mengen nach § 47k Absatz 2 Satz 1 Nummer 2 in Verbindung mit der Rechtsverordnung nach § 47k Absatz 8 festzustellen und
2. die Feststellung nach Nummer 1 im Bundesanzeiger bekannt zu machen.

(2) § 47k Absatz 2 Satz 1 Nummer 2 ist nach Ablauf des Monats, der auf den Monat folgt, in dem die Bekanntmachung nach Absatz 1 Nummer 2 erfolgt, anzuwenden; dieser Tag ist vom Bundesministerium für Wirtschaft und Klimaschutz unverzüglich im Bundesanzeiger bekannt zu machen.

§ 187
Übergangs- und Schlussbestimmungen

(1) § 29 ist nach dem 31. Dezember 2027 nicht mehr anzuwenden.

(2) Vergabeverfahren, die vor dem 18. April 2016 begonnen haben, einschließlich der sich an diese anschließenden Nachprüfungsverfahren sowie am 18. April 2016 anhängige Nachprüfungsverfahren werden nach dem Recht zu Ende geführt, das zum Zeitpunkt der Einleitung des Verfahrens galt.

(3) Mit Ausnahme von § 33c Absatz 5 sind die §§ 33a bis 33f nur auf Schadensersatzansprüche anwendbar, die nach dem 26. Dezember 2016 entstanden sind. § 33h ist auf nach dem 26. Dezember 2016 entstandene Ansprüche nach § 33 Absatz 1 oder § 33a Absatz 1 sowie auf vor dem 27. Dezember 2016 entstandene Unterlassungs-, Beseitigungs- und Schadensersatzansprüche wegen eines Verstoßes gegen eine Vorschrift im Sinne des § 33 Absatz 1 oder gegen eine Verfügung der Kartellbehörde anzuwenden, die am 9. Juni 2017 noch nicht verjährt waren. Der Beginn, die Hemmung, die Ablaufhemmung und der Neubeginn der Verjährung der Ansprüche, die vor dem 27. Dezember 2016 entstanden sind, bestimmen sich jedoch für die Zeit bis zum 8. Juni 2017 nach den bisher für diese Ansprüche jeweils geltenden Verjährungsvorschriften.

(4) § 33c Absatz 5 und die §§ 33g sowie 89b bis 89e sind unabhängig vom Zeitpunkt der Entstehung der Schadensersatzansprüche nur in Rechtsstreiten anzuwenden, in denen nach dem 26. Dezember 2016 Klage erhoben worden ist.

(5) § 81a findet Anwendung, wenn das Erlöschen der nach § 30 des Gesetzes über Ordnungswidrigkeiten verantwortlichen juristischen Person oder Personenvereinigung oder die Verschiebung von Vermögen nach dem 9. Juni 2017 erfolgt. War die Tat zu diesem Zeitpunkt noch nicht beendet, gehen die Regelungen des § 81 Absatz 3a bis 3e vor.

(6) § 30 Absatz 2b findet nur Anwendung auf Vereinbarungen, die nach dem 9. Juni 2017 und vor dem 31. Dezember 2027 wirksam geworden sind.

(7) Für einen Zusammenschluss, für den die Anmeldung nach § 39 zwischen dem 1. März 2020 und dem Ablauf des 31. Mai 2020 beim Bundeskartellamt eingegangen ist, beträgt die Frist nach § 40 Absatz 1 Satz 1 zwei Monate und die Frist nach § 40 Absatz 2 Satz 2 sechs Monate. Satz 1 gilt auch im Fall des § 40 Absatz 5. Die Sätze 1 und 2 gelten nicht, wenn am 29. Mai 2020

1. die Frist nach § 40 Absatz 1 Satz 1 abgelaufen war, ohne dass das Bundeskartellamt den anmeldenden Unternehmen mitgeteilt hat, dass es in die Prüfung des Zusammenschlusses (Hauptprüfverfahren) eingetreten ist,
2. die Frist nach § 40 Absatz 2 Satz 2 abgelaufen war oder
3. der Zusammenschluss vom Bundeskartellamt freigegeben worden war.

(8) § 81f Satz 1 ist in der Zeit bis zum Ablauf des 30. Juni 2021 nicht anzuwenden, soweit für die Zahlung einer Geldbuße Zahlungserleichterungen nach § 18 oder § 93 des Gesetzes über Ordnungswidrigkeiten gewährt sind.

(9) Die §§ 35 bis 41 sind nicht anzuwenden auf einen Zusammenschluss im Krankenhausbereich, soweit

1. der Zusammenschluss eine standortübergreifende Konzentration von mehreren Krankenhäusern oder einzelnen Fachrichtungen mehrerer Krankenhäuser zum Gegenstand hat,
2. dem Zusammenschluss keine anderen wettbewerbsrechtlichen Vorschriften entgegenstehen und dies das Land bei Antragstellung nach § 14 Absatz 2 Nummer 3 Buchstabe a der Krankenhausstrukturfonds-Verordnung bestätigt hat,
3. das Vorliegen der weiteren Voraussetzungen für eine Förderung nach § 12a Absatz 1 Satz 4 des Krankenhausfinanzierungsgesetzes in Verbindung mit § 11 Absatz 1 Nummer 2 der Krankenhausstrukturfonds-Verordnung in einem Auszahlungsbescheid nach § 15 der Krankenhausstrukturfonds-Verordnung festgestellt wurde und
4. der Zusammenschluss bis zum 31. Dezember 2027 vollzogen wird.

Ein Zusammenschluss im Sinne des Satzes 1 ist dem Bundeskartellamt nach Vollzug anzuzeigen. Für die Evaluierung dieser Regelung sind die §§ 32e und 21 Absatz 3 Satz 8 des Krankenhausentgeltgesetzes entsprechend anzuwenden. Für die Zwecke der Evaluierung und zur Untersuchung der Auswirkungen dieser Regelung auf die Wettbewerbsverhältnisse und die Versorgungsqualität können Daten aus der amtlichen Krankenhausstatistik zusammengeführt werden.

(10) Das Bundesministerium für Wirtschaft und Klimaschutz wird ermächtigt, durch Rechtsverordnung ohne Zustimmung des Bundesrates im Hinblick auf das Abkommen zwischen dem Bundesministerium für Wirtschaft und Klimaschutz der Bundesrepublik Deutschland und dem Eidgenössischen Departement für Wirtschaft, Bildung und Forschung der Schweizerischen Eidgenossenschaft über Zusammenarbeit und Koordinierung der Wettbewerbsbehörden, zu bestimmen, dass

1. Informationen ausschließlich in kartellbehördlichen Verfahren und sich daran anschließenden Rechtsbehelfsverfahren sowie nur für die Zwecke, für die sie von der schweizerischen Wettbewerbsbehörde übermittelt wurden, verwendet werden dürfen und
2. eine Pflicht zur Wahrung der Vertraulichkeit sowie ein Ausschluss der Offenlegung gegenüber anderen staatlichen Stellen sowie Dritten zu beachten ist,

soweit sich die in dem Abkommen von der Bundesrepublik Deutschland übernommenen Verpflichtungen und gewährten Rechte im Rahmen der nach den §§ 50a bis 50f zulässigen zwischenbehördlichen Zusammenarbeit halten. 2Bestimmungen einer Rechtsverordnung nach Satz 1 sind erst ab dem Tag anzuwenden, ab dem das in Satz 1 bezeichnete Abkommen wirksam geworden ist. Das Bundesministerium für Wirtschaft und Klimaschutz gibt den Tag unter Angabe der Bezeichnung des Abkommens zwischen dem Bundesministerium für Wirtschaft und Klimaschutz der Bundesrepublik Deutschland und dem Eidgenössischen Departement für Wirtschaft, Bildung und Forschung der Schweizerischen Eidgenossenschaft über Zusammenarbeit und Koordinierung der Wettbewerbsbehörden und dessen Fundstelle im Bundesgesetzblatt bekannt.

(11) Das Bundeskartellamt kann eine Verfügung nach § 32f Absatz 2 auch auf der Grundlage einer Sektoruntersuchung nach § 32e erlassen, die am 7. November 2023 bereits abgeschlossen war, wenn die Veröffentlichung des Abschlussberichts nach § 32e Absatz 4 zu diesem Zeitpunkt weniger als ein Jahr zurücklag. In den Fällen des Satzes 1 ist § 32f Absatz 7 mit der Maßgabe anzuwenden, dass die Frist am 7. November 2023 zu laufen beginnt.

Für die Praxis: § 187 **Abs. 2** GWB enthält die zentrale **Übergangsbestimmung für die Vergaberechtsreform 2016**. Das bereits aus vorangegangenen Vergaberechtsreformen (vgl. § 131 GWB a.F.) bewährte Prinzip wird beibehalten: Ein bereits begonnenes Vergabeverfahren wird nach dem Recht zu Ende geführt, welches zu seinem Beginn galt. Auf Vergabeverfahren (einschließlich sich etwa anschließender Nachprüfungsverfahren) sowie Nachprüfungsverfahren, welche bis 17.4.2016 (24.00 Uhr) begonnen wurden, ist das Vergaberecht in der alten Fassung anzuwenden. Für Vergabeverfahren sowie sich eventuell anschließende Nachprüfungsverfahren, die ab dem 18.4.2016 (0.00 Uhr) begonnen werden, gelten die neuen Regelungen.

Ein **Vergabeverfahren beginnt** jedenfalls mit den ersten nach außen gerichteten Handlungen. Dies ist in der Regel die Absendung der Auftragsbekanntmachung, bei Verfahren ohne Bekanntmachung (z.B. Verhandlungsverfahren ohne Teilnahmewettbewerb) die Aufforderung zur Angebotsabgabe (*Zeiss* **in: Heiermann/Zeiss/Summa, jurisPK-Vergaberecht, 6. Aufl. 2022, § 186 GWB Rn. 22)**.

II. Nachhaltigkeit in der öffentlichen Vergabe

Die nachfolgend abgedruckten Vorschriften in § 13 Klimaschutzgesetz und § 45 Kreislaufwirtschaftsgesetz stehen exemplarisch für verstärkte Bemühungen darum, in der öffentlichen Beschaffung **Ziele des Umweltschutzes und andere Nachhaltigkeitsziele** zu unterstützen. Dabei hat das allgemeine Vergaberecht rechtlich gesehen Vorrang.

Die Novellierung des **Bundesklimaschutzgesetzes**, die infolge der Entscheidung des BVerfG vom 24.03.2021 notwendig war, enthält in § 13 Bundesklimaschutzgesetz ein „Berücksichtigungsgebot" der Klimafreundlichkeit von Leistungen bei Beschaffungen des Bundes. Neu ist dabei die Zugrundelegung eines CO2-Schattenpreises bei Wirtschaftlichkeitsuntersuchung.

Die Neufassung von **§ 45 Kreislaufwirtschaftsgesetz** enthält eine „konditionierte" Pflicht zur bevorzugten Beschaffung u.a. ressourcenschonend hergestellter Produkte. Sie begründet aber keine Rechtsansprüche Dritter, auf die Beschaffungsentscheidung des Auftraggebers Einfluss nehmen zu können.

Für den Bereich der **Fahrzeugbeschaffung** ist von öffentlichen Auftraggebern das Saubere-Fahrzeuge-Beschaffungs-Gesetz (SaubFahrzeugBeschG) zu beachten. Es sieht vor, dass die öffentliche Hand verpflichtet ist, bei der Beschaffung von Fahrzeugen die dort definierten verbindlichen Quoten zu beachten. Das SaubFahrzeugBeschG umfasst dabei nicht nur den Kauf von Fahrzeugen, sondern auch Leasing und Anmietung und Dienstleistungsaufträge über bestimmte Verkehrsdienste, soweit hierfür ein EU-Vergabeverfahren durchzuführen ist, aber auch bestimmte öffentliche Dienstleistungsaufträge i.S.d. VO (EG) Nr. 1370/2007 (§ 2 SaubFahrzeugBeschG).

Weitere Regelungen finden sich insbesondere im **Lieferkettensorgfaltspflichtengesetz**.

Das Lieferkettensorgfaltspflichtengesetz (LkSG) enthält insbesondere eine Grundsatzerklärung zur Achtung der Menschenrechte und sieht Verfahren zur Ermittlung tatsächlicher und potenziell nachteiliger Auswirkungen auf die Menschenrechte vor. Unternehmen sind danach verpflichtet, Maßnahmen zur Abwendung potenziell negativer Auswirkungen und Überprüfung der Wirksamkeit dieser Maßnahmen zu ergreifen. Das Lieferkettensorgfaltspflichtengesetz trat am 01.01.2023 in Kraft und gilt für Unternehmen mit mindestens 3.000 Arbeitnehmern.

§ 13 Bundesklimaschutzgesetz

Berücksichtigungsgebot[1]

(1) Die Träger öffentlicher Aufgaben haben bei ihren Planungen und Entscheidungen den Zweck dieses Gesetzes und die zu seiner Erfüllung festgelegten Ziele zu berücksichtigen. Die Kompetenzen der Länder, Gemeinden und Gemeindeverbände, das Berücksichtigungsgebot innerhalb ihrer jeweiligen Verantwortungsbereiche auszugestalten, bleiben unberührt. Bei der Planung, Auswahl und Durchführung von Investitionen und bei der Beschaffung auf Bundesebene ist für die Vermeidung oder Verursachung von Treibhausgasemissionen ein CO2-Preis, mindestens der nach § 10 Absatz 2 Brennstoff-Emissionshandelsgesetz gültige Mindestpreis oder Festpreis zugrunde zu legen.

(2) Der Bund prüft bei der Planung, Auswahl und Durchführung von Investitionen und bei der Beschaffung, wie damit jeweils zum Erreichen der nationalen Klimaschutzziele nach § 3 beigetragen werden kann. Kommen mehrere Realisierungsmöglichkeiten in Frage, dann ist in Abwägung mit anderen relevanten Kriterien mit Bezug zum Ziel der jeweiligen Maßnahme solchen der Vorzug zu geben, mit denen das Ziel der Minderung von Treibhausgasemissionen über den gesamten Lebenszyklus der Maßnahme zu den gerings-

1 Text in der Fassung des Artikels 1 Erstes Gesetz zur Änderung des Bundes-Klimaschutzgesetzes G. v. 18. August 2021 BGBl. I S. 3905 m.W.v. 31. August 2021.

ten Kosten erreicht werden kann. Mehraufwendungen sollen nicht außer Verhältnis zu ihrem Beitrag zur Treibhausgasminderung stehen. Soweit vergaberechtliche Bestimmungen anzuwenden sind, sind diese zu beachten.

(3) Bei der Anwendung von Wirtschaftlichkeitskriterien sind bei vergleichenden Betrachtungen die dem Bund entstehenden Kosten und Einsparungen über den jeweiligen gesamten Lebenszyklus der Investition oder Beschaffung zugrunde zu legen.

§ 45
Kreislaufwirtschaftsgesetz

Pflichten der öffentlichen Hand

(1) Die Behörden des Bundes sowie die der Aufsicht des Bundes unterstehenden juristischen Personen des öffentlichen Rechts, Sondervermögen und sonstigen Stellen sind verpflichtet, durch ihr Verhalten zur Erfüllung des Zweckes des § 1 beizutragen.

(2) Die Verpflichteten nach Absatz 1 haben, insbesondere unter Berücksichtigung der §§ 6 bis 8, bei der Gestaltung von Arbeitsabläufen, bei der Beschaffung oder Verwendung von Material und Gebrauchsgütern, bei Bauvorhaben und sonstigen Aufträgen, ohne damit Rechtsansprüche Dritter zu begründen, Erzeugnissen den Vorzug zu geben, die

1. in rohstoffschonenden, energiesparenden, wassersparenden, schadstoffarmen oder abfallarmen Produktionsverfahren hergestellt worden sind,
2. durch Vorbereitung zur Wiederverwendung oder durch Recycling von Abfällen, insbesondere unter Einsatz von Rezyklaten, oder aus nachwachsenden Rohstoffen hergestellt worden sind,
3. sich durch Langlebigkeit, Reparaturfreundlichkeit, Wiederverwendbarkeit und Recyclingfähigkeit auszeichnen oder
4. im Vergleich zu anderen Erzeugnissen zu weniger oder schadstoffärmeren Abfällen führen oder sich besser zur umweltverträglichen Abfallbewirtschaftung eignen.

Die Pflicht des Satzes 1 gilt, soweit die Erzeugnisse für den vorgesehenen Verwendungszweck geeignet sind, durch ihre Beschaffung oder Verwendung keine unzumutbaren Mehrkosten entstehen, ein ausreichender Wettbewerb gewährleistet wird und keine anderen Rechtsvorschriften entgegenstehen. Soweit vergaberechtliche Bestimmungen anzuwenden sind, sind diese zu beachten. § 7 der Bundeshaushaltsordnung bleibt unberührt. Abweichend von der Pflicht des Satzes 1 ist bei der Beschaffung oder Verwendung von Material und Gebrauchsgütern und bei Bauvorhaben sowie sonstigen Aufträgen, die verteidigungs- oder sicherheitsspezifische Aufträge sind oder die Verteidigungs- und Sicherheitsaspekte umfassen sowie bei sonstigen Aufträgen, soweit diese für die Einsatzfähigkeit der Bundeswehr erforderlich sind, zu prüfen, ob und in welchem Umfang die in Satz 1 genannten Erzeugnisse eingesetzt werden können.

(3) Die Verpflichteten nach Absatz 1 wirken im Rahmen ihrer Möglichkeiten darauf hin, dass die rechtsfähigen Gesellschaften des privaten Rechts, an denen sie beteiligt sind, die Verpflichtungen nach den Absätzen 1 und 2 beachten.

(4) Die öffentliche Hand hat im Rahmen ihrer Pflichten nach den Absätzen 1 bis 3 Regelungen für die Verwendung von Erzeugnissen oder Materialien sowie zum Schutz von Mensch und Umwelt nach anderen Rechtsvorschriften zu berücksichtigen.

III.
Verordnung über die Vergabe öffentlicher Aufträge (VgV)

In der Fassung der Bekanntmachung vom 12. April 2016 (BGBl. I S. 624),

zuletzt geändert durch Artikel 1 der Verordnung vom 7. Februar 2024 (BGBl. 2024 I Nr. 39)

Vorbemerkung: 1. Bedeutung. Seit der Vergaberechtsreform 2016 ist die **VgV erheblich aufgewertet**. Hier sind jetzt die Verfahrensvorschriften zu finden, die früher den nicht mehr anwendbaren VOL/A-EG und VOF zugeordnet waren. Auch für den Anwendungsbereich der VOB/A-EU gelten nun ausdrücklich die allgemeinen Regelungen der VgV (vgl. § 2 VgV). Daher sind insbesondere die Bestimmungen zur Schätzung des Auftragswerts (§ 3 VgV), zur Wahrung der Vertraulichkeit (§ 5 VgV), zur Vermeidung von Interessenkonflikten (§ 6 VgV), zum Umgang mit Projektanten (§ 7 VgV) und zur Erstellung von Vergabeakte und Vergabevermerk (§ 8 VgV) unmittelbar auch im Bereich der VOB/A anzuwenden. Zudem arbeitet auch die VOB/A mit **(Rück-)Verweisen auf die VgV** (z.B. in § 20 EU VOB/A, wo auf § 8 VgV als allgemeine Regelung zur Dokumentation im Vergabeverfahren verwiesen wird).

2. Wichtige aktuelle Änderungen. Die VgV wurde in den letzten Jahren eher kosmetisch überarbeitet und geändert. Eine wichtige Änderung ist die Herausnahme der Regeln für die Beschaffung von Fahrzeugen, die jetzt in einem eigenen Gesetz (Saubere-Fahrzeuge-Beschaffungs-Gesetz (SaubFahrzeugBeschG) geregelt sind. Die Einführung der eForms zum 25.10.2023 wurde nur mit einer einzigen inhaltlichen Änderung verbunden, der frühere § 3 Abs. 7 Satz 2 VgV wurde gestrichen. Die eForms selber weichen inhaltlich nicht von den bisher vorgeschriebenen Bekanntmachungsformularen ab. Die eForms sind letztlich vor allem eine technische Änderung in der Art und Weise, wie Bekanntmachungen ausgefüllt und veröffentlicht werden. Der Datenservice Öffentlicher Einkauf beim Beschaffungsamt des BMI wurde als nationaler Dienst neu geschaffen und soll nach und nach umfassende Recherchemöglichkeiten bieten.

Abschnitt 1
Allgemeine Bestimmungen und Kommunikation
(§§ 1 – 13)

Unterabschnitt 1
Allgemeine Bestimmungen
(§§ 1-8)

§ 1
Gegenstand und Anwendungsbereich

(1) Diese Verordnung trifft nähere Bestimmungen über das einzuhaltende Verfahren bei der dem Teil 4 des Gesetzes gegen Wettbewerbsbeschränkungen unterliegenden Vergabe von öffentlichen Aufträgen und bei der Ausrichtung von Wettbewerben durch den öffentlichen Auftraggeber.

(2) Diese Verordnung ist nicht anzuwenden auf

1. die Vergabe von öffentlichen Aufträgen und die Ausrichtung von Wettbewerben durch Sektorenauftraggeber zum Zweck der Ausübung einer Sektorentätigkeit,
2. die Vergabe von verteidigungs- oder sicherheitsspezifischen öffentlichen Aufträgen und
3. die Vergabe von Konzessionen durch Konzessionsgeber.

Für die Praxis: Die VgV enthält die Vorschriften für die Durchführung von Vergabeverfahren für Aufträge mit Auftragswerten **oberhalb der EU-Schwellenwerte** (§ 1 Abs. 1 VgV). Die Schwellenwerte sind in § 106 GWB geregelt, der aktuelle Stand ergibt sich aus den jeweiligen EU-Durchführungsverordnungen, die automatisch in Deutschland zu beachten sind.

Der **sachliche Anwendungsbereich** der VgV ist beschränkt. Die VgV ist nur dort anwendbar, wo nicht die spezielleren sektorspezifischen Regelungen der SektVO, der VSVgV und der KonzVgV gelten (§ 1 Abs. 2 VgV).

§ 2
Vergabe von Bauaufträgen

Für die Vergabe von Bauaufträgen sind Abschnitt 1 und Abschnitt 2, Unterabschnitt 2 anzuwenden. Im Übrigen ist Teil A Abschnitt 2 der Vergabe- und Vertragsordnung für Bauleistungen in der Fassung der Bekanntmachung vom 31. Januar 2019 (BAnz AT 19.02.2019 B2), der zuletzt durch die Bekanntmachung vom 6. September 2023 (BAnz AT 25.09.2023 B4) geändert worden ist, anzuwenden.

Für die Praxis: 1. Funktion. § 2 Satz 2 VgV enthält für **Bauaufträge** die **statische Verweisung auf die VOB/A 2019**. Bei der Vergabe von Bauaufträgen werden öffentliche Auftraggeber oberhalb der Schwellenwerte zur Anwendung des 2. Abschnitts der VOB/A (oder VOB/A-EU) verpflichtet. Oberhalb der Schwellenwerte erlangt die VOB/A überhaupt erst durch die Verweisung in § 2 Satz 2 VgV Gesetzeskraft. Damit ist § 2 Satz 2 VgV ein letzter Rest des vergaberechtlichen **Kaskadenprinzips**.

Allerdings wird das Kaskadenprinzip für Baubeschaffungen durch § 2 Satz 1 VgV durchbrochen. Auch für den Anwendungsbereich der VOB/A-EU gelten nun ausdrücklich die allgemeinen Regelungen der VgV. Daher sind insbesondere die Regelungen zur Schätzung des Auftragswerts (§ 3 VgV), zur Wahrung der Vertraulichkeit (§ 5 VgV), zur Vermeidung von Interessenkonflikten (§ 6 VgV), zum Umgang mit Projektanten (§ 7 VgV) und zur Erstellung von Vergabeakte und Vergabevermerk (§ 8 VgV) unmittelbar auch im Bereich der VOB/A anzuwenden. Zudem arbeitet auch die VOB/A mit (Rück-)Verweisen auf die VgV (z.B. in § 20 EU VOB/A 2016, wo auf § 8 VgV als allgemeine Regelung zur Dokumentation im Vergabeverfahren verwiesen wird).

2. Bauauftrag. Der Begriff des Bauauftrags wird in § 103 Abs. 3 GWB gesetzlich definiert. Zu einem Bauauftrag rechnen Leistungen jeder Art, durch die eine bauliche Anlage hergestellt, instand gehalten, geändert oder beseitigt wird. Dabei ist der Begriff weit auszulegen. Beispiele sind daher etwa: Neuerrichtung eines Gebäudes, Einbau von Installationen (Liftanlagen, Elektroinstallationen), Lieferung und Herstellung sowie (Ein-)Bau von abgestimmten Einbauten oder Einrichtungsgegenständen (z.B. Einbauküche, Schrankwand auf Maß, fest eingebaute Laboreinrichtung oder fest installierte Kühl- und Entlüftungssysteme für Küchen und Serverräume) sowie Wartungs- und Instandhaltungsarbeiten an Bauwerken (z.B. Fassadenanstrich, Ausbesserung der Straße). Umgehungen sollen durch § 103 Abs. 3 Satz 2 verhindert werden.

Für **Baukonzessionen** (§ 105 Abs. 1 Nr. 1 GWB) gelten eigene Regelungen (insbesondere die KonzVgV).

§ 3
Schätzung des Auftragswerts

(1) Bei der Schätzung des Auftragswerts ist vom voraussichtlichen Gesamtwert der vorgesehenen Leistung ohne Umsatzsteuer auszugehen. Zudem sind etwaige Optionen oder Vertragsverlängerungen zu berücksichtigen. Sieht der öffentliche Auftraggeber Prämien oder Zahlungen an den Bewerber oder Bieter vor, sind auch diese zu berücksichtigen.

(2) Die Wahl der Methode zur Berechnung des geschätzten Auftragswerts darf nicht in der Absicht erfolgen, die Anwendung der Bestimmungen des Teils 4 des Gesetzes gegen Wettbewerbsbeschränkungen oder dieser Verordnung zu umgehen. Eine Auftragsvergabe darf nicht so unterteilt werden, dass sie nicht in den Anwendungsbereich der Bestimmungen des Gesetzes gegen Wettbewerbsbeschränkungen oder dieser Verordnung fällt, es sei denn, es liegen objektive Gründe dafür vor, etwa wenn eine eigenständige

Organisationseinheit selbstständig für ihre Auftragsvergabe oder bestimmte Kategorien der Auftragsvergabe zuständig ist.

(3) Maßgeblicher Zeitpunkt für die Schätzung des Auftragswerts ist der Tag, an dem die Auftragsbekanntmachung abgesendet wird oder das Vergabeverfahren auf sonstige Weise eingeleitet wird.

(4) Der Wert einer Rahmenvereinbarung oder eines dynamischen Beschaffungssystems wird auf der Grundlage des geschätzten Gesamtwertes aller Einzelaufträge berechnet, die während der gesamten Laufzeit einer Rahmenvereinbarung oder eines dynamischen Beschaffungssystems geplant sind.

(5) Der zu berücksichtigende Wert im Falle einer Innovationspartnerschaft entspricht dem geschätzten Gesamtwert der Forschungs- und Entwicklungstätigkeiten, die während sämtlicher Phasen der geplanten Partnerschaft stattfinden sollen, sowie der Bau-, Liefer- oder Dienstleistungen, die zu entwickeln und am Ende der geplanten Partnerschaft zu beschaffen sind.

(6) Bei der Schätzung des Auftragswerts von Bauleistungen ist neben dem Auftragswert der Bauaufträge der geschätzte Gesamtwert aller Liefer- und Dienstleistungen zu berücksichtigen, die für die Ausführung der Bauleistungen erforderlich sind und vom öffentlichen Auftraggeber zur Verfügung gestellt werden. Die Möglichkeit des öffentlichen Auftraggebers, Aufträge für die Planung und die Ausführung von Bauleistungen entweder getrennt oder gemeinsam zu vergeben, bleibt unberührt.

(7) Kann das beabsichtigte Bauvorhaben oder die vorgesehene Erbringung einer Dienstleistung zu einem Auftrag führen, der in mehreren Losen vergeben wird, ist der geschätzte Gesamtwert aller Lose zugrunde zu legen. Erreicht oder überschreitet der geschätzte Gesamtwert den maßgeblichen Schwellenwert, gilt diese Verordnung für die Vergabe jedes Loses.

(8) Kann ein Vorhaben zum Zweck des Erwerbs gleichartiger Lieferungen zu einem Auftrag führen, der in mehreren Losen vergeben wird, ist der geschätzte Gesamtwert aller Lose zugrunde zu legen.

(9) Der öffentliche Auftraggeber kann bei der Vergabe einzelner Lose von Absatz 7 Satz 2 sowie Absatz 8 abweichen, wenn der geschätzte Nettowert des betreffenden Loses bei Liefer- und Dienstleistungen unter 80 000 Euro und bei Bauleistungen unter 1 Million Euro liegt und die Summe der Nettowerte dieser Lose 20 Prozent des Gesamtwertes aller Lose nicht übersteigt.

(10) Bei regelmäßig wiederkehrenden Aufträgen oder Daueraufträgen über Liefer- oder Dienstleistungen sowie bei Liefer- oder Dienstleistungsaufträgen, die innerhalb eines bestimmten Zeitraums verlängert werden sollen, ist der Auftragswert zu schätzen

1. auf der Grundlage des tatsächlichen Gesamtwerts entsprechender aufeinanderfolgender Aufträge aus dem vorangegangenen Haushaltsjahr oder Geschäftsjahr; dabei sind voraussichtliche Änderungen bei Mengen oder Kosten möglichst zu berücksichtigen, die während der zwölf Monate zu erwarten sind, die auf den ursprünglichen Auftrag folgen, oder
2. auf der Grundlage des geschätzten Gesamtwerts aufeinanderfolgender Aufträge, die während der auf die erste Lieferung folgenden zwölf Monate oder während des auf die erste Lieferung folgenden Haushaltsjahres oder Geschäftsjahres, wenn dieses länger als zwölf Monate ist, vergeben werden.

(11) Bei Aufträgen über Liefer- oder Dienstleistungen, für die kein Gesamtpreis angegeben wird, ist Berechnungsgrundlage für den geschätzten Auftragswert

1. bei zeitlich begrenzten Aufträgen mit einer Laufzeit von bis zu 48 Monaten der Gesamtwert für die Laufzeit dieser Aufträge, und
2. bei Aufträgen mit unbestimmter Laufzeit oder mit einer Laufzeit von mehr als 48 Monaten der 48-fache Monatswert.

(12) Bei einem Planungswettbewerb nach § 69, der zu einem Dienstleistungsauftrag führen soll, ist der Wert des Dienstleistungsauftrags zu schätzen zuzüglich etwaiger Preisgelder und Zahlungen an die Teilnehmer. Bei allen übrigen Planungswettbewerben entspricht der Auftragswert der Summe der Preisgelder und Zahlungen an die Teilnehmer einschließlich des Werts des Dienstleistungsauftrags, der vergeben wer-

den könnte, soweit der öffentliche Auftraggeber diese Vergabe in der Wettbewerbsbekanntmachung des Planungswettbewerbs nicht ausschließt.

Für die Praxis: 1. Allgemeines; Zusammenrechnung der Auftragswerte; Umgehungsverbot. Die Schätzung des Auftragswerts ist Grundlage der entscheidenden Weichenstellung im Vergaberecht. Schließlich gelten oberhalb und unterhalb der Schwellenwerte jeweils andere Regeln. Oberhalb der Schwellenwerte ist das EU-Vergaberecht eine besondere Ausgestaltung der allgemeinen Binnenmarktregelungen (insbesondere freier Waren- und Dienstleistungsverkehr, Art. 28, 59 AEUV): Innerhalb der EU soll ungehinderter Wettbewerb um öffentliche Aufträge herrschen. Daher dürfen Aufträge nicht künstlich „kleingerechnet" oder in mehrere Aufträge unterteilt werden, um dadurch die europarechtlich vorgeschriebene EU-weite Ausschreibung zu umgehen. Die wichtigste Regelung für die Schätzung des Auftragswerts ist daher § 3 Abs. 2 Satz 1 VgV („**Umgehungsverbot**").

Die Rechtsprechung verlangt vom Auftraggeber im Rahmen der Schätzung (natürlich) keine sichere Vorhersage der späteren Auftragswerte: „Bei der Ordnungsgemäßheit einer Kostenschätzung geht es nicht vorrangig darum, dass die Preise tatsächlich den Marktpreisen entsprechen, sondern es kommt darauf an, dass die Methodik der Kostenermittlung grundsätzlich geeignet ist, Marktpreise im Voraus zu schätzen." (VK Thüringen, Beschl. v. 20.05.2020, 250-4002-817/2020-E-003-SHK)

Es brauchen dann nicht die Auftragswerte aller Beschaffungen zusammengerechnet zu werden, wenn die Beschaffungen von **getrennten Organisationseinheiten** einer juristischen Person vorgenommen werden. Damit ist z.B. klargestellt, dass nicht die Beschaffungen des Forschungsministeriums und des Bauministeriums oder die Beschaffungen einer Stadt und der Eigenbetrieb Stadtwerke zusammengerechnet zu werden brauchen, wenn diese unabhängig voneinander erfolgen. Allerdings müssen die Auftragswerte weiterhin zusammengerechnet werden, wenn die Beschaffungen koordiniert erfolgen, z.B. über einen gemeinsamen Rahmenvertrag (vgl. § 3 Abs. 4 VgV).

2. Ohne Umsatzsteuer. Anders als im Haushaltsrecht ist der geschätzte **Netto-Gesamtauftragswert** (ohne MwSt.) maßgeblich (§ 3 **Abs. 1 Satz 1** VgV).

3. Stichtag für die Schätzung. Maßgeblicher Zeitpunkt für die Schätzung des Auftragswerts ist der Tag der **Absendung der Bekanntmachung** oder, wenn keine Bekanntmachung erforderlich ist, die sonstige Einleitung des Vergabeverfahrens (§ 3 **Abs. 3** VgV). Damit ist der Tag gemeint, ab dem der öffentliche Auftraggeber zur Deckung seines Beschaffungsbedarfs konkrete und nach außen hin erkennbare organisatorische Schritte einleitet, welche dem Ziel dienen sollen, dafür einen geeigneten Auftragnehmer finden. Beispielsweise wäre beim Verhandlungsverfahren ohne vorgeschalteten Teilnahmewettbewerb auf die Aufforderung zur Einreichung von Angeboten abzustellen. Der Auftraggeber muss daher insbesondere seine Schätzung überprüfen, wenn sie vor diesem Zeitpunkt vorgenommen wurde und knapp über/unter dem Schwellenwert liegt.

4. Angebote übersteigen/unterschreiten Schätzung. Aufgrund dieser Stichtagsregelung ist es irrelevant, wenn die tatsächlich eingereichten Angebote über oder unter dem geschätzten Auftragswert liegen. Diese tatsächliche Entwicklung hat keine Auswirkungen auf die (Nicht-)Anwendbarkeit des Oberschwellenvergaberechts. Der öffentliche Auftraggeber muss aber nachweisen können, dass die Schätzung auf seriöser und objektiver Grundlage durchgeführt wurde. Daher müssen die Grundlagen der Schätzung des Auftragswerts im Vergabevermerk und/oder in der Vergabeakte **dokumentiert** werden. Nicht ausreichend ist es daher, Erkundigungen nur bei einem Anbieter einzuholen.

5. Lose. Hinsichtlich der Berechnung des Auftragswerts bei Losen ist besondere Aufmerksamkeit geboten.

a) Lose betreffend verschiedene **Bauleistungen** sind zusammenzurechnen (§ 3 Abs. 7 Satz 1 VgV). Dies gilt selbstverständlich auch für verschiedenartige Gewerke (z.B. Elektroinstallation einerseits, Zimmererarbeiten anderseits), die innerhalb eines Bauprojekts anfallen. Bei Neubauten können auch Einrichtungsgegenstände Teil des Bauauftrages sein (z.B. die Werkstatteinrichtung, vgl. OLG Düsseldorf v. 16.12.2015, VII-Verg 43/15, weitere Beispiele von Wietersheim/Ingenstau-Korbion, § 1 EU VOB/A, Rn 39).

b) Auch Lose betreffend **Dienstleistungen** müssen zusammengerechnet werden (§ 3 Abs. 7 Satz 1 VgV). Der frühere § 3 Abs. 7 Satz 2 VgV betreffend **Planungsleistungen** wurde 2023 gestrichen, so dass auch insoweit keine Besonderheiten gelten. Es bleibt dabei, dass die abschnittweise Beauftragung eines Architekten betreffend ein Bauprojekt einen einheitlichen öffentlichen Auftrag darstellt (EuGH, Urt. v. 15.3.2012, C-574/10 – Architektenleistung Mehrzweckhalle Niedernhausen). Auch Lose über Planungsleistungen sind, wie alle anderen Dienstleistungen auch, regelmäßig gemäß § 3 Abs. 7 Satz 1 VgV zusammengerechnet werden.

c) Bei Losen betreffend **Lieferleistungen** brauchen nur gleichartige Lieferungen zusammengerechnet zu werden (§ 3 Abs. 8 VgV). Hier ist faktisch wieder auf den „**funktionalen Zusammenhang**" abzustellen. Beispielsweise sind PC und Monitore nicht gleichartig. Grundsätzlich brauchen diese Lieferungen nicht zusammengerechnet zu werden. Wenn jedoch „Arbeitsplatzsysteme" ausgeschrieben wurden und/oder die Leistungsbeschreibung auf All-in-One-PC zielt, müssen auch die Lose PC und Monitore zusammengerechnet werden.

6. Rahmenvereinbarungen, Vertragsverlängerungen, Optionen, dynamisches Beschaffungssystem. Bei Rahmenverträgen, Vertragsverlängerungen und Optionen sowie einem dynamischen elektronischen Beschaffungssystem ist jeweils der höchste über die Vertragslaufzeit denkbare Auftragswert maßgeblich (§ 3 Abs. 1 Satz 2, § 3 Abs. 4 VgV).

7. Bauleistungen. Besondere Überlegungen sind generell bei Bauaufträgen notwendig. So müssen gemäß § 3 **Abs. 6 Satz 1** VgV bei der Schätzung des Auftragswerts von Bauleistungen neben dem Auftragswert der eigentlichen Bauleistungen auch die geschätzten **Gesamtwerte aller Liefer- und Dienstleistungen** berücksichtigt werden, die für die Ausführung der Bauleistungen erforderlich sind und vom öffentlichen Auftraggeber zur Verfügung gestellt werden. Dies betrifft besonders auch mit den Bauleistungen vergebene **Planungsleistungen**, schließlich besteht ausdrücklich die Möglichkeit, **Bauleistungen gemeinsam mit Planungsleistungen** zu vergeben (vgl. § 103 Abs. 3 Satz 1 GWB: „Bauaufträge sind Verträge über die Ausführung oder die gleichzeitige Planung und Ausführung …"; vgl. auch § 3 **Abs. 6 Satz 2** VgV, wonach die Möglichkeit des öffentlichen Auftraggebers unberührt bleibt, Aufträge für die Planung und die Ausführung von Bauleistungen entweder getrennt oder gemeinsam zu vergeben). Daher müssen die geschätzten Auftragswerte der gemeinsam vergebenen Planungsleistungen dem Auftragswert der eigentlichen Bauleistungen hinzugerechnet werden (§ 3 Abs. 6 Satz 1 VgV). Getrennt davon vergebene Planungsleistungen sind hingegen eigenständig zu schätzen und entsprechend zu vergeben.

Wenn Bauleistungen **Lieferanteile** enthalten, sind gemäß § 3 Abs. 6 Satz 1 VgV auch diese bei der Berechnung der Höhe des Auftragswerts zu berücksichtigen. Dies gilt auch, wenn die verwandten Lieferleistungen bereits vorhanden sind. Daher ist z.B. bei der Schätzung des Werts eines Bauauftrags auch der Wert von Sandsteinplatten zu berücksichtigen, die bereits beim Auftraggeber vorhanden sind, oder andere vom Auftraggeber beigestellte Materialien (§ 3 Abs. 6 Satz 1 VgV).

8. 80/20 Regelung. Zur einfacheren und beschleunigten Vergabe von Kleinaufträgen bietet § 3 Abs. 9 VgV die Möglichkeit, einzelne kleinere Lose ohne Beachtung des EU-Vergaberechts zu vergeben. Dies betrifft Lose, die addiert nicht mehr 20 % des Gesamtumfangs umfassen und von denen das einzelne Los nicht mehr als 80.000 € bei Liefer-/Dienstleistungen und 1 Mio. € bei Bauleistungen umfasst. Diese Auftragsvergaben unterfallen auch nicht dem Rechtsschutz nach §§ 155 ff. GWB. Allerdings ist bei ihrer Vergabe das nationale Unterschwellenvergaberecht zu beachten.

Will der Auftraggeber ein Los als Teil des 20 %-Kontingents vergeben, muss er dies am Beginn seiner Vergabe entscheiden und dies konsequent bei Bekanntmachung etc. beachten.

9. Regelmäßig wiederkehrende Aufträge oder Daueraufträge über Dienst- oder Lieferleistungen. Bei regelmäßig wiederkehrenden Aufträgen oder Daueraufträgen müssen die Aufträge über ein Jahr zusammengerechnet werden. Daher müssen beispielsweise die Auftragswerte zusammengerechnet werden, wenn ein Webprogrammierer immer wieder den Auftrag erhält, die Webseite einer Gemeinde zu updaten (§ 3 Abs. 10 VgV).

10. Planungswettbewerbe, Auslobungen. Bei Planungswettbewerben bzw. Auslobungen sind Auftragswerte und Preisgelder sowie sonstige Zahlungen an die Teilnehmer zusammenzurechnen (§ 3 Abs. 12 VgV).

§ 4
Gelegentliche gemeinsame Auftragsvergabe; zentrale Beschaffung

(1) Mehrere öffentliche Auftraggeber können vereinbaren, bestimmte öffentliche Aufträge gemeinsam zu vergeben. Dies gilt auch für die Auftragsvergabe gemeinsam mit öffentlichen Auftraggebern aus anderen Mitgliedstaaten der Europäischen Union. Die Möglichkeiten zur Nutzung von zentralen Beschaffungsstellen bleiben unberührt.

(2) Soweit das Vergabeverfahren im Namen und im Auftrag aller öffentlichen Auftraggeber insgesamt gemeinsam durchgeführt wird, sind diese für die Einhaltung der Bestimmungen über das Vergabeverfahren gemeinsam verantwortlich. Das gilt auch, wenn ein öffentlicher Auftraggeber das Verfahren in seinem Namen und im Auftrag der anderen öffentlichen Auftraggeber allein ausführt. Bei nur teilweise gemeinsamer Durchführung sind die öffentlichen Auftraggeber nur für jene Teile gemeinsam verantwortlich, die gemeinsam durchgeführt wurden. Wird ein Auftrag durch öffentliche Auftraggeber aus verschiedenen Mitgliedstaaten der Europäischen Union gemeinsam vergeben, legen diese die Zuständigkeiten und die anwendbaren Bestimmungen des nationalen Rechts durch Vereinbarung fest und geben das in den Vergabeunterlagen an.

(3) Die Bundesregierung kann für Dienststellen des Bundes in geeigneten Bereichen allgemeine Verwaltungsvorschriften über die Einrichtung und die Nutzung zentraler Beschaffungsstellen sowie die durch die zentralen Beschaffungsstellen bereitzustellenden Beschaffungsdienstleistungen erlassen.

Für die Praxis: § 4 VgV ergänzt § 120 Abs. 4 GWB. Durch § 120 Abs. 4 GWB wird klargestellt, dass Leistungen, die über eine zentrale Beschaffungsstelle eingekauft wurden (z.B. über einen von der zentralen Beschaffungsstelle abgeschlossenen Rahmenvertrag), nicht durch den eigentlichen Bedarfsträger „doppelt" ausgeschrieben werden müssen.

Durch § 4 Abs. 1 und 2 VgV wird klargestellt, dass neben dem Einsatz zentraler Beschaffungsstellen weiterhin auch sonstige gemeinsame Beschaffungen zulässig sind, vgl. auch § 108 Abs. 6 VgV. Ein Beispiel sind etwa zwei Gemeinden, die gemeinsam ein teures Feuerwehrfahrzeug oder eine mobile Geschwindigkeitsmessanlage beschaffen.

§ 4 Abs. 3 VgV gibt dem Bund die Befugnis, Regelungen zur Einrichtung und Nutzung zentraler Beschaffungsstellen zu treffen. So kann der Bund z.B. bestimmte Beschaffungen beim Beschaffungsamt des Bundesministeriums des Innern (BSchA) bündeln.

Ob und inwieweit zentrale Beschaffungsstellen und gemeinsame Beschaffungen nach den Maßstäben des Kartellrechts zulässig sind, ist jeweils im konkreten Beschaffungsfall anhand des Kartellrechts zu untersuchen.

§ 5
Wahrung der Vertraulichkeit

(1) Sofern in dieser Verordnung oder anderen Rechtsvorschriften nichts anderes bestimmt ist, darf der öffentliche Auftraggeber keine von den Unternehmen übermittelten und von diesen als vertraulich ge-

kennzeichneten Informationen weitergeben. Dazu gehören insbesondere Betriebs- und Geschäftsgeheimnisse und die vertraulichen Aspekte der Angebote einschließlich ihrer Anlagen.

(2) Bei der gesamten Kommunikation sowie beim Austausch und der Speicherung von Informationen muss der öffentliche Auftraggeber die Integrität der Daten und die Vertraulichkeit der Interessensbekundungen, Interessensbestätigungen, Teilnahmeanträge und Angebote einschließlich ihrer Anlagen gewährleisten. Die Interessensbekundungen, Interessensbestätigungen, Teilnahmeanträge und Angebote einschließlich ihrer Anlagen sowie die Dokumentation über Öffnung und Wertung der Teilnahmeanträge und Angebote sind auch nach Abschluss des Vergabeverfahrens vertraulich zu behandeln.

(3) Der öffentliche Auftraggeber kann Unternehmen Anforderungen vorschreiben, die auf den Schutz der Vertraulichkeit der Informationen im Rahmen des Vergabeverfahrens abzielen. Hierzu gehört insbesondere die Abgabe einer Verschwiegenheitserklärung.

Für die Praxis: § 5 VgV soll **Betriebs- und Geschäftsgeheimnisse** der Unternehmen und den **Geheimwettbewerb** schützen. Daher kann die Regelung auch als Antwort auf die Rechtsprechung zur Anwendung der Informationsfreiheitsgesetze im Bereich der öffentlichen Beschaffung (vgl. VG Stuttgart, Beschl. v. 17.5.2011, 13 K 3505/09 – Verbrauchsmaterial für Drucker) verstanden werden.

§ 5 **Abs. 1** VgV schützt die Unternehmen im Vergabeverfahren. Betriebs- und Geschäftsgeheimnisse der Unternehmen dürfen nicht öffentlich gemacht werden. Voraussetzung dafür ist jedoch, dass die Unternehmen diese Informationen als **vertraulich gekennzeichnet** haben (vgl. § 5 Abs. 1 Satz 2 VgV).

Praxistipp: Die Kennzeichnung der geheimhaltungsbedürftigen Unterlagen ist auch für etwa folgende Nachprüfungsverfahren hilfreich (vgl. § 165 Abs. 3 GWB; siehe dazu auch „C. I. Rechtsschutz im Vergaberecht").

§ 5 **Abs. 2** VgV gilt als allgemeine Bestimmung für die elektronische Kommunikation im Vergabeverfahren und stellt klar, dass Angebote, Teilnahmeanträge u.Ä. auch nach Abschluss eines Vergabeverfahrens vertraulich behandelt werden müssen. Daher ist diese Regelung in besonderem Maße geeignet, etwaigen Anträgen nach dem jeweils einschlägigen **Informationsfreiheitsgesetz entgegengehalten** zu werden (vgl. dazu auch BVerwG, Beschl. v. 15.12.2020, 10 C 24.19).

Durch § 5 **Abs. 3** VgV wird klargestellt, dass Auftraggeber von den Teilnehmern eines Vergabeverfahrens eine **Verschwiegenheitserklärung** fordern dürfen (vgl. § 5 Abs. 3 Satz 2 VgV). In der Praxis findet man diese meist bei zweistufigen Verfahren auf der Ebene des Teilnahmewettbewerbs. Freilich dürfte eine Verschwiegenheitserklärung aber auch im Rahmen eines offenen Verfahrens gefordert werden. § 128 Abs. 2 Satz 3 GWB stellt klar, dass Anforderungen an die Verschwiegenheit auch als Bedingung für die Vertragsausführung gestellt werden dürfen.

§ 6
Vermeidung von Interessenkonflikten

(1) Organmitglieder oder Mitarbeiter des öffentlichen Auftraggebers oder eines im Namen des öffentlichen Auftraggebers handelnden Beschaffungsdienstleisters, bei denen ein Interessenkonflikt besteht, dürfen in einem Vergabeverfahren nicht mitwirken.

(2) Ein Interessenkonflikt besteht für Personen, die an der Durchführung des Vergabeverfahrens beteiligt sind oder Einfluss auf den Ausgang eines Vergabeverfahrens nehmen können und die ein direktes oder indirektes finanzielles, wirtschaftliches oder persönliches Interesse haben, das ihre Unparteilichkeit und Unabhängigkeit im Rahmen des Vergabeverfahrens beeinträchtigen könnte.

(3) Es wird vermutet, dass ein Interessenkonflikt besteht, wenn die in Absatz 1 genannten Personen

1. Bewerber oder Bieter sind,
2. einen Bewerber oder Bieter beraten oder sonst unterstützen oder als gesetzliche Vertreter oder nur in dem Vergabeverfahren vertreten,
3. beschäftigt oder tätig sind
   a) bei einem Bewerber oder Bieter gegen Entgelt oder bei ihm als Mitglied des Vorstandes, Aufsichtsrates oder gleichartigen Organs oder
   b) für ein in das Vergabeverfahren eingeschaltetes Unternehmen, wenn dieses Unternehmen zugleich geschäftliche Beziehungen zum öffentlichen Auftraggeber und zum Bewerber oder Bieter hat.

(4) Die Vermutung des Absatzes 3 gilt auch für Personen, deren Angehörige die Voraussetzungen nach Absatz 3 Nummer 1 bis 3 erfüllen. Angehörige sind der Verlobte, der Ehegatte, Lebenspartner, Verwandte und Verschwägerte gerader Linie, Geschwister, Kinder der Geschwister, Ehegatten und Lebenspartner der Geschwister und Geschwister der Ehegatten und Lebenspartner, Geschwister der Eltern sowie Pflegeeltern und Pflegekinder.

Für die Praxis: 1. Normzweck. § 6 VgV schützt Kernprinzipen des Vergaberechts. Ein fairer Wettbewerb, der jedem Bieter die gleiche Chance auf den Zuschlag eröffnet, ist dann nicht mehr möglich, wenn eine Person, die am Vergabeverfahren mitwirkt, gleichzeitig ein Interesse daran hat, dass ein bestimmter Bieter den Zuschlag erhält. Aus dem **Gleichbehandlungs-** und dem **Wettbewerbsprinzip** lässt sich daher das **Neutralitätsprinzip** ableiten: Ein Bieter hat Anspruch darauf, dass am Vergabeverfahren keine Personen mitwirken, die sich in einem Interessenkonflikt befinden. Der öffentliche Auftraggeber muss organisatorische Vorkehrungen dafür treffen, dass solche Personen nicht auf Entscheidungen einwirken können, die für das Vergabeverfahren relevant sind.

2. Inhalt. a) Verbot der Beteiligung von Personen in Interessenkonflikten. § 6 Abs. 1 VgV verbietet die Beteiligung von Personen am Vergabeverfahren, bei denen ein Interessenkonflikt besteht. Durch § 6 Abs. 2 VgV wird **definiert**, wann ein **Interessenkonflikt** vorliegt. Danach besteht ein Interessenkonflikt, wenn natürliche Personen am Vergabeverfahren beteiligt sind oder Einfluss auf die Vergabeentscheidung nehmen können, bei denen direkt oder indirekt ein finanzielles, wirtschaftliches oder sonstiges Interesse vorliegt, von dem man annehmen kann, dass es die Unparteilichkeit und Unabhängigkeit dieser Personen beeinflusst. Es soll also bereits der „**böse Schein**" **der Parteilichkeit** verhindert werden.

Von einer „**Beteiligung**" einer Person im Interessenkonflikt i.S.d. § 6 Abs. 2 VgV ist immer dann auszugehen, wenn die betroffene Person, ohne selbst an der Entscheidung mitzuwirken, die Möglichkeit gehabt hat, auf die Entscheidungsfindung der hierzu berufenen Personen einzuwirken, z.B. durch Erstellung der Leistungsbeschreibung, Eignungs- oder Wertungskriterien.

Das bedeutet: Nicht nur die Mitwirkung bei der Auswahl- und/oder Zuschlagsentscheidung ist diesen Personen untersagt, sondern die Mitwirkung an allen Entscheidungen, die für das Vergabeverfahren von Bedeutung sind. Selbst dann, wenn eine ausgeschlossene Person der Entscheidungsfindung nur beiwohnt, sich selbst aber nicht aktiv an der Sitzung beteiligt, kann ihre bloße physische Anwesenheit Einfluss auf die Entscheidungsfindung haben; ein aktives Handeln der ausgeschlossenen Person ist daher nicht zwingend erforderlich.

b) Regelbeispiele für Interessenkonflikte. § 6 Abs. 3 VgV definiert Regelbeispiele, in denen – anders als in den Fällen des Abs. 2 – das Vorliegen eines **Interessenkonflikts vermutet** wird. Das heißt, der Auftraggeber darf **Entlastungsbeweis** führen und im Einzelfall die Vermutung des Interessenkonflikts widerlegen (siehe unten).

Gemäß § 6 Abs. 3 **Nr. 2** VgV wird ein Interessenkonflikt bei solchen Personen vermutet, die sowohl für den Auftraggeber tätig sind als auch einen Bieter oder Bewerber beraten oder unterstützen. Diese Regelvermutung ist vor allem bei der **Einschaltung freiberuflich tätiger Personen** (z.B. Architekten, Ingenieure, Rechtsanwälte) von Bedeutung. Die Vermutung greift bereits dann ein, wenn das eingeschaltete Planungsbüro, welches die Vergabe begleiten und den Auftraggeber beraten soll, einen Beteiligten beraten hat; eine Identität zwischen dieser Beratungsleistung und dem konkreten Vergabeverfahren ist nicht notwendig.

Praxistipp: Daher müssen freiberufliche Berater, die an den Entscheidungen über die Erstellung des Leistungsverzeichnisses, bei der Auswahl der Bewerber und Bieter sowie bei der Wertung der Angebote beteiligt sind, erklären, dass hierbei keine natürlichen Personen mitwirken, die einen Bieter oder Bewerber beraten oder sonst unterstützen, dort gegen Entgelt beschäftigt oder als dessen Organ tätig sind. Gleichzeitig müssen sie erklären, dass auch Angehörige der an der Entscheidung beteiligten Personen i.S.d. § 6 Abs. 4 VgV nicht ein Regelbeispiel des Katalogs des § 6 Abs. 3 Nr. 1 bis 3 VgV erfüllen.

Durch § 6 Abs. 3 **Nr. 3** VgV werden die Fälle des sog. **Doppelmandats** (Buchst. a) und der **Doppelberatung** (Buchst. b) geregelt. Doppelmandatsträger, d.h. Personen, die für den Auftraggeber tätig sind und zugleich Organmitglied eines Bieters bzw. Bewerbers sind, oder Personen, die beratend für den Auftraggeber und zugleich für einen Bieter tätig sind, dürfen regelmäßig bei Entscheidungen im Vergabeverfahren nicht mitwirken.

Informiert sich eine nach § 6 Abs. 1 VgV ausgeschlossene Person nur über den **Verfahrensstand** ohne Beeinflussung des Verfahrens, ist diese Person nicht auszuschließen.

c) Entlastungsbeweis. Der Entlastungsbeweis kann insbesondere durch geeignete organisatorische Maßnahmen des Unternehmens geführt werden. Dabei wird in der Regel mit organisatorischen, personellen und technischen Trennungen argumentiert („chinese walls").

Allerdings muss der Entlastungsbeweis, dass kein Interessenkonflikt bestanden hat, mit objektivierten Beweismitteln (z.B. Organisationsstrukturen) geführt werden. Allein die Aussage von Mitwirkenden ist als Entlastungsbeweis nicht ausreichend.

Praxistipp: Der öffentliche Auftraggeber sollte im eigenen Interesse und zur Sicherung der ordnungsgemäßen Durchführung des Vergabeverfahrens – und zur Vermeidung des „bösen Scheins" – den Kreis der ausgeschlossenen Personen im Zweifel lieber zu weit als zu eng ziehen und dafür sorgen, dass diese keinerlei Einfluss auf das Verfahren nehmen können.

§ 7
Mitwirkung an der Vorbereitung des Vergabeverfahrens

(1) Hat ein Unternehmen oder ein mit ihm in Verbindung stehendes Unternehmen den öffentlichen Auftraggeber beraten oder war auf andere Art und Weise an der Vorbereitung des Vergabeverfahrens beteiligt (vorbefasstes Unternehmen), so ergreift der öffentliche Auftraggeber angemessene Maßnahmen, um sicherzustellen, dass der Wettbewerb durch die Teilnahme dieses Unternehmens nicht verzerrt wird.

(2) Die Maßnahmen nach Absatz 1 umfassen insbesondere die Unterrichtung der anderen am Vergabeverfahren teilnehmenden Unternehmen in Bezug auf die einschlägigen Informationen, die im Zusammenhang mit der Einbeziehung des vorbefassten Unternehmens in der Vorbereitung des Vergabeverfahrens ausgetauscht wurden oder daraus resultieren, und die Festlegung angemessener Fristen für den Eingang der Angebote und Teilnahmeanträge.

(3) Vor einem Ausschluss nach § 124 Absatz 1 Nummer 6 des Gesetzes gegen Wettbewerbsbeschränkungen ist dem vorbefassten Unternehmen die Möglichkeit zu geben nachzuweisen, dass seine Beteiligung an der Vorbereitung des Vergabeverfahrens den Wettbewerb nicht verzerren kann.

Für die Praxis: § 7 VgV schützt, ebenso wie § 6 VgV, den fairen und neutralen Wettbewerb. Unternehmen, die an der Vorbereitung des Projekts bzw. des Vergabeverfahrens beteiligt waren (= **Projektanten**), sollen keinen wettbewerbsverzerrenden Informationsvorsprung haben (§ 7 Abs. 1 VgV). Andererseits dürfen Projektanten auch nicht generell vom Vergabeverfahren ausgeschlossen werden (EuGH, Urt. v. 3.3.2005, C-21/03 u. C 34/03 – Fabricom). Der Ausschluss gemäß § 124 Abs. 1 Nr. 6 GWB muss „ultima ratio" bleiben (§ 7 Abs. 3 VgV). In diesem Zusammenhang ist zudem zu bedenken, dass die Projektantenproblematik häufig in engen Märkten (z.B. spezielle IT-Leistung, spezielle Planungsleistung) auftritt, bei denen ein genereller Ausschluss von vorbefassten Unternehmen den Wettbewerb um die eigentliche Leistung zusätzlich verengen würde.

Mittel, um einen wettbewerbsverzerrenden Informationsvorsprung des Projektanten zu verhindern, sind insbesondere (vgl. § 7 Abs. 2 VgV):

- detaillierte Information der Wettbewerber, z.B. durch besonders umfassende Leistungsbeschreibung sowie ggf. ergänzende Situationsbeschreibungen, Bild- oder Videodokumentationen oder die Möglichkeit, Ortsbesichtigungen und Benchmarks durchzuführen, und/oder
- die Möglichkeit für die Wettbewerber, den Informationsvorsprung des Projektanten durch längere Bekanntmachungs- bzw. Angebotsfristen aufzuholen.

§ 8
Dokumentation und Vergabevermerk

(1) Der öffentliche Auftraggeber dokumentiert das Vergabeverfahren von Beginn an fortlaufend in Textform nach § 126b des Bürgerlichen Gesetzbuchs, soweit dies für die Begründung von Entscheidungen auf jeder Stufe des Vergabeverfahrens erforderlich ist. Dazu gehört zum Beispiel die Dokumentation der Kommunikation mit Unternehmen und interner Beratungen, der Vorbereitung der Auftragsbekanntmachung und der Vergabeunterlagen, der Öffnung der Angebote, Teilnahmeanträge und Interessensbestätigungen, der Verhandlungen und der Dialoge mit den teilnehmenden Unternehmen sowie der Gründe für Auswahlentscheidungen und den Zuschlag.

(2) Der öffentliche Auftraggeber fertigt über jedes Vergabeverfahren einen Vermerk in Textform nach § 126b des Bürgerlichen Gesetzbuchs an. Dieser Vergabevermerk umfasst mindestens Folgendes:

1. den Namen und die Anschrift des öffentlichen Auftraggebers sowie Gegenstand und Wert des Auftrags, der Rahmenvereinbarung oder des dynamischen Beschaffungssystems,
2. die Namen der berücksichtigten Bewerber oder Bieter und die Gründe für ihre Auswahl,
3. die nicht berücksichtigten Angebote und Teilnahmeanträge sowie die Namen der nicht berücksichtigten Bewerber oder Bieter und die Gründe für ihre Nichtberücksichtigung,
4. die Gründe für die Ablehnung von Angeboten, die für ungewöhnlich niedrig befunden wurden,
5. den Namen des erfolgreichen Bieters und die Gründe für die Auswahl seines Angebots sowie, falls bekannt, den Anteil am Auftrag oder an der Rahmenvereinbarung, den der Zuschlagsempfänger an Dritte weiterzugeben beabsichtigt, und gegebenenfalls, soweit zu jenem Zeitpunkt bekannt, die Namen der Unterauftragnehmer des Hauptauftragnehmers,
6. bei Verhandlungsverfahren und wettbewerblichen Dialogen die in § 14 Absatz 3 genannten Umstände, die die Anwendung dieser Verfahren rechtfertigen,
7. bei Verhandlungsverfahren ohne vorherigen Teilnahmewettbewerb die in § 14 Absatz 4 genannten Umstände, die die Anwendung dieses Verfahrens rechtfertigen,
8. gegebenenfalls die Gründe, aus denen der öffentliche Auftraggeber auf die Vergabe eines Auftrags, den Abschluss einer Rahmenvereinbarung oder die Einrichtung eines dynamischen Beschaffungssystems verzichtet hat,
9. gegebenenfalls die Gründe, aus denen andere als elektronische Mittel für die Einreichung der Angebote verwendet wurden,
10. gegebenenfalls Angaben zu aufgedeckten Interessenkonflikten und getroffenen Abhilfemaßnahmen,

11. gegebenenfalls die Gründe, aufgrund derer mehrere Teil- oder Fachlose zusammen vergeben wurden, und

12. gegebenenfalls die Gründe für die Nichtangabe der Gewichtung von Zuschlagskriterien.

(3) Der Vergabevermerk ist nicht erforderlich für Aufträge auf der Grundlage von Rahmenvereinbarungen, sofern diese gemäß § 21 Absatz 3 oder gemäß § 21 Absatz 4 Nummer 1 geschlossen wurden. Soweit die Vergabebekanntmachung die geforderten Informationen enthält, kann sich der öffentliche Auftraggeber auf diese beziehen.

(4) Die Dokumentation, der Vergabevermerk sowie die Angebote, die Teilnahmeanträge, die Interessensbekundungen, die Interessensbestätigungen und ihre Anlagen sind bis zum Ende der Laufzeit des Vertrags oder der Rahmenvereinbarung aufzubewahren, mindestens jedoch für drei Jahre ab dem Tag des Zuschlags. Gleiches gilt für Kopien aller abgeschlossenen Verträge, die mindestens den folgenden Auftragswert haben:

1. 1 Million Euro im Falle von Liefer- oder Dienstleistungsaufträgen,

2. 10 Millionen Euro im Falle von Bauaufträgen.

(5) Der Vergabevermerk oder dessen Hauptelemente sowie die abgeschlossenen Verträge sind der Europäischen Kommission sowie den zuständigen Aufsichts- oder Prüfbehörden auf deren Anforderung hin zu übermitteln.

(6) § 5 bleibt unberührt.

Für die Praxis: 1. Normzweck. Die Dokumentation in Form einer **vollständigen Vergabeakte** (§ 8 Abs. 1 VgV) und eines **vollständigen Vergabevermerks** (§ 8 Abs. 2 VgV) ist von herausragender Bedeutung im Vergabeverfahren. Dies zeigt sich besonders im Rechtsschutz (siehe dazu „C. I. Rechtsschutz im Vergaberecht").

Praxistipp: Die Bedeutung einer lückenlosen Dokumentation zeigt sich in der Praxis sehr häufig auch im Zusammenhang mit **Verwendungsnachweisen** im Nachgang der Fördermittelvergabe. In diesem Zusammenhang ist darauf hinzuweisen, dass Fördermittelgeber in der Regel schon **25 % der Fördersumme** nur **wegen Dokumentationsmangels zurückfordern.**

Unvollständigkeiten und Widersprüche in der Dokumentation gehen zu Lasten des öffentlichen Auftraggebers. Beispielsweise kann ohne entsprechende Nachweise nicht die fristgerechte Absendung von Bekanntmachung oder Vorabinformation nachgewiesen werden.

2. Rechtsschutz. Ein Dokumentationsfehler als solcher verletzt Bieter nicht in ihren Rechten i.S.d. § 97 Abs. 6 GWB. Bieter können eine fehlende oder fehlerhafte Dokumentation jedoch dann aufgreifen, wenn sich ausschließen lässt, dass sich daraus Auswirkungen auf ihre Auftragschancen ergeben. So ist z.B. die fehlende oder unvollständige Dokumentation einer Konzept-Bewertung regelmäßig ein Fehler, der den Auftraggeber (mindestens) zur Wiederholung der Wertung zwingt. Bei produktspezifischen Leistungsbeschreibungen kann die fehlende Begründung für diese Vorgabe den Auftraggeber zwingen, diesen Schritt und damit faktisch das gesamte Vergabeverfahren zu wiederholen, vgl. OLG Düsseldorf, Beschl. v. 16.10.2019, Verg 66/18.

Ergänzungen der Dokumentation oder das Nachschieben von Begründungen sind grundsätzlich möglich. Sie ist aber immer dann problematisch und ggf. unzulässig, wenn sie möglicherweise nur dazu dienen, eine einmal (nicht ordnungsgemäße) Entscheidung zu verteidigen, wegen der Nicht-Wiederholbarkeit einer Situation nicht sicher den tatsächlichen Sachverhalt wiedergeben (langer zeitlicher Abstand zu einer dokumentierten Test- oder Verhandlungssituation) oder keinen Anknüpfungspunkt an den ursprünglichen Verfahrensverlauf haben (Nachschieben von Ermessenserwägungen, wenn die ursprüngliche Entscheidung nicht auf einer Abwägung beruht), vgl. z.B. OLG Düsseldorf, Beschl. v. 10.02.2021, Verg 23/20.

3. Inhalt. a) Mindestinhalt. Der Mindestinhalt des Vergabevermerks sollte sich am Katalog des § 8 Abs. 2 VgV orientieren. Selbst dieser Katalog ist jedoch nicht vollständig. Hier hilft aber der gesunde Menschenverstand (unter Beachtung der umfangreichen und hilfreichen Rechtsprechung): Es ist zu bedenken, dass für öffentliche Beschaffungen letztlich Geld des Steuerzahlers verwendet wird. Daher sollte der Auftraggeber von sich aus **Probleme proaktiv ansprechen, Entscheidungen begründen und alles dokumentieren**, bevor Aufsichtsbehörden, Rechnungsprüfer, Fördermittelgeber, Nachprüfungsinstanzen oder letztlich der Steuerzahler Rechenschaft fordern.

b) Dokumentation im Vorfeld des Vergabeverfahrens. Die Dokumentation eines Vergabeverfahrens beginnt nicht erst mit der Bekanntmachung. Bereits im Vorfeld des Vergabeverfahrens müssen **wichtige Weichenstellungen** oder **Abweichungen vom gesetzlichen Regelfall** (z.B. Entscheidungen für bestimmte Produkte) begründet werden. Daher erfordert eine rechtssichere Dokumentation im Vorfeld des Vergabeverfahrens beispielsweise folgende Darlegungen:

- Bedarfsermittlung und potentiell wettbewerbsbeschränkende Festlegungen nebst den Gründen hierfür, insbesondere spezielle Anforderungen, wie z.B. Alleinstellungsmerkmale, Vorgaben von Produkten und Leitfabrikaten;
- Markterkundung, insbesondere betreffend ggf. spezielle Anforderungen mit wettbewerbsbeschränkender Wirkung;
- bei energieverbrauchsrelevanten Produkten auch Markterkundung/Abwägung zur Energieeffizienz;
- ggf. Abweichung vom offenen Verfahren/nicht offenen Verfahren mit vorgeschaltetem Teilnahmewettbewerb;
- Schätzung des Auftragswerts.

c) Dokumentation zu den Vergabeunterlagen. Besondere Anstrengungen sind auch bei der Dokumentation zu den Vergabeunterlagen geboten. Auch hier müssen wichtige Weichenstellungen oder Abweichungen vom gesetzlichen Regelfall (z.B. Entscheidungen für bestimmte Produkte) begründet werden. Eine rechtssichere Dokumentation erfordert beispielsweise Darlegungen zu folgenden Punkten:

- Abweichung vom Grundsatz der Produkt- und Markenneutralität (Beispiel: Warum Apple-Gerät?, anschaulich OLG Brandenburg, Beschl. v. 08.07.2021, 19 Verg 2/21);
- Begründung für strenge Eignungsanforderungen, die grundsätzlich Newcomer und/oder Bieter aus anderen Mitgliedstaaten benachteiligen (Beispiel: Warum sind drei Referenzen und ein Meistertitel notwendig?);
- Begründung für nichtwirtschaftliche Zuschlagskriterien (Beispiel: Warum spielt die Farbe des Gehäuses für das Smartphone eine Rolle?);
- Begründung für Verzicht auf Aufteilung in Lose;
- bei energieverbrauchsrelevanten Produkten auch Vorgaben zur Energieeffizienz;
- falls eine Eigenerklärung nicht ausreicht: Begründung für weitergehende Anforderungen.

d) Dokumentation im Vergabeverfahren. Im Vergabeverfahren müssen **wichtige Verfahrensschritte**, z.B. die Absendung von Bekanntmachungen oder der Ausschluss von Bietern, dokumentiert werden.

Unterabschnitt 2
Kommunikation; Bekanntmachungen

Vorbemerkung: 1. Pflicht zur E-Vergabe. Eine der wesentlichen Neuerungen der Vergaberechtsreform 2016 ist die verpflichtende Einführung der elektronischen Kommunikation im Vergabeverfahren, in der Praxis meist schlagwortartig als „**Pflicht zur E-Vergabe**" bezeichnet. Dem Gesetzgeber ist dabei die E-Vergabe so wichtig, dass er diese sogar bei den Prinzipien des Vergaberechts (§ 97 Abs. 5 GWB) festgeschrieben hat. Die weiteren Verfahrensvorschriften zur E-Vergabe finden sich im Wesentlichen in den folgenden §§ 9 bis 13 VgV. Wichtige Verfahrensvorschriften zur E-Vergabe sind aber auch in den §§ 40, 41, 53 und 54 VgV zu finden.

2. Inhalt. a) Erste Stufe: Bekanntmachung und Bereitstellung der Vergabeunterlagen. Bereits seit dem 18.4.2016 gelten die Verpflichtungen der ersten Stufe der Pflicht zur E-Vergabe. Dies bedeutet insbesondere, dass Auftraggeber die Bekanntmachungen mittels der „e-notices"-Anwendung an die TED-Datenbank elektronisch übermitteln (§ 40 VgV) und zudem alle Vergabeunterlagen elektronisch bereitstellen müssen (§ 41 VgV). Dabei sind bestimmte rechtliche Anforderungen zu beachten:

aa) Verbot der Registrierungspflicht. Gemäß § 9 Abs. 3 Satz 2 Hs. 1 VgV darf für den Zugang zur Auftragsbekanntmachung und zu den Vergabeunterlagen **keine Registrierung** verlangt werden. Nur eine freiwillige Registrierung ist zulässig (§ 9 Abs. 3 Satz 2 Hs. 2 VgV). Der niedrigschwellige Zugang zu Bekanntmachungen und Vergabeunterlagen – also ohne Registrierungspflicht – soll den Wettbewerb um öffentliche Ausschreibungen verbessern.

Registriert sich ein Unternehmen nicht, hat es eine **Holschuld** betreffend ergänzender Informationen und geänderter Vergabeunterlagen.

Praxistipp: Der Auftraggeber sollte die Interessenten auf diese Eigenverantwortung aufmerksam machen. Dies geschieht bei vielen bewährten E-Vergabe-Lösungen schon technisch, indem Bieter, die sich nicht freiwillig registrieren, entsprechende Hinweise erhalten. Zusätzlich sollte der Auftraggeber entsprechende Hinweise an prominenter Stelle auch in seinen Vergabeunterlagen platzieren (z.B. in der Aufforderung zur Abgabe eines Angebots).

bb) Einheitliche Internetadresse. Zu beachten ist auch, dass alle Vergabeunterlagen **bereits mit der Vergabebekanntmachung** unter einer einheitlichen Internetadresse bereitgestellt werden müssen, „unter der die Vergabeunterlagen unentgeltlich, uneingeschränkt, vollständig und direkt abgerufen werden können" (§ 41 Abs. 1 VgV). Erstens ist damit klargestellt, dass der Auftraggeber nicht einfach schon einmal den Auftrag bekanntmachen darf – um dann sukzessive die Vergabeunterlagen fertigzustellen. Zweitens stellt sich dabei das Problem, wie mit geheimhaltungsbedürftigen oder unter strengem Urheberrechtsschutz stehenden Unterlagen umzugehen ist.

Zum ersten Problemkomplex ist die Lösung in der Theorie recht einfach, wird jedoch bei einigen Auftraggebern in der Praxis erheblichen Umstellungsaufwand entfalten: Alle Vergabeunterlagen müssen vor der Bekanntmachung fertiggestellt werden. Wenn der Auftraggeber dies nicht aus eigener Kraft schafft, muss er externe Experten, Fachplaner, Projektanten einschalten. Wenn dies nicht möglich ist, bleibt in der Regel nur der Weg, sich des wettbewerblichen Dialogs (§ 18 VgV) zu bedienen und die Vergabeunterlagen im Verlauf der Dialogrunden zu Ende zu entwickeln. Zulässig ist dies aber nur in den in § 14 Abs. 3 VgV genannten Fällen.

Der zweite Problemkomplex ist schwieriger zu lösen. Das Vergaberecht hält jedoch mit **zweistufigen Vergabeverfahren** (nicht offenes Verfahren und Verhandlungsverfahren, jeweils mit vorgeschaltetem Teilnahmewettbewerb) die passende Lösung bereit. Anwendungsbereich und Praxistauglichkeit der Lösung werden dadurch erheblich erhöht, dass infolge der Vergaberechtsreform Wahlfreiheit zwischen offenem und nicht offenem Verfahren besteht (§ 119 Abs. 2 GWB, § 14 Abs. 2 VgV, § 3a EU Abs. 1 VOB/A 2016). Der Auftraggeber kann sich daher – auch ohne speziellen Ausnahmetatbestand – jederzeit eines zweistufigen Vergabeverfahrens bedienen, bei dem zunächst eine Eignungsprüfung erfolgt. Aus Sicht des Verfassers ist es vertretbar, für die erste Stufe des Vergabeverfahrens nur **„entschärfte" Vergabeunterlagen** (ohne geheimhaltungsbedürftige oder besonders urheberrechtlich geschützte Passagen) online bereitzustellen. In ähnlicher Weise hat die Beschaffungspraxis ja auch bisher Geheimhaltungsbedürfnisse gewahrt. Dabei können die Auftraggeber ausdrücklich auch gemäß § 5 Abs. 3 Satz 2 VgV eine **Verschwiegenheitserklärung** fordern.

Wird ein **Teilnahmewettbewerb** vorgeschaltet, muss der Auftraggeber in der Bekanntmachung einen vollständigen Zugang auf die Unterlagen bereitstellen, die für eine belastbare Entscheidung über die Teilnahme am Verfahren durch Abgabe eines Teilnahmeantrages erforderlich sind. Ein Unternehmen muss feststellen können, ob es an dem Auftrag interessiert ist und ob es zur Leistungserbringung geeignet ist (OLG Düsseldorf, Beschl. v. 17.10.2018, Verg 26/18).

Eine besondere und zudem ausdrücklich zulässige Variante der zweistufigen Verfahren, welche die Herausgabe der Vergabeunterlagen nur an vorab ausgewählte Interessenten ermöglicht, ist das **Interessenbekundungsverfahren** gemäß § 66 Abs. 2 Nr. 3 GWB, § 38 Abs. 4 VgV. Zu beachten ist allerdings, dass dieses Verfahren nicht durch oberste Bundesbehörden genutzt werden darf – und der Beschaffungsbedarf durch eine **Vorinformation** (§ 38 Abs. 1 VgV) veröffentlicht werden muss. Soll eine derartige Vorinformation rechtzeitig sein, sind besonders auch die Fristen des § 38 Abs. 3 VgV zu beachten.

b) Elektronische Angebote und Teilnahmeanträge. aa) Textform. Seit der Vergaberechtsreform 2016 wird nach § 53 Abs. 1 VgV (identisch auch § 11 EU Abs. 4 VOB/A) die **Textform** gemäß § 126b BGB gefordert (siehe unten).

Nur in **begründeten Einzelfällen** darf die Verwendung der elektronischen Signatur vorgeschrieben werden (§ 53 Abs. 3 VgV; § 11 EU Abs. 5 Satz 2 VOB/A; § 13 EU Abs. 1 Nr. 1 Satz 2 VOB/A). Auftraggeber, die noch immer regelmäßig die Verwendung der elektronischen Signatur vorschreiben, machen sich angreifbar: Die obligatorische Verwendung der elektronischen Signatur ist im neuen Oberschwellenvergaberecht eine Wettbewerbsbeschränkung! Grund hierfür ist, dass fortgeschrittene und qualifizierte elektronische Signatur die Beteiligung am Vergabeverfahren – und damit den Wettbewerb! – erschweren.

Praxistipp: Auch im Unterschwellenvergaberecht kann die Einreichung von Angeboten in Textform nur in der VOB/A vorgeschrieben werden. (vgl. § 38 Abs. 3 UVgO, § 13 Abs. 1 Nr. 1 VOB/A 2016).

bb) Keine Angebote per E-Mail. Textform wird in **§ 126b BGB** definiert. Danach muss es sich um eine lesbare Erklärung handeln, in der die Person des Erklärenden genannt ist und die auf einem dauerhaften Datenträger gespeichert werden kann (siehe näher die Anmerkung zu § 126b BGB). Diesen zivilrechtlichen Mindestanforderungen würde z.B. auch eine E-Mail genügen, in der der Name des Erklärenden genannt ist. Dabei ist eine eingescannte Unterschrift nicht notwendig. Es ist auch nicht erforderlich, dass der Abschluss der Erklärung besonders zu erkennen ist (vgl. Art. 2 Nr. 10 RL 2011/83/EU). Wenn der Erklärende hinreichend genau bezeichnet ist, darf die Nennung des Erklärenden grundsätzlich an beliebiger Stelle im Text erfolgen, z.B. im Kopf einer E-Mail oder eines eingescannten Briefes.

Zwar würde also aus vertragsrechtlicher Sicht eine E-Mail den Anforderungen des § 126b BGB genügen, nicht jedoch den ergänzenden Anforderungen des Vergaberechts. Zu beachten ist nämlich, dass Angebote und Teilnahmeanträge **verschlüsselt** übermittelt, entgegengenommen und aufbewahrt werden müssen (§§ 54, 55 Abs. 1 VgV; § 13 EU Abs. 1 Nr. 2 Satz 3 und 4 VOB/A). Erst zum Öffnungstermin dürfen die Angebote zugänglich sein. Eine einfache E-Mail genügt diesen Anforderungen nicht. Es muss **technisch** ausgeschlossen sein, dass jemand vor dem Öffnungstermin Kenntnis von den Inhalten der Angebote nehmen kann.

cc) Wer „unterschreibt" denn jetzt das Angebot? Reicht bei juristischen Personen und Handelsgesellschaften die Angabe des Firmennamens – oder muss doch eine (vertretungsberechtigte) natürliche Person unterzeichnen? Um diese Frage zu beantworten, ist ein Blick in das Vertragsrecht notwendig. Die Nennung der Person des Erklärenden erfordert die Angabe der Identität desjenigen, dem die Erklärung zugerechnet werden soll. Bei natürlichen Personen ist der Name zu nennen (§ 12 BGB), bei juristischen Personen und Handelsgesellschaften jedenfalls der **Firmenname** („Firma", § 17 HGB).

In der Praxis der E-Vergabe ergibt sich die Berechtigung zur Unterschrift aus den Regeln zum Zugang zu dem E-Vergabe-System. Nach allgemeinen Grundsätzen ist derjenige, dem von Seiten des Unternehmens der Zugang gewährt wird, als vertretungsberechtigt anzusehen.

Allerdings kann der Auftraggeber im Vergaberecht durchaus ein **berechtigtes Interesse** an der **Nennung des konkreten Vertreters** haben (BGH, Urt. v. 7.7.2010, VIII ZR 321/09 Rn. 16; vgl. auch BT-Drucks. 14/4987, S. 18). So kann er z.B. ein berechtigtes Interesse daran haben, das Vorliegen der Vertretungsmacht einer Plausibilitätsprüfung zu unterziehen (vgl. § 174 BGB; LG Berlin, Urt. v. 11.8.2003, 62 S 126/03). Dies gilt besonders im Baubereich, wo auch ein „Scheinangebot“ Zugang zu den Submissionsergebnissen eröffnet (§ 14 EU Abs. 6 VOB/A).

Intern muss der jeweils das Angebot Absendende für die entsprechende Beauftragung sorgen, z.B. durch Unterschrift auf (dann elektronisch einzureichenden) Angebotsunterlagen.

§ 9
Grundsätze der Kommunikation

(1) Für das Senden, Empfangen, Weiterleiten und Speichern von Daten in einem Vergabeverfahren verwenden der öffentliche Auftraggeber und die Unternehmen grundsätzlich Geräte und Programme für die elektronische Datenübermittlung (elektronische Mittel).

(2) Die Kommunikation in einem Vergabeverfahren kann mündlich erfolgen, wenn sie nicht die Vergabeunterlagen, die Teilnahmeanträge, die Interessensbestätigungen oder die Angebote betrifft und wenn sie ausreichend und in geeigneter Weise dokumentiert wird.

(3) Der öffentliche Auftraggeber kann von jedem Unternehmen die Angabe einer eindeutigen Unternehmensbezeichnung sowie einer elektronischen Adresse verlangen (Registrierung). Für den Zugang zur Auftragsbekanntmachung und zu den Vergabeunterlagen darf der öffentliche Auftraggeber keine Registrierung verlangen; eine freiwillige Registrierung ist zulässig.

§ 10
Anforderungen an die verwendeten elektronischen Mittel

(1) Der öffentliche Auftraggeber legt das erforderliche Sicherheitsniveau für die elektronischen Mittel fest. Elektronische Mittel, die von dem öffentlichen Auftraggeber für den Empfang von Angeboten, Teilnahmeanträgen und Interessensbestätigungen sowie von Plänen und Entwürfen für Planungswettbewerbe verwendet werden, müssen gewährleisten, dass

1. die Uhrzeit und der Tag des Datenempfangs genau zu bestimmen sind,
2. kein vorfristiger Zugriff auf die empfangenen Daten möglich ist,
3. der Termin für den erstmaligen Zugriff auf die empfangenen Daten nur von den Berechtigten festgelegt oder geändert werden kann,
4. nur die Berechtigten Zugriff auf die empfangenen Daten oder auf einen Teil derselben haben,
5. nur die Berechtigten nach dem festgesetzten Zeitpunkt Dritten Zugriff auf die empfangenen Daten oder auf einen Teil derselben einräumen dürfen,
6. empfangene Daten nicht an Unberechtigte übermittelt werden und
7. Verstöße oder versuchte Verstöße gegen die Anforderungen gemäß den Nummern 1 bis 6 eindeutig festgestellt werden können.

(2) Die elektronischen Mittel, die von dem öffentlichen Auftraggeber für den Empfang von Angeboten, Teilnahmeanträgen und Interessensbestätigungen sowie von Plänen und Entwürfen für Planungswettbewerbe genutzt werden, müssen über eine einheitliche Datenaustauschschnittstelle verfügen. Es sind die jeweils geltenden Interoperabilitäts- und Sicherheitsstandards der Informationstechnik gemäß § 3 Absatz 1 des Vertrags über die Errichtung des IT-Planungsrats und über die Grundlagen der Zusammenarbeit beim

Einsatz der Informationstechnologie in den Verwaltungen von Bund und Ländern vom 1. April 2010 zu verwenden.

§ 10a
Erstellung und Übermittlung von Bekanntmachungen; Datenaustauschstandard eForms

§ 10a VOB/A ist die zentrale Vorschrift dazu, wie die Bekanntmachungen vorzunehmen sind und wurde im Rahmen der Einführung der sog. eForms in die VgV aufgenommen. Es handelt sich genau genommen, wie § 10a VgV auch sagt, um ein neues Datenaustauschformat, inhaltliche Änderungen wurden insoweit nicht vorgenommen. Allenfalls die in Abs. 4 enthaltenen Vorgaben für verbindlich bekanntzumachende Informationen können als Neuregelung angesehen werden. Technisch kommt hinzu, dass die Bekanntmachungen nicht mehr direkt an die EU übermittelt werden, sondern mittelbar über den Datenservice Öffentlicher Einkauf beim Beschaffungsamt des BMI. Dieser Datenservice soll zukünftig umfassende Recherchemöglichkeiten bieten.

(1) Auftragsbekanntmachungen, Vorinformationen, Vergabebekanntmachungen und Bekanntmachungen über Auftragsänderungen (Bekanntmachungen) sind elektronisch nach den Vorgaben der Durchführungsverordnung (EU) 2019/1780 zu erstellen. Sofern nicht aufgrund von Absatz 3 Satz 2 oder Absatz 4 etwas anderes geregelt ist, sind die Angaben zu den in Tabelle 2 des Anhangs der Durchführungsverordnung (EU) 2019/1780 für die Bekanntmachungen als fakultativ gekennzeichneten Angaben freiwillig.

(2) Für Bekanntmachungen haben öffentliche Auftraggeber den Datenaustauschstandard eForms in der jeweils geltenden Fassung zu verwenden. Der Datenaustauschstandard eForms wird vom Bundesministerium des Innern und für Heimat im Einvernehmen mit dem Bundesministerium für Wirtschaft und Klimaschutz festgelegt und unverzüglich im Bundesanzeiger bekannt gemacht. Soweit für die Inhalte von Datenfeldern des Datenaustauschstandards eForms weitere oberste Bundesbehörden fachlich zuständig sind, ist die Festlegung dieser Datenfelder vor ihrer Bekanntmachung jeweils auch mit ihnen abzustimmen.

(3) Im Datenaustauschstandard eForms können die Vorgaben der Durchführungsverordnung (EU) 2019/1780 für die Inhalte bestimmter Angaben in der Bekanntmachung konkretisiert werden. Einzelne der in Tabelle 2 des Anhangs der Durchführungsverordnung (EU) 2019/1780 als fakultativ gekennzeichnete Angaben können im Datenaustauschstandard eForms für bestimmte Bekanntmachungen für verpflichtend oder als nicht erfassbar erklärt werden, sofern dies aus technischen Gründen oder aufgrund der Anforderungen nach Absatz 4 erforderlich ist. Änderungen des Datenaustauschstandards eForms werden vom Bundesministerium des Innern und für Heimat im Einvernehmen mit dem Bundeministerium für Wirtschaft und Klimaschutz festgelegt und im Bundesanzeiger bekannt gemacht. Absatz 2 Satz 3 gilt entsprechend. Bei jeder Änderung sind das Datum der Bekanntmachung im Bundesanzeiger und das Datum, ab dem der geänderte Datenaustauschstandard eForms anzuwenden ist, anzugeben.

(4) In Tabelle 2 des Anhangs der Durchführungsverordnung (EU) 2019/1780 als fakultativ gekennzeichnete Datenfelder sind für öffentliche Auftraggeber unbeschadet der Vorgaben des Datenaustauschstandards eForms nach Absatz 3 Satz 2 verpflichtend, soweit sie strategische Aspekte der Beschaffung betreffen. Strategische Aspekte der Beschaffung im Sinne des Satzes 1 sind:

1. Aspekte der Qualität und der Innovation, einschließlich der Angabe, ob Nebenangebote zugelassen sind,
2. soziale und umweltbezogene Aspekte, einschließlich der Datenfelder für die Beschaffung sauberer Straßenfahrzeuge,
3. wesentliche Aspekte der Zuschlagskriterien,
4. mittelständische Interessen sowie
5. die Identifizierung der Organisationseinheiten.

Die betroffenen Datenfelder sind im Datenaustauschstandard eForms als verpflichtende Datenfelder aufzunehmen.

(5) Bekanntmachungen sind dem Amt für Veröffentlichungen der Europäischen Union elektronisch über den Datenservice Öffentlicher Einkauf zu übermitteln. Der Datenservice Öffentlicher Einkauf ist beim Beschaffungsamt des BMI eingerichtet und wird dort betrieben. Die über den Datenservice Öffentlicher Einkauf an das Amt für Veröffentlichungen der Europäischen Union übermittelten Bekanntmachungen werden auch über den Bekanntmachungsservice des Datenservice Öffentlicher Einkauf veröffentlicht und frei zugänglich zur Verfügung gestellt. Das Beschaffungsamt des BMI trifft die erforderlichen technischen und organisatorischen Maßnahmen, um die Verfügbarkeit, die Integrität, die Authentizität und die Vertraulichkeit der im Datenservice Öffentlicher Einkauf verarbeiteten personenbezogenen Daten entsprechend dem jeweiligen Stand der Technik sicherzustellen.

(6) Die Absätze 1 bis 5 gelten mit Blick auf § 7 Absatz 4 der Unterschwellenvergabeordnung nicht für die Vergabe von öffentlichen Aufträgen, deren geschätzter Auftragswert ohne Umsatzsteuer die Schwellenwerte gemäß § 106 des Gesetzes gegen Wettbewerbsbeschränkungen nicht erreicht.

§ 11
Anforderungen an den Einsatz elektronischer Mittel im Vergabeverfahren

(1) Elektronische Mittel und deren technische Merkmale müssen allgemein verfügbar, nichtdiskriminierend und mit allgemein verbreiteten Geräten und Programmen der Informations- und Kommunikationstechnologie kompatibel sein. 2 Sie dürfen den Zugang von Unternehmen zum Vergabeverfahren nicht einschränken. 3 Der öffentliche Auftraggeber gewährleistet die barrierefreie Ausgestaltung der elektronischen Mittel nach den §§ 4, 12a und 12b des Behindertengleichstellungsgesetzes vom 27. April 2002 (BGBl. I S. 1467, 1468) in der jeweils geltenden Fassung.

(2) Der öffentliche Auftraggeber verwendet für das Senden, Empfangen, Weiterleiten und Speichern von Daten in einem Vergabeverfahren ausschließlich solche elektronischen Mittel, die die Unversehrtheit, die Vertraulichkeit und die Echtheit der Daten gewährleisten.

(3) Der öffentliche Auftraggeber muss den Unternehmen alle notwendigen Informationen zur Verfügung stellen über

1. die in einem Vergabeverfahren verwendeten elektronischen Mittel,
2. die technischen Parameter zur Einreichung von Teilnahmeanträgen, Angeboten und Interessensbestätigungen mithilfe elektronischer Mittel und
3. verwendete Verschlüsselungs- und Zeiterfassungsverfahren.

§ 12
Einsatz alternativer elektronischer Mittel bei der Kommunikation

(1) Der öffentliche Auftraggeber kann im Vergabeverfahren die Verwendung elektronischer Mittel, die nicht allgemein verfügbar sind (alternative elektronische Mittel), verlangen, wenn er

1. Unternehmen während des gesamten Vergabeverfahrens unter einer Internetadresse einen unentgeltlichen, uneingeschränkten, vollständigen und direkten Zugang zu diesen alternativen elektronischen Mitteln gewährt und
2. diese alternativen elektronischen Mittel selbst verwendet.

(2) Der öffentliche Auftraggeber kann im Rahmen der Vergabe von Bauleistungen und für Wettbewerbe die Nutzung elektronischer Mittel für die Bauwerksdatenmodellierung verlangen. Sofern die verlangten elektronischen Mittel für die Bauwerksdatenmodellierung nicht allgemein verfügbar sind, bietet der öffentliche Auftraggeber einen alternativen Zugang zu ihnen gemäß Absatz 1 an.

§ 13
Allgemeine Verwaltungsvorschriften

Die Bundesregierung kann mit Zustimmung des Bundesrates allgemeine Verwaltungsvorschriften über die zu verwendenden elektronischen Mittel (Basisdienste für die elektronische Auftragsvergabe) sowie über die einzuhaltenden technischen Standards erlassen.

Abschnitt 2
Vergabeverfahren

Unterabschnitt 1
Verfahrensarten

§ 14
Wahl der Verfahrensart

(1) Die Vergabe von öffentlichen Aufträgen erfolgt nach § 119 des Gesetzes gegen Wettbewerbsbeschränkungen im offenen Verfahren, im nicht offenen Verfahren, im Verhandlungsverfahren, im wettbewerblichen Dialog oder in der Innovationspartnerschaft.

(2) Dem öffentlichen Auftraggeber stehen das offene Verfahren und das nicht offene Verfahren, das stets einen Teilnahmewettbewerb erfordert, nach seiner Wahl zur Verfügung. Die anderen Verfahrensarten stehen nur zur Verfügung, soweit dies durch gesetzliche Bestimmungen oder nach den Absätzen 3 und 4 gestattet ist.

Für die Praxis: Anders als früher hat der öffentliche Auftraggeber inzwischen seit 2016 das **freie Wahlrecht**, ob er ein offenes oder ein nicht offenes Verfahren durchführt (§ 14 Abs. 2 Satz 1 VgV).

Das offene und das nicht offene Verfahren verlangen jeweils einen öffentlichen Wettbewerb, der durch die Bekanntmachung geöffnet wird. Dies unterscheidet das nicht offene Verfahren auch von der nicht öffentlichen Ausschreibung ohne Vergabebekanntmachung im Unterschwellenbereich.

Beim **offenen Verfahren** (§ 15 VgV) kann jeder Unternehmer, der sich hierfür interessiert, ein Angebot abgeben. Dies bedeutet im besten Fall viel Wettbewerb und im schlechtesten Fall eine große Anzahl von Angeboten, die zu prüfen und zu werten sind.

Beim **nicht offenen Verfahren** (§ 16 VgV) wählt der Auftraggeber vorab aus, welche Unternehmen er zur Abgabe eines Angebots auffordern will. Damit kann er Einfluss darauf nehmen, wie viele Angebote er maximal erhält. Zu berücksichtigen ist aber, dass zum einen diese Auswahl eine gewisse Zeit erfordert, und zum anderen nicht unbedingt jedes aufgeforderte Unternehmen auch tatsächlich ein Angebot abgibt. Letztlich weiß der Auftraggeber auch nicht, ob er wirklich repräsentative Angebote erhalten hat oder ob diese alle einem bestimmten Preissegment zuzuordnen sind. Im Hinblick hierauf bietet sich das nicht offene Verfahren eher für Leistungen an, bei denen es besonders auf die Eignung und Erfahrung des späteren Auftragnehmers ankommt.

Die Voraussetzungen für die Durchführung eines **Verhandlungsverfahrens mit Teilnahmewettbewerb** (§ 14 Abs. 3, § 17 Abs. 1 VgV) sind in den Vorschriften abschließend geregelt. Diese Voraussetzungen sind als Ausnahmevorschriften eng auszulegen. Dies gilt erst recht für das **Verhandlungsverfahren ohne Teilnahmewettbewerb**, § 14 Abs. 4 VgV. Auch bei einem Verhandlungsverfahren ohne Teilnahmewettbewerb wegen Dringlichkeit der Vergabe ist der Auftraggeber verpflichtet, zumindest einen sog. „Wettbewerb light" durchzuführen (OLG Rostock, Beschl. v. 09.12.2020, 17 Verg 4/20).

Der **wettbewerbliche Dialog** (§ 14 Abs. 3, § 18 VgV) ist unter den gleichen Voraussetzungen wie ein Verhandlungsverfahren mit Teilnahmewettbewerb zulässig.

Die **Innovationspartnerschaft** (§ 19 VgV)soll es ermöglichen, auf dem Markt bisher nicht vorhandene Leistungen durch einen Auftragnehmer entwickeln zu lassen und die fertige Leistung dann vom gleichen Auftragnehmer zu erwerben (vgl. § 19 Abs. 1 Satz 1 VgV). Auch soll diese Form des Vergabeverfahrens die Bedeutung von Innovationen im Vergaberecht betonen und die Beschaffung innovativer Leistungen erleichtern. Um dem Auftraggeber Sicherheit zu geben, dass er tatsächlich die gewünschte Leistung erhält, muss er von Anfang an den Preis und bestimmte

Leistungskriterien festlegen. Ob dies letztlich eine sinnvolle Möglichkeit ist, hat sich in der Praxis erst noch zu erweisen.

(3) Der öffentliche Auftraggeber kann Aufträge im Verhandlungsverfahren mit Teilnahmewettbewerb oder im wettbewerblichen Dialog vergeben, wenn

1. die Bedürfnisse des öffentlichen Auftraggebers nicht ohne die Anpassung bereits verfügbarer Lösungen erfüllt werden können,
2. der Auftrag konzeptionelle oder innovative Lösungen umfasst,
3. der Auftrag aufgrund konkreter Umstände, die mit der Art, der Komplexität oder dem rechtlichen oder finanziellen Rahmen oder den damit einhergehenden Risiken zusammenhängen, nicht ohne vorherige Verhandlungen vergeben werden kann,
4. die Leistung, insbesondere ihre technischen Anforderungen, vom öffentlichen Auftraggeber nicht mit ausreichender Genauigkeit unter Verweis auf eine Norm, eine Europäische Technische Bewertung (ETA), eine gemeinsame technische Spezifikation oder technische Referenzen im Sinne der Anlage 1 Nummer 2 bis 5 beschrieben werden kann oder
5. im Rahmen eines offenen oder nicht offenen Verfahrens keine ordnungsgemäßen oder nur unannehmbare Angebote eingereicht wurden; nicht ordnungsgemäß sind insbesondere Angebote, die nicht den Vergabeunterlagen entsprechen, nicht fristgerecht eingereicht wurden, nachweislich auf kollusiven Absprachen oder Korruption beruhen oder nach Einschätzung des öffentlichen Auftraggebers ungewöhnlich niedrig sind; unannehmbar sind insbesondere Angebote von Bietern, die nicht über die erforderlichen Qualifikationen verfügen, und Angebote, deren Preis die vor Einleitung des Vergabeverfahrens festgelegten und dokumentierten eingeplanten Haushaltsmittel des öffentlichen Auftraggebers übersteigt; der öffentliche Auftraggeber kann in diesen Fällen von einem Teilnahmewettbewerb absehen, wenn er in das Verhandlungsverfahren alle geeigneten Unternehmen einbezieht, die form- und fristgerechte Angebote abgegeben haben.

(4) Der öffentliche Auftraggeber kann Aufträge im Verhandlungsverfahren ohne Teilnahmewettbewerb vergeben,

1. wenn in einem offenen oder einem nicht offenen Verfahren keine oder keine geeigneten Angebote oder keine geeigneten Teilnahmeanträge abgegeben worden sind, sofern die ursprünglichen Bedingungen des Auftrags nicht grundlegend geändert werden; ein Angebot gilt als ungeeignet, wenn es ohne Abänderung den in den Vergabeunterlagen genannten Bedürfnissen und Anforderungen des öffentlichen Auftraggebers offensichtlich nicht entsprechen kann; ein Teilnahmeantrag gilt als ungeeignet, wenn das Unternehmen aufgrund eines zwingenden oder fakultativen Ausschlussgrunds nach den §§ 123 und 124 des Gesetzes gegen Wettbewerbsbeschränkungen auszuschließen ist oder ausgeschlossen werden kann oder wenn es die Eignungskriterien nicht erfüllt,
2. wenn zum Zeitpunkt der Aufforderung zur Abgabe von Angeboten der Auftrag nur von einem bestimmten Unternehmen erbracht oder bereitgestellt werden kann,
   a) weil ein einzigartiges Kunstwerk oder eine einzigartige künstlerische Leistung erschaffen oder erworben werden soll,
   b) weil aus technischen Gründen kein Wettbewerb vorhanden ist oder
   c) wegen des Schutzes von ausschließlichen Rechten, insbesondere von gewerblichen Schutzrechten,
3. wenn äußerst dringliche, zwingende Gründe im Zusammenhang mit Ereignissen, die der betreffende öffentliche Auftraggeber nicht voraussehen konnte, es nicht zulassen, die Mindestfristen einzuhalten, die für das offene und das nicht offene Verfahren sowie für das Verhandlungsverfahren mit Teilnahmewettbewerb vorgeschrieben sind; die Umstände zur Begründung der äußersten Dringlichkeit dürfen dem öffentlichen Auftraggeber nicht zuzurechnen sein,

4. wenn eine Lieferleistung beschafft werden soll, die ausschließlich zu Forschungs-, Versuchs-, Untersuchungs- oder Entwicklungszwecken hergestellt wurde; hiervon nicht umfasst ist die Serienfertigung zum Nachweis der Marktfähigkeit des Produkts oder zur Deckung der Forschungs- und Entwicklungskosten,
5. wenn zusätzliche Lieferleistungen des ursprünglichen Auftragnehmers beschafft werden sollen, die entweder zur teilweisen Erneuerung oder Erweiterung bereits erbrachter Leistungen bestimmt sind, und ein Wechsel des Unternehmens dazu führen würde, dass der öffentliche Auftraggeber eine Leistung mit unterschiedlichen technischen Merkmalen kaufen müsste und dies eine technische Unvereinbarkeit oder unverhältnismäßige technische Schwierigkeiten bei Gebrauch und Wartung mit sich bringen würde; die Laufzeit dieser öffentlichen Aufträge darf in der Regel drei Jahre nicht überschreiten,
6. wenn es sich um eine auf einer Warenbörse notierte und gekaufte Lieferleistung handelt,
7. wenn Liefer- oder Dienstleistungen zu besonders günstigen Bedingungen bei Lieferanten, die ihre Geschäftstätigkeit endgültig einstellen, oder bei Insolvenzverwaltern oder Liquidatoren im Rahmen eines Insolvenz-, Vergleichs- oder Ausgleichsverfahrens oder eines in den Vorschriften eines anderen Mitgliedstaats der Europäischen Union vorgesehenen gleichartigen Verfahrens erworben werden,
8. wenn im Anschluss an einen Planungswettbewerb im Sinne des § 69 ein Dienstleistungsauftrag nach den Bedingungen dieses Wettbewerbs an den Gewinner oder an einen der Preisträger vergeben werden muss; im letzteren Fall müssen alle Preisträger des Wettbewerbs zur Teilnahme an den Verhandlungen aufgefordert werden, oder
9. wenn eine Dienstleistung beschafft werden soll, die in der Wiederholung gleichartiger Leistungen besteht, die durch denselben öffentlichen Auftraggeber an das Unternehmen vergeben werden, das den ersten Auftrag erhalten hat, sofern sie einem Grundprojekt entsprechen und dieses Projekt Gegenstand des ersten Auftrags war, das im Rahmen eines Vergabeverfahrens mit Ausnahme eines Verhandlungsverfahrens ohne Teilnahmewettbewerb vergeben wurde; die Möglichkeit der Anwendung des Verhandlungsverfahrens muss bereits in der Auftragsbekanntmachung des ersten Vorhabens angegeben werden; darüber hinaus sind im Grundprojekt bereits der Umfang möglicher Dienstleistungen sowie die Bedingungen, unter denen sie vergeben werden, anzugeben; der für die nachfolgenden Dienstleistungen in Aussicht genommene Gesamtauftragswert wird vom öffentlichen Auftraggeber bei der Berechnung des Auftragswerts berücksichtigt; das Verhandlungsverfahren ohne Teilnahmewettbewerb darf nur innerhalb von drei Jahren nach Abschluss des ersten Auftrags angewandt werden.

Für die Praxis: Die Ausnahmen des § 14 Abs. 4 VgV für die Vergabe von Aufträgen im **Verhandlungsverfahren ohne Teilnahmewettbewerb** sind immer eng auszulegen. Vergabeverfahren ohne öffentliche Bekanntmachung und öffentlichen Teilnahmewettbewerb stellen eine erhebliche Einschränkung des Wettbewerbs dar und sind daher nur in echten Ausnahmefällen zulässig. Will sich der Auftraggeber auf einen solchen Ausnahmetatbestand berufen, muss er dies von Anfang an deutlich machen und auch dokumentieren.

Auch bei einem Verhandlungsverfahren ohne Teilnahmewettbewerb wegen Dringlichkeit der Vergabe ist der Auftraggeber verpflichtet, zumindest einen sog. „Wettbewerb light" durchzuführen (OLG Rostock, Beschl. v. 09.12.2020, 17 Verg 4/20).

(5) Im Falle des Absatzes 4 Nummer 1 ist der Europäischen Kommission auf Anforderung ein Bericht vorzulegen.

(6) Die in Absatz 4 Nummer 2 Buchstabe b und c genannten Voraussetzungen für die Anwendung des Verhandlungsverfahrens ohne Teilnahmewettbewerb gelten nur dann, wenn es keine vernünftige Alternative oder Ersatzlösung gibt und der mangelnde Wettbewerb nicht das Ergebnis einer künstlichen Einschränkung der Auftragsvergabeparameter ist.

§ 15
Offenes Verfahren

(1) Bei einem offenen Verfahren fordert der öffentliche Auftraggeber eine unbeschränkte Anzahl von Unternehmen öffentlich zur Abgabe von Angeboten auf. Jedes interessierte Unternehmen kann ein Angebot abgeben.

(2) Die Frist für den Eingang der Angebote (Angebotsfrist) beträgt mindestens 35 Tage, gerechnet ab dem Tag nach der Absendung der Auftragsbekanntmachung.

> **Für die Praxis:** Die **Mindestfrist** für die **Abgabe eines Angebots** beträgt **35 Tage**, gerechnet ab dem Tag nach der Absendung der Auftragsbekanntmachung. Die Frist des § 15 Abs. 2 VgV ist, wie alle Angebots- und Bewerbungsfristen, als **Mindestfrist** anzusehen. In § 20 VgV wird ausdrücklich darauf hingewiesen, dass der Auftraggeber angemessene Fristen setzen muss und hierauf bei jedem einzelnen Vergabeverfahren zu achten hat. Insbesondere wenn der Auftraggeber eine Frist in Länge der Mindestfrist festsetzt, bedarf dies einer Begründung. Die schematische, unbegründete Festsetzung der Mindestfrist ist vergaberechtswidrig.
>
> Die Festsetzung einer **zu kurzen Frist** kann vor den Nachprüfungsinstanzen angegriffen werden, wenn sie den Bieter an der Einreichung eines erfolgversprechenden Angebots hindert.

(3) Für den Fall, dass eine hinreichend begründete Dringlichkeit die Einhaltung der Frist gemäß Absatz 2 unmöglich macht, kann der öffentliche Auftraggeber eine Frist festlegen, die 15 Tage, gerechnet ab dem Tag nach der Absendung der Auftragsbekanntmachung, nicht unterschreiten darf.

> **Für die Praxis:** Die **Verkürzung der Angebotsfrist** stellt eine erhebliche Einschränkung des Wettbewerbs dar. Sie darf daher nur in wirklich begründeten Fällen vorgesehen werden. Letztlich liegt es auch im Interesse des Auftraggebers, eine ausreichende Anzahl von Angeboten, die auf einer ordentlichen Kalkulation beruhen, zu erhalten. Dies wird mit einer angemessenen Frist eher erreicht.

(4) Der öffentliche Auftraggeber kann die Frist gemäß Absatz 2 um fünf Tage verkürzen, wenn er die elektronische Übermittlung der Angebote akzeptiert.

(5) Der öffentliche Auftraggeber darf von den Bietern nur Aufklärung über das Angebot oder deren Eignung verlangen. Verhandlungen, insbesondere über Änderungen der Angebote oder Preise, sind unzulässig.

> **Für die Praxis:** Das **Verhandlungsverbot** des § 15 Abs. 5 VgV ist nach wie vor ein Kernbestandteil des offenen Verfahrens. Hierdurch soll Manipulationen vorgebeugt werden, indem verhindert wird, dass Bieter nach Angebotsöffnung ihr Angebot nachjustieren können.
>
> Die Aufklärung darf daher nicht zu einer Änderung der Vergabeunterlagen führen.
>
> Die Rechtsprechung nimmt inzwischen in vielen Fällen eine **Pflicht** zur Durchführung von Aufklärungsgesprächen an, so bei (durch „Streichung" zu beseitigenden) Ergänzungen, bei erläuterungsfähigen Unklarheiten, offensichtlichen Falscheintragungen und unangemessen niedrigen und hohen Preisen.

§ 16
Nicht offenes Verfahren

(1) Bei einem nicht offenen Verfahren fordert der öffentliche Auftraggeber eine unbeschränkte Anzahl von Unternehmen im Rahmen eines Teilnahmewettbewerbs öffentlich zur Abgabe von Teilnahmeanträgen auf. Jedes interessierte Unternehmen kann einen Teilnahmeantrag abgeben. Mit dem Teilnahmeantrag übermitteln die Unternehmen die vom öffentlichen Auftraggeber geforderten Informationen für die Prüfung ihrer Eignung.

(2) Die Frist für den Eingang der Teilnahmeanträge (Teilnahmefrist) beträgt mindestens 30 Tage, gerechnet ab dem Tag nach der Absendung der Auftragsbekanntmachung.

> **Für die Praxis:** Bei der Frist des § 16 Abs. 2 VgV handelt es sich um eine **Mindestfrist**, die der Auftraggeber nach § 20 VgV für jedes Vergabeverfahren in angemessener Länge festsetzen muss.

(3) Für den Fall, dass eine hinreichend begründete Dringlichkeit die Einhaltung der Teilnahmefrist unmöglich macht, kann der öffentliche Auftraggeber eine Frist festlegen, die 15 Tage, gerechnet ab dem Tag nach der Absendung der Auftragsbekanntmachung, nicht unterschreiten darf.

(4) Nur diejenigen Unternehmen, die vom öffentlichen Auftraggeber nach Prüfung der übermittelten Informationen dazu aufgefordert werden, können ein Angebot einreichen. Der öffentliche Auftraggeber kann die Zahl geeigneter Bewerber, die zur Angebotsabgabe aufgefordert werden, gemäß § 51 begrenzen.

(5) Die Angebotsfrist beträgt mindestens 30 Tage, gerechnet ab dem Tag nach der Absendung der Aufforderung zur Angebotsabgabe.

(6) Mit Ausnahme oberster Bundesbehörden kann der öffentliche Auftraggeber die Angebotsfrist mit den Bewerbern, die zur Angebotsabgabe aufgefordert werden, im gegenseitigen Einvernehmen festlegen, sofern allen Bewerbern dieselbe Frist für die Einreichung der Angebote gewährt wird. Erfolgt keine einvernehmliche Festlegung der Angebotsfrist, beträgt diese mindestens zehn Tage, gerechnet ab dem Tag nach der Absendung der Aufforderung zur Angebotsabgabe.

> **Für die Praxis:** Bei der **einvernehmlichen Festlegung** der Frist nach § 15 Abs. 6 VgV muss sich der Auftraggeber mit allen Bietern einig sein. Weil diese Abstimmung für sich bereits eine gewisse Zeit dauern wird, bleibt abzuwarten, ob Auftraggeber von dieser Möglichkeit Gebrauch machen werden.

(7) Für den Fall, dass eine hinreichend begründete Dringlichkeit die Einhaltung der Angebotsfrist gemäß Absatz 5 unmöglich macht, kann der öffentliche Auftraggeber eine Frist festlegen, die zehn Tage, gerechnet ab dem Tag nach der Absendung der Aufforderung zur Angebotsabgabe, nicht unterschreiten darf.

(8) Der öffentliche Auftraggeber kann die Angebotsfrist gemäß Absatz 5 um fünf Tage verkürzen, wenn er die elektronische Übermittlung der Angebote akzeptiert.

(9) § 15 Absatz 5 gilt entsprechend.

§ 17
Verhandlungsverfahren

(1) Bei einem Verhandlungsverfahren mit Teilnahmewettbewerb fordert der öffentliche Auftraggeber eine unbeschränkte Anzahl von Unternehmen im Rahmen eines Teilnahmewettbewerbs öffentlich zur Abgabe von Teilnahmeanträgen auf. Jedes interessierte Unternehmen kann einen Teilnahmeantrag abgeben. Mit dem Teilnahmeantrag übermitteln die Unternehmen die vom öffentlichen Auftraggeber geforderten Informationen für die Prüfung ihrer Eignung.

> **Für die Praxis:** Das Verhandlungsverfahren mit Teilnahmewettbewerb ist nur in Ausnahmefällen zulässig. Die Voraussetzungen hierfür sind in § 14 Abs. 3 VgV festgelegt. Die dort genannten Ausnahmen sind eng auszulegen.

(2) Die Frist für den Eingang der Teilnahmeanträge (Teilnahmefrist) beträgt mindestens 30 Tage, gerechnet ab dem Tag nach der Absendung der Auftragsbekanntmachung.

(3) Für den Fall, dass eine hinreichend begründete Dringlichkeit die Einhaltung der Teilnahmefrist unmöglich macht, kann der öffentliche Auftraggeber eine Frist festlegen, die 15 Tage, gerechnet ab dem Tag nach der Absendung der Auftragsbekanntmachung, nicht unterschreiten darf.

(4) Nur diejenigen Unternehmen, die vom öffentlichen Auftraggeber nach Prüfung der übermittelten Informationen dazu aufgefordert werden, können ein Erstangebot einreichen. Der öffentliche Auftraggeber kann die Zahl geeigneter Bewerber, die zur Angebotsabgabe aufgefordert werden, gemäß § 51 begrenzen.

(5) Bei einem Verhandlungsverfahren ohne Teilnahmewettbewerb erfolgt keine öffentliche Aufforderung zur Abgabe von Teilnahmeanträgen, sondern unmittelbar eine Aufforderung zur Abgabe von Erstangeboten an die vom öffentlichen Auftraggeber ausgewählten Unternehmen.

(6) Die Frist für den Eingang der Erstangebote beträgt beim Verhandlungsverfahren mit Teilnahmewettbewerb mindestens 30 Tage, gerechnet ab dem Tag nach der Absendung der Aufforderung zur Angebotsabgabe.

(7) Mit Ausnahme oberster Bundesbehörden kann der öffentliche Auftraggeber die Angebotsfrist mit den Bewerbern, die zur Angebotsabgabe aufgefordert werden, im gegenseitigen Einvernehmen festlegen, sofern allen Bewerbern dieselbe Frist für die Einreichung der Angebote gewährt wird. Erfolgt keine einvernehmliche Festlegung der Angebotsfrist, beträgt diese mindestens zehn Tage, gerechnet ab dem Tag nach der Absendung der Aufforderung zur Angebotsabgabe.

(8) Für den Fall, dass eine hinreichend begründete Dringlichkeit die Einhaltung der Angebotsfrist gemäß Absatz 6 unmöglich macht, kann der öffentliche Auftraggeber eine Frist festlegen, die zehn Tage, gerechnet ab dem Tag nach der Absendung der Aufforderung zur Angebotsabgabe, nicht unterschreiten darf.

(9) Der öffentliche Auftraggeber kann die Angebotsfrist gemäß Absatz 6 um fünf Tage verkürzen, wenn er die elektronische Übermittlung der Angebote akzeptiert.

(10) Der öffentliche Auftraggeber verhandelt mit den Bietern über die von ihnen eingereichten Erstangebote und alle Folgeangebote, mit Ausnahme der endgültigen Angebote, mit dem Ziel, die Angebote inhaltlich zu verbessern. Dabei darf über den gesamten Angebotsinhalt verhandelt werden mit Ausnahme der vom öffentlichen Auftraggeber in den Vergabeunterlagen festgelegten Mindestanforderungen und Zuschlagskriterien.

Für die Praxis: § 17 Abs. 10 VgV stellt klar, dass der Auftraggeber in sehr weitem Umfang über das Angebot verhandeln kann. Ausdrücklich wird dies für den gesamten Angebotsinhalt erlaubt, also auch für den Preis. Grenzen zieht die VgV allerdings bei der Verhandlung über die Mindestanforderungen und die Zuschlagskriterien. Damit soll verhindert werden, dass der Auftraggeber nachträglich grundlegende Bedingungen ändert und so einzelne Bieter bevorzugt oder benachteiligt.

(11) Der öffentliche Auftraggeber kann den Auftrag auf der Grundlage der Erstangebote vergeben, ohne in Verhandlungen einzutreten, wenn er sich in der Auftragsbekanntmachung oder in der Aufforderung zur Interessensbestätigung diese Möglichkeit vorbehalten hat.

Für die Praxis: Die Durchführung von Verhandlungsrunden ist immer mit einem gewissen Zeitaufwand verbunden. Diesen Zeitaufwand vermeidet der Auftraggeber, wenn er ohne weitere Verhandlungen den Zuschlag erteilt. Dies kann beispielsweise der Fall sein, wenn er mit den angebotenen Konzepten einverstanden ist und auch sonst keinen Optimierungsbedarf sieht. § 17 Abs. 11 VgV stellt jetzt klar, dass diese Möglichkeit – **Verzicht auf Verhandlungen** – besteht, allerdings unter der Voraussetzung, dass der Auftraggeber dies den Bietern transparent angekündigt hat.

Der Verzicht auf Verhandlungen ist dabei nur eine **Option des Auftraggebers**, die er nicht zwingend wahrnehmen muss. Der Auftraggeber kann sich also stets für Verhandlungen entscheiden.

(12) Sofern der öffentliche Auftraggeber in der Auftragsbekanntmachung oder in den Vergabeunterlagen darauf hingewiesen hat, kann er die Verhandlungen in verschiedenen aufeinanderfolgenden Phasen abwickeln, um so die Zahl der Angebote, über die verhandelt wird, anhand der vorgegebenen Zuschlagskriterien zu verringern. In der Schlussphase des Verfahrens müssen noch so viele Angebote vorliegen, dass der Wettbewerb gewährleistet ist, sofern ursprünglich eine ausreichende Anzahl von Angeboten oder geeigneten Bietern vorhanden war.

Für die Praxis: Auch durch die Möglichkeit, Verhandlungen gezielt nur mit wenigen Bietern zu führen (vgl. § 17 Abs. 12 VgV), kann der Auftraggeber den Zeitaufwand für ein Vergabeverfahren reduzieren. Solche **gezielten Verhandlungen mit nur wenigen Bietern** sind allerdings nur unter Einschränkungen möglich. Zum einen muss der Auftraggeber dies vorab angekündigt haben, damit sich die Bieter auf diese Möglichkeit einstellen. Zum anderen muss sichergestellt sein, dass bis zum Ende der Wettbewerb vorhanden ist.

Ausdrücklich wird gefordert, dass die Auftraggeber stets mit einer ausreichenden Anzahl von Bietern verhandeln. Es ist also nicht möglich, nur mit einem einzigen Bieter zu verhandeln; der Auftraggeber muss vielmehr dafür sorgen, dass bis zum Ende eine Auswahlmöglichkeit besteht. Hierfür muss er immer mit mehreren Bietern zuschlagfähige Angebote ausverhandeln.

Praxistipp: Regelmäßig sollte der Auftraggeber nicht mit weniger als drei Bietern verhandeln.

(13) Der öffentliche Auftraggeber stellt sicher, dass alle Bieter bei den Verhandlungen gleichbehandelt werden. Insbesondere enthält er sich jeder diskriminierenden Weitergabe von Informationen, durch die bestimmte Bieter gegenüber anderen begünstigt werden könnten. Er unterrichtet alle Bieter, deren Angebote nicht gemäß Absatz 12 ausgeschieden wurden, in Textform nach § 126b des Bürgerlichen Gesetzbuchs über etwaige Änderungen der Leistungsbeschreibung, insbesondere der technischen Anforderungen oder anderer Bestandteile der Vergabeunterlagen, die nicht die Festlegung der Mindestanforderungen und Zuschlagskriterien betreffen. Im Anschluss an solche Änderungen gewährt der öffentliche Auftraggeber den Bietern ausreichend Zeit, um ihre Angebote zu ändern und gegebenenfalls überarbeitete Angebote einzureichen. Der öffentliche Auftraggeber darf vertrauliche Informationen eines an den Verhandlungen teilnehmenden Bieters nicht ohne dessen Zustimmung an die anderen Teilnehmer weitergeben. Eine solche Zustimmung darf nicht allgemein, sondern nur in Bezug auf die beabsichtigte Mitteilung bestimmter Informationen erteilt werden.

(14) Beabsichtigt der öffentliche Auftraggeber, die Verhandlungen abzuschließen, so unterrichtet er die verbleibenden Bieter und legt eine einheitliche Frist für die Einreichung neuer oder überarbeiteter Angebote fest. Er vergewissert sich, dass die endgültigen Angebote die Mindestanforderungen erfüllen, und entscheidet über den Zuschlag auf der Grundlage der Zuschlagskriterien.

(15) In einem Verhandlungsverfahren ohne Teilnahmewettbewerb nach § 14 Absatz 4 Nummer 3 ist der öffentliche Auftraggeber von den Verpflichtungen der §§ 9 bis 13, des § 53 Absatz 1 sowie der §§ 54 und 55 befreit.

§ 18
Wettbewerblicher Dialog

(1) In der Auftragsbekanntmachung oder den Vergabeunterlagen zur Durchführung eines wettbewerblichen Dialogs beschreibt der öffentliche Auftraggeber seine Bedürfnisse und Anforderungen an die zu beschaffende Leistung. Gleichzeitig nennt und erläutert er die hierbei zugrunde gelegten Zuschlagskriterien und legt einen vorläufigen Zeitrahmen für den Dialog fest.

Für die Praxis: Die Durchführung eines wettbewerblichen Dialogs ist unter den gleichen Voraussetzungen wie die Durchführung eines Verhandlungsverfahrens mit Teilnahmewettbewerb möglich (vgl. § 14 Abs. 3 VgV). Ziel des wettbewerblichen Dialogs ist es, gemeinsam mit den Bietern die zu beauftragende Leistung zu entwickeln. Anders als bei der Innovationspartnerschaft (§ 19

VgV) ist diese Leistung allerdings von Anfang an beauftragt, die Entwicklung findet im Wesentlichen während der Angebotsphase statt.

Für den wettbewerblichen Dialog gelten im Wesentlichen die gleichen Vorgaben wie für das Verhandlungsverfahren (siehe dazu § 14 Abs. 3 VgV).

(2) Der öffentliche Auftraggeber fordert eine unbeschränkte Anzahl von Unternehmen im Rahmen eines Teilnahmewettbewerbs öffentlich zur Abgabe von Teilnahmeanträgen auf. Jedes interessierte Unternehmen kann einen Teilnahmeantrag abgeben. Mit dem Teilnahmeantrag übermitteln die Unternehmen die vom öffentlichen Auftraggeber geforderten Informationen für die Prüfung ihrer Eignung.

(3) Die Frist für den Eingang der Teilnahmeanträge beträgt mindestens 30 Tage, gerechnet ab dem Tag nach der Absendung der Auftragsbekanntmachung.

(4) Nur diejenigen Unternehmen, die vom öffentlichen Auftraggeber nach Prüfung der übermittelten Informationen dazu aufgefordert werden, können am Dialog teilnehmen. Der öffentliche Auftraggeber kann die Zahl geeigneter Bewerber, die zur Teilnahme am Dialog aufgefordert werden, gemäß § 51 begrenzen.

(5) Der öffentliche Auftraggeber eröffnet mit den ausgewählten Unternehmen einen Dialog, in dem er ermittelt und festlegt, wie seine Bedürfnisse und Anforderungen am besten erfüllt werden können. Dabei kann er mit den ausgewählten Unternehmen alle Aspekte des Auftrags erörtern. Er sorgt dafür, dass alle Unternehmen bei dem Dialog gleichbehandelt werden, gibt Lösungsvorschläge oder vertrauliche Informationen eines Unternehmens nicht ohne dessen Zustimmung an die anderen Unternehmen weiter und verwendet diese nur im Rahmen des jeweiligen Vergabeverfahrens. Eine solche Zustimmung darf nicht allgemein, sondern nur in Bezug auf die beabsichtigte Mitteilung bestimmter Informationen erteilt werden.

(6) Der öffentliche Auftraggeber kann vorsehen, dass der Dialog in verschiedenen aufeinanderfolgenden Phasen geführt wird, sofern der öffentliche Auftraggeber darauf in der Auftragsbekanntmachung oder in den Vergabeunterlagen hingewiesen hat. In jeder Dialogphase kann die Zahl der zu erörternden Lösungen anhand der vorgegebenen Zuschlagskriterien verringert werden. Der öffentliche Auftraggeber hat die Unternehmen zu informieren, wenn deren Lösungen nicht für die folgende Dialogphase vorgesehen sind. In der Schlussphase müssen noch so viele Lösungen vorliegen, dass der Wettbewerb gewährleistet ist, sofern ursprünglich eine ausreichende Anzahl von Lösungen oder geeigneten Bietern vorhanden war.

(7) Der öffentliche Auftraggeber schließt den Dialog ab, wenn er die Lösungen ermittelt hat, mit denen die Bedürfnisse und Anforderungen an die zu beschaffende Leistung befriedigt werden können. Die im Verfahren verbliebenen Teilnehmer sind hierüber zu informieren.

(8) Nach Abschluss des Dialogs fordert der öffentliche Auftraggeber die Unternehmen auf, auf der Grundlage der eingereichten und in der Dialogphase näher ausgeführten Lösungen ihr endgültiges Angebot vorzulegen. Die Angebote müssen alle Einzelheiten enthalten, die zur Ausführung des Projekts erforderlich sind. Der öffentliche Auftraggeber kann Klarstellungen und Ergänzungen zu diesen Angeboten verlangen. Diese Klarstellungen oder Ergänzungen dürfen nicht dazu führen, dass wesentliche Bestandteile des Angebots oder des öffentlichen Auftrags einschließlich der in der Auftragsbekanntmachung oder in den Vergabeunterlagen festgelegten Bedürfnisse und Anforderungen grundlegend geändert werden, wenn dadurch der Wettbewerb verzerrt wird oder andere am Verfahren beteiligte Unternehmen diskriminiert werden.

(9) Der öffentliche Auftraggeber hat die Angebote anhand der in der Auftragsbekanntmachung oder den Vergabeunterlagen festgelegten Zuschlagskriterien zu bewerten. Der öffentliche Auftraggeber kann mit dem Unternehmen, dessen Angebot als das wirtschaftlichste ermittelt wurde, mit dem Ziel Verhandlungen führen, im Angebot enthaltene finanzielle Zusagen oder andere Bedingungen zu bestätigen, die in den Auftragsbedingungen abschließend festgelegt werden. Dies darf nicht dazu führen, dass wesentliche Bestandteile des Angebots oder des öffentlichen Auftrags einschließlich der in der Auftragsbekanntmachung oder den Vergabeunterlagen festgelegten Bedürfnisse und Anforderungen grundlegend geändert

werden, der Wettbewerb verzerrt wird oder andere am Verfahren beteiligte Unternehmen diskriminiert werden.

(10) Der öffentliche Auftraggeber kann Prämien oder Zahlungen an die Teilnehmer am Dialog vorsehen.

§ 19
Innovationspartnerschaft

(1) Der öffentliche Auftraggeber kann für die Vergabe eines öffentlichen Auftrags eine Innovationspartnerschaft mit dem Ziel der Entwicklung einer innovativen Liefer- oder Dienstleistung und deren anschließenden Erwerb eingehen. Der Beschaffungsbedarf, der der Innovationspartnerschaft zugrunde liegt, darf nicht durch auf dem Markt bereits verfügbare Liefer- oder Dienstleistungen befriedigt werden können. Der öffentliche Auftraggeber beschreibt in der Auftragsbekanntmachung oder den Vergabeunterlagen die Nachfrage nach der innovativen Liefer- oder Dienstleistung. Dabei ist anzugeben, welche Elemente dieser Beschreibung Mindestanforderungen darstellen. Es sind Eignungskriterien vorzugeben, die die Fähigkeiten der Unternehmen auf dem Gebiet der Forschung und Entwicklung sowie die Ausarbeitung und Umsetzung innovativer Lösungen betreffen. Die bereitgestellten Informationen müssen so genau sein, dass die Unternehmen Art und Umfang der geforderten Lösung erkennen und entscheiden können, ob sie eine Teilnahme an dem Verfahren beantragen.

Für die Praxis: Die Innovationspartnerschaft sieht eine zweigeteilte Ausführungsphase vor. In einer ersten Phase soll ein noch nicht am Markt erhältliches Produkt vom Auftragnehmer entwickelt werden, das in einer zweiten Phase unter bestimmten Voraussetzungen für den Auftraggeber hergestellt wird (vgl. § 19 Abs. 1 Satz 1 VgV). Diese Verfahrensart ist also eine der Möglichkeiten, **innovative Leistungen** für den öffentlichen Auftraggeber zu beschaffen.

Dabei ist dieses Verfahren auch dann eröffnet, wenn von einem Produkt einzelne **Prototypen** bereits vorhanden sein sollten. Von einem Markt mit einem echten Angebot (vgl. § 19 Abs. 1 Satz 2 VgV) ist in diesem Fall nicht auszugehen.

Nach der ersten Stufe (Entwicklung der zu beschaffenden Leistungen) kann es zu einer zweiten Phase kommen, der eigentlichen Beschaffung dieser Leistung. Zu dieser Beschaffung ist der Auftraggeber nur dann verpflichtet, wenn die Leistung das von Anfang an festgelegte **Leistungsniveau** und die ebenfalls vorher festgelegte **Kostenobergrenze** einhält.

Der Auftraggeber ist also gefordert, von Anfang an sorgfältig seinen Leistungsbedarf und die Anforderungen an das fertige Produkt zu definieren und eine Kostenobergrenze festzulegen. Dies soll den Auftraggeber davor schützen, nach Abschluss der Entwicklungsphase eine Leistung anschaffen zu müssen, die er entweder so nicht will oder die eigentlich nach seinen Vorstellungen zu teuer ist.

Praxistipp: Weil es sich um eine innovative Leistung handelt, muss der Auftraggeber bei der Festlegung des Leistungsniveaus entsprechend sorgfältig vorgehen. Legt er es zu eng fest, verhindert er möglicherweise die spätere Beschaffung der benötigten Leistung; bei einer zu weiten Festlegung erhält er möglicherweise eine nur teilweise seinen Anforderungen entsprechende Leistung.

(2) Der öffentliche Auftraggeber fordert eine unbeschränkte Anzahl von Unternehmen im Rahmen eines Teilnahmewettbewerbs öffentlich zur Abgabe von Teilnahmeanträgen auf. Jedes interessierte Unternehmen kann einen Teilnahmeantrag abgeben. Mit dem Teilnahmeantrag übermitteln die Unternehmen die vom öffentlichen Auftraggeber geforderten Informationen für die Prüfung ihrer Eignung.

(3) Die Frist für den Eingang der Teilnahmeanträge beträgt mindestens 30 Tage, gerechnet ab dem Tag nach der Absendung der Auftragsbekanntmachung.

(4) Nur diejenigen Unternehmen, die vom öffentlichen Auftraggeber infolge einer Bewertung der übermittelten Informationen dazu aufgefordert werden, können ein Angebot in Form von Forschungs- und In-

novationsprojekten einreichen. Der öffentliche Auftraggeber kann die Zahl geeigneter Bewerber, die zur Angebotsabgabe aufgefordert werden, gemäß § 51 begrenzen.

(5) Der öffentliche Auftraggeber verhandelt mit den Bietern über die von ihnen eingereichten Erstangebote und alle Folgeangebote, mit Ausnahme der endgültigen Angebote, mit dem Ziel, die Angebote inhaltlich zu verbessern. Dabei darf über den gesamten Auftragsinhalt verhandelt werden mit Ausnahme der vom öffentlichen Auftraggeber in den Vergabeunterlagen festgelegten Mindestanforderungen und Zuschlagskriterien. Sofern der öffentliche Auftraggeber in der Auftragsbekanntmachung oder in den Vergabeunterlagen darauf hingewiesen hat, kann er die Verhandlungen in verschiedenen aufeinanderfolgenden Phasen abwickeln, um so die Zahl der Angebote, über die verhandelt wird, anhand der vorgegebenen Zuschlagskriterien zu verringern.

(6) Der öffentliche Auftraggeber trägt dafür Sorge, dass alle Bieter bei den Verhandlungen gleichbehandelt werden. Insbesondere enthält er sich jeder diskriminierenden Weitergabe von Informationen, durch die bestimmte Bieter gegenüber anderen begünstigt werden könnten. Er unterrichtet alle Bieter, deren Angebote gemäß Absatz 5 nicht ausgeschieden wurden, in Textform nach § 126b des Bürgerlichen Gesetzbuchs über etwaige Änderungen der Anforderungen und sonstigen Informationen in den Vergabeunterlagen, die nicht die Festlegung der Mindestanforderungen betreffen. Im Anschluss an solche Änderungen gewährt der öffentliche Auftraggeber den Bietern ausreichend Zeit, um ihre Angebote zu ändern und gegebenenfalls überarbeitete Angebote einzureichen. Der öffentliche Auftraggeber darf vertrauliche Informationen eines an den Verhandlungen teilnehmenden Bieters nicht ohne dessen Zustimmung an die anderen Teilnehmer weitergeben. Eine solche Zustimmung darf nicht allgemein, sondern nur in Bezug auf die beabsichtigte Mitteilung bestimmter Informationen erteilt werden. Der öffentliche Auftraggeber muss in den Vergabeunterlagen die zum Schutz des geistigen Eigentums geltenden Vorkehrungen festlegen.

(7) Die Innovationspartnerschaft wird durch Zuschlag auf Angebote eines oder mehrerer Bieter eingegangen. Eine Erteilung des Zuschlags allein auf der Grundlage des niedrigsten Preises oder der niedrigsten Kosten ist ausgeschlossen. Der öffentliche Auftraggeber kann eine Innovationspartnerschaft mit einem Partner oder mit mehreren Partnern, die getrennte Forschungs- und Entwicklungstätigkeiten durchführen, eingehen.

(8) Die Innovationspartnerschaft wird entsprechend dem Forschungs- und Innovationsprozess in zwei aufeinanderfolgenden Phasen strukturiert:

1. einer Forschungs- und Entwicklungsphase, die die Herstellung von Prototypen oder die Entwicklung der Dienstleistung umfasst, und
2. einer Leistungsphase, in der die aus der Partnerschaft hervorgegangene Leistung erbracht wird.

Die Phasen sind durch die Festlegung von Zwischenzielen zu untergliedern, bei deren Erreichen die Zahlung der Vergütung in angemessenen Teilbeträgen vereinbart wird. Der öffentliche Auftraggeber stellt sicher, dass die Struktur der Partnerschaft und insbesondere die Dauer und der Wert der einzelnen Phasen den Innovationsgrad der vorgeschlagenen Lösung und der Abfolge der Forschungs- und Innovationstätigkeiten widerspiegeln. Der geschätzte Wert der Liefer- oder Dienstleistung darf in Bezug auf die für ihre Entwicklung erforderlichen Investitionen nicht unverhältnismäßig sein.

(9) Auf der Grundlage der Zwischenziele kann der öffentliche Auftraggeber am Ende jedes Entwicklungsabschnitts entscheiden, ob er die Innovationspartnerschaft beendet oder, im Fall einer Innovationspartnerschaft mit mehreren Partnern, die Zahl der Partner durch die Kündigung einzelner Verträge reduziert, sofern der öffentliche Auftraggeber in der Auftragsbekanntmachung oder in den Vergabeunterlagen darauf hingewiesen hat, dass diese Möglichkeiten bestehen und unter welchen Umständen davon Gebrauch gemacht werden kann.

(10) Nach Abschluss der Forschungs- und Entwicklungsphase ist der öffentliche Auftraggeber zum anschließenden Erwerb der innovativen Liefer- oder Dienstleistung nur dann verpflichtet, wenn das bei Eingehung der Innovationspartnerschaft festgelegte Leistungsniveau und die Kostenobergrenze eingehalten werden.

§ 20
Angemessene Fristsetzung; Pflicht zur Fristverlängerung

(1) Bei der Festlegung der Fristen für den Eingang der Angebote und der Teilnahmeanträge nach den §§ 15 bis 19 sind die Komplexität der Leistung und die Zeit für die Ausarbeitung der Angebote angemessen zu berücksichtigen. § 38 Absatz 3 bleibt unberührt.

Für die Praxis: Die Vergabevorschriften sehen gegenüber den früheren Regelungen deutlich kürzere Mindestfristen vor. Umso wichtiger ist der in § 20 Abs. 1 Satz 1 VgV hervorgehobene Grundsatz, dass jede **Fristsetzung angemessen** sein muss. Dies ist ein besonderer Ausdruck der Betonung des allgemeinen Verhältnismäßigkeitsgrundsatzes in § 97 Abs. 1 Satz 2 GWB.

Ob eine Frist angemessen lang ist, kann immer nur in einer **Einzelfallprüfung** festgestellt werden. Will der Auftraggeber ausschließlich Fristen in Länge der **Mindestfristen** festsetzen, muss er hierzu in der Dokumentation eine Begründung aufnehmen. Die ungeprüfte oder unbegründete Festsetzung einer Mindestfrist wird daher regelmäßig einen **Vergabeverstoß** darstellen.

Praxistipp: Aus Sicht der anbietenden Unternehmen ist zu beachten, dass zukünftig im Regelfall bereits mit der Bekanntmachung auch ein Zugriff auf die Vergabeunterlagen besteht. Um gegebenenfalls zu kurze Fristen rechtzeitig zu rügen, müssen Unternehmen frühzeitig die Anforderungen der Bekanntmachung und der Vergabeunterlagen daraufhin prüfen, ob sie innerhalb der gesetzten Fristen bearbeitet werden können.

(2) Können Angebote nur nach einer Besichtigung am Ort der Leistungserbringung oder nach Einsichtnahme in die Anlagen zu den Vergabeunterlagen vor Ort beim öffentlichen Auftraggeber erstellt werden, so sind die Angebotsfristen so festzulegen, dass alle Unternehmen von allen Informationen, die für die Erstellung des Angebots erforderlich sind, unter gewöhnlichen Umständen Kenntnis nehmen können.

(3) Die Angebotsfristen sind, abgesehen von den in § 41 Absatz 2 und 3 geregelten Fällen, zu verlängern,

1. wenn zusätzliche Informationen trotz rechtzeitiger Anforderung durch ein Unternehmen nicht spätestens sechs Tage vor Ablauf der Angebotsfrist zur Verfügung gestellt werden; in den Fällen des § 15 Absatz 3, § 16 Absatz 7 oder § 17 Absatz 8 beträgt dieser Zeitraum vier Tage, oder
2. wenn der öffentliche Auftraggeber wesentliche Änderungen an den Vergabeunterlagen vornimmt.

Die Fristverlängerung muss in einem angemessenen Verhältnis zur Bedeutung der Information oder Änderung stehen und gewährleisten, dass alle Unternehmen Kenntnis von den Informationen oder Änderungen nehmen können. Dies gilt nicht, wenn die Information oder Änderung für die Erstellung des Angebots unerheblich ist oder die Information nicht rechtzeitig angefordert wurde.

Unterabschnitt 2
Besondere Methoden und Instrumente in Vergabeverfahren

§ 21
Rahmenvereinbarungen

(1) Der Abschluss einer Rahmenvereinbarung erfolgt im Wege einer nach dieser Verordnung anwendbaren Verfahrensart. Das in Aussicht genommene Auftragsvolumen ist so genau wie möglich zu ermitteln und bekannt zu geben, braucht aber nicht abschließend festgelegt zu werden. Eine Rahmenvereinbarung darf nicht missbräuchlich oder in einer Art angewendet werden, die den Wettbewerb behindert, einschränkt oder verfälscht.

Für die Praxis: Rahmenvereinbarungen sind eine gute Handlungsmöglichkeit, um Beschaffungen zu erleichtern. Durch ein einmaliges Verfahren, das zum Abschluss der Rahmenvereinbarung führt, kann der Auftraggeber die Grundlage für eine Vielzahl von Einzelaufträgen legen. Die Neuregelungen durch die Vergaberechtsreform 2016 bieten dabei noch mehr Spielräume für öffentliche Auftraggeber.

So kann der Auftraggeber eine Rahmenvereinbarung nicht nur mit einem, sondern auch mit **mehreren** Unternehmen abschließen (vgl. § 21 Abs. 4 VgV). Entscheidet sich der Auftraggeber für den Abschluss mehrerer Rahmenvereinbarungen, kann er dem einzelnen Auftrag einen Wettbewerb vorschalten und auf diese Weise für den Einzelauftrag noch einmal optimierte Ergebnisse erzielen. Nach § 21 Abs. 4 VgV kann dies unter den dort dargestellten Voraussetzungen entweder mit oder ohne neues Vergabeverfahren unter den beauftragten Unternehmen erfolgen.

Eine Vergabe ohne erneutes Vergabeverfahren ist auch dann möglich, wenn der Auftraggeber den ursprünglichen Rahmenvertrag so konzipiert hat, dass er eine Art **Musterleistungsverzeichnis** erstellt und auf dieser Grundlage die Rahmenvertragspartner ausgewählt hat. Die Einzelaufträge können dann die Elemente dieses Musterleistungsverzeichnisses in unterschiedlicher Gewichtung enthalten und ermöglichen es so dem Auftraggeber, das wirtschaftlichste Angebot aus den verschiedenen Rahmenverträgen zu ermitteln.

In Folge der EuGH Entscheidung (EuGH, Urt. v. 19.12.2018, C-216/17, zuletzt EuGH, Urt. v. 17.06.2021, Rs. C-23/20) hat sich eine Diskussion entwickelt, ob der Auftraggeber von Anfang an **Höchstmengen** und **den geschätzten Umfang** festlegen muss und wie mit Überschreitungen von einmal festgelegten Höchstmengen umzugehen ist (vgl. z.B. VK Bund, Beschl. v. 29.07.2019, VK 2-48/19). Der rechtssichere Weg ist im Moment, von Anfang an Höchstmengen mitzuteilen und nach Erreichen dieser Mengen keine Abrufe aus dem Rahmenvertrag mehr vorzunehmen, außer dies ist nach § 132 GWB als unwesentliche Änderung möglich.

Fest steht, dass nur die Auftraggeber aus einer Rahmenvereinbarung abrufen dürfen, die dort von Anfang an als **Vertragspartner** vorgesehen sind.

Praxistipp: Bei der **vertraglichen Gestaltung** ist zu beachten, dass bei Abschluss **mehrerer Rahmenvereinbarungen** genau geregelt sein muss, wann ein Rahmenvertragspartner einen Einzelauftrag ausführen muss und wann er ihn im Ausnahmefall ablehnen kann. So kann es sein, dass ein Partner wegen einer Vielzahl von Einzelaufträgen ausgelastet ist. Um wettbewerbsverzerrende Absprachen vorzubeugen, sind die Anforderungen an ein solches Ablehnungsrecht klar vorzugeben und an nachweisbare Tatsachen zu knüpfen.

(2) Auf einer Rahmenvereinbarung beruhende Einzelaufträge werden nach den Kriterien dieses Absatzes und der Absätze 3 bis 5 vergeben. Die Einzelauftragsvergabe erfolgt ausschließlich zwischen den in der Auftragsbekanntmachung oder der Aufforderung zur Interessensbestätigung genannten öffentlichen Auftraggebern und denjenigen Unternehmen, die zum Zeitpunkt des Abschlusses des Einzelauftrags Vertragspartei der Rahmenvereinbarung sind. Dabei dürfen keine wesentlichen Änderungen an den Bedingungen der Rahmenvereinbarung vorgenommen werden.

(3) Wird eine Rahmenvereinbarung mit nur einem Unternehmen geschlossen, so werden die auf dieser Rahmenvereinbarung beruhenden Einzelaufträge entsprechend den Bedingungen der Rahmenvereinbarung vergeben. Für die Vergabe der Einzelaufträge kann der öffentliche Auftraggeber das an der Rahmenvereinbarung beteiligte Unternehmen in Textform nach § 126b des Bürgerlichen Gesetzbuchs auffordern, sein Angebot erforderlichenfalls zu vervollständigen.

(4) Wird eine Rahmenvereinbarung mit mehr als einem Unternehmen geschlossen, werden die Einzelaufträge wie folgt vergeben:

1. gemäß den Bedingungen der Rahmenvereinbarung ohne erneutes Vergabeverfahren, wenn in der Rahmenvereinbarung alle Bedingungen für die Erbringung der Leistung sowie die objektiven Bedingungen für die Auswahl der Unternehmen festgelegt sind, die sie als Partei der Rahmenvereinbarung ausführen werden; die letztgenannten Bedingungen sind in der Auftragsbekanntmachung oder den Vergabeunterlagen für die Rahmenvereinbarung zu nennen;

2. wenn in der Rahmenvereinbarung alle Bedingungen für die Erbringung der Leistung festgelegt sind, teilweise ohne erneutes Vergabeverfahren gemäß Nummer 1 und teilweise mit erneutem Vergabeverfahren zwischen den Unternehmen, die Partei der Rahmenvereinbarung sind, gemäß Nummer 3, wenn diese Möglichkeit in der Auftragsbekanntmachung oder den Vergabeunterlagen für die Rahmenvereinbarung durch die öffentlichen Auftraggeber festgelegt ist; die Entscheidung, ob bestimmte Liefer- oder Dienstleistungen nach erneutem Vergabeverfahren oder direkt entsprechend den Bedingungen der Rahmenvereinbarung beschafft werden sollen, wird nach objektiven Kriterien getroffen, die in der Auftragsbekanntmachung oder den Vergabeunterlagen für die Rahmenvereinbarung festgelegt sind; in der Auftragsbekanntmachung oder den Vergabeunterlagen ist außerdem festzulegen, welche Bedingungen einem erneuten Vergabeverfahren unterliegen können; diese Möglichkeiten gelten auch für jedes Los einer Rahmenvereinbarung, für das alle Bedingungen für die Erbringung der Leistung in der Rahmenvereinbarung festgelegt sind, ungeachtet dessen, ob alle Bedingungen für die Erbringung einer Leistung für andere Lose festgelegt wurden; oder
3. sofern nicht alle Bedingungen zur Erbringung der Leistung in der Rahmenvereinbarung festgelegt sind, mittels eines erneuten Vergabeverfahrens zwischen den Unternehmen, die Parteien der Rahmenvereinbarung sind.

(5) Die in Absatz 4 Nummer 2 und 3 genannten Vergabeverfahren beruhen auf denselben Bedingungen wie der Abschluss der Rahmenvereinbarung und erforderlichenfalls auf genauer formulierten Bedingungen sowie gegebenenfalls auf weiteren Bedingungen, die in der Auftragsbekanntmachung oder den Vergabeunterlagen für die Rahmenvereinbarung in Übereinstimmung mit dem folgenden Verfahren genannt werden:

1. vor Vergabe jedes Einzelauftrags konsultiert der öffentliche Auftraggeber in Textform nach § 126b des Bürgerlichen Gesetzbuchs die Unternehmen, die in der Lage sind, den Auftrag auszuführen,
2. der öffentliche Auftraggeber setzt eine ausreichende Frist für die Abgabe der Angebote für jeden Einzelauftrag fest; dabei berücksichtigt er unter anderem die Komplexität des Auftragsgegenstands und die für die Übermittlung der Angebote erforderliche Zeit,
3. die Angebote sind in Textform nach § 126b des Bürgerlichen Gesetzbuchs einzureichen und dürfen bis zum Ablauf der Einreichungsfrist nicht geöffnet werden,
4. der öffentliche Auftraggeber vergibt die Einzelaufträge an den Bieter, der auf der Grundlage der in der Auftragsbekanntmachung oder den Vergabeunterlagen für die Rahmenvereinbarung genannten Zuschlagskriterien das jeweils wirtschaftlichste Angebot vorgelegt hat.

(6) Die Laufzeit einer Rahmenvereinbarung darf höchstens vier Jahre betragen, es sei denn, es liegt ein im Gegenstand der Rahmenvereinbarung begründeter Sonderfall vor.

§ 22
Grundsätze für den Betrieb dynamischer Beschaffungssysteme

(1) Der öffentliche Auftraggeber kann für die Beschaffung marktüblicher Leistungen ein dynamisches Beschaffungssystem nutzen.

(2) Bei der Auftragsvergabe über ein dynamisches Beschaffungssystem befolgt der öffentliche Auftraggeber die Vorschriften für das nicht offene Verfahren.

(3) Ein dynamisches Beschaffungssystem wird ausschließlich mithilfe elektronischer Mittel eingerichtet und betrieben. Die §§ 11 und 12 finden Anwendung.

(4) Ein dynamisches Beschaffungssystem steht im gesamten Zeitraum seiner Einrichtung allen Bietern offen, die die im jeweiligen Vergabeverfahren festgelegten Eignungskriterien erfüllen. Die Zahl der zum dynamischen Beschaffungssystem zugelassenen Bewerber darf nicht begrenzt werden.

(5) Der Zugang zu einem dynamischen Beschaffungssystem ist für alle Unternehmen kostenlos.

Für die Praxis: Die Möglichkeit, ein dynamisches Beschaffungssystem zu betreiben, wurde in der Praxis bisher selten wahrgenommen. Es bleibt abzuwarten, ob sich dies durch den generell stärkeren Einsatz elektronischer Mittel ändern wird.

§ 23
Betrieb eines dynamischen Beschaffungssystems

(1) Der öffentliche Auftraggeber gibt in der Auftragsbekanntmachung an, dass er ein dynamisches Beschaffungssystem nutzt und für welchen Zeitraum es betrieben wird.

(2) Der öffentliche Auftraggeber informiert die Europäische Kommission wie folgt über eine Änderung der Gültigkeitsdauer:

1. Wird die Gültigkeitsdauer ohne Einstellung des dynamischen Beschaffungssystems geändert, erfolgt dies nach den Vorgaben der Spalte 38 in Tabelle 2 des Anhangs der Durchführungsverordnung (EU) 2019/1780 in Verbindung mit § 10a.
2. Wird die Gültigkeitsdauer ohne Einstellung des dynamischen Beschaffungssystems geändert, erfolgt dies nach den Vorgaben der Spalte 38 in Tabelle 2 des Anhangs der Durchführungsverordnung (EU) 2019/1780 in Verbindung mit § 10a.

(3) In den Vergabeunterlagen sind mindestens die Art und die geschätzte Menge der zu beschaffenden Leistung sowie alle erforderlichen Daten des dynamischen Beschaffungssystems anzugeben.

(4) In den Vergabeunterlagen ist anzugeben, ob ein dynamisches Beschaffungssystem in Kategorien von Leistungen untergliedert wurde. Gegebenenfalls sind die objektiven Merkmale jeder Kategorie anzugeben.

(5) Hat ein öffentlicher Auftraggeber ein dynamisches Beschaffungssystem in Kategorien von Leistungen untergliedert, legt er für jede Kategorie die Eignungskriterien gesondert fest.

(6) § 16 Absatz 4 und § 51 Absatz 1 finden mit der Maßgabe Anwendung, dass die zugelassenen Bewerber für jede einzelne, über ein dynamisches Beschaffungssystem stattfindende Auftragsvergabe gesondert zur Angebotsabgabe aufzufordern sind. Wurde ein dynamisches Beschaffungssystem in Kategorien von Leistungen untergliedert, werden jeweils alle für die einem konkreten Auftrag entsprechende Kategorie zugelassenen Bewerber aufgefordert, ein Angebot zu unterbreiten.

§ 24
Fristen beim Betrieb dynamischer Beschaffungssysteme

(1) Abweichend von § 16 gelten bei der Nutzung eines dynamischen Beschaffungssystems die Bestimmungen der Absätze 2 bis 5.

(2) Die Mindestfrist für den Eingang der Teilnahmeanträge beträgt 30 Tage, gerechnet ab dem Tag nach der Absendung der Auftragsbekanntmachung, oder im Falle einer Vorinformation nach § 38 Absatz 4 nach der Absendung der Aufforderung zur Interessensbestätigung. Sobald die Aufforderung zur Angebotsabgabe für die erste einzelne Auftragsvergabe im Rahmen eines dynamischen Beschaffungssystems abgesandt worden ist, gelten keine weiteren Fristen für den Eingang der Teilnahmeanträge.

(3) Der öffentliche Auftraggeber bewertet den Antrag eines Unternehmens auf Teilnahme an einem dynamischen Beschaffungssystem unter Zugrundelegung der Eignungskriterien innerhalb von zehn Arbeitstagen nach dessen Eingang. In begründeten Einzelfällen, insbesondere wenn Unterlagen geprüft werden müssen oder um auf sonstige Art und Weise zu überprüfen, ob die Eignungskriterien erfüllt sind, kann die Frist auf 15 Arbeitstage verlängert werden. Wurde die Aufforderung zur Angebotsabgabe für die erste einzelne Auftragsvergabe im Rahmen eines dynamischen Beschaffungssystems noch nicht versandt, kann der öffentliche Auftraggeber die Frist verlängern, sofern während der verlängerten Frist keine Aufforderung zur Angebotsabgabe versandt wird. Die Fristverlängerung ist in den Vergabeunterlagen anzugeben. Jedes Unternehmen wird unverzüglich darüber informiert, ob es zur Teilnahme an einem dynamischen Beschaffungssystem zugelassen wurde oder nicht.

(4) Die Frist für den Eingang der Angebote beträgt mindestens zehn Tage, gerechnet ab dem Tag nach der Absendung der Aufforderung zur Angebotsabgabe.

§ 16 Absatz 6 findet Anwendung.

(5) Der öffentliche Auftraggeber kann von den zu einem dynamischen Beschaffungssystem zugelassenen Bewerbern jederzeit verlangen, innerhalb von fünf Arbeitstagen nach Übermittlung der Aufforderung zur Angebotsabgabe eine erneute und aktualisierte Einheitliche Europäische Eigenerklärung nach § 48 Absatz 3 einzureichen. § 48 Absatz 3 bis 6 findet Anwendung.

§ 25
Grundsätze für die Durchführung elektronischer Auktionen

(1) Der öffentliche Auftraggeber kann im Rahmen eines offenen, eines nicht offenen oder eines Verhandlungsverfahrens vor der Zuschlagserteilung eine elektronische Auktion durchführen, sofern der Inhalt der Vergabeunterlagen hinreichend präzise beschrieben und die Leistung mithilfe automatischer Bewertungsmethoden eingestuft werden kann. Geistig-schöpferische Leistungen können nicht Gegenstand elektronischer Auktionen sein. Der elektronischen Auktion hat eine vollständige erste Bewertung aller Angebote anhand der Zuschlagskriterien und der jeweils dafür festgelegten Gewichtung vorauszugehen. Die Sätze 1 und 2 gelten entsprechend bei einem erneuten Vergabeverfahren zwischen den Parteien einer Rahmenvereinbarung nach § 21 und bei einem erneuten Vergabeverfahren während der Laufzeit eines dynamischen Beschaffungssystems nach § 22. Eine elektronische Auktion kann mehrere, aufeinanderfolgende Phasen umfassen.

(2) Im Rahmen der elektronischen Auktion werden die Angebote mittels festgelegter Methoden elektronisch bewertet und automatisch in eine Rangfolge gebracht. Die sich schrittweise wiederholende, elektronische Bewertung der Angebote beruht auf

1. neuen, nach unten korrigierten Preisen, wenn der Zuschlag allein aufgrund des Preises erfolgt, oder
2. neuen, nach unten korrigierten Preisen oder neuen, auf bestimmte Angebotskomponenten abstellenden Werten, wenn das Angebot mit dem besten Preis-Leistungs-Verhältnis oder, bei Verwendung eines Kosten-Wirksamkeits-Ansatzes, mit den niedrigsten Kosten den Zuschlag erhält.

(3) Die Bewertungsmethoden werden mittels einer mathematischen Formel definiert und in der Aufforderung zur Teilnahme an der elektronischen Auktion bekanntgemacht. Wird der Zuschlag nicht allein aufgrund des Preises erteilt, muss aus der mathematischen Formel auch die Gewichtung aller Angebotskomponenten nach Absatz 2 Nummer 2 hervorgehen. Sind Nebenangebote zugelassen, ist für diese ebenfalls eine mathematische Formel bekanntzumachen.

(4) Angebotskomponenten nach Absatz 2 Nummer 2 müssen numerisch oder prozentual beschrieben werden.

Für die Praxis: Es bleibt abzuwarten, ob elektronische Auktionen eine größere Bedeutung gewinnen werden. Bislang lassen sich grob zwei große Hindernisse identifizieren: Zum einen verfügen kaum Auftraggeber und potentielle Bieter über die erforderlichen Voraussetzungen in technischer Hinsicht, um elektronische Auktionen vorzubereiten bzw. daran teilzunehmen. Zum anderen bietet sich ein Auktionsprozess nur für wenige Leistungen an. Beispielsweise kann ein Vertrag mit mehreren Preispositionen allenfalls über Umwege in ein Auktionsverfahren eingeführt werden, indem z.B. die Höhe eines Gesamtrabatts geboten wird.

Praxistipp: Bei Durchführung einer elektronischen Auktion sollte der Auftraggeber den interessierten Unternehmen stets eine ausreichende Vorlaufzeit geben, damit diese vor dem eigentlichen Auktionsprozess die Angebotsunterlagen prüfen und insbesondere durch Rückfragen Unklarheiten beseitigen können.

§ 26
Durchführung elektronischer Auktionen

(1) Der öffentliche Auftraggeber kündigt in der Auftragsbekanntmachung oder in der Aufforderung zur Interessensbestätigung an, dass er eine elektronische Auktion durchführt.

(2) Die Vergabeunterlagen müssen mindestens folgende Angaben enthalten:

1. alle Angebotskomponenten, deren Werte Grundlage der automatischen Neureihung der Angebote sein werden,
2. gegebenenfalls die Obergrenzen der Werte nach Nummer 1, wie sie sich aus den technischen Spezifikationen ergeben,
3. eine Auflistung aller Daten, die den Bietern während der elektronischen Auktion zur Verfügung gestellt werden,
4. den Termin, an dem die Daten nach Nummer 3 den Bietern zur Verfügung gestellt werden,
5. alle für den Ablauf der elektronischen Auktion relevanten Daten und
6. die Bedingungen, unter denen die Bieter während der elektronischen Auktion Gebote abgeben können, insbesondere die Mindestabstände zwischen den der automatischen Neureihung der Angebote zugrunde liegenden Preisen oder Werten.

(3) Der öffentliche Auftraggeber fordert alle Bieter, die zulässige Angebote unterbreitet haben, gleichzeitig zur Teilnahme an der elektronischen Auktion auf. Ab dem genannten Zeitpunkt ist die Internetverbindung gemäß den in der Aufforderung zur Teilnahme an der elektronischen Auktion genannten Anweisungen zu nutzen. Der Aufforderung zur Teilnahme an der elektronischen Auktion ist jeweils das Ergebnis der vollständigen Bewertung des betreffenden Angebots nach § 25 Absatz 1 Satz 3 beizufügen.

(4) Eine elektronische Auktion darf frühestens zwei Arbeitstage nach der Versendung der Aufforderung zur Teilnahme gemäß Absatz 3 beginnen.

(5) Der öffentliche Auftraggeber teilt allen Bietern im Laufe einer jeden Phase der elektronischen Auktion unverzüglich zumindest den jeweiligen Rang ihres Angebots innerhalb der Reihenfolge aller Angebote mit. Er kann den Bietern weitere Daten nach Absatz 2 Nummer 3 zur Verfügung stellen. Die Identität der Bieter darf in keiner Phase einer elektronischen Auktion offengelegt werden.

(6) Der Zeitpunkt des Beginns und des Abschlusses einer jeden Phase ist in der Aufforderung zur Teilnahme an einer elektronischen Auktion ebenso anzugeben wie gegebenenfalls die Zeit, die jeweils nach Eingang der letzten neuen Preise oder Werte nach § 25 Absatz 2 Satz 2 Nummer 1 und 2 vergangen sein muss, bevor eine Phase einer elektronischen Auktion abgeschlossen wird.

(7) Eine elektronische Auktion wird abgeschlossen, wenn

1. der vorher festgelegte und in der Aufforderung zur Teilnahme an einer elektronischen Auktion bekanntgemachte Zeitpunkt erreicht ist,
2. von den Bietern keine neuen Preise oder Werte nach § 25 Absatz 2 Satz 2 Nummer 1 und 2 mitgeteilt werden, die die Anforderungen an Mindestabstände nach Absatz 2 Nummer 6 erfüllen, und die vor Beginn einer elektronischen Auktion bekanntgemachte Zeit, die zwischen dem Eingang der letzten neuen Preise oder Werte und dem Abschluss der elektronischen Auktion vergangen sein muss, abgelaufen ist oder
3. die letzte Phase einer elektronischen Auktion abgeschlossen ist.

(8) Der Zuschlag wird nach Abschluss einer elektronischen Auktion entsprechend ihrem Ergebnis mitgeteilt.

§ 27
Elektronische Kataloge

(1) Der öffentliche Auftraggeber kann festlegen, dass Angebote in Form eines elektronischen Katalogs einzureichen sind oder einen elektronischen Katalog beinhalten müssen. Angeboten, die in Form eines elektronischen Katalogs eingereicht werden, können weitere Unterlagen beigefügt werden.

(2) Akzeptiert der öffentliche Auftraggeber Angebote in Form eines elektronischen Katalogs oder schreibt der öffentliche Auftraggeber vor, dass Angebote in Form eines elektronischen Katalogs einzureichen sind, so weist er in der Auftragsbekanntmachung oder in der Aufforderung zur Interessensbestätigung darauf hin.

(3) Schließt der öffentliche Auftraggeber mit einem oder mehreren Unternehmen eine Rahmenvereinbarung im Anschluss an die Einreichung der Angebote in Form eines elektronischen Katalogs, kann er vorschreiben, dass ein erneutes Vergabeverfahren für Einzelaufträge auf der Grundlage aktualisierter elektronischer Kataloge erfolgt, indem er

1. die Bieter auffordert, ihre elektronischen Kataloge an die Anforderungen des zu vergebenden Einzelauftrages anzupassen und erneut einzureichen, oder
2. die Bieter informiert, dass er den bereits eingereichten elektronischen Katalogen zu einem bestimmten Zeitpunkt die Daten entnimmt, die erforderlich sind, um Angebote zu erstellen, die den Anforderungen des zu vergebenden Einzelauftrags entsprechen; dieses Verfahren ist in der Auftragsbekanntmachung oder den Vergabeunterlagen für den Abschluss einer Rahmenvereinbarung anzukündigen; der Bieter kann diese Methode der Datenerhebung ablehnen.

(4) Hat der öffentliche Auftraggeber gemäß Absatz 3 Nummer 2 bereits eingereichten elektronischen Katalogen selbstständig Daten zur Angebotserstellung entnommen, legt er jedem Bieter die gesammelten Daten vor der Erteilung des Zuschlags vor, sodass dieser die Möglichkeit zum Einspruch oder zur Bestätigung hat, dass das Angebot keine materiellen Fehler enthält.

Für die Praxis: Der elektronische Katalog wurde erst mit der Vergaberechtsreform 2016 in die VgV eingeführt. Ob diese neue Art der Verfahrensgestaltung praktische Bedeutung gewinnen wird, wird sich erst in Zukunft zeigen.

Unterabschnitt 3
Vorbereitung des Vergabeverfahrens

§ 28
Markterkundung

(1) Vor der Einleitung eines Vergabeverfahrens darf der öffentliche Auftraggeber Markterkundungen zur Vorbereitung der Auftragsvergabe und zur Unterrichtung der Unternehmen über seine Auftragsvergabepläne und -anforderungen durchführen.

(2) Die Durchführung von Vergabeverfahren lediglich zur Markterkundung und zum Zwecke der Kosten- oder Preisermittlung ist unzulässig.

Für die Praxis: Es liegt in der Natur der Sache, dass öffentliche Auftraggeber oft über aktuelle Marktentwicklungen nicht genau im Bilde sind. Welche Produkte sind derzeit am Markt? Welche Innovationen haben seit einem letzten Beschaffungsverfahren stattgefunden? Welche Preise muss der Auftraggeber seiner Schätzung des Auftragswerts zugrunde legen? Um Antworten auf diese Fragen zu bekommen, bietet sich die Durchführung einer mehr oder weniger informellen Markterkundung an.

Vorgaben für die Durchführung einer Markterkundung sind nicht vorgesehen. Nach den allgemeinen Grundsätzen des Vergaberechts muss ein öffentlicher Auftraggeber darauf achten, durch die Markterkundung nicht einseitig bestimmte Unternehmen zu bevorzugen. Eine solche **Bevorzu-**

gung kann darin liegen, dass ein Unternehmen frühzeitig von einem bestimmten Beschaffungsvorhaben erfährt und sich durch den Erhalt von spezifischen Informationen auf ein solches Vergabeverfahren vorab vorbereiten kann. Eine Bevorzugung kann auch darin liegen, dass der öffentliche Auftraggeber aufgrund der Markterkundung seinen Beschaffungsgegenstand ausschließlich auf das an der Markterkundung beteiligte Unternehmen zuschneidet.

Praxistipps:

- Der öffentliche Auftraggeber sollte daher darauf achten, dass er keinem Unternehmen exklusive Informationen verschafft oder dass er zumindest im späteren Vergabeverfahren allen Bietern die gleichen Informationen zugänglich macht.
- Weiter sollte der öffentliche Auftraggeber im Regelfall mehrere Unternehmen an der Markterkundung beteiligen, um hinsichtlich der Preise und Leistungen ein breiteres Bild des Marktes zu halten.
- Zuletzt sollte der öffentliche Auftraggeber darauf achten, dass die Markterkundung den beteiligten Unternehmen nicht den gleichen Aufwand wie ein Vergabeverfahren abverlangt. Daher sollte sich eine Markterkundung regelmäßig auf Einzelfragen beschränken, beispielsweise auf den Stand bestimmter Innovationen oder den Preis für einige Leistungen.

§ 29
Vergabeunterlagen

(1) Die Vergabeunterlagen umfassen alle Angaben, die erforderlich sind, um dem Bewerber oder Bieter eine Entscheidung zur Teilnahme am Vergabeverfahren zu ermöglichen. Sie bestehen in der Regel aus

1. dem Anschreiben, insbesondere der Aufforderung zur Abgabe von Teilnahmeanträgen oder Angeboten oder Begleitschreiben für die Abgabe der angeforderten Unterlagen,
2. der Beschreibung der Einzelheiten der Durchführung des Verfahrens (Bewerbungsbedingungen), einschließlich der Angabe der Eignungs- und Zuschlagskriterien, sofern nicht bereits in der Auftragsbekanntmachung genannt, und
3. den Vertragsunterlagen, die aus der Leistungsbeschreibung und den Vertragsbedingungen bestehen.

(2) Der Teil B der Vergabe- und Vertragsordnung für Leistungen in der Fassung der Bekanntmachung vom 5. August 2003 (BAnz. Nr. 178a) ist in der Regel in den Vertrag einzubeziehen. Dies gilt nicht für die Vergabe von Aufträgen, die im Rahmen einer freiberuflichen Tätigkeit erbracht oder im Wettbewerb mit freiberuflichen Tätigen angeboten werden und deren Gegenstand eine Aufgabe ist, deren Lösung nicht vorab eindeutig und erschöpfend beschrieben werden kann.

§ 30
Aufteilung nach Losen

(1) Unbeschadet des § 97 Absatz 4 des Gesetzes gegen Wettbewerbsbeschränkungen kann der öffentliche Auftraggeber festlegen, ob die Angebote nur für ein Los, für mehrere oder für alle Lose eingereicht werden dürfen. Er kann, auch wenn Angebote für mehrere oder alle Lose eingereicht werden dürfen, die Zahl der Lose auf eine Höchstzahl beschränken, für die ein einzelner Bieter den Zuschlag erhalten kann.

(2) Der öffentliche Auftraggeber gibt die Vorgaben nach Absatz 1 in der Auftragsbekanntmachung oder der Aufforderung zur Interessensbestätigung bekannt. Er gibt die objektiven und nichtdiskriminierenden Kriterien in den Vergabeunterlagen an, die er bei der Vergabe von Losen anzuwenden beabsichtigt, wenn die Anwendung der Zuschlagskriterien dazu führen würde, dass ein einzelner Bieter den Zuschlag für eine größere Zahl von Losen als die Höchstzahl erhält.

(3) In Fällen, in denen ein einziger Bieter den Zuschlag für mehr als ein Los erhalten kann, kann der öffentliche Auftraggeber Aufträge über mehrere oder alle Lose vergeben, wenn er in der Auftragsbekanntmachung oder in der Aufforderung zur Interessensbestätigung angegeben hat, dass er sich diese Möglichkeit vorbehält und die Lose oder Losgruppen angibt, die kombiniert werden können.

Für die Praxis: § 30 Abs. 1 Satz 1 VgV verweist ausdrücklich auf § 97 Abs. 4 GWB und die dort enthaltene Verpflichtung zur Bildung von Fach- und Teillosen. § 30 VgV ergänzt diese gesetzliche Regelung lediglich.

Nach § 30 Abs. 2, 3 VgV muss der öffentliche Auftraggeber bereits in der Bekanntmachung angeben, wie er bei der Vergabe von Losen vorgehen will. Der Auftraggeber muss daher frühzeitig im Rahmen seiner Vergabekonzeption Überlegungen hierzu anstellen, in die Dokumentation aufnehmen und dann in die Bekanntmachung übernehmen.

Will der Auftraggeber die Anzahl der Lose, die ein Bieter erhalten soll, begrenzen, ist dies zulässig. Der Auftraggeber muss dann aber festlegen, wie er die Lose ermittelt, wenn der Bieter z.B. bei mehreren Losen ein erstrangiges Angebot abgegeben hat. Die Begrenzung der abzugebenden Angebote allein führt oft zu spürbaren Wettbewerbseinschränkungen.

§ 31
Leistungsbeschreibung

(1) Der öffentliche Auftraggeber fasst die Leistungsbeschreibung (§ 121 des Gesetzes gegen Wettbewerbsbeschränkungen) in einer Weise, dass sie allen Unternehmen den gleichen Zugang zum Vergabeverfahren gewährt und die Öffnung des nationalen Beschaffungsmarkts für den Wettbewerb nicht in ungerechtfertigter Weise behindert.

(2) In der Leistungsbeschreibung sind die Merkmale des Auftragsgegenstands zu beschreiben:

1. in Form von Leistungs- oder Funktionsanforderungen oder einer Beschreibung der zu lösenden Aufgabe, die so genau wie möglich zu fassen sind, dass sie ein klares Bild vom Auftragsgegenstand vermitteln und hinreichend vergleichbare Angebote erwarten lassen, die dem öffentlichen Auftraggeber die Erteilung des Zuschlags ermöglichen,
2. unter Bezugnahme auf die in Anlage 1 definierten technischen Anforderungen in der Rangfolge:
   a) nationale Normen, mit denen europäische Normen umgesetzt werden,
   b) Europäische Technische Bewertungen,
   c) gemeinsame technische Spezifikationen,
   d) internationale Normen und andere technische Bezugssysteme, die von den europäischen Normungsgremien erarbeitet wurden oder,
   e) falls solche Normen und Spezifikationen fehlen, nationale Normen, nationale technische Zulassungen oder nationale technische Spezifikationen für die Planung, Berechnung und Ausführung von Bauwerken und den Einsatz von Produkten oder
3. als Kombination von den Nummern 1 und 2
   a) in Form von Leistungs- oder Funktionsanforderungen unter Bezugnahme auf die technischen Anforderungen gemäß Nummer 2 als Mittel zur Vermutung der Konformität mit diesen Leistungs- und Funktionsanforderungen oder
   b) mit Bezugnahme auf die technischen Anforderungen gemäß Nummer 2 hinsichtlich bestimmter Merkmale und mit Bezugnahme auf die Leistungs- und Funktionsanforderungen gemäß Nummer 1 hinsichtlich anderer Merkmale.

Jede Bezugnahme auf eine Anforderung nach Nummer 2 Buchstabe a bis e ist mit dem Zusatz „oder gleichwertig" zu versehen.

(3) Die Merkmale können auch Aspekte der Qualität und der Innovation sowie soziale und umweltbezogene Aspekte betreffen. Sie können sich auch auf den Prozess oder die Methode zur Herstellung oder Erbringung der Leistung oder auf ein anderes Stadium im Lebenszyklus des Auftragsgegenstands einschließlich der Produktions- und Lieferkette beziehen, auch wenn derartige Faktoren keine materiellen Bestand-

teile der Leistung sind, sofern diese Merkmale in Verbindung mit dem Auftragsgegenstand stehen und zu dessen Wert und Beschaffungszielen verhältnismäßig sind.

(4) In der Leistungsbeschreibung kann ferner festgelegt werden, ob Rechte des geistigen Eigentums übertragen oder dem öffentlichen Auftraggeber daran Nutzungsrechte eingeräumt werden müssen.

(5) Werden verpflichtende Zugänglichkeitserfordernisse im Sinne des § 121 Absatz 2 des Gesetzes gegen Wettbewerbsbeschränkungen mit einem Rechtsakt der Europäischen Union erlassen, so muss die Leistungsbeschreibung, soweit die Kriterien der Zugänglichkeit für Menschen mit Behinderungen oder der Konzeption für alle Nutzer betroffen sind, darauf Bezug nehmen.

(6) In der Leistungsbeschreibung darf nicht auf eine bestimmte Produktion oder Herkunft oder ein besonderes Verfahren, das die Erzeugnisse oder Dienstleistungen eines bestimmten Unternehmens kennzeichnet, oder auf gewerbliche Schutzrechte, Typen oder einen bestimmten Ursprung verwiesen werden, wenn dadurch bestimmte Unternehmen oder bestimmte Produkte begünstigt oder ausgeschlossen werden, es sei denn, dieser Verweis ist durch den Auftragsgegenstand gerechtfertigt. Solche Verweise sind ausnahmsweise zulässig, wenn der Auftragsgegenstand anderenfalls nicht hinreichend genau und allgemein verständlich beschrieben werden kann; diese Verweise sind mit dem Zusatz „oder gleichwertig" zu versehen.

Für die Praxis: Die Leistungsbeschreibung ist nach wie vor das Kernstück des Vergabeverfahrens, sie ist sowohl in § 121 GWB als auch in der VgV ausführlich geregelt. Auf die Regelung des GWB wird in § 31 **Abs. 1** VgV ausdrücklich verwiesen. Die Vorgaben in § 31 VgV sind nur Ergänzungen dieser gesetzlichen Regelung. Insbesondere in § 31 **Abs. 2** VgV sind wichtige Vorgaben für die Art und Weise der Leistungsbeschreibung enthalten.

Die Beschreibung der zu beschaffenden Leistung ist weiterhin nur ein Fo geschritt, der sich an die Festlegung des Beschaffungsbedarfs anschließt. Haben sich in zulässiger Weise durch die Festlegung des Beschaffungsbedarfs bereits Einschränkungen des **Wettbewerbs** ergeben, sind diese in der Leistungsbeschreibung zu berücksichtigen (vgl. § 31 Abs. 1 VgV), d.h. eine (nur im Ausnahmefall zulässige und zu begründende) produktscharfe Beschaffungsentscheidung (z.B. iPad, OLG Brandenburg, Beschl. v. 08.07.2021, 19 Verg 2/21) kann und muss in der Leistungsbeschreibung als solche benannt werden und darf/muss nicht umständlich umschrieben werden.

Der Auftraggeber kann den Wettbewerb auf bestimmte Erzeugnisse oder Produkte bzw. Leistungen beschränken, wenn hierfür nachvollziehbare sachliche Gründe vorliegen (vgl. u.a. OLG Düsseldorf, Beschl. v. 3.3.2010, VII-Verg 46/09 und v. 17.2.2010, VII-Verg 42/09). Die sich hieraus ergebenden Einschränkungen des Wettbewerbs sind als Ausfluss der Beschaffungshoheit des öffentlichen Auftraggebers hinzunehmen. Ergibt sich aus einer solchen Festlegung des Beschaffungsbedarfs ausnahmsweise die Eingrenzung auf ein einziges Produkt, erübrigt sich eine produktneutrale Beschreibung der so festgelegten Leistung.

Der Bezug von verlangten Anforderungen zur auszuführenden Leistung wird in § 31 **Abs. 3** VgV sehr weit gezogen. Danach darf der Auftraggeber auch Anforderungen stellen bezogen auf den Prozess oder die Methode zur Herstellung oder Erbringung der Leistung oder auf ein anderes Stadium im Lebenszyklus des Auftragsgegenstands einschließlich der Produktions- und Lieferkette, auch wenn derartige Faktoren keine materiellen Bestandteile der Leistung sind (vgl. § 31 Abs. Satz 2 VgV). Dies gibt dem Auftraggeber erhebliche **Gestaltungsspielräume** bei der Aufstellung der Leistungsanforderungen.

§ 32
Technische Anforderungen

(1) Verweist der öffentliche Auftraggeber in der Leistungsbeschreibung auf technische Anforderungen nach § 31 Absatz 2 Nummer 2, so darf er ein Angebot nicht mit der Begründung ablehnen, dass die angebotenen Liefer- und Dienstleistungen nicht den von ihm herangezogenen technischen Anforderungen der Leistungsbeschreibung entsprechen, wenn das Unternehmen in seinem Angebot dem öffentlichen Auf-

traggeber mit geeigneten Mitteln nachweist, dass die vom Unternehmen vorgeschlagenen Lösungen diesen technischen Anforderungen gleichermaßen entsprechen.

(2) Enthält die Leistungsbeschreibung Leistungs- oder Funktionsanforderungen, so darf der öffentliche Auftraggeber ein Angebot nicht ablehnen, wenn diese Anforderungen die von ihm geforderten Leistungs- oder Funktionsanforderungen betreffen und das Angebot Folgendem entspricht:

1. einer nationalen Norm, mit der eine europäische Norm umgesetzt wird,
2. einer Europäischen Technischen Bewertung,
3. einer gemeinsamen technischen Spezifikation,
4. einer internationalen Norm oder
5. einem technischen Bezugssystem, das von den europäischen Normungsgremien erarbeitet wurde.

Das Unternehmen muss in seinem Angebot belegen, dass die jeweilige der Norm entsprechende Liefer- oder Dienstleistung den Leistungs- oder Funktionsanforderungen des öffentlichen Auftraggebers entspricht. Belege können insbesondere eine technische Beschreibung des Herstellers oder ein Prüfbericht einer anerkannten Stelle sein.

§ 33
Nachweisführung durch Bescheinigungen von Konformitätsbewertungsstellen

(1) Als Beleg dafür, dass eine Liefer- oder Dienstleistung bestimmten, in der Leistungsbeschreibung geforderten Merkmalen entspricht, kann der öffentliche Auftraggeber die Vorlage von Bescheinigungen, insbesondere Testberichten oder Zertifizierungen, einer Konformitätsbewertungsstelle verlangen. Wird die Vorlage einer Bescheinigung einer bestimmten Konformitätsbewertungsstelle verlangt, hat der öffentliche Auftraggeber auch Bescheinigungen gleichwertiger anderer Konformitätsbewertungsstellen zu akzeptieren.

(2) Der öffentliche Auftraggeber akzeptiert auch andere als die in Absatz 1 genannten geeigneten Unterlagen, insbesondere ein technisches Dossier des Herstellers, wenn das Unternehmen keinen Zugang zu den in Absatz 1 genannten Bescheinigungen oder keine Möglichkeit hatte, diese innerhalb der einschlägigen Fristen einzuholen, sofern das Unternehmen den fehlenden Zugang nicht zu vertreten hat. In den Fällen des Satzes 1 hat das Unternehmen durch die vorgelegten Unterlagen zu belegen, dass die von ihm zu erbringende Leistung die angegebenen Anforderungen erfüllt.

(3) Eine Konformitätsbewertungsstelle ist eine Stelle, die gemäß der Verordnung (EG) Nr. 765/2008 des Europäischen Parlaments und des Rates vom 9. Juli 2008 über die Vorschriften für die Akkreditierung und Marktüberwachung im Zusammenhang mit der Vermarktung von Produkten und zur Aufhebung der Verordnung (EWG) Nr. 339/93 des Rates (ABl. L 218 vom 13.8.2008, S. 30) akkreditiert ist und Konformitätsbewertungstätigkeiten durchführt.

§ 34
Nachweisführung durch Gütezeichen

(1) Als Beleg dafür, dass eine Liefer- oder Dienstleistung bestimmten, in der Leistungsbeschreibung geforderten Merkmalen entspricht, kann der öffentliche Auftraggeber die Vorlage von Gütezeichen nach Maßgabe der Absätze 2 bis 5 verlangen.

(2) Das Gütezeichen muss allen folgenden Bedingungen genügen:

1. Alle Anforderungen des Gütezeichens sind für die Bestimmung der Merkmale der Leistung geeignet und stehen mit dem Auftragsgegenstand nach § 31 Absatz 3 in Verbindung.
2. Die Anforderungen des Gütezeichens beruhen auf objektiv nachprüfbaren und nichtdiskriminierenden Kriterien.
3. Das Gütezeichen wurde im Rahmen eines offenen und transparenten Verfahrens entwickelt, an dem alle interessierten Kreise teilnehmen können.

4. Alle betroffenen Unternehmen haben Zugang zum Gütezeichen.
5. Die Anforderungen wurden von einem Dritten festgelegt, auf den das Unternehmen, das das Gütezeichen erwirbt, keinen maßgeblichen Einfluss ausüben konnte.

(3) Für den Fall, dass die Leistung nicht allen Anforderungen des Gütezeichens entsprechen muss, hat der öffentliche Auftraggeber die betreffenden Anforderungen anzugeben.

(4) Der öffentliche Auftraggeber muss andere Gütezeichen akzeptieren, die gleichwertige Anforderungen an die Leistung stellen.

(5) Hatte ein Unternehmen aus Gründen, die ihm nicht zugerechnet werden können, nachweislich keine Möglichkeit, das vom öffentlichen Auftraggeber angegebene oder ein gleichwertiges Gütezeichen innerhalb einer einschlägigen Frist zu erlangen, so muss der öffentliche Auftraggeber andere geeignete Belege akzeptieren, sofern das Unternehmen nachweist, dass die von ihm zu erbringende Leistung die Anforderungen des geforderten Gütezeichens oder die vom öffentlichen Auftraggeber angegebenen spezifischen Anforderungen erfüllt.

Für die Praxis: In der Praxis werden die Anforderungen an die Leistung gerne durch die Forderung nach bestimmten Gütezeichen präzisiert.

Die Möglichkeit, ein Gütezeichen zu fordern, ist nach der VgV an die sehr engen Voraussetzungen des § 34 **Abs. 2** VgV geknüpft. Diese Regelung sieht ausdrücklich vor, dass ein Gütezeichen alle dort genannten Voraussetzungen erfüllen muss, damit der Auftraggeber von Bietern diesen Nachweis fordern kann.

Angesichts der hohen Anforderungen, die ein Gütezeichen nach dieser Vorschrift erfüllen muss, ist zu erwarten, dass die Forderung nach Vorlage eines Gütezeichens jedenfalls kaum Erleichterungen mit sich bringt. So dürfte es der Regelfall sein, dass die Leistung nicht vollständig allen Anforderungen eines bestimmten Gütezeichens entsprechen muss, sondern dass der Auftraggeber einige Spezifikationen im Auge hat. Für diesen Fall muss er diese Spezifikationen allen Bietern mitteilen und auf diese Weise auch andere Nachweise ermöglichen und dann später zulassen.

Praxistipp: Vor diesem Hintergrund wird der Auftraggeber die Forderung nach einem Gütezeichen in der Dokumentation regelmäßig zumindest stichwortartig begründen müssen.

§ 35
Nebenangebote

(1) Der öffentliche Auftraggeber kann Nebenangebote in der Auftragsbekanntmachung oder in der Aufforderung zur Interessensbestätigung zulassen oder vorschreiben. Fehlt eine entsprechende Angabe, sind keine Nebenangebote zugelassen. Nebenangebote müssen mit dem Auftragsgegenstand in Verbindung stehen.

(2) Lässt der öffentliche Auftraggeber Nebenangebote zu oder schreibt er diese vor, legt er in den Vergabeunterlagen Mindestanforderungen fest und gibt an, in welcher Art und Weise Nebenangebote einzureichen sind. Die Zuschlagskriterien sind gemäß § 127 Absatz 4 des Gesetzes gegen Wettbewerbsbeschränkungen so festzulegen, dass sie sowohl auf Hauptangebote als auch auf Nebenangebote anwendbar sind. Nebenangebote können auch zugelassen oder vorgeschrieben werden, wenn der Preis oder die Kosten das alleinige Zuschlagskriterium sind.

(3) Der öffentliche Auftraggeber berücksichtigt nur Nebenangebote, die die Mindestanforderungen erfüllen. Ein Nebenangebot darf nicht deshalb ausgeschlossen werden, weil es im Falle des Zuschlags zu einem Dienstleistungsauftrag anstelle eines Lieferauftrags oder zu einem Lieferauftrag anstelle eines Dienstleistungsauftrags führen würde.

Für die Praxis: Nach § 35 Abs. 1 Satz 1 VgV kann der Auftraggeber Nebenangebote zulassen oder sogar den Bietern vorschreiben, dass sie Nebenangebote einreichen müssen. Äußert sich der

Auftraggeber in der Auftragsbekanntmachung oder der Aufforderung zur Interessensbestätigung nicht, sind keine Nebenangebote zugelassen (§ 35 Abs. 1 Satz 2 VgV).

Eindeutig ist auch, dass die vom Auftraggeber gewählten **Zuschlagskriterien** für den Fall der Zulassung von Nebenangeboten nach § 35 Abs. 2 Satz 2 VgV sowohl auf Hauptangebote als auch auf Nebenangebote anwendbar sein müssen.

Ausdrücklich ist nun auch erlaubt, dass der **Preis** das alleinige Zuschlagskriterium sein kann (vgl. § 35 Abs. 2 Satz 3 VgV). Ob der Preis jeweils geeignet ist, die Unterschiede zwischen den Nebenangeboten darzustellen, ist vom Auftraggeber im Einzelfall zu entscheiden. In vielen Fällen werden sich potentielle Nebenangebote in anderen Punkten als dem Preis unterscheiden. Die spezifischen Vorteile wird der Auftraggeber daher bei einer reinen Preiswertung nicht ausnutzen können. Die Gesetzesbegründung geht davon aus, dass Auftraggeber bei der Zulassung von Nebenangeboten im Regelfall qualitative Zuschlagskriterien neben dem Preis berücksichtigen werden.

Erfüllt ein Nebenangebot die **Mindestanforderungen** nicht, ist nur dieses Nebenangebot, nicht aber das Hauptangebot auszuschließen.

§ 36
Unteraufträge

(1) Der öffentliche Auftraggeber kann Unternehmen in der Auftragsbekanntmachung oder den Vergabeunterlagen auffordern, bei Angebotsabgabe die Teile des Auftrags, die sie im Wege der Unterauftragsvergabe an Dritte zu vergeben beabsichtigen, sowie, falls zumutbar, die vorgesehenen Unterauftragnehmer zu benennen. Vor Zuschlagserteilung kann der öffentliche Auftraggeber von den Bietern, deren Angebote in die engere Wahl kommen, verlangen, die Unterauftragnehmer zu benennen und nachzuweisen, dass ihnen die erforderlichen Mittel dieser Unterauftragnehmer zur Verfügung stehen. Wenn ein Bewerber oder Bieter die Vergabe eines Teils des Auftrags an einen Dritten im Wege der Unterauftragsvergabe beabsichtigt und sich zugleich im Hinblick auf seine Leistungsfähigkeit gemäß den §§ 45 und 46 auf die Kapazitäten dieses Dritten beruft, ist auch § 47 anzuwenden.

(2) Die Haftung des Hauptauftragnehmers gegenüber dem öffentlichen Auftraggeber bleibt von Absatz 1 unberührt.

(3) Bei der Vergabe von Dienstleistungsaufträgen, die in einer Einrichtung des öffentlichen Auftraggebers unter dessen direkter Aufsicht zu erbringen sind, schreibt der öffentliche Auftraggeber in den Vertragsbedingungen vor, dass der Auftragnehmer spätestens bei Beginn der Auftragsausführung die Namen, die Kontaktdaten und die gesetzlichen Vertreter seiner Unterauftragnehmer mitteilt und dass jede im Rahmen der Auftragsausführung eintretende Änderung auf der Ebene der Unterauftragnehmer mitzuteilen ist. Der öffentliche Auftraggeber kann die Mitteilungspflichten nach Satz 1 auch als Vertragsbedingungen bei der Vergabe anderer Dienstleistungsaufträge oder bei der Vergabe von Lieferaufträgen vorsehen. Des Weiteren können die Mitteilungspflichten auch auf Lieferanten, die an Dienstleistungsaufträgen beteiligt sind, sowie auf weitere Stufen in der Kette der Unterauftragnehmer ausgeweitet werden.

(4) Für Unterauftragnehmer aller Stufen gilt § 128 Absatz 1 des Gesetzes gegen Wettbewerbsbeschränkungen.

(5) Der öffentliche Auftraggeber überprüft vor der Erteilung des Zuschlags, ob Gründe für den Ausschluss des Unterauftragnehmers vorliegen. Bei Vorliegen zwingender Ausschlussgründe verlangt der öffentliche Auftraggeber die Ersetzung des Unterauftragnehmers. Bei Vorliegen fakultativer Ausschlussgründe kann der öffentliche Auftraggeber verlangen, dass dieser ersetzt wird. Der öffentliche Auftraggeber kann dem Bewerber oder Bieter dafür eine Frist setzen.

Für die Praxis: Wenn ein Bieter beabsichtigt, Nachunternehmer einzuschalten, kann der Auftraggeber ihn nach § 36 Abs. 1 VgV auffordern, diese zu benennen. Dies gilt insbesondere für den Fall, dass der Bieter für den Nachweis der Eignung auf die Nachunternehmer verweist (sog. Eignungsleihe, § 47 VgV). Im Fall der **Eignungsleihe** darf der öffentliche Auftraggeber dem späteren Bieter sogar vorschreiben, dass der Nachunternehmer gemeinsam mit dem Auftragnehmer gegenüber dem Auftraggeber haftet (§ 47 Abs. 3 VgV).

Zu beachten ist auch, dass der Auftraggeber nach § 36 Abs. 5 Satz 1 VgV überprüft – wobei die Formulierung eine zwingende Durchführung dieser Prüfung nahelegt –, ob der Nachunternehmer auszuschließen wäre. Liegen die Voraussetzungen für einen Ausschluss vor, kann der öffentliche Auftraggeber vom Bieter den Austausch eines Nachunternehmers verlangen (vgl. § 36 Abs. 5 Satz 2 und 3 VgV).

Der **Austausch** eines Nachunternehmers nach Angebotsabgabe ist eine unzulässige Änderung des Angebots und führt zum Ausschluss.

Unterabschnitt 4
Veröffentlichungen, Transparenz

§ 37
Auftragsbekanntmachung; Beschafferprofil; Ex-ante-Transparenz

(1) Der öffentliche Auftraggeber teilt seine Absicht, einen öffentlichen Auftrag zu vergeben oder eine Rahmenvereinbarung abzuschließen, in einer Auftragsbekanntmachung mit. § 17 Absatz 5 und § 38 Absatz 4 bleiben unberührt.

(2) Die Auftragsbekanntmachung wird nach den Vorgaben der Spalte 16 der Tabelle 2 des Anhangs der Durchführungsverordnung (EU) 2019/1780 in Verbindung mit § 10a erstellt.

(3) Der öffentliche Auftraggeber benennt in der Auftragsbekanntmachung die Vergabekammer, an die sich die Unternehmen zur Nachprüfung geltend gemachter Vergabeverstöße wenden können.

(4) Der öffentliche Auftraggeber kann im Internet zusätzlich ein Beschafferprofil einrichten. Es enthält die Veröffentlichung von Vorinformationen, Angaben über geplante oder laufende Vergabeverfahren, über vergebene Aufträge oder aufgehobene Vergabeverfahren sowie alle sonstigen für die Auftragsvergabe relevanten Informationen wie zum Beispiel Kontaktstelle, Anschrift, E-Mail-Adresse, Telefon- und Telefaxnummer des öffentlichen Auftraggebers.

(5) Die freiwillige Ex-ante-Transparenzbekanntmachung im Sinne des § 135 Absatz 3 Satz 1 Nummer 2 und Satz 2 des Gesetzes gegen Wettbewerbsbeschränkungen erfolgt nach den Vorgaben der Spalte 25 der Tabelle 2 des Anhangs der Durchführungsverordnung (EU) 2019/1780 in Verbindung mit § 10a.

§ 38
Vorinformation

(1) Der öffentliche Auftraggeber kann die Absicht einer geplanten Auftragsvergabe mittels Veröffentlichung einer Vorinformation nach den Vorgaben der Spalte 4 der Tabelle 2 des Anhangs der Durchführungsverordnung (EU) 2019/1780 in Verbindung mit § 10a bekanntgeben.

(2) Die Vorinformation kann an das Amt für Veröffentlichungen der Europäischen Union über den Datenservice Öffentlicher Einkauf versandt oder im Beschafferprofil veröffentlicht werden. Veröffentlicht der öffentliche Auftraggeber eine Vorinformation im Beschafferprofil, übermittelt er die Mitteilung dieser Veröffentlichung dem Amt für Veröffentlichungen der Europäischen Union über den Datenservice Öffentlicher Einkauf nach den Vorgaben der Spalte 1 der Tabelle 2 des Anhangs der Durchführungsverordnung (EU) 2019/1780 in Verbindung mit § 10a.

(3) Hat der öffentliche Auftraggeber eine Vorinformation gemäß Absatz 1 veröffentlicht, kann die Mindestfrist für den Eingang von Angeboten im offenen Verfahren auf 15 Tage und im nicht offenen Verfahren oder Verhandlungsverfahren auf zehn Tage verkürzt werden, sofern

1. die Vorinformation alle nach Spalte 7 der Tabelle 2 des Anhangs der Durchführungsverordnung (EU) 2019/1780 geforderten Informationen enthält, soweit diese zum Zeitpunkt der Veröffentlichung der Vorinformation vorlagen, und
2. die Vorinformation wenigstens 35 Tage und nicht mehr als zwölf Monate vor dem Tag der Absendung der Auftragsbekanntmachung zur Veröffentlichung an das Amt für Veröffentlichungen der Europäischen Union übermittelt wurde.

(4) Mit Ausnahme oberster Bundesbehörden kann der öffentliche Auftraggeber im nicht offenen Verfahren oder im Verhandlungsverfahren auf eine Auftragsbekanntmachung nach § 37 Absatz 1 verzichten, sofern die Vorinformation

1. die Liefer- oder Dienstleistungen benennt, die Gegenstand des zu vergebenden Auftrages sein werden,
2. den Hinweis enthält, dass dieser Auftrag im nicht offenen Verfahren oder Verhandlungsverfahren ohne gesonderte Auftragsbekanntmachung vergeben wird,
3. die interessierten Unternehmen auffordert, ihr Interesse mitzuteilen (Interessensbekundung),
4. alle nach Spalte 10 der Tabelle 2 des Anhangs der Durchführungsverordnung (EU) 2019/1780 geforderten Informationen enthält und
5. wenigstens 35 Tage und nicht mehr als zwölf Monate vor dem Zeitpunkt der Absendung der Aufforderung zur Interessensbestätigung veröffentlicht wird.

Ungeachtet der Verpflichtung zur Veröffentlichung der Vorinformation können solche Vorinformationen zusätzlich in einem Beschafferprofil veröffentlicht werden.

(5) Der öffentliche Auftraggeber fordert alle Unternehmen, die auf die Veröffentlichung einer Vorinformation nach Absatz 4 hin eine Interessensbekundung übermittelt haben, zur Bestätigung ihres Interesses an einer weiteren Teilnahme auf (Aufforderung zur Interessensbestätigung). Mit der Aufforderung zur Interessensbestätigung wird der Teilnahmewettbewerb nach § 16 Absatz 1 und § 17 Absatz 1 eingeleitet. Die Frist für den Eingang der Interessensbestätigung beträgt 30 Tage, gerechnet ab dem Tag nach der Absendung der Aufforderung zur Interessensbestätigung.

(6) Der von der Vorinformation abgedeckte Zeitraum beträgt höchstens zwölf Monate ab dem Datum der Übermittlung der Vorinformation an das Amt für Veröffentlichungen der Europäischen Union.

Für die Praxis: Die Vorinformation hat mit der Vergaberechtsreform 2016 eine weitere, neue Funktion erhalten, die sie für die öffentlichen Auftraggeber interessant machen kann. Der Auftraggeber kann die unverbindliche Vorinformation dazu nutzen, zum einen nach § 38 **Abs. 3** VgV Mindestfristen für den Eingang von Angeboten zu **verkürzen** und zum anderen die Information über die Download-Möglichkeit der Unterlagen auf interessierte Unternehmen konzentrieren.

Wenn der Auftraggeber die Vorinformation auch als **Aufruf zum Wettbewerb** nutzt und die Voraussetzungen des § 38 **Abs. 4** VgV eingehalten sind, müssen Unternehmen ihr Interesse an der Teilnahme an der Vergabe bereits auf der Grundlage dieser Vorinformation anmelden. Kommt es dann tatsächlich zu dem Vergabeverfahren, fordert der Auftraggeber nur noch diejenigen Unternehmen, welche sich gemeldet hatten, auf, ihr Interesse zu bestätigen. In dieser **Aufforderung zur Interessensbestätigung** (§ 38 **Abs. 5** VgV) muss der Auftraggeber dann angeben, wo er die Vergabeunterlagen frei und vollständig im Internet bereitstellt. Dies erlaubt dem Auftraggeber, die Bekanntmachung bereits vor Fertigstellung der Vergabeunterlagen zu veröffentlichen, und befreit ihn von dem Zwang, in dieser allgemein zugänglichen Bekanntmachung den Ort der Bereitstellung bekanntzugeben. Diese Information erhalten direkt nur die von ihm angeschriebenen Unternehmen.

§ 39
Vergabebekanntmachung; Bekanntmachung über Auftragsänderungen

(1) Der öffentliche Auftraggeber übermittelt spätestens 30 Tage nach der Vergabe eines öffentlichen Auftrags oder nach dem Abschluss einer Rahmenvereinbarung eine Vergabebekanntmachung mit den Ergebnissen des Vergabeverfahrens an das Amt für Veröffentlichungen der Europäischen Union über den Datenservice Öffentlicher Einkauf.

(2) Die Vergabebekanntmachung wird nach den Vorgaben der Spalte 29 der Tabelle 2 des Anhangs der Durchführungsverordnung (EU) 2019/1780 in Verbindung mit § 10a erstellt.

(3) Ist das Vergabeverfahren durch eine Vorinformation in Gang gesetzt worden und hat der öffentliche Auftraggeber beschlossen, keine weitere Auftragsvergabe während des Zeitraums vorzunehmen, der von der Vorinformation abgedeckt ist, muss die Vergabebekanntmachung einen entsprechenden Hinweis enthalten.

(4) Die Vergabebekanntmachung umfasst die abgeschlossenen Rahmenvereinbarungen, aber nicht die auf ihrer Grundlage vergebenen Einzelaufträge. Bei Aufträgen, die im Rahmen eines dynamischen Beschaffungssystems vergeben werden, umfasst die Vergabebekanntmachung eine vierteljährliche Zusammenstellung der Einzelaufträge; die Zusammenstellung muss spätestens 30 Tage nach Quartalsende versendet werden.

(5) Auftragsänderungen gemäß § 132 Absatz 2 Nummer 2 und 3 des Gesetzes gegen Wettbewerbsbeschränkungen sind gemäß § 132 Absatz 5 des Gesetzes gegen Wettbewerbsbeschränkungen unter Verwendung der Vorgaben der Spalte 38 in Tabelle 2 des Anhangs der Durchführungsverordnung (EU) 2019/1780 in Verbindung mit § 10a bekanntzumachen.

(6) Der öffentliche Auftraggeber ist nicht verpflichtet, einzelne Angaben zu veröffentlichen, wenn deren Veröffentlichung

1. den Gesetzesvollzug behindern,
2. dem öffentlichen Interesse zuwiderlaufen,
3. den berechtigten geschäftlichen Interessen eines Unternehmens schaden oder
4. den lauteren Wettbewerb zwischen Unternehmen beeinträchtigen

würde.

§ 40
Veröffentlichung von Bekanntmachungen

(1) Der öffentliche Auftraggeber muss den Tag der Absendung der Bekanntmachungen an das Amt für Veröffentlichungen der Europäischen Union nachweisen können.

(2) Bekanntmachungen werden durch das Amt für Veröffentlichungen der Europäischen Union veröffentlicht. Als Nachweis der Veröffentlichung dient die Bestätigung der Veröffentlichung der übermittelten Informationen, die der öffentliche Auftraggeber vom Amt für Veröffentlichungen der Europäischen Union erhält.

(3) Bekanntmachungen dürfen auf nationaler Ebene erst nach der Veröffentlichung durch das Amt für Veröffentlichungen der Europäischen Union oder 48 Stunden nach der Bestätigung über den Eingang der Bekanntmachung durch das Amt für Veröffentlichungen der Europäischen Union veröffentlicht werden. Die Veröffentlichung darf nur Angaben enthalten, die in den an das Amt für Veröffentlichungen der Europäischen Union übermittelten Bekanntmachungen enthalten sind oder in einem Beschafferprofil veröffentlicht wurden. In der nationalen Bekanntmachung ist der Tag der Übermittlung an das Amt für Veröffentlichungen der Europäischen Union oder der Tag der Veröffentlichung im Beschafferprofil anzugeben.

(4) Der öffentliche Auftraggeber kann auch Auftragsbekanntmachungen über öffentliche Liefer- oder Dienstleistungsaufträge, die nicht der Bekanntmachungspflicht unterliegen, an das Amt für Veröffentlichungen der Europäischen Union übermitteln.

§ 41
Bereitstellung der Vergabeunterlagen

(1) Der öffentliche Auftraggeber gibt in der Auftragsbekanntmachung oder der Aufforderung zur Interessensbestätigung eine elektronische Adresse an, unter der die Vergabeunterlagen unentgeltlich, uneingeschränkt, vollständig und direkt abgerufen werden können.

(2) Der öffentliche Auftraggeber kann die Vergabeunterlagen auf einem anderen geeigneten Weg übermitteln, wenn die erforderlichen elektronischen Mittel zum Abruf der Vergabeunterlagen

1. aufgrund der besonderen Art der Auftragsvergabe nicht mit allgemein verfügbaren oder verbreiteten Geräten und Programmen der Informations- und Kommunikationstechnologie kompatibel sind,
2. Dateiformate zur Beschreibung der Angebote verwenden, die nicht mit allgemein verfügbaren oder verbreiteten Programmen verarbeitet werden können oder die durch andere als kostenlose und allgemein verfügbare Lizenzen geschützt sind, oder
3. die Verwendung von Bürogeräten voraussetzen, die dem öffentlichen Auftraggeber nicht allgemein zur Verfügung stehen.

Die Angebotsfrist wird in diesen Fällen um fünf Tage verlängert, sofern nicht ein Fall hinreichend begründeter Dringlichkeit gemäß § 15 Absatz 3, § 16 Absatz 7 oder § 17 Absatz 8 vorliegt.

(3) Der öffentliche Auftraggeber gibt in der Auftragsbekanntmachung oder in der Aufforderung zur Interessensbestätigung an, welche Maßnahmen er zum Schutz der Vertraulichkeit von Informationen anwendet und wie auf die Vergabeunterlagen zugegriffen werden kann. Die Angebotsfrist wird in diesen Fällen um fünf Tage verlängert, es sei denn, die Maßnahme zum Schutz der Vertraulichkeit besteht ausschließlich in der Abgabe einer Verschwiegenheitserklärung oder es liegt ein Fall hinreichend begründeter Dringlichkeit gemäß § 15 Absatz 3, § 16 Absatz 7 oder § 17 Absatz 8 vor.

Für die Praxis: Eine wichtige Anforderung an die Transparenz der **elektronischen Vergabe** ist die Regelung des § 41 **Abs. 1** VgV, wonach Auftraggeber die Vergabeunterlagen **im Internet** elektronisch unentgeltlich, uneingeschränkt, vollständig und direkt abrufbar bereitstellen müssen.

Diese Verpflichtung ist nicht auf bestimmte Vergabeverfahren beschränkt. Daher muss der Auftraggeber auch bei nicht offenen Verfahren oder Verhandlungsverfahren in der Auftragsbekanntmachung diese Angabe machen. Hat der Auftraggeber vorab eine Vorinformation veröffentlicht und erfüllt diese die Voraussetzungen für einen Aufruf zum Wettbewerb (§ 38 Abs. 4 VgV), muss der Auftraggeber erst in dem Anschreiben an die Bieter mit der Aufforderung zur Bestätigung ihres Interesses die Stelle für den Download angeben. Dies ist eine wichtige Möglichkeit, den Zugang zu den Unterlagen faktisch zu beschränken.

Wird ein **Teilnahmewettbewerb** vorgeschaltet, muss der Auftraggeber in der Bekanntmachung einen vollständigen Zugang auf die Unterlagen bereitstellen, die für eine belastbare Entscheidung über die Teilnahme am Verfahren durch Abgabe eines Teilnahmeantrages erforderlich sind. Ein Unternehmen muss feststellen können, ob es an dem Auftrag interessiert ist und ob es zur Leistungserbringung geeignet ist (OLG Düsseldorf, Beschl. v. 17.10.2018, Verg 26/18).

Eine zwingende **Registrierung** als Voraussetzung für den Download der Unterlagen ist nach den Vorschriften eindeutig nicht zulässig. Anders sieht es erst aus, wenn im Verfahren elektronisch kommuniziert werden soll. Für diese spätere Kommunikation darf der Auftraggeber nach § 9 Abs. 3 Satz 1 VgV eine eindeutige Identifikation des Unternehmens und eine Registrierung fordern. Verzichten Unternehmen auf eine angebotene Registrierung, sind sie hinsichtlich späterer Änderungen der Vergabeunterlagen in einer Holpflicht.

Nach dem Wortlaut des § 41 Abs. 1 VgV müssen die Unterlagen auch **vollständig** zur Verfügung gestellt werden. Dies schließt die Veröffentlichung nur bestimmter Vergabeunterlagen oder von zusammenfassenden Darstellungen aus.

Nur in wenigen Ausnahmefällen erlaubt § 41 **Abs. 2** VgV, aus technischen Gründen eine **andere geeignete Art der Bereitstellung** zu verwenden.

Aus § 41 **Abs. 3** VgV ergibt sich, dass der Auftraggeber auch Maßnahmen zum **Schutz der Vertraulichkeit** von Informationen vorsehen kann. Als vertraulich sind daher insbesondere alle Geschäfts- und Betriebsgeheimnisse des Auftraggebers anzusehen. Verschlusssachen-Aufträge fallen im Zweifel in den Anwendungsbereich der VSVgV (vgl. § 104 Abs. 3 GWB).

Allein das Bestehen von **Urheberrechten** an Vergabeunterlagen erlaubt jedoch keine einschränkenden Maßnahmen. In solchen Fällen ist der Auftraggeber natürlich gehalten, besonders auf die eingeschränkte Verwendungsmöglichkeit der Unterlagen hinzuweisen.

Unterabschnitt 5
Anforderungen an Unternehmen; Eignung

§ 42
Auswahl geeigneter Unternehmen; Ausschluss von Bewerbern und Bietern

(1) Der öffentliche Auftraggeber überprüft die Eignung der Bewerber oder Bieter anhand der nach § 122 des Gesetzes gegen Wettbewerbsbeschränkungen festgelegten Eignungskriterien und das Nichtvorliegen von Ausschlussgründen nach den §§ 123 und 124 des Gesetzes gegen Wettbewerbsbeschränkungen sowie gegebenenfalls Maßnahmen des Bewerbers oder Bieters zur Selbstreinigung nach § 125 des Gesetzes gegen Wettbewerbsbeschränkungen und schließt gegebenenfalls Bewerber oder Bieter vom Vergabeverfahren aus.

(2) Im nicht offenen Verfahren, im Verhandlungsverfahren mit Teilnahmewettbewerb, im wettbewerblichen Dialog und in der Innovationspartnerschaft fordert der öffentliche Auftraggeber nur solche Bewerber zur Abgabe eines Angebots auf, die ihre Eignung nachgewiesen haben und nicht ausgeschlossen worden sind. § 51 bleibt unberührt.

(3) Bei offenen Verfahren kann der öffentliche Auftraggeber entscheiden, ob er die Angebotsprüfung vor der Eignungsprüfung durchführt.

Für die Praxis: Die Eignungsprüfung ist mehrstufig vorzunehmen.

In einem ersten Schritt ist positiv festzustellen, ob Unternehmen die vom Auftraggeber aufgestellten Anforderungen an die Eignung erfüllen. Diese Anforderungen (**Eignungskriterien**) dürfen nach § 122 Abs. 2 Satz 2 GWB nur betreffen:

- Befähigung und Erlaubnis zur Berufsausübung (Nr. 1),
- wirtschaftliche und finanzielle Leistungsfähigkeit(Nr. 2),
- technische und berufliche Leistungsfähigkeit(Nr. 3).

In einem zweiten Schritt ist dann zu prüfen, ob **Ausschlussgründe** vorliegen.

Dabei steht es dem Auftraggeber frei, die Reihenfolge der Prüfungen umzudrehen.

Bei den Ausschlussgründen verweist die VgV ausdrücklich auf die §§ 123 und 124 GWB. Außerdem wird die Möglichkeit der Selbstreinigung nach § 125 GWB besonders angesprochen.

Deutlicher als bisher trennt die VgV auch zwischen den Eignungsanforderungen und den hierfür vorzulegenden Nachweisen.

Bei einem **Teilnahmewettbewerb** ist außerdem eine Rangfolge der Bewerber zu ermitteln. In diesem Fall kommt es also auch auf die „Besser-Erfüllung" der Eignungskriterien an.

§ 43
Rechtsform von Unternehmen und Bietergemeinschaften

(1) Bewerber oder Bieter, die gemäß den Rechtsvorschriften des Staates, in dem sie niedergelassen sind, zur Erbringung der betreffenden Leistung berechtigt sind, dürfen nicht allein deshalb zurückgewiesen werden, weil sie gemäß den deutschen Rechtsvorschriften eine natürliche oder juristische Person sein müssten. Juristische Personen können jedoch bei Dienstleistungsaufträgen sowie bei Lieferaufträgen, die zusätzlich Dienstleistungen umfassen, verpflichtet werden, in ihrem Antrag auf Teilnahme oder in ihrem Angebot die Namen und die berufliche Befähigung der Personen anzugeben, die für die Erbringung der Leistung als verantwortlich vorgesehen sind.

(2) Bewerber- und Bietergemeinschaften sind wie Einzelbewerber und -bieter zu behandeln. Der öffentliche Auftraggeber darf nicht verlangen, dass Gruppen von Unternehmen eine bestimmte Rechtsform haben müssen, um einen Antrag auf Teilnahme zu stellen oder ein Angebot abzugeben. Sofern erforderlich kann der öffentliche Auftraggeber in den Vergabeunterlagen Bedingungen festlegen, wie Gruppen von Unternehmen die Eignungskriterien zu erfüllen und den Auftrag auszuführen haben; solche Bedingungen müssen durch sachliche Gründe gerechtfertigt und angemessen sein.

(3) Unbeschadet des Absatzes 2 kann der öffentliche Auftraggeber verlangen, dass eine Bietergemeinschaft nach Zuschlagserteilung eine bestimmte Rechtsform annimmt, soweit dies für die ordnungsgemäße Durchführung des Auftrags erforderlich ist.

Für die Praxis: Bei einer **Bietergemeinschaft** schließen sich mehrere Unternehmen zusammen, um gemeinsam ein Angebot abzugeben. Im Fall einer Zuschlagserteilung arbeiten sie als Arbeitsgemeinschaft zusammen. Die **Rechtsform** ist regelmäßig eine BGB-Gesellschaft.

Die Bildung von Bietergemeinschaften kann zu einer Reduzierung des Wettbewerbs führen. Dies wird vom Vergaberecht – unter Anwendung des allgemeinen Wettbewerbsrechts – nicht in jedem Fall hingenommen:

- Wettbewerbswidrig vereinbarte Bietergemeinschaften sind vom Vergabeverfahren auszuschließen.
- Bietergemeinschaften zwischen branchenfremden Unternehmen sind grundsätzlich unbedenklich.
- Bietergemeinschaften zwischen gleichartigen Unternehmen sind wettbewerbsrechtlich unbedenklich, wenn
  - objektiv jedes Mitglied je für sich nicht leistungsfähig wäre und erst der Zusammenschluss zu einer Bietergemeinschaft es in die Lage versetzt, sich daran zu beteiligen, und
  - die Zusammenarbeit eine im Rahmen wirtschaftlich zweckmäßigen und kaufmännisch vernünftigen Handelns liegende Unternehmensentscheidung darstellt.

§ 44
Befähigung und Erlaubnis zur Berufsausübung

(1) Der öffentliche Auftraggeber kann verlangen, dass Bewerber oder Bieter je nach den Rechtsvorschriften des Staats, in dem sie niedergelassen sind, entweder die Eintragung in einem Berufs- oder Handelsregister dieses Staats nachweisen oder auf andere Weise die erlaubte Berufsausübung nachweisen. Für die Mitgliedstaaten der Europäischen Union sind die jeweiligen Berufs- oder Handelsregister und die Bescheinigungen oder Erklärungen über die Berufsausübung in Anhang XI der Richtlinie 2014/24/EU des Europäischen Parlaments und des Rates vom 26. Februar 2014 über die öffentliche Auftragsvergabe und zur Aufhebung der Richtlinie 2004/18/EG (ABl. L 94 vom 28.3.2014, S. 65) aufgeführt.

(2) Bei der Vergabe öffentlicher Dienstleistungsaufträge kann der öffentliche Auftraggeber dann, wenn Bewerber oder Bieter eine bestimmte Berechtigung besitzen oder Mitglied einer bestimmten Organisation

sein müssen, um die betreffende Dienstleistung in ihrem Herkunftsstaat erbringen zu können, von den Bewerbern oder Bietern verlangen, ihre Berechtigung oder Mitgliedschaft nachzuweisen.

§ 45
Wirtschaftliche und finanzielle Leistungsfähigkeit

(1) Der öffentliche Auftraggeber kann im Hinblick auf die wirtschaftliche und finanzielle Leistungsfähigkeit der Bewerber oder Bieter Anforderungen stellen, die sicherstellen, dass die Bewerber oder Bieter über die erforderlichen wirtschaftlichen und finanziellen Kapazitäten für die Ausführung des Auftrags verfügen. Zu diesem Zweck kann er insbesondere Folgendes verlangen:

1. einen bestimmten Mindestjahresumsatz, einschließlich eines bestimmten Mindestjahresumsatzes in dem Tätigkeitsbereich des Auftrags,
2. Informationen über die Bilanzen der Bewerber oder Bieter; dabei kann das in den Bilanzen angegebene Verhältnis zwischen Vermögen und Verbindlichkeiten dann berücksichtigt werden, wenn der öffentliche Auftraggeber transparente, objektive und nichtdiskriminierende Methoden und Kriterien für die Berücksichtigung anwendet und die Methoden und Kriterien in den Vergabeunterlagen angibt, oder
3. eine Berufs- oder Betriebshaftpflichtversicherung in bestimmter geeigneter Höhe.

Für die Praxis: Die Zusammenstellung der vom Bieter zu verlangenden Unterlagen (siehe § 45 Abs. 1 Satz 2 VgV) ist – anders als bei § 46 VgV – nicht abschließend („insbesondere"). Der Auftraggeber kann sich auch entscheiden, andere Unterlagen zu verlangen.

Bei allen Forderungen ist zu beachten, dass Auftraggeber nur das **unbedingt Erforderliche** von den Bietern verlangen sollten. Dies ist Ausfluss des allgemeinen Verhältnismäßigkeitsgrundsatzes, der durch seine Aufnahme in § 97 Abs. 1 Satz 2 GWB eine besondere Bedeutung gewonnen hat. Außerdem erleichtert dies Bietern die Teilnahme an Vergabeverfahren, was letztlich im Interesse des Auftraggebers an möglichst viel Wettbewerb ist.

(2) Sofern ein Mindestjahresumsatz verlangt wird, darf dieser das Zweifache des geschätzten Auftragswerts nur überschreiten, wenn aufgrund der Art des Auftragsgegenstands spezielle Risiken bestehen. Der öffentliche Auftraggeber hat eine solche Anforderung in den Vergabeunterlagen oder im Vergabevermerk hinreichend zu begründen.

(3) Ist ein öffentlicher Auftrag in Lose unterteilt, finden die Absätze 1 und 2 auf jedes einzelne Los Anwendung. Der öffentliche Auftraggeber kann jedoch für den Fall, dass der erfolgreiche Bieter den Zuschlag für mehrere gleichzeitig auszuführende Lose erhält, einen Mindestjahresumsatz verlangen, der sich auf diese Gruppe von Losen bezieht.

(4) Als Beleg der erforderlichen wirtschaftlichen und finanziellen Leistungsfähigkeit des Bewerbers oder Bieters kann der öffentliche Auftraggeber in der Regel die Vorlage einer oder mehrerer der folgenden Unterlagen verlangen:

1. entsprechende Bankerklärungen,
2. Nachweis einer entsprechenden Berufs- oder Betriebshaftpflichtversicherung,
3. Jahresabschlüsse oder Auszüge von Jahresabschlüssen, falls deren Veröffentlichung in dem Land, in dem der Bewerber oder Bieter niedergelassen ist, gesetzlich vorgeschrieben ist,
4. eine Erklärung über den Gesamtumsatz und gegebenenfalls den Umsatz in dem Tätigkeitsbereich des Auftrags; eine solche Erklärung kann höchstens für die letzten drei Geschäftsjahre verlangt werden und nur, sofern entsprechende Angaben verfügbar sind.

(5) Kann ein Bewerber oder Bieter aus einem berechtigten Grund die geforderten Unterlagen nicht beibringen, so kann er seine wirtschaftliche und finanzielle Leistungsfähigkeit durch Vorlage anderer, vom öffentlichen Auftraggeber als geeignet angesehener Unterlagen belegen.

§ 46
Technische und berufliche Leistungsfähigkeit

(1) Der öffentliche Auftraggeber kann im Hinblick auf die technische und berufliche Leistungsfähigkeit der Bewerber oder Bieter Anforderungen stellen, die sicherstellen, dass die Bewerber oder Bieter über die erforderlichen personellen und technischen Mittel sowie ausreichende Erfahrungen verfügen, um den Auftrag in angemessener Qualität ausführen zu können. Bei Lieferaufträgen, für die Verlege- oder Installationsarbeiten erforderlich sind, sowie bei Dienstleistungsaufträgen darf die berufliche Leistungsfähigkeit der Unternehmen auch anhand ihrer Fachkunde, Effizienz, Erfahrung und Verlässlichkeit beurteilt werden.

(2) Der öffentliche Auftraggeber kann die berufliche Leistungsfähigkeit eines Bewerbers oder Bieters verneinen, wenn er festgestellt hat, dass dieser Interessen hat, die mit der Ausführung des öffentlichen Auftrags im Widerspruch stehen und sie nachteilig beeinflussen könnten.

(3) Als Beleg der erforderlichen technischen und beruflichen Leistungsfähigkeit des Bewerbers oder Bieters kann der öffentliche Auftraggeber je nach Art, Verwendungszweck und Menge oder Umfang der zu erbringenden Liefer- oder Dienstleistungen ausschließlich die Vorlage von einer oder mehreren der folgenden Unterlagen verlangen:

1. geeignete Referenzen über früher ausgeführte Liefer- und Dienstleistungsaufträge in Form einer Liste der in den letzten höchstens drei Jahren erbrachten wesentlichen Liefer- oder Dienstleistungen mit Angabe des Werts, des Liefer- beziehungsweise Erbringungszeitpunkts sowie des öffentlichen oder privaten Empfängers; soweit erforderlich, um einen ausreichenden Wettbewerb sicherzustellen, kann der öffentliche Auftraggeber darauf hinweisen, dass er auch einschlägige Liefer- oder Dienstleistungen berücksichtigen wird, die mehr als drei Jahre zurückliegen,
2. Angabe der technischen Fachkräfte oder der technischen Stellen, die im Zusammenhang mit der Leistungserbringung eingesetzt werden sollen, unabhängig davon, ob diese dem Unternehmen angehören oder nicht, und zwar insbesondere derjenigen, die mit der Qualitätskontrolle beauftragt sind,
3. Beschreibung der technischen Ausrüstung, der Maßnahmen zur Qualitätssicherung und der Untersuchungs- und Forschungsmöglichkeiten des Unternehmens,
4. Angabe des Lieferkettenmanagement- und Lieferkettenüberwachungssystems, das dem Unternehmen zur Vertragserfüllung zur Verfügung steht,
5. bei komplexer Art der zu erbringenden Leistung oder bei solchen Leistungen, die ausnahmsweise einem besonderen Zweck dienen sollen, eine Kontrolle, die vom öffentlichen Auftraggeber oder in dessen Namen von einer zuständigen amtlichen Stelle im Niederlassungsstaat des Unternehmens durchgeführt wird; diese Kontrolle betrifft die Produktionskapazität beziehungsweise die technische Leistungsfähigkeit und erforderlichenfalls die Untersuchungs- und Forschungsmöglichkeiten des Unternehmens sowie die von diesem für die Qualitätskontrolle getroffenen Vorkehrungen,
6. Studien- und Ausbildungsnachweise sowie Bescheinigungen über die Erlaubnis zur Berufsausübung für die Inhaberin, den Inhaber oder die Führungskräfte des Unternehmens, sofern diese Nachweise nicht als Zuschlagskriterium bewertet werden,
7. Angabe der Umweltmanagementmaßnahmen, die das Unternehmen während der Auftragsausführung anwendet,
8. Erklärung, aus der die durchschnittliche jährliche Beschäftigtenzahl des Unternehmens und die Zahl seiner Führungskräfte in den letzten drei Jahren ersichtlich ist,
9. Erklärung, aus der ersichtlich ist, über welche Ausstattung, welche Geräte und welche technische Ausrüstung das Unternehmen für die Ausführung des Auftrags verfügt,
10. Angabe, welche Teile des Auftrags das Unternehmen unter Umständen als Unteraufträge zu vergeben beabsichtigt,
11. bei Lieferleistungen:

a) Muster, Beschreibungen oder Fotografien der zu liefernden Güter, wobei die Echtheit auf Verlangen des öffentlichen Auftraggebers nachzuweisen ist, oder

b) Bescheinigungen, die von als zuständig anerkannten Instituten oder amtlichen Stellen für Qualitätskontrolle ausgestellt wurden, mit denen bestätigt wird, dass die durch entsprechende Bezugnahmen genau bezeichneten Güter bestimmten technischen Anforderungen oder Normen entsprechen.

Für die Praxis: Die Liste der Unterlagen, die der Auftraggeber nach § 46 VgV von Bietern verlangen kann, ist abschließend („ausschließlich", siehe § 46 Abs. 3 Einleitungssatz VgV). Ein Auftraggeber kann daher zum Nachweis der technischen und beruflichen Leistungsfähigkeit **keine anderen Unterlagen** verlangen.

§ 47
Eignungsleihe

(1) Ein Bewerber oder Bieter kann für einen bestimmten öffentlichen Auftrag im Hinblick auf die erforderliche wirtschaftliche und finanzielle sowie die technische und berufliche Leistungsfähigkeit die Kapazitäten anderer Unternehmen in Anspruch nehmen, wenn er nachweist, dass ihm die für den Auftrag erforderlichen Mittel tatsächlich zur Verfügung stehen werden, indem er beispielsweise eine entsprechende Verpflichtungserklärung dieser Unternehmen vorlegt. Diese Möglichkeit besteht unabhängig von der Rechtsnatur der zwischen dem Bewerber oder Bieter und den anderen Unternehmen bestehenden Verbindungen. Ein Bewerber oder Bieter kann jedoch im Hinblick auf Nachweise für die erforderliche berufliche Leistungsfähigkeit wie Ausbildungs- und Befähigungsnachweise nach § 46 Absatz 3 Nummer 6 oder die einschlägige berufliche Erfahrung die Kapazitäten anderer Unternehmen nur dann in Anspruch nehmen, wenn diese die Leistung erbringen, für die diese Kapazitäten benötigt werden.

Für die Praxis: Eignungsleihe und Verpflichtungserklärung. Wenn ein Unternehmen die vom Auftraggeber aufgestellten Eignungskriterien nicht selber erfüllen kann, bietet ihm die sog. Eignungsleihe die Möglichkeit, sich auf die Leistungsfähigkeit anderer Unternehmen zu berufen und auf dieses Weise doch noch am Vergabeverfahren teilzunehmen.

Weil das Unternehmen die Anforderungen des Auftraggebers nur aufgrund dieser Eignungsleihe erfüllt, muss zwischen dem Unternehmen und den Nachunternehmen, auf die es sich stützen will, eine besondere Rechtsbeziehung bestehen. Ansonsten wäre eine Umgehung der Eignungsanforderungen ohne Weiteres möglich.

Daher fordert die VgV in § 47 Abs. 1 Satz 1, dass der Bewerber oder Bieter eine **Verpflichtungserklärung oder einen anderen Nachweis** dafür, dass er tatsächlich auf das andere Unternehmen zugreifen kann, vorlegen muss. Im Hinblick auf den angestrebten Zweck, Umgehungen zu vermeiden, muss ein solcher Zugriff tatsächlich bestehen und der Auftraggeber darf sich nicht mit unverbindlichen Absichtserklärungen zufrieden geben.

(2) Der öffentliche Auftraggeber überprüft im Rahmen der Eignungsprüfung, ob die Unternehmen, deren Kapazitäten der Bewerber oder Bieter für die Erfüllung bestimmter Eignungskriterien in Anspruch nehmen will, die entsprechenden Eignungskriterien erfüllen und ob Ausschlussgründe vorliegen. Legt der Bewerber oder Bieter eine Einheitliche Europäische Eigenerklärung nach § 50 vor, so muss diese auch die Angaben enthalten, die für die Überprüfung nach Satz 1 erforderlich sind. Der öffentliche Auftraggeber schreibt vor, dass der Bewerber oder Bieter ein Unternehmen, das das entsprechende Eignungskriterium nicht erfüllt oder bei dem zwingende Ausschlussgründe nach § 123 des Gesetzes gegen Wettbewerbsbeschränkungen vorliegen, ersetzen muss. Er kann vorschreiben, dass der Bewerber oder Bieter auch ein Unternehmen, bei dem fakultative Ausschlussgründe nach § 124 des Gesetzes gegen Wettbewerbsbeschränkungen vorliegen, ersetzen muss. Der öffentliche Auftraggeber kann dem Bewerber oder Bieter dafür eine Frist setzen.

(3) Nimmt ein Bewerber oder Bieter die Kapazitäten eines anderen Unternehmens im Hinblick auf die erforderliche wirtschaftliche und finanzielle Leistungsfähigkeit in Anspruch, so kann der öffentliche Auftraggeber eine gemeinsame Haftung des Bewerbers oder Bieters und des anderen Unternehmens für die Auftragsausführung entsprechend dem Umfang der Eignungsleihe verlangen.

Für die Praxis: Gemeinsame Haftung von Bieter und Nachunternehmer. Bei der Eignungsleihe erfüllt der Auftragnehmer manchmal die Anforderung des Auftraggebers überhaupt nur, weil er sich für die wirtschaftliche und finanzielle Leistungsfähigkeit auch auf die Leistungsfähigkeit eines anderen Unternehmens berufen kann. Anders ausgedrückt: Der Bieter oder Bewerber selbst ist eigentlich gar nicht in der Lage, die Anforderung des Auftraggebers zu erfüllen. Daher sieht die VgV vor, dass der Auftraggeber die Möglichkeit erhält, auch direkt auf die Leistungsfähigkeit des Nachunternehmers zuzugreifen, indem er nach § 47 Abs. 3 verlangt, dass der Nachunternehmer gemeinsam mit dem Bieter und Bewerber die Haftung übernimmt.

(4) Die Absätze 1 bis 3 gelten auch für Bewerber- oder Bietergemeinschaften.

(5) Der öffentliche Auftraggeber kann vorschreiben, dass bestimmte kritische Aufgaben bei Dienstleistungsaufträgen oder kritische Verlege- oder Installationsarbeiten im Zusammenhang mit einem Lieferauftrag direkt vom Bieter selbst oder im Fall einer Bietergemeinschaft von einem Teilnehmer der Bietergemeinschaft ausgeführt werden müssen.

§ 48
Beleg der Eignung und des Nichtvorliegens von Ausschlussgründen

(1) In der Auftragsbekanntmachung oder der Aufforderung zur Interessensbestätigung ist neben den Eignungskriterien ferner anzugeben, mit welchen Unterlagen (Eigenerklärungen, Angaben, Bescheinigungen und sonstige Nachweise) Bewerber oder Bieter ihre Eignung gemäß den §§ 43 bis 47 und das Nichtvorliegen von Ausschlussgründen zu belegen haben.

(2) Der öffentliche Auftraggeber fordert grundsätzlich die Vorlage von Eigenerklärungen an. Wenn der öffentliche Auftraggeber Bescheinigungen und sonstige Nachweise anfordert, verlangt er in der Regel solche, die vom Online-Dokumentenarchiv e-Certis abgedeckt sind.

Für die Praxis: In § 48 VgV geht es darum, wie Bieter und Bewerber nachweisen sollen, dass sie die vom Auftraggeber vorgegebenen Eignungsanforderungen erfüllen. Auch hierbei hat der Auftraggeber maßgeblichen Einfluss. Er kann nach § 48 Abs. 2 VgV festlegen, dass er die Vorlage von **Eigenerklärungen** für ausreichend hält. Dies soll sogar „**grundsätzlich**" vom Auftraggeber so gefordert werden (§ 48 Abs. 2 Satz 1 VgV). Dadurch stellt die VgV klar, dass die Eigenerklärung als **vorrangige** Art des Nachweises angesehen wird.

Der Auftraggeber kann jedoch von diesem Grundsatz abweichen und von den Bietern Bescheinigungen und sonstige Nachweise anfordern, aus denen hervorgeht, dass sie die Anforderungen tatsächlich erfüllen (vgl. § 48 Abs. 2 Satz 2 VgV). Bei der Festlegung der geforderten Nachweise hat der Auftraggeber den allgemeinen Verhältnismäßigkeitsgrundsatz zu beachten.

Will der Auftraggeber vom Vorrang der Eigenerklärung abweichen, muss er dies in der Dokumentation zumindest kurz begründen.

e-Certis ist eine europäische Datenbank, die vor allem Informationen zur Vergleichbarkeit bestimmter Dokumente, wie z.B. Handelsregisterauszüge, mit den in anderen Ländern ausgegebenen Unterlagen enthält. Individuell firmenbezogene Dokumente sind dort jedoch nicht zu finden.

(3) Als vorläufigen Beleg der Eignung und des Nichtvorliegens von Ausschlussgründen akzeptiert der öffentliche Auftraggeber die Vorlage einer Einheitlichen Europäischen Eigenerklärung nach § 50.

Für die Praxis: Verlangt der Auftraggeber sonstige Nachweise, kann für Bieter die Einreichung einer **Einheitlichen Europäischen Eigenerklärung** (EEE) nach § 50 VgV interessant sein. Die EEE ist ausdrücklich als **vorläufiger Beleg** für die Eignung vorgesehen (§ 48 Abs. 3 VgV). In § 50 Abs. 2 Satz 2 VgV ist daher festgelegt, dass der Auftraggeber von dem Bieter, der den Zuschlag erhalten soll, die geforderten Unterlagen zum Beleg der Richtigkeit der EEE vor der Zuschlagserteilung anfordern muss. Die EEE bietet somit für Bieter nur einen Aufschub und nur für den Fall, dass sie nicht für den Zuschlag vorgesehen werden, eine echte Arbeitserleichterung.

(4) Als ausreichenden Beleg dafür, dass die in § 123 Absatz 1 bis 3 des Gesetzes gegen Wettbewerbsbeschränkungen genannten Ausschlussgründe auf den Bewerber oder Bieter nicht zutreffen, erkennt der öffentliche Auftraggeber einen Auszug aus einem einschlägigen Register, insbesondere ein Führungszeugnis aus dem Bundeszentralregister oder, in Ermangelung eines solchen, eine gleichwertige Bescheinigung einer zuständigen Gerichts- oder Verwaltungsbehörde des Herkunftslands oder des Niederlassungsstaats des Bewerbers oder Bieters an.

(5) Als ausreichenden Beleg dafür, dass die in § 123 Absatz 4 und § 124 Absatz 1 Nummer 2 des Gesetzes gegen Wettbewerbsbeschränkungen genannten Ausschlussgründe auf den Bewerber oder Bieter nicht zutreffen, erkennt der öffentliche Auftraggeber eine von der zuständigen Behörde des Herkunftslands oder des Niederlassungsstaats des Bewerbers oder Bieters ausgestellte Bescheinigung an.

(6) Werden Urkunden oder Bescheinigungen nach den Absätzen 4 und 5 von dem Herkunftsland oder dem Niederlassungsstaat des Bewerbers oder Bieters nicht ausgestellt oder werden darin nicht alle Ausschlussgründe nach § 123 Absatz 1 bis 4 sowie § 124 Absatz 1 Nummer 2 des Gesetzes gegen Wettbewerbsbeschränkungen erwähnt, so können sie durch eine Versicherung an Eides statt ersetzt werden. In den Staaten, in denen es keine Versicherung an Eides statt gibt, darf die Versicherung an Eides statt durch eine förmliche Erklärung ersetzt werden, die ein Vertreter des betreffenden Unternehmens vor einer zuständigen Gerichts- oder Verwaltungsbehörde, einem Notar oder einer dazu bevollmächtigten Berufs- oder Handelsorganisation des Herkunftslands oder des Niederlassungsstaats des Bewerbers oder Bieters abgibt.

(7) Der öffentliche Auftraggeber kann Bewerber oder Bieter auffordern, die erhaltenen Unterlagen zu erläutern.

(8) Sofern der Bewerber oder Bieter in einem amtlichen Verzeichnis eingetragen ist oder über eine Zertifizierung verfügt, die jeweils den Anforderungen des Artikels 64 der Richtlinie 2014/24/EU entsprechen, werden die im amtlichen Verzeichnis oder dem Zertifizierungssystem niedergelegten Unterlagen und Angaben vom öffentlichen Auftraggeber nur in begründeten Fällen in Zweifel gezogen (Eignungsvermutung). Ein den Anforderungen des Artikels 64 der Richtlinie 2014/24/EU entsprechendes amtliches Verzeichnis kann auch durch Industrie- und Handelskammern eingerichtet werden. Die Industrie- und Handelskammern bedienen sich bei der Führung des amtlichen Verzeichnisses einer gemeinsamen verzeichnisführenden Stelle. Der öffentliche Auftraggeber kann mit Blick auf die Entrichtung von Steuern, Abgaben oder Sozialversicherungsbeiträgen die gesonderte Vorlage einer entsprechenden Bescheinigung verlangen.

§ 49
Beleg der Einhaltung von Normen der Qualitätssicherung und des Umweltmanagements

(1) Verlangt der öffentliche Auftraggeber als Beleg dafür, dass Bewerber oder Bieter bestimmte Normen der Qualitätssicherung erfüllen, die Vorlage von Bescheinigungen unabhängiger Stellen, so bezieht sich der öffentliche Auftraggeber auf Qualitätssicherungssysteme, die

1. den einschlägigen europäischen Normen genügen und
2. von akkreditierten Stellen zertifiziert sind.

Der öffentliche Auftraggeber erkennt auch gleichwertige Bescheinigungen von akkreditierten Stellen aus anderen Staaten an. Konnte ein Bewerber oder Bieter aus Gründen, die er nicht zu vertreten hat, die betreffenden Bescheinigungen nicht innerhalb einer angemessenen Frist einholen, so muss der öffentliche Auftraggeber auch andere Unterlagen über gleichwertige Qualitätssicherungssysteme anerkennen, sofern der Bewerber oder Bieter nachweist, dass die vorgeschlagenen Qualitätssicherungsmaßnahmen den geforderten Qualitätssicherungsnormen entsprechen.

(2) Verlangt der öffentliche Auftraggeber als Beleg dafür, dass Bewerber oder Bieter bestimmte Systeme oder Normen des Umweltmanagements erfüllen, die Vorlage von Bescheinigungen unabhängiger Stellen, so bezieht sich der öffentliche Auftraggeber

1. entweder auf das Gemeinschaftssystem für das Umweltmanagement und die Umweltbetriebsprüfung EMAS der Europäischen Union oder
2. auf andere nach Artikel 45 der Verordnung (EG) Nr. 1221/2009 des Europäischen Parlaments und des Rates vom 25. November 2009 über die freiwillige Teilnahme von Organisationen an einem Gemeinschaftssystem für Umweltmanagement und Umweltbetriebsprüfung und zur Aufhebung der Verordnung (EG) Nr. 761/2001, sowie der Beschlüsse der Kommission 2001/681/EG und 2006/193/EG (ABl. L 342 vom 22.12.2009, S. 1) anerkannte Umweltmanagementsysteme oder
3. auf andere Normen für das Umweltmanagement, die auf den einschlägigen europäischen oder internationalen Normen beruhen und von akkreditierten Stellen zertifiziert sind.

Der öffentliche Auftraggeber erkennt auch gleichwertige Bescheinigungen von Stellen in anderen Staaten an. Hatte ein Bewerber oder Bieter aus Gründen, die ihm nicht zugerechnet werden können, nachweislich keinen Zugang zu den betreffenden Bescheinigungen oder aus Gründen, die er nicht zu vertreten hat, keine Möglichkeit, diese innerhalb der einschlägigen Fristen zu erlangen, so muss der öffentliche Auftraggeber auch andere Unterlagen über gleichwertige Umweltmanagementmaßnahmen anerkennen, sofern der Bewerber oder Bieter nachweist, dass diese Maßnahmen mit denen, die nach dem geltenden System oder den geltenden Normen für das Umweltmanagement erforderlich sind, gleichwertig sind.

§ 50
Einheitliche Europäische Eigenerklärung

(1) Die Einheitliche Europäische Eigenerklärung ist in der Form des Anhangs 2 der Durchführungsverordnung (EU) 2016/7 der Kommission vom 5. Januar 2016 zur Einführung des Standardformulars für die Einheitliche Europäische Eigenerklärung (ABl. L 3 vom 6.1.2016, S. 16) zu übermitteln. Bewerber oder Bieter können eine bereits bei einer früheren Auftragsvergabe verwendete Einheitliche Europäische Eigenerklärung wiederverwenden, sofern sie bestätigen, dass die darin enthaltenen Informationen weiterhin zutreffend sind.

(2) Der öffentliche Auftraggeber kann bei Übermittlung einer Einheitlichen Europäischen Eigenerklärung Bewerber oder Bieter jederzeit während des Verfahrens auffordern, sämtliche oder einen Teil der nach den §§ 44 bis 49 geforderten Unterlagen beizubringen, wenn dies zur angemessenen Durchführung des Verfahrens erforderlich ist. Vor der Zuschlagserteilung fordert der öffentliche Auftraggeber den Bieter, an den er den Auftrag vergeben will, auf, die geforderten Unterlagen beizubringen.

Für die Praxis: Nach § 48 Abs. 3 VgV ist die Einheitliche Europäische Eigenerklärung (EEE) lediglich ein **vorläufiger Nachweis** dafür, dass ein Unternehmen die vom Auftraggeber aufgestellten Eignungsanforderungen erfüllt. Gibt sich der Auftraggeber mit dem in § 48 Abs. 2 Satz 1 VgV aufgestellten Grundsatz – vorrangiger Nachweis durch Vorlage von Eigenerklärungen – nicht zufrieden, sondern fordert er weitere Nachweise an, dann muss er von einem Unternehmen, das eine EEE vorlegt oder an das er den Auftrag vergeben will, die geforderten Nachweise und Belege nachfordern.

Ein Zuschlag an dieses Unternehmen ohne Anforderung der Unterlagen wäre ein Verstoß gegen die Pflicht des Auftraggebers, nach seinen eigenen Vorgaben die Eignungsprüfung vorzunehmen.

Dies hat für den Auftraggeber den Nachteil, dass er unmittelbar vor der Zuschlagserteilung noch eine weitere Schleife einlegen muss, nämlich die Anforderung der Unterlagen und deren Prüfung.

Gegebenenfalls muss der Auftraggeber über eine Nachforderung entscheiden, Unterlagen vom Bieter anfordern und erneut in die Prüfung einsteigen. Es kann dann durchaus passieren, dass ein Bieter die geforderten Nachweise nicht liefert und der Auftraggeber ihn daher ausschließen muss. In diesem Fall fängt die gleiche Arbeitsschleife mit dem nächstrangigen Bieter von vorne an.

Auch aus Sicht der Bieter ist eine derart späte Eignungsprüfung im Zweifel nicht begrüßenswert, weil Nachforderungen in dieser Phase sicherlich oft mit kürzeren Fristen erfolgen werden.

Es bleibt abzuwarten, ob sich die EEE gegenüber den endgültigen Formen des Eignungsnachweises, wie z.B. Eigenerklärungen, Vorlage von Belegen oder Präqualifikationsurkunden, durchsetzen wird.

(3) Ungeachtet von Absatz 2 müssen Bewerber oder Bieter keine Unterlagen beibringen, sofern und soweit die zuschlagerteilende Stelle

1. die Unterlagen über eine für den öffentlichen Auftraggeber kostenfreie Datenbank innerhalb der Europäischen Union, insbesondere im Rahmen eines Präqualifikationssystems, erhalten kann oder

2. bereits im Besitz der Unterlagen ist.

§ 51
Begrenzung der Anzahl der Bewerber

(1) Bei allen Verfahrensarten mit Ausnahme des offenen Verfahrens kann der öffentliche Auftraggeber die Zahl der geeigneten Bewerber, die zur Abgabe eines Angebots aufgefordert oder zum Dialog eingeladen werden, begrenzen, sofern genügend geeignete Bewerber zur Verfügung stehen. Dazu gibt der öffentliche Auftraggeber in der Auftragsbekanntmachung oder der Aufforderung zur Interessensbestätigung die von ihm vorgesehenen objektiven und nichtdiskriminierenden Eignungskriterien für die Begrenzung der Zahl, die vorgesehene Mindestzahl und gegebenenfalls auch die Höchstzahl der einzuladenden Bewerber an.

(2) Die vom öffentlichen Auftraggeber vorgesehene Mindestzahl der einzuladenden Bewerber darf nicht niedriger als drei sein, beim nicht offenen Verfahren nicht niedriger als fünf. In jedem Fall muss die vorgesehene Mindestzahl ausreichend hoch sein, sodass der Wettbewerb gewährleistet ist.

Für die Praxis: Durch die Festsetzung einer Mindestzahl aufzufordernder Bewerber und natürlich auch durch die dem Auftraggeber ebenfalls freigestellte Festlegung einer Höchstzahl bindet sich der Auftraggeber selber. Eine von diesen Zahlen abweichende Vorgehensweise kann als Vergaberechtsverstoß angegriffen werden.

(3) Sofern geeignete Bewerber in ausreichender Zahl zur Verfügung stehen, lädt der öffentliche Auftraggeber eine Anzahl von geeigneten Bewerbern ein, die nicht niedriger als die festgelegte Mindestzahl an Bewerbern ist. Sofern die Zahl geeigneter Bewerber unter der Mindestzahl liegt, kann der öffentliche Auftraggeber das Vergabeverfahren fortführen, indem er den oder die Bewerber einlädt, die über die geforderte Eignung verfügen. Andere Unternehmen, die sich nicht um die Teilnahme beworben haben, oder Bewerber, die nicht über die geforderte Eignung verfügen, dürfen nicht zu demselben Verfahren zugelassen werden.

Unterabschnitt 6
Einreichung, Form und Umgang mit Interessensbekundungen, Interessensbestätigungen, Teilnahmeanträgen und Angeboten

§ 52
Aufforderung zur Interessensbestätigung, zur Angebotsabgabe, zur Verhandlung oder zur Teilnahme am Dialog

(1) Ist ein Teilnahmewettbewerb durchgeführt worden, wählt der öffentliche Auftraggeber gemäß § 51 Bewerber aus, die er auffordert, in einem nicht offenen Verfahren oder einem Verhandlungsverfahren ein Angebot einzureichen, am wettbewerblichen Dialog teilzunehmen oder an Verhandlungen im Rahmen einer Innovationspartnerschaft teilzunehmen.

(2) Die Aufforderung nach Absatz 1 enthält mindestens:

1. einen Hinweis auf die veröffentlichte Auftragsbekanntmachung,
2. den Tag, bis zu dem ein Angebot eingehen muss, die Anschrift der Stelle, bei der es einzureichen ist, die Art der Einreichung sowie die Sprache, in der es abzufassen ist,
3. beim wettbewerblichen Dialog den Termin und den Ort des Beginns der Dialogphase sowie die verwendete Sprache,
4. die Bezeichnung der gegebenenfalls beizufügenden Unterlagen, sofern nicht bereits in der Auftragsbekanntmachung enthalten,
5. die Zuschlagskriterien sowie deren Gewichtung oder gegebenenfalls die Kriterien in der Rangfolge ihrer Bedeutung, wenn diese Angaben nicht bereits in der Auftragsbekanntmachung oder in der Aufforderung zur Interessensbestätigung enthalten sind.

Bei öffentlichen Aufträgen, die in einem wettbewerblichen Dialog oder im Rahmen einer Innovationspartnerschaft vergeben werden, sind die in Satz 1 Nummer 2 genannten Angaben nicht in der Aufforderung zur Teilnahme am Dialog oder an den Verhandlungen aufzuführen, sondern in der Aufforderung zur Angebotsabgabe.

(3) Im Falle einer Vorinformation nach § 38 Absatz 4 fordert der öffentliche Auftraggeber gleichzeitig alle Unternehmen, die eine Interessensbekundung übermittelt haben, nach § 38 Absatz 5 auf, ihr Interesse zu bestätigen. Diese Aufforderung umfasst zumindest folgende Angaben:

1. Umfang des Auftrags, einschließlich aller Optionen auf zusätzliche Aufträge, und, sofern möglich, eine Einschätzung der Frist für die Ausübung dieser Optionen; bei wiederkehrenden Aufträgen Art und Umfang und, sofern möglich, das voraussichtliche Datum der Veröffentlichung zukünftiger Auftragsbekanntmachungen für die Liefer- oder Dienstleistungen, die Gegenstand des Auftrags sein sollen,
2. Art des Verfahrens,
3. gegebenenfalls Zeitpunkt, an dem die Lieferleistung erbracht oder die Dienstleistung beginnen oder abgeschlossen sein soll,
4. Internetadresse, über die die Vergabeunterlagen unentgeltlich, uneingeschränkt und vollständig direkt verfügbar sind,
5. falls kein elektronischer Zugang zu den Vergabeunterlagen bereitgestellt werden kann, Anschrift und Schlusstermin für die Anforderung der Vergabeunterlagen sowie die Sprache, in der die Interessensbekundung abzufassen ist,
6. Anschrift des öffentlichen Auftraggebers, der den Zuschlag erteilt,
7. alle wirtschaftlichen und technischen Anforderungen, finanziellen Sicherheiten und Angaben, die von den Unternehmen verlangt werden,
8. Art des Auftrags, der Gegenstand des Vergabeverfahrens ist, und

9. die Zuschlagskriterien sowie deren Gewichtung oder gegebenenfalls die Kriterien in der Rangfolge ihrer Bedeutung, wenn diese Angaben nicht bereits in der Vorinformation oder den Vergabeunterlagen enthalten sind.

§ 53
Form und Übermittlung der Interessensbekundungen, Interessensbestätigungen, Teilnahmeanträge und Angebote

(1) Die Unternehmen übermitteln ihre Interessensbekundungen, Interessensbestätigungen, Teilnahmeanträge und Angebote in Textform nach § 126b des Bürgerlichen Gesetzbuchs mithilfe elektronischer Mittel gemäß § 10.

(2) Der öffentliche Auftraggeber ist nicht verpflichtet, die Einreichung von Angeboten mithilfe elektronischer Mittel zu verlangen, wenn auf die zur Einreichung erforderlichen elektronischen Mittel einer der in § 41 Absatz 2 Nummer 1 bis 3 genannten Gründe zutrifft oder wenn zugleich physische oder maßstabsgetreue Modelle einzureichen sind, die nicht elektronisch übermittelt werden können. In diesen Fällen erfolgt die Kommunikation auf dem Postweg oder auf einem anderen geeigneten Weg oder in Kombination von postalischem oder einem anderen geeigneten Weg und Verwendung elektronischer Mittel. Der öffentliche Auftraggeber gibt im Vergabevermerk die Gründe an, warum die Angebote mithilfe anderer als elektronischer Mittel eingereicht werden können.

(3) Der öffentliche Auftraggeber prüft, ob zu übermittelnde Daten erhöhte Anforderungen an die Sicherheit stellen. Soweit es erforderlich ist, kann der öffentliche Auftraggeber verlangen, dass Interessensbekundungen, Interessensbestätigungen, Teilnahmeanträge und Angebote zu versehen sind mit

1. einer fortgeschrittenen elektronischen Signatur,
2. einer qualifizierten elektronischen Signatur,
3. einem fortgeschrittenen elektronischen Siegel oder
4. einem qualifizierten elektronischen Siegel.

(4) Der öffentliche Auftraggeber kann festlegen, dass Angebote mithilfe anderer als elektronischer Mittel einzureichen sind, wenn sie besonders schutzwürdige Daten enthalten, die bei Verwendung allgemein verfügbarer oder alternativer elektronischer Mittel nicht angemessen geschützt werden können, oder wenn die Sicherheit der elektronischen Mittel nicht gewährleistet werden kann. Der öffentliche Auftraggeber gibt im Vergabevermerk die Gründe an, warum er die Einreichung der Angebote mithilfe anderer als elektronischer Mittel für erforderlich hält.

(5) Auf dem Postweg oder direkt übermittelte Interessensbekundungen, Interessensbestätigungen, Teilnahmeanträge und Angebote sind in einem verschlossenen Umschlag einzureichen und als solche zu kennzeichnen.

(6) Auf dem Postweg oder direkt übermittelte Interessensbekundungen, Interessensbestätigungen, Teilnahmeanträge und Angebote müssen unterschrieben sein. Bei Abgabe mittels Telefax genügt die Unterschrift auf der Telefaxvorlage.

(7) Änderungen an den Vergabeunterlagen sind unzulässig. Die Interessensbestätigungen, Teilnahmeanträge und Angebote müssen vollständig sein und alle geforderten Angaben, Erklärungen und Preise enthalten. Nebenangebote müssen als solche gekennzeichnet sein.

(8) Die Unternehmen haben anzugeben, ob für den Auftragsgegenstand gewerbliche Schutzrechte bestehen, beantragt sind oder erwogen werden.

(9) Bewerber- oder Bietergemeinschaften haben in der Interessensbestätigung, im Teilnahmeantrag oder im Angebot jeweils die Mitglieder sowie eines ihrer Mitglieder als bevollmächtigten Vertreter für den Abschluss und die Durchführung des Vertrags zu benennen. Fehlt eine dieser Angaben, so ist sie vor der Zuschlagserteilung beizubringen.

§ 54
Aufbewahrung ungeöffneter Interessensbekundungen, Interessensbestätigungen, Teilnahmeanträge und Angebote

Elektronisch übermittelte Interessensbekundungen, Interessensbestätigungen, Teilnahmeanträge und Angebote sind auf geeignete Weise zu kennzeichnen und verschlüsselt zu speichern. Auf dem Postweg und direkt übermittelte Interessensbestätigungen, Teilnahmeanträge und Angebote sind ungeöffnet zu lassen, mit Eingangsvermerk zu versehen und bis zum Zeitpunkt der Öffnung unter Verschluss zu halten. Mittels Telefax übermittelte Interessensbestätigungen, Teilnahmeanträge und Angebote sind ebenfalls entsprechend zu kennzeichnen und auf geeignete Weise unter Verschluss zu halten.

Für die Praxis: Der Auftraggeber legt Art und Weise der im jeweiligen Vergabeverfahren zulässigen Kommunikationsweise fest. § 54 VgV regelt lediglich im Anschluss an die vom Auftraggeber getroffene Festlegung, wie dann mit den eingehenden Unterlagen umzugehen ist.

Für die Frage, wie **eingehende Angebote** zu kennzeichnen sind, kann ohne Weiteres auf die Rechtsprechung zur bisherigen Rechtslage zurückgegriffen werden. Danach müssen Angebote mit einem **eindeutigen Eingangsvermerk** versehen sein. Diesem Vermerk muss auch zu entnehmen sein, wer ihn angebracht hat, und es muss sich eine Unterschrift finden. Dadurch soll sichergestellt sein, dass gegebenenfalls durch einen Zeugen der Zeitpunkt des Eingangs nachgewiesen werden kann.

§ 55
Öffnung der Interessensbestätigungen, Teilnahmeanträge und Angebote

(1) Der öffentliche Auftraggeber darf vom Inhalt der Interessensbestätigungen, Teilnahmeanträge und Angebote erst nach Ablauf der entsprechenden Fristen Kenntnis nehmen.

(2) Die Öffnung der Angebote wird von mindestens zwei Vertretern des öffentlichen Auftraggebers gemeinsam an einem Termin unverzüglich nach Ablauf der Angebotsfrist durchgeführt. Bieter sind nicht zugelassen.

Für die Praxis: Die VgV sieht einen Öffnungstermin vor, der nicht bieteröffentlich ist. Um Manipulationsvorwürfen wirksam begegnen zu können, empfiehlt es sich, die Angebotsöffnung von Mitarbeitern durchführen zu lassen, die sonst mit dem Vergabeverfahren nicht befasst sind. Dies müssen keine Mitarbeiter des Auftraggebers sein.

Unterabschnitt 7
Prüfung und Wertung der Interessensbestätigungen, Teilnahmeanträge und Angebote; Zuschlag

§ 56
Prüfung der Interessensbestätigungen, Teilnahmeanträge und Angebote; Nachforderung von Unterlagen

(1) Die Interessensbestätigungen, Teilnahmeanträge und Angebote sind auf Vollständigkeit und fachliche Richtigkeit, Angebote zudem auf rechnerische Richtigkeit zu prüfen.

(2) Der öffentliche Auftraggeber kann den Bewerber oder Bieter unter Einhaltung der Grundsätze der Transparenz und der Gleichbehandlung auffordern, fehlende, unvollständige oder fehlerhafte unternehmensbezogene Unterlagen, insbesondere Eigenerklärungen, Angaben, Bescheinigungen oder sonstige Nachweise, nachzureichen, zu vervollständigen oder zu korrigieren, oder fehlende oder unvollständige leistungsbezogene Unterlagen nachzureichen oder zu vervollständigen. Der öffentliche Auftraggeber ist berechtigt, in der Auftragsbekanntmachung oder den Vergabeunterlagen festzulegen, dass er keine Unterlagen nachfordern wird.

Für die Praxis: Die Möglichkeit, **Unterlagen nachzubessern**, ist ein wichtiges Mittel, möglichst viele Angebote im Wettbewerb zu halten.

1. Ermessen des Auftraggebers. Es steht im Ermessen des Auftraggebers, ob er überhaupt eine Nachforderung vornimmt. Er kann dieses Ermessen bereits frühzeitig ausüben und in der Auftragsbekanntmachung festlegen, dass er keine Unterlagen nachfordern wird (§ 56 Abs. 2 Satz 2 VgV). An diese Festlegung ist er dann im Vergabeverfahren gebunden.

Hat sich der Auftraggeber nicht früh festgelegt, muss er im jeweiligen Vergabeverfahren eine Entscheidung treffen. Dabei muss er auf jeden Fall Ermessenserwägungen anstellen. Die Ausübung des Ermessens und die maßgeblichen berücksichtigten und gegeneinander abgewogenen Interessen müssen von ihm dokumentiert werden (vgl. § 56 Abs. 5 VgV).

In einem Nachprüfungsverfahren kann, wenn der Auftraggeber sein Ermessen nicht ausübt, eine Wiederholung dieser Entscheidung erzwungen werden.

2. Umfang der Nachbesserung. Die Möglichkeiten der Nachbesserung bei den Unterlagen wurden inhaltlich deutlich erweitert. So kann der Auftraggeber nicht nur wie früher **Unterlagen als Ganzes nachfordern**, sondern er kann auch eine **Vervollständigung** oder eine **Korrektur** zulassen (vgl. § 56 Abs. 2 Satz 1 VgV). Der ausdrücklich verwendete Begriff der Korrektur in Abs. 2 Satz 1 kann nur so verstanden werden, dass auch inhaltlich falsche Angaben nachgebessert werden können. Dies ist bei gewissen Angaben nachvollziehbar. Hat ein Unternehmen z.B. versehentlich eine falsche Anzahl von Beschäftigten angegeben, so ändert sich durch eine Korrektur an der tatsächlichen Beschäftigtenzahl nichts. Inhaltliche Änderungen – wie z.B. die Nachbesserung einer vorgelegten Versicherungsbescheinigung – sind unzulässig.

Bei nur auf einem **Missverständnis** beruhenden Abweichungen von den Vergabeunterlagen kann der Auftraggeber auch ohne Verstoß gegen das Nachverhandlungsverbot aufklären und das Angebot auf den maßgeblichen Inhalt der Vergabeunterlagen zurückführen (BGH, Urt. v. 18.06.2019, X ZR 86 / 17). Dies ist nicht auf das versehentliche Beifügen von AGB beschränkt.

Der Auftraggeber muss bei der Nachforderung dem Unternehmen ganz klar vorgeben, inwieweit Unterlagen fehlen oder unrichtig sind. Ein allgemeiner Verweis auf die verlangten Unterlagen reicht beispielsweise nicht.

Geht es um Angaben, bei denen der Auftraggeber unsicher über den genauen Erklärungsinhalt ist, muss er im Zweifel durch eine Anfrage aufklären, wie diese gemeint sind oder ob eine Korrektur möglich ist.

Eine praxisbedeutsame Grenze für die Nachforderung von leistungsbezogenen Unterlagen regelt § 56 Abs. 3 VgV (siehe dort).

(3) Die Nachforderung von leistungsbezogenen Unterlagen, die die Wirtschaftlichkeitsbewertung der Angebote anhand der Zuschlagskriterien betreffen, ist ausgeschlossen. Dies gilt nicht für Preisangaben, wenn es sich um unwesentliche Einzelpositionen handelt, deren Einzelpreise den Gesamtpreis nicht verändern oder die Wertungsreihenfolge und den Wettbewerb nicht beeinträchtigen.

Für die Praxis: Eine wichtige Grenze für die Nachforderung von Unterlagen findet sich in § 56 Abs. 3 VgV. Danach ist die Nachforderung – und erst recht eine Korrektur – von **leistungsbezogenen Unterlagen**, die sich auf die Angebotswertung beziehen, ausgeschlossen. Es ist also – anders ausgedrückt – nicht möglich, dass Bieter sich durch bewusste Lücken die Möglichkeit einer inhaltlichen Nachbesserung ihrer Angebote sichern. Es ist im besonderen Interesse des Auftraggebers, auf diese Abgrenzung zur unzulässigen Nachforderung zu achten.

(4) Die Unterlagen sind vom Bewerber oder Bieter nach Aufforderung durch den öffentlichen Auftraggeber innerhalb einer von diesem festzulegenden angemessenen, nach dem Kalender bestimmten Frist vorzulegen.

Für die Praxis: Die VgV sieht für die Nachforderung von Unterlagen keine feste Frist vor. Auftraggeber müssen daher diese Frist für jeden Einzelfall festlegen. § 56 Abs. 4 VgV regelt ausdrücklich, dass diese **Frist angemessen** sein muss. Der Auftraggeber muss bei seiner Entscheidung insbesondere berücksichtigen, wie umfangreich die Nachforderung ist. Er darf aber auch berücksichtigen, dass Bieter von Anfang an verpflichtet waren, die Nachweise vorzulegen und es insoweit bei der Nachforderung nur noch um eine zweite Chance geht. Die Frist muss also nicht so lange sein, dass es möglich ist, bisher noch gar nicht erstellte oder angeforderte Unterlagen zu erhalten.

(5) Die Entscheidung zur und das Ergebnis der Nachforderung sind zu dokumentieren.

§ 57
Ausschluss von Interessensbekundungen, Interessensbestätigungen, Teilnahmeanträgen und Angeboten

(1) Von der Wertung ausgeschlossen werden Angebote von Unternehmen, die die Eignungskriterien nicht erfüllen, und Angebote, die nicht den Erfordernissen des § 53 genügen, insbesondere:

1. Angebote, die nicht form- oder fristgerecht eingegangen sind, es sei denn, der Bieter hat dies nicht zu vertreten,
2. Angebote, die nicht die geforderten oder nachgeforderten Unterlagen enthalten,
3. Angebote, in denen Änderungen des Bieters an seinen Eintragungen nicht zweifelsfrei sind,
4. Angebote, bei denen Änderungen oder Ergänzungen an den Vergabeunterlagen vorgenommen worden sind,
5. Angebote, die nicht die erforderlichen Preisangaben enthalten, es sei denn, es handelt sich um unwesentliche Einzelpositionen, deren Einzelpreise den Gesamtpreis nicht verändern oder die Wertungsreihenfolge und den Wettbewerb nicht beeinträchtigen, oder
6. nicht zugelassene Nebenangebote.

(2) Hat der öffentliche Auftraggeber Nebenangebote zugelassen, so berücksichtigt er nur die Nebenangebote, die die von ihm verlangten Mindestanforderungen erfüllen.

(3) Absatz 1 findet auf die Prüfung von Interessensbekundungen, Interessensbestätigungen und Teilnahmeanträgen entsprechende Anwendung.

§ 58
Zuschlag und Zuschlagskriterien

(1) Der Zuschlag wird nach Maßgabe des § 127 des Gesetzes gegen Wettbewerbsbeschränkungen auf das wirtschaftlichste Angebot erteilt.

Für die Praxis: Der in Bezug genommene § 127 GWB enthält wichtige zusätzliche Festlegungen, welche Zuschlagskriterien zulässig sind und wie diese festzulegen sind.

Nach § 127 Abs. 3 Satz 1 GWB müssen die **Zuschlagskriterien** eine Verbindung mit dem Auftragsgegenstand haben. Dabei wird diese Verbindung in sehr weiter Weise zugelassen. Sie liegt nach § 127 Abs. 3 Satz 2 GWB auch dann vor, wenn sich ein Zuschlagskriterium auf Prozesse im Zusammenhang mit der Herstellung, Bereitstellung oder Entsorgung der Leistung bezieht; auch ein Bezug zum Handel mit der Leistung oder zu einem anderen Stadium im Lebenszyklus der Leistung ist zulässig. Ausdrücklich wird sogar darauf verzichtet, dass sich ein solches Kriterium materiell in den Eigenschaften des Auftragsgegenstands selber auswirkt.

Nach § 127 Abs. 4 Satz 1 GWB muss der Auftraggeber bei der **Festlegung der Zuschlagskriterien** darauf achten, dass ein wirksamer Wettbewerb gewährleistet ist, der Zuschlag nicht willkürlich erteilt werden kann und eine wirksame Überprüfung möglich ist, ob und inwieweit die Angebote Zuschlagskriterien erfüllen.

Für den Fall, dass der Auftraggeber **Nebenangebote** zulässt, muss er nach § 127 Abs. 4 Satz 2 GWB die Zuschlagskriterien so festlegen, dass sie sowohl auf die Hauptangebote als auch auf die

Nebenangebote anwendbar sind. Diese Regelung findet sich auch in § 35 Abs. 2 VgV. Dort ist auch die Möglichkeit eröffnet, bei der Wertung von Nebenangeboten ausschließlich den Preis als Zuschlagskriterium zu verwenden. Ob dies allerdings den Besonderheiten der Nebenangebote jeweils gerecht wird und der Auftraggeber mit einer Preiswertung die spezifischen Vorteile der Nebenangebote ausreichend würdigen kann, muss er jeweils im Einzelfall vorab überlegen und bei der Festlegung der Zuschlagskriterien berücksichtigen.

(2) Die Ermittlung des wirtschaftlichsten Angebots erfolgt auf der Grundlage des besten Preis-Leistungs-Verhältnisses. Neben dem Preis oder den Kosten können auch qualitative, umweltbezogene oder soziale Zuschlagskriterien berücksichtigt werden, insbesondere:

1. die Qualität, einschließlich des technischen Werts, Ästhetik, Zweckmäßigkeit, Zugänglichkeit der Leistung insbesondere für Menschen mit Behinderungen, ihrer Übereinstimmung mit Anforderungen des „Designs für Alle", soziale, umweltbezogene und innovative Eigenschaften sowie Vertriebs- und Handelsbedingungen,
2. die Organisation, Qualifikation und Erfahrung des mit der Ausführung des Auftrags betrauten Personals, wenn die Qualität des eingesetzten Personals erheblichen Einfluss auf das Niveau der Auftragsausführung haben kann, oder
3. die Verfügbarkeit von Kundendienst und technischer Hilfe sowie Lieferbedingungen wie Liefertermin, Lieferverfahren sowie Liefer- oder Ausführungsfristen.

Der öffentliche Auftraggeber kann auch Festpreise oder Festkosten vorgeben, sodass das wirtschaftlichste Angebot ausschließlich nach qualitativen, umweltbezogenen oder sozialen Zuschlagskriterien nach Satz 1 bestimmt wird.

(3) Der öffentliche Auftraggeber gibt in der Auftragsbekanntmachung oder den Vergabeunterlagen an, wie er die einzelnen Zuschlagskriterien gewichtet, um das wirtschaftlichste Angebot zu ermitteln. Diese Gewichtung kann auch mittels einer Spanne angegeben werden, deren Bandbreite angemessen sein muss. Ist die Gewichtung aus objektiven Gründen nicht möglich, so gibt der öffentliche Auftraggeber die Zuschlagskriterien in absteigender Rangfolge an.

(4) Für den Beleg, ob und inwieweit die angebotene Leistung den geforderten Zuschlagskriterien entspricht, gelten die §§ 33 und 34 entsprechend.

(5) An der Entscheidung über den Zuschlag sollen in der Regel mindestens zwei Vertreter des öffentlichen Auftraggebers mitwirken.

§ 59
Berechnung von Lebenszykluskosten

(1) Der öffentliche Auftraggeber kann vorgeben, dass das Zuschlagskriterium „Kosten" auf der Grundlage der Lebenszykluskosten der Leistung berechnet wird.

(2) Der öffentliche Auftraggeber gibt die Methode zur Berechnung der Lebenszykluskosten und die zur Berechnung vom Unternehmen zu übermittelnden Informationen in der Auftragsbekanntmachung oder den Vergabeunterlagen an. Die Berechnungsmethode kann umfassen

1. die Anschaffungskosten,
2. die Nutzungskosten, insbesondere den Verbrauch von Energie und anderen Ressourcen,
3. die Wartungskosten,
4. Kosten am Ende der Nutzungsdauer, insbesondere die Abholungs-, Entsorgungs- oder Recyclingkosten, oder
5. Kosten, die durch die externen Effekte der Umweltbelastung entstehen, die mit der Leistung während ihres Lebenszyklus in Verbindung stehen, sofern ihr Geldwert nach Absatz 3 bestimmt und geprüft

werden kann; solche Kosten können Kosten der Emission von Treibhausgasen und anderen Schadstoffen sowie sonstige Kosten für die Eindämmung des Klimawandels umfassen.

(3) Die Methode zur Berechnung der Kosten, die durch die externen Effekte der Umweltbelastung entstehen, muss folgende Bedingungen erfüllen:

1. sie beruht auf objektiv nachprüfbaren und nichtdiskriminierenden Kriterien; ist die Methode nicht für die wiederholte oder dauerhafte Anwendung entwickelt worden, darf sie bestimmte Unternehmen weder bevorzugen noch benachteiligen,
2. sie ist für alle interessierten Beteiligten zugänglich und
3. die zur Berechnung erforderlichen Informationen lassen sich von Unternehmen, die ihrer Sorgfaltspflicht im üblichen Maße nachkommen, einschließlich Unternehmen aus Drittstaaten, die dem Übereinkommen über das öffentliche Beschaffungswesen von 1994 (ABl. C 256 vom 3.9.1996, S. 1), geändert durch das Protokoll zur Änderung des Übereinkommens über das öffentliche Beschaffungswesen (ABl. L 68 vom 7.3.2014, S. 2) oder anderen, für die Europäische Union bindenden internationalen Übereinkommen beigetreten sind, mit angemessenem Aufwand bereitstellen.

(4) Sofern eine Methode zur Berechnung der Lebenszykluskosten durch einen Rechtsakt der Europäischen Union verbindlich vorgeschrieben worden ist, hat der öffentliche Auftraggeber diese Methode vorzugeben.

Für die Praxis: Der Auftraggeber darf bei der Zuschlagsentscheidung auch bewerten, welche Kosten ihm im Laufe des gesamten Produktlebens einer erworbenen Leistung entstehen. Will er dies auf der Grundlage der sog. Lebenszykluskosten machen, muss er aber die Vorgaben des § 59 VgV beachten. Diese sind, insbesondere bei den Anforderungen an die Methode zur Berechnung der Kosten, in § 59 **Abs. 3** VgV relativ eng. Allerdings bezieht sich dies nur auf die Berechnung der sog. externen Effekte. Bei anderen Kostenbestandteilen hat der Auftraggeber deutlich größeren Spielraum.

Praxistipp: Im Hinblick darauf, dass es kaum anerkannte Modelle zur Berechnung der Lebenszykluskosten gibt, sollte der Auftraggeber die von ihm beabsichtigte Art der Berechnung auf jeden Fall in die Vergabeunterlagen aufnehmen und die Bieter so transparent auf die Bewertung vorbereiten.

§ 60
Ungewöhnlich niedrige Angebote

(1) Erscheinen der Preis oder die Kosten eines Angebots im Verhältnis zu der zu erbringenden Leistung ungewöhnlich niedrig, verlangt der öffentliche Auftraggeber vom Bieter Aufklärung.

Für die Praxis: Die VgV enthält keine feste **Aufgreifschwelle** dafür, wann ein Angebot als ungewöhnlich niedrig anzusehen ist und der Auftraggeber daher zur Aufklärung verpflichtet ist. Nach der bisherigen Rechtsprechung liegt die Aufgreifschwelle bei **10–20 % Abstand** des erstplatzierten zum nächstplatzierten Angebot. Diese Rechtsprechung ist auch weiterhin gültig und für den Maßstab eines ungewöhnlich niedrigen Preises zu verwenden.

Der Auftraggeber kann einen Bieter nur ausschließen, wenn er die Durchführung des Auftrags nicht für gesichert hält. Diese Frage stellt sich nicht erst dann, wenn ein Auftragnehmer bei Durchführung des Angebotes in wirtschaftliche Schwierigkeiten geraten würde, sondern auch bei weniger gravierenden Gefährdungen wie einer möglichen Ausführung unterhalb des vertraglich geschuldeten Qualitätsniveaus oder bei einer vorrangigen Ausführung anderer Aufträge. Ein Ausschluss ist schon dann geboten, wenn sich eine verbleibende Ungewissheit nicht aufklären lässt (BGH, Urt. v. 31.01.2017, X ZB 10/16).

Der Bieter hat einen Anspruch darauf, dass der Auftraggeber vor einem Ausschluss eine Aufklärung durchführt. Diese Aufklärung (und damit im Ergebnis den Ausschluss) kann auch ein Konkurrent erreichen.

(2) Der öffentliche Auftraggeber prüft die Zusammensetzung des Angebots und berücksichtigt die übermittelten Unterlagen. Die Prüfung kann insbesondere betreffen:

1. die Wirtschaftlichkeit des Fertigungsverfahrens einer Lieferleistung oder der Erbringung der Dienstleistung,
2. die gewählten technischen Lösungen oder die außergewöhnlich günstigen Bedingungen, über die das Unternehmen bei der Lieferung der Waren oder bei der Erbringung der Dienstleistung verfügt,
3. die Besonderheiten der angebotenen Liefer- oder Dienstleistung,
4. die Einhaltung der Verpflichtungen nach § 128 Absatz 1 des Gesetzes gegen Wettbewerbsbeschränkungen, insbesondere der für das Unternehmen geltenden umwelt-, sozial- und arbeitsrechtlichen Vorschriften, oder
5. die etwaige Gewährung einer staatlichen Beihilfe an das Unternehmen.

(3) Kann der öffentliche Auftraggeber nach der Prüfung gemäß den Absätzen 1 und 2 die geringe Höhe des angebotenen Preises oder der angebotenen Kosten nicht zufriedenstellend aufklären, darf er den Zuschlag auf dieses Angebot ablehnen. Der öffentliche Auftraggeber lehnt das Angebot ab, wenn er festgestellt hat, dass der Preis oder die Kosten des Angebots ungewöhnlich niedrig sind, weil Verpflichtungen nach Absatz 2 Satz 2 Nummer 4 nicht eingehalten werden.

Für die Praxis: Grundsätzlich ist der Auftraggeber nicht verpflichtet, ein Angebot wegen eines ungewöhnlich niedrigen Preises **auszuschließen**. Vielmehr steht ihm ein Ermessen zu, ob er einen Ausschluss vornimmt (§ 60 Abs. 3 Satz 1 VgV).

Nur ausnahmsweise ist er zu einem Ausschluss verpflichtet, wenn nämlich die Voraussetzungen des § 60 Abs. 2 Nr. 4 VgV vorliegen, also der ungewöhnlich niedrige Preis dadurch zustande kommt, dass der Bieter gegen gesetzliche Verpflichtungen verstößt. Dieser Gesetzesverstoß soll im Vergaberecht nicht sanktionslos bleiben.

In allen anderen Fällen muss der Auftraggeber prüfen, ob er trotz des ungewöhnlich niedrigen Preises den Bieter in der Lage sieht, den Auftrag vertragsgemäß auszuführen. Diese Prüfung erfolgt ausschließlich aus Sicht des öffentlichen Auftraggebers und in seinem Interesse, um ihn vor Schwierigkeiten bei der Ausführung des Vertrags zu schützen.

Lediglich für Ausnahmefälle hat der BGH festgestellt, dass die Beauftragung eines ungewöhnlich niedrigen Angebotes treuwidrig wäre und zu unterbleiben hat (BGH, Urt. v. 11.11.2014, X ZR 32/14).

(4) Stellt der öffentliche Auftraggeber fest, dass ein Angebot ungewöhnlich niedrig ist, weil der Bieter eine staatliche Beihilfe erhalten hat, so lehnt der öffentliche Auftraggeber das Angebot ab, wenn der Bieter nicht fristgemäß nachweisen kann, dass die staatliche Beihilfe rechtmäßig gewährt wurde. Der öffentliche Auftraggeber teilt die Ablehnung der Europäischen Kommission mit.

§ 61
Ausführungsbedingungen

Für den Beleg, dass die angebotene Leistung den geforderten Ausführungsbedingungen gemäß § 128 Absatz 2 des Gesetzes gegen Wettbewerbsbeschränkungen entspricht, gelten die §§ 33 und 34 entsprechend.

§ 62
Unterrichtung der Bewerber und Bieter

(1) Unbeschadet des § 134 des Gesetzes gegen Wettbewerbsbeschränkungen teilt der öffentliche Auftraggeber jedem Bewerber und jedem Bieter unverzüglich seine Entscheidungen über den Abschluss einer Rahmenvereinbarung, die Zuschlagserteilung oder die Zulassung zur Teilnahme an einem dynamischen Beschaffungssystem mit. Gleiches gilt für die Entscheidung, ein Vergabeverfahren aufzuheben oder erneut einzuleiten einschließlich der Gründe dafür, sofern eine Auftragsbekanntmachung oder Vorinformation veröffentlicht wurde.

(2) Der öffentliche Auftraggeber unterrichtet auf Verlangen des Bewerbers oder Bieters unverzüglich, spätestens innerhalb von 15 Tagen nach Eingang des Antrags in Textform nach § 126b des Bürgerlichen Gesetzbuchs,

1. jeden nicht erfolgreichen Bewerber über die Gründe für die Ablehnung seines Teilnahmeantrags,
2. jeden nicht erfolgreichen Bieter über die Gründe für die Ablehnung seines Angebots,
3. jeden Bieter über die Merkmale und Vorteile des erfolgreichen Angebots sowie den Namen des erfolgreichen Bieters und
4. jeden Bieter über den Verlauf und die Fortschritte der Verhandlungen und des wettbewerblichen Dialogs mit den Bietern.

(3) § 39 Absatz 6 ist auf die in den Absätzen 1 und 2 genannten Angaben über die Zuschlagserteilung, den Abschluss von Rahmenvereinbarungen oder die Zulassung zu einem dynamischen Beschaffungssystem entsprechend anzuwenden.

§ 63
Aufhebung von Vergabeverfahren

(1) Der öffentliche Auftraggeber ist berechtigt, ein Vergabeverfahren ganz oder teilweise aufzuheben, wenn

1. kein Angebot eingegangen ist, das den Bedingungen entspricht,
2. sich die Grundlage des Vergabeverfahrens wesentlich geändert hat,
3. kein wirtschaftliches Ergebnis erzielt wurde oder
4. andere schwerwiegende Gründe bestehen.

Im Übrigen ist der öffentliche Auftraggeber grundsätzlich nicht verpflichtet, den Zuschlag zu erteilen.

(2) Der öffentliche Auftraggeber teilt den Bewerbern oder Bietern nach Aufhebung des Vergabeverfahrens unverzüglich die Gründe für seine Entscheidung mit, auf die Vergabe eines Auftrages zu verzichten oder das Verfahren erneut einzuleiten. Auf Antrag teilt er ihnen dies in Textform nach § 126b des Bürgerlichen Gesetzbuchs mit.

Für die Praxis: Die Aufhebung eines Vergabeverfahrens gibt dem Auftraggeber die Möglichkeit, sich sanktionslos von einem Vergabeverfahren zu trennen. Der Auftraggeber ist grundsätzlich nicht verpflichtet, ein Vergabeverfahren mit einem Zuschlag zu beenden. Aber nur unter den Voraussetzungen des § 63 VgV kann der Auftraggeber ohne das Risiko eines Schadensersatzanspruchs seitens der Bieter das Vergabeverfahren aufheben.

Die Aufhebung setzt stets voraus, dass die Gründe nicht vom Auftraggeber zu vertreten sind. Hat der Auftraggeber beispielsweise die Leistung undeutlich beschrieben und will er daher das Vergabeverfahren beenden, kann er dies nicht im Wege der Aufhebung machen.

Liegen die Voraussetzungen des § 63 VgV nicht vor, kann der Auftraggeber gleichwohl ein Vergabeverfahren beendigen, allerdings ist dies ein Fall der **sonstigen Beendigung**, also einer eigentlich rechtswidrigen Aufhebung. Bei dieser sonstigen Beendigung setzt sich der Auftraggeber dem

Risiko aus, dass Bieter Schadensersatz in Höhe der Angebotserstellungskosten geltend machen. Bieter können das Rückgängigmachen dieser sonstigen (rechtswidrigen) Beendigung, die sog. **„Aufhebung der Aufhebung"**, geltend machen, wenn die Beendigung missbräuchlich erfolgt ist, z.B. um einen Bieter zu diskriminieren, und der Auftraggeber weiterhin an seiner Beschaffungsabsicht festhält.

Abschnitt 3
Besondere Vorschriften für die Vergabe von sozialen und anderen besonderen Dienstleistungen

§ 64
Vergabe von Aufträgen für soziale und andere besondere Dienstleistungen

Öffentliche Aufträge über soziale und andere besondere Dienstleistungen im Sinne von § 130 Absatz 1 des Gesetzes gegen Wettbewerbsbeschränkungen werden nach den Bestimmungen dieser Verordnung und unter Berücksichtigung der Besonderheiten der jeweiligen Dienstleistung nach Maßgabe dieses Abschnitts vergeben.

Für die Praxis: In § 130 Abs. 1 GWB ist festgelegt, dass für bestimmte soziale und andere besondere Dienstleistungen vergaberechtliche Sonderregeln gelten. Für die Frage, welche Leistungen genau dies sind, verweist § 130 Abs. 1 Satz 1 GWB auf den Anhang XIV der Richtlinie 2014/24/EU. Für diese Vergaben gilt ein **Schwellenwert von 750.000 €** (§ 106 Abs. 2 Nr. 1 GWB i.V.m. Art. 4 Buchst. d der RL 2014/24/EU).

Für diese Leistungen gelten einige Sonderregelungen. Nach § 130 Abs. 1 GWB und § 65 Abs. 1 VgV hat der Auftraggeber das freie Wahlrecht zwischen offenem Verfahren, nicht offenem Verfahren, Verhandlungswettbewerb mit Teilnahmewettbewerb, wettbewerblichem Dialog und Innovationspartnerschaft.

Nicht in der VgV angesprochen ist die Regelung des § 130 Abs. 2 GWB, welche Vertragsänderungen nach § 132 Abs. 3 GWB bis zu einem Auftragsvolumen von 20 % des Ausgangsvertrages zulässt (anstelle der sonst für Dienstleistungen vorgesehenen 10 %).

Nach § 65 Abs. 6 VgV dürfen Rahmenvereinbarungen für bis zu sechs Jahren abgeschlossen werden.

Nach § 65 Abs. 3 VgV kann der Auftraggeber von den sonst geltenden Mindestfristen abweichen.

Der Auftraggeber muss keine Einheitliche Europäische Eigenerklärung (EEE) akzeptieren, § 65 Abs. 4 VgV.

§ 65
Ergänzende Verfahrensregeln

(1) Neben dem offenen und dem nicht offenen Verfahren stehen dem öffentlichen Auftraggeber abweichend von § 14 Absatz 3 auch das Verhandlungsverfahren mit Teilnahmewettbewerb, der wettbewerbliche Dialog und die Innovationspartnerschaft nach seiner Wahl zur Verfügung. Ein Verhandlungsverfahren ohne Teilnahmewettbewerb steht nur zur Verfügung, soweit dies nach § 14 Absatz 4 gestattet ist.

(2) Die Laufzeit einer Rahmenvereinbarung darf abweichend von § 21 Absatz 6 höchstens sechs Jahre betragen, es sei denn, es liegt ein im Gegenstand der Rahmenvereinbarung begründeter Sonderfall vor.

(3) Der öffentliche Auftraggeber kann für den Eingang der Angebote und der Teilnahmeanträge unter Berücksichtigung der Besonderheiten der jeweiligen Dienstleistung von den §§ 15 bis 19 abweichende Fristen bestimmen. § 20 bleibt unberührt.

(4) § 48 Absatz 3 ist nicht anzuwenden.

(5) Bei der Bewertung der in § 58 Absatz 2 Satz 2 Nummer 2 genannten Kriterien können insbesondere der Erfolg und die Qualität bereits erbrachter Leistungen des Bieters oder des vom Bieter eingesetzten Personals berücksichtigt werden. Bei Dienstleistungen nach dem Zweiten und Dritten Buch Sozialgesetzbuch können für die Bewertung des Erfolgs und der Qualität bereits erbrachter Leistungen des Bieters insbesondere berücksichtigt werden:

1. Eingliederungsquoten,
2. Abbruchquoten,
3. erreichte Bildungsabschlüsse und
4. Beurteilungen der Vertragsausführung durch den öffentlichen Auftraggeber anhand transparenter und nichtdiskriminierender Methoden.

§ 66
Veröffentlichungen, Transparenz

(1) Der öffentliche Auftraggeber teilt seine Absicht, einen öffentlichen Auftrag zur Erbringung sozialer oder anderer besonderer Dienstleistungen zu vergeben, in einer Auftragsbekanntmachung mit. § 17 Absatz 5 bleibt unberührt.

(2) Eine Auftragsbekanntmachung ist nicht erforderlich, wenn der öffentliche Auftraggeber auf kontinuierlicher Basis eine Vorinformation veröffentlicht, sofern die Vorinformation

1. sich speziell auf die Arten von Dienstleistungen bezieht, die Gegenstand der zu vergebenen Aufträge sind,
2. den Hinweis enthält, dass dieser Auftrag ohne gesonderte Auftragsbekanntmachung vergeben wird,
3. die interessierten Unternehmen auffordert, ihr Interesse mitzuteilen (Interessensbekundung).

(3) Der öffentliche Auftraggeber, der einen Auftrag zur Erbringung von sozialen und anderen besonderen Dienstleistungen vergeben hat, teilt die Ergebnisse des Vergabeverfahrens mit. Er kann die Vergabebekanntmachungen quartalsweise bündeln. In diesem Fall versendet er die Zusammenstellung spätestens 30 Tage nach Quartalsende.

(4) Die Auftragsbekanntmachung nach Absatz 1 erfolgt nach den Vorgaben der Spalte 20, die Bekanntmachung der Vorinformation nach Absatz 2 nach den Vorgaben der Spalte 12 und die Vergabebekanntmachung nach Absatz 3 nach den Vorgaben der Spalte 33 der Tabelle 2 des Anhangs der Durchführungsverordnung (EU) 2019/1780 jeweils in Verbindung mit § 10a. Die Veröffentlichung der Bekanntmachungen erfolgt gemäß § 40.

Abschnitt 4
Besondere Vorschriften für die Beschaffung energieverbrauchsrelevanter Leistungen

§ 67
Beschaffung energieverbrauchsrelevanter Liefer- oder Dienstleistungen

(1) Wenn energieverbrauchsrelevante Waren, technische Geräte oder Ausrüstungen Gegenstand einer Lieferleistung oder wesentliche Voraussetzung zur Ausführung einer Dienstleistung sind (energieverbrauchsrelevante Liefer- oder Dienstleistungen), sind die Anforderungen der Absätze 2 bis 5 zu beachten.[1]

(2) In der Leistungsbeschreibung sollen im Hinblick auf die Energieeffizienz insbesondere folgende Anforderungen gestellt werden:

---

1 § 67 der Vergabeverordnung dient der Umsetzung folgender Richtlinien: – Richtlinie 2010/30/EU des Europäischen Parlaments und des Rates vom 19. Mai 2010 über die Angabe des Verbrauchs an Energie und anderen Ressourcen durch energieverbrauchsrelevante Produkte mittels einheitlicher Etiketten und Produktinformationen (ABl. L 153 vom 18.6.2010, S. 1), – Richtlinie 2012/27/EU des Europäischen Parlaments und des Rates vom 25. Oktober 2012 zur Energieeffizienz, zur Änderung der Richtlinien 2009/125/EG und 2010/30/EU und zur Aufhebung der Richtlinien 2004/8/EG und 2006/32/EG (ABl. L 315 vom 14.11.2012, S. 1).

1. das höchste Leistungsniveau an Energieeffizienz und,
2. soweit vorhanden, die höchste Energieeffizienzklasse im Sinne der Energieverbrauchskennzeichnungsverordnung.

(3) In der Leistungsbeschreibung oder an anderer geeigneter Stelle in den Vergabeunterlagen sind von den Bietern folgende Informationen zu fordern:

1. konkrete Angaben zum Energieverbrauch, es sei denn, die auf dem Markt angebotenen Waren, technischen Geräte oder Ausrüstungen unterscheiden sich im zulässigen Energieverbrauch nur geringfügig, und
2. in geeigneten Fällen
   a) eine Analyse minimierter Lebenszykluskosten oder
   b) die Ergebnisse einer Buchstabe a vergleichbaren Methode zur Überprüfung der Wirtschaftlichkeit.

(4) Der öffentliche Auftraggeber darf nach Absatz 3 übermittelte Informationen überprüfen und hierzu ergänzende Erläuterungen von den Bietern fordern.

(5) Im Rahmen der Ermittlung des wirtschaftlichsten Angebotes ist die anhand der Informationen nach Absatz 3 oder der Ergebnisse einer Überprüfung nach Absatz 4 zu ermittelnde Energieeffizienz als Zuschlagskriterium angemessen zu berücksichtigen.

Für die Praxis: 1. Normzweck. § 67 VgV dient der Umsetzung von zwei EU-Richtlinien, nämlich Richtlinie 2010/30/EU (Energieverbrauchsangabe-RL) und Richtlinie 2012/27/EU (Energieeffizienz-RL). Zudem war § 67 VgV auch Teil der „Energiewende" der Bundesregierung nach der Nuklearkatastrophe von Fukushima.

2. Inhalt. a) Energieverbrauchsrelevante Waren. Der sachliche Anwendungsbereich des § 67 VgV ist sehr weit. Es wird jede Lieferleistung erfasst, unabhängig von der konkreten vertraglichen Ausgestaltung (insbesondere Kauf, Leasing oder Mietkauf). Darüber hinaus wird nun sogar die Energieeffizienz von technischen Geräten und Ausrüstungen berücksichtigt, die wesentliche Voraussetzung der Ausführung einer Dienstleistung sind (z.B. Busse für die Personenbeförderung, Müllfahrzeuge für die Abfallentsorgung). Der Anwendungsbereich des § 67 VgV ist dabei auch deshalb sehr weit, weil in § 67 **Abs. 1** VgV „**energieverbrauchsrelevante Waren**" genannt werden. In Anlehnung an die EU-Legaldefinition des energieverbrauchsrelevanten Produkts (vgl. BR-Drucks. 345/11 und Art. 2 Buchst. a RL 2010/30/EU) sind Waren schon dann energieverbrauchsrelevant, wenn ihre „**Nutzung den Verbrauch an Energie beeinflusst**". Es kommt also nicht nur darauf an, ob das Produkt unmittelbar selbst Energie verbraucht (z.B. Kopierer, Drucker, PC, Monitor, Schreibtischlampe), sondern es reicht schon, dass die „Ware" den Energieverbrauch beeinflusst. Dabei reichen mittelbare Einflüsse auf den Energieverbrauch aus (vgl. Erwägungsgrund 13 der RL 2010/30/EU). Vor diesem Hintergrund werden auch solche Produkte erfasst, die zur Energieeinsparung beitragen (z.B. Abschaltautomatik, Reifen und Kühlmittel).

b) Rechtsfolge. aa) Strenge Mindeststandards in der Leistungsbeschreibung. In der Leistungsbeschreibung müssen strenge Mindeststandards für den **maximalen Energieverbrauch** vorgeschrieben werden (§ 67 **Abs. 2** VgV).

Soweit es sich bei den zu beschaffenden Geräten um solche handelt, die in der Anlage zur Energieverbrauchskennzeichnungsverordnung (EnVKV) aufgeführt sind, muss gemäß § 67 Abs. 2 **Nr. 2** VgV die höchste Energieeffizienzklasse i.S.d. EnVKV gefordert werden. Der Anwendungsbereich dieser Regelung ist allerdings derzeit (noch) eher gering. Die EnVKV erfasst derzeit in der Regel Energieeffizienzklassen von Haushaltsgeräten (z.B. Waschmaschinen, Backöfen, Lampen und Leuchtstoffröhren), auch wenn diese für nicht haushaltsübliche Zwecke angeboten werden (§ 1 Abs. 1 EnVKV). Alle anderen energieverbrauchsrelevanten Beschaffungen werden von § 67 Abs. 2 **Nr. 1** VgV erfasst. Danach muss als Mindestanforderung in der Leistungsbeschreibung das „**höchste Leistungsniveau an Energieeffizienz**" gefordert werden. Praktisch bedeutet dies für den Auftraggeber, dass er zur Vorbereitung der Ausschreibung – im Rahmen der Markterkundung – nach den Produkten mit dem niedrigsten auf dem Markt verfügbaren Energieverbrauch in Relation zur gewünschten Leistung suchen muss. Der so identifizierte höchste Grad an Energieeffizienz soll sodann gemäß § 67 Abs. 2 VgV als Mindestanforderung vorgeschrieben werden.

Das „**Sollen**" macht deutlich, dass die Beschaffung der besonders energieeffizienten Produkte der Regelfall sein muss. Es bleibt aber – anders als bei einer „Muss"-Vorschrift – ein gewisser Auslegungsspielraum, der es ermöglicht, auch andere wichtige Aspekte (insbesondere die Wirtschaftlichkeit bzw. beschränkte Haushaltsmittel) zu berücksichtigen. Es muss also die „**höchst mögliche Energieeffizienz**" festgeschrieben werden (Verordnungsbegründung BR-Drucks. 345/11). Im Vergabevermerk muss dann aber jeweils dargelegt werden, warum es nicht möglich war, die „höchste Energieeffizienz" als Mindeststandard festzuschreiben.

bb) Angaben zum Energieverbrauch. Außerdem müssen von den Bietern **konkrete Angaben zum Energieverbrauch** gefordert werden (§ 67 **Abs. 3 Nr. 1** VgV).

Wenn technische Geräte beschafft werden, die in verschiedenen Betriebszuständen jeweils einen unterschiedlichen Energieverbrauch haben (z.B. Standby 0,5 Watt, Normalbetrieb 40 Watt, Volllast 120 Watt), ist im Regelfall eine „**Analyse minimierter Lebenszykluskosten**" von den Bietern anzufordern (§ 67 Abs. 3 **Nr. 2 Buchst. a** VgV). Mit der etwas missverständlichen Formulierung „Analyse minimierter Lebenszykluskosten" ist eine Angabe über den Energieverbrauch im typischen Nutzungsmix über die verschiedenen Betriebsarten gemeint. Dabei ist zu berücksichtigen, dass bestimmte Betriebsarten im Verlauf des Lebenszyklus eines Geräts mit einem bestimmten Anteil an der Gesamtnutzung des Geräts auftreten (z.B. Standby 20 %, Normalbetrieb 60 %, Volllast 20 %). Eine „Analyse minimierter Lebenszykluskosten" i.S.d. § 67 Abs. 3 Nr. 2 Buchst. a VgV sieht dann beispielsweise folgendermaßen aus:

Betriebsart	**Energieverbrauch in Watt/Stunde**	**Anteil am Nutzungsmix der Betriebsarten in %**	**Energieverbrauch Betriebsart x Anteil am Nutzungsmix**
Standby	0,5	20	10
Normalbetrieb	40	60	240
Volllast	120	20	240
Summe (Energieverbrauch im Nutzungsmix)			**490**

cc) Energieverbrauch als Zuschlagskriterium. Zudem wird festgelegt, dass der **Energieverbrauch als Zuschlagskriterium** Verwendung finden muss (§ 67 **Abs. 5** VgV). Konkrete Vorgaben zur Gewichtung der Energieeffizienz enthält § 67 Abs. 5 VgV nicht, fordert aber, dass der Energieverbrauch „**angemessen zu berücksichtigen** ist". Der Begriff „angemessen" eröffnet dem Auftraggeber einen Gestaltungsspielraum. Zwar muss der Energieverbrauch in der Wertung berücksichtigt werden, jedoch kann der Auftraggeber weiterhin weitestgehend frei über die Auswahl der Zuschlagskriterien und Gewichtung des Energieverbrauchs im Vergleich zu den anderen Zuschlagskriterien bestimmen. Dies ermöglicht insbesondere auch eine ausreichende Berücksichtigung des Wirtschaftlichkeitsprinzips. Daher braucht z.B. die Energieeffizienz einer Software nicht als Zuschlagskriterium berücksichtigt zu werden (VK Bund, Beschl. v. 10.11.2014, VK 2-89/14).

§ 68
(aufgehoben)

Abschnitt 5
Planungswettbewerbe

§ 69
Anwendungsbereich

(1) Wettbewerbe nach § 103 Absatz 6 des Gesetzes gegen Wettbewerbsbeschränkungen werden insbesondere auf den Gebieten der Raumplanung, des Städtebaus und des Bauwesens oder der Datenverarbeitung durchgeführt (Planungswettbewerbe).

(2) Bei der Durchführung eines Planungswettbewerbs wendet der öffentliche Auftraggeber die §§ 5, 6 und 43 und die Vorschriften dieses Abschnitts an.

Für die Praxis: Abschnitt 5 der VgV (§§ 69 bis 72) umfasst die allgemeinen Bestimmungen für Planungswettbewerbe. Er ist auch anwendbar auf die Vergabe anderer Dienstleistungen. Auch Beratungsleistungen von Anwaltskanzleien oder Steuerberatungskanzleien müssen europaweit ausgeschrieben werden, hierfür kann ggf. ein Planungswettbewerb gewählt werden.

Abs. 1 erfasst daher nicht nur, aber auch **Planungswettbewerbe** im Sinne der „Richtlinie für Planungswettbewerbe" (RPW 2013).

Bei Planungswettbewerben für Architekten und Ingenieure gelten zusätzlich zu den §§ 69 bis 72 VgV die §§ 79 und 80 VgV.

Für die Schwellenwertberechnung bei einem Planungswettbewerb ist § 3 Abs. 12 VgV zu beachten. Der Schwellenwert wird aus dem Wert des geschätzten Dienstleistungsauftrags zuzüglich etwaiger Preisgelder und Zahlungen an die Teilnehmer ermittelt.

§ 70
Veröffentlichung, Transparenz

(1) Der öffentliche Auftraggeber teilt seine Absicht, einen Planungswettbewerb auszurichten, in einer Wettbewerbsbekanntmachung mit. Die Wettbewerbsbekanntmachung wird nach den Vorgaben der Spalte 23 der Tabelle 2 des Anhangs der Durchführungsverordnung (EU) 2019/1780 in Verbindung mit § 10a erstellt. § 40 ist entsprechend anzuwenden.

(2) Beabsichtigt der öffentliche Auftraggeber im Anschluss an einen Planungswettbewerb einen Dienstleistungsauftrag im Verhandlungsverfahren ohne Teilnahmewettbewerb zu vergeben, hat der öffentliche Auftraggeber die Eignungskriterien und die zum Nachweis der Eignung erforderlichen Unterlagen hierfür bereits in der Wettbewerbsbekanntmachung anzugeben.

(3) Die Ergebnisse des Planungswettbewerbs sind bekanntzumachen und innerhalb von 30 Tagen an das Amt für Veröffentlichungen der Europäischen Union über den Datenservice Öffentlicher Einkauf zu übermitteln. Die Bekanntmachung wird nach den Vorgaben der Spalte 36 der Tabelle 2 des Anhangs der Durchführungsverordnung (EU) 2019/1780 in Verbindung mit § 10a erstellt.

(4) § 39 Absatz 6 gilt entsprechend.

Für die Praxis: Abs. 2 dient der Transparenz. Soll der Auftrag im Anschluss an einen Planungswettbewerb im Verhandlungsverfahren ohne Teilnahmewettbewerb durchgeführt werden, müssen die zu erfüllenden Eignungskriterien und die geforderten Nachweise bereits in der Wettbewerbsbekanntmachung genannt werden. Dadurch können Unternehmen feststellen, ob für sie eine Teilnahme in Betracht kommt. Außerdem muss sich der öffentliche Auftraggeber bereits in einem sehr frühen Stadium mit den von ihm geforderten Eignungskriterien und Nachweisen auseinandersetzen.

§ 71
Ausrichtung

(1) Die an einem Planungswettbewerb Interessierten sind vor Wettbewerbsbeginn über die geltenden Durchführungsregeln zu informieren.

(2) Die Zulassung von Teilnehmern an einem Planungswettbewerb darf nicht beschränkt werden

1. unter Bezugnahme auf das Gebiet eines Mitgliedstaats der Europäischen Union oder einen Teil davon oder
2. auf nur natürliche oder nur juristische Personen.

(3) Bei einem Planungswettbewerb mit beschränkter Teilnehmerzahl hat der öffentliche Auftraggeber eindeutige und nichtdiskriminierende Auswahlkriterien festzulegen. Die Zahl der Bewerber, die zur Teilnahme aufgefordert werden, muss ausreichen, um den Wettbewerb zu gewährleisten.

§ 72
Preisgericht

(1) Das Preisgericht darf nur aus Preisrichtern bestehen, die von den Teilnehmern des Planungswettbewerbs unabhängig sind. Wird von den Wettbewerbsteilnehmern eine bestimmte berufliche Qualifikation verlangt, muss mindestens ein Drittel der Preisrichter über dieselbe oder eine gleichwertige Qualifikation verfügen.

(2) Das Preisgericht ist in seinen Entscheidungen und Stellungnahmen unabhängig. Es trifft seine Entscheidungen nur aufgrund von Kriterien, die in der Wettbewerbsbekanntmachung genannt sind. Die Wettbewerbsarbeiten sind ihm anonym vorzulegen. Die Anonymität ist bis zu den Stellungnahmen oder Entscheidungen des Preisgerichts zu wahren.

(3) Das Preisgericht erstellt einen Bericht über die Rangfolge der von ihm ausgewählten Wettbewerbsarbeiten, indem es auf die einzelnen Projekte eingeht und seine Bemerkungen sowie noch zu klärende Fragen aufführt. Dieser Bericht ist von den Preisrichtern zu unterzeichnen.

(4) Die Teilnehmer können zur Klärung bestimmter Aspekte der Wettbewerbsarbeiten aufgefordert werden, Fragen zu beantworten, die das Preisgericht in seinem Protokoll festzuhalten hat. Der Dialog zwischen Preisrichtern und Teilnehmern ist zu dokumentieren.

Für die Praxis: Die Dokumentationspflicht des **Abs. 4** muss sorgfältig erfüllt werden. Wird die Vergabe z.B. mit der Behauptung angegriffen, im Rahmen des Dialogs sei der Gewinner anders behandelt worden als die übrigen Teilnehmer, so rettet den Auftraggeber nur eine sorgfältige Dokumentation, die auch den Inhalt des Dialogs wiedergibt.

Bei der Dokumentation muss der Auftraggeber berücksichtigen, dass Dritte, die am Verfahren nicht teilgenommen haben, seine Entscheidung überprüfen sollen und dabei darauf angewiesen sind, dass das tatsächliche Geschehen anhand der Dokumentation nachvollzogen werden kann.

Abschnitt 6
Besondere Vorschriften für die Vergabe von Architekten- und Ingenieurleistungen

Vorbemerkung: Durch die Vergaberechtsreform 2016 wurde die Vergabeordnung für freiberufliche Leistungen (VOF) als selbstständiges Regelwerk aufgehoben und in die neue VgV integriert. Der häufigste Anwendungsfall für die europaweite Ausschreibung einer freiberuflichen Dienstleistung ist die Ausschreibung von Ingenieur- und Architektenleistungen.

Durch die Integration der VOF in die VgV mussten die Regelungen der VOF nur vereinzelt übernommen werden, da die allgemeinen Grundsätze, wie z.B. Bekanntmachung, Informationsübermittlung, Eignung und Ausschlussgründe, sowie die Dokumentations- und Informationspflichten bereits im GWB bzw. in der VgV geregelt sind.

Unterabschnitt 1
Allgemeines

§ 73
Anwendungsbereich und Grundsätze

(1) Die Bestimmungen dieses Abschnitts gelten zusätzlich für die Vergabe von Architekten- und Ingenieurleistungen, deren Gegenstand eine Aufgabe ist, deren Lösung vorab nicht eindeutig und erschöpfend beschrieben werden kann.

(2) Architekten- und Ingenieurleistungen sind

1. Leistungen, die von der Honorarordnung für Architekten und Ingenieure erfasst werden, und
2. sonstige Leistungen, für die die berufliche Qualifikation des Architekten oder Ingenieurs erforderlich ist oder vom öffentlichen Auftraggeber gefordert wird.

(3) Aufträge über Leistungen nach Absatz 1 sollen unabhängig von Ausführungs- und Lieferinteressen vergeben werden.

Für die Praxis: 1. Anwendungsbereich/europaweite Ausschreibung (Abs. 1 und 2). Der Anwendungsbereich ist in Abs. 1 und 2 abschließend festgelegt. Voraussetzung für die Anwendung der VgV ist, dass das geschätzte Nettohonorar den **EU-Schwellenwert** (vgl. § 106 GWB) erreicht oder überschreitet. Dann müssen die Planerleistungen europaweit ausgeschrieben werden.

2. Architekten- und Ingenieurleistungen. Alle Leistungen einschließlich der freiberuflichen Leistungen sind nach der VgV Liefer- und Dienstleistungen. Lediglich für Architekten- und Ingenieurleistungen sind in den §§ 73 bis 80 VgV **spezielle Regelungen** enthalten, die allerdings letztlich den Regelungen für allen Dienstleistungen entsprechen.

3. Schwellenwertberechnung. Die Schwellenwertberechnung bei der Vergabe von Planerleistungen bereitet nach wie vor Probleme. In der Praxis ist teilweise die Tendenz festzustellen, dass man bemüht ist, den Auftragswert herunterzurechnen, um eine europaweite Ausschreibung zu vermeiden.

a) § 3 Abs. 2 Satz 1 VgV verbietet eine **Umgehungsberechnung:**

„Die Wahl der Methode zur Berechnung des geschätzten Auftragswerts darf nicht in der Absicht erfolgen, die Anwendung der Bestimmungen des Teils 4 des Gesetzes gegen Wettbewerbsbeschränkungen oder dieser Verordnung zu umgehen.“

b) Neben der bewussten Umgehungsberechnung – die Facetten sind vielgestaltig – muss festgehalten werden, dass der geschätzte Auftragswert nicht nur durch die anrechenbaren Kosten und den Umfang der beauftragten Leistung ermittelt wird. Mit dem Wegfall verbindlicher Mindest- und Höchstsätze dürfte es im Moment noch Schwierigkeiten bereiten, das zu erwartende Honorar zuverlässig zu schätzen. Es muss sich zeigen, ob die Büros im Wettbewerb weiterhin den Basishonorarsatz anbieten oder ob sich die Marktpreise hiervon entfernen.

4. Schwellenwertberechnung: Zusammenrechnung der Honorare für dasselbe Bauwerk? Auch Lose betreffend **Dienstleistungen** müssen zusammengerechnet werden (§ 3 Abs. 7 Satz 1 VgV). Mit der Streichung von § 3 Abs. 7 Satz 2 VgV a.F. ist klargestellt, dass auch für **Planungsleistungen** nichts anderes gilt.

Die abschnittweise Beauftragung eines Architekten betreffend ein Bauprojekt stellt einen einheitlichen öffentlichen Auftrag dar (EuGH, Urt. v. 15.3.2012, C-574/10 – Architektenleistung Mehrzweckhalle Niedernhausen).

Welche Auswirkungen hat nun die vom EuGH auch für Dienstleistungen übernommene funktionale Betrachtungsweise?

Eine Konsequenz ist eindeutig: **Ein Vollarchitekturauftrag** kann nicht in verschiedene Leistungsphasen aufgeteilt werden, deren Teilhonorarwert dann den Schwellenwert bestimmen soll.

Man wird wohl die Konsequenz ziehen müssen, dass dann, wenn **ein Architekt** mit der Errichtung **mehrerer Gebäude** beauftragt wurde, die zeitgleich und in einem funktionalen Zusammenhang errichtet werden (z.B. Wohnsiedlung, Seniorenzentrum mit verschiedene Zweckbauten), das Honorar des Architekten zusammenzurechnen ist, und zwar unabhängig davon, dass die HOAI gem. § 2 Abs. 1 jedes Gebäude als ein Objekt ansieht und in § 11 Abs. 1 der Grundsatz der getrennten Honorarberechnung für jedes Objekt, mit Modifikationen, festgelegt ist.

Man wird auch davon ausgehen müssen, dass dann, wenn **mehrere Architekten für ein Bauwerk** beauftragt werden, z.B. für Lph 1–4, Lph 5–7 und Lph 8, deren Honorare zusammenzurechnen sind.

Auch wenn **dieselbe Fachplanerleistung** für ein Gebäude aufgeteilt wird (z.B. die TGA wird getrennt vergeben für den Bereich der lufttechnischen Anlagen, der Starkstromanlagen und der Gebäudeautomation), sind die Honorare der Einzelaufträge zusammenzurechnen, denn funktional dienen alle diese Leistungen ein und demselben Gebäude. Dies ist allerdings durchaus umstritten.

Wie bislang, hat eine Zusammenrechnung aller Einzelaufträge dann zu erfolgen, wenn verschiedene Leistungen an einen **Generalplaner** vergeben werden.

Wird im Vertrag mit dem Architekten oder Ingenieur eine **stufenweise Beauftragung** vereinbart, ist der Wert des gesamten Planungsauftrags, nicht nur der Wert des beauftragten Teils, maßgeblich. Dies ergibt sich aus **§ 3 Abs. 1 Satz 2 VgV**, wonach etwaige Optionen oder Vertragsverlängerungen bei der Schwellenwertschätzung zu berücksichtigen sind.

Ist ein **Erfolgshonorar** vereinbart oder Honorar für eine **Bauzeitverlängerung** vorgesehen, ist der darauf entfallende Honoraranteil bei der Berechnung des Schwellenwerts ebenfalls zu berücksichtigen.

Geht der Ausschreibung ein **Teilnahmewettbewerb** voraus, so ist das gezahlte Preisgeld bei der Schwellenwertermittlung zu berücksichtigen.

5. Anwendbare Vorschriften. Bei der Ausschreibung von Planerleistungen sind die Bestimmungen des GWB und die allgemeinen Vorschriften der VgV zusätzlich zu beachten. Daher gelten auch die **§§ 97 bis 114, 115, 119, 121 bis 129 und 132 bis 135 GWB sowie die §§ 1 bis 63 VgV.**

6. Vergabegrundsätze. Gemäß § 97 Abs. 1 Satz 1 GWB gelten der **Transparenz-** und der **Wettbewerbsgrundsatz** – elementare Prinzipien des Vergaberechts – auch für die Vergabe von Planerleistungen. Das **Gleichbehandlungsgebot** des § 97 Abs. 2 GWB – ein weiterer elementarer Grundsatz des Vergaberechts – ist ebenfalls während des gesamten Verfahrens zu beachten. Eine spezielle Ausformung dieses Grundsatzes ist das Verbot der Diskriminierung nach Herkunft oder Staatsangehörigkeit bzw. das Verbot, Ortsansässigkeit zu fordern.

7. Architekten- und Ingenieurleistungen (Abs. 2). Aufgrund des eindeutigen Gesetzeswortlauts der Nr. 1, dass alle in der HOAI als Gebührentatbestände umschriebenen Leistungen umfasst sind, steht fest, dass auch die Mitwirkung bei der Vergabe oder die isolierte Bauüberwachung dann, wenn der Honorarnettowert den Schwellenwert erreicht, ausgeschrieben werden muss.

8. Auftragsvergabe unabhängig von Ausführungs- und Lieferinteressen (Abs. 3). Die Bestimmung des § 73 **Abs. 3** VgV entspricht der früheren Regelung des § 2 Abs. 3 VOF.

§ 74
Verfahrensart

Architekten- und Ingenieurleistungen werden in der Regel im Verhandlungsverfahren mit Teilnahmewettbewerb nach § 17 oder im wettbewerblichen Dialog nach § 18 vergeben.

Für die Praxis: 1. Verfahrensart. Die Regelung stellt klar, dass Planerleistungen **nicht ausschließlich im Verhandlungsverfahren** vergeben werden müssen. Zwar stellt das Verhandlungsverfahren das Regelverfahren dar, aber eine Vergabe im Rahmen des wettbewerblichen Dialogs (§ 18 VgV) ist ebenso möglich. Allerdings gilt dies wegen § 73 Abs. 1 VgV nicht für einfache Leistungen, die vorab eindeutig und erschöpfend beschrieben werden können. Diese sind im offenen Verfahren oder im nicht offenen Verfahren zu vergeben.

2. Verhandlungsverfahren (§ 17 VgV). Die Durchführung des Verhandlungsverfahrens wird in § 17 VgV beschrieben. § 17 Abs. 2 VgV bestimmt, dass die Frist für den Eingang von Teilnahmeanträgen mindestens 30 Tage beträgt. Bei Dringlichkeit, für welche der öffentliche Auftraggeber nicht verantwortlich sein darf, beträgt die Frist mindestens 15 Tage.

3. Teilnahmewettbewerb. Im Teilnahmewettbewerb nach **§ 51 VgV** kann der öffentliche Auftraggeber die Zahl der geeigneten Bewerber, mit denen er verhandeln will, begrenzen. Er muss die objektiven und nichtdiskriminierenden Eignungskriterien für die Begrenzung der Teilnehmerzahl, die Mindestzahl und ggf. auch die Höchstzahl in der Auftragsbekanntmachung oder der Aufforderung zur Interessensbestätigung bekannt geben.

4. Wettbewerblicher Dialog (§ 18 VgV). Beim wettbewerblichen Dialog präzisiert der Auftraggeber in der **Aufgabenbeschreibung** lediglich seine Bedürfnisse und Anforderungen an die zu beschaffende Leistung (§ 18 Abs. 1 Satz 1 VgV). Er weiß selbst nicht, auf welche Art und Weise seine Bedürfnisse am besten zu erfüllen sind – was allerdings bei Bauvorhaben wohl eher für die fertige Bauleistung, nicht aber für den Planungsprozess als solchen gelten kann. Ziel dieser Vergabeart ist es, nach öffentlichem Teilnahmewettbewerb mit den ausgewählten Teilnehmern einen Dialog zu führen, dessen Ziel darin besteht, die beste Lösung für den Auftraggeber zu ermitteln. Im Rahmen des Dialogs können gem. Art. 30 Abs. 3 VRL „… alle Aspekte der Auftragsvergabe erörtert …“ werden. Der öffentliche Auftraggeber beendet den Dialog, wenn er die für ihn passende(n) Lösung(en) gefunden hat. Auf dieser Basis werden dann die Angebote der Teilnehmer am Dialog eingereicht.

Die Verfahrensart des wettbewerblichen Dialogs kommt nur bei komplexen Planungs- und Bauvorhaben in Betracht. Beispiele sind der Neubau des Fußballstadions Coface Arena in Mainz, die Neuplanung der Hanauer Innenstadt, die Neugestaltung der Nidderauer Stadtmitte und der Neubau des Landtages Brandenburg.

Besonders betont werden muss die Bedeutung des **§ 18 Abs. 5 Satz 3 und 4 VgV**. Der öffentliche Auftraggeber muss nicht nur sicherstellen, dass alle Dialogteilnehmer immer den gleichen Informationsstand haben – **Gleichbehandlungsgrundsatz** –, er muss vor allem **Lösungsvorschläge und vertrauliche Informationen der Teilnehmer schützen**. Zu groß ist die Versuchung dann, wenn ein Lösungsweg vorgeschlagen wurde, der erfolgversprechend erscheint, darüber auch andere Dialogteilnehmer zu informieren mit dem Ziel zu erfahren, ob diese ebenfalls in der Lage sind, diesen Lösungsweg weiter auszuarbeiten, vor allem billiger. Damit verletzt der öffentliche Auftraggeber gegebenenfalls nicht nur Urheberrechte, sondern beraubt sich selbst der Möglichkeit, gute Lösungsvorschläge zu erhalten, denn wer gibt schon gerne sein Know-how preis, wenn er damit rechnen muss, dass Mitbewerber die Nutznießer davon werden.

Beachtet werden muss in diesem Zusammenhang die Vorschrift des § 77 Abs. 2 VgV: Für den Aufwand der Dialogteilnehmer muss der öffentliche Auftraggeber eine **angemessene Vergütung** festsetzen.

5. Ausgeschlossene Verfahrensarten. Fraglich bleibt, ob der Wortlaut des § 74 VgV die anderen Verfahrensarten ausschließt. Aufgrund der Regelung in § 119 Abs. 2 GWB, dass das offene und das nicht offene Verfahren gleichwertig nebeneinander stehen, und das GWB höherrangiges Recht ist, dürften auch das offene Verfahren und das nicht offene Verfahren nicht ausgeschlossen sein und sogar die Regelverfahren darstellen, von denen nur unter den in § 74 VgV genannten Bedingungen abweichen darf.

6. Rahmenvereinbarungen. Auch Rahmenvereinbarungen mit Planern sind möglich (vgl. § 103 GWB und § 21 VgV), denn diese Vergabeform wird nicht ausgeschlossen und ist bereits Praxis. Rahmenvereinbarungen sind Vereinbarungen, die dazu dienen, die Bedingungen für öffentliche Aufträge, die während eines bestimmten Zeitraums vergeben werden sollen, festzulegen, insbesondere in Bezug auf Umfang und Preis. Das in Aussicht genommene Auftragsvolumen ist so genau wie möglich zu ermitteln, braucht aber nicht abschließend festgelegt zu werden.

Beispielsweise kann eine Wohnungsbaugenossenschaft mit zahlreichen Wohnungen einen Architekten damit beauftragen, innerhalb eines Jahres eine bestimmte Anzahl von Abnahmen für Sanierungs- und Umbauarbeiten im Wohnungsbestand durchzuführen. Die Anzahl der Abnahmen ist dabei als Höchstzahl festzulegen, auch deren Umfang. Das Honorar wird in der Regel pauschaliert. Sofern es sich um gleichartige Arbeiten handelt, kann das Pauschalhonorar im Einzelfall den Mindestsatz der noch geltenden HOAI ggf. unterschreiten.

§ 75
Eignung

(1) Wird als Berufsqualifikation der Beruf des Architekten, Innenarchitekten, Landschaftsarchitekten oder Stadtplaners gefordert, so ist zuzulassen, wer nach dem für die öffentliche Auftragsvergabe geltenden Landesrecht berechtigt ist, die entsprechende Berufsbezeichnung zu tragen oder in der Bundesrepublik Deutschland entsprechend tätig zu werden.

(2) Wird als Berufsqualifikation der Beruf des „Beratenden Ingenieurs" oder „Ingenieurs" gefordert, so ist zuzulassen, wer nach dem für die öffentliche Auftragsvergabe geltenden Landesrecht berechtigt ist, die entsprechende Berufsbezeichnung zu tragen oder in der Bundesrepublik Deutschland entsprechend tätig zu werden.

(3) Juristische Personen sind als Auftragnehmer zuzulassen, wenn sie für die Durchführung der Aufgabe einen verantwortlichen Berufsangehörigen gemäß Absatz 1 oder 2 benennen.

(4) Eignungskriterien müssen gemäß § 122 Absatz 4 des Gesetzes gegen Wettbewerbsbeschränkungen mit dem Auftragsgegenstand in Verbindung und zu diesem in einem angemessenen Verhältnis stehen. Sie sind bei geeigneten Aufgabenstellungen so zu wählen, dass kleinere Büroorganisationen und Berufsanfänger sich beteiligen können.

(5) Die Präsentation von Referenzprojekten ist zugelassen. Verlangt der öffentliche Auftraggeber geeignete Referenzen im Sinne von § 46 Absatz 3 Nummer 1, so lässt er hierfür Referenzobjekte zu, deren Planungs- oder Beratungsanforderungen mit denen der zu vergebenden Planungs- oder Beratungsleistung vergleichbar sind. Für die Vergleichbarkeit der Referenzobjekte ist es in der Regel unerheblich, ob der Bewerber bereits Objekte derselben Nutzungsart geplant oder realisiert hat.

(6) Erfüllen mehrere Bewerber an einem Teilnahmewettbewerb mit festgelegter Höchstzahl gemäß § 51 gleichermaßen die Anforderungen und ist die Bewerberzahl auch nach einer objektiven Auswahl entsprechend der zugrunde gelegten Eignungskriterien zu hoch, kann die Auswahl unter den verbleibenden Bewerbern durch Los getroffen werden.

Für die Praxis: 1. Anwendbare Vorschriften. § 75 VgV regelt die Anforderungen an die Eignung **nicht abschließend**. Zusätzlich sind die **§§ 122 bis 124 GWB, §§ 44 bis 48 und 50 VgV** zu beachten.

2. Nachweis der Eignung (§ 48 VgV). Im Rahmen des Nachweises für die Eignung ist § 48 VgV zu beachten. Der öffentliche Auftraggeber muss in der Auftragsbekanntmachung oder der Aufforderung zur Interessensbestätigung angeben, mit welchen Unterlagen Bieter ihre Eignung nachzuweisen haben. Geblieben ist, dass grundsätzlich die **Vorlage von Eigenerklärungen** zunächst ausreichend ist (§ 48 Abs. 2 Satz 1 VgV). Die Bewerber können auch von der **Einheitlichen Europäischen Eigenerklärung nach § 50 VgV** Gebrauch machen, welche der öffentliche Auftraggeber als vorläufigen Beleg zu akzeptieren hat (§ 48 Abs. 3 VgV). Der öffentliche Auftraggeber kann verlangen, dass die vorgelegten Eignungsunterlagen erläutert werden (§ 48 Abs. 7 VgV).

3. Fehlende/unvollständige/fehlerhafte Unterlagen; Nachforderung (§ 56 VgV). a) Sind die eingereichten Nachweise unvollständig, stellt sich die Frage der Nachforderung. Die Nachforderungsmöglichkeit erstreckt sich auch auf **fehlerhafte**, also nicht nur fehlende, Unterlagen. Diese Möglichkeit sieht § 56 Abs. 2 VgV ausdrücklich vor.

Der Auftraggeber muss nicht für alle Bewerber die Möglichkeit der Nachforderung prüfen, sondern nur für die Bewerber, welche in die engere Wahl kommen.

Eine Nachforderung ist nur dann möglich, wenn der Auftraggeber die Vorlage der Unterlagen in den Vergabeunterlagen ausdrücklich gefordert hat. Hat er sich vorbehalten, dies zu einem späteren Zeitpunkt zu tun, muss er erst die Aufforderung, die Unterlagen einzureichen, an die Bewerber richten.

b) Bezüglich des Nachforderns von Unterlagen unterscheidet § 56 VgV zwischen **unternehmensbezogenen** Unterlagen (Abs. 2) und **leistungsbezogenen** Unterlagen (Abs. 3). Unternehmensbezogene Unterlagen betreffen die Eignung des Bewerbers, insbesondere Eigenerklärungen, Angaben (z.B. zur wirtschaftlichen und finanziellen Leistungsfähigkeit und zum vorhandenen Personal), Bescheinigungen oder sonstige Nachweise. Diese Unterlagen können nachgereicht, vervollständigt oder korrigiert werden. Bei leistungsbezogenen Unterlagen, die z.B. die Erfüllung der Kriterien der Aufgabenbeschreibung betreffen, besteht diese Korrekturmöglichkeit nicht. Solche Unterlagen, z.B. Gleichwertigkeitsnachweise, können nur nachgereicht oder vervollständigt werden. Handelt es sich bei den leistungsbezogenen Unterlagen um Unterlagen, die in die **Wirtschaftlichkeitsbewertung nach den Zuschlagskriterien** eingehen und daher die Wertungsreihenfolge beeinflussen können (z.B. Qualifikation des Personals), ist ein **Nachfordern** von Unterlagen **verboten**.

c) Bezüglich der **Angemessenheit der Frist** gibt es keine starren Vorgaben. Leitlinie ist die Prognose, welche Zeit der Bewerber benötigen wird, um die fehlenden Unterlagen zu beschaffen, zu ergänzen oder zu korrigieren. Man muss also immer einen Bezug zwischen der angemessenen Frist und der Tätigkeit, die vom Bewerber erwartet wird, herstellen. Werden die Unterlagen nicht innerhalb der Frist vervollständigt oder korrigiert, ist der Bewerber auszuschließen.

4. Bietergemeinschaften. Wenn sich Bietergemeinschaften bewerben, ist bei der Eignung **§ 47 VgV** zu beachten. Für alle Mitglieder der Bietergemeinschaft oder dann, wenn sich der Planer zur Leistungserbringung anderer Kollegen bedienen will, gilt, dass jedes Mitglied alle Eignungskriterien erfüllen muss bzw. bei keinem Mitglied zwingende Ausschlussgründe vorliegen dürfen. Ist dies der Fall, kann der öffentliche Auftraggeber, auch bei fakultativen Ausschlussgründen (§ 124 GWB), vorschreiben, dass der Bewerber diesen Kollegen bzw. das davon betroffene Büro ersetzen muss (vgl. **§ 47 Abs. 4 i.V.m. Abs. 2 VgV**).

5. Eignungskriterien bei „Newcomern" (Abs. 4 Satz 2). Diese Regelung ist ein Appell an den traditionell risikoscheuen öffentlichen Auftraggeber, bei geeigneten Aufträgen auch „Newcomern" eine Chance zu geben. Fachkunde i.S.d. § 122 Abs. 1 GWB bedeutet nicht, dass keine Fehler unterlaufen dürfen. Da in der Praxis häufig überzogene Anforderungen gestellt werden, ist der Gesetzgeber jetzt durch verschiedene Regelungen dieser Tendenz entgegengetreten. Sofern ein Mindestjahresumsatz gefordert wird, darf dieser nur das Zweifache (früher: das Dreifache) des geschätzten Auftragswerts nicht überschreiten.

Der objektive Bezug zwischen der Aufgabenstellung und den Eignungskriterien gestattet es dem öffentlichen Auftraggeber, weitere Eignungsnachweise über entsprechende Erfahrungen zu fordern, z.B. im Brückenbau, im Tunnelbau oder bei der Gebäudeautomation. Bei speziellen Eignungsnachweisen hat der öffentliche Auftraggeber einen weiten **Ermessensspielraum**. Das OLG Koblenz hat dazu in seinem Beschluss vom 4.10.2010 (1 Verg 8/10) festgestellt:

„Die Entscheidung des öffentlichen Auftraggebers für einen bestimmten Eignungsnachweis darf von den Nachprüfungsinstanzen nur dann korrigiert werden, wenn die Anforderung unzumutbar und damit völlig unangemessen ist, weil ein berechtigtes Informationsbedürfnis des Auftraggebers nicht besteht oder hiermit eine sachwidrige, wettbewerbswidrige Ausgrenzung verbunden ist."

Zu Recht hat die VK Brandenburg bereits durch Beschluss vom 17.9.2008 (VK 21/08) festgestellt:

„Die Vergabestelle hat es bei der Formulierung und Zusammenstellung der Verdingungsunterlagen in der Hand, das Anforderungsprofil mit Blick auf ihr Beschaffungsvorhaben so zu gestalten, dass sie Angebote leistungsfähiger Bieter erhält. Es mangelt oft an der Kreativität oder dem Mut, solche Eignungskriterien aufzustellen."

6. Referenzprojekte (Abs. 5). a) Die Vorlage von Referenzobjekten ist der Regelfall und hat sich bewährt. Der Auftraggeber sollte aber beschreiben, auf welche Art von Referenzen es ihm ankommt. Wenn ein historischer Bau saniert werden soll, ist der Auftraggeber daran interessiert zu erfahren, ob die Bewerber bereits historische Gebäude saniert haben und welche Kenntnisse sie im Umgang mit historischen Gebäudesubstanzen besitzen.

b) Abs. 5 soll überzogenen Anforderungen an Referenzobjekte vorbeugen. Dies ist eine weitere Maßnahme des Gesetzgebers, Newcomern eine Chance zu eröffnen. Es kommt nur auf die **Vergleichbarkeit der Referenzobjekte mit der vorgesehenen Leistung** an. Dabei ist § 5 HOAI zu berücksichtigen. Die **Planungsanforderungen** müssen zueinander in Beziehung gesetzt werden.

Für die Vergleichbarkeit ist nicht die gleiche Nutzungsart erforderlich. Geht es beispielsweise um die Planung einer KiTa, muss das Vergleichsobjekt nicht ebenfalls eine KiTa sein, vielmehr ist der **Schwierigkeitsgrad der Planung** der Vergleichsmaßstab. Es ist auch zulässig, Referenzobjekte vorzulegen, die für einen privaten Auftraggeber bearbeitet wurden. Wer einen Betriebskindergarten geplant hat, wird auch eine KiTa planen können. Zu Recht weist der Gesetzgeber darauf hin, dass dann, wenn man identische Objekte fordern würde, ein Kreislauf entsteht, der Newcomer ausschließt. Wer kein identisches Referenzobjekt geplant und gebaut hat, hat nie die Chance zu beweisen, dass er es kann.

7. Mehrere Bewerber/Auswahl (Abs. 6). § 75 Abs. 6 VgV regelt die Auswahl der Bewerber. Die durch Abs. 6 ermöglichte Losentscheidung ist zwar von den Gerichten anerkannt, aber dennoch fragwürdig. Denn jeder geeignete Bewerber hat einen Anspruch darauf, dass er eine Chance erhält, sich für den Auftrag zu qualifizieren. Wenn man den am besten geeigneten Bewerber finden soll, ist die Qualifikation entscheidend und nicht die Glücksgöttin. Auch der Auftraggeber macht sich vom Glück abhängig, denn ein Losentscheid kann dazu führen, dass gerade der Bewerber ausscheidet, der die bestmögliche Leistung geboten hätte. Daher sollte das Losverfahren die Ausnahme bilden.

8. Projektantenklausel (§ 124 Abs. 1 Nr. 6 GWB). Die sog. Projektantenklausel, also die Regelung, unter welchen Bedingungen ein Bewerber als Teilnehmer vom Verfahren auszuschließen ist, wenn er vor Beginn des Vergabeverfahrens den Auftraggeber beraten hat, findet sich nun in § 124 Abs. 1 Nr. 6 GWB. Gerade bei der Ausschreibung von Planungsleistungen benötigt der öffentliche Auftraggeber häufiger fachlichen Rat bei den Vorüberlegungen und der Formulierung der Aufgabenstellung. Die Projektantenklausel beruht auf der Rechtsprechung des EuGH (Urt. v. 3.3.2005, verb., Rs. C-21/03 und C-34/03, IBR 2005, 229).

Der Ausschluss eines Planerbüros, welches den Auftraggeber beraten hat, ist nur als **letztes Mittel** vorgesehen. Vorher ist zu prüfen, ob durch die Vorbefassung überhaupt eine **Wettbewerbsverzerrung** gegeben ist. Dies dürfte in der Regel anzunehmen sein, weil das beratende Büro bereits Informationen zu dem geplanten Projekt erhalten hat, welche es im Rahmen der Beratung verwertet hat. Diese Wettbewerbsverzerrung lässt sich aber dadurch **beseitigen**, dass allen Bewerbern alle Unterlagen zur Verfügung gestellt werden, die auch dem Beraterbüro zur Verfügung gestanden haben (z.B. Projektbeschreibungen und/oder von diesem erstellte Gutachten). Nur dann, wenn diese Maßnahmen nicht ausreichen, um den Grundsatz der Gleichbehandlung zu wahren, kommt der Ausschluss in Betracht.

Vor dem Ausschluss ist dem Bewerber die Möglichkeit zu geben nachzuweisen, dass trotz der Vorbefassung seiner Auffassung nach keine Wettbewerbsverzerrung vorliegt.

Die Projektantenklausel ist sinnvoll, denn wenn vorbefasste Bewerber ohne Prüfung ausgeschlossen werden könnten, würden qualifizierte Planerbüros, die an der Auftragserteilung Interesse haben, wegen des späteren Ausschlusses die Beratung ablehnen. Sofern Mitbewerber der Auffassung sind, es bestünde aufgrund der Vorbefassung ein Wettbewerbsvorteil, müssen diese den Vorteil konkret nachweisen; allgemeine Vermutungen reichen nicht aus.

9. Selbstreinigung (§ 125 GWB). Erstmalig sieht das GWB auch die Möglichkeit der Selbstreinigung vor. Sofern ein Bewerber eigentlich ausgeschlossen werden müsste oder könnte, z.B. weil es bei früheren Verträgen Schlechtleistungen gab, ist vor dem Ausschluss zu prüfen, ob eine Selbstreinigung (z.B. durch Einführung einer Qualitätskontrolle) stattgefunden hat. Dies ist allerdings nur dann der Fall, wenn alle drei in § 125 Abs. 1 Satz 1 GWB genannten Voraussetzungen kumulativ vorliegen.

§ 76
Zuschlag

(1) Architekten- und Ingenieurleistungen werden im Leistungswettbewerb vergeben. Auf die zu erbringende Leistung anwendbare Gebühren- oder Honorarordnungen bleiben unberührt.

(2) Die Ausarbeitung von Lösungsvorschlägen der gestellten Aufgabe kann der öffentliche Auftraggeber nur im Rahmen eines Planungswettbewerbs, eines Verhandlungsverfahrens oder eines wettbewerblichen Dialogs verlangen. Die Erstattung der Kosten richtet sich nach § 77. Unaufgefordert eingereichte Ausarbeitungen bleiben unberücksichtigt.

Für die Praxis: 1. Leistungswettbewerb (Abs. 1 Satz 1). § 76 Abs. 1 Satz 1 VgV hebt hervor, dass bei geistigen Dienstleistungen, bei denen eine Lösung für die gestellte Aufgabe gefunden werden soll, der Leistungswettbewerb entscheidend ist und nicht der Preis. Bei Prestigeobjekten oder Großprojekten (z.B. Klinikbau) trifft dies zu, bei einer Vielzahl von Vergaben kann man das aber bezweifeln. In der Praxis spielt der Preis tatsächlich keine untergeordnete Rolle.

Der Gesetzgeber hat entschieden, dass für die Vergabe von Planerleistungen der Grundsatz des § 127 Abs. 1 Satz 1 GWB – der Zuschlag wird auf das wirtschaftlichste Angebot erteilt – dahingehend modifiziert wird, dass der **Qualität der Leistung** beim Zuschlag eine besondere Bedeutung zukommt.

Obwohl somit der **Preis als einziges Zuschlagskriterium** grundsätzlich möglich ist (vgl. § 127 Abs. 1 Satz 3 GWB, § 58 Abs. 2 Satz 2 VgV), wird man davon ausgehen müssen, dass dieser Grundsatz durch die **speziellere Regelung des § 76 Abs. 1 Satz 1 VgV** modifiziert wurde. Dafür spricht auch Abs. 1 Satz 2 des § 76 VgV, der dem Preis nur eine untergeordnete Rolle zuweist: Sofern die Leistung in der HOAI als Gebührentatbestand beschrieben ist, müsse die HOAI Berücksichtigung finden.

Das **Zuschlagskriterium „nur Preis"** dürfte jedenfalls dann zulässig sein, wenn alle Leistungselemente in der Aufgabenbeschreibung erfasst werden. Gerade bei Planungsleistungen ist aber zu berücksichtigen, dass sich die Qualität der Planung auf das zu planende Projekt überträgt und daher eine „billige" Planung nicht den Interessen des Auftraggebers entspricht. Deswegen sollten andere Zuschlagskriterien wie z.B. vorzulegende Konzepte stets mitberücksichtigt werden.

2. Wertungsmatrix/Wertung des einzusetzenden Personals. Bei der Zuschlagsentscheidung ist auch **§ 58 Abs. 2 VgV** zu beachten. Sofern die Qualität des eingesetzten Personals erheblichen Einfluss auf das Niveau der Auftragsausführung haben kann, können **Organisation, Quali-**

fikation und Erfahrung des mit der Auftragsausführung betrauten Personals zuschlagsrelevant sein. Öffentliche Auftraggeber können daher bei der Ausschreibung von Architekten- und Ingenieurleistungen fordern, dass die mit der Durchführung des Auftrags betrauten Personen, deren Ausbildung und Erfahrung bzw. bisherige Tätigkeit dargelegt werden. Sie müssen allerdings auch angeben, mit welcher Gewichtung dieser Aspekt in die Zuschlagsentscheidung einfließt. Es muss dann aber auch vertraglich festgelegt werden, dass die bei der Bewertung berücksichtigen Personen auch tatsächlich den Vertrag durchführen.

Für durchschnittliche Architektenleistungen (z.B. für die Planung und Errichtung von Wohnhäusern, Bürobauten etc.) kann dieser Qualitätsaspekt kein Wertungskriterium sein, sondern nur dann, wenn es sich um spezielle Projekte handelt, die spezifische Erfahrungen und spezielles Fachwissen erfordern.

Bei der Entscheidung über die Auftragserteilung dürfen nur die Zuschlagskriterien berücksichtigt werden, die in der Auftragsbekanntmachung oder den Vergabeunterlagen angegeben worden sind. Da der Auftraggeber an diese Bekanntgabe gebunden ist, kommt der **Ausarbeitung der Vergabeunterlagen** ein hoher Stellenwert zu. Eine darin bekannt gegebene Aufgabenbeschreibung und dort genannte Eignungs- und Zuschlagskriterien sind für das Verfahren verbindlich.

Es ist Praxis, die Gewichtung in Form einer **Matrix mit Punktverteilung** vorzunehmen.

Beispiel: Grundstruktur einer Matrix

Auswahlkriterium	Gewicht %-Anteil	Bewerber A Wert/Punktzahl	Bewerber B Wert/Punktzahl
Qualität der Planungsleistung und der Planungstiefe	15	4,0 = 60,0	3,5 = 52,5
Städtebauliche Anpassung	20	2,5 = 50,0	3,5 = 70,0
Variantenuntersuchungen	5	4,0 = 20,0	4,0 = 20,0
Wirtschaftlichkeit der Lösungen	10	3,0 = 30,0	2,0 = 20,0
Ausführungszeitraum	10	3,0 = 30,0	2,0 = 20,0
Verfügbarkeit	10	4,5 = 45,0	3,5 = 35,0
Honorar	30	3,0 = 90,0	4,0 = 120,0
Punkte	**100 %**	**325,00**	**337,50**

Wertung: 0 = keine Angaben; 1 = schlecht; 2 = unterdurchschnittlich; 3 = durchschnittlich; 4 = gut; 5 = sehr gut.

Das Beispiel zeigt: Die Leistungen des Bewerbers A sind in fast allen Punkten besser als die des Bewerbers B. Trotzdem erreicht B die höhere Punktzahl, weil er billiger anbietet. Das Ergebnis sollte zum Nachdenken anregen.

3. Nachträgliche Bildung von Unterkriterien bzw. Unter-Unterkriterien. Bei der Vergabe von Architekten- und Ingenieurleistungen ist es immer noch die Regel, dass die Wertungskriterien in den Vergabeunterlagen pauschal und nach schwer handhabbaren Kriterien angegeben werden, wie z.B. „Qualität", „Erfahrung des Projektteams", „künstlerisches Gestaltungsniveau" oder „Kreativität". Vor der Angebotseröffnung stellt der Auftraggeber fest, dass diese Oberbegriffe keine klaren Wertungszuordnungen ermöglichen. Um dieses Manko wett zu machen und um selbst eine klarere Entscheidung finden zu können, bildet er Unterkriterien. Unterkriterien bzw. Unter-Unterkriterien sind also Kriterien, die die für die Auswahlentscheidung maßgeblichen Hauptkriterien ausfüllen und näher bestimmen.

Beispiel: Unterkriterien in Bezug auf das Auswahlkriterium „Verfügbarkeit"

0 Punkte = keine Aussage; 1–3 Punkte = lapidare Angaben wie „in der Regel vor Ort" oder „bei Bedarf"; 4–7 Punkte = Bauleiter fährt mindestens einmal täglich zur Baustelle; 8–9 Punkte = Bewerber stellt seine Vorstellungen über Bauleitertätigkeit dar und überzeugt, dass durch Präsenz die Qualität der Bauausführung garantiert werden kann, ständige Besetzung eines Bauleitungsbüros; 10 Punkte = wie 8–9 Punkte, aber überdurchschnittlich.

Damit sind zwei Fragen verbunden:

- Ist die nachträgliche Bildung von Unterkriterien zulässig?
- Müssen diese und ihre Gewichtung veröffentlicht werden?

Die **nachträgliche Bildung von Unterkriterien** ist zulässig. Der EuGH hatte bereits im Jahre 2005 entschieden, dass es zulässig sein kann, Zuschlagsunterkriterien nach Angebotsabgabe, aber vor Angebotseröffnung nachträglich zu gewichten (EuGH, Urt. v. 24.11.2005, C-331/04, NZBau 2006, 193 = IBR 2006, 1019). Öffentliche Auftraggeber sind daher nicht in jedem Fall gezwungen, bereits vor Angebotsabgabe im Detail die Gewichtung von Zuschlagskriterien bzw. deren Unterkriterien festzulegen (ebenso VK Nordbayern, Beschl. v. 6.8.2015, 21. VK-3194-16/15, VPR 2015, 217).

Bis zu welchem Grad das geschieht, ist eine Frage des Einzelfalls. Die nachträgliche Gewichtung darf allerdings weder zu einer Änderung zuvor bereits bekannt gemachter Zuschlagskriterien führen noch darf sie sich diskriminierend auswirken.

Nach einem Beschluss der VK Sachsen vom 14.12.2005 (1/SVK/142-05, IBR 2007, 1053) können auch **Unter-Unterkriterien** gebildet werden, soweit sie sachlich und tatsächlich unter das bekannt gemachte Unterkriterium subsumierbar sind und nicht gegen das Transparenzgebot, das Gleichbehandlungsgebot oder das Willkürverbot verstoßen.

Bezüglich der **Bekanntmachungspflicht** hatte das OLG München für § 16 Abs. 2 VOF durch Beschluss vom 17.1.2008 (Verg 15/07, BauR 2008, 1198 = VergabeR 2008, 574) entschieden, dass diese Vorschrift nicht nur für die Zuschlagskriterien, sondern auch für Unterkriterien Anwendung findet. Ein ordnungsgemäßer Wettbewerb ist nur gewährleistet, wenn die Bieter ihre Angebote auf die Bedürfnisse des Auftraggebers ausrichten können. Dies ist aber nur möglich, wenn diese Bedürfnisse (sprich die Kriterien, anhand derer der Auftraggeber werten will) vor der Angebotsabgabe bekannt gemacht werden.

Daraus folgt: Vorher gebildete Unterkriterien und deren Wertung müssen grundsätzlich bekannt gemacht werden.

Das BVerwG hat in seinem Beschluss vom 18.3.2016 (3 B 16.15) für die Reichweite der Bekanntmachungsverpflichtungen festgestellt, dass es nicht auf die Bezeichnung eines Auswahlkriteriums als „Kriterium", „Hilfskriterium", „Unterkriterium" oder „Unter-Unterkriterium" ankommt, sondern auf dessen materielle Funktion.

Eine Festlegung der Zuschlagskriterien und ihrer Gewichtung sowie der Unterkriterien und ihrer Gewichtung nach Ablauf der Angebotsfrist und in Kenntnis der eingereichten Angebote ist dem Auftraggeber verwehrt, da dies dem Auftraggeber Raum für Manipulationen eröffnen würde (OLG Düsseldorf, Beschl. v. 13.1.2011, VII-Verg 64/10).

4. Preiswettbewerb (Abs. 1 Satz 2). § 76 Abs. 1 Satz 2 VgV verkennt, dass es heute nicht mehr so einfach ist, den „gleichen Preis", d.h. das gleiche Honorar, für die ausgeschriebene Leistung zu ermitteln (vgl. die Ausführungen zu § 73 VgV – Schwellenwert). Die HOAI 2021 lässt einen Preiswettbewerb in viel größerem Umfang als bisher zu, selbst wenn man nur Angebote erwartet, die auf der Grundlage des Basishonorarsatzes ermittelt wurden.

Weil die Vorgaben der HOAI hinsichtlich der Honorarzonen etc. letztlich unverbindlich sind, müssen Auftraggeber überlegen, in welcher Weise sie die Vergleichbarkeit der Angebote sichern. So kann es sich anbieten, die Honorarzone für alle Bieter vorzugeben, so dass die angebotenen Honorare relativ einfach ermittelt und verglichen werden können – und auch die spätere gleiche Honorarfortschreibung während der Ausführung gesichert ist.

Abweichende Honorargestaltungen wie Pauschalhonorare, Bonus-Malus-Regelungen, Vorgabe fixer Baukosten etc. sind nach der HOAI 2021 ebenfalls möglich. Der Auftraggeber muss überlegen, ob und wie er diese z.B. durch die Zulassung von Nebenangeboten abfragt.

5. Ausarbeitung von Lösungsvorschlägen (Abs. 2). Die Regelung stellt klar, in welchen Fällen der öffentliche Auftraggeber von den Bietern mehr als nur ein Angebot, nämlich die Ausarbeitung von Lösungsvorschlägen, verlangen kann.

§ 77
Kosten und Vergütung

(1) Für die Erstellung der Bewerbungs- und Angebotsunterlagen werden Kosten nicht erstattet.

(2) Verlangt der öffentliche Auftraggeber außerhalb von Planungswettbewerben darüber hinaus die Ausarbeitung von Lösungsvorschlägen für die gestellte Planungsaufgabe in Form von Entwürfen, Plänen, Zeichnungen, Berechnungen oder anderen Unterlagen, so ist einheitlich für alle Bewerber eine angemessene Vergütung festzusetzen.

(3) Gesetzliche Gebühren- oder Honorarordnungen und der Urheberrechtsschutz bleiben unberührt.

Für die Praxis: 1. Keine Kostenerstattung (Abs. 1). Die Regelung des Abs. 1 stellt den Grundsatz klar, dass im Regelfall keine Kosten erstattet werden.

2. Ausarbeitung von Lösungsvorschlägen (Abs. 2). Abs. 2 stellt durch die Ergänzung „außerhalb von Planungswettbewerben" klar, dass Lösungsvorschläge innerhalb von Planungswettbewerben durch die Preise abgegolten werden.

3. „Angemessene" Vergütung vs. Unauskömmlichkeit. Wenn der öffentliche Auftraggeber im Laufe der Verhandlungen von den Bietern Planungsleistungen fordert, dann soll er diese Mehrleistung gemäß Abs. 2 auch vergüten, und zwar „**angemessen**".

Damit ist aber das Problem, in welchem **Verhältnis die Regelung des Abs. 2 zu Abs. 3** steht, nicht gelöst. Denn in der Praxis werden in der Regel niedrigere Pauschalvergütungen festgesetzt, als auf der Grundlage der HOAI zu zahlen wären. Richtig ist zwar, dass diese Pauschale dann an alle Bewerber zu zahlen ist, die aufgefordert wurden, weitere Planungsleistungen zu erbringen, und dass der öffentliche Auftraggeber selbst dann bezahlen muss, wenn er die eingereichten Unterlagen nicht verwertet, so dass er höhere Kosten hat. Aber wenn er von mehreren Personen Planungsleistungen abfordert, dann muss er auch alle Leistungserbringer angemessen bezahlen.

Die zum Teil eklatant niedrigen Pauschalhonorare zeigen, dass dem öffentlichen Auftraggeber kaum bewusst ist, welche umfangreichen Planungsleistungen teilweise erbracht werden, und er außer Acht lässt, dass jeder Freiberufler die Kosten für seine Tätigkeit selbst finanzieren muss.

Ein krasses Beispiel bietet die Entscheidung des BGH vom 19.4.2016 (X ZR 77/14, NZBau 2016, 368): Im Rahmen eines Vergabeverfahrens der Beklagten „Planungsleistung Eisenbahnüberführung als Süd-West-Erschließung der Innenstadt auf dem ehemaligen Opel-Werksgelände in Rüsselsheim" verständigte sich der öffentliche Auftraggeber mit allen Beteiligten in einem Bieterkolloquium darauf, dass die Angebote eine Projektstudie umfassen sollten. Als Entschädigung für die Erarbeitung der Projektstudie einschließlich sämtlicher Nebenkosten wurde ein Pauschalhonorar von 6.000 € einschließlich Umsatzsteuer festgesetzt. Nachdem die Klägerin, ein Ingenieurbüro, nicht den Zuschlag auf ihr Angebot erhalten hatte, verlangte sie von der Beklagten für ihre Planungsleistung „Projektstudie" unter Anrechnung der Bearbeitungsgebühr auf der Grundlage der HOAI einen Betrag von 250.955,84 €.

Der BGH entschied völlig zu Recht, dass ein der Höhe nach unmittelbar aus den Bestimmungen der HOAI (vgl. § 4 Abs. 1, 4 HOAI 2002, § 7Abs. 1 HOAI 2009) hergeleiteter Honoraranspruch deshalb nicht besteht, weil ein entsprechender Vertrag über die Erbringung von Planungsleistungen noch nicht geschlossen worden war. Das von der Beklagten eingeleitete Vergabeverfahren sollte erst zum Abschluss eines solchen Vertrages führen. Hinzu kam, dass sich das Ingenieurbüro vertraglich verpflichtet hatte, die Ausarbeitung zu diesem Preis zu erbringen. Es hatte sogar vor Auftragserteilung die Unauskömmlichkeit der Honorarpauschale gerügt und sich trotzdem beteiligt.

Weiterhin stellte der BGH fest:

„Hat sich ein Architekt oder Ingenieur an einem nach der Vergabeordnung für freiberufliche Dienstleistungen durchgeführten, dem Vierten Teil des Gesetzes gegen Wettbewerbsbeschränkungen unterliegenden Vergabeverfahren beteiligt, in dem für über die Bearbeitung der Angebotsunterlagen hinausgehende Leistungen eine pauschale Vergütung als abschließende Zahlung vorgesehen ist, kann er die Bindung an diese Vergütung nur durch Rüge gegenüber dem Auftraggeber und Einleitung eines vergaberechtlichen Nachprüfungsverfahrens beseitigen. Unterlässt er dies, stehen ihm keine weitergehenden Honoraransprüche für die in Rede stehenden Leistungen zu. (...)

Die Nachprüfungsinstanzen haben lediglich zu prüfen, ob die festgesetzte Vergütung § 13 Abs. 3 VOF oder § 20 Abs. 3 VOF bzw., nach neuem Recht, § 77 Abs. 2 VgV n.F. genügt. Hierbei ist gegebenenfalls auch zu prüfen, ob die Festsetzung in Einklang mit einschlägigen Honorarordnungen steht. Sofern sich die Vergütung als nicht angemessen erweist, ist die Fortsetzung des Vergabeverfahrens zu den angefochtenen Konditionen zu untersagen. (...)"

Diese Entscheidung verdeutlicht die Problematik. Hier hatte der öffentliche Auftraggeber – unabhängig von der weiteren Frage, welche Qualität die Projektstudie in planerischer Hinsicht haben sollte – eine Pauschalentschädigung festgelegt, welche krass unter der Vergütung nach HOAI lag.

Das Ingenieurbüro hätte sich wegen der erkannten **Unauskömmlichkeit der Pauschale** nicht beteiligen dürfen. Richtig sind daher die vom BGH hervorgehobene Bindung des Ingenieurbüros an die vertraglich vereinbarte Pauschale und sein Hinweis, dass eine Unauskömmlichkeit nur durch eine Vergaberüge hätte beseitigt werden können.

Die – theoretisch richtige – Lösung der Juristen verkennt die Zwangslage für die Bieter, die Aufträge hereinholen müssen, und die Macht der öffentlichen Auftraggeber. Welcher Bieter setzt schon ein Rügeverfahren in Gang, wenn er hofft, den Auftrag zu bekommen?

Es kann nur an die öffentlichen Auftraggeber appelliert werden, tatsächlich eine **angemessene Vergütung** festzusetzen, und den Bietern der Rat erteilt werden, sich bei krasser Unauskömmlichkeit nicht zu beteiligen.

Unterabschnitt 2
Planungswettbewerbe für Architekten- und Ingenieurleistungen

§ 78
Grundsätze und Anwendungsbereich für Planungswettbewerbe

(1) Planungswettbewerbe gewährleisten die Wahl der besten Lösung der Planungsaufgabe und sind gleichzeitig ein geeignetes Instrument zur Sicherstellung der Planungsqualität und Förderung der Baukultur.

(2) Planungswettbewerbe dienen dem Ziel, alternative Vorschläge für Planungen, insbesondere auf dem Gebiet der Raumplanung, des Städtebaus und des Bauwesens, auf der Grundlage veröffentlichter einheit-

licher Richtlinien zu erhalten. Sie können vor oder ohne Vergabeverfahren ausgerichtet werden. In den einheitlichen Richtlinien wird auch die Mitwirkung der Architekten- und Ingenieurkammern an der Vorbereitung und bei der Durchführung von Planungswettbewerben geregelt. Der öffentliche Auftraggeber prüft bei Aufgabenstellungen im Hoch-, Städte- und Brückenbau sowie in der Landschafts- und Freiraumplanung, ob für diese ein Planungswettbewerb durchgeführt werden soll, und dokumentiert seine Entscheidung.

(3) Die Bestimmungen dieses Unterabschnitts sind zusätzlich zu Abschnitt 5 für die Ausrichtung von Planungswettbewerben anzuwenden. Die auf die Durchführung von Planungswettbewerben anwendbaren Regeln nach Absatz 2 sind in der Wettbewerbsbekanntmachung mitzuteilen.

Für die Praxis: 1. Einheitliche Richtlinien; RPW 2013 (Abs. 2). Bei der Durchführung von Architektenwettbewerben ist nach § 78 Abs. 2 VgV zu beachten, dass sie auf der Grundlage veröffentlichter einheitlicher Richtlinien erfolgen. Von dem zuständigen Bundesministerium war für die Durchführung von Bauaufgaben des Bundes stets eine entsprechende Richtlinie erlassen worden. Derzeit ist die wesentliche Grundlage und einschlägige Richtlinie die „**Richtlinie für Planungswettbewerbe (RPW 2013)**" vom 31.1.2013 (BAnZ AT 22.02.2013 B 4), veröffentlicht vom Bundesministerium für Verkehr, Bau und Stadtentwicklung und zum 1.3.2013 in Kraft getreten. Die RPW 2013 regelt den einzelnen Verfahrensgang und beschreibt die Grundsätze für die Vorbereitung. Verbindlich ist die RPW 2013 jedoch nur für Bundesbaumaßnahmen eingeführt. Den Bundesländern wurde die Einführung empfohlen. Dies haben inzwischen alle Bundesländer getan.

2. Wettbewerbe. Wettbewerbe erfolgen ohne Zusammenhang mit einer konkreten Auftragserteilung entweder als Ideenwettbewerb oder als Realisierungswettbewerb.

Der **Ideenwettbewerb** dient dazu, dem Auftraggeber einen ersten Plan oder eine Planung zu verschaffen. Ziel ist primär nicht die Erteilung eines konkreten Planungsauftrags, sondern die Sammlung von Ideen und deren Bewertung durch ein Preisgericht. Ob die zu planende Leistung dann tatsächlich ausgeführt wird oder nicht, ist von dem Wettbewerb völlig unabhängig.

Der **Realisierungswettbewerb** zielt darauf ab, Vorschläge zu unterbreiten, auf welche Art und Weise eine bereits bestehende konkrete Planungsvorstellung am besten umgesetzt werden könnte. Er dient dazu, dem Auftraggeber Handlungsalternativen zu vermitteln, z.B. für die Nutzung einer Industriebrache.

Der Wettbewerb dient auch dazu, den Personenkreis zu ermitteln, der geeignet erscheint, diese Aufgabe am besten zu lösen.

Die Durchführung eines Wettbewerbs zwingt den Auftraggeber nicht dazu, den Erstplatzierten mit weiteren Leistungen zu beauftragen, es sei denn, der Auftraggeber hat sich ausdrücklich hierzu verpflichtet. Da in einem solchen Falle das Preisgericht anstelle des Auftraggebers entscheidet, dass der Erstplatzierte den Auftrag bekommt, müssen alle Vorgaben bezüglich der Eignung der Teilnehmer und der Transparenz der Wettbewerbsentscheidung beachtet werden. Führt der Auftraggeber im Anschluss an einen Architektenwettbewerb ein Verhandlungsverfahren durch, ist das Ergebnis des Architektenwettbewerbs gemäß § 8 Abs. 2 RPW 2013 bei der Gewichtung und Binnengewichtung der Auswahlkriterien zu berücksichtigen (OLG Frankfurt a.M., Beschl. v. 23.06.2020, 11 Verg 2/20)

Der Auftraggeber hat die Möglichkeit, den Wettbewerb entweder mit einer beschränkten Anzahl von Teilnehmern durchzuführen (vgl. § 71 Abs. 3 VgV, Regelfall) oder mit einer unbeschränkten Teilnehmerzahl. Bei einem Planungswettbewerb mit beschränkter Teilnehmerzahl hat der öffentliche Auftraggeber eindeutige und nichtdiskriminierende Auswahlkriterien festzulegen (§ 71 Abs. 3 Satz 1 VgV). Die Zahl der Bewerber, die zur Teilnahme aufgefordert werden, muss ausreichen, um den Wettbewerb zu gewährleisten (§ 71 Abs. 3 Satz 2 VgV).

3. Eignung. Für die Teilnehmer am Planungswettbewerb ist nicht mehr, wie früher, vor der Entscheidung des Preisgerichts die Eignungsprüfung für alle Bewerber durchzuführen. Diese erfolgt nur noch für die Preisträger (vgl. § 80 Abs. 1 VgV).

In der Praxis bedeutet dies, dass die Auswahlkriterien „niedriger" als die Eignungskriterien angesetzt sein können bzw. müssen, da die in der Bekanntmachung genannte Eignung später nur die Preisträger nachzuweisen haben (§ 80 Abs. 1 VgV), ggf. mit einer Eignungsleihe gemäß § 47 VgV.

Die Verschiebung der Eignungsprüfung an das Ende führt zu weniger Aufwand, da nur diejenigen Teilnehmer geprüft werden müssen, die für den Auftrag in Betracht kommen. Trotzdem ist Teilnehmern zu raten, nicht nur auf die Auswahlkriterien, sondern auch bereits auf die Eignungs- und Zuschlagskriterien zu schauen, um bei Erfolg im Wettbewerb die geforderten Nachweise liefern zu können.

4. Grundsätze für Planungswettbewerbe (Abs. 1; Abs. 2 Satz 3). § 78 Abs. 1 VgV weist auf die Bedeutung der Planungswettbewerbe hin und soll den öffentlichen Auftraggeber veranlassen, von diesem Instrument in größerem Umfang Gebrauch zu machen.

Demselben Ziel dient § 78 Abs. 2 Satz 3 VgV, denn er verpflichtet den öffentlichen Auftraggeber bei Aufgabenstellungen in den genannten Bereichen, die Durchführung eines Planungswettbewerbs zu prüfen. Damit will der Gesetzgeber nicht nur erreichen, dass die in Abs. 1 genannten Vorteile des Verfahrens genutzt werden, sondern auch Newcomern eine weitere Chance geben.

§ 79
Durchführung von Planungswettbewerben

(1) Mit der Ausrichtung eines Planungswettbewerbs sind Preise oder neben Preisen Anerkennungen auszuloben, die der Bedeutung und Schwierigkeit der Bauaufgabe sowie dem Leistungsumfang nach der jeweils geltenden Honorarordnung angemessen sind.

(2) Ausgeschlossen von Planungswettbewerben sind Personen, die infolge ihrer Beteiligung an der Vorbereitung oder Durchführung des Planungswettbewerbs bevorzugt sein oder Einfluss auf die Entscheidung des Preisgerichts nehmen können. Das Gleiche gilt für Personen, die sich durch Angehörige oder ihnen wirtschaftlich verbundene Personen einen entsprechenden Vorteil oder Einfluss verschaffen können.

(3) Abweichend von § 72 Absatz 1 Satz 2 muss die Mehrheit der Preisrichter über dieselbe oder eine gleichwertige Qualifikation verfügen, wie sie von den Teilnehmern verlangt wird. Auch muss die Mehrheit der Preisrichter unabhängig vom Ausrichter sein.

(4) Das Preisgericht hat in seinen Entscheidungen die in der Wettbewerbsbekanntmachung als bindend bezeichneten Vorgaben des Ausrichters zu beachten. Nicht zugelassene oder über das geforderte Maß hinausgehende Teilleistungen sind von der Wertung auszuschließen.

(5) Das Preisgericht hat einen von den Preisrichtern zu unterzeichnenden Bericht über die Rangfolge und hierin eine Beurteilung der von ihm ausgewählten Wettbewerbsarbeiten zu erstellen. Der Ausrichter informiert die Teilnehmer unverzüglich über das Ergebnis durch Versendung des Protokolls der Preisgerichtssitzung. Der Ausrichter soll spätestens einen Monat nach der Entscheidung des Preisgerichts alle eingereichten Wettbewerbsarbeiten mit Namensangaben der Verfasser unter Auslegung des Protokolls öffentlich ausstellen. Soweit ein Preisträger wegen mangelnder Teilnahmeberechtigung oder Verstoßes gegen Wettbewerbsregeln nicht berücksichtigt werden kann, rücken die übrigen Preisträger sowie sonstige Teilnehmer in der Rangfolge des Preisgerichts nach, soweit das Preisgericht ausweislich seines Protokolls nichts anderes bestimmt hat.

Für die Praxis: Grundsätzlich muss bei bestimmten beruflichen Qualifikationen der Teilnehmer gemäß § 72 Abs. 1 Satz 2 VgV mindestens ein Drittel der Preisrichter dieselbe oder eine gleichwertige Qualifikation aufweisen. Bei Planerwettbewerben muss davon abweichend gem. § 78 Abs. 3 VgV die Mehrheit der Preisrichter über dieselbe oder eine gleichwertige Qualifikation verfügen.

§ 80
Aufforderung zur Verhandlung; Nutzung der Ergebnisse des Planungswettbewerbs

(1) Soweit und sobald das Ergebnis des Planungswettbewerbs realisiert werden soll und beabsichtigt ist, einen oder mehrere der Preisträger mit den zu beschaffenden Planungsleistungen zu beauftragen, hat der öffentliche Auftraggeber in der Aufforderung zur Teilnahme an den Verhandlungen die zum Nachweis der Eignung erforderlichen Unterlagen für die gemäß § 70 Absatz 2 bereits in der Wettbewerbsbekanntmachung genannten Eignungskriterien zu verlangen.

(2) Gesetzliche Vorschriften, nach denen Teillösungen von Teilnehmern des Planungswettbewerbs, die bei der Auftragserteilung nicht berücksichtigt worden sind, nur mit deren Erlaubnis genutzt werden dürfen, bleiben unberührt.

Für die Praxis: 1. Eignungsunterlagen. Wenn es um die Realisierung der Ergebnisse des Planungswettbewerbs geht, muss der öffentliche Auftraggeber nach Abs. 1 mit der Aufforderung zur Teilnahme an den Verhandlungen die Eignungsunterlagen verlangen, denn nur mit den Bietern, welche diese Kriterien erfüllen, darf verhandelt werden.

2. Informations- und Wartepflicht nach § 134 GWB. Im Falle der Beauftragung muss die Informations- und Wartepflicht nach § 134 GWB gegenüber allen Preisträgern, die nicht beauftragt werden sollen, beachtet werden. Die Informationspflicht gilt nach einem Beschluss des OLG Düsseldorf vom 2.12.2009 (VII-Verg 39/09), bestätigt durch Beschluss der 3. VK Bund vom 11.9.2009 (VK 3-157/09, ZfBR 2009, 824), auch bei Wettbewerbsverfahren.

Abschnitt 7
Übergangs- und Schlussbestimmungen

§ 81
Übergangsbestimmungen

Zentrale Beschaffungsstellen im Sinne von § 120 Absatz 4 Satz 1 des Gesetzes gegen Wettbewerbsbeschränkungen können bis zum 18. April 2017, andere öffentliche Auftraggeber bis zum 18. Oktober 2018, abweichend von § 53 Absatz 1 die Übermittlung der Angebote, Teilnahmeanträge und Interessensbestätigungen auch auf dem Postweg, anderem geeigneten Weg, Fax oder durch die Kombination dieser Mittel verlangen. Dasselbe gilt für die sonstige Kommunikation im Sinne des § 9 Absatz 1, soweit sie nicht die Übermittlung von Bekanntmachungen und die Bereitstellung der Vergabeunterlagen betrifft.

§ 82
Fristenberechnung

Die Berechnung der in dieser Verordnung geregelten Fristen bestimmt sich nach der Verordnung (EWG, Euratom) Nr. 1182/71 des Rates vom 3. Juni 1971 zur Festlegung der Regeln für die Fristen, Daten und Termine (ABl. L 124 vom 8.6.1971, S. 1).

Für die Praxis: 1. Normzweck. § 82 VgV stellt klar, dass die Fristberechnung im Vergaberecht auf europäischen Vorgaben beruht.

2. Fristbeginn. Die korrekte Bestimmung des Fristbeginns ist im Vergaberecht von herausragender Bedeutung. Beispielsweise werden die Mindestbekanntmachungsfristen „ab dem Tag nach der Absendung der Auftragsbekanntmachung" gerechnet (vgl. §§ 15 Abs. 2, 16 Abs. 2, 17 Abs. 2 VgV; § 10a EU Abs. 1 VOB/A, § 15 Abs. 2 SektVO). Die Wartepflicht (Zuschlagsverbot) des § 134 Abs. 2 Satz 1 GWB beginnt erst „am Tag nach der Absendung der Information" zu laufen (§ 134 Abs. 2 Satz 3 GWB).

Doch wie kommt es zu der Bestimmung des Fristbeginns auf den „Tag nach Absendung der Bekanntmachung"? Dies beruht auf dem EU-Recht. Zahlreiche EU-Rechtsakte setzen nämlich Fristen, Daten oder Termine fest und verwenden die Begriffe des Arbeitstags oder des Feiertags. Damit eine einheitliche Anwendung der Fristenregelungen sichergestellt ist, hat die EU für diesen Bereich einheitliche, allgemeine Regeln festgelegt. Diese ergeben sich – trotz des erheblichen Alters der Verordnung – noch immer aus der „Verordnung (EWG, EURATOM) Nr. 1182/71 des Rates vom 3. Juni 1971 zur Festlegung der Regeln für die Fristen, Daten und Termine" (im Folgenden: **FristenVO**; nachfolgend abgedruckt).

Dabei ist die konkrete Antwort auf die obige Frage Art. 3 FristenVO zu entnehmen, dessen Regelungsinhalte im Wesentlichen den §§ 187 bis 193 BGB entsprechen. Art. 3 Abs. 1 Satz 2 FristenVO (welcher § 187 Abs. 1 BGB entspricht) formuliert:

„Ist für den Anfang einer nach Tagen … bemessenen Frist der Zeitpunkt maßgebend, in welchem … eine Handlung vorgenommen wird, so wird bei der Berechnung dieser Frist der Tag nicht mitgerechnet, in den … die Handlung fällt."

Der Tag der Absendung darf also bei der Fristberechnung nicht mitgezählt werden. Die Frist beginnt erst am Tag nach dem Tag der Absendung zu laufen. Wenn also die Absendung am Dienstag erfolgte, beginnt die Frist ab Mittwoch zu laufen.

3. Fristende. Hinsichtlich des Fristendes ist auf Art. 3 Abs. 4 FristenVO (entspricht § 193 BGB) besonders hinzuweisen. Danach gilt Folgendes: Fällt das Fristende auf einen Sonn- oder Feiertag, verschiebt sich das Ende der Frist auf den nächsten Werktag. Dies gilt allerdings nur, wenn an dem letzten Tag der Frist eine Handlung vorzunehmen ist (z.B. Einreichung eines Angebots, Einreichung eines Schriftsatzes). Wenn am letzten Tag lediglich eine Rechtswirkung eintritt (z.B. Ende der Wartefrist nach § 134 Abs. 2 Satz 1 GWB), verschiebt sich das Fristende nicht.

4. FristenVO (Text)

Verordnung (EWG, Euratom) Nr. 1182/71 des Rates zur Festlegung der Regeln für die Fristen, Daten und Termine (Fristenverordnung)

vom 3. Juni 1971 (ABl. EG Nr. L 124 vom 8.6.1971 S. 1)

DER RAT DER EUROPÄISCHEN GEMEINSCHAFTEN –

gestützt auf den Vertrag zur Gründung der Europäischen Wirtschaftsgemeinschaft, insbesondere auf Artikel 235,

gestützt auf den Vertrag zur Gründung der Europäischen Atomgemeinschaft, insbesondere auf Artikel 203,

auf Vorschlag der Kommission,

nach Stellungnahme des Europäischen Parlaments[2],

in Erwägung nachstehender Gründe:

Zahlreiche Rechtsakte des Rates und der Kommission setzen Fristen, Daten oder Termine fest und verwenden die Begriffe des Arbeitstags oder des Feiertags.

Für diesen Bereich sind einheitliche allgemeine Regeln festzulegen.

In Ausnahmefällen kann es notwendig sein, dass bestimmte Rechtsakte des Rates oder der Kommission von diesen allgemeinen Regeln abweichen.

Für die Verwirklichung der Ziele der Gemeinschaften müssen die einheitliche Anwendung des Gemeinschaftsrechts gewährleistet und infolgedessen die allgemeinen Regeln für die Fristen, Daten und Termine festgelegt werden.

In den Verträgen sind keine Befugnisse zur Festlegung solcher Regeln vorgesehen –

2 ABl. Nr. C 51 vom 29.4.1970, S. 25.

HAT FOLGENDE VERORDNUNG ERLASSEN:

Artikel 1
(Geltungsbereich)

Diese Verordnung gilt, soweit nichts anderes bestimmt ist, für die Rechtsakte, die der Rat und die Kommission aufgrund des Vertrages zur Gründung der Europäischen Wirtschaftsgemeinschaft oder des Vertrages zur Gründung der Europäischen Atomgemeinschaft erlassen haben bzw. erlassen werden.

KAPITEL I
Fristen

Artikel 2
(Feiertage)

(1) Für die Anwendung dieser Verordnung sind die Feiertage zu berücksichtigen, die als solche in dem Mitgliedstaat oder in dem Organ der Gemeinschaften vorgesehen sind, bei dem eine Handlung vorgenommen werden soll.

Zu diesem Zweck übermittelt jeder Mitgliedstaat der Kommission die Liste der Tage, die nach seinen Rechtsvorschriften als Feiertage vorgesehen sind. Die Kommission veröffentlicht im Amtsblatt der Europäischen Gemeinschaften die von den Mitgliedstaaten übermittelten Listen, die durch Angabe der in den Organen der Gemeinschaften als Feiertage vorgesehenen Tage ergänzt worden sind.

(2) Für die Anwendung dieser Verordnung sind als Arbeitstage alle Tage außer Feiertagen, Sonntagen und Sonnabenden zu berücksichtigen.

Artikel 3
(Fristbeginn und Fristablauf)

Ist für den Anfang einer nach Stunden bemessenen Frist der Zeitpunkt maßgebend, in welchem ein Ereignis eintritt oder eine Handlung vorgenommen wird, so wird bei der Berechnung dieser Frist die Stunde nicht mitgerechnet, in die das Ereignis oder die Handlung fällt.

Ist für den Anfang einer nach Tagen, Wochen, Monaten oder Jahren bemessenen Frist der Zeitpunkt maßgebend, in welchem ein Ereignis eintritt oder eine Handlung vorgenommen wird, so wird bei der Berechnung dieser Frist der Tag nicht mitgerechnet, in den das Ereignis oder die Handlung fällt.

(2) Vorbehaltlich der Absätze 1 und 4 gilt Folgendes:

a) Eine nach Stunden bemessene Frist beginnt am Anfang der ersten Stunde und endet mit Ablauf der letzten Stunde der Frist.

b) Eine nach Tagen bemessene Frist beginnt am Anfang der ersten Stunde des ersten Tages und endet mit Ablauf der letzten Stunde des letzten Tages der Frist.

c) Eine nach Wochen, Monaten oder Jahren bemessene Frist beginnt am Anfang der ersten Stunde des ersten Tages der Frist und endet mit Ablauf der letzten Stunde des Tages der letzten Woche, des letzten Monats oder des letztes Jahres, der dieselbe Bezeichnung oder dieselbe Zahl wie der Tag des Fristbeginns trägt. Fehlt bei einer nach Monaten oder Jahren bemessenen Frist im letzten Monat der für ihren Ablauf maßgebende Tag, so endet die Frist mit Ablauf der letzten Stunde des letzten Tages dieses Monats.

d) Umfasst eine Frist Monatsbruchteile, so wird bei der Berechnung der Monatsbruchteile ein Monat von dreißig Tagen zugrunde gelegt.

(3) Die Fristen umfassen die Feiertage, die Sonntage und die Sonnabende, soweit diese nicht ausdrücklich ausgenommen oder die Fristen nach Arbeitstagen bemessen sind.

(4) Fällt der letzte Tag einer nicht nach Stunden bemessenen Frist auf einen Feiertag, einen Sonntag oder einen Sonnabend, so endet die Frist mit Ablauf der letzten Stunde des folgenden Arbeitstags.

Diese Bestimmung gilt nicht für Fristen, die von einem bestimmten Datum oder einem bestimmten Ereignis an rückwirkend berechnet werden.

(5) Jede Frist von zwei oder mehr Tagen umfasst mindestens zwei Arbeitstage.

KAPITEL II
Daten und Termine

Artikel 4
(Rechtsakte des Rates oder der Kommission)

(1) Artikel 3, mit Ausnahme der Absätze 4 und 5, gilt vorbehaltlich der Bestimmungen dieses Artikels für die Fristen des Inkrafttretens, des Wirksamwerdens, des Anwendungsbeginns, des Ablaufs der Geltungsdauer, des Ablaufs der Wirksamkeit und des Ablaufs der Anwendbarkeit der Rechtsakte des Rates oder der Kommission oder einzelner Bestimmungen dieser Rechtsakte.

(2) Rechtsakte des Rates oder der Kommission oder einzelne Bestimmungen dieser Rechtsakte, für deren Inkrafttreten, deren Wirksamwerden oder deren Anwendungsbeginn ein bestimmtes Datum festgesetzt worden ist, treten mit Beginn der ersten Stunde des diesem Datum entsprechenden Tages in Kraft bzw. werden dann wirksam oder angewandt.

Unterabsatz 1 gilt auch dann, wenn die vorgenannten Rechtsakte oder Bestimmungen binnen einer bestimmten Anzahl von Tagen nach dem Eintritt eines Ereignisses oder der Vornahme einer Handlung in Kraft treten, wirksam werden oder angewandt werden sollen.

(3) Rechtsakte des Rates oder der Kommission oder einzelne Bestimmungen dieser Rechtsakte, deren Geltungsdauer, Wirksamkeit oder Anwendbarkeit zu einem bestimmten Zeitpunkt enden, treten mit Ablauf der letzten Stunde des diesem Zeitpunkt entsprechenden Tages außer Kraft bzw. werden dann unwirksam oder nicht mehr angewandt.

Unterabsatz 1 gilt auch dann, wenn die vorgenannten Rechtsakte oder Bestimmungen binnen einer bestimmten Anzahl von Tagen nach dem Eintritt eines Ereignisses oder der Vornahme einer Handlung außer Kraft treten, unwirksam werden oder nicht mehr angewandt werden sollen.

Artikel 5
(Handlungen in Durchführung eines Rechtsaktes des Rates oder der Kommission)

(1) Artikel 3, mit Ausnahme der Absätze 4 und 5, gilt vorbehaltlich der Bestimmungen dieses Artikels, wenn eine Handlung in Durchführung eines Rechtsaktes des Rates oder der Kommission zu einem bestimmten Zeitpunkt vorgenommen werden kann oder muss.

(2) Kann oder muss eine Handlung in Durchführung eines Rechtsaktes des Rates oder der Kommission an einem bestimmten Datum vorgenommen werden, so kann oder muss dies zwischen dem Beginn der ersten Stunde und dem Ablauf der letzten Stunde des diesem Datum entsprechenden Tages geschehen.

Unterabsatz 1 gilt auch dann, wenn eine Handlung in Durchführung eines Rechtsaktes des Rates oder der Kommission binnen einer bestimmten Anzahl von Tagen nach dem Eintritt eines Ereignisses oder der Vornahme einer anderen Handlung vorgenommen werden kann oder muss.

Artikel 6
(Inkrafttreten)

Diese Verordnung tritt am 1. Juli 1971 in Kraft.

Diese Verordnung ist in allen ihren Teilen verbindlich und gilt unmittelbar in jedem Mitgliedstaat.

§ 83
Anwendungsbestimmungen aus Anlass der Einführung von eForms

(1) Bis zum Ablauf des sich nach Absatz 2 ergebenden Tages sind

1. § 10a Absatz 1, Absatz 2 Satz 1 und Absatz 3 bis 6 nicht anzuwenden und
2. die §§ 23, 37, 38, 39, 40, 66 und 70 in ihrer am 23. August 2023 geltenden Fassung weiter anzuwenden.

(2) Maßgeblicher Tag im Sinne des Absatzes 1 ist der Tag, an dem

1. das Bundesministerium des Innern und für Heimat im Einvernehmen mit dem Bundesministerium für Wirtschaft und Klimaschutz den Datenaustauschstandard eForms entsprechend § 10a Absatz 2 Satz 2 festgelegt und im Bundesanzeiger bekanntgemacht hat und
2. das Bundesministerium für Wirtschaft und Klimaschutz im Einvernehmen mit dem Bundesministerium des Innern und für Heimat festgestellt und im Bundesanzeiger bekanntgemacht hat, dass
   a) die Voraussetzungen für die elektronische Erstellung von Bekanntmachungen nach der Durchführungsverordnung (EU) 2019/1780 entsprechend § 10a Absatz 1 Satz 1 vorliegen und
   b) die Voraussetzungen für die elektronische Übermittlung von Bekanntmachungen über den Datenservice Öffentlicher Einkauf entsprechend § 10a Absatz 5 Satz 1 vorliegen, frühestens jedoch der 24. Oktober 2023.

Anlage 1
(zu § 31 Absatz 2)

Anlage 1 (zu § 31 Absatz 2)

Technische Anforderungen, Begriffsbestimmungen

1. „Technische Spezifikation“ bei Liefer- oder Dienstleistungen hat eine der folgenden Bedeutungen:

   eine Spezifikation, die in einem Schriftstück enthalten ist, das Merkmale für ein Produkt oder eine Dienstleistung vorschreibt, wie Qualitätsstufen, Umwelt- und Klimaleistungsstufen, „Design für Alle“ (einschließlich des Zugangs von Menschen mit Behinderungen) und Konformitätsbewertung, Leistung, Vorgaben für Gebrauchstauglichkeit, Sicherheit oder Abmessungen des Produkts, einschließlich der Vorschriften über Verkaufsbezeichnung, Terminologie, Symbole, Prüfungen und Prüfverfahren, Verpackung, Kennzeichnung und Beschriftung, Gebrauchsanleitungen, Produktionsprozesse und -methoden in jeder Phase des Lebenszyklus der Liefer- oder Dienstleistung sowie über Konformitätsbewertungsverfahren;
2. „Norm“ bezeichnet eine technische Spezifikation, die von einer anerkannten Normungsorganisation zur wiederholten oder ständigen Anwendung angenommen wurde, deren Einhaltung nicht zwingend ist und die unter eine der nachstehenden Kategorien fällt:
   a) internationale Norm: Norm, die von einer internationalen Normungsorganisation angenommen wurde und der Öffentlichkeit zugänglich ist;
   b) europäische Norm: Norm, die von einer europäischen Normungsorganisation angenommen wurde und der Öffentlichkeit zugänglich ist;
   c) nationale Norm: Norm, die von einer nationalen Normungsorganisation angenommen wurde und der Öffentlichkeit zugänglich ist;
3. „Europäische Technische Bewertung“ bezeichnet eine dokumentierte Bewertung der Leistung eines Bauprodukts in Bezug auf seine wesentlichen Merkmale im Einklang mit dem betreffenden Europäischen Bewertungsdokument gemäß der Begriffsbestimmung in Artikel 2 Nummer 12 der Verordnung (EU) Nr. 305/2011 des Europäischen Parlaments und des Rates vom 9. März 2011 zur Festlegung harmonisierter Bedingungen für die Vermarktung von Bauprodukten und zur Aufhebung der Richtlinie 89/106/EWG des Rates (ABl. L 88 vom 4.4.2011, S. 5);

4. „gemeinsame technische Spezifikationen" sind technische Spezifikationen im Bereich der Informations- und Kommunikationstechnologie, die gemäß den Artikeln 13 und 14 der Verordnung (EU) Nr. 1025/2012 des Europäischen Parlaments und des Rates vom 25. Oktober 2012 zur europäischen Normung, zur Änderung der Richtlinien 89/686/EWG und 93/15/EWG des Rates sowie der Richtlinien 94/9/EG, 94/25/EG, 95/16/EG, 97/23/EG, 98/34/EG, 2004/22/EG, 2007/23/EG, 2009/23/EG und 2009/105/EG des Europäischen Parlaments und des Rates und zur Aufhebung des Beschlusses 87/95/EWG des Rates und des Beschlusses Nr. 1673/2006/EG des Europäischen Parlaments und des Rates (ABl. L 316 vom 14.11.2012, S. 12) festgelegt wurden;
5. „technische Bezugsgröße" bezeichnet jeden Bezugsrahmen, der keine europäische Norm ist und von den europäischen Normungsorganisationen nach den an die Bedürfnisse des Markts angepassten Verfahren erarbeitet wurde.

Anlage 2 (aufgehoben)

Anlage 3 (aufgehoben)

IV.
Verordnung über die Vergabe von öffentlichen Aufträgen im Bereich des Verkehrs, der Trinkwasserversorgung und der Energieversorgung (Sektorenverordnung – SektVO)

vom 12. April 2016 (BGBl. I S. 624, 657), zuletzt geändert durch Artikel 3 der Verordnung vom 7. Februar 2024 (BGBl. 2024 I Nr. 39).

Vorbemerkung: 1. Verordnungszweck. Die SektVO enthält die Vorschriften für die Vergabe von Aufträgen durch Sektorenauftraggeber (§ 100 GWB). Die Existenz der SektVO beruht dabei auf folgender Überlegung: Der persönliche Anwendungsbereich des Vergaberechts wird durch die Erstreckung des Vergaberechts auch auf private Sektorenauftraggeber (§ 100 Abs. 1 Nr. 2 GWB) ausgedehnt. Im Gegenzug sind die Verfahrensregelungen der SektVO für Sektorenauftraggeber weniger streng als für klassische öffentliche Auftraggeber (für welche die VgV gilt).

2. Anwendungsbereich. a) Persönlicher Anwendungsbereich. Die SektVO gilt für alle Auftraggeber im Sektorenbereich. Ein Auftraggeber ist **Sektorenauftraggeber** i.S.d. § 100 GWB, wenn die Liefer-, Dienst- oder Bauleistung für eine Sektorentätigkeit bestimmt ist (siehe § 100 GWB und die dortige Anmerkung). Was eine **Sektorentätigkeit** ist, wird durch § 102 GWB bestimmt (siehe dort), der die Sektorentätigkeit legaldefiniert. Somit werden vom persönlichen Anwendungsbereich der SektVO

- sowohl **öffentliche Sektorenauftraggeber** (z.B. Stadtwerke GmbH)
- als auch **private Sektorenauftraggeber** (z.B. börsennotierter Flughafen) erfasst.

b) Sachlicher Anwendungsbereich. Die SektVO gilt für alle Beschaffungen: **Liefer-, Dienst- und Bauleistungen** werden erfasst. **Freiberufliche Leistungen** werden – ohne Differenzierung – wie alle anderen Dienstleistungen ebenfalls vom sachlichen Anwendungsbereich umfasst.

Für die Vergabe von **Konzessionen** (§ 105 GWB) gilt auch im Sektorenbereich die KonzVgV (vgl. § 1 Abs. 3 SektVO).

Der sachliche Anwendungsbereich der SektVO ist auf den Bereich **oberhalb der Schwellenwerte** begrenzt. **Unterhalb der Schwellenwerte** muss weiter zwischen öffentlichen Sektorenauftraggebern einerseits und privaten Sektorenauftraggebern andererseits unterschieden werden:

- Öffentliche Sektorenauftraggeber unterliegen unterhalb der Schwellenwerte regelmäßig dem **Haushaltsrecht** (siehe dazu „B. II. Vergaberecht unterhalb der Schwellenwerte – Haushaltsrecht").
- Für private Sektorenauftraggeber gilt unterhalb der Schwellenwerte kein Vergaberecht.

3. Normgeschichte. Mit der SektVO wurde im Jahr 2009 begonnen, die Normkaskade aus GWB, VgV und Vergabeordnungen (VOB/A, VOL/A) aufzugeben. Bis zum 17.4.2016 war die SektVO a.F. daher ein Solitär im deutschen Vergaberecht. Die Vergaberechtsreform 2016 brachte eine vollständig neue Struktur für das gesamte deutsche Vergaberecht: Das bewährte Modell der SektVO wurde mit der Vergaberechtsreform 2016 weitgehend auch auf die VgV übertragen. Seit dem 18.4.2016 hat die SektVO in Aufbau und Inhalt weitgehend ihre Alleinstellungsmerkmale verloren. Die SektVO ist nämlich inhaltlich weitgehend mit der VgV identisch. Zum 25.10.2023 wurden die eForms auch in der SektVO eingeführt.

4. Systematische Stellung im Vergaberecht. Der persönliche Anwendungsbereich der SektVO wird durch die §§ 100, 102 GWB definiert. Weitere Regelungen enthalten §§ 136 bis 143 GWB. Die SektVO selbst enthält **abschließende Regelungen** zum Vergabeverfahren, welche an die Stelle von VgV sowie VOB/A, VOL/A und VOF treten.

5. Wesentliche Unterschiede zur VgV. Die SektVO ist in Aufbau und Inhalt weitgehend mit der VgV identisch. Grundsätzlich können daher die Erläuterungen zur VgV auf die SektVO übertragen werden. Wesentliche Unterschiede sollen hier kurz skizziert werden:

a) Aufbau. aa) Keine Verweisung auf die VOB/A. Die SektVO setzt den rechtlichen Rahmen für alle Arten von Leistungen – auch für Bauleistungen. Daher enthält die SektVO keine Verweisung auf die VOB/A. Eine der Vorschrift des § 2 VgV vergleichbare Scharniernorm zur VOB/A gibt es nicht.

bb) Keine Regelungen zu freiberuflichen Leistungen. Die VgV enthält in den §§ 73 bis 80 Regelungen zu Planungswettbewerben für Architekten- und Ingenieurleistungen sowie HOAI-Leistungen. Darin leben einige der Regelungsinhalte der ehemaligen VOF fort. Entsprechende Bestimmungen sind in der SektVO nicht enthalten.

b) Verfahrenserleichterungen. aa) Freie Verfahrenswahl. Die Verfahrensregelungen für Sektorenauftraggeber sind im Vergleich zu den Verfahrensregelungen für klassische öffentliche Auftraggeber weniger streng. Dies zeigt sich insbesondere im Bereich der Wahl der Verfahrensarten. Während klassische öffentliche Auftraggeber regelmäßig nur die freie Wahl zwischen offenem und nicht offenem Verfahren haben (§ 119 Abs. 2 GWB, § 14 Abs. 2 VgV), dürfen Sektorenauftraggeber frei zwischen offenem Verfahren, nicht offenem Verfahren und Verhandlungsverfahren wählen (§ 141 Abs. 1 GWB, § 13 Abs. 1 SektVO). Daher bedarf z.B. die Entscheidung für das Verhandlungsverfahren keiner Begründung im Vergabevermerk. Erst wenn auch auf den vorgeschalteten Teilnahmewettbewerb verzichtet werden soll, muss auf die Ausnahmetatbestände des § 13 Abs. 2 SektVO zurückgegriffen werden (siehe die Anmerkung zu § 13 SektVO).

bb) Erleichterte Eignungsprüfung. Die wesentlichen Verfahrenserleichterungen sind durch die Maßgaberegelungen des § 142 GWB deutlich erkennbar. § 142 Nr. 1 GWB erleichtert die Eignungsprüfung für Sektorenauftraggeber erheblich. Danach dürfen Sektorenauftraggeber „abweichend von § 122 Absatz 1 und 2 GWB die Unternehmen anhand objektiver Kriterien auswählen, die allen interessierten Unternehmen zugänglich sind". Dies schlägt sich in § 46 Abs. 1 SektVO nieder, wonach der Auftraggeber „die Unternehmen anhand objektiver Kriterien (auswählt), die allen interessierten Unternehmen zugänglich sein müssen". Soll dies bedeuten, dass es auf Fachkunde und Leistungsfähigkeit als Merkmal der Eignung gar nicht ankommt (siehe die Anmerkung zu § 46 SektVO).

cc) Keine zwingenden Ausschlussgründe für private Sektorenauftraggeber. Eigentlich enthält § 123 GWB zwingende Ausschlussgründe – jedoch nicht für private Sektorenauftraggeber i.S.d. § 100 Abs. 1 Nr. 2 GWB. Gemäß § 142 Nr. 2 GWB, § 46 Abs. 2 Satz 1 GWB werden die zwingenden Ausschlussgründe für private Sektorenauftraggeber zu fakultativen Ausschlussgründen („Kann"-Ausschluss; siehe die Anmerkung zu § 46 SektVO).

dd) Generell erleichterte Angebotswertung. Generell sind die Prüfung und Wertung von Angeboten im Anwendungsbereich der SektVO erleichtert. Insbesondere gibt es keine festen Prüfschritte und auch ein förmlicher Eröffnungstermin ist nicht vorgeschrieben (siehe dazu die Anmerkung zu § 51 SektVO).

ee) Erleichterte Vertragsänderung. Eine der wesentlichen Neuerungen der Vergaberechtsreform 2016 sind die Erleichterungen für Vertragsänderungen (§ 132 GWB, § 22 EU VOB/A). Von diesen Regelungen werden übrigens auch zahlreiche Nachträge und Change-Requests erfasst, bei denen nach „altem" Vergaberecht die Gefahr bestand, dass man diese jeweils als neuen ausschreibungspflichten Auftrag einordnet. Für klassische Auftraggeber besteht dabei aber gemäß § 132 Abs. 2 Satz 2 GWB eine Grenze. Für Sektorenauftraggeber gilt diese 50 %-Grenze gemäß § 142 Nr. 3 GWB nicht.

c) Singuläre Regelungen. Der Sektorenbereich weist eigenständige Regelungen auf, die so in keiner anderen Verfahrensordnung zu finden sind:

- Die Befreiungsmöglichkeit gemäß § 140 GWB, § 3 SektVO,

- die Regelung zu Qualifizierungssystemen (§§ 37, 48 SektVO) und
- die sog. Drittlandsklausel (§ 55 SektVO).

Abschnitt 1
Allgemeine Bestimmungen und Kommunikation

Unterabschnitt 1
Allgemeine Bestimmungen

§ 1
Anwendungsbereich

(1) Diese Verordnung trifft nähere Bestimmungen über das einzuhaltende Verfahren bei der dem Teil 4 des Gesetzes gegen Wettbewerbsbeschränkungen unterliegenden Vergabe von Aufträgen und die Ausrichtung von Wettbewerben zum Zwecke von Tätigkeiten auf dem Gebiet der Trinkwasser- oder Energieversorgung oder des Verkehrs (Sektorentätigkeiten) durch Sektorenauftraggeber.

(2) Diese Verordnung ist nicht anzuwenden auf die Vergabe von verteidigungs- oder sicherheitsspezifischen öffentlichen Aufträgen.

(3) Für die Beschaffung im Wege von Konzessionen im Sinne des § 105 des Gesetzes gegen Wettbewerbsbeschränkungen gilt die Verordnung über die Vergabe von Konzessionen.

§ 2
Schätzung des Auftragswerts

(1) Bei der Schätzung des Auftragswerts ist vom voraussichtlichen Gesamtwert der vorgesehenen Leistung ohne Umsatzsteuer auszugehen. Zudem sind etwaige Optionen oder Vertragsverlängerungen zu berücksichtigen. Sieht der Auftraggeber Prämien oder Zahlungen an den Bewerber oder Bieter vor, sind auch diese zu berücksichtigen.

(2) Die Wahl der Methode zur Berechnung des geschätzten Auftragswerts darf nicht in der Absicht erfolgen, die Anwendung der Bestimmungen des Teils 4 des Gesetzes gegen Wettbewerbsbeschränkungen oder dieser Verordnung zu umgehen. Eine Auftragsvergabe darf nicht so unterteilt werden, dass sie nicht in den Anwendungsbereich der Bestimmungen des Teils 4 des Gesetzes gegen Wettbewerbsbeschränkungen oder dieser Verordnung fällt, es sei denn, es liegen objektive Gründe dafür vor, etwa wenn eine eigenständige Organisationseinheit selbständig für ihre Auftragsvergabe oder bestimmte Kategorien der Auftragsvergabe zuständig ist.

(3) Maßgeblicher Zeitpunkt für die Schätzung des Auftragswerts ist der Tag, an dem die Auftragsbekanntmachung abgesendet wird oder das Vergabeverfahren auf sonstige Weise eingeleitet wird.

(4) Der Wert einer Rahmenvereinbarung oder eines dynamischen Beschaffungssystems wird auf der Grundlage des geschätzten Gesamtwertes aller Einzelaufträge berechnet, die während der gesamten Laufzeit einer Rahmenvereinbarung oder eines dynamischen Beschaffungssystems geplant sind.

(5) Der zu berücksichtigende Wert im Falle einer Innovationspartnerschaft entspricht dem geschätzten Gesamtwert der Forschungs- und Entwicklungstätigkeiten, die während sämtlicher Phasen der geplanten Partnerschaft stattfinden sollen, sowie der Bau-, Liefer- oder Dienstleistungen, die zu entwickeln und am Ende der geplanten Partnerschaft zu beschaffen sind.

(6) Bei der Schätzung des Auftragswerts von Bauleistungen ist neben dem Auftragswert der Bauaufträge der geschätzte Gesamtwert aller Liefer- und Dienstleistungen zu berücksichtigen, die für die Ausführung der Bauleistungen erforderlich sind und vom Auftraggeber zur Verfügung gestellt werden. Die Möglichkeit des Auftraggebers, Aufträge für die Planung und die Ausführung von Bauleistungen entweder getrennt oder gemeinsam zu vergeben, bleibt unberührt.

(7) Kann das beabsichtigte Bauvorhaben oder die vorgesehene Erbringung einer Dienstleistung zu einem Auftrag führen, der in mehreren Losen vergeben wird, ist der geschätzte Gesamtwert aller Lose zugrunde

zu legen. Erreicht oder überschreitet der geschätzte Gesamtwert den maßgeblichen Schwellenwert, gilt diese Verordnung für die Vergabe jedes Loses.

(8) Kann ein Vorhaben zum Zweck des Erwerbs gleichartiger Lieferungen zu einem Auftrag führen, der in mehreren Losen vergeben wird, ist der geschätzte Gesamtwert aller Lose zugrunde zu legen.

(9) Der Auftraggeber kann bei der Vergabe einzelner Lose von Absatz 7 Satz 2 sowie Absatz 8 abweichen, wenn der geschätzte Nettowert des betreffenden Loses bei Liefer- und Dienstleistungsaufträgen unter 80 000 Euro und bei Bauleistungen unter 1 Million Euro liegt und die Summe der Nettowerte dieser Lose 20 Prozent des Gesamtwertes aller Lose nicht übersteigt.

(10) Bei regelmäßig wiederkehrenden Aufträgen oder Daueraufträgen über Liefer- oder Dienstleistungen sowie bei Liefer- oder Dienstleistungsaufträgen, die innerhalb eines bestimmten Zeitraums verlängert werden sollen, ist der Auftragswert zu schätzen

1. auf der Grundlage des tatsächlichen Gesamtwertes entsprechender aufeinanderfolgender Aufträge aus dem vorangegangenen Haushaltsjahr oder Geschäftsjahr; dabei sind voraussichtliche Änderungen bei Mengen oder Kosten möglichst zu berücksichtigen, die während der zwölf Monate zu erwarten sind, die auf den ursprünglichen Auftrag folgen; oder
2. auf der Grundlage des geschätzten Gesamtwertes aufeinanderfolgender Aufträge, die während der auf die erste Lieferung folgenden zwölf Monate oder während des auf die erste Lieferung folgenden Haushaltsjahres oder Geschäftsjahres, wenn dieses länger als zwölf Monate ist, vergeben werden.

(11) Bei Aufträgen über Liefer- oder Dienstleistungen, für die kein Gesamtpreis angegeben wird, ist Berechnungsgrundlage für den geschätzten Auftragswert

1. bei zeitlich begrenzten Aufträgen mit einer Laufzeit von bis zu 48 Monaten der Gesamtwert für die Laufzeit dieser Aufträge und
2. bei Aufträgen mit unbestimmter Laufzeit oder mit einer Laufzeit von mehr als 48 Monaten der 48-fache Monatswert.

(12) Bei einem Planungswettbewerb nach § 60, der zu einem Dienstleistungsauftrag führen soll, ist der Wert des Dienstleistungsauftrags zu schätzen zuzüglich etwaiger Preisgelder und Zahlungen an Teilnehmer. Bei allen übrigen Planungswettbewerben entspricht der Auftragswert der Summe der Preisgelder und Zahlungen an die Teilnehmer einschließlich des Wertes des Dienstleistungsauftrags, der vergeben werden könnte, soweit der Auftraggeber diese Vergabe in der Wettbewerbsbekanntmachung des Planungswettbewerbs nicht ausschließt.

§ 3
Antragsverfahren für Tätigkeiten, die unmittelbar dem Wettbewerb ausgesetzt sind

(1) Auftraggeber können bei der Europäischen Kommission beantragen festzustellen, dass die Vorschriften des Teils 4 des Gesetzes gegen Wettbewerbsbeschränkungen sowie der Sektorenverordnung auf die Auftragsvergabe oder Ausrichtung von Wettbewerben für die Ausübung dieser Tätigkeit keine Anwendung finden. Dem Antrag ist eine Stellungnahme des Bundeskartellamtes beizufügen. Dem Antrag sind alle sachdienlichen Informationen beizufügen, insbesondere Gesetze, Verordnungen, Verwaltungsvorschriften oder Vereinbarungen, die darlegen, dass die betreffende Tätigkeit unmittelbar dem Wettbewerb auf Märkten ausgesetzt ist, die keiner Zugangsbeschränkung unterliegen. Eine Kopie des Antrags ist dem Bundesministerium für Wirtschaft und Energie zu übermitteln.

(2) Der Antrag des Auftraggebers an das Bundeskartellamt auf Stellungnahme muss die in § 39 Absatz 3 Satz 2 Nummer 1 bis 4 des Gesetzes gegen Wettbewerbsbeschränkungen bezeichneten Angaben enthalten. § 39 Absatz 3 Satz 4 und 5 des Gesetzes gegen Wettbewerbsbeschränkungen gilt entsprechend. Der Antrag nach Absatz 1 kann auch von einem Verband der Auftraggeber gestellt werden. In diesem Fall gelten für die Verbände die Regelungen für Auftraggeber.

(3) Das Bundeskartellamt soll die Stellungnahme innerhalb von vier Monaten nach Antragseingang abgeben. Für die Erarbeitung der beantragten Stellungnahme hat das Bundeskartellamt die Ermittlungsbefug-

nisse nach den §§ 57 bis 59 des Gesetzes gegen Wettbewerbsbeschränkungen. Das Bundeskartellamt holt eine Stellungnahme der Bundesnetzagentur ein. § 50c Absatz 1 des Gesetzes gegen Wettbewerbsbeschränkungen gilt entsprechend.

(4) Die Stellungnahme des Bundeskartellamtes besitzt keine Bindungswirkung für seine Entscheidungen nach den Teilen 1 bis 3 des Gesetzes gegen Wettbewerbsbeschränkungen.

(5) Einen Antrag nach Absatz 1 kann auch das Bundesministerium für Wirtschaft und Energie stellen. In diesem Fall teilt es der Europäischen Kommission sachdienliche Informationen nach Absatz 1 Satz 3 mit. Es holt zur wettbewerblichen Beurteilung eine Stellungnahme des Bundeskartellamtes ein, die ebenfalls der Kommission der Europäischen Union übermittelt wird. Dies gilt auch für den Fall, dass die Europäische Kommission auf eigene Veranlassung für eine der Sektorentätigkeiten in Deutschland ein solches Verfahren einleitet.

(6) Die Feststellung, dass die betreffende Tätigkeit unmittelbar dem Wettbewerb auf Märkten ausgesetzt ist, die keiner Zugangsbeschränkung unterliegen, gilt als getroffen, wenn die Europäische Kommission dies bestätigt hat oder wenn sie innerhalb der Frist nach Artikel 35 in Verbindung mit Anhang IV der Richtlinie 2014/25/EU des Europäischen Parlaments und des Rates vom 26. Februar 2014 über die Vergabe von Aufträgen durch Auftraggeber im Bereich der Wasser-, Energie- und Verkehrsversorgung sowie der Postdienste und zur Aufhebung der Richtlinie 2004/17/EG (ABl. L 94 vom 28.3.2014, S. 243) keine Feststellung getroffen hat und das Bundesministerium für Wirtschaft und Energie die Feststellung oder den Ablauf der Frist im Bundesanzeiger bekanntgemacht hat.

(7) Die Absätze 1 bis 6 gelten für Auftraggeber im Sinne des § 143 des Gesetzes gegen Wettbewerbsbeschränkungen entsprechend.

Für die Praxis: Durch das in § 140 GWB und § 3 SektVO geregelte **Freistellungsverfahren** bleibt der Anwendungsbereich der SektVO nicht statisch, sondern kann flexibel an geänderte Wettbewerbsbedingungen angepasst werden. Dabei beschränkt sich § 140 Abs. 1 GWB auf die Regelung des reinen **Ausnahmetatbestands**. Die dazugehörigen Verfahrensvorschriften (das Freistellungsverfahren) sind in § 3 SektVO und Art. 35 RL 2014/25/EU enthalten.

Wegen geänderter Wettbewerbsbedingungen ist beispielsweise auch der **Telekommunikationssektor** nicht mehr an das Vergaberecht gebunden.

Antragsberechtigt sind Sektorenauftraggeber und auch Verbände von Sektorenauftraggebern, z.B. Branchenverbände. Dem Freistellungsantrag ist zwingend eine **Stellungnahme des Bundeskartellamts** beizulegen.

Für die Ausarbeitung der Stellungnahme darf das Bundeskartellamt gemäß § 140 Abs. 2 Satz 1 GWB SektVO **Gebühren** erheben. Die Freistellungsentscheidung wird von der **Europäischen Kommission** getroffen, wobei die Entscheidung unter bestimmten Bedingungen auch nach Zeitablauf fingiert wird.

Durch Beschluss der Europäischen Kommission vom 24.4.2012 wurden deutsche Auftraggeber – soweit sie im Bereich der **Erzeugung konventioneller Energie** tätig sind – teilweise von der Verpflichtung zur Anwendung des Vergaberechts freigestellt (Durchführungsbeschluss der Kommission vom 24. April 2012 zur Freistellung der Erzeugung und des Großhandels von Strom aus konventionellen Quellen in Deutschland von der Anwendung der Richtlinie 2004/17/EG des Europäischen Parlaments und des Rates zur Koordinierung der Zuschlagserteilung durch Auftraggeber im Bereich der Wasser-, Energie- und Verkehrsversorgung sowie der Postdienste, Az. C(2012) 2426, ABl. L 114 vom 26.4.2012, S. 21). Praktisch bedeutet dies, dass in Zukunft z.B. Aufträge über Errichtung und Wartung von Gas- und Kohlekraftwerken nicht mehr ausgeschrieben zu werden brauchen.

Es ist allerdings darauf hinzuweisen, dass die Freistellung erst nach **Bekanntmachung** im Bundesanzeiger wirksam wird (§ 3 Abs. 6 SektVO). Im vorgenannten Beispiel erfolgte die Bekanntmachung erst knapp einen Monat später (BAnz AT 22.05.2012 B3).

§ 4
Gelegentliche gemeinsame Auftragsvergabe

(1) Mehrere Auftraggeber können vereinbaren, bestimmte Aufträge gemeinsam zu vergeben. Dies gilt auch für die Auftragsvergabe gemeinsam mit Auftraggebern aus anderen Mitgliedstaaten der Europäischen Union. Die Möglichkeiten zur Nutzung von zentralen Beschaffungsstellen bleiben unberührt.

(2) Soweit das Vergabeverfahren im Namen und im Auftrag aller Auftraggeber insgesamt gemeinsam durchgeführt wird, sind diese für die Einhaltung der Bestimmungen über das Vergabeverfahren gemeinsam verantwortlich. Das gilt auch, wenn ein Auftraggeber das Verfahren in seinem Namen und im Auftrag der anderen Auftraggeber allein ausführt. Bei nur teilweise gemeinsamer Durchführung sind die Auftraggeber nur für jene Teile gemeinsam verantwortlich, die gemeinsam durchgeführt wurden. Wird ein Auftrag durch Auftraggeber aus verschiedenen Mitgliedstaaten der Europäischen Union gemeinsam vergeben, legen diese die Zuständigkeiten und die anwendbaren Bestimmungen des nationalen Rechts durch Vereinbarung fest und geben das in den Vergabeunterlagen an.

§ 5
Wahrung der Vertraulichkeit

(1) Sofern in dieser Verordnung oder anderen Rechtsvorschriften nichts anderes bestimmt ist, darf der Auftraggeber keine von den Unternehmen übermittelten und von diesen als vertraulich gekennzeichneten Informationen weitergeben. Dazu gehören insbesondere Betriebs- und Geschäftsgeheimnisse und die vertraulichen Aspekte der Angebote einschließlich ihrer Anlagen.

(2) Bei der gesamten Kommunikation sowie beim Austausch und bei der Speicherung von Informationen muss der Auftraggeber die Integrität der Daten und die Vertraulichkeit der Interessensbekundungen, Interessensbestätigungen, Teilnahmeanträge und Angebote einschließlich ihrer Anlagen gewährleisten. Die Interessensbekundungen, Interessensbestätigungen, Teilnahmeanträge und Angebote einschließlich ihrer Anlagen sowie die Dokumentation über Öffnung und Wertung der Teilnahmeanträge und Angebote sind auch nach Abschluss des Vergabeverfahrens vertraulich zu behandeln.

(3) Der Auftraggeber kann Unternehmen Anforderungen vorschreiben, die auf den Schutz der Vertraulichkeit der Informationen im Rahmen des Vergabeverfahrens abzielen, einschließlich der Informationen, die in Verbindung mit der Verwendung eines Qualifizierungssystems zur Verfügung gestellt werden. Hierzu gehört insbesondere die Abgabe einer Verschwiegenheitserklärung.

§ 6
Vermeidung von Interessenkonflikten

(1) Organmitglieder oder Mitarbeiter des öffentlichen Auftraggebers oder eines im Namen des öffentlichen Auftraggebers handelnden Beschaffungsdienstleisters, bei denen ein Interessenkonflikt besteht, dürfen in einem Vergabeverfahren nicht mitwirken.

(2) Ein Interessenkonflikt besteht für Personen, die an der Durchführung des Vergabeverfahrens beteiligt sind oder Einfluss auf den Ausgang eines Vergabeverfahrens nehmen können und die ein direktes oder indirektes finanzielles, wirtschaftliches oder persönliches Interesse haben, das ihre Unparteilichkeit und Unabhängigkeit im Rahmen des Vergabeverfahrens beeinträchtigen könnte.

(3) Es wird vermutet, dass ein Interessenkonflikt besteht, wenn die in Absatz 1 genannten Personen

1. Bewerber oder Bieter sind,
2. einen Bewerber oder Bieter beraten oder sonst unterstützen oder als gesetzliche Vertreter oder nur in dem Vergabeverfahren vertreten,
3. beschäftigt oder tätig sind
   a) bei einem Bewerber oder Bieter gegen Entgelt oder bei ihm als Mitglied des Vorstandes, Aufsichtsrates oder gleichartigen Organs oder
   b) für ein in das Vergabeverfahren eingeschaltetes Unternehmen, wenn dieses Unternehmen zugleich geschäftliche Beziehungen zum öffentlichen Auftraggeber und zum Bewerber oder Bieter hat.

(4) Die Vermutung des Absatzes 3 gilt auch für Personen, deren Angehörige die Voraussetzungen nach Absatz 3 Nummer 1 bis 3 erfüllen. Angehörige sind der Verlobte, der Ehegatte, Lebenspartner, Verwandte und Verschwägerte gerader Linie, Geschwister, Kinder der Geschwister, Ehegatten und Lebenspartner der Geschwister und Geschwister der Ehegatten und Lebenspartner, Geschwister der Eltern sowie Pflegeeltern und Pflegekinder.

§ 7
Mitwirkung an der Vorbereitung des Vergabeverfahrens

(1) Hat ein Unternehmen oder ein mit ihm in Verbindung stehendes Unternehmen den Auftraggeber beraten oder war auf andere Art und Weise an der Vorbereitung des Vergabeverfahrens beteiligt (vorbefasstes Unternehmen), so ergreift der Auftraggeber angemessene Maßnahmen, um sicherzustellen, dass der Wettbewerb durch die Teilnahme dieses Unternehmens nicht verzerrt wird.

(2) Die Maßnahmen nach Absatz 1 umfassen insbesondere die Unterrichtung der anderen am Vergabeverfahren teilnehmenden Unternehmen in Bezug auf die einschlägigen Informationen, die im Zusammenhang mit der Einbeziehung des vorbefassten Unternehmens in der Vorbereitung des Vergabeverfahrens ausgetauscht wurden oder daraus resultieren, und die Festlegung angemessener Fristen für den Eingang der Angebote und Teilnahmeanträge.

(3) Vor einem Ausschluss nach § 124 Absatz 1 Nummer 6 des Gesetzes gegen Wettbewerbsbeschränkungen ist dem vorbefassten Unternehmen die Möglichkeit zu geben, nachzuweisen, dass seine Beteiligung an der Vorbereitung des Vergabeverfahrens den Wettbewerb nicht verzerren kann.

§ 8
Dokumentation

(1) Der Auftraggeber ist verpflichtet, den Fortgang des Vergabeverfahrens jeweils zeitnah zu dokumentieren. Hierzu stellt er sicher, dass er über eine ausreichende Dokumentation verfügt, um Entscheidungen in allen Phasen des Vergabeverfahrens, insbesondere zu den Verhandlungs- oder Dialogphasen, der Auswahl der Teilnehmer sowie der Zuschlagsentscheidung, nachvollziehbar zu begründen.

(2) Der Auftraggeber bewahrt die sachdienlichen Unterlagen zu jedem Auftrag auf. Die Unterlagen müssen so ausführlich sein, dass zu einem späteren Zeitpunkt mindestens folgende Entscheidungen nachvollzogen und gerechtfertigt werden können:

1. Qualifizierung und Auswahl der Teilnehmer sowie Zuschlagserteilung,
2. Rückgriff auf Verhandlungsverfahren ohne vorherigen Teilnahmewettbewerb,
3. Nichtanwendung dieser Verordnung aufgrund der Ausnahmen nach Teil 4 des Gesetzes gegen Wettbewerbsbeschränkungen und
4. Gründe, aus denen andere als elektronische Kommunikationsmittel für die elektronische Einreichung von Angeboten verwendet wurden.

(3) Die Dokumentation ist bis zum Ende der Vertragslaufzeit oder Rahmenvereinbarung aufzubewahren, mindestens jedoch für drei Jahre ab dem Tag des Zuschlags. Gleiches gilt für Kopien aller abgeschlossenen Verträge, die mindestens den folgenden Auftragswert haben:

1. 1 Million Euro im Falle von Liefer- oder Dienstleistungsaufträgen,
2. 10 Millionen Euro im Falle von Bauaufträgen.

(4) Die Dokumentation oder deren Hauptelemente ist der Europäischen Kommission sowie den zuständigen Aufsichts- oder Prüfbehörden auf deren Anforderung hin zu übermitteln.

Unterabschnitt 2
Kommunikation; Bekanntmachungen

Für die Praxis: Zur Pflicht zur Einführung der **E-Vergabe** siehe die Ausführungen in der Vorbemerkung zu § 9 VgV.

§ 9
Grundsätze der Kommunikation

(1) Für das Senden, Empfangen, Weiterleiten und Speichern von Daten in einem Vergabeverfahren verwenden Auftraggeber und Unternehmen grundsätzlich Geräte und Programme für die elektronische Datenübermittlung (elektronische Mittel).

(2) Die Kommunikation in einem Vergabeverfahren kann mündlich erfolgen, wenn sie nicht die Vergabeunterlagen, die Teilnahmeanträge, die Interessensbestätigungen oder die Angebote betrifft und wenn sie ausreichend und in geeigneter Weise dokumentiert wird.

(3) In einem Verhandlungsverfahren ohne Teilnahmewettbewerb nach § 13 Absatz 2 Nummer 4 darf die Kommunikation im Vergabeverfahren auch mit anderen als elektronischen Mitteln erfolgen.

(4) Der Auftraggeber kann von jedem Unternehmen die Angabe einer eindeutigen Unternehmensbezeichnung sowie einer elektronischen Adresse verlangen (Registrierung). Für den Zugang zur Auftragsbekanntmachung und zu den Vergabeunterlagen darf der Auftraggeber keine Registrierung verlangen; eine freiwillige Registrierung ist zulässig.

§ 10
Anforderungen an die verwendeten elektronischen Mittel

(1) Der Auftraggeber legt das erforderliche Sicherheitsniveau für die elektronischen Mittel fest. Elektronische Mittel, die vom Auftraggeber für den Empfang von Angeboten, Teilnahmeanträgen und Interessensbestätigungen sowie von Plänen und Entwürfen für Planungswettbewerbe verwendet werden, müssen gewährleisten, dass

1. die Uhrzeit und der Tag des Datenempfanges genau zu bestimmen sind,
2. kein vorfristiger Zugriff auf die empfangenen Daten möglich ist,
3. der Termin für den erstmaligen Zugriff auf die empfangenen Daten nur von den Berechtigten festgelegt oder geändert werden kann,
4. nur die Berechtigten Zugriff auf die empfangenen Daten oder auf einen Teil derselben haben,
5. nur die Berechtigten nach dem festgesetzten Zeitpunkt Dritten Zugriff auf die empfangenen Daten oder auf einen Teil derselben einräumen dürfen,
6. empfangene Daten nicht an Unberechtigte übermittelt werden und
7. Verstöße oder versuchte Verstöße gegen die Anforderungen gemäß den Nummern 1 bis 6 eindeutig festgestellt werden können.

(2) Die elektronischen Mittel, die vom Auftraggeber für den Empfang von Angeboten, Teilnahmeanträgen und Interessensbestätigungen sowie von Plänen und Entwürfen für Planungswettbewerbe genutzt

werden, müssen über eine einheitliche Datenaustauschschnittstelle verfügen. Es sind die jeweils geltenden Interoperabilitäts- und Sicherheitsstandards der Informationstechnik gemäß § 3 Absatz 1 des Vertrags über die Errichtung des IT-Planungsrats und über die Grundlagen der Zusammenarbeit beim Einsatz der Informationstechnologie in den Verwaltungen von Bund und Ländern vom 1. April 2010 zu verwenden.

§ 10a
Erstellung und Übermittlung von Bekanntmachungen; Datenaustauschstandard eForms

Für die Erstellung und Übermittlung von Auftragsbekanntmachungen, Vorinformationen, Vergabebekanntmachungen und Bekanntmachungen über Auftragsänderungen (Bekanntmachungen) gelten die Anforderungen des § 10a Absatz 1, Absatz 2 Satz 1, Absatz 4 und Absatz 5 Satz 1 und 3 der Vergabeverordnung über die Vorgaben der Durchführungsverordnung (EU) 2019/1780 und des Datenaustauschstandards eForms einschließlich der Regelungen zu verpflichtenden Datenfeldern und der Übermittlung über den Datenservice Öffentlicher Einkauf entsprechend.

§ 11
Anforderungen an den Einsatz elektronischer Mittel im Vergabeverfahren

(1) Elektronische Mittel und deren technische Merkmale müssen allgemein verfügbar, nichtdiskriminierend und mit allgemein verbreiteten Geräten und Programmen der Informations- und Kommunikationstechnologie kompatibel sein. Sie dürfen den Zugang von Unternehmen zum Vergabeverfahren nicht einschränken. Der Auftraggeber gewährleistet die barrierefreie Ausgestaltung der elektronischen Mittel nach den §§ 4, 12a und 12b des Behindertengleichstellungsgesetzes vom 27. April 2002 (BGBl. I S. 1467, 1468) in der jeweils geltenden Fassung.

(2) Der Auftraggeber verwendet für das Senden, Empfangen, Weiterleiten und Speichern von Daten in einem Vergabeverfahren ausschließlich solche elektronischen Mittel, die die Unversehrtheit, die Vertraulichkeit und die Echtheit der Daten gewährleisten.

(3) Der Auftraggeber muss den Unternehmen alle notwendigen Informationen zur Verfügung stellen über

1. die in einem Vergabeverfahren verwendeten elektronischen Mittel,
2. die technischen Parameter zur Einreichung von Teilnahmeanträgen, Angeboten und Interessensbestätigungen mithilfe elektronischer Mittel und
3. verwendete Verschlüsselungs- und Zeiterfassungsverfahren.

§ 12
Einsatz alternativer elektronischer Mittel bei der Kommunikation

(1) Der Auftraggeber kann im Vergabeverfahren die Verwendung elektronischer Mittel, die nicht allgemein verfügbar sind (alternative elektronische Mittel), verlangen, wenn er

1. Unternehmen während des gesamten Vergabeverfahrens unter einer Internetadresse einen unentgeltlichen, uneingeschränkten, vollständigen und direkten Zugang zu diesen alternativen elektronischen Mitteln gewährt und
2. diese alternativen elektronischen Mittel selbst verwendet.

(2) Der Auftraggeber kann im Rahmen der Vergabe von Bauleistungen und für Planungswettbewerbe die Nutzung elektronischer Mittel für die Bauwerksdatenmodellierung verlangen. Sofern die verlangten elektronischen Mittel für die Bauwerksdatenmodellierung nicht allgemein verfügbar sind, bietet der Auftraggeber einen alternativen Zugang zu ihnen gemäß Absatz 1 an.

Abschnitt 2
Vergabeverfahren

Unterabschnitt 1
Verfahrensarten, Fristen

§ 13
Wahl der Verfahrensart

(1) Dem Auftraggeber stehen zur Vergabe von Aufträgen das offene Verfahren, das nicht offene Verfahren und das Verhandlungsverfahren mit Teilnahmewettbewerb sowie der wettbewerbliche Dialog nach seiner Wahl zur Verfügung. Die Innovationspartnerschaft steht nach Maßgabe dieser Verordnung zur Verfügung.

(2) Der Auftraggeber kann Aufträge im Verhandlungsverfahren ohne Teilnahmewettbewerb vergeben,

1. wenn im Rahmen eines Verhandlungsverfahrens mit Teilnahmewettbewerb keine oder keine geeigneten Angebote oder keine geeigneten Teilnahmeanträge abgegeben worden sind, sofern die ursprünglichen Bedingungen des Auftrags nicht grundlegend geändert werden; ein Angebot gilt als ungeeignet, wenn es ohne Abänderung den in der Auftragsbekanntmachung oder den Vergabeunterlagen genannten Bedürfnissen und Anforderungen des Auftraggebers offensichtlich nicht entsprechen kann; ein Teilnahmeantrag gilt als ungeeignet, wenn das Unternehmen aufgrund des § 142 Nummer 2 des Gesetzes gegen Wettbewerbsbeschränkungen auszuschließen ist oder ausgeschlossen werden kann oder wenn es die objektiven Kriterien bezüglich der Eignung nicht erfüllt;
2. wenn ein Auftrag rein den Zwecken von Forschung, Experimenten, Studien oder der Entwicklung dient und nicht den Zwecken einer Gewinnerzielungsabsicht oder Abdeckung von Forschungs- und Entwicklungskosten und sofern der Zuschlag dem Zuschlag für Folgeaufträge nicht abträglich ist, die insbesondere diesen Zwecken dienen;
3. wenn zum Zeitpunkt der Aufforderung zur Abgabe von Angeboten der Auftrag nur von einem bestimmten Unternehmen erbracht oder bereitgestellt werden kann,
   a) weil ein einzigartiges Kunstwerk oder eine einzigartige künstlerische Leistung erschaffen oder erworben werden soll,
   b) weil aus technischen Gründen kein Wettbewerb vorhanden ist oder
   c) wegen des Schutzes von ausschließlichen Rechten, einschließlich der Rechte des geistigen Eigentums;
4. wenn äußerst dringliche, zwingende Gründe im Zusammenhang mit Ereignissen, die der betreffende Auftraggeber nicht voraussehen konnte, es nicht zulassen, die Mindestfristen einzuhalten, die für das offene und das nicht offene Verfahren sowie für das Verhandlungsverfahren mit Teilnahmewettbewerb vorgeschriebenen sind; die Umstände zur Begründung der äußersten Dringlichkeit dürfen dem Auftraggeber nicht zuzurechnen sein;
5. wenn zusätzliche Lieferleistungen des ursprünglichen Auftragnehmers beschafft werden sollen, die entweder zur teilweisen Erneuerung oder Erweiterung bereits erbrachter Leistungen bestimmt sind, und ein Wechsel des Unternehmens dazu führen würde, dass der Auftraggeber eine Leistung mit unterschiedlichen technischen Merkmalen kaufen müsste und dies eine technische Unvereinbarkeit oder unverhältnismäßige technische Schwierigkeiten bei Gebrauch und Wartung mit sich bringen würde;
6. wenn eine Bau- oder Dienstleistung beschafft werden soll, die in der Wiederholung gleichartiger Leistungen besteht, die durch denselben Auftraggeber an das Unternehmen vergeben werden, das den ersten Auftrag erhalten hat, sofern sie einem Grundprojekt entsprechen und dieses Projekt Gegenstand des ersten Auftrags war, das im Rahmen eines Vergabeverfahrens mit Ausnahme eines Verhandlungsverfahrens ohne Teilnahmewettbewerb vergeben wurde; die Möglichkeit der Anwendung des Verhandlungsverfahrens muss bereits in der Auftragsbekanntmachung des ersten Vorhabens angege-

ben werden; darüber hinaus sind im Grundprojekt bereits der Umfang möglicher Bau- oder Dienstleistungen sowie die Bedingungen, unter denen sie vergeben werden, anzugeben; der für die nachfolgenden Bau- oder Dienstleistungen in Aussicht genommene Gesamtauftragswert wird vom Auftraggeber bei der Berechnung des Auftragswerts berücksichtigt;

7. wenn es sich um eine auf einer Warenbörse notierte und gekaufte Lieferleistung handelt;
8. bei Gelegenheitsbeschaffungen, bei denen es möglich ist, Lieferungen zu beschaffen, indem eine besonders vorteilhafte Gelegenheit genutzt wird, die nur kurzfristig besteht und bei der ein Preis erheblich unter den üblichen Marktpreisen liegt;
9. wenn Liefer- oder Dienstleistungen zu besonders günstigen Bedingungen bei Lieferanten, die ihre Geschäftstätigkeit endgültig einstellen, oder bei Insolvenzverwaltern im Rahmen eines Insolvenzverfahrens oder eines in den Vorschriften eines anderen Mitgliedstaats der Europäischen Union vorgesehenen gleichartigen Verfahrens erworben werden; oder
10. wenn im Anschluss an einen Planungswettbewerb im Sinne des § 60 ein Dienstleistungsauftrag nach den Bedingungen dieses Wettbewerbs an den Gewinner oder an einen der Preisträger vergeben werden muss; im letzteren Fall müssen alle Preisträger des Wettbewerbs zur Teilnahme an den Verhandlungen aufgefordert werden.

(3) Die in Absatz 2 Nummer 3 Buchstabe b und c genannten Voraussetzungen für die Anwendung des Verhandlungsverfahrens ohne Teilnahmewettbewerb gelten nur dann, wenn es keine vernünftige Alternative oder Ersatzlösung gibt und der mangelnde Wettbewerb nicht das Ergebnis einer künstlichen Einschränkung der Auftragsvergabeparameter ist.

Für die Praxis: 1. Freie Wahl der Verfahrensart. Während klassische öffentliche Auftraggeber regelmäßig nur die freie Wahl zwischen offenem und nicht offenem Verfahren haben (§ 119 Abs. 2 GWB, § 14 Abs. 2 VgV), dürfen Sektorenauftraggeber frei zwischen offenem Verfahren, nicht offenem Verfahren und Verhandlungsverfahren mit Teilnahmewettbewerb und wettbewerblichem Dialog wählen (§ 141 Abs. 1 GWB; § 13 **Abs. 1 Satz 1** SektVO). Daher bedarf z.B. die Entscheidung für das Verhandlungsverfahren mit Teilnahmewettbewerb keiner Begründung im Vergabevermerk. Wenn der Sektorenauftraggeber sich jedoch für das Verhandlungsverfahren entscheidet, muss er regelmäßig einen Teilnahmewettbewerb vorschalten. Nur in den in § 13 Abs. 2 SektVO abschließend aufgezählten Ausnahmefällen darf auf einen Teilnahmewettbewerb verzichtet werden.

2. Verhandlungsverfahren ohne Teilnahmewettbewerb. Die Ausnahmetatbestände des § 13 **Abs. 2** SektVO entsprechen inhaltlich weitgehend den Ausnahmetatbeständen des § 14 Abs. 4 VgV. Es gibt jedoch einen wesentlichen Unterschied betreffend das Verständnis der **besonders günstigen Gelegenheit**. In § 14 Abs. 4 Nr. 7 VgV wird darunter ausschließlich die Beschaffung „zu besonders günstigen Bedingungen bei Lieferanten, die ihre Geschäftstätigkeit endgültig einstellen, oder bei Insolvenzverwaltern oder Liquidatoren im Rahmen eines Insolvenz-, Vergleichs- oder Ausgleichsverfahrens" verstanden. Den identischen Tatbestand gibt es in § 13 **Abs. 2 Nr. 9** SektVO auch. Darüber hinaus gibt es in der SektVO aber noch die deutlich weiter gefasste „**Gelegenheitsbeschaffung**" gemäß § 13 **Abs. 2 Nr. 8** SektVO: „Gelegenheitsbeschaffungen, bei denen es möglich ist, Lieferungen zu beschaffen, indem eine besonders vorteilhafte Gelegenheit genutzt wird, die nur kurzfristig besteht und bei der ein Preis erheblich unter den üblichen Marktpreisen liegt", dürfen daher im Verhandlungsverfahren ohne Teilnahmewettbewerb erfolgen. Auf den Kauf aus einer Insolvenzmasse o.Ä. kommt es also gar nicht an. Vielmehr ist es grundsätzlich ausreichend, wenn der Auftraggeber dokumentieren kann, dass der Einkaufspreis erheblich unter dem Marktpreis liegt.

§ 14
Offenes Verfahren; Fristen

(1) In einem offenen Verfahren kann jedes interessierte Unternehmen ein Angebot abgeben.

(2) Die Frist für den Eingang der Angebote (Angebotsfrist) beträgt mindestens 35 Tage, gerechnet ab dem Tag nach der Absendung der Auftragsbekanntmachung.

(3) Für den Fall, dass eine hinreichend begründete Dringlichkeit die Einhaltung der Frist gemäß Absatz 2 unmöglich macht, kann der Auftraggeber eine Frist festlegen, die 15 Tage, gerechnet ab dem Tag nach der Absendung der Auftragsbekanntmachung, nicht unterschreiten darf.

(4) Der Auftraggeber kann die Frist gemäß Absatz 2 um fünf Tage verkürzen, wenn er die elektronische Übermittlung der Angebote akzeptiert.

§ 15
Nicht offenes Verfahren und Verhandlungsverfahren mit vorherigem Teilnahmewettbewerb; Fristen

(1) In einem nicht offenen Verfahren sowie einem Verhandlungsverfahren mit vorherigem Teilnahmewettbewerb kann jedes interessierte Unternehmen einen Teilnahmeantrag abgeben.

(2) Die Frist für den Eingang der Teilnahmeanträge (Teilnahmefrist) beträgt mindestens 30 Tage, gerechnet ab dem Tag nach der Absendung der Auftragsbekanntmachung oder der Aufforderung zur Interessensbekundung. Sie darf auf keinen Fall weniger als 15 Tage betragen.

(3) Die Angebotsfrist kann im gegenseitigen Einvernehmen zwischen dem Auftraggeber und ausgewählten Bewerbern festgelegt werden. Allen ausgewählten Bewerbern muss dieselbe Angebotsfrist eingeräumt werden. Unterbleibt eine einvernehmliche Fristfestlegung, beträgt die Angebotsfrist mindestens zehn Tage, gerechnet ab dem Tag nach der Versendung der Aufforderung zur Angebotsabgabe.

(4) Der Auftraggeber kann im Verhandlungsverfahren den Auftrag auf der Grundlage der Erstangebote vergeben, ohne in Verhandlungen einzutreten, wenn er sich diese Möglichkeit in der Auftragsbekanntmachung oder in der Aufforderung zur Interessensbestätigung vorbehalten hat.

§ 16
Fristsetzung; Pflicht zur Fristverlängerung

(1) Bei der Festlegung der Fristen für den Eingang der Angebote und der Teilnahmeanträge berücksichtigt der Auftraggeber die Komplexität der Leistung und die Zeit, die für die Ausarbeitung der Angebote erforderlich ist.

(2) Können die Angebote nur nach einer Ortsbesichtigung oder Einsichtnahme in Anlagen zu den Vergabeunterlagen beim Auftraggeber erstellt werden, so ist die Mindestangebotsfrist erforderlichenfalls so zu bemessen, dass die Bewerber im Besitz aller Informationen sind, die sie für die Angebotserstellung benötigen.

(3) Die Angebotsfristen sind zu verlängern,

1. wenn zusätzliche Informationen trotz rechtzeitiger Anforderung durch ein Unternehmen nicht spätestens sechs Tage vor Ablauf der Angebotsfrist zur Verfügung gestellt werden; in Fällen hinreichend begründeter Dringlichkeit nach § 14 Absatz 3 beträgt dieser Zeitraum vier Tage, oder
2. wenn der Auftraggeber wesentliche Änderungen an den Vergabeunterlagen vornimmt.

Die Fristverlängerung muss in einem angemessenen Verhältnis zur Bedeutung der Information oder Änderung stehen und gewährleisten, dass alle Unternehmen Kenntnis von den Informationen oder Änderungen nehmen können. Dies gilt nicht, wenn die Information oder Änderung nicht rechtzeitig angefordert wurde oder ihre Bedeutung für die Erstellung des Angebots unerheblich ist.

§ 17
Wettbewerblicher Dialog

(1) In der Auftragsbekanntmachung oder den Vergabeunterlagen zur Durchführung eines wettbewerblichen Dialogs beschreibt der Auftraggeber seine Bedürfnisse und Anforderungen an die zu beschaffende Leistung. Gleichzeitig nennt und erläutert er die hierbei zugrunde gelegten Zuschlagskriterien und legt einen vorläufigen Zeitrahmen für den Dialog fest.

(2) Der Auftraggeber fordert eine unbeschränkte Anzahl von Unternehmen im Rahmen eines Teilnahmewettbewerbs öffentlich zur Abgabe von Teilnahmeanträgen auf. Jedes interessierte Unternehmen kann einen Teilnahmeantrag abgeben. Mit dem Teilnahmeantrag übermitteln die Unternehmen die vom Auftraggeber geforderten Informationen für die Prüfung ihrer Eignung.

(3) Die Frist für den Eingang der Teilnahmeanträge beträgt mindestens 30 Tage, gerechnet ab dem Tag nach der Absendung der Auftragsbekanntmachung. Sie darf auf keinen Fall weniger als 15 Tage betragen.

(4) Nur diejenigen Unternehmen, die vom Auftraggeber nach Prüfung der übermittelten Informationen dazu aufgefordert werden, können am Dialog teilnehmen. Der Auftraggeber kann die Zahl geeigneter Bewerber, die zur Teilnahme am Dialog aufgefordert werden, gemäß § 45 Absatz 3 begrenzen.

(5) Der Auftraggeber eröffnet mit den ausgewählten Unternehmen einen Dialog, in dem er ermittelt und festlegt, wie seine Bedürfnisse und Anforderungen am besten erfüllt werden können. Dabei kann er mit den ausgewählten Unternehmen alle Aspekte des Auftrags erörtern. Er sorgt dafür, dass alle Unternehmen bei dem Dialog gleichbehandelt werden, gibt Lösungsvorschläge oder vertrauliche Informationen eines Unternehmens nicht ohne dessen Zustimmung an die anderen Unternehmen weiter und verwendet diese nur im Rahmen des jeweiligen Vergabeverfahrens. Eine solche Zustimmung darf nicht allgemein, sondern nur in Bezug auf die beabsichtigte Mitteilung bestimmter Informationen erteilt werden.

(6) Der Auftraggeber kann vorsehen, dass der Dialog in verschiedenen aufeinanderfolgenden Phasen geführt wird, sofern der Auftraggeber darauf in der Auftragsbekanntmachung oder in den Vergabeunterlagen hingewiesen hat. In jeder Dialogphase kann die Zahl der zu erörternden Lösungen anhand der vorgegebenen Zuschlagskriterien verringert werden. Der Auftraggeber hat die Unternehmen zu informieren, wenn deren Lösungen nicht für die folgende Dialogphase vorgesehen sind. In der Schlussphase müssen noch so viele Lösungen vorliegen, dass ein echter Wettbewerb gewährleistet ist, sofern ursprünglich eine ausreichende Anzahl von Lösungen oder geeigneten Bietern vorhanden war.

(7) Der Auftraggeber schließt den Dialog ab, wenn er die Lösungen ermittelt hat, mit denen die Bedürfnisse und Anforderungen an die zu beschaffende Leistung befriedigt werden können. Die im Verfahren verbliebenen Teilnehmer sind hierüber zu informieren.

(8) Nach Abschluss des Dialogs fordert der Auftraggeber die Unternehmen auf, auf der Grundlage der eingereichten und in der Dialogphase näher ausgeführten Lösungen ihr endgültiges Angebot vorzulegen. Die Angebote müssen alle Einzelheiten enthalten, die zur Ausführung des Projekts erforderlich sind. Der Auftraggeber kann Klarstellungen und Ergänzungen zu diesen Angeboten verlangen. Diese Klarstellungen oder Ergänzungen dürfen nicht dazu führen, dass wesentliche Bestandteile des Angebots oder des öffentlichen Auftrags einschließlich der in der Auftragsbekanntmachung oder in den Vergabeunterlagen festgelegten Bedürfnisse und Anforderungen grundlegend geändert werden, wenn dadurch der Wettbewerb verzerrt wird oder andere am Verfahren beteiligte Unternehmen diskriminiert werden.

(9) Der Auftraggeber hat die Angebote anhand der in der Auftragsbekanntmachung oder in den Vergabeunterlagen festgelegten Zuschlagskriterien zu bewerten. Der Auftraggeber kann mit dem Unternehmen, dessen Angebot als das wirtschaftlichste ermittelt wurde, mit dem Ziel Verhandlungen führen, im Angebot enthaltene finanzielle Zusagen oder andere Bedingungen zu bestätigen, die in den Auftragsbedingungen abschließend festgelegt werden. Dies darf nicht dazu führen, dass wesentliche Bestandteile des Angebots oder des öffentlichen Auftrags einschließlich der in der Auftragsbekanntmachung oder den Vergabeunterlagen festgelegten Bedürfnisse und Anforderungen grundlegend geändert werden, der Wettbewerb verzerrt wird oder andere am Verfahren beteiligte Unternehmen diskriminiert werden.

(10) Der Auftraggeber kann Prämien oder Zahlungen an die Teilnehmer am Dialog vorsehen.

§ 18
Innovationspartnerschaft

(1) Der Auftraggeber kann für die Vergabe eines Auftrags eine Innovationspartnerschaft mit dem Ziel der Entwicklung einer innovativen Leistung und deren anschließenden Erwerb eingehen. Der Beschaffungsbedarf, der der Innovationspartnerschaft zugrunde liegt, darf nicht durch auf dem Markt bereits verfügbare Leistungen befriedigt werden können. Der Auftraggeber beschreibt in der Auftragsbekanntmachung, der Bekanntmachung über das Bestehen eines Qualifizierungssystems oder den Vergabeunterlagen die Nachfrage nach der innovativen Leistung. Dabei ist anzugeben, welche Elemente dieser Beschreibung Mindestanforderungen darstellen. Es sind Eignungskriterien vorzugeben, die die Fähigkeiten der Unternehmen auf dem Gebiet der Forschung und Entwicklung sowie die Ausarbeitung und Umsetzung innovativer Lösungen betreffen. Die bereitgestellten Informationen müssen so genau sein, dass die Unternehmen Art und Umfang der geforderten Lösung erkennen und entscheiden können, ob sie eine Teilnahme an dem Verfahren beantragen.

(2) Der Auftraggeber fordert eine unbeschränkte Anzahl von Unternehmen im Rahmen eines Teilnahmewettbewerbs öffentlich zur Abgabe von Teilnahmeanträgen auf. Jedes interessierte Unternehmen kann einen Teilnahmeantrag abgeben. Mit dem Teilnahmeantrag übermitteln die Unternehmen die vom Auftraggeber geforderten Informationen für die Prüfung ihrer Eignung.

(3) Die Frist für den Eingang der Teilnahmeanträge beträgt mindestens 30 Tage, gerechnet ab dem Tag nach der Absendung der Bekanntmachung nach Absatz 1. Sie darf auf keinen Fall weniger als 15 Tage betragen.

(4) Nur diejenigen Unternehmen, die vom Auftraggeber infolge einer Bewertung der übermittelten Informationen dazu aufgefordert werden, können ein Angebot in Form von Forschungs- und Innovationsprojekten einreichen. Der Auftraggeber kann die Zahl geeigneter Bewerber, die zur Angebotsabgabe aufgefordert werden, gemäß § 45 Absatz 3 begrenzen.

(5) Der Auftraggeber verhandelt mit den Bietern über die von ihnen eingereichten Erstangebote und alle Folgeangebote, mit Ausnahme der endgültigen Angebote, mit dem Ziel, die Angebote inhaltlich zu verbessern. Dabei darf über den gesamten Auftragsinhalt verhandelt werden mit Ausnahme der vom Auftraggeber in den Vergabeunterlagen festgelegten Mindestanforderungen und Zuschlagskriterien. Sofern der Auftraggeber in der Auftragsbekanntmachung oder in den Vergabeunterlagen darauf hingewiesen hat, kann er die Verhandlungen in verschiedenen aufeinanderfolgenden Phasen abwickeln, um so die Zahl der Angebote, über die verhandelt wird, anhand der vorgegebenen Zuschlagskriterien zu verringern.

(6) Der Auftraggeber trägt dafür Sorge, dass alle Bieter bei den Verhandlungen gleichbehandelt werden. Insbesondere enthält er sich jeder diskriminierenden Weitergabe von Informationen, durch die bestimmte Bieter gegenüber anderen begünstigt werden könnten. Er unterrichtet alle Bieter, deren Angebote gemäß Absatz 5 nicht ausgeschieden wurden, in Textform nach § 126b des Bürgerlichen Gesetzbuchs über etwaige Änderungen der Anforderungen und sonstigen Informationen in den Vergabeunterlagen, die nicht die Festlegung der Mindestanforderungen betreffen. Im Anschluss an solche Änderungen gewährt der Auftraggeber den Bietern ausreichend Zeit, um ihre Angebote zu ändern und gegebenenfalls überarbeitete Angebote einzureichen. Der Auftraggeber darf vertrauliche Informationen eines an den Verhandlungen teilnehmenden Bieters nicht ohne dessen Zustimmung an die anderen Teilnehmer weitergeben. Eine solche Zustimmung darf nicht allgemein, sondern nur in Bezug auf die beabsichtigte Mitteilung bestimmter Informationen erteilt werden. Der Auftraggeber muss in den Vergabeunterlagen die zum Schutz des geistigen Eigentums geltenden Vorkehrungen festlegen.

(7) Die Innovationspartnerschaft wird durch Zuschlag auf Angebote eines oder mehrerer Bieter eingegangen. Eine Erteilung des Zuschlags allein auf der Grundlage des niedrigsten Preises oder der niedrigsten Kosten ist ausgeschlossen. Der Auftraggeber kann eine Innovationspartnerschaft mit einem Partner oder mit mehreren Partnern, die getrennte Forschungs- und Entwicklungstätigkeiten durchführen, eingehen.

(8) Die Innovationspartnerschaft wird entsprechend dem Forschungs- und Innovationsprozess in zwei aufeinanderfolgenden Phasen strukturiert:

1. einer Forschungs- und Entwicklungsphase, die die Herstellung von Prototypen oder die Entwicklung der Dienstleistung umfasst, und
2. einer Leistungsphase, in der die aus der Partnerschaft hervorgegangene Leistung erbracht wird.

Die Phasen sind durch die Festlegung von Zwischenzielen zu untergliedern, bei deren Erreichen die Zahlung der Vergütung in angemessenen Teilbeträgen vereinbart wird. Der Auftraggeber stellt sicher, dass die Struktur der Partnerschaft und insbesondere die Dauer und der Wert der einzelnen Phasen den Innovationsgrad der vorgeschlagenen Lösung und der Abfolge der Forschungs- und Innovationstätigkeiten widerspiegeln. Der geschätzte Wert der Liefer- oder Dienstleistung darf in Bezug auf die für ihre Entwicklung erforderlichen Investitionen nicht unverhältnismäßig sein.

(9) Auf der Grundlage der Zwischenziele kann der Auftraggeber am Ende jedes Entwicklungsabschnittes entscheiden, ob er die Innovationspartnerschaft beendet oder, im Fall einer Innovationspartnerschaft mit mehreren Partnern, die Zahl der Partner durch die Kündigung einzelner Verträge reduziert, sofern der Auftraggeber in der Bekanntmachung oder in den Vergabeunterlagen darauf hingewiesen hat, dass diese Möglichkeiten bestehen und unter welchen Umständen davon Gebrauch gemacht werden kann.

(10) Nach Abschluss der Forschungs- und Entwicklungsphase ist der Auftraggeber zum anschließenden Erwerb der innovativen Liefer- oder Dienstleistung nur dann verpflichtet, wenn das bei Eingehung der Innovationspartnerschaft festgelegte Leistungsniveau und die Kostenobergrenze eingehalten werden.

Unterabschnitt 2
Besondere Methoden und Instrumente im Vergabeverfahren

§ 19
Rahmenvereinbarungen

(1) Der Abschluss einer Rahmenvereinbarung erfolgt im Wege einer nach dieser Verordnung geltenden Verfahrensart. Das in Aussicht genommene Auftragsvolumen ist so genau wie möglich zu ermitteln und bekanntzugeben, braucht aber nicht abschließend festgelegt zu werden. Eine Rahmenvereinbarung darf nicht missbräuchlich oder in einer Art angewendet werden, die den Wettbewerb behindert, einschränkt oder verfälscht.

(2) Auf einer Rahmenvereinbarung beruhende Einzelaufträge werden nach vom Auftraggeber festzulegenden objektiven und nichtdiskriminierenden Regeln und Kriterien vergeben. Dazu kann auch die Durchführung eines erneuten Wettbewerbs zwischen denjenigen Unternehmen, die zum Zeitpunkt des Abschlusses Vertragspartei der Rahmenvereinbarung sind, gehören. Die Regeln und Kriterien sind in den Vergabeunterlagen oder der Bekanntmachung für die Rahmenvereinbarung festzulegen.

(3) Mit Ausnahme angemessen begründeter Sonderfälle, in denen dies insbesondere aufgrund des Gegenstands der Rahmenvereinbarung gerechtfertigt werden kann, beträgt die Laufzeit einer Rahmenvereinbarung maximal acht Jahre.

§ 20
Grundsätze für den Betrieb dynamischer Beschaffungssysteme

(1) Der Auftraggeber kann für die Beschaffung marktüblicher Leistungen ein dynamisches Beschaffungssystem nutzen.

(2) Bei der Auftragsvergabe über ein dynamisches Beschaffungssystem befolgt der Auftraggeber die Vorschriften für das nicht offene Verfahren.

(3) Ein dynamisches Beschaffungssystem wird mithilfe elektronischer Mittel eingerichtet und betrieben. Die §§ 11 und 12 finden Anwendung.

(4) Ein dynamisches Beschaffungssystem steht im gesamten Zeitraum seiner Einrichtung allen Bietern offen, die die im jeweiligen Vergabeverfahren festgelegten Eignungskriterien erfüllen. Die Zahl der zum dynamischen Beschaffungssystem zugelassenen Bewerber darf nicht begrenzt werden.

(5) Der Zugang zu einem dynamischen Beschaffungssystem ist für alle Unternehmen kostenlos.

§ 21
Betrieb eines dynamischen Beschaffungssystems

(1) Der Auftraggeber gibt in der Auftragsbekanntmachung an, dass er ein dynamisches Beschaffungssystem nutzt und für welchen Zeitraum es betrieben wird.

(2) Auftraggeber informieren die Europäische Kommission wie folgt über eine Änderung der Gültigkeitsdauer:

1. Wird die Gültigkeitsdauer ohne Einstellung des dynamischen Beschaffungssystems geändert, erfolgt dies nach den Vorgaben der Spalte 39 der Tabelle 2 des Anhangs der Durchführungsverordnung (EU) 2019/1780 in Verbindung mit § 10a.
2. Wird die Gültigkeitsdauer ohne Einstellung des dynamischen Beschaffungssystems geändert, erfolgt dies nach den Vorgaben der Spalte 39 der Tabelle 2 des Anhangs der Durchführungsverordnung (EU) 2019/1780 in Verbindung mit § 10a.

(3) In den Vergabeunterlagen sind mindestens die Art und die geschätzte Menge der zu beschaffenden Leistung sowie alle erforderlichen Daten des dynamischen Beschaffungssystems anzugeben.

(4) In den Vergabeunterlagen ist anzugeben, ob ein dynamisches Beschaffungssystem in Kategorien von Leistungen untergliedert wurde. Gegebenenfalls sind die objektiven Merkmale jeder Kategorie anzugeben.

(5) Hat ein Auftraggeber ein dynamisches Beschaffungssystem in Kategorien von Leistungen untergliedert, legt er für jede Kategorie die Eignungskriterien gesondert fest.

(6) Die zugelassenen Bewerber sind für jede einzelne, über ein dynamisches Beschaffungssystem stattfindende Auftragsvergabe gesondert zur Angebotsabgabe aufzufordern. Wurde ein dynamisches Beschaffungssystem in Kategorien von Leistungen untergliedert, werden jeweils alle für die einem konkreten Auftrag entsprechende Kategorie zugelassenen Bewerber aufgefordert, ein Angebot zu unterbreiten.

§ 22
Fristen beim Betrieb eines dynamischen Beschaffungssystems

(1) Abweichend von § 15 gelten bei der Nutzung eines dynamischen Beschaffungssystems die Bestimmungen der Absätze 2 bis 5.

(2) Die Frist für den Eingang der Teilnahmeanträge beträgt mindestens 30 Tage, gerechnet ab dem Tag nach der Absendung der Auftragsbekanntmachung oder im Falle einer regelmäßigen nicht verbindlichen Bekanntmachung nach § 36 Absatz 4 nach der Absendung der Aufforderung zur Interessensbestätigung. Sobald die Aufforderung zur Angebotsabgabe für die erste einzelne Auftragsvergabe im Rahmen eines dynamischen Beschaffungssystems abgesandt worden ist, gelten keine weiteren Fristen für den Eingang der Teilnahmeanträge.

(3) Der Auftraggeber bewertet den Antrag eines Unternehmens auf Teilnahme an einem dynamischen Beschaffungssystem unter Zugrundelegung objektiver Kriterien innerhalb von zehn Arbeitstagen nach dessen Eingang. In begründeten Einzelfällen, insbesondere wenn Unterlagen geprüft werden müssen oder um auf sonstige Art und Weise zu überprüfen, ob die Eignungskriterien erfüllt sind, kann die Frist auf 15 Arbeitstage verlängert werden. Wurde die Aufforderung zur Angebotsabgabe für die erste einzelne Auftragsvergabe im Rahmen eines dynamischen Beschaffungssystems noch nicht versandt, kann der Auftraggeber die Frist verlängern, sofern während der verlängerten Frist keine Aufforderung zur Angebotsabgabe versandt wird. Die Fristverlängerung ist in den Vergabeunterlagen anzugeben. Jedes Unternehmen wird

unverzüglich darüber informiert, ob es zur Teilnahme an einem dynamischen Beschaffungssystem zugelassen wurde oder nicht.

(4) Die Frist für den Eingang der Angebote beträgt mindestens zehn Tage, gerechnet ab dem Tag nach der Absendung der Aufforderung zur Angebotsabgabe. § 15 Absatz 3 findet Anwendung.

§ 23
Grundsätze für die Durchführung elektronischer Auktionen

(1) Der Auftraggeber kann im Rahmen eines offenen, eines nicht offenen oder eines Verhandlungsverfahrens vor der Zuschlagserteilung eine elektronische Auktion durchführen, sofern der Inhalt der Vergabeunterlagen hinreichend präzise beschrieben und die Leistung mithilfe automatischer Bewertungsmethoden eingestuft werden kann. Geistig-schöpferische Leistungen können nicht Gegenstand elektronischer Auktionen sein. Der elektronischen Auktion hat eine vollständige erste Bewertung aller Angebote anhand der Zuschlagskriterien und der jeweils dafür festgelegten Gewichtung vorauszugehen. Die Sätze 1 und 2 gelten entsprechend bei einem erneuten Vergabeverfahren zwischen den Parteien einer Rahmenvereinbarung nach § 19 und bei einem erneuten Vergabeverfahren während der Laufzeit eines dynamischen Beschaffungssystems nach § 20. Eine elektronische Auktion kann mehrere, aufeinanderfolgende Phasen umfassen.

(2) Im Rahmen der elektronischen Auktion werden die Angebote mittels festgelegter Methoden elektronisch bewertet und automatisch in eine Rangfolge gebracht. Die sich schrittweise wiederholende, elektronische Bewertung der Angebote beruht auf

1. neuen, nach unten korrigierten Preisen, wenn der Zuschlag allein aufgrund des Preises erfolgt, oder
2. neuen, nach unten korrigierten Preisen oder neuen, auf bestimmte Angebotskomponenten abstellenden Werten, wenn das Angebot mit dem besten PreisLeistungs-Verhältnis oder, bei Verwendung eines Kosten-Wirksamkeits-Ansatzes, mit den niedrigsten Kosten den Zuschlag erhält.

(3) Die Bewertungsmethoden werden mittels einer mathematischen Formel definiert und in der Aufforderung zur Teilnahme an der elektronischen Auktion bekanntgemacht. Wird der Zuschlag nicht allein aufgrund des Preises erteilt, muss aus der mathematischen Formel auch die Gewichtung aller Angebotskomponenten nach Absatz 2 Satz 2 Nummer 2 hervorgehen. Sind Nebenangebote zugelassen, ist für diese ebenfalls eine mathematische Formel bekanntzumachen.

(4) Angebotskomponenten nach Absatz 2 Satz 2 Nummer 2 müssen numerisch oder prozentual beschrieben werden.

§ 24
Durchführung elektronischer Auktionen

(1) Der Auftraggeber kündigt in der Auftragsbekanntmachung oder in der Aufforderung zur Interessensbestätigung an, dass er eine elektronische Auktion durchführt.

(2) Die Vergabeunterlagen müssen mindestens folgende Angaben enthalten:

1. alle Angebotskomponenten, deren Werte Grundlage der automatischen Neureihung der Angebote sein werden,
2. gegebenenfalls die Obergrenzen der Werte nach Nummer 1, wie sie sich aus den technischen Spezifikationen ergeben,
3. eine Auflistung aller Daten, die den Bietern während der elektronischen Auktion zur Verfügung gestellt werden,
4. den Termin, an dem die Daten nach Nummer 3 den Bietern zur Verfügung gestellt werden,
5. alle für den Ablauf der elektronischen Auktion relevanten Daten und

6. die Bedingungen, unter denen die Bieter während der elektronischen Auktion Gebote abgeben können, insbesondere die Mindestabstände zwischen den der automatischen Neureihung der Angebote zugrunde liegenden Preisen oder Werten.

(3) Der Auftraggeber fordert alle Bieter, die zulässige Angebote unterbreitet haben, gleichzeitig zur Teilnahme an der elektronischen Auktion auf. Ab dem genannten Zeitpunkt ist die Internetverbindung gemäß den in der Aufforderung zur Teilnahme an der elektronischen Auktion genannten Anweisungen zu nutzen. Der Aufforderung zur Teilnahme an der elektronischen Auktion ist jeweils das Ergebnis der vollständigen Bewertung des betreffenden Angebots nach § 23 Absatz 1 Satz 3 beizufügen.

(4) Eine elektronische Auktion darf frühestens zwei Arbeitstage nach der Versendung der Aufforderung zur Teilnahme gemäß Absatz 3 beginnen.

(5) Der Auftraggeber teilt allen Bietern im Laufe einer jeden Phase der elektronischen Auktion unverzüglich zumindest den jeweiligen Rang ihres Angebotes innerhalb der Reihenfolge aller Angebote mit. Er kann den Bietern weitere Daten nach Absatz 2 Nummer 3 zur Verfügung stellen. Die Identität der Bieter darf in keiner Phase einer elektronischen Auktion offengelegt werden.

(6) Der Zeitpunkt des Beginns und des Abschlusses einer jeden Phase ist in der Aufforderung zur Teilnahme an einer elektronischen Auktion ebenso anzugeben wie gegebenenfalls die Zeit, die jeweils nach Eingang der letzten neuen Preise oder Werte nach § 23 Absatz 2 Satz 2 Nummer 1 und 2 vergangen sein muss, bevor eine Phase einer elektronischen Auktion abgeschlossen wird.

(7) Eine elektronische Auktion wird abgeschlossen, wenn

1. der vorher festgelegte und in der Aufforderung zur Teilnahme an einer elektronischen Auktion bekanntgemachte Zeitpunkt erreicht ist,
2. von den Bietern keine neuen Preise oder Werte nach § 23 Absatz 2 Satz 2 Nummer 1 und 2 mitgeteilt werden, die die Anforderungen an Mindestabstände nach Absatz 2 Nummer 6 erfüllen, und die vor Beginn einer elektronischen Auktion bekanntgemachte Zeit, die zwischen dem Eingang der letzten neuen Preise oder Werte und dem Abschluss der elektronischen Auktion vergangen sein muss, abgelaufen ist oder
3. die letzte Phase einer elektronischen Auktion abgeschlossen ist.

(8) Der Zuschlag wird nach Abschluss einer elektronischen Auktion entsprechend ihrem Ergebnis mitgeteilt.

§ 25
Elektronische Kataloge

(1) Der Auftraggeber kann festlegen, dass Angebote in Form eines elektronischen Kataloges einzureichen sind oder einen elektronischen Katalog beinhalten müssen. Angeboten, die in Form eines elektronischen Kataloges eingereicht werden, können weitere Unterlagen beigefügt werden.

(2) Akzeptiert der Auftraggeber Angebote in Form eines elektronischen Kataloges oder schreibt er vor, dass Angebote in Form eines elektronischen Kataloges einzureichen sind, so weist er in der Auftragsbekanntmachung oder, sofern eine regelmäßige nichtverbindliche Bekanntmachung als Auftragsbekanntmachung dient, in der Aufforderung zur Interessensbestätigung darauf hin.

(3) Schließt der Auftraggeber mit einem oder mehreren Unternehmen eine Rahmenvereinbarung im Anschluss an die Einreichung der Angebote in Form eines elektronischen Kataloges, kann er vorschreiben, dass ein erneutes Vergabeverfahren für Einzelaufträge auf der Grundlage aktualisierter elektronischer Kataloge erfolgt, indem er:

1. die Bieter auffordert, ihre elektronischen Kataloge an die Anforderungen des zu vergebenden Einzelauftrages anzupassen und erneut einzureichen, oder
2. die Bieter informiert, dass er den bereits eingereichten elektronischen Katalogen zu einem bestimmten Zeitpunkt die Daten entnimmt, die erforderlich sind, um Angebote zu erstellen, die den Anforderungen

des zu vergebenden Einzelauftrages entsprechen; dieses Verfahren ist in der Auftragsbekanntmachung oder den Vergabeunterlagen für den Abschluss einer Rahmenvereinbarung anzukündigen; der Bieter kann diese Methode der Datenerhebung ablehnen.

(4) Vor der Erteilung des Zuschlags sind dem jeweiligen Bieter die gesammelten Daten vorzulegen, sodass dieser die Möglichkeit zum Einspruch oder zur Bestätigung, dass das Angebot keine materiellen Fehler enthält, hat.

Unterabschnitt 3
Vorbereitung des Vergabeverfahrens

§ 26
Markterkundung

(1) Vor der Einleitung eines Vergabeverfahrens darf der Auftraggeber eine Markterkundung zur Vorbereitung der Auftragsvergabe und zur Unterrichtung der Marktteilnehmer über seine Auftragsvergabepläne und -anforderungen durchführen.

(2) Die Durchführung von Vergabeverfahren lediglich zur Markterkundung und zum Zwecke der Kosten- oder Preisermittlung ist unzulässig.

§ 27
Aufteilung nach Losen

(1) Unbeschadet des § 97 Absatz 4 des Gesetzes gegen Wettbewerbsbeschränkungen kann der Auftraggeber festlegen, ob die Angebote nur für ein Los, für mehrere oder für alle Lose eingereicht werden dürfen. Er kann, auch wenn Angebote für mehrere oder alle Lose eingereicht werden dürfen, die Zahl der Lose auf eine Höchstzahl beschränken, für die ein einzelner Bieter den Zuschlag erhalten kann.

(2) Der Auftraggeber gibt die Vorgaben nach Absatz 1 in der Auftragsbekanntmachung, der Aufforderung zur Interessensbestätigung oder im Falle einer Bekanntmachung über das Bestehen eines Qualifizierungssystems in der Aufforderung zu Verhandlungen oder zur Angebotsabgabe bekannt. Er gibt die objektiven und nichtdiskriminierenden Kriterien an, die er bei der Vergabe von Losen anzuwenden beabsichtigt, wenn die Anwendung der Zuschlagskriterien dazu führen würde, dass ein einzelner Bieter den Zuschlag für eine größere Zahl von Losen als die Höchstzahl erhält.

(3) In Fällen, in denen ein einziger Bieter den Zuschlag für mehr als ein Los erhalten kann, kann der Auftraggeber Aufträge über mehrere oder alle Lose vergeben, wenn er in der Auftragsbekanntmachung oder in der Aufforderung zur Interessensbestätigung angegeben hat, dass er sich diese Möglichkeit vorbehält und die Lose oder Losgruppen angibt, die kombiniert werden können.

§ 28
Leistungsbeschreibung

(1) Der Auftraggeber fasst die Leistungsbeschreibung (§ 121 des Gesetzes gegen Wettbewerbsbeschränkungen) in einer Weise, dass sie allen Unternehmen den gleichen Zugang zum Vergabeverfahren gewährt und die Öffnung des nationalen Beschaffungsmarktes für den Wettbewerb nicht in ungerechtfertigter Weise behindert.

(2) In der Leistungsbeschreibung sind die Merkmale des Auftragsgegenstandes zu beschreiben:

1. in Form von Leistungs- oder Funktionsanforderungen oder einer Beschreibung der zu lösenden Aufgabe, die so genau wie möglich zu fassen sind, dass sie ein klares Bild vom Auftragsgegenstand vermitteln und hinreichend vergleichbare Angebote erwarten lassen, die dem Auftraggeber die Erteilung des Zuschlags ermöglichen,
2. unter Bezugnahme auf die in Anlage 1 definierten technischen Anforderungen in der Rangfolge:
   a) nationale Normen, mit denen europäische Normen umgesetzt werden,
   b) Europäische Technische Bewertungen,

c) gemeinsame technische Spezifikationen,

d) internationale Normen und andere technische Bezugssysteme, die von den europäischen Normungsgremien erarbeitet wurden oder,

e) falls solche Normen und Spezifikationen fehlen, nationale Normen, nationale technische Zulassungen oder nationale technische Spezifikationen für die Planung, Berechnung und Ausführung von Bauwerken und den Einsatz von Produkten oder

3. als Kombination der Nummern 1 und 2

a) in Form von Leistungs- oder Funktionsanforderungen unter Bezugnahme auf die technischen Anforderungen gemäß Nummer 2 als Mittel zur Vermutung der Konformität mit diesen Leistungs- und Funktionsanforderungen oder

b) mit Bezugnahme auf die technischen Anforderungen gemäß Nummer 2 hinsichtlich bestimmter Merkmale und mit Bezugnahme auf die Leistungs- und Funktionsanforderungen gemäß Nummer 1 hinsichtlich anderer Merkmale.

Jede Bezugnahme auf eine Anforderung nach Satz 1 Nummer 2 Buchstabe a bis e ist mit dem Zusatz „oder gleichwertig" zu versehen.

(3) Die Merkmale können auch Aspekte der Qualität und der Innovation sowie soziale und umweltbezogene Aspekte betreffen. Sie können sich auch auf den Prozess oder die Methode zur Herstellung oder Erbringung der Leistung oder auf ein anderes Stadium im Lebenszyklus des Auftragsgegenstandes einschließlich der Produktions- und Lieferkette beziehen, auch wenn derartige Faktoren keine materiellen Bestandteile der Leistung sind, sofern diese Merkmale in Verbindung mit dem Auftragsgegenstand stehen und zu dessen Wert und Beschaffungszielen verhältnismäßig sind.

(4) In der Leistungsbeschreibung kann ferner festgelegt werden, ob Rechte des geistigen Eigentums übertragen oder dem Auftraggeber daran Nutzungsrechte eingeräumt werden müssen.

(5) Werden verpflichtende Zugänglichkeitserfordernisse im Sinne des § 121 Absatz 2 des Gesetzes gegen Wettbewerbsbeschränkungen mit einem Rechtsakt der Europäischen Union erlassen, so muss die Leistungsbeschreibung, soweit die Kriterien der Zugänglichkeit für Menschen mit Behinderungen oder der Konzeption für alle Nutzer betroffen sind, darauf Bezug nehmen.

(6) In der Leistungsbeschreibung darf nicht auf eine bestimmte Produktion oder Herkunft oder ein besonderes Verfahren oder auf gewerbliche Schutzrechte, Typen oder einen bestimmten Ursprung verwiesen werden, wenn dadurch bestimmte Unternehmen oder bestimmte Produkte begünstigt oder ausgeschlossen werden, es sei denn, dieser Verweis ist durch den Auftragsgegenstand gerechtfertigt. Solche Verweise sind ausnahmsweise zulässig, wenn der Auftragsgegenstand anderenfalls nicht hinreichend genau und allgemein verständlich beschrieben werden kann; die Verweise sind mit dem Zusatz „oder gleichwertig" zu versehen.

§ 29
Technische Anforderungen

(1) Verweist der Auftraggeber in der Leistungsbeschreibung auf technische Anforderungen nach § 28 Absatz 2 Satz 1 Nummer 2, so darf er ein Angebot nicht mit der Begründung ablehnen, dass die angebotenen Liefer- und Dienstleistungen nicht den von ihm herangezogenen technischen Anforderungen der Leistungsbeschreibung entsprechen, wenn das Unternehmen in seinem Angebot dem Auftraggeber mit geeigneten Mitteln nachweist, dass die vom Unternehmen vorgeschlagenen Lösungen diesen technischen Anforderungen gleichermaßen entsprechen.

(2) Legt der Auftraggeber die technischen Anforderungen in Form von Leistungs- oder Funktionsanforderungen fest, so darf der Auftraggeber ein Angebot nicht ablehnen, das Folgendem entspricht:

1. einer nationalen Norm, mit der eine europäische Norm umgesetzt wird,

2. einer Europäischen Technischen Bewertung,

3. einer gemeinsamen technischen Spezifikation,
4. einer internationalen Norm oder
5. einem technischen Bezugssystem, das von den europäischen Normungsgremien erarbeitet wurde, wenn diese technischen Anforderungen die von ihm geforderten Leistungs- und Funktionsanforderungen betreffen.

Das Unternehmen muss in seinem Angebot belegen, dass die jeweilige der Norm entsprechende Liefer- oder Dienstleistung den Leistungs- oder Funktionsanforderungen des Auftraggebers entspricht. Belege können insbesondere eine technische Beschreibung des Herstellers oder ein Prüfbericht einer anerkannten Stelle sein.

§ 30
Bekanntmachung technischer Anforderungen

(1) Der Auftraggeber stellt den interessierten Unternehmen auf deren Anfrage die technischen Anforderungen zur Verfügung, auf die er sich in seinen Aufträgen regelmäßig bezieht oder die er anzuwenden beabsichtigt.

(2) Diese technischen Anforderungen sind elektronisch uneingeschränkt, vollständig, unentgeltlich und unmittelbar zugänglich zu machen.

(3) Können die technischen Anforderungen nicht gemäß Absatz 2 elektronisch zugänglich gemacht werden, so wählt der Auftraggeber einen anderen Weg, um die technischen Anforderungen zugänglich zu machen. Dies gilt auch für den Fall, dass der Auftraggeber Anforderungen an die Vertraulichkeit von durch ihn den Bewerbern oder Bietern zur Verfügung gestellten Unterlagen oder Dokumenten nach § 41 Absatz 4 stellt.

§ 31
Nachweisführung durch Bescheinigungen von Konformitätsbewertungsstellen

(1) Als Beleg dafür, dass eine Leistung bestimmten, in der Leistungsbeschreibung geforderten Merkmalen entspricht, kann der Auftraggeber die Vorlage von Bescheinigungen, insbesondere Testberichten oder Zertifizierungen, einer Konformitätsbewertungsstelle verlangen. Wird die Vorlage einer Bescheinigung einer bestimmten Konformitätsbewertungsstelle verlangt, hat der Auftraggeber auch Bescheinigungen gleichwertiger anderer Konformitätsbewertungsstellen zu akzeptieren.

(2) Der Auftraggeber akzeptiert auch andere als die in Absatz 1 genannten geeigneten Unterlagen, insbesondere ein technisches Dossier des Herstellers, wenn das Unternehmen keinen Zugang zu den in Absatz 1 genannten Bescheinigungen oder keine Möglichkeit hatte, diese innerhalb der einschlägigen Fristen einzuholen, sofern das Unternehmen den fehlenden Zugang nicht zu vertreten hat. In den Fällen des Satzes 1 hat das Unternehmen durch die vorgelegten Unterlagen zu belegen, dass die von ihm zu erbringende Leistung die angegebenen Anforderungen erfüllt.

(3) Eine Konformitätsbewertungsstelle ist eine Stelle, die gemäß der Verordnung (EG) Nr. 765/2008 des Europäischen Parlaments und des Rates vom 9. Juli 2008 über die Vorschriften für die Akkreditierung und Marktüberwachung im Zusammenhang mit der Vermarktung von Produkten und zur Aufhebung der Verordnung (EWG) Nr. 339/93 des Rates (ABl. L 218 vom 13.8.2008, S. 30) akkreditiert ist und Konformitätsbewertungstätigkeiten durchführt.

§ 32
Nachweisführung durch Gütezeichen

(1) Als Beleg dafür, dass eine Leistung bestimmten, in der Leistungsbeschreibung geforderten Merkmalen entspricht, kann der Auftraggeber die Vorlage von Gütezeichen nach Maßgabe der Absätze 2 bis 5 verlangen.

(2) Das Gütezeichen muss allen folgenden Bedingungen genügen:

1. Alle Anforderungen des Gütezeichens sind für die Bestimmung der Merkmale der Leistung geeignet und stehen mit dem Auftragsgegenstand nach § 28 Absatz 3 in Verbindung.
2. Die Anforderungen des Gütezeichens beruhen auf objektiv nachprüfbaren und nichtdiskriminierenden Kriterien.
3. Das Gütezeichen wurde im Rahmen eines offenen und transparenten Verfahrens entwickelt, an dem alle interessierten Kreise teilnehmen können.
4. Alle betroffenen Unternehmen müssen Zugang zum Gütezeichen haben.
5. Die Anforderungen wurden von einem Dritten festgelegt, auf den das Unternehmen, das das Gütezeichen erwirbt, keinen maßgeblichen Einfluss ausüben konnte.

(3) Für den Fall, dass die Leistung nicht allen Anforderungen des Gütezeichens entsprechen muss, hat der Auftraggeber die betreffenden Anforderungen anzugeben.

(4) Der Auftraggeber muss andere Gütezeichen akzeptieren, die gleichwertige Anforderungen an die Leistung stellen.

(5) Hatte ein Unternehmen aus Gründen, die ihm nicht zugerechnet werden können, nachweislich keine Möglichkeit, das vom Auftraggeber angegebene oder ein gleichwertiges Gütezeichen innerhalb einer einschlägigen Frist zu erlangen, so muss der Auftraggeber andere geeignete Belege akzeptieren, sofern das Unternehmen nachweist, dass die von ihm zu erbringende Leistung die Anforderungen des geforderten Gütezeichens oder die vom Auftraggeber angegebenen spezifischen Anforderungen erfüllt.

§ 33
Nebenangebote

(1) Der Auftraggeber kann Nebenangebote zulassen oder vorschreiben. Dabei legt er Mindestanforderungen, denen die Nebenangebote genügen müssen, fest.

(2) Die entsprechenden Angaben machen die Auftraggeber in der Bekanntmachung oder den Vergabeunterlagen. Fehlt eine entsprechende Angabe, sind keine Nebenangebote zugelassen. Es ist auch anzugeben, ob ein Nebenangebot unabhängig oder nur in Verbindung mit einem Hauptangebot eingereicht werden darf. Fehlt eine solche Angabe, sind Nebenangebote auch ohne ein Hauptangebot zugelassen.

(3) Die Zuschlagskriterien sind gemäß § 127 Absatz 4 des Gesetzes gegen Wettbewerbsbeschränkungen so festzulegen, dass sie sowohl auf Hauptangebote als auch auf Nebenangebote anwendbar sind. Nebenangebote können auch zugelassen oder vorgeschrieben werden, wenn der Preis oder die Kosten das alleinige Zuschlagskriterium sind.

(4) Der Auftraggeber berücksichtigt nur Nebenangebote, die die Mindestanforderungen erfüllen. Bei den Verfahren zur Vergabe von Liefer- oder Dienstleistungsaufträgen dürfen Auftraggeber, die Nebenangebote zugelassen oder vorgeschrieben haben, ein Nebenangebot nicht allein deshalb zurückweisen, weil es, wenn darauf der Zuschlag erteilt werden sollte, entweder zu einem Dienstleistungsauftrag anstatt zu einem Lieferauftrag oder zu einem Lieferauftrag anstatt zu einem Dienstleistungsauftrag führen würde.

§ 34
Unteraufträge

(1) Der Auftraggeber kann Unternehmen in der Auftragsbekanntmachung oder den Vergabeunterlagen auffordern, bei Angebotsabgabe die Teile des Auftrags, die sie im Wege der Unterauftragsvergabe an Dritte zu vergeben beabsichtigen, sowie, falls zumutbar, die vorgesehenen Unterauftragnehmer zu benennen. Vor Zuschlagserteilung kann der Auftraggeber von den Bietern, deren Angebote in die engere Wahl kommen, verlangen, die Unterauftragnehmer zu benennen und nachzuweisen, dass ihnen die erforderlichen Mittel dieser Unterauftragnehmer zur Verfügung stehen.

(2) Die Haftung des Hauptauftragnehmers gegenüber dem Auftraggeber bleibt von Absatz 1 unberührt.

(3) Bei der Vergabe von Bau- oder Dienstleistungsaufträgen, die in einer Einrichtung des Auftraggebers unter dessen direkter Aufsicht zu erbringen sind, schreibt der Auftraggeber in den Vertragsbedingungen vor, dass der Auftragnehmer spätestens bei Beginn der Auftragsausführung die Namen, die Kontaktdaten und die gesetzlichen Vertreter seiner Unterauftragnehmer mitteilt und dass jede im Rahmen der Auftragsausführung eintretende Änderung auf der Ebene der Unterauftragnehmer mitzuteilen ist. Der Auftraggeber kann die Mitteilungspflichten nach Satz 1 auch als Vertragsbedingungen bei der Vergabe anderer Dienstleistungsaufträge oder bei der Vergabe von Lieferaufträgen vorsehen. Des Weiteren können die Mitteilungspflichten auch auf Lieferanten, die an Dienstleistungsaufträgen beteiligt sind, sowie auf weitere Stufen in der Kette der Unterauftragnehmer ausgeweitet werden.

(4) Für Unterauftragnehmer aller Stufen gilt § 128 Absatz 1 des Gesetzes gegen Wettbewerbsbeschränkungen.

(5) Der öffentliche Auftraggeber im Sinne des § 100 Absatz 1 Nummer 1 des Gesetzes gegen Wettbewerbsbeschränkungen überprüft vor der Erteilung des Zuschlags, ob Gründe für den Ausschluss des Unterauftragnehmers vorliegen. Bei Vorliegen zwingender Ausschlussgründe verlangt der öffentliche Auftraggeber die Ersetzung des Unterauftragnehmers. Bei Vorliegen fakultativer Ausschlussgründe kann der öffentliche Auftraggeber verlangen, dass dieser ersetzt wird. Der öffentliche Auftraggeber kann dem Bewerber oder Bieter dafür eine Frist setzen.

Unterabschnitt 4
Veröffentlichung, Transparenz

§ 35
Auftragsbekanntmachungen; Beschafferprofil; Ex-ante-Transparenz

(1) Der Auftraggeber teilt seine Absicht, einen Auftrag zu vergeben oder eine Rahmenvereinbarung abzuschließen, in einer Auftragsbekanntmachung mit. § 13 Absatz 2, § 36 Absatz 4 und § 37 bleiben unberührt.

(2) Die Auftragsbekanntmachung wird nach den Vorgaben der Spalte 17 der Tabelle 2 des Anhangs der Durchführungsverordnung (EU) 2019/1780 in Verbindung mit § 10a erstellt.

(3) Der Auftraggeber benennt in der Auftragsbekanntmachung die Vergabekammer, an die sich die Unternehmen zur Nachprüfung geltend gemachter Vergabeverstöße wenden können.

(4) Der Auftraggeber kann im Internet zusätzlich ein Beschafferprofil einrichten. Dieses kann regelmäßige nicht verbindliche Bekanntmachungen, Angaben über laufende oder aufgehobene Vergabeverfahren, über vergebene Aufträge sowie alle sonstigen Informationen von allgemeinem Interesse wie Kontaktstelle, Telefon- und Faxnummer, Anschrift und E-Mail-Adresse des Auftraggebers enthalten.

(5) Die freiwillige Ex-ante-Transparenzbekanntmachung im Sinne des § 135 Absatz 3 Satz 1 Nummer 2 und Satz 2 des Gesetzes gegen Wettbewerbsbeschränkungen erfolgt nach der Vorgaben der Spalte 26 der Tabelle 2 des Anhangs der Durchführungsverordnung (EU) 2019/1780 in Verbindung mit § 10a.

§ 36
Regelmäßige nicht verbindliche Bekanntmachung

(1) Der Auftraggeber kann die Absicht einer geplanten Auftragsvergabe mittels Veröffentlichung einer regelmäßigen nicht verbindlichen Bekanntmachung nach den Vorgaben der Spalte 5 der Tabelle 2 des Anhangs der Durchführungsverordnung (EU) 2019/1780 in Verbindung mit § 10a bekanntgeben.

(2) Die regelmäßige nicht verbindliche Bekanntmachung kann durch das Amt für Veröffentlichungen der Europäischen Union über den Datenservice Öffentlicher Einkauf oder im Beschafferprofil veröffentlicht werden. Erfolgt die Veröffentlichung im Beschafferprofil, übermittelt der Auftraggeber die Mitteilung dieser Veröffentlichung dem Amt für Veröffentlichungen der Europäischen Union über den Datenservice Öffentlicher Einkauf nach den Vorgaben der Spalte 2 der Tabelle 2 des Anhangs der Durchführungsverordnung (EU) 2019/1780 in Verbindung mit § 10a..

(3) Hat der Auftraggeber eine regelmäßige nicht verbindliche Bekanntmachung nach Absatz 1 veröffentlicht, kann die Mindestfrist für den Eingang von Angeboten im offenen Verfahren auf 15 Tage verkürzt werden, sofern

1. die regelmäßige nicht verbindliche Bekanntmachung alle nach den Vorgaben der Spalte 8 der Tabelle 2 des Anhangs der Durchführungsverordnung (EU) 2019/1780 geforderten Informationen enthält, soweit diese zum Zeitpunkt der Veröffentlichung der regelmäßigen nicht verbindlichen Bekanntmachung vorlagen, und
2. die regelmäßige nicht verbindliche Bekanntmachung wenigstens 35 Tage und nicht mehr als zwölf Monate vor dem Tag der Absendung der Auftragsbekanntmachung zur Veröffentlichung an das Amt für Veröffentlichungen der Europäischen Union übermittelt wurde.

(4) Der Auftraggeber kann im nicht offenen Verfahren und im Verhandlungsverfahren auf eine Auftragsbekanntmachung nach § 35 verzichten, sofern die regelmäßige nicht verbindliche Bekanntmachung

1. die Liefer- oder Dienstleistungen benennt, die Gegenstand des zu vergebenden Auftrages sein werden,
2. den Hinweis enthält, dass dieser Auftrag im nicht offenen Verfahren oder Verhandlungsverfahren ohne gesonderte Auftragsbekanntmachung vergeben wird,
3. die interessierten Unternehmen auffordert, ihr Interesse mitzuteilen (Interessensbekundung),
4. alle nach den Vorgaben der Spalte 11 der Tabelle 2 des Anhangs der Durchführungsverordnung (EU) 2019/1780 geforderten Informationen enthält und
5. wenigstens 35 Tage und nicht mehr als zwölf Monate vor dem Zeitpunkt der Absendung der Aufforderung zur Interessensbestätigung veröffentlicht wird.

Ungeachtet der Verpflichtung zur Veröffentlichung der Bekanntmachung können solche regelmäßigen nicht verbindlichen Bekanntmachungen zusätzlich in einem Beschafferprofil veröffentlicht werden.

(5) Der Auftraggeber fordert alle Unternehmen, die auf die Veröffentlichung einer regelmäßigen nicht verbindlichen Bekanntmachung nach Absatz 4 eine Interessensbekundung übermittelt haben, zur Bestätigung ihres Interesses an einer weiteren Teilnahme auf (Aufforderung zur Interessensbestätigung). Mit der Aufforderung zur Interessensbestätigung wird der Teilnahmewettbewerb eingeleitet. Die Frist für den Eingang der Interessensbestätigung beträgt 30 Tage, gerechnet ab dem Tag nach der Absendung der Aufforderung zur Interessensbestätigung.

(6) Der von der regelmäßigen nicht verbindlichen Bekanntmachung abgedeckte Zeitraum beträgt höchstens zwölf Monate ab dem Tag der Übermittlung der regelmäßigen nicht verbindlichen Bekanntmachung an das Amt für Veröffentlichungen der Europäischen Union.

§ 37
Bekanntmachung über das Bestehen eines Qualifizierungssystems

(1) Der Auftraggeber kann die Absicht einer Auftragsvergabe mittels der Bekanntmachung über das Bestehen eines Qualifizierungssystems bekanntmachen.

(2) Die Bekanntmachung über das Bestehen eines Qualifizierungssystems wird nach den Vorgaben der Spalte 15 der Tabelle 2 des Anhangs der Durchführungsverordnung (EU) 2019/1780 in Verbindung mit § 10a erstellt. Der Auftraggeber gibt in der Bekanntmachung den Zweck und die Gültigkeitsdauer des Systems an.

(3) Bekanntmachungen über Änderungen der Gültigkeitsdauer, ohne das System zu ändern oder die Beendigung des Systems, erfolgen nach den Vorgaben der Spalte 39 der Tabelle 2 des Anhangs der Durchführungsverordnung (EU) 2019/1780 in Verbindung mit § 10a.

Für die Praxis: Zum Qualifizierungssystem siehe die Ausführungen bei § 48 SektVO.

§ 38
Vergabebekanntmachungen; Bekanntmachung über Auftragsänderungen

(1) Der Auftraggeber übermittelt spätestens 30 Tage nach Zuschlagserteilung oder nach dem Abschluss einer Rahmenvereinbarung eine Vergabebekanntmachung mit den Ergebnissen des Vergabeverfahrens an das Amt für Veröffentlichungen der Europäischen Union über den Datenservice Öffentlicher Einkauf.

(2) Die Vergabebekanntmachung wird nach den Vorgaben der Spalte 30 der Tabelle 2 des Anhangs der Durchführungsverordnung (EU) 2019/1780 in Verbindung mit § 10a erstellt.

(3) Ist das Vergabeverfahren durch eine regelmäßige nicht verbindliche Bekanntmachung in Gang gesetzt worden und hat der Auftraggeber beschlossen, keine weitere Auftragsvergabe während des Zeitraums vorzunehmen, der von der regelmäßigen nicht verbindlichen Bekanntmachung abgedeckt ist, muss die Vergabebekanntmachung einen entsprechenden Hinweis enthalten.

(4) Die Vergabebekanntmachung umfasst die abgeschlossenen Rahmenvereinbarungen, aber nicht die auf ihrer Grundlage vergebenen Einzelaufträge. Bei Aufträgen, die im Rahmen eines dynamischen Beschaffungssystems vergeben werden, umfasst die Vergabebekanntmachung eine vierteljährliche Zusammenstellung der Einzelaufträge, die Zusammenstellung muss spätestens 30 Tage nach Quartalsende versendet werden.

(5) Auftragsänderungen gemäß § 132 Absatz 2 Nummer 2 und 3 des Gesetzes gegen Wettbewerbsbeschränkungen sind gemäß § 132 Absatz 5 des Gesetzes gegen Wettbewerbsbeschränkungen nach den Vorgaben der Spalte 39 der Tabelle 2 des Anhangs der Durchführungsverordnung (EU) 2019/1780 in Verbindung mit § 10a bekanntzumachen.

(6) Der Auftraggeber ist nicht verpflichtet, einzelne Angaben zu veröffentlichen, wenn deren Veröffentlichung

1. den Gesetzesvollzug behindern,
2. dem öffentlichen Interesse zuwiderlaufen,
3. den berechtigten geschäftlichen Interessen eines Unternehmens schaden oder
4. den lauteren Wettbewerb zwischen Unternehmen beeinträchtigen

würde.

(7) Bei vergebenen Dienstleistungsaufträgen auf dem Gebiet der Forschung und Entwicklung (F&E-Dienstleistungen) können die Angaben zur Art und Menge der Dienstleistung auf Folgendes beschränkt werden:

1. auf die Angabe „F&E-Dienstleistungen", sofern der Auftrag im Zuge eines Verhandlungsverfahrens ohne vorherigen Teilnahmewettbewerb vergeben wurde,
2. auf Angaben in der Auftragsbekanntmachung, die mindestens ebenso detailliert sind wie in der Auftragsbekanntmachung.

§ 39
Bekanntmachungen über die Vergabe sozialer und anderer besonderer Dienstleistungen

(1) Der Auftraggeber teilt seine Absicht, einen Auftrag zur Erbringung sozialer oder anderer besonderer Dienstleistungen im Sinne von § 130 Absatz 1 des Gesetzes gegen Wettbewerbsbeschränkungen zu vergeben, mittels

1. einer Auftragsbekanntmachung gemäß § 35,
2. einer regelmäßigen nicht verbindlichen Bekanntmachung gemäß § 36 Absatz 4 oder
3. einer Bekanntmachung über das Bestehen eines Qualifizierungssystems gemäß § 37

mit.

Dies gilt nicht, wenn ein Verhandlungsverfahren ohne vorherigen Teilnahmewettbewerb nach § 13 Absatz 2 zulässig wäre; § 13 Absatz 2 bleibt unberührt.

(2) Die Auftragsbekanntmachung nach Absatz 1 Nummer 1 erfolgt nach den Vorgaben der Spalte 21 und die nicht verbindliche Bekanntmachung nach Nummer 2 nach den Vorgaben der Spalte 13 der Tabelle 2 des Anhangs der Durchführungsverordnung (EU) 2019/1780 jeweils in Verbindung mit § 10a. Die Bekanntmachung über das Bestehen eines Qualifizierungssystems nach Absatz 1 Nummer 3 erfolgt mit einem der Standardformulare nach den Vorgaben der Abschnitte Bekanntmachung und Änderung der Tabelle 2 des Anhangs der Durchführungsverordnung (EU) 2019/1780 in Verbindung mit § 10a.

(3) Der Auftraggeber, der einen Auftrag zur Erbringung von sozialen und anderen besonderen Dienstleistungen vergeben hat, teilt die Ergebnisse des Vergabeverfahrens nach den Vorgaben der Spalte 34 der Tabelle 2 des Anhangs der Durchführungsverordnung (EU) 2019/1780 in Verbindung mit § 10a mit. Er kann die Vergabebekanntmachungen quartalsweise bündeln. In diesem Fall versendet er die Zusammenstellung spätestens 30 Tage nach Quartalsende.

§ 40
Veröffentlichung von Bekanntmachungen

(1) Der Auftraggeber muss den Tag der Absendung der Bekanntmachungen an das Amt für Veröffentlichungen der Europäischen Union nachweisen können.

(2) Bekanntmachungen werden durch das Amt für Veröffentlichungen der Europäischen Union veröffentlicht. Als Nachweis der Veröffentlichung dient die Bestätigung der Veröffentlichung der übermittelten Informationen, die der Auftraggeber vom Amt für Veröffentlichungen der Europäischen Union erhält.

(3) Bekanntmachungen auf nationaler Ebene dürfen nach der Veröffentlichung durch das Amt für Veröffentlichungen der Europäischen Union oder 48 Stunden nach der Bestätigung über den Eingang der Bekanntmachung durch das Amt für Veröffentlichungen der Europäischen Union veröffentlicht werden. Die Veröffentlichung darf nur Angaben enthalten, die in den an das Amt für Veröffentlichungen der Europäischen Union übermittelten Bekanntmachungen enthalten sind oder in einem Beschafferprofil veröffentlicht wurden. In der nationalen Bekanntmachung ist der Tag der Übermittlung an das Amt für Veröffentlichungen der Europäischen Union oder der Tag der Veröffentlichung im Beschafferprofil anzugeben.

(4) Der Auftraggeber kann auch Bekanntmachungen über Bau-, Liefer- oder Dienstleistungsaufträge, die nicht der Bekanntmachungspflicht unterliegen, an das Amt für Veröffentlichungen der Europäischen Union übermitteln.

§ 41
Bereitstellung der Vergabeunterlagen

(1) Der Auftraggeber gibt in der Auftragsbekanntmachung oder der Aufforderung zur Interessensbestätigung eine elektronische Adresse an, unter der die Vergabeunterlagen unentgeltlich, uneingeschränkt, vollständig und direkt abgerufen werden können.

(2) Im Falle einer Bekanntmachung über das Bestehen eines Qualifizierungssystems nach § 37 ist dieser Zugang unverzüglich, spätestens zum Zeitpunkt der Absendung der Aufforderung zur Angebotsabgabe oder zu Verhandlungen anzubieten. Der Text der Bekanntmachung oder dieser Aufforderung muss die Internetadresse, über die diese Vergabeunterlagen abrufbar sind, enthalten.

(3) Der Auftraggeber kann die Vergabeunterlagen auf einem anderen geeigneten Weg zur Verfügung stellen oder übermitteln, wenn die erforderlichen elektronischen Mittel zum Abruf der Unterlagen

1. aufgrund der besonderen Art der Auftragsvergabe nicht mit allgemein verfügbaren oder verbreiteten Geräten und Programmen der Informations- und Kommunikationstechnologie kompatibel sind,
2. Dateiformate zur Beschreibung der Angebote verwenden, die nicht mit allgemein verfügbaren oder verbreiteten Programmen verarbeitet werden können oder die durch andere als kostenlose und allgemein verfügbare Lizenzen geschützt sind, oder

3. die Verwendung von Bürogeräten voraussetzen, die Auftraggebern nicht allgemein zur Verfügung stehen.

Die Angebotsfrist wird in diesen Fällen um fünf Tage verlängert, sofern nicht ein Fall hinreichend begründeter Dringlichkeit gemäß § 14 Absatz 3 vorliegt oder die Frist gemäß § 15 Absatz 3 im gegenseitigen Einvernehmen festgelegt wurde.

(4) Der Auftraggeber gibt in der Auftragsbekanntmachung oder der Aufforderung zur Interessensbestätigung oder, sofern eine Bekanntmachung über das Bestehen eines Qualifizierungssystems erfolgt, in den Vergabeunterlagen an, welche Maßnahmen er zum Schutz der Vertraulichkeit von Informationen anwendet und wie auf die Vergabeunterlagen zugegriffen werden kann. Die Angebotsfrist wird in diesen Fällen um fünf Tage verlängert, es sei denn, die Maßnahme zum Schutz der Vertraulichkeit besteht ausschließlich in der Abgabe einer Verschwiegenheitserklärung, es liegt ein Fall hinreichend begründeter Dringlichkeit gemäß § 14 Absatz 3 vor oder die Frist wurde gemäß § 15 Absatz 3 im gegenseitigen Einvernehmen festgelegt.

Für die Praxis: Von herausragender Bedeutung für die Beschaffungspraxis ist § 41 **Abs. 1** SektVO. Danach muss der Auftraggeber in der Auftragsbekanntmachung oder der Aufforderung zur Interessensbestätigung eine elektronische Adresse angeben, „unter der die Vergabeunterlagen unentgeltlich, uneingeschränkt, vollständig und direkt abgerufen werden können". Es müssen also alle Vergabeunterlagen zum Zeitpunkt der Auftragsbekanntmachung bereitstehen. Siehe hierzu die Ausführungen zur **E-Vergabe** in der Vorbemerkung zu § 9 VgV.

Abweichend vom gesetzlichen Regelfall (§ 41 Abs. 1 SektVO) brauchen die Vergabeunterlagen nicht sogleich mit der Bekanntmachung bereitgestellt zu werden, wenn „nur" ein Qualifizierungssystem bekannt gemacht wird (§ 41 **Abs. 2** SektVO).

§ 42
Aufforderung zur Interessensbestätigung, zur Angebotsabgabe, zur Verhandlung oder zur Teilnahme am Dialog

(1) Ist ein Teilnahmewettbewerb durchgeführt worden, wählt der Auftraggeber Bewerber aus, die er auffordert, in einem nicht offenen Verfahren ein Angebot oder in einem Verhandlungsverfahren ein Erstangebot einzureichen und darüber zu verhandeln, am wettbewerblichen Dialog teilzunehmen oder an Verhandlungen im Rahmen einer Innovationspartnerschaft teilzunehmen.

(2) Die Aufforderung nach Absatz 1 enthält mindestens:

1. einen Hinweis auf die veröffentlichte Auftragsbekanntmachung,
2. den Tag, bis zu dem ein Angebot eingehen muss, die Anschrift der Stelle, bei der es einzureichen ist, die Art der Einreichung sowie die Sprache, in der es abzufassen ist,
3. beim wettbewerblichen Dialog den Termin und den Ort des Beginns der Dialogphase sowie die verwendete Sprache,
4. die Bezeichnung der gegebenenfalls beizufügenden Unterlagen, sofern nicht bereits in der Auftragsbekanntmachung enthalten,
5. die Gewichtung der Zuschlagskriterien oder gegebenenfalls die Kriterien in der absteigenden Rangfolge ihrer Bedeutung, sofern nicht bereits in der Auftragsbekanntmachung oder der Aufforderung zur Interessensbestätigung enthalten.

Bei öffentlichen Aufträgen, die in einem wettbewerblichen Dialog oder im Rahmen einer Innovationspartnerschaft vergeben werden, sind die in Satz 1 Nummer 2 genannten Angaben nicht in der Aufforderung zur Teilnahme am Dialog oder an den Verhandlungen aufzuführen, sondern zu einem späteren Zeitpunkt in der Aufforderung zur Angebotsabgabe.

(3) Im Falle einer regelmäßigen nicht verbindlichen Bekanntmachung nach § 36 Absatz 4 fordert der Auftraggeber gleichzeitig alle Unternehmen, die eine Interessensbekundung übermittelt haben, nach § 36 Absatz 5 auf, ihr Interesse zu bestätigen. Diese Aufforderung umfasst zumindest folgende Angaben:

1. Umfang des Auftrags, einschließlich aller Optionen auf zusätzliche Aufträge, und, sofern möglich, eine Einschätzung der Frist für die Ausübung dieser Optionen; bei wiederkehrenden Aufträgen Art und Umfang und, sofern möglich, das voraussichtliche Datum der Veröffentlichung zukünftiger Auftragsbekanntmachungen für die Liefer- oder Dienstleistungen, die Gegenstand des Auftrags sein sollen,
2. Art des Verfahrens,
3. gegebenenfalls Zeitpunkt, an dem die Lieferleistung erbracht oder die Dienstleistung beginnen oder abgeschlossen sein soll,
4. Internetadresse, über die die Vergabeunterlagen unentgeltlich, uneingeschränkt und vollständig direkt verfügbar sind,
5. falls kein elektronischer Zugang zu den Vergabeunterlagen bereitgestellt werden kann, Anschrift und Schlusstermin für die Anforderung der Vergabeunterlagen sowie die Sprache, in der diese abgefasst sind,
6. Anschrift des öffentlichen Auftraggebers, der den Zuschlag erteilt,
7. alle wirtschaftlichen und technischen Anforderungen, finanziellen Sicherheiten und Angaben, die von den Unternehmen verlangt werden,
8. Art des Auftrags, der Gegenstand des Vergabeverfahrens ist, und
9. die Zuschlagskriterien sowie deren Gewichtung oder gegebenenfalls die Kriterien in der Rangfolge ihrer Bedeutung, wenn diese Angaben nicht in der regelmäßigen nicht verbindlichen Bekanntmachung oder den Vergabeunterlagen enthalten sind.

§ 43
Form und Übermittlung der Angebote, Teilnahmeanträge, Interessensbekundungen und Interessensbestätigungen

(1) Die Unternehmen übermitteln ihre Angebote, Teilnahmeanträge, Interessensbekundungen und Interessensbestätigungen in Textform nach § 126b des Bürgerlichen Gesetzbuchs mithilfe elektronischer Mittel.

(2) Der Auftraggeber ist nicht verpflichtet, die Einreichung von Angeboten, Teilnahmeanträgen, Interessensbekundungen und Interessensbestätigungen mithilfe elektronischer Mittel zu verlangen, wenn auf die zur Einreichung erforderlichen elektronischen Mittel einer der in § 41 Absatz 3 genannten Gründe zutrifft oder wenn zugleich physische oder maßstabsgetreue Modelle einzureichen sind, die nicht elektronisch übermittelt werden können. In diesen Fällen erfolgt die Kommunikation auf dem Postweg oder auf einem anderen geeigneten Weg oder in Kombination von postalischem oder einem anderen geeigneten Weg und unter Verwendung elektronischer Mittel.

(3) Der Auftraggeber gibt im Vergabevermerk die Gründe an, warum die Angebote mithilfe anderer als elektronischer Mittel eingereicht werden können.

§ 44
Erhöhte Sicherheitsanforderungen bei der Übermittlung der Angebote, Teilnahmeanträge, Interessensbekundungen und Interessensbestätigungen

(1) Der Auftraggeber prüft im Einzelfall, ob zu übermittelnde Daten erhöhte Anforderungen an die Sicherheit stellen. Soweit es erforderlich ist, kann der Auftraggeber verlangen, dass Interessensbekundungen, Interessensbestätigungen, Teilnahmeanträge und Angebote zu versehen sind mit

1. einer fortgeschrittenen elektronischen Signatur,
2. einer qualifizierten elektronischen Signatur,

3. einem fortgeschrittenen elektronischen Siegel oder

4. einem qualifizierten elektronischen Siegel.

(2) Der Auftraggeber kann festlegen, dass Angebote mithilfe anderer als elektronischer Mittel einzureichen sind, wenn sie besonders schutzwürdige Daten enthalten, die bei Verwendung allgemein verfügbarer oder alternativer elektronischer Mittel nicht angemessen geschützt werden können, oder wenn die Sicherheit der elektronischen Mittel nicht gewährleistet werden kann. Der Auftraggeber dokumentiert die Gründe, warum er die Einreichung der Angebote mithilfe anderer als elektronischer Mittel für erforderlich hält.

Unterabschnitt 5
Anforderungen an die Unternehmen

§ 45
Grundsätze

(1) Bei der Auswahl der Teilnehmer an Vergabeverfahren beachtet der Auftraggeber die in den Absätzen 2 und 3 genannten Grundsätze.

(2) Bei einem nicht offenen Verfahren, Verhandlungsverfahren, wettbewerblichen Dialog oder einer Innovationspartnerschaft darf der Auftraggeber bezüglich seiner Auswahlentscheidung Unternehmen keine administrativen, technischen oder finanziellen Anforderungen stellen, die er anderen Unternehmen nicht stellt, sowie bei der Aktualisierung von Kriterien keine Nachweise fordern, die sich mit bereits vorhandenen Nachweisen decken.

(3) In Fällen, in denen der Auftraggeber ein angemessenes Gleichgewicht zwischen bestimmten Merkmalen des Vergabeverfahrens und den notwendigen Ressourcen für dessen Durchführung sicherstellen muss, kann er bei nicht offenen Verfahren, Verhandlungsverfahren, wettbewerblichen Dialogen oder Innovationspartnerschaften objektive Kriterien festlegen, die es ermöglichen, die Zahl der Bewerber, die zur Angebotsabgabe oder zur Aufnahme von Verhandlungen aufgefordert werden, zu begrenzen. Die Zahl der ausgewählten Bewerber muss jedoch der Notwendigkeit Rechnung tragen, dass ein angemessener Wettbewerb gewährleistet sein muss.

§ 46
Objektive und nichtdiskriminierende Kriterien

(1) Der Auftraggeber wählt die Unternehmen anhand objektiver Kriterien aus, die allen interessierten Unternehmen zugänglich sein müssen.

(2) Die objektiven und nichtdiskriminierenden Kriterien für die Auswahl der Unternehmen, die eine Qualifizierung im Rahmen eines Qualifizierungssystems beantragen, sowie für die Auswahl der Bewerber und Bieter im offenen Verfahren, nicht offenen Verfahren, Verhandlungsverfahren, wettbewerblichen Dialog oder in einer Innovationspartnerschaft können nach § 142 Nummer 2 des Gesetzes gegen Wettbewerbsbeschränkungen die Anwendung des § 123 des Gesetzes gegen Wettbewerbsbeschränkungen beinhalten. Handelt es sich um einen Auftraggeber nach § 100 Absatz 1 Nummer 1 des Gesetzes gegen Wettbewerbsbeschränkungen, beinhalten diese Kriterien nach § 142 Nummer 2 des Gesetzes gegen Wettbewerbsbeschränkungen die Anwendung des § 123 des Gesetzes gegen Wettbewerbsbeschränkungen.

(3) Verlangt der Aufraggeber für die wirtschaftliche und finanzielle Leistungsfähigkeit einen bestimmten Mindestjahresumsatz, darf dieser Wert das Zweifache des geschätzten Auftragswerts nur überschreiten, wenn aufgrund der Art des Auftragsgegenstands spezielle Risiken bestehen. Der Auftraggeber hat eine solche Anforderung in den Vergabeunterlagen oder im Vergabevermerk hinreichend zu begründen.

Für die Praxis: 1. Objektive Kriterien. § 46 SektVO enthält knappe Regelungen zur Prüfung von Ausschlussgründen und Eignung. Zwar wird in § 46 SektVO nicht mehr von „Eignung" gesprochen, sondern von „objektiven Kriterien". Der Begriff „Eignung" wird aber weiterhin in der

SektVO verwendet (z.B. in § 13 Abs. 2 Nr. 1 SektVO: „geeignet", „ungeeignet", „Eignung"; in § 47 SektVO: „Eignungsleihe"; in § 48 Abs. 1 SektVO: „der Auftraggeber kann zur Eignungsfeststellung ..."; siehe auch § 122 GWB). Faktisch darf daher auch ein Sektorenauftraggeber nur **geeignete** Unternehmen beauftragen, also solche, die über die notwendige **Leistungsfähigkeit und Fachkunde** verfügen, was auch der Forderung in § 122 Abs. 1 GWB entspricht.

2. Mindestanforderungen und Nachweise. Bei dieser vereinfachten Eignungsprüfung ist ein Sektorenauftraggeber nicht an die relativ strengen Regeln gebunden, die sich z.B. aus §§ 44, 45 VgV ergeben. Die SektVO enthält **keinen Katalog der möglichen Eignungsnachweise**. Allerdings muss sich auch ein Sektorenauftraggeber vor Einleitung des Vergabeverfahrens überlegen, welche **Mindestanforderungen** er mit Blick auf die Besonderheiten des konkreten Auftrags an die Bieter stellt. Entsprechend der Mindestanforderungen sind sodann die zur Überprüfung der Einhaltung der Mindestanforderungen benötigten Nachweise abzufragen. Bei der Überlegung, welche Kriterien und Nachweise abzufragen sind, kann sich der Auftraggeber an §§ 44, 45 VgV orientieren (vgl. auch Art. 80 Abs. 2 RL 2014/25 EU).

§ 46 Abs. 1 SektVO spricht davon, dass die objektiven Kriterien allen Interessenten „zugänglich sein müssen". Dies wird durch § 41 Abs. 1 SektVO ergänzt: Danach muss der Auftraggeber in der Auftragsbekanntmachung oder der Aufforderung zur Interessensbestätigung eine elektronische Adresse angeben, „unter der die Vergabeunterlagen unentgeltlich, uneingeschränkt, vollständig und direkt abgerufen werden können" (zur E-Vergabe siehe die Vorbemerkung zu § 9 VgV). Im Regelfall muss der Auftraggeber **bereits in der Bekanntmachung mitteilen**, welche Mindestanforderungen an Bieter gestellt werden und welche Nachweise einzureichen sind (vgl. z.B. OLG Jena, Beschl. v. 21.9.2009, 9 Verg 7/09).

Praxistipp: Im Sektorenbereich brauchen die (Eignungs-)Kriterien nicht sogleich mit der Bekanntmachung bereitgestellt zu werden, wenn zunächst nur ein Qualifizierungssystem bekannt gemacht wird (§ 41 Abs. 2 SektVO).

3. Ausschlussgründe. Hinsichtlich der **zwingenden Ausschlussgründe** (§ 123 GWB) besteht ein deutlicher Unterschied zwischen öffentlichen Sektorenauftraggebern einerseits und privaten Sektorenauftraggebern andererseits.

Für **öffentliche Sektorenauftraggeber** (§ 100 Abs. 1 Nr. 1 GWB) bleibt es dabei: § 123 GWB enthält zwingende Ausschlussgründe (§ 46 Abs. 2 Satz 2 SektVO).

Anders ist die Rechtslage für **private Sektorenauftraggeber** i.S.d. § 100 Abs. 1 Nr. 2 GWB: Gemäß § 142 Nr. 2 GWB, § 46 Abs. 2 Satz 1 GWB dürfen die privaten Sektorenauftraggeber selbst darüber entscheiden, ob sie die Ausschlussgründe des § 123 GWB anwenden. Die zwingenden Ausschlussgründe mutieren also für private Sektorenauftraggeber zu nurmehr fakultativen Ausschlussgründen („Kann"-Ausschluss).

§ 47
Eignungsleihe

(1) Ein Bewerber oder Bieter kann für einen bestimmten Auftrag im Hinblick auf die erforderliche wirtschaftliche und finanzielle sowie die technische und berufliche Leistungsfähigkeit die Kapazitäten anderer Unternehmen in Anspruch nehmen, wenn er nachweist, dass ihm die für den Auftrag erforderlichen Mittel tatsächlich zur Verfügung stehen werden, indem er beispielsweise eine entsprechende Verpflichtungserklärung dieser Unternehmen vorlegt. Diese Möglichkeit besteht unabhängig von der Rechtsnatur der zwischen dem Bewerber oder Bieter und den anderen Unternehmen bestehenden Verbindungen. Ein Bewerber oder Bieter kann jedoch im Hinblick auf Nachweise für die erforderliche berufliche Leistungsfähigkeit wie Ausbildungs- und Befähigungsnachweise oder die einschlägige berufliche Erfahrung die Kapazitäten anderer Unternehmen nur dann in Anspruch nehmen, wenn diese die Leistung erbringen, für die diese Kapazitäten benötigt werden.

(2) Der Auftraggeber überprüft im Rahmen der Eignungsprüfung, ob die Unternehmen, deren Kapazitäten der Bewerber oder Bieter für die Erfüllung bestimmter Eignungskriterien in Anspruch nehmen will, die entsprechenden Kriterien erfüllen, und ob Ausschlussgründe vorliegen, sofern er solche festgelegt hat. Hat der Auftraggeber auf zwingende Ausschlussgründe nach § 123 des Gesetzes gegen Wettbewerbsbeschränkungen Bezug genommen, schreibt er vor, dass der Bewerber oder Bieter ein Unternehmen, das das entsprechende Eignungskriterium nicht erfüllt oder bei dem zwingende Ausschlussgründe nach § 123 des Gesetzes gegen Wettbewerbsbeschränkungen vorliegen, ersetzen muss. Hat der Auftraggeber auf fakultative Ausschlussgründe nach § 124 des Gesetzes gegen Wettbewerbsbeschränkungen Bezug genommen, kann er vorschreiben, dass der Bewerber oder Bieter auch ein Unternehmen, bei dem fakultative Ausschlussgründe nach § 124 des Gesetzes gegen Wettbewerbsbeschränkungen vorliegen, ersetzen muss. Der Auftraggeber kann dem Bewerber oder Bieter dafür eine Frist setzen.

(3) Nimmt ein Bewerber oder Bieter die Kapazitäten eines anderen Unternehmens im Hinblick auf die erforderliche wirtschaftliche und finanzielle Leistungsfähigkeit in Anspruch, so kann der Auftraggeber eine gemeinsame Haftung des Bewerbers oder Bieters und des anderen Unternehmens für die Auftragsausführung entsprechend dem Umfang der Eignungsleihe verlangen.

(4) Die Absätze 1 bis 3 gelten auch für Bewerber- oder Bietergemeinschaften.

(5) Der Auftraggeber kann vorschreiben, dass bestimmte kritische Aufgaben bei Bauaufträgen, Dienstleistungsaufträgen oder kritische Verlege- oder Installationsarbeiten im Zusammenhang mit einem Lieferauftrag direkt vom Bieter selbst oder im Fall einer Bietergemeinschaft von einem Teilnehmer der Bietergemeinschaft ausgeführt werden müssen.

§ 48
Qualifizierungssysteme

(1) Der Auftraggeber kann zur Eignungsfeststellung ein Qualifizierungssystem für Unternehmen einrichten und betreiben. Unternehmen müssen jederzeit die Zulassung zum Qualifizierungssystem beantragen können. Das Qualifizierungssystem kann verschiedene Qualifizierungsstufen umfassen.

(2) Der Auftraggeber legt für den Ausschluss und die Eignung von Unternehmen objektive Kriterien fest. Enthalten diese Kriterien technische Anforderungen, so gelten die §§ 28 und 29.

(3) Für die Funktionsweise des Qualifizierungssystems, wie etwa die Aufnahme in das System, die Aktualisierung der Kriterien und dessen Dauer, legt der Auftraggeber objektive Vorschriften fest.

(4) Die nach den Absätzen 2 und 3 festgelegten Kriterien und Vorschriften werden den Unternehmen auf Antrag zur Verfügung gestellt. Aktualisierungen sind diesen Unternehmen mitzuteilen. Entspricht nach Ansicht des Auftraggebers das Qualifizierungssystem bestimmter anderer Auftraggeber, Stellen oder Einrichtungen seinen Anforderungen, so teilt er den Unternehmen deren Namen und Adressen mit.

(5) Enthalten die Kriterien gemäß Absatz 2 Anforderungen an die wirtschaftliche und finanzielle Leistungsfähigkeit oder die fachliche und berufliche Befähigung des Unternehmers, kann das Unternehmen auch die Kapazitäten eines anderen Unternehmens in Anspruch nehmen, unabhängig von dem Rechtsverhältnis, in dem es zu ihm steht.

(6) Bezüglich der Kriterien Ausbildungsnachweise und Bescheinigungen über die berufliche Befähigung des Unternehmens einschließlich der einschlägigen beruflichen Erfahrung können Unternehmen nur die Kapazitäten anderer Unternehmen in Anspruch nehmen, wenn diese auch die Leistung erbringen, für die die Kapazitäten benötigt werden.

(7) Beabsichtigt ein Unternehmen die Kapazitäten eines anderen Unternehmens in Anspruch zu nehmen, weist es dem Auftraggeber beispielsweise durch eine entsprechende Verpflichtungserklärung des anderen Unternehmens nach, dass es während der gesamten Gültigkeitsdauer des Qualifizierungssystems auf dessen Kapazitäten zurückgreifen kann.

(8) Der Auftraggeber führt ein Verzeichnis der geprüften Unternehmen. Dieses kann nach Auftragsarten, für die die Prüfung Gültigkeit hat, aufgegliedert werden.

(9) Ist eine Bekanntmachung über das Bestehen eines Qualifizierungssystems gemäß § 37 erfolgt, werden die Aufträge im Wege eines nicht offenen Verfahrens oder eines Verhandlungsverfahrens unter den gemäß diesem System qualifizierten und im Verzeichnis nach Absatz 8 geführten Bewerber vergeben.

(10) Der Auftraggeber kann im Zusammenhang mit Anträgen auf Qualifizierung, der Aktualisierung oder der Aufrechterhaltung einer bereits bestehenden Qualifizierung für das System Gebühren erheben. Die Gebühr muss im Verhältnis zu den angefallenen Kosten stehen.

(11) Der Auftraggeber teilt seine Entscheidung hinsichtlich der Qualifizierung den Unternehmen innerhalb von sechs Monaten nach Eingang der Beantragung zur Aufnahme in das Qualifizierungssystem mit. Kann eine Entscheidung nicht innerhalb von vier Monaten getroffen werden, so teilt der Auftraggeber innerhalb von zwei Monaten nach Eingang des Antrags dies sowie den voraussichtlichen Entscheidungszeitpunkt dem Unternehmen mit.

(12) Eine Ablehnung ist dem Unternehmen innerhalb von 15 Tagen nach der Entscheidung unter Angabe der Gründe mitzuteilen. Dabei darf sich eine Ablehnung nur auf die gemäß Absatz 2 festgelegten objektiven Kriterien beziehen. Dasselbe gilt für die Beendigung einer Qualifizierung. Die beabsichtigte Beendigung ist dem Unternehmen 15 Tage vor dem vorgesehenen Ausschluss unter Angabe der Gründe mitzuteilen.

Für die Praxis: 1. Eignungsfeststellung durch Qualifizierungssystem. Jeder Sektorenauftraggeber darf gemäß § 48 **Abs. 1** SektVO zur **Eignungsprüfung** (bzw. Überprüfung nach dem Maßstab der objektiven und nichtdiskriminierenden Kriterien i.S.d. § 46 SektVO) ein **eigenes Qualifizierungssystem** einrichten. § 37 SektVO regelt die Bekanntmachung des Qualifizierungssystems. § 48 Abs. 2 bis 12 SektVO enthält die Verfahrensregelungen. Bei dem Qualifizierungssystem handelt es sich um eine besondere Variante der **Präqualifikation** – bzw. konkreter – eines **Prüfsystems**.

Vom allgemeinen Präqualifikationsverfahren unterscheidet sich das Qualifizierungssystem schon dadurch, dass es **auftraggeberbezogen** ist. Zudem werden die Qualifizierungssysteme in der Praxis meist **branchenspezifisch** für bestimmte Branchen und Auftragswerte eingerichtet (vgl. z.B. § 48 Abs. 1 Satz 3 VgV, wonach das Qualifizierungssystem **verschiedene Qualifizierungsstufen** umfassen kann; vgl. ferner § 48 Abs. 8 Satz 2 SektVO, wonach das Verzeichnis der qualifizierten Unternehmen **nach Auftragsarten** gegliedert werden kann).

2. Ablauf. Beim Qualifizierungssystem handelt es sich um den ersten Abschnitt eines **mehrphasigen Beschaffungsverfahrens:**

- **Phase 1** dient der auftragsunabhängigen Auswahl grundsätzlich geeigneter Unternehmen.
- **Phase 2** ist der Wettbewerb um einen konkreten Auftrag.

Hinsichtlich der Durchführung des Wettbewerbs um den konkreten Auftrag in Phase 2 ist danach zu unterscheiden, ob das Qualifizierungssystem **durch Bekanntmachung gemäß § 37 SektVO eingeleitet** wurde. Wenn – wie dies der Regelfall ist – eine Bekanntmachung über das Bestehen eines Qualifizierungssystems gemäß § 37 SektVO erfolgt, werden die Aufträge gemäß § 48 Abs. 9 SektVO im Wege eines nicht offenen Verfahrens oder eines Verhandlungsverfahrens unter den qualifizierten Bewerber vergeben. Mit anderen Worten: Es bedarf keiner nochmaligen öffentlichen Bekanntmachung und es braucht auch nicht das Vorliegen eines Ausnahmetatbestands gemäß § 13 Abs. 2 SektVO geprüft zu werden. Jedenfalls für derartige Qualifizierungssysteme ist der **Rechtsschutz eröffnet** (VK Bund, Beschl. v. 27.1.2015, VK 2-123/14).

Praxistipp: Wird ein Qualifizierungssystem bekannt gemacht, brauchen die Vergabeunterlagen nicht sogleich mit der Bekanntmachung bereitgestellt zu werden (§ 41 Abs. 2 SektVO):

„Im Falle einer Bekanntmachung über das Bestehen eines Qualifizierungssystems nach § 37 ist dieser Zugang unverzüglich, spätestens zum Zeitpunkt der Absendung der Aufforderung zur Angebotsabgabe oder zu Verhandlungen anzubieten. Der Text der Bekanntmachung oder dieser

Aufforderung muss die Internetadresse, über die diese Vergabeunterlagen abrufbar sind, enthalten."

Außerhalb eines Qualifizierungssystems ist die Rechtslage strenger (§ 41 Abs. 1 SektVO; zur E-Vergabe siehe die Vorbemerkung zu § 9 VgV).

3. Vereinfachung, Wettbewerb und Transparenz. Zwar trägt das Qualifizierungssystem – wie alle Präqualifikationsverfahren – zur Vereinfachung der Beschaffungsverfahren bei. Da Qualifizierungssysteme jedoch auftraggeberspezifisch sind, können diese Prüfsysteme einen Trend zum „Hoflieferantentum" fördern. Immerhin wird über verschiedene gesetzliche Stellschrauben versucht, einer Zementierung der Hoflieferantenstellung vorzubeugen: Zwar ist die Laufzeit eines Qualifizierungssystems **nicht zeitlich begrenzt**. Gemäß § 48 Abs. 1 Satz 2 SektVO dürfen jedoch interessierte Unternehmen **jederzeit** die **Zulassung zum Qualifizierungssystem beantragen**. Zudem müssen Änderungen des Qualifizierungssystems, namentlich betreffend die Laufzeit, bekannt gemacht werden (§ 37 Abs. 3 SektVO).

4. Mitteilung der Ablehnung. Die Mitteilung gemäß § 48 **Abs. 12** SektVO besteht **neben** der Vorabinformationspflicht gemäß § 134 Abs. 1 GWB. Damit aber nicht etwa mehrere Schreiben notwendig werden und die Mitteilung gemäß § 48 Abs. 12 SektVO sogleich die Anforderungen der Vorabinformation nach § 134 Abs. 1 GWB zu erfüllen vermag, ist Folgendes zu beachten:

- Es ist eine qualifizierte Begründung der Nichtberücksichtigung notwendig (siehe die Anmerkung zu § 134 GWB).
- Außerdem muss entsprechend § 134 Abs. 1 Satz 1 GWB mindestens die Textform (§ 126b BGB) gewahrt sein.

Ferner sollte das abgelehnte oder ausgeschlossene Unternehmen auf die Möglichkeit hingewiesen werden, unmittelbar einen Nachprüfungsantrag einzureichen.

Die in § 48 Abs. 12 SektVO enthaltene Fristenregelung ist unglücklich formuliert. Der **Fristbeginn** wird nicht klar definiert. Gemeint hat der Verordnungsgeber – unter Berücksichtigung der allgemeinen Regeln zu Fristberechnung (§ 65 SektVO, vgl. dazu die Anmerkung zum inhaltlich identischen § 82 VgV) Folgendes: Die Frist beginnt am Tag nach der endgültigen Entscheidung über Ablehnung oder Ausschluss der Bewerbung.

§ 49
Beleg der Einhaltung von Normen der Qualitätssicherung und des Umweltmanagements

(1) Verlangt der Auftraggeber als Beleg dafür, dass Bewerber oder Bieter bestimmte Normen der Qualitätssicherung erfüllen, die Vorlage von Bescheinigungen unabhängiger Stellen, so bezieht er sich auf Qualitätssicherungssysteme, die

1. den einschlägigen europäischen Normen genügen und
2. von akkreditierten Stellen zertifiziert sind.

Der Auftraggeber erkennt auch gleichwertige Bescheinigungen von akkreditierten Stellen aus anderen Staaten an. Konnte ein Bewerber oder Bieter aus Gründen, die er nicht zu vertreten hat, die betreffenden Bescheinigungen nicht innerhalb einer angemessenen Frist einholen, so muss der Auftraggeber auch andere Unterlagen über gleichwertige Qualitätssicherungssysteme anerkennen, sofern der Bewerber oder Bieter nachweist, dass die vorgeschlagenen Qualitätssicherungsmaßnahmen den geforderten Qualitätssicherungsnormen entsprechen.

(2) Verlangt der Auftraggeber als Beleg dafür, dass Bewerber oder Bieter bestimmte Systeme oder Normen des Umweltmanagements erfüllen, die Vorlage von Bescheinigungen unabhängiger Stellen, so bezieht er sich

1. entweder auf das Gemeinschaftssystem für das Umweltmanagement und die Umweltbetriebsprüfung EMAS der Europäischen Union oder

2. auf andere nach Artikel 45 der Verordnung (EG) Nr. 1221/2009 des Europäischen Parlaments und des Rates vom 25. November 2009 über die freiwillige Teilnahme von Organisationen an einem Gemeinschaftssystem für Umweltmanagement und Umweltbetriebsprüfung und zur Aufhebung der Verordnung (EG) Nr. 761/2001, sowie der Beschlüsse der Kommission 2001/681/EG und 2006/193/EG (ABl. L 342 vom 22.12.2009, S. 1) anerkannte Umweltmanagementsysteme oder
3. auf andere Normen für das Umweltmanagement, die auf den einschlägigen europäischen oder internationalen Normen beruhen und von akkreditierten Stellen zertifiziert sind.

Der Auftraggeber erkennt auch gleichwertige Bescheinigungen von Stellen in anderen Staaten an. Hatte ein Bewerber oder Bieter aus Gründen, die ihm nicht zugerechnet werden können, nachweislich keinen Zugang zu den betreffenden Bescheinigungen oder aus Gründen, die es nicht zu vertreten hat, keine Möglichkeit, diese innerhalb der einschlägigen Fristen zu erlangen, so muss der Auftraggeber auch andere Unterlagen über gleichwertige Umweltmanagementmaßnahmen anerkennen, sofern der Bewerber oder Bieter nachweist, dass diese Maßnahmen mit denen, die nach dem geltenden System oder den geltenden Normen für das Umweltmanagement erforderlich sind, gleichwertig sind.

§ 50
Rechtsform von Unternehmen und Bietergemeinschaften

(1) Bewerber oder Bieter, die gemäß den Rechtsvorschriften des Staates, in dem sie niedergelassen sind, zur Erbringung der betreffenden Leistung berechtigt sind, dürfen nicht allein deshalb zurückgewiesen werden, weil sie gemäß den deutschen Rechtsvorschriften eine natürliche oder juristische Person sein müssten. Juristische Personen können jedoch bei Dienstleistungsaufträgen sowie bei Lieferaufträgen, die zusätzlich Dienstleistungen umfassen, verpflichtet werden, in ihrem Antrag auf Teilnahme oder in ihrem Angebot die Namen und die berufliche Befähigung der Personen anzugeben, die für die Erbringung der Leistung als verantwortlich vorgesehen sind.

(2) Bewerber- und Bietergemeinschaften sind wie Einzelbewerber und -bieter zu behandeln. Der Auftraggeber darf nicht verlangen, dass Gruppen von Unternehmen eine bestimmte Rechtsform haben müssen, um einen Antrag auf Teilnahme zu stellen oder ein Angebot abzugeben. Sofern erforderlich kann der Auftraggeber in den Vergabeunterlagen Bedingungen festlegen, wie Gruppen von Unternehmen die Eignungskriterien zu erfüllen und den Auftrag auszuführen haben; solche Bedingungen müssen durch sachliche Gründe gerechtfertigt und angemessen sein.

(3) Unbeschadet des Absatzes 2 kann der Auftraggeber verlangen, dass eine Bietergemeinschaft nach Zuschlagserteilung eine bestimmte Rechtsform annimmt, soweit dies für die ordnungsgemäße Durchführung des Auftrags erforderlich ist.

Unterabschnitt 6
Prüfung und Wertung der Angebote

§ 51
Prüfung und Wertung der Angebote; Nachforderung von Unterlagen

(1) Die Angebote werden geprüft und gewertet, bevor der Zuschlag erteilt wird.

(2) Der Auftraggeber kann den Bewerber oder Bieter unter Einhaltung der Grundsätze der Transparenz und der Gleichbehandlung auffordern, fehlende, unvollständige oder fehlerhafte unternehmensbezogene Unterlagen, insbesondere Eigenerklärungen, Angaben, Bescheinigungen oder sonstige Nachweise, nachzureichen, zu vervollständigen oder zu korrigieren, oder fehlende oder unvollständige leistungsbezogene Unterlagen nachzureichen oder zu vervollständigen. Der Auftraggeber ist berechtigt, in der Auftragsbekanntmachung oder den Vergabeunterlagen festzulegen, dass er keine Unterlagen nachfordern wird.

(3) Die Nachforderung von leistungsbezogenen Unterlagen, die die Wirtschaftlichkeitsbewertung der Angebote anhand der Zuschlagskriterien betreffen, ist ausgeschlossen. Dies gilt nicht für Preisangaben, wenn es sich um unwesentliche Einzelpositionen handelt, deren Einzelpreise den Gesamtpreis nicht verändern oder die Wertungsreihenfolge und den Wettbewerb beeinträchtigen.

(4) Die Unterlagen sind vom Bewerber oder Bieter nach Aufforderung durch den Auftraggeber innerhalb einer von diesem festzulegenden angemessenen, nach dem Kalender bestimmten Frist vorzulegen.

(5) Die Entscheidung zur und das Ergebnis der Nachforderung sind zu dokumentieren.

Für die Praxis: 1. Allgemeines. § 51 Abs. 1 SektVO enthält Bestimmungen zur **Angebotswertung**. Isoliert betrachtet wäre § 51 SektVO für eine Regelung zu einer der umstrittensten Phasen des Vergabeverfahrens, der **Angebotswertung,** zu knapp. Jedoch werden die Bestimmungen des § 51 SektVO durch die §§ 52 bis 54 SektVO ergänzt. Diese Vorschriften enthalten u.a. eine detaillierte Regelung zum Zuschlag und zu den Zuschlagskriterien und entsprechen inhaltlich den §§ 58 bis 60 VgV (siehe dort).

2. Keine feste Prüfungsreihenfolge. Wesentlicher Unterschied der Wertung nach § 51 Abs. 1 SektVO im Vergleich zur Wertung nach der Parallelnorm § 56 Abs. 1 VgV ist, dass durch die SektVO **kein Prüfprogramm**, also keine Prüfungsreihenfolge, vorgegeben wird. Auch ohne ausdrückliche Erwähnung sind Angebote mit **Änderungen an den Vergabeunterlagen** zwingend auszuschließen.

Jedoch dürfen auch im Bereich der SektVO **Eignungsprüfung und die Ermittlung des wirtschaftlichsten Angebots nicht vermischt** werden. So darf einem Unternehmen beispielsweise auch nicht die Eignung abgesprochen werden, weil es bei der Erfüllung ökologischer Vorgaben, die als Zuschlagskriterien definiert sind, schlecht abschneidet. Zudem darf auch im Bereich der SektVO **die Qualifikation des Personals** nur in Ausnahmefällen als Zuschlagskriterium Verwendung finden. Derartige Ausnahmefälle liegen nur bei **Dienstleistungen mit intellektuellem Charakter** vor, insbesondere bei Beratung/Fortbildung (vgl. EuGH, Urt. v. 26.3.2015, C-601/13; OLG Düsseldorf, Beschl. v. 29.4.2015, Verg 35/14).

3. Kein förmlicher Eröffnungstermin. Ein weiterer wesentlicher Unterschied zwischen einem Vergabeverfahren nach der SektVO einerseits und der VgV und VOB/A andererseits liegt darin, dass im Bereich der SektVO nicht die Durchführung eines förmlichen Eröffnungstermins (§ 55 Abs. 2 VgV, § 14 EU VOB/A) vorgeschrieben ist. Im Hinblick auf das Transparenzprinzip (§ 97 Abs. 1 GWB) sollte aber gleichwohl ein nichtöffentlicher Eröffnungstermin in Anlehnung an § 55 Abs. 2 VgV durchgeführt werden. Dabei sollte auch im Bereich der SektVO das Vier-Augen-Prinzip beachtet werden (vgl. § 55 Abs. 2 Satz 1 VgV), ferner müssen alle Prüfschritte und -ergebnisse nachvollziehbar dokumentiert werden (§ 8 Abs. 1 SektVO).

§ 52
Zuschlag und Zuschlagskriterien

(1) Der Zuschlag wird nach Maßgabe des § 127 des Gesetzes gegen Wettbewerbsbeschränkungen auf das wirtschaftlichste Angebot erteilt.

(2) Die Ermittlung des wirtschaftlichsten Angebots erfolgt auf der Grundlage des besten Preis-Leistungs-Verhältnisses. Neben dem Preis oder den Kosten können auch qualitative, umweltbezogene oder soziale Zuschlagskriterien berücksichtigt werden, insbesondere:

1. die Qualität, einschließlich des technischen Werts, Ästhetik, Zweckmäßigkeit, Zugänglichkeit der Leistung insbesondere für Menschen mit Behinderungen, ihrer Übereinstimmung mit Anforderungen des „Designs für Alle“, soziale, umweltbezogene und innovative Eigenschaften sowie Vertriebs- und Handelsbedingungen,
2. die Organisation, Qualifikation und Erfahrung des mit der Ausführung des Auftrags betrauten Personals, wenn die Qualität des eingesetzten Personals erheblichen Einfluss auf das Niveau der Auftragsausführung haben kann, oder
3. die Verfügbarkeit von Kundendienst und technischer Hilfe sowie Lieferbedingungen wie Liefertermin, Lieferverfahren sowie Liefer- oder Ausführungsfristen.

Der Auftraggeber kann auch Festpreise oder Festkosten vorgeben, sodass das wirtschaftlichste Angebot ausschließlich nach qualitativen, umweltbezogenen oder sozialen Zuschlagskriterien nach Satz 1 bestimmt wird.

(3) Der Auftraggeber gibt in der Auftragsbekanntmachung oder den Vergabeunterlagen an, wie er die einzelnen Zuschlagskriterien gewichtet, um das wirtschaftlichste Angebot zu ermitteln. Diese Gewichtung kann auch mittels einer Spanne angegeben werden, deren Bandbreite angemessen sein muss. Ist die Gewichtung aus objektiven Gründen nicht möglich, so gibt der Auftraggeber die Zuschlagskriterien in absteigender Rangfolge an.

(4) Für den Beleg, ob und inwieweit die angebotene Leistung den geforderten Zuschlagskriterien entspricht, gelten die §§ 31 und 32 entsprechend.

(5) Für den Beleg, dass die angebotene Leistung den geforderten Ausführungsbedingungen gemäß § 128 Absatz 2 des Gesetzes gegen Wettbewerbsbeschränkungen entspricht, gelten die §§ 31 und 32 entsprechend.

§ 53
Berechnung von Lebenszykluskosten

(1) Der Auftraggeber kann vorgeben, dass das Zuschlagskriterium „Kosten" auf der Grundlage der Lebenszykluskosten der Leistung berechnet wird.

(2) Der Auftraggeber gibt die Methode zur Berechnung der Lebenszykluskosten und die zur Berechnung vom Unternehmen zu übermittelnden Informationen in der Auftragsbekanntmachung oder den Vergabeunterlagen an. Die Berechnungsmethode kann umfassen

1. die Anschaffungskosten,
2. die Nutzungskosten, insbesondere den Verbrauch von Energie und anderen Ressourcen,
3. die Wartungskosten,
4. Kosten am Ende der Nutzungsdauer, insbesondere die Abholungs-, Entsorgungs- oder Recyclingkosten, oder
5. Kosten, die durch die externen Effekte der Umweltbelastung entstehen, die mit der Leistung während ihres Lebenszyklus in Verbindung stehen, sofern ihr Geldwert nach Absatz 3 bestimmt und geprüft werden kann; solche Kosten können Kosten der Emission von Treibhausgasen und anderen Schadstoffen sowie sonstige Kosten für die Eindämmung des Klimawandels umfassen.

(3) Die Methode zur Berechnung der Kosten, die durch die externen Effekte der Umweltbelastung entstehen, muss folgende Bedingungen erfüllen:

1. Sie beruht auf objektiv nachprüfbaren und nichtdiskriminierenden Kriterien; ist die Methode nicht für die wiederholte oder dauerhafte Anwendung entwickelt worden, darf sie bestimmte Unternehmen weder bevorzugen noch benachteiligen,
2. sie ist für alle interessierten Beteiligten zugänglich, und
3. die zur Berechnung erforderlichen Informationen lassen sich von Unternehmen, die ihrer Sorgfaltspflicht im üblichen Maße nachkommen, einschließlich Unternehmen aus Drittstaaten, die dem Übereinkommen über das öffentliche Beschaffungswesen von 1994 (ABl. C 256 vom 3.9.1996, S. 1), geändert durch das Protokoll zur Änderung des Übereinkommens über das öffentliche Beschaffungswesen (ABl. L 68 vom 7.3.2014, S. 2) oder anderen, für die Europäische Union bindenden internationalen Übereinkommen beigetreten sind, mit angemessenem Aufwand bereitstellen.

(4) Sofern eine Methode zur Berechnung der Lebenszykluskosten durch einen Rechtsakt der Europäischen Union verbindlich vorgeschrieben worden ist, hat der Auftraggeber diese Methode vorzugeben.

§ 54
Ungewöhnlich niedrige Angebote

(1) Erscheinen der Preis oder die Kosten eines Angebots im Verhältnis zu der zu erbringenden Leistung ungewöhnlich niedrig, verlangt der Auftraggeber vom Bieter Aufklärung.

(2) Der Auftraggeber prüft die Zusammensetzung des Angebots und berücksichtigt die übermittelten Unterlagen. Die Prüfung kann insbesondere betreffen:

1. die Wirtschaftlichkeit des Fertigungsverfahrens einer Lieferleistung oder der Erbringung der Dienstleistung,
2. die gewählten technischen Lösungen oder die außergewöhnlich günstigen Bedingungen, über die das Unternehmen bei der Lieferung der Waren oder bei der Erbringung der Dienstleistung verfügt,
3. die Besonderheiten der angebotenen Liefer- oder Dienstleistung,
4. die Einhaltung der Verpflichtungen nach § 128 Absatz 1 des Gesetzes gegen Wettbewerbsbeschränkungen, insbesondere der für das Unternehmen geltenden umwelt-, sozial- und arbeitsrechtlichen Vorschriften, oder
5. die etwaige Gewährung einer staatlichen Beihilfe an das Unternehmen.

(3) Kann der Auftraggeber nach der Prüfung gemäß den Absätzen 1 und 2 die geringe Höhe des angebotenen Preises oder der angebotenen Kosten nicht zufriedenstellend aufklären, darf er den Zuschlag auf dieses Angebot ablehnen. Er lehnt das Angebot ab, wenn er festgestellt hat, dass der Preis oder die Kosten des Angebots ungewöhnlich niedrig sind, weil Verpflichtungen nach Absatz 2 Satz 2 Nummer 4 nicht eingehalten werden.

(4) Stellt der Auftraggeber fest, dass ein Angebot ungewöhnlich niedrig ist, weil der Bieter eine staatliche Beihilfe erhalten hat, so lehnt der Auftraggeber das Angebot ab, wenn der Bieter nicht fristgemäß nachweisen kann, dass die staatliche Beihilfe rechtmäßig gewährt wurde. Der Auftraggeber teilt die Ablehnung der Europäischen Kommission mit.

§ 55
Angebote, die Erzeugnisse aus Drittländern umfassen

(1) Der Auftraggeber eines Lieferauftrags kann Angebote zurückweisen, bei denen der Warenanteil zu mehr als 50 Prozent des Gesamtwertes aus Ländern stammt, die nicht Vertragsparteien des Abkommens über den Europäischen Wirtschaftsraum sind und mit denen auch keine sonstigen Vereinbarungen über gegenseitigen Marktzugang bestehen. Das Bundesministerium für Wirtschaft und Energie gibt im Bundesanzeiger bekannt, mit welchen Ländern und auf welchen Gebieten solche Vereinbarungen bestehen.

(2) Sind zwei oder mehrere Angebote nach den Zuschlagskriterien gleichwertig, so ist dasjenige Angebot zu bevorzugen, das nicht nach Absatz 1 zurückgewiesen werden kann. Die Preise sind als gleichwertig anzusehen, wenn sie nicht um mehr als 3 Prozent voneinander abweichen. Satz 1 ist nicht anzuwenden, wenn die Bevorzugung zum Erwerb von Ausrüstungen führen würde, die andere technische Merkmale als die vom Auftraggeber bereits genutzten Ausrüstungen aufweisen und dadurch bei Betrieb und Wartung zu Inkompatibilität oder technischen Schwierigkeiten oder zu unverhältnismäßigen Kosten führen würde.

(3) Software, die in der Ausstattung für Telekommunikationsnetze verwendet wird, gilt als Ware im Sinne des Absatzes 1.

Für die Praxis: § 55 SektVO enthält die sog. **Drittlandklausel**. Es handelt sich dabei um den handelspolitisch motivierten Ausnahmefall einer **erlaubten Diskriminierung**, die aus rechtssystematischen Gründen eigentlich nicht in das Vergaberecht gehört.

Will ein Auftraggeber die Drittlandklausel anwenden, sollte er – mit Blick auf das **Transparenzprinzip** – bereits in der Bekanntmachung darauf hinweisen, dass er die Drittlandklausel anwenden will. Die betroffenen Unternehmen können sich dann den vergeblichen Aufwand ersparen, ein Angebot zu erstellen (*Summa* in: Heiermann/Zeiss/Summa, jurisPK-Vergaberecht, 6. Aufl. 2022, § 55 SektVO Rn. 3).

Der sachliche Anwendungsbereich des § 55 SektVO ist auf **Lieferverträge** beschränkt. Auf gemischte Verträge ist die Vorschrift nur anwendbar, wenn die Warenlieferung wertmäßig den Schwerpunkt bildet (§ 110 Abs. 1 GWB).

Tatbestandlich ist § 55 SektVO anwendbar, wenn Waren im Wert von mindestens 50 % des Gesamtwertes handelspolitisch unerwünschter Herkunft sind. Bei gemischten Verträgen kommt es dabei allein auf den Warenwert an.

Unerwünscht ist eine Ware, wenn sie aus einem Land stammt, mit dem die EU keine gegenseitigen Marktzugangsvereinbarungen getroffen hat. Gegenseitige Marktzugangsvereinbarungen gibt es im Europäischen Wirtschaftsraum (EWR), dem derzeit neben den Mitgliedstaaten der Europäischen Union auch Island, Liechtenstein und Norwegen angehören. Auch bilaterale Handelsverträge, wie sie z.B. zwischen der EU und der Schweiz bestehen, führen zur Unanwendbarkeit des § 55 SektVO. Auch das GPA ist eine Marktzugangsvereinbarung, die der Zurückweisung eines Angebots entgegensteht. Hiervon werden z.B. auch die USA, Kanada, Israel, Japan, Südkorea, Aruba, Singapur, Hongkong, Taiwan und Armenien erfasst.

Für § 55 **Abs. 3** SektVO gibt es seit vielen Jahren **keinen praktischen Anwendungsfall** mehr, da der **Telekommunikationssektor** nicht mehr dem Vergaberecht unterworfen ist (vgl. Europäische Kommission, Mitteilung vom 3. Juni 1999, ABl. C 156, S. 3). Auf interne Kommunikationsnetze von Versorgungs- oder Verkehrsgesellschaften ist die Vorschrift nicht anwendbar (*Summa* in: Heiermann/Zeiss/Summa, jurisPK-Vergaberecht, 6. Aufl. 2022, § 55 SektVO Rn. 16).

§ 56
Unterrichtung der Bewerber oder Bieter

(1) Unbeschadet des § 134 des Gesetzes gegen Wettbewerbsbeschränkungen teilt der Auftraggeber jedem Bewerber und jedem Bieter unverzüglich seine Entscheidungen über den Abschluss einer Rahmenvereinbarung, die Zuschlagserteilung oder die Zulassung zur Teilnahme an einem dynamischen Beschaffungssystem mit. Gleiches gilt für die Entscheidung, ein Vergabeverfahren aufzuheben oder erneut einzuleiten einschließlich der Gründe dafür, sofern eine Bekanntmachung veröffentlicht wurde.

(2) Der Auftraggeber unterrichtet auf Verlangen des Bewerbers oder Bieters unverzüglich, spätestens innerhalb von 15 Tagen nach Eingang des Antrags in Textform

1. jeden nicht erfolgreichen Bewerber über die Gründe für die Ablehnung seines Teilnahmeantrags,
2. jeden nicht erfolgreichen Bieter über die Gründe für die Ablehnung seines Angebots,
3. jeden Bieter über die Merkmale und Vorteile des erfolgreichen Angebots sowie den Namen des erfolgreichen Bieters und
4. jeden Bieter über den Verlauf und die Fortschritte der Verhandlungen und des wettbewerblichen Dialogs mit den Bietern.

(3) § 38 Absatz 6 gilt entsprechend.

§ 57
Aufhebung und Einstellung des Verfahrens

Ein Vergabeverfahren kann ganz oder bei Losvergabe für einzelne Lose aufgehoben werden oder im Fall eines Verhandlungsverfahrens eingestellt werden. In diesen Fällen hat der Auftraggeber den am Vergabeverfahren beteiligten Unternehmen unverzüglich die Aufhebung oder Einstellung des Verfahrens und die Gründe hierfür sowie seine etwaige Absicht, ein neues Vergabeverfahren durchzuführen, in Textform mitzuteilen.

Abschnitt 3
Besondere Vorschriften für die Beschaffung energieverbrauchsrelevanter Leistungen

Für die Praxis: Ziel der Vorschrift des § 58 SektVO ist es, den Absatz energieeffizienter Waren zu fördern. § 58 SektVO enthält die Regelungen zur Berücksichtigung der Energieeffizienz für allgemeine Beschaffungen. Die früher in dem nunmehr aufgehobenen § 59 SektVO geregelte Beschaffung energieeffizienter Straßenfahrzeuge ist jetzt durch das Saubere-Fahrzeuge-Beschaffungs-Gesetz (SaubFahrzeugBeschG) erfasst.

§ 58
Beschaffung energieverbrauchsrelevanter Leistungen

(1) Mit der Leistungsbeschreibung sind im Rahmen der technischen Spezifikationen von den Bietern Angaben zum Energieverbrauch von technischen Geräten und Ausrüstungen zu fordern. Bei Bauleistungen sind diese Angaben dann zu fordern, wenn die Lieferung von technischen Geräten und Ausrüstungen Bestandteil dieser Bauleistungen sind. Dabei ist in geeigneten Fällen eine Analyse minimierter Lebenszykluskosten oder eine vergleichbare Methode zur Gewährleistung der Wirtschaftlichkeit vom Bieter zu fordern.

(2) Bei technischen Geräten und Ausrüstungen kann deren Energieverbrauch bei der Entscheidung über den Zuschlag berücksichtigt werden, bei Bauleistungen jedoch nur dann, wenn die Lieferung der technischen Geräte oder Ausrüstungen ein wesentlicher Bestandteil der Bauleistung ist.

Für die Praxis: Gemäß § 58 **Abs. 1** SektVO müssen mit der Leistungsbeschreibung von den Bietern **Angaben zum Energieverbrauch** gefordert werden. In diesem Rahmen kann auch eine **Analyse minimierter Lebenszykluskosten** verlangt werden. Die Regelung entspricht inhaltlich § 67 Abs. 3 VgV; auf die entsprechenden Anmerkungen kann daher verwiesen werden. Im Übrigen belässt § 58 SektVO den Auftraggebern deutlich mehr Freiheiten als die Parallelnorm § 67 VgV. Insbesondere verzichtet die SektVO auf eine § 67 Abs. 2 VgV vergleichbare Verpflichtung, in der Leistungsbeschreibung das höchste Leistungsniveau an Energieeffizienz oder (soweit bereits definiert) die höchste Energieeffizienzklasse im Sinne der EnVKV festzuschreiben.

§ 58 **Abs. 2** SektVO beschäftigt sich mit der **Berücksichtigung des Energieverbrauchs in der Wertung**. Dabei fällt besonders ein Unterschied zur Parallelnorm in der VgV (§ 67 Abs. 4) auf. Nach § 67 Abs. 4 VgV ist die „Energieeffizienz als Zuschlagskriterium angemessen zu berücksichtigen". In der Rechtssprache bedeutet dies, dass der Energieverbrauch angemessen berücksichtigt werden *muss*. Demgegenüber kann der Wortlaut des § 58 Abs. 2 SektVO zu Fehldeutungen führen. Danach *„kann"* der Energieverbrauch in der Wertung berücksichtigt werden, was auf ein weitgehendes Ermessen des Auftraggebers deuten würde. Jedoch ist zu bedenken, dass § 58 Abs. 2 SektVO, ebenso wie die Parallelnorm des § 67 VgV, der Umsetzung von zwei EU-Richtlinien dient (RL 2006/32/EG „Energieeffizienz-RL" und RL 2010/30/EU – „Energieverbrauchskennzeichnungs-RL"). Bei richtlinienkonformer Auslegung und im Hinblick auf Sinn und Zweck der Regelung wird man das „Kann" in § 58 Abs. 2 SektVO wohl auch als „Muss" auszulegen haben (*Zeiss*, NZBau 2011, 658 ff.).

Die Lieferung technischer Geräte oder Ausrüstungen ist jedenfalls dann **„wesentlicher Bestandteil der Bauleistung"**, wenn der Wertanteil dieser Lieferungen über **20 % des Gesamtauftragswerts** liegt (*Zeiss*, Landesvergaberecht NRW – Der richtige Umgang mit TVgG NRW & Co. in der Praxis, 2015, S. 196 m.w.N.).

§ 59
(aufgehoben)

Abschnitt 4
Planungswettbewerbe

§ 60
Anwendungsbereich

(1) Wettbewerbe nach § 103 Absatz 6 des Gesetzes gegen Wettbewerbsbeschränkungen werden insbesondere auf den Gebieten der Raumplanung, des Städtebaus und des Bauwesens oder der Datenverarbeitung durchgeführt (Planungswettbewerbe).

(2) Bei der Durchführung eines Planungswettbewerbs wendet der Auftraggeber die §§ 5, 6, 50 und die Vorschriften dieses Abschnitts an.

§ 61
Veröffentlichung, Transparenz

(1) Der Auftraggeber teilt seine Absicht, einen Planungswettbewerb auszurichten, in einer Wettbewerbsbekanntmachung mit. Die Wettbewerbsbekanntmachung wird nach den Vorgaben der Spalte 24 der Tabelle 2 des Anhangs der Durchführungsverordnung (EU) 2019/1780 in Verbindung mit § 10a erstellt.

(2) Beabsichtigt der Auftraggeber im Anschluss an einen Planungswettbewerb einen Dienstleistungsauftrag im Verhandlungsverfahren ohne Teilnahmewettbewerb zu vergeben, hat der Auftraggeber die Eignungskriterien und die zum Nachweis der Eignung erforderlichen Unterlagen hierfür bereits in der Wettbewerbsbekanntmachung anzugeben.

(3) Die Ergebnisse des Planungswettbewerbs sind bekanntzumachen und innerhalb von 30 Tagen an das Amt für Veröffentlichungen der Europäischen Union über den Datenservice Öffentlicher Einkauf zu übermitteln. Die Bekanntmachung wird nach den Vorgaben der Spalte 37 der Tabelle 2 des Anhangs der Durchführungsverordnung (EU) 2019/1780 in Verbindung mit § 10a erstellt.

(4) § 38 Absatz 6 gilt entsprechend.

§ 62
Ausrichtung

(1) Die an einem Planungswettbewerb Interessierten sind vor Wettbewerbsbeginn über die geltenden Durchführungsregeln zu informieren.

(2) Die Zulassung von Teilnehmern an einem Planungswettbewerb darf nicht beschränkt werden

1. unter Bezugnahme auf das Gebiet eines Mitgliedstaats der Europäischen Union oder einen Teil davon oder
2. auf nur natürliche oder nur juristische Personen.

(3) Bei einem Planungswettbewerb mit beschränkter Teilnehmerzahl hat der Auftraggeber eindeutige und nichtdiskriminierende Auswahlkriterien festzulegen. Die Zahl der Bewerber, die zur Teilnahme aufgefordert werden, muss ausreichen, um einen echten Wettbewerb zu gewährleisten.

§ 63
Preisgericht

(1) Das Preisgericht darf nur aus Preisrichtern bestehen, die von den Teilnehmern des Planungswettbewerbs unabhängig sind. Wird von den Wettbewerbsteilnehmern eine bestimmte berufliche Qualifikation verlangt, muss mindestens ein Drittel der Preisrichter über dieselbe oder eine gleichwertige Qualifikation verfügen.

(2) Das Preisgericht ist in seinen Entscheidungen und Stellungnahmen unabhängig. Es trifft seine Entscheidungen nur aufgrund von Kriterien, die in der Wettbewerbsbekanntmachung genannt sind. Die Wettbewerbsarbeiten sind ihm anonym vorzulegen. Die Anonymität ist bis zu den Stellungnahmen oder Entscheidungen des Preisgerichts zu wahren.

(3) Das Preisgericht erstellt einen Bericht über die Rangfolge der von ihm ausgewählten Wettbewerbsarbeiten, indem es auf die einzelnen Projekte eingeht und seine Bemerkungen sowie noch zu klärende Fragen aufführt. Dieser Bericht ist von den Preisrichtern zu unterzeichnen.

(4) Die Teilnehmer können zur Klärung bestimmter Aspekte der Wettbewerbsarbeiten aufgefordert werden, Fragen zu beantworten, die das Preisgericht in seinem Protokoll festzuhalten hat. Der Dialog zwischen Preisrichtern und Teilnehmern ist zu dokumentieren.

Abschnitt 5
Übergangs- und Schlussbestimmungen

§ 64
Übergangsbestimmungen

Zentrale Beschaffungsstellen im Sinne von § 120 Absatz 4 Satz 1 des Gesetzes gegen Wettbewerbsbeschränkungen können bis zum 18. April 2017, andere Auftraggeber bis zum 18. Oktober 2018, abweichend von § 43 Absatz 1 die Übermittlung der Angebote, Teilnahmeanträge und Interessensbestätigungen auch auf dem Postweg, anderem geeigneten Weg, Fax oder durch die Kombination dieser Mittel verlangen. Dasselbe gilt für die sonstige Kommunikation im Sinne des § 9 Absatz 1, soweit sie nicht die Übermittlung von Bekanntmachungen und die Bereitstellung der Vergabeunterlagen betrifft.

§ 65
Fristenberechnung

Die Berechnung der in dieser Verordnung geregelten Fristen bestimmt sich nach der Verordnung (EWG, Euratom) Nr. 1182/71 des Rates vom 3. Juni 1971 zur Festlegung der Regeln für die Fristen, Daten und Termine (ABl. L 124 vom 8.6.1971, S. 1).

Für die Praxis: Auf die ausführliche Darstellung der Fristberechnung bei der inhaltlich identischen Vorschrift des § 82 VgV wird verwiesen. Dort findet sich auch der Abdruck der in Bezug genommenen Fristenverordnung.

§ 66
Anwendungsbestimmungen aus Anlass der Einführung von eForms

Bis zum Ablauf des sich nach § 83 Absatz 2 der Vergabeverordnung ergebenden Tages sind

1. § 10a nicht anzuwenden und
2. die §§ 21, 35, 36, 37, 38, 39, 40 und 61 in ihrer am 23. August 2023 geltenden Fassung weiter anzuwenden.

Anlage 1 (zu § 28 Absatz 2)

Technische Anforderungen, Begriffsbestimmungen

1. „Technische Spezifikation" bei Liefer- oder Dienstleistungen hat eine der folgenden Bedeutungen:

   eine Spezifikation, die in einem Schriftstück enthalten ist, das Merkmale für ein Produkt oder eine Dienstleistung vorschreibt, wie Qualitätsstufen, Umwelt- und Klimaleistungsstufen, „Design für Alle" (einschließlich des Zugangs von Menschen mit Behinderungen) und Konformitätsbewertung, Leistung, Vorgaben für Gebrauchstauglichkeit, Sicherheit oder Abmessungen des Produkts, einschließlich der Vorschriften über Verkaufsbezeichnung, Terminologie, Symbole, Prüfungen und Prüfverfahren, Verpackung, Kennzeichnung und Beschriftung, Gebrauchsanleitungen, Produktionsprozesse und -methoden in jeder Phase des Lebenszyklus der Liefer- oder Dienstleistung sowie über Konformitätsbewertungsverfahren;

2. „Norm" bezeichnet eine technische Spezifikation, die von einer anerkannten Normungsorganisation zur wiederholten oder ständigen Anwendung angenommen wurde, deren Einhaltung nicht zwingend ist und die unter eine der nachstehenden Kategorien fällt:
   a) internationale Norm: Norm, die von einer internationalen Normungsorganisation angenommen wurde und der Öffentlichkeit zugänglich ist;
   b) europäische Norm: Norm, die von einer europäischen Normungsorganisation angenommen wurde und der Öffentlichkeit zugänglich ist;
   c) nationale Norm: Norm, die von einer nationalen Normungsorganisation angenommen wurde und der Öffentlichkeit zugänglich ist;
3. „Europäische Technische Bewertung" bezeichnet eine dokumentierte Bewertung der Leistung eines Bauprodukts in Bezug auf seine wesentlichen Merkmale im Einklang mit dem betreffenden Europäischen Bewertungsdokument gemäß der Begriffsbestimmung in Artikel 2 Nummer 12 der Verordnung (EU) Nr. 305/2011 des Europäischen Parlaments und des Rates vom 9. März 2011 zur Festlegung harmonisierter Bedingungen für die Vermarktung von Bauprodukten und zur Aufhebung der Richtlinie 89/106/EWG des Rates (ABl. L 88 vom 4.4.2011, S. 5);
4. „gemeinsame technische Spezifikationen" sind technische Spezifikationen im Bereich der Informations- und Kommunikationstechnologie, die gemäß den Artikeln 13 und 14 der Verordnung (EU) Nr. 1025/2012 des Europäischen Parlaments und des Rates vom 25. Oktober 2012 zur europäischen Normung, zur Änderung der Richtlinien 89/686/EWG und 93/15/EWG des Rates sowie der Richtlinien 94/9/EG, 94/25/EG, 95/16/EG, 97/23/EG, 98/34/EG, 2004/22/EG, 2007/23/EG, 2009/23/EG und 2009/105/EG des Europäischen Parlaments und des Rates und zur Aufhebung des Beschlusses 87/95/EWG des Rates und des Beschlusses Nr. 1673/2006/EG des Europäischen Parlaments und des Rates (ABl. L 316 vom 14.11.2012, S. 12) festgelegt wurden;
5. „technische Bezugsgröße" bezeichnet jeden Bezugsrahmen, der keine europäische Norm ist und von den europäischen Normungsorganisationen nach den an die Bedürfnisse des Markts angepassten Verfahren erarbeitet wurde.

Anlage 2 (aufgehoben)

Anlage 3 (aufgehoben)

V.
Verordnung über die Vergabe von Konzessionen (Konzessionsvergabeverordnung – KonzVgV)

Vom 12. April 2016 (BGBl. I 624, 683), zuletzt geändert durch Artikel 4 der Verordnung vom 17. August 2023 (BGBl. 2023 I Nr. 222)

Vorbemerkung: 1. Grundlagen. Mit der europäischen Konzessionsvergaberichtlinie („KVR") (Richtlinie 2014/23/EU des Europäischen Parlaments und des Rates vom 26. Februar 2014 über die Konzessionsvergabe, ABl. EU L 94 vom 28.3.2014, S. 1) und ihrer Umsetzung in das deutsche Vergaberecht zum 18.4.2016 durch die §§ 148-154 GWB sowie die „Verordnung über die Vergabe von Konzessionen (Konzessionsvergabeverordnung – KonzVgV)" vom 12.4.2016 (BGBl. I S. 624, 683) werden die rechtlichen Rahmenbedingungen für die Vergabe von Konzessionen umfassend geregelt.

Die Regelungen sehen sowohl für **Baukonzessionen** als auch für **Dienstleistungskonzessionen** grundsätzlich die Anwendung des Vergaberechts vor. Viele Regelungen zur Vergabe von Konzessionen ergeben sich bereits aus den allgemeinen Vorschriften des 4. Teils des GWB. Darüber hinaus enthält das GWB in Kapitel 1 („Vergabeverfahren") einen eigenen Abschnitt 3 („Vergabe von öffentlichen Aufträgen in besonderen Bereichen und von Konzessionen") mit dem Unterabschnitt 3 („Vergabe von Konzessionen"), der mit den Vorschriften der **§§ 148 bis 154 GWB** Sonderregelungen für das Konzessionsvergabeverfahren enthält.

2. Konzessionsgeber – betroffene Auftraggeber. Welche Auftraggeber i.S.d. § 99 GWB von den Regelungen über die Vergabe von Konzessionen betroffen sind, bestimmt das GWB in § 101. Danach sind sowohl öffentliche Auftraggeber (§ 101 Abs. 1 Nr. 1 GWB) als auch Sektorenauftraggeber (§ 101 Abs. 1 Nr. 2 und 3 GWB) zur Beachtung der Bestimmungen über die Vergabe von Konzessionen verpflichtet. Der Auftraggeber einer Konzession wird als „**Konzessionsgeber**" bezeichnet.

3. Begriff der Konzession. Der wesentliche Unterschied zwischen Konzessionen und normalen öffentlichen Aufträgen ist, dass bei Konzessionen der sog. **Konzessionsnehmer** (dieser entspricht dem „Auftragnehmer" bei normalen öffentlichen Aufträgen) seine Vergütung ganz oder jedenfalls zu großen Teilen von einem Dritten erhält und außerdem das Risiko der wirtschaftlichen Verwertung seiner Leistung trägt.

Dabei sind **Baukonzessionen** solche Verträge, mit denen ein oder mehrere Konzessionsgeber ein oder mehrere Unternehmen mit der Erbringung von Bauleistungen beauftragen; die Gegenleistung besteht aber entweder allein in dem Recht zur Nutzung des Bauwerkes oder in diesem Recht zuzüglich einer Zahlung. **Dienstleistungskonzessionen** sind Verträge, bei denen der Konzessionsgeber den Konzessionsnehmer mit der Erbringung oder Verwaltung von Dienstleistungen betraut, die aus anderen als Bauleistungen bestehen. Auch in diesem Fall besteht die Gegenleistung entweder allein in dem Recht zur Verwertung der Dienstleistungen oder in diesem Recht zuzüglich einer Zahlung. Dies sind die **Definitionen des § 105 Abs. 1 GWB**.

Ein weiteres Unterscheidungsmerkmal ist in **§ 105 Abs. 2 GWB** festgelegt. Dabei geht es um den Übergang des **Betriebsrisikos**, das bei Konzessionen der Konzessionsnehmer trägt. Ein solches Betriebsrisiko kann das Nachfrage- oder Angebotsrisiko sein. Ein wichtiges Abgrenzungskriterium dürfte für die Praxis zukünftig sein, dass der Konzessionsnehmer den Unwägbarkeiten des Marktes tatsächlich ausgesetzt sein muss, vgl. § 105 Abs. 2 Satz 2 Nr. 2 GWB. Dies soll insbesondere zur Abgrenzung von sonstigen Risiken, die vom Unternehmer selbst stammen, wie z.B. Fehler bei der Kalkulation oder Fehleinschätzung von Risiken, dienen.

Ein typischer Fall der Konzession ist beispielsweise der **Betrieb einer Kantine**. Der Konzessionsnehmer enthält seine Vergütung von den Nutzern und es hängt maßgeblich von ihm ab, ob und in welchem Umfang die potentiellen Nutzer tatsächlich Essen erwerben. Es werden aber z.B.

auch große Vorhaben im **Autobahnbau** als Konzessionsvertrag vergeben, der Konzessionsnehmer erhält dann seine Vergütung aus der anfallenden Autobahnmaut (anschaulich OLG Celle, Urt. v. 26.11.2019, 13 U 127/18).

4. Ausnahmen. Bei der Anwendung des EU-Vergaberechts sind auch bei der Vergabe von Konzessionen die **allgemeinen Ausnahmen** zu beachten. So werden Verträge nicht erfasst, bei denen die Voraussetzungen des § 107 Abs. 1 GWB vorliegen, beispielsweise wenn es um Dienstleistungen des Katastrophenschutzes (§ 107 Abs. 1 Nr. 4 GWB) geht. Für besonders sicherheitsrelevante Verträge finden sich Ausnahmen in § 107 Abs. 2 GWB. Ferner sind die in § 108 GWB angesprochenen Inhouse-Vergaben und die Formen der interstaatlichen Kooperation vom Vergaberecht ausgenommen.

Besondere Ausnahmen finden sich in § 149 GWB (Besondere Ausnahmen) und § 150 GWB (Vergabe von Konzessionen in den Bereichen Verteidigung und Sicherheit). In der allgemeinen öffentlichen Diskussion präsent war beispielsweise die Ausnahmeregelung für die Vergabe von Konzessionen im Bereich von Wassernetzen (vgl. § 149 Nr. 9 GWB).

5. Gemischte Verträge. Für Konzessionen, deren Teile unterschiedlichen rechtlichen Regelungen unterliegen bzw. die verschiedene Tätigkeiten umfassen, sind Abgrenzungsregelungen in § 111 GWB bzw. § 112 GWB enthalten.

6. Schwellenwerte. Wie bei allen öffentlichen Aufträgen gilt das EU-Vergaberecht nur für Aufträge ab einem bestimmten Auftragswert. Dieser Auftragswert wird – auch insoweit wie beim sonstigen EU-Vergaberecht – alle zwei Jahre neu festgelegt. Zurzeit beträgt der **Schwellenwert 5,538 Mio. €**.

Wie der **geschätzte Vertragswert** zu berechnen ist, regelt die KonzVgV in **§ 2**. Nach § 2 Abs. 3 KonzVgV ist jeweils der voraussichtliche Gesamtumsatz ohne Umsatzsteuer, den der Konzessionsnehmer während der Vertragslaufzeit als Gegenleistung erzielt, zu berücksichtigen. Nach § 2 Abs. 4 KonzVgV sind außerdem Optionen sowie Zahlungen des Konzessionsgebers zu berücksichtigen, ferner auch andere Leistungs- und Zahlungsbestandteile.

Maßgeblich für die Berechnung des geschätzten Vertragswerts ist der **Zeitpunkt**, zu dem die Konzessionsbekanntmachung abgesendet oder das Vergabeverfahren auf sonstige Weise eingeleitet wird (§ 2 Abs. 5 Satz 1 KonzVgV). Liegen die später eingereichten Angebote mehr als 20 % über dieser Schätzung, ist der später tatsächlich erzielte Vertragswert maßgeblich (§ 2 Abs. 5 Satz 2 KonzVgV). Auftraggeber sollten daher sorgfältig vorgehen, wenn der Wert eines Konzessionsvertrages nahe beim Schwellenwert liegt, um sich nicht wegen eines Sorgfaltspflichtverstoßes und einer dadurch verursachten Aufhebung des fehlerhaft eingeleiteten Vergabeverfahrens schadensersatzpflichtig zu machen.

Bei der Aufteilung von Losen sind alle Lose zusammenzuzählen (§ 2 Abs. 6 KonzVgV).

7. Laufzeit von Konzessionen.Ähnlich wie bei Rahmenverträgen nach dem sonstigen EU-Vergaberecht ist auch für die Laufzeit von Konzessionen eine Regelung vorgesehen. In § 3 Abs. 1 KonzVgV ist der Grundsatz festgehalten, dass Konzessionen mit **beschränkter Laufzeit** vergeben werden. Eine Laufzeit von **mehr als fünf Jahren** darf nur unter den in § 3 Abs. 2 KonzVgV beschriebenen Bedingungen erfolgen. Dabei geht es im Wesentlichen darum, dass in diesen Ausnahmefällen der Konzessionsnehmer seine Investitionen nur während einer längeren Laufzeit erwirtschaften kann.

8. Nachunternehmer. Eine Sonderregelung enthält die KonzVgV in **§ 33** für die **Vergabe von Unteraufträgen**. Danach kann der Auftraggeber bereits in der Konzessionsbekanntmachung fordern, dass Bieter die beabsichtigten Nachauftragnehmer angeben. Die Möglichkeit der **Eignungsleihe** ist in § 25 Abs. 3 KonzVgV angesprochen.

9. Verfahren der Vergabe. a) Allgemeine Grundsätze (§ 12 KonzVgV). Im allgemeinen EU-Vergaberecht gibt es einen Katalog von fest definierten Verfahrensarten, von denen Auftraggeber nicht abweichen können. Dies ist bei der Vergabe von Konzessionen anders.

Der Konzessionsgeber darf das Verfahren zur Vergabe von Konzessionen **frei ausgestalten**, soweit er die allgemeinen Vorgaben der KonzVgV einhält (§ 12 Abs. 1 Satz 1 KonzVgV).

In § 12 Abs. 1 Satz 2 KonzVgV findet sich der Hinweis, dass der Konzessionsgeber das Verfahren an den Vorschriften der VgV zum Ablauf des Verhandlungsverfahrens mit Teilnahmewettbewerb ausrichten kann. Dies ist als Hinweis des Gesetzgebers zu werten, dass er diese Verfahrensart für besonders geeignet hält.

In § 12 Abs. 2 KonzVgV ist die Freiheit des Konzessionsgebers noch näher beschrieben. So darf er das Verfahren **ein- oder mehrstufig** durchführen (§ 12 Abs. 2 Satz 1 KonzVgV). Er darf mit den Bietern **Verhandlungen führen** (§ 12 Abs. 2 Satz 2 KonzVgV). Allerdings ist es ihm nach § 12 Abs. 2 Satz 3 KonzVgV untersagt, während der Verhandlungen den Konzessionsgegenstand, die Mindestanforderungen an das Angebot und die Zuschlagskriterien zu ändern.

b) Verfahrensgarantien (§ 13 KonzVgV). Die entscheidenden, für die Ausgestaltung der Vergabeverfahren für Konzessionen maßgeblichen Verfahrensgarantien finden sich in § 13 KonzVgV. Bereits durch den in der Überschrift verwendeten Begriff „Verfahrensgarantien" macht der Gesetzgeber deutlich, dass diese rechtlichen Bindungen zwingend einzuhalten sind.

So darf der Konzessionsgeber nur Unternehmen beauftragen, welche die von ihm festgelegten Eignungskriterien und sonstigen Teilnahmebedingungen erfüllen. Außerdem darf kein Ausschlussgrund nach §§ 123, 124 GWB vorliegen. Nach § 13 KonzVgV sind bedeutsame Transparenzvoraussetzungen einzuhalten, beispielsweise ist der Konzessionsgeber nach § 13 Abs. 2 KonzVgV zur Veröffentlichung einer Konzessionsbekanntmachung verpflichtet.

Die Vorgaben der KonzVgV **zur elektronischen Kommunikation** entsprechen denen der allgemeinen EU-Vergabevorschriften (vgl. § 34 KonzVgV). Zum 25.10.2023 wurden die eForms auch in der KonzVgV eingeführt.

c) Leistungsbeschreibung (§ 15 KonzVgV). In § 15 KonzVgV finden sich Vorgaben für die Leistungsbeschreibung, wobei auch dort wie im allgemeinen EU-Vergaberecht die Möglichkeit geschaffen wurde, Aspekte der Qualität und Innovation sowie soziale und umweltbezogene Aspekte zu berücksichtigen, die sich auch auf den Prozess oder die Methode zur Herstellung oder Erbringung der Leistungen oder ein anderes Stadium im Lebensprozess der Leistung beziehen können. Wesentliche Grenze ist der Bezug zum Auftragsgegenstand. Es gelten außerdem die Grundsätze aus dem allgemeinen EU-Vergaberecht, dass die Leistung eindeutig und für alle Bieter gleich zu verstehen sein muss.

d) Fristen für den Eingang von Teilnahmeanträgen und Angeboten (§ 27 KonzVgV). Die zu beachtenden Fristen sind in § 27 KonzVgV angesprochen.

Grundsätzlich ist auf die **Angemessenheit** der Fristen zu achten (vgl. § 27 Abs. 1 und 2 KonzVgV).

Als **Mindestfrist** für den Eingang von Teilnahmeanträgen mit oder ohne Angebot sind **30 Tage** ab dem Tag nach Übermittlung der Konzessionsbekanntmachung festgelegt (§ 27 Abs. 3 KonzVgV).

Die **Mindestfrist** für den Eingang von Erstangeboten beträgt allerdings **22 Tage**, wenn das Verfahren **in mehreren Stufen** stattfindet (§ 27 Abs. 4 Satz 1 KonzVgV). Bei der Angebotseinreichung in elektronischer Form kann der Konzessionsgeber diese Frist um 5 Tage verkürzen (§ 27 Abs. 4 Satz 2 KonzVgV).

e) Zuschlagskriterien. Die Zuschlagskriterien sind so zu gestalten, dass sichergestellt ist, dass die Angebote unter wirksamen Wettbewerbsbedingungen bewertet werden und als Ergebnis ein wirtschaftlicher Gesamtvorteil für den Konzessionsgeber ermittelt werden kann (§ 152 Abs. 3 Satz 1 GWB). Es geht also nicht um das wirtschaftlich günstigste Angebot, wie sonst bei Verträgen, sondern um einen **wirtschaftlichen Gesamtvorteil**. Hierdurch soll ausgedrückt werden, dass auch die Interessen der Nutzer berücksichtigt werden können. Weitere Regelungen für die Zuschlagskriterien finden sich in § 31 KonzVgV.

f) Informationspflicht des Konzessionsgebers. Vor Zuschlagserteilung muss der Konzessionsgeber – wie bei der Vergabe anderer öffentlicher Aufträge – die Bewerber und Bieter nach § 134 GWB vorab informieren.

g) Vertragsänderung. Bei späteren Vertragsänderungen ist zu beachten, dass nach § 154 Nr. 3 Buchst. b GWB die Regelung des § 132 GWB nur mit Abänderungen gilt. So kann der Vertrag nach § 132 Abs. 3 Nr. 2 GWB nur in Höhe von 10 % geändert werden; dies gilt einheitlich für Bau- und Dienstleistungskonzessionen.

10. Rechtsschutz. Die Vergabe von Konzessionen unterfällt nach § 155 GWB dem Vergaberechtsschutz vor den Vergabekammern und den OLG-Vergabesenaten. Verfahrensrechtlich sind keine Sonderregelungen zu beachten.

11. Konzessionen unterhalb der EU-Schwellenwerte. Für die Vergabe von Konzessionen, bei denen der Vertragswert die EU-Schwellenwerte nicht überschreitet, bleibt es bei den bisherigen Regelungen: Geht es um die Vergabe einer Baukonzession, sind nach § 23 Abs. 2 VOB/A bestimmte Regelungen der VOB/A anzuwenden. Bei der Vergabe von Dienstleistungskonzessionen sind weiterhin die Vorgaben des EU-Primärrechts wie Transparenz und Gleichbehandlung zu beachten. Der Rechtsschutz richtet sich nach dem rechtlichen Charakter des jeweiligen Vertrages, der in Einzelfällen auch öffentlich-rechtlich sein kann.

Abschnitt 1
Allgemeine Bestimmungen und Kommunikation

Unterabschnitt 1
Allgemeine Bestimmungen

§ 1
Gegenstand und Anwendungsbereich

Diese Verordnung trifft nähere Bestimmungen über das einzuhaltende Verfahren bei der dem Teil 4 des Gesetzes gegen Wettbewerbsbeschränkungen unterliegenden Vergabe von Konzessionen durch einen Konzessionsgeber.

§ 2
Berechnung des geschätzten Vertragswerts

(1) Der Konzessionsgeber berechnet den geschätzten Vertragswert nach einer objektiven Methode, die in den Vergabeunterlagen anzugeben ist.

(2) Die Wahl der Methode zur Berechnung des geschätzten Vertragswerts darf nicht in der Absicht erfolgen, die Anwendung der Bestimmungen des Teils 4 des Gesetzes gegen Wettbewerbsbeschränkungen oder dieser Verordnung zu umgehen. Eine Konzession darf insbesondere nicht so aufgeteilt werden, dass sie nicht in den Anwendungsbereich des Teils 4 des Gesetzes gegen Wettbewerbsbeschränkungen fällt, es sei denn, es liegen objektive Gründe für eine solche Aufteilung vor.

(3) Bei der Berechnung des geschätzten Vertragswerts geht der Konzessionsgeber von dem voraussichtlichen Gesamtumsatz ohne Umsatzsteuer aus, den der Konzessionsnehmer während der Vertragslaufzeit als Gegenleistung erzielt

1. für die Bau- oder Dienstleistungen, die Gegenstand der Konzession sind, und
2. für Lieferungen, die mit diesen Bau- oder Dienstleistungen verbunden sind.

(4) Der Konzessionsgeber berücksichtigt dabei nach den Umständen des jeweiligen Einzelfalls insbesondere

1. den Wert aller Arten von Optionen und möglichen Vertragsverlängerungen,
2. die Einkünfte aus Gebühren oder Entgelten sowie Geldbußen oder Vertragsstrafen, die von den Nutzern der Bauwerke oder Dienstleistungen gezahlt werden, soweit diese nicht im Auftrag des Konzessionsgebers erhoben werden,
3. die Zahlungen des Konzessionsgebers oder jeder anderen Behörde an den Konzessionsnehmer oder weitere finanzielle Vorteile jedweder Art, einschließlich Gegenleistungen für die Erfüllung von Gemeinwohlverpflichtungen sowie staatlicher Investitionsbeihilfen,
4. den Wert von Zuschüssen oder sonstigen finanziellen Vorteilen jeglicher Art, die von Dritten für die Durchführung der Konzession gewährt werden,
5. die Einkünfte aus dem Verkauf von Vermögensgegenständen, die Teil der Konzession sind,
6. den Wert aller Lieferungen und Dienstleistungen, die der Konzessionsgeber für den Konzessionsnehmer bereitstellt, sofern sie für die Erbringung der Bau- oder Dienstleistungen erforderlich sind,
7. Prämien oder Zahlungen an Bewerber oder Bieter.

(5) Maßgeblicher Zeitpunkt für die Berechnung des geschätzten Vertragswerts ist der Zeitpunkt, zu dem die Konzessionsbekanntmachung abgesendet oder das Vergabeverfahren auf sonstige Weise eingeleitet wird. Abweichend davon ist der Zeitpunkt des Zuschlags maßgeblich, falls der Vertragswert zu diesem Zeitpunkt mehr als 20 Prozent über dem nach Satz 1 geschätzten Wert liegt.

(6) Kann ein Bauvorhaben oder eine geplante Dienstleistung zur Vergabe von Konzessionen in Form mehrerer Lose führen, ist der geschätzte Gesamtwert aller Lose zu berücksichtigen. Erreicht oder übersteigt der geschätzte Gesamtwert den maßgeblichen Schwellenwert, ist diese Verordnung für die Vergabe jedes Loses anzuwenden.

§ 3
Laufzeit von Konzessionen

(1) Die Laufzeit von Konzessionen ist beschränkt. Der Konzessionsgeber schätzt die Laufzeit je nach den geforderten Bau- oder Dienstleistungen.

(2) Bei Konzessionen mit einer Laufzeit von über fünf Jahren darf die Laufzeit nicht länger sein als der Zeitraum, innerhalb dessen der Konzessionsnehmer nach vernünftigem Ermessen die Investitionsaufwendungen für die Errichtung, die Erhaltung und den Betrieb des Bauwerks oder die Erbringung der Dienstleistungen zuzüglich einer Rendite auf das investierte Kapital unter Berücksichtigung der zur Verwirklichung der spezifischen Vertragsziele notwendigen Investitionen wieder erwirtschaften kann. Die dabei zugrunde zu legenden Investitionsaufwendungen umfassen sowohl die zu Anfang als auch die während der Laufzeit der Konzessionen vorzunehmenden Investitionen. In diesem Rahmen kann der Konzessionsgeber für bestimmte Konzessionstypen durchschnittliche Investitionsaufwendungen und durchschnittliche Renditen zugrunde legen, soweit es die Besonderheiten des jeweiligen Konzessionstyps rechtfertigen.

§ 4
Wahrung der Vertraulichkeit

(1) Sofern in dieser Verordnung oder anderen Rechtsvorschriften nichts anderes bestimmt ist, darf der Konzessionsgeber keine von den Unternehmen übermittelten und von diesen als vertraulich gekennzeichneten Informationen weitergeben. Dazu gehören insbesondere Betriebs- und Geschäftsgeheimnisse und die vertraulichen Aspekte der Angebote einschließlich ihrer Anlagen.

(2) Bei der gesamten Kommunikation sowie beim Austausch und bei der Speicherung von Informationen muss der Konzessionsgeber die Integrität der Daten sowie die Vertraulichkeit der Teilnahmeanträge und Angebote einschließlich ihrer Anlagen gewährleisten. Die Teilnahmeanträge und Angebote einschließlich

ihrer Anlagen sowie die Dokumentation über die Angebotsöffnung sind auch nach Abschluss des Vergabeverfahrens vertraulich zu behandeln.

(3) Der Konzessionsgeber kann Unternehmen Anforderungen vorschreiben, die auf den Schutz der Vertraulichkeit der Informationen im Rahmen des Vergabeverfahrens abzielen. Hierzu gehört insbesondere die Abgabe einer Verschwiegenheitserklärung.

§ 5
Vermeidung von Interessenkonflikten

(1) Organmitglieder und Mitarbeiter des Konzessionsgebers oder eines im Namen des Konzessionsgebers handelnden Beschaffungsdienstleisters, bei denen ein Interessenkonflikt besteht, dürfen in einem Vergabeverfahren nicht mitwirken.

(2) Ein Interessenkonflikt besteht für Personen, die an der Durchführung des Vergabeverfahrens beteiligt sind oder Einfluss auf den Ausgang eines Vergabeverfahrens nehmen können und die ein direktes oder indirektes finanzielles, wirtschaftliches oder persönliches Interesse haben, das ihre Unparteilichkeit und Unabhängigkeit im Rahmen des Vergabeverfahrens beeinträchtigen könnte.

(3) Es wird vermutet, dass ein Interessenkonflikt besteht, wenn die in Absatz 1 genannten Personen

1. Bewerber oder Bieter sind,
2. einen Bewerber oder Bieter beraten oder sonst unterstützen oder als gesetzlicher Vertreter oder nur in dem Vergabeverfahren vertreten oder
3. beschäftigt oder tätig sind
   a) bei einem Bewerber oder Bieter gegen Entgelt oder als Organmitglied oder
   b) für ein in das Vergabeverfahren eingeschaltetes Unternehmen, wenn dieses Unternehmen zugleich geschäftliche Beziehungen zum Konzessionsgeber und zum Bewerber oder Bieter hat.

(4) Die Vermutung des Absatzes 3 gilt auch für Personen, deren Angehörige die Voraussetzungen nach Absatz 3 Nummer 1 bis 3 erfüllen. Angehörige sind der Verlobte, der Ehegatte, Lebenspartner, Verwandte und Verschwägerte gerader Linie, Geschwister, Kinder der Geschwister, Ehegatten und Lebenspartner der Geschwister und Geschwister der Ehegatten und Lebenspartner, Geschwister der Eltern sowie Pflegeeltern und Pflegekinder.

§ 6
Dokumentation und Vergabevermerk

(1) Der Konzessionsgeber dokumentiert das Vergabeverfahren von Beginn an fortlaufend in Textform nach § 126b des Bürgerlichen Gesetzbuchs, soweit dies für die Begründung von Entscheidungen auf jeder Stufe des Vergabeverfahrens erforderlich ist. Dazu gehört zum Beispiel die Dokumentation der Kommunikation mit Unternehmen und internen Beratungen, der Vorbereitung der Konzessionsbekanntmachung und der Vergabeunterlagen, der Öffnung der Teilnahmeanträge und Angebote, der Verhandlungen mit den Bewerbern und Bietern sowie der Gründe für Auswahlentscheidungen und den Zuschlag.

(2) Der Konzessionsgeber fertigt über jedes Vergabeverfahren einen Vermerk in Textform nach § 126b des Bürgerlichen Gesetzbuchs an. Dieser Vergabevermerk umfasst mindestens Folgendes:

1. den Namen und die Anschrift des Konzessionsgebers sowie Gegenstand und Vertragswert der Konzession,
2. die Namen der berücksichtigten Bewerber oder Bieter und die Gründe für ihre Auswahl,
3. die nicht berücksichtigten Teilnahmeanträge und Angebote sowie die Namen der nicht berücksichtigten Bewerber oder Bieter und die Gründe für ihre Nichtberücksichtigung,
4. den Namen des erfolgreichen Bieters und die Gründe für die Auswahl seines Angebots sowie, falls bekannt, den Anteil an der Konzession, den der erfolgreiche Bieter an Dritte weiterzugeben beabsichtigt, und die Namen der Unterauftragnehmer,

5. die Gründe, aus denen der Konzessionsgeber auf die Vergabe einer Konzession verzichtet hat,
6. die Gründe, aus denen andere als elektronische Mittel für die Einreichung der Angebote verwendet wurden, und
7. Angaben zu aufgedeckten Interessenkonflikten und getroffenen Abhilfemaßnahmen.

(3) Die Dokumentation, der Vergabevermerk, die Teilnahmeanträge und die Angebote einschließlich ihrer Anlagen sind bis zum Ende der Vertragslaufzeit vertraulich zu behandeln und aufzubewahren, mindestens jedoch für drei Jahre ab dem Tag des Zuschlags.

(4) § 4 bleibt unberührt.

Unterabschnitt 2
Kommunikation; Bekanntmachungen

§ 7
Grundsätze der Kommunikation

(1) Für das Senden, Empfangen, Weiterleiten und Speichern von Daten in einem Vergabeverfahren verwenden der Konzessionsgeber und die Unternehmen grundsätzlich Geräte und Programme für die elektronische Datenübermittlung (elektronische Mittel).

(2) Die Kommunikation kann mündlich erfolgen, wenn sie nicht die Vergabeunterlagen, die Teilnahmeanträge oder die Angebote betrifft und sie ausreichend und in geeigneter Weise dokumentiert wird.

(3) Der Konzessionsgeber kann von jedem Unternehmen die Angabe einer eindeutigen Unternehmensbezeichnung sowie einer elektronischen Adresse verlangen (Registrierung). Für den Zugang zur Konzessionsbekanntmachung und zu den Vergabeunterlagen darf der Konzessionsgeber keine Registrierung verlangen; eine freiwillige Registrierung ist zulässig.

§ 8
Anforderungen an die verwendeten elektronischen Mittel

(1) Der Konzessionsgeber legt das erforderliche Sicherheitsniveau für die elektronischen Mittel fest. Elektronische Mittel, die der Konzessionsgeber für den Empfang von Teilnahmeanträgen und Angeboten verwendet, müssen gewährleisten, dass

1. die Uhrzeit und der Tag des Datenempfangs genau zu bestimmen sind,
2. kein vorfristiger Zugriff auf die empfangenen Daten möglich ist,
3. der Termin für den erstmaligen Zugriff auf die empfangenen Daten nur von dem oder den Berechtigten festgelegt oder geändert werden kann,
4. nur die Berechtigten Zugriff auf die empfangenen Daten oder auf einen Teil derselben haben,
5. nur die berechtigten Dritten Zugriff auf die empfangenen Daten oder auf einen Teil derselben einräumen dürfen,
6. empfangene Daten nicht an Unberechtigte übermittelt werden und
7. Verstöße oder versuchte Verstöße gegen die Anforderungen gemäß den Nummern 1 bis 6 eindeutig festgestellt werden können.

(2) Die elektronischen Mittel, die der Konzessionsgeber für den Empfang von Teilnahmeanträgen und Angeboten verwendet, müssen über eine einheitliche Datenaustauschschnittstelle verfügen. Es sind die jeweils geltenden IT-Interoperabilitäts- und IT-Sicherheitsstandards der Informationstechnik gemäß § 3 Absatz 1 des Vertrags über die Errichtung des IT-Planungsrats und über die Grundlagen der Zusammenarbeit beim Einsatz der Informationstechnologie in den Verwaltungen von Bund und Ländern vom 1. April 2010 zu verwenden.

§ 8a
Erstellung und Übermittlung von Bekanntmachungen; Datenaustauschstandard eForms

Für die Erstellung und Übermittlung von Konzessionsbekanntmachungen, Vorinformationen, Vergabebekanntmachungen und Bekanntmachungen zu Änderungen (Bekanntmachungen) gelten die Anforderung des § 10a Absatz 1, Absatz 2 Satz 1, Absatz 4 und Absatz 5 Satz 1 und 3 der Vergabeverordnung über die Vorgaben der Durchführungsverordnung (EU) 2019/1780 und des Datenaustauschstandards eForms einschließlich der Regelungen zu verpflichtenden Datenfeldern und der Übermittlung über den Datenservice Öffentlicher Einkauf entsprechend.

§ 9
Anforderungen an den Einsatz elektronischer Mittel im Vergabeverfahren

(1) Elektronische Mittel und deren technische Merkmale müssen allgemein verfügbar, nichtdiskriminierend und mit allgemein verbreiteten Geräten und Programmen der Informations- und Kommunikationstechnologie kompatibel sein. Sie dürfen den Zugang von Unternehmen zum Vergabeverfahren nicht unangemessen einschränken. Der Konzessionsgeber gewährleistet die barrierefreie Ausgestaltung der elektronischen Mittel nach den §§ 4, 12a und 12b des Behindertengleichstellungsgesetzes vom 27. April 2002 (BGBl. I S. 1467, 1468) in der jeweils geltenden Fassung.

(2) Der Konzessionsgeber verwendet für das Senden, Empfangen, Weiterleiten und Speichern von Daten ausschließlich solche elektronischen Mittel, die die Unversehrtheit, die Vertraulichkeit und die Echtheit der Daten gewährleisten.

(3) Der Konzessionsgeber muss den Unternehmen alle notwendigen Informationen zur Verfügung stellen über

1. die in einem Vergabeverfahren verwendeten elektronischen Mittel,
2. die technischen Parameter zur Einreichung von Teilnahmeanträgen und Angeboten mithilfe elektronischer Mittel und
3. die verwendeten Verschlüsselungs- und Zeiterfassungsverfahren.

§ 10
Einsatz alternativer elektronischer Mittel bei der Kommunikation

Der Konzessionsgeber kann im Vergabeverfahren die Verwendung elektronischer Mittel, die nicht allgemein verfügbar sind (alternative elektronische Mittel), verlangen, wenn der Konzessionsgeber

1. Unternehmen während des gesamten Vergabeverfahrens unter einer Internetadresse einen unentgeltlichen, uneingeschränkten, vollständigen und direkten Zugang zu diesen alternativen elektronischen Mitteln gewährt und
2. diese alternativen elektronischen Mittel selbst verwendet.

§ 11
Allgemeine Verwaltungsvorschriften

Die Bundesregierung kann mit Zustimmung des Bundesrates allgemeine Verwaltungsvorschriften über die zu verwendenden elektronischen Mittel (Basisdienste für die elektronische Konzessionsvergabe) sowie über die einzuhaltenden technischen Standards erlassen.

Abschnitt 2
Vergabeverfahren

Unterabschnitt 1
Allgemeine Verfahrensvorschriften

§ 12
Allgemeine Grundsätze

(1) Der Konzessionsgeber darf das Verfahren zur Vergabe von Konzessionen nach Maßgabe dieser Verordnung frei ausgestalten. Der Konzessionsgeber kann das Verfahren an den Vorschriften der Vergabeverordnung zum Ablauf des Verhandlungsverfahrens mit Teilnahmewettbewerb ausrichten.

(2) Das Verfahren kann ein- oder mehrstufig durchgeführt werden. Der Konzessionsgeber darf mit Bewerbern und Bietern Verhandlungen führen. Während der Verhandlungen dürfen der Konzessionsgegenstand, die Mindestanforderungen an das Angebot und die Zuschlagskriterien nicht geändert werden.

(3) Der Konzessionsgeber darf Bewerber oder Bieter bei der Weitergabe von Informationen nicht diskriminieren.

§ 13
Verfahrensgarantien

(1) Konzessionen werden auf der Grundlage der von dem Konzessionsgeber gemäß § 31 festgelegten Zuschlagskriterien vergeben, sofern alle folgenden Bedingungen erfüllt sind:

1. Der Bieter erfüllt die von dem Konzessionsgeber festgelegten Eignungskriterien und weiteren Teilnahmebedingungen sowie die gegebenenfalls festgelegten Mindestanforderungen, die insbesondere technische, physische, funktionelle und rechtliche Bedingungen und Merkmale umfassen, die jedes Angebot erfüllen sollte, und
2. der Bieter ist vorbehaltlich des § 154 Nummer 2 in Verbindung mit § 125 des Gesetzes gegen Wettbewerbsbeschränkungen nicht gemäß § 154 Nummer 2 in Verbindung mit den §§ 123 und 124 des Gesetzes gegen Wettbewerbsbeschränkungen von der Teilnahme am Vergabeverfahren ausgeschlossen.

(2) Der Konzessionsgeber erteilt folgende Angaben:

1. in der Konzessionsbekanntmachung gemäß § 19 eine Beschreibung der Konzession sowie der Teilnahmebedingungen und
2. in der Konzessionsbekanntmachung gemäß § 19, der Aufforderung zur Angebotsabgabe oder in anderen Vergabeunterlagen die Zuschlagskriterien sowie die gegebenenfalls festgelegten Mindestanforderungen.

(3) Der Konzessionsgeber übermittelt den Teilnehmern an einem Vergabeverfahren einen Organisations- und Zeitplan des Vergabeverfahrens einschließlich eines unverbindlichen Schlusstermins. Der Konzessionsgeber teilt sämtliche Änderungen allen Teilnehmern mit. Sofern diese Änderungen Inhalte der Konzessionsbekanntmachung betreffen, sind sie bekanntzumachen.

(4) Die Zahl der Bewerber oder Angebote kann auf eine angemessene Zahl begrenzt werden, sofern dies anhand objektiver Kriterien und in transparenter Weise geschieht. Die Zahl der zur Teilnahme oder Angebotsabgabe aufgeforderten Bewerber oder Bieter muss ausreichend hoch sein, dass der Wettbewerb gewährleistet ist.

§ 14
Umgehungsverbot

Das Verfahren zur Vergabe einer Konzession darf nicht in einer Weise ausgestaltet werden, dass es vom Anwendungsbereich des Teils 4 des Gesetzes gegen Wettbewerbsbeschränkungen ausgenommen wird oder bestimmte Unternehmen oder bestimmte Bauleistungen, Lieferungen oder Dienstleistungen auf unzulässige Weise bevorzugt oder benachteiligt werden.

Unterabschnitt 2
Vorbereitung des Vergabeverfahrens

§ 15
Leistungsbeschreibung

(1) In der Leistungsbeschreibung werden die für die vertragsgegenständlichen Bau- oder Dienstleistungen geforderten Merkmale durch technische und funktionelle Anforderungen festgelegt. Der Konzessionsgeber fasst die Leistungsbeschreibung gemäß § 152 Absatz 1 in Verbindung mit § 121 Absatz 1 und 3 des Gesetzes gegen Wettbewerbsbeschränkungen in einer Weise, dass allen Unternehmen der gleiche Zugang zum Vergabeverfahren gewährt wird und die Öffnung des nationalen Beschaffungsmarkts für den Wettbewerb nicht in ungerechtfertigter Weise behindert wird.

(2) Die Merkmale können Aspekte der Qualität und Innovation sowie soziale und umweltbezogene Aspekte betreffen. Sie können sich auch auf den Prozess oder die Methode zur Herstellung oder Erbringung der Bau- oder Dienstleistungen oder auf ein anderes Stadium im Lebenszyklus des Gegenstands der Konzession einschließlich der Produktions- und Lieferkette beziehen, auch wenn derartige Faktoren keine materiellen Bestandteile des Gegenstands der Konzession sind, sofern diese Merkmale in Verbindung mit dem Gegenstand der Konzession stehen und zu dessen Wert und Beschaffungszielen verhältnismäßig sind.

(3) In der Leistungsbeschreibung darf nicht auf eine bestimmte Produktion oder Herkunft oder ein besonderes Verfahren, das die Erzeugnisse oder Dienstleistungen eines bestimmten Unternehmens kennzeichnet, oder auf gewerbliche Schutzrechte, Typen oder eine bestimmte Erzeugung verwiesen werden, wenn dadurch bestimmte Unternehmen oder bestimmte Produkte begünstigt oder ausgeschlossen werden, es sei denn, dieser Verweis ist durch den Konzessionsgegenstand gerechtfertigt. Solche Verweise sind ausnahmsweise zulässig, wenn der Konzessionsgegenstand andernfalls nicht hinreichend genau und allgemein verständlich beschrieben werden kann; diese Verweise sind mit dem Zusatz „oder gleichwertig" zu versehen.

(4) Ein Angebot darf nicht mit der Begründung abgelehnt werden, dass die angebotenen Bau- oder Dienstleistungen nicht den in der Leistungsbeschreibung genannten technischen und funktionellen Anforderungen entsprechen, wenn der Bieter in seinem Angebot mit geeigneten Mitteln nachgewiesen hat, dass die von ihm vorgeschlagenen Lösungen diese Anforderungen in gleichwertiger Weise erfüllen.

§ 16
Vergabeunterlagen

Die Vergabeunterlagen umfassen jede Unterlage, die vom Konzessionsgeber erstellt wird oder auf die er sich bezieht, um Bestandteile der Konzession oder des Verfahrens zu beschreiben oder festzulegen. Dazu zählen insbesondere die Leistungsbeschreibung, der Entwurf der Vertragsbedingungen, Vorlagen für die Einreichung von Unterlagen durch Bewerber oder Bieter sowie Informationen über allgemeingültige Verpflichtungen.

§ 17
Bereitstellung der Vergabeunterlagen

(1) Der Konzessionsgeber gibt in der Konzessionsbekanntmachung oder – sofern die Konzessionsbekanntmachung keine Aufforderung zur Angebotsabgabe enthält – in der Aufforderung zur Angebotsabgabe eine elektronische Adresse an, unter der die Vergabeunterlagen unentgeltlich, uneingeschränkt, vollständig und direkt abgerufen werden können.

(2) Der Konzessionsgeber kann die Vergabeunterlagen auf einem anderen geeigneten Weg übermitteln, wenn aufgrund hinreichend begründeter Umstände aus außergewöhnlichen Sicherheitsgründen oder technischen Gründen oder aufgrund der besonderen Sensibilität von Handelsinformationen, die eines sehr

hohen Datenschutzniveaus bedürfen, ein unentgeltlicher, uneingeschränkter und vollständiger elektronischer Zugang nicht angeboten werden kann. In diesem Fall gibt der Konzessionsgeber in der Konzessionsbekanntmachung oder der Aufforderung zur Angebotsabgabe an, dass die Vergabeunterlagen auf einem anderen geeigneten Weg übermittelt werden können und die Frist für den Eingang der Angebote verlängert wird.

§ 18
Zusätzliche Auskünfte zu den Vergabeunterlagen

Der Konzessionsgeber erteilt allen Unternehmen, die sich an dem Vergabeverfahren beteiligen, spätestens sechs Tage vor dem Schlusstermin für den Eingang der Angebote zusätzliche Auskünfte zu den Vergabeunterlagen, sofern die Unternehmen diese zusätzlichen Auskünfte rechtzeitig angefordert haben.

Unterabschnitt 3
Bekanntmachungen

§ 19
Konzessionsbekanntmachung; Ex-ante-Transparenz

(1) Der Konzessionsgeber teilt seine Absicht, eine Konzession zu vergeben, in einer Konzessionsbekanntmachung mit.

(2) Die Konzessionsbekanntmachung wird nach den Vorgaben der Spalte 19 der Tabelle 2 des Anhangs der Durchführungsverordnung (EU) 2019/1780 in Verbindung mit § 8a in der jeweils geltenden Fassung erstellt.

(3) Der Konzessionsgeber benennt in der Konzessionsbekanntmachung die Vergabekammer, an die sich die Unternehmen zur Nachprüfung geltend gemachter Vergabeverstöße wenden können.

(4) Die freiwillige Ex-ante-Transparenzbekanntmachung im Sinne des § 135 Absatz 3 Satz 1 Nummer 2 und Satz 2 des Gesetzes gegen Wettbewerbsbeschränkungen erfolgt nach den Vorgaben der Spalte 28 in Tabelle 2 des Anhangs der Durchführungsverordnung (EU) 2019/1780 in Verbindung mit § 8a.

§ 20
Ausnahmen von der Konzessionsbekanntmachung

(1) Von einer Konzessionsbekanntmachung kann abgesehen werden, wenn die Bau- oder Dienstleistung nur von einem bestimmten Unternehmen erbracht werden kann, weil

1. das Ziel der Konzession die Erschaffung oder der Erwerb eines einzigartigen Kunstwerks oder einer einzigartigen künstlerischen Leistung ist,
2. Wettbewerb aus technischen Gründen nicht entstehen kann,
3. ein ausschließliches Recht besteht oder
4. Rechte des geistigen Eigentums oder andere als die in § 101 Absatz 2 in Verbindung mit § 100 Absatz 2 Satz 1 des Gesetzes gegen Wettbewerbsbeschränkungen definierten ausschließlichen Rechte zu beachten sind.

Satz 1 Nummer 2 bis 4 ist nur anzuwenden, wenn es keine sinnvolle Alternative oder Ersatzlösung gibt und der fehlende Wettbewerb nicht das Ergebnis einer künstlichen Einengung der Parameter der Konzessionsvergabe ist.

(2) Von einer neuen Konzessionsbekanntmachung kann abgesehen werden, wenn bei einem vorausgegangenen Vergabeverfahren keine oder keine geeigneten Teilnahmeanträge oder Angebote eingereicht wurden, sofern die ursprünglichen Bedingungen des Konzessionsvertrags nicht grundlegend geändert werden und der Europäischen Kommission auf Anforderung ein Verfahrensbericht vorgelegt wird. Ungeeignet sind

1. ein Teilnahmeantrag, wenn
   a) der Bewerber gemäß § 154 Nummer 2 in Verbindung mit den §§ 123 bis 126 des Gesetzes gegen Wettbewerbsbeschränkungen aufgrund eines zwingenden oder fakultativen Ausschlussgrunds auszuschließen ist oder ausgeschlossen werden könnte oder der Bewerber die gemäß § 152 Absatz 2 in Verbindung mit § 122 des Gesetzes gegen Wettbewerbsbeschränkungen festgelegten Eignungskriterien nicht erfüllt oder
   b) der Teilnahmeantrag ein ungeeignetes Angebot enthält, weil dieses ohne wesentliche Abänderung den in den Vergabeunterlagen genannten Bedürfnissen und Anforderungen des Konzessionsgebers offensichtlich nicht entsprechen kann, und
2. ein Angebot, wenn es ohne wesentliche Abänderung den in den Vergabeunterlagen genannten Bedürfnissen und Anforderungen des Konzessionsgebers offensichtlich nicht entsprechen kann.

§ 21
Vergabebekanntmachung, Bekanntmachung über Änderungen einer Konzession

(1) Der Konzessionsgeber übermittelt spätestens 48 Tage nach der Vergabe einer Konzession eine Vergabebekanntmachung mit dem Ergebnis des Vergabeverfahrens an das Amt für Veröffentlichungen der Europäischen Union über den Datenservice Öffentlicher Einkauf. Die Vergabebekanntmachung wird nach den Vorgaben der Spalte 32 der Tabelle 2 des Anhangs der Durchführungsverordnung (EU) 2019/1780 in Verbindung mit § 8a erstellt.

(2) Bekanntmachungen über Änderungen einer Konzession gemäß § 154 Nummer 3 in Verbindung mit § 132 Absatz 5 des Gesetzes gegen Wettbewerbsbeschränkungen werden nach den Vorgaben der Spalte 40 in Tabelle 2 des Anhangs der Durchführungsverordnung (EU) 2019/1780 in Verbindung mit § 8a erstellt.

§ 22
Konzessionen, die soziale und andere besondere Dienstleistungen betreffen

(1) Der Konzessionsgeber teilt seine Absicht, eine Konzession zur Erbringung sozialer Dienstleistungen oder anderer besonderer Dienstleistungen im Sinne des § 153 des Gesetzes gegen Wettbewerbsbeschränkungen zu vergeben, durch eine Vorinformation mit.

(2) Auf Vergabebekanntmachungen ist § 21 Absatz 1 anzuwenden. Der Konzessionsgeber kann Vergabebekanntmachungen vierteljährlich zusammenfassen. In diesem Fall ist die Veröffentlichung der zusammengefassten Bekanntmachungen innerhalb von 48 Tagen nach dem Ende des Quartals zu veranlassen.

(3) Die Bekanntmachung der Vorinformation nach Absatz 1 erfolgt nach den Vorgaben der Spalte 14 und die Vergabebekanntmachung nach Absatz 2 nach den Vorgaben der Spalte 35 der Tabelle 2 des Anhangs der Durchführungsverordnung (EU) 2019/1780 jeweils in Verbindung mit § 8a.

(4) Auf Bekanntmachungen über Änderungen einer Konzession gemäß § 154 Nummer 3 in Verbindung mit § 132 Absatz 5 des Gesetzes gegen Wettbewerbsbeschränkungen ist § 21 Absatz 2 anzuwenden.

§ 23
Form und Modalitäten der Veröffentlichung von Bekanntmachungen

(1) Der Konzessionsgeber muss den Tag der Absendung der Bekanntmachungen an das Amt für Veröffentlichungen der Europäischen Union nachweisen können.

(2) Als Nachweis der Veröffentlichung dient die Bestätigung des Eingangs der Bekanntmachung und der Veröffentlichung der übermittelten Information, die der Konzessionsgeber vom Amt für Veröffentlichungen der Europäischen Union erhält.

(3) Bekanntmachungen dürfen frühestens 48 Stunden nach der Bestätigung des Amtes für Veröffentlichungen der Europäischen Union über die Veröffentlichung der übermittelten Informationen auf nationaler Ebene veröffentlicht werden. Die Veröffentlichung darf nur die Angaben enthalten, die in der an das

Amt für Veröffentlichungen der Europäischen Union übermittelten Bekanntmachung enthalten sind. In der nationalen Bekanntmachung ist das Datum der Übermittlung an das Amt für Veröffentlichungen der Europäischen Union anzugeben.

Unterabschnitt 4
Auswahlverfahren und Zuschlag

§ 24
Rechtsform von Unternehmen und Bietergemeinschaften

(1) Bewerber oder Bieter, die gemäß den Rechtsvorschriften des Staats, in dem sie niedergelassen sind, zur Erbringung der betreffenden Leistung berechtigt sind, dürfen nicht allein deshalb zurückgewiesen werden, weil sie gemäß den deutschen Rechtsvorschriften eine natürliche oder juristische Person sein müssten. Juristische Personen können verpflichtet werden, in ihrem Antrag auf Teilnahme oder in ihrem Angebot die Namen und die berufliche Befähigung der Personen anzugeben, die für die Durchführung des Konzessionsvertrags als verantwortlich vorgesehen sind.

(2) Bewerber- und Bietergemeinschaften sind wie Einzelbewerber und -bieter zu behandeln. Der Konzessionsgeber darf nicht verlangen, dass Gruppen von Unternehmen eine bestimmte Rechtsform haben müssen, um einen Antrag auf Teilnahme zu stellen oder ein Angebot abzugeben. Sofern erforderlich kann der Konzessionsgeber in den Vergabeunterlagen Bedingungen festlegen, wie Gruppen von Unternehmen die Eignungskriterien zu erfüllen und die Konzession auszuführen haben; solche Bedingungen müssen durch sachliche Gründe gerechtfertigt und angemessen sein.

(3) Unbeschadet des Absatzes 2 kann der Konzessionsgeber verlangen, dass eine Bietergemeinschaft nach Zuschlagserteilung eine bestimmte Rechtsform annimmt, soweit dies für die ordnungsgemäße Durchführung der Konzession erforderlich ist.

§ 25
Anforderungen an die Auswahl geeigneter Unternehmen; Eignungsleihe

(1) Der Konzessionsgeber legt die Eignungskriterien gemäß § 152 Absatz 2 in Verbindung mit § 122 des Gesetzes gegen Wettbewerbsbeschränkungen fest und gibt die Eignungskriterien in der Konzessionsbekanntmachung an. Ist eine Konzessionsbekanntmachung gemäß § 20 nicht erforderlich, sind die Eignungskriterien in die Vergabeunterlagen aufzunehmen.

(2) Die Eignungskriterien müssen nichtdiskriminierend sein und dem Zweck dienen,

1. sicherzustellen, dass der Konzessionsnehmer zur Durchführung der Konzession in Anbetracht des Konzessionsgegenstands fähig ist, sowie
2. den Wettbewerb zu gewährleisten.

(3) Zur Erfüllung der Eignungskriterien darf ein Unternehmen Kapazitäten anderer Unternehmen einbeziehen, unabhängig davon, welche rechtlichen Beziehungen zwischen ihm und diesen Unternehmen bestehen. Hinsichtlich der finanziellen Leistungsfähigkeit kann der Konzessionsgeber verlangen, dass die Unternehmen gemeinschaftlich für die Vertragsdurchführung haften.

§ 26
Beleg für die Eignung und das Nichtvorliegen von Ausschlussgründen

(1) Der Konzessionsgeber prüft die Eignung und das Nichtvorliegen von Ausschlussgründen aufgrund der Vorlage von Eigenerklärungen oder von Nachweisen.

(2) In der Konzessionsbekanntmachung ist anzugeben, mit welchen Unterlagen Unternehmen die Eignung und das Nichtvorliegen von Ausschlussgründen zu belegen haben. Ist eine Konzessionsbekanntmachung gemäß § 20 nicht erforderlich, sind diese Angaben in die Vergabeunterlagen aufzunehmen.

(3) Bei Einbeziehung von Kapazitäten anderer Unternehmen gemäß § 25 Absatz 3 können Konzessionsgeber den Nachweis verlangen, dass die zur Erfüllung der Eignungskriterien erforderlichen Mittel während der gesamten Konzessionslaufzeit zur Verfügung stehen werden.

§ 27
Fristen für den Eingang von Teilnahmeanträgen und Angeboten

(1) Der Konzessionsgeber berücksichtigt bei der Festsetzung von Fristen insbesondere die Komplexität der Konzession und die Zeit, die für die Einreichung der Teilnahmeanträge und für die Ausarbeitung der Angebote erforderlich ist.

(2) Auf ausreichend lange Fristen ist insbesondere zu achten, wenn eine Ortsbesichtigung oder eine persönliche Einsichtnahme in nicht übermittelte Anlagen zu den Vergabeunterlagen vor Ort erforderlich ist.

(3) Die Mindestfrist für den Eingang von Teilnahmeanträgen mit oder ohne Angebot beträgt 30 Tage ab dem Tag nach der Übermittlung der Konzessionsbekanntmachung.

(4) Findet das Verfahren in mehreren Stufen statt, beträgt die Mindestfrist für den Eingang von Erstangeboten 22 Tage ab dem Tag nach der Aufforderung zur Angebotsabgabe. Der Konzessionsgeber kann die Frist für den Eingang von Angeboten um fünf Tage verkürzen, wenn diese mit elektronischen Mitteln eingereicht werden.

§ 28
Form und Übermittlung der Teilnahmeanträge und Angebote

(1) Bewerber oder Bieter übermitteln ihre Teilnahmeanträge und Angebote grundsätzlich in Textform nach § 126b des Bürgerlichen Gesetzbuchs mithilfe elektronischer Mittel.

(2) Der Konzessionsgeber ist nicht verpflichtet, die Einreichung von Teilnahmeanträgen und Angeboten mithilfe elektronischer Mittel zu verlangen, wenn auf die zur Einreichung erforderlichen elektronischen Mittel einer der in § 17 Absatz 2 genannten Gründe zutrifft oder wenn zugleich physische oder maßstabsgetreue Modelle einzureichen sind, die nicht elektronisch übermittelt werden können. In diesen Fällen erfolgt die Kommunikation auf dem Postweg oder auf einem anderen geeigneten Weg oder in Kombination von postalischem oder einem anderen geeigneten Weg und der Verwendung elektronischer Mittel. Der Konzessionsgeber gibt im Vergabevermerk die Gründe an, warum die Angebote mithilfe anderer als elektronischer Mittel eingereicht werden können.

(3) Der Konzessionsgeber prüft, ob zu übermittelnde Daten erhöhte Anforderungen an die Sicherheit der Datenübermittlung stellen. Soweit es erforderlich ist, kann der Konzessionsgeber verlangen, dass Teilnahmeanträge und Angebote zu versehen sind mit

1. einer fortgeschrittenen elektronischen Signatur,
2. einer qualifizierten elektronischen Signatur,
3. einem fortgeschrittenen elektronischen Siegel oder
4. einem qualifizierten elektronischen Siegel.

(4) Der Konzessionsgeber kann festlegen, dass Angebote mithilfe anderer als elektronischer Mittel einzureichen sind, wenn sie besonders schutzwürdige Daten enthalten, die bei Verwendung allgemein verfügbarer oder alternativer elektronischer Mittel nicht angemessen geschützt werden können. Der Konzessionsgeber gibt im Vergabevermerk die Gründe an, warum er die Einreichung der Angebote mithilfe anderer als elektronischer Mittel für erforderlich hält.

§ 29
Prüfung und Aufbewahrung der ungeöffneten Teilnahmeanträge und Angebote

Der Konzessionsgeber prüft den Inhalt der Teilnahmeanträge und Angebote erst nach Ablauf der Frist für ihre Einreichung. Bei der Aufbewahrung der ungeöffneten Teilnahmeanträge und Angebote sind die Integrität und die Vertraulichkeit der Daten zu gewährleisten.

§ 30
Unterrichtung der Bewerber oder Bieter

(1) Unbeschadet § 134 des Gesetzes gegen Wettbewerbsbeschränkungen unterrichtet der Konzessionsgeber alle Bewerber oder Bieter unverzüglich über die Entscheidungen hinsichtlich des Zuschlags, einschließlich des Namens des erfolgreichen Bieters, der Gründe für die Ablehnung ihrer Teilnahmeanträge oder Angebote sowie die Gründe für eine Entscheidung, Konzessionen, für die eine Konzessionsbekanntmachung veröffentlicht wurde, nicht zu vergeben oder das Verfahren neu einzuleiten.

(2) Auf Anfrage der Betroffenen in Textform gemäß § 126b des Bürgerlichen Gesetzbuchs unterrichtet der Konzessionsgeber unverzüglich, in jedem Fall binnen 15 Tagen, jeden Bieter, der ein ordnungsgemäßes Angebot eingereicht hat, über die Merkmale und relativen Vorteile des ausgewählten Angebots.

(3) Der Konzessionsgeber kann beschließen, bestimmte in Absatz 1 genannte Angaben zur Konzession nicht mitzuteilen, soweit die Offenlegung dieser Angaben

1. den Gesetzesvollzug behindern,
2. dem öffentlichen Interesse auf sonstige Weise zuwiderlaufen,
3. die berechtigten geschäftlichen Interessen von Unternehmen schädigen oder den lauteren Wettbewerb zwischen ihnen beeinträchtigen

würde.

§ 31
Zuschlagskriterien

(1) Die Zuschlagskriterien nach § 152 Absatz 3 des Gesetzes gegen Wettbewerbsbeschränkungen sind in absteigender Rangfolge anzugeben.

(2) Enthält ein Angebot eine innovative Lösung mit außergewöhnlich hoher funktioneller Leistungsfähigkeit, die der Konzessionsgeber nicht vorhersehen konnte, kann die Reihenfolge der Zuschlagskriterien entsprechend geändert werden. In diesem Fall hat der Konzessionsgeber die Bieter über die geänderte Reihenfolge der Zuschlagskriterien zu unterrichten und unter Wahrung der Mindestfrist nach § 27 Absatz 4 Satz 1 eine neue Aufforderung zur Angebotsabgabe zu veröffentlichen. Wurden die Zuschlagskriterien zu demselben Zeitpunkt wie die Konzessionsbekanntmachung veröffentlicht, ist eine neue Konzessionsbekanntmachung unter Wahrung der Mindestfrist gemäß § 27 Absatz 3 zu veröffentlichen.

(3) Der Konzessionsgeber überprüft nach § 152 Absatz 3 des Gesetzes gegen Wettbewerbsbeschränkungen, ob die Angebote die Zuschlagskriterien tatsächlich erfüllen.

§ 32
Aufhebung von Vergabeverfahren

(1) Der Konzessionsgeber ist berechtigt, ein Vergabeverfahren ganz oder teilweise aufzuheben, wenn

1. kein Angebot eingegangen ist, das den Bedingungen entspricht,
2. sich die Grundlage des Vergabeverfahrens wesentlich geändert hat,
3. kein wirtschaftliches Ergebnis erzielt wurde oder
4. andere schwerwiegende Gründe bestehen.

Im Übrigen ist der Konzessionsgeber grundsätzlich nicht verpflichtet, den Zuschlag zu erteilen.

(2) Der Konzessionsgeber teilt den Bewerbern oder Bietern nach Aufhebung des Vergabeverfahrens unverzüglich die Gründe für seine Entscheidung mit, auf die Vergabe einer Konzession zu verzichten oder das Verfahren erneut einzuleiten. Auf Antrag teilt er ihnen dies in Textform nach § 126b des Bürgerlichen Gesetzbuchs mit.

Abschnitt 3
Ausführung der Konzession

§ 33
Vergabe von Unteraufträgen

(1) Der Konzessionsgeber kann Unternehmen in der Konzessionsbekanntmachung oder den Vergabeunterlagen auffordern, bei Angebotsabgabe die Teile der Konzession, die sie im Wege der Unterauftragsvergabe an Dritte zu vergeben beabsichtigen, sowie, falls zumutbar, die vorgesehenen Unterauftragnehmer zu benennen. Vor Zuschlagserteilung kann der Konzessionsgeber von den Bietern, deren Angebote in die engere Wahl kommen, verlangen, die Unterauftragnehmer zu benennen und nachzuweisen, dass ihnen die erforderlichen Mittel dieser Unterauftragnehmer zur Verfügung stehen. Wenn ein Bewerber oder Bieter die Vergabe eines Teils der Konzession an einen Dritten im Wege der Unterauftragsvergabe beabsichtigt und sich zugleich im Hinblick auf seine Leistungsfähigkeit auf die Kapazitäten dieses Dritten beruft, ist auch § 25 Absatz 3 anzuwenden.

(2) Die Haftung des Hauptauftragnehmers gegenüber dem Konzessionsgeber bleibt von Absatz 1 unberührt.

(3) Der Konzessionsnehmer einer Baukonzession, der im Rahmen dieser Baukonzession Aufträge an Dritte vergibt, deren Gegenstand die Erbringung von Bauleistungen im Sinne des § 103 Absatz 3 des Gesetzes gegen Wettbewerbsbeschränkungen ist, hat in der Regel Teil B der Vergabe- und Vertragsordnung für Bauleistungen, die Allgemeinen Vertragsbedingungen für die Ausführung von Bauleistungen, und Teil C der Vergabe und Vertragsordnung für Bauleistungen, die Allgemeinen Technischen Vertragsbedingungen für Bauleistungen, zum Vertragsgegenstand zu machen.

(4) Im Falle von Baukonzessionen und in Bezug auf Dienstleistungen, die in der Einrichtung des Konzessionsgebers unter dessen direkter Aufsicht zu erbringen sind, schreibt der Konzessionsgeber dem Konzessionsnehmer in den Vertragsbedingungen vor, dass dieser spätestens bei Beginn der Durchführung der Konzession die Namen, die Kontaktdaten und die gesetzlichen Vertreter der Unterauftragnehmer mitteilt und dass jede im Rahmen der Durchführung der Konzession eintretende Änderung auf der Ebene der Unterauftragnehmer mitzuteilen ist. Der Konzessionsgeber kann die Mitteilungspflichten auch als Vertragsbedingungen für die Vergabe von Dienstleistungskonzessionen vorsehen, bei denen die Dienstleistungen nicht in der Einrichtung des Konzessionsgebers unter dessen direkter Aufsicht zu erbringen sind. Des Weiteren können die Mitteilungspflichten auch auf Lieferanten, die bei Bau- oder Dienstleistungskonzessionen beteiligt sind, sowie auf weitere Stufen in der Kette der Unterauftragnehmer ausgeweitet werden.

(5) Für Unterauftragnehmer aller Stufen ist § 152 Absatz 4 in Verbindung mit § 128 Absatz 1 des Gesetzes gegen Wettbewerbsbeschränkungen anzuwenden.

(6) Der Konzessionsgeber überprüft vor der Erteilung des Zuschlags, ob Gründe für den Ausschluss von Unterauftragnehmern vorliegen. Bei Vorliegen zwingender Ausschlussgründe verlangt der Konzessionsgeber, dass der Unterauftragnehmer ersetzt wird, bei Vorliegen fakultativer Ausschlussgründe kann der Konzessionsgeber verlangen, dass der Unterauftragnehmer ersetzt wird. Der Konzessionsgeber kann dem Bewerber oder Bieter dafür eine Frist setzen.

Abschnitt 4
Übergangs- und Schlussbestimmungen

§ 34
Übergangsbestimmung für die elektronische Kommunikation und elektronische Übermittlung von Teilnahmeanträgen und Angeboten

Abweichend von § 28 Absatz 1 kann der Konzessionsgeber bis zum 18. Oktober 2018 die Übermittlung der Teilnahmeanträge und Angebote auch auf dem Postweg, einem anderen geeigneten Weg, Fax oder durch die Kombination dieser Mittel verlangen. Dasselbe gilt für die sonstige Kommunikation im Sinne des

§ 7 Absatz 1, soweit sie nicht die Übermittlung von Bekanntmachungen gemäß § 23 und die Bereitstellung der Vergabeunterlagen gemäß § 17 betrifft.

§ 35
Elektronische Kommunikation durch Auslandsdienststellen

Auslandsdienststellen sind bei der Vergabe von Konzessionen nicht verpflichtet, elektronische Mittel nach den §§ 7 bis 11 und 28 dieser Verordnung anzuwenden.

§ 36
Fristberechnung

Die Berechnung der in dieser Verordnung geregelten Fristen bestimmt sich nach der Verordnung (EWG, Euratom) Nr. 1182/71 des Rates vom 3. Juni 1971 zur Festlegung der Regeln für die Fristen, Daten und Termine (ABl. L 124 vom 8.6.1971, S. 1).

§ 37
Anwendungsbestimmungen aus Anlass der Einführung von eForms

Bis zum Ablauf des sich nach § 83 Absatz 2 der Vergabeverordnung ergebenden Tages sind

1. § 8a nicht anzuwenden und
2. die §§ 19, 21, 22 und 23 in ihrer am 23. August 2023 geltenden Fassung weiter anzuwenden.

VI.
Vergabeverordnung für die Bereiche Verteidigung und Sicherheit zur Umsetzung der Richtlinie 2009/81/EG des Europäischen Parlaments und des Rates vom 13. Juli 2009 über die Koordinierung der Verfahren zur Vergabe bestimmter Bau-, Liefer- und Dienstleistungsaufträge in den Bereichen Verteidigung und Sicherheit und zur Änderung der Richtlinien 2004/17/EG und 2004/18/EG[1] (Vergabeverordnung Verteidigung und Sicherheit – VSVgV)

vom 12. Juli 2012 (BGBl. I S. 1509), zuletzt geändert durch Artikel 2 der Verordnung vom 7. Februar 2024 (BGBl. 2024 I Nr. 39)

Vorbemerkung: 1. Verordnungszweck. Die Vergabeverordnung für verteidigungs- und sicherheitsrelevante Beschaffungen (VSVgV) ist anwendbar, wenn verteidigungs- oder sicherheitsspezifische öffentliche Aufträge i.S.d. § 104 GWB vergeben werden sollen (§ 1 Abs. 1 VSVgV). Wann ein verteidigungs- oder sicherheitsspezifischer öffentlicher Auftrag vorliegt, definiert § 104 Abs. 1 GWB (siehe dort und die dortige Anmerkung).

Die VSVgV beruht auf der Richtlinie 2009/81/EG des Europäischen Parlaments und des Rates vom 13. Juli 2009 über die Koordinierung der Verfahren zur Vergabe bestimmter Bau-, Liefer- und Dienstleistungsaufträge in den Bereichen Verteidigung und Sicherheit und zur Änderung der Richtlinien 2004/17/EG und 2004/18/EG (ABl. L 216 vom 20.8.2009, S. 76). Damit wurde die VSVgV nur am Rande durch die Vergaberechtsreform 2016 berührt. Durch die VSVgV soll – wie dies auch von der EU-Richtlinie beabsichtigt ist – für verteidigungs- und sicherheitsrelevante Beschaffungen **mehr Wettbewerb** geschaffen und gleichzeitig den besonderen Anforderungen verteidigungs- und sicherheitsrelevanter Beschaffungen Genüge getan werden.

Warum die VSVgV für „mehr" Wettbewerb sorgen kann, wird durch einen Vergleich der Rechtslage vor Inkrafttreten der VSVgV und der heutigen Rechtslage deutlich:

- Vor Inkrafttreten der VSVgV gab es bei verteidigungs- und sicherheitsrelevanten Aufträgen grundsätzlich zwei Vorgehensweisen für die Auftraggeber: Entweder es wurde das „allgemeine" Vergaberecht angewandt oder es wurde unter Berufung auf § 100 Abs. 2 Buchst. d und e GWB a.F. i.V.m. Art. 296 ex-EGV (heute § 107 Abs. 2 GWB i.V.m. Art. 346 AEUV) gar kein Vergaberecht angewandt. Typischerweise wurde dies immer damit begründet, dass das allgemeine Vergaberecht z.B. wegen der Transparenzpflichten nicht immer hinreichend für verteidigungs- und sicherheitsrelevante Beschaffungen geeignet sei.
- Durch das Inkrafttreten der VSVgV ist eine dritte Option hinzugekommen: Soweit der sachliche Anwendungsbereich der VSVgV eröffnet ist (also insbesondere eine verteidigungs- und sicherheitsrelevante Beschaffung i.S.d. § 104 GWB geplant ist), können die Auftraggeber auch das sektorspezifische Vergaberecht für verteidigungs- und sicherheitsrelevante Beschaffungen anwenden.

Die VSVgV gibt also den Auftraggebern die Chance, mehr Beschaffungen im Wettbewerb zu vergeben und dabei – trotz Verwendung eines wettbewerblichen Verfahrens – gleichzeitig **staatliche Sicherheits- und Geheimhaltungsinteressen wahren** zu können. Daher wird also wesentlich seltener ein berechtigter Grund für die Anwendung der – eng zu verstehenden – Ausnahmevorschrift § 107 Abs. 2 GWB i.V.m. Art. 346 AEUV vorliegen. Daher muss nach dem Inkrafttreten

1 ABl. L 216 vom 20.8.2009, S. 76.

der VSVgV die Berufung auf die Ausnahmevorschrift des § 107 Abs. 2 GWB i.V.m. Art. 346 AEUV eine absolut seltene Ausnahme bleiben.

Der Verzicht auf eine Anwendung des Vergaberechts nach § 107 Abs. 2 GWB i.V.m. Art. 346 AEUV ist nur dann gerechtfertigt, wenn dies zur Wahrung der nationalen Sicherheitsinteressen unbedingt notwendig und im Einzelfall auch angemessen ist (Erwägungsgrund 16 und 17 der Richtlinie 2009/81/EG). Jedenfalls die allgemeinen Besonderheiten der verteidigungs- und sicherheitsrelevanten Beschaffungen allein sind nach dem Inkrafttreten der VSVgV keine ausreichende Rechtfertigung für eine Ausnahme vom Vergaberecht nach § 107 Abs. 2 GWB i.V.m. Art. 346 AEUV.

2. Verfahrensbesonderheiten. Im Anwendungsbereich der VSVgV gelten einige Verfahrensbesonderheiten, die es erlauben, das Vergabeverfahren flexibler den Bedürfnissen der Auftraggeber und den besonderen Erfordernissen verteidigungs- und sicherheitsrelevanter Beschaffungen anzupassen. In diesem Rahmen ist besonders hervorzuheben, dass im Anwendungsbereich der VSVgV seit jeher nicht der Vorrang des offenen Verfahrens gilt. Im Gegenteil: Das **offene Verfahren** ist **nicht** vorgesehen (§ 146 GWB, § 11 Abs. 1 VSVgV, § 3 VS VOB/A). Gemäß § 146 GWB (§ 11 Abs. 1 VSVgV, § 3 VS VOB/A) dürfen die Auftraggeber bei der Vergabe von verteidigungs- und sicherheitsrelevanten Aufträgen frei **zwischen dem nicht offenen Verfahren und dem Verhandlungsverfahren wählen**. Das Verhandlungsverfahren ohne vorgeschaltetem Teilnahmewettbewerb und der wettbewerbliche Dialog stehen nur zur Verfügung, wenn ein entsprechender Ausnahmetatbestand (§§ 12, 13 VSVgV) einschlägig ist.

Ferner sind **Verschlusssachen** bei Anwendung der VSVgV besonders geschützt (§ 7 VSVgV) und der **Versorgungssicherheit** (§§ 8, 34 Abs. 2 Nr. 9 VSVgV) wird besondere Bedeutung eingeräumt. Andererseits wird auf Regelungen zur besonderen **Förderung der Energieeffizienz** nach dem Muster der §§ 67, 68 VgV verzichtet.

3. Anwendbare Regelungen. Für die Beschaffung von **Liefer- und Dienstleistungen** sind alle Verfahrensregelungen abschließend in der VSVgV enthalten (vgl. § 2 Abs. 1 VSVgV); lediglich für **Bauaufträge** wird das Kaskadenprinzip aufrechterhalten (vgl. § 2 Abs. 2 VSVgV). Zu den allgemeinen Regelungen in der VSVgV tritt für die Verfahrensregelungen im Detail ergänzend der 3. Abschnitt der VOB/A (VS-Paragrafen) hinzu. Sonderregelungen für **freiberufliche Leistungen** sind nicht vorgesehen; freiberufliche Leistungen werden behandelt wie alle anderen Dienstleistungen auch. Zum 25.10.2023 wurden die eForms auch in der VSVgV eingeführt.

Auf Grund des § 97 Absatz 6, des § 127 Nummer 1, 3 und 8 des Gesetzes gegen Wettbewerbsbeschränkungen, von denen § 127 Nummer 1 durch Artikel 1 Nummer 23 Buchstabe a des Gesetzes vom 20. April 2009 (BGBl. I S. 790) geändert, Nummer 3 durch Artikel 1 Nummer 10 des Gesetzes vom 7. Dezember 2011 (BGBl. I S. 2570) neu gefasst und § 127 Nummer 8 zuletzt durch Artikel 1 Nummer 23 Buchstabe e des Gesetzes vom 20. April 2009 (BGBl. I S. 790) geändert worden ist, verordnet die Bundesregierung:

Teil 1
Allgemeine Bestimmungen

§ 1
Anwendungsbereich

Diese Verordnung gilt für die Vergabe von verteidigungs- oder sicherheitsspezifischen öffentlichen Aufträgen im Sinne des § 104 Absatz 1 des Gesetzes gegen Wettbewerbsbeschränkungen, die dem Teil 4 des Gesetzes gegen Wettbewerbsbeschränkungen unterfallen und durch öffentliche Auftraggeber im Sinne des § 99 und Sektorenauftraggeber im Sinne des § 100 des Gesetzes gegen Wettbewerbsbeschränkungen vergeben werden.

§ 2
Anzuwendende Vorschriften für Liefer-, Dienstleistungs- und Bauaufträge

(1) Für die Vergabe von verteidigungs- oder sicherheitsspezifischen Liefer- und Dienstleistungsaufträgen sind die Vorschriften dieser Verordnung anzuwenden.

(2) Für die Vergabe von verteidigungs- oder sicherheitsspezifischen Bauaufträgen sind die §§ 1 bis 4, 6 bis 9 und 38 bis 42 sowie 44 und 45 anzuwenden. Im Übrigen ist Abschnitt 3 der Vergabe- und Vertragsordnung für Bauleistungen (VOB/A) in der Fassung der Bekanntmachung vom 31. Januar 2019 (BAnz AT 19.02.2019 B2), der zuletzt durch die Bekanntmachung vom 6. September 2023 (BAnz AT 25.09.2023 B4) geändert worden ist, anzuwenden.

(3) Für die Vergabe von verteidigungs- oder sicherheitsspezifischen Liefer-, Dienstleistungs- und Bauaufträgen gelten bei der Erstellung und Übermittlung von Bekanntmachungen die Anforderungen des § 10a Absatz 1, Absatz 2 Satz 1, Absatz 4 und Absatz 5 Satz 1 und 3 der Vergabeverordnung über die Vorgaben der Durchführungsverordnung (EU) 2019/1780 und des Datenaustauschstandards eForms einschließlich der Regelungen zu verpflichtenden Datenfeldern und der Übermittlung über den Datenservice Öffentlicher Einkauf entsprechend.

§ 3
Schätzung des Auftragswertes

(1) Bei der Schätzung des Auftragswertes ist von der voraussichtlichen Gesamtvergütung ohne Umsatzsteuer für die vorgesehene Leistung einschließlich etwaiger Prämien oder Zahlungen an Bewerber oder Bieter auszugehen. Dabei sind alle Optionen und etwaige Vertragsverlängerungen zu berücksichtigen.

(2) Der Wert eines beabsichtigten Auftrags darf nicht in der Absicht geschätzt oder aufgeteilt werden, den Auftrag der Anwendung dieser Verordnung zu entziehen.

(3) Bei regelmäßig wiederkehrenden Aufträgen oder Daueraufträgen über Liefer- oder Dienstleistungen ist der Auftragswert zu schätzen

1. entweder auf der Grundlage des tatsächlichen Gesamtwertes entsprechender aufeinanderfolgender Aufträge aus dem vorangegangenen Haushaltsjahr; dabei sind voraussichtliche Änderungen bei Mengen oder Kosten möglichst zu berücksichtigen, die während der zwölf Monate zu erwarten sind, die auf den ursprünglichen Auftrag folgen, oder
2. auf der Grundlage des geschätzten Gesamtwertes aufeinanderfolgender Aufträge, die während der auf die erste Lieferung folgenden zwölf Monate oder während des auf die erste Lieferung folgenden Haushaltsjahres, wenn dieses länger als zwölf Monate ist, vergeben werden.

(4) Bei Aufträgen über Liefer- oder Dienstleistungen, für die kein Gesamtpreis angegeben wird, ist Berechnungsgrundlage für den geschätzten Auftragswert

1. bei zeitlich begrenzten Aufträgen mit einer Laufzeit von bis zu 48 Monaten der Gesamtwert für die Laufzeit dieser Aufträge;
2. bei Aufträgen mit unbestimmter Laufzeit oder mit einer Laufzeit von mehr als 48 Monaten der 48-fache Monatswert.

(5) Bei Bauleistungen ist neben dem Auftragswert der Bauaufträge der geschätzte Wert aller Lieferleistungen zu berücksichtigen, die für die Ausführungen der Bauleistungen erforderlich sind und von Auftraggebern zur Verfügung gestellt werden.

(6) Der Wert einer Rahmenvereinbarung wird auf der Grundlage des geschätzten Gesamtwertes aller Einzelaufträge berechnet, die während deren Laufzeit geplant sind.

(7) Besteht die beabsichtigte Beschaffung aus mehreren Losen, für die jeweils ein gesonderter Auftrag vergeben wird, ist bei der Schätzung der Wert aller Lose zugrunde zu legen. Bei Lieferaufträgen gilt dies nur für Lose über gleichartige Lieferungen. Erreicht oder überschreitet der Gesamtwert den maßgeblichen

EU-Schwellenwert, gilt diese Verordnung für die Vergabe jedes Loses. Dies gilt nicht bis zu einer Summe der Werte dieser Lose von 20 Prozent des Gesamtwertes ohne Umsatzsteuer für

1. Liefer- oder Dienstleistungsaufträge mit einem Wert unter 80 000 Euro und
2. Bauaufträge mit einem Wert unter 1 000 000 Euro.

(8) Maßgeblicher Zeitpunkt für die Schätzung des Auftragswertes ist der Tag, an dem die Bekanntmachung der beabsichtigten Auftragsvergabe abgesendet oder das Vergabeverfahren auf andere Weise eingeleitet wird.

§ 4
Begriffsbestimmungen

(1) Krise ist jede Situation in einem Mitgliedstaat der Europäischen Union oder einem Drittland, in der ein Schadensereignis eingetreten ist, das deutlich über die Ausmaße von Schadensereignissen des täglichen Lebens hinausgeht und

1. dabei Leben und Gesundheit zahlreicher Menschen erheblich gefährdet oder einschränkt,
2. eine erhebliche Auswirkung auf Sachwerte hat oder
3. lebensnotwendige Versorgungsmaßnahmen für die Bevölkerung erforderlich macht.

Eine Krise liegt auch vor, wenn konkrete Umstände dafür vorliegen, dass ein solches Schadensereignis unmittelbar bevorsteht. Bewaffnete Konflikte und Kriege sind Krisen im Sinne dieser Verordnung.

(2) Unterauftrag ist ein zwischen einem erfolgreichen Bieter und einem oder mehreren Unternehmen geschlossener entgeltlicher Vertrag über die Ausführung des betreffenden Auftrags oder von Teilen des Auftrags.

(3) Forschung und Entwicklung sind alle Tätigkeiten, die Grundlagenforschung, angewandte Forschung und experimentelle Entwicklung umfassen, wobei letztere die Herstellung von technologischen Demonstrationssystemen einschließen kann. Technologische Demonstrationssysteme sind Vorrichtungen zur Demonstration der Leistungen eines neuen Konzepts oder einer neuen Technologie in einem relevanten oder repräsentativen Umfeld.

§ 5
Dienstleistungsaufträge

(1) Aufträge über Dienstleistungen gemäß Anhang I der Richtlinie 2009/81/EG unterliegen den Vorschriften dieser Verordnung.

(2) Aufträge über Dienstleistungen gemäß Anhang II der Richtlinie 2009/81/EG unterliegen ausschließlich den §§ 15 und 35 .

(3) Aufträge, die sowohl Dienstleistungen gemäß Anhang I als auch solche des Anhangs II der Richtlinie 2009/81/EG umfassen, unterliegen den Vorschriften dieser Verordnung, wenn der Wert der Dienstleistungen nach Anhang I der Richtlinie 2009/81/EG überwiegt. Überwiegt der Wert der Dienstleistungen nach Anhang II der Richtlinie 2009/81/EG, unterliegen diese Aufträge ausschließlich den §§ 15 und 35.

§ 6
Wahrung der Vertraulichkeit

(1) Auftraggeber, Bewerber, Bieter und Auftragnehmer wahren gegenseitig die Vertraulichkeit aller Angaben und Unterlagen. Für die Anforderungen an den Schutz von Verschlusssachen einschließlich ihrer Weitergabe an Unterauftragnehmer gilt § 7.

(2) Sofern in dieser Verordnung nichts anderes bestimmt ist, dürfen Auftraggeber nach anderen Rechtsvorschriften vorbehaltlich vertraglich erworbener Rechte keine von den Bewerbern, Bietern und Auftragnehmern übermittelte und von diesen als vertraulich eingestufte Information weitergeben. Dies gilt insbesondere für technische Geheimnisse und Betriebsgeheimnisse.

(3) Bewerber, Bieter und Auftragnehmer dürfen keine von den Auftraggebern als vertraulich eingestufte Information an Dritte weitergeben. Dies gilt nicht für die Unterauftragsvergabe, wenn die Weitergabe der als vertraulich eingestuften Information für den Teilnahmeantrag, das Angebot oder die Auftragsausführung erforderlich ist. Bewerber, Bieter und Auftragnehmer müssen die Wahrung der Vertraulichkeit mit den in Aussicht genommenen Unterauftragnehmern vereinbaren. Auftraggeber können an Bewerber, Bieter und Auftragnehmer weitere Anforderungen zur Wahrung der Vertraulichkeit stellen, die mit dem Auftragsgegenstand im sachlichen Zusammenhang stehen und durch ihn gerechtfertigt sind.

§ 7
Anforderungen an den Schutz von Verschlusssachen durch Unternehmen

(1) Im Falle eines Verschlusssachenauftrags im Sinne des § 104 Absatz 3 des Gesetzes gegen Wettbewerbsbeschränkungen müssen Auftraggeber in der Bekanntmachung oder den Vergabeunterlagen die erforderlichen Maßnahmen, Anforderungen und Auflagen benennen, die ein Unternehmen als Bewerber, Bieter oder Auftragnehmer sicherstellen oder erfüllen muss, um den Schutz von Verschlusssachen entsprechend dem jeweiligen Geheimhaltungsgrad zu gewährleisten. Auftraggeber müssen in der Bekanntmachung oder den Vergabeunterlagen auch die erforderlichen Maßnahmen, Anforderungen und Auflagen benennen, die Unterauftragnehmer sicherstellen müssen, um den Schutz von Verschlusssachen entsprechend dem jeweiligen Geheimhaltungsgrad zu gewährleisten, und deren Einhaltung der Bewerber, Bieter oder Auftragnehmer mit dem Unterauftragnehmer vereinbaren muss.

(2) Auftraggeber müssen insbesondere verlangen, dass der Teilnahmeantrag oder das Angebot folgende Angaben enthält:

1. Wenn der Auftrag Verschlusssachen des Geheimhaltungsgrades „VS-VERTRAULICH" oder höher umfasst, Erklärungen des Bewerbers oder Bieters und der bereits in Aussicht genommenen Unterauftragnehmer,
   a) ob und in welchem Umfang für diese Sicherheitsbescheide des Bundesministeriums für Wirtschaft und Energie oder entsprechender Landesbehörden bestehen oder
   b) dass sie bereit sind, alle notwendigen Maßnahmen und Anforderungen zu erfüllen, die zum Erhalt eines Sicherheitsbescheids zum Zeitpunkt der Auftragsausführung vorausgesetzt werden;
2. Verpflichtungserklärungen
   a) des Bewerbers oder Bieters und
   b) der bereits in Aussicht genommenen Unterauftragnehmer

   während der gesamten Vertragsdauer sowie nach Kündigung, Auflösung oder Ablauf des Vertrags den Schutz aller in ihrem Besitz befindlichen oder ihnen zur Kenntnis gelangter Verschlusssachen gemäß den einschlägigen Rechts- und Verwaltungsvorschriften zu gewährleisten;
3. Verpflichtungserklärungen des Bewerbers oder Bieters, von Unterauftragnehmern, an die er im Zuge der Auftragsausführung Unteraufträge vergibt, Erklärungen und Verpflichtungserklärungen gemäß den Nummern 1 und 2 einzuholen und vor der Vergabe des Unterauftrags den Auftraggebern vorzulegen.

(3) Muss einem Bewerber, Bieter oder bereits in Aussicht genommenen Unterauftragnehmern für den Teilnahmeantrag oder das Erstellen eines Angebots der Zugang zu Verschlusssachen des Geheimhaltungsgrades „VS-VERTRAULICH" oder höher gewährt werden, verlangen Auftraggeber bereits vor Gewährung dieses Zugangs einen Sicherheitsbescheid vom Bundesministerium für Wirtschaft und Energie oder von entsprechenden Landesbehörden und die Verpflichtungserklärungen nach Absatz 2 Nummer 2 und 3. Kann zu diesem Zeitpunkt noch kein Sicherheitsbescheid durch das Bundesministerium für Wirtschaft und Energie oder durch entsprechende Landesbehörden ausgestellt werden und machen Auftraggeber von der Möglichkeit Gebrauch, Zugang zu diesen Verschlusssachen zu gewähren, müssen Auftraggeber die zum Einsatz kommenden Mitarbeiter des Unternehmens überprüfen und ermächtigen, bevor diesen Zugang gewährt wird.

(4) Muss einem Bewerber, Bieter oder bereits in Aussicht genommenen Unterauftragnehmern für den Teilnahmeantrag oder das Erstellen eines Angebots der Zugang zu Verschlusssachen des Geheimhaltungsgrades „VS-NUR FÜR DEN DIENSTGEBRAUCH" gewährt werden, verlangen Auftraggeber bereits vor Gewährung dieses Zugangs die Verpflichtungserklärungen nach Absatz 2 Nummer 2 und 3.

(5) Kommt der Bewerber oder Bieter dem Verlangen des Auftraggebers nach den Absätzen 3 und 4 nicht nach, die Verpflichtungserklärungen vorzulegen, oder können auch im weiteren Verfahren weder ein Sicherheitsbescheid vom Bundesministerium für Wirtschaft und Energie oder von entsprechenden Landesbehörden ausgestellt noch Mitarbeiter zum Zugang ermächtigt werden, müssen Auftraggeber den Bewerber oder Bieter von der Teilnahme am Vergabeverfahren ausschließen.

(6) Auftraggeber können Bewerbern, Bietern oder bereits in Aussicht genommenen Unterauftragnehmern, die noch nicht in der Geheimschutzbetreuung des Bundesministeriums für Wirtschaft und Energie oder entsprechender Landesbehörden sind oder deren Personal noch nicht überprüft und ermächtigt ist, zusätzliche Zeit gewähren, um diese Anforderungen zu erfüllen. In diesem Fall müssen Auftraggeber diese Möglichkeit und die Frist in der Bekanntmachung mitteilen.

(7) Das Bundesministerium für Wirtschaft und Energie erkennt Sicherheitsbescheide und Ermächtigungen anderer Mitgliedstaaten an, wenn diese den nach den Bestimmungen des Sicherheitsüberprüfungsgesetzes und des § 21 Absatz 4 und 6 der Allgemeinen Verwaltungsvorschrift des Bundesministeriums des Innern zum materiellen und organisatorischen Schutz von Verschlusssachen *[amtlicher Hinweis: VS-Anweisung – VSA vom 31. März 2006 in der Fassung vom 26. April 2010 (GMBl 2010 S. 846)]* erforderlichen Sicherheitsbescheiden und Ermächtigungen gleichwertig sind. Auf begründetes Ersuchen der auftraggebenden Behörde hat das Bundesministerium für Wirtschaft und Energie weitere Untersuchungen zur Sicherstellung des Schutzes von Verschlusssachen zu veranlassen und deren Ergebnisse zu berücksichtigen. Das Bundesministerium für Wirtschaft und Energie kann im Einvernehmen mit der Nationalen Sicherheitsbehörde für den Geheimschutz von weiteren Ermittlungen absehen.

(8) Das Bundesministerium für Wirtschaft und Energie kann die Nationale Sicherheitsbehörde des Landes, in dem der Bewerber oder Bieter oder bereits in Aussicht genommene Unterauftragnehmer ansässig ist, oder die Designierte Sicherheitsbehörde dieses Landes ersuchen, zu überprüfen, ob die voraussichtlich genutzten Räumlichkeiten und Einrichtungen, die vorgesehenen Produktions- und Verwaltungsverfahren, die Verfahren zur Behandlung von Informationen oder die persönliche Lage des im Rahmen des Auftrags voraussichtlich eingesetzten Personals den einzuhaltenden Sicherheitsvorschriften entsprechen.

§ 8
Versorgungssicherheit

(1) Auftraggeber legen in der Bekanntmachung oder den Vergabeunterlagen ihre Anforderungen an die Versorgungssicherheit fest.

(2) Auftraggeber können insbesondere verlangen, dass der Teilnahmeantrag oder das Angebot folgende Angaben enthält:

1. eine Bescheinigung oder Unterlagen, die belegen, dass der Bewerber oder Bieter in Bezug auf Güterausfuhr, -verbringung und -durchfuhr die mit der Auftragsausführung verbundenen Verpflichtungen erfüllen kann, wozu auch unterstützende Unterlagen der zuständigen Behörden des oder der betreffenden Mitgliedstaaten zählen;
2. die Information über alle für den Auftraggeber aufgrund von Ausfuhrkontroll- oder Sicherheitsbeschränkungen geltenden Einschränkungen bezüglich der Angabepflicht, Verbringung oder Verwendung der Güter und Dienstleistungen oder über Festlegungen zu diesen Gütern und Dienstleistungen;
3. eine Bescheinigung oder Unterlagen, die belegen, dass Organisation und Standort der Lieferkette des Bewerbers oder Bieters ihm erlauben, die vom Auftraggeber in der Bekanntmachung oder den Vergabeunterlagen genannten Anforderungen an die Versorgungssicherheit zu erfüllen, und die Zusage des Bewerbers oder Bieters, sicherzustellen, dass mögliche Änderungen in seiner Lieferkette während der Auftragsausführung die Erfüllung dieser Anforderungen nicht beeinträchtigen werden;

4. die Zusage des Bewerbers oder Bieters, die zur Deckung möglicher Bedarfssteigerungen des Auftraggebers infolge einer Krise erforderlichen Kapazitäten unter zu vereinbarenden Bedingungen zu schaffen oder beizubehalten;
5. unterstützende Unterlagen bezüglich der Deckung des zusätzlichen Bedarfs des Auftraggebers infolge einer Krise, die durch die für den Bewerber oder Bieter zuständige nationale Behörde ausgestellt worden sind;
6. die Zusage des Bewerbers oder Bieters, für Wartung, Modernisierung oder Anpassung der im Rahmen des Auftrags gelieferten Güter zu sorgen;
7. die Zusage des Bewerbers oder Bieters, den Auftraggeber rechtzeitig über jede Änderung seiner Organisation, Lieferkette oder Unternehmensstrategie zu unterrichten, die seine Verpflichtungen dem Auftraggeber gegenüber berühren könnte;
8. die Zusage des Bewerbers oder Bieters, dem Auftraggeber unter zu vereinbarenden Bedingungen alle speziellen Mittel zur Verfügung zu stellen, die für die Herstellung von Ersatzteilen, Bauteilen, Bausätzen und speziellen Testgeräten erforderlich sind, einschließlich technischer Zeichnungen, Lizenzen und Bedienungsanleitungen, sofern er nicht mehr in der Lage sein sollte, diese Güter zu liefern.

(3) Von einem Bieter darf nicht verlangt werden, eine Zusage eines Mitgliedstaats einzuholen, welche die Freiheit dieses Mitgliedstaats einschränken würde, im Einklang mit internationalen Verträgen und europarechtlichen Rechtsvorschriften seine eigenen Kriterien für die Erteilung einer Ausfuhr-, Verbringungs- oder Durchfuhrgenehmigung unter den zum Zeitpunkt der Genehmigungsentscheidung geltenden Bedingungen anzuwenden.

§ 9
Unteraufträge

(1) Auftraggeber können den Bieter auffordern, in seinem Angebot den Teil des Auftrags, den er im Wege von Unteraufträgen an Dritte zu vergeben beabsichtigt, und die bereits vorgeschlagenen Unterauftragnehmer sowie den Gegenstand der Unteraufträge bekannt zu geben. Sie können außerdem verlangen, dass der Auftragnehmer ihnen jede im Zuge der Ausführung des Auftrags eintretende Änderung auf Ebene der Unterauftragnehmer mitteilt.

(2) Auftragnehmer dürfen ihre Unterauftragnehmer für alle Unteraufträge frei wählen, soweit Auftraggeber keine Anforderungen an die Erteilung der Unteraufträge im wettbewerblichen Verfahren gemäß Absatz 3 Nummer 1 und 2 stellen. Von Auftragnehmern darf insbesondere nicht verlangt werden, potenzielle Unterauftragnehmer anderer EU-Mitgliedstaaten aus Gründen der Staatsangehörigkeit zu diskriminieren.

(3) Folgende Anforderungen können Auftraggeber an die Erteilung von Unteraufträgen im wettbewerblichen Verfahren stellen:

1. Auftraggeber können Auftragnehmer verpflichten, einen Teil des Auftrags an Dritte weiter zu vergeben. Dazu benennen Auftraggeber eine Wertspanne unter Einschluss eines Mindest- und Höchstprozentsatzes. Der Höchstprozentsatz darf 30 Prozent des Auftragswerts nicht übersteigen. Diese Spanne muss im angemessenen Verhältnis zum Gegenstand und zum Wert des Auftrags und zur Art des betroffenen Industriesektors stehen, einschließlich des auf diesem Markt herrschenden Wettbewerbsniveaus und der einschlägigen technischen Fähigkeiten der industriellen Basis. Jeder Prozentsatz der Unterauftragsvergabe, der in die angegebene Wertspanne fällt, gilt als Erfüllung der Verpflichtung zur Vergabe von Unteraufträgen. Auftragnehmer vergeben die Unteraufträge gemäß den §§ 38 bis 41. In ihrem Angebot geben die Bieter an, welchen Teil oder welche Teile ihres Angebots sie durch Unteraufträge zu vergeben beabsichtigen, um die Wertspanne zu erfüllen. Auftraggeber können die Bieter auffordern, den oder die Teile ihres Angebots, den sie über den geforderten Prozentsatz hinaus durch Unteraufträge zu vergeben beabsichtigen, sowie die bereits in Aussicht genommenen Unterauftragnehmer offenzulegen.

2. Auftraggeber können verlangen, dass Auftragnehmer die Bestimmungen der §§ 38 bis 41 auf alle oder bestimmte Unteraufträge anwenden, die diese an Dritte zu vergeben beabsichtigen.

(4) Die in den Absätzen 1 und 3 genannten Anforderungen geben die Auftraggeber in der Bekanntmachung oder den Vergabeunterlagen an.

(5) Auftraggeber dürfen einen vom Bieter oder Auftragnehmer ausgewählten Unterauftragnehmer nur auf Grundlage der Kriterien ablehnen, die für den Hauptauftrag gelten und in der Bekanntmachung oder den Vergabeunterlagen angegeben wurden. Lehnen Auftraggeber einen Unterauftragnehmer ab, müssen sie dies gegenüber dem betroffenen Bieter oder dem Auftragnehmer in Textform nach § 126b des Bürgerlichen Gesetzbuchs begründen und darlegen, warum der Unterauftragnehmer ihres Erachtens die für den Hauptauftrag vorgegebenen Kriterien nicht erfüllt.

(6) Die Haftung des Auftragnehmers gegenüber dem Auftraggeber bleibt von den Vorschriften dieser Verordnung zur Unterauftragsvergabe unberührt.

Teil 2
Vergabeverfahren

§ 10
Grundsätze des Vergabeverfahrens

(1) Für die Berücksichtigung mittelständischer Interessen gilt § 97 Absatz 4 des Gesetzes gegen Wettbewerbsbeschränkungen. Mehrere Teil- oder Fachlose dürfen gemäß § 97 Absatz 4 Satz 3 des Gesetzes gegen Wettbewerbsbeschränkungen zusammen vergeben werden, wenn wirtschaftliche oder technische Gründe dies erfordern, insbesondere weil die Leistungsbeschreibung die Systemfähigkeit der Leistung verlangt und dies durch den Auftragsgegenstand gerechtfertigt ist.

(2) Hat ein Bieter oder Bewerber vor Einleitung des Vergabeverfahrens den Auftraggeber beraten oder sonst unterstützt, so hat der Auftraggeber sicherzustellen, dass der Wettbewerb durch die Teilnahme des Bieters oder Bewerbers nicht verfälscht wird.

(3) Die Allgemeinen Vertragsbedingungen für die Ausführung von Leistungen (VOL/B) sind grundsätzlich zum Vertragsgegenstand zu machen.

(4) Die Durchführung von Vergabeverfahren zur Markterkundung und zum Zwecke der Ertragsberechnung ist unzulässig.

(5) Bei der Vergabe sind die Vorschriften über die Preise bei öffentlichen Aufträgen zu beachten.

§ 11
Arten der Vergabe von Liefer- und Dienstleistungsaufträgen

(1) Die Vergabe von Liefer- und Dienstleistungsaufträgen erfolgt im nicht offenen Verfahren oder im Verhandlungsverfahren mit Teilnahmewettbewerb. In begründeten Ausnahmefällen ist ein Verhandlungsverfahren ohne Teilnahmewettbewerb oder ein wettbewerblicher Dialog zulässig.

(2) Verhandlungen im nicht offenen Verfahren sind unzulässig.

(3) Auftraggeber können vorsehen, dass das Verhandlungsverfahren mit Teilnahmewettbewerb in verschiedenen aufeinanderfolgenden Phasen abgewickelt wird, um so die Zahl der Angebote, über die verhandelt wird, anhand der in der Bekanntmachung oder den Vergabeunterlagen angegebenen Zuschlagskriterien zu verringern. Wenn Auftraggeber dies vorsehen, geben sie dies in der Bekanntmachung oder den Vergabeunterlagen an. In der Schlussphase des Verfahrens müssen so viele Angebote vorliegen, dass ein echter Wettbewerb gewährleistet ist, sofern eine ausreichende Anzahl geeigneter Bewerber vorhanden ist.

§ 12
Verhandlungsverfahren ohne Teilnahmewettbewerb

(1) Ein Verhandlungsverfahren ohne Teilnahmewettbewerb ist zulässig

1. bei Liefer- und Dienstleistungsaufträgen,

   a) wenn in einem nicht offenen Verfahren, in einem Verhandlungsverfahren mit Teilnahmewettbewerb oder in einem wettbewerblichen Dialog

      aa) keine oder keine geeigneten Angebote oder keine Bewerbungen abgegeben worden sind, sofern die ursprünglichen Bedingungen des Auftrags nicht grundlegend geändert werden;

      bb) keine ordnungsgemäßen Angebote oder nur Angebote abgegeben worden sind, die nach dem geltenden Vergaberecht oder nach den im Vergabeverfahren zu beachtenden Rechtsvorschriften unannehmbar sind, sofern die ursprünglichen Bedingungen des Auftrags nicht grundlegend geändert werden und wenn alle und nur die Bieter einbezogen werden, die die Eignungskriterien erfüllen und im Verlauf des vorangegangenen Vergabeverfahrens Angebote eingereicht haben, die den formalen Voraussetzungen für das Vergabeverfahren entsprechen;

   b) wenn die Fristen, auch die verkürzten Fristen gemäß § 20 Absatz 2 Satz 2 und Absatz 3 Satz 2, die für das nicht offene Verfahren und das Verhandlungsverfahren mit Teilnahmewettbewerb vorgeschrieben sind, nicht eingehalten werden können, weil

      aa) dringliche Gründe im Zusammenhang mit einer Krise es nicht zulassen; ein dringlicher Grund liegt in der Regel vor, wenn

      1. mandatierte Auslandseinsätze oder einsatzgleiche Verpflichtungen der Bundeswehr,

      2. friedenssichernde Maßnahmen,

      3. die Abwehr terroristischer Angriffe oder

      4. eingetretene oder unmittelbar drohende Großschadenslagen

      kurzfristig neue Beschaffungen erfordern oder bestehende Beschaffungsbedarfe steigern; oder

      bb) dringliche, zwingende Gründe im Zusammenhang mit Ereignissen, die die Auftraggeber nicht voraussehen konnten, dies nicht zulassen. Umstände, die die zwingende Dringlichkeit begründen, dürfen nicht dem Verhalten der Auftraggeber zuzuschreiben sein;

   c) wenn zum Zeitpunkt der Aufforderung zur Abgabe von Angeboten der Auftrag wegen seiner technischen Besonderheiten oder aufgrund des Schutzes von Ausschließlichkeitsrechten wie zum Beispiel des Patent- oder Urheberrechts nur von einem bestimmten Unternehmen durchgeführt werden kann;

   d) wenn es sich um Forschungs- und Entwicklungsleistungen handelt;

   e) wenn es sich um Güter handelt, die ausschließlich zum Zwecke von Forschung und Entwicklung hergestellt werden; dies gilt nicht für Serienfertigungen zum Nachweis der Marktfähigkeit oder zur Deckung der Forschungs- und Entwicklungskosten;

2. bei Lieferaufträgen

   a) über zusätzliche Lieferungen eines Auftragnehmers, die entweder zur teilweisen Erneuerung von gelieferten marktüblichen Gütern oder zur Erweiterung von Lieferungen oder bestehenden Einrichtungen bestimmt sind, wenn ein Wechsel des Unternehmers dazu führen würde, dass der Auftraggeber Güter mit unterschiedlichen technischen Merkmalen kaufen müsste und dies zu einer technischen Unvereinbarkeit oder unverhältnismäßigen technischen Schwierigkeiten bei Gebrauch und Wartung führen würde. Die Laufzeit solcher Aufträge oder Daueraufträge darf fünf Jahre nicht überschreiten, abgesehen von Ausnahmefällen, die unter Berücksichtigung der zu erwartenden

Nutzungsdauer gelieferter Güter, Anlagen oder Systeme und den durch einen Wechsel des Unternehmens entstehenden technischen Schwierigkeiten bestimmt werden;

b) bei auf einer Warenbörse notierten und gekauften Ware;

c) wenn Güter zu besonders günstigen Bedingungen bei Lieferanten, die ihre Geschäftstätigkeit endgültig einstellen, oder bei Insolvenzverwaltern im Rahmen eines Insolvenzverfahrens oder eines in den Vorschriften eines anderen Mitgliedstaats vorgesehenen gleichartigen Verfahrens erworben werden;

3. bei Dienstleistungsaufträgen

a) für zusätzliche Dienstleistungen, die weder in dem der Vergabe zugrunde liegenden Entwurf noch im ursprünglich geschlossenen Vertrag vorgesehen sind, die aber wegen eines unvorhergesehenen Ereignisses zur Ausführung der darin beschriebenen Dienstleistung erforderlich sind, sofern der Auftrag an den Unternehmer vergeben wird, der diese Dienstleistung erbringt, wenn der Gesamtwert der Aufträge für die zusätzlichen Dienstleistungen 50 Prozent des Wertes des ursprünglichen Auftrags nicht überschreitet und

aa) sich diese zusätzlichen Dienstleistungen in technischer und wirtschaftlicher Hinsicht nicht ohne wesentlichen Nachteil für den Auftraggeber vom ursprünglichen Auftrag trennen lassen oder

bb) diese Dienstleistungen zwar von der Ausführung des ursprünglichen Auftrags getrennt werden können, aber für dessen Vollendung unbedingt erforderlich sind;

b) bei neuen Dienstleistungsaufträgen, welche Dienstleistungen wiederholen, die durch denselben Auftraggeber an denselben Auftragnehmer vergeben wurden, sofern sie einem Grundentwurf entsprechen und dieser Entwurf Gegenstand des ursprünglichen Auftrags war, der in einem nicht offenen Verfahren, einem Verhandlungsverfahren mit Teilnahmewettbewerb oder im wettbewerblichen Dialog vergeben wurde. Der Auftraggeber muss die Möglichkeit der Anwendung dieses Verfahrens bereits beim Aufruf zum Wettbewerb für das erste Vorhaben angeben; der für die Fortführung der Dienstleistungen in Aussicht genommene Gesamtauftragswert wird vom Auftraggeber bei der Anwendung des § 106 Absatz 2 Nummer 3 des Gesetzes gegen Wettbewerbsbeschränkungen berücksichtigt. Dieses Verfahren darf nur binnen fünf Jahren nach Abschluss des ursprünglichen Auftrags angewandt werden, abgesehen von Ausnahmefällen, die durch die Berücksichtigung der zu erwartenden Nutzungsdauer gelieferter Güter, Anlagen oder Systeme und den durch einen Wechsel des Unternehmens entstehenden technischen Schwierigkeiten bestimmt werden;

4. für Aufträge im Zusammenhang mit der Bereitstellung von Luft- und Seeverkehrsdienstleistungen für die Streit- oder Sicherheitskräfte, die im Ausland eingesetzt werden oder eingesetzt werden sollen, wenn der Auftraggeber diese Dienste bei Unternehmen beschaffen muss, die die Gültigkeit ihrer Angebote nur für so kurze Zeit garantieren, dass auch die verkürzte Frist für das nicht offene Verfahren oder das Verhandlungsverfahren mit Teilnahmewettbewerb einschließlich der verkürzten Fristen gemäß § 20 Absatz 2 Satz 2 und Absatz 3 Satz 2 nicht eingehalten werden kann.

(2) Die Auftraggeber müssen die Anwendung des Verhandlungsverfahrens ohne Teilnahmewettbewerb in der Bekanntmachung gemäß § 35 begründen.

(3) In den Fällen des Absatzes 1 Nummer 1 Buchstabe b ist der öffentliche Auftraggeber von den Verpflichtungen des § 30 Absatz 1 und 2 befreit.

§ 13
Wettbewerblicher Dialog

(1) Auftraggeber können einen wettbewerblichen Dialog gemäß § 119 Absatz 6 Satz 1 des Gesetzes gegen Wettbewerbsbeschränkungen zur Vergabe besonders komplexer Aufträge durchführen, sofern sie objektiv nicht in der Lage sind,

1. die technischen Mittel anzugeben, mit denen ihre Bedürfnisse und Ziele erfüllt werden können, oder

2. die rechtlichen oder finanziellen Bedingungen des Vorhabens anzugeben.

(2) Im wettbewerblichen Dialog eröffnen Auftraggeber gemäß § 119 Absatz 6 Satz 2 des Gesetzes gegen Wettbewerbsbeschränkungen nach einem Teilnahmewettbewerb mit den ausgewählten Unternehmen einen Dialog zur Erörterung aller Aspekte der Angebotsabgabe. Im Einzelnen gehen die Auftraggeber wie folgt vor:

1. Die Auftraggeber müssen ihre Bedürfnisse und Anforderungen bekannt machen und erläutern. Die Erläuterung erfolgt in der Bekanntmachung oder der Leistungsbeschreibung.
2. Mit den nach §§ 6, 7, 8 und 21 bis 28 ausgewählten geeigneten Unternehmen eröffnen die Auftraggeber einen Dialog, in dem sie ermitteln und festlegen, wie ihre Bedürfnisse am besten erfüllt werden können. Dabei können sie mit den ausgewählten Unternehmen alle Einzelheiten des Auftrags erörtern. Die Auftraggeber müssen alle Unternehmen bei dem Dialog gleich behandeln. Insbesondere enthalten sie sich jeder diskriminierenden Weitergabe von Informationen, durch die bestimmte Bieter gegenüber anderen begünstigt werden können. Der Auftraggeber darf Lösungsvorschläge oder vertrauliche Informationen eines Unternehmens nicht ohne dessen Zustimmung an die anderen Unternehmen weitergeben.
3. Die Auftraggeber können vorsehen, dass der Dialog in verschiedenen aufeinanderfolgenden Phasen abgewickelt wird, um die Zahl der in der Dialogphase zu erörternden Lösungsvorschläge anhand der in der Bekanntmachung oder in den Vergabeunterlagen angegebenen Zuschlagskriterien zu verringern. In der Bekanntmachung oder in der Leistungsbeschreibung ist anzugeben, ob diese Möglichkeit in Anspruch genommen wird. In der Schlussphase müssen noch so viele Angebote vorliegen, dass ein echter Wettbewerb gewährleistet ist, sofern eine ausreichende Zahl von Lösungen vorhanden ist. Die Unternehmen, deren Lösungen nicht für die nächstfolgende Dialogphase vorgesehen sind, werden darüber informiert.
4. Die Auftraggeber erklären den Dialog für abgeschlossen, wenn eine oder mehrere Lösungen gefunden worden sind, die ihre Bedürfnisse erfüllen oder erkennbar ist, dass keine Lösung gefunden werden kann. Im Falle der ersten Alternative fordern sie die Unternehmen auf, auf der Grundlage der eingereichten und in der Dialogphase näher ausgeführten Lösungen ihr endgültiges Angebot vorzulegen, das alle zur Ausführung des Projekts erforderlichen Einzelheiten enthalten muss. Die Auftraggeber können verlangen, dass Präzisierungen, Klarstellungen und Ergänzungen zu diesen Angeboten gemacht werden. Diese Präzisierungen, Klarstellungen oder Ergänzungen dürfen jedoch keine Änderung der grundlegenden Elemente des Angebots oder der Ausschreibung zur Folge haben, die den Wettbewerb verfälschen oder diskriminierend wirken könnte.
5. Die Auftraggeber müssen die Angebote aufgrund der in der Bekanntmachung oder in den Vergabeunterlagen festgelegten Zuschlagskriterien bewerten. Der Zuschlag darf ausschließlich auf das wirtschaftlichste Angebot erfolgen. Auftraggeber dürfen das Unternehmen, dessen Angebot als das wirtschaftlichste ermittelt wurde, auffordern, bestimmte Einzelheiten des Angebots näher zu erläutern oder im Angebot enthaltene Zusagen zu bestätigen. Dies darf nicht dazu führen, dass wesentliche Aspekte des Angebots oder der Ausschreibung geändert werden, und dass der Wettbewerb verzerrt wird oder andere am Verfahren beteiligte Unternehmen diskriminiert werden.
6. Verlangen die Auftraggeber, dass die am wettbewerblichen Dialog teilnehmenden Unternehmen Entwürfe, Pläne, Zeichnungen, Berechnungen oder andere Unterlagen ausarbeiten, müssen sie einheitlich für alle Unternehmen, die die geforderte Unterlage rechtzeitig vorgelegt haben, eine angemessene Kostenerstattung hierfür gewähren.

§ 14
Rahmenvereinbarungen

(1) Für den Abschluss einer Rahmenvereinbarung im Sinne des § 103 Absatz 5 Satz 1 des Gesetzes gegen Wettbewerbsbeschränkungen befolgen die Auftraggeber die Verfahrensvorschriften dieser Verordnung. Für die Auswahl des Auftragnehmers gelten die Zuschlagskriterien gemäß § 34. Auftraggeber dürfen das Instrument einer Rahmenvereinbarung nicht missbräuchlich oder in einer Weise anwenden, durch die der Wettbewerb behindert, eingeschränkt oder verfälscht wird.

(2) Auftraggeber vergeben Einzelaufträge nach dem in den Absätzen 3 bis 5 vorgesehenen Verfahren. Die Vergabe darf nur erfolgen durch Auftraggeber, die ihren voraussichtlichen Bedarf für das Vergabeverfahren gemeldet haben, an Unternehmen, mit denen die Rahmenvereinbarungen abgeschlossen wurden. Bei der Vergabe der Einzelaufträge dürfen die Parteien keine wesentlichen Änderungen an den Bedingungen dieser Rahmenvereinbarung vornehmen. Dies gilt insbesondere für den Fall, dass die Rahmenvereinbarung mit einem einzigen Unternehmen geschlossen wurde.

(3) Wird eine Rahmenvereinbarung mit einem einzigen Unternehmen geschlossen, so werden die auf dieser Rahmenvereinbarung beruhenden Einzelaufträge entsprechend den Bedingungen der Rahmenvereinbarung vergeben. Vor der Vergabe der Einzelaufträge können die Auftraggeber das an der Rahmenvereinbarung beteiligte Unternehmen in Textform nach § 126b des Bürgerlichen Gesetzbuchs befragen und dabei auffordern, sein Angebot erforderlichenfalls zu vervollständigen.

(4) Wird eine Rahmenvereinbarung mit mehreren Unternehmen geschlossen, so müssen mindestens drei Unternehmen beteiligt sein, sofern eine ausreichend große Zahl von Unternehmen die Eignungskriterien oder eine ausreichend große Zahl von zulässigen Angeboten die Zuschlagskriterien erfüllt.

(5) Die Vergabe von Einzelaufträgen, die auf einer mit mehreren Unternehmen geschlossenen Rahmenvereinbarung beruhen, erfolgt, sofern

1. alle Bedingungen festgelegt sind, nach den Bedingungen der Rahmenvereinbarung ohne erneuten Aufruf zum Wettbewerb oder
2. nicht alle Bedingungen in der Rahmenvereinbarung festgelegt sind, nach erneutem Aufruf der Parteien zum Wettbewerb zu denselben Bedingungen, die erforderlichenfalls zu präzisieren sind, oder nach anderen in den Vergabeunterlagen zur Rahmenvereinbarung genannten Bedingungen. Dabei ist folgendes Verfahren einzuhalten:
   a) Vor Vergabe jedes Einzelauftrags konsultieren die Auftraggeber die Unternehmen, die in der Lage sind, den Einzelauftrag auszuführen.
   b) Auftraggeber setzen eine angemessene Frist für die Abgabe der Angebote für jeden Einzelauftrag; dabei berücksichtigen sie insbesondere die Komplexität des Auftragsgegenstands und die für die Übermittlung der Angebote erforderliche Zeit.
   c) Auftraggeber geben an, in welcher Form die Angebote einzureichen sind, der Inhalt der Angebote ist bis zum Ablauf der Angebotsfrist geheim zu halten.
   d) Die Auftraggeber vergeben die einzelnen Aufträge an das Unternehmen, das auf der Grundlage der in der Rahmenvereinbarung aufgestellten Zuschlagskriterien das wirtschaftlichste Angebot abgegeben hat.

(6) Die Laufzeit einer Rahmenvereinbarung darf sieben Jahre nicht überschreiten. Dies gilt nicht in Sonderfällen, in denen aufgrund der zu erwartenden Nutzungsdauer gelieferter Güter, Anlagen oder Systeme und der durch einen Wechsel des Unternehmens entstehenden technischen Schwierigkeiten eine längere Laufzeit gerechtfertigt ist. Die Auftraggeber begründen die längere Laufzeit in der Bekanntmachung gemäß § 35.

§ 15
Leistungsbeschreibung und technische Anforderungen

(1) Die Auftraggeber stellen sicher, dass die Leistungsbeschreibung allen Bewerbern und Bietern gleichermaßen zugänglich ist und die Öffnung des nationalen Beschaffungsmarktes für den Wettbewerb durch Anbieter aus anderen EU-Mitgliedstaaten nicht in ungerechtfertigter Weise behindert wird.

(2) Die Leistung ist eindeutig und vollständig zu beschreiben, sodass die Vergleichbarkeit der Angebote gewährleistet ist. Technische Anforderungen im Sinne des Anhangs III Nummer 1 Buchstabe b der Richtlinie 2009/81/EG sind zum Gegenstand der Bekanntmachung oder der Vergabeunterlagen zu machen.

(3) Unbeschadet zwingender technischer Vorschriften einschließlich solcher zur Produktsicherheit und technischer Anforderungen, die laut internationaler Standardisierungsvereinbarungen zur Gewährleistung der in diesen Vereinbarungen geforderten Interoperabilität zu erfüllen sind, sind technische Anforderungen in der Leistungsbeschreibung wie folgt festzulegen:

1. unter Bezugnahme auf die in Anhang III der Richtlinie 2009/81/EG definierten technischen Anforderungen in folgender Rangfolge, wobei jede dieser Bezugnahmen mit dem Zusatz „oder gleichwertig" zu versehen ist:
   a) zivile Normen, mit denen europäische Normen umgesetzt werden,
   b) europäische technische Zulassungen,
   c) gemeinsame zivile technische Spezifikationen,
   d) zivile Normen, mit denen internationale Normen umgesetzt werden,
   e) andere internationale zivile Normen,
   f) andere technische Bezugssysteme, die von den europäischen Normungsgremien erarbeitet wurden, oder, falls solche Normen und Spezifikationen fehlen, andere nationale zivile Normen, nationale technische Zulassungen oder nationale technische Spezifikationen für die Planung und Berechnung und Ausführungen von Erzeugnissen sowie den Einsatz von Produkten,
   g) zivile technische Spezifikationen, die von der Industrie entwickelt wurden und von ihr allgemein anerkannt werden, oder
   h) wehrtechnische Normen im Sinne des Anhangs III Nummer 3 der Richtlinie 2009/81/EG und Spezifikationen für Verteidigungsgüter, die diesen Normen entsprechen,
2. oder in Form von Leistungs- oder Funktionsanforderungen, die auch Umwelteigenschaften umfassen können. Diese Anforderungen müssen so klar formuliert werden, dass sie den Bewerbern und Bietern den Auftragsgegenstand eindeutig und abschließend erläutern und den Auftraggebern die Erteilung des Zuschlags ermöglichen,
3. oder als Kombination der Nummern 1 und 2,
   a) entweder in Form von Leistungs- oder Funktionsanforderungen gemäß Nummer 2 unter Bezugnahme auf die in Anhang III der Richtlinie 2009/81/EG definierten technischen Anforderungen gemäß Nummer 1 als Mittel zur Vermutung der Konformität mit diesen Leistungs- und Funktionsanforderungen oder
   b) hinsichtlich bestimmter Merkmale unter Bezugnahme auf die in Anhang III der Richtlinie 2009/81/EG definierten technischen Anforderungen gemäß Nummer 1 und hinsichtlich anderer Merkmale unter Bezugnahme auf die Leistungs- und Funktionsanforderungen gemäß Nummer 2.

(4) Verweisen die Auftraggeber auf die in Absatz 3 Nummer 1 genannten technischen Anforderungen, dürfen sie ein Angebot nicht mit der Begründung ablehnen, die angebotenen Güter und Dienstleistungen entsprächen nicht den von ihnen herangezogenen Anforderungen, sofern die Unternehmen in ihrem Angebot den Auftraggebern mit geeigneten Mitteln nachweisen, dass die von ihnen vorgeschlagenen Lösungen den technischen Anforderungen, auf die Bezug genommen wurde, gleichermaßen entsprechen. Als geeignetes Mittel gelten insbesondere eine technische Beschreibung des Herstellers oder ein Prüfbericht einer anerkannten Stelle.

(5) Legt der Auftraggeber die technischen Anforderungen nach Absatz 3 Nummer 2 in Form von Leistungs- oder Funktionsanforderungen fest, so darf er ein Angebot, das einer Norm, mit der eine europäische Norm umgesetzt wird, oder einer europäischen technischen Zulassung, einer gemeinsamen technischen Spezifikation, einer internationalen Norm oder einem technischen Bezugssystem, das von den europäischen Normungsgremien erarbeitet wurde, entspricht, nicht zurückweisen, wenn diese Spezifikationen die von ihm geforderten Leistungs- oder Funktionsanforderungen betreffen. Die Bieter müssen in ihren Angeboten dem Auftraggeber mit allen geeigneten Mitteln nachweisen, dass die der Norm entsprechende

jeweilige Ware oder Dienstleistung den Leistungs- oder Funktionsanforderungen des Auftraggebers entspricht. Als geeignetes Mittel kann eine technische Beschreibung des Herstellers oder ein Prüfbericht einer anerkannten Stelle gelten.

(6) Schreiben die Auftraggeber Umwelteigenschaften in Form von Leistungs- oder Funktionsanforderungen gemäß Absatz 3 Nummer 2 vor, so können sie ganz oder teilweise die Spezifikationen verwenden, die in europäischen, multinationalen, nationalen oder anderen Umweltzeichen definiert sind, wenn

1. diese sich zur Definition der Merkmale der Güter oder Dienstleistungen eignen, die Gegenstand des Auftrags sind,
2. die Anforderungen an das Umweltzeichen auf der Grundlage von wissenschaftlich abgesicherten Informationen ausgearbeitet werden,
3. die Umweltzeichen im Rahmen eines Verfahrens erlassen werden, an dem interessierte Kreise teilnehmen können und
4. das Umweltzeichen für alle Betroffenen zugänglich und verfügbar ist.

Die Auftraggeber können in der Leistungsbeschreibung angeben, dass bei Gütern oder Dienstleistungen, die mit einem Umweltzeichen ausgestattet sind, vermutet wird, dass diese den in der Leistungsbeschreibung festgelegten technischen Anforderungen genügen. Die Auftraggeber müssen jedes andere geeignete Beweismittel wie technische Unterlagen des Herstellers oder Prüfberichte anerkannter Stellen zulassen.

(7) Anerkannte Stellen sind die Prüf- und Kalibrierlaboratorien sowie die Inspektions- und Zertifizierungsstellen, die den Anforderungen der jeweils anwendbaren europäischen Normen entsprechen. Die Auftraggeber erkennen Bescheinigungen von in anderen Mitgliedstaaten ansässigen anerkannten Stellen an.

(8) Soweit es nicht durch den Auftragsgegenstand gerechtfertigt ist, darf in der Leistungsbeschreibung nicht auf eine bestimmte Produktion oder Herkunft oder ein besonderes Verfahren oder auf Marken, Patente, Typen, einen bestimmten Ursprung oder eine bestimmte Produktion verwiesen werden, wenn dadurch bestimmte Unternehmen oder bestimmte Güter begünstigt oder ausgeschlossen werden. Solche Verweise sind jedoch ausnahmsweise zulässig, wenn der Auftragsgegenstand nach den Absätzen 2 und 3 nicht eindeutig und vollständig beschrieben werden kann; solche Verweise sind mit dem Zusatz „oder gleichwertig" zu versehen.

§ 16
Vergabeunterlagen

(1) Die Vergabeunterlagen umfassen alle Angaben, die erforderlich sind, um eine Entscheidung zur Teilnahme am Vergabeverfahren oder zur Angebotsabgabe zu ermöglichen. Sie bestehen in der Regel aus

1. dem Anschreiben (Aufforderung zur Teilnahme oder Angebotsabgabe oder Begleitschreiben für die Abgabe der angeforderten Unterlagen),
2. der Beschreibung der Einzelheiten der Durchführung des Verfahrens (Bewerbungsbedingungen), einschließlich der Angabe der Zuschlagskriterien und deren Gewichtung oder der absteigenden Reihenfolge der diesen Kriterien zuerkannten Bedeutung, sofern nicht in der Bekanntmachung bereits genannt,
3. den Vertragsunterlagen, die aus Leistungsbeschreibung und Vertragsbedingungen bestehen, und
4. Name und Anschrift der Vergabekammer, die für die Nachprüfung zuständig ist.

(2) Sofern die Auftraggeber Nachweise verlangen, haben sie diese in einer abschließenden Liste zusammenzustellen.

§ 17
Vorinformation

(1) Auftraggeber können durch Vorinformation, die von der Europäischen Kommission oder von ihnen selbst in ihrem Beschafferprofil veröffentlicht wird, den geschätzten Gesamtwert der Aufträge oder der Rahmenvereinbarungen mitteilen, die sie in den kommenden zwölf Monaten zu vergeben oder abzuschließen beabsichtigen.

1. Lieferaufträge sind nach Warengruppen unter Bezugnahme auf das Gemeinsame Vokabular für öffentliche Aufträge gemäß der Verordnung (EG) Nr. 213/2008 der Europäischen Kommission vom 28. November 2007 zur Änderung der Verordnung (EG) Nr. 2195/2002 des Europäischen Parlaments und des Rates über das Gemeinsame Vokabular für öffentliche Aufträge (CPV) und der Vergaberichtlinien des Europäischen Parlaments und des Rates 2004/17/EG und 2004/18/EG im Hinblick auf die Überarbeitung des Vokabulars (ABl. L 74 vom 15.3.2008, S. 1) in der jeweils geltenden Fassung,
2. Dienstleistungsaufträge sind nach den in Anhang I der Richtlinie 2009/81/EG genannten Kategorien

aufzuschlüsseln.

(2) Die Mitteilungen nach Absatz 1 werden unverzüglich nach der Entscheidung über die Genehmigung des Projekts, für das die Auftraggeber beabsichtigen, Aufträge zu erteilen oder Rahmenvereinbarungen abzuschließen, an die Europäische Kommission übermittelt oder im Beschafferprofil veröffentlicht. Die Bekanntmachung der Vorinformation wird nach den Vorgaben der Spalte 6 der Tabelle 2 des Anhangs der Durchführungsverordnung (EU) 2019/1780 in Verbindung mit § 2 Absatz 3 in der jeweils geltenden Fassung erstellt. Veröffentlicht ein Auftraggeber eine Vorinformation in seinem Beschafferprofil, so meldet er dies dem Amt für Veröffentlichungen der Europäischen Union über den Datenservice Öffentlicher Einkauf unter Verwendung der Vorgaben von Spalte 3 der Tabelle 2 des Anhangs der Durchführungsverordnung (EU) 2019/1780 in Verbindung mit § 2 Absatz 3. Die Vorinformationen dürfen nicht in einem Beschafferprofil veröffentlicht werden, bevor die Ankündigung dieser Veröffentlichung an die Europäische Kommission abgesendet wurde. Das Datum der Absendung muss im Beschafferprofil angegeben werden.

(3) Auftraggeber sind zur Veröffentlichung verpflichtet, wenn sie beabsichtigen, von der Möglichkeit einer Verkürzung der Fristen für den Eingang der Angebote gemäß § 20 Absatz 3 Satz 3 und 4 Gebrauch zu machen.

(4) Die Absätze 1, 2 und 3 gelten nicht für das Verhandlungsverfahren ohne Teilnahmewettbewerb.

§ 18
Bekanntmachung von Vergabeverfahren; Ex-ante-Transparenz

(1) Auftraggeber, die einen Auftrag oder eine Rahmenvereinbarung im Wege eines nicht offenen Verfahrens, eines Verhandlungsverfahrens mit Teilnahmewettbewerb oder eines wettbewerblichen Dialogs zu vergeben beabsichtigen, müssen dies durch eine Bekanntmachung mitteilen.

(2) Die Bekanntmachung muss zumindest die in der Richtlinie 2009/81/EG aufgeführten Informationen enthalten. Sie wird nach den Vorgaben der Spalte 18 der Tabelle 2 des Anhangs der Durchführungsverordnung (EU) 2019/1780 in Verbindung mit § 2 Absatz 3 erstellt.

(3) Auftraggeber müssen in der Bekanntmachung insbesondere angeben:

1. bei der Vergabe im nicht offenen Verfahren oder Verhandlungsverfahren mit Teilnahmewettbewerb, welche Eignungsanforderungen gelten und welche Eignungsnachweise vorzulegen sind,
2. gemäß § 9 Absatz 4, ob gemäß § 9 Absatz 1 oder 3 Anforderungen an die Vergabe von Unteraufträgen gestellt werden und welchen Inhalt diese haben,
3. ob beabsichtigt ist, ein Verhandlungsverfahren mit Teilnahmewettbewerb oder einen wettbewerblichen Dialog in verschiedenen Phasen abzuwickeln, um die Zahl der Angebote zu verringern, und
4. Namen und Anschrift der Vergabekammer, die für die Nachprüfung zuständig ist.

(4) Die Bekanntmachung ist unter Beachtung der Muster und Modalitäten für die elektronische Übermittlung von Bekanntmachungen nach Anhang VI Nummer 3 der Richtlinie 2009/81/EG oder auf anderem Wege unverzüglich dem Amt für amtliche Veröffentlichungen der Europäischen Union über den Datenservice Öffentlicher Einkauf zu übermitteln. Im beschleunigten Verfahren nach § 20 Absatz 2 Satz 2 und Absatz 3 Satz 2 muss die Bekanntmachung unter Beachtung der Muster und Modalitäten für die elektronische Übermittlung von Bekanntmachungen nach Anhang VI Nummer 3 der Richtlinie 2009/81/EG mittels Telefax oder auf elektronischem Weg übermittelt werden. Die Auftraggeber müssen den Tag der Absendung nachweisen können.

(5) Die Bekanntmachung und ihr Inhalt dürfen auf nationaler Ebene oder in einem Beschafferprofil nicht vor dem Tag der Absendung an das Amt für amtliche Veröffentlichungen der Europäischen Union über den Datenservice Öffentlicher Einkauf veröffentlicht werden. Die Veröffentlichung auf nationaler Ebene darf keine anderen Angaben enthalten als die Bekanntmachung an das Amt für amtliche Veröffentlichungen der Europäischen Union über den Datenservice Öffentlicher Einkauf oder die Veröffentlichung im Beschafferprofil. Auf das Datum der Absendung der europaweiten Bekanntmachung an das Amt für amtliche Veröffentlichungen der Europäischen Union über den Datenservice Öffentlicher Einkauf oder der Veröffentlichung im Beschafferprofil ist in der nationalen Bekanntmachung hinzuweisen.

(6) Die freiwillige Ex-ante-Transparenzbekanntmachung im Sinne des § 135 Absatz 3 Satz 1 Nummer 2 und Satz 2 des Gesetzes gegen Wettbewerbsbeschränkungen erfolgt nach den Vorgaben der Spalte 27 der Tabelle 2 des Anhangs der Durchführungsverordnung (EU) 2019/1780 in Verbindung mit § 2 Absatz 3.

§ 19
Informationsübermittlung

(1) Die Auftraggeber geben in der Bekanntmachung oder den Vergabeunterlagen an, ob Informationen auf dem Postweg, mittels Telefax, elektronisch, telefonisch oder durch eine Kombination dieser Kommunikationsmittel zu übermitteln sind.

(2) Das gewählte Kommunikationsmittel muss allgemein verfügbar sein und darf den Zugang der Unternehmen zu dem Vergabeverfahren nicht beschränken.

(3) Die Auftraggeber haben bei der Mitteilung oder Übermittlung und Speicherung von Informationen die Unversehrtheit der Daten und die Vertraulichkeit der Angebote und Teilnahmeanträge zu gewährleisten. Auftraggeber dürfen vom Inhalt der Angebote und Teilnahmeanträge erst nach Ablauf der Frist für ihre Einreichung Kenntnis nehmen. Auf dem Postweg oder direkt zu übermittelnde Angebote sind in einem verschlossenen Umschlag einzureichen, als solche zu kennzeichnen und bis zum Ablauf der Angebotsfrist unter Verschluss zu halten. Bei elektronisch zu übermittelnden Angeboten ist die Unversehrtheit durch entsprechende organisatorische und technische Lösungen nach den Anforderungen des Auftraggebers und die Vertraulichkeit durch Verschlüsselung sicherzustellen. Die Verschlüsselung muss bis zum Ablauf der Angebotsfrist aufrechterhalten bleiben.

(4) Bei elektronischen Kommunikationsmitteln müssen die technischen Merkmale allgemein zugänglich, kompatibel mit den allgemein verbreiteten Geräten der Informations- und Kommunikationstechnologie und nicht diskriminierend sein. Die Auftraggeber haben dafür Sorge zu tragen, dass den interessierten Unternehmen die Informationen über die Spezifikationen, die für die elektronische Übermittlung der Anträge auf Teilnahme und der Angebote erforderlich sind, einschließlich der Verschlüsselung, zugänglich sind. Außerdem muss gewährleistet sein, dass die Vorrichtungen für den elektronischen Eingang der Angebote und Teilnahmeanträge den Anforderungen des Anhangs VIII der Richtlinie 2009/81/EG genügen.

(5) Neben den Hinweisen nach Absatz 1 geben die Auftraggeber in der Bekanntmachung an, in welcher Form Anträge auf Teilnahme am Vergabeverfahren oder Angebote einzureichen sind. Insbesondere können sie festlegen, dass die Teilnahmeanträge im Falle der elektronischen Übermittlung zu versehen sind mit

1. einer fortgeschrittenen elektronischen Signatur,

2. einer qualifizierten elektronischen Signatur,

3. einem fortgeschrittenen elektronischen Siegel oder
4. einem qualifizierten elektronischen Siegel.

Anträge auf Teilnahme am Vergabeverfahren können schriftlich oder telefonisch gestellt werden. Wird ein solcher Antrag telefonisch gestellt, ist dieser vor Ablauf der Frist für den Eingang der Anträge in Schriftform zu bestätigen. Die Auftraggeber können verlangen, dass per Telefax gestellte Anträge in Schriftform oder elektronischer Form bestätigt werden, sofern dies für das Vorliegen eines gesetzlich gültigen Nachweises erforderlich ist. In diesem Fall geben die Auftraggeber in der Bekanntmachung diese Anforderung zusammen mit der Frist für die Übermittlung der Bestätigung an.

§ 20
Fristen für den Eingang von Anträgen auf Teilnahme und Eingang der Angebote

(1) Bei der Festsetzung der Fristen für den Eingang der Angebote und der Anträge auf Teilnahme berücksichtigen die Auftraggeber unbeschadet der nachstehend festgelegten Mindestfristen insbesondere die Komplexität des Auftrags und die Zeit, die für die Ausarbeitung der Angebote erforderlich ist.

(2) Beim nicht offenen Verfahren, im Verhandlungsverfahren mit Teilnahmewettbewerb und im wettbewerblichen Dialog beträgt die von den Auftraggebern festzusetzende Frist für den Eingang der Anträge auf Teilnahme mindestens 37 Tage ab dem Tag der Absendung der Bekanntmachung. In Fällen besonderer Dringlichkeit (beschleunigtes Verfahren) beim nicht offenen Verfahren und Verhandlungsverfahren mit Teilnahmewettbewerb beträgt diese Frist mindestens 15 Tage oder mindestens zehn Tage bei elektronischer Übermittlung[1], jeweils gerechnet vom Tag der Absendung der Bekanntmachung an.

(3) Die von den Auftraggebern festzusetzende Angebotsfrist beim nicht offenen Verfahren beträgt mindestens 40 Tage, gerechnet vom Tag der Absendung der Aufforderung zur Angebotsabgabe an. Im beschleunigten Verfahren beträgt die Frist mindestens zehn Tage, gerechnet vom Tag der Absendung der Aufforderung zur Angebotsabgabe an. Haben die Auftraggeber eine Vorinformation gemäß § 17 veröffentlicht, können sie die Frist für den Eingang der Angebote in der Regel auf 36 Tage ab dem Tag der Absendung der Aufforderung zur Angebotsabgabe, jedoch keinesfalls weniger als 22 Tage festsetzen. Diese verkürzte Frist ist zulässig, sofern die Vorinformation alle die für die Bekanntmachung nach Anhang IV der Richtlinie 2009/81/EG geforderten Informationen – soweit diese zum Zeitpunkt der Veröffentlichung der Bekanntmachung vorlagen – enthielt und die Vorinformation spätestens 52 Tage und frühestens zwölf Monate vor dem Tag der Absendung der Bekanntmachung zur Veröffentlichung übermittelt wurde.

(4) Bei elektronisch erstellten und übermittelten Bekanntmachungen können die Auftraggeber die Frist nach Absatz 2 Satz 1 um sieben Tage verkürzen. Die Auftraggeber können die Frist für den Eingang der Angebote nach Absatz 3 Satz 1 um weitere fünf Tage verkürzen, wenn sie ab der Veröffentlichung der Bekanntmachung die Vergabeunterlagen und unterstützende Unterlagen entsprechend der Angaben in Anhang VI der Richtlinie 2009/81/EG elektronisch frei, direkt und vollständig verfügbar machen; in der Bekanntmachung ist die Internetadresse anzugeben, unter der diese Unterlagen abrufbar sind. Diese Verkürzung nach Satz 2 kann mit der in Satz 1 genannten Verkürzung verbunden werden.

(5) Die Auftraggeber müssen rechtzeitig angeforderte zusätzliche Informationen über die Vergabeunterlagen, die Beschreibung oder die unterstützenden Unterlagen im Falle des nicht offenen Verfahrens spätestens sechs Tage oder im Falle des beschleunigten Verhandlungsverfahrens spätestens vier Tage vor Ablauf der für die Einreichung von Angeboten festgelegten Frist übermitteln.

(6) Können die Angebote nur nach einer Ortsbesichtigung oder Einsichtnahme in nicht übersandte Vergabeunterlagen erstellt werden oder konnten die Fristen nach Absatz 5 nicht eingehalten werden, so sind die Angebotsfristen entsprechend zu verlängern, und zwar so, dass alle betroffenen Unternehmen von allen Informationen, die für die Erstellung des Angebots notwendig sind, Kenntnis nehmen können.

1 Das Muster und die Modalitäten für die elektronische Übermittlung der Bekanntmachungen sind unter der Internetadresse http://simap.europa.eu abrufbar, vergleiche Anhang VI Nummer 3 der Richtlinie 2009/81/EG.

(7) Bis zum Ablauf der Angebotsfrist können Bieter ihre Angebote zurückziehen. Dabei sind die für die Einreichung der Angebote maßgeblichen Formerfordernisse zu beachten.

§ 21
Eignung und Auswahl der Bewerber

(1) Aufträge werden unter Wahrung der Eignungsanforderungen des § 122 Absatz 1 des Gesetzes gegen Wettbewerbsbeschränkungen vergeben.

(2) Auftraggeber können Mindestanforderungen an die Eignung stellen, denen die Bewerber genügen müssen. Diese Mindestanforderungen müssen mit dem Auftragsgegenstand im sachlichen Zusammenhang stehen und durch ihn gerechtfertigt sein. Die Mindestanforderungen werden in der Bekanntmachung oder den Vergabeunterlagen angegeben.

(3) Im nicht offenen Verfahren, Verhandlungsverfahren mit Teilnahmewettbewerb und im wettbewerblichen Dialog dürfen Auftraggeber die Zahl der geeigneten Bewerber begrenzen, die zur Abgabe eines Angebots aufgefordert werden. Dazu geben die Auftraggeber in der Bekanntmachung die von ihnen vorgesehenen objektiven und nicht diskriminierenden Anforderungen sowie die vorgesehene Mindestzahl und gegebenenfalls auch die Höchstzahl an Bewerbern an. Die Mindestzahl der Bewerber darf nicht niedriger als drei sein.

1. Sofern geeignete Bewerber in ausreichender Zahl zur Verfügung stehen, wird das Verfahren mit der Anzahl von Bewerbern fortgeführt, die der festgelegten Mindestzahl an Bewerbern entspricht.
2. Sofern die Zahl geeigneter Bewerber unter der Mindestanzahl liegt, kann der Auftraggeber das Verfahren fortführen. Ist der Auftraggeber der Auffassung, dass die Zahl der geeigneten Bewerber zu gering ist, um einen echten Wettbewerb zu gewährleisten, so kann er das Verfahren aussetzen und die erste Bekanntmachung gemäß § 18 zur Festsetzung einer neuen Frist für die Einreichung von Anträgen auf Teilnahme erneut veröffentlichen. In diesem Fall wird das Verfahren mit den nach der ersten sowie mit den nach der zweiten Bekanntmachung ausgewählten Bewerbern gemäß § 29 fortgeführt. Die Möglichkeit, das laufende Vergabeverfahren einzustellen und ein neues Verfahren einzuleiten, bleibt unberührt.

(4) Bewerber oder Bieter, die gemäß den Rechtsvorschriften des EU-Mitgliedstaats, in dem sie ihre Niederlassung haben, zur Erbringung der betreffenden Leistung berechtigt sind, dürfen nicht allein deshalb zurückgewiesen werden, weil sie gemäß den einschlägigen deutschen Rechtsvorschriften eine natürliche oder juristische Person sein müssten. Im Falle zusätzlicher Dienstleistungen bei Lieferaufträgen und im Falle von Dienstleistungsaufträgen können juristische Personen verpflichtet werden, in ihrem Antrag auf Teilnahme oder Angebot die Namen und die berufliche Qualifikationen der Personen anzugeben, die für die Durchführung des Auftrags als verantwortlich vorgesehen sind.

(5) Bewerber- und Bietergemeinschaften sind wie Einzelbewerber und -bieter zu behandeln. Auftraggeber dürfen nicht verlangen, dass nur Gruppen von Unternehmen, die eine bestimmte Rechtsform haben, einen Teilnahmeantrag stellen oder ein Angebot abgeben dürfen. Für den Fall der Auftragserteilung können die Auftraggeber verlangen, dass eine Bietergemeinschaft eine bestimmte Rechtsform annimmt, sofern dies für die ordnungsgemäße Durchführung des Auftrags notwendig ist.

§ 22
Allgemeine Vorgaben zum Nachweis der Eignung und des Nichtvorliegens von Ausschlussgründen

(1) Auftraggeber müssen in der Bekanntmachung oder im Verhandlungsverfahren ohne Teilnahmewettbewerb in den Vergabeunterlagen angeben, mit welchen Nachweisen gemäß den §§ 6, 7, 8 und 23 bis 28 Unternehmen ihre Eignung und das Nichtvorliegen von Ausschlussgründen nachzuweisen haben. Auftraggeber dürfen von den Bewerbern oder Bietern zum Nachweis ihrer Eignung und für das Nichtvorliegen von Ausschlussgründen nur Unterlagen und Angaben fordern, die durch den Gegenstand des Auftrags gerechtfertigt sind.

(2) Soweit mit den vom Auftragsgegenstand betroffenen Verteidigungs- und Sicherheitsinteressen vereinbar, können Auftraggeber zulassen, dass Bewerber oder Bieter ihre Eignung durch die Vorlage einer Erklärung belegen, dass sie die vom Auftraggeber verlangten Eignungskriterien erfüllen und die festgelegten Nachweise auf Aufforderung unverzüglich beibringen können (Eigenerklärung).

(3) Erbringen Bewerber oder Bieter den Nachweis für die an die Eignung gestellten Mindestanforderungen nicht, werden sie im Rahmen eines nicht offenen Verfahrens, Verhandlungsverfahrens mit Teilnahmewettbewerb oder wettbewerblichen Dialogs nicht zur Abgabe eines Angebots aufgefordert. Wenn Bewerber oder Bieter im Verhandlungsverfahren ohne Teilnahmewettbewerb ein Angebot abgegeben haben, wird dieses nicht gewertet.

(4) Unternehmen sind verpflichtet, die geforderten Nachweise

1. beim nicht offenen Verfahren und Verhandlungsverfahren mit Teilnahmewettbewerb vor Ablauf der Teilnahmefrist,
2. beim Verhandlungsverfahren ohne Teilnahmewettbewerb vor Ablauf der Angebotsfrist,
3. bei einer Rahmenvereinbarung entsprechend der gewählten Verfahrensart gemäß den Nummern 1 und 2,
4. beim wettbewerblichen Dialog vor Ablauf der Teilnahmefrist vorzulegen, es sei denn, der jeweilige Nachweis ist elektronisch verfügbar.

(5) Im nicht offenen Verfahren und Verhandlungsverfahren mit Teilnahmewettbewerb dürfen die Vergabeunterlagen nur an geeignete Unternehmen übersandt werden. Im Verhandlungsverfahren ohne Teilnahmewettbewerb dürfen die Vergabeunterlagen an die Unternehmen übermittelt werden, die vom Auftraggeber unter Beachtung der §§ 6 und 7 ausgewählt wurden.

(6) Erklärungen und sonstige Unterlagen, die als Nachweis im Teilnahmewettbewerb oder mit dem Angebot einzureichen sind und auf Anforderung der Auftraggeber nicht bis zum Ablauf der maßgeblichen Frist vorgelegt wurden, können bis zum Ablauf einer zu bestimmenden Nachfrist nachgefordert werden. Werden die Nachweise und sonstigen Unterlagen nicht innerhalb der Nachfrist vorgelegt, ist der Bewerber oder Bieter auszuschließen.

§ 23
Zwingender Ausschluss

(1) Der Auftraggeber schließt ein Unternehmen zu jedem Zeitpunkt des Vergabeverfahrens von der Teilnahme aus, wenn ein zwingender Ausschlussgrund nach § 147 in Verbindung mit § 123 des Gesetzes gegen Wettbewerbsbeschränkungen vorliegt. § 147 in Verbindung mit § 125 des Gesetzes gegen Wettbewerbsbeschränkungen bleibt unberührt.

(2) Zur Anwendung des Absatzes 1 kann der öffentliche Auftraggeber die erforderlichen Informationen über die persönliche Lage der Bewerber oder Bieter bei den zuständigen Behörden einholen, wenn er Bedenken in Bezug auf das Nichtvorliegen von Ausschlussgründen hat. Betreffen die Informationen einen Bewerber oder Bieter, der in einem anderen Mitgliedstaat als der Auftraggeber ansässig ist, so kann dieser die zuständigen Behörden um Mitarbeit ersuchen. Nach Maßgabe des nationalen Rechts des Mitgliedstaats, in dem der Bewerber oder Bieter ansässig ist, betreffen diese Ersuchen juristische und natürliche Personen, gegebenenfalls auch die jeweiligen Unternehmensleiter oder jede andere Person, die befugt ist, den Bewerber oder Bieter zu vertreten, in seinem Namen Entscheidungen zu treffen oder ihn zu kontrollieren.

(3) Als ausreichenden Nachweis dafür, dass die in § 147 in Verbindung mit 123 Absatz 1 bis 3 des Gesetzes gegen Wettbewerbsbeschränkungen genannten Ausschlussgründe auf den Bewerber oder Bieter nicht zutreffen, erkennt der Auftraggeber einen Auszug aus einem einschlägigen Register, insbesondere ein Führungszeugnis aus dem Bundeszentralregister oder, in Ermangelung eines solchen, eine gleichwertige Bescheinigung einer zuständigen Gerichts- oder Verwaltungsbehörde des Herkunftslandes oder des Niederlassungsstaates des Bewerbers oder Bieters an.

(4) Als ausreichenden Nachweis dafür, dass die in § 147 in Verbindung mit § 123 Absatz 4 des Gesetzes gegen Wettbewerbsbeschränkungen genannten Ausschlussgründe auf den Bewerber oder Bieter nicht zutreffen, erkennt der öffentliche Auftraggeber eine von der zuständigen Behörde des Herkunftslandes oder des Niederlassungsstaates des Bewerbers oder Bieters ausgestellte Bescheinigung an.

(5) Wird eine Urkunde oder Bescheinigung von dem Herkunftsland des Bewerbers oder Bieters nicht ausgestellt oder werden darin nicht alle vorgesehenen Fälle erwähnt, so kann sie durch eine Versicherung an Eides statt ersetzt werden. In den Staaten, in denen es keine Versicherung an Eides statt gibt, darf die Versicherung an Eides statt durch eine förmliche Erklärung ersetzt werden, die ein Vertreter des betreffenden Unternehmens vor einer zuständigen Gerichts- oder Verwaltungsbehörde, einem Notar oder einer dafür qualifizierten Berufsorganisation des Herkunftslands abgibt.

§ 24
Fakultativer Ausschluss

(1) Der Auftraggeber kann unter Berücksichtigung des Grundsatzes der Verhältnismäßigkeit ein Unternehmen zu jedem Zeitpunkt des Vergabeverfahrens von der Teilnahme an einem Vergabeverfahren ausschließen, wenn ein fakultativer Ausschlussgrund nach § 147 in Verbindung mit § 124 des Gesetzes gegen Wettbewerbsbeschränkungen vorliegt. § 147 in Verbindung mit § 125 des Gesetzes gegen Wettbewerbsbeschränkungen bleibt unberührt.

(2) Als ausreichenden Nachweis dafür, dass die in § 147 in Verbindung mit § 124 Absatz 1 Nummer 2 des Gesetzes gegen Wettbewerbsbeschränkungen genannten Fälle auf das Unternehmen nicht zutreffen, erkennt der öffentliche Auftraggeber eine von der zuständigen Behörde des Herkunftslandes oder des Niederlassungsstaates des Bewerbers oder Bieters ausgestellte Bescheinigung an.

(3) Wird eine in Absatz 2 genannte Bescheinigung im Herkunftsland des Unternehmens nicht ausgestellt oder werden darin nicht alle in § 147 in Verbindung mit § 124 Absatz 1 Nummer 2 des Gesetzes gegen Wettbewerbsbeschränkungen vorgesehenen Fälle erwähnt, so kann sie durch eine Versicherung an Eides statt ersetzt werden. In den Mitgliedstaaten, in denen es keine Versicherung an Eides statt gibt, gilt § 23 Absatz 5 Satz 2 entsprechend.

§ 25
Nachweis der Erlaubnis zur Berufsausübung

(1) Die Auftraggeber können die Bewerber oder Bieter auffordern, als Nachweis für die Erlaubnis zur Berufsausübung

1. den Auszug eines Berufs- oder Handelsregisters gemäß der unverbindlichen Liste des Anhangs VII Teil B und C der Richtlinie 2009/81/EG vorzulegen, wenn die Eintragung gemäß den Vorschriften des Mitgliedstaats ihrer Herkunft oder Niederlassung Voraussetzung für die Berufsausübung ist,
2. darüber eine Erklärung unter Eid abzugeben oder
3. eine sonstige Bescheinigung vorzulegen.

(2) Müssen Bewerber oder Bieter eine bestimmte Berechtigung besitzen oder Mitglied einer bestimmten Organisation sein, um eine Dienstleistung in ihrem Herkunftsmitgliedstaat erbringen zu können, können Auftraggeber Bewerber oder Bieter auffordern, darüber den Nachweis zu erbringen.

§ 26
Nachweis der wirtschaftlichen und finanziellen Leistungsfähigkeit

(1) Auftraggeber können je nach Art, Verwendungszweck und Menge der zu liefernden Güter oder dem Umfang der zu erbringenden Dienstleistungen angemessene Nachweise der finanziellen und wirtschaftlichen Leistungsfähigkeit der Bewerber oder Bieter verlangen, insbesondere die Vorlage

1. entsprechender Bankerklärungen oder des Nachweises einer entsprechenden Berufshaftpflichtversicherung,

2. von Bilanzen oder Bilanzauszügen, falls deren Veröffentlichung in dem Land, in dem der Bewerber oder Bieter ansässig ist, gesetzlich vorgeschrieben ist,
3. einer Erklärung über den Gesamtumsatz und den Umsatz für den durch den Auftragsgegenstand vorausgesetzten Tätigkeitsbereich, jedoch höchstens für die letzten drei Geschäftsjahre, entsprechend dem Gründungsdatum oder dem Datum der Tätigkeitsaufnahme des Unternehmens, sofern entsprechende Angaben verfügbar sind.

(2) Können Bewerber oder Bieter aus einem berechtigten Grund die geforderten Nachweise nicht beibringen, so kann der Auftraggeber die Vorlage jedes anderen geeigneten Nachweises zulassen.

(3) Bewerber oder Bieter können sich für einen bestimmten Auftrag auf die Leistungsfähigkeit anderer Unternehmen berufen, wenn sie nachweisen, dass ihnen dadurch die erforderlichen Mittel zur Verfügung stehen. Dies gilt auch für Bewerber- oder Bietergemeinschaften.

§ 27
Nachweis der technischen und beruflichen Leistungsfähigkeit

(1) Auftraggeber können je nach Art, Verwendungszweck und Menge der zu liefernden Güter oder dem Umfang der zu erbringenden Dienstleistungen angemessene Nachweise der technischen und beruflichen Leistungsfähigkeit verlangen. Insbesondere können die Auftraggeber verlangen:

1. bei Lieferaufträgen
   a) eine Liste der wesentlichen in den letzten fünf Jahren erbrachten Lieferungen;
   b) Muster, Beschreibungen oder Fotografien der zu liefernden Güter, deren Echtheit nach Aufforderung durch den Auftraggeber nachzuweisen ist;
   c) Bescheinigungen, die von zuständigen Instituten oder amtlichen Stellen für Qualitätskontrolle ausgestellt wurden, mit denen bestätigt wird, dass die durch entsprechende Bezugnahmen genau bezeichneten Güter bestimmten Spezifikationen oder Normen entsprechen;
   d) die Angabe der technischen Fachkräfte oder der technischen Stellen, unabhängig davon, ob diese dem Unternehmen angeschlossen sind oder nicht, und zwar insbesondere derjenigen, die mit der Qualitätskontrolle beauftragt sind;
   e) eine Beschreibung der technischen Ausrüstung, der Maßnahmen des Unternehmens zur Qualitätssicherung und der Untersuchungs- und Forschungsmöglichkeiten des Unternehmens sowie der internen Vorschriften in Bezug auf gewerbliche Schutzrechte;
   f) bei komplexer Art der zu liefernden Güter oder solchen, die ausnahmsweise einem besonderen Zweck dienen, eine Kontrolle, die vom Auftraggeber oder in dessen Namen von einer zuständigen amtlichen Stelle im Herkunftsland des Unternehmens durchgeführt wird. Diese Kontrolle betrifft Produktionskapazitäten und erforderlichenfalls die Untersuchungs- und Forschungsmöglichkeiten des Unternehmens sowie die von diesem für die Qualitätskontrolle getroffenen Vorkehrungen;
   g) im Falle zusätzlicher Dienst- oder Bauleistungen die Studien- und Ausbildungsnachweise sowie Bescheinigungen darüber, dass das Unternehmen die Erlaubnis zur Berufsausübung sowie die Führungskräfte des Unternehmens und insbesondere die für die Erbringung der Dienst- oder Bauleistung verantwortlichen Personen die erforderliche berufliche Befähigung besitzen;
   h) eine Erklärung, aus der die durchschnittliche jährliche Beschäftigtenzahl des Unternehmens und die Zahl seiner Führungskräfte in den letzten drei Jahren ersichtlich ist;
   i) eine Beschreibung der Ausstattung, der Geräte, der technischen Ausrüstung sowie die Angabe der Anzahl der Mitarbeiter und ihrer Kenntnisse sowie die Angabe der Zulieferer, auf die das Unternehmen zurückgreifen kann, um den Auftrag auszuführen und einen etwaigen steigenden Bedarf des Auftraggebers infolge einer Krise zu decken oder die Wartung, Modernisierung oder Anpassung der im Rahmen des Auftrags gelieferten Güter sicherzustellen. Zur Angabe der Zulieferer gehört

die Angabe des geografischen Standortes, falls diese Zulieferer außerhalb der Europäischen Union ansässig sind;

2. bei Dienstleistungsaufträgen
   a) eine Liste der wesentlichen in den letzten fünf Jahren erbrachten Dienstleistungen;
   b) Muster, Beschreibungen oder Fotografien der zu erbringenden Dienstleistungen, deren Echtheit nach Aufforderung durch den Auftraggeber nachzuweisen ist;
   c) Studien- und Ausbildungsnachweise sowie Bescheinigungen darüber, dass das Unternehmen die Erlaubnis zur Berufsausübung sowie die Führungskräfte des Unternehmens und insbesondere die für die Erbringung der Dienstleistung verantwortlichen Personen die erforderliche berufliche Befähigung besitzen;
   d) die Angabe der technischen Fachkräfte oder der technischen Stellen, unabhängig davon, ob diese dem Unternehmen angeschlossen sind oder nicht, und zwar insbesondere derjenigen, die mit der Qualitätskontrolle beauftragt sind;
   e) bei Dienstleistungen komplexer Art oder solchen, die ausnahmsweise einem besonderen Zweck dienen, eine Kontrolle, die vom Auftraggeber oder in dessen Namen von einer zuständigen amtlichen Stelle im Herkunftsland des Unternehmens durchgeführt wird. Diese Kontrolle betrifft die technische Leistungsfähigkeit und erforderlichenfalls die Untersuchungs- und Forschungsmöglichkeiten des Unternehmens sowie die von diesem für die Qualitätskontrolle getroffenen Vorkehrungen;
   f) im Falle zusätzlicher Bauleistungen die Studien- und Ausbildungsnachweise sowie Bescheinigungen darüber, dass das Unternehmen die Erlaubnis zur Berufsausübung sowie die Führungskräfte des Unternehmens und insbesondere die für die Ausführung der Bauleistung verantwortlichen Personen die erforderliche berufliche Befähigung besitzen;
   g) die Angabe der durch den Auftragsgegenstand erforderlichen Umweltmanagementmaßnahmen;
   h) eine Erklärung, aus der die durchschnittliche jährliche Beschäftigtenzahl des Unternehmens und die Zahl seiner Führungskräfte in den letzten drei Jahren ersichtlich ist;
   i) eine Beschreibung der Ausstattung, der Geräte, der technischen Ausrüstung sowie die Angabe der Anzahl der Mitarbeiter und ihrer Kenntnisse sowie die Angabe der Zulieferer, auf die das Unternehmen zurückgreifen kann, um den Auftrag auszuführen und einen etwaigen steigenden Bedarf des Auftraggebers infolge einer Krise zu decken. Zur Angabe der Zulieferer gehört die Angabe ihres geografischen Standortes, falls diese Zulieferer außerhalb der Europäischen Union ansässig sind.

(2) Verlangt der Auftraggeber Angaben zu erbrachten Liefer- und Dienstleistungen im Sinne des Absatzes 1 Nummer 1 Buchstabe a und Nummer 2 Buchstabe a über erbrachte Leistungen, so sind diese zu erbringen

1. bei Leistungen an öffentliche Auftraggeber durch eine von der zuständigen Behörde ausgestellte Bescheinigung, die beglaubigt werden kann, oder
2. bei Leistungen an private Auftraggeber durch eine von diesen ausgestellte Bescheinigung oder, falls eine solche Bescheinigung nicht erhältlich ist, durch einfache Erklärung.

(3) Auskünfte im Sinne des Absatzes 2 enthalten mindestens die folgenden Angaben:

1. Name der Auskunftsperson;
2. Wert der Leistung;
3. Zeit der Leistungserbringung;
4. Angabe, ob die Lieferleistung sachmangelfrei und ordnungsgemäß oder die Dienstleistung fachgerecht und ordnungsgemäß ausgeführt wurde.

(4) Bewerber oder Bieter können sich für einen bestimmten Auftrag auf die Leistungsfähigkeit anderer Unternehmen berufen, wenn sie nachweisen, dass diese ihnen die für die Auftragsausführung erforderlichen Mittel zur Verfügung stellen. Dies gilt auch für Bewerber- oder Bietergemeinschaften. Der Nachweis kann auch durch Zusage der Unternehmen erfolgen, die dem Bewerber oder Bieter die für die Auftragsausführung erforderlichen Mittel zur Verfügung stellen. Die Zusage muss in Schriftform oder elektronisch mindestens mittels einer fortgeschrittenen elektronischen Signatur oder mindestens mittels eines fortgeschrittenen elektronischen Siegels erfolgen.

(5) Können Bewerber oder Bieter aus einem berechtigten Grund die geforderten Nachweise ihrer technischen und beruflichen Leistungsfähigkeit nicht beibringen, so kann der Auftraggeber die Vorlage jedes anderen geeigneten Nachweises zulassen.

§ 28
Nachweis für die Einhaltung von Normen des Qualitäts- und Umweltmanagements

(1) Verlangen Auftraggeber zum Nachweis dafür, dass Bewerber oder Bieter bestimmte Normen des Qualitätsmanagements erfüllen, die Vorlage von Bescheinigungen unabhängiger und akkreditierter Stellen, so beziehen sich Auftraggeber auf Qualitätsmanagementsysteme, die

1. den einschlägigen europäischen Normen genügen und
2. von unabhängigen akkreditierten Stellen zertifiziert sind, die den europäischen Normen für die Akkreditierung und Zertifizierung entsprechen.

Auftraggeber erkennen gleichwertige Bescheinigungen von unabhängigen akkreditierten Stellen aus anderen Mitgliedstaaten und andere Nachweise für gleichwertige Qualitätsmanagementsysteme an.

(2) Verlangen Auftraggeber bei der Vergabe von Dienstleistungsaufträgen als Nachweis der technischen Leistungsfähigkeit, dass Bewerber oder Bieter bestimmte Normen für das Umweltmanagement erfüllen, die Vorlage von Bescheinigungen unabhängiger Stellen, so beziehen sich Auftraggeber

1. entweder auf das Gemeinschaftssystem für das Umweltmanagement und die Umweltbetriebsprüfung (EMAS) oder
2. auf Normen für das Umweltmanagement, die auf den einschlägigen europäischen oder internationalen Normen beruhen und von entsprechenden Stellen zertifiziert sind, die dem Gemeinschaftsrecht oder europäischen oder internationalen Zertifizierungsnormen entsprechen.

Gleichwertige Bescheinigungen von Stellen in anderen Mitgliedstaaten sind anzuerkennen. Auftraggeber erkennen auch andere Nachweise für gleichwertige Umweltmanagementmaßnahmen an, die von Bewerbern oder Bietern vorgelegt werden.

§ 29
Aufforderung zur Abgabe eines Angebots

(1) Beim nicht offenen Verfahren, Verhandlungsverfahren mit Teilnahmewettbewerb und wettbewerblichen Dialog fordern Auftraggeber die Bewerber mit der Benachrichtigung über die Auswahl auf, ihre Angebote einzureichen oder zu verhandeln oder – im Falle des wettbewerblichen Dialogs – am Dialog teilzunehmen.

(2) Die Aufforderung enthält die Vergabeunterlagen und alle unterstützenden Unterlagen oder die Angabe, wie darauf gemäß § 20 Absatz 4 Satz 2 elektronisch zugegriffen werden kann.

(3) Hält eine andere Stelle als der für das Vergabeverfahren zuständige Auftraggeber die Unterlagen bereit, gibt der Auftraggeber in der Aufforderung die Anschrift dieser Stelle an und den Zeitpunkt, bis zu dem die Unterlagen angefordert werden können. Darüber hinaus sind der Betrag, der für den Erhalt der Unterlagen zu entrichten ist, und die Zahlungsbedingungen anzugeben. Die Unternehmen erhalten die Unterlagen unverzüglich nach Zugang der Anforderung.

(4) Veröffentlicht der Auftraggeber zusätzliche Informationen über die Vergabeunterlagen und sonstige ergänzende Unterlagen, so gilt § 20 Absatz 5.

(5) Die Aufforderung enthält über die in den Absätzen 2, 3 und 4 genannten Angaben mindestens:

1. den Hinweis auf die veröffentlichte Bekanntmachung;
2. den Tag, bis zu dem die Angebote eingehen müssen, die Anschrift der Stelle, bei der sie einzureichen sind, sowie die Sprache, in der sie abzufassen sind. Im Falle eines wettbewerblichen Dialogs ist diese Information nicht in der Aufforderung zur Teilnahme am Dialog, sondern in der Aufforderung zur Angebotsabgabe aufzuführen;
3. beim wettbewerblichen Dialog den Termin und den Ort des Beginns der Konsultationsphase sowie die verwendeten Sprachen;
4. die Liste der beizufügenden Eignungsnachweise im Falle des Verhandlungsverfahrens ohne Teilnahmewettbewerb;
5. die Gewichtung der Zuschlagskriterien oder die absteigende Reihenfolge der diesen Kriterien zuerkannten Bedeutung, anhand derer das wirtschaftlichste Angebot bestimmt wird, wenn diese nicht bereits in der Bekanntmachung enthalten sind.

(6) Auftraggeber können verlangen, dass Bieter im Angebot angeben, ob für den Gegenstand des Angebots gewerbliche Schutzrechte bestehen oder von den Bietern oder Dritten beantragt sind. Bieter haben stets anzugeben, ob sie erwägen, Angaben aus ihrem Angebot für die Anmeldung eines gewerblichen Schutzrechtes zu verwerten.

(7) Bietergemeinschaften haben im Angebot jeweils die Mitglieder sowie eines ihrer Mitglieder als bevollmächtigten Vertreter für den Abschluss und die Durchführung des Vertrags zu benennen. Fehlt eine dieser Angaben im Angebot, so ist sie vor der Zuschlagserteilung beizubringen. § 22 Absatz 6 gilt entsprechend.

§ 30
Öffnung der Angebote

(1) Auf dem Postweg und direkt übermittelte Angebote sind ungeöffnet zu lassen, mit Eingangsvermerk zu versehen und bis zum Zeitpunkt der Öffnung unter Verschluss zu halten. Elektronische Angebote sind auf geeignete Weise zu kennzeichnen und verschlüsselt aufzubewahren. Mittels Telefax eingereichte Angebote sind ebenfalls entsprechend zu kennzeichnen und auf geeignete Weise unter Verschluss zu halten.

(2) Die Öffnung der Angebote wird von mindestens zwei Vertretern des Auftraggebers gemeinsam durchgeführt und dokumentiert. Bieter sind nicht zugelassen. Dabei wird mindestens festgehalten:

1. Name und Anschrift der Bieter,
2. die Endbeträge ihrer Angebote und andere den Preis betreffenden Angaben,
3. ob und von wem Nebenangebote eingereicht worden sind.

(3) Die Angebote und ihre Anlagen sowie die Dokumentation über die Angebotsöffnung sind auch nach Abschluss des Vergabeverfahrens sorgfältig zu verwahren und vertraulich zu behandeln.

§ 31
Prüfung der Angebote

(1) Die Angebote sind auf Vollständigkeit sowie auf fachliche und rechnerische Richtigkeit zu prüfen.

(2) Ausgeschlossen werden:

1. Angebote, die nicht die geforderten oder nachgeforderten Erklärungen und Nachweise enthalten;
2. Angebote, die nicht unterschrieben sind oder nicht mindestens versehen sind mit einer fortgeschrittenen elektronischen Signatur oder mit einem fortgeschrittenen elektronischen Siegel;
3. Angebote, in denen Änderungen des Bieters an seinen Eintragungen nicht zweifelsfrei sind;
4. Angebote, bei denen Änderungen oder Ergänzungen an den Vergabeunterlagen vorgenommen worden sind;

5. Angebote, die nicht form- oder fristgerecht eingegangen sind, es sei denn, der Bieter hat dies nicht zu vertreten;
6. Angebote von Bietern, die in Bezug auf die Vergabe eine unzulässige, wettbewerbsbeschränkende Abrede getroffen haben;
7. Angebote von Bietern, die auch als Bewerber gemäß § 24 von der Teilnahme am Wettbewerb hätten ausgeschlossen werden können;
8. Angebote, die nicht die erforderlichen Preisangaben enthalten, es sei denn, es handelt sich um unwesentliche Einzelpositionen, deren Einzelpreise den Gesamtpreis nicht verändern oder die Wertungsreihenfolge und den Wettbewerb nicht beeinträchtigen.

§ 32
Nebenangebote

(1) Auftraggeber können Nebenangebote in der Bekanntmachung zulassen. In diesem Fall geben Auftraggeber in den Vergabeunterlagen an, welche Mindestanforderungen für Nebenangebote gelten und in welcher Art und Weise Nebenangebote einzureichen sind. Auftraggeber berücksichtigen nur Nebenangebote, die den in den Vergabeunterlagen festgelegten Mindestanforderungen entsprechen. Nebenangebote sind auszuschließen, wenn sie in der Bekanntmachung nicht ausdrücklich zugelassen sind.

(2) Auftraggeber dürfen ein Nebenangebot nicht deshalb zurückweisen, weil es im Falle des Zuschlags zu einem Dienstleistungsauftrag anstelle eines Lieferauftrags oder zu einem Lieferauftrag anstelle eines Dienstleistungsauftrags führen würde.

§ 33
Ungewöhnlich niedrige Angebote

(1) Erscheint ein Angebot im Verhältnis zu der zu erbringenden Leistung ungewöhnlich niedrig, verlangen die Auftraggeber vor Ablehnung dieses Angebots vom Bieter Aufklärung über dessen Einzelpositionen. Auf Angebote, deren Preise in offenbarem Missverhältnis zur Leistung stehen, darf der Zuschlag nicht erteilt werden.

(2) Auftraggeber prüfen die Zusammensetzung des Angebots und berücksichtigen die gelieferten Nachweise. Sie können Bieter zur Aufklärung betreffend der Einzelpositionen des Angebots auffordern.

(3) Angebote, die aufgrund einer staatlichen Beihilfe im Sinne des Artikels 107 des Vertrags über die Arbeitsweise der Europäischen Union ungewöhnlich niedrig sind, dürfen aus diesem Grund nur abgelehnt werden, wenn das Unternehmen nach Aufforderung innerhalb einer von den Auftraggebern festzulegenden ausreichenden Frist nicht nachweisen kann, dass die betreffende Beihilfe rechtmäßig gewährt wurde. Auftraggeber, die unter diesen Umständen ein Angebot ablehnen, müssen dies der Europäischen Kommission mitteilen.

§ 34
Zuschlag

(1) Die Annahme eines Angebots (Zuschlag) erfolgt in Schriftform oder elektronisch mindestens mittels einer fortgeschrittenen elektronischen Signatur oder mindestens mittels eines fortgeschrittenen elektronischen Siegels. 2 Bei Übermittlung durch Telefax genügt die Unterschrift auf der Telefaxvorlage.

(2) Zur Ermittlung des wirtschaftlichsten Angebots wendet der Auftraggeber die in der Bekanntmachung oder den Vergabeunterlagen angegebenen Zuschlagskriterien in der festgelegten Gewichtung oder in der absteigenden Reihenfolge der ihnen zuerkannten Bedeutung an. Diese Zuschlagskriterien müssen sachlich durch den Auftragsgegenstand gerechtfertigt sein. Insbesondere können folgende Kriterien erfasst sein:

1. Qualität,
2. Preis,
3. Zweckmäßigkeit,

4. technischer Wert, Kundendienst und technische Hilfe,
5. Betriebskosten, Rentabilität, Lebenszykluskosten,
6. Interoperabilität und Eigenschaften beim Einsatz,
7. Umwelteigenschaften,
8. Lieferfrist oder Ausführungsdauer und
9. Versorgungssicherheit.

§ 35
Bekanntmachung über die Auftragserteilung

(1) Die Auftraggeber sind verpflichtet, die Vergabe eines Auftrags oder den Abschluss einer Rahmenvereinbarung innerhalb von 48 Tagen bekannt zu machen. Die Bekanntmachung über die Auftragserteilung wird nach den Vorgaben der Spalte 31 der Tabelle 2 des Anhangs der Durchführungsverordnung (EU) 2019/1780 in Verbindung mit § 2 Absatz 3 erstellt. Diese Pflicht besteht nicht für die Vergabe von Einzelaufträgen, die aufgrund einer Rahmenvereinbarung erfolgen.

(2) Die Auftraggeber müssen eine Auftragsvergabe oder den Abschluss einer Rahmenvereinbarung nicht bekannt geben, soweit deren Offenlegung den Gesetzesvollzug behindern, dies dem öffentlichen Interesse, insbesondere Verteidigungs- oder Sicherheitsinteressen, zuwiderlaufen, die berechtigten geschäftlichen Interessen öffentlicher oder privater Unternehmen schädigen oder den lauteren Wettbewerb zwischen ihnen beeinträchtigen könnte.

(3) Auftragsänderungen im Sinne von § 132 Absatz 5 in Verbindung mit § 147 des Gesetzes gegen Wettbewerbsbeschränkungen sind entsprechend den Vorgaben der Spalte 38 der Tabelle 2 des Anhangs der Durchführungsverordnung (EU) 2019/1780 in Verbindung mit § 2 Absatz 3 bekanntzumachen.

§ 36
Unterrichtung der Bewerber oder Bieter

(1) Unbeschadet des § 147 in Verbindung mit § 134 des Gesetzes gegen Wettbewerbsbeschränkungen unterrichten die Auftraggeber alle Bewerber oder Bieter unverzüglich über die Gründe für die Entscheidung, einen Auftrag oder eine Rahmenvereinbarung, für die eine Bekanntmachung veröffentlicht wurde, nicht zu vergeben oder das Verfahren neu einzuleiten. Diese Information wird auf Verlangen der Bewerber oder Bieter schriftlich erteilt.

(2) Unbeschadet des § 147 in Verbindung mit § 134 des Gesetzes gegen Wettbewerbsbeschränkungen unterrichten die Auftraggeber auf Verlangen des Betroffenen unverzüglich, spätestens 15 Tage nach Eingang eines entsprechenden Antrags in Textform nach § 126b des Bürgerlichen Gesetzbuchs,

1. jeden nicht erfolgreichen Bewerber über die Gründe für die Ablehnung der Bewerbung;
2. jeden nicht berücksichtigten Bieter über die Gründe für die Ablehnung des Angebots, insbesondere die Gründe dafür, dass keine Gleichwertigkeit im Sinne des § 15 Absatz 4 und 5 dieser Verordnung vorliegt oder dass die Lieferungen oder Dienstleistungen nicht den Leistungs- oder Funktionsanforderungen entsprechen, und in den Fällen der §§ 7 und 8 die Gründe dafür, dass keine Gleichwertigkeit bezüglich der Anforderungen an den Schutz von Verschlusssachen oder an die Versorgungssicherheit durch Unternehmen vorliegt;
3. jeden Bieter, der ein ordnungsgemäßes Angebot eingereicht hat, das jedoch abgelehnt worden ist, über die Merkmale und Vorteile des ausgewählten Angebots sowie über den Namen des Zuschlagsempfängers oder der Vertragspartner der Rahmenvereinbarung.

§ 37
Aufhebung und Einstellung des Vergabeverfahrens

(1) Die Vergabeverfahren können ganz oder bei Vergabe nach Losen auch teilweise aufgehoben werden, wenn

1. kein Angebot eingegangen ist, das den Bewerbungsbedingungen entspricht,
2. sich die Grundlagen der Vergabeverfahren wesentlich geändert haben,
3. sie kein wirtschaftliches Ergebnis gehabt haben oder
4. andere schwerwiegende Gründe bestehen.

(2) Die Auftraggeber teilen den Bewerbern oder Bietern nach Aufhebung des Vergabeverfahrens mindestens in Textform im Sinne des § 126b des Bürgerlichen Gesetzbuchs unverzüglich die Gründe für ihre Entscheidung mit, auf die Vergabe eines bekannt gemachten Auftrags zu verzichten oder das Vergabeverfahren erneut einzuleiten.

Teil 3
Unterauftragsvergabe

§ 38
Allgemeine Vorgaben zur Unterauftragsvergabe

(1) In den Fällen des § 9 Absatz 3 Nummer 1 und 2 vergeben Auftragnehmer, die keine öffentlichen Auftraggeber im Sinne des § 99 oder Sektorenauftraggeber im Sinne des § 100 des Gesetzes gegen Wettbewerbsbeschränkungen oder vergleichbarer Normen anderer Mitgliedstaaten der Europäischen Union sind, Unteraufträge an Dritte nach den Vorschriften dieses Teils. Die Auftragnehmer vergeben Unteraufträge im Wege transparenter Verfahren und behandeln sämtliche potenzielle Unterauftragnehmer gleich und in nicht diskriminierender Weise.

(2) Für die Zwecke von Absatz 1 gelten Bietergemeinschaften oder mit dem Auftragnehmer verbundene Unternehmen nicht als Unterauftragnehmer im Sinne dieses Teils. Der Bieter fügt dem Angebot eine vollständige Liste dieser Unternehmen bei. Ergeben sich Änderungen in den Beziehungen zwischen den Unternehmen, ist dem Auftraggeber darüber eine aktualisierte Liste zur Verfügung zu stellen.

(3) Auftragnehmer, die öffentliche Auftraggeber sind, halten bei der Unterauftragsvergabe die Vorschriften dieser Verordnung über die Vergabe von Hauptaufträgen ein.

(4) Für die Schätzung des Wertes von Unteraufträgen gilt § 3 entsprechend.

§ 39
Bekanntmachung

(1) Der Auftragnehmer veröffentlicht seine Absicht, einen Unterauftrag zu vergeben, in Form einer Bekanntmachung. Die Bekanntmachung enthält zumindest die in Anhang V der Richtlinie 2009/81/EG aufgeführten Informationen sowie die Auswahlkriterien des § 40 Absatz 1. Für die Bekanntmachung ist die Einwilligung des Auftraggebers einzuholen. Die Bekanntmachung wird nach den Vorgaben der Spalte 22 der Tabelle 2 des Anhangs der Durchführungsverordnung (EU) 2019/1780 in Verbindung mit § 2 Absatz 3 erstellt und wird gemäß § 18 Absatz 4 und 5 veröffentlicht.

(2) Eine Bekanntmachung über Unteraufträge ist nicht erforderlich, wenn in entsprechender Anwendung des § 12 eine Bekanntmachung verzichtbar ist, weil ein Verhandlungsverfahren ohne Teilnahmewettbewerb zulässig wäre.

§ 40
Kriterien zur Auswahl der Unterauftragsnehmer

(1) In der Bekanntmachung für den Unterauftrag gibt der Auftragnehmer die vom Auftraggeber festgelegten Eignungskriterien sowie alle anderen Kriterien an, die er für die Auswahl der Unterauftragnehmer anwenden wird. Diese Kriterien müssen objektiv und nicht diskriminierend sein und im Einklang mit den Kriterien stehen, die der Auftraggeber für die Auswahl der Bieter für den Hauptauftrag angewandt hat. Die geforderte Leistungsfähigkeit muss in unmittelbarem Zusammenhang mit dem Gegenstand des Unterauftrags stehen und das Niveau der geforderten Fähigkeiten muss dem Gegenstand des Unterauftrags angemessen sein.

(2) Der Auftraggeber darf vom Auftragnehmer nicht verlangen, einen Unterauftrag zu vergeben, wenn dieser nachweist, dass keiner der Unterauftragnehmer, die an dem Wettbewerb teilnehmen, oder keines der eingereichten Angebote die in der Bekanntmachung über den Unterauftrag genannten Kriterien erfüllt und es daher dem erfolgreichen Bieter unmöglich wäre, die Anforderungen des Hauptauftrags zu erfüllen.

§ 41
Unteraufträge aufgrund einer Rahmenvereinbarung

(1) Der Auftragnehmer kann die Anforderungen an die Vergabe von Unteraufträgen im Sinne des § 9 Absatz 3 Nummer 1 und 2 erfüllen, indem er Unteraufträge auf der Grundlage einer Rahmenvereinbarung vergibt, die unter Einhaltung des § 38 Absatz 1 Satz 2, der §§ 39 und 40 geschlossen wurde. Unteraufträge auf der Grundlage einer solchen Rahmenvereinbarung werden gemäß den Bedingungen der Rahmenvereinbarung vergeben. Sie dürfen nur an Unternehmen vergeben werden, die von Anfang an Parteien der Rahmenvereinbarung waren.

(2) Für die durch den Auftragnehmer geschlossene Rahmenvereinbarung gilt § 14 Absatz 1 Satz 2 und Absatz 6 Satz 1 und 2 entsprechend.

Teil 4
Besondere Bestimmungen

§ 42
Ausgeschlossene Personen

(1) Als Organmitglied oder Mitarbeiter eines Auftraggebers oder als Beauftragter oder als Mitarbeiter eines Beauftragten eines Auftraggebers dürfen bei Entscheidungen in einem Vergabeverfahren für einen Auftraggeber als voreingenommen geltende natürliche Personen nicht mitwirken, soweit sie in diesem Verfahren

1. Bieter oder Bewerber sind,
2. einen Bieter oder Bewerber beraten oder sonst unterstützen oder als gesetzlicher Vertreter oder nur in dem Vergabeverfahren vertreten,
3. beschäftigt oder tätig sind
   a) bei einem Bieter oder Bewerber gegen Entgelt oder bei ihm als Mitglied des Vorstandes, Aufsichtsrates oder gleichartigen Organs,
   b) für ein in das Vergabeverfahren eingeschaltetes Unternehmen, wenn dieses Unternehmen zugleich geschäftliche Beziehungen zum Auftraggeber und zum Bieter oder Bewerber hat,

es sei denn, dass daraus kein Interessenkonflikt für die Person entsteht oder sich die Tätigkeiten nicht auf die Entscheidungen in dem Vergabeverfahren auswirken.

(2) Als voreingenommen gelten auch die Personen, deren Angehörige die Voraussetzungen nach Absatz 1 Nummer 1 bis 3 erfüllen. Angehörige sind der Verlobte, der Ehegatte, Lebenspartner, Verwandte und Verschwägerte gerader Linie, Geschwister, Kinder der Geschwister, Ehegatten und Lebenspartner der

Geschwister und Geschwister der Ehegatten und Lebenspartner, Geschwister der Eltern sowie Pflegeeltern und Pflegekinder.

§ 43
Dokumentations- und Aufbewahrungspflichten

(1) Das Vergabeverfahren ist von Beginn an in einem Vergabevermerk fortlaufend zu dokumentieren, um die einzelnen Stufen des Verfahrens, die einzelnen Maßnahmen sowie die Begründung der einzelnen Entscheidungen festzuhalten.

(2) Der Vergabevermerk umfasst zumindest:

1. den Namen und die Anschrift des öffentlichen Auftraggebers, Gegenstand und Wert des Auftrags oder der Rahmenvereinbarung,
2. die Namen der berücksichtigten Bewerber oder Bieter und die Gründe für ihre Auswahl,
3. die Namen der nicht berücksichtigten Bewerber oder Bieter und die Gründe für ihre Ablehnung,
4. die Gründe für die Ablehnung von ungewöhnlich niedrigen Angeboten,
5. den Namen des erfolgreichen Bieters und die Gründe für die Auswahl seines Angebots sowie, falls bekannt, den Anteil am Auftrag oder an der Rahmenvereinbarung, den der Zuschlagsempfänger an Dritte weiterzugeben beabsichtigt oder verpflichtet ist weiterzugeben,
6. beim Verhandlungsverfahren ohne Teilnahmewettbewerb und wettbewerblichen Dialog die in dieser Verordnung jeweils genannten Umstände oder Gründe, die die Anwendung dieser Verfahren rechtfertigen; gegebenenfalls die Begründung für die Überschreitung der Fristen gemäß § 12 Absatz 1 Nummer 2 Buchstabe a Satz 2 und Nummer 3 Buchstabe b Satz 3 sowie für die Überschreitung der Schwelle von 50 Prozent gemäß § 12 Absatz 1 Nummer 3 Buchstabe a,
7. gegebenenfalls die Gründe, aus denen die Auftraggeber auf die Vergabe eines Auftrags oder den Abschluss einer Rahmenvereinbarung verzichtet haben,
8. die Gründe, aufgrund derer mehrere Teil- oder Fachlose zusammen vergeben werden sollen,
9. die Gründe, warum der Gegenstand des Auftrags die Vorlage von Eigenerklärungen oder von Eignungsnachweisen erfordert,
10. die Gründe der Nichtangabe der Gewichtung der Zuschlagskriterien,
11. gegebenenfalls die Gründe, die eine über sieben Jahre hinausgehende Laufzeit einer Rahmenvereinbarung rechtfertigen, und
12. die Gründe für die Ablehnung von Angeboten.

(3) Die Auftraggeber müssen geeignete Maßnahmen treffen, um den Ablauf der mit elektronischen Mitteln durchgeführten Vergabeverfahren zu dokumentieren.

(4) Auf Ersuchen der Europäischen Kommission müssen die Auftraggeber den Vermerk in Kopie übermitteln oder dessen wesentlichen Inhalt mitteilen.

Teil 5
Übergangs- und Schlussbestimmungen

§ 44
Übergangsbestimmung

Vergabeverfahren, die vor dem Inkrafttreten der Verordnung begonnen haben, werden einschließlich der sich an diese anschließenden Nachprüfungsverfahren nach dem Recht zu Ende geführt, das zum Zeitpunkt der Einleitung des Verfahrens galt.

§ 44a
Anwendungsbestimmungen aus Anlass der Einführung von e-Forms

Bis zum Ablauf des sich nach § 83 Absatz 2 der Vergabeverordnung ergebenden Tages sind

1. § 2 Absatz 3 nicht anzuwenden und
2. die §§ 2, 17, 18, 35 und 39 in ihrer am 23. August 2023 geltenden Fassung weiter anzuwenden.

§ 45
Inkrafttreten

Diese Verordnung tritt am Tag nach der Verkündung in Kraft.

VII.
Vergabe- und Vertragsordnung für Bauleistungen Teil A (VOB/A) – Ausgabe 2019 – Abschnitt 2 (VOB/A – EU)

Abschnitt 2 (VOB/A-EU) in der Fassung der Bekanntmachung vom 31. Januar 2019 (BAnz AT 19.02.2019 B2), der zuletzt durch Bekanntmachung vom 6. September 2023 (BAnz AT 25.09.2023 B4) geändert worden ist, in Anwendung seit dem 14.02.2024 gem. Verordnung vom 07.02.2024 (BGBl. 2024 I Nr. 39)

Bekanntmachung der Änderung der Vergabe- und Vertragsordnung für Bauleistungen Teil A
Vom 16. Juni 2023 (BAnz AT 04.07.2023 B4)

Die anliegenden vom Deutschen Vergabe- und Vertragsausschuss für Bauleistungen (DVA) erarbeiteten Änderungen an der Vergabe- und Vertragsordnung für Bauleistungen Teil A (VOB/A) werden hiermit bekannt gegeben. Sie sind von den öffentlichen Auftraggebern aber noch nicht anzuwenden.

Der Abschnitt 2 VOB/A in der Fassung der Bekanntmachung vom 31. Januar 2019 (BAnz AT 19.02.2019 B2) wird geändert.

Der Abschnitt 3 VOB/A in der Fassung der Bekanntmachung vom 31. Januar 2019 (BAnz AT 19.02.2019 B2) wird geändert.

Die Änderungen zeichnen die geänderten Regelungen der Vergabeverordnung (VgV) und der Vergabeverordnung Verteidigung und Sicherheit (VSVgV) für die Einführung neuer EU-Bekanntmachungsformulare (eForms) nach.

Die Anwendung des Abschnitts 2 VOB/A wird durch einen Verweis in der VgV für die Vergabe von Bauaufträgen verbindlich vorgeschrieben.

Die Anwendung des Abschnitts 3 VOB/A wird durch einen Verweis in der VSVgV für die Vergabe von sicherheits- und verteidigungsrelevanten Bauaufträgen verbindlich vorgeschrieben.

Ein Termin für die Aktualisierung dieses Verweises auf diese Fundstelle des Bundesanzeigers steht noch nicht fest.

Das Bundesministerium für Wohnen, Stadtentwicklung und Bauwesen wird in einem Erlass auf das Inkrafttreten der aktuellen Änderungen der VOB/A Abschnitt 2 und 3 hinweisen. Dieser Erlass wird im Gemeinsamen Ministerialblatt veröffentlicht werden.

Erläuterungen zu den Änderungen in den Abschnitten 2 und 3 der VOB/A ergeben sich aus den beigefügten Hinweisen.

Die VOB/A wird im Auftrag des DVA vom Deutschen Institut für Normung e. V. (DIN) als DIN 1960 herausgegeben.

Berlin, den 16. Juni 2023

B II 6 – 70421/2#4

Vergabe- und Vertragsordnung für Bauleistungen Teil A (VOB/A) Hinweise für die Änderungen in der VOB/A
Vom 16. Juni 2023 (BAnz AT 04.07.2023 B4)

Der Deutsche Vergabe- und Vertragsausschuss für Bauleistungen (DVA) hat Änderungen in der VOB/A beschlossen.

Sie zeichnen die in der Vergabeverordnung und der Vergabeverordnung Verteidigung und Sicherheit festgelegten Regelungen zur Nutzung der neuen EU-Bekanntmachungsformulare (eForms) nach.

Die Abschnitte 2 und 3 wurden hierfür vorwiegend redaktionell geändert, für die Nutzung des Datenservice Öffentlicher Einkauf und den Datenstandard eForms wird auf die VgV verwiesen.

Erläuterungen zu den neuen Bekanntmachungsverfahren sind für den Einführungserlass des Bundesministeriums für Wohnen, Stadtentwicklung und Bauwesen vorgesehen, der im Gemeinsamen Ministerialblatt des Bundes veröffentlicht werden wird.

Änderung der Vergabe- und Vertragsordnung für Bauleistungen Teil A (VOB/A), Abschnitt 2

1. In § 10a EU Absatz 2 Satz 2 und in § 10b EU Absatz 3 Satz 2 werden die Wörter „gemäß § 12 EU Absatz 1 Nummer 3" ersetzt durch „gemäß § 12 EU Absatz 1 Nummer 2".

2. In § 11 EU Absatz 2 Satz 1 werden die Wörter „mit elektronischen Mitteln" ersetzt durch „elektronisch über den zentralen Datenservice Öffentlicher Einkauf".

3. In § 12 EU wird in der Überschrift „, Ex-Ante-Bekanntmachung" angefügt.

4. In § 12 EU wird in Absatz 1 Nummer 2 folgender Satz 2 angefügt:

„In diesem Fall ist die Vorinformation nach den Vorgaben der Spalte 7 in Tabelle 2 des Anhangs der Durchführungsverordnung (EU) 2019/1780 in Verbindung mit § 10a VgV zu erstellen."

5. § 12 EU Absatz 1 Nummer 3 wird wie folgt gefasst:

„3. Eine Vorinformation nur zu Informationszwecken ist nach den Vorgaben der Spalte 4 in Tabelle 2 des Anhangs der Durchführungsverordnung (EU) 2019/1780 in Verbindung mit § 10a VgV zu erstellen."

6. § 12 EU Absatz 2 Nummer 4 Satz 1 wird wie folgt gefasst:

„Nach Genehmigung der Planung ist die Vorinformation sobald wie möglich über den zentralen Datenservice Öffentlicher Einkauf dem Amt für Veröffentlichungen der Europäischen Union zu übermitteln oder im Beschafferprofil zu veröffentlichen; in diesem Fall ist dem Amt für Veröffentlichungen der Europäischen Union zuvor über den zentralen Datenservice Öffentlicher Einkauf die Ankündigung dieser Veröffentlichung nach den Vorgaben der Spalte 1 in Tabelle 2 des Anhangs der Durchführungsverordnung (EU) 2019/1780 in Verbindung mit § 10a VgV zu melden."

7. § 12 EU Absatz 2 Nummer 1 Buchstabe c wird wie folgt gefasst:

„c) sie muss nach den Vorgaben der Spalte 10 in Tabelle 2 des Anhangs der Durchführungsverordnung (EU) 2019/1780 in Verbindung mit § 10a VgV erstellt werden;"

8. § 12 EU Absatz 3 Nummer 2 wird wie folgt gefasst:

„2. Die Auftragsbekanntmachung wird nach den Vorgaben der Spalte 16 in Tabelle 2 des Anhangs der Durchführungsverordnung (EU) 2019/1780 in Verbindung mit § 10a VgV erstellt und ist dem Amt für Veröffentlichungen der Europäischen Union elektronisch über den zentralen Datenservice Öffentlicher Einkauf zu übermitteln."

9. In § 12 EU Absatz 3 Nummer 5 Satz 1 werden die Wörter „; sie kann auch auf www.service.bund.de veröffentlicht werden" gestrichen.

10. In § 12 EU wird folgender neuer Absatz 4 angefügt:

„(4) Die freiwillige Ex-Ante-Transparenzbekanntmachung im Sinne des § 135 Absatz 3 Satz 1 Nummer 2 und Satz 2 des Gesetzes gegen Wettbewerbsbeschränkungen erfolgt nach den Vorgaben der Spalte 25 in Tabelle 2 des Anhangs der Durchführungsverordnung (EU) 2019/1780 in Verbindung mit § 10a VgV."

11. § 18 EU Absatz 3 Nummer 2 wird wie folgt gefasst:

„2. Die Vergabebekanntmachung wird nach den Vorgaben der Spalte 29 in Tabelle 2 des Anhangs der Durchführungsverordnung (EU) 2019/1780 in Verbindung mit § 10a VgV erstellt."

12. In § 18 EU Absatz 4 werden nach dem Wort „elektronisch" die Wörter „über den zentralen Datenservice Öffentlicher Einkauf" eingefügt.

13. § 22 EU Absatz 5 wird wie folgt gefasst:

„(5) Änderungen nach Absatz 2 Nummer 2 und 3 sind nach den Vorgaben der Spalte 38 in Tabelle 2 des Anhangs der Durchführungsverordnung (EU) 2019/1780 in Verbindung mit § 10a VgV über den zentralen Datenservice Öffentlicher Einkauf im Amtsblatt der Europäischen Union bekannt zu machen."

Änderung der Vergabe- und Vertragsordnung für Bauleistungen Teil A (VOB/A), Abschnitt 3 1.

In § 10b VS Absatz 4 Satz 2 werden die Wörter „gemäß § 12 VS Absatz 1 Nummer 3" ersetzt durch „gemäß § 12 VS Absatz 1 Nummer 2".

2. In § 12 VS wird in der Überschrift „, Ex-Ante-Bekanntmachung" angefügt.

3. In § 12 VS wird in Absatz 1 Nummer 2 folgender Satz 2 angefügt:

„In diesem Fall ist die Vorinformation nach den Vorgaben der Spalte 9 in Tabelle 2 des Anhangs der Durchführungsverordnung (EU) 2019/1780 in Verbindung mit § 10a VgV, der aufgrund von § 2 Absatz 3 VSVgV gilt, zu erstellen."

4. § 12 VS Absatz 1 Nummer 3 wird wie folgt gefasst:

„3. Eine Vorinformation nur zu Informationszwecken ist nach den Vorgaben der Spalte 6 in Tabelle 2 des Anhangs der Durchführungsverordnung (EU) 2019/1780 in Verbindung mit § 10a VgV, der aufgrund von § 2 Absatz 3 VSVgV gilt, zu erstellen."

5. § 12 VS Absatz 1 Nummer 4 Satz 1 wird wie folgt gefasst:

„Nach Genehmigung der Planung ist die Vorinformation sobald wie möglich über den zentralen Datenservice Öffentlicher Einkauf dem Amt für Veröffentlichungen der Europäischen Union zu übermitteln oder im Beschafferprofil nach § 11 VS Absatz 2 zu veröffentlichen; in diesem Fall ist dem Amt für Veröffentlichungen der Europäischen Union zuvor über den zentralen Datenservice Öffentlicher Einkauf die Veröffentlichung nach den Vorgaben der Spalte 3 in Tabelle 2 des Anhangs der Durchführungsverordnung (EU) 2019/1780 in Verbindung mit § 10a VgV, der aufgrund von § 2 Absatz 3 VSVgV gilt, zu melden, Anhang VI der Richtlinie 2009/81/EG ist zu beachten."

6. § 12 VS Absatz 2 Nummer 2 wird wie folgt gefasst:

„2. Die Auftragsbekanntmachungen müssen nach den Vorgaben der Spalte 18 in Tabelle 2 des Anhangs der Durchführungsverordnung (EU) 2019/1780 in Verbindung mit § 10a VgV, der aufgrund von § 2 Absatz 3 VSVgV gilt, erstellt werden. Wird der Inhalt der Auftragsbekanntmachung nicht auf elektronischem Weg übermittelt, soll er nicht mehr als 650 Wörter umfassen. Auftragsbekanntmachungen sind im Amtsblatt der Europäischen Union zu veröffentlichen und dem Amt für Veröffentlichungen der Europäischen Union unverzüglich, in Fällen des beschleunigten Verfahrens per Telefax oder elektronisch über den zentralen Datenservice Öffentlicher Einkauf zu übermitteln."

7. In § 12 VS Absatz 2 Nummer 6 Satz 1 werden die Wörter „; sie können auch auf www.service.bund.de veröffentlicht werden" gestrichen.

8. In § 12 VS Absatz 3 werden die Nummern 1 und 2 ersetzt durch:

„Die freiwillige Ex-Ante-Transparenzbekanntmachung im Sinne des § 135 Absatz 3 Satz 1 Nummer 2 und Satz 2 des Gesetzes gegen Wettbewerbsbeschränkungen erfolgt nach den Vorgaben der Spalte 27 in Tabelle 2 des Anhangs der Durchführungsverordnung (EU) 2019/1780 in Verbindung mit § 10a VgV, der aufgrund von § 2 Absatz 3 VSVgV gilt."

9. § 18 VS Absatz 3 Nummer 2 Satz 1 wird wie folgt gefasst:

„Die Vergabebekanntmachung ist nach den Vorgaben der Spalte 31 in Tabelle 2 des Anhangs der Durchführungsverordnung (EU) 2019/1780 in Verbindung mit § 10a VgV, der aufgrund von § 2 Absatz 3 VSVgV gilt, zu erstellen."

10. In § 18 VS Absatz 4 werden nach den Wörtern „– spätestens 48 Kalendertage nach Auftragserteilung –" die Wörter „elektronisch über den zentralen Datenservice Öffentlicher Einkauf" eingefügt.

11. § 22 VS Absatz 5 wird wie folgt gefasst:

„(5) Änderungen nach Absatz 2 Nummer 2 und 3 sind entsprechend den Vorgaben der Spalte 38 in Tabelle 2 des Anhangs der Durchführungsverordnung (EU) 2019/1780 in Verbindung mit § 10a VgV, der aufgrund von § 2 Absatz 3 VSVgV gilt, über den zentralen Datenservice Öffentlicher Einkauf im Amtsblatt der Europäischen Union bekannt zu machen."

Bekanntmachung der Änderung der Vergabe- und Vertragsordnung für Bauleistungen Teil A (VOB/A) des Bundesministeriums für Wohnen, Stadtentwicklung und Bauwesen vom 6. September 2023 (BAnz AT 25.09.2023 B4)

Die anliegenden vom Deutschen Vergabe- und Vertragsausschuss für Bauleistungen (DVA) erarbeiteten Änderungen an der Vergabe- und Vertragsordnung für Bauleistungen Teil A (VOB/A) werden hiermit bekannt gegeben.

Der Abschnitt 2 der VOB/A in der Fassung der Bekanntmachung vom 31. Januar 2019 (BAnz AT 19.02.2019 B2), der zuletzt am 16. Juni 2023 (BAnz AT 04.07.2023 B4) geändert worden ist, wird geändert.

Der Abschnitt 3 der VOB/A in der Fassung der Bekanntmachung vom 31. Januar 2019 (BAnz AT 19.02.2019 B2), der zuletzt am 16. Juni 2023 (BAnz AT 04.07.2023 B4) geändert worden ist, wird geändert.

Die Änderungen ergänzen bzw. korrigieren die vorgenannte Bekanntmachung vom 16. Juni 2023, die die geänderten Regelungen der Verordnung über die Vergabe öffentlicher Aufträge (VgV) und der Vergabeverordnung für die Bereiche Verteidigung und Sicherheit (VSVgV) für die Einführung neuer EU-Bekanntmachungsformulare (eForms) nachzeichnet.

Die Anwendung des Abschnitts 2 der VOB/A wird durch einen Verweis in der VgV verbindlich vorgeschrieben.

Die Anwendung des Abschnitts 3 der VOB/A wird durch einen Verweis in der VSVgV verbindlich vorgeschrieben.

Ein Termin für die Aktualisierung des Verweises in VgV und VSVgV auf diese Fundstelle der VOB/A im Bundesanzeiger steht noch nicht fest. Erst mit der Aktualisierung der VgV und VSVgV treten die Änderungen in Kraft.

Das Bundesministerium für Wohnen, Stadtentwicklung und Bauwesen wird in einem Erlass auf das Inkrafttreten der aktuellen Änderungen der VOB/A Abschnitt 2 und 3 hinweisen.

Dieser Erlass wird im Gemeinsamen Ministerialblatt veröffentlicht werden.

Erläuterungen zu den Änderungen in den Abschnitten 2 und 3 der VOB/A ergeben sich aus den beigefügten Hinweisen.

Die VOB/A wird im Auftrag des DVA vom Deutschen Institut für Normung e. V. (DIN) als DIN 1960 herausgegeben.

Berlin, den 6. September 2023

B II 6 – 70421/2#5

Vergabe- und Vertragsordnung für Bauleistungen Teil A (VOB/A) Hinweise für die Änderungen in der VOB/A vom 6. September 2023 (BAnz AT 25.09.2023 B4)

Der Deutsche Vergabe- und Vertragsausschuss für Bauleistungen (DVA) hat Änderungen in der VOB/A beschlossen, die die in der Verordnung über die Vergabe öffentlicher Aufträge (VgV) und der Vergabeverordnung für die Bereiche Verteidigung und Sicherheit (VSVgV) festgelegten Regelungen zur Nutzung der neuen EU-Bekanntmachungsformulare (eForms) nachzeichnen (Bekanntmachung im Bundesanzeiger vom 16. Juni 2023 (BAnz AT 04.07.2023 B4)).

Die Bekanntmachung vom 16. Juni 2023 ist für einige Vorschriften der VOB/A Abschnitt 2 und 3 zu korrigieren.

Erläuterungen zu den neuen Bekanntmachungsregeln im Vergabeverfahren, die für die Bekanntmachung vom 16. Juni 2023 und diese Bekanntmachung gelten werden, sind für den Einführungserlass des Bundesministeriums für Wohnen, Stadtentwicklung und Bauwesen vorgesehen, der im Gemeinsamen Ministerialblatt des Bundes veröffentlicht werden wird.

Änderung der Vergabe- und Vertragsordnung für Bauleistungen Teil A (VOB/A), Abschnitt 2

1. In § 8 EU Absatz 2 Nummer 1 werden die Wörter „nach Anhang V Teil C der Richtlinie 2014/24/EU geforderten Informationen" ersetzt durch „Informationen nach Vorgabe der Spalte 16 der Tabelle 2 des Anhangs der Durchführungsverordnung (EU) 2019/1780".

2. § 12 EU Absatz 1 Nummer 4 Satz 1 wird wie folgt gefasst:

„Nach Genehmigung der Planung ist die Vorinformation sobald wie möglich über den zentralen Datenservice Öffentlicher Einkauf dem Amt für Veröffentlichungen der Europäischen Union zu übermitteln oder im Beschafferprofil zu veröffentlichen; in diesem Fall ist dem Amt für Veröffentlichungen der Europäischen Union zuvor über den zentralen Datenservice Öffentlicher Einkauf die Ankündigung dieser Veröffentlichung nach den Vorgaben der Spalte 1 in Tabelle 2 des Anhangs der Durchführungsverordnung (EU) 2019/1780 in Verbindung mit § 10a VgV zu melden."

3. § 12 EU Absatz 2 Nummer 4 Satz 1 wird aufgehoben.

Änderung der Vergabe- und Vertragsordnung für Bauleistungen Teil A (VOB/A), Abschnitt 3

1. In § 8 VS Absatz 2 Nummer 1 werden die Wörter „in Anhang XV der Durchführungsverordnung (EU) Nr. 2015/1986 geforderten Informationen" ersetzt durch „Informationen nach Vorgabe der Spalte 18 der Tabelle 2 des Anhangs der Durchführungsverordnung (EU) 2019/1780".

2. In § 12 VS Absatz 1 Nummer 2 Satz 2 werden die Wörter „der aufgrund von § 2 Absatz 3 VSVgV gilt" ersetzt durch „soweit dieser aufgrund von § 2 Absatz 3 VSVgV hinsichtlich der Regelungen zu den Vorgaben der Durchführungsverordnung (EU) 2019/1780 und des Datenaustauschstandards eForms einschließlich der Regelungen zu verpflichtenden Datenfeldern Anwendung findet".

3. In § 12 VS Absatz 1 Nummer 3 werden die Wörter „der aufgrund von § 2 Absatz 3 VSVgV gilt" ersetzt durch „soweit dieser aufgrund von § 2 Absatz 3 VSVgV hinsichtlich der Regelungen zu den Vorgaben der Durchführungsverordnung (EU) 2019/1780 und des Datenaustauschstandards eForms einschließlich der Regelungen zu verpflichtenden Datenfeldern Anwendung findet".

4. In § 12 VS Absatz 1 Nummer 4 Satz 1 werden die Wörter „der aufgrund von § 2 Absatz 3 VSVgV gilt" ersetzt durch „soweit dieser aufgrund von § 2 Absatz 3 VSVgV hinsichtlich der Regelungen zu den Vorgaben der Durchführungsverordnung (EU) 2019/1780 und des Datenaustauschstandards eForms einschließlich der Regelungen zu verpflichtenden Datenfeldern Anwendung findet".

5. In § 12 VS Absatz 2 Nummer 2 werden die Wörter „der aufgrund von § 2 Absatz 3 VSVgV gilt" ersetzt durch „soweit dieser aufgrund von § 2 Absatz 3 VSVgV hinsichtlich der Regelungen zu den Vorgaben der Durchführungsverordnung (EU) 2019/1780 und des Datenaustauschstandards eForms einschließlich der Regelungen zu verpflichtenden Datenfeldern Anwendung findet".

6. In § 12 VS Absatz 3 werden die Wörter „der aufgrund von § 2 Absatz 3 VSVgV gilt" ersetzt durch „soweit dieser aufgrund von § 2 Absatz 3 VSVgV hinsichtlich der Regelungen zu den Vorgaben der Durchführungsverordnung (EU) 2019/1780 und des Datenaustauschstandards eForms einschließlich der Regelungen zu verpflichtenden Datenfeldern Anwendung findet".

7. In § 18 VS Absatz 3 Nummer 2 Satz 1 werden die Wörter „der aufgrund von § 2 Absatz 3 VSVgV gilt" ersetzt durch „soweit dieser aufgrund von § 2 Absatz 3 VSVgV hinsichtlich der Regelungen zu den Vorga-

ben der Durchführungsverordnung (EU) 2019/1780 und des Datenaustauschstandards eForms einschließlich der Regelungen zu verpflichtenden Datenfeldern Anwendung findet".

8. In § 22 VS Absatz 5 werden die Wörter „der aufgrund von § 2 Absatz 3 VSVgV gilt" ersetzt durch „soweit dieser aufgrund von § 2 Absatz 3 VSVgV hinsichtlich der Regelungen zu den Vorgaben der Durchführungsverordnung (EU) 2019/1780 und des Datenaustauschstandards eForms einschließlich der Regelungen zu verpflichtenden Datenfeldern Anwendung findet".

Abschnitt 2
Vergabebestimmungen im Anwendungsbereich der Richtlinie 2014/24/EU[1] (VOB/A – EU)[2]

Vorbemerkung: Anders als der 1. Abschnitt der VOB/A wurde der 2. Abschnitt 2019 vorwiegend redaktionell geändert. Wie in Abschnitt 1 wird vom Auftraggeber eine abschließende Aufzählung der verlangten Unterlagen verlangt, § 16 EU Abs. 2 Nr. 5 VOB/A. Außerdem wurden die Möglichkeiten, Preise bei unwesentlichen Positionen nachzufordern und der Verzicht auf eine feste Frist für die Nachforderungen aufgenommen. Die Regelungen zur Abgabe mehrerer Hauptangebote und die Neuregelung zum Nachfordern von Unterlagen wurden weitgehend aus der VgV übernommen. Insbesondere wurden die Nachforderungsregeln ausdrücklich auf Teilnahmewettbewerbe ausgedehnt.

Die Übergangsregelungen in § 23 EU VOB/A zur elektronischen Kommunikation wurden gestrichen. Zum 25.10.2023 wurden die eForms auch in der VOB/A-EU eingeführt.

§ 1 EU
Anwendungsbereich

(1) Bauaufträge sind Verträge über die Ausführung oder die gleichzeitige Planung und Ausführung

1. eines Bauvorhabens oder eines Bauwerks für einen öffentlichen Auftraggeber, das
   a) Ergebnis von Tief- oder Hochbauarbeiten ist und
   b) eine wirtschaftliche oder technische Funktion erfüllen soll oder
2. einer dem öffentlichen Auftraggeber unmittelbar wirtschaftlich zugutekommenden Bauleistung, die Dritte gemäß den vom öffentlichen Auftraggeber genannten Erfordernissen erbringen, wobei der öffentliche Auftraggeber einen entscheidenden Einfluss auf die Art und die Planung des Vorhabens hat.

Für die Praxis: Bauleistungen, bei denen der EU-Schwellenwert überstiegen wird, werden nach der VOB/A vergeben, andere Liefer- oder Dienstleistungen nach der VgV. In § 103 GWB ist näher definiert, wann ein Bauauftrag vorliegt.

(2) Die Bestimmungen dieses Abschnitts sind von öffentlichen Auftraggebern im Sinne von § 99 GWB für Bauaufträge anzuwenden, bei denen der geschätzte Gesamtauftragswert der Baumaßnahme oder des Bauwerkes (alle Bauaufträge für eine bauliche Anlage) mindestens dem im § 106 GWB geregelten Schwellenwert für Bauaufträge ohne Umsatzsteuer entspricht. Die Schätzung des Auftragswerts ist gemäß § 3 VgV vorzunehmen.

Für die Praxis: In § 3 VgV findet sich eine Reihe von Vorschriften, die auch bei Anwendung der VOB/A-EU anwendbar sind. Diese Vorschriften sind nach § 2 Satz 1 VgV auf Bauvergaben unmittelbar anwendbar.

Nach § 3 Abs. 1 Satz 1 VgV ist der voraussichtliche Gesamtwert der vorgesehenen Leistung zu berücksichtigen. Hierzu findet sich in § 1 EU Abs. 2 VOB/A eine spezifische Festlegung für Bauauf-

1 Richtlinie 2014/24/EU des Europäischen Parlaments und des Rates vom 26. Februar 2014 über die öffentliche Auftragsvergabe und zur Aufhebung der Richtlinie 2004/18/EG (ABl. L 94 vom 28.3.2014, S. 65).
2 Zitierweise: § x EU Absatz y VOB/A.

träge. Danach kommt es auf den geschätzten Gesamtauftragswert der Baumaßnahme bzw. des Bauwerkes an.

Der maßgebliche Zeitpunkt für die Vornahme der Schätzung ist nach § 3 Abs. 3 VgV der Tag, an dem die Bekanntmachung abgesendet wird oder (z.B. bei Verwendung der Vorinformation als Aufruf zum Wettbewerb) das Verfahren auf andere Weise eingeleitet wird.

Bei der Schätzung muss sich der Auftraggeber an objektiven Kriterien orientieren. Möglich ist die Schätzung anhand von Vergleichsobjekten oder anderen Erfahrungswerten. Je näher das Schätzergebnis am EU-Schwellenwert liegt, desto genauer muss der Schätzvorgang vorgenommen und auch dokumentiert werden.

Sonderregelungen gelten für die Schätzung der Auftragswerte bei Rahmenverträgen (§ 3 Abs. 4 VgV) und Innovationspartnerschaften (§ 3 Abs. 5 VgV).

Auch § 3 Abs. 9 VgV mit der Möglichkeit, einzelne Lose außerhalb des EU-Vergaberechts zu vergeben, gilt im Bereich der VOB/A-EU. Damit ein Los ohne Beachtung des EU-Vergaberechts vergeben werden kann, müssen zwei Voraussetzungen zusammenkommen: Die Losgröße muss unter 1 Mio. € netto liegen und vom Gesamtauftragswert des betroffenen Auftrags müssen 80 % nach EU-Recht vergeben werden. Diese 80 % sind an dem Auftragswert zu messen, der bei Absendung der Veröffentlichung ermittelt wurde (vgl. § 3 Abs. 9 VgV). Spätere Veränderungen, z.B. höhere oder niedrigere Vergabewerte, sind unbeachtlich.

§ 2 EU
Grundsätze

(1) Öffentliche Aufträge werden im Wettbewerb und im Wege transparenter Verfahren vergeben. Dabei werden die Grundsätze der Wirtschaftlichkeit und der Verhältnismäßigkeit gewahrt. Wettbewerbsbeschränkende und unlautere Verhaltensweisen sind zu bekämpfen.

(2) Die Teilnehmer an einem Vergabeverfahren sind gleich zu behandeln, es sei denn, eine Ungleichbehandlung ist aufgrund des GWB ausdrücklich geboten oder gestattet.

(3) Öffentliche Aufträge werden an fachkundige und leistungsfähige (geeignete) Unternehmen vergeben, die nicht nach § 6e EU ausgeschlossen worden sind.

(4) Mehrere öffentliche Auftraggeber können vereinbaren, einen bestimmten Auftrag gemeinsam zu vergeben. Es gilt § 4 VgV.

(5) Die Regelungen darüber, wann natürliche Personen bei Entscheidungen in einem Vergabeverfahren für einen öffentlichen Aufraggeber als voreingenommen gelten und an einem Vergabeverfahren nicht mitwirken dürfen, richten sich nach § 6 VgV.

(6) Öffentliche Auftraggeber, Bewerber, Bieter und Auftragnehmer wahren die Vertraulichkeit aller Informationen und Unterlagen nach Maßgabe dieser Vergabeordnung oder anderen Rechtsvorschriften.

(7) Vor der Einleitung eines Vergabeverfahrens kann der öffentliche Auftraggeber Marktkonsultationen zur Vorbereitung der Auftragsvergabe und zur Unterrichtung der Unternehmer über seine Pläne zur Auftragsvergabe und die Anforderungen an den Auftrag durchführen. Die Durchführung von Vergabeverfahren zum Zwecke der Markterkundung ist unzulässig.

(8) Der öffentliche Auftraggeber soll erst dann ausschreiben, wenn alle Vergabeunterlagen fertig gestellt sind und wenn innerhalb der angegebenen Fristen mit der Ausführung begonnen werden kann.

(9) Es ist anzustreben, die Aufträge so zu erteilen, dass die ganzjährige Bautätigkeit gefördert wird.

§ 3 EU
Arten der Vergabe

Die Vergabe von öffentlichen Aufträgen erfolgt im offenen Verfahren, im nicht offenen Verfahren, im Verhandlungsverfahren, im wettbewerblichen Dialog oder in der Innovationspartnerschaft.

1. Das offene Verfahren ist ein Verfahren, in dem der öffentliche Auftraggeber eine unbeschränkte Anzahl von Unternehmen öffentlich zur Abgabe von Angeboten auffordert.
2. Das nicht offene Verfahren ist ein Verfahren, bei dem der öffentliche Auftraggeber nach vorheriger öffentlicher Aufforderung zur Teilnahme eine beschränkte Anzahl von Unternehmen nach objektiven, transparenten und nichtdiskriminierenden Kriterien auswählt (Teilnahmewettbewerb), die er zur Abgabe von Angeboten auffordert.
3. Das Verhandlungsverfahren ist ein Verfahren, bei dem sich der öffentliche Auftraggeber mit oder ohne Teilnahmewettbewerb an ausgewählte Unternehmen wendet, um mit einem oder mehreren dieser Unternehmen über die Angebote zu verhandeln.
4. Der wettbewerbliche Dialog ist ein Verfahren zur Vergabe öffentlicher Aufträge mit dem Ziel der Ermittlung und Festlegung der Mittel, mit denen die Bedürfnisse des öffentlichen Auftraggebers am besten erfüllt werden können.
5. Die Innovationspartnerschaft ist ein Verfahren zur Entwicklung innovativer, noch nicht auf dem Markt verfügbarer Bauleistungen und zum anschließenden Erwerb der daraus hervorgehenden Leistungen.

Für die Praxis: Für Verfahren oberhalb der Schwellenwerte hat die VOB/A-EU wie bisher die Verfahrensbezeichnungen der EU-Richtlinien übernommen. Inhaltlich entsprechen sich die Verfahren oberhalb und unterhalb der Schwellenwerte weitgehend. Allein durch die Benennung eines Verfahrens kann auf diese Weise deutlich gemacht werden, welche Vorschriften anzuwenden sind.

Bereits 2016 wurde die Innnovationspartnerschaft (Nr. 5) eingeführt. Diese ermöglicht in zwei getrennten Phasen zunächst die Entwicklung einer innovativen Lösung (in Phase 1) und die nachfolgende Herstellung für den Auftraggeber (in Phase 2). Dabei wird die Phase 2 nur dann relevant, wenn die Leistung die vom Auftraggeber von Anfang an vorzugebenden technischen und wirtschaftlichen Bedingungen erfüllt. Die Durchführung der Innovationspartnerschaft ist in § 3b EU Abs. 5 VOB/A ausführlich beschrieben.

§ 3a EU
Zulässigkeitsvoraussetzungen

(1) Dem öffentlichen Auftraggeber stehen nach seiner Wahl das offene und das nicht offene Verfahren zur Verfügung. Die anderen Verfahrensarten stehen nur zur Verfügung, soweit dies durch gesetzliche Bestimmungen oder nach den Absätzen 2 bis 5 gestattet ist.

(2) Das Verhandlungsverfahren mit Teilnahmewettbewerb ist zulässig,

1. wenn mindestens eines der folgenden Kriterien erfüllt ist:
   a) die Bedürfnisse des öffentlichen Auftraggebers können nicht ohne die Anpassung bereits verfügbarer Lösungen erfüllt werden;
   b) der Auftrag umfasst konzeptionelle oder innovative Lösungen;
   c) der Auftrag kann aufgrund konkreter Umstände, die mit der Art, der Komplexität oder dem rechtlichen oder finanziellen Rahmen oder den damit einhergehenden Risiken zusammenhängen, nicht ohne vorherige Verhandlungen vergeben werden;
   d) die technischen Spezifikationen können von dem öffentlichen Auftraggeber nicht mit ausreichender Genauigkeit unter Verweis auf eine Norm, eine europäische technische Bewertung (ETA), eine gemeinsame technische Spezifikation oder technische Referenzen im Sinne des Anhangs TS Nummern 2 bis 5 der Richtlinie 2014/24/EU erstellt werden.
2. wenn ein offenes Verfahren oder nicht offenes Verfahren wegen nicht ordnungsgemäßer oder nicht annehmbarer Angebote aufgehoben wurde. Nicht ordnungsgemäß sind insbesondere Angebote, die nicht den Vergabeunterlagen entsprechen, nicht fristgerecht eingegangen sind, nachweislich auf kollusiven Absprachen oder Korruption beruhen oder nach Einschätzung des öffentlichen Auftraggebers

ungewöhnlich niedrig sind. Unannehmbar sind insbesondere Angebote von Bietern, die nicht über die erforderlichen Qualifikationen verfügen und Angebote, deren Preis das vor Einleitung des Vergabeverfahrens festgelegte und schriftlich dokumentierte Budget des öffentlichen Auftraggebers übersteigt.

(3) Das Verhandlungsverfahren ohne Teilnahmewettbewerb ist zulässig,

1. wenn bei einem offenen Verfahren oder bei einem nicht offenen Verfahren
   a) keine ordnungsgemäßen oder nur unannehmbare Angebote abgegeben worden sind und
   b) in das Verhandlungsverfahren alle – und nur die – Bieter aus dem vorausgegangenen Verfahren einbezogen werden, die fachkundig und leistungsfähig (geeignet) sind und die nicht nach § 6e EU ausgeschlossen worden sind.
2. wenn bei einem offenen Verfahren oder bei einem nicht offenen Verfahren
   a) keine Angebote oder keine Teilnahmeanträge abgegeben worden sind oder
   b) nur Angebote oder Teilnahmeanträge solcher Bewerber oder Bieter abgegeben worden sind, die nicht fachkundig oder leistungsfähig (geeignet) sind oder die nach § 6e EU ausgeschlossen worden sind oder
   c) nur solche Angebote abgegeben worden sind, die den in den Vergabeunterlagen genannten Bedingungen nicht entsprechen

   und die ursprünglichen Vertragsunterlagen nicht grundlegend geändert werden. Der Europäischen Kommission wird auf Anforderung ein Bericht vorgelegt.
3. wenn die Leistungen aus einem der folgenden Gründe nur von einem bestimmten Unternehmen erbracht werden können:
   a) Erschaffung oder Erwerb eines einzigartigen Kunstwerks oder einer einzigartigen künstlerischen Leistung als Ziel der Auftragsvergabe;
   b) nicht vorhandener Wettbewerb aus technischen Gründen;
   c) Schutz von ausschließlichen Rechten, einschließlich der Rechte des geistigen Eigentums.

   Die in Buchstabe a und b festgelegten Ausnahmen gelten nur dann, wenn es keine vernünftige Alternative oder Ersatzlösung gibt und der mangelnde Wettbewerb nicht das Ergebnis einer künstlichen Einschränkung der Auftragsvergabeparameter ist.
4. wenn wegen der äußersten Dringlichkeit der Leistung aus zwingenden Gründen infolge von Ereignissen, die der öffentliche Auftraggeber nicht verursacht hat und nicht voraussehen konnte, die in § 10a EU, § 10b EU und § 10c EU Absatz 1 vorgeschriebenen Fristen nicht eingehalten werden können.
5. wenn gleichartige Bauleistungen wiederholt werden, die durch denselben öffentlichen Auftraggeber an den Auftragnehmer vergeben werden, der den ursprünglichen Auftrag erhalten hat, und wenn sie einem Grundentwurf entsprechen und dieser Gegenstand des ursprünglichen Auftrags war, der in Einklang mit § 3a EU vergeben wurde. Der Umfang der nachfolgenden Bauleistungen und die Bedingungen, unter denen sie vergeben werden, sind im ursprünglichen Projekt anzugeben. Die Möglichkeit, dieses Verfahren anzuwenden, muss bereits bei der Auftragsbekanntmachung der Ausschreibung für das erste Vorhaben angegeben werden; der für die Fortsetzung der Bauarbeiten in Aussicht gestellte Gesamtauftragswert wird vom öffentlichen Auftraggeber bei der Anwendung von § 3 VgV berücksichtigt. Dieses Verfahren darf jedoch nur innerhalb von drei Jahren nach Abschluss des ersten Auftrags angewandt werden.

(4) Der wettbewerbliche Dialog ist unter den Voraussetzungen des Absatzes 2 zulässig.

Für die Praxis: Die VOB/A-EU sieht vor, dass der Auftraggeber den wettbewerblichen Dialog unter den gleichen Voraussetzungen wie ein Verhandlungsverfahren mit Teilnahmewettbewerb durchführen kann. Weil bei Verhandlungsverfahren immer ein sog. Erstangebot vorliegen muss, bietet sich der wettbewerbliche Dialog besonders für solche Aufträge an, bei denen die eigentliche Leistung erst mit den Bietern entwickelt werden soll.

Wie ein wettbewerblicher Dialog durchzuführen ist, ist in § 3b EU Abs 4 VOB/A ausführlich durch weitgehende Übernahme der EU-Vorgaben geregelt.

(5) Der öffentliche Auftraggeber kann für die Vergabe eines öffentlichen Auftrags eine Innovationspartnerschaft mit dem Ziel der Entwicklung einer innovativen Leistung und deren anschließendem Erwerb eingehen. Der Beschaffungsbedarf, der der Innovationspartnerschaft zugrunde liegt, darf nicht durch auf dem Markt bereits verfügbare Bauleistungen befriedigt werden können.

§ 3b EU
Ablauf der Verfahren

(1) Bei einem offenen Verfahren wird eine unbeschränkte Anzahl von Unternehmen öffentlich zur Abgabe von Angeboten aufgefordert. Jedes interessierte Unternehmen kann ein Angebot abgeben.

(2) 1. Bei einem nicht offenen Verfahren wird im Rahmen eines Teilnahmewettbewerbs eine unbeschränkte Anzahl von Unternehmen öffentlich zur Abgabe von Teilnahmeanträgen aufgefordert. Jedes interessierte Unternehmen kann einen Teilnahmeantrag abgeben. Mit dem Teilnahmeantrag übermitteln die Unternehmen die vom öffentlichen Auftraggeber geforderten Informationen für die Prüfung der Eignung und das Nichtvorliegen von Ausschlussgründen.

2. Nur diejenigen Unternehmen, die vom öffentlichen Auftraggeber infolge einer Bewertung der übermittelten Information dazu aufgefordert werden, können ein Angebot einreichen.

3. Der öffentliche Auftraggeber kann die Zahl geeigneter Bewerber, die zur Angebotsabgabe aufgefordert werden, begrenzen. Dazu gibt der öffentliche Auftraggeber in der Auftragsbekanntmachung oder der Aufforderung zur Interessensbestätigung die von ihm vorgesehenen objektiven und nicht diskriminierenden Eignungskriterien für die Begrenzung der Zahl, die vorgesehene Mindestzahl und gegebenenfalls auch die Höchstzahl der einzuladenden Bewerber an. Die vorgesehene Mindestzahl der einzuladenden Bewerber darf nicht niedriger als fünf sein. In jedem Fall muss die Zahl der eingeladenen Bewerber ausreichend hoch sein, dass ein echter Wettbewerb gewährleistet ist. Sofern geeignete Bewerber in ausreichender Zahl zur Verfügung stehen, lädt der öffentliche Auftraggeber von diesen eine Anzahl ein, die nicht niedriger als die festgelegte Mindestzahl ist.

Sofern die Zahl geeigneter Bewerber unter der Mindestzahl liegt, darf der öffentliche Auftraggeber das Verfahren ausschließlich mit diesem oder diesen geeigneten Bewerber(n) fortführen.

(3) 1. Bei einem Verhandlungsverfahren mit Teilnahmewettbewerb wird im Rahmen des Teilnahmewettbewerbs eine unbeschränkte Anzahl von Unternehmen öffentlich zur Abgabe von Teilnahmeanträgen aufgefordert. Jedes interessierte Unternehmen kann einen Teilnahmeantrag abgeben. Mit dem Teilnahmeantrag übermitteln die Unternehmen die vom öffentlichen Auftraggeber geforderten Informationen für die Prüfung der Eignung und das Nichtvorliegen von Ausschlussgründen.

2. Nur diejenigen Unternehmen, die vom öffentlichen Auftraggeber infolge einer Bewertung der übermittelten Informationen dazu aufgefordert werden, können ein Erstangebot übermitteln, das die Grundlage für die späteren Verhandlungen bildet.

3. Im Übrigen gilt Absatz 2 Nummer 3 mit der Maßgabe, dass die in der Auftragsbekanntmachung oder der Aufforderung zur Interessensbestätigung anzugebende Mindestzahl nicht niedriger als drei sein darf.

4. Bei einem Verhandlungsverfahren ohne Teilnahmewettbewerb erfolgt keine öffentliche Aufforderung zur Teilnahme.

5. Die Mindestanforderungen und die Zuschlagskriterien sind nicht Gegenstand von Verhandlungen.

6. Der öffentliche Auftraggeber verhandelt mit den Bietern über die von ihnen eingereichten Erstangebote und alle Folgeangebote, mit Ausnahme der endgültigen Angebote, mit dem Ziel, die Angebote inhaltlich zu verbessern.
7. Der öffentliche Auftraggeber kann öffentliche Aufträge auf der Grundlage der Erstangebote vergeben, ohne in Verhandlungen einzutreten, wenn er in der Auftragsbekanntmachung oder in der Aufforderung zur Interessensbestätigung darauf hingewiesen hat, dass er sich diese Möglichkeit vorbehält.
8. Der öffentliche Auftraggeber kann vorsehen, dass das Verhandlungsverfahren in verschiedenen aufeinander folgenden Phasen abgewickelt wird, um so die Zahl der Angebote, über die verhandelt wird, oder die zu erörternden Lösungen anhand der vorgegebenen Zuschlagskriterien zu verringern. Wenn der öffentliche Auftraggeber dies vorsieht, gibt er dies in der Auftragsbekanntmachung, der Aufforderung zur Interessensbestätigung oder in den Vergabeunterlagen an. In der Schlussphase des Verfahrens müssen so viele Angebote vorliegen, dass ein echter Wettbewerb gewährleistet ist, sofern eine ausreichende Anzahl von geeigneten Bietern vorhanden ist.
9. Der öffentliche Auftraggeber stellt sicher, dass alle Bieter bei den Verhandlungen gleichbehandelt werden. Insbesondere enthält er sich jeder diskriminierenden Weitergabe von Informationen, durch die bestimmte Bieter gegenüber anderen begünstigt werden könnten. Er unterrichtet alle Bieter, deren Angebote nicht gemäß Nummer 8 ausgeschieden wurden, schriftlich über etwaige Änderungen der Leistungsbeschreibung, insbesondere der technischen Anforderungen oder anderer Bestandteile der Vergabeunterlagen, die nicht die Festlegung der Mindestanforderungen betreffen. Im Anschluss an solche Änderungen gewährt der öffentliche Auftraggeber den Bietern ausreichend Zeit, um ihre Angebote zu ändern und gegebenenfalls überarbeitete Angebote einzureichen. Der öffentliche Auftraggeber darf vertrauliche Informationen eines an den Verhandlungen teilnehmenden Bieters nicht ohne dessen Zustimmung an die anderen Teilnehmer weitergeben. Eine solche Zustimmung darf nicht allgemein erteilt werden, sondern wird nur in Bezug auf die beabsichtigte Mitteilung bestimmter Informationen erteilt.
10. Beabsichtigt der öffentliche Auftraggeber, die Verhandlungen abzuschließen, so unterrichtet er die verbleibenden Bieter und legt eine einheitliche Frist für die Einreichung neuer oder überarbeiteter Angebote fest. Er vergewissert sich, dass die endgültigen Angebote den Mindestanforderungen entsprechen und erteilt den Zuschlag.

Für die Praxis: Der Auftraggeber ist nach Nr. 7 nicht gezwungen, Verhandlungen zu führen, wenn er dies frühzeitig angekündigt hat. In allen anderen Fällen ist davon auszugehen, dass eine Pflicht zur Führung mindestens einer Verhandlungsrunde besteht.

Die Unterrichtung nach Nr. 10 kann auch nach den ersten Verhandlungen erfolgen und die erste Runde überarbeiteter Angebote betreffen. Der Auftraggeber muss also nicht zwingend eine gesonderte „letzte Runde" führen. Entscheidend ist, dass die Bieter wissen, dass die von ihnen abverlangten Angebote möglicherweise die letzte Änderung ermöglichen. Der Auftraggeber kann aber auch nach Erhalt dieser Angebote weitere Verhandlungen aufnehmen, muss dann aber erneut nach Nr. 10 die letzte Runde von Angeboten ankündigen.

(4) 1. Beim wettbewerblichen Dialog fordert der öffentliche Auftraggeber eine unbeschränkte Anzahl von Unternehmen im Rahmen eines Teilnahmewettbewerbs öffentlich zur Abgabe von Teilnahmeanträgen auf. Jedes interessierte Unternehmen kann einen Teilnahmeantrag abgeben. Mit dem Teilnahmeantrag übermitteln die Unternehmen die vom öffentlichen Auftraggeber geforderten Informationen für die Prüfung der Eignung und das Nichtvorliegen von Ausschlussgründen.

2. Nur diejenigen Unternehmen, die vom öffentlichen Auftraggeber infolge einer Bewertung der übermittelten Informationen dazu aufgefordert werden, können in den Dialog mit dem öffentlichen Auftraggeber eintreten. Im Übrigen gilt Absatz 2 Nummer 3 mit der Maßgabe, dass die in der Auftragsbekanntmachung anzugebende Mindestzahl nicht niedriger als drei sein darf.

3. In der Auftragsbekanntmachung oder den Vergabeunterlagen zur Durchführung eines wettbewerblichen Dialogs beschreibt der öffentliche Auftraggeber seine Bedürfnisse und Anforderungen an die zu beschaffende Leistung. Gleichzeitig erläutert und definiert er die hierbei zugrunde gelegten Zuschlagskriterien und legt einen vorläufigen Zeitrahmen für Verhandlungen fest.

4. Der öffentliche Auftraggeber eröffnet mit den ausgewählten Unternehmen einen Dialog, in dem er ermittelt und festlegt, wie seine Bedürfnisse am besten erfüllt werden können. Dabei kann er mit den ausgewählten Unternehmen alle Einzelheiten des Auftrags erörtern. Er sorgt dafür, dass alle Unternehmen bei dem Dialog gleich behandelt werden, gibt Lösungsvorschläge oder vertrauliche Informationen eines Unternehmens nicht ohne dessen Zustimmung an die anderen Unternehmen weiter und verwendet diese nur im Rahmen des Vergabeverfahrens.

5. Der öffentliche Auftraggeber kann vorsehen, dass der Dialog in verschiedenen aufeinander folgenden Phasen geführt wird, sofern der öffentliche Auftraggeber darauf in der Auftragsbekanntmachung oder in den Vergabeunterlagen hingewiesen hat. In jeder Dialogphase kann die Zahl der zu erörternden Lösungen anhand der vorgegebenen Zuschlagskriterien verringert werden. Der öffentliche Auftraggeber hat die Unternehmen zu informieren, wenn deren Lösungen nicht für die folgende Dialogphase vorgesehen sind. In der Schlussphase müssen noch so viele Lösungen vorliegen, dass ein echter Wettbewerb gewährleistet ist, sofern ursprünglich eine ausreichende Anzahl von Lösungen oder geeigneten Bietern vorhanden war.

6. Der öffentliche Auftraggeber schließt den Dialog ab, wenn

   a) eine Lösung gefunden worden ist, die seine Bedürfnisse und Anforderungen erfüllt, oder

   b) erkennbar ist, dass keine Lösung gefunden werden kann.

Der öffentliche Auftraggeber informiert die Unternehmen über den Abschluss des Dialogs.

7. Im Fall von Nummer 6 Buchstabe a fordert der öffentliche Auftraggeber die Unternehmen auf, auf der Grundlage der eingereichten und in der Dialogphase näher ausgeführten Lösungen ihr endgültiges Angebot vorzulegen. Die Angebote müssen alle Einzelheiten enthalten, die zur Ausführung des Projekts erforderlich sind. Der öffentliche Auftraggeber kann Klarstellungen und Ergänzungen zu diesen Angeboten verlangen. Diese Klarstellungen oder Ergänzungen dürfen nicht dazu führen, dass grundlegende Elemente des Angebots oder der Auftragsbekanntmachung geändert werden, der Wettbewerb verzerrt wird oder andere am Verfahren beteiligte Unternehmen diskriminiert werden.

8. Der öffentliche Auftraggeber bewertet die Angebote anhand der in der Auftragsbekanntmachung oder in der Beschreibung festgelegten Zuschlagskriterien. Der öffentliche Auftraggeber kann mit dem Unternehmen, dessen Angebot als das wirtschaftlichste ermittelt wurde, mit dem Ziel Verhandlungen führen, um im Angebot enthaltene finanzielle Zusagen oder andere Bedingungen zu bestätigen, die in den Auftragsbedingungen abschließend festgelegt werden. Dies darf nicht dazu führen, dass wesentliche Bestandteile des Angebots oder des öffentlichen Auftrags einschließlich der in der Auftragsbekanntmachung oder der Beschreibung festgelegten Bedürfnisse und Anforderungen grundlegend geändert werden, und dass der Wettbewerb verzerrt wird oder andere am Verfahren beteiligte Unternehmen diskriminiert werden.

9. Verlangt der öffentliche Auftraggeber, dass die am wettbewerblichen Dialog teilnehmenden Unternehmen Entwürfe, Pläne, Zeichnungen, Berechnungen oder andere Unterlagen ausarbeiten, muss er einheitlich allen Unternehmen, die die geforderten Unterlagen rechtzeitig vorgelegt haben, eine angemessene Kostenerstattung gewähren.

(5) 1. Bei einer Innovationspartnerschaft beschreibt der öffentliche Auftraggeber in der Auftragsbekanntmachung oder den Vergabeunterlagen die Nachfrage nach der innovativen Bauleistung. Dabei ist anzugeben, welche Elemente dieser Beschreibung Mindestanforderungen darstellen. Es sind Eignungskriterien vorzugeben, die die Fähigkeiten der Unternehmen auf dem Gebiet der Forschung und Entwicklung sowie die Ausarbeitung und Umsetzung innovativer Lösungen betreffen. Die

bereitgestellten Informationen müssen so genau sein, dass die Unternehmen Art und Umfang der geforderten Lösung erkennen und entscheiden können, ob sie eine Teilnahme an dem Verfahren beantragen.

2. Der öffentliche Auftraggeber fordert eine unbeschränkte Anzahl von Unternehmen im Rahmen eines Teilnahmewettbewerbs öffentlich zur Abgabe von Teilnahmeanträgen auf. Jedes interessierte Unternehmen kann einen Teilnahmeantrag abgeben. Mit dem Teilnahmeantrag übermitteln die Unternehmen die vom öffentlichen Auftraggeber geforderten Informationen für die Prüfung der Eignung und das Nichtvorliegen von Ausschlussgründen.

3. Nur diejenigen Unternehmen, die vom öffentlichen Auftraggeber infolge einer Bewertung der übermittelten Informationen dazu aufgefordert werden, können ein Angebot in Form von Forschungs- und Innovationsprojekten einreichen. Im Übrigen gilt Absatz 2 Nummer 3 mit der Maßgabe, dass die in der Auftragsbekanntmachung anzugebende Mindestzahl nicht niedriger als drei sein darf.

4. Der öffentliche Auftraggeber verhandelt mit den Bietern über die von ihnen eingereichten Erstangebote und alle Folgeangebote, mit Ausnahme der endgültigen Angebote, mit dem Ziel, die Angebote inhaltlich zu verbessern. Dabei darf über den gesamten Auftragsinhalt verhandelt werden mit Ausnahme der vom öffentlichen Auftraggeber in den Vergabeunterlagen festgelegten Mindestanforderungen und Zuschlagskriterien. Sofern der öffentliche Auftraggeber in der Auftragsbekanntmachung oder in den Vergabeunterlagen darauf hingewiesen hat, kann er die Verhandlungen in verschiedenen aufeinander folgenden Phasen abwickeln, um so die Zahl der Angebote, über die verhandelt wird, anhand der vorgegebenen Zuschlagskriterien zu verringern.

5. Der öffentliche Auftraggeber trägt dafür Sorge, dass alle Bieter bei den Verhandlungen gleichbehandelt werden. Insbesondere enthält er sich jeder diskriminierenden Weitergabe von Informationen, durch die bestimmte Bieter gegenüber anderen begünstigt werden könnten. Er unterrichtet alle Bieter, deren Angebote gemäß Nummer 4 Satz 3 nicht ausgeschieden wurden, in Textform über etwaige Änderungen der Anforderungen und sonstigen Informationen in den Vergabeunterlagen, die nicht die Festlegung der Mindestanforderungen betreffen. Im Anschluss an solche Änderungen gewährt der öffentliche Auftraggeber den Bietern ausreichend Zeit, um ihre Angebote zu ändern und gegebenenfalls überarbeitete Angebote einzureichen. Der öffentliche Auftraggeber darf vertrauliche Informationen eines an den Verhandlungen teilnehmenden Bieters nicht ohne dessen Zustimmung an die anderen Teilnehmer weitergeben. Eine solche Zustimmung darf nicht allgemein, sondern nur in Bezug auf die beabsichtigte Mitteilung bestimmter Informationen erteilt werden. Der öffentliche Auftraggeber muss in den Vergabeunterlagen die zum Schutz des geistigen Eigentums geltenden Vorkehrungen festlegen.

6. Die Innovationspartnerschaft wird durch Zuschlag auf Angebote eines oder mehrerer Bieter eingegangen. Eine Erteilung des Zuschlags allein auf der Grundlage des niedrigsten Preises oder der niedrigsten Kosten ist ausgeschlossen. Der öffentliche Auftraggeber kann die Innovationspartnerschaft mit einem Partner oder mit mehreren Partnern, die getrennte Forschungs- und Entwicklungstätigkeiten durchführen, eingehen.

7. Die Innovationspartnerschaft wird entsprechend dem Forschungs- und Innovationsprozess in zwei aufeinander folgenden Phasen strukturiert:

   a) einer Forschungs- und Entwicklungsphase, die die Herstellung von Prototypen oder die Entwicklung der Bauleistung umfasst, und

   b) einer Leistungsphase, in der die aus der Partnerschaft hervorgegangene Leistung erbracht wird.

   Die Phasen sind durch die Festlegung von Zwischenzielen zu untergliedern, bei deren Erreichen die Zahlung der Vergütung in angemessenen Teilbeträgen vereinbart wird. Der öffentliche Auftraggeber stellt sicher, dass die Struktur der Partnerschaft und insbesondere die Dauer und der Wert der einzelnen Phasen den Innovationsgrad der vorgeschlagenen Lösung und der Abfolge der Forschungs- und Innovationstätigkeiten widerspiegeln. Der geschätzte Wert der Bauleistung darf in Bezug auf die für ihre Entwicklung erforderlichen Investitionen nicht unverhältnismäßig sein.

8. Auf der Grundlage der Zwischenziele kann der öffentliche Auftraggeber am Ende jedes Entwicklungsabschnitts entscheiden, ob er die Innovationspartnerschaft beendet oder, im Fall einer Innovationspartnerschaft mit mehreren Partnern, die Zahl der Partner durch die Kündigung einzelner Verträge reduziert, sofern der öffentliche Auftraggeber in der Auftragsbekanntmachung oder in den Vergabeunterlagen darauf hingewiesen hat, dass diese Möglichkeiten bestehen und unter welchen Umständen davon Gebrauch gemacht werden kann.
9. Nach Abschluss der Forschungs- und Entwicklungsphase ist der öffentliche Auftraggeber zum anschließenden Erwerb der innovativen Leistung nur dann verpflichtet, wenn das bei Eingehung der Innovationspartnerschaft festgelegte Leistungsniveau und die Kostenobergrenze eingehalten werden.

§ 4 EU
Vertragsarten

(1) Bauaufträge sind so zu vergeben, dass die Vergütung nach Leistung bemessen wird (Leistungsvertrag), und zwar:

1. in der Regel zu Einheitspreisen für technisch und wirtschaftlich einheitliche Teilleistungen, deren Menge nach Maß, Gewicht oder Stückzahl vom öffentlichen Auftraggeber in den Vertragsunterlagen anzugeben ist (Einheitspreisvertrag),
2. in geeigneten Fällen für eine Pauschalsumme, wenn die Leistung nach Ausführungsart und Umfang genau bestimmt ist und mit einer Änderung bei der Ausführung nicht zu rechnen ist (Pauschalvertrag).

(2) Abweichend von Absatz 1 können Bauaufträge geringeren Umfangs, die überwiegend Lohnkosten verursachen, im Stundenlohn vergeben werden (Stundenlohnvertrag).

(3) Das Angebotsverfahren ist darauf abzustellen, dass der Bieter die Preise, die er für seine Leistungen fordert, in die Leistungsbeschreibung einzusetzen oder in anderer Weise im Angebot anzugeben hat.

(4) Das Auf- und Abgebotsverfahren, bei dem vom öffentlichen Auftraggeber angegebene Preise dem Auf- und Abgebot der Bieter unterstellt werden, soll nur ausnahmsweise bei regelmäßig wiederkehrenden Unterhaltungsarbeiten, deren Umfang möglichst zu umgrenzen ist, angewandt werden.

§ 4a EU
Rahmenvereinbarungen

(1) Der Abschluss einer Rahmenvereinbarung erfolgt im Rahmen einer nach dieser Vergabeordnung anwendbaren Verfahrensart. Das in Aussicht genommene Auftragsvolumen ist so genau wie möglich zu ermitteln und bekannt zu geben, braucht aber nicht abschließend festgelegt zu werden. Eine Rahmenvereinbarung darf nicht missbräuchlich oder in einer Art angewendet werden, die den Wettbewerb behindert, einschränkt oder verfälscht.

Für die Praxis: Die Regelung zu Rahmenverträgen wurde zwar erst mit der VOB/A 2016 eingeführt – die Möglichkeit, Rahmenverträge abzuschließen, bestand jedoch auch schon vor der Vergaberechtsreform. Die Aufnahme einer ausdrücklichen Regelung schafft jedoch Rechtssicherheit. Nach neuester Rechtsprechung des EuGH muss der Auftraggeber Höchstgrenzen für die von einem Rahmenvertrag umfassten Einzelbestellungen angeben.

Rahmenverträge bieten eine gute Möglichkeit, vergaberechtskonform Beschaffungsmaßnahmen effizient zu gestalten. Häufig in gleicher oder fast gleicher Weise zu vergebende Leistungen können so gebündelt werden und ohne gesondertes Vergabeverfahren vergeben werden.

(2) Auf einer Rahmenvereinbarung beruhende Einzelaufträge werden nach den Kriterien dieses Absatzes und der Absätze 3 bis 5 vergeben. Die Einzelauftragsvergabe erfolgt ausschließlich zwischen den in der Auftragsbekanntmachung oder der Aufforderung zur Interessensbestätigung genannten öffentlichen Auftraggebern und denjenigen Unternehmen, die zum Zeitpunkt des Abschlusses des Einzelauftrags Vertragspartei der Rahmenvereinbarung sind. Dabei dürfen keine wesentlichen Änderungen an den Bedingungen der Rahmenvereinbarung vorgenommen werden.

(3) Wird eine Rahmenvereinbarung mit nur einem Unternehmen geschlossen, so werden die auf dieser Rahmenvereinbarung beruhenden Einzelaufträge entsprechend den Bedingungen der Rahmenvereinbarung vergeben. Für die Vergabe der Einzelaufträge kann der öffentliche Auftraggeber das an der Rahmenvereinbarung beteiligte Unternehmen in Textform auffordern, sein Angebot erforderlichenfalls zu vervollständigen.

(4) Wird eine Rahmenvereinbarung mit mehr als einem Unternehmen geschlossen, werden die Einzelaufträge wie folgt vergeben:

1. gemäß den Bedingungen der Rahmenvereinbarung ohne erneutes Vergabeverfahren, wenn in der Rahmenvereinbarung alle Bedingungen für die Erbringung der Bauleistung sowie die objektiven Bedingungen für die Auswahl der Unternehmen festgelegt sind, die sie als Partei der Rahmenvereinbarung ausführen werden; die letztgenannten Bedingungen sind in der Auftragsbekanntmachung oder den Vergabeunterlagen für die Rahmenvereinbarung zu nennen;
2. wenn in der Rahmenvereinbarung alle Bedingungen für die Erbringung der Bauleistung festgelegt sind, teilweise ohne erneutes Vergabeverfahren gemäß Nummer 1 und teilweise mit erneutem Vergabeverfahren zwischen den Unternehmen, die Partei der Rahmenvereinbarung sind, gemäß Nummer 3, wenn diese Möglichkeit in der Auftragsbekanntmachung oder den Vergabeunterlagen für die Rahmenvereinbarung durch den öffentlichen Auftraggeber festgelegt ist; die Entscheidung, ob bestimmte Bauleistungen nach erneutem Vergabeverfahren oder direkt entsprechend den Bedingungen der Rahmenvereinbarung beschafft werden sollen, wird nach objektiven Kriterien getroffen, die in der Auftragsbekanntmachung oder den Vergabeunterlagen für die Rahmenvereinbarung festgelegt sind; in der Auftragsbekanntmachung oder den Vergabeunterlagen ist außerdem festzulegen, welche Bedingungen einem erneuten Vergabeverfahren unterliegen können; diese Möglichkeiten gelten auch für jedes Los einer Rahmenvereinbarung, für das alle Bedingungen für die Erbringung der Bauleistung in der Rahmenvereinbarung festgelegt sind, ungeachtet dessen, ob alle Bedingungen für die Erbringung einer Bauleistung für andere Lose festgelegt wurden; oder
3. sofern nicht alle Bedingungen zur Erbringung der Bauleistung in der Rahmenvereinbarung festgelegt sind, mittels eines erneuten Vergabeverfahrens zwischen den Unternehmen, die Parteien der Rahmenvereinbarung sind.

> **Für die Praxis:** Hat der Auftraggeber mehrere Rahmenvereinbarungen mit mehreren Auftragnehmern abgeschlossen, richtet sich die Auswahl unter den Rahmenvertragspartnern nach Abs. 4. Sind in der Rahmenvereinbarung u.a. auch die Bedingungen für die Auswahl unter den Rahmenvertragspartnern geregelt, ist auch eine solche Auswahl ohne erneutes Vergabeverfahren möglich (Abs. 4 Nr. 1); in anderen Fällen ist ein Vergabeverfahren unter Beteiligung der Rahmenvertragspartner durchzuführen.

(5) Die in Absatz 4 Nummer 2 und 3 genannten Vergabeverfahren beruhen auf denselben Bedingungen wie der Abschluss der Rahmenvereinbarung und erforderlichenfalls auf genauer formulierten Bedingungen sowie gegebenenfalls auf weiteren Bedingungen, die in der Auftragsbekanntmachung oder den Vergabeunterlagen für die Rahmenvereinbarung in Übereinstimmung mit dem folgenden Verfahren genannt werden:

1. vor Vergabe jedes Einzelauftrags konsultiert der öffentliche Auftraggeber in Textform die Unternehmen, die in der Lage sind, den Auftrag auszuführen;

2. der öffentliche Auftraggeber setzt eine ausreichende Frist für die Abgabe der Angebote für jeden Einzelauftrag fest; dabei berücksichtigt er unter anderem die Komplexität des Auftragsgegenstands und die für die Übermittlung der Angebote erforderliche Zeit;
3. die Angebote sind in Textform einzureichen und dürfen bis zum Ablauf der Einreichungsfrist nicht geöffnet werden;
4. der öffentliche Auftraggeber vergibt die Einzelaufträge an den Bieter, der auf der Grundlage der in der Auftragsbekanntmachung oder den Vergabeunterlagen für die Rahmenvereinbarung genannten Zuschlagskriterien das jeweils wirtschaftlichste Angebot vorgelegt hat.

(6) Die Laufzeit einer Rahmenvereinbarung darf höchstens vier Jahre betragen, es sei denn, es liegt ein im Gegenstand der Rahmenvereinbarung begründeter Sonderfall vor.

§ 4b EU
Besondere Instrumente und Methoden

(1) Der öffentliche Auftraggeber kann unter den Voraussetzungen der §§ 22 bis 24 VgV für die Beschaffung marktüblicher Leistungen ein dynamisches Beschaffungssystem nutzen.

(2) Der öffentliche Auftraggeber kann im Rahmen eines offenen, eines nicht offenen oder eines Verhandlungsverfahrens vor der Zuschlagserteilung eine elektronische Auktion durchführen, sofern die Voraussetzungen der §§ 25 und 26 VgV vorliegen.

(3) Ist der Rückgriff auf elektronische Kommunikationsmittel vorgeschrieben, kann der öffentliche Auftraggeber festlegen, dass die Angebote in Form eines elektronischen Katalogs einzureichen sind oder einen elektronischen Katalog beinhalten müssen. Das Verfahren richtet sich nach § 27 VgV.

§ 5 EU
Einheitliche Vergabe, Vergabe nach Losen

(1) Bauaufträge sollen so vergeben werden, dass eine einheitliche Ausführung und zweifelsfreie umfassende Haftung für Mängelansprüche erreicht wird; sie sollen daher in der Regel mit den zur Leistung gehörigen Lieferungen vergeben werden.

(2) 1. Mittelständische Interessen sind bei der Vergabe öffentlicher Aufträge vornehmlich zu berücksichtigen. Leistungen sind in der Menge aufgeteilt (Teillose) und getrennt nach Art oder Fachgebiet (Fachlose) zu vergeben. Mehrere Teil- oder Fachlose dürfen zusammen vergeben werden, wenn wirtschaftliche oder technische Gründe dies erfordern. Wird ein Unternehmen, das nicht öffentlicher Auftraggeber ist, mit der Wahrnehmung oder Durchführung einer öffentlichen Aufgabe betraut, verpflichtet der öffentliche Auftraggeber das Unternehmen, sofern es Unteraufträge an Dritte vergibt, nach den Sätzen 1 bis 3 zu verfahren.

2. Weicht der öffentliche Auftraggeber vom Gebot der Losaufteilung ab, begründet er dies im Vergabevermerk.

3. Der öffentliche Auftraggeber gibt in der Auftragsbekanntmachung oder in der Aufforderung zur Interessensbestätigung an, ob Angebote nur für ein Los oder für mehrere oder alle Lose eingereicht werden können.

Der öffentliche Auftraggeber kann die Zahl der Lose beschränken, für die ein einzelner Bieter einen Zuschlag erhalten kann. Dies gilt auch dann, wenn ein Bieter Angebote für mehrere oder alle Lose einreichen darf. Diese Begrenzung ist nur zulässig, sofern der öffentliche Auftraggeber die Höchstzahl der Lose pro Bieter in der Auftragsbekanntmachung oder in der Aufforderung zur Interessensbestätigung angegeben hat. Für den Fall, dass ein einzelner Bieter nach Anwendung der Zuschlagskriterien eine größere Zahl an Losen als die zuvor festgelegte Höchstzahl erhalten würde, legt der öffentliche Auftraggeber in den Vergabeunterlagen objektive und nichtdiskriminierende Regeln für die Erteilung des Zuschlags fest.

In Fällen, in denen ein einziger Bieter den Zuschlag für mehr als ein Los erhalten kann, kann der öffentliche Auftraggeber Aufträge über mehrere oder alle Lose vergeben, wenn er in der Auftragsbekanntmachung oder in der Aufforderung zur Interessensbestätigung angegeben hat, dass er sich diese Möglichkeit vorbehält und die Lose oder Losgruppen angibt, die kombiniert werden können.

Für die Praxis: Der für den Oberschwellenbereich geltende § 5 EU Abs. 2 VOB/A entspricht vollständig der Vorschrift des § 97 Abs. 4 GWB. Bei § 5 EU VOB/A geht es um die Berücksichtigung mittelständischer Interessen und die davon abhängige Bildung von Teil- und Fachlosen. Bei dieser Aufteilung steht dem Auftraggeber ein weiter Beurteilungsspielraum zu, der von Nachprüfungsinstanzen nur beschränkt überprüft wird. Entscheidend ist die nachvollziehbare Begründung, warum Leistungen zusammengefasst wurden. Der mit einer Fachlosvergabe verbundene Ausschreibungs-, Prüfungs- und Koordinierungsmehraufwand sowie ein höherer Aufwand bei Gewährleistungen können eine Gesamtvergabe für sich allein nicht rechtfertigen, weil es sich dabei um einen Fachlosvergaben immanenten und damit typischerweise verbundenen Mehraufwand handelt, der nach dem Zweck des Gesetzes grundsätzlich in Kauf zu nehmen ist. Gleichwohl ist der Auftraggeber aber nicht gezwungen, unwirtschaftliche Splitterlose zu bilden (vgl. z.B. OLG Düsseldorf, Beschl. v. 11.1.2012, VII-Verg 52/11).

§ 6 EU
Teilnehmer am Wettbewerb

(1) Öffentliche Aufträge werden an fachkundige und leistungsfähige (geeignete) Unternehmen vergeben, die nicht nach § 6e EU ausgeschlossen worden sind.

(2) Ein Unternehmen ist geeignet, wenn es die durch den öffentlichen Auftraggeber im Einzelnen zur ordnungsgemäßen Ausführung des öffentlichen Auftrags festgelegten Kriterien (Eignungskriterien) erfüllt. Die Eignungskriterien dürfen ausschließlich Folgendes betreffen:

1. Befähigung und Erlaubnis zur Berufsausübung,
2. wirtschaftliche und finanzielle Leistungsfähigkeit,
3. technische und berufliche Leistungsfähigkeit.

Die Eignungskriterien müssen mit dem Auftragsgegenstand in Verbindung und zu diesem in einem angemessenen Verhältnis stehen.

(3) 1. Der Wettbewerb darf nicht auf Unternehmen beschränkt werden, die in bestimmten Regionen oder Orten ansässig sind.

2. Bewerber- und Bietergemeinschaften sind Einzelbewerbern und -bietern gleichzusetzen. Für den Fall der Auftragserteilung kann der öffentliche Auftraggeber verlangen, dass eine Bietergemeinschaft eine bestimmte Rechtsform annimmt, sofern dies für die ordnungsgemäße Durchführung des Auftrags notwendig ist.

3. Der öffentliche Auftraggeber kann das Recht zur Teilnahme an dem Vergabeverfahren unter den Voraussetzungen des § 118 GWB beschränken.

4. Hat ein Bewerber oder Bieter oder ein mit ihm in Verbindung stehendendes Unternehmen vor Einleitung des Vergabeverfahrens den öffentlichen Auftraggeber beraten oder sonst unterstützt, so ergreift der öffentliche Auftraggeber angemessene Maßnahmen, um sicherzustellen, dass der Wettbewerb durch die Teilnahme dieses Bieters oder Bewerbers nicht verfälscht wird. Der betreffende Bewerber oder Bieter wird vom Verfahren nur dann ausgeschlossen, wenn keine andere Möglichkeit besteht, den Grundsatz der Gleichbehandlung zu gewährleisten. Vor einem solchen Ausschluss gibt der öffentliche Auftraggeber den Bewerbern oder Bietern die Möglichkeit, nachzuweisen, dass ihre Beteiligung an der Vorbereitung des Vergabeverfahrens den Wettbewerb nicht verzerren kann. Die ergriffenen Maßnahmen werden im Vergabevermerk dokumentiert.

§ 6a EU
Eignungsnachweise

Der öffentliche Auftraggeber kann Unternehmen nur die in den Nummern 1 bis 3 genannten Anforderungen an die Teilnahme auferlegen.

1. Zum Nachweis der Befähigung und Erlaubnis zur Berufsausübung kann der öffentliche Auftraggeber die Eintragung in das Berufs- oder Handelsregister oder der Handwerksrolle ihres Sitzes oder Wohnsitzes verlangen.

2. Zum Nachweis der wirtschaftlichen und finanziellen Leistungsfähigkeit kann der öffentliche Auftraggeber verlangen:

   a) die Vorlage entsprechender Bankerklärungen oder gegebenenfalls den Nachweis einer entsprechenden Berufshaftpflichtversicherung.

   b) die Vorlage von Jahresabschlüssen, falls deren Veröffentlichung in dem Land, in dem das Unternehmen ansässig ist, gesetzlich vorgeschrieben ist.

   Zusätzlich können weitere Informationen, zum Beispiel über das Verhältnis zwischen Vermögen und Verbindlichkeiten in den Jahresabschlüssen, verlangt werden. Die Methoden und Kriterien für die Berücksichtigung weiterer Informationen müssen in den Vergabeunterlagen spezifiziert werden; sie müssen transparent, objektiv und nichtdiskriminierend sein.

   c) eine Erklärung über den Umsatz des Unternehmens jeweils bezogen auf die letzten drei abgeschlossenen Geschäftsjahre, soweit er Bauleistungen und andere Leistungen betrifft, die mit der zu vergebenden Leistung vergleichbar sind, unter Einschluss des Anteils bei gemeinsam mit anderen Unternehmen ausgeführten Aufträgen.

   Der öffentliche Auftraggeber kann von den Unternehmen insbesondere verlangen, einen bestimmten Mindestjahresumsatz, einschließlich eines Mindestumsatzes in dem vom Auftrag abgedeckten Bereich nachzuweisen. Der geforderte Mindestjahresumsatz darf das Zweifache des geschätzten Auftragswerts nur in hinreichend begründeten Fällen übersteigen. Die Gründe sind in den Vergabeunterlagen oder in dem Vergabevermerk gemäß § 20 EU anzugeben.

   Ist ein Auftrag in Lose unterteilt, finden diese Regelungen auf jedes einzelne Los Anwendung. Der öffentliche Auftraggeber kann jedoch den Mindestjahresumsatz, der von Unternehmen verlangt wird, unter Bezugnahme auf eine Gruppe von Losen in dem Fall festlegen, dass der erfolgreiche Bieter den Zuschlag für mehrere Lose erhält, die gleichzeitig auszuführen sind.

   Sind auf einer Rahmenvereinbarung basierende Aufträge infolge eines erneuten Aufrufs zum Wettbewerb zu vergeben, wird der Höchstjahresumsatz aufgrund des erwarteten maximalen Umfangs spezifischer Aufträge berechnet, die gleichzeitig ausgeführt werden, oder – wenn dieser nicht bekannt ist – aufgrund des geschätzten Werts der Rahmenvereinbarung. Bei dynamischen Beschaffungssystemen wird der Höchstjahresumsatz auf der Basis des erwarteten Höchstumfangs konkreter Aufträge berechnet, die nach diesem System vergeben werden sollen.

Der öffentliche Auftraggeber wird andere ihm geeignet erscheinende Nachweise der wirtschaftlichen und finanziellen Leistungsfähigkeit zulassen, wenn er feststellt, dass stichhaltige Gründe dafür bestehen.

3. Zum Nachweis der beruflichen und technischen Leistungsfähigkeit kann der öffentliche Auftraggeber je nach Art, Menge oder Umfang oder Verwendungszweck der ausgeschriebenen Leistung verlangen:

   a) Angaben über die Ausführung von Leistungen in den letzten bis zu fünf abgeschlossenen Kalenderjahren, die mit der zu vergebenden Leistung vergleichbar sind, wobei für die wichtigsten Bauleistungen Bescheinigungen über die ordnungsgemäße Ausführung und das Ergebnis beizufügen sind. Um einen ausreichenden Wettbewerb sicherzustellen, kann der öffentliche Auftraggeber darauf hinweisen, dass er auch einschlägige Bauleistungen berücksichtigen werde, die mehr als fünf Jahre zurückliegen;

b) Angabe der technischen Fachkräfte oder der technischen Stellen, unabhängig davon, ob sie seinem Unternehmen angehören oder nicht, und zwar insbesondere derjenigen, die mit der Qualitätskontrolle beauftragt sind, und derjenigen, über die der Unternehmer für die Errichtung des Bauwerks verfügt;

c) die Beschreibung der technischen Ausrüstung und Maßnahmen des Unternehmens zur Qualitätssicherung und seiner Untersuchungs- und Forschungsmöglichkeiten;

d) Angabe des Lieferkettenmanagement- und -überwachungssystems, das dem Unternehmen zur Vertragserfüllung zur Verfügung steht;

e) Studiennachweise und Bescheinigungen über die berufliche Befähigung des Dienstleisters oder Unternehmers und/oder der Führungskräfte des Unternehmens, sofern sie nicht als Zuschlagskriterium bewertet werden;

f) Angabe der Umweltmanagementmaßnahmen, die der Unternehmer während der Auftragsausführung anwenden kann;

g) Angaben über die Zahl der in den letzten drei abgeschlossenen Kalenderjahren jahresdurchschnittlich beschäftigten Arbeitskräfte, gegliedert nach Lohngruppen mit gesondert ausgewiesenem technischen Leitungspersonal;

h) eine Erklärung, aus der hervorgeht, über welche Ausstattung, welche Geräte und welche technische Ausrüstung das Unternehmen für die Ausführung des Auftrags verfügt;

i) Angabe, welche Teile des Auftrags der Unternehmer unter Umständen als Unteraufträge zu vergeben beabsichtigt.

§ 6b EU
Mittel der Nachweisführung, Verfahren

(1) Der Nachweis, auch über das Nichtvorliegen von Ausschlussgründen nach § 6e EU, kann wie folgt geführt werden:

1. durch die vom öffentlichen Auftraggeber direkt abrufbare Eintragung in die allgemein zugängliche Liste des Vereins für die Präqualifikation von Bauunternehmen e.V. (Präqualifikationsverzeichnis). Die im Präqualifikationsverzeichnis hinterlegten Angaben werden nicht ohne Begründung in Zweifel gezogen. Hinsichtlich der Zahlung von Steuern und Abgaben sowie der Sozialversicherungsbeiträge kann grundsätzlich eine zusätzliche Bescheinigung verlangt werden.

   Die Eintragung in ein gleichwertiges Verzeichnis anderer Mitgliedstaaten ist als Nachweis ebenso zugelassen.

2. durch Vorlage von Einzelnachweisen. Der öffentliche Auftraggeber kann vorsehen, dass für einzelne Angaben Eigenerklärungen ausreichend sind. Eigenerklärungen, die als vorläufiger Nachweis dienen, sind von den Bietern, deren Angebote in die engere Wahl kommen, durch entsprechende Bescheinigungen der zuständigen Stellen zu bestätigen.

Der öffentliche Auftraggeber akzeptiert als vorläufigen Nachweis auch eine Einheitliche Europäische Eigenerklärung (EEE).

Für die Praxis: Das in Nr. 2 angesprochene PQ-Verfahren hat sich mittlerweile etabliert und enthält für die meisten Leistungsbereiche eine ausreichend große Anzahl von Unternehmen. Die Bezugnahme auf diese Präqualifikation erleichtert dem Auftraggeber nicht nur die erste Prüfung der Angebote, sondern erspart ihm auch die Nachforderung nach § 16a EU VOB/A.

Die – in der Praxis bisher sehr selten anzutreffende – Einheitliche Europäische Eigenerklärung (EEE) muss vom Auftraggeber, wenn ein Bieter sie einreicht, als vorläufiger Eignungsnachweis berücksichtigt werden. Der Auftraggeber ist aber nicht verpflichtet, von sich aus die verfahrensspezifische Vorlage einer Einheitlichen Europäischen Eigenerklärung zu erstellen und den Bietern zur Verfügung zu stellen.

Bei der Zulassung von nur vorläufigen Eigenerklärungen und bei Einreichung einer Einheitlichen Europäischen Eigenerklärung ist zu beachten, dass die Bieter in der engeren Wahl diese durch Bescheinigungen bestätigen lassen müssen. Die Bieter in der engeren Wahl sind diejenigen, die ein wertbares und vollständiges Angebot abgegeben haben und die auch preislich so eng beieinander sind, dass eine Auftragsvergabe möglich erscheint.

(2) 1. Wenn dies zur angemessenen Durchführung des Verfahrens erforderlich ist, kann der öffentliche Auftraggeber Bewerber und Bieter, die eine Eigenerklärung abgegeben haben, jederzeit während des Verfahrens auffordern, sämtliche oder einen Teil der Nachweise beizubringen.

2. Beim offenen Verfahren fordert der öffentliche Auftraggeber vor Zuschlagserteilung den Bieter, an den er den Auftrag vergeben will und der bislang nur eine Eigenerklärung als vorläufigen Nachweis vorgelegt hat, auf, die einschlägigen Nachweise unverzüglich beizubringen und prüft diese.

3. Beim nicht offenen Verfahren, beim Verhandlungsverfahren sowie beim wettbewerblichen Dialog und bei der Innovationspartnerschaft fordert der öffentliche Auftraggeber die in Frage kommenden Bewerber auf, ihre Eigenerklärungen durch einschlägige Nachweise unverzüglich zu belegen und prüft diese. Dabei sind die Bewerber auszuwählen, deren Eignung die für die Erfüllung der vertraglichen Verpflichtungen notwendige Sicherheit bietet.

4. Der öffentliche Auftraggeber greift auf das Informationssystem e-Certis zurück und verlangt in erster Linie jene Arten von Bescheinigungen und dokumentarischen Nachweisen, die von e-Certis abgedeckt sind.

(3) Unternehmen müssen keine Nachweise vorlegen,

- sofern und soweit die Zuschlag erteilende Stelle diese direkt über eine gebührenfreie nationale Datenbank in einem Mitgliedstaat erhalten kann, oder
- wenn die Zuschlag erteilende Stelle bereits im Besitz dieser Nachweise ist.

§ 6c EU
Qualitätssicherung und Umweltmanagement

(1) Verlangt der öffentliche Auftraggeber zum Nachweis dafür, dass Bewerber oder Bieter bestimmte Normen der Qualitätssicherung erfüllen, die Vorlage von Bescheinigungen unabhängiger Stellen, so bezieht sich der öffentliche Auftraggeber auf Qualitätssicherungssysteme, die

1. den einschlägigen europäischen Normen genügen und
2. von akkreditierten Stellen zertifiziert sind.

Der öffentliche Auftraggeber erkennt auch gleichwertige Bescheinigungen von akkreditierten Stellen aus anderen Staaten an. Konnte ein Unternehmen aus Gründen, die es nicht zu vertreten hat, die betreffenden Bescheinigungen nicht innerhalb der einschlägigen Fristen einholen, so muss der öffentliche Auftraggeber auch andere Unterlagen über gleichwertige Qualitätssicherungssysteme anerkennen, sofern das Unternehmen nachweist, dass die vorgeschlagenen Qualitätssicherungsmaßnahmen den geforderten Qualitätssicherungsnormen entsprechen.

(2) Verlangt der öffentliche Auftraggeber zum Nachweis dafür, dass Bewerber oder Bieter bestimmte Systeme oder Normen des Umweltmanagements erfüllen, die Vorlage von Bescheinigungen unabhängiger Stellen, so bezieht sich der öffentliche Auftraggeber

1. entweder auf das Gemeinschaftssystem für das Umweltmanagement und die Umweltbetriebsprüfung (EMAS) der Europäischen Union oder
2. auf andere nach Artikel 45 der Verordnung (EG) 1221/2009 anerkannte Umweltmanagementsysteme oder
3. auf andere Normen für das Umweltmanagement, die auf den einschlägigen europäischen oder internationalen Normen beruhen und von akkreditierten Stellen zertifiziert sind.

Der öffentliche Auftraggeber erkennt auch gleichwertige Bescheinigungen von Stellen in anderen Staaten an. Hatte ein Unternehmen aus Gründen, die ihm nicht zugerechnet werden können, nachweislich keinen Zugang zu den betreffenden Bescheinigungen oder aus Gründen, die es nicht zu vertreten hat, keine Möglichkeit, diese innerhalb der einschlägigen Fristen zu erlangen, so muss der öffentliche Auftraggeber auch andere Nachweise über gleichwertige Umweltmanagementmaßnahmen anerkennen, sofern das Unternehmen nachweist, dass diese Maßnahmen mit denen, die nach dem geltenden System oder den geltenden Normen für das Umweltmanagement erforderlich sind, gleichwertig sind.

§ 6d EU
Kapazitäten anderer Unternehmen

(1) Ein Bewerber oder Bieter kann sich zum Nachweis seiner Eignung auf andere Unternehmen stützen – ungeachtet des rechtlichen Charakters der zwischen ihm und diesen Unternehmen bestehenden Verbindungen (Eignungsleihe).

In diesem Fall weist er dem öffentlichen Auftraggeber gegenüber nach, dass ihm die erforderlichen Kapazitäten zur Verfügung stehen werden, indem er beispielsweise die diesbezüglichen verpflichtenden Zusagen dieser Unternehmen vorlegt.

Eine Inanspruchnahme der Kapazitäten anderer Unternehmen für die berufliche Befähigung (§ 6a EU Absatz 1 Nummer 3 Buchstabe e) oder die berufliche Erfahrung (§ 6a EU Absatz 1 Nummer 3 Buchstaben a und b) ist nur möglich, wenn diese Unternehmen die Arbeiten ausführen, für die diese Kapazitäten benötigt werden.

Der öffentliche Auftraggeber hat zu überprüfen, ob diese Unternehmen die entsprechenden Anforderungen an die Eignung gemäß § 6a EU erfüllen und ob Ausschlussgründe gemäß § 6e EU vorliegen. Der öffentliche Auftraggeber schreibt vor, dass der Bieter ein Unternehmen, das eine einschlägige Eignungsanforderung nicht erfüllt oder bei dem Ausschlussgründe gemäß § 6e EU Absatz 1 bis 5 vorliegen, zu ersetzen hat. Der öffentliche Auftraggeber kann vorschreiben, dass der Bieter ein Unternehmen, bei dem Ausschlussgründe gemäß § 6e EU Absatz 6 vorliegen, ersetzt.

Für die Praxis: Unternehmen müssen oft auf Nachunternehmer zurückgreifen, um eine Leistung überhaupt ausführen zu können. Geht es schlicht um die Kapazitäten oder die Kostenstrukturen des Nachunternehmers, besitzt manchmal auch nur der Nachunternehmer die besondere Sachkunde oder die technischen und wirtschaftlichen Mittel.

Gegenüber dem Auftraggeber muss der Bewerber nachweisen können, dass er über die erforderlichen Kapazitäten und Kompetenzen verfügt. Muss der Bewerber bei der zukünftigen Auftragsausführung auf Nachunternehmer zurückgreifen, muss er dies auch schon bei den Eignungsnachweisen berücksichtigen.

Daher muss er nachweisen, dass er – wenn er zum Nachweis der Eignung auch auf die Nachunternehmer verweisen muss – im Auftragsfall auf den Nachunternehmer zugreifen kann. Dabei darf vom Auftraggeber keine feste Beauftragung des Nachunternehmers verlangt werden. Erhält der Bieter den Zuschlag nicht, wäre eine solche feste Beauftragung mit erheblichen Nachteilen und Risiken für ihn behaftet. Der Bieter kann jedoch einen bedingten Vertrag abschließen oder sich in anderer Weise zusichern lassen, dass er im Auftragsfall über den Nachunternehmer verfügen kann.

Dabei sollte die Forderung nach solchen Verpflichtungserklärungen möglichst klar formuliert werden. Zu denken ist an eine Begrenzung auf bestimmte Lose. Ist eine Leistung für den Gesamterfolg unerheblich und wird sie üblicherweise von Nachunternehmern ausgeführt, kann auf einen solchen Nachweis verzichtet werden. Ist die Leistung hingegen von Bedeutung für die Vertragserfüllung, sollte von vornherein für den Fall der Untervergabe ein Nachweis gefordert werden.

(2) Nimmt ein Bewerber oder Bieter im Hinblick auf die Kriterien für die wirtschaftliche und finanzielle Leistungsfähigkeit die Kapazitäten anderer Unternehmen in Anspruch, so kann der öffentliche Auftraggeber vorschreiben, dass Bewerber oder Bieter und diese Unternehmen gemeinsam für die Auftragsausführung haften.

> **Für die Praxis:** Verweist ein Bieter beim Eignungsnachweis auf die Kapazitäten von Nachunternehmern, kommt es bei der wirtschaftlichen und finanziellen Leistungsfähigkeit aus Sicht des Auftraggebers auch darauf an, dass der Auftraggeber selber auf die Nachunternehmer zugreifen kann. Hierfür kann der Auftraggeber nach Abs. 2 eine gemeinsame Haftung von Bieter bzw. Auftragnehmer und Nachunternehmer verlangen. Dies muss schon in den Vergabeunterlagen als Teil des Angebots vorgesehen sein.

(3) Werden die Kapazitäten anderer Unternehmen gemäß Absatz 1 in Anspruch genommen, so muss die Nachweisführung entsprechend § 6b EU auch für diese Unternehmen erfolgen.

(4) Der öffentliche Auftraggeber kann vorschreiben, dass bestimmte kritische Aufgaben direkt vom Bieter selbst oder – wenn der Bieter einer Bietergemeinschaft angehört – von einem Mitglied der Bietergemeinschaft ausgeführt werden.

§ 6e EU
Ausschlussgründe

(1) Der öffentliche Auftraggeber schließt ein Unternehmen zu jedem Zeitpunkt des Vergabeverfahrens von der Teilnahme aus, wenn er Kenntnis davon hat, dass eine Person, deren Verhalten nach Absatz 3 dem Unternehmen zuzurechnen ist, rechtskräftig verurteilt oder gegen das Unternehmen eine Geldbuße nach § 30 des Gesetzes über Ordnungswidrigkeiten rechtskräftig festgesetzt worden ist wegen einer Straftat nach:

1. § 129 des Strafgesetzbuchs (StGB) (Bildung krimineller Vereinigungen), § 129a StGB (Bildung terroristischer Vereinigungen) oder § 129b StGB (kriminelle und terroristische Vereinigungen im Ausland),
2. § 89c StGB (Terrorismusfinanzierung) oder wegen der Teilnahme an einer solchen Tat oder wegen der Bereitstellung oder Sammlung finanzieller Mittel in Kenntnis dessen, dass diese finanziellen Mittel ganz oder teilweise dazu verwendet werden oder verwendet werden sollen, eine Tat nach § 89a Absatz 2 Nummer 2 StGB zu begehen,
3. § 261 StGB (Geldwäsche; Verschleierung unrechtmäßig erlangter Vermögenswerte),
4. § 263 StGB (Betrug), soweit sich die Straftat gegen den Haushalt der Europäischen Union oder gegen Haushalte richtet, die von der Europäischen Union oder in ihrem Auftrag verwaltet werden,
5. § 264 StGB (Subventionsbetrug), soweit sich die Straftat gegen den Haushalt der Europäischen Union oder gegen Haushalte richtet, die von der Europäischen Union oder in ihrem Auftrag verwaltet werden,
6. § 299 StGB (Bestechlichkeit und Bestechung im geschäftlichen Verkehr), §§ 299a und 299b StGB (Bestechlichkeit und Bestechung im Gesundheitswesen,
7. § 108e StGB (Bestechlichkeit und Bestechung von Mandatsträgern),
8. den §§ 333 und 334 StGB (Vorteilsgewährung und Bestechung), jeweils auch in Verbindung mit § 335a StGB (Ausländische und internationale Bedienstete),
9. Artikel 2 § 2 des Gesetzes zur Bekämpfung internationaler Bestechung (Bestechung ausländischer Abgeordneter im Zusammenhang mit internationalem Geschäftsverkehr) oder
10. den §§ 232, 232a Absatz 1 bis 5, den §§ 232b bis 233a StGB (Menschenhandel, Zwangsprostitution, Zwangsarbeit, Ausbeutung der Arbeitskraft, Ausbeutung unter Ausnutzung einer Freiheitsberaubung).

(2) Einer Verurteilung oder der Festsetzung einer Geldbuße im Sinne des Absatzes 1 stehen eine Verurteilung oder die Festsetzung einer Geldbuße nach den vergleichbaren Vorschriften anderer Staaten gleich.

(3) Das Verhalten einer rechtskräftig verurteilten Person ist einem Unternehmen zuzurechnen, wenn diese Person als für die Leitung des Unternehmens Verantwortlicher gehandelt hat; dazu gehört auch die Überwachung der Geschäftsführung oder die sonstige Ausübung von Kontrollbefugnissen in leitender Stellung.

(4) Der öffentliche Auftraggeber schließt ein Unternehmen von der Teilnahme an einem Vergabeverfahren aus, wenn

1. das Unternehmen seinen Verpflichtungen zur Zahlung von Steuern, Abgaben und Beiträgen zur Sozialversicherung nicht nachgekommen ist und dies durch eine rechtskräftige Gerichts- oder bestandskräftige Verwaltungsentscheidung festgestellt wurde, oder
2. der öffentliche Auftraggeber auf sonstige geeignete Weise die Verletzung einer Verpflichtung nach Nummer 1 nachweisen kann.

Satz 1 findet keine Anwendung, wenn das Unternehmen seinen Verpflichtungen dadurch nachgekommen ist, dass es die Zahlung vorgenommen oder sich zur Zahlung der Steuern, Abgaben und Beiträge zur Sozialversicherung einschließlich Zinsen, Säumnis- und Strafzuschlägen verpflichtet hat.

(5) Von einem Ausschluss nach Absatz 1 kann abgesehen werden, wenn dies aus zwingenden Gründen des öffentlichen Interesses geboten ist. Von einem Ausschluss nach Absatz 4 Satz 1 kann abgesehen werden, wenn dies aus zwingenden Gründen des öffentlichen Interesses geboten ist oder ein Ausschluss offensichtlich unverhältnismäßig wäre. § 6f EU Absatz 1 und 2 bleiben unberührt.

(6) Der öffentliche Auftraggeber kann unter Berücksichtigung des Grundsatzes der Verhältnismäßigkeit ein Unternehmen zu jedem Zeitpunkt des Vergabeverfahrens von der Teilnahme an einem Vergabeverfahren ausschließen, wenn

1. das Unternehmen bei der Ausführung öffentlicher Aufträge nachweislich gegen geltende umwelt-, sozial- und arbeitsrechtliche Verpflichtungen verstoßen hat,
2. das Unternehmen zahlungsunfähig ist, über das Vermögen des Unternehmens ein Insolvenzverfahren oder ein vergleichbares Verfahren beantragt oder eröffnet worden ist, die Eröffnung eines solchen Verfahrens mangels Masse abgelehnt worden ist, sich das Unternehmen im Verfahren der Liquidation befindet oder seine Tätigkeit eingestellt hat,
3. das Unternehmen im Rahmen der beruflichen Tätigkeit nachweislich eine schwere Verfehlung begangen hat, durch die die Integrität des Unternehmens infrage gestellt wird; § 6e EU Absatz 3 ist entsprechend anzuwenden,
4. der öffentliche Auftraggeber über hinreichende Anhaltspunkte dafür verfügt, dass das Unternehmen mit anderen Unternehmen Vereinbarungen getroffen oder Verhaltensweisen aufeinander abgestimmt hat, die eine Verhinderung, Einschränkung oder Verfälschung des Wettbewerbs bezwecken oder bewirken,
5. ein Interessenkonflikt bei der Durchführung des Vergabeverfahrens besteht der die Unparteilichkeit und Unabhängigkeit einer für den öffentlichen Auftraggeber tätigen Person bei der Durchführung des Vergabeverfahrens beeinträchtigen könnte und der durch andere, weniger einschneidende Maßnahmen nicht wirksam beseitigt werden kann,
6. eine Wettbewerbsverzerrung daraus resultiert, dass das Unternehmen bereits in die Vorbereitung des Vergabeverfahrens einbezogen war, und diese Wettbewerbsverzerrung nicht durch andere, weniger einschneidende Maßnahmen beseitigt werden kann,
7. das Unternehmen eine wesentliche Anforderung bei der Ausführung eines früheren öffentlichen Auftrags erheblich oder fortdauernd mangelhaft erfüllt hat und dies zu einer vorzeitigen Beendigung, zu Schadensersatz oder zu einer vergleichbaren Rechtsfolge geführt hat,

8. das Unternehmen in Bezug auf Ausschlussgründe oder Eignungskriterien eine schwerwiegende Täuschung begangen, Auskünfte zurückgehalten hat oder nicht in der Lage ist, die erforderlichen Nachweise zu übermitteln oder

9. das Unternehmen

   a) versucht hat, die Entscheidungsfindung des öffentlichen Auftraggebers in unzulässiger Weise zu beeinflussen,

   b) versucht hat, vertrauliche Informationen zu erhalten, durch die es unzulässige Vorteile beim Vergabeverfahren erlangen könnte, oder

   c) fahrlässig oder vorsätzlich irreführende Informationen übermittelt hat, die die Vergabeentscheidung des öffentlichen Auftraggebers erheblich beeinflussen könnten oder versucht hat, solche Informationen zu übermitteln.

Für die Praxis: § 6e EU Abs. 1 VOB/A wiederholt die zwingenden gesetzlichen Ausschlussgründe des § 123 GWB. Soweit dieser inzwischen in den Formulierungen geändert wurde, ist dies für die VOB/A-EU ebenfalls maßgeblich, da das GWB vorrangig zu beachten ist.

In § 6e EU Abs 6 VOB/A ist eine Reihe von Ausschlussgründen zusammengefasst, die im GWB in § 124 als „**fakultative Ausschlussgründe**" bezeichnet werden. Bei dieser Gruppe von Ausschlussgründen muss der Ausschluss nicht zwingend erfolgen, sondern er steht im Ermessen des Auftraggebers. Um dieses Ermessen ordnungsgemäß ausüben zu können, muss der Auftraggeber den Sachverhalt vollständig ermitteln, Für und Wider eines Ausschlusses abwägen und dem Bieter Gelegenheit zur Stellungnahme geben. Bei der Abwägung muss der Auftraggeber auch berücksichtigen, ob ein Ausschluss verhältnismäßig ist im Vergleich zu dem jeweiligen Fehlverhalten.

Neu und für die Praxis sicherlich relevant ist die Möglichkeit, **Schlechtleistungen** des Bieters bei öffentlichen Aufträgen (auch für einen anderen Auftraggeber) zu berücksichtigen (§ 6e EU Abs. 6 Nr. 7 VOB/A). Allerdings sind die Voraussetzungen, z.B. die verlangte Verletzung einer „wesentlichen" Anforderung, eng auszulegen.

Bieter sind verpflichtet, zur **Aufklärung** beizutragen. So muss z.B. ein insolventes Unternehmen durch den Insolvenzverwalter Nachweise zur Leistungsfähigkeit vorlegen, z.B. einen bestätigten Insolvenzplan und prüfbare Zahlen zum Fortschritt der Sanierung. Legt es hierzu trotz Aufforderung durch den Auftraggeber nichts vor, ist die Ermittlungspflicht des Auftraggebers erfüllt und er kann das Unternehmen ausschließen.

§ 6f EU
Selbstreinigung

(1) Öffentliche Auftraggeber schließen ein Unternehmen, bei dem ein Ausschlussgrund nach § 6e EU vorliegt, nicht von der Teilnahme an dem Vergabeverfahren aus, wenn das Unternehmen dem öffentlichen Auftraggeber oder nach § 8 des Wettbewerbsregistergesetzes dem Bundeskartellamt nachgewiesen hat, dass es

1. für jeden durch eine Straftat oder ein Fehlverhalten verursachten Schaden einen Ausgleich gezahlt oder sich zur Zahlung eines Ausgleichs verpflichtet hat,

2. die Tatsachen und Umstände, die mit der Straftat oder dem Fehlverhalten und dem dadurch verursachten Schaden in Zusammenhang stehen, durch eine aktive Zusammenarbeit mit den Ermittlungsbehörden und dem öffentlichen Auftraggeber umfassend geklärt hat und

3. konkrete technische, organisatorische und personelle Maßnahmen ergriffen hat, die geeignet sind, weitere Straftaten oder weiteres Fehlverhalten zu vermeiden.

§ 6e EU Absatz 4 Satz 2 bleibt unberührt.

(2) Bei der Bewertung der von dem Unternehmen ergriffenen Selbstreinigungsmaßnahmen sind die Schwere und die besonderen Umstände der Straftat oder des Fehlverhaltens zu berücksichtigen. Die Entscheidung, dass die Selbstreinigungsmaßnahmen des Unternehmens als unzureichend bewertet werden, ist gegenüber dem Unternehmen zu begründen.

(3) Wenn ein Unternehmen, bei dem ein Ausschlussgrund vorliegt, keine oder keine ausreichenden Selbstreinigungsmaßnahmen nach Absatz 1 ergreift, darf es

1. bei Vorliegen eines Ausschlussgrundes nach § 6e EU Absatz 1 bis 4 höchstens für einen Zeitraum von fünf Jahren ab dem Tag der rechtskräftigen Verurteilung von der Teilnahme an Vergabeverfahren ausgeschlossen werden,
2. bei Vorliegen eines Ausschlussgrundes nach § 6e EU Absatz 6 höchstens für einen Zeitraum von drei Jahren ab dem betreffenden Ereignis von der Teilnahme an Vergabeverfahren ausgeschlossen werden.

§ 7 EU
Leistungsbeschreibung

(1) 1. Die Leistung ist eindeutig und so erschöpfend zu beschreiben, dass alle Bewerber die Beschreibung im gleichen Sinne verstehen müssen und ihre Preise sicher und ohne umfangreiche Vorarbeiten berechnen können.

2. Um eine einwandfreie Preisermittlung zu ermöglichen, sind alle sie beeinflussenden Umstände festzustellen und in den Vergabeunterlagen anzugeben.

3. Dem Auftragnehmer darf kein ungewöhnliches Wagnis aufgebürdet werden für Umstände und Ereignisse, auf die er keinen Einfluss hat und deren Einwirkung auf die Preise und Fristen er nicht im Voraus schätzen kann.

4. Bedarfspositionen sind grundsätzlich nicht in die Leistungsbeschreibung aufzunehmen. Angehängte Stundenlohnarbeiten dürfen nur in dem unbedingt erforderlichen Umfang in die Leistungsbeschreibung aufgenommen werden.

5. Erforderlichenfalls sind auch der Zweck und die vorgesehene Beanspruchung der fertigen Leistung anzugeben.

6. Die für die Ausführung der Leistung wesentlichen Verhältnisse der Baustelle, z. B. Boden- und Wasserverhältnisse, sind so zu beschreiben, dass der Bewerber ihre Auswirkungen auf die bauliche Anlage und die Bauausführung hinreichend beurteilen kann.

7. Die „Hinweise für das Aufstellen der Leistungsbeschreibung" in Abschnitt 0 der Allgemeinen Technischen Vertragsbedingungen für Bauleistungen, DIN 18299 ff., sind zu beachten.

Für die Praxis: Auftraggeber sind nach Nr. 1 grundsätzlich frei in der Festlegung des Beschaffungsbedarfs. Entscheiden sie sich für eine bestimmte Leistung, so ist dies auch dann zulässig, wenn dies etwa wegen einer Produktvorgabe den Wettbewerb einschränkt. Allerdings muss es für diese Wettbewerbsbeschränkung einen objektiven, sach- und auftragsbezogenen Grund geben. Der so bestimmte Beschaffungsbedarf ist dann nach den Vorgaben der VOB/A-EU zu beschreiben.

Bezugnehmend auf Nr. 7: Die VOB/C bietet in den Abschnitten 0 wertvolle „Checklisten" für die Leistungsbeschreibung. Das Abarbeiten dieser Checklisten bietet eine erhöhte Sicherheit, keine wesentlichen Regelungen vergessen zu haben. Nach der Rechtsprechung darf ein Auftragnehmer ein Schweigen der Leistungsbeschreibung zu Punkten, die nach der VOB/C anzusprechen wären, bei seiner Kalkulation berücksichtigen und davon ausgehen, dass er insoweit nicht mit Besonderheiten rechnen muss (z.B. wenn Kontaminationen des Untergrunds nicht beschrieben werden).

(2) Soweit es nicht durch den Auftragsgegenstand gerechtfertigt ist, darf in technischen Spezifikationen nicht auf eine bestimmte Produktion oder Herkunft oder ein besonderes Verfahren, das die von einem bestimmten Unternehmen bereitgestellten Produkte charakterisiert, oder auf Marken, Patente, Typen oder einen bestimmten Ursprung oder eine bestimmte Produktion verwiesen werden, wenn dadurch bestimmte Unternehmen oder bestimmte Produkte begünstigt oder ausgeschlossen werden. Solche Verweise sind jedoch ausnahmsweise zulässig, wenn der Auftragsgegenstand nicht hinreichend genau und allgemein verständlich beschrieben werden kann; solche Verweise sind mit dem Zusatz „oder gleichwertig" zu versehen.

(3) Bei der Beschreibung der Leistung sind die verkehrsüblichen Bezeichnungen zu beachten.

§ 7a EU
Technische Spezifikationen, Testberichte, Zertifizierungen, Gütezeichen

(1) 1. Die technischen Anforderungen (Spezifikationen – siehe Anhang TS Nummer 1) an den Auftragsgegenstand müssen allen Unternehmen gleichermaßen zugänglich sein.

2. Die geforderten Merkmale können sich auch auf den spezifischen Prozess oder die spezifische Methode zur Produktion beziehungsweise Erbringung der angeforderten Leistungen oder auf einen spezifischen Prozess eines anderen Lebenszyklus-Stadiums davon beziehen, auch wenn derartige Faktoren nicht materielle Bestandteile von ihnen sind, sofern sie in Verbindung mit dem Auftragsgegenstand stehen und zu dessen Wert und Zielen verhältnismäßig sind.

3. In den technischen Spezifikationen kann angegeben werden, ob Rechte des geistigen Eigentums übertragen werden müssen.

4. Bei jeglicher Beschaffung, die zur Nutzung durch natürliche Personen – ganz gleich, ob durch die Allgemeinheit oder das Personal des öffentlichen Auftraggebers – vorgesehen ist, werden die technischen Spezifikationen – außer in ordnungsgemäß begründeten Fällen – so erstellt, dass die Kriterien der Zugänglichkeit für Personen mit Behinderungen oder der Konzeption für alle Nutzer berücksichtigt werden.

5. Werden verpflichtende Zugänglichkeitserfordernisse mit einem Rechtsakt der Europäischen Union erlassen, so müssen die technischen Spezifikationen, soweit die Kriterien der Zugänglichkeit für Personen mit Behinderungen oder der Konzeption für alle Nutzer betroffen sind, darauf Bezug nehmen.

(2) Die technischen Spezifikationen sind in den Vergabeunterlagen zu formulieren:

1. entweder unter Bezugnahme auf die in Anhang TS definierten technischen Spezifikationen in der Rangfolge

   a) nationale Normen, mit denen europäische Normen umgesetzt werden,

   b) europäische technische Bewertungen,

   c) gemeinsame technische Spezifikationen,

   d) internationale Normen und andere technische Bezugssysteme, die von den europäischen Normungsgremien erarbeitet wurden oder,

   e) falls solche Normen und Spezifikationen fehlen, nationale Normen, nationale technische Zulassungen oder nationale technische Spezifikationen für die Planung, Berechnung und Ausführung von Bauleistungen und den Einsatz von Produkten.

   Jede Bezugnahme ist mit dem Zusatz „oder gleichwertig" zu versehen;

2. oder in Form von Leistungs- oder Funktionsanforderungen, die so genau zu fassen sind, dass sie den Unternehmen ein klares Bild vom Auftragsgegenstand vermitteln und dem Auftraggeber die Erteilung des Zuschlags ermöglichen;

3. oder in Kombination der Nummern 1 und 2, das heißt

a) in Form von Leistungs- oder Funktionsanforderungen unter Bezugnahme auf die Spezifikationen gemäß Nummer 1 als Mittel zur Vermutung der Konformität mit diesen Leistungs- oder Funktionsanforderungen;

b) oder mit Bezugnahme auf die Spezifikationen gemäß Nummer 1 hinsichtlich bestimmter Merkmale und mit Bezugnahme auf die Leistungs- oder Funktionsanforderungen gemäß Nummer 2 hinsichtlich anderer Merkmale.

(3) 1. Verweist der öffentliche Auftraggeber in der Leistungsbeschreibung auf die in Absatz 2 Nummer 1 genannten Spezifikationen, so darf er ein Angebot nicht mit der Begründung ablehnen, die angebotene Leistung entspräche nicht den herangezogenen Spezifikationen, sofern der Bieter in seinem Angebot dem öffentlichen Auftraggeber nachweist, dass die von ihm vorgeschlagenen Lösungen den Anforderungen der technischen Spezifikation, auf die Bezug genommen wurde, gleichermaßen entsprechen. Als geeignetes Mittel kann ein Prüfbericht oder eine Zertifizierung einer akkreditierten Konformitätsbewertungsstelle gelten.

2. Eine Konformitätsbewertungsstelle im Sinne dieses Absatzes muss gemäß der Verordnung (EG) Nr. 765/2008 des Europäischen Parlaments und des Rates akkreditiert sein.

3. Der öffentliche Auftraggeber akzeptiert auch andere geeignete Nachweise, wie beispielsweise eine technische Beschreibung des Herstellers, wenn

a) das betreffende Unternehmen keinen Zugang zu den genannten Zertifikaten oder Prüfberichten hatte oder

b) das betreffende Unternehmen keine Möglichkeit hatte, diese Zertifikate oder Prüfberichte innerhalb der einschlägigen Fristen einzuholen, sofern das betreffende Unternehmen den fehlenden Zugang nicht zu verantworten hat

c) und sofern es anhand dieser Nachweise die Erfüllung der festgelegten Anforderungen belegt.

(4) Legt der öffentliche Auftraggeber die technischen Spezifikationen in Form von Leistungs- oder Funktionsanforderungen fest, so darf er ein Angebot, das einer nationalen Norm entspricht, mit der eine europäische Norm umgesetzt wird, oder einer europäischen technischen Bewertung, einer gemeinsamen technischen Spezifikation, einer internationalen Norm oder einem technischen Bezugssystem, das von den europäischen Normungsgremien erarbeitet wurde, entspricht, nicht zurückweisen, wenn diese Spezifikationen die geforderten Leistungs- oder Funktionsanforderungen betreffen. Der Bieter muss in seinem Angebot mit geeigneten Mitteln dem öffentlichen Auftraggeber nachweisen, dass die der Norm entsprechende jeweilige Leistung den Leistungs- oder Funktionsanforderungen des öffentlichen Auftraggebers entspricht. Als geeignetes Mittel kann eine technische Beschreibung des Herstellers oder ein Prüfbericht einer Konformitätsbewertungsstelle gelten.

(5) 1. Zum Nachweis dafür, dass eine Bauleistung bestimmten, in der Leistungsbeschreibung geforderten Merkmalen entspricht, kann der öffentliche Auftraggeber die Vorlage von Bescheinigungen, insbesondere Testberichten oder Zertifizierungen, einer Konformitätsbewertungsstelle verlangen. Wird die Vorlage einer Bescheinigung einer bestimmten Konformitätsbewertungsstelle verlangt, hat der öffentliche Auftraggeber auch Bescheinigungen gleichwertiger anderer Konformitätsbewertungsstellen zu akzeptieren.

2. Der öffentliche Auftraggeber akzeptiert auch andere als die in Nummer 1 genannten geeigneten Nachweise, insbesondere ein technisches Dossier des Herstellers, wenn das Unternehmen keinen Zugang zu den in Nummer 1 genannten Bescheinigungen oder keine Möglichkeit hatte, diese innerhalb der einschlägigen Fristen einzuholen, sofern das Unternehmen den fehlenden Zugang nicht zu vertreten hat. In diesen Fällen hat das Unternehmen durch die vorgelegten Nachweise zu belegen, dass die von ihm zu erbringende Leistung die vom öffentlichen Auftraggeber angegebenen spezifischen Anforderungen erfüllt.

3. Eine Konformitätsbewertungsstelle ist eine Stelle, die gemäß der Verordnung (EG) Nr. 765/2008 des Europäischen Parlaments und des Rates vom 9. Juli 2008 über die Vorschriften für die Akkreditie-

rung und Marktüberwachung im Zusammenhang mit der Vermarktung von Produkten und zur Aufhebung der Verordnung (EWG) Nr. 339/93 des Rates (ABl. L 218 vom 13.08.2008, S. 30) akkreditiert ist und Konformitätsbewertungstätigkeiten durchführt.

(6) 1. Der öffentliche Auftraggeber kann für Leistungen mit spezifischen umweltbezogenen, sozialen oder sonstigen Merkmalen in den technischen Spezifikationen, den Zuschlagskriterien oder den Ausführungsbedingungen ein bestimmtes Gütezeichen als Nachweis dafür verlangen, dass die Leistungen den geforderten Merkmalen entsprechen, sofern alle nachfolgend genannten Bedingungen erfüllt sind:

a) die Gütezeichen-Anforderungen betreffen lediglich Kriterien, die mit dem Auftragsgegenstand in Verbindung stehen und für die Bestimmung der Merkmale des Auftragsgegenstands geeignet sind;

b) die Gütezeichen-Anforderungen basieren auf objektiv nachprüfbaren und nichtdiskriminierenden Kriterien;

c) die Gütezeichen werden im Rahmen eines offenen und transparenten Verfahrens eingeführt, an dem alle relevanten interessierten Kreise – wie z. B. staatliche Stellen, Verbraucher, Sozialpartner, Hersteller, Händler und Nichtregierungsorganisationen – teilnehmen können;

d) die Gütezeichen sind für alle Betroffenen zugänglich;

e) die Anforderungen an die Gütezeichen werden von einem Dritten festgelegt, auf den der Unternehmer, der das Gütezeichen beantragt, keinen maßgeblichen Einfluss ausüben kann.

2. Für den Fall, dass die Leistung nicht allen Anforderungen des Gütezeichens entsprechen muss, hat der öffentliche Auftraggeber die betreffenden Anforderungen anzugeben.

3. Der öffentliche Auftraggeber akzeptiert andere Gütezeichen, die gleichwertige Anforderungen an die Leistung stellen.

4. Hatte ein Unternehmen aus Gründen, die ihm nicht zugerechnet werden können, nachweislich keine Möglichkeit, das vom öffentlichen Auftraggeber angegebene oder ein gleichwertiges Gütezeichen innerhalb der einschlägigen Fristen zu erlangen, so muss der öffentliche Auftraggeber andere geeignete Nachweise akzeptieren, sofern das Unternehmen nachweist, dass die von ihm zu erbringende Leistung die Anforderungen des geforderten Gütezeichens oder die vom öffentlichen Auftraggeber angegebenen spezifischen Anforderungen erfüllt.

Für die Praxis: Als Beleg dafür, dass eine Liefer- oder Dienstleistung den vom Auftraggeber geforderten Merkmalen entspricht, kann der Auftraggeber die Vorlage von Gütezeichen verlangen – allerdings nur unter engen Voraussetzungen (s. dazu § 7a EU Abs. 6 Nr. 1 VOB/A). Für den Fall, dass die Leistung nicht allen Anforderungen des Gütezeichens entsprechen muss, hat der öffentliche Auftraggeber die betreffenden Anforderungen anzugeben (§ 7a EU Abs. 6 Nr. 2 VOB/A). Der Auftraggeber muss jedoch immer auch andere gleichwertige Gütezeichen (§ 7a EU Abs. 6 Nr. 3 VOB/A) oder auch andere geeignete Nachweise (§ 7a EU Abs. 6 Nr. 4 VOB/A) akzeptieren.

§ 7b EU
Leistungsbeschreibung mit Leistungsverzeichnis

(1) Die Leistung ist in der Regel durch eine allgemeine Darstellung der Bauaufgabe (Baubeschreibung) und ein in Teilleistungen gegliedertes Leistungsverzeichnis zu beschreiben.

Für die Praxis: Die Leistungsbeschreibung mit Leistungsverzeichnis ist als Regelfall vorgesehen. Dies beruht darauf, dass sich für Standard-Bauverträge diese Art der Leistungsbeschreibung und damit der Abrechnung bewährt hat. Die Rechtsordnung lässt es grundsätzlich zu, dass Auftragnehmer auch unkalkulierbare Risiken übernehmen. Ist die Leistung zu ungenau und „pauschal" (im untechnischen Sinn) beschrieben, führt dies zu Unsicherheiten auf beiden Seiten. Daher sollte ein Auftraggeber immer genau überlegen, wann und mit welcher Detailtiefe er die Leistung ganz oder teilweise pauschaliert vergibt und welche Risiken er den Auftragnehmern auf diese Weise überträgt. Diese Möglichkeiten stehen dem Auftraggeber rechtlich gesehen offen, es handelt sich allein um eine wirtschaftlich/technische Entscheidung.

(2) Erforderlichenfalls ist die Leistung auch zeichnerisch oder durch Probestücke darzustellen oder anders zu erklären, z. B. durch Hinweise auf ähnliche Leistungen, durch Mengen- oder statische Berechnungen. Zeichnungen und Proben, die für die Ausführung maßgebend sein sollen, sind eindeutig zu bezeichnen.

(3) Leistungen, die nach den Vertragsbedingungen, den Technischen Vertragsbedingungen oder der gewerblichen Verkehrssitte zu der geforderten Leistung gehören (§ 2 Absatz 1 VOB/B), brauchen nicht besonders aufgeführt zu werden.

(4) Im Leistungsverzeichnis ist die Leistung derart aufzugliedern, dass unter einer Ordnungszahl (Position) nur solche Leistungen aufgenommen werden, die nach ihrer technischen Beschaffenheit und für die Preisbildung als in sich gleichartig anzusehen sind. Ungleichartige Leistungen sollen unter einer Ordnungszahl (Sammelposition) nur zusammengefasst werden, wenn eine Teilleistung gegenüber einer anderen für die Bildung eines Durchschnittspreises ohne nennenswerten Einfluss ist.

§ 7c EU
Leistungsbeschreibung mit Leistungsprogramm

(1) Wenn es nach Abwägen aller Umstände zweckmäßig ist, abweichend von § 7b EU Absatz 1 zusammen mit der Bauausführung auch den Entwurf für die Leistung dem Wettbewerb zu unterstellen, um die technisch, wirtschaftlich und gestalterisch beste sowie funktionsgerechteste Lösung der Bauaufgabe zu ermitteln, kann die Leistung durch ein Leistungsprogramm dargestellt werden.

(2) 1. Das Leistungsprogramm umfasst eine Beschreibung der Bauaufgabe, aus der die Unternehmen alle für die Entwurfsbearbeitung und ihr Angebot maßgebenden Bedingungen und Umstände erkennen können und in der sowohl der Zweck der fertigen Leistung als auch die an sie gestellten technischen, wirtschaftlichen, gestalterischen und funktionsbedingten Anforderungen angegeben sind, sowie gegebenenfalls ein Musterleistungsverzeichnis, in dem die Mengenangaben ganz oder teilweise offengelassen sind.

2. § 7b EU Absatz 2 bis 4 gilt sinngemäß.

(3) 1. Von dem Bieter ist ein Angebot zu verlangen, das außer der Ausführung der Leistung den Entwurf nebst eingehender Erläuterung und eine Darstellung der Bauausführung sowie eine eingehende und zweckmäßig gegliederte Beschreibung der Leistung – gegebenenfalls mit Mengen- und Preisangaben für Teile der Leistung – umfasst. Bei Beschreibung der Leistung mit Mengen- und Preisangaben ist vom Bieter zu verlangen, dass er

2. die Vollständigkeit seiner Angaben, insbesondere die von ihm selbst ermittelten Mengen, entweder ohne Einschränkung oder im Rahmen einer in den Vergabeunterlagen anzugebenden Mengentoleranz vertritt, und

3. etwaige Annahmen, zu denen er in besonderen Fällen gezwungen ist, weil zum Zeitpunkt der Angebotsabgabe einzelne Teilleistungen nach Art und Menge noch nicht bestimmt werden können (z. B. Aushub-, Abbruch- oder Wasserhaltungsarbeiten) – erforderlichenfalls anhand von Plänen und Mengenermittlungen – begründet.

§ 8 EU
Vergabeunterlagen

(1) Die Vergabeunterlagen bestehen aus

1. dem Anschreiben (Aufforderung zur Angebotsabgabe gemäß Absatz 2 Nummer 1 bis 3), gegebenenfalls Teilnahmebedingungen (Absatz 2 Nummer 6) und

2. den Vertragsunterlagen (§ 8a EU und §§ 7 EU bis 7c EU).

(2) 1. Das Anschreiben muss die Informationen nach Vorgabe der Spalte 16 der Tabelle 2 des Anhangs der Durchführungsverordnung (EU) 2019/1780 enthalten, die außer den Vertragsunterlagen für den Entschluss zur Abgabe eines Angebots notwendig sind, sofern sie nicht bereits veröffentlicht wurden.

2. In den Vergabeunterlagen kann der öffentliche Auftraggeber den Bieter auffordern, in seinem Angebot die Leistungen, die er im Wege von Unteraufträgen an Dritte zu vergeben gedenkt, sowie die gegebenenfalls vorgeschlagenen Unterauftragnehmer mit Namen, gesetzlichen Vertretern und Kontaktdaten anzugeben.

3. Der öffentliche Auftraggeber kann Nebenangebote in der Auftragsbekanntmachung oder in der Aufforderung zur Interessensbestätigung zulassen oder vorschreiben. Fehlt eine entsprechende Angabe, sind keine Nebenangebote zugelassen. Nebenangebote müssen mit dem Auftragsgegenstand in Verbindung stehen. Hat der öffentliche Auftraggeber in der Auftragsbekanntmachung oder in der Aufforderung zur Interessensbestätigung Nebenangebote zugelassen oder vorgeschrieben, hat er anzugeben,

a) in welcher Art und Weise Nebenangebote einzureichen sind, insbesondere, ob er Nebenangebote ausnahmsweise nur in Verbindung mit einem Hauptangebot zulässt,

a) die Mindestanforderungen an Nebenangebote.

Die Zuschlagskriterien sind so festzulegen, dass sie sowohl auf Hauptangebote als auch auf Nebenangebote anwendbar sind. Es ist auch zulässig, dass der Preis das einzige Zuschlagskriterium ist.

Von Bietern, die eine Leistung anbieten, deren Ausführung nicht in Allgemeinen Technischen Vertragsbedingungen oder in den Vergabeunterlagen geregelt ist, sind im Angebot entsprechende Angaben über Ausführung und Beschaffenheit dieser Leistung zu verlangen.

4. Der öffentliche Auftraggeber kann in der Auftragsbekanntmachung oder in der Aufforderung zur Interessensbestätigung angeben, dass er die Abgabe mehrerer Hauptangebote nicht zulässt.

5. Der öffentliche Auftraggeber hat an zentraler Stelle in den Vergabeunterlagen abschließend alle Unterlagen im Sinne von § 16a EU Absatz 1 mit Ausnahme von Produktangaben anzugeben.

6. Öffentliche Auftraggeber, die ständig Bauaufträge vergeben, sollen die Erfordernisse, die die Unternehmen bei der Bearbeitung ihrer Angebote beachten müssen, in den Teilnahmebedingungen zusammenfassen und dem Anschreiben beifügen.

Für die Praxis: Nach der VOB/A-EU (anders als nach VOB/A Abschnitt 1) darf ein Auftraggeber im Oberschwellenbereich nur ausdrücklich zugelassene Nebenangebote werten. Der Auftraggeber muss den interessierten Unternehmen die Mindestanforderungen mitteilen (Nr. 3b). Es reicht dabei, die wesentlichen Konstruktions- und Funktionsanforderungen zu benennen, außerdem sollten die wichtigsten Zwangspunkte genannt werden. Die Rechtsprechung hat bisher keine erhöhten Anforderungen an die Darstellung dieser Mindestanforderungen gestellt. Lässt der Auftraggeber keine Nebenangebote zu, werden solche aber dennoch eingereicht, zwingt dies den Auftraggeber übrigens nicht zum Ausschluss der betroffenen Hauptangebote.

§ 8a EU
Allgemeine, Besondere und Zusätzliche Vertragsbedingungen

(1) In den Vergabeunterlagen ist vorzuschreiben, dass die Allgemeinen Vertragsbedingungen für die Ausführung von Bauleistungen (VOB/B) und die Allgemeinen Technischen Vertragsbedingungen für Bauleistungen (VOB/C) Bestandteile des Vertrags werden. Das gilt auch für etwaige Zusätzliche Vertragsbedingungen und etwaige Zusätzliche Technische Vertragsbedingungen, soweit sie Bestandteile des Vertrags werden sollen.

(2) 1. Die Allgemeinen Vertragsbedingungen bleiben grundsätzlich unverändert. Sie können von öffentlichen Auftraggebern, die ständig Bauaufträge vergeben, für die bei ihnen allgemein gegebenen Verhältnisse durch Zusätzliche Vertragsbedingungen ergänzt werden. Diese dürfen den Allgemeinen Vertragsbedingungen nicht widersprechen.

2. Für die Erfordernisse des Einzelfalles sind die Allgemeinen Vertragsbedingungen und etwaige Zusätzliche Vertragsbedingungen durch Besondere Vertragsbedingungen zu ergänzen. In diesen sollen sich Abweichungen von den Allgemeinen Vertragsbedingungen auf die Fälle beschränken, in denen dort besondere Vereinbarungen ausdrücklich vorgesehen sind und auch nur soweit es die Eigenart der Leistung und ihre Ausführung erfordern.

(3) Die Allgemeinen Technischen Vertragsbedingungen bleiben grundsätzlich unverändert. Sie können von öffentlichen Auftraggebern, die ständig Bauaufträge vergeben, für die bei ihnen allgemein gegebenen Verhältnisse durch Zusätz liche Technische Vertragsbedingungen ergänzt werden. Für die Erfordernisse des Einzelfalles sind Ergänzungen und Änderungen in der Leistungsbeschreibung festzulegen.

(4) 1. In den Zusätzlichen Vertragsbedingungen oder in den Besonderen Vertragsbedingungen sollen, soweit erforderlich, folgende Punkte geregelt werden:

a) Unterlagen (§ 8b EU Absatz 2; § 3 Absatz 5 und 6 VOB/B),

b) Benutzung von Lager- und Arbeitsplätzen, Zufahrtswegen, Anschlussgleisen, Wasser- und Energieanschlüssen (§ 4 Absatz 4 VOB/B),

c) Weitervergabe an Nachunternehmen (§ 4 Absatz 8 VOB/B),

d) Ausführungsfristen (§ 9 EU; § 5 VOB/B),

e) Haftung (§ 10 Absatz 2 VOB/B),

f) Vertragsstrafen und Beschleunigungsvergütungen (§ 9a EU; § 11 VOB/B),

g) Abnahme (§ 12 VOB/B),

h) Vertragsart (§§ 4 EU, 4a EU), Abrechnung (§ 14 VOB/B),

i) Stundenlohnarbeiten (§ 15 VOB/B),

j) Zahlungen, Vorauszahlungen (§ 16 VOB/B),

k) Sicherheitsleistung (§ 9c EU; § 17 VOB/B),

l) Gerichtsstand (§ 18 Absatz 1 VOB/B),

m) Lohn- und Gehaltsnebenkosten,

n) Änderung der Vertragspreise (§ 9d EU).

1. Im Einzelfall erforderliche besondere Vereinbarungen über die Mängelansprüche sowie deren Verjährung (§ 9b EU; § 13 Absatz 1, 4 und 7 VOB/B) und über die Verteilung der Gefahr bei Schäden, die durch Hochwasser, Sturmfluten, Grundwasser, Wind, Schnee, Eis und dergleichen entstehen können (§ 7 VOB/B), sind in den Besonderen Vertragsbedingungen zu treffen. Sind für bestimmte Bauleistungen gleichgelagerte Voraussetzungen im Sinne von § 9b EU gegeben, so dürfen die besonderen Vereinbarungen auch in Zusätzlichen Technischen Vertragsbedingungen vorgesehen werden.

§ 8b EU
Kosten- und Vertrauensregelung, Schiedsverfahren

(1) 1. Für die Bearbeitung des Angebots wird keine Entschädigung gewährt. Verlangt jedoch der öffentliche Auftraggeber, dass das Unternehmen Entwürfe, Pläne, Zeichnungen, statische Berechnungen, Mengenberechnungen oder andere Unterlagen ausarbeitet, insbesondere in den Fällen des § 7c EU, so ist einheitlich für alle Bieter in der Ausschreibung eine angemessene Entschädigung fest-

zusetzen. Diese Entschädigung steht jedem Bieter zu, der ein der Ausschreibung entsprechendes Angebot mit den geforderten Unterlagen rechtzeitig eingereicht hat.

2. Diese Grundsätze gelten für Verhandlungsverfahren, wettbewerbliche Dialoge und Innovationspartnerschaften entsprechend.

(2) Der öffentliche Auftraggeber darf Angebotsunterlagen und die in den Angeboten enthaltenen eigenen Vorschläge eines Bieters nur für die Prüfung und Wertung der Angebote (§§ 16c EU und 16d EU) verwenden. Eine darüber hinausgehende Verwendung bedarf der vorherigen schriftlichen Vereinbarung.

(3) Sollen Streitigkeiten aus dem Vertrag unter Ausschluss des ordentlichen Rechtsweges im schiedsrichterlichen Verfahren ausgetragen werden, so ist es in besonderer, nur das Schiedsverfahren betreffender Urkunde zu vereinbaren, soweit nicht § 1031 Absatz 2 ZPO auch eine andere Form der Vereinbarung zulässt.

§ 8c EU
Anforderungen an energieverbrauchsrelevante Waren, technische Geräte oder Ausrüstungen

(1) Wenn die Lieferung von energieverbrauchsrelevanten Waren, technischen Geräten oder Ausrüstungen wesentlicher Bestandteil einer Bauleistung ist, müssen die Anforderungen der Absätze 2 bis 4 beachtet werden.

(2) In der Leistungsbeschreibung sollen im Hinblick auf die Energieeffizienz insbesondere folgende Anforderungen gestellt werden:

1. das höchste Leistungsniveau an Energieeffizienz und
2. soweit vorhanden, die höchste Energieeffizienzklasse im Sinne der Energieverbrauchskennzeichnungsverordnung.

(3) In der Leistungsbeschreibung oder an anderer geeigneter Stelle in den Vergabeunterlagen sind von den Bietern folgende Informationen zu fordern:

1. konkrete Angaben zum Energieverbrauch, es sei denn, die auf dem Markt angebotenen Waren, technischen Geräte oder Ausrüstungen unterscheiden sich im zulässigen Energieverbrauch nur geringfügig, und
2. in geeigneten Fällen,
   a) eine Analyse minimierter Lebenszykluskosten oder
   b) die Ergebnisse einer Buchstabe a vergleichbaren Methode zur Überprüfung der Wirtschaftlichkeit.

(4) Sind energieverbrauchende Waren, technische Geräte oder Ausrüstungen wesentlicher Bestandteil einer Bauleistung und sind über die in der Leistungsbeschreibung gestellten Mindestanforderungen hinsichtlich der Energieeffizienz hinaus nicht nur geringfügige Unterschiede im Energieverbrauch zu erwarten, ist das Zuschlagskriterium „Energieeffizienz" zu berücksichtigen.

§ 9 EU
Einzelne Vertragsbedingungen, Ausführungsfristen, Einzelfristen, Verzug

(1) 1. Die Ausführungsfristen sind ausreichend zu bemessen; Jahreszeit, Arbeitsbedingungen und etwaige besondere Schwierigkeiten sind zu berücksichtigen. Für die Bauvorbereitung ist dem Auftragnehmer genügend Zeit zu gewähren.

2. Außergewöhnlich kurze Fristen sind nur bei besonderer Dringlichkeit vorzusehen.

3. Soll vereinbart werden, dass mit der Ausführung erst nach Aufforderung zu beginnen ist (§ 5 Absatz 2 VOB/B), so muss die Frist, innerhalb derer die Aufforderung ausgesprochen werden kann, unter billiger Berücksichtigung der für die Ausführung maßgebenden Verhältnisse zumutbar sein; sie ist in den Vergabeunterlagen festzulegen.

(2) 1. Wenn es ein erhebliches Interesse des öffentlichen Auftraggebers erfordert, sind Einzelfristen für in sich abgeschlossene Teile der Leistung zu bestimmen.

2. Wird ein Bauzeitenplan aufgestellt, damit die Leistungen aller Unternehmen sicher ineinandergreifen, so sollen nur die für den Fortgang der Gesamtarbeit besonders wichtigen Einzelfristen als vertraglich verbindliche Fristen (Vertragsfristen) bezeichnet werden.

(3) Ist für die Einhaltung von Ausführungsfristen die Übergabe von Zeichnungen oder anderen Unterlagen wichtig, so soll hierfür ebenfalls eine Frist festgelegt werden.

(4) Der öffentliche Auftraggeber darf in den Vertragsunterlagen eine Pauschalierung des Verzugsschadens (§ 5 Absatz 4 VOB/B) vorsehen; sie soll fünf Prozent der Auftragssumme nicht überschreiten. Der Nachweis eines geringeren Schadens ist zuzulassen.

§ 9a EU
Vertragsstrafen, Beschleunigungsvergütung

Vertragsstrafen für die Überschreitung von Vertragsfristen sind nur zu vereinbaren, wenn die Überschreitung erhebliche Nachteile verursachen kann. Die Strafe ist in angemessenen Grenzen zu halten. Beschleunigungsvergütungen (Prämien) sind nur vorzusehen, wenn die Fertigstellung vor Ablauf der Vertragsfristen erhebliche Vorteile bringt.

§ 9b EU
Verjährung der Mängelansprüche

Andere Verjährungsfristen als nach § 13 Absatz 4 VOB/B sollen nur vorgesehen werden, wenn dies wegen der Eigenart der Leistung erforderlich ist. In solchen Fällen sind alle Umstände gegeneinander abzuwägen, insbesondere, wann etwaige Mängel wahrscheinlich erkennbar werden und wieweit die Mängelursachen noch nachgewiesen werden können, aber auch die Wirkung auf die Preise und die Notwendigkeit einer billigen Bemessung der Verjährungsfristen für Mängelansprüche.

§ 9c EU
Sicherheitsleistung

(1) Auf Sicherheitsleistung soll ganz oder teilweise verzichtet werden, wenn Mängel der Leistung voraussichtlich nicht eintreten. Unterschreitet die Auftragssumme 250 000 Euro ohne Umsatzsteuer, ist auf Sicherheitsleistung für die Vertragserfüllung und in der Regel auf Sicherheitsleistung für die Mängelansprüche zu verzichten. Bei nicht offenen Verfahren sowie bei Verhandlungsverfahren und wettbewerblichen Dialogen sollen Sicherheitsleistungen in der Regel nicht verlangt werden.

(2) Die Sicherheit soll nicht höher bemessen und ihre Rückgabe nicht für einen späteren Zeitpunkt vorgesehen werden, als nötig ist, um den öffentlichen Auftraggeber vor Schaden zu bewahren. Die Sicherheit für die Erfüllung sämtlicher Verpflichtungen aus dem Vertrag soll fünf Prozent der Auftragssumme nicht überschreiten. Die Sicherheit für Mängelansprüche soll drei Prozent der Abrechnungssumme nicht überschreiten.

§ 9d EU
Änderung der Vergütung

Sind wesentliche Änderungen der Preisermittlungsgrundlagen zu erwarten, deren Eintritt oder Ausmaß ungewiss ist, so kann eine angemessene Änderung der Vergütung in den Vertragsunterlagen vorgesehen werden. Die Einzelheiten der Preisänderungen sind festzulegen.

Für die Praxis: Diese Regelung soll dem Auftraggeber ermöglichen, z.B. Preisgleitklauseln in den Vertrag aufzunehmen. Auf diese Weise soll er im beidseitigen Interesse Preisanpassungen ermöglichen. Damit dies im Wettbewerb und transparent erfolgt, soll dies bereits in den Vergabeunterlagen vorgesehen werden können.

§ 10 EU
Fristen

(1) Bei der Festsetzung der Fristen für den Eingang der Angebote (Angebotsfrist) und der Anträge auf Teilnahme (Teilnahmefrist) berücksichtigt der öffentliche Auftraggeber die Komplexität des Auftrags und die Zeit, die für die Ausarbeitung der Angebote erforderlich ist (Angemessenheit). Die Angemessenheit der Frist prüft der öffentliche Auftraggeber in jedem Einzelfall gesondert. Die nachstehend genannten Mindestfristen stehen unter dem Vorbehalt der Angemessenheit.

(2) Falls die Angebote nur nach einer Ortsbesichtigung oder Einsichtnahme in nicht übersandte Unterlagen erstellt werden können, sind längere Fristen als die Mindestfristen festzulegen, damit alle Unternehmen von allen Informationen, die für die Erstellung des Angebots erforderlich sind, Kenntnis nehmen können.

Für die Praxis: 1. Mindestfristen. Für die Anwendung der §§ 10 EU ff. VOB/A ist zu beachten, dass grundsätzlich alle genannten Fristen Mindestfristen sind, also im Regelfall länger sein müssen, worauf in § 10 EU Abs. 1 VOB/A besonders hingewiesen wird. Die Festsetzung einer Mindestfrist ist in der Dokumentation zu begründen.

2. Ende der Angebotsfrist. Mit dem Verzicht auf einen bieteröffentlichen Eröffnungstermin wurde eine Änderung bei der Berechnung der Angebotsfrist verknüpft. Nach der VOB/A 2012 endeten Angebotsfristen jeweils mit Beginn des Eröffnungstermins. Das hat bereits die VOB/A 2016 aufgegeben, vielmehr enden Angebotsfristen immer zu dem vom Auftraggeber anzugebenden, kalendarisch festgelegten Termin.

§ 10a EU
Fristen im offenen Verfahren

(1) Beim offenen Verfahren beträgt die Angebotsfrist mindestens 35 Kalendertage, gerechnet vom Tag nach Absendung der Auftragsbekanntmachung.

(2) Die Angebotsfrist kann auf 15 Kalendertage, gerechnet vom Tag nach Absendung der Auftragsbekanntmachung, verkürzt werden. Voraussetzung dafür ist, dass eine Vorinformation nach dem vorgeschriebenen Muster gemäß § 12 EU Absatz 1 Nummer 2 mindestens 35 Kalendertage, höchstens aber zwölf Monate vor dem Tag der Absendung der Auftragsbekanntmachung an das Amt für Veröffentlichungen der Europäischen Union abgesandt wurde. Diese Vorinformation muss mindestens die im Muster einer Auftragsbekanntmachung nach Anhang V Teil C der Richtlinie 2014/24/EU für das offene Verfahren geforderten Angaben enthalten, soweit diese Informationen zum Zeitpunkt der Absendung der Vorinformation vorlagen.

Für die Praxis: Diese Vorinformation ist unverbindlich und kann wiederholt werden. Daher hat sie aus Sicht des Auftraggebers nur Vorteile, da sie die Möglichkeit einer Fristverkürzung eröffnet, den Auftraggeber aber in keiner Weise verpflichtet. Außerdem gibt sie dem Auftraggeber die Möglichkeit, den interessierten Unternehmen die Download-Möglichkeit der Vergabeunterlagen erst in der Aufforderung zur Interessensbestätigung mitzuteilen, anstatt sie frei zugänglich in der Bekanntmachung zu veröffentlichen.

(3) Für den Fall, dass eine vom öffentlichen Auftraggeber hinreichend begründete Dringlichkeit die Einhaltung der Frist nach Absatz 1 unmöglich macht, kann der öffentliche Auftraggeber eine Frist festlegen, die 15 Kalendertage, gerechnet vom Tag nach Absendung der Auftragsbekanntmachung, nicht unterschreiten darf.

(4) Die Angebotsfrist nach Absatz 1 kann um fünf Kalendertage verkürzt werden, wenn die elektronische Übermittlung der Angebote gemäß § 11 EU Absatz 4 akzeptiert wird.

(5) Kann ein unentgeltlicher, uneingeschränkter und vollständiger direkter Zugang aus den in § 11b EU genannten Gründen zu bestimmten Vergabeunterlagen nicht angeboten werden, so kann in der Auftragsbekanntmachung angegeben werden, dass die betreffenden Vergabeunterlagen im Einklang mit § 11b EU Absatz 1 nicht elektronisch, sondern durch andere Mittel übermittelt werden, bzw. welche Maßnahmen zum Schutz der Vertraulichkeit der Informationen gefordert werden und wie auf die betreffenden Dokumente zugegriffen werden kann.

In einem derartigen Fall wird die Angebotsfrist um fünf Kalendertage verlängert, außer im Fall einer hinreichend begründeten Dringlichkeit gemäß Absatz 3.

(6) In den folgenden Fällen verlängert der öffentliche Auftraggeber die Fristen für den Eingang der Angebote, sodass alle betroffenen Unternehmen Kenntnis aller Informationen haben können, die für die Erstellung des Angebots erforderlich sind:

1. wenn rechtzeitig angeforderte Zusatzinformationen nicht spätestens sechs Kalendertage vor Ablauf der Angebotsfrist allen Unternehmen in gleicher Weise zur Verfügung gestellt werden können. Bei beschleunigten Verfahren (Dringlichkeit) im Sinne von Absatz 3 beträgt dieser Zeitraum vier Kalendertage;
2. wenn an den Vergabeunterlagen wesentliche Änderungen vorgenommen werden.

Die Fristverlängerung muss in einem angemessenen Verhältnis zur Bedeutung der Informationen oder Änderungen stehen.

Wurden die Zusatzinformationen entweder nicht rechtzeitig angefordert oder ist ihre Bedeutung für die Erstellung zulässiger Angebote unerheblich, so ist der öffentliche Auftraggeber nicht verpflichtet, die Fristen zu verlängern.

(7) Bis zum Ablauf der Angebotsfrist können Angebote in Textform zurückgezogen werden.

(8) Der öffentliche Auftraggeber bestimmt eine angemessene Frist, innerhalb der die Bieter an ihre Angebote gebunden sind (Bindefrist). Diese soll so kurz wie möglich und nicht länger bemessen werden, als der öffentliche Auftraggeber für eine zügige Prüfung und Wertung der Angebote (§§ 16 EU bis 16d EU) benötigt. Die Bindefrist beträgt regelmäßig 60 Kalendertage. In begründeten Fällen kann der öffentliche Auftraggeber eine längere Frist festlegen. Das Ende der Bindefrist ist durch Angabe des Kalendertags zu bezeichnen.

(9) Die Bindefrist beginnt mit dem Ablauf der Angebotsfrist.

§ 10b EU
Fristen im nicht offenen Verfahren

(1) Beim nicht offenen Verfahren beträgt die Teilnahmefrist mindestens 30 Kalendertage, gerechnet vom Tag nach Absendung der Auftragsbekanntmachung oder der Aufforderung zur Interessensbestätigung.

(2) Die Angebotsfrist beträgt mindestens 30 Kalendertage, gerechnet vom Tag nach Absendung der Aufforderung zur Angebotsabgabe.

(3) Die Angebotsfrist nach Absatz 2 kann auf zehn Kalendertage, gerechnet vom Tag nach Absendung der Aufforderung zur Angebotsabgabe, verkürzt werden. Voraussetzung dafür ist, dass eine Vorinformation nach dem vorgeschriebenen Muster gemäß § 12 EU Absatz 1 Nummer 2 mindestens 35 Kalendertage, höchstens aber zwölf Monate vor dem Tag der Absendung der Auftragsbekanntmachung an das Amt für Veröffentlichungen der Europäischen Union abgesandt wurde. Diese Vorinformation muss mindestens die im Muster einer Auftragsbekanntmachung nach Anhang V Teil C der Richtlinie 2014/24/EU für das nicht offene Verfahren geforderten Angaben enthalten, soweit diese Informationen zum Zeitpunkt der Absendung der Vorinformation vorlagen.

Für die Praxis: Diese Vorinformation ist unverbindlich und kann wiederholt werden. Daher hat sie aus Sicht des Auftraggebers nur Vorteile, da sie die Möglichkeit einer Fristverkürzung eröffnet, den Auftraggeber aber in keiner Weise verpflichtet.

Wird die Vorinformation als Aufruf zum Wettbewerb genutzt, muss der Auftraggeber erst in der Aufforderung zur Interessensbestätigung angeben, wo er die Vergabeunterlagen zum Download zur Verfügung stellt. Zwar müssen die Unterlagen auch in diesem Fall unentgeltlich, direkt zugänglich, vollständig und uneingeschränkt zur Verfügung stehen, die Information hierüber erhalten aber nur die Unternehmen, die ihr Interesse an dem Verfahren bekundet haben.

(4) Die Angebotsfrist nach Absatz 2 kann um fünf Kalendertage verkürzt werden, wenn die elektronische Übermittlung der Angebote gemäß § 11 EU Absatz 4 akzeptiert wird.

(5) Aus Gründen der Dringlichkeit kann

1. die Teilnahmefrist auf mindestens 15 Kalendertage, gerechnet vom Tag nach Absendung der Auftragsbekanntmachung,
2. die Angebotsfrist auf mindestens zehn Kalendertage, gerechnet vom Tag nach Absendung der Aufforderung zur Angebotsabgabe

verkürzt werden.

(6) In den folgenden Fällen verlängert der öffentliche Auftraggeber die Angebotsfrist, sodass alle betroffenen Unternehmen Kenntnis aller Informationen haben können, die für die Erstellung des Angebots erforderlich sind:

1. wenn rechtzeitig angeforderte Zusatzinformationen nicht spätestens sechs Kalendertage vor Ablauf der Angebotsfrist allen Unternehmen in gleicher Weise zur Verfügung gestellt werden können. Bei beschleunigten Verfahren im Sinne von Absatz 5 beträgt dieser Zeitraum vier Kalendertage;
2. wenn an den Vergabeunterlagen wesentliche Änderungen vorgenommen werden.

Die Fristverlängerung muss in einem angemessenen Verhältnis zur Bedeutung der Informationen oder Änderungen stehen.

Wurden die Zusatzinformationen entweder nicht rechtzeitig angefordert oder ist ihre Bedeutung für die Erstellung zulässiger Angebote unerheblich, so ist der öffentliche Auftraggeber nicht verpflichtet, die Fristen zu verlängern.

(7) Bis zum Ablauf der Angebotsfrist können Angebote in Textform zurückgezogen werden.

(8) Der öffentliche Auftraggeber bestimmt eine angemessene Frist, innerhalb der die Bieter an ihre Angebote gebunden sind (Bindefrist). Diese soll so kurz wie möglich und nicht länger bemessen werden, als der öffentliche Auftraggeber für eine zügige Prüfung und Wertung der Angebote (§§ 16 EU bis 16d EU) benötigt. Die Bindefrist beträgt regelmäßig 60 Kalendertage. In begründeten Fällen kann der öffentliche Auftraggeber eine längere Frist festlegen. Das Ende der Bindefrist ist durch Angabe des Kalendertags zu bezeichnen.

(9) Die Bindefrist beginnt mit dem Ablauf der Angebotsfrist.

§ 10c EU
Fristen im Verhandlungsverfahren

(1) Beim Verhandlungsverfahren mit Teilnahmewettbewerb ist entsprechend den §§ 10 EU und § 10b EU zu verfahren.

(2) Beim Verhandlungsverfahren ohne Teilnahmewettbewerb ist auch bei Dringlichkeit für die Bearbeitung und Einreichung der Angebote eine ausreichende Angebotsfrist nicht unter zehn Kalendertagen vorzusehen. Dabei ist insbesondere der zusätzliche Aufwand für die Besichtigung von Baustellen oder die Beschaffung von Unterlagen für die Angebotsbearbeitung zu berücksichtigen. Es ist entsprechend § 10b EU Absatz 7 bis 9 zu verfahren.

§ 10d EU
Fristen im wettbewerblichen Dialog bei der Innovationspartnerschaft

Beim wettbewerblichen Dialog und bei einer Innovationspartnerschaft beträgt die Teilnahmefrist mindestens 30 Kalendertage, gerechnet vom Tag nach Absendung der Auftragsbekanntmachung. § 10b EU Absatz 7 bis 9 gilt entsprechend.

§ 11 EU
Grundsätze der Informationsübermittlung

(1) Für das Senden, Empfangen, Weiterleiten und Speichern von Daten in einem Vergabeverfahren verwenden der öffentliche Auftraggeber und die Unternehmen grundsätzlich Geräte und Programme für die elektronische Datenübermittlung (elektronische Mittel).

(2) Auftragsbekanntmachungen, Vorinformationen nach § 12 EU Absatz 1 oder Absatz 2, Vergabebekanntmachungen und Bekanntmachungen über Auftragsänderungen (Bekanntmachungen) sind dem Amt für Veröffentlichungen der Europäischen Union elektronisch über den zentralen Datenservice Öffentlicher Einkauf zu übermitteln. Der öffentliche Auftraggeber muss den Tag der Absendung nachweisen können.

(3) Der öffentliche Auftraggeber gibt in der Auftragsbekanntmachung oder der Aufforderung zur Interessensbestätigung eine elektronische Adresse an, unter der die Vergabeunterlagen unentgeltlich, uneingeschränkt, vollständig und direkt abgerufen werden können.

> **Für die Praxis:** Wird die Vorinformation im nicht offenen Verfahren oder im Verhandlungsverfahren als Aufruf zum Wettbewerb genutzt, muss der Auftraggeber erst in der Aufforderung zur Interessensbestätigung angeben, wo er die Vergabeunterlagen zum Download zur Verfügung stellt. Zwar müssen die Unterlagen auch in diesem Fall unentgeltlich, direkt zugänglich, vollständig und uneingeschränkt zur Verfügung stehen, die Information hierüber erhalten aber nur die Unternehmen, die ihr Interesse an dem Verfahren bekundet haben.
>
> Der Umfang der bereitzustellenden Unterlagen ist in § 12a EU VOB/A erläutert.

(4) Die Unternehmen übermitteln ihre Angebote, Teilnahmeanträge, Interessensbekundungen und Interessensbestätigungen in Textform mithilfe elektronischer Mittel.

(5) Der öffentliche Auftraggeber prüft im Einzelfall, ob zu übermittelnde Daten erhöhte Anforderungen an die Sicherheit stellen. Soweit es erforderlich ist, kann der öffentliche Auftraggeber verlangen, dass Angebote, Teilnahmeanträge, Interessensbestätigungen und Interessensbekundungen zu versehen sind mit:

1. einer fortgeschrittenen elektronischen Signatur,

2. einer qualifizierten elektronischen Signatur,

3. einem fortgeschrittenen elektronischen Siegel oder4. einem qualifizierten elektronischen Siegel.

(6) Der öffentliche Auftraggeber kann von jedem Unternehmen die Angabe einer eindeutigen Unternehmensbezeichnung sowie einer elektronischen Adresse verlangen (Registrierung). Für den Zugang zur Auftragsbekanntmachung und zu den Vergabeunterlagen darf der öffentliche Auftraggeber keine Registrierung verlangen. Eine freiwillige Registrierung ist zulässig.

(7) Die Kommunikation in einem Vergabeverfahren kann mündlich erfolgen, wenn sie nicht die Vergabeunterlagen, die Teilnahmeanträge, die Interessensbestätigungen oder die Angebote betrifft und wenn sie ausreichend und in geeigneter Weise dokumentiert wird.

§ 11a EU
Anforderungen an elektronische Mittel

(1) Elektronische Mittel und deren technische Merkmale müssen allgemein verfügbar, nichtdiskriminierend und mit allgemein verbreiteten Geräten und Programmen der Informations- und Kommunikations-

technologie kompatibel sein. Sie dürfen den Zugang von Unternehmen zum Vergabeverfahren nicht einschränken. Der öffentliche Auftraggeber gewährleistet die barrierefreie Ausgestaltung der elektronischen Mittel nach den §§ 4 und 11 des Gesetzes zur Gleichstellung behinderter Menschen vom 27. April 2002 (BGBl. I S. 1467, 1468) in der jeweils geltenden Fassung.

(2) Der öffentliche Auftraggeber verwendet für das Senden, Empfangen, Weiterleiten und Speichern von Daten in einem Vergabeverfahren ausschließlich solche elektronischen Mittel, die die Unversehrtheit, die Vertraulichkeit und die Echtheit der Daten gewährleisten.

(3) Der öffentliche Auftraggeber muss den Unternehmen alle notwendigen Informationen zur Verfügung stellen über

1. die in einem Vergabeverfahren verwendeten elektronischen Mittel,
2. die technischen Parameter zur Einreichung von Teilnahmeanträgen, Angeboten und
3. verwendete Verschlüsselungs- und Zeiterfassungsverfahren.

(4) Der öffentliche Auftraggeber legt das erforderliche Sicherheitsniveau für die elektronischen Mittel fest. Elektronische Mittel, die vom öffentlichen Auftraggeber für den Empfang von Angeboten, Teilnahmeanträgen und Interessensbestätigungen sowie von Plänen und Entwürfen für Planungswettbewerbe verwendet werden, müssen gewährleisten, dass

1. die Uhrzeit und der Tag des Datenempfanges genau zu bestimmen sind,
2. kein vorfristiger Zugriff auf die empfangenen Daten möglich ist,
3. der Termin für den erstmaligen Zugriff auf die empfangenen Daten nur von den Berechtigten festgelegt oder geändert werden kann,
4. nur die Berechtigten Zugriff auf die empfangenen Daten oder auf einen Teil derselben haben,
5. nur die Berechtigten nach dem festgesetzten Zeitpunkt Dritten Zugriff auf die empfangenen Daten oder auf einen Teil derselben einräumen dürfen,
6. empfangene Daten nicht an Unberechtigte übermittelt werden und
7. Verstöße oder versuchte Verstöße gegen die Anforderungen gemäß Nummern 1 bis 6 eindeutig festgestellt werden können.

(5) Die elektronischen Mittel, die von dem öffentlichen Auftraggeber für den Empfang von Angeboten, Teilnahmeanträgen und Interessensbestätigungen sowie von Plänen und Entwürfen für Planungswettbewerbe genutzt werden, müssen über eine einheitliche Datenaustauschschnittstelle verfügen. Es sind die jeweils geltenden Interoperabilitäts- und Sicherheitsstandards der Informationstechnik gemäß § 3 Absatz 1 des Vertrags über die Errichtung des IT-Planungsrats und über die Grundlagen der Zusammenarbeit beim Einsatz der Informationstechnologie in den Verwaltungen von Bund und Ländern vom 1. April 2010 zu verwenden.

(6) Der öffentliche Auftraggeber kann im Vergabeverfahren die Verwendung elektronischer Mittel, die nicht allgemein verfügbar sind (alternative elektronische Mittel), verlangen, wenn er

1. Unternehmen während des gesamten Vergabeverfahrens unter einer Internetadresse einen unentgeltlichen, uneingeschränkten, vollständigen und direkten Zugang zu diesen alternativen elektronischen Mitteln gewährt,
2. diese alternativen elektronischen Mittel selbst verwendet.

(7) Der öffentliche Auftraggeber kann für die Vergabe von Bauleistungen und für Wettbewerbe die Nutzung elektronischer Mittel im Rahmen der Bauwerksdatenmodellierung verlangen. Sofern die verlangten elektronischen Mittel für die Bauwerksdatenmodellierung nicht allgemein verfügbar sind, bietet der öffentliche Auftraggeber einen alternativen Zugang zu ihnen gemäß Absatz 6 an.

§ 11b EU
Ausnahmen von der Verwendung elektronischer Mittel

(1) Der öffentliche Auftraggeber kann die Vergabeunterlagen auf einem anderen geeigneten Weg übermitteln, wenn die erforderlichen elektronischen Mittel zum Abruf der Vergabeunterlagen

1. aufgrund der besonderen Art der Auftragsvergabe nicht mit allgemein verfügbaren oder verbreiteten Geräten und Programmen der Informations- und Kommunikationstechnologie kompatibel sind,
2. Dateiformate zur Beschreibung der Angebote verwenden, die nicht mit allgemein verfügbaren oder verbreiteten Programmen verarbeitet werden können oder die durch andere als kostenlose und allgemein verfügbare Lizenzen geschützt sind, oder
3. die Verwendung von Bürogeräten voraussetzen, die öffentlichen Auftraggebern nicht allgemein zur Verfügung stehen.

Die Angebotsfrist wird in diesen Fällen um fünf Kalendertage verlängert, sofern nicht ein Fall hinreichend begründeter Dringlichkeit gemäß § 10a EU Absatz 3 oder § 10b EU Absatz 5 vorliegt.

Für die Praxis: Wie bei allen Ausnahmen sind auch diese Voraussetzungen eng auszulegen. Die mit der VOB/A 2016 eingeführte Veröffentlichungspflicht soll nicht in das Belieben der Auftraggeber gestellt werden.

(2) In den Fällen des § 5 Absatz 3 VgV gibt der öffentliche Auftraggeber in der Auftragsbekanntmachung oder in der Aufforderung zur Interessensbestätigung an, welche Maßnahmen zum Schutz der Vertraulichkeit von Informationen er anwendet und wie auf die Vergabeunterlagen zugegriffen werden kann. Die Angebotsfrist wird um fünf Kalendertage verlängert, sofern nicht ein Fall hinreichend begründeter Dringlichkeit gemäß § 10a EU Absatz 3 oder § 10b EU Absatz 5 vorliegt.

(3) Der öffentliche Auftraggeber ist nicht verpflichtet, die Einreichung von Angeboten mithilfe elektronischer Mittel zu verlangen, wenn auf die zur Einreichung erforderlichen elektronischen Mittel einer der in Absatz 1 Nummer 1 bis 3 genannten Gründe zutrifft oder wenn zugleich physische oder maßstabsgetreue Modelle einzureichen sind, die nicht elektronisch übermittelt werden können. In diesen Fällen erfolgt die Kommunikation auf dem Postweg oder auf einem anderen geeigneten Weg oder in Kombination von postalischem oder einem anderen geeigneten Weg und Verwendung elektronischer Mittel. Der öffentliche Auftraggeber gibt im Vergabevermerk die Gründe an, warum die Angebote mithilfe anderer als elektronischer Mittel eingereicht werden können.5

(4) Der öffentliche Auftraggeber kann festlegen, dass Angebote mithilfe anderer als elektronischer Mittel einzureichen sind, wenn sie besonders schutzwürdige Daten enthalten, die bei Verwendung allgemein verfügbarer oder alternativer elektronischer Mittel nicht angemessen geschützt werden können, oder wenn die Sicherheit der elektronischen Mittel nicht gewährleistet werden kann. Der öffentliche Auftraggeber gibt im Vergabevermerk die Gründe an, warum er die Einreichung der Angebote mithilfe anderer als elektronischer Mittel für erforderlich hält.5

§ 12 EU
Vorinformation, Auftragsbekanntmachung, Ex-Ante-Bekanntmachung

(1) 1. Die Absicht einer geplanten Auftragsvergabe kann mittels einer Vorinformation bekannt gegeben werden, die die wesentlichen Merkmale des beabsichtigten Bauauftrags enthält.

2. Eine Vorinformation ist nur dann verpflichtend, wenn der öffentliche Auftraggeber von der Möglichkeit einer Verkürzung der Angebotsfrist gemäß § 10a EU Absatz 2 oder § 10b EU Absatz 3 Gebrauch machen möchte. In diesem Fall ist die Vorinformation nach den Vorgaben der Spalte 7 in Tabelle 2 des Anhangs der Durchführungsverordnung (EU) 2019/1780 in Verbindung mit § 10a VgV zu erstellen.

3. Eine Vorinformation nur zu Informationszwecken ist nach den Vorgaben der Spalte 4 in Tabelle 2 des Anhangs der Durchführungsverordnung (EU) 2019/1780 in Verbindung mit § 10a VgV zu erstellen.

4. Nach Genehmigung der Planung ist die Vorinformation sobald wie möglich über den zentralen Datenservice Öffentlicher Einkauf dem Amt für Veröffentlichungen der Europäischen Union zu übermitteln oder im Beschafferprofil zu veröffentlichen; in diesem Fall ist dem Amt für Veröffentlichungen der Europäischen Union zuvor über den zentralen Datenservice Öffentlicher Einkauf die Ankündigung dieser Veröffentlichung nach den Vorgaben der Spalte 1 in Tabelle 2 des Anhangs der Durchführungsverordnung (EU) 2019/1780 in Verbindung mit § 10a VgV zu melden. Dabei ist der Tag der Übermittlung anzugeben. Die Vorinformation kann außerdem in Tageszeitungen, amtlichen Veröffentlichungsblättern oder Internetportalen veröffentlicht werden.

Für die Praxis: Die Vorinformation (Nr. 1) ist ein praktisches Mittel, um im späteren Verfahren Fristen verkürzen zu können. Die Veröffentlichung der Vorinformation ist nicht verpflichtend und hat keine Rechtsfolgen außer der Möglichkeit der Fristverkürzung.

Wird die Vorinformation im nicht offenen Verfahren oder im Verhandlungsverfahren als Aufruf zum Wettbewerb genutzt, muss der Auftraggeber erst in der Aufforderung zur Interessensbestätigung angeben, wo er die Vergabeunterlagen zum Download zur Verfügung stellt. Zwar müssen die Unterlagen auch in diesem Fall unentgeltlich, direkt zugänglich, vollständig und uneingeschränkt zur Verfügung stehen, die Information hierüber erhalten aber nur die Unternehmen, die ihr Interesse an dem Verfahren bekundet haben.

(2) 1. Bei nicht offenen Verfahren und Verhandlungsverfahren kann ein subzentraler öffentlicher Auftraggeber eine Vorinformation als Aufruf zum Wettbewerb bekannt geben, sofern die Vorinformation sämtliche folgenden Bedingungen erfüllt:

a) sie bezieht sich eigens auf den Gegenstand des zu vergebenden Auftrags;

b) sie muss den Hinweis enthalten, dass dieser Auftrag im nicht offenen Verfahren oder im Verhandlungsverfahren ohne spätere Veröffentlichung eines Aufrufs zum Wettbewerb vergeben wird, sowie die Aufforderung an die interessierten Unternehmen, ihr Interesse mitzuteilen;

c) sie muss nach den Vorgaben der Spalte 10 in Tabelle 2 des Anhangs der Durchführungsverordnung (EU) 2019/1780 in Verbindung mit § 10a VgV erstellt werden;

d) sie muss spätestens 35 Kalendertage und frühestens zwölf Monate vor dem Zeitpunkt der Absendung der Aufforderung zur Interessensbestätigung an das Amt für Veröffentlichungen der Europäischen Union zur Veröffentlichung übermittelt worden sein.

Derartige Vorinformationen werden nicht in einem Beschafferprofil veröffentlicht. Allerdings kann gegebenenfalls die zusätzliche Veröffentlichung auf nationaler Ebene gemäß Absatz 3 Nummer 5 in einem Beschafferprofil erfolgen.

2. Die Regelungen des Absatzes 3 Nummer 3 bis 5 gelten entsprechend.

3. Subzentrale öffentliche Auftraggeber sind alle öffentlichen Auftraggeber mit Ausnahme der obersten Bundesbehörden.

(3) 1. Die Unternehmen sind durch Auftragsbekanntmachung aufzufordern, am Wettbewerb teilzunehmen. Dies gilt für alle Arten der Vergabe nach § 3 EU, ausgenommen Verhandlungsverfahren ohne Teilnahmewettbewerb und Verfahren, bei denen eine Vorinformation als Aufruf zum Wettbewerb nach Absatz 2 durchgeführt wurde.

2. Die Auftragsbekanntmachung wird nach den Vorgaben der Spalte 16 in Tabelle 2 des Anhangs der Durchführungsverordnung (EU) 2019/1780 in Verbindung mit § 10a VgV erstellt und ist dem Amt für Veröffentlichungen der Europäischen Union elektronisch über den zentralen Datenservice Öffentlicher Einkauf zu übermitteln.

3. Die Auftragsbekanntmachung wird unentgeltlich fünf Kalendertage nach ihrer Übermittlung in der Originalsprache veröffentlicht. Eine Zusammenfassung der wichtigsten Angaben wird in den übrigen Amtssprachen der Europäischen Union veröffentlicht; der Wortlaut der Originalsprache ist verbindlich.

4. Der öffentliche Auftraggeber muss den Tag der Absendung der Auftragsbekanntmachung nachweisen können. Das Amt für Veröffentlichungen der Europäischen Union stellt dem öffentlichen Auftraggeber eine Bestätigung des Erhalts der Auftragsbekanntmachung und der Veröffentlichung der übermittelten Informationen aus, in denen der Tag dieser Veröffentlichung angegeben ist. Diese Bestätigung dient als Nachweis der Veröffentlichung.

5. Die Auftragsbekanntmachung kann zusätzlich im Inland veröffentlicht werden, beispielsweise in Tageszeitungen, amtlichen Veröffentlichungsblättern oder Internetportalen. Sie darf nur die Angaben enthalten, die dem Amt für Veröffentlichungen der Europäischen Union übermittelt wurden und muss auf den Tag der Übermittlung hinweisen. Sie darf nicht vor der Veröffentlichung durch dieses Amt veröffentlicht werden. Die Veröffentlichung auf nationaler Ebene kann jedoch in jedem Fall erfolgen, wenn der öffentliche Auftraggeber nicht innerhalb von 48 Stunden nach Bestätigung des Eingangs der Auftragsbekanntmachung gemäß Nummer 4 über die Veröffentlichung unterrichtet wurde.

(4) Die freiwillige Ex-Ante-Transparenzbekanntmachung im Sinne des § 135 Absatz 3 Satz 1 Nummer 2 und Satz 2 des Gesetzes gegen Wettbewerbsbeschränkungen erfolgt nach den Vorgaben der Spalte 25 in Tabelle 2 des Anhangs der Durchführungsverordnung (EU) 2019/1780 in Verbindung mit § 10a VgV.

§ 12a EU
Versand der Vergabeunterlagen

(1) 1. Die Vergabeunterlagen werden ab dem Tag der Veröffentlichung einer Auftragsbekanntmachung gemäß § 12 EU Absatz 3 oder dem Tag der Aufforderung zur Interessensbestätigung gemäß Nummer 3 unentgeltlich mit uneingeschränktem und vollständigem direkten Zugang anhand elektronischer Mittel angeboten. Die Auftragsbekanntmachung oder die Aufforderung zur Interessensbestätigung muss die Internet-Adresse, über die diese Vergabeunterlagen abrufbar sind, enthalten.

2. Diese Verpflichtung entfällt in den in Fällen nach § 11b EU Absatz 1.

3. Bei nicht offenen Verfahren, Verhandlungsverfahren, wettbewerblichen Dialogen und Innovationspartnerschaften werden alle ausgewählten Bewerber gleichzeitig in Textform aufgefordert, am Wettbewerb teilzunehmen oder wenn eine Vorinformation als Aufruf zum Wettbewerb gemäß § 12 EU Absatz 2 genutzt wurde, zu einer Interessensbestätigung aufgefordert.

Die Aufforderungen enthalten einen Verweis auf die elektronische Adresse, über die die Vergabeunterlagen direkt elektronisch zur Verfügung gestellt werden.

Bei den in Nummer 2 genannten Gründen sind den Aufforderungen die Vergabeunterlagen beizufügen, soweit sie nicht bereits auf andere Art und Weise zur Verfügung gestellt wurden.

Für die Praxis: Die in Nr. 1 artikulierte Vorgabe der VOB/A-EU wird bereits jetzt von vielen Auftraggebern kritisch gesehen. Die frühe, vollständige und frei zugängliche Veröffentlichung der Vergabeunterlagen ist jedoch eine wichtige und unbedingt zu beachtende Vorgabe der VOB/A-EU. Umgehungen durch das zwingende Verlangen nach einer Registrierung vor dem Download oder die nur auszugsweise Veröffentlichung sind klare Vergaberechtsverstöße. Bei zweistufigen Verfahren mit einem vorgeschalteten Teilnahmewettbewerb muss der Auftraggeber in der Bekanntmachung einen vollständigen Zugang (nur) auf die Unterlagen bereitstellen, die für eine belastbare Entscheidung über die Teilnahme am Verfahren durch Abgabe eines Teilnahmeantrages erforderlich sind. Ein Unternehmen muss feststellen können, ob es an dem Auftrag interessiert ist und ob es zur Leistungserbringung geeignet ist (OLG Düsseldorf, Beschl. v. 17.10.2018, Verg 26/18).

Die Vorinformation bietet in diesem Zusammenhang eine Handlungsmöglichkeit des Auftraggebers. Wird die Vorinformation im nicht offenen Verfahren oder im Verhandlungsverfahren als Aufruf zum Wettbewerb genutzt, muss der Auftraggeber erst in der Aufforderung zur Interessensbestätigung angeben, wo er die Vergabeunterlagen zum Download zur Verfügung stellt. Zwar müssen die Unterlagen auch in diesem Fall unentgeltlich, direkt zugänglich, vollständig und uneingeschränkt zur Verfügung stehen, die Information hierüber erhalten aber nur die Unternehmen, die ihr Interesse an dem Verfahren bekundet haben.

Nimmt der Auftraggeber nach der ersten Veröffentlichung Änderungen an den Vergabeunterlagen vor, so sind auch die zum Download bereitgestellten Unterlagen anzupassen. Außerdem empfiehlt es sich dringend, durch Angabe eines geänderten Bearbeitungsstandes oder durch ein deutlich formuliertes Vorblatt darauf hinzuweisen, dass und welche Änderungen vorgenommen wurden. Ansonsten läuft der Auftraggeber Gefahr, von früh tätig gewordenen Unternehmen Angebote auf veralteter Grundlage zu erhalten.

(2) Die Namen der Unternehmen, die Vergabeunterlagen erhalten oder eingesehen haben, sind geheim zu halten.

(3) Rechtzeitig beantragte Auskünfte über die Vergabeunterlagen sind spätestens sechs Kalendertage vor Ablauf der Angebotsfrist allen Unternehmen in gleicher Weise zu erteilen. Bei beschleunigten Verfahren nach § 10a EU Absatz 2, sowie § 10b EU Absatz 5 beträgt diese Frist vier Kalendertage.

§ 13 EU
Form und Inhalt der Angebote

(1) 1. Der öffentliche Auftraggeber legt unter Berücksichtigung von § 11 EU fest, in welcher Form die Angebote einzureichen sind. Schriftliche Angebote müssen unterzeichnet sein. Elektronisch übermittelte Angebote sind nach Wahl des Auftraggebers zu versehen mit:

a) einer fortgeschrittenen elektronischen Signatur,

b) einer qualifizierten elektronischen Signatur,

c) einem fortgeschrittenen elektronischen Siegel oder

d) einem qualifizierten elektronischen Siegel,

sofern der öffentliche Auftraggeber dies in Einzelfällen entsprechend § 11 EU verlangt hat.

2. Der öffentliche Auftraggeber hat die Datenintegrität und die Vertraulichkeit der Angebote gemäß § 11a EU Absatz 2 zu gewährleisten.

Per Post oder direkt übermittelte Angebote sind in einem verschlossenen Umschlag einzureichen, als solche zu kennzeichnen und bis zum Ablauf der für die Einreichung vorgesehenen Frist unter Verschluss zu halten. Bei elektronisch übermittelten Angeboten ist dies durch entsprechende technische Lösungen nach den Anforderungen des öffentlichen Auftraggebers und durch Verschlüsselung sicherzustellen. Die Verschlüsselung muss bis zur Öffnung des ersten Angebots aufrechterhalten bleiben.

3. Die Angebote müssen die geforderten Preise enthalten.

4. Die Angebote müssen die geforderten Erklärungen und Nachweise enthalten.

5. Das Angebot ist auf der Grundlage der Vergabeunterlagen zu erstellen. Änderungen an den Vergabeunterlagen sind unzulässig. Änderungen des Bieters an seinen Eintragungen müssen zweifelsfrei sein.

6. Bieter können für die Angebotsabgabe eine selbstgefertigte Abschrift oder Kurzfassung des Leistungsverzeichnisses benutzen, wenn sie den vom öffentlichen Auftraggeber verfassten Wortlaut

des Leistungsverzeichnisses im Angebot als allein verbindlich anerkennen; Kurzfassungen müssen jedoch die Ordnungszahlen (Positionen) vollzählig, in der gleichen Reihenfolge und mit den gleichen Nummern wie in dem vom öffentlichen Auftraggeber verfassten Leistungsverzeichnis, wiedergeben.

7. Muster und Proben der Bieter müssen als zum Angebot gehörig gekennzeichnet sein.

Für die Praxis: Anders als im Unterschwellenbereich muss der Auftraggeber nicht immer auch schriftliche Angebote zulassen (Nr. 1). Im Oberschwellenbereich wird von den Bietern erwartet, auf Forderung des Auftraggebers und entsprechend der aktuellen Rechtslage auch an ausschließlich elektronischen Verfahren teilzunehmen.

Einzelne fehlende Preise (Nr. 3) sind nach § 16 EU Nr. 3 Hs. 2 VOB/A unerheblich.

Fehlende Erklärungen und Nachweise (Nr. 4) müssen nach § 16a EU VOB/A nachgefordert werden.

(2) Eine Leistung, die von den vorgesehenen technischen Spezifikationen nach § 7a EU Absatz 1 Nummer 1 abweicht, kann angeboten werden, wenn sie mit dem geforderten Schutzniveau in Bezug auf Sicherheit, Gesundheit und Gebrauchstauglichkeit gleichwertig ist. Die Abweichung muss im Angebot eindeutig bezeichnet sein. Die Gleichwertigkeit ist mit dem Angebot nachzuweisen.

(3) Die Anzahl von Nebenangeboten ist an einer vom öffentlichen Auftraggeber in den Vergabeunterlagen bezeichneten Stelle aufzuführen. Etwaige Nebenangebote müssen auf besonderer Anlage erstellt und als solche deutlich gekennzeichnet werden.

(4) Soweit Preisnachlässe ohne Bedingungen gewährt werden, sind diese an einer vom öffentlichen Auftraggeber in den Vergabeunterlagen bezeichneten Stelle aufzuführen.

(5) Bietergemeinschaften haben die Mitglieder zu benennen sowie eines ihrer Mitglieder als bevollmächtigten Vertreter für den Abschluss und die Durchführung des Vertrags zu bezeichnen. Fehlt die Bezeichnung des bevollmächtigten Vertreters im Angebot, so ist sie vor der Zuschlagserteilung beizubringen.

(6) Der öffentliche Auftraggeber hat die Anforderungen an den Inhalt der Angebote nach den Absätzen 1 bis 5 in die Vergabeunterlagen aufzunehmen.

§ 14 EU
Öffnung der Angebote, Öffnungstermin

(1) Die Öffnung der Angebote wird von mindestens zwei Vertretern des öffentlichen Auftraggebers gemeinsam an einem Termin (Öffnungstermin) unverzüglich nach Ablauf der Angebotsfrist durchgeführt. Bis zu diesem Termin sind die elektronischen Angebote zu kennzeichnen und verschlüsselt aufzubewahren. Per Post oder direkt zugegangene Angebote sind auf dem ungeöffneten Umschlag mit Eingangsvermerk zu versehen und unter Verschluss zu halten.

(2) 1. Der Verhandlungsleiter stellt fest, ob der Verschluss der schriftlichen Angebote unversehrt ist und die elektronischen Angebote verschlüsselt sind.

2. Die Angebote werden geöffnet und in allen wesentlichen Teilen im Öffnungstermin gekennzeichnet.

3. Muster und Proben der Bieter müssen im Termin zur Stelle sein.

(3) 1. Über den Öffnungstermin ist eine Niederschrift in Textform zu fertigen, in der die beiden Vertreter des öffentlichen Auftraggebers zu benennen sind. Der Niederschrift ist eine Aufstellung mit folgenden Angaben beizufügen:

a) Name und Anschrift der Bieter,

b) die Endbeträge der Angebote oder einzelner Lose,

c) Preisnachlässe ohne Bedingungen,

d) Anzahl der jeweiligen Nebenangebote.

(4) Angebote, die nach Ablauf der Angebotsfrist eingegangen sind, sind in der Niederschrift oder in einem Nachtrag besonders aufzuführen. Die Eingangszeiten und die etwa bekannten Gründe, aus denen die Angebote nicht vorgelegen haben, sind zu vermerken. Der Umschlag und andere Beweismittel sind aufzubewahren.

(5) Ein Angebot, das nachweislich vor Ablauf der Angebotsfrist dem öffentlichen Auftraggeber zugegangen war, aber dem Verhandlungsleiter nicht vorgelegen hat, ist mit allen Angaben in die Niederschrift oder in einen Nachtrag aufzunehmen. Den Bietern ist dieser Sachverhalt unverzüglich in Textform mitzuteilen. In die Mitteilung sind die Feststellung, ob bei schriftlichen Angeboten der Verschluss unversehrt war oder bei elektronischen Angeboten diese verschlüsselt waren und die Angaben nach Absatz 3 Buchstabe a bis d aufzunehmen. Im Übrigen gilt Absatz 4 Satz 2 und 3.

(6) In offenen und nicht offenen Verfahren stellt der öffentliche Auftraggeber den Bietern die in Absatz 3 Buchstabe a bis d genannten Informationen unverzüglich elektronisch zur Verfügung. Den Bietern und ihren Bevollmächtigten ist die Einsicht in die Niederschrift und ihre Nachträge (Absätze 4 und 5 sowie § 16c EU Absatz 3) zu gestatten.

(7) Die Niederschrift darf nicht veröffentlicht werden.

(8) Die Angebote und ihre Anlagen sind sorgfältig zu verwahren und geheim zu halten.

Für die Praxis: Die VOB/A sieht nicht mehr vor, dass der Öffnungstermin bieteröffentlich durchzuführen ist und verwendet auch den bisherigen Begriff „Eröffnungstermin" nicht mehr. Dies hängt auch mit der Durchführung elektronischer Vergaben zusammen. Bei diesen findet die Angebotsöffnung allein auf dem Bildschirm des Auftraggebers statt, die Bieter können an den Vorgängen von Entschlüsselung und Prüfung sowieso nicht teilnehmen. Im offenen und nicht offenen Verfahren erhalten die Bieter nach § 14 EU Abs. 6 VOB/A die früher im Eröffnungstermin verlesenen Informationen in elektronischer Form.

§ 15 EU
Aufklärung des Angebotsinhalts

(1) 1. Im offenen und nicht offenen Verfahren darf der öffentliche Auftraggeber nach Öffnung der Angebote bis zur Zuschlagserteilung von einem Bieter nur Aufklärung verlangen, um sich über seine Eignung, insbesondere seine technische und wirtschaftliche Leistungsfähigkeit, das Angebot selbst, etwaige Nebenangebote, die geplante Art der Durchführung, etwaige Ursprungsorte oder Bezugsquellen von Stoffen oder Bauteilen und über die Angemessenheit der Preise, wenn nötig durch Einsicht in die vorzulegenden Preisermittlungen (Kalkulationen) zu unterrichten.

1. Die Ergebnisse solcher Aufklärungen sind geheim zu halten. Sie sollen in Textform niedergelegt werden.

Für die Praxis: (Zu Nr. 1) Verstöße gegen das Verhandlungsverbot können darin liegen, dass geänderte oder zusätzliche Leistungen bzw. Preise verlangt werden. Aber auch im Zusammenhang mit Nebenangeboten kommt es häufig zu Problemen. Bei der Aufklärung kann es nur darum gehen, ob ein eingereichtes Angebot durchführbar ist – und nicht darum, wie daraus ein durchführbares Angebot gemacht werden kann. Führt ein Auftraggeber trotz des Nachverhandlungsverbots Verhandlungen durch, kann dies von konkurrierenden Bietern angegriffen werden.

(2) Verweigert ein Bieter die geforderten Aufklärungen und Angaben oder lässt er die ihm gesetzte angemessene Frist unbeantwortet verstreichen, so ist sein Angebot auszuschließen.

(3) Verhandlungen in offenen und nicht offenen Verfahren, besonders über Änderung der Angebote oder Preise, sind unstatthaft, außer, wenn sie bei Nebenangeboten oder Angeboten aufgrund eines Leis-

tungsprogramms nötig sind, um unumgängliche technische Änderungen geringen Umfangs und daraus sich ergebende Änderungen der Preise zu vereinbaren.

(4) Der öffentliche Auftraggeber darf nach § 8c EU Absatz 3 übermittelte Informationen überprüfen und hierzu ergänzende Erläuterungen von den Bietern fordern.

§ 16 EU
Ausschluss von Angeboten

Auszuschließen sind

1. Angebote, die nicht fristgerecht eingegangen sind,
2. Angebote, die den Bestimmungen des § 13 EU Absatz 1 Nummer 1, 2 und 5 nicht entsprechen,
3. Angebote, die die geforderten Unterlagen im Sinne von § 8 EU Absatz 2 Nummer 5 nicht enthalten, wenn der öffentliche Auftraggeber gemäß § 16a EU Absatz 3 festgelegt hat, dass er keine Unterlagen nachfordern wird. Satz 1 gilt für Teilnahmeanträge entsprechend,
4. Angebote, bei denen der Bieter Erklärungen oder Nachweise, deren Vorlage sich der öffentliche Auftraggeber vorbehalten hat, auf Anforderung nicht innerhalb einer angemessenen, nach dem Kalender bestimmten Frist vorgelegt hat. Satz 1 gilt für Teilnahmeanträge entsprechend,
5. nicht zugelassene Nebenangebote sowie Nebenangebote, die den Mindestanforderungen nicht entsprechen,
6. Hauptangebote von Bietern, die mehrere Hauptangebote abgegeben haben, wenn der öffentliche Auftraggeber die Abgabe mehrerer Hauptangebote in der Auftragsbekanntmachung oder in der Aufforderung zur Interessensbestätigung nicht zugelassen hat,
7. Nebenangebote, die dem § 13 EU Absatz 3 Satz 2 nicht entsprechen,
8. Hauptangebote, die dem § 13 EU Absatz 3 Satz 3 nicht entsprechen.

§ 16a EU
Nachforderung von Unterlagen

(1) Der öffentliche Auftraggeber muss Bieter, die für den Zuschlag in Betracht kommen, unter Einhaltung der Grundsätze der Transparenz und der Gleichbehandlung auffordern, fehlende, unvollständige oder fehlerhafte VOB/A 76 Erklärungen oder Nachweise nach. Diese sind spätestens innerhalb von sechs Kalendertagen nach Aufforderung durch den öffentlichen Auftraggeber vorzulegen. Die Frist beginnt am Tag nach der Absendung der Aufforderung durch den öffentlichen Auftraggeber. Werden die Erklärungen oder Nachweise nicht innerhalb der Frist vorgelegt, ist das Angebot auszuschließen. unternehmensbezogene Unterlagen – insbesondere Erklärungen, Angaben oder Nachweise – nachzureichen, zu vervollständigen oder zu korrigieren, oder fehlende oder unvollständige leistungsbezogene Unterlagen – insbesondere Erklärungen, Produkt- und sonstige Angaben oder Nachweise – nachzureichen oder zu vervollständigen (Nachforderung), es sei denn, er hat von seinem Recht aus Absatz 3 Gebrauch gemacht. Es sind nur Unterlagen nachzufordern, die bereits mit dem Angebot vorzulegen waren.

> **Für die Praxis:** Der Auftraggeber ist verpflichtet, den Bietern diese Chance zur Vervollständigung ihrer Angebote zu geben. Ein Ausschluss ohne vorherige Aufforderung zur Nachlieferung verstößt gegen die VOB/A.
>
> Für das Einreichen von Unterlagen, deren Vorlage der Auftraggeber sich vorbehalten hat, enthält § 16 EU Nr. 1 VOB/A eine Sonderregelung.

(2) Fehlende Preisangaben dürfen nicht nachgefordert werden. Angebote, die den Bestimmungen des § 13 EU Absatz 1 Nummer 3 nicht entsprechen, sind auszuschließen. Dies gilt nicht für Angebote, bei denen lediglich in unwesentlichen Positionen die Angabe des Preises fehlt und sowohl durch die Außerachtlassung dieser Positionen der Wettbewerb und die Wertungsreihenfolge nicht beeinträchtigt werden als

auch bei Wertung dieser Positionen mit dem jeweils höchsten Wettbewerbspreis. Hierbei wird nur auf den Preis ohne Berücksichtigung etwaiger Nebenangebote abgestellt. Der öffentliche Auftraggeber fordert den Bieter nach Maßgabe von Absatz 1 auf, die fehlenden Preispositionen zu ergänzen. Die Sätze 3 bis 5 gelten nicht, wenn der öffentliche Auftraggeber das Nachfordern von Preisangaben gemäß Absatz 3 ausgeschlossen hat.

(3) er öffentliche Auftraggeber kann in der Auftragsbekanntmachung oder den Vergabeunterlagen festlegen, dass er keine Unterlagen oder Preisangaben nachfordern wird.

(4) Die Unterlagen oder fehlenden Preisangaben sind vom Bewerber oder Bieter nach Aufforderung durch den öffentlichen Auftraggeber innerhalb einer angemessenen, nach dem Kalender bestimmten Frist vorzulegen. Die Frist soll sechs Kalendertage nicht überschreiten.

(5) Werden die nachgeforderten Unterlagen nicht innerhalb der Frist vorgelegt, ist das Angebot auszuschließen.

(6) Die Absätze 1, 3, 4 und 5 gelten für den Teilnahmewettbewerb entsprechend.

§ 16b EU
Eignung

(1) Beim offenen Verfahren ist die Eignung der Bieter zu prüfen. Dabei sind anhand der vorgelegten Nachweise die Angebote der Bieter auszuwählen, deren Eignung die für die Erfüllung der vertraglichen Verpflichtungen notwendigen Sicherheiten bietet; dies bedeutet, dass sie die erforderliche Fachkunde und Leistungsfähigkeit besitzen, keine Ausschlussgründe gemäß § 6e EU vorliegen und sie über ausreichende technische und wirtschaftliche Mittel verfügen.

(2) Abweichend von Absatz 1 können die Angebote zuerst geprüft werden, sofern sichergestellt ist, dass die anschließende Prüfung des Nichtvorliegens von Ausschlussgründen und der Einhaltung der Eignungsanforderungen unparteiisch und transparent erfolgt.

Für die Praxis: § 16b EU Abs. 2 VOB/A erlaubt dem Auftraggeber eine flexible Gestaltung der Prüfung. Er muss die Prüfungsschritte nicht schematisch abarbeiten, sondern kann die Reihenfolge frei festlegen und auf diese Weise die Anzahl der zu prüfenden Angebote schrittweise reduzieren.

Der Auftraggeber ist an das Ergebnis von Prüfungsschritten nicht gebunden, er kann Prüfungen wiederholen und zu abweichenden Ergebnissen kommen. Hat der Auftraggeber gegenüber einem anbietenden Unternehmen deutlich gemacht, dass er es für geeignet hält, und will er es später als ungeeignet ausschließen, ist dies allerdings sorgfältig zu begründen.

Eine Besonderheit gilt bei einem gesonderten Teilnahmewettbewerb. Fordert der Auftraggeber nach durchgeführtem Teilnahmewettbewerb zur Abgabe eines Angebotes auf, begründet dies einen Vertrauenstatbestand für die zum Verhandlungsverfahren zugelassenen Unternehmen. Sie müssen nicht damit rechnen, dass ihre Eignung bei gleichbleibender tatsächlicher Grundlage später nochmals abweichend beurteilt wird (OLG Düsseldorf, Beschl. v. 29.03.2021, Verg 9/21).

(3) Beim nicht offenen Verfahren, Verhandlungsverfahren, beim wettbewerblichen Dialog und bei einer Innovationspartnerschaft sind nur Umstände zu berücksichtigen, die nach Aufforderung zur Angebotsabgabe Zweifel an der Eignung des Bieters begründen (vgl. § 6b EU Absatz 2 Nummer 3).

§ 16c EU
Prüfung

(1) Die nicht ausgeschlossenen Angebote geeigneter Bieter sind auf die Einhaltung der gestellten Anforderungen, insbesondere in rechnerischer, technischer und wirtschaftlicher Hinsicht zu prüfen. Als Nachweis für die Erfüllung spezifischer umweltbezogener, sozialer oder sonstiger Merkmale der zu vergeben-

den Leistung sind Bescheinigungen, insbesondere Gütezeichen, Testberichte, Konformitätserklärungen und Zertifizierungen, welche die in § 7a EU genannten Bedingungen erfüllen, zugelassen.

1. Entspricht der Gesamtbetrag einer Ordnungszahl (Position) nicht dem Ergebnis der Multiplikation von Mengenansatz und Einheitspreis, so ist der Einheitspreis maßgebend.
2. Bei Vergabe für eine Pauschalsumme gilt diese ohne Rücksicht auf etwa angegebene Einzelpreise.

(3) Die aufgrund der Prüfung festgestellten Angebotsendsummen sind in der Niederschrift über den Öffnungstermin zu vermerken.

§ 16d EU
Wertung

(1) 1. Auf ein Angebot mit einem unangemessen hohen oder niedrigen Preis oder mit unangemessen hohen oder niedrigen Kosten darf der Zuschlag nicht erteilt werden. Insbesondere lehnt der öffentliche Auftraggeber ein Angebot ab, das unangemessen niedrig ist, weil es den geltenden umwelt-, sozial- und arbeitsrechtlichen Anforderungen nicht genügt.

2. Erscheint ein Angebotspreis unangemessen niedrig und ist anhand vorliegender Unterlagen über die Preisermittlung die Angemessenheit nicht zu beurteilen, ist vor Ablehnung des Angebots vom Bieter in Textform Aufklärung über die Ermittlung der Preise oder Kosten für die Gesamtleistung oder für Teilleistungen zu verlangen, gegebenenfalls unter Festlegung einer zumutbaren Antwortfrist. Bei der Beurteilung der Angemessenheit prüft der öffentliche Auftraggeber – in Rücksprache mit dem Bieter – die betreffende Zusammensetzung und berücksichtigt dabei die gelieferten Nachweise.

3. Sind Angebote auf Grund einer staatlichen Beihilfe ungewöhnlich niedrig, ist dies nur dann ein Grund sie zurückzuweisen, wenn der Bieter nicht nachweisen kann, dass die betreffende Beihilfe rechtmäßig gewährt wurde. Für diesen Nachweis hat der öffentliche Auftraggeber dem Bieter eine ausreichende Frist zu gewähren. Öffentliche Auftraggeber, die trotz entsprechender Nachweise des Bieters ein Angebot zurückweisen, müssen die Kommission der Europäischen Union darüber unterrichten.

4. In die engere Wahl kommen nur solche Angebote, die unter Berücksichtigung rationellen Baubetriebs und sparsamer Wirtschaftsführung eine einwandfreie Ausführung einschließlich Haftung für Mängelansprüche erwarten lassen.

(2) 1. Der Zuschlag wird auf das wirtschaftlichste Angebot erteilt. Grundlage dafür ist eine Bewertung des öffentlichen Auftraggebers, ob und inwieweit das Angebot die vorgegebenen Zuschlagskriterien erfüllt. Das wirtschaftlichste Angebot bestimmt sich nach dem besten Preis-Leistungs-Verhältnis. Zu dessen Ermittlung können neben dem Preis oder den Kosten auch qualitative, umweltbezogene oder soziale Aspekte berücksichtigt werden.

2. Es dürfen nur Zuschlagskriterien und deren Gewichtung berücksichtigt werden, die in der Auftragsbekanntmachung oder in den Vergabeunterlagen genannt sind.

Zuschlagskriterien können insbesondere sein:

a) Qualität einschließlich technischer Wert, Ästhetik, Zweckmäßigkeit, Zugänglichkeit, Design für alle, soziale, umweltbezogene und innovative Eigenschaften;

b) Organisation, Qualifikation und Erfahrung des mit der Ausführung des Auftrags betrauten Personals, wenn die Qualität des eingesetzten Personals erheblichen Einfluss auf das Niveau der Auftragsausführung haben kann, oder

c) Kundendienst und technische Hilfe sowie Ausführungsfrist.

Die Zuschlagskriterien müssen mit dem Auftragsgegenstand in Verbindung stehen. Zuschlagskriterien stehen mit dem Auftragsgegenstand in Verbindung, wenn sie sich in irgendeiner Hinsicht und in irgendeinem Lebenszyklus-Stadium auf diesen beziehen, auch wenn derartige Faktoren sich nicht auf die materiellen Eigenschaften des Auftragsgegenstandes auswirken.

3. Die Zuschlagskriterien müssen so festgelegt und bestimmt sein, dass die Möglichkeit eines wirksamen Wettbewerbs gewährleistet wird, der Zuschlag nicht willkürlich erteilt werden kann und eine wirksame Überprüfung möglich ist, ob und inwieweit die Angebote die Zuschlagskriterien erfüllen.
4. Es können auch Festpreise oder Festkosten vorgegeben werden, sodass der Wettbewerb nur über die Qualität stattfindet.
5. Die Lebenszykluskostenrechnung umfasst die folgenden Kosten ganz oder teilweise:
   a) von dem öffentlichen Auftraggeber oder anderen Nutzern getragene Kosten, insbesondere Anschaffungskosten, Nutzungskosten, Wartungskosten, sowie Kosten am Ende der Nutzungsdauer (wie Abholungs- und Recyclingkosten);
   b) Kosten, die durch die externen Effekte der Umweltbelastung entstehen, die mit der Leistung während ihres Lebenszyklus in Verbindung stehen, sofern ihr Geldwert bestimmt und geprüft werden kann; solche Kosten können Kosten der Emission von Treibhausgasen und anderen Schadstoffen sowie sonstige Kosten für die Eindämmung des Klimawandels umfassen.
6. Bewertet der öffentliche Auftraggeber den Lebenszykluskostenansatz, hat er in der Auftragsbekanntmachung oder in den Vergabeunterlagen die vom Unternehmer bereitzustellenden Daten und die Methode zur Ermittlung der Lebenszykluskosten zu benennen. Die Methode zur Bewertung der externen Umweltkosten muss
   a) auf objektiv nachprüfbaren und nichtdiskriminierenden Kriterien beruhen,
   b) für alle interessierten Parteien zugänglich sein und
   c) gewährleisten, dass sich die geforderten Daten von den Unternehmen mit vertretbarem Aufwand bereitstellen lassen.
7. Für den Fall, dass eine gemeinsame Methode zur Berechnung der Lebenszykluskosten durch einen Rechtsakt der Europäischen Union verbindlich vorgeschrieben wird, findet diese gemeinsame Methode bei der Bewertung der Lebenszykluskosten Anwendung.

Für die Praxis: Die Verbindung der Zuschlagskriterien zum Auftragsgegenstand nach Nr. 2 wird durch die dortigen Regelungen deutlich gelockert. Eine vergleichbare Weite der Anforderungen findet sich in § 7a EU Abs. 1 Nr. 2 VOB/A für die in einer Leistungsbeschreibung zulässigen Merkmale.

Die Möglichkeit eines „Wettbewerbs über die Qualität" (Nr. 4) kann z.B. interessant sein, wenn der Auftraggeber ein festes Budget hat, bei den Anforderungen an die Leistung aber flexibel ist. Dabei sollte der Auftraggeber in der Leistungsbeschreibung die benötigten Mindeststandards festlegen, darüber hinausgehende Qualitäten sind durch die Zuschlagskriterien zu erfassen.

(3) Ein Angebot nach § 13 EU Absatz 2 ist wie ein Hauptangebot zu werten.

(4) Preisnachlässe ohne Bedingung sind nicht zu werten, wenn sie nicht an der vom öffentlichen Auftraggeber nach § 13 EU Absatz 4 bezeichneten Stelle aufgeführt sind. Unaufgefordert angebotene Preisnachlässe mit Bedingungen für die Zahlungsfrist (Skonti) werden bei der Wertung der Angebote nicht berücksichtigt.

(5) Die Bestimmungen der Absätze 1 und 2 sowie der §§ 16b EU, 16c EU Absatz 2 gelten auch bei Verhandlungsverfahren, wettbewerblichen Dialogen und Innovationspartnerschaften. Die Absätze 3 und 4 sowie §§ 16 EU, 16c EU Absatz 1 sind entsprechend auch bei Verhandlungsverfahren, wettbewerblichen Dialogen und Innovationspartnerschaften anzuwenden.

§ 17 EU
Aufhebung der Ausschreibung

(1) Die Ausschreibung kann aufgehoben werden, wenn:

1. kein Angebot eingegangen ist, das den Ausschreibungsbedingungen entspricht,
2. die Vergabeunterlagen grundlegend geändert werden müssen,
3. andere schwerwiegende Gründe bestehen.

Für die Praxis: Ein öffentlicher Auftraggeber ist nicht gezwungen, ein Vergabeverfahren mit einer Auftragserteilung zu beenden. Er kann auch dann von einem Zuschlag absehen, wenn keiner der in § 17 EU VOB/A angesprochenen Gründe vorliegt. Allerdings verlangt die Rechtsprechung für eine solche sonstige Beendigung (die inhaltlich eine „rechtswidrige Aufhebung" darstellt) einen sachlichen Grund. Dies kann z.B. eine Budgetüberschreitung sein, selbst wenn diese nicht zur Unwirtschaftlichkeit im Sinne eines anderen schwerwiegenden Grundes führt. Auch die Korrektur von Fehlern bei Aufstellung der Leistungsbeschreibung kann einen solchen sachlichen Grund darstellen.

Liegen die Voraussetzungen des § 17 EU VOB/A nicht vor, kann sich der Auftraggeber allerdings wegen enttäuschten Vertrauens schadensersatzpflichtig machen. Dieser Schadensersatzanspruch steht regelmäßig nur dem Bieter zu, der den Auftrag hätte erhalten müssen. Der Höhe nach ist dieser Anspruch auf die Kosten für die Angebotserstellung beschränkt.

Ein weitergehender Anspruch kommt nur dann in Frage, wenn sich die Verfahrensbeendigung als treuwidrig erweist. Ein schwerwiegendes Indiz ist es, wenn der Auftraggeber innerhalb kurzer Frist die gleiche Leistung noch einmal in einem Vergabeverfahren abfragt. Dies ist ein Indiz dafür, dass er an seiner Beschaffungsaussicht festgehalten hat, und der ursprünglich erstrangige Bieter kann einen Schadensersatzanspruch bis zur Höhe des entgangenen Gewinns geltend machen (vgl. z.B. BGH, Urt. v. 08.12.2020, XIII ZR 19/19).

(2) 1. Die Bewerber und Bieter sind von der Aufhebung der Ausschreibung unter Angabe der Gründe, gegebenenfalls über die Absicht, ein neues Vergabeverfahren einzuleiten, unverzüglich in Textform zu unterrichten.

2. Dabei kann der öffentliche Auftraggeber bestimmte Informationen zurückhalten, wenn die Weitergabe

a) den Gesetzesvollzug behindern,

b) dem öffentlichen Interesse zuwiderlaufen,

c) die berechtigten geschäftlichen Interessen von öffentlichen oder privaten Unternehmen schädigen oder

d) den fairen Wettbewerb beeinträchtigen würde.

§ 18 EU
Zuschlag

(1) Der Zuschlag ist möglichst bald, mindestens aber so rechtzeitig zu erteilen, dass dem Bieter die Erklärung noch vor Ablauf der Bindefrist zugeht.

(2) Werden Erweiterungen, Einschränkungen oder Änderungen vorgenommen oder wird der Zuschlag verspätet erteilt, so ist der Bieter bei Erteilung des Zuschlags aufzufordern, sich unverzüglich über die Annahme zu erklären.

(3) 1. Die Erteilung eines Bauauftrages ist bekannt zu machen.

2. Die Vergabebekanntmachung wird nach den Vorgaben der Spalte 29 in Tabelle 2 des Anhangs der Durchführungsverordnung (EU) 2019/1780 in Verbindung mit § 10a VgV erstellt.

3. Aufgrund einer Rahmenvereinbarung vergebene Einzelaufträge werden nicht bekannt gemacht.
4. Die Vergabebekanntmachung ist dem Amt für Veröffentlichungen der Europäischen Union in kürzester Frist – spätestens 30 Kalendertage nach Auftragserteilung – elektronisch über den zentralen Datenservice Öffentlicher Einkauf zu übermitteln.
5. Nicht in die Vergabebekanntmachung aufzunehmen sind Angaben, deren Veröffentlichung
   a) den Gesetzesvollzug behindern,
   b) dem öffentlichen Interesse zuwiderlaufen,
   c) die berechtigten geschäftlichen Interessen öffentlicher oder privater Unternehmen schädigen oder
   d) den fairen Wettbewerb beeinträchtigen würde.

(4) Die Vergabebekanntmachung ist dem Amt für Veröffentlichungen der Europäischen Union in kürzester Frist – spätestens 30 Kalendertage nach Auftragserteilung – elektronisch über den zentralen Datenservice Öffentlicher Einkauf zu übermitteln.

§ 19 EU
Nicht berücksichtigte Bewerbungen und Angebote

(1) Bewerber, deren Bewerbung abgelehnt wurde, sowie Bieter, deren Angebote ausgeschlossen worden sind (§ 16 EU), und solche, deren Angebote nicht in die engere Wahl kommen, sollen unverzüglich unterrichtet werden.

(2) Der öffentliche Auftraggeber hat die betroffenen Bieter, deren Angebote nicht berücksichtigt werden sollen,

1. über den Namen des Unternehmens, dessen Angebot angenommen werden soll,
2. über die Gründe der vorgesehenen Nichtberücksichtigung ihres Angebots und
3. über den frühesten Zeitpunkt des Vertragsschlusses

unverzüglich in Textform zu informieren.

Dies gilt auch für Bewerber, denen keine Information nach Absatz 1 über die Ablehnung ihrer Bewerbung zur Verfügung gestellt wurde, bevor die Mitteilung über die Zuschlagsentscheidung an die betroffenen Bieter ergangen ist.

Ein Vertrag darf erst 15 Kalendertage nach Absendung der Information nach den Sätzen 1 und 2 geschlossen werden. Wird die Information per Telefax oder auf elektronischem Weg versendet, verkürzt sich die Frist auf zehn Kalendertage. Die Frist beginnt am Tag nach Absendung der Information durch den öffentlichen Auftraggeber; auf den Tag des Zugangs beim betroffenen Bewerber oder Bieter kommt es nicht an.

(3) Die Informationspflicht nach Absatz 2 entfällt in den Fällen, in denen das Verhandlungsverfahren ohne Teilnahmewettbewerb wegen besonderer Dringlichkeit gerechtfertigt ist.

(4) Auf Verlangen des Bewerbers oder Bieters unterrichtet der öffentliche Auftraggeber in Textform so schnell wie möglich, spätestens jedoch innerhalb einer Frist von 15 Kalendertagen nach Eingang des Antrags,

1. jeden nicht erfolgreichen Bewerber über die Gründe für die Ablehnung seines Teilnahmeantrags;
2. jeden Bieter, der ein ordnungsgemäßes Angebot eingereicht hat, über die Merkmale und relativen Vorteile des ausgewählten Angebots sowie über den Namen des erfolgreichen Bieters oder der Parteien der Rahmenvereinbarung;
3. jeden Bieter, der ein ordnungsgemäßes Angebot eingereicht hat, über den Verlauf und die Fortschritte der Verhandlungen und des Dialogs mit den Bietern.

§ 17 EU Absatz 2 Nummer 2 gilt entsprechend.

(5) Nicht berücksichtigte Angebote und Ausarbeitungen der Bieter dürfen nicht für eine neue Vergabe oder für andere Zwecke benutzt werden.

(6) Entwürfe, Ausarbeitungen, Muster und Proben zu nicht berücksichtigten Angeboten sind zurückzugeben, wenn dies im Angebot oder innerhalb von 30 Kalendertagen nach Ablehnung des Angebots verlangt wird.

§ 20 EU
Dokumentation

Das Vergabeverfahren ist gemäß § 8 VgV zu dokumentieren.

Für die Praxis: Nach § 8 VgV erstellt der Auftraggeber zum einen während des Vergabeverfahrens fortlaufend eine Dokumentation (§ 8 Abs. 1 VgV) und zum anderen abschließend einen Vergabevermerk (§ 8 Abs. 2 VgV).

Die fortlaufend zu erstellende Dokumentation muss zeitnah erfolgen. Eine solche Vorgehensweise ist auch deshalb empfehlenswert, weil Nachprüfungsverfahren wegen der Regelung des § 160 Abs. 3 S. 1 Nr. 4 GWB in relativ frühen Phasen des Vergabeverfahrens beantragt werden können bzw. aus Bietersicht beantragt werden müssen.

Die grundsätzliche Zulässigkeit der nachträglichen Ergänzung ist mittlerweile vom BGH grundsätzlich geklärt (BGH, Beschl. v. 8.2.2011, X ZB 4/10). Allein auf einen Fehler der Dokumentation kann ein Bieter keine Verletzung seiner Rechte stützen. Oft werden sich diese aber mittelbar auf seine Zuschlagschancen auswirken, z.B. bei einer nur mangelhaft dokumentierten und daher nicht nachvollziehbaren Konzeptwertung.

§ 21 EU
Nachprüfungsbehörden

In der Bekanntmachung und den Vergabeunterlagen ist die Nachprüfungsbehörde mit Anschrift anzugeben, an die sich der Bewerber oder Bieter zur Nachprüfung behaupteter Verstöße gegen die Vergabebestimmungen wenden kann.

§ 22 EU
Auftragsänderungen während der Vertragslaufzeit

(1) Wesentliche Änderungen eines öffentlichen Auftrags während der Vertragslaufzeit erfordern ein neues Vergabeverfahren.

Wesentlich sind Änderungen, die dazu führen, dass sich der öffentliche Auftrag erheblich von dem ursprünglich vergebenen öffentlichen Auftrag unterscheidet. Eine wesentliche Änderung liegt insbesondere vor, wenn

1. mit der Änderung Bedingungen eingeführt werden, die, wenn sie für das ursprüngliche Vergabeverfahren gegolten hätten,
   a) die Zulassung anderer Bewerber oder Bieter ermöglicht hätten,
   b) die Annahme eines anderen Angebots ermöglicht hätten oder
   c) das Interesse weiterer Teilnehmer am Vergabeverfahren geweckt hätten,
2. mit der Änderung das wirtschaftliche Gleichgewicht des öffentlichen Auftrags zugunsten des Auftragnehmers in einer Weise verschoben wird, die im ursprünglichen Auftrag nicht vorgesehen war,
3. mit der Änderung der Umfang des öffentlichen Auftrags erheblich ausgeweitet wird oder
4. ein neuer Auftragnehmer den Auftragnehmer in anderen als den in Absatz 2 Nummer 4 vorgesehenen Fällen ersetzt.

(2) Unbeschadet des Absatzes 1 ist die Änderung eines öffentlichen Auftrags ohne Durchführung eines neuen Vergabeverfahrens zulässig, wenn

1. in den ursprünglichen Vergabeunterlagen klare, genaue und eindeutig formulierte Überprüfungsklauseln oder Optionen vorgesehen sind, die Angaben zu Art, Umfang und Voraussetzungen möglicher Auftragsänderungen enthalten, und sich aufgrund der Änderung der Gesamtcharakter des Auftrags nicht verändert,
2. zusätzliche Liefer-, Bau- oder Dienstleistungen erforderlich geworden sind, die nicht in den ursprünglichen Vergabeunterlagen vorgesehen waren, und ein Wechsel des Auftragnehmers
   a) aus wirtschaftlichen oder technischen Gründen nicht erfolgen kann und
   b) mit erheblichen Schwierigkeiten oder beträchtlichen Zusatzkosten für den öffentlichen Auftraggeber verbunden wäre,
3. die Änderung aufgrund von Umständen erforderlich geworden ist, die der öffentliche Auftraggeber im Rahmen seiner Sorgfaltspflicht nicht vorhersehen konnte und sich aufgrund der Änderung der Gesamtcharakter des Auftrags nicht verändert oder
4. ein neuer Auftragnehmer den bisherigen Auftragnehmer ersetzt
   a) aufgrund einer Überprüfungsklausel im Sinne von Nummer 1,
   b) aufgrund der Tatsache, dass ein anderes Unternehmen, das die ursprünglich festgelegten Anforderungen an die Eignung erfüllt, im Zuge einer Unternehmensumstrukturierung, wie zum Beispiel durch Übernahme, Zusammenschluss, Erwerb oder Insolvenz, ganz oder teilweise an die Stelle des ursprünglichen Auftragnehmers tritt, sofern dies keine weiteren wesentlichen Änderungen im Sinne des Absatzes 1 zur Folge hat, oder
   c) aufgrund der Tatsache, dass der öffentliche Auftraggeber selbst die Verpflichtungen des Hauptauftragnehmers gegenüber seinen Unterauftragnehmern übernimmt.

   In den Fällen der Nummern 2 und 3 darf der Preis um nicht mehr als 50 Prozent des Werts des ursprünglichen Auftrags erhöht werden. Bei mehreren aufeinander folgenden Änderungen des Auftrags gilt diese Beschränkung für den Wert jeder einzelnen Änderung, sofern die Änderungen nicht mit dem Ziel vorgenommen werden, die Vorschriften dieses Teils zu umgehen.

(3) Die Änderung eines öffentlichen Auftrags ohne Durchführung eines neuen Vergabeverfahrens ist ferner zulässig, wenn sich der Gesamtcharakter des Auftrags nicht ändert und der Wert der Änderung

1. die jeweiligen Schwellenwerte nach § 106 GWB nicht übersteigt und
2. bei Liefer- und Dienstleistungsaufträgen nicht mehr als zehn Prozent und bei Bauaufträgen nicht mehr als 15 Prozent des ursprünglichen Auftragswertes beträgt.

Bei mehreren aufeinander folgenden Änderungen ist der Gesamtwert der Änderungen maßgeblich.

(4) Enthält der Vertrag eine Indexierungsklausel, wird für die Wertberechnung gemäß Absatz 2 Satz 2 und 3 sowie gemäß Absatz 3 der höhere Preis als Referenzwert herangezogen.

(5) Änderungen nach Absatz 2 Nummer 2 und 3 sind nach den Vorgaben der Spalte 38 in Tabelle 2 des Anhangs der Durchführungsverordnung (EU) 2019/1780 in Verbindung mit § 10a VgV über den zentralen Datenservice Öffentlicher Einkauf im Amtsblatt der Europäischen Union bekannt zu machen.

Für die Praxis: Nach inzwischen langjähriger Rechtsprechung zwingen sog. wesentliche Vertragsänderungen zu einem neuen Vergabeverfahren. Wann eine wesentliche Vertragsänderung vorliegt, war bisher nur in einer Zusammenschau vieler Urteile zu ermitteln. Die Regelung in der VOB/A entspricht § 132 GWB.

Dabei bietet sich folgende Prüfungsreihenfolge an:

- Beruht die vorgenommene Änderung auf einer Vertragsklausel i.S.d. Abs. 2 Nr. 1 und ist daher unwesentlich?
- Liegt wegen der Unterschreitung der Werte nach Abs. 3 eine unwesentliche Änderung vor?
- Handelt es sich um eine zusätzlich erforderlich gewordene Zusatzleistung i.S.d. Abs. 2 Nr. 2?
- Handelt es sich um eine nachträglich erforderlich gewordene geänderte Leistung i.S.d. Abs. 2 Nr. 3?

Für den Austausch des Auftragnehmers enthält Abs. 2 Nr. 4 eine Sonderregelung.

Besonders hinzuweisen ist auf die Veröffentlichungspflicht nach Abs. 5.

Nach einer Entscheidung der VK Bund (Beschl. v. 26.2.2016, VK 2-07/16) führt die Feststellung, dass der Auftraggeber zu Unrecht ohne Vergabeverfahren eine wesentliche Vertragsänderung vorgenommen hat, nicht zum Wiederaufleben des unveränderten Vertrages. Einzige Möglichkeit der Herstellung eines vergaberechtskonformen Zustands soll die Neuausschreibung sein.

Anhang TS Technische Spezifikationen

1. „Technische Spezifikation" hat eine der folgenden Bedeutungen:

   a) bei öffentlichen Bauaufträgen die Gesamtheit der insbesondere in den Vergabeunterlagen enthaltenen technischen Beschreibungen, in denen die erforderlichen Eigenschaften eines Werkstoffs, eines Produkts oder einer Lieferung definiert sind, damit dieser/diese den vom öffentlichen Auftraggeber beabsichtigten Zweck erfüllt; zu diesen Eigenschaften gehören Umwelt- und Klimaleistungsstufen, „Design für alle" (einschließlich des Zugangs von Menschen mit Behinderungen) und Konformitätsbewertung, Leistung, Vorgaben für Gebrauchstauglichkeit, Sicherheit oder Abmessungen, einschließlich der Qualitätssicherungsverfahren, der Terminologie, der Symbole, der Versuchs- und Prüfmethoden, der Verpackung, der Kennzeichnung und Beschriftung, der Gebrauchsanleitungen sowie der Produktionsprozesse und -methoden in jeder Phase des Lebenszyklus der Bauleistungen; außerdem gehören dazu auch die Vorschriften für die Planung und die Kostenrechnung, die Bedingungen für die Prüfung, Inspektion und Abnahme von Bauwerken, die Konstruktionsmethoden oder -verfahren und alle anderen technischen Anforderungen, die der öffentliche Auftraggeber für fertige Bauwerke oder dazu notwendige Materialien oder Teile durch allgemeine und spezielle Vorschriften anzugeben in der Lage ist;

   b) bei öffentlichen Dienstleistungs- oder Lieferaufträgen eine Spezifikation, die in einem Schriftstück enthalten ist, das Merkmale für ein Produkt oder eine Dienstleistung vorschreibt, wie Qualitätsstufen, Umwelt- und Klimaleistungsstufen, „Design für alle" (einschließlich des Zugangs von Menschen mit Behinderungen) und Konformitätsbewertung, Leistung, Vorgaben für Gebrauchstauglichkeit, Sicherheit oder Abmessungen des Produkts, einschließlich der Vorschriften über Verkaufsbezeichnung, Terminologie, Symbole, Prüfungen und Prüfverfahren, Verpackung, Kennzeichnung und Beschriftung, Gebrauchsanleitungen, Produktionsprozesse und -methoden in jeder Phase des Lebenszyklus der Lieferung oder der Dienstleistung sowie über Konformitätsbewertungsverfahren;

2. „Norm" bezeichnet eine technische Spezifikation, die von einer anerkannten Normungsorganisation zur wiederholten oder ständigen Anwendung angenommen wurde, deren Einhaltung nicht zwingend ist und die unter eine der nachstehenden Kategorien fällt:

   a) internationale Norm: Norm, die von einer internationalen Normungsorganisation angenommen wurde und der Öffentlichkeit zugänglich ist;

   b) europäische Norm: Norm, die von einer europäischen Normungsorganisation angenommen wurde und der Öffentlichkeit zugänglich ist;

   c) nationale Norm: Norm, die von einer nationalen Normungsorganisation angenommen wurde und der Öffentlichkeit zugänglich ist;

3. „Europäische technische Bewertung" bezeichnet eine dokumentierte Bewertung der Leistung eines Bauprodukts in Bezug auf seine wesentlichen Merkmale im Einklang mit dem betreffenden Europäischen Bewertungsdokument gemäß der Begriffsbestimmung in Artikel 2 Nummer 12 der Verordnung (EU) Nr. 305/2011 des Europäischen Parlaments und des Rates;
4. „gemeinsame technische Spezifikationen" sind technische Spezifikationen im IKT-Bereich, die gemäß den Artikeln 13 und 14 der Verordnung (EU) Nr. 1025/2012 festgelegt wurden;
5. „technische Bezugsgröße" bezeichnet jeden Bezugsrahmen, der keine europäische Norm ist und von den europäischen Normungsorganisationen nach den an die Bedürfnisse des Marktes angepassten Verfahren erarbeitet wurde.

VIII.
Vergabe- und Vertragsordnung für Bauleistungen Teil A (VOB/A) – Ausgabe 2019 – Abschnitt 3 (VOB/A – VS)

Vergabebestimmungen im Anwendungsbereich der Richtlinie 2009/81/EG[1] (VOB/A – VS)[2]

Abschnitt 3 (VOB/A-VS) in der Fassung der Bekanntmachung vom 31. Januar 2019 (BAnz AT 19.02.2019 B2), der zuletzt durch Bekanntmachung vom 6. September 2023 (BAnz AT 25.09.2023 B4) geändert worden ist, in Anwendung seit seit dem 14.02.2024 gem. Verordnung vom 07.02.2024 (BGBl. 2024 I Nr. 39)

Vorbemerkung: Zum Anwendungsbereich und Zweck der Regelungen siehe die Vorbemerkung zur VSVgV. Die letzten Änderungen der VOB/A-VS zur Einführung der eForms zum 25.10.2023 sind in den Bekanntmachungen dargestellt, die vor der VOB/A-EU abgedruckt sind.

Abschnitt 3 der VOB/A basiert auf dem Aufbau und Inhalt des Abschnitts 2 (EU-Paragrafen); auf die dortigen Anmerkungen kann daher grundsätzlich verwiesen werden. Der Inhalt wird lediglich für den Bereich Sicherheit und Verteidigung teilweise angepasst. Zu den sich daraus ergebenden Besonderheiten (insbesondere betreffend die Wahl der Verfahrensart, den besonderen Schutz von Verschlusssachen sowie die Versorgungssicherheit) siehe die Vorbemerkung zur VSVgV.

§ 1 VS
Anwendungsbereich

(1) Bauaufträge sind Verträge über die Ausführung oder die gleichzeitige Planung und Ausführung

1. eines Bauvorhabens oder eines Bauwerks für den Auftraggeber, das
   a) Ergebnis von Tief- oder Hochbauarbeiten ist und
   b) eine wirtschaftliche oder technische Funktion erfüllen soll, oder
2. einer dem Auftraggeber unmittelbar wirtschaftlich zugutekommenden Bauleistung durch Dritte gemäß den vom Auftraggeber genannten Erfordernissen.

Im Bereich Verteidigung und Sicherheit haben Bauaufträge Bauleistungen zum Gegenstand, die in allen Phasen ihres Lebenszyklus im unmittelbaren Zusammenhang mit den in § 104 Absatz 1 GWB genannten Ausrüstungen stehen, sowie Bauleistungen speziell für militärische Zwecke oder Bauleistungen im Rahmen eines Verschlusssachenauftrags. Bauleistungen im Rahmen eines Verschlusssachenauftrags sind Bauleistungen, bei deren Erbringung Verschlusssachen nach § 4 des Gesetzes über die Voraussetzungen und das Verfahren von Sicherheitsüberprüfungen des Bundes oder nach den entsprechenden Bestimmungen der Länder verwendet werden oder die solche Verschlusssachen erfordern oder beinhalten.

(2) 1. Die Bestimmungen dieses Abschnitts sind von Auftraggebern im Sinne von § 99 GWB und Sektorenauftraggebern im Sinne von § 100 GWB für Bauaufträge nach Absatz 1 anzuwenden, bei denen der geschätzte Gesamtauftragswert der Baumaßnahme oder des Bauwerkes (alle Bauaufträge für eine bauliche Anlage) mindestens dem sich aus § 106 Absatz 2 Nummer 3 GWB ergebenden Schwellenwert ohne Umsatzsteuer entspricht.

2. Die Schätzung des Auftragswerts richtet sich nach § 3 der Vergabeverordnung Verteidigung und Sicherheit (VSVgV).

1 Richtlinie 2009/81/EG des Europäischen Parlaments und des Rates vom 13. Juli 2009 über die Koordinierung der Verfahren zur Vergabe öffentlicher Bauaufträge, Lieferaufträge und Dienstleistungsaufträge (ABl. L 216 vom 20.8.2009, S. 76).
2 Zitierweise: § x VS Absatz y VOB/A.

(3) Ist bei einem Bauauftrag ein Teil der Leistung verteidigungs- oder sicherheitsspezifisch, gelten die Bestimmungen des § 111 GWB.

§ 2 VS
Grundsätze

(1) Öffentliche Aufträge werden im Wettbewerb und im Wege transparenter Verfahren vergeben. Dabei werden die Grundsätze der Wirtschaftlichkeit und der Verhältnismäßigkeit gewahrt. Wettbewerbsbeschränkende und unlautere Verhaltensweisen sind zu bekämpfen.

(2) Die Teilnehmer an einem Vergabeverfahren sind gleich zu behandeln, es sei denn, eine Ungleichbehandlung ist aufgrund des GWB ausdrücklich geboten oder gestattet.

(3) Öffentliche Aufträge werden an fachkundige und leistungsfähige (geeignete) Unternehmen vergeben, die nicht nach § 6e VS ausgeschlossen worden sind.

(4) Die Regelungen darüber, wann natürliche Personen bei Entscheidungen in einem Vergabeverfahren für einen Auftraggeber als voreingenommen gelten und an einem Vergabeverfahren nicht mitwirken dürfen, richten sich nach § 42 VSVgV.

(5) Auftraggeber, Bewerber, Bieter und Auftragnehmer wahren die Vertraulichkeit aller Informationen und Unterlagen nach Maßgabe dieser Vergabeordnung oder anderen Rechtsvorschriften.

(6) Vor der Einleitung eines Vergabeverfahrens kann der Auftraggeber Marktkonsultationen zur Vorbereitung der Auftragsvergabe und zur Unterrichtung der Unternehmer über seine Pläne zur Auftragsvergabe und die Anforderungen an den Auftrag durchführen. Die Durchführung von Vergabeverfahren zum Zwecke der Markterkundung ist unzulässig.

(7) Der Auftraggeber kann Bewerbern und Bietern Auflagen zum Schutz von Verschlusssachen machen, die sie diesen im Zuge des Verfahrens zur Vergabe eines Auftrags übermitteln. Er kann von diesen Bewerbern und Bietern verlangen, die Einhaltung dieser Auflagen durch ihre Unterauftragnehmer sicherzustellen.

§ 3 VS
Arten der Vergabe

Bauaufträge im Sinne von § 1 VS werden von öffentlichen Auftraggebern nach § 99 GWB und Sektorenauftraggebern im Sinne von § 100 GWB vergeben:

1. im nicht offenen Verfahren; bei einem nicht offenen Verfahren wird öffentlich zur Teilnahme, aus dem Bewerberkreis sodann eine beschränkte Anzahl von Unternehmen zur Angebotsabgabe aufgefordert,
2. im Verhandlungsverfahren; beim Verhandlungsverfahren mit oder ohne Teilnahmewettbewerb wendet sich der Auftraggeber an ausgewählte Unternehmen und verhandelt mit einem oder mehreren dieser Unternehmen über die von diesen unterbreiteten Angebote, um diese entsprechend den in der Auftragsbekanntmachung, den Vergabeunterlagen und etwaigen sonstigen Unterlagen angegebenen Anforderungen anzupassen,
3. im wettbewerblichen Dialog; ein wettbewerblicher Dialog ist ein Verfahren zur Vergabe öffentlicher Aufträge mit dem Ziel der Ermittlung und Festlegung der Mittel, mit denen die Bedürfnisse des öffentlichen Auftraggebers am besten erfüllt werden können.

§ 3a VS
Zulässigkeitsvoraussetzungen

(1) Die Vergabe von Aufträgen erfolgt im nicht offenen Verfahren oder im Verhandlungsverfahren mit Teilnahmewettbewerb. In begründeten Ausnahmefällen ist ein Verhandlungsverfahren ohne Teilnahmewettbewerb oder ein wettbewerblicher Dialog zulässig.

(2) Das Verhandlungsverfahren ohne Teilnahmewettbewerb ist zulässig,

1. wenn bei einem nicht offenen Verfahren, einem Verhandlungsverfahren mit Teilnahmewettbewerb oder einem wettbewerblichen Dialog
   a) keine wirtschaftlichen Angebote abgegeben worden sind und
   b) die ursprünglichen Vertragsunterlagen nicht grundlegend geändert werden und
   c) in das Verhandlungsverfahren alle Bieter aus dem vorausgegangenen Verfahren einbezogen werden, die fachkundig und leistungsfähig (geeignet) sind und die nicht nach § 6e VS ausgeschlossen worden sind,
2. wenn bei einem nicht offenen Verfahren, einem Verhandlungsverfahren mit Teilnahmewettbewerb oder einem wettbewerblichen Dialog
   d) keine Angebote oder keine Bewerbungen abgegeben worden sind oder
   e) nur solche Angebote abgegeben worden sind, die nach § 16 VS auszuschließen sind,

   und die ursprünglichen Vertragsunterlagen nicht grundlegend geändert werden,
3. wenn die Arbeiten aus technischen Gründen oder auf Grund des Schutzes von Ausschließlichkeitsrechten nur von einem bestimmten Unternehmen ausgeführt werden können,
4. wenn wegen der Dringlichkeit der Leistung aus zwingenden Gründen infolge von Ereignissen, die der Auftraggeber nicht verursacht hat und nicht voraussehen konnte, oder wegen dringlicher Gründe in Krisensituationen die in den §§ 10b VS bis 10d VS vorgeschriebenen Fristen nicht eingehalten werden können,
5. wenn gleichartige Bauleistungen wiederholt werden, die durch denselben Auftraggeber an den Auftragnehmer vergeben werden, der den ursprünglichen Auftrag erhalten hat, und wenn sie einem Grundentwurf entsprechen und dieser Gegenstand des ursprünglichen Auftrags war, der nach einem nicht offenen Verfahren, einem Verhandlungsverfahren mit Teilnahmewettbewerb oder im wettbewerblichen Dialog vergeben wurde. Die Möglichkeit, dieses Verfahren anzuwenden, muss bereits bei der Auftragsbekanntmachung für das erste Vorhaben angegeben werden; der für die Fortsetzung der Bauarbeiten in Aussicht gestellte Gesamtauftragswert wird vom Auftraggeber bei der Anwendung von § 1 VS berücksichtigt. Dieses Verfahren darf jedoch nur innerhalb von fünf Jahren nach Abschluss des ersten Auftrags angewandt werden.

(3) Der wettbewerbliche Dialog ist zulässig, wenn der Auftraggeber objektiv nicht in der Lage ist,

1. die technischen Mittel anzugeben, mit denen seine Bedürfnisse und Anforderungen erfüllt werden können, oder
2. die rechtlichen oder finanziellen Bedingungen des Vorhabens anzugeben.

§ 3b VS
Ablauf der Verfahren

(1) Beim nicht offenen Verfahren müssen mindestens drei geeignete Bewerber aufgefordert werden. Auf jeden Fall muss die Zahl der aufgeforderten Bewerber einen echten Wettbewerb sicherstellen. Die Eignung ist anhand der mit dem Teilnahmeantrag vorgelegten Nachweise zu prüfen.

(2) 1. Beim Verhandlungsverfahren mit Teilnahmewettbewerb und beim wettbewerblichen Dialog müssen bei einer hinreichenden Anzahl geeigneter Bewerber mindestens drei Bewerber zu Verhandlungen oder zum Dialog aufgefordert werden.

2. Will der Auftraggeber die Zahl der Teilnehmer im Verhandlungsverfahren mit Teilnahmewettbewerb oder im wettbewerblichen Dialog begrenzen, so gibt er in der Auftragsbekanntmachung Folgendes an:
   a) die von ihm vorgesehenen objektiven, nicht diskriminierenden und auftragsbezogenen Kriterien und

b) die vorgesehene Mindestzahl und gegebenenfalls auch die Höchstzahl der einzuladenden Bewerber.

Sofern die Zahl von Bewerbern, die die Eignungskriterien und die Mindestanforderungen an die Leistungsfähigkeit erfüllen, unter der Mindestanzahl liegt, kann der Auftraggeber das Verfahren fortführen, indem er den oder die Bewerber einlädt, die über die geforderte Leistungsfähigkeit verfügen.

Ist der Auftraggeber der Auffassung, dass die Zahl der geeigneten Bewerber zu gering ist, um einen echten Wettbewerb zu gewährleisten, so kann er das Verfahren aussetzen und die erste Auftragsbekanntmachung gemäß § 12 VS Absatz 2 zur Festsetzung einer neuen Frist für die Einreichung von Anträgen auf Teilnahme erneut veröffentlichen. In diesem Fall werden die nach der ersten sowie die nach der zweiten Veröffentlichung ausgewählten Bewerber eingeladen. Diese Möglichkeit besteht unbeschadet des Rechts des Auftraggebers, das laufende Vergabeverfahren einzustellen und ein neues Verfahren auszuschreiben.

3. Der Auftraggeber trägt dafür Sorge, dass alle Bieter bei den Verhandlungen gleichbehandelt werden. Insbesondere enthält er sich jeder diskriminierenden Weitergabe von Informationen, durch die bestimmte Bieter gegenüber anderen begünstigt werden könnten.

4. Der Auftraggeber kann vorsehen, dass das Verhandlungsverfahren in verschiedenen aufeinander folgenden Phasen durchgeführt wird. In jeder Verhandlungsphase kann die Zahl der Angebote, über die verhandelt wird, auf der Grundlage der in der Auftragsbekanntmachung oder in den Vertragsunterlagen angegebenen Zuschlagskriterien verringert werden. In der Schlussphase müssen noch so viele Angebote vorliegen, dass ein Wettbewerb gewährleistet ist.

(3) 1. Beim wettbewerblichen Dialog hat der Auftraggeber seine Bedürfnisse und Anforderungen bekannt zu machen; die Erläuterung dieser Anforderungen erfolgt in der Auftragsbekanntmachung oder in einer Beschreibung.

2. Mit den Unternehmen, die ausgewählt wurden, ist ein Dialog zu eröffnen. In dem Dialog legt der Auftraggeber fest, wie seine Bedürfnisse am besten erfüllt werden können; er kann mit den ausgewählten Unternehmen alle Einzelheiten des Auftrags erörtern.

3. Der Auftraggeber hat dafür zu sorgen, dass alle Unternehmen bei dem Dialog gleichbehandelt werden; insbesondere darf er Informationen nicht so weitergeben, dass bestimmte Unternehmen begünstigt werden könnten. Der Auftraggeber darf Lösungsvorschläge oder vertrauliche Informationen eines Unternehmens

   a) nicht ohne dessen Zustimmung an die anderen Unternehmen weitergeben und

   b) nur im Rahmen des Vergabeverfahrens verwenden.

4. Der Auftraggeber kann vorsehen, dass der Dialog in verschiedenen aufeinander folgenden Phasen geführt wird. In jeder Dialogphase kann die Zahl der zu erörternden Lösungen auf Grundlage der in der Auftragsbekanntmachung oder in den Vergabeunterlagen angegebenen Zuschlagskriterien verringert werden. Der Auftraggeber hat die Unternehmen zu informieren, wenn deren Lösungen nicht für die nächstfolgende Dialogphase vorgesehen sind. In der Schlussphase müssen noch so viele Angebote vorliegen, dass ein Wettbewerb gewährleistet ist.

5. Der Auftraggeber hat den Dialog für abgeschlossen zu erklären, wenn

   c) eine Lösung gefunden worden ist, die seine Bedürfnisse und Anforderungen erfüllt, oder

   d) erkennbar ist, dass keine Lösung gefunden werden kann.

   Der Auftraggeber hat die Unternehmen über den Abschluss des Dialogs zu informieren.

6. Im Fall von Nummer 5 Buchstabe a hat der Auftraggeber die Unternehmen aufzufordern, auf der Grundlage der eingereichten und in der Dialogphase näher ausgeführten Lösungen ihr endgültiges Angebot vorzulegen. Die Angebote müssen alle Einzelheiten enthalten, die zur Ausführung des

Projekts erforderlich sind. Der Auftraggeber kann verlangen, dass Präzisierungen, Klarstellungen und Ergänzungen zu diesen Angeboten gemacht werden. Diese Präzisierungen, Klarstellungen oder Ergänzungen dürfen jedoch nicht dazu führen, dass grundlegende Elemente des Angebots oder der Ausschreibung geändert werden, dass der Wettbewerb verzerrt wird oder andere am Verfahren beteiligte Unternehmen diskriminiert werden.

7. Der Auftraggeber hat die Angebote auf Grund der in der Auftragsbekanntmachung oder in den Vergabeunterlagen festgelegten Zuschlagskriterien zu bewerten und das wirtschaftlichste Angebot auszuwählen. Der Auftraggeber darf das Unternehmen, dessen Angebot als das wirtschaftlichste ermittelt wurde, auffordern, bestimmte Einzelheiten des Angebots näher zu erläutern oder im Angebot enthaltene Zusagen zu bestätigen. Dies darf nicht dazu führen, dass wesentliche Aspekte des Angebots oder der Ausschreibung geändert werden, und dass der Wettbewerb verzerrt wird oder andere am Verfahren beteiligte Unternehmen diskriminiert werden.

8. Verlangt der Auftraggeber, dass die am wettbewerblichen Dialog teilnehmenden Unternehmen Entwürfe, Pläne, Zeichnungen, Berechnungen oder andere Unterlagen ausarbeiten, muss er einheitlich allen Unternehmen, die die geforderten Unterlagen rechtzeitig vorgelegt haben, eine angemessene Kostenerstattung gewähren.

§ 4 VS
Vertragsarten

(1) Bauaufträge sind so zu vergeben, dass die Vergütung nach Leistung bemessen wird (Leistungsvertrag), und zwar:

1. in der Regel zu Einheitspreisen für technisch und wirtschaftlich einheitliche Teilleistungen, deren Menge nach Maß, Gewicht oder Stückzahl vom Auftraggeber in den Vertragsunterlagen anzugeben ist (Einheitspreisvertrag),
2. in geeigneten Fällen für eine Pauschalsumme, wenn die Leistung nach Ausführungsart und Umfang genau bestimmt ist und mit einer Änderung bei der Ausführung nicht zu rechnen ist (Pauschalvertrag).

(2) Abweichend von Absatz 1 können Bauaufträge geringeren Umfangs, die überwiegend Lohnkosten verursachen, im Stundenlohn vergeben werden (Stundenlohnvertrag).

(3) Das Angebotsverfahren ist darauf abzustellen, dass der Bieter die Preise, die er für seine Leistungen fordert, in die Leistungsbeschreibung einzusetzen oder in anderer Weise im Angebot anzugeben hat.

(4) Das Auf- und Abgebotsverfahren, bei dem vom Auftraggeber angegebene Preise dem Auf- und Abgebot der Bieter unterstellt werden, soll nur ausnahmsweise bei regelmäßig wiederkehrenden Unterhaltungsarbeiten, deren Umfang möglichst zu umgrenzen ist, angewandt werden.

§ 4a VS
Rahmenvereinbarungen

(1) Der Abschluss einer Rahmenvereinbarung erfolgt im Rahmen einer nach dieser Vergabeordnung anwendbaren Verfahrensart. Das in Aussicht genommene Auftragsvolumen ist so genau wie möglich zu ermitteln und bekannt zu geben, braucht aber nicht abschließend festgelegt zu werden. Eine Rahmenvereinbarung darf nicht missbräuchlich oder in einer Art angewendet werden, die den Wettbewerb behindert, einschränkt oder verfälscht.

(2) Auf einer Rahmenvereinbarung beruhende Einzelaufträge werden nach den Kriterien dieses Absatzes und der Absätze 3 bis 5 vergeben. Die Einzelauftragsvergabe erfolgt ausschließlich zwischen den in der Auftragsbekanntmachung oder der Aufforderung zur Interessensbestätigung genannten Auftraggebern und denjenigen Unternehmen, die zum Zeitpunkt des Abschlusses des Einzelauftrags Vertragspartei der Rahmenvereinbarung sind. Dabei dürfen keine wesentlichen Änderungen an den Bedingungen der Rahmenvereinbarung vorgenommen werden.

(3) Wird eine Rahmenvereinbarung mit nur einem Unternehmen geschlossen, so werden die auf dieser Rahmenvereinbarung beruhenden Einzelaufträge entsprechend den Bedingungen der Rahmenvereinbarung vergeben. Für die Vergabe der Einzelaufträge kann der öffentliche Auftraggeber das an der Rahmenvereinbarung beteiligte Unternehmen in Textform auffordern, sein Angebot erforderlichenfalls zu vervollständigen.

(4) Wird eine Rahmenvereinbarung mit mehr als einem Unternehmen geschlossen, so müssen mindestens drei Unternehmen beteiligt sein, sofern eine ausreichend große Zahl von Unternehmen die Eignungskriterien oder eine ausreichend große Zahl von zulässigen Angeboten die Zuschlagskriterien erfüllt. Die Einzelaufträge, die auf einer mit mehreren Unternehmen geschlossenen Rahmenvereinbarung beruhen, werden wie folgt vergeben:

1. gemäß den Bedingungen der Rahmenvereinbarung ohne erneutes Vergabeverfahren, wenn in der Rahmenvereinbarung alle Bedingungen für die Erbringung der Bauleistung sowie die objektiven Bedingungen für die Auswahl der Unternehmen festgelegt sind, die sie als Partei der Rahmenvereinbarung ausführen werden; die letztgenannten Bedingungen sind in der Auftragsbekanntmachung oder den Vergabeunterlagen für die Rahmenvereinbarung zu nennen;

2. wenn in der Rahmenvereinbarung alle Bedingungen für die Erbringung der Bauleistung festgelegt sind, teilweise ohne erneutes Vergabeverfahren gemäß Nummer 1 und teilweise mit erneutem Vergabeverfahren zwischen den Unternehmen, die Partei der Rahmenvereinbarung sind, gemäß Nummer 3, wenn diese Möglichkeit in der Auftragsbekanntmachung oder den Vergabeunterlagen für die Rahmenvereinbarung durch den öffentlichen Auftraggeber festgelegt ist; die Entscheidung, ob bestimmte Bauleistungen nach erneutem Vergabeverfahren oder direkt entsprechend den Bedingungen der Rahmenvereinbarung beschafft werden sollen, wird nach objektiven Kriterien getroffen, die in der Auftragsbekanntmachung oder den Vergabeunterlagen für die Rahmenvereinbarung festgelegt sind; in der Auftragsbekanntmachung oder den Vergabeunterlagen ist außerdem festzulegen, welche Bedingungen einem erneuten Vergabeverfahren unterliegen können; diese Möglichkeiten gelten auch für jedes Los einer Rahmenvereinbarung, für das alle Bedingungen für die Erbringung der Bauleistung in der Rahmenvereinbarung festgelegt sind, ungeachtet dessen, ob alle Bedingungen für die Erbringung einer Bauleistung für andere Lose festgelegt wurden;

   oder

3. sofern nicht alle Bedingungen zur Erbringung der Bauleistung in der Rahmenvereinbarung festgelegt sind, mittels eines erneuten Vergabeverfahrens zwischen den Unternehmen, die Parteien der Rahmenvereinbarung sind.

(5) Die in Absatz 4 Nummer 2 und 3 genannten Vergabeverfahren beruhen auf denselben Bedingungen wie der Abschluss der Rahmenvereinbarung und erforderlichenfalls auf genauer formulierten Bedingungen sowie gegebenenfalls auf weiteren Bedingungen, die in der Auftragsbekanntmachung oder den Vergabeunterlagen für die Rahmenvereinbarung in Übereinstimmung mit dem folgenden Verfahren genannt werden:

1. vor Vergabe jedes Einzelauftrags konsultiert der öffentliche Auftraggeber in Textform die Unternehmen, die in der Lage sind, den Auftrag auszuführen;

2. der öffentliche Auftraggeber setzt eine ausreichende Frist für die Abgabe der Angebote für jeden Einzelauftrag fest; dabei berücksichtigt er unter anderem die Komplexität des Auftragsgegenstands und die für die Übermittlung der Angebote erforderliche Zeit;

3. die Angebote sind in Textform einzureichen und dürfen bis zum Ablauf der Einreichungsfrist nicht geöffnet werden;

4. der öffentliche Auftraggeber vergibt die Einzelaufträge an den Bieter, der auf der Grundlage der in der Auftragsbekanntmachung oder den Vergabeunterlagen für die Rahmenvereinbarung genannten Zuschlagskriterien das jeweils wirtschaftlichste Angebot vorgelegt hat.

(6) Die Laufzeit einer Rahmenvereinbarung darf höchstens sieben Jahre betragen, es sei denn, es liegt ein im Gegenstand der Rahmenvereinbarung begründeter Sonderfall vor.

§ 5 VS
Einheitliche Vergabe, Vergabe nach Losen

(1) Bauaufträge sollen so vergeben werden, dass eine einheitliche Ausführung und zweifelsfreie umfassende Haftung für Mängelansprüche erreicht wird; sie sollen daher in der Regel mit den zur Leistung gehörigen Lieferungen vergeben werden.

(2) Mittelständische Interessen sind bei der Vergabe öffentlicher Aufträge vornehmlich zu berücksichtigen. Leistungen sind in der Menge aufgeteilt (Teillose) und getrennt nach Art oder Fachgebiet (Fachlose) zu vergeben. Mehrere Teil- oder Fachlose dürfen zusammen vergeben werden, wenn wirtschaftliche oder technische Gründe dies erfordern. Wird ein Unternehmen, das nicht öffentlicher Auftraggeber ist, mit der Wahrnehmung oder Durchführung einer öffentlichen Aufgabe betraut, verpflichtet der Auftraggeber das Unternehmen, sofern es Unteraufträge an Dritte vergibt, nach den Sätzen 1 bis 3 zu verfahren.

§ 6 VS
Teilnehmer am Wettbewerb

(1) Öffentliche Aufträge werden an fachkundige und leistungsfähige (geeignete) Unternehmen vergeben, die nicht nach § 6e VS ausgeschlossen worden sind.

(2) Ein Unternehmen ist geeignet, wenn es die durch den Auftraggeber im Einzelnen zur ordnungsgemäßen Ausführung des Auftrags festgelegten Kriterien (Eignungskriterien) erfüllt. Die Eignungskriterien dürfen ausschließlich Folgendes betreffen:

1. Befähigung und Erlaubnis zur Berufsausübung,
2. wirtschaftliche und finanzielle Leistungsfähigkeit,
3. technische und berufliche Leistungsfähigkeit.

Die Eignungskriterien müssen mit dem Auftragsgegenstand in Verbindung und zu diesem in einem angemessenen Verhältnis stehen.

(3) 1. Der Wettbewerb darf nicht auf Unternehmen beschränkt werden, die in bestimmten Regionen oder Orten ansässig sind.

2. Bietergemeinschaften sind Einzelbietern gleichzusetzen. Der Auftraggeber kann von Bietergemeinschaften die Annahme einer bestimmten Rechtsform verlangen, wenn dies für die ordnungsgemäße Durchführung des Auftrags notwendig ist. Die Annahme dieser Rechtsform kann von der Bietergemeinschaft nur verlangt werden, wenn ihr der Auftrag erteilt wird.

3. Hat ein Bewerber oder Bieter vor Einleitung des Vergabeverfahrens den Auftraggeber beraten oder sonst unterstützt, so hat der Auftraggeber sicherzustellen, dass der Wettbewerb durch die Teilnahme dieses Bewerbers oder Bieters nicht verfälscht wird.

§ 6a VS
Eignungsnachweise

(1) Zum Nachweis ist die Eignung (Fachkunde und Leistungsfähigkeit) sowie das Nichtvorliegen von Ausschlussgründen gemäß § 6e VS der Bewerber oder Bieter zu prüfen.

(2) 1. Der Nachweis umfasst die folgenden Angaben:

a) den Umsatz des Unternehmens jeweils bezogen auf die letzten drei abgeschlossenen Geschäftsjahre, soweit er Bauleistungen und andere Leistungen betrifft, die mit der zu vergebenden Leistung vergleichbar sind, unter Einschluss des Anteils bei gemeinsam mit anderen Unternehmen ausgeführten Aufträgen,

b) die Ausführung von Leistungen in den letzten fünf abgeschlossenen Geschäftsjahren, die mit der zu vergebenden Leistung vergleichbar sind,

c) die Zahl der in den letzten drei abgeschlossenen Geschäftsjahren jahresdurchschnittlich beschäftigten Arbeitskräfte, gegliedert nach Lohngruppen mit gesondert ausgewiesenem technischem Leitungspersonal,

d) die Eintragung in das Berufsregister ihres Sitzes oder Wohnsitzes und

e) die Anmeldung des Unternehmens bei der Berufsgenossenschaft.

2. Andere, auf den konkreten Auftrag bezogene zusätzliche geeignete Angaben können verlangt werden, insbesondere Angaben und Nachweise, die für den Umgang mit Verschlusssachen erforderlich sind oder die Versorgungssicherheit gewährleisten sollen, sowie Angaben, die für die Prüfung der Fachkunde geeignet sind.

3. Der Auftraggeber wird andere ihm geeignet erscheinende Nachweise der wirtschaftlichen und finanziellen Leistungsfähigkeit zulassen, wenn er feststellt, dass stichhaltige Gründe dafür bestehen.

4. Kann ein Unternehmen aus einem berechtigten Grund die geforderten Nachweise nicht beibringen, kann es den Nachweis seiner Eignung durch Vorlage anderer Belege erbringen, die der Auftraggeber für geeignet hält.

§ 6b VS
Mittel der Nachweisführung, Verfahren

(1) Der Nachweis, auch über das Nichtvorliegen von Ausschlussgründen nach § 6e VS, kann mit der vom Auftraggeber direkt abrufbaren Eintragung in die allgemein zugängliche Liste des Vereins für die Präqualifikation von Bauunternehmen e. V. (Präqualifikationsverzeichnis) erfolgen.

Die Eintragung in ein gleichwertiges Verzeichnis anderer Mitgliedstaaten ist als Nachweis zugelassen.

(2) Die Angaben können die Bewerber oder Bieter auch durch Einzelnachweise erbringen. Der Auftraggeber kann dabei vorsehen, dass für einzelne Angaben Eigenerklärungen ausreichend sind, soweit es mit Verteidigungs- und Sicherheitsinteressen vereinbar ist. Eigenerklärungen, die als vorläufiger Nachweis dienen, sind von den Bietern, deren Angebote in die engere Wahl kommen, durch entsprechende Bescheinigungen der zuständigen Stellen zu bestätigen.

(3) Der Auftraggeber verlangt, dass die Nachweise bereits mit dem Teilnahmeantrag vorgelegt werden.

(4) Vor der Aufforderung zur Angebotsabgabe ist die Eignung der Unternehmen zu prüfen. Dabei sind die Unternehmen auszuwählen, deren Eignung die für die Erfüllung der vertraglichen Verpflichtungen notwendige Sicherheit bietet.

(5) Muss einem Bewerber für das Erstellen eines Angebotes der Zugang zu Verschlusssachen des Grades „VS-VERTRAULICH" oder höher gewährt werden, muss der Bewerber bereits vor Gewährung des Zugangs die geforderten Angaben und Nachweise vorlegen. Kommt der Bewerber dem nicht nach, schließt der Auftraggeber ihn von der Teilnahme am Vergabeverfahren aus.

§ 6c VS
Qualitätssicherung und Umweltmanagement

(1) Der Auftraggeber kann zusätzlich Angaben über Umweltmanagementverfahren verlangen, die der Bewerber oder Bieter bei der Ausführung des Auftrags gegebenenfalls anwenden will. In diesem Fall kann der Auftraggeber zum Nachweis dafür, dass der Bewerber oder Bieter bestimmte Normen für das Umweltmanagement erfüllt, die Vorlage von Bescheinigungen unabhängiger Stellen verlangen. Der Auftraggeber nimmt dabei Bezug auf

1. das Gemeinschaftssystem für das Umweltmanagement und die Umweltbetriebsprüfung (EMAS) oder

2. Normen für das Umweltmanagement, die

a) auf den einschlägigen europäischen oder internationalen Normen beruhen und

b) von entsprechenden Stellen zertifiziert sind, die dem Gemeinschaftsrecht oder einschlägigen europäischen oder internationalen Zertifizierungsnormen entsprechen.

Gleichwertige Bescheinigungen von Stellen in anderen Mitgliedstaaten sind anzuerkennen. Der Auftraggeber erkennt auch andere Nachweise für gleichwertige Umweltmanagement-Maßnahmen an, die von Bewerbern oder Bietern vorgelegt werden.

(2) Auftraggeber können zum Nachweis dafür, dass der Bewerber oder Bieter bestimmte Qualitätssicherungsnormen erfüllt, die Vorlage von Bescheinigungen unabhängiger Stellen verlangen. Der Auftraggeber nimmt dabei auf Qualitätssicherungsverfahren Bezug, die

1. den einschlägigen europäischen Normen genügen und

2. von entsprechenden Stellen zertifiziert sind, die den europäischen Zertifizierungsnormen entsprechen.

Gleichwertige Bescheinigungen von Stellen aus anderen Mitgliedstaaten sind anzuerkennen. Der Auftraggeber erkennt auch andere gleichwertige Nachweise für Qualitätssicherungsmaßnahmen an.

§ 6d VS
Kapazitäten anderer Unternehmen

Ein Bewerber oder Bieter kann sich, gegebenenfalls auch als Mitglied einer Bietergemeinschaft, zur Erfüllung eines Auftrags der Fähigkeiten anderer Unternehmen bedienen. Dabei kommt es nicht auf den rechtlichen Charakter der Verbindung zwischen ihm und diesen Unternehmen an. In diesem Fall fordert der Auftraggeber von den in der engeren Wahl befindlichen Bewerbern oder Bietern den Nachweis darüber, dass ihnen die erforderlichen Mittel zur Verfügung stehen. Als Nachweise können beispielsweise entsprechende Verpflichtungserklärungen dieser Unternehmen vorgelegt werden.

§ 6e VS
Ausschlussgründe

(1) Der Auftraggeber schließt ein Unternehmen zu jedem Zeitpunkt des Vergabeverfahrens von der Teilnahme aus, wenn er Kenntnis davon hat, dass eine Person, deren Verhalten nach Absatz 3 dem Unternehmen zuzurechnen ist, rechtskräftig verurteilt oder gegen das Unternehmen eine Geldbuße nach § 30 des Gesetzes über Ordnungswidrigkeiten rechtskräftig festgesetzt worden ist wegen einer Straftat nach:

1. § 129 StGB (Bildung krimineller Vereinigungen), § 129a StGB (Bildung terroristischer Vereinigungen) oder § 129b StGB (kriminelle und terroristische Vereinigungen im Ausland),

2. § 89c StGB (Terrorismusfinanzierung) oder wegen der Teilnahme an einer solchen Tat oder wegen der Bereitstellung oder Sammlung finanzieller Mittel in Kenntnis dessen, dass diese finanziellen Mittel ganz oder teilweise dazu verwendet werden oder verwendet werden sollen, eine Tat nach § 89a Absatz 2 Nummer 2 StGB zu begehen,

3. § 261 StGB (Geldwäsche; Verschleierung unrechtmäßig erlangter Vermögenswerte),

4. § 263 StGB (Betrug), soweit sich die Straftat gegen den Haushalt der Europäischen Union oder gegen Haushalte richtet, die von der Europäischen Union oder in ihrem Auftrag verwaltet werden,

5. § 264 StGB (Subventionsbetrug), soweit sich die Straftat gegen den Haushalt der Europäischen Union oder gegen Haushalte richtet, die von der Europäischen Union oder in ihrem Auftrag verwaltet werden,

6. § 299 StGB (Bestechlichkeit und Bestechung im geschäftlichen Verkehr), den §§ 299a und 299b StGB (Bestechlichkeit und Bestechung im Gesundheitswesen),

7. § 108e StGB (Bestechlichkeit und Bestechung von Mandatsträgern),

8. den §§ 333 und 334 StGB (Vorteilsgewährung und Bestechung), jeweils auch in Verbindung mit § 335a StGB (Ausländische und internationale Bedienstete),

9. Artikel 2 § 2 des Gesetzes zur Bekämpfung internationaler Bestechung (Bestechung ausländischer Abgeordneter im Zusammenhang mit internationalem Geschäftsverkehr) oder
10. den §§ 232, 232a Absatz 1 bis 5, den §§ 232b bis 233a StGB (Menschenhandel, Zwangsprostitution, Zwangsarbeit, Ausbeutung der Arbeitskraft, Ausbeutung unter Ausnutzung einer Freiheitsberaubung).

(2) Einer Verurteilung oder der Festsetzung einer Geldbuße im Sinne des Absatzes 1 stehen eine Verurteilung oder die Festsetzung einer Geldbuße nach den vergleichbaren Vorschriften anderer Staaten gleich.

(3) Das Verhalten einer rechtskräftig verurteilten Person ist einem Unternehmen zuzurechnen, wenn diese Person als für die Leitung des Unternehmens Verantwortlicher gehandelt hat; dazu gehört auch die Überwachung der Geschäftsführung oder die sonstige Ausübung von Kontrollbefugnissen in leitender Stellung.

(4) Der Auftraggeber schließt ein Unternehmen von der Teilnahme an einem Vergabeverfahren aus, wenn

1. das Unternehmen seinen Verpflichtungen zur Zahlung von Steuern, Abgaben und Beiträgen zur Sozialversicherung nicht nachgekommen ist und dies durch eine rechtskräftige Gerichts- oder bestandskräftige Verwaltungsentscheidung festgestellt wurde, oder
2. der Auftraggeber auf sonstige geeignete Weise die Verletzung einer Verpflichtung nach Nummer 1 nachweisen kann.

Satz 1 findet keine Anwendung, wenn das Unternehmen seinen Verpflichtungen dadurch nachgekommen ist, dass es die Zahlung vorgenommen oder sich zur Zahlung der Steuern, Abgaben und Beiträge zur Sozialversicherung einschließlich Zinsen, Säumnis- und Strafzuschlägen verpflichtet hat.

(5) Von einem Ausschluss nach Absatz 1 kann abgesehen werden, wenn dies aus zwingenden Gründen des öffentlichen Interesses geboten ist. Von einem Ausschluss nach Absatz 4 Satz 1 kann abgesehen werden, wenn dies aus zwingenden Gründen des öffentlichen Interesses geboten ist oder ein Ausschluss offensichtlich unverhältnismäßig wäre. § 6f VS Absatz 1 und 2 bleiben unberührt.

(6) Der Auftraggeber kann unter Berücksichtigung des Grundsatzes der Verhältnismäßigkeit ein Unternehmen zu jedem Zeitpunkt des Vergabeverfahrens von der Teilnahme an einem Vergabeverfahren ausschließen, wenn

1. das Unternehmen bei der Ausführung öffentlicher Aufträge nachweislich gegen geltende umwelt-, sozial- und arbeitsrechtliche Verpflichtungen verstoßen hat,
2. das Unternehmen zahlungsunfähig ist, über das Vermögen des Unternehmens ein Insolvenzverfahren oder ein vergleichbares Verfahren beantragt oder eröffnet worden ist, die Eröffnung eines solchen Verfahrens mangels Masse abgelehnt worden ist, sich das Unternehmen im Verfahren der Liquidation befindet oder seine Tätigkeit eingestellt hat,
3. das Unternehmen im Rahmen der beruflichen Tätigkeit nachweislich eine schwere Verfehlung begangen hat, durch die die Integrität des Unternehmens infrage gestellt wird insbesondere im Rahmen seiner beruflichen Tätigkeit seine Pflicht zur Gewährleistung der Informations- oder Versorgungssicherheit bei einem früheren Auftrag verletzt hat; Absatz 3 ist entsprechend anzuwenden,
4. der Auftraggeber über hinreichende Anhaltspunkte dafür verfügt, dass das Unternehmen mit anderen Unternehmen Vereinbarungen getroffen oder Verhaltensweisen aufeinander abgestimmt hat, die eine Verhinderung, Einschränkung oder Verfälschung des Wettbewerbs bezwecken oder bewirken,
5. ein Interessenkonflikt bei der Durchführung des Vergabeverfahrens besteht, der die Unparteilichkeit und Unabhängigkeit einer für den Auftraggeber tätigen Person bei der Durchführung des Vergabeverfahrens beeinträchtigen könnte und der durch andere, weniger einschneidende Maßnahmen nicht wirksam beseitigt werden kann,

6. eine Wettbewerbsverzerrung daraus resultiert, dass das Unternehmen bereits in die Vorbereitung des Vergabeverfahrens einbezogen war, und diese Wettbewerbsverzerrung nicht durch andere, weniger einschneidende Maßnahmen beseitigt werden kann,
7. das Unternehmen eine wesentliche Anforderung bei der Ausführung eines früheren öffentlichen Auftrags erheblich oder fortdauernd mangelhaft erfüllt hat und dies zu einer vorzeitigen Beendigung, zu Schadensersatz oder zu einer vergleichbaren Rechtsfolge geführt hat,
8. das Unternehmen in Bezug auf Ausschlussgründe oder Eignungskriterien eine schwerwiegende Täuschung begangen, Auskünfte zurückgehalten hat oder nicht in der Lage ist, die erforderlichen Nachweise zu übermitteln oder
9. das Unternehmen
   a) versucht hat, die Entscheidungsfindung des Auftraggebers in unzulässiger Weise zu beeinflussen,
   b) versucht hat, vertrauliche Informationen zu erhalten, durch die es unzulässige Vorteile beim Vergabeverfahren erlangen könnte,
   c) fahrlässig oder vorsätzlich irreführende Informationen übermittelt hat, die die Vergabeentscheidung des Auftraggebers erheblich beeinflussen könnten oder versucht hat, solche Informationen zu übermitteln, oder
10. das Unternehmen nachweislich nicht die erforderliche Vertrauenswürdigkeit aufweist, um Risiken für die nationale Sicherheit auszuschließen; als Beweismittel kommen auch geschützte Datenquellen in Betracht.

§ 6f VS
Selbstreinigung

(1) Auftraggeber schließen ein Unternehmen, bei dem ein Ausschlussgrund nach § 6e VS vorliegt, nicht von der Teilnahme an dem Vergabeverfahren aus, wenn das Unternehmen dem Auftraggeber oder nach § 8 des Wettbewerbsregistergesetzes dem Bundeskartellamt nachgewiesen hat, dass es

1. für jeden durch eine Straftat oder ein Fehlverhalten verursachten Schaden einen Ausgleich gezahlt oder sich zur Zahlung eines Ausgleichs verpflichtet hat,
2. die Tatsachen und Umstände, die mit der Straftat oder dem Fehlverhalten und dem dadurch verursachten Schaden in Zusammenhang stehen, durch eine aktive Zusammenarbeit mit den Ermittlungsbehörden und dem Auftraggeber umfassend geklärt hat und
3. konkrete technische, organisatorische und personelle Maßnahmen ergriffen hat, die geeignet sind, weitere Straftaten oder weiteres Fehlverhalten zu vermeiden.

§ 6e VS Absatz 4 Satz 2 bleibt unberührt.

(2) Bei der Bewertung der von dem Unternehmen ergriffenen Selbstreinigungsmaßnahmen sind die Schwere und die besonderen Umstände der Straftat oder des Fehlverhaltens zu berücksichtigen. Die Entscheidung, dass die Selbstreinigungsmaßnahmen des Unternehmens als unzureichend bewertet werden, ist gegenüber dem Unternehmen zu begründen.

(3) Wenn ein Unternehmen, bei dem ein Ausschlussgrund vorliegt, keine oder keine ausreichenden Selbstreinigungsmaßnahmen nach Absatz 1 ergreift, darf es

1. bei Vorliegen eines Ausschlussgrundes nach § 6e VS Absatz 1 bis 4 höchstens für einen Zeitraum von fünf Jahren ab dem Tag der rechtskräftigen Verurteilung von der Teilnahme an Vergabeverfahren ausgeschlossen werden,
2. bei Vorliegen eines Ausschlussgrundes nach § 6e VS Absatz 6 höchstens für einen Zeitraum von drei Jahren ab dem betreffenden Ereignis von der Teilnahme an Vergabeverfahren ausgeschlossen werden.

§ 7 VS
Leistungsbeschreibung

(1) 1. Die Leistung ist eindeutig und so erschöpfend zu beschreiben, dass alle Unternehmen die Beschreibung im gleichen Sinne verstehen müssen und ihre Preise sicher und ohne umfangreiche Vorarbeiten berechnen können.

2. Um eine einwandfreie Preisermittlung zu ermöglichen, sind alle sie beeinflussenden Umstände festzustellen und in den Vergabeunterlagen anzugeben.

3. Dem Auftragnehmer darf kein ungewöhnliches Wagnis aufgebürdet werden für Umstände und Ereignisse, auf die er keinen Einfluss hat und deren Einwirkung auf die Preise und Fristen er nicht im Voraus schätzen kann.

4. Bedarfspositionen sind grundsätzlich nicht in die Leistungsbeschreibung aufzunehmen. Angehängte Stundenlohnarbeiten dürfen nur in dem unbedingt erforderlichen Umfang in die Leistungsbeschreibung aufgenommen werden.

5. Erforderlichenfalls sind auch der Zweck und die vorgesehene Beanspruchung der fertigen Leistung anzugeben.

6. Die für die Ausführung der Leistung wesentlichen Verhältnisse der Baustelle, z. B. Boden- und Wasserverhältnisse, sind so zu beschreiben, dass das Unternehmen ihre Auswirkungen auf die bauliche Anlage und die Bauausführung hinreichend beurteilen kann.

7. Die „Hinweise für das Aufstellen der Leistungsbeschreibung" in Abschnitt 0 der Allgemeinen Technischen Vertragsbedingungen für Bauleistungen, DIN 18299 ff., sind zu beachten.

(2) Soweit es nicht durch den Auftragsgegenstand gerechtfertigt ist, darf in technischen Spezifikationen nicht auf eine bestimmte Produktion oder Herkunft oder ein besonderes Verfahren, das die von einem bestimmten Unternehmen bereitgestellten Produkte charakterisiert, oder auf Marken, Patente, Typen oder einen bestimmten Ursprung oder eine bestimmte Produktion verwiesen werden, wenn dadurch bestimmte Unternehmen oder bestimmte Produkte begünstigt oder ausgeschlossen werden. Solche Verweise sind jedoch ausnahmsweise zulässig, wenn der Auftragsgegenstand nicht hinreichend genau und allgemein verständlich beschrieben werden kann; solche Verweise sind mit dem Zusatz „oder gleichwertig" zu versehen.

(3) Bei der Beschreibung der Leistung sind die verkehrsüblichen Bezeichnungen zu beachten.

§ 7a VS
Technische Spezifikationen

(1) Die technischen Anforderungen (Spezifikationen – siehe Anhang TS Nummer 1) an den Auftragsgegenstand müssen allen Unternehmen gleichermaßen zugänglich sein.

(2) Die technischen Spezifikationen sind in den Vergabeunterlagen zu formulieren:

1. entweder unter Bezugnahme auf die in Anhang TS definierten technischen Spezifikationen in der Rangfolge
   a) nationale zivile Normen, mit denen europäische Normen umgesetzt werden,
   b) europäische technische Bewertungen,
   c) gemeinsame zivile technische Spezifikationen,
   d) nationale zivile Normen, mit denen internationale Normen umgesetzt werden,
   e) andere internationale zivile Normen,
   f) andere technische Bezugssysteme, die von den europäischen Normungsgremien erarbeitet wurden oder, falls solche Normen und Spezifikationen fehlen, nationale Normen, nationale technische Zulassungen oder nationale technische Spezifikationen für die Planung, Berechnung und Ausführung von Bauwerken und den Einsatz von Produkten,

g) zivile technische Spezifikationen, die von der Industrie entwickelt wurden und von ihr allgemein anerkannt werden oder

h) die in Anhang III Nummer 3 der Richtlinie 2009/81/EG definierten nationalen „Verteidigungsnormen" und Spezifikationen für Verteidigungsgüter, die diesen Normen entsprechen.

Jede Bezugnahme ist mit dem Zusatz „oder gleichwertig" zu versehen;

2. oder in Form von Leistungs- oder Funktionsanforderungen, die so genau zu fassen sind, dass sie den Unternehmen ein klares Bild vom Auftragsgegenstand vermitteln und dem Auftraggeber die Erteilung des Zuschlags ermöglichen;

3. oder in Kombination der Nummern 1 und 2, das heißt

i) in Form von Leistungs- oder Funktionsanforderungen unter Bezugnahme auf die Spezifikationen gemäß Nummer 1 als Mittel zur Vermutung der Konformität mit diesen Leistungs- oder Funktionsanforderungen;

j) oder mit Bezugnahme auf die Spezifikationen gemäß Nummer 1 hinsichtlich bestimmter Merkmale und mit Bezugnahme auf die Leistungs- oder Funktionsanforderungen gemäß Nummer 2 hinsichtlich anderer Merkmale.

(3) Verweist der Auftraggeber in der Leistungsbeschreibung auf die in Absatz 2 Nummer 1 genannten Spezifikationen, so darf er ein Angebot nicht mit der Begründung ablehnen, die angebotene Leistung entspräche nicht den herangezogenen Spezifikationen, sofern der Bieter in seinem Angebot dem Auftraggeber nachweist, dass die von ihm vorgeschlagenen Lösungen den Anforderungen der technischen Spezifikation, auf die Bezug genommen wurde, gleichermaßen entsprechen. Als geeignetes Mittel kann eine technische Beschreibung des Herstellers oder ein Prüfbericht einer anerkannten Stelle gelten.

(4) Legt der Auftraggeber die technischen Spezifikationen in Form von Leistungs- oder Funktionsanforderungen fest, so darf er ein Angebot, das einer nationalen Norm entspricht, mit der eine europäische Norm umgesetzt wird, oder einer europäischen technischen Bewertung, einer gemeinsamen technischen Spezifikation, einer internationalen Norm oder einem technischen Bezugssystem, das von den europäischen Normungsgremien erarbeitet wurde, entspricht, nicht zurückweisen, wenn diese Spezifikationen die geforderten Leistungs- oder Funktionsanforderungen betreffen. Der Bieter muss in seinem Angebot mit geeigneten Mitteln dem Auftraggeber nachweisen, dass die der Norm entsprechende jeweilige Leistung den Leistungs- oder Funktionsanforderungen des Auftraggebers entspricht. Als geeignetes Mittel kann eine technische Beschreibung des Herstellers oder ein Prüfbericht einer anerkannten Stelle gelten.

(5) Schreibt der Auftraggeber Umwelteigenschaften in Form von Leistungs- oder Funktionsanforderungen vor, so kann er die Spezifikationen verwenden, die in europäischen, multinationalen oder anderen Umweltzeichen definiert sind, wenn

1. sie sich zur Definition der Merkmale des Auftragsgegenstands eignen,
2. die Anforderungen des Umweltzeichens auf Grundlage von wissenschaftlich abgesicherten Informationen ausgearbeitet werden,
3. die Umweltzeichen im Rahmen eines Verfahrens erlassen werden, an dem interessierte Kreise – wie z. B. staatliche Stellen, Verbraucher, Hersteller, Händler und Umweltorganisationen – teilnehmen können, und
4. das Umweltzeichen für alle Betroffenen zugänglich und verfügbar ist.

Der Auftraggeber kann in den Vergabeunterlagen angeben, dass bei Leistungen, die mit einem Umweltzeichen ausgestattet sind, vermutet wird, dass sie den in der Leistungsbeschreibung festgelegten technischen Spezifikationen genügen. Der Auftraggeber muss jedoch auch jedes andere geeignete Beweismittel, wie technische Unterlagen des Herstellers oder Prüfberichte anerkannter Stellen, akzeptieren. Anerkannte Stellen sind die Prüf- und Eichlaboratorien sowie die Inspektions- und Zertifizierungsstellen, die mit den anwendbaren europäischen Normen übereinstimmen. Der Auftraggeber erkennt Bescheinigungen von in anderen Mitgliedstaaten ansässigen anerkannten Stellen an.

§ 7b VS
Leistungsbeschreibung mit Leistungsverzeichnis

(1) Die Leistung ist in der Regel durch eine allgemeine Darstellung der Bauaufgabe (Baubeschreibung) und ein in Teilleistungen gegliedertes Leistungsverzeichnis zu beschreiben.

(2) Erforderlichenfalls ist die Leistung auch zeichnerisch oder durch Probestücke darzustellen oder anders zu erklären, z. B. durch Hinweise auf ähnliche Leistungen, durch Mengen- oder statische Berechnungen. Zeichnungen und Proben, die für die Ausführung maßgebend sein sollen, sind eindeutig zu bezeichnen.

(3) Leistungen, die nach den Vertragsbedingungen, den Technischen Vertragsbedingungen oder der gewerblichen Verkehrssitte zu der geforderten Leistung gehören (§ 2 Absatz 1 VOB/B), brauchen nicht besonders aufgeführt zu werden.

(4) Im Leistungsverzeichnis ist die Leistung derart aufzugliedern, dass unter einer Ordnungszahl (Position) nur solche Leistungen aufgenommen werden, die nach ihrer technischen Beschaffenheit und für die Preisbildung als in sich gleichartig anzusehen sind. Ungleichartige Leistungen sollen unter einer Ordnungszahl (Sammelposition) nur zusammengefasst werden, wenn eine Teilleistung gegenüber einer anderen für die Bildung eines Durchschnittspreises ohne nennenswerten Einfluss ist.

§ 7c VS
Leistungsbeschreibung mit Leistungsprogramm

(1) Wenn es nach Abwägen aller Umstände zweckmäßig ist, abweichend von § 7b VS Absatz 1 zusammen mit der Bauausführung auch den Entwurf für die Leistung dem Wettbewerb zu unterstellen, um die technisch, wirtschaftlich und gestalterisch beste sowie funktionsgerechteste Lösung der Bauaufgabe zu ermitteln, kann die Leistung durch ein Leistungsprogramm dargestellt werden.

(2) 1. Das Leistungsprogramm umfasst eine Beschreibung der Bauaufgabe, aus der die Unternehmen alle für die Entwurfsbearbeitung und ihr Angebot maßgebenden Bedingungen und Umstände erkennen können und in der sowohl der Zweck der fertigen Leistung als auch die an sie gestellten technischen, wirtschaftlichen, gestalterischen und funktionsbedingten Anforderungen angegeben sind, sowie gegebenenfalls ein Musterleistungsverzeichnis, in dem die Mengenangaben ganz oder teilweise offengelassen sind.

2. § 7b VS Absatz 2 bis 4 gilt sinngemäß.

(3) Von dem Bieter ist ein Angebot zu verlangen, das außer der Ausführung der Leistung den Entwurf nebst eingehender Erläuterung und eine Darstellung der Bauausführung sowie eine eingehende und zweckmäßig gegliederte Beschreibung der Leistung – gegebenenfalls mit Mengen- und Preisangaben für Teile der Leistung – umfasst. Bei Beschreibung der Leistung mit Mengen- und Preisangaben ist vom Bieter zu verlangen, dass er

1. die Vollständigkeit seiner Angaben, insbesondere die von ihm selbst ermittelten Mengen, entweder ohne Einschränkung oder im Rahmen einer in den Vergabeunterlagen anzugebenden Mengentoleranz vertritt, und
2. etwaige Annahmen, zu denen er in besonderen Fällen gezwungen ist, weil zum Zeitpunkt der Angebotsabgabe einzelne Teilleistungen nach Art und Menge noch nicht bestimmt werden können (z. B. Aushub-, Abbruch- oder Wasserhaltungsarbeiten) – erforderlichenfalls anhand von Plänen und Mengenermittlungen – begründet.

§ 8 VS
Vergabeunterlagen

(1) Die Vergabeunterlagen bestehen aus

1. dem Anschreiben (Aufforderung zur Angebotsabgabe gemäß Absatz 2 Nummer 1 bis 3), gegebenenfalls Teilnahmebedingungen (Absatz 2 Nummer 6) und
2. den Vertragsunterlagen (Absatz 3 und die §§ 7 VS bis 7c VS, § 8a VS Absatz 1 bis 3).

(2) 1. Das Anschreiben muss die Informationen nach Vorgabe der Spalte 18 der Tabelle 2 des Anhangs der Durchführungsverordnung (EU) 2019/1780 enthalten, die außer den Vertragsunterlagen für den Entschluss zur Abgabe eines Angebots notwendig sind, sofern sie nicht bereits veröffentlicht wurden.

2. In den Vergabeunterlagen kann der Auftraggeber die Bieter auffordern, in ihrem Angebot die Leistungen anzugeben, die sie an Nachunternehmen zu vergeben beabsichtigen.

3. Hat der Auftraggeber in der Auftragsbekanntmachung Nebenangebote zugelassen, hat er anzugeben:

a) ob er Nebenangebote ausnahmsweise nur in Verbindung mit einem Hauptangebot zulässt,

b) die Mindestanforderungen für Nebenangebote.

Von Bietern, die eine Leistung anbieten, deren Ausführung nicht in Allgemeinen Technischen Vertragsbedingungen oder in den Vergabeunterlagen geregelt ist, sind im Angebot entsprechende Angaben über Ausführung und Beschaffenheit dieser Leistung zu verlangen.

4. Der Auftraggeber kann in der Auftragsbekanntmachung angeben, dass er die Abgabe mehrerer Hauptangebote nicht zulässt.

5. Der Auftraggeber hat an zentraler Stelle in den Vergabeunterlagen abschließend alle Unterlagen im Sinne von § 16a VS Absatz 1 mit Ausnahme von Produktangaben anzugeben.

6. Auftraggeber, die ständig Bauaufträge vergeben, sollen die Erfordernisse, die die Unternehmen bei der Bearbeitung ihrer Angebote beachten müssen, in den Teilnahmebedingungen zusammenfassen und dem Anschreiben beifügen.

(3) Bei der Vergabe von Verschlusssachenaufträgen und Aufträgen, die Anforderungen an die Versorgungssicherheit beinhalten, benennt der Auftraggeber in der Auftragsbekanntmachung oder den Vergabeunterlagen alle Maßnahmen und Anforderungen, die erforderlich sind, um den Schutz solcher Verschlusssachen entsprechend der jeweiligen Sicherheitsstufe zu gewährleisten bzw. um die Versorgungssicherheit zu gewährleisten.

§ 8a VS
Allgemeine, Besondere und Zusätzliche Vertragsbedingungen

(1) In den Vergabeunterlagen ist vorzuschreiben, dass die Allgemeinen Vertragsbedingungen für die Ausführung von Bauleistungen (VOB/B) und die Allgemeinen Technischen Vertragsbedingungen für Bauleistungen (VOB/C) Bestandteile des Vertrags werden. Das gilt auch für etwaige Zusätzliche Vertragsbedingungen und etwaige Zusätzliche Technische Vertragsbedingungen, soweit sie Bestandteile des Vertrags werden sollen.

(2) 1. Die Allgemeinen Vertragsbedingungen bleiben grundsätzlich unverändert. Sie können von Auftraggebern, die ständig Bauaufträge vergeben, für die bei ihnen allgemein gegebenen Verhältnisse durch Zusätzliche Vertragsbedingungen ergänzt werden. Diese dürfen den Allgemeinen Vertragsbedingungen nicht widersprechen.

2. Für die Erfordernisse des Einzelfalles sind die Allgemeinen Vertragsbedingungen und etwaige Zusätzliche Vertragsbedingungen durch Besondere Vertragsbedingungen zu ergänzen. In diesen sollen sich Abweichungen von den Allgemeinen Vertragsbedingungen auf die Fälle beschränken, in denen dort besondere Vereinbarungen ausdrücklich vorgesehen sind und auch nur soweit es die Eigenart der Leistung und ihre Ausführung erfordern.

(3) Die Allgemeinen Technischen Vertragsbedingungen bleiben grundsätzlich unverändert. Sie können von Auftraggebern, die ständig Bauaufträge vergeben, für die bei ihnen allgemein gegebenen Verhältnisse durch Zusätzliche Technische Vertragsbedingungen ergänzt werden. Für die Erfordernisse des Einzelfalles sind Ergänzungen und Änderungen in der Leistungsbeschreibung festzulegen.

(4) 1. In den Zusätzlichen Vertragsbedingungen oder in den Besonderen Vertragsbedingungen sollen, soweit erforderlich, folgende Punkte geregelt werden:

a) Unterlagen (§ 8b VS Absatz 3; § 3 Absatz 5 und 6 VOB/B),

b) Benutzung von Lager- und Arbeitsplätzen, Zufahrtswegen, Anschlussgleisen, Wasser- und Energieanschlüssen (§ 4 Absatz 4 VOB/B),

c) Weitervergabe an Nachunternehmen (§ 4 Absatz 8 VOB/B),

d) Ausführungsfristen (§ 9 VS; § 5 VOB/B),

e) Haftung (§ 10 Absatz 2 VOB/B),

f) Vertragsstrafen und Beschleunigungsvergütungen (§ 9a VS; § 11 VOB/B),

g) Abnahme (§ 12 VOB/B),

h) Vertragsart (§§ 4 VS, 4a VS), Abrechnung (§ 14 VOB/B),

i) Stundenlohnarbeiten (§ 15 VOB/B),

j) Zahlungen, Vorauszahlungen (§ 16 VOB/B),

k) Sicherheitsleistung (§ 9c VS; § 17 VOB/B),

l) Gerichtsstand (§ 18 Absatz 1 VOB/B),

m) Lohn- und Gehaltsnebenkosten,

n) Änderung der Vertragspreise (§ 9d VS).

2. Im Einzelfall erforderliche besondere Vereinbarungen über die Mängelansprüche sowie deren Verjährung (§ 9b VS; § 13 Absatz 1, 4 und 7 VOB/B) und über die Verteilung der Gefahr bei Schäden, die durch Hochwasser, Sturmfluten, Grundwasser, Wind, Schnee, Eis und dergleichen entstehen können (§ 7 VOB/B), sind in den Besonderen Vertragsbedingungen zu treffen. Sind für bestimmte Bauleistungen gleichgelagerte Voraussetzungen im Sinne von § 9b VS gegeben, so dürfen die besonderen Vereinbarungen auch in Zusätzlichen Technischen Vertragsbedingungen vorgesehen werden.

§ 8b VS
Kosten- und Vertrauensregelung, Schiedsverfahren

(1) Beim nicht offenen Verfahren, beim Verhandlungsverfahren und beim wettbewerblichen Dialog sind alle Unterlagen unentgeltlich abzugeben.

(2) 1. Für die Bearbeitung des Angebotes wird keine Entschädigung gewährt. Verlangt jedoch der Auftraggeber, dass der Bieter Entwürfe, Pläne, Zeichnungen, statische Berechnungen, Mengenberechnungen oder andere Unterlagen ausarbeitet, insbesondere in den Fällen des § 7c VS, so ist einheitlich für alle Bieter in der Ausschreibung eine angemessene Entschädigung festzusetzen. Diese Entschädigung steht jedem Bieter zu, der ein der Ausschreibung entsprechendes Angebot mit den geforderten Unterlagen rechtzeitig eingereicht hat.

2. Diese Grundsätze gelten für Verhandlungsverfahren und wettbewerblichen Dialog entsprechend.

(3) Der Auftraggeber darf Angebotsunterlagen und die in den Angeboten enthaltenen eigenen Vorschläge eines Bieters nur für die Prüfung und Wertung der Angebote (§§ 16c VS und 16d VS) verwenden. Eine darüber hinausgehende Verwendung bedarf der vorherigen schriftlichen Vereinbarung.

(4) Sollen Streitigkeiten aus dem Vertrag unter Ausschluss des ordentlichen Rechtsweges im schiedsrichterlichen Verfahren ausgetragen werden, so ist es in besonderer, nur das Schiedsverfahren betreffender Urkunde zu vereinbaren, soweit nicht § 1031 Absatz 2 ZPO auch eine andere Form der Vereinbarung zulässt.

§ 9 VS
Ausführungsfristen, Einzelfristen, Verzug

(1) 1. Die Ausführungsfristen sind ausreichend zu bemessen; Jahreszeit, Arbeitsbedingungen und etwaige besondere Schwierigkeiten sind zu berücksichtigen. Für die Bauvorbereitung ist dem Auftragnehmer genügend Zeit zu gewähren.

2. Außergewöhnlich kurze Fristen sind nur bei besonderer Dringlichkeit vorzusehen.

3. Soll vereinbart werden, dass mit der Ausführung erst nach Aufforderung zu beginnen ist (§ 5 Absatz 2 VOB/B), so muss die Frist, innerhalb derer die Aufforderung ausgesprochen werden kann, unter billiger Berücksichtigung der für die Ausführung maßgebenden Verhältnisse zumutbar sein; sie ist in den Vergabeunterlagen festzulegen.

(2) 1. Wenn es ein erhebliches Interesse des Auftraggebers erfordert, sind Einzelfristen für in sich abgeschlossene Teile der Leistung zu bestimmen.

2. Wird ein Bauzeitenplan aufgestellt, damit die Leistungen aller Unternehmen sicher ineinandergreifen, so sollen nur die für den Fortgang der Gesamtarbeit besonders wichtigen Einzelfristen als vertraglich verbindliche Fristen (Vertragsfristen) bezeichnet werden.

(3) Ist für die Einhaltung von Ausführungsfristen die Übergabe von Zeichnungen oder anderen Unterlagen wichtig, so soll hierfür ebenfalls eine Frist festgelegt werden.

(4) Der Auftraggeber darf in den Vertragsunterlagen eine Pauschalierung des Verzugsschadens (§ 5 Absatz 4 VOB/B) vorsehen; sie soll fünf Prozent der Auftragssumme nicht überschreiten. Der Nachweis eines geringeren Schadens ist zuzulassen.

§ 9a VS
Vertragsstrafen, Beschleunigungsvergütung

Vertragsstrafen für die Überschreitung von Vertragsfristen sind nur zu vereinbaren, wenn die Überschreitung erhebliche Nachteile verursachen kann. Die Strafe ist in angemessenen Grenzen zu halten. Beschleunigungsvergütungen (Prämien) sind nur vorzusehen, wenn die Fertigstellung vor Ablauf der Vertragsfristen erhebliche Vorteile bringt.

§ 9b VS
Verjährung der Mängelansprüche

Andere Verjährungsfristen als nach § 13 Absatz 4 VOB/B sollen nur vorgesehen werden, wenn dies wegen der Eigenart der Leistung erforderlich ist. In solchen Fällen sind alle Umstände gegeneinander abzuwägen, insbesondere, wann etwaige Mängel wahrscheinlich erkennbar werden und wieweit die Mängelursachen noch nachgewiesen werden können, aber auch die Wirkung auf die Preise und die Notwendigkeit einer billigen Bemessung der Verjährungsfristen für Mängelansprüche.

§ 9c VS
Sicherheitsleistung

(1) Auf Sicherheitsleistung soll ganz oder teilweise verzichtet werden, wenn Mängel der Leistung voraussichtlich nicht eintreten. Unterschreitet die Auftragssumme 250 000 Euro ohne Umsatzsteuer, ist auf Sicherheitsleistung für die Vertragserfüllung und in der Regel auf Sicherheitsleistung für die Mängelansprüche zu verzichten. Bei nicht offenen Verfahren sowie bei Verhandlungsverfahren und wettbewerblichem Dialog sollen Sicherheitsleistungen in der Regel nicht verlangt werden.

(2) Die Sicherheit soll nicht höher bemessen und ihre Rückgabe nicht für einen späteren Zeitpunkt vorgesehen werden, als nötig ist, um den Auftraggeber vor Schaden zu bewahren. Die Sicherheit für die Erfüllung sämtlicher Verpflichtungen aus dem Vertrag soll fünf Prozent der Auftragssumme nicht überschreiten. Die Sicherheit für Mängelansprüche soll drei Prozent der Abrechnungssumme nicht überschreiten.

§ 9d VS
Änderung der Vergütung

Sind wesentliche Änderungen der Preisermittlungsgrundlagen zu erwarten, deren Eintritt oder Ausmaß ungewiss ist, so kann eine angemessene Änderung der Vergütung in den Vertragsunterlagen vorgesehen werden. Die Einzelheiten der Preisänderungen sind festzulegen.

§ 10 VS
Fristen

Falls die Angebote nur nach einer Ortsbesichtigung oder Einsichtnahme in nicht übersandte Unterlagen erstellt werden können, sind längere Fristen als die Mindestfristen festzulegen, damit alle Unternehmen von allen Informationen, die für die Erstellung des Angebots erforderlich sind, Kenntnis nehmen können.

§ 10a VS
frei

§ 10b VS
Fristen im nicht offenen Verfahren

(1) Beim nicht offenen Verfahren beträgt die Frist für den Eingang der Anträge auf Teilnahme (Bewerbungsfrist) mindestens 37 Kalendertage, gerechnet vom Tag nach Absendung der Auftragsbekanntmachung.

(2) Die Bewerbungsfrist kann bei Auftragsbekanntmachungen, die über das Internetportal des Amtes für Veröffentlichungen der Europäischen Union auf elektronischem Weg erstellt und übermittelt werden (elektronischen Auftragsbekanntmachungen), um sieben Kalendertage verkürzt werden.

(3) Die Angebotsfrist beträgt mindestens 40 Kalendertage, gerechnet vom Tag nach Absendung der Aufforderung zur Angebotsabgabe.

(4) Die Angebotsfrist kann auf 36 Kalendertage, gerechnet vom Tag nach Absendung der Aufforderung zur Angebotsabgabe, verkürzt werden; sie darf 22 Kalendertage nicht unterschreiten. Voraussetzung dafür ist, dass eine Vorinformation nach dem vorgeschriebenen Muster gemäß § 12 VS Absatz 1 Nummer 2 mindestens 52 Kalendertage, höchstens aber zwölf Monate vor Absendung der Auftragsbekanntmachung des Auftrags an das Amt für Veröffentlichungen der Europäischen Union abgesandt wurde. Diese Vorinformation muss mindestens die im Muster einer Auftragsbekanntmachung nach § 12 VS Absatz 2 Nummer 2 für das nicht offene Verfahren geforderten Angaben enthalten, soweit diese Informationen zum Zeitpunkt der Absendung der Vorinformation vorlagen.

(5) Die Angebotsfrist kann um weitere fünf Kalendertage verkürzt werden, wenn ab der Veröffentlichung der Auftragsbekanntmachung die Vertragsunterlagen und alle zusätzlichen Unterlagen auf elektronischem Weg frei zugänglich, direkt und vollständig zur Verfügung gestellt werden; in der Auftragsbekanntmachung ist die Internetadresse anzugeben, unter der diese Unterlagen abgerufen werden können.

(6) Aus Gründen der Dringlichkeit kann

1. die Bewerbungsfrist auf mindestens 15 Kalendertage oder mindestens zehn Kalendertage bei elektronischer Auftragsbekanntmachung, wenn ab der Veröffentlichung der Auftragsbekanntmachung die Vertragsunterlagen und alle zusätzlichen Unterlagen auf elektronischem Weg frei zugänglich, direkt und vollständig zur Verfügung gestellt werden; in der Auftragsbekanntmachung ist die Internetadresse anzugeben, unter der diese Unterlagen abgerufen werden können,
2. die Angebotsfrist auf mindestens zehn Kalendertage

verkürzt werden.

(7) Bis zum Ablauf der Angebotsfrist können Angebote in Textform zurückgezogen werden.

(8) Der Auftraggeber bestimmt eine angemessene Frist, innerhalb der die Bieter an ihre Angebote gebunden sind (Bindefrist). Diese soll so kurz wie möglich und nicht länger bemessen werden, als der Auftragge-

ber für eine zügige Prüfung und Wertung der Angebote (§§ 16 VS bis 16d VS) benötigt. Eine längere Bindefrist als 30 Kalendertage soll nur in begründeten Fällen festgelegt werden. Das Ende der Bindefrist ist durch Angabe des Kalendertags zu bezeichnen.

(9) Die Bindefrist beginnt mit dem Ablauf der Angebotsfrist.

§ 10c VS
Fristen im Verhandlungsverfahren

(1) Beim Verhandlungsverfahren mit Teilnahmewettbewerb ist entsprechend §§ 10 VS und 10b VS Absatz 1, 2, 6 Nummer 1 und Absatz 8 bis 9 zu verfahren.

(2) Beim Verhandlungsverfahren ohne Teilnahmewettbewerb ist auch bei Dringlichkeit für die Bearbeitung und Einreichung der Angebote eine ausreichende Angebotsfrist nicht unter zehn Kalendertagen vorzusehen. Dabei ist insbesondere der zusätzliche Aufwand für die Besichtigung von Baustellen oder die Beschaffung von Unterlagen für die Angebotsbearbeitung zu berücksichtigen. Es ist entsprechend § 10b VS Absatz 8 und 9 zu verfahren.

§ 10d VS
Fristen im wettbewerblichen Dialog

Beim wettbewerblichen Dialog ist entsprechend §§ 10 VS und 10b VS Absatz 1, 2 und 8 bis 9 zu verfahren.

§ 11 VS
Grundsätze der Informationsübermittlung

(1) 1. Der Auftraggeber gibt in der Auftragsbekanntmachung oder den Vergabeunterlagen an, ob Informationen per Post, Telefax, direkt, elektronisch oder durch eine Kombination dieser Kommunikationsmittel übermittelt werden.

2. Das für die elektronische Übermittlung gewählte Netz muss allgemein verfügbar sein und darf den Zugang der Bewerber und Bieter zu den Vergabeverfahren nicht beschränken. Die dafür zu verwendenden Programme und ihre technischen Merkmale müssen allgemein zugänglich, mit allgemein verbreiteten Erzeugnissen der Informations- und Kommunikationstechnologie kompatibel und nicht diskriminierend sein.

3. Der Auftraggeber hat dafür Sorge zu tragen, dass den interessierten Unternehmen die Informationen über die Spezifikationen der Geräte, die für die elektronische Übermittlung der Anträge auf Teilnahme und der Angebote erforderlich sind, einschließlich Verschlüsselung zugänglich sind. Außerdem muss gewährleistet sein, dass die in § 11a VS genannten Anforderungen erfüllt sind.

(2) Der Auftraggeber kann im Internet ein Beschafferprofil einrichten, in dem allgemeine Informationen wie Kontaktstelle, Telefon- und Telefaxnummer, Postanschrift und E-Mail-Adresse sowie Angaben über Ausschreibungen, geplante und vergebene Aufträge oder aufgehobene Verfahren veröffentlicht werden können.

(3) Der Auftraggeber hat die Datenintegrität und die Vertraulichkeit der übermittelten Anträge auf Teilnahme am Vergabeverfahren auf geeignete Weise zu gewährleisten. Per Post oder direkt übermittelte Anträge sind

1. in einem verschlossenen Umschlag einzureichen,
2. als Anträge auf Teilnahme auf dem Umschlag zu kennzeichnen und
3. bis zum Ablauf der vorgesehenen Frist unter Verschluss zu halten.

Bei elektronisch übermittelten Teilnahmeanträgen sind Datenintegrität und Vertraulichkeit durch entsprechende organisatorische und technische Lösungen nach den Anforderungen des Auftraggebers und durch Verschlüsselung sicherzustellen. Die Verschlüsselung muss bis zum Ablauf der Frist, die für die Einreichung der Anträge bestimmt ist, aufrechterhalten bleiben.

(4) Anträge auf Teilnahme am Vergabeverfahren können auch per Telefax oder telefonisch gestellt werden, müssen dann aber vom Unternehmen bis zum Ablauf der Frist für die Abgabe der Teilnahmeanträge durch Übermittlung per Post, direkt oder elektronisch bestätigt werden.

§ 11a VS
Anforderungen an elektronische Mittel

Die Geräte müssen gewährleisten, dass

1. für die Angebote eine elektronische Signatur oder ein elektronisches Siegel verwendet werden können,
2. Tag und Uhrzeit des Eingangs der Teilnahmeanträge oder Angebote genau bestimmbar sind,
3. ein Zugang zu den Daten nicht vor Ablauf des hierfür festgesetzten Termins erfolgt,
4. bei einem Verstoß gegen das Zugangsverbot der Verstoß sicher festgestellt werden kann,
5. ausschließlich die hierfür bestimmten Personen den Zeitpunkt der Öffnung der Daten festlegen oder ändern können,
6. der Zugang zu den übermittelten Daten nur möglich ist, wenn die hierfür bestimmten Personen gleichzeitig und erst nach dem festgesetzten Zeitpunkt tätig werden und
7. die übermittelten Daten ausschließlich den zur Kenntnisnahme bestimmten Personen zugänglich bleiben.

§ 12 VS
Vorinformation, Auftragsbekanntmachung, Ex-Ante-Bekanntmachung

(1) 1. Als Vorinformation sind die wesentlichen Merkmale der beabsichtigten Bauaufträge oder Rahmenvereinbarungen mit mindestens einem geschätzten Gesamtauftragswert für Bauleistungen nach § 106 Absatz 2 Nummer 3 GWB ohne Umsatzsteuer bekannt zu machen.

2. Eine Vorinformation ist nur dann verpflichtend, wenn der Auftraggeber von der Möglichkeit einer Verkürzung der Angebotsfrist gemäß § 10b VS Absatz 4 Gebrauch machen möchte. In diesem Fall ist die Vorinformation nach den Vorgaben der Spalte 9 in Tabelle 2 des Anhangs der Durchführungsverordnung (EU) 2019/1780 in Verbindung mit § 10a VgV, soweit dieser aufgrund von § 2 Absatz 3 VSVgV hinsichtlich der Regelungen zu den Vorgaben der Durchführungsverordnung (EU) 2019/1780 und des Datenaustauschstandards eForms einschließlich der Regelungen zu verpflichtenden Datenfeldern Anwendung findet, zu erstellen.

3. Eine Vorinformation nur zu Informationszwecken ist nach den Vorgaben der Spalte 6 in Tabelle 2 des Anhangs der Durchführungsverordnung (EU) 2019/1780 in Verbindung mit § 10a VgV, soweit dieser aufgrund von § 2 Absatz 3 VSVgV hinsichtlich der Regelungen zu den Vorgaben der Durchführungsverordnung (EU) 2019/1780 und des Datenaustauschstandards eForms einschließlich der Regelungen zu verpflichtenden Datenfeldern Anwendung findet, zu erstellen.

4. Nach Genehmigung der Planung ist die Vorinformation sobald wie möglich über den zentralen Datenservice Öffentlicher Einkauf dem Amt für Veröffentlichungen der Europäischen Union zu übermitteln oder im Beschafferprofil nach § 11 VS Absatz 2 zu veröffentlichen; in diesem Fall ist dem Amt für Veröffentlichungen der Europäischen Union zuvor über den zentralen Datenservice Öffentlicher Einkauf die Veröffentlichung nach den Vorgaben der Spalte 3 in Tabelle 2 des Anhangs der Durchführungsverordnung (EU) 2019/1780 in Verbindung mit § 10a VgV, soweit dieser aufgrund von § 2 Absatz 3 VSVgV hinsichtlich der Regelungen zu den Vorgaben der Durchführungsverordnung (EU) 2019/1780 und des Datenaustauschstandards eForms einschließlich der Regelungen zu verpflichtenden Datenfeldern Anwendung findet, zu melden, Anhang VI der Richtlinie 2009/81/EG ist zu beachten. Die Vorinformation kann außerdem in Tageszeitungen, amtlichen Veröffentlichungsblättern oder Internetportalen veröffentlicht werden.

(2) 1. Die Unternehmen sind durch Auftragsbekanntmachungen aufzufordern, ihre Teilnahme am Wettbewerb zu beantragen, wenn Bauaufträge im Sinne von § 1 VS oder Rahmenvereinbarungen in ei-

nem nicht offenen Verfahren, in einem Verhandlungsverfahren mit Tei nahmewettbewerb oder in einem wettbewerblichen Dialog vergeben werden.

2. Die Auftragsbekanntmachungen müssen nach den Vorgaben der Spalte 18 in Tabelle 2 des Anhangs der Durchführungsverordnung (EU) 2019/1780 in Verbindung mit § 10a VgV, soweit dieser aufgrund von § 2 Absatz 3 VSVgV hinsichtlich der Regelungen zu den Vorgaben der Durchführungsverordnung (EU) 2019/1780 und des Datenaustauschstandards eForms einschließlich der Regelungen zu verpflichtenden Datenfeldern Anwendung findet, erstellt werden. Wird der Inhalt der Auftragsbekanntmachung nicht auf elektronischem Weg übermittelt, soll er nicht mehr als 650 Wörter umfassen. Auftragsbekanntmachungen sind im Amtsblatt der Europäischen Union zu veröffentlichen und dem Amt für Veröffentlichungen der Europäischen Union unverzüglich, in Fällen des beschleunigten Verfahrens per Telefax oder elektronisch über den zentralen Datenservice Öffentlicher Einkauf zu übermitteln.
3. Der Auftraggeber muss nachweisen können, an welchem Tag die Auftragsbekanntmachung an das Amt für Veröffentlichungen der Europäischen Union abgesendet wurde.
4. Die Auftragsbekanntmachung wird unentgeltlich, spätestens zwölf Kalendertage nach der Absendung im Supplement zum Amtsblatt der Europäischen Union in der Originalsprache veröffentlicht. Eine Zusammenfassung der wichtigsten Angaben wird in den übrigen Amtssprachen der Europäischen Union veröffentlicht; der Wortlaut der Originalsprache ist verbindlich.
5. Auftragsbekanntmachungen, die über das Internetportal des Amtes für Veröffentlichungen der Europäischen Union auf elektronischem Weg erstellt und übermittelt wurden, werden abweichend von Nummer 4 spätestens fünf Kalendertage nach ihrer Absendung veröffentlicht.
6. Die Auftragsbekanntmachungen können zusätzlich im Inland veröffentlicht werden, beispielsweise in Tageszeitungen, amtlichen Veröffentlichungsblättern oder Internetportalen. Sie dürfen nur die Angaben enthalten, die dem Amt für Veröffentlichungen der Europäischen Union übermittelt wurden, und dürfen nicht vor Absendung an dieses Amt veröffentlicht werden.

(3) Die freiwillige Ex-Ante-Transparenzbekanntmachung im Sinne des § 135 Absatz 3 Satz 1 Nummer 2 und Satz 2 des Gesetzes gegen Wettbewerbsbeschränkungen erfolgt nach den Vorgaben der Spalte 27 in Tabelle 2 des Anhangs der Durchführungsverordnung (EU) 2019/1780 in Verbindung mit § 10a VgV, soweit dieser aufgrund von § 2 Absatz 3 VSVgV hinsichtlich der Regelungen zu den Vorgaben der Durchführungsverordnung (EU) 2019/1780 und des Datenaustauschstandards eForms einschließlich der Regelungen zu verpflichtenden Datenfeldern Anwendung findet gilt.

§ 12a VS
Versand der Vergabeunterlagen

(1) 1. Die Vergabeunterlagen sind den Unternehmen unverzüglich in geeigneter Weise zu übermitteln.

2. Die Vergabeunterlagen sind bei nicht offenen Verfahren sowie bei Verhandlungsverfahren und wettbewerblichem Dialog an alle ausgewählten Bewerber am selben Tag abzusenden.

(2) Wenn von den für die Preisermittlung wesentlichen Unterlagen keine Vervielfältigungen abgegeben werden können, sind diese in ausreichender Weise zur Einsicht auszulegen.

(3) Die Namen der Unternehmen, die Vergabeunterlagen erhalten oder eingesehen haben, sind geheim zu halten.

(4) Rechtzeitig beantragte Auskünfte über die Vergabeunterlagen sind spätestens sechs Kalendertage vor Ablauf der Angebotsfrist allen Unternehmen in gleicher Weise zu erteilen. Bei nicht offenen Verfahren und beschleunigten Verhandlungsverfahren nach § 10b VS Absatz 6 beträgt diese Frist vier Kalendertage.

§ 13 VS
Form und Inhalt der Angebote

(1) 1. Der Auftraggeber legt fest, in welcher Form die Angebote einzureichen sind. Sie müssen unterzeichnet sein. Elektronisch übermittelte Angebote sind nach Wahl des Auftraggebers zu versehen mit

a) einer fortgeschrittenen elektronischen Signatur,

b) einer qualifizierten elektronischen Signatur,

c) einem fortgeschrittenen elektronischen Siegel oder

d) einem qualifizierten elektronischen Siegel.

2. Der Auftraggeber hat die Datenintegrität und die Vertraulichkeit der Angebote auf geeignete Weise zu gewährleisten. Per Post oder direkt übermittelte Angebote sind in einem verschlossenen Umschlag einzureichen, als solche zu kennzeichnen und bis zum Ablauf der für die Einreichung vorgesehenen Frist unter Verschluss zu halten. Bei elektronisch übermittelten Angeboten ist dies durch entsprechende technische Lösungen nach den Anforderungen des Auftraggebers und durch Verschlüsselung sicherzustellen. Die Verschlüsselung muss bis zur Öffnung des ersten Angebots aufrechterhalten bleiben.

3. Die Angebote müssen die geforderten Preise enthalten.

4. Die Angebote müssen die geforderten Erklärungen und Nachweise enthalten.

5. Änderungen an den Vergabeunterlagen sind unzulässig. Änderungen des Bieters an seinen Eintragungen müssen zweifelsfrei sein.

6. Bieter können für die Angebotsabgabe eine selbstgefertigte Abschrift oder Kurzfassung des Leistungsverzeichnisses benutzen, wenn sie den vom Auftraggeber verfassten Wortlaut des Leistungsverzeichnisses im Angebot als allein verbindlich anerkennen; Kurzfassungen müssen jedoch die Ordnungszahlen (Positionen) vollzählig, in der gleichen Reihenfolge und mit den gleichen Nummern wie in dem vom Auftraggeber verfassten Leistungsverzeichnis wiedergeben.

7. Muster und Proben der Bieter müssen als zum Angebot gehörig gekennzeichnet sein.

(2) Eine Leistung, die von den vorgesehenen technischen Spezifikationen nach § 7a VS Absatz 1 abweicht, kann angeboten werden, wenn sie mit dem geforderten Schutzniveau in Bezug auf Sicherheit, Gesundheit und Gebrauchstauglichkeit gleichwertig ist. Die Abweichung muss im Angebot eindeutig bezeichnet sein. Die Gleichwertigkeit ist mit dem Angebot nachzuweisen.

(3) Die Anzahl von Nebenangeboten ist an einer vom Auftraggeber in den Vergabeunterlagen bezeichneten Stelle aufzuführen. Etwaige Nebenangebote müssen auf besonderer Anlage erstellt und als solche deutlich gekennzeichnet werden. Werden mehrere Hauptangebote abgegeben, muss jedes aus sich heraus zuschlagsfähig sein. Absatz 1 Nummer 2 Satz 2 gilt für jedes Hauptangebot entsprechend.

(4) Soweit Preisnachlässe ohne Bedingungen gewährt werden, sind diese an einer vom Auftraggeber in den Vergabeunterlagen bezeichneten Stelle aufzuführen.

(5) Bietergemeinschaften haben die Mitglieder zu benennen sowie eines ihrer Mitglieder als bevollmächtigten Vertreter für den Abschluss und die Durchführung des Vertrags zu bezeichnen. Fehlt die Bezeichnung des bevollmächtigten Vertreters im Angebot, so ist sie vor der Zuschlagserteilung beizubringen.

(6) Der Auftraggeber hat die Anforderungen an den Inhalt der Angebote nach den Absätzen 1 bis 5 in die Vergabeunterlagen aufzunehmen.

§ 14 VS
Öffnung der Angebote, Öffnungstermin

(1) Die Öffnung der Angebote wird von mindestens zwei Vertretern des Auftraggebers gemeinsam an einem Termin (Öffnungstermin) unverzüglich nach Ablauf der Angebotsfrist durchgeführt. Bis zu diesem Termin sind die elektronischen Angebote zu kennzeichnen und verschlüsselt aufzubewahren. Per Post oder direkt zugegangene Angebote sind auf dem ungeöffneten Umschlag mit Eingangsvermerk zu versehen und unter Verschluss zu halten.

(2) 1. Der Verhandlungsleiter stellt fest, ob der Verschluss der schriftlichen Angebote unversehrt ist und die elektronischen Angebote verschlüsselt sind.

2. Die Angebote werden geöffnet und in allen wesentlichen Teilen im Öffnungstermin gekennzeichnet.

3. Muster und Proben der Bieter müssen im Termin zur Stelle sein.

(3) Über den Öffnungstermin ist eine Niederschrift in Textform zu fertigen, in der die beiden Vertreter des Auftraggebers zu benennen sind. Der Niederschrift ist eine Aufstellung mit folgenden Angaben beizufügen:

a) Name und Anschrift der Bieter,

b) die Endbeträge der Angebote oder einzelner Lose,

c) Preisnachlässe ohne Bedingungen,

d) Anzahl der jeweiligen Nebenangebote.

(4) Angebote, die nach Ablauf der Angebotsfrist eingegangen sind, sind in der Niederschrift oder in einem Nachtrag besonders aufzuführen. Die Eingangszeiten und die etwa bekannten Gründe, aus denen die Angebote nicht vorgelegen haben, sind zu vermerken. Der Umschlag und andere Beweismittel sind aufzubewahren.

(5) Ein Angebot, das nachweislich vor Ablauf der Angebotsfrist dem Auftraggeber zugegangen war, aber dem Verhandlungsleiter nicht vorgelegen hat, ist mit allen Angaben in die Niederschrift oder in einen Nachtrag aufzunehmen. Den Bietern ist dieser Sachverhalt unverzüglich in Textform mitzuteilen. In die Mitteilung sind die Feststellung, ob bei schriftlichen Angeboten der Verschluss unversehrt war und bei elektronischen Angeboten diese verschlüsselt waren, sowie die Angaben nach Absatz 3 Buchstabe a bis d aufzunehmen. Im Übrigen gilt Absatz 4 Satz 2 und 3.

(6) In nicht offenen Verfahren stellt der Auftraggeber den Bietern die in Absatz 3 Buchstabe a bis d genannten Informationen unverzüglich elektronisch zur Verfügung. Den Bietern und ihren Bevollmächtigten ist die Einsicht in die Niederschrift und ihre Nachträge (Absätze 4 und 5 sowie § 16c VS Absatz 3) zu gestatten.

(7) Die Niederschrift darf nicht veröffentlicht werden.

(8) Die Angebote und ihre Anlagen sind sorgfältig zu verwahren und geheim zu halten.

§ 15 VS
Aufklärung des Angebotsinhalts

(1) 1. Im nicht offenen Verfahren darf der Auftraggeber nach Öffnung der Angebote bis zur Zuschlagserteilung von einem Bieter nur Aufklärung verlangen, um sich über seine Eignung, insbesondere seine technische und wirtschaftliche Leistungsfähigkeit, das Angebot selbst, etwaige Nebenangebote, die geplante Art der Durchführung, etwaige Ursprungsorte oder Bezugsquellen von Stoffen oder Bauteilen und über die Angemessenheit der Preise, wenn nötig durch Einsicht in die vorzulegenden Preisermittlungen (Kalkulationen) zu unterrichten.

2. Die Ergebnisse solcher Aufklärungen sind geheim zu halten. Sie sollen in Textform niedergelegt werden.

(2) Verweigert ein Bieter die geforderten Aufklärungen und Angaben oder lässt er die ihm gesetzte angemessene Frist unbeantwortet verstreichen, so ist sein Angebot auszuschließen.

(3) Verhandlungen in nicht offenen Verfahren, besonders über Änderung der Angebote oder Preise, sind unstatthaft, außer, wenn sie bei Nebenangeboten oder Angeboten aufgrund eines Leistungsprogramms nötig sind, um unumgängliche technische Änderungen geringen Umfangs und daraus sich ergebende Änderungen der Preise zu vereinbaren.

§ 16 VS
Ausschluss von Angeboten

Auszuschließen sind:

1. Angebote, die nicht fristgerecht eingegangen sind,
2. Angebote, die den Bestimmungen des § 13 VS Absatz 1 Nummer 1, 2 und 5 nicht entsprechen,
3. Angebote, die die geforderten Unterlagen im Sinne von § 8 VS Absatz 2 Nummer 5 nicht enthalten, wenn der Auftraggeber gemäß § 16a VS Absatz 3 festgelegt hat, dass er keine Unterlagen nachfordern wird. Satz 1 gilt für Teilnahmeanträge entsprechend,
4. Angebote, bei denen der Bieter Erklärungen oder Nachweise, deren Vorlage sich der öffentliche Auftraggeber vorbehalten hat, auf Anforderung nicht innerhalb einer angemessenen, nach dem Kalender bestimmten Frist vorgelegt hat. Satz 1 gilt für Teilnahmeanträge entsprechend,
5. nicht zugelassene Nebenangebote sowie Nebenangebote, die den Mindestanforderungen nicht entsprechen,
6. Hauptangebote, von Bietern, die mehrere Hauptangebote abgegeben haben, wenn der Auftraggeber die Abgabe mehrerer Hauptangebote in der Auftragsbekanntmachung nicht zugelassen hat,
7. Nebenangebote, die dem § 13 VS Absatz 3 Satz 2 nicht entsprechen,
8. Hauptangebote, die dem § 13 VS Absatz 3 Satz 3 nicht entsprechen.

§ 16a VS
Nachforderung von Unterlagen

(1) Der Auftraggeber muss Bieter, die für den Zuschlag in Betracht kommen, unter Einhaltung der Grundsätze der Transparenz und der Gleichbehandlung auffordern, fehlende, unvollständige oder fehlerhafte unternehmensbezogene Unterlagen – insbesondere Erklärungen, Angaben oder Nachweise – nachzureichen, zu vervollständigen oder zu korrigieren, oder fehlende oder unvollständige leistungsbezogene Unterlagen – insbesondere Erklärungen, Produkt- und sonstige Angaben oder Nachweise – nachzureichen oder zu vervollständigen (Nachforderung), es sei denn, er hat von seinem Recht aus Absatz 3 Gebrauch gemacht. Es sind nur Unterlagen nachzufordern, die bereits mit dem Angebot vorzulegen waren.

(2) Fehlende Preisangaben dürfen nicht nachgefordert werden. Angebote, die den Bestimmungen des § 13 VS Absatz 1 Nummer 3 nicht entsprechen, sind auszuschließen. Dies gilt nicht für Angebote, bei denen lediglich in unwesentlichen Positionen die Angabe des Preises fehlt und sowohl durch die Außerachtlassung dieser Positionen der Wettbewerb und die Wertungsreihenfolge nicht beeinträchtigt werden als auch bei Wertung dieser Positionen mit dem jeweils höchsten Wettbewerbspreis. Hierbei wird nur auf den Preis ohne Berücksichtigung etwaiger Nebenangebote abgestellt. Der Auftraggeber fordert den Bieter nach Maßgabe von Absatz 1 auf, die fehlenden Preispositionen zu ergänzen. Die Sätze 3 bis 5 gelten nicht, wenn der Auftraggeber das Nachfordern von Preisangaben gemäß Absatz 3 ausgeschlossen hat.

(3) Der Auftraggeber kann in der Auftragsbekanntmachung oder den Vergabeunterlagen festlegen, dass er keine Unterlagen oder Preisangaben nachfordern wird.

(4) Die Unterlagen oder fehlenden Preisangaben sind vom Bewerber oder Bieter nach Aufforderung durch den Auftraggeber innerhalb einer angemessenen, nach dem Kalender bestimmten Frist vorzulegen. Die Frist soll sechs Kalendertage nicht überschreiten.

(5) Werden die nachgeforderten Unterlagen nicht innerhalb der Frist vorgelegt, ist das Angebot auszuschließen.

(6) Die Absätze 1, 3, 4 und 5 gelten für den Teilnahmewettbewerb entsprechend.

§ 16b VS
Eignung

Beim nicht offenen Verfahren, Verhandlungsverfahren und beim wettbewerblichen Dialog sind nur Umstände zu berücksichtigen, die nach Aufforderung zur Angebotsabgabe Zweifel an der Eignung des Bieters begründen (vgl. § 6b VS Absatz 4).

§ 16c VS
Prüfung

(1) Die nicht ausgeschlossenen Angebote geeigneter Bieter sind auf die Einhaltung der gestellten Anforderungen, insbesondere in rechnerischer, technischer und wirtschaftlicher Hinsicht zu prüfen.

1. Entspricht der Gesamtbetrag einer Ordnungszahl (Position) nicht dem Ergebnis der Multiplikation von Mengenansatz und Einheitspreis, so ist der Einheitspreis maßgebend.
2. Bei Vergabe für eine Pauschalsumme gilt diese ohne Rücksicht auf etwa angegebene Einzelpreise.

(2) Die aufgrund der Prüfung festgestellten Angebotsendsummen sind in der Niederschrift über den Eröffnungstermin zu vermerken.

§ 16d VS
Wertung

(1) 1. Auf ein Angebot mit einem unangemessen hohen oder niedrigen Preis darf der Zuschlag nicht erteilt werden.

2. Erscheint ein Angebotspreis unangemessen niedrig und ist anhand vorliegender Unterlagen über die Preisermittlung die Angemessenheit nicht zu beurteilen, ist vor Ablehnung des Angebots vom Bieter in Textform Aufklärung über die Ermittlung der Preise für die Gesamtleistung oder für Teilleistungen zu verlangen, gegebenenfalls unter Festlegung einer zumutbaren Antwortfrist. Bei der Beurteilung der Angemessenheit prüft der Auftraggeber – in Rücksprache mit dem Bieter – die betreffende Zusammensetzung und berücksichtigt dabei die gelieferten Nachweise.

3. In die engere Wahl kommen nur solche Angebote, die unter Berücksichtigung rationellen Baubetriebs und sparsamer Wirtschaftsführung eine einwandfreie Ausführung einschließlich Haftung für Mängelansprüche erwarten lassen.

(2) Bei der Wertung der Angebote dürfen nur Zuschlagskriterien und deren Gewichtung berücksichtigt werden, die in der Auftragsbekanntmachung oder in den Vergabeunterlagen genannt sind. Die Zuschlagskriterien müssen mit dem Auftragsgegenstand zusammenhängen und können beispielsweise sein: Qualität, Preis, technischer Wert, Ästhetik, Zweckmäßigkeit, Umwelteigenschaften, Betriebs- und Folgekosten, Rentabilität, Kundendienst, Versorgungssicherheit, Interoperabilität und Eigenschaft beim Einsatz und technische Hilfe oder Ausführungsfrist.

(3) Sind Angebote auf Grund einer staatlichen Beihilfe ungewöhnlich niedrig, ist dies nur dann ein Grund sie zurückzuweisen, wenn der Bieter nicht nachweisen kann, dass die betreffende Beihilfe rechtmäßig gewährt wurde. Für diesen Nachweis hat der Auftraggeber dem Bieter eine ausreichende Frist zu gewähren. Auftraggeber, die trotz entsprechender Nachweise des Bieters ein Angebot zurückweisen, müssen die Kommission der Europäischen Union darüber unterrichten.

(4) Ein Angebot nach § 13 VS Absatz 2 ist wie ein Hauptangebot zu werten.

(5) Preisnachlässe ohne Bedingung sind nicht zu werten, wenn sie nicht an der vom Auftraggeber nach § 13 VS Absatz 4 bezeichneten Stelle aufgeführt sind. Unaufgefordert angebotene Preisnachlässe mit Bedingungen für die Zahlungsfrist (Skonti) werden bei der Wertung der Angebote nicht berücksichtigt.

(6) Die Bestimmungen der Absätze 1 bis 3, § 16b VS, § 16c VS Absatz 2 gelten auch bei Verhandlungsverfahren und wettbewerblichem Dialog. Die Absätze 4 und 5, § 16 VS sowie § 16c VS Absatz 1 sind entsprechend auch bei Verhandlungsverfahren und wettbewerblichem Dialog anzuwenden.

§ 17 VS
Aufhebung der Ausschreibung

(1) Die Ausschreibung kann aufgehoben werden, wenn:

1. kein Angebot eingegangen ist, das den Ausschreibungsbedingungen entspricht,
2. die Vergabeunterlagen grundlegend geändert werden müssen,
3. andere schwerwiegende Gründe bestehen.

(2) 1. Die Bewerber und Bieter sind von der Aufhebung der Ausschreibung unter Angabe der Gründe, gegebenenfalls über die Absicht, ein neues Vergabeverfahren einzuleiten, unverzüglich in Textform zu unterrichten.

2. Dabei kann der Auftraggeber bestimmte Informationen zurückhalten, wenn die Weitergabe
   a) den Gesetzesvollzug behindern,
   b) dem öffentlichen Interesse zuwiderlaufen,
   c) die berechtigten geschäftlichen Interessen von öffentlichen oder privaten Unternehmen schädigen oder
   d) den fairen Wettbewerb beeinträchtigen würde.

§ 18 VS
Zuschlag

(1) Der Zuschlag ist möglichst bald, mindestens aber so rechtzeitig zu erteilen, dass dem Bieter die Erklärung noch vor Ablauf der Bindefrist zugeht.

(2) Werden Erweiterungen, Einschränkungen oder Änderungen vorgenommen oder wird der Zuschlag verspätet erteilt, so ist der Bieter bei Erteilung des Zuschlags aufzufordern, sich unverzüglich über die Annahme zu erklären.

(3) 1. Die Erteilung eines Bauauftrags oder der Abschluss einer Rahmenvereinbarung sind bekannt zu machen. Diese Pflicht besteht nicht für die Vergabe von Einzelaufträgen, die aufgrund einer Rahmenvereinbarung erfolgen.

2. Die Vergabebekanntmachung ist nach den Vorgaben der Spalte 31 in Tabelle 2 des Anhangs der Durchführungsverordnung (EU) 2019/1780 in Verbindung mit § 10a VgV, soweit dieser aufgrund von § 2 Absatz 3 VSVgV hinsichtlich der Regelungen zu den Vorgaben der Durchführungsverordnung (EU) 2019/1780 und des Datenaustauschstandards eForms einschließlich der Regelungen zu verpflichtenden Datenfeldern Anwendung findet, zu erstellen. Beim Verhandlungsverfahren ohne Teilnahmewettbewerb hat der Auftraggeber die Gründe, die die Wahl dieses Verfahrens rechtfertigen, in der Vergabebekanntmachung mitzuteilen.

3. Nicht in die Vergabebekanntmachung aufzunehmen sind Angaben, deren Veröffentlichung
   a) den Gesetzesvollzug behindern,
   b) dem öffentlichen Interesse, insbesondere Verteidigungs- und Sicherheitsinteressen, zuwiderlaufen,
   c) die berechtigten geschäftlichen Interessen öffentlicher oder privater Unternehmen schädigen oder
   d) den fairen Wettbewerb beeinträchtigen würde.

(4) Die Vergabebekanntmachung ist dem Amt für Veröffentlichungen der Europäischen Union in kürzester Frist – spätestens 48 Kalendertage nach Auftragserteilung – elektronisch über den zentralen Datenservice Öffentlicher Einkauf zu übermitteln.

§ 19 VS
Nicht berücksichtigte Bewerbungen und Angebote

(1) Bewerber, deren Bewerbung abgelehnt wurde, sowie Bieter, deren Angebote ausgeschlossen worden sind (§ 16 VS), und solche, deren Angebote nicht in die engere Wahl kommen, sollen unverzüglich unterrichtet werden.

(2) Der Auftraggeber hat die betroffenen Bieter, deren Angebote nicht berücksichtigt werden sollen,

1. über den Namen des Unternehmens, dessen Angebot angenommen werden soll,
2. über die Gründe der vorgesehenen Nichtberücksichtigung ihres Angebots und
3. über den frühesten Zeitpunkt des Vertragsschlusses unverzüglich

in Textform zu informieren.

Dies gilt auch für Bewerber, denen keine Information über die Ablehnung ihrer Bewerbung zur Verfügung gestellt wurde, bevor die Mitteilung über die Zuschlagserteilung an die betroffenen Bieter ergangen ist.

Ein Vertrag darf erst 15 Kalendertage nach Absendung der Information nach den Sätzen 1 und 2 geschlossen werden. Wird die Information per Telefax oder auf elektronischem Weg versendet, verkürzt sich die Frist auf zehn Kalendertage. Die Frist beginnt am Tag nach Absendung der Information durch den Auftraggeber; auf den Tag des Zugangs beim betroffenen Bewerber oder Bieter kommt es nicht an.

(3) Die Informationspflicht nach Absatz 2 entfällt in den Fällen, in denen das Verhandlungsverfahren ohne Teilnahmewettbewerb wegen besonderer Dringlichkeit gerechtfertigt ist.

(4) Auf Verlangen ist den nicht berücksichtigten Bewerbern unverzüglich, spätestens jedoch innerhalb einer Frist von 15 Kalendertagen nach Eingang ihres schriftlichen Antrags Folgendes mitzuteilen:

1. die Entscheidung über die Zuschlagserteilung sowie
2. die Gründe für die Ablehnung ihrer Bewerbung, einschließlich der nicht ausreichenden Erfüllung der Anforderungen in Bezug auf die Informations- und Versorgungssicherheit.

Auf Verlangen sind den Bietern, die ein ordnungsgemäßes Angebot eingereicht haben, die Merkmale und Vorteile des Angebots des erfolgreichen Bieters schriftlich mitzuteilen. Sofern keine Gleichwertigkeit insbesondere in Bezug auf die erforderliche Informations- und Versorgungssicherheit vorliegt, teilt der Auftraggeber dem Bieter dies mit.

§ 17 VS Absatz 2 Nummer 2 gilt entsprechend.

(5) Nicht berücksichtigte Angebote und Ausarbeitungen der Bieter dürfen nicht für eine neue Vergabe oder für andere Zwecke benutzt werden.

(6) Entwürfe, Ausarbeitungen, Muster und Proben zu nicht berücksichtigten Angeboten sind zurückzugeben, wenn dies im Angebot oder innerhalb von 30 Kalendertagen nach Ablehnung des Angebots verlangt wird.

§ 20 VS
Dokumentation

(1) Das Vergabeverfahren ist zeitnah so zu dokumentieren, dass die einzelnen Stufen des Verfahrens, die einzelnen Maßnahmen, die maßgebenden Feststellungen sowie die Begründung der einzelnen Entscheidungen in Textform festgehalten werden. Diese Dokumentation muss mindestens enthalten:

1. Name und Anschrift des Auftraggebers,
2. Art und Umfang der Leistung,

3. Wert des Auftrags oder der Rahmenvereinbarung,
4. Namen der berücksichtigten Bewerber oder Bieter und Gründe für ihre Auswahl,
5. Namen der nicht berücksichtigten Bewerber oder Bieter und die Gründe für die Ablehnung,
6. Gründe für die Ablehnung von ungewöhnlich niedrigen Angeboten,
7. Name des Auftragnehmers und Gründe für die Erteilung des Zuschlags auf sein Angebot,
8. Anteil der beabsichtigten Weitergabe an Nachunternehmen, soweit bekannt,
9. bei nicht offenen Verfahren, Verhandlungsverfahren und wettbewerblichem Dialog Gründe für die Wahl des jeweiligen Verfahrens sowie die Gründe für das Überschreiten der Fünfjahresfrist in § 3a VS Absatz 2 Nummer 5,
10. gegebenenfalls die Gründe, aus denen der Auftraggeber auf die Vergabe eines Auftrags oder einer Rahmenvereinbarung verzichtet hat,
11. gegebenenfalls die Gründe, die eine über sieben Jahre hinausgehende Laufzeit einer Rahmenvereinbarung rechtfertigen.

Der Auftraggeber trifft geeignete Maßnahmen, um den Ablauf der mit elektronischen Mitteln durchgeführten Vergabeverfahren zu dokumentieren.

(2) Wird auf die Vorlage zusätzlich zum Angebot verlangter Unterlagen und Nachweise verzichtet, ist dies in der Dokumentation zu begründen.

§ 21 VS

Nachprüfungsbehörden

In der Bekanntmachung und den Vergabeunterlagen ist die Nachprüfungsbehörde mit Anschrift anzugeben, an die sich der Bewerber oder Bieter zur Nachprüfung behaupteter Verstöße gegen die Vergabebestimmungen wenden kann.

§ 22 VS
Auftragsänderungen während der Vertragslaufzeit

(1) Wesentliche Änderungen eines öffentlichen Auftrags während der Vertragslaufzeit erfordern ein neues Vergabeverfahren.

Wesentlich sind Änderungen, die dazu führen, dass sich der öffentliche Auftrag erheblich von dem ursprünglich vergebenen öffentlichen Auftrag unterscheidet. Eine wesentliche Änderung liegt insbesondere vor, wenn

1. mit der Änderung Bedingungen eingeführt werden, die, wenn sie für das ursprüngliche Vergabeverfahren gegolten hätten,
   a) die Zulassung anderer Bewerber oder Bieter ermöglicht hätten,
   b) die Annahme eines anderen Angebots ermöglicht hätten oder
   c) das Interesse weiterer Teilnehmer am Vergabeverfahren geweckt hätten,
2. mit der Änderung das wirtschaftliche Gleichgewicht des öffentlichen Auftrags zugunsten des Auftragnehmers in einer Weise verschoben wird, die im ursprünglichen Auftrag nicht vorgesehen war,
3. mit der Änderung der Umfang des öffentlichen Auftrags erheblich ausgeweitet wird oder
4. ein neuer Auftragnehmer den Auftragnehmer in anderen als den in Absatz 2 Nummer 4 vorgesehenen Fällen ersetzt.

(2) Unbeschadet des Absatzes 1 ist die Änderung eines öffentlichen Auftrags ohne Durchführung eines neuen Vergabeverfahrens zulässig, wenn

1. in den ursprünglichen Vergabeunterlagen klare, genaue und eindeutig formulierte Überprüfungsklauseln oder Optionen vorgesehen sind, die Angaben zu Art, Umfang und Voraussetzungen möglicher Auftragsänderungen enthalten, und sich aufgrund der Änderung der Gesamtcharakter des Auftrags nicht verändert,
2. zusätzliche Bauleistungen erforderlich geworden sind, die nicht in den ursprünglichen Vergabeunterlagen vorgesehen waren, und ein Wechsel des Auftragnehmers
   a) aus wirtschaftlichen oder technischen Gründen nicht erfolgen kann und
   b) mit erheblichen Schwierigkeiten oder beträchtlichen Zusatzkosten für den Auftraggeber verbunden wäre,
3. die Änderung aufgrund von Umständen erforderlich geworden ist, die der Auftraggeber im Rahmen seiner Sorgfaltspflicht nicht vorhersehen konnte und sich aufgrund der Änderung der Gesamtcharakter des Auftrags nicht verändert oder
4. ein neuer Auftragnehmer den bisherigen Auftragnehmer ersetzt
   c) aufgrund einer Überprüfungsklausel im Sinne von Nummer 1,
   d) aufgrund der Tatsache, dass ein anderes Unternehmen, das die ursprünglich festgelegten Anforderungen an die Eignung erfüllt, im Zuge einer Unternehmensumstrukturierung, wie zum Beispiel durch Übernahme, Zusammenschluss, Erwerb oder Insolvenz, ganz oder teilweise an die Stelle des ursprünglichen Auftragnehmers tritt, sofern dies keine weiteren wesentlichen Änderungen im Sinne des Absatzes 1 zur Folge hat, oder
   e) aufgrund der Tatsache, dass der Auftraggeber selbst die Verpflichtungen des Hauptauftragnehmers gegenüber seinen Unterauftragnehmern übernimmt.

In den Fällen der Nummern 2 und 3 darf der Preis um nicht mehr als 50 Prozent des Werts des ursprünglichen Auftrags erhöht werden. Bei mehreren aufeinander folgenden Änderungen des Auftrags gilt diese Beschränkung für den Wert jeder einzelnen Änderung, sofern die Änderungen nicht mit dem Ziel vorgenommen werden, die Vorschriften dieses Teils zu umgehen.

(3) Die Änderung eines öffentlichen Auftrags ohne Durchführung eines neuen Vergabeverfahrens ist ferner zulässig, wenn sich der Gesamtcharakter des Auftrags nicht ändert und der Wert der Änderung

1. die jeweiligen Schwellenwerte nach § 106 GWB nicht übersteigt und
2. bei Liefer- und Dienstleistungsaufträgen nicht mehr als zehn Prozent und bei Bauaufträgen nicht mehr als 15 Prozent des ursprünglichen Auftragswertes beträgt.

Bei mehreren aufeinander folgenden Änderungen ist der Gesamtwert der Änderungen maßgeblich.

(4) Enthält der Vertrag eine Indexierungsklausel, wird für die Wertberechnung gemäß Absatz 2 Satz 2 und 3 sowie gemäß Absatz 3 der höhere Preis als Referenzwert herangezogen.

(5) Änderungen nach Absatz 2 Nummer 2 und 3 sind entsprechend den Vorgaben der Spalte 38 in Tabelle 2 des Anhangs der Durchführungsverordnung (EU) 2019/1780 in Verbindung mit § 10a VgV, soweit dieser aufgrund von § 2 Absatz 3 VSVgV hinsichtlich der Regelungen zu den Vorgaben der Durchführungsverordnung (EU) 2019/1780 und des Datenaustauschstandards eForms einschließlich der Regelungen zu verpflichtenden Datenfeldern Anwendung findet, über den zentralen Datenservice Öffentlicher Einkauf im Amtsblatt der Europäischen Union bekannt zu machen.

Anhang TS
Technische Spezifikationen

1. „Technische Spezifikation" hat eine der folgenden Bedeutungen:
   a) bei öffentlichen Bauaufträgen die Gesamtheit der insbesondere in den Vergabeunterlagen enthaltenen technischen Beschreibungen, in denen die erforderlichen Eigenschaften eines Werkstoffs, eines Produkts oder einer Lieferung definiert sind, damit dieser/diese den vom Auftraggeber beab-

sichtigten Zweck erfüllt; zu diesen Eigenschaften gehören Umwelt- und Klimaleistungsstufen, „Design für alle" (einschließlich des Zugangs von Menschen mit Behinderungen) und Konformitätsbewertung, Leistung, Vorgaben für Gebrauchstauglichkeit, Sicherheit oder Abmessungen, einschließlich der Qualitätssicherungsverfahren, der Terminologie, der Symbole, der Versuchs- und Prüfmethoden, der Verpackung, der Kennzeichnung und Beschriftung, der Gebrauchsanleitungen sowie der Produktionsprozesse und -methoden in jeder Phase des Lebenszyklus der Bauleistungen; außerdem gehören dazu auch die Vorschriften für die Planung und die Kostenrechnung, die Bedingungen für die Prüfung, Inspektion und Abnahme von Bauwerken, die Konstruktionsmethoden oder -verfahren und alle anderen technischen Anforderungen, die der Auftraggeber für fertige Bauwerke oder dazu notwendige Materialien oder Teile durch allgemeine und spezielle Vorschriften anzugeben in der Lage ist;

b) bei öffentlichen Dienstleistungs- oder Lieferaufträgen eine Spezifikation, die in einem Schriftstück enthalten ist, das Merkmale für ein Produkt oder eine Dienstleistung vorschreibt, wie Qualitätsstufen, Umwelt- und Klimaleistungsstufen, „Design für alle" (einschließlich des Zugangs von Menschen mit Behinderungen) und Konformitätsbewertung, Leistung, Vorgaben für Gebrauchstauglichkeit, Sicherheit oder Abmessungen des Produkts, einschließlich der Vorschriften über Verkaufsbezeichnung, Terminologie, Symbole, Prüfungen und Prüfverfahren, Verpackung, Kennzeichnung und Beschriftung, Gebrauchsanleitungen, Produktionsprozesse und -methoden in jeder Phase des Lebenszyklus der Lieferung oder der Dienstleistung sowie über Konformitätsbewertungsverfahren;

2. „Norm" bezeichnet eine technische Spezifikation, die von einer anerkannten Normungsorganisation zur wiederholten oder ständigen Anwendung angenommen wurde, deren Einhaltung nicht zwingend ist und die unter eine der nachstehenden Kategorien fällt:

   c) internationale Norm: Norm, die von einer internationalen Normungsorganisation angenommen wurde und der Öffentlichkeit zugänglich ist;

   d) europäische Norm: Norm, die von einer europäischen Normungsorganisation angenommen wurde und der Öffentlichkeit zugänglich ist;

   e) nationale Norm: Norm, die von einer nationalen Normungsorganisation angenommen wurde und der Öffentlichkeit zugänglich ist;

3. „Europäische technische Bewertung" bezeichnet eine dokumentierte Bewertung der Leistung eines Bauprodukts in Bezug auf seine wesentlichen Merkmale im Einklang mit dem betreffenden Europäischen Bewertungsdokument gemäß der Begriffsbestimmung in Artikel 2 Nummer 12 der Verordnung (EU) Nr. 305/2011 des Europäischen Parlaments und des Rates;

4. „gemeinsame technische Spezifikationen" sind technische Spezifikationen im IKT-Bereich, die gemäß den Artikeln 13 und 14 der Verordnung (EU) Nr. 1025/2012 festgelegt wurden;

5. „technische Bezugsgröße" bezeichnet jeden Bezugsrahmen, der keine europäische Norm ist und von den europäischen Normungsorganisationen nach den an die Bedürfnisse des Marktes angepassten Verfahren erarbeitet wurde.

IX. Wettbewerbsregister

1. Ziele des Wettbewerbsregisters

Im Vergaberecht ist der **Ausschluss von Unternehmen** vorgesehen, wenn sie bestimmte Rechtsverstöße begangen haben, §§ 124, 125 GWB. Bisher war es für Auftraggeber nur sehr eingeschränkt möglich, solche Verstöße zu ermitteln. Zum einen gab es keine umfassenden Register, zum anderen werden Strafurteile nur über Personen ausgesprochen, nicht aber über Unternehmen.

Daher war es in der Praxis letztlich nicht möglich, viele der Ausschlussgründe auch konsequent umzusetzen und so die öffentlichen Auftraggeber vor nicht gewollten Vertragspartnern zu schützen.

Diese Lücke soll mit dem Wettbewerbsregistergesetz (WRegG) und der auf seiner Grundlage erlassenen Wettbewerbsregisterverordnung (WRegV) geschlossen werden.

Außerdem wird es Unternehmen ermöglicht, mit Wirkung gegenüber allen Auftraggebern den Erfolg von Selbstreinigungsmaßnahmen nachweisen zu können.

Das Bundeskartellamt hat ein Jahr nach der Einführung eine erste Zwischenbilanz in Form einer Pressemitteilung vorgestellt. Danach haben Auftraggeber seitdem über 220.000 Abfragen durchgeführt, im Durchschnitt täglich deutlich über 1.000 Abfragen. Regelmäßig übermittelt die Registerbehörde Informationen zu Eintragungen, die es Auftraggebern erleichtern, den Ausschluss eines Unternehmens vom Vergabeverfahren zu prüfen.

Derzeit seien rund 7.000 Unternehmen auf der Grundlage von Sanktionsentscheidungen der Strafverfolgungs- und Ordnungswidrigkeitenbehörden im Register eingetragen. Unternehmen können die vorzeitige Löschung einer Eintragung beantragen, wenn sie nachweisen, dass sie die Voraussetzungen der Selbstreinigung – Ausgleich des entstandenen Schadens, Zusammenarbeit mit den Ermittlungsbehörden und Ergreifen von Maßnahmen zur Vermeidung weiteren Fehlverhaltens – erfüllt haben. Löscht das Bundeskartellamt die Eintragung daraufhin vorzeitig, sind daran alle Auftraggeber gebunden, d.h. der vergaberechtliche Ausschlussgrund entfällt damit.

2. Funktionsweise

Das Wettbewerbsregister wird beim **Bundeskartellamt** geführt. Mitteilungen und Abrufe sollen grundsätzlich **elektronisch** erfolgen.

Was in das Wettbewerbsregister einzutragen ist, ergibt sich aus § 2 WRegG. In Abs. 1 und 2 sind die **einzutragenden Rechtsverstöße** abschließend aufgezählt. In Abs. 3 ist festgelegt, wann das Verhalten einer natürlichen Person einem Unternehmen zuzurechnen ist. Abs. 4 enthält die Definition, wann ein Unternehmen vorliegt.

Welche Daten genau einzutragen sind, legt § 3 WRegG fest. Die Mitteilung von Rechtsverstößen erfolgt durch Staatsanwaltschaften, Kartellbehörden und sonstige Behörden, sie werden in § 4 Abs. 1 WRegG angesprochen. Die Eintragungspflicht gilt seit dem 1. Dezember 2021.

Nach Eingang einer Meldung prüft das Bundeskartellamt die Daten. Sind die Daten offensichtlich falsch, nimmt es keine Eintragung vor, § 4 Abs. 2 WRegG.

Die **betroffenen Unternehmen** erhalten nach § 5 WRegG Gelegenheit, vor der Eintragung Stellung zu nehmen. Kann es die Fehlerhaftigkeit der Daten nachweisen, kann es die Eintragung verhindern. Hierfür werden ihm zwei Wochen Zeit gegeben. Das Kartellamt kann Strafverfolgungs- oder eine andere zuständige Behörde ersuchen, ihm weitere erforderliche Informationen mitzuteilen.

Öffentliche Auftraggeber nach § 99 GWB sind ab dem 1. Juni 2022 verpflichtet, vor Erteilung eines Zuschlags abzufragen, ob Eintragungen im Wettbewerbsregister vorliegen. Dies betrifft Vergabeverfahren mit Auftragswerten ab 30.000 Euro netto, § 6 Abs. 1 WRegG.

Sektorenauftraggeber nach § 100 Abs. 1 Nr. 1 GWB und Konzessionsgeber nach § 101 Abs. 1 Nr. 1, 2 GWB sind ebenfalls zu einer Abfrage verpflichtet, allerdings nur bei Vergaben, die den EU-Schwellenwert überschreiten.

Nach § 6 Abs. 2 WRegG können Auftraggeber auch unterhalb dieser Schwellenwerte das Wettbewerbsregister abfragen.

Abgefragt werden dürfen nur Eintragungen bezogen auf das Unternehmen, **das für den Zuschlag vorgesehen ist.** Die Abfrage setzt jeweils eine Registrierung voraus und erfolgt unter Nutzung eines Software-Zertifikats. Auftraggeber sollten sich daher rechtzeitig um diese Registrierung bemühen, um ihre gesetzlichen Abfragepflichten erfüllen zu können.

Die **Entscheidung über den Ausschluss** müssen die Auftraggeber dann selbst treffen, § 6 Abs. 5 WRegG. In den allermeisten Fällen dürfte die Mitteilung von Ausschlusstatbeständen dem Auftraggeber jedoch keine andere Entscheidung offenlassen, als das Unternehmen auszuschließen. Gegebenenfalls könnten Auftraggeber ergänzende Informationen von Strafverfolgungsbehörden und anderen Behörden anfordern, § 6 Abs. 6 WRegG.

Eintragungen sind entweder nach Ablauf der Fristen nach § 7 WRegG oder nach einer erfolgreichen Selbstreinigung, § 8 WRegG, zu löschen.

Kann ein Unternehmen gegenüber dem Kartellamt erfolgreich die Durchführung einer **Selbstreinigung** i.S.d. § 125 GWB nachweisen oder wird ein Eintrag nach § 7 Abs. 1 WRegG wegen Zeitablauf gelöscht, gilt diese Entscheidung gegenüber allen Auftraggebern, § 7 Abs. 2 WRegG. Stellt das Bundeskartellamt die erfolgreiche Selbstreinigung nicht fest, können Unternehmen auch in einzelnen Vergabeverfahren den Nachweis der Selbstreinigung führen, die negative Entscheidung des Bundeskartellamts bindet andere öffentliche Auftraggeber nicht.

Für die Prüfung, ob eine Selbstreinigung erfolgreich ist, hat das Bundeskartellamt Leitlinien erstellt und veröffentlicht. Für Mitteilungen von Unternehmen zur Selbstreinigung ist nach § 10 WRegV ein vom Bundeskartellamt bereitgestelltes Standardformular zu nutzen. Das Bundeskartellamt kann zur Bewertung eines Antrags auf vorzeitige Löschung einer Eintragung wegen Selbstreinigung verlangen, dass das Unternehmen geeignete Gutachten oder andere Unterlagen zur Bewertung vorgenommener Selbstreinigungsmaßnahmen vorlegt (§ 11 WRegV).

3. Auskunftsansprüche und Rechtsschutz

Auf Antrag hin erteilt das Bundeskartellamt **Auskunft** über etwaige Eintragungen, § 5 Abs. 2 WRegG. Die Anforderungen an diesen Antrag sind in § 5 Abs. 3, 4 WRegG näher festgelegt. Die Auskunft ist gebührenpflichtig und kostet derzeit 20,00 EUR (§§ 5 Abs. 5 WRegG, 8 Abs. 2 WRegV). Außerdem darf sie grundsätzlich nur einmal im Jahr angefordert werden. Der erteilte Registerauszug ist in allen EU-Mitgliedstaaten als Nachweis des Nichtvorliegens von Ausschlussgründen geeignet (Art. 60 Abs. 2 a) RL 2014/24/EU).

Einem bevollmächtigten Rechtsanwalt ist nach § 5 Abs. 6 WRegG Akteneinsicht zu gewähren.

Will sich ein Unternehmen gegen eine Eintragung oder die Ablehnung einer beantragten Feststellung der Selbstreinigung zur Wehr setzen, steht ihm der Weg zum **OLG Düsseldorf** offen, § 11 WRegG.

Gesetz zur Einrichtung und zum Betrieb eines Registers zum Schutz des Wettbewerbs um öffentliche Aufträge und Konzessionen (Wettbewerbsregistergesetz - WRegG)

vom 18. Juli 2017 (BGBl. I S. 2739),

zuletzt geändert durch Artikel 12 des Gesetzes vom 28. Juni 2023 (BGBl. 2023 I Nr. 172)

§ 1 Einrichtung des Wettbewerbsregisters

(1) Beim Bundeskartellamt (Registerbehörde) wird ein Register zum Schutz des Wettbewerbs um öffentliche Aufträge und Konzessionen (Wettbewerbsregister) eingerichtet und geführt.

(2) Mit dem Wettbewerbsregister werden Auftraggebern im Sinne von § 98 des Gesetzes gegen Wettbewerbsbeschränkungen Informationen über Ausschlussgründe im Sinne der §§ 123 und 124 des Gesetzes gegen Wettbewerbsbeschränkungen zur Verfügung gestellt.

(3) Das Wettbewerbsregister wird in Form einer elektronischen Datenbank geführt.

§ 2 Eintragungsvoraussetzungen[1]

(1) In das Wettbewerbsregister sind einzutragen:

1. rechtskräftige strafgerichtliche Verurteilungen und Strafbefehle, die wegen einer der folgenden Straftaten ergangen sind:
   a) in § 123 Absatz 1 des Gesetzes gegen Wettbewerbsbeschränkungen aufgeführte Straftaten,
   b) Betrug nach § 263 des Strafgesetzbuchs und Subventionsbetrug nach § 264 des Strafgesetzbuchs, soweit sich die Straftat gegen öffentliche Haushalte richtet,
   c) Vorenthalten und Veruntreuen von Arbeitsentgelt nach § 266a des Strafgesetzbuchs,
   d) Steuerhinterziehung nach § 370 der Abgabenordnung oder
   e) wettbewerbsbeschränkende Absprachen bei Ausschreibungen nach § 298 des Strafgesetzbuchs;
2. rechtskräftige strafgerichtliche Verurteilungen und Strafbefehle sowie rechtskräftige Bußgeldentscheidungen, die wegen einer der folgenden Straftaten oder Ordnungswidrigkeiten ergangen sind, sofern auf Freiheitsstrafe von mehr als drei Monaten oder Geldstrafe von mehr als 90 Tagessätzen erkannt oder eine Geldbuße von wenigstens zweitausendfünfhundert Euro festgesetzt worden ist:
   f) nach § 8 Absatz 1 Nummer 2, den §§ 10 bis 11 des Schwarzarbeitsbekämpfungsgesetzes vom 23. Juli 2004 (BGBl. I S. 1842), das zuletzt durch Artikel 1 des Gesetzes vom 6. März 2017 (BGBl. I S. 399) geändert worden ist,
   g) nach § 404 Absatz 1 und 2 Nummer 3 des Dritten Buches Sozialgesetzbuch - Arbeitsförderung - (Artikel 1 des Gesetzes vom 24. März 1997, BGBl. I S. 594, 595), das zuletzt durch Artikel 6 Absatz 8 des Gesetzes vom 23. Mai 2017 (BGBl. I S. 1228) geändert worden ist,
   h) nach den §§ 15, 15a, 16 Absatz 1 Nummer 1, 1c, 1d, 1f und 2 des Arbeitnehmerüberlassungsgesetzes in der Fassung der Bekanntmachung vom 3. Februar 1995 (BGBl. I S. 158), das zuletzt durch Artikel 1 des Gesetzes vom 21. Februar 2017 (BGBl. I S. 258) geändert worden ist,
   i) nach § 21 Absatz 1 Nummer 1 bis 8, 10 und 11 sowie Absatz 2 des Mindestlohngesetzes vom 11. August 2014 (BGBl. I S. 1348), das zuletzt durch Artikel 6 Absatz 39 des Gesetzes vom 13. April 2017 (BGBl. I S. 872) geändert worden ist, oder

1 Anm. d. Red.: § 2 ist gem. Nr. 2 der „Bekanntmachung nach § 12 des WRegG" des Bundesministeriums für Wirtschaft und Energie vom 18. Oktober 2021 (BAnz AT 29.10.2021 B3) ab dem 01.12.2021 anzuwenden.

j) nach § 23 Absatz 1 Nummer 1 bis 9 und 11 sowie Absatz 2 des Arbeitnehmer-Entsendegesetzes vom 20. April 2009 (BGBl. I S. 799), das zuletzt durch Artikel 6 Absatz 40 des Gesetzes vom 13. April 2017 (BGBl. I S. 872) geändert worden ist;

3. rechtskräftige Bußgeldentscheidungen, die nach § 30 des Gesetzes über Ordnungswidrigkeiten, auch in Verbindung mit § 130 des Gesetzes über Ordnungswidrigkeiten, wegen Straftaten nach Nummer 1 oder Straftaten oder Ordnungswidrigkeiten nach Nummer 2 ergangen sind; oder

4. rechtskräftige Bußgeldentscheidungen, die wegen Ordnungswidrigkeiten nach § 24 Absatz 1 des Lieferkettensorgfaltspflichtengesetzes vom 16. Juli 2021 (BGBl. I S. 2959) ergangen sind, wenn ein Bußgeld von wenigstens einhundertfünfundsiebzigtausend Euro festgesetzt worden ist.

(2) In das Wettbewerbsregister werden ferner Bußgeldentscheidungen eingetragen, die wegen Ordnungswidrigkeiten nach§ 81 Absatz 1 Nummer 1, Absatz 2 Nummer 1 in Verbindung mit § 1 des Gesetzes gegen Wettbewerbsbeschränkungen ergangen sind, wenn eine Geldbuße von wenigstens fünfzigtausend Euro festgesetzt worden ist. Nicht eingetragen werden Bußgeldentscheidungen, die nach § 81a Absatz 1 bis 3 des Gesetzes gegen Wettbewerbsbeschränkungen ergangen sind.

(3) Die Eintragung von strafgerichtlichen Entscheidungen und Bußgeldentscheidungen nach Absatz 1 Nummer 1 und 2 und von Entscheidungen gegen eine natürliche Person nach Absatz 2 erfolgt nur, wenn das Verhalten der natürlichen Person einem Unternehmen zuzurechnen ist. Das ist der Fall, wenn die natürliche Person als für die Leitung des Unternehmens Verantwortliche gehandelt hat, wozu auch die Überwachung der Geschäftsführung oder die sonstige Ausübung von Kontrollbefugnissen in leitender Stellung gehört.

(4) Unternehmen im Sinne dieses Gesetzes ist jede natürliche oder juristische Person oder eine Gruppe solcher Personen, die auf dem Markt die Lieferung von Waren, die Ausführung von Bauleistungen oder die Erbringung von sonstigen Leistungen anbietet. Erlischt eine juristische Person oder eine Personenvereinigung mit Unternehmenseigenschaft nachträglich, steht dies der Eintragung nicht entgegen.

§ 3
Inhalt der Eintragung in das Wettbewerbsregister

(1) Die Registerbehörde speichert folgende Daten, die ihr von einer nach § 4 zur Mitteilung verpflichteten Behörde übermittelt wurden, in einer elektronischen Datenbank:

1. den Namen der mitteilenden Behörde,
2. das Datum der einzutragenden Entscheidung und ihrer Rechts- beziehungsweise Bestandskraft,
3. das Aktenzeichen des Vorgangs der mitteilenden Behörde,
4. vom betroffenen Unternehmen
   a) die Firma,
   b) die Rechtsform,
   c) den Familiennamen und den Vornamen der gesetzlichen Vertreter,
   d) bei Personengesellschaften den Familiennamen und den Vornamen der geschäftsführenden Gesellschafter,
   e) die Postanschrift des Unternehmens,
   f) bei inländischen Unternehmen das Registergericht und die Registernummer aus dem Handels-, Genossenschafts-, Gesellschafts-, Vereins-, Partnerschafts- oder bei vergleichbaren amtlichen Registern die Registernummer und die registerführende Stelle, soweit vorhanden,
   g) bei ausländischen Unternehmen anstelle der in Buchstabe f genannten Angaben eine der Registernummer vergleichbare Nummer und die registerführende Stelle, soweit vorhanden, sowie
   h) soweit vorhanden, die Umsatzsteueridentifikationsnummer,

5. von der natürlichen Person, gegen die sich die einzutragende Entscheidung richtet oder die im Bußgeldbescheid nach § 30 des Gesetzes gegen Ordnungswidrigkeiten genannt wird,
   i) den Familiennamen, den Geburtsnamen und den Vornamen der natürlichen Person,
   j) das Geburtsdatum, den Geburtsort und den Staat der Geburt der natürlichen Person,
   k) die Anschrift der betroffenen natürlichen Person
   l) die die Zurechnung des Fehlverhaltens zu einem Unternehmen gemäß § 2 Absatz 3 Satz 2 begründenden Umstände sowie
6. die zur Registereintragung führende Straftat oder Ordnungswidrigkeit einschließlich der verhängten Sanktion.

(2) Teilt ein Unternehmen nach seiner Eintragung in das Wettbewerbsregister der Registerbehörde mit, dass es Maßnahmen zur Selbstreinigung im Sinne des § 123 Absatz 4 Satz 2 oder des § 125 des Gesetzes gegen Wettbewerbsbeschränkungen nachweisen kann, speichert die Registerbehörde die ermittelten Daten im Wettbewerbsregister.

(3) Die in dem Wettbewerbsregister gespeicherten Daten und die Verfahrensakten der Registerbehörde sind vertraulich.

(4) Die Registerbehörde kann zur Überprüfung und Vervollständigung der in Absatz 1 Nummer 4 genannten Daten das Bundeszentralamt für Steuern um Übermittlung der gültigen Umsatzsteuer-Identifikationsnummer eines Unternehmens, das in das Wettbewerbsregister eingetragen ist oder eingetragen werden soll, ersuchen. 2 In dem Ersuchen hat die Registerbehörde Name oder Firma sowie Rechtsform und Anschrift des betroffenen Unternehmens anzugeben. 3 § 27a Absatz 2 Satz 2 des Umsatzsteuergesetzes bleibt unberührt.

§ 4
Mitteilungen[2]

(1) Die Strafverfolgungsbehörden und die Behörden, die zur Verfolgung von Ordnungswidrigkeiten berufen sind, teilen bei Entscheidungen nach § 2 Absatz 1 und 2 der Registerbehörde unverzüglich die in § 3 Absatz 1 bezeichneten Daten mit. § 30 der Abgabenordnung steht der Mitteilung von Entscheidungen nach § 2 Absatz 1 Nummer 1 Buchstabe d sowie nach § 2 Absatz 1 Nummer 3 in Verbindung mit Absatz 1 Nummer 1 Buchstabe d nicht entgegen.

(2) Die Registerbehörde prüft die übermittelten Daten und sieht von einer Eintragung ab, wenn die Daten offensichtlich fehlerhaft sind. Stellt sich die Fehlerhaftigkeit erst nach der Eintragung heraus, berichtigt oder löscht die Registerbehörde die betroffenen Daten von Amts wegen. § 8 Absatz 3 gilt entsprechend.

(3) Werden den Strafverfolgungsbehörden oder den Behörden, die für die Verfolgung von Ordnungswidrigkeiten berufen sind, Umstände bekannt, die einer weiteren Speicherung der übermittelten Daten im Wettbewerbsregister entgegenstehen, so haben sie die Registerbehörde unverzüglich zu unterrichten.

§ 5
Gelegenheit zur Stellungnahme vor Eintragung in das Wettbewerbsregister; Auskunftsanspruch

(1) Vor der Eintragung in das Wettbewerbsregister informiert die Registerbehörde das betroffene Unternehmen in Textform Ober den Inhalt der geplanten Eintragung und gibt ihm Gelegenheit, innerhalb von zwei Wochen nach Zugang der Information Stellung zu nehmen. Weist das betroffene Unternehmen nach, dass die übermittelten Daten fehlerhaft sind, sieht die Registerbehörde von einer Eintragung ab oder korrigiert die fehlerhaften Daten. Die Registerbehörde kann die Frist zur Stellungnahme verlängern. § 8 Absatz 3 ist entsprechend anzuwenden.

2 Anm. d. Red.: § 4 ist gem. Nr. 2 der „Bekanntmachung nach § 12 des WRegG" des Bundesministeriums für Wirtschaft und Energie vom 18. Oktober 2021 (BAnz AT 29.10.2021 B3) ab dem 01.12.2021 anzuwenden.

(2)[3] Auf Antrag erteilt die Registerbehörde Unternehmen oder natürlichen Personen Auskunft über den sie betreffenden Inhalt des Wettbewerbsregisters. Unbeschadet des Bestehens datenschutzrechtlicher Auskunftsansprüche ist ein erneuter Antrag nach Satz 1 desselben Unternehmens oder derselben natürlichen Person erst nach Ablauf eines Jahres zulässig, es sei denn, es besteht ein berechtigtes Interesse. Die Registerbehörde erteilt mit Zustimmung des betreffenden Unternehmens auf Antrag auch einer Stelle, die ein amtliches Verzeichnis führt, das den Anforderungen des Artikels 64 der Richtlinie 2014/24/EU entspricht, Auskunft über den das Unternehmen betreffenden Inhalt des Wettbewerbsregisters.

(3) Der Antrag nach Absatz 2 Satz 1 kann schriftlich mit amtlich oder öffentlich beglaubigter Unterschrift gestellt werden. Der Antragsteller hat seine Identität und, wenn er als gesetzlicher Vertreter handelt, zusätzlich seine Vertretungsmacht nachzuweisen. Für ein antragstellendes Unternehmen kann den Antrag nur ein gesetzlicher Vertreter stellen. Der Antragsteller kann sich bei der Antragstellung nicht durch einen Bevollmächtigten vertreten lassen.

(4) Der Antrag nach Absatz 2 Satz 1 kann auch elektronisch gestellt werden. In diesem Fall bedarf es einer elektronischen Identifizierung.

(5) Die Erteilung einer Auskunft nach Absatz 2 Satz 1 durch die Registerbehörde ist gebührenpflichtig.

(6) Unternehmen, die in das Wettbewerbsregister eingetragen sind oder von einer geplanten Eintragung betroffen sind, können zur Geltendmachung oder Verteidigung ihrer rechtlichen Interessen im Hinblick auf die Eintragung verlangen, dass einem bevollmächtigten Rechtsanwalt unbeschränkte Akteneinsicht gewährt wird.

(7) Für die Erteilung von Auskünften nach Artikel 15 der Verordnung (EU) 2016/679 des Europäischen Parlaments und des Rates vom 27. April 2016 zum Schutz natürlicher Personen bei der Verarbeitung personenbezogener Daten, zum freien Datenverkehr und zur Aufhebung der Richtlinie 95/46/EG gelten die Absätze 3 und 4 entsprechend.

§ 6
Abfragepflicht für Auftraggeber; Entscheidung über einen Ausschluss vom Vergabeverfahren[4]

(1) Ein öffentlicher Auftraggeber nach § 99 des Gesetzes gegen Wettbewerbsbeschränkungen ist verpflichtet, vor der Erteilung des Zuschlags in einem Verfahren über die Vergabe öffentlicher Aufträge mit einem geschätzten Auftragswert ab 30 000 Euro ohne Umsatzsteuer bei der Registerbehörde abzufragen, ob Im Wettbewerbsregister Eintragungen zu demjenigen Bieter, an den der öffentliche Auftraggeber den Auftrag zu vergeben beabsichtigt, gespeichert sind. Ein Sektorenauftraggeber nach § 100 Absatz 1 Nummer 1 des Gesetzes gegen Wettbewerbsbeschränkungen sowie ein Konzessionsgeber nach § 101 Absatz 1 Nummer 1 und 2 des Gesetzes gegen Wettbewerbsbeschränkungen sind ab Erreichen der Schwellenwerte des § 106 des Gesetzes gegen Wettbewerbsbeschränkungen verpflichtet, bei der Registerbehörde vor Zuschlagserteilung abzufragen, ob im Wettbewerbsregister Eintragungen zu demjenigen Bieter, an den sie den Auftrag zu vergeben beabsichtigen, gespeichert sind. Eine Verpflichtung zur Abfrage besteht abweichend von den Sätzen 1 und 2 nicht bei Sachverhalten, für die das Vergaberecht Ausnahmen von der Anwendbarkeit des Vergaberechts vorsieht. Auslandsdienststellen sind abweichend von den Sätzen 1 und 2 nicht verpflichtet, das Wettbewerbsregister abzufragen. Auf eine erneute Abfrage bei der Registerbehörde kann der Auftraggeber verzichten, wenn er innerhalb der letzten zwei Monate zu dem entsprechenden Unternehmen bereits eine Auskunft aus dem Wettbewerbsregister erhalten hat. Auftraggeber dürfen von Bietern oder Bewerbern nicht die Vorlage einer Auskunft nach § 5 Absatz 2 Satz 1 verlangen.

(2) Daneben können Auftraggeber nach Absatz 1 bei der Registerbehörde abfragen

---

3 § 5 Abs. 2 ist gem. Nr. 3 der „Bekanntmachung nach § 12 des WRegG" des Bundesministeriums für Wirtschaft und Energie vom 18. Oktober 2021 (BAnz AT 29.10.2021 B3) ab dem 01.06.2022 anzuwenden.

4 § 6 Abs. 2 ist gem. Nr. 3 der „Bekanntmachung nach § 12 des WRegG" des Bundesministeriums für Wirtschaft und Energie vom 18. Oktober 2021 (BAnz AT 29.10.2021 B3) ab dem 01.06.2022 anzuwenden.

1. bei öffentlichen Aufträgen und Konzessionen mit einem geschätzten Auftrags- oder Vertragswert unterhalb der Wertgrenzen nach Absatz 1, ob Eintragungen im Wettbewerbsregister zu demjenigen Bieter vorliegen, an den der Auftraggeber den Auftrag oder die Konzession zu vergeben beabsichtigt, und
2. im Rahmen eines Teilnahmewettbewerbs, ob Eintragungen im Wettbewerbsregister in Bezug auf diejenigen Bewerber vorliegen, die der Auftraggeber zur Abgabe eines Angebots auffordern will.

(3) Die Registerbehörde übermittelt dem abfragenden Auftraggeber die im Wettbewerbsregister gespeicherten Daten über das Unternehmen, das in der Abfrage benannt ist. Gibt es im Wettbewerbsregister zu einem Unternehmen keine Eintragung, teilt die Registerbehörde dies dem Auftraggeber mit.

(4) Die Auskünfte aus dem Wettbewerbsregister dürfen nur den Bediensteten zur Kenntnis gebracht werden, die mit der Entgegennahme der Auskunft oder mit der Bearbeitung des Vergabeverfahrens betraut sind.

(5) Der Auftraggeber entscheidet nach Maßgabe der vergaberechtlichen Vorschriften in eigener Verantwortung über den Ausschluss eines Unternehmens von der Teilnahme an dem Vergabeverfahren. § 7 Absatz 2 bleibt unberührt.

(6) Auftraggeber können von den Strafverfolgungsbehörden oder den zur Verfolgung von Ordnungswidrigkeiten berufenen Behörden ergänzende Informationen anfordern, soweit diese nach Einschätzung der Auftraggeber für die Vergabeentscheidung erforderlich sind. Die Strafverfolgungsbehörden und die zur Verfolgung von Ordnungswidrigkeiten berufenen Behörden dürfen die angeforderten Informationen auf Ersuchen des Auftraggebers übermitteln.

(7) Die nach Absatz 3 und 6 sowie nach § 8 Absatz 4 Satz 5 übermittelten Daten sind vertraulich und dürfen vom Auftraggeber nur für Vergabeentscheidungen genutzt werden. Die Daten sind nach Ablauf der rechtlich vorgesehenen Aufbewahrungsfristen zu löschen.

§ 7
Löschung der Eintragung aus dem Wettbewerbsregister nach Fristablauf; Rechtswirkung der Löschung

(1) Eintragungen über Straftaten nach § 2 Absatz 1 Nummer 1 Buchstabe a, c und d werden spätestens nach Ablauf von fünf Jahren ab dem Tag der Rechts- oder Bestandskraft der Entscheidung gelöscht. Eintragungen von Bußgeldentscheidungen nach § 2 Absatz 2 werden spätestens nach Ablauf von drei Jahren ab dem Erlass der Bußgeldentscheidung gelöscht. Im Übrigen werden Eintragungen spätestens nach Ablauf von drei Jahren ab dem Tag gelöscht, an dem die Entscheidung unanfechtbar geworden Ist. Bei mehreren Eintragungen wegen desselben Fehlverhaltens Ist eine Löschung aller ein Unternehmen betreffenden Eintragungen vorzunehmen, wenn die Voraussetzungen der Löschung für eine Eintragung gegeben sind und dieselben Fristen für die Löschung gelten; bei unterschiedlichen Fristen ist die längere Frist maßgeblich. Die Regelungen des § 4 Absatz 2 Satz 2 und des § 8 Absatz 1 Satz 3 bleiben unberührt.

(2) Ist eine Eintragung im Wettbewerbsregister nach Absatz 1 oder § 8 gelöscht worden, so darf die der Eintragung zugrunde liegende Straftat oder Ordnungswidrigkeit in Vergabeverfahren nicht mehr zum Nachteil des betroffenen Unternehmens verwertet werden. Die Ablehnung eines Löschungsantrags nach § 8 Absatz 1 durch die Registerbehörde ist für den Auftraggeber nicht bindend.

§ 8
Vorzeitige Löschung der Eintragung aus dem Wettbewerbsregister wegen Selbstreinigung; Gebühren und Auslagen

(1) Ist ein Unternehmen in das Wettbewerbsregister eingetragen worden, so kann es bei der Registerbehörde beantragen, dass die Eintragung wegen Selbstreinigung vor Ablauf der Löschungsfrist nach § 7 Absatz 1 aus dem Wettbewerbsregister gelöscht wird. Der Antrag ist zulässig, wenn das Unternehmen ein berechtigtes Interesse an der vorzeitigen Löschung glaubhaft macht. Die Eintragung Ist zu löschen, wenn das Unternehmen gegenüber der Registerbehörde die Selbstreinigung im Fall des § 2 Absatz 1 Nummer 1 Buchstabe c und d entsprechend § 123 Absatz 4 Satz 2 des Gesetzes gegen Wettbewerbsbeschränkun-

gen, im Übrigen entsprechend§ 125 des Gesetzes gegen Wettbewerbsbeschränkungen für die Zwecke des Vergabeverfahrens nachgewiesen hat.

(2) Die Registerbehörde ermittelt den Sachverhalt nach Antragstellung von Amts wegen. Sie kann sich dabei auf das beschränken, was von dem Antragsteller vorgebracht wird oder ihr sonst bekannt sein muss. Sie kann von dem Antragsteller verlangen, dass er ihr

1. die strafgerichtliche Entscheidung oder die Bußgeldentscheidung übermittelt,
2. Gutachten oder andere Unterlagen vorlegt, die zur Bewertung dar Selbstreinigungsmaßnahmen geeignet sind.

Die §§ 57 und 59 bis 59b des Gesetzes gegen Wettbewerbsbeschränkungen sind entsprechend anzuwenden.

(3) Zur Vorbereitung der Entscheidung über den Antrag kann die Registerbehörde die mitteilende Strafverfolgungsbehörde oder die Behörde, die für die Verfolgung von Ordnungswidrigkeiten berufen ist, ersuchen, ihr Informationen, die nach Einschätzung der Registerbehörde zur Bewertung des Antrags erforderlich sein können, zu übermitteln. Die ersuchte Behörde übermittelt diese Informationen.

(4) Die Registerbehörde bewertet die von dem Unternehmen ergriffenen Selbstreinigungsmaßnahmen und berücksichtigt dabei die Schwere und die besonderen Umstände der Straftat oder des Fehlverhaltens. Hält sie die Selbstreinigungsmaßnahmen des Unternehmens für unzureichend, so verlangt sie von dem Unternehmen ergänzende Informationen oder lehnt den Antrag ab. Lehnt die Registerbehörde den Antrag ab, begründet sie diese Entscheidung gagenüber dem Unternehmen. Die Entscheidung über den Antrag auf vorzeitige Löschung einer Eintragung ist im Wettbewerbsregister zu vermerken. Die Registerbehörde übermittelt einem Auftraggeber auf dessen Ersuchen die Entscheidung zu dem Löschungsantrag sowie weitere Unterlagen.

(5) Die Registerbehörde erlässt Leitlinien zur Anwendung der Absätze 1 bis 4.

(6) Bei Anträgen auf vorzeitige Löschung aus dem Wettbewerbsregister wegen Selbstreinigung werden zur Deckung des Verwaltungsaufwands der Registerbehörde Gebühren und Auslagen erhoben. § 62 des Gesetzes gegen Wettbewerbsbeschränkungen und die auf dieser Grundlage erlassenen Rechtsverordnungen sind entsprechend anzuwenden; der Gebührenrahmen richtet sich nach § 62 Absatz 2 Satz 2 Nummer 2 des Gesetzes gegen Wettbewerbsbeschränkungen.

§ 9
Elektronische Datenübermittlung

(1) Die Kommunikation zwischen der Registerbehörde und den Strafverfolgungsbehörden, den zur Verfolgung von Ordnungswidrigkeiten berufenen Behörden, den Auftraggebern sowie den Unternehmen und den Stellen, die ein amtliches Verzeichnis führen, das den Anforderungen des Artikels 64 der Richtlinie 2014/24/EU entspricht, erfolgt in der Regel elektronisch.

(2) Die Datenübermittlung an Auftraggeber kann im Wege eines automatisierten Verfahrens auf Abruf, das die Übermittlung personenbezogener Daten ermöglicht, erfolgen. Für die Verarbeitung von personenbezogenen Daten gelten die allgemeinen datenschutzrechtlichen Vorschriften, soweit dieses Gesetz oder die aufgrund dieses Gesetzes erlassene Rechtsverordnung keine besondere Regelung enthält.

§ 10
Verordnungsermächtigung

Die Bundesregierung erlässt mit Zustimmung des Bundesrates eine Rechtsverordnung, um Folgendes zu regeln:

1. die technischen und organisatorischen Voraussetzungen für
   a) die Speicherung von Daten im Wettbewerbsregister,

b) die Übermittlung von Daten an die Registerbehörde oder an Auftraggeber einschließlich des automatisierten Abrufverfahrens und die Kommunikation mit Unternehmen und natürlichen Personen, jeweils einschließlich Regelungen zur Identifizierung und Authentifizierung, sowie mit Stellen, die ein amtliches Verzeichnis führen, das den Anforderungen des Artikels 64 der Richtlinie 2014/24/EU entspricht,

2. die erforderlichen datenschutzrechtlichen Vorgaben für die elektronische Kommunikation mit der Registerbehörde,
3. Inhalt und Umfang der Daten nach § 3 Absatz 1 und der Mitteilung nach § 6 Absatz 3,
4. ein von den Unternehmen zu verwendendes Standardformular für die Mitteilung nach § 3 Absatz 2,
5. Anforderungen an den Inhalt der Mitteilung nach § 4 einschließlich eines von den mitteilungspflichtigen Stellen zu verwendenden Standardformulars sowie die Einzelheiten des Eintragungsverfahrens,
6. nähere Bestimmungen zu den ergänzenden Informationen gemäß § 6 Absatz 6 Satz 1,
7. Anforderungen an vom Antragsteller vorzulegende geeignete Gutachten und Unterlagen nach § 8 Absatz 2 Satz 3 Nummer 2, insbesondere auch an die Zulassung von Systemen unabhängiger Stellen durch die Registerbehörde, mit denen geeignete Vorsorgemaßnahmen zur Verhinderung zukünftiger Verfehlungen für die Zwecke des Vergabeverfahrens belegt werden können und
8. den Gebührensatz und die Erhebung der Gebühr vom Kostenschuldner bei Erteilung der Auskunft nach § 5 Absatz 2 Satz 1 sowie die Erstattung von Auslagen.

§ 11
Rechtsweg

(1) Gegen Entscheidungen der Registerbehörde ist die Beschwerde zulässig. § 63 Absatz 1 Nummer 1 und 2, die §§ 64, 69, 70 Absatz 1 und 2, die §§ 71 bis 73 Absatz 1 Satz 2, Absatz 2 Satz 1 in Verbindung mit § 54 Absatz 2 Nummer 1 und 2, § 73 Absatz 3 und 4 Satz 1 erster Halbsatz und Satz 2, die §§ 74, 75 Absatz 1 bis 3, § 76 Absatz 1 Satz 1 und 2, Absatz 2 und 4 bis 6 sowie § 171 Absatz 3 des Gesetzes gegen Wettbewerbsbeschränkungen sind entsprechend anzuwenden, soweit nichts anderes bestimmt ist.

(2) Das Beschwerdegericht entscheidet durch eines seiner Mitglieder als Einzelrichter. Der Einzelrichter überträgt das Verfahren dem Beschwerdegericht zur Entscheidung in der im Gerichtsverfassungsgesetz vorgeschriebenen Besetzung, wenn

1. die Sache besondere Schwierigkeiten tatsächlicher oder rechtlicher Art aufweist oder
2. die Rechtssache grundsätzliche Bedeutung hat.

Eine Rückübertragung auf den Einzelrichter ist ausgeschlossen.

(3) die Entscheidung über die Beschwerde kann ohne mündliche Verhandlung ergehen, es sei denn, ein Beteiligter beantragt, eine mündliche Verhandlung durchzuführen. § 65 Absatz 2 des Gesetzes gegen Wettbewerbsbeschränkungen ist entsprechend anzuwenden.

§ 12
Anwendungsbestimmungen

(1) Das Bundesministerium für Wirtschaft und Energie hat

1. das Vorliegen der Voraussetzungen für die elektronische Datenübermittlung entsprechend § 9 Absatz 1 festzustellen und
2. die Feststellung nach Nummer 1 im Bundesanzeiger bekannt zu machen.

(2) Die §§ 2 und 4 sind nach Ablauf des Monats, der auf den Tag der Bekanntmachung nach Absatz 1 Nummer 2 folgt, anzuwenden; dieser Tag ist vom Bundesministerium für Wirtschaft und Energie unverzüglich im Bundesanzeiger bekannt zu machen. § 5 Absatz 2 und § 6 sind sechs Monate nach dem in Satz 1 genannten Tag anzuwenden; abweichend hiervon kann die Registerbehörde einem Auftraggeber auf des-

sen Ersuchen die Möglichkeit zur Abfrage nach § 6 Absatz 1 und 2 bereits ab dem in Satz 1 bezeichneten Tag eröffnen. Bis zur verpflichtenden Anwendung der in Satz 2 bezeichneten Vorschriften sind die landesrechtlichen Vorschriften über die Errichtung und den Betrieb eines dem § 1 entsprechenden Registers weiter anzuwenden.

X.
Verordnung zur Statistik über die Vergabe öffentlicher Aufträge und Konzessionen (Vergabestatistikverordnung – VergStatVO)

vom 12. April 2016 (BGBl. I S. 624, 691), zuletzt geändert durch Artikel 5 des Gesetzes vom 25. März 2020 (BGBl. I S. 674)

§ 1
Anwendungsbereich und Grundsätze der Datenübermittlung

(1) Diese Verordnung regelt die Pflichten der Auftraggeber im Sinne von § 98 des Gesetzes gegen Wettbewerbsbeschränkungen zur Übermittlung der in § 3 aufgeführten Daten an das vom Bundesministerium für Wirtschaft und Energie zum Empfang und zur Verarbeitung der Daten beauftragte Statistische Bundesamt. Zur Erfüllung ihrer Pflichten nach Satz 1 bedienen sich die Auftraggeber Berichtsstellen. Berichtsstellen sind diejenigen Stellen, die Informationen über vergebene Aufträge und Konzessionen als Auftrag- oder Konzessionsgeber selbst oder für einen anderen Auftrag- oder Konzessionsgeber melden.

(2) Die Daten nach § 3 sind innerhalb von 60 Tagen nach Zuschlagserteilung zu übermitteln.

(3) Die Übermittlung der Daten an das Statistische Bundesamt erfolgt elektronisch. Hierfür sind die vom Statistischen Bundesamt zur Verfügung gestellten sicheren elektronischen Verfahren zu nutzen. Bei der Übermittlung der Daten ist sicherzustellen, dass die nach Bundes- oder Landesrecht zuständigen Datenschutzaufsichtsbehörden die Möglichkeit zur Einsicht in die Protokolldaten betreffend die Übermittlung der Daten haben.

(4) Das Statistische Bundesamt speichert die erhaltenen Daten, bereitet sie statistisch auf und erstellt im Auftrag des Bundesministeriums für Wirtschaft und Energie eine Vergabestatistik.

§ 2
Art und Umfang der Datenübermittlung

(1) Auftraggeber im Sinne von § 98 des Gesetzes gegen Wettbewerbsbeschränkungen übermitteln nach der Vergabe eines öffentlichen Auftrags nach § 103 Absatz 1 des Gesetzes gegen Wettbewerbsbeschränkungen oder einer Konzession nach § 105 des Gesetzes gegen Wettbewerbsbeschränkungen bei Erreichen oder Überschreiten der in § 106 des Gesetzes gegen Wettbewerbsbeschränkungen genannten Schwellenwerte die in § 3 Absatz 1 genannten Daten.

(2) Öffentliche Auftraggeber im Sinne des § 99 des Gesetzes gegen Wettbewerbsbeschränkungen übermitteln nach der Vergabe eines öffentlichen Auftrags die in § 3 Absatz 2 und 3 aufgeführten Daten, wenn

1. der Auftragswert ohne Umsatzsteuer 25 000 Euro überschreitet,
2. der Auftragswert den geltenden Schwellenwert gemäß § 106 des Gesetzes gegen Wettbewerbsbeschränkungen unterschreitet,
3. die Vergabe des öffentlichen Auftrags nach den jeweils maßgeblichen Vorgaben des Bundes oder der Länder vergabe- oder haushaltsrechtlichen Verfahrensregeln unterliegt und
4. der Auftrag im Übrigen unter die Regelungen des Teils 4 des Gesetzes gegen Wettbewerbsbeschränkungen fallen würde.

(3) Die vorstehenden Pflichten gelten nicht bei der Vergabe öffentlicher Aufträge und Konzessionen durch Auslandsdienststellen von Auftraggebern.

§ 3
Zu übermittelnde Daten

(1) In den Fällen des § 2 Absatz 1 umfasst die Pflicht zur Übermittlung die folgenden Daten:

1. bei der Vergabe öffentlicher Aufträge durch öffentliche Auftraggeber umfasst die Pflicht zur Übermittlung die Daten gemäß Anlage 1,
2. bei der Vergabe öffentlicher Aufträge über soziale und andere besondere Dienstleistungen nach § 130 des Gesetzes gegen Wettbewerbsbeschränkungen durch öffentliche Auftraggeber umfasst die Pflicht zur Übermittlung die Daten gemäß Anlage 2,
3. bei der Vergabe öffentlicher Aufträge durch Sektorenauftraggeber nach § 100 des Gesetzes gegen Wettbewerbsbeschränkungen zum Zweck der Ausübung einer Sektorentätigkeit nach § 102 des Gesetzes gegen Wettbewerbsbeschränkungen umfasst die Pflicht zur Übermittlung die Daten gemäß Anlage 3,
4. bei der Vergabe öffentlicher Aufträge über soziale und andere besondere Dienstleistungen nach § 142 in Verbindung mit § 130 des Gesetzes gegen Wettbewerbsbeschränkungen durch Sektorenauftraggeber zum Zweck der Ausübung einer Sektorentätigkeit umfasst die Pflicht zur Übermittlung die Daten gemäß Anlage 4,
5. bei der Vergabe von Konzessionen durch Konzessionsgeber nach § 101 des Gesetzes gegen Wettbewerbsbeschränkungen umfasst die Pflicht zur Übermittlung die Daten gemäß Anlage 5,
6. bei der Vergabe von Konzessionen über soziale und andere besondere Dienstleistungen nach § 153 des Gesetzes gegen Wettbewerbsbeschränkungen durch Konzessionsgeber umfasst die Pflicht zur Übermittlung die Daten gemäß Anlage 6 und
7. bei der Vergabe verteidigungs- oder sicherheitsspezifischer öffentlicher Aufträge nach § 104 des Gesetzes gegen Wettbewerbsbeschränkungen durch öffentliche Auftraggeber und Sektorenauftraggeber umfasst die Pflicht zur Übermittlung die Daten gemäß Anlage 7.

(2) In den Fällen des § 2 Absatz 2 umfasst die Pflicht zur Übermittlung die Daten gemäß Anlage 8.

(3) Sofern Auftraggeber freiwillig Daten gemäß den Anlagen 1 bis 8 zu den Absätzen 1 und 2 zur statistischen Auswertung übermitteln, sind § 1 Absatz 2 und 3 und § 4 auch für diese Daten anzuwenden.

(9) Sofern Auftraggeber freiwillig weitere Daten zur statistischen Auswertung an das Bundesministerium für Wirtschaft und Energie übermitteln, sind die §§ 5 und 6 auch für diese Daten anzuwenden.

§ 4
Statistische Aufbereitung und Übermittlung der Daten; Veröffentlichung statistischer Auswertungen; Datenbank

(1) Das Statistische Bundesamt ist mit Einwilligung des Bundesministeriums für Wirtschaft und Energie berechtigt, aus den aufbereiteten Daten statistische Auswertungen zu veröffentlichen.

(2) Das Bundesministerium für Wirtschaft und Energie ist berechtigt, zur Erfüllung der Berichtspflichten der Bundesrepublik Deutschland, die sich aus der Richtlinie 2014/23/EU des Europäischen Parlaments und des Rates vom 26. Februar 2014 über die Konzessionsvergabe (ABl. L 94 vom 28.3.2014, S. 1), der Richtlinie 2014/24/EU des Europäischen Parlaments und des Rates vom 26. Februar 2014 über die öffentliche Auftragsvergabe und zur Aufhebung der Richtlinie 2004/18/EG (ABl. L 94 vom 28.3.2014, S. 65), der Richtlinie 2014/25/EU des Europäischen Parlaments und des Rates vom 26. Februar 2014 über die Vergabe von Aufträgen durch Auftraggeber im Bereich der Wasser-, Energie- und Verkehrsversorgung sowie der Postdienste und zur Aufhebung der Richtlinie 2004/17/EG (ABl. L 94 vom 28.3.2014, S. 243) und der Richtlinie 2009/81/EG des Europäischen Parlaments und des Rates vom 13. Juli 2009 über die Koordinierung der Verfahren zur Vergabe bestimmter Bau-, Liefer- und Dienstleistungsaufträge in den Bereichen Verteidigung und Sicherheit und zur Änderung der Richtlinien 2004/17/EG und 2004/18/EG (ABl. L 216

vom 20.8.2009, S. 76) gegenüber der Europäischen Kommission ergeben, statistische Auswertungen an die Europäische Kommission zu übermitteln.

(3) Das Bundesministerium für Wirtschaft und Energie stellt den Berichtsstellen die für die Analyse und Planung ihres Beschaffungsverhaltens erforderlichen eigenen Daten sowie statistische Auswertungen zur Verfügung.

(4) Bundes-, Landes- oder Kommunalbehörden können auf Antrag beim Bundesministerium für Wirtschaft und Energie statistische Auswertungen erhalten.

(5) Das Bundesministerium für Wirtschaft und Energie stellt den statistischen Landesämtern auf deren Antrag die ihren jeweiligen Erhebungsbereich betreffenden und vorhandenen Daten für die gesonderte Aufbereitung auf regionaler und auf Landesebene zur Verfügung.

(6) Das durch das Bundesministerium für Wirtschaft und Energie beauftragte Statistische Bundesamt ist berechtigt, die statistischen Auswertungen durchzuführen und die statistischen Auswertungen und Daten nach den Absätzen 3 bis 5 zu übermitteln.

(7) Das Statistische Bundesamt ist berechtigt, die Angaben zu den Merkmalen gemäß Abschnitt 2 der Anlagen 1 bis 8, mit Ausnahme der Angaben zu Auftraggebereigenschaft und Korrekturmeldung, in einer Datenbank zu speichern, um die technische Umsetzung der Datenübermittlung zu gewährleisten. Die freiwilligen Angaben zu den für Rückfragen zur Verfügung stehenden Personen sind auf Verlangen unverzüglich zu löschen.

§ 5
Datenübermittlung für die wissenschaftliche Forschung

(1) Das Bundesministerium für Wirtschaft und Energie stellt Hochschulen und anderen Einrichtungen, die wissenschaftliche Forschung betreiben, auf Antrag statistische Auswertungen oder Daten in anonymisierter Form zur Verfügung, soweit

1. dies für die Durchführung wissenschaftlicher Forschungsarbeiten erforderlich ist und
2. die Übermittlung der Daten oder die Erstellung der statistischen Auswertungen keinen unverhältnismäßigen Aufwand erfordert.

(2) Das durch das Bundesministerium für Wirtschaft und Energie beauftragte Statistische Bundesamt ist berechtigt, die statistischen Auswertungen durchzuführen und die statistischen Auswertungen und Daten nach Absatz 1 zu übermitteln.

§ 6
Anwendungsbestimmung

(1) Das Bundesministerium für Wirtschaft und Energie hat

1. das Vorliegen der Voraussetzungen einer elektronischen Datenübertragung entsprechend den Vorgaben des § 1 Absatz 3 festzustellen und
2. die Feststellung nach Nummer 1 im Bundesanzeiger bekanntzumachen.

(2) Die §§ 1 bis 5 sind ab dem ersten Tag des vierten Monats, der auf den Monat der Bekanntmachung nach Absatz 1 Satz 1 Nummer 2 folgt, anzuwenden; dieser Tag ist vom Bundesministerium für Wirtschaft und Energie unverzüglich im Bundesanzeiger bekanntzumachen.

§ 7
Übergangsregelung

(1) Solange die §§ 1 bis 5 nicht nach § 6 anzuwenden sind, übermitteln die Auftraggeber dem Bundesministerium für Wirtschaft und Energie für vergebene Aufträge, die der Vergabeverordnung unterliegen, eine jährliche statistische Aufstellung der jeweils im Vorjahr vergebenen Aufträge, und zwar getrennt nach öffentlichen Liefer-, Dienstleistungs- und Bauaufträgen. Für jeden Auftraggeber enthält die statistische Auf-

stellung mindestens die Zahl und den Wert der vergebenen Aufträge. Die Daten werden, soweit möglich, wie folgt aufgeschlüsselt:

1. nach den jeweiligen Vergabeverfahren,
2. nach Waren, Dienstleistungen und Bauarbeiten gemäß den Kategorien der Common Procurement Vocabulary-Nomenklatur,
3. nach der Staatszugehörigkeit des Bieters, an den der Auftrag vergeben wurde.

(2) Die statistischen Aufstellungen im Sinne des Absatzes 1 für oberste und obere Bundesbehörden und für vergleichbare Bundeseinrichtungen enthalten auch den geschätzten Gesamtwert der Aufträge unterhalb der Schwellenwerte.

(3) Solange die §§ 1 bis 5 nicht nach § 6 anzuwenden sind, übermitteln die Sektorenauftraggeber dem Bundesministerium für Wirtschaft und Energie für vergebene Aufträge, die der Sektorenverordnung unterliegen, eine jährliche Aufstellung der jeweils im Vorjahr vergebenen Aufträge, und zwar getrennt nach öffentlichen Liefer-, Dienstleistungs- und Bauaufträgen. Für jeden Sektorenauftraggeber enthält die statistische Aufstellung mindestens die Zahl und den Wert der vergebenen Aufträge. Die Sätze 1 und 2 gelten nicht für Auftraggeber der Bereiche Gas- und Wärmeversorgung und Eisenbahnverkehr, ausgenommen Schnellbahnen. In den anderen Sektorenbereichen entfallen Angaben über Dienstleistungsaufträge.

(4) Die Sektorenauftraggeber übermitteln dem Bundesministerium für Wirtschaft und Energie auch den Gesamtwert der vergebenen Aufträge unterhalb der Schwellenwerte, die ohne eine Schwellenwertfestlegung von der Datenübermittlungspflicht erfasst wären. Aufträge von geringem Wert können aus Gründen der Vereinfachung unberücksichtigt bleiben.

(5) Solange die §§ 1 bis 5 nicht nach § 6 anzuwenden sind, übermitteln die öffentlichen Auftraggeber und Sektorenauftraggeber dem Bundesministerium für Wirtschaft und Energie für vergebene Aufträge, die der Vergabeverordnung für die Bereiche Verteidigung und Sicherheit unterliegen, eine jährliche Aufstellung der jeweils im Vorjahr vergebenen Aufträge, und zwar getrennt nach öffentlichen Liefer-, Dienstleistungs- und Bauaufträgen. Für jeden Auftraggeber enthält die statistische Aufstellung mindestens die Zahl und den Wert der vergebenen Aufträge. Die Daten werden, soweit möglich, wie folgt aufgeschlüsselt:

1. nach den jeweiligen Vergabeverfahren,
2. nach Waren, Dienstleistungen und Bauarbeiten gemäß den Kategorien der Common Procurement Vocabulary-Nomenklatur,
3. nach der Staatszugehörigkeit des Bieters, an den der Auftrag vergeben wurde.

(6) Das Bundesministerium für Wirtschaft und Energie setzt jeweils durch Allgemeinverfügung fest, in welcher Form die statistischen Angaben zu übermitteln sind. Die Allgemeinverfügung wird im Bundesanzeiger bekannt gemacht.

Anlage 1

Abschnitt 1

Daten, die durch öffentliche Auftraggeber nach Zuschlagserteilung im Rahmen der Vergabe eines öffentlichen Auftrages im Oberschwellenbereich dem Statistischen Bundesamt zugeleitet werden

Merkmalsgruppe	Name des Merkmals	Ausprägungen/Bemerkungen
Angaben zum Auftraggeber	Name des Auftraggebers*	Anzugeben ist hier die Bezeichnung des Auftraggebers und keine einzelnen Organisationseinheiten innerhalb des Auftraggebers.
	Leitweg-ID	Jeder öffentliche Auftraggeber verfügt über eine oder mehrere Leitweg-ID, die zur Übermittlung der elektronischen Rechnung gem. E-Rechnungsverordnung vom 13. Oktober 2017 (BGBl. I S. 3555) (ERechV) (auf Bundesebene) in den Vergabeunterlagen angegeben werden müssen. Die Angabe ist nur für Auftraggeber auf Bundesebene verpflichtend.
	Art des Auftraggebers	Öffentliche Auftraggeber Bund ☐ Oberste Bundesbehörden ☐ Obere, mittlere und untere Bundesbehörden ☐ Körperschaften des öffentlichen Rechts auf Bundesebene ☐ Anstalten des öffentlichen Rechts auf Bundesebene ☐ Stiftungen des öffentlichen Rechts auf Bundesebene ☐ Sonstige Auftraggeber auf Bundesebene Land ☐ Oberste Landesbehörden ☐ Obere, mittlere und untere Landesbehörden ☐ Körperschaften des öffentlichen Rechts auf Landesebene ☐ Anstalten des öffentlichen Rechts auf Landesebene ☐ Stiftungen des öffentlichen Rechts auf Landesebene ☐ Sonstige Auftraggeber auf Landesebene Kommunen ☐ Kommunalbehörden ☐ Körperschaften des öffentlichen Rechts auf Kommunalebene ☐ Anstalten des öffentlichen Rechts auf Kommunalebene ☐ Stiftungen des öffentlichen Rechts auf Kommunalebene ☐ Sonstige Auftraggeber auf Kommunalebene Sonstige ☐ Sonstige Auftraggeber
	Postleitzahl des Auftraggebers	Räumliche Zuordnung des Auftraggebers
	Zentrale Beschaffungsstelle	☐ ja ☐ nein

Merkmalsgruppe	Name des Merkmals	Ausprägungen/Bemerkungen
Angaben zum Auftragsgegenstand	Bekanntmachungsnummer im Amtsblatt der EU	Bekanntmachungsnummer im Amtsblatt der EU
	Auftragsnummer	Interne Auftrags-Nr. oder vergebenes Aktenzeichen
	Art des Auftrages	☐ Bauauftrag ☐ Lieferauftrag ☐ Dienstleistungsauftrag
	Common Procurement Vocabulary-Code (CPV-Code)	Die Angabe dient der Ermittlung des Auftragsgegenstandes. Anzugeben ist der Hauptteil des CPV-Codes (ohne Zusatzteil). Mehrfachnennung ist möglich. Es können bis zu drei CPV-Codes angegeben werden.
	Auftragswert	Ermittlung des Netto-Auftragswertes in Euro
	Aufteilung des Auftrags in Lose	☐ ja ☐ nein
	Zuschlagskriterium	Ermittlung der Zuschlagskriterien für die Zuschlagsentscheidung: ☐ nur Preis ☐ nur Kosten ☐ Preis und Qualitätskriterien ☐ Kosten und Qualitätskriterien Wenn Zuschlagskriterium: ☒ Preis und Qualitätskriterien ➔ Gewichtung Preis vs. Qualitätskriterien in % Wenn Zuschlagskriterium: ☒ Kosten und Qualitätskriterien ➔ Gewichtung Kosten vs. Qualitätskriterien in %
Angaben zum Verfahren	Verfahrensart	☐ Offenes Verfahren (§ 15 VgV; § 3 EU Nr. 1 Vergabe- und Vertragsordnung für Bauleistungen, Teil A, in der Fassung der Bekanntmachung vom 31. Januar 2019 (BAnz AT 19.02.2019 B2) (VOB/A) ☐ Nicht offenes Verfahren (§ 16 VgV; § 3 EU Nr. 2 VOB/A) ☐ Verhandlungsverfahren mit Teilnahmewettbewerb (§ 17 Abs. 1 VgV; § 3 EU Nr. 3 VOB/A) ☐ Verhandlungsverfahren ohne Teilnahmewettbewerb (§ 17 Abs. 5 VgV; § 3 EU Nr. 3 VOB/A) ☐ Wettbewerblicher Dialog (§ 18 VgV; § 3 EU Nr. 4 VOB/A) ☐ Innovationspartnerschaft (§ 19 VgV; § 3 EU Nr. 5 VOB/A)
	Rahmenvereinbarung	☐ ja ☐ nein
	Dynamisches Beschaffungssystem	☐ ja ☐ nein
	Elektronische Auktion	☐ ja ☐ nein
	Nachhaltigkeitskriterien (siehe Anlage 9)	Berücksichtigung nachhaltiger Kriterien bei der Leistungsbeschreibung, bei der Eignung, bei den Zuschlagskriterien oder bei den Ausführungsbedingungen ☐ ja ☐ nein Wenn Nachhaltigkeitskriterien ☒ ja ➔ Ermittlung, an welcher Stelle des Vergabeverfahrens das/die Nachhaltigkeitskriterium/en vorgegeben wurde/n: ☐ Leistungsbeschreibung ☐ Eignung

Merkmalsgruppe	Name des Merkmals	Ausprägungen/Bemerkungen
Angaben zum Auftragsgegenstand	Bekanntmachungsnummer im Amtsblatt der EU	Bekanntmachungsnummer im Amtsblatt der EU
	Auftragsnummer	Interne Auftrags-Nr. oder vergebenes Aktenzeichen
	Art des Auftrages	☐ Bauauftrag ☐ Lieferauftrag ☐ Dienstleistungsauftrag
	Common Procurement Vocabulary-Code (CPV-Code)	Die Angabe dient der Ermittlung des Auftragsgegenstandes. Anzugeben ist der Hauptteil des CPV-Codes (ohne Zusatzteil). Mehrfachnennung ist möglich. Es können bis zu drei CPV-Codes angegeben werden.
	Auftragswert	Ermittlung des Netto-Auftragswertes in Euro
	Aufteilung des Auftrags in Lose	☐ ja ☐ nein
	Zuschlagskriterium	Ermittlung der Zuschlagskriterien für die Zuschlagsentscheidung: ☐ nur Preis ☐ nur Kosten ☐ Preis und Qualitätskriterien ☐ Kosten und Qualitätskriterien Wenn Zuschlagskriterium: ☒ Preis und Qualitätskriterien ➔ Gewichtung Preis vs. Qualitätskriterien in % Wenn Zuschlagskriterium: ☒ Kosten und Qualitätskriterien ➔ Gewichtung Kosten vs. Qualitätskriterien in %
Angaben zum Verfahren	Verfahrensart	☐ Offenes Verfahren (§ 15 VgV; § 3 EU Nr. 1 Vergabe- und Vertragsordnung für Bauleistungen, Teil A, in der Fassung der Bekanntmachung vom 31. Januar 2019 (BAnz AT 19.02.2019 B2) (VOB/A) ☐ Nicht offenes Verfahren (§ 16 VgV; § 3 EU Nr. 2 VOB/A) ☐ Verhandlungsverfahren mit Teilnahmewettbewerb (§ 17 Abs. 1 VgV; § 3 EU Nr. 3 VOB/A) ☐ Verhandlungsverfahren ohne Teilnahmewettbewerb (§ 17 Abs. 5 VgV; § 3 EU Nr. 3 VOB/A) ☐ Wettbewerblicher Dialog (§ 18 VgV; § 3 EU Nr. 4 VOB/A) ☐ Innovationspartnerschaft (§ 19 VgV; § 3 EU Nr. 5 VOB/A)
	Rahmenvereinbarung	☐ ja ☐ nein
	Dynamisches Beschaffungssystem	☐ ja ☐ nein
	Elektronische Auktion	☐ ja ☐ nein
	Nachhaltigkeitskriterien (siehe Anlage 9)	Berücksichtigung nachhaltiger Kriterien bei der Leistungsbeschreibung, bei der Eignung, bei den Zuschlagskriterien oder bei den Ausführungsbedingungen ☐ ja ☐ nein Wenn Nachhaltigkeitskriterien ☒ ja ➔ Ermittlung, an welcher Stelle des Vergabeverfahrens das/die Nachhaltigkeitskriterium/en vorgegeben wurde/n: ☐ Leistungsbeschreibung ☐ Eignung

Merkmalsgruppe	Name des Merkmals	Ausprägungen/Bemerkungen
		☐ Zuschlag ☐ Ausführungsbedingungen (Mehrfachnennung ist möglich.) Wenn Leistungsbeschreibung ☒ ➔ Ermittlung, welche Art von Nachhaltigkeitskriterium: ☐ umweltbezogen ☐ sozial ☐ innovativ (Mehrfachnennung ist möglich.) Wenn Eignung ☒ ➔ Ermittlung, welche Art von Nachhaltigkeitskriterium: ☐ umweltbezogen ☐ sozial ☐ innovativ (Mehrfachnennung ist möglich.) Wenn Zuschlag ☒ ➔ Ermittlung, welche Art von Nachhaltigkeitskriterium: ☐ umweltbezogen ☐ sozial ☐ innovativ (Mehrfachnennung ist möglich.) Wenn Ausführungsbedingung ☒ ➔ Ermittlung, welche Art von Nachhaltigkeitskriterium: ☐ umweltbezogen ☐ sozial ☐ innovativ (Mehrfachnennung ist möglich.)
Angaben zur Auftragsvergabe	Datum des Vertragsabschlusses	Zeitliche Zuordnung der Vergabe
	Gesamtanzahl eingegangener Angebote	Anzahl der Angebote, die insgesamt eingegangen sind
	Anzahl Angebote von KMU	Anzahl der Angebote, die von Kleinstunternehmen und/oder kleinen und/oder mittleren Unternehmen eingegangen sind. Es wird die KMU-Definition in der Empfehlung 2003/361/EG der Kommission vom 6. Mai 2003 betreffend die Definition der Kleinstunternehmen sowie der kleinen und mittleren Unternehmen (ABl. L 124 vom 20.5.2003, S. 36) zugrunde gelegt.
	Anzahl Angebote aus anderen EU-Mitgliedstaaten	Anzahl der Angebote, die aus anderen europäischen Mitgliedstaaten eingegangen sind
	Anzahl elektronisch übermittelter Angebote	Anzahl der auf elektronischem Wege eingegangenen Angebote
	Auftragnehmer ist ein KMU	☐ ja ☐ nein
	Herkunftsland Auftragnehmer	Angabe des Herkunftslandes des Auftragnehmers
Abschlussseite	Bemerkung	Freiwillige Angabe

* Anmerkung: „Auftraggeber" bezeichnet im Folgenden die in § 98 des Gesetzes gegen Wettbewerbsbeschränkungen genannten Auftraggeber.

Abschnitt 2

Merkmale, die ausschließlich der technischen Umsetzung der Datenübermittlung nach § 2 Absatz 1 dienen

Merkmalsgruppe	Name des Merkmals	Ausprägungen/Bemerkungen
Merkmale	Name der Berichtsstelle	Zur Erfüllung ihrer Meldepflichten bedienen sich die Auftraggeber Berichtsstellen. Berichtsstellen sind diejenigen Stellen, die Informationen über vergebene Aufträge als Auftraggeber selbst oder für einen anderen Auftraggeber melden.
	Straße	
	Hausnummer	
	Postleitzahl	
	Ort	
	Postfachnummer	Freiwillige Angaben
	Postleitzahl des Postfaches	
	Ort des Postfaches	
	Nachname Ansprechperson	
	Vorname Ansprechperson	
	E-Mail-Adresse	
	Telefonnummer	
	Auftraggebereigenschaft*	☐ Öffentlicher Auftrag durch öffentliche Auftraggeber im Oberschwellenbereich ☐ Öffentlicher Auftrag durch öffentliche Auftraggeber über soziale und andere besondere Dienstleistungen im Oberschwellenbereich ☐ Öffentlicher Auftrag durch Sektorenauftraggeber im Oberschwellenbereich ☐ Öffentlicher Auftrag durch Sektorenauftraggeber über soziale und andere besondere Dienstleistungen im Oberschwellenbereich ☐ Konzession durch Konzessionsgeber im Oberschwellenbereich ☐ Konzession durch Konzessionsgeber über soziale und andere besondere Dienstleistungen im Oberschwellenbereich ☐ Verteidigungs- und sicherheitsspezifischer öffentlicher Auftrag durch öffentliche Auftraggeber und Sektorenauftraggeber im Oberschwellenbereich ☐ Öffentliche Aufträge durch öffentliche Auftraggeber im Unterschwellenbereich
Angaben zur Meldung	Korrekturmeldung	☐ ja ☐ nein

* Anmerkung: „Auftraggeber" bezeichnet in diesem Fall die in § 98 des Gesetzes gegen Wettbewerbsbeschränkungen genannten Auftraggeber.

Anlage 2

Abschnitt 1

Daten, die durch öffentliche Auftraggeber nach Zuschlagserteilung im Rahmen der Vergabe eines öffentlichen Auftrages im Oberschwellenbereich über soziale und andere besondere Dienstleistungen nach Anhang XIV der Richtlinie 2014/24/EU dem Statistischen Bundesamt zugeleitet werden

Merkmalsgruppe	Name des Merkmals	Ausprägungen/Bemerkungen
Angaben zum Auftraggeber	Name des Auftraggebers*	Anzugeben ist hier die Bezeichnung des Auftraggebers und keine einzelnen Organisationseinheiten innerhalb des Auftraggebers.
	Leitweg-ID	Jeder öffentliche Auftraggeber verfügt über eine oder mehrere Leitweg-ID, die zur Übermittlung der elektronischen Rechnung gem. ERechV (auf Bundesebene) in den Vergabeunterlagen angegeben werden müssen. Die Angabe ist nur für Auftraggeber auf Bundesebene verpflichtend.
	Art des Auftraggebers	Öffentliche Auftraggeber Bund ☐ Oberste Bundesbehörden ☐ Obere, mittlere und untere Bundesbehörden ☐ Körperschaften des öffentlichen Rechts auf Bundesebene ☐ Anstalten des öffentlichen Rechts auf Bundesebene ☐ Stiftungen des öffentlichen Rechts auf Bundesebene ☐ Sonstige Auftraggeber auf Bundesebene Land ☐ Oberste Landesbehörden ☐ Obere, mittlere und untere Landesbehörden ☐ Körperschaften des öffentlichen Rechts auf Landesebene ☐ Anstalten des öffentlichen Rechts auf Landesebene ☐ Stiftungen des öffentlichen Rechts auf Landesebene ☐ Sonstige Auftraggeber auf Landesebene Kommunen ☐ Kommunalbehörden ☐ Körperschaften des öffentlichen Rechts auf Kommunalebene ☐ Anstalten des öffentlichen Rechts auf Kommunalebene ☐ Stiftungen des öffentlichen Rechts auf Kommunalebene ☐ Sonstige Auftraggeber auf Kommunalebene Sonstige ☐ Sonstige Auftraggeber
	Postleitzahl des Auftraggebers	Räumliche Zuordnung des Auftraggebers
	Zentrale Beschaffungsstelle	☐ ja ☐ nein

Merkmalsgruppe	Name des Merkmals	Ausprägungen/Bemerkungen
Angaben zum Auftragsgegenstand	Bekanntmachungsnummer im Amtsblatt der EU	Bekanntmachungsnummer im Amtsblatt der EU
	Auftragsnummer	Interne Auftrags-Nr. oder vergebenes Aktenzeichen
	Art des Auftrages	☒ Aufträge über soziale und andere besondere Dienstleistungen
	CPV-Code	Die Angabe dient der Ermittlung des Auftragsgegenstandes. Anzugeben ist der Hauptteil des CPV-Codes (ohne Zusatzteil). Mehrfachnennung ist möglich. Es können bis zu drei CPV-Codes angegeben werden.
	Auftragswert	Ermittlung des Netto-Auftragswertes in Euro
	Aufteilung des Auftrags in Lose	☐ ja ☐ nein
	Zuschlagskriterium	Ermittlung der Zuschlagskriterien für die Zuschlagsentscheidung: ☐ nur Preis ☐ nur Kosten ☐ Preis und Qualitätskriterien ☐ Kosten und Qualitätskriterien Wenn Zuschlagskriterium: ☒ Preis und Qualitätskriterien ➔ Gewichtung Preis vs. Qualitätskriterien in % Wenn Zuschlagskriterium: ☒ Kosten und Qualitätskriterien ➔ Gewichtung Kosten vs. Qualitätskriterien in %
Angaben zum Verfahren	Verfahrensart	☐ Offenes Verfahren (§ 15 VgV) ☐ Nicht offenes Verfahren (§ 16 VgV) ☐ Verhandlungsverfahren mit Teilnahmewettbewerb (§ 17 Abs. 1 VgV) ☐ Verhandlungsverfahren ohne Teilnahmewettbewerb (§ 17 Abs. 5 VgV) ☐ Wettbewerblicher Dialog (§ 18 VgV) ☐ Innovationspartnerschaft (§ 19 VgV)
	Rahmenvereinbarung	☐ ja ☐ nein
	Nachhaltigkeitskriterien (siehe Anlage 9)	Berücksichtigung nachhaltiger Kriterien bei der Leistungsbeschreibung, bei der Eignung, bei den Zuschlagskriterien oder bei den Ausführungsbedingungen ☐ ja ☐ nein Wenn Nachhaltigkeitskriterien ☒ ja ➔ Ermittlung, an welcher Stelle des Vergabeverfahrens das/die Nachhaltigkeitskriterium/en vorgegeben wurde/n: ☐ Leistungsbeschreibung ☐ Eignung ☐ Zuschlag ☐ Ausführungsbedingungen (Mehrfachnennung ist möglich.) Wenn Leistungsbeschreibung ☒ ➔ Ermittlung, welche Art von Nachhaltigkeitskriterium: ☐ umweltbezogen ☐ sozial ☐ innovativ (Mehrfachnennung ist möglich.)

Merkmalsgruppe	Name des Merkmals	Ausprägungen/Bemerkungen
		Wenn Eignung ☒ ➔ Ermittlung, welche Art von Nachhaltigkeitskriterium: ☐ umweltbezogen ☐ sozial ☐ innovativ (Mehrfachnennung ist möglich.) Wenn Zuschlag ☒ ➔ Ermittlung, welche Art von Nachhaltigkeitskriterium: ☐ umweltbezogen ☐ sozial ☐ innovativ (Mehrfachnennung ist möglich.) Wenn Ausführungsbedingung ☒ ➔ Ermittlung, welche Art von Nachhaltigkeitskriterium: ☐ umweltbezogen ☐ sozial ☐ innovativ (Mehrfachnennung ist möglich.)
Angaben zur Auftragsvergabe	Datum des Vertragsabschlusses	Zeitliche Zuordnung der Vergabe
	Gesamtanzahl eingegangener Angebote	Anzahl der Angebote, die insgesamt eingegangen sind
	Anzahl Angebote von KMU	Anzahl der Angebote, die von Kleinstunternehmen und/oder kleinen und/oder mittleren Unternehmen eingegangen sind. Es wird die KMU-Definition in der Empfehlung 2003/361/EG der Kommission vom 6. Mai 2003 betreffend die Definition der Kleinstunternehmen sowie der kleinen und mittleren Unternehmen (ABl. L 124 vom 20.5.2003, S. 36) zugrunde gelegt.
	Anzahl Angebote aus anderen EU-Mitgliedstaaten	Anzahl der Angebote, die aus anderen europäischen Mitgliedstaaten eingegangen sind
	Anzahl elektronisch übermittelter Angebote	Anzahl der auf elektronischem Wege eingegangenen Angebote
	Auftragnehmer ist ein KMU	☐ ja ☐ nein
	Herkunftsland Auftragnehmer	Angabe des Herkunftslandes des Auftragnehmers
Abschlussseite	Bemerkung	Freiwillige Angabe

* Anmerkung: „Auftraggeber" bezeichnet in diesem Fall die in § 98 des Gesetzes gegen Wettbewerbsbeschränkungen genannten Auftraggeber.

Abschnitt 2

Merkmale, die ausschließlich der technischen Umsetzung der Datenübermittlung nach § 2 Absatz 1 dienen

Merkmalsgruppe	Name des Merkmals	Ausprägungen/Bemerkungen
Merkmale	Name der Berichtsstelle	Zur Erfüllung ihrer Meldepflichten bedienen sich die Auftraggeber Berichtsstellen. Berichtsstellen sind diejenigen Stellen, die Informationen über vergebene Aufträge als Auftraggeber selbst oder für einen anderen Auftraggeber melden.
	Straße	
	Hausnummer	

Merkmalsgruppe	Name des Merkmals	Ausprägungen/Bemerkungen
	Postleitzahl	
	Ort	
	Postfachnummer	Freiwillige Angaben
	Postleitzahl des Postfaches	
	Ort des Postfaches	
	Nachname Ansprechperson	
	Vorname Ansprechperson	
	E-Mail-Adresse	
	Telefonnummer	
	Auftraggebereigenschaft*	☐ Öffentlicher Auftrag durch öffentliche Auftraggeber im Oberschwellenbereich ☐ Öffentlicher Auftrag durch öffentliche Auftraggeber über soziale und andere besondere Dienstleistungen im Oberschwellenbereich ☐ Öffentlicher Auftrag durch Sektorenauftraggeber im Oberschwellenbereich ☐ Öffentlicher Auftrag durch Sektorenauftraggeber über soziale und andere besondere Dienstleistungen im Oberschwellenbereich ☐ Konzession durch Konzessionsgeber im Oberschwellenbereich ☐ Konzession durch Konzessionsgeber über soziale und andere besondere Dienstleistungen im Oberschwellenbereich ☐ Verteidigungs- und sicherheitsspezifischer öffentlicher Auftrag durch öffentliche Auftraggeber und Sektorenauftraggeber im Oberschwellenbereich ☐ Öffentliche Aufträge durch öffentliche Auftraggeber im Unterschwellenbereich
Angaben zur Meldung	Korrekturmeldung	☐ ja ☐ nein

* Anmerkung: „Auftraggeber" bezeichnet in diesem Fall die in § 98 des Gesetzes gegen Wettbewerbsbeschränkungen genannten Auftraggeber.

Anlage 3

Abschnitt 1

Daten, die durch Sektorenauftraggeber nach Zuschlagserteilung im Rahmen der Vergabe eines öffentlichen Auftrages im Oberschwellenbereich dem Statistischen Bundesamt zugeleitet werden

Merkmalsgruppe	Name des Merkmals	Ausprägungen/Bemerkungen
Angaben zum Auftraggeber	Name des Auftraggebers*	Anzugeben ist hier die Bezeichnung des Auftraggebers und keine einzelnen Organisationseinheiten innerhalb des Auftraggebers.
	Leitweg-ID	Jeder öffentliche (Sektoren-)Auftraggeber verfügt über eine oder mehrere Leitweg-ID, die zur Übermittlung der elektronischen Rechnung gem. ERechV (auf Bundesebene) in den Vergabeunterlagen angegeben werden müssen. Die Angabe ist nur für (Sektoren-)Auftraggeber auf Bundesebene verpflichtend.
	Art des Auftraggebers	Öffentliche Auftraggeber Bund ☐ Oberste Bundesbehörden ☐ Obere, mittlere und untere Bundesbehörden ☐ Körperschaften des öffentlichen Rechts auf Bundesebene ☐ Anstalten des öffentlichen Rechts auf Bundesebene ☐ Stiftungen des öffentlichen Rechts auf Bundesebene ☐ Sonstige Auftraggeber auf Bundesebene Land ☐ Oberste Landesbehörden ☐ Obere, mittlere und untere Landesbehörden ☐ Körperschaften des öffentlichen Rechts auf Landesebene ☐ Anstalten des öffentlichen Rechts auf Landesebene ☐ Stiftungen des öffentlichen Rechts auf Landesebene ☐ Sonstige Auftraggeber auf Landesebene Kommunen ☐ Kommunalbehörden ☐ Körperschaften des öffentlichen Rechts auf Kommunalebene ☐ Anstalten des öffentlichen Rechts auf Kommunalebene ☐ Stiftungen des öffentlichen Rechts auf Kommunalebene ☐ Sonstige Auftraggeber auf Kommunalebene Sonstige ☐ Sonstige Auftraggeber
	Postleitzahl des Auftraggebers	Räumliche Zuordnung des Auftraggebers
	Zentrale Beschaffungsstelle	☐ ja ☐ nein
Angaben zum Auftragsgegenstand	Bekanntmachungsnummer im Amtsblatt der EU	Bekanntmachungsnummer im Amtsblatt der EU
	Auftragsnummer	Interne Auftrags-Nr. oder vergebenes Aktenzeichen

Merkmalsgruppe	Name des Merkmals	Ausprägungen/Bemerkungen
	Art des Auftrages	☐ Bauauftrag ☐ Lieferauftrag ☐ Dienstleistungsauftrag
	CPV-Code	Die Angabe dient der Ermittlung des Auftragsgegenstandes. Anzugeben ist der Hauptteil des CPV-Codes (ohne Zusatzteil). Mehrfachnennung ist möglich. Es können bis zu drei CPV-Codes angegeben werden.
	Auftragswert	Ermittlung des Netto-Auftragswertes in Euro
	Aufteilung des Auftrags in Lose	☐ ja ☐ nein
	Zuschlagskriterium	Ermittlung der Zuschlagskriterien für die Zuschlagsentscheidung: ☐ nur Preis ☐ nur Kosten ☐ Preis und Qualitätskriterien ☐ Kosten und Qualitätskriterien Wenn Zuschlagskriterium: ☒ Preis und Qualitätskriterien ➔ Gewichtung Preis vs. Qualitätskriterien in % Wenn Zuschlagskriterium: ☒ Kosten und Qualitätskriterien ➔ Gewichtung Kosten vs. Qualitätskriterien in %
Angaben zum Verfahren	Verfahrensart	☐ Offenes Verfahren (§ 14 SektVO) ☐ Nicht offenes Verfahren (§ 15 SektVO) ☐ Verhandlungsverfahren mit Teilnahmewettbewerb (§ 15 SektVO) ☐ Verhandlungsverfahren ohne Teilnahmewettbewerb (§ 13 Abs. 2 SektVO) ☐ Wettbewerblicher Dialog (§ 17 SektVO) ☐ Innovationspartnerschaft (§ 18 SektVO)
	Rahmenvereinbarung	☐ ja ☐ nein
	Dynamisches Beschaffungssystem	☐ ja ☐ nein
	Elektronische Auktion	☐ ja ☐ nein
	Nachhaltigkeitskriterien (siehe Anlage 9)	Berücksichtigung nachhaltiger Kriterien bei der Leistungsbeschreibung, bei der Eignung, bei den Zuschlagskriterien oder bei den Ausführungsbedingungen ☐ ja ☐ nein Wenn Nachhaltigkeitskriterien ☒ ja ➔ Ermittlung, an welcher Stelle des Vergabeverfahrens das/die Nachhaltigkeitskriterium/en vorgegeben wurde/n: ☐ Leistungsbeschreibung ☐ Eignung ☐ Zuschlag ☐ Ausführungsbedingungen (Mehrfachnennung ist möglich.)

Merkmalsgruppe	Name des Merkmals	Ausprägungen/Bemerkungen
		Wenn Leistungsbeschreibung ☒ ➔ Ermittlung, welche Art von Nachhaltigkeitskriterium: ☐ umweltbezogen ☐ sozial ☐ innovativ (Mehrfachnennung ist möglich.) Wenn Eignung ☒ ➔ Ermittlung, welche Art von Nachhaltigkeitskriterium: ☐ umweltbezogen ☐ sozial ☐ innovativ (Mehrfachnennung ist möglich.) Wenn Zuschlag ☒ ➔ Ermittlung, welche Art von Nachhaltigkeitskriterium: ☐ umweltbezogen ☐ sozial ☐ innovativ (Mehrfachnennung ist möglich.) Wenn Ausführungsbedingung ☒ ➔ Ermittlung, welche Art von Nachhaltigkeitskriterium: ☐ umweltbezogen ☐ sozial ☐ innovativ (Mehrfachnennung ist möglich.)
Angaben zur Auftragsvergabe	Datum des Vertragsabschlusses	Zeitliche Zuordnung der Vergabe
	Gesamtanzahl eingegangener Angebote	Anzahl der Angebote, die insgesamt eingegangen sind
	Anzahl Angebote von KMU	Anzahl der Angebote, die von Kleinstunternehmen und/oder kleinen und/oder mittleren Unternehmen eingegangen sind. Es wird die KMU-Definition in der Empfehlung 2003/361/EG der Kommission vom 6. Mai 2003 betreffend die Definition der Kleinstunternehmen sowie der kleinen und mittleren Unternehmen (ABl. L 124 vom 20.5.2003, S. 36) zugrunde gelegt.
	Anzahl Angebote aus anderen EU-Mitgliedstaaten	Anzahl der Angebote, die aus anderen europäischen Mitgliedstaaten eingegangen sind
	Anzahl elektronisch übermittelter Angebote	Anzahl der auf elektronischem Wege eingegangenen Angebote
	Auftragnehmer ist ein KMU	☐ ja ☐ nein
	Herkunftsland Auftragnehmer	Angabe des Herkunftslandes des Auftragnehmers
Abschlussseite	Bemerkung	Freiwillige Angabe

* Anmerkung: „Auftraggeber" bezeichnet im Folgenden die in § 98 des Gesetzes gegen Wettbewerbsbeschränkungen genannten Auftraggeber.

Abschnitt 2

Merkmale, die ausschließlich der technischen Umsetzung der Datenübermittlung nach § 2 Absatz 1 dienen

Merkmalsgruppe	Name des Merkmals	Ausprägungen/Bemerkungen
Merkmale	Name der Berichtsstelle	Zur Erfüllung ihrer Meldepflichten bedienen sich die (Sektoren-)Auftraggeber Berichtsstellen. Berichtsstellen sind diejenigen Stellen, die Informationen über vergebene Aufträge als (Sektoren-)Auftraggeber selbst oder für einen anderen (Sektoren-)Auftraggeber melden.
	Straße	
	Hausnummer	
	Postleitzahl	
	Ort	
	Postfachnummer	Freiwillige Angaben
	Postleitzahl des Postfaches	
	Ort des Postfaches	
	Nachname Ansprechperson	
	Vorname Ansprechperson	
	E-Mail-Adresse	
	Telefonnummer	
	Auftraggebereigenschaft*	☐ Öffentlicher Auftrag durch öffentliche Auftraggeber im Oberschwellenbereich ☐ Öffentlicher Auftrag durch öffentliche Auftraggeber über soziale und andere besondere Dienstleistungen im Oberschwellenbereich ☐ Öffentlicher Auftrag durch Sektorenauftraggeber im Oberschwellenbereich ☐ Öffentlicher Auftrag durch Sektorenauftraggeber über soziale und andere besondere Dienstleistungen im Oberschwellenbereich ☐ Konzession durch Konzessionsgeber im Oberschwellenbereich ☐ Konzession durch Konzessionsgeber über soziale und andere besondere Dienstleistungen im Oberschwellenbereich ☐ Verteidigungs- und sicherheitsspezifischer öffentlicher Auftrag durch öffentliche Auftraggeber und Sektorenauftraggeber im Oberschwellenbereich ☐ Öffentliche Aufträge durch öffentliche Auftraggeber im Unterschwellenbereich
Angaben zur Meldung	Korrekturmeldung	☐ ja ☐ nein

* Anmerkung: „Auftraggeber" bezeichnet in diesem Fall die in § 98 des Gesetzes gegen Wettbewerbsbeschränkungen genannten Auftraggeber.

Anlage 4

Abschnitt 1

Daten, die durch Sektorenauftraggeber nach Zuschlagserteilung im Rahmen der Vergabe eines öffentlichen Auftrages im Oberschwellenbereich über soziale und andere besondere Dienstleistungen nach Anhang XVII der Richtlinie 2014/25/EU dem Statistischen Bundesamt zugeleitet werden

Merkmalsgruppe	Name des Merkmals	Ausprägungen/Bemerkungen
Angaben zum Auftraggeber	Name des Auftraggebers*	Anzugeben ist hier die Bezeichnung des Auftraggebers und keine einzelnen Organisationseinheiten innerhalb des Auftraggebers.
	Leitweg-ID	Jeder öffentliche (Sektoren-)Auftraggeber verfügt über eine oder mehrere Leitweg-ID, die zur Übermittlung der elektronischen Rechnung gem. ERechV (auf Bundesebene) in den Vergabeunterlagen angegeben werden müssen. Die Angabe ist nur für (Sektoren-)Auftraggeber auf Bundesebene verpflichtend.
	Art des Auftraggebers	Öffentliche Auftraggeber Bund ☐ Oberste Bundesbehörden ☐ Obere, mittlere und untere Bundesbehörden ☐ Körperschaften des öffentlichen Rechts auf Bundesebene ☐ Anstalten des öffentlichen Rechts auf Bundesebene ☐ Stiftungen des öffentlichen Rechts auf Bundesebene ☐ Sonstige Auftraggeber auf Bundesebene Land ☐ Oberste Landesbehörden ☐ Obere, mittlere und untere Landesbehörden ☐ Körperschaften des öffentlichen Rechts auf Landesebene ☐ Anstalten des öffentlichen Rechts auf Landesebene ☐ Stiftungen des öffentlichen Rechts auf Landesebene ☐ Sonstige Auftraggeber auf Landesebene Kommunen ☐ Kommunalbehörden ☐ Körperschaften des öffentlichen Rechts auf Kommunalebene ☐ Anstalten des öffentlichen Rechts auf Kommunalebene ☐ Stiftungen des öffentlichen Rechts auf Kommunalebene ☐ Sonstige Auftraggeber auf Kommunalebene Sonstige ☐ Sonstige Auftraggeber
	Postleitzahl des Auftraggebers	Räumliche Zuordnung des Auftraggebers
	Zentrale Beschaffungsstelle	☐ ja ☐ nein

Merkmalsgruppe	Name des Merkmals	Ausprägungen/Bemerkungen
Angaben zum Auftragsgegenstand	Bekanntmachungsnummer im Amtsblatt der EU	Bekanntmachungsnummer im Amtsblatt der EU
	Auftragsnummer	Interne Auftrags-Nr. oder vergebenes Aktenzeichen
	Art des Auftrages	☒ Aufträge über soziale und andere besondere Dienstleistungen
	CPV-Code	Die Angabe dient der Ermittlung des Auftragsgegenstandes. Anzugeben ist der Hauptteil des CPV-Codes (ohne Zusatzteil). Mehrfachnennung ist möglich. Es können bis zu drei CPV-Codes angegeben werden.
	Auftragswert	Ermittlung des Netto-Auftragswertes in Euro
	Aufteilung des Auftrags in Lose	☐ ja ☐ nein
	Zuschlagskriterium	Ermittlung der Zuschlagskriterien für die Zuschlagsentscheidung: ☐ nur Preis ☐ nur Kosten ☐ Preis und Qualitätskriterien ☐ Kosten und Qualitätskriterien Wenn Zuschlagskriterium: ☒ Preis und Qualitätskriterien → Gewichtung Preis vs. Qualitätskriterien in % Wenn Zuschlagskriterium: ☒ Kosten und Qualitätskriterien → Gewichtung Kosten vs. Qualitätskriterien in %
Angaben zum Verfahren	Verfahrensart	☐ Offenes Verfahren (§ 14 SektVO) ☐ Nicht offenes Verfahren (§ 15 SektVO) ☐ Verhandlungsverfahren mit Teilnahmewettbewerb (§ 15 SektVO) ☐ Verhandlungsverfahren ohne Teilnahmewettbewerb (§ 13 Abs. 2 SektVO) ☐ Wettbewerblicher Dialog (§ 17 SektVO) ☐ Innovationspartnerschaft (§ 18 SektVO)
	Rahmenvereinbarung	☐ ja ☐ nein
	Nachhaltigkeitskriterien (siehe Anlage 9)	Berücksichtigung nachhaltiger Kriterien bei der Leistungsbeschreibung, bei der Eignung, bei den Zuschlagskriterien oder bei den Ausführungsbedingungen ☐ ja ☐ nein Wenn Nachhaltigkeitskriterien ☒ ja → Ermittlung, an welcher Stelle des Vergabeverfahrens das/die Nachhaltigkeitskriterium/en vorgegeben wurde/n: ☐ Leistungsbeschreibung ☐ Eignung ☐ Zuschlag ☐ Ausführungsbedingungen (Mehrfachnennung ist möglich.) Wenn Leistungsbeschreibung ☒ → Ermittlung, welche Art von Nachhaltigkeitskriterium: ☐ umweltbezogen ☐ sozial ☐ innovativ (Mehrfachnennung ist möglich.)

Merkmalsgruppe	Name des Merkmals	Ausprägungen/Bemerkungen
		Wenn Eignung ☒ ➔ Ermittlung, welche Art von Nachhaltigkeitskriterium: ☐ umweltbezogen ☐ sozial ☐ innovativ (Mehrfachnennung ist möglich.) Wenn Zuschlag ☒ ➔ Ermittlung, welche Art von Nachhaltigkeitskriterium: ☐ umweltbezogen ☐ sozial ☐ innovativ (Mehrfachnennung ist möglich.) Wenn Ausführungsbedingung ☒ ➔ Ermittlung, welche Art von Nachhaltigkeitskriterium: ☐ umweltbezogen ☐ sozial ☐ innovativ (Mehrfachnennung ist möglich.)
Angaben zur Auftragsvergabe	Datum des Vertragsabschlusses	Zeitliche Zuordnung der Vergabe
	Gesamtanzahl eingegangener Angebote	Anzahl der Angebote, die insgesamt eingegangen sind
	Anzahl Angebote von KMU	Anzahl der Angebote, die von Kleinstunternehmen und/oder kleinen und/oder mittleren Unternehmen eingegangen sind. Es wird die KMU-Definition in der Empfehlung 2003/361/EG der Kommission vom 6. Mai 2003 betreffend die Definition der Kleinstunternehmen sowie der kleinen und mittleren Unternehmen (ABl. L 124 vom 20.5.2003, S. 36) zugrunde gelegt.
	Anzahl Angebote aus anderen EU-Mitgliedstaaten	Anzahl der Angebote, die aus anderen europäischen Mitgliedstaaten eingegangen sind
	Anzahl elektronisch übermittelter Angebote	Anzahl der auf elektronischem Wege eingegangenen Angebote
	Auftragnehmer ist ein KMU	☐ ja ☐ nein
	Herkunftsland Auftragnehmer	Angabe des Herkunftslandes des Auftragnehmers
Abschlussseite	Bemerkung	Freiwillige Angabe

* Anmerkung: „Auftraggeber" bezeichnet im Folgenden die in § 98 des Gesetzes gegen Wettbewerbsbeschränkungen genannten Auftraggeber.

Abschnitt 2

Merkmale, die ausschließlich der technischen Umsetzung der Datenübermittlung nach § 2 Absatz 1 dienen

Merkmalsgruppe	Name des Merkmals	Ausprägungen/Bemerkungen
Merkmale	Name der Berichtsstelle	Zur Erfüllung ihrer Meldepflichten bedienen sich die (Sektoren-)Auftraggeber Berichtsstellen. Berichtsstellen sind diejenigen Stellen, die Informationen über vergebene Aufträge als (Sektoren-)Auftraggeber selbst oder für einen anderen (Sektoren-)Auftraggeber melden.
	Straße	
	Hausnummer	

Merkmalsgruppe	Name des Merkmals	Ausprägungen/Bemerkungen
	Postleitzahl	
	Ort	
	Postfachnummer	Freiwillige Angaben
	Postleitzahl des Postfaches	
	Ort des Postfaches	
	Nachname Ansprechperson	
	Vorname Ansprechperson	
	E-Mail-Adresse	
	Telefonnummer	
	Auftraggebereigenschaft*	☐ Öffentlicher Auftrag durch öffentliche Auftraggeber im Oberschwellenbereich ☐ Öffentlicher Auftrag durch öffentliche Auftraggeber über soziale und andere besondere Dienstleistungen im Oberschwellenbereich ☐ Öffentlicher Auftrag durch Sektorenauftraggeber im Oberschwellenbereich ☐ Öffentlicher Auftrag durch Sektorenauftraggeber über soziale und andere besondere Dienstleistungen im Oberschwellenbereich ☐ Konzession durch Konzessionsgeber im Oberschwellenbereich ☐ Konzession durch Konzessionsgeber über soziale und andere besondere Dienstleistungen im Oberschwellenbereich ☐ Verteidigungs- und sicherheitsspezifischer öffentlicher Auftrag durch öffentliche Auftraggeber und Sektorenauftraggeber im Oberschwellenbereich ☐ Öffentliche Aufträge durch öffentliche Auftraggeber im Unterschwellenbereich
Angaben zur Meldung	Korrekturmeldung	☐ ja ☐ nein

* Anmerkung: „Auftraggeber" bezeichnet in diesem Fall die in § 98 des Gesetzes gegen Wettbewerbsbeschränkungen genannten Auftraggeber.

Anlage 5

Abschnitt 1

Daten, die durch Konzessionsgeber nach Vergabe einer Konzession im Oberschwellenbereich dem Statistischen Bundesamt zugeleitet werden

Merkmalsgruppe	Name des Merkmals	Ausprägungen/Bemerkungen
Angaben zum Auftraggeber	Name des Auftraggebers*	Anzugeben ist hier die Bezeichnung des Auftraggebers und keine einzelnen Organisationseinheiten innerhalb des Auftraggebers.
	Leitweg-ID	Jeder Konzessionsgeber verfügt über eine oder mehrere Leitweg-ID, die zur Übermittlung der elektronischen Rechnung gem. ERechV (auf Bundesebene) in den Vergabeunterlagen angegeben werden müssen. Die Angabe ist nur für Konzessionsgeber auf Bundesebene verpflichtend.
	Art des Auftraggebers	Öffentliche Auftraggeber Bund ☐ Oberste Bundesbehörden ☐ Obere, mittlere und untere Bundesbehörden ☐ Körperschaften des öffentlichen Rechts auf Bundesebene ☐ Anstalten des öffentlichen Rechts auf Bundesebene ☐ Stiftungen des öffentlichen Rechts auf Bundesebene ☐ Sonstige Auftraggeber auf Bundesebene Land ☐ Oberste Landesbehörden ☐ Obere, mittlere und untere Landesbehörden ☐ Körperschaften des öffentlichen Rechts auf Landesebene ☐ Anstalten des öffentlichen Rechts auf Landesebene ☐ Stiftungen des öffentlichen Rechts auf Landesebene ☐ Sonstige Auftraggeber auf Landesebene Kommunen ☐ Kommunalbehörden ☐ Körperschaften des öffentlichen Rechts auf Kommunalebene ☐ Anstalten des öffentlichen Rechts auf Kommunalebene ☐ Stiftungen des öffentlichen Rechts auf Kommunalebene ☐ Sonstige Auftraggeber auf Kommunalebene Sonstige ☐ Sonstige Auftraggeber
	Postleitzahl des Auftraggebers	Räumliche Zuordnung des Auftraggebers
	Zentrale Beschaffungsstelle	☐ ja ☐ nein
Angaben zum Auftragsgegenstand	Bekanntmachungsnummer im Amtsblatt der EU	Bekanntmachungsnummer im Amtsblatt der EU
	Auftragsnummer	Interne Auftrags-Nr. oder vergebenes Aktenzeichen
	Art des Auftrages	☐ Baukonzession ☐ Dienstleistungskonzession

Merkmalsgruppe	Name des Merkmals	Ausprägungen/Bemerkungen
	CPV-Code	Die Angabe dient der Ermittlung des Auftragsgegenstandes. Anzugeben ist der Hauptteil des CPV-Codes (ohne Zusatzteil). Mehrfachnennung ist möglich. Es können bis zu drei CPV-Codes angegeben werden.
	Auftragswert	Ermittlung des Netto-Auftragswertes in Euro
	Aufteilung des Auftrags in Lose	☐ ja ☐ nein
Angaben zum Verfahren	Verfahrensart	☐ Vergabeverfahren mit vorheriger Veröffentlichung einer Konzessionsbekanntmachung (§ 19 KonzVgV) ☐ Vergabeverfahren ohne vorherige Veröffentlichung einer Konzessionsbekanntmachung (§ 20 KonzVgV)
	Nachhaltigkeitskriterien (siehe Anlage 9)	Berücksichtigung nachhaltiger Kriterien bei der Leistungsbeschreibung, bei der Eignung, bei den Zuschlagskriterien oder bei den Ausführungsbedingungen ☐ ja ☐ nein Wenn Nachhaltigkeitskriterien ☒ ja ➔ Ermittlung, an welcher Stelle des Vergabeverfahrens das/die Nachhaltigkeitskriterium/en vorgegeben wurde/n: ☐ Leistungsbeschreibung ☐ Eignung ☐ Zuschlag ☐ Ausführungsbedingungen (Mehrfachnennung ist möglich.) Wenn Leistungsbeschreibung ☒ ➔ Ermittlung, welche Art von Nachhaltigkeitskriterium: ☐ umweltbezogen ☐ sozial ☐ innovativ (Mehrfachnennung ist möglich.) Wenn Eignung ☒ ➔ Ermittlung, welche Art von Nachhaltigkeitskriterium: ☐ umweltbezogen ☐ sozial ☐ innovativ (Mehrfachnennung ist möglich.) Wenn Zuschlag ☒ ➔ Ermittlung, welche Art von Nachhaltigkeitskriterium: ☐ umweltbezogen ☐ sozial ☐ innovativ (Mehrfachnennung ist möglich.) Wenn Ausführungsbedingung ☒ ➔ Ermittlung, welche Art von Nachhaltigkeitskriterium: ☐ umweltbezogen ☐ sozial ☐ innovativ (Mehrfachnennung ist möglich.)

Merkmalsgruppe	Name des Merkmals	Ausprägungen/Bemerkungen
Angaben zur Auftragsvergabe	Datum des Vertragsabschlusses	Zeitliche Zuordnung der Vergabe
	Gesamtanzahl eingegangener Angebote	Anzahl der Angebote, die insgesamt eingegangen sind
	Anzahl Angebote von KMU	Anzahl der Angebote, die von Kleinstunternehmen und/oder kleinen und/oder mittleren Unternehmen eingegangen sind. Es wird die KMU-Definition in der Empfehlung 2003/361/EG der Kommission vom 6. Mai 2003 betreffend die Definition der Kleinstunternehmen sowie der kleinen und mittleren Unternehmen (ABl. L 124 vom 20.5.2003, S. 36) zugrunde gelegt.
	Anzahl Angebote aus anderen EU-Mitgliedstaaten	Anzahl der Angebote, die aus anderen europäischen Mitgliedstaaten eingegangen sind
	Anzahl elektronisch übermittelter Angebote	Anzahl der auf elektronischem Wege eingegangenen Angebote
	Auftragnehmer ist ein KMU	☐ ja ☐ nein
	Herkunftsland Auftragnehmer	Angabe des Herkunftslandes des Auftragnehmers
Abschlussseite	Bemerkung	Freiwillige Angabe

* Anmerkung: „Auftraggeber" bezeichnet im Folgenden die in § 98 des Gesetzes gegen Wettbewerbsbeschränkungen genannten Auftraggeber.

Abschnitt 2

Merkmale, die ausschließlich der technischen Umsetzung der Datenübermittlung nach § 2 Absatz 1 dienen

Merkmalsgruppe	Name des Merkmals	Ausprägungen/Bemerkungen
Merkmale	Name der Berichtsstelle	Zur Erfüllung ihrer Meldepflichten bedienen sich die Konzessionsgeber Berichtsstellen. Berichtsstellen sind diejenigen Stellen, die Informationen über vergebene Konzessionen als Konzessionsgeber selbst oder für einen anderen Konzessionsgeber melden.
	Straße	
	Hausnummer	
	Postleitzahl	
	Ort	
	Postfachnummer	Freiwillige Angaben
	Postleitzahl des Postfaches	
	Ort des Postfaches	
	Nachname Ansprechperson	
	Vorname Ansprechperson	
	E-Mail-Adresse	
	Telefonnummer	
	Auftraggebereigenschaft*	☐ Öffentlicher Auftrag durch öffentliche Auftraggeber im Oberschwellenbereich ☐ Öffentlicher Auftrag durch öffentliche Auftraggeber über soziale und andere besondere Dienstleistungen im Oberschwellenbereich ☐ Öffentlicher Auftrag durch Sektorenauftraggeber im Oberschwellenbereich

Merkmalsgruppe	Name des Merkmals	Ausprägungen/Bemerkungen
		☐ Öffentlicher Auftrag durch Sektorenauftraggeber über soziale und andere besondere Dienstleistungen im Oberschwellenbereich ☐ Konzession durch Konzessionsgeber im Oberschwellenbereich ☐ Konzession durch Konzessionsgeber über soziale und andere besondere Dienstleistungen im Oberschwellenbereich ☐ Verteidigungs- und sicherheitsspezifischer öffentlicher Auftrag durch öffentliche Auftraggeber und Sektorenauftraggeber im Oberschwellenbereich ☐ Öffentliche Aufträge durch öffentliche Auftraggeber im Unterschwellenbereich
Angaben zur Meldung	Korrekturmeldung	☐ ja ☐ nein

* Anmerkung: „Auftraggeber" bezeichnet in diesem Fall die in § 98 des Gesetzes gegen Wettbewerbsbeschränkungen genannten Auftraggeber.

Anlage 6

Abschnitt 1

Daten, die durch Konzessionsgeber nach Vergabe einer Konzession im Oberschwellenbereich über soziale und andere besondere Dienstleistungen nach Anhang IV der Richtlinie 2014/23/EU dem Statistischen Bundesamt zugeleitet werden

Merkmalsgruppe	Name des Merkmals	Ausprägungen/Bemerkungen
Angaben zum Auftraggeber	Name des Auftraggebers*	Anzugeben ist hier die Bezeichnung des Auftraggebers und keine einzelnen Organisationseinheiten innerhalb des Auftraggebers.
	Leitweg-ID	Jeder Konzessionsgeber verfügt über eine oder mehrere Leitweg-ID, die zur Übermittlung der elektronischen Rechnung gem. ERechV (auf Bundesebene) in den Vergabeunterlagen angegeben werden müssen. Die Angabe ist nur für Konzessionsgeber auf Bundesebene verpflichtend.
	Art des Auftraggebers	Öffentliche Auftraggeber Bund ☐ Oberste Bundesbehörden ☐ Obere, mittlere und untere Bundesbehörden ☐ Körperschaften des öffentlichen Rechts auf Bundesebene ☐ Anstalten des öffentlichen Rechts auf Bundesebene ☐ Stiftungen des öffentlichen Rechts auf Bundesebene ☐ Sonstige Auftraggeber auf Bundesebene Land ☐ Oberste Landesbehörden ☐ Obere, mittlere und untere Landesbehörden ☐ Körperschaften des öffentlichen Rechts auf Landesebene ☐ Anstalten des öffentlichen Rechts auf Landesebene ☐ Stiftungen des öffentlichen Rechts auf Landesebene ☐ Sonstige Auftraggeber auf Landesebene Kommunen ☐ Kommunalbehörden ☐ Körperschaften des öffentlichen Rechts auf Kommunalebene ☐ Anstalten des öffentlichen Rechts auf Kommunalebene ☐ Stiftungen des öffentlichen Rechts auf Kommunalebene ☐ Sonstige Auftraggeber auf Kommunalebene Sonstige ☐ Sonstige Auftraggeber
	Postleitzahl des Auftraggebers	Räumliche Zuordnung des Auftraggebers
	Zentrale Beschaffungsstelle	☐ ja ☐ nein
Angaben zum Auftragsgegenstand	Bekanntmachungsnummer im Amtsblatt der EU	Bekanntmachungsnummer im Amtsblatt der EU
	Auftragsnummer	Interne Auftrags-Nr. oder vergebenes Aktenzeichen

Merkmalsgruppe	Name des Merkmals	Ausprägungen/Bemerkungen
	Art des Auftrages	☒ Konzessionen über soziale und andere besondere Dienstleistungen
	CPV-Code	Die Angabe dient der Ermittlung des Auftragsgegenstandes. Anzugeben ist der Hauptteil des CPV-Codes (ohne Zusatzteil). Mehrfachnennung ist möglich. Es können bis zu drei CPV-Codes angegeben werden.
	Auftragswert	Ermittlung des Netto-Auftragswertes in Euro
	Aufteilung des Auftrags in Lose	☐ ja ☐ nein
Angaben zum Verfahren	Verfahrensart	☐ Vergabeverfahren mit vorheriger Veröffentlichung einer Konzessionsbekanntmachung (§ 22 KonzVgV) ☐ Vergabeverfahren ohne vorherige Veröffentlichung einer Konzessionsbekanntmachung (§ 22 KonzVgV)
	Nachhaltigkeitskriterien (siehe Anlage 9)	Berücksichtigung nachhaltiger Kriterien bei der Leistungsbeschreibung, bei der Eignung, bei den Zuschlagskriterien oder bei den Ausführungsbedingungen ☐ ja ☐ nein Wenn Nachhaltigkeitskriterien ☒ ja ➔ Ermittlung, an welcher Stelle des Vergabeverfahrens das/die Nachhaltigkeitskriterium/en vorgegeben wurde/n: ☐ Leistungsbeschreibung ☐ Eignung ☐ Zuschlag ☐ Ausführungsbedingungen (Mehrfachnennung ist möglich.) Wenn Leistungsbeschreibung ☒ ➔ Ermittlung, welche Art von Nachhaltigkeitskriterium: ☐ umweltbezogen ☐ sozial ☐ innovativ (Mehrfachnennung ist möglich.) Wenn Eignung ☒ ➔ Ermittlung, welche Art von Nachhaltigkeitskriterium: ☐ umweltbezogen ☐ sozial ☐ innovativ (Mehrfachnennung ist möglich.) Wenn Zuschlag ☒ ➔ Ermittlung, welche Art von Nachhaltigkeitskriterium: ☐ umweltbezogen ☐ sozial ☐ innovativ (Mehrfachnennung ist möglich.) Wenn Ausführungsbedingung ☒ ➔ Ermittlung, welche Art von Nachhaltigkeitskriterium: ☐ umweltbezogen ☐ sozial ☐ innovativ (Mehrfachnennung ist möglich.)

Merkmalsgruppe	Name des Merkmals	Ausprägungen/Bemerkungen
Angaben zur Auftragsvergabe	Datum des Vertragsabschlusses	Zeitliche Zuordnung der Vergabe
	Gesamtanzahl eingegangener Angebote	Anzahl der Angebote, die insgesamt eingegangen sind
	Anzahl Angebote von KMU	Anzahl der Angebote, die von Kleinstunternehmen und/oder kleinen und/oder mittleren Unternehmen eingegangen sind. Es wird die KMU-Definition in der Empfehlung 2003/361/EG der Kommission vom 6. Mai 2003 betreffend die Definition der Kleinstunternehmen sowie der kleinen und mittleren Unternehmen (ABl. L 124 vom 20.5.2003, S. 36) zugrunde gelegt.
	Anzahl Angebote aus anderen EU-Mitgliedstaaten	Anzahl der Angebote, die aus anderen europäischen Mitgliedstaaten eingegangen sind
	Anzahl elektronisch übermittelter Angebote	Anzahl der auf elektronischem Wege eingegangenen Angebote
	Auftragnehmer ist ein KMU	☐ ja ☐ nein
	Herkunftsland Auftragnehmer	Angabe des Herkunftslandes des Auftragnehmers
Abschlussseite	Bemerkung	Freiwillige Angabe

* Anmerkung: „Auftraggeber" bezeichnet im Folgenden die in § 98 des Gesetzes gegen Wettbewerbsbeschränkungen genannten Auftraggeber.

Abschnitt 2

Merkmale, die ausschließlich der technischen Umsetzung der Datenübermittlung nach § 2 Absatz 1 dienen

Merkmalsgruppe	Name des Merkmals	Ausprägungen/Bemerkungen
Merkmale	Name der Berichtsstelle	Zur Erfüllung ihrer Meldepflichten bedienen sich die Konzessionsgeber Berichtsstellen. Berichtsstellen sind diejenigen Stellen, die Informationen über vergebene Konzessionen als Konzessionsgeber selbst oder für einen anderen Konzessionsgeber melden.
	Straße	
	Hausnummer	
	Postleitzahl	
	Ort	
	Postfachnummer	Freiwillige Angaben
	Postleitzahl des Postfaches	
	Ort des Postfaches	
	Nachname Ansprechperson	
	Vorname Ansprechperson	
	E-Mail-Adresse	
	Telefonnummer	
	Auftraggebereigenschaft*	☐ Öffentlicher Auftrag durch öffentliche Auftraggeber im Oberschwellenbereich ☐ Öffentlicher Auftrag durch öffentliche Auftraggeber über soziale und andere besondere Dienstleistungen im Oberschwellenbereich ☐ Öffentlicher Auftrag durch Sektorenauftraggeber im Oberschwellenbereich

Merkmalsgruppe	Name des Merkmals	Ausprägungen/Bemerkungen
		☐ Öffentlicher Auftrag durch Sektorenauftraggeber über soziale und andere besondere Dienstleistungen im Oberschwellenbereich ☐ Konzession durch Konzessionsgeber im Oberschwellenbereich ☐ Konzession durch Konzessionsgeber über soziale und andere besondere Dienstleistungen im Oberschwellenbereich ☐ Verteidigungs- und sicherheitsspezifischer öffentlicher Auftrag durch öffentliche Auftraggeber und Sektorenauftraggeber im Oberschwellenbereich ☐ Öffentliche Aufträge durch öffentliche Auftraggeber im Unterschwellenbereich
Angaben zur Meldung	Korrekturmeldung	☐ ja ☐ nein

* Anmerkung: „Auftraggeber" bezeichnet in diesem Fall die in § 98 des Gesetzes gegen Wettbewerbsbeschränkungen genannten Auftraggeber.

Anlage 7

Abschnitt 1

Daten, die durch öffentliche Auftraggeber und Sektorenauftraggeber nach Zuschlagserteilung im Rahmen der Vergabe eines verteidigungs- oder sicherheitsspezifischen öffentlichen Auftrages im Oberschwellenbereich dem Statistischen Bundesamt zugeleitet werden

Merkmalsgruppe	Name des Merkmals	Ausprägungen/Bemerkungen
Angaben zum Auftraggeber	Name des Auftraggebers*	Anzugeben ist hier die Bezeichnung des Auftraggebers und keine einzelnen Organisationseinheiten innerhalb des Auftraggebers.
	Leitweg-ID	Jeder öffentliche Auftraggeber verfügt über eine oder mehrere Leitweg-ID, die zur Übermittlung der elektronischen Rechnung gem. ERechV (auf Bundesebene) in den Vergabeunterlagen angegeben werden müssen. Die Angabe ist nur für Auftraggeber auf Bundesebene verpflichtend.
	Art des Auftraggebers	Öffentliche Auftraggeber Bund ☐ Oberste Bundesbehörden ☐ Obere, mittlere und untere Bundesbehörden ☐ Körperschaften des öffentlichen Rechts auf Bundesebene ☐ Anstalten des öffentlichen Rechts auf Bundesebene ☐ Stiftungen des öffentlichen Rechts auf Bundesebene ☐ Sonstige Auftraggeber auf Bundesebene Land ☐ Oberste Landesbehörden ☐ Obere, mittlere und untere Landesbehörden ☐ Körperschaften des öffentlichen Rechts auf Landesebene ☐ Anstalten des öffentlichen Rechts auf Landesebene ☐ Stiftungen des öffentlichen Rechts auf Landesebene ☐ Sonstige Auftraggeber auf Landesebene Kommunen ☐ Kommunalbehörden ☐ Körperschaften des öffentlichen Rechts auf Kommunalebene ☐ Anstalten des öffentlichen Rechts auf Kommunalebene ☐ Stiftungen des öffentlichen Rechts auf Kommunalebene ☐ Sonstige Auftraggeber auf Kommunalebene Sonstige ☐ Sonstige Auftraggeber
	Postleitzahl des Auftraggebers	Räumliche Zuordnung des Auftraggebers
	Zentrale Beschaffungsstelle	☐ ja ☐ nein

Merkmalsgruppe	Name des Merkmals	Ausprägungen/Bemerkungen
Angaben zum Auftragsgegenstand	Bekanntmachungsnummer im Amtsblatt der EU	Bekanntmachungsnummer im Amtsblatt der EU
	Auftragsnummer	Interne Auftrags-Nr. oder vergebenes Aktenzeichen
	Art des Auftrages	☐ Bauauftrag ☐ Lieferauftrag ☐ Dienstleistungsauftrag
	CPV-Code	Die Angabe dient der Ermittlung des Auftragsgegenstandes. Anzugeben ist der Hauptteil des CPV-Codes (ohne Zusatzteil). Mehrfachnennung ist möglich. Es können bis zu drei CPV-Codes angegeben werden.
	Auftragswert	Ermittlung des Netto-Auftragswertes in Euro
	Zuschlagskriterium	Ermittlung der Zuschlagskriterien für die Zuschlagsentscheidung: ☐ nur Preis ☐ nur Kosten ☐ Preis und Qualitätskriterien ☐ Kosten und Qualitätskriterien
Angaben zum Verfahren	Verfahrensart	☐ Nicht offenes Verfahren (§ 11 VSVgV; § 3 VS Nr. 1 VOB/A) [einschließlich des beschleunigten, nicht offenen Verfahrens] ☐ Verhandlungsverfahren mit Teilnahmewettbewerb (§ 11 VSVgV; § 3 VS Nr. 2 VOB/A) [einschließlich des beschleunigten Verhandlungsverfahrens] ☐ Verhandlungsverfahren ohne Teilnahmewettbewerb (§ 12 VSVgV; § 3 VS Nr. 2 VOB/A) ☐ Wettbewerblicher Dialog (§ 13 VSVgV; § 3 VS Nr. 3 VOB/A)
	Rahmenvereinbarung	☐ ja ☐ nein
	Nachhaltigkeitskriterien (siehe Anlage 9)	Berücksichtigung nachhaltiger Kriterien bei der Leistungsbeschreibung, bei der Eignung, bei den Zuschlagskriterien oder bei den Ausführungsbedingungen ☐ ja ☐ nein Wenn Nachhaltigkeitskriterien ☒ ja ➔ Ermittlung, an welcher Stelle des Vergabeverfahrens das/die Nachhaltigkeitskriterium/en vorgegeben wurde/n: ☐ Leistungsbeschreibung ☐ Eignung ☐ Zuschlag ☐ Ausführungsbedingungen (Mehrfachnennung ist möglich.) Wenn Leistungsbeschreibung ☒ ➔ Ermittlung, welche Art von Nachhaltigkeitskriterium: ☐ umweltbezogen ☐ sozial ☐ innovativ (Mehrfachnennung ist möglich.)

Merkmalsgruppe	Name des Merkmals	Ausprägungen/Bemerkungen
		Wenn Eignung ☒ ➔ Ermittlung, welche Art von Nachhaltigkeitskriterium: ☐ umweltbezogen ☐ sozial ☐ innovativ (Mehrfachnennung ist möglich.) Wenn Zuschlag ☒ ➔ Ermittlung, welche Art von Nachhaltigkeitskriterium: ☐ umweltbezogen ☐ sozial ☐ innovativ (Mehrfachnennung ist möglich.) Wenn Ausführungsbedingung ☒ ➔ Ermittlung, welche Art von Nachhaltigkeitskriterium: ☐ umweltbezogen ☐ sozial ☐ innovativ (Mehrfachnennung ist möglich.)
Angaben zur Auftragsvergabe	Datum des Vertragsabschlusses	Zeitliche Zuordnung der Vergabe
	Gesamtanzahl eingegangener Angebote	Anzahl der Angebote, die insgesamt eingegangen sind
	Anzahl elektronisch übermittelter Angebote	Anzahl der auf elektronischem Wege eingegangenen Angebote
	Herkunftsland Auftragnehmer	Angabe des Herkunftslandes des Auftragnehmers
Abschlussseite	Bemerkung	Freiwillige Angabe

* Anmerkung: „Auftraggeber" bezeichnet im Folgenden die in § 98 des Gesetzes gegen Wettbewerbsbeschränkungen genannten Auftraggeber.

Abschnitt 2

Merkmale, die ausschließlich der technischen Umsetzung der Datenübermittlung nach § 2 Absatz 1 dienen

Merkmalsgruppe	Name des Merkmals	Ausprägungen/Bemerkungen
Merkmale	Name der Berichtsstelle	Zur Erfüllung ihrer Meldepflichten bedienen sich die Auftraggeber Berichtsstellen. Berichtsstellen sind diejenigen Stellen, die Informationen über vergebene Aufträge als Auftraggeber selbst oder für einen anderen Auftraggeber melden.
	Straße	
	Hausnummer	
	Postleitzahl	
	Ort	
	Postfachnummer	Freiwillige Angaben
	Postleitzahl des Postfaches	
	Ort des Postfaches	
	Nachname Ansprechperson	

Merkmalsgruppe	Name des Merkmals	Ausprägungen/Bemerkungen
	Vorname Ansprechperson	
	E-Mail-Adresse	
	Telefonnummer	
	Auftraggebereigenschaft*	☐ Öffentlicher Auftrag durch öffentliche Auftraggeber im Oberschwellenbereich ☐ Öffentlicher Auftrag durch öffentliche Auftraggeber über soziale und andere besondere Dienstleistungen im Oberschwellenbereich ☐ Öffentlicher Auftrag durch Sektorenauftraggeber im Oberschwellenbereich ☐ Öffentlicher Auftrag durch Sektorenauftraggeber über soziale und andere besondere Dienstleistungen im Oberschwellenbereich ☐ Konzession durch Konzessionsgeber im Oberschwellenbereich ☐ Konzession durch Konzessionsgeber über soziale und andere besondere Dienstleistungen im Oberschwellenbereich ☐ Verteidigungs- und sicherheitsspezifischer öffentlicher Auftrag durch öffentliche Auftraggeber und Sektorenauftraggeber im Oberschwellenbereich ☐ Öffentliche Aufträge durch öffentliche Auftraggeber im Unterschwellenbereich
Angaben zur Meldung	Korrekturmeldung	☐ ja ☐ nein

* Anmerkung: „Auftraggeber" bezeichnet in diesem Fall die in § 98 des Gesetzes gegen Wettbewerbsbeschränkungen genannten Auftraggeber."

Anlage 8

Abschnitt 1

Daten, die durch öffentliche Auftraggeber nach Zuschlagserteilung im Rahmen der Vergabe eines öffentlichen Auftrages im Unterschwellenbereich dem Statistischen Bundesamt zugeleitet werden

Merkmalsgruppe	Name des Merkmals	Ausprägungen/Bemerkungen
Angaben zum Auftraggeber	Name des Auftraggebers*	Anzugeben ist hier die Bezeichnung des Auftraggebers und keine einzelnen Organisationseinheiten innerhalb des Auftraggebers.
	Leitweg-ID	Jeder öffentliche Auftraggeber verfügt über eine oder mehrere Leitweg-ID, die zur Übermittlung der elektronischen Rechnung gem. ERechV (auf Bundesebene) in den Vergabeunterlagen angegeben werden müssen. Die Angabe ist nur für Auftraggeber auf Bundesebene verpflichtend.
	Art des Auftraggebers	Öffentliche Auftraggeber Bund ☐ Oberste Bundesbehörden ☐ Obere, mittlere und untere Bundesbehörden ☐ Körperschaften des öffentlichen Rechts auf Bundesebene ☐ Anstalten des öffentlichen Rechts auf Bundesebene ☐ Stiftungen des öffentlichen Rechts auf Bundesebene ☐ Sonstige Auftraggeber auf Bundesebene Land ☐ Oberste Landesbehörden ☐ Obere, mittlere und untere Landesbehörden ☐ Körperschaften des öffentlichen Rechts auf Landesebene ☐ Anstalten des öffentlichen Rechts auf Landesebene ☐ Stiftungen des öffentlichen Rechts auf Landesebene ☐ Sonstige Auftraggeber auf Landesebene Kommunen ☐ Kommunalbehörden ☐ Körperschaften des öffentlichen Rechts auf Kommunalebene ☐ Anstalten des öffentlichen Rechts auf Kommunalebene ☐ Stiftungen des öffentlichen Rechts auf Kommunalebene ☐ Sonstige Auftraggeber auf Kommunalebene Sonstige ☐ Sonstige Auftraggeber
	Postleitzahl des Auftraggebers	Räumliche Zuordnung des Auftraggebers
	Zentrale Beschaffungsstelle	☐ ja ☐ nein

Merkmalsgruppe	Name des Merkmals	Ausprägungen/Bemerkungen
Angaben zum Auftragsgegenstand	Auftragsnummer	Interne Auftrags-Nr. oder vergebenes Aktenzeichen
	Art des Auftrages	☐ Bauauftrag ☐ Lieferauftrag ☐ Dienstleistungsauftrag
	CPV-Code	Die Angabe dient der Ermittlung des Auftragsgegenstandes. Anzugeben ist der Hauptteil des CPV-Codes (ohne Zusatzteil). Mehrfachnennung ist möglich. Es können bis zu drei CPV-Codes angegeben werden.
	Auftragswert	Ermittlung des Netto-Auftragswertes in Euro
	Aufteilung des Auftrags in Lose	Freiwillige Angabe ☐ ja ☐ nein ☐ keine Angabe
	Zuschlagskriterium	Freiwillige Angabe Ermittlung der Zuschlagskriterien für die Zuschlagsentscheidung: ☐ nur Preis ☐ nur Kosten ☐ Preis und Qualitätskriterien ☐ Kosten und Qualitätskriterien ☐ keine Angabe Wenn Zuschlagskriterium: ☒ Preis und Qualitätskriterien ➔ Gewichtung Preis vs. Qualitätskriterien in % Wenn Zuschlagskriterium: ☒ Kosten und Qualitätskriterien ➔ Gewichtung Kosten vs. Qualitätskriterien in %
Angaben zum Verfahren	Verfahrensart	☐ Öffentliche Ausschreibung (§ 9 UVgO; § 3 Abs. 1 VOB/A) ☐ Beschränkte Ausschreibung mit Teilnahmewettbewerb (§ 10 UVgO; § 3 Abs. 2 VOB/A) ☐ Beschränkte Ausschreibung ohne Teilnahmewettbewerb (§ 11 UVgO; § 3 Abs. 2 VOB/A) ☐ Verhandlungsvergabe/freihändige Vergabe mit Teilnahmewettbewerb (§ 12 Abs. 1 UVgO; § 3 Abs. 3 VOB/A) ☐ Verhandlungsvergabe/freihändige Vergabe ohne Teilnahmewettbewerb (§ 12 Abs. 2 UVgO; § 3 Abs. 3 VOB/A) ☐ Sonstige Verfahren
	Rahmenvereinbarung	Freiwillige Angabe ☐ ja ☐ nein ☐ keine Angabe
	Dynamisches Beschaffungssystem	Freiwillige Angabe ☐ ja ☐ nein ☐ keine Angabe
	Elektronische Auktion	Freiwillige Angabe ☐ ja ☐ nein ☐ keine Angabe
	Nachhaltigkeitskriterien (siehe Anlage 9)	Berücksichtigung nachhaltiger Kriterien bei der Leistungsbeschreibung, bei der Eignung, bei den Zuschlagskriterien oder bei den Ausführungsbedingungen ☐ ja ☐ nein

Merkmalsgruppe	Name des Merkmals	Ausprägungen/Bemerkungen
		Wenn Nachhaltigkeitskriterien ☒ ja → Ermittlung, welches Kriterium bei o. g. Merkmalen beachtet wurde: ☐ umweltbezogen ☐ sozial ☐ innovativ (Mehrfachnennung ist möglich.)
Angaben zur Auftragsvergabe	Datum des Vertragsabschlusses	Zeitliche Zuordnung der Vergabe
	Gesamtanzahl eingegangener Angebote	Freiwillige Angabe Anzahl der Angebote, die insgesamt eingegangen sind
	Anzahl Angebote von KMU	Freiwillige Angabe Anzahl der Angebote, die von Kleinstunternehmen und/oder kleinen und/oder mittleren Unternehmen eingegangen sind. Es wird die KMU-Definition in der Empfehlung 2003/361/EG der Kommission vom 6. Mai 2003 betreffend die Definition der Kleinstunternehmen sowie der kleinen und mittleren Unternehmen (ABl. L 124 vom 20.5.2003, S. 36) zugrunde gelegt.
	Anzahl Angebote aus anderen EU-Mitgliedstaaten	Freiwillige Angabe Anzahl der Angebote, die aus anderen europäischen Mitgliedstaaten eingegangen sind
	Anzahl elektronisch übermittelter Angebote	Freiwillige Angabe Anzahl der auf elektronischem Wege eingegangenen Angebote
	Auftragnehmer ist ein KMU	☐ ja ☐ nein
	Herkunftsland Auftragnehmer	Freiwillige Angabe Angabe des Herkunftslandes des Auftragnehmers ☐ keine Angabe
Abschlussseite	Bemerkung	Freiwillige Angabe

* Anmerkung: „Auftraggeber" bezeichnet im Folgenden die in § 99 des Gesetzes gegen Wettbewerbsbeschränkungen genannten Auftraggeber.

Abschnitt 2

Merkmale, die ausschließlich der technischen Umsetzung der Datenübermittlung nach § 2 Absatz 2 dienen

Merkmalsgruppe	Name des Merkmals	Ausprägungen/Bemerkungen
Merkmale	Name der Berichtsstelle	Zur Erfüllung ihrer Meldepflichten bedienen sich die Auftraggeber Berichtsstellen. Berichtsstellen sind diejenigen Stellen, die Informationen über vergebene Aufträge als Auftraggeber selbst oder für einen anderen Auftraggeber melden.
	Straße	
	Hausnummer	
	Postleitzahl	
	Ort	
	Postfachnummer	Freiwillige Angaben
	Postleitzahl des Postfaches	
	Ort des Postfaches	

Merkmalsgruppe	Name des Merkmals	Ausprägungen/Bemerkungen
	Nachname Ansprechperson	
	Vorname Ansprechperson	
	E-Mail-Adresse	
	Telefonnummer	
	Auftraggebereigenschaft*	☐ Öffentlicher Auftrag durch öffentliche Auftraggeber im Oberschwellenbereich ☐ Öffentlicher Auftrag durch öffentliche Auftraggeber über soziale und andere besondere Dienstleistungen im Oberschwellenbereich ☐ Öffentlicher Auftrag durch Sektorenauftraggeber im Oberschwellenbereich ☐ Öffentlicher Auftrag durch Sektorenauftraggeber über soziale und andere besondere Dienstleistungen im Oberschwellenbereich ☐ Konzession durch Konzessionsgeber im Oberschwellenbereich ☐ Konzession durch Konzessionsgeber über soziale und andere besondere Dienstleistungen im Oberschwellenbereich ☐ Verteidigungs- und sicherheitsspezifischer öffentlicher Auftrag durch öffentliche Auftraggeber und Sektorenauftraggeber im Oberschwellenbereich ☐ Öffentliche Aufträge durch öffentliche Auftraggeber im Unterschwellenbereich
Angaben zur Meldung	Korrekturmeldung	☐ ja ☐ nein

* Anmerkung: „Auftraggeber" bezeichnet in diesem Fall die in § 98 des Gesetzes gegen Wettbewerbsbeschränkungen genannten Auftraggeber.

Anlage 9

Erläuterung zu den Nachhaltigkeitskriterien im Sinne der Anlagen 1 bis 8

In einem Vergabeverfahren können insbesondere folgende Nachhaltigkeitskriterien einbezogen werden. Die nachfolgende Aufzählung ist nicht abschließend.

Umweltbezogene Kriterien

- Anforderung der Erfüllung der Voraussetzungen eines ISO-14024-Typ-I-Umweltzeichens (zum Beispiel Blauer Engel, Nordischer Schwan, Österreichisches Umweltzeichen) oder gleichwertige Kriterien
- Anforderung einer Übereinstimmung mit der durch die Verordnung (EG) Nr. 1221/2009 festgelegten Strategie für Umweltmanagement und -betriebsprüfung (EMAS)
- Anforderung einer Übereinstimmung mit einem Umweltmanagementsystem gemäß der Norm ISO 14001, mit Ausnahme der durch die Verordnung (EG) Nr. 1221/2009 festgelegten Strategie für Umweltmanagement und -betriebsprüfung (EMAS)
- Anforderung einer Übereinstimmung mit der höchsten Energieeffizienzklasse (im Einklang mit der Definition in verschiedenen Rechtsvorschriften, zum Beispiel in der Verordnung (EU) Nr. 626/2011 über Luftkonditionierer)
- Anforderung einer Übereinstimmung, für den größten Teil der betreffenden Beschaffung, mit der Verordnung (EG) Nr. 834/2007 über die ökologische/biologische Produktion und die Kennzeichnung von ökologischen/ biologischen Produkten
- Vorgabe einer Kostenberechnung auf der Grundlage von Lebenszykluskosten

Soziale Kriterien

- Beschäftigungsmöglichkeiten für Langzeitarbeitslose, Benachteiligte und/oder für Menschen mit Behinderungen
- Zugänglichkeit der Leistung für Menschen mit Behinderungen
- faire Arbeitsbedingungen
- Schutz der Menschen- und Arbeitnehmerrechte in globalen Wertschöpfungsketten
- Gleichstellung der Geschlechter
- Gleichstellung von ethnischen Gruppen
- Kernarbeitsnormen der Internationalen Arbeitsorganisation (IAO) entlang der globalen Wertschöpfungskette

Innovative Kriterien

- Die in Auftrag gegebenen Bauleistungen, Lieferungen oder Dienstleistungen sind innovativ für die Organisation.
- Die in Auftrag gegebenen Bauleistungen, Lieferungen oder Dienstleistungen sind innovativ für den gesamten Markt.
- Die technischen Spezifikationen beruhen in erster Linie auf den Funktions- und Leistungsanforderungen und nicht auf der Beschreibung der technischen Lösung.
- Die in Auftrag gegebenen Bauleistungen, Lieferungen oder Dienstleistungen umfassen Forschungs- und Entwicklungstätigkeiten.
- Die in Auftrag gegebenen Bauleistungen, Lieferungen oder Dienstleistungen dürften die Wirksamkeit der Arbeit des Beschaffers erhöhen.

B

Vergaberecht
Unterhalb der Schwellenwerte

I. Systematik

Die Mehrzahl der Beschaffungsverfahren findet unterhalb der Schwellenwerte statt. Die Zuständigkeit für die Regelung dieser Vergaben liegt nach dem Grundgesetz – anders als bei Oberschwellenvergaben – nicht zentral beim Bund, sondern dezentral bei den haushaltsrechtlich Verantwortlichen in Bund, Ländern etc. Daher gibt es keine bundeseinheitlichen gesetzlichen Regelungen. Für die Praxis bedeutet dies, dass sie wissen und beachten muss, was nach dem jeweiligen Haushaltsrecht gilt. Viele Bundesländer haben das haushaltsrechtliche Unterschwellenvergaberecht in Vergabegesetzen geregelt, andere arbeiten mit Erlassen oder Verordnungen. Zu beachten sind insgesamt die Vorgaben des Haushaltsrechts (dazu Punkt 1.), des Landesvergaberechts (dazu Punkt 2.) sowie ggf. bei Vergaben mit einem eindeutig grenzüberschreitenden Interesse die des EU-Primärrechts (dazu Punkt 3.). Geht es um die nationale Vergabe von Architekten- oder Ingenieurleistungen und anderen freiberuflichen Leistungen, so gibt es ebenfalls bestimmte Verfahrensregeln zu beachten (dazu Punkt 4.).

1. Haushaltsrecht

a. Anwendungsbefehl für das Vergaberecht

aa) Allgemeines

Unterhalb der Schwellenwerte ergibt sich der **Anwendungsbefehl** für das Vergaberecht aus dem **Haushaltsrecht**. Dabei wird im Haushaltsrecht in der Regel der Vorrang der öffentlichen Ausschreibung und der beschränkten Ausschreibung mit Teilnahmewettbewerb festgeschrieben (vgl. § 55 Abs. 1 BHO, für die Länder z.B. § 55 Abs. 1 HessLHO, § 55 Abs. 1 ThürLHO):

> *„Dem Abschluss von Verträgen über Lieferungen und Leistungen muss eine Öffentliche Ausschreibung oder eine Beschränkte Ausschreibung mit Teilnahmewettbewerb vorausgehen, sofern nicht die Natur des Geschäfts oder besondere Umstände eine Ausnahme rechtfertigen."*

Zudem ist bei der Vergabe von Aufträgen und beim Abschluss von Verträgen nach „**einheitlichen Richtlinien**" zu verfahren (vgl. u.a. § 55 Abs. 2 BHO, § 55 Abs. 2 HessLHO,). Mit dem Begriff „einheitliche Richtlinien" wird Bezug auf das Vergaberecht genommen, was zudem durch die Verwaltungsvorschriften (VV) zu § 55 BHO/LHO sowie durch spezielle Erlasse in den Bundesländern ausdrücklich klargestellt wird.

An das Haushaltsrecht sind in den meisten Bundesländern nur **institutionelle staatliche Auftraggeber** gebunden, z.B. Staat, Landkreise, Gemeinden und Zweckverbände, und dies auch in unterschiedlicher Intensität. In einigen Bundesländern werden auch weitere Institutionen wie Universitäten erfasst.

bb) Welches Haushaltsrecht gilt?

Welches Haushaltsrecht konkret den Anwendungsbefehl für das Vergaberecht gibt, hängt davon ab, welcher Auftraggeber agiert. Für Auftraggeber auf der Ebene des Bundes gilt § 55 BHO. Damit sind alle Dienststellen der Bundesverwaltung, bundeseigene Anstalten und Stiftungen an das Vergaberecht gebunden.

Auftraggeber der Landesebene werden über die jeweiligen Landeshaushaltsordnungen dem Vergaberecht unterworfen.

Kommunen, Landkreise, Zweckverbände und ihre Körperschaften, Anstalten und Stiftungen sind in der Regel über die Gemeindehaushaltsverordnungen oder die Vergabegesetze der Länder an das Vergaberecht gebunden.

b. Auftraggeber in Privatrechtsform

Fraglich ist, ob auch Auftraggeber in privatrechtlicher Rechtsform (z.B. GmbH, AG) an das Vergaberecht gebunden sind (z.B. Stadtwerke GmbH, Kreiskrankenhaus gGmbH). Oberhalb der Schwellenwerte ergibt sich die Bindung an das Vergaberecht aus dem sog. funktionalen Auftraggeberbegriff (§ 99 Nr. 2 GWB). Unterhalb der Schwellenwerte gilt § 99 Nr. 2 GWB jedoch nicht.

Wie bei den anderen institutionellen öffentlichen Auftraggebern gilt hier zunächst das **Haushaltsrecht**. Dies enthält jedoch **nicht durchgängig ausdrückliche Regelungen** für die Bindung von in privatrechtlicher Form organisierten Auftraggebern an das Vergaberecht. Im Einzelfall kann die Bindung an das Vergaberecht aber aus haushaltsrechtlichen Richtlinien, Gründungsstatuten oder Satzungen folgen.

Die Lösung folgt aus dem EU-Recht. Diskriminierungsverbot und Wettbewerbsprinzip gelten bei **Binnenmarktrelevanz** auch für Aufträge unterhalb des Schwellenwerts. Daher ist auch unterhalb der Schwellenwerte eine **Flucht in die Rechtsformen des Privatrechts nicht zulässig**. Der persönliche Anwendungsbereich des Vergaberechts ist daher für binnenmarktrelevante Aufträge auch unterhalb der Schwellenwerte grundsätzlich auf Auftraggeber im funktionalen Sinne von § 99 Nr. 2 GWB auszudehnen (*Zeiss*, Sichere Vergabe unterhalb der Schwellenwerte, 3. Aufl. 2016, S. 48 f.). Dies darf jedoch nicht weiter gehen als im Oberschwellenbereich, d.h. für Oberschwellenvergaben nicht von § 99 GWB erfasste Auftraggeber werden auch im Unterschwellenbereich auf keinen Fall erfasst.

2. Landesvergaberecht

a. Allgemeines

In den vergangenen Jahren haben – mit Ausnahme von Bayern – alle Bundesländer **Landestariftreue- und Vergabegesetze** eingeführt. Dabei setzen die Bundesländer unterschiedliche Schwerpunkte. Regelungen zu Tariftreue und Mindestlohn (dazu Punkt b.), zur Verbindlichkeit der ILO-Normen (dazu Punkt c.) und zur Energieeffizienz (dazu Punkt d.) sind aber in fast allen Ländern zu finden. Darüber hinaus gibt es verbreitet Regelungen zur Frauenförderung (dazu Punkt e.) und auch zum Rechtsschutz unterhalb der Schwellenwerte (siehe dazu „C. I. Rechtsschutz im Vergaberecht").

b. Tariftreue und Mindestlohn

Die Mindestlohnregelungen der Länder waren ursprünglich auch als politisches Signal nach Berlin zu verstehen. Durch die Tariftreue- und Mindestlohnregelungen soll Lohndumping im Bereich des öffentlichen Auftragswesens vorgebeugt werden.

Obwohl im Jahr 2015 bundesweit ein allgemeiner gesetzlicher Mindestlohn eingeführt wurde, sind die landesgesetzlichen Mindestlohnregelungen bisher nicht obsolet. Der landesgesetzliche vergabespezifische Mindestlohn liegt immer über dem bundesweit geltenden Mindestlohn. Regelmäßig ist eine Überprüfung und Anpassung (= Erhöhung) des Mindestlohns in den jeweiligen Landesgesetzen vorgesehen.

c. ILO-Normen

In zahlreichen Landesvergabegesetzen wird zur Beachtung der ILO-Normen verpflichtet. ILO-Normen sind völkerrechtliche Übereinkommen, welche insbesondere die Abwehr von Kinder- und Sklavenarbeit bezwecken (näher dazu *Zeiss*, Landesvergaberecht NRW, Der richtige Umgang mit TVgG NRW & Co. in der Praxis, 2015, S. 121 ff.).

Dabei sind bestimmte Produktgruppen (z.B. Bekleidung, Natursteine und Informations- oder Kommunikations-Hardware) besonders „verdächtig", da regelmäßig eine Missachtung der ILO-Normen zu befürchten ist.

Probleme folgen dabei häufig daraus, dass Auftraggeber und Vergabestelle die Arbeitsbedingungen in der Herstellung nicht kontrollieren können, da diese regelmäßig in Schwellenländern (z.B. China oder Bangladesch) stattfindet (vgl. BVerwG, Urt. v. 16.10.2013, 8 CN 1.12 – Friedhofssatzung Nürnberg).

d. Energieeffizienz

In einzelnen Landesvergabegesetzen sind auch Regelungen zur energieeffizienten Beschaffung nach dem Beispiel des § 67 VgV (für die Fahrzeugbeschaffung ist das SaubFahrzeugBeschG zu beachten) auch für den Unterschwellenbereich zu finden (zum Regelungsgehalt des § 67 VgV siehe die dortigen Anmerkungen).

e. Frauenförderung

Auch Frauenförderung bzw. die Vereinbarkeit von Familie und Beruf sind Regelungsgegenstand der Landesvergabegesetze. Dabei sollen Aufträge grundsätzlich nur an solche Unternehmen vergeben werden, die – eine Mindestbetriebsgröße vorausgesetzt – bestimmte Fördermaßnahmen für weibliche Beschäftigte umsetzen oder sich für die Vereinbarkeit von Familie und Beruf engagieren.

3. EU-Recht

a. Binnenmarktrelevanz

Die **allgemeinen Prinzipien des Vergaberechts** (Gleichbehandlung, Transparenz, Wettbewerb, Wirtschaftlichkeit, Verhältnismäßigkeit) gelten auch unterhalb der Schwellenwerte. Jedenfalls bei **Binnenmarktrelevanz** lassen sich die allgemeinen Prinzipien des Vergaberechts auch auf die EU-Grundfreiheiten stützen (st. Rspr., vgl. EuGH, Urt. v. 23.12.2009, Rs. C-376/08, VergabeR 2010, 469 Rn. 22 m.w.N. – Serrantoni; EuGH, Urt. v. 16.4.2015, Rs. C-278/14 – Beschaffung von PC im Wert von 58.000 €). Dies hat das EuG auch in seiner Grundsatzentscheidung zu den unterhalb der Schwellenwerte geltenden Regelungen ausdrücklich klargestellt (EuG, Urt. v. 20.5.2010, T-258/06 – Deutschland ../. Kommission).

Binnenmarktrelevanz liegt vor, wenn an einem Auftrag ein eindeutiges grenzüberschreitendes Interesse besteht. Ob an einem öffentlichen Auftrag ein **eindeutiges grenzüberschreitendes Interesse** besteht, kann nach folgender **Prognose** beurteilt werden: Könnte der Auftrag nach den konkreten Marktverhältnissen, d.h. mit Blick auf die angesprochenen Branchenkreise und ihre Bereitschaft, Aufträge ggf. in Anbetracht ihres Volumens und des Ortes der Auftragsdurchführung auch grenzüberschreitend auszuführen, für ausländische Anbieter interessant sein (BGH, Urt. v. 30.8.2011, X ZR 55/10 – Regenentlastung)? Dabei ist stets eine **Einzelfallprüfung** vorzunehmen.

Jedenfalls bei Leistungen, für die es einen Weltmarkt gibt (z.B. IT-Bereich), ist durchaus auch bereits bei Auftragswerten unterhalb der EU-Schwellenwerte Binnenmarktrelevanz anzunehmen (EuGH, Urt. v. 16.4.2015, Rs. C-278/14 – Beschaffung von PC im Wert von 58.000 €).

Aus der Spruchpraxis der EU-Kommission und der Entscheidungspraxis der Obergerichte hat sich als **Faustregel** für Binnenmarktrelevanz ein Wert von **10 % des EU-Schwellenwerts** herauskristallisiert (vgl. EuGH, Urt. v. 16.4.2015, Rs. C-278/14 – Beschaffung von PC im Wert von 58.000 €; Europäische Kommission, Stellungnahme in einem Vertragsverletzungsverfahren gegen Deutschland wg. Planungsleistungen in Waren (Müritz) zwischen 6.000 € und 26.500 € v. 13.12.2006, IP/06/1786).

b. Anforderungen an die Bekanntgabe von Wertungskriterien

Ein Streitpunkt im Vergaberecht unterhalb der Schwellenwerte war lange, ob auch unterhalb der EU-Schwellenwerte alle **Wertungskriterien mit Gewichtung sowie die Wertungsmatrix** nach den gleichen Maßstäben angegeben werden müssen, wie dies oberhalb der Schwellenwerte der Fall ist. Inzwischen sieht die UVgO in § 33 Abs. 1 UVgO vor, dass sie bei Öffentlichen Ausschreibungen und Verfahrensarten mit Teilnahmewettbewerb bereits in der Auftragsbekanntmachung, ansonsten in den Vergabeunterlagen aufzuführen sind. Die VOB/A erlaubt in § 16d Abs. 1 Nr. 5 VOB/A die Berücksichtigung nur solcher Zuschlagskriterien und gegebenenfalls deren Gewichtung, die in der Auftragsbekanntmachung oder in den Vergabeunterlagen benannt waren.

c. Unterschwellenmitteilung der EU-Kommission

aa) Rechtmäßigkeit der Mitteilung und Bedeutung für die Praxis

Eine auch durch die Rechtsprechung (EuG, Urt. v. 20.5.2010, T-258/06 – Deutschland ./. Kommission) anerkannte Zusammenfassung der EU-rechtlichen Anforderungen enthält die **„Mitteilung der Kommission zu Auslegungsfragen in Bezug auf das Gemeinschaftsrecht, das für die Vergabe öffentlicher Aufträge gilt, die nicht oder nur teilweise unter die Vergaberichtlinien fallen"** (ABl. EU C 179 vom 1.8.2006, S. 2).

Zwar stammt diese Mitteilung der Europäischen Kommission bereits aus dem Jahr 2006. Noch ist aber kein neueres Regelwerk ersichtlich. 2010 hat das Europäische Gericht erster Instanz (EuG) die **Rechtmäßigkeit** der Mitteilung bestätigt (EuG, Urt. v. 20.5.2010, T-258/06 – Deutschland ./. Kommission). Die Bundesrepublik Deutschland hatte zuvor – insbesondere im Hinblick auf die Auswirkungen für die Auftragsvergabe unterhalb der Schwellenwerte – gegen die Mitteilung geklagt. Das EuG hat damit klargestellt, dass auch bei Beschaffungen unterhalb der Schwellenwerte die allgemeinen Regeln des EU-Rechts zu beachten sind. Dies hat seither **erhebliche Auswirkungen** für die **Vergabepraxis unterhalb der Schwellenwerte**:

- Beispielsweise sprechen jetzt gute Gründe dafür, Aufträge in der Regel über das **Internet bekanntzumachen**, weil sich nur so die notwendige EU-weite Transparenz sicherstellen lässt (siehe dazu näher unter 2.1.2. der Mitteilung).
- Bei höheren Auftragswerten kann sogar eine freiwillige Bekanntmachung über die **TED-Datenbank** angezeigt sein (dafür spricht auch EuGH, Urt. v. 16.4.2015, Rs. C-278/14 – Beschaffung von PC im Wert von 58.000 €).
- Auch hat das EuG damit nochmals bestätigt, dass es auch unterhalb der Schwellenwerte einen **effektiven Rechtsschutz** geben muss (siehe dazu näher „C. I. Rechtsschutz im Vergaberecht").

bb) Mitteilung der Kommission zu Auslegungsfragen in Bezug auf das Gemeinschaftsrecht, das für die Vergabe öffentlicher Aufträge gilt, die nicht oder nur teilweise unter die Vergaberichtlinien fallen (2006/C 179/02)

„EINLEITUNG

Die Europäische Gemeinschaft hat in jüngster Zeit neue Richtlinien bezüglich der Vergabe öffentlicher Bau-, Liefer- und Dienstleistungsaufträge[1]) verabschiedet. Sie enthalten detaillierte Vorschriften für gemeinschaftsweite, wettbewerbsorientierte Vergabeverfahren.

Allerdings gelten die Vergaberichtlinien nicht für alle öffentlichen Aufträge. Zu der breiten Palette von Aufträgen, die nicht oder nur teilweise hierunter fallen, gehören zum Beispiel:

- Aufträge unterhalb der Schwellenwerte für die Anwendung der Vergaberichtlinien[2])
- Aufträge über Dienstleistungen gemäß Anhang II Teil B der Richtlinie 2004/18/EG und Anhang XVII Teil B der Richtlinie 2004/17/EG, die die Schwellenwerte dieser Richtlinien überschreiten.

Diese Aufträge bieten beachtliche Geschäftsmöglichkeiten, vor allem für KMU und Firmenneugründungen im Binnenmarkt. Auch können die öffentlichen Verwaltungen mit offenen, wettbewerbsorientierten Vergabeverfahren eine größere Zahl potenzieller Bieter ansprechen und damit interessantere Angebote erzielen. Angesichts der Haushaltsprobleme vieler Mitgliedstaaten kommt dem effizienten Einsatz öffentlicher Gelder eine ganz besondere Bedeutung zu. Ferner gilt es im Blick zu behalten, dass sich transparente Vergabeverfahren zur Abwehr von Korruption und Günstlingswirtschaft bewährt haben.

Solche Aufträge werden jedoch nach wie vor vielfach direkt an lokale Anbieter ohne jede Ausschreibung vergeben. Der Europäische Gerichtshof (EuGH) hat im Rahmen seiner Rechtsprechung klargestellt, dass die

1 Richtlinie 2004/18/EG, ABl. L 134 vom 30.4.2004, S. 114, und Richtlinie 2004/17/EG, ABl. L 134 vom 30.4.2004, S. 1. („die Vergaberichtlinien").

2 Festlegungen zu Schwellenwerten enthalten Artikel 7 der Richtlinie 2004/18/EG und Artikel 16 Absatz 3 der Richtlinie 2004/17/EG.

Binnenmarktregeln des EG-Vertrags auch für Aufträge gelten, die nicht unter die Vergaberichtlinien fallen. Bei verschiedenen Gelegenheiten haben die Mitgliedstaaten und Interessensvertreter die Kommission um Leitlinien zur Anwendung der sich aus dieser Rechtsprechung ableitenden Grundsätze gebeten.

Diese Mitteilung zu Auslegungsfragen befasst sich mit den beiden vorstehend genannten Gruppen von Aufträgen, die nicht oder nur teilweise unter die Vergaberichtlinien [3]) fallen. Die Kommission erläutert ihr Verständnis der Rechtsprechung des EuGH und stellt bewährte Verfahren vor, um die Mitgliedstaaten darin zu unterstützen, die Möglichkeiten des Binnenmarkts voll ausschöpfen zu können. Diese Mitteilung führt keine neuen rechtlichen Regeln ein. Es ist jedoch zu beachten, dass die Auslegung des Gemeinschaftsrechts letztendlich in jedem Fall Sache des EuGH ist.

1. RECHTLICHER HINTERGRUND

1.1. Vorschriften und Grundsätze des EG-Vertrags

Auftraggeber[4]) aus den Mitgliedstaaten sind bei der Vergabe öffentlicher Aufträge, die in den Geltungsbereich des EG-Vertrags fallen, an die **Vorschriften und Grundsätze dieses Vertrags** gebunden. Zu diesen Grundsätzen gehören unter anderem der **freie Warenverkehr** (Artikel 28 EG-Vertrag), **die Niederlassungsfreiheit** (Artikel 43), **die Dienstleistungsfreiheit** (Artikel 49), **Nichtdiskriminierung und Gleichbehandlung, Transparenz, Verhältnismäßigkeit und gegenseitige Anerkennung**.

1.2. Bei der Auftragsvergabe zu beachtende Grundanforderungen

Der EuGH hat eine Reihe von **bei der Auftragsvergabe zu beachtenden Grundanforderungen** entwickelt, die sich **direkt aus den Vorschriften und Grundsätzen des EG-Vertrags** ableiten. Nach der Rechtsprechung des EuGH[5] schließt der Gleichbehandlungsgrundsatz und das Verbot der Diskriminierung aus Gründen der Staatsangehörigkeit eine **Transparenzpflicht** ein, wonach „der Auftraggeber zugunsten potenzieller Bieter einen **angemessenen Grad von Öffentlichkeit sicherstellen**" muss, „**der den Dienstleistungsmarkt dem Wettbewerb öffnet und die Nachprüfung ermöglicht, ob die Vergabeverfahren unparteiisch durchgeführt wurden**."[6]

Diese Grundanforderungen gelten, soweit die Fragen nicht von diesen Richtlinien behandelt werden, für die Vergabe von Dienstleistungskonzessionen, für Aufträge, die unter den Schwellenwerten[7] liegen, sowie für die in Anhang II Teil B der Richtlinie 2004/18/EG und in Anhang XVII Teil B der Richtlinie 2004/17/EG[8]) genannten Dienstleistungen. Der EuGH stellte ausdrücklich fest, dass, **auch wenn manche Verträge vom Anwendungsbereich der Gemeinschaftsrichtlinien auf dem Gebiet des öffentlichen Auftragswesens ausgenommen sind, die Auftraggeber, die sie schließen, doch die Grundregeln des EG-Vertrags beachten müssen**[9].

3 Eine dritte Gruppe von Aufträgen, die nicht oder nur teilweise unter die Richtlinien fallen, sind Konzessionen. Siehe Artikel 17 der Richtlinie 2004/18/EG und Artikel 18 der Richtlinie 2004/17/EG für Dienstleistungskonzessionen und Artikel 56 bis 65 der Richtlinie 2004/18/EG und Artikel 18 der Richtlinie 2004/17/EG für Baukonzessionen. In der vorliegenden Mitteilung werden diese jedoch nicht erörtert, da sie im Rahmen der Folgemaßnahmen zum Grünbuch über öffentlich-private Partnerschaften behandelt werden.

4 In dieser Mitteilung umfasst der Begriff „Auftraggeber" sowohl die öffentlichen Auftraggeber im Sinne des Artikels 1 Absatz 9 der Richtlinie 2004/18/EG als auch die Auftraggeber im Sinne des Artikels 2 der Richtlinie 2004/17/EG.

5 Rechtssache C-324/98 Telaustria [2000] ECR I-10745, Randnr. 62, Rechtssache C-231/03 Coname, Urteil vom 21.7.2005, Randnr. 16 bis 19 und das Urteil vom 13.10.2005 in der Sache C-458/03 Parking Brixen, Randnr. 49.

6 Rechtssache Telaustria, Randnr. 62, und Parking Brixen, Randnr. 49 (Hervorh. d. Verf.).

7 Siehe Rechtssache C-59/00 Bent Mousten Vestergaard [2001] ECR I-9505, Randnr. 20 und C-264/03 Kommission gegen Frankreich, Urteil vom 20.10.2005, Randnr. 32 und 33.

8 Urteil vom 27.10.2005 in der Rechtssache C-234/03, Contse, Randnrn. 47 bis 49. Die Vergaberichtlinien enthalten nur sehr wenige Regelungen zu diesen Aufträgen, siehe Artikel 21 der Richtlinie 2004/18/EG und Artikel 32 der Richtlinie 2004/17/EG.

9 Rechtssache Bent Mousten Vestergaard, Randnr. 20 (Hervorh. d. Verf.).

1.3. Binnenmarktrelevanz

Die aus dem EG-Vertrag abgeleiteten Anforderungen gelten nur für die Vergabe von Aufträgen, die in hinreichendem Zusammenhang mit dem Funktionieren des Binnenmarkts stehen. In diesem Zusammenhang hielt es der EuGH in einzelnen Fällen für denkbar, dass die Vergabe eines Auftrags „wegen besonderer Umstände wie beispielsweise einer **sehr geringfügigen wirtschaftlichen Bedeutung**" für **Wirtschaftsteilnehmer in anderen Mitgliedstaaten nicht von Interesse ist**. In einem solchen Fall wären die „Auswirkungen auf die betreffenden Grundfreiheiten zu zufällig und zu mittelbar", als dass die Anwendung von aus dem gemeinschaftlichen Primärrecht abgeleiteten Anforderungen gerechtfertigt wäre[10]).

Die Entscheidung, inwieweit ein Auftrag möglicherweise für Wirtschaftsteilnehmer eines anderen Mitgliedstaats von Interesse sein könnte, obliegt den einzelnen Auftraggebern. Nach Auffassung der Kommission muss dieser Entscheidung eine **Prüfung der Umstände des jeweiligen Falls** vorausgehen, wobei Sachverhalte wie:

- der Auftragsgegenstand,
- der geschätzte Auftragswert,
- die Besonderheiten des betreffenden Sektors (Größe und Struktur des Marktes, wirtschaftliche Gepflogenheiten usw.) und
- die geographische Lage des Orts der Leistungserbringung

zu berücksichtigen sind.

Kommt der Auftraggeber zu dem Schluss, dass der fragliche Auftrag für den Binnenmarkt relevant ist, muss die Vergabe unter Einhaltung der aus dem Gemeinschaftsrecht abgeleiteten Grundanforderungen erfolgen.

Erhält die Kommission Kenntnis von einer möglichen Verletzung der Grundanforderungen an die Vergabe öffentlicher Aufträge, die nicht unter die Vergaberichtlinien fallen, **prüft sie die Binnenmarktrelevanz des fraglichen Auftrags vor dem Hintergrund der fallspezifischen Umstände**. Sie wird nur dann ein Verfahren nach Artikel 226 EG-Vertrag einleiten, wenn dies **angesichts der Schwere der Vertragsverletzung und ihrer Auswirkungen auf den Binnenmarkt angemessen erscheint**.

2. GRUNDANFORDERUNGEN FÜR DIE VERGABE VON AUFTRÄGEN MIT BINNENMARKTRELEVANZ

2.1. Bekanntmachung

2.1.1. *Verpflichtung zur Sicherstellung einer angemessenen Bekanntmachung*

Gemäß dem EuGH[11] schließen die Grundsätze der Gleichbehandlung und der Nichtdiskriminierung eine **Verpflichtung zur Transparenz** ein, wonach der Auftraggeber zugunsten potenzieller Bieter **einen angemessenen Grad von Öffentlichkeit sicherstellen muss, der den Markt dem Wettbewerb öffnet**.

Die Verpflichtung zur Transparenz bedeutet, **dass in einem anderen Mitgliedstaat niedergelassene Unternehmen vor der Vergabe Zugang zu angemessenen Informationen über den jeweiligen Auftrag haben müssen, so dass sie gegebenenfalls ihr Interesse am Erhalt dieses Auftrags bekunden können**[12].

Das Kontaktieren einer bestimmten Anzahl potenzieller Bieter ist nach Auffassung der Kommission nicht ausreichend, selbst wenn der Auftraggeber auch Unternehmen aus anderen Mitgliedstaaten einbezieht oder versucht, alle potenziellen Anbieter zu erreichen. Bei einem solch selektiven Ansatz ist nämlich nicht auszuschließen, dass potenzielle Bieter aus anderen Mitgliedstaaten – insbesondere neue Marktteilneh-

10 Rechtssache Coname, Randnr. 20 (Hervorh. d. Verf.).
11 Rechtssachen Telaustria, Randnr. 62, und Parking Brixen, Randnr. 49.
12 Rechtssache Coname, Randnr. 21.

mer – diskriminiert werden. Das Gleiche gilt für alle Formen „passiver" Information, bei denen der Auftraggeber Aufträge nicht aktiv bekannt macht, sondern nur auf Informationsgesuche von Bewerbern reagiert, die durch eigene Initiative von der beabsichtigten Auftragsvergabe erfahren haben. Auch ein einfacher Verweis auf als Informationsquellen zu nutzende Medienberichte, parlamentarische oder politische Debatten oder bestimmte Ereignisse wie beispielsweise Kongresse stellt keine angemessene Bekanntmachung dar.

Daher lassen sich die vom EuGH festgelegten Erfordernisse nur erfüllen, **wenn vor der Auftragsvergabe eine hinreichend zugängliche Bekanntmachung veröffentlicht wird**. Diese Bekanntmachung sollte **von dem öffentlichen Auftraggeber mit dem Ziel veröffentlicht werden, den Auftrag auf der Grundlage echten Wettbewerbs zu vergeben**.

2.1.2. *Wege der Bekanntmachung*

Die Wahl des für die Vergabebekanntmachung am besten geeigneten Mediums ist Sache des jeweiligen Auftraggebers. Ein maßgebendes Kriterium sollte dabei die Einschätzung der **Binnenmarktrelevanz** des Auftrags sein, und zwar insbesondere mit Blick auf den Auftragsgegenstand, den Auftragswert und die gängige Praxis im entsprechenden Wirtschaftszweig.

Je interessanter der Auftrag für potenzielle Bieter aus anderen Mitgliedstaaten ist, desto weiter sollte er bekannt gemacht werden. Vor allem bei Aufträgen über Dienstleistungen gemäß Anhang II Teil B der Richtlinie 2004/18/EG und Anhang XVII Teil B der Richtlinie 2004/17/EG, die die Schwellenwerte dieser Richtlinien überschreiten, ist zur Erzielung einer angemessenen Transparenz im Allgemeinen eine Veröffentlichung in einem Medium mit großer Reichweite erforderlich.

Angemessene und gängige Veröffentlichungsmedien sind u. a.:

- das Internet

  Aufgrund der einfachen und weit verbreiteten Nutzung des World Wide Web eignen sich Websites besonders gut für Vergabebekanntmachungen, denn es kann leicht auf sie zugegriffen werden, insbesondere auch von Unternehmen aus anderen Mitgliedstaaten und von KMU, die nach kleineren Aufträgen Ausschau halten. Das Internet bietet vielfältige Möglichkeiten, öffentliche Aufträge bekannt zu machen:

  Bekanntmachungen **auf der Website des Auftraggebers** sind flexibel und preisgünstig. Sie sind so zu gestalten, dass potenzielle Bieter leicht Kenntnis dieser Informationen erhalten. Auftraggeber können außerdem ins Auge fassen, Informationen über bevorstehende, nicht unter die Vergaberichtlinien fallende Auftragsvergaben im Rahmen ihres **Beschafferprofils** im Internet[13] zu veröffentlichen.

  Speziell für Vergabebekanntmachungen geschaffene **Portale** sind leichter erkennbar und bieten bessere Suchoptionen. Die Einrichtung spezieller Foren für Aufträge mit geringem Wert mit einem Verzeichnis für Vergabebekanntmachungen und automatischer Benachrichtigung per E-Mail stellt hier eine bewährte Vorgehensweise dar, mit der die Möglichkeiten des Internet im Sinne einer größeren Transparenz und Effizienz voll ausgeschöpft werden können[14].

- nationale Amtsblätter, Ausschreibungsblätter, regionale oder überregionale Zeitungen und Fachpublikationen

---

13 Vgl. Anhang VIII der Richtlinie 2004/18/EG und Anhang XX der Richtlinie 2004/17/EG.
14 Siehe zum Beispiel das neu geschaffene Portal für Auftragsvergaben mit geringem Wert im Vereinigten Königreich, www.supply2.gov.uk.

- lokale Medien

  Auftraggeber können nach wie vor auf lokale Medien wie Lokalzeitungen, Gemeindeanzeiger oder gar die Anschlagtafel zurückgreifen. Allerdings wird dadurch nur eine rein lokale Veröffentlichung gewährleistet. Dies kann in speziellen Fällen angemessen sein, z. B. bei sehr kleinen Aufträgen, für die es nur einen lokalen Markt gibt.

- das Amtsblatt der Europäischen Union/die TED-Datenbank (Tenders Electronic Daily)

  Die Veröffentlichung im Amtsblatt ist nicht obligatorisch, sie kann aber u. U., insbesondere bei größeren Aufträgen, eine interessante Möglichkeit darstellen.

2.1.3. *Inhalt der Bekanntmachung*

Der EuGH hat ausdrücklich darauf hingewiesen, dass das Transparenzerfordernis nicht notwendigerweise eine Verpflichtung zu einer förmlichen Ausschreibung umfasst[15]. Die Bekanntmachung kann sich daher auf eine Kurzbeschreibung der **wesentlichen Punkte des zu erteilenden Auftrags und des Vergabeverfahrens** beschränken, die eine Aufforderung zur Kontaktierung des Auftraggebers enthält. Bei Bedarf kann sie durch Zusatzinformationen ergänzt werden, die im Internet oder auf Anfrage bei dem Auftraggeber erhältlich sind.

Die Bekanntmachung und jegliche zusätzlichen Unterlagen sollten all die Informationen enthalten, die ein Unternehmen aus einem anderen Mitgliedstaat **normalerweise für die Entscheidung darüber benötigt**, ob es Interesse an dem Auftrag bekunden soll.

Wie unter Punkt 2.2.2 nachstehend erläutert, kann der Auftraggeber Maßnahmen zur Begrenzung der Zahl der Bewerber, die zur Abgabe eines Angebots aufgefordert werden, ergreifen. In diesem Fall sollte der Auftraggeber hinreichende Informationen darüber vorlegen, wie die Bieter für die Vorauswahl ausgewählt wurden.

2.1.4. *Verfahren ohne vorherige Veröffentlichung einer Bekanntmachung*

Die Vergaberichtlinien enthalten Ausnahmeregelungen, nach denen unter bestimmten Bedingungen Verfahren ohne vorherige Veröffentlichung einer Bekanntmachung zulässig sind[16]. Die wichtigsten Ausnahmen betreffen hierbei Situationen, in denen aufgrund nicht voraussehbarer Ereignisse **dringendes Handeln** geboten ist, sowie Aufträge, die aus technischen oder künstlerischen Gründen oder aufgrund des Schutzes von Ausschließlichkeitsrechten **nur von einem bestimmten Wirtschaftsteilnehmer** ausgeführt werden können.

Nach Auffassung der Kommission können die entsprechenden Ausnahmeregelungen auch bei der Vergabe von nicht unter die Richtlinien fallenden Aufträgen zur Anwendung kommen. Daher können Auftraggeber solche Aufträge ohne vorherige Veröffentlichung einer Bekanntmachung vergeben, sofern die in den Richtlinien festgelegten Voraussetzungen für die Anwendung der Ausnahmeregelungen[17] erfüllt sind.

2.2. Auftragsvergabe

2.2.1. *Grundsätze*

In seinem Urteil in der Rechtssache Telaustria hat der Gerichtshof festgestellt, dass der Auftraggeber kraft der Verpflichtung zur Transparenz zugunsten potenzieller Bieter einen angemessenen Grad von Öffentlichkeit sicherstellen muss, der den Markt dem Wettbewerb öffnet und die Nachprüfung ermöglicht, ob die **Vergabeverfahren unparteiisch** durchgeführt wurden. Die Verpflichtung zur Sicherstellung einer trans-

15 Rechtssache Coname, Randnr. 21.
16 Artikel 31 der Richtlinie 2004/18/EG und Artikel 40 Absatz 3 der Richtlinie 2004/17/EG.
17 Vgl. Schlussanträge des Generalanwalts Jacobs in der Rechtssache C-525/03, Kommission gegen Italien, Randnrn. 46 bis 48.

parenten Bekanntmachung geht mithin automatisch mit der Pflicht zur Gewährleistung eines fairen und unparteiischen Verfahrens einher.

Die Auftragsvergabe muss somit im Einklang mit den **Vorschriften und Grundsätzen des EG-Vertrags** erfolgen, damit für alle an dem Auftrag interessierten Wirtschaftsteilnehmer faire Wettbewerbsbedingungen[18] gelten. Dies lässt sich in der Praxis am besten wie folgt erreichen:

- Diskriminierungsfreie Beschreibung des Auftragsgegenstands

  In der Beschreibung der verlangten Produkt- oder Dienstleistungsmerkmale darf nicht auf eine bestimmte Produktion oder Herkunft oder ein besonderes Verfahren oder auf Marken, Patente, Typen, einen bestimmten Ursprung oder eine bestimmte Produktion verwiesen werden, soweit dies nicht durch den Auftragsgegenstand gerechtfertigt ist und der Verweis nicht mit dem Zusatz „oder gleichwertig"[19] versehen ist. Allgemeinere Beschreibungen der Leistung oder der Funktionen sind in jedem Fall vorzuziehen.

- Gleicher Zugang für Wirtschaftsteilnehmer aus allen Mitgliedstaaten

  Die Auftraggeber dürfen keine Bedingungen stellen, die potenzielle Bieter in anderen Mitgliedstaaten direkt oder indirekt benachteiligen, wie beispielsweise das Erfordernis, dass Unternehmen, die an einem Vergabeverfahren teilnehmen möchten, im selben Mitgliedstaat oder in derselben Region wie der Auftraggeber niedergelassen sein müssen[20].

- Gegenseitige Anerkennung der Diplome, Prüfungszeugnisse und sonstigen Befähigungsnachweise

  Müssen Bewerber oder Bieter Bescheinigungen, Diplome oder andere schriftliche Nachweise vorlegen, die ein entsprechendes Gewährleistungsniveau aufweisen, so sind gemäß dem Grundsatz der gegenseitigen Anerkennung der Diplome, Prüfungszeugnisse und sonstigen Befähigungsnachweise auch Dokumente aus anderen Mitgliedstaaten zu akzeptieren.

- Angemessene Fristen

  Die Fristen für Interessensbekundungen und für die Angebotsabgabe müssen so lang sein, dass Unternehmen aus anderen Mitgliedstaaten eine fundierte Einschätzung vornehmen und ein Angebot erstellen können.

- Transparenter und objektiver Ansatz

  Alle Teilnehmer müssen in der Lage sein, sich im Voraus über die geltenden Verfahrensregeln zu informieren, und müssen die Gewissheit haben, dass diese Regeln für jeden gleichermaßen gelten.

2.2.2. *Begrenzung der Zahl der Bewerber, die zur Abgabe eines Angebots aufgefordert werden*

Auftraggebern steht es frei, durch bestimmte Maßnahmen die Zahl der Bewerber auf ein angemessenes Maß zu beschränken, sofern dies auf **transparente und diskriminierungsfreie Weise** geschieht. Dazu können sie beispielsweise **objektive Kriterien** wie die einschlägige Erfahrung der Bewerber, die Unternehmensgröße und die betriebliche Infrastruktur, die technische und berufliche Leistungsfähigkeit oder andere Kriterien heranziehen. Sie können sich sogar für eine **Auslosung** entscheiden, und zwar entweder

18 Siehe Rechtssache C-470/99, Universale-Bau AG, Slg. 2002, S. I-11617, Randnr. 93.

19 Vgl. Rechtssache Bent Mousten Vestergaard, Randnrn. 21 bis 24 und die „Mitteilung der Kommission zu Auslegungsfragen – Erleichterung des Marktzugangs für Waren in einem anderen Mitgliedstaat", ABl. C 265 vom 4.11.2003, S. 2. Aufträge über Dienstleistungen gemäß Anhang II Teil B der Richtlinie 2004/18/EG und Anhang XVII Teil B der Richtlinie 2004/17/EG müssen den Bestimmungen über technische Spezifikationen in Artikel 23 der Richtlinie 2004/18/EG und Artikel 34 der Richtlinie 2004/17/EG entsprechen, sofern sie die Anwendungsschwellen dieser Richtlinien überschreiten. Die technischen Spezifikationen für solche Aufträge müssen vor der Auswahl des Auftragnehmers festgelegt werden und müssen etwaigen Bietern so zur Kenntnis gebracht oder zugänglich gemacht werden, dass sowohl Transparenz als auch eine Gleichbehandlung aller etwaigen Bieter gewährleistet ist (vgl. Schlussanträge des Generalanwalts Jacobs in der Rechtssache C-174/03 Impresa Portuale di Cagliari, Randnrn. 76 bis 78).

20 Von dem Bieter hingegen, der den Zuschlag erhält, kann verlangt werden, dass er am Ausführungsort eine gewisse betriebliche Infrastruktur errichtet, wenn dies durch die besonderen Umstände des Vertrags gerechtfertigt ist.

als alleiniges Auswahlkriterium oder gekoppelt mit anderen Kriterien. In jedem Fall müssen nach der **Vorauswahl** so viele Bewerber übrig bleiben, dass ein angemessener Wettbewerb gewährleistet ist.

Alternativ dazu können Auftraggeber auch **Prüfungssysteme** in Betracht ziehen, bei denen im Rahmen eines hinreichend bekannt gemachten, transparenten und offenen Verfahrens ein **Verzeichnis der geprüften Wirtschaftsteilnehmer** erstellt wird. Wenn später im Rahmen des Systems einzelne Aufträge vergeben werden, kann der öffentliche Auftraggeber aus dem Verzeichnis der geprüften Wirtschaftsteilnehmer auf nicht diskriminierende Weise (z. B. im Rotationsverfahren) Akteure auswählen, die zur Abgabe eines Angebots aufgefordert werden.

2.2.3. *Entscheidung über die Auftragsvergabe*

Wichtig ist, dass die letztendliche Entscheidung über die Vergabe des Auftrags den zu Anfang festgelegten Verfahrensregeln entspricht und dass **den Grundsätzen der Nichtdiskriminierung und der Gleichbehandlung voll und ganz Rechnung getragen wird**. Von besonderer Bedeutung ist dies bei Verfahren, in denen Verhandlungen mit ausgewählten Bietern vorgesehen sind. Solche Verhandlungen sind so zu organisieren, dass keiner der Bieter Zugang zu mehr Informationen als andere hat und dass jegliche ungerechtfertigte Bevorteilung einzelner Bieter ausgeschlossen ist.

2.3. Rechtsschutz

2.3.1. *Grundsätze*

In seinem Urteil in der Rechtssache Telaustria hob der Gerichtshof hervor, wie wichtig es sei, **dass nachgeprüft werden könne, ob die Vergabeverfahren unparteiisch durchgeführt wurden**. Ohne ein angemessenes Nachprüfungssystem ist die Einhaltung der Grundanforderungen der Fairness und der Transparenz nicht wirklich zu gewährleisten.

2.3.2. *Richtlinien über Nachprüfungsverfahren*

Die Richtlinien über Nachprüfungsverfahren[21] gelten nur für Aufträge, die in den Anwendungsbereich der Vergaberichtlinien fallen[22]. Dies bedeutet, dass sie im hier besprochenen Kontext nur für Aufträge über Dienstleistungen gemäß Anhang II Teil B der Richtlinie 2004/18/EG und Anhang XVII Teil B der Richtlinie 2004/17/EG gelten, die die Schwellenwerte dieser Richtlinien überschreiten. Nachprüfungsverfahren, die sich auf diese Aufträge beziehen, müssen den Richtlinien über Nachprüfungsverfahren und der einschlägigen Rechtsprechung genügen. Diese Grundsätze wurden unverändert in die jüngst verabschiedeten Vorschläge für eine neue Richtlinie über Nachprüfverfahren[23]übernommen.

2.3.3. *Aus dem gemeinschaftlichen Primärrecht abgeleitete Grundanforderungen*

Bei Aufträgen, die unterhalb der Schwellenwerte der Vergaberichtlinien liegen, ist zu berücksichtigen, dass der Einzelne gemäß der Rechtsprechung des EuGH[24] einen **effektiven gerichtlichen Schutz der Rechte in Anspruch nehmen können muss, die sich aus der Gemeinschaftsrechtsordnung herleiten**. Das Recht auf einen solchen Schutz gehört dabei zu den allgemeinen Rechtsgrundsätzen, die sich aus der allen Mitgliedstaaten gemeinsamen Verfassungstradition ergeben. Soweit es keine einschlägigen gemeinschaftsrechtlichen Bestimmungen gibt, ist es Aufgabe der Mitgliedstaaten, für die erforderlichen Vorschriften und Verfahren zur Gewährleistung eines effektiven gerichtlichen Schutzes zu sorgen.

---

21 Richtlinie 89/665/EWG, ABl. L 395 vom 30.12.1989, S. 33, und Richtlinie 92/13/EWG, ABl. L 76 vom 23.3.1992, S. 14.

22 Artikel 72 der Richtlinie 2004/17/EG und Artikel 81 der Richtlinie 2004/18/EG.

23 Vorschlag der Kommission für eine Richtlinie des Europäischen Parlaments und des Rates zur Änderung der Richtlinien 89/665/EWG und 92/13/EWG des Rates zwecks Verbesserung der Wirksamkeit der Nachprüfungsverfahren im Bereich des öffentlichen Auftragswesens, KOM (2006) 195 endg..

24 Vgl. Rechtssache C-50/00, Unión de Pequeños Agricultores, Slg. 2002, S. I-6677, Randnr. 39, und Rechtssache C-222/86, Heylens, Slg. 1987, S. 4097, Randnr. 14.

Um diesem Erfordernis des effektiven Rechtsschutzes zu genügen, müssen zumindest **Entscheidungen mit ungünstigen Auswirkungen für Personen, die ein Interesse am Erhalt des Auftrags haben oder hatten** – beispielsweise die Entscheidung, einen Bewerber oder einen Bieter auszuschließen –, auf etwaige Verstöße gegen die aus dem gemeinschaftlichen Primärrecht abgeleiteten Grundanforderungen nachgeprüft werden können. Damit die Ausübung des Rechts auf eine solche Nachprüfung tatsächlich möglich ist, müssen Auftraggeber bei Entscheidungen, bei denen eine Nachprüfung möglich ist, die Gründe für die Entscheidung darlegen, und zwar entweder in der Entscheidung selbst oder auf Antrag im Anschluss an die Mitteilung der Entscheidung[25].

Gemäß der Rechtsprechung zum Rechtsschutz dürfen die zur Verfügung stehenden **Rechtsbehelfe** nicht weniger wirksam sein als bei entsprechenden Ansprüchen, die auf nationales Recht gestützt sind (Äquivalenzgrundsatz); auch dürfen sie keinesfalls so ausgestaltet sein, dass der Rechtsschutz praktisch unmöglich oder übermäßig erschwert ist (Effektivitätsgebot)[26]."

4. Vergabe von Planerleistungen durch nationale Ausschreibung

a. Erfordernis der öffentlichen Ausschreibung?

Die umstrittene Kernfrage lautet, ob der nationalen Vergabe von Planerleistungen immer eine öffentliche Ausschreibung vorauszugehen hat.

Nach den Bestimmungen der Haushaltsordnungen – muss der Vergabe von Aufträgen eine öffentliche Ausschreibung oder eine beschränkte Ausschreibung vorausgehen, sofern nicht die Natur des Geschäfts oder besondere Umstände eine beschränkte Ausschreibung oder eine freihändige Vergabe rechtfertigen. Bei **freiberuflichen Leistungen** liegt in der Regel eine solche Ausnahme vor, so dass diese im Wege der **freihändigen Vergabe** vergeben werden. Dies bedeutet aber nicht unbedingt, dass eine Vergabe ohne Durchführung eines Wettbewerbs zulässig wäre. In § 50 UVgO ist festgelegt, dass öffentliche Aufträge über Leistungen, die im Rahmen einer freiberuflichen Tätigkeit erbracht oder im Wettbewerb mit freiberuflich Tätigen angeboten werden, grundsätzlich im Wettbewerb zu vergeben sind. Dabei ist nach § 50 Satz 2 UVgO so viel Wettbewerb zu schaffen, wie dies nach der Natur des Geschäfts oder nach den besonderen Umständen möglich ist. Dieser gilt nach Ziff. 8.1 der „Vergabegrundsätze für Gemeinden nach § 26 der Kommunalhaushaltsverordnung Nordrhein-Westfalen (Kommunale Vergabegrundsätze) Runderlass des Ministeriums für Heimat, Kommunales, Bau und Gleichstellung 304-48.07.01/01-169/18" auch in NRW.

Nr. 8 Freiberufliche Leistungen

8.1 Für Aufträge über Leistungen, die im Rahmen einer freiberuflichen Tätigkeit erbracht oder im Wettbewerb mit freiberuflichen Tätigkeiten angeboten werden, gilt § 50 der Unterschwellenvergabeordnung. Diese Leistungen sind grundsätzlich im Wettbewerb zu vergeben. Die allgemeinen Vergabeprinzipien nach Nummer 3 sowie die Grundsätze der Wirtschaftlichkeit und Sparsamkeit sind hierbei zu beachten.

8.2 Aufträge über freiberufliche Leistungen im Sinne von Nummer 8.1 bis zu einem vorab geschätzten Auftragswert in Höhe von 25 000 Euro (einschließlich Nebenkosten, ohne Umsatzsteuer) können unter Beachtung der Grundsätze der Wirtschaftlichkeit und Sparsamkeit direkt an einen geeigneten Bewerber vergeben werden (Direktauftrag).

8.3 Unter Berücksichtigung der Bedürfnisse der kommunalen Praxis ist ein ausreichender Wettbewerb bei Aufträgen über freiberufliche Leistungen mit einem vorab geschätzten Auftragswert größer als 25 000 Euro (einschließlich Nebenkosten, ohne Umsatzsteuer) unter Beachtung der nachfolgenden Voraussetzungen gewährleistet.

---

25 Vgl. Rechtssache Heylens, Randnr. 15.

26 Vgl. in Bezug auf das Effektivitätsgebot Rechtssachen C-46/93 und C-48/93, Brasserie du Pêcheur, Slg.1996, S. I-1029, Randnr. 83, und Rechtssache C-327/00, Santex, Slg. 2003, S. I-1877, Randnr. 55.

a) Aufträge für Architekten und Ingenieure sind im Leistungswettbewerb zu vergeben. Sie können unter Beachtung der Grundsätze der Wirtschaftlichkeit und Sparsamkeit bis zu einem vorab geschätzten Auftragswert in Höhe von 150 000 Euro (einschließlich Nebenkosten, ohne Umsatzsteuer) nach Verhandlung mit nur einem geeigneten Bewerber vergeben werden. Voraussetzung ist, dass der Aufforderung dieses Bewerbers zur Angebotsabgabe eine Abfrage über die Eignung im Sinne des § 122 des Gesetzes gegen Wettbewerbsbeschränkungen bei mindestens drei möglichen Bewerbern vorausgegangen ist. Der Bewerber, mit dem verhandelt werden soll, muss nach sachgerechten Kriterien ausgewählt werden. Die für die Auswahl maßgeblichen Erwägungen sind zu dokumentieren. Bei der Ermittlung des voraussichtlichen Auftragswerts ist die ortsübliche Vergütung zugrunde zu legen. Die Eignungskriterien sind bei geeigneter Aufgabenstellung so zu wählen, dass kleinere Büroorganisationen und Berufsanfänger sich beteiligen können.

b) In den übrigen Fällen werden mindestens drei Bewerber aufgefordert ein Angebot in Textform abzugeben, wobei entsprechend einer Verhandlungsvergabe ohne Teilnahmewettbewerb gemäß § 12 der Unterschwellenvergabeordnung verfahren werden kann.

Die vorgenannten Verfahren sind zu dokumentieren. Der Bewerberkreis ist regional zu streuen und regelmäßig zu wechseln.

8.4 Planungswettbewerbe können auf den Gebieten der Raumplanung, des Städtebaus und des Bauwesens durchgeführt werden. Hierfür wird der gemeinsame Runderlass des Ministeriums für Bauen, Wohnen, Stadtentwicklung und Verkehr und des Finanzministeriums „Richtlinie für Planungswettbewerbe" vom 15. Mai 2014 (MBl. NRW. S. 311), der am 31. Dezember 2019 außer Kraft getreten ist, zur Anwendung empfohlen.

b. „Honorarangebote", „Freihändiger Preiswettbewerb"

Häufig werden vor der Vergabe von Planerleistungen sog. Honorarangebote eingeholt. Die Durchführung eines solchen „freihändigen Preiswettbewerbs" ist zulässig und unproblematisch, wenn Architekten-/Ingenieurleistungen vergeben werden sollen, für die „freie Honorare" vereinbart werden dürfen. Mit dem Inkrafttreten der HOAI 2021 gibt es auch in deren Geltungsbereich keine verbindlichen Vorgaben für Mindest- und Höchstsätze mehr. Daher können inzwischen durchgängig Honorare frei vereinbart werden, weswegen durchweg Honorarangebote einzuholen und zu vergleichen sind. Dabei sollte der Qualitätswettbewerb im Vordergrund stehen.

c. Allgemeine Vergabeprinzipien

Gemäß Nr. 3.1 der Kommunalen Vergabegrundsätze muss bei der Ausschreibung beachtet werden, dass die Grundsätze des europäischen Vergaberechts und des AEUV, die Prinzipien der **Nichtdiskriminierung und Transparenz**, für alle Auftragsvergaben durch öffentliche Auftraggeber gelten. Nach den allgemeinen wettbewerblichen Anforderungen sind die öffentlichen Auftraggeber verpflichtet, auch unterhalb der EU-Schwellenwerte für einen fairen und lauteren Wettbewerb zu sorgen. Einzelne Vergabeentscheidungen haben sie fortlaufend und zeitnah zu dokumentieren und zu begründen.

d. Wahl der Vergabeart

Gemäß Nr. 6.1 der Kommunalen Vergabegrundsätze können die Vergabestellen bei Liefer- und Dienstleistungen bis zu einem vorab geschätzten Auftragswert in Höhe von 100.000 € ohne Umsatzsteuer wahlweise eine freihändige Vergabe (numehr laut § 12 UVgO in Verhandlungsvergabe umbenannt) oder eine beschränkte Ausschreibung durchführen. In den Kommunen gelten häufig davon abweichende, niedrigere Werte.

Außerdem gilt das **Tariftreue- und Vergabegesetz (TVgG NRW)** nach seinem § 2 Abs. 5 für Vergaben unterhalb des Schwellenwerts.

Sofern es sich um Aufträge mit **Binnenmarktrelevanz** handelt, ist die „**Mitteilung der Kommission zu Auslegungsfragen in Bezug auf das Gemeinschaftsrecht**, das für die Vergabe öffentlicher Aufträge gilt, die nicht oder nur teilweise unter die Vergaberichtlinien fallen" (siehe dazu ausführlich „B. I. Vergaberecht unterhalb der Schwellenwerte – EU-Recht", dort Punkt B I 3. c), zu beachten.

e. Honorar(-vorgaben) und Wettbewerbsrecht

Häufig werden auch Honoraranfragen für Planerleistungen durchgeführt, die gebührenmäßig in der HOAI erfasst sind, oder es werden Honorarvorgaben gemacht z.B. bezüglich der Honorarzone oder der Teilleistungsanteile. Hier stellt sich die Frage, welche Vorgaben der öffentliche Aufraggeber machen muss bzw. nicht machen darf. Im Hinblick darauf, dass mit Inkrafttreten der HOAI 2021 keine verbindlichen Höchst- und Mindestsätze mehr zu beachten sind, stellen sich Fragen wie z.B. die der Wettbewerbswidrigkeit einer Unterschreitung bestimmter Honorarsätze nicht mehr (bzw. nur noch so wie allgemein bei der Vergabe von Aufträgen).

Die **Vorgabe der gewünschten Leistung** ist eine zwingende Aufgabe des Auftraggebers. Denn das Honorar folgt der Leistung. Bei Teilleistungen innerhalb einer Leistungsphase dürfte es zulässig sein, den Mindestsatz der ausgewählten Teilleistungstabelle vorzugeben.

Die **Vorgabe der Honorarzone** und solcher **Honorarelemente**, die **Verhandlungsspielräume** eröffnen, z.B. die mitzuverarbeitende Bausubstanz, dürfen in den Vergabeunterlagen verbindlich vorgegeben werden und so die Vergleichbarkeit der Angebote verbessern.

II.
Vergabe- und Vertragsordnung für Bauleistungen Teil A (VOB/A) – Ausgabe 2019 – Abschnitt 1 (Basisparagrafen)

In der Fassung der Bekanntmachung vom 31. Januar 2019 (BAnz AT 19.02.2019 B2)

Bekanntmachungen der Vergabe- und Vertragsordnung für Bauleistungen Teil A (VOB/A) – Ausgabe 2019 – des Bundesministeriums des Innern, für Bau und Heimat

1. Bekanntmachung vom 31. Januar 2019 (BAnz AT 19.02.2019 B2)

Die anliegenden vom Deutschen Vergabe- und Vertragsausschuss für Bauleistungen (DVA) erarbeiteten Abschnitte 1 bis 3 der Vergabe- und Vertragsordnung für Bauleistungen Teil A (VOB/A) werden hiermit bekannt gegeben. Sie sind von den öffentlichen Auftraggebern aber noch nicht anzuwenden.

Der Abschnitt 1 VOB/A ersetzt den Abschnitt 1 VOB/A vom 26. Juni 2016 (BAnz AT 01.07.2016 B4).

Der Abschnitt 2 VOB/A ersetzt den Abschnitt 2 VOB/A vom 7. Januar 2016 (BAnz AT 19.01.2016 B3).

Der Abschnitt 3 VOB/A ersetzt den Abschnitt 3 VOB/A vom 7. Januar 2016 (BAnz AT 19.01.2016 B3).

Das Bundesministerium des Innern, für Bau und Heimat wird den Zeitpunkt des Inkrafttretens des Abschnitts 1 VOB/A für seinen Zuständigkeitsbereich durch Erlass bestimmen. Vorgesehen dafür ist der 1. März 2019.

Die Anwendung der Vorschriften der Abschnitte 2 und 3 VOB/A wird durch eine Verweisung in der Vergabeverordnung (VgV) bzw. der Vergabeverordnung Verteidigung und Sicherheit (VSVgV) verbindlich vorgeschrieben. Die Änderung der VgV und VSVgV werden vorbereitet. Nach erfolgter Änderung wird das Bundesministerium des Innern, für Bau und Heimat den Zeitpunkt des Inkrafttretens der Abschnitte 2 und 3 VOB/A für seinen Zuständigkeitsbereich durch Erlass bekannt geben.

Die Neufassung der VOB/A wird im Auftrag des DVA vom Deutschen Institut für Normung e. V. (DIN) als DIN 1960 herausgegeben.

Der DVA beabsichtigt, im Verlauf des Jahres 2019 alle Teile der VOB als Gesamtausgabe unter der Bezeichnung VOB 2019 herauszugeben.

Berlin, den 31. Januar 2019

2. Hinweise für die Überarbeitung VOB/A 2019

Der Deutsche Vergabe- und Vertragsausschuss für Bauleistungen (DVA) hat Änderungen in der VOB/A beschlossen.

Sie dienen der Aktualisierung des Abschnitts 1 im Nachgang zur Vergaberechtsreform 2016 und setzen dort auch Beschlüsse des Wohngipfels vom 21. September 2018 um.

Abschnitte 2 und 3 wurden vorwiegend redaktionell geändert. Daneben wurden einige der in Abschnitt 1 beschlossenen Änderungen inhaltsgleich übertragen.

Erläuterungen zu den inhaltlichen Änderungen sind für den Einführungserlass des Bundesministeriums des Innern, für Bau und Heimat zu Abschnitt 1 vorgesehen, der im Gemeinsamen Ministerialblatt des Bundes veröffentlicht werden wird.

Die Änderungen der VOB/A werden in die für die zweite Jahreshälfte 2019 geplante Gesamtausgabe der VOB 2019 einfließen.

Abschnitt 1
Basisparagrafen

Für die Praxis: Der Abschnitt 1 der VOB/A 2019 enthält nach wie vor die Vorschriften, die für die Vergabe von Bauleistungen gelten, wenn ein Auftrag die EU-Schwellenwerte nicht überschreitet. Wer verpflichtet ist, die VOB/A anzuwenden, ergibt sich jeweils aus dem Haushaltsrecht. Anders als die VOB/A – EU und die auf Grundlage des GWB erlassenen Verordnungen gilt die VOB/A Abschnitt 1 nicht wie ein Gesetz, sondern nur Kraft einer Verweisung in den jeweiligen haushaltsrechtlichen Vorschriften, beispielsweise in Verwaltungsvorschriften oder Erlassen. In einigen Bundesländern gibt es auch entsprechende gesetzliche Regelungen.

Gegenüber der VOB/A 2016 gab es einige Veränderungen.

In 3a Abs. 1 VOB/A wird die Wahlfreiheit zwischen Öffentlicher Ausschreibung und Beschränkter Ausschreibung mit Teilnahmewettbewerb eingeführt und damit der Vorrang der Öffentlichen Ausschreibung aufgegeben. Weil es bisher wenig Vorgaben für die Durchführung dieses Verfahrens gab, wird das Verfahren der Beschränkten Ausschreibung mit Teilnahmewettbewerb in § 3b Abs. 2 VOB/A detaillierter dargestellt.

Ganz neu ist der sog. Direktauftrag. Bis zu einer Wertgrenze von 3.000 Euro ohne Umsatzsteuer kann der Auftraggeber einen Direktauftrag vergeben (vgl. § 3a Abs. 4 VOB/A).

Zur Prüfung der Zuverlässigkeit als Teil der unverändert beibehaltenen Systematik der Eignung legt § 6a Abs. 1 Satz 2 VOB/A ausdrücklich fest, dass der Auftraggeber Selbstreinigungsmaßnahmen in entsprechender Anwendung des § 6f EU Abs. 1 und 2 VOB/A berücksichtigt.

Bei der Eignungsprüfung gibt es außerdem weitere Erleichterungen. Dabei geht es vor allem um die Vorlage von Nachweisen, bei denen es Möglichkeiten der Verschlankung gibt. Damit soll erreicht werden, dass die Beteiligung an Vergaben der öffentlichen Hand einfacher und damit attraktiver wird.

So kann der Auftraggeber nach § 6a Abs. 5 VOB/A bis zu einer Wertgrenze von 10.000 Euro auf bestimmte Angaben zur Eignung verzichten, wenn dies durch Art und Umfang des Auftrags gerechtfertigt ist. § 6b Abs. 2 VOB/A sieht vor, dass der Auftraggeber im Rahmen eines Teilnahmewettbewerbs zunächst Eigenerklärungen verlangt, die später nur noch „von den in Betracht kommenden Bewerbern" durch entsprechende Bescheinigungen der zuständigen Stellen bestätigt werden müssen. Nach § 6b Abs. 3 VOB/A verzichtet der Auftraggeber auf die Vorlage von Nachweisen, wenn die den Zuschlag erteilende Stelle bereits im Besitz dieser Nachweise ist.

Aus den §§ 8 Abs. 2 Nr. 4, § 12 Abs. 1 Nr. 2 k), 13 Abs. 3 Satz 3 und § 16 Abs. 1 Nrn. 7 und 9 VOB/A ergibt sich, dass nunmehr grundsätzlich die Abgabe mehrerer Hauptangebote möglich ist.

§ 8 Abs. 2 Nr. 5 VOB/A verlangt jetzt, dass der Auftraggeber an zentraler Stelle in den Vergabeunterlagen alle verlangten Unterlagen i.S.d. § 16a Abs. 1 VOB/A (außer Produktangaben) abschließend nennt.

Bezogen auf den Zugang zu den Vergabeunterlagen legt § 12 Abs. 1 l) VOB/A fest, dass der Auftraggeber diese unter einer Internetadresse bereit halten muss, auf der sie unentgeltlich, uneingeschränkt vollständig und direkt abgerufen werden können.

Künftig ist der Auftraggeber verpflichtet, die Zuschlagskriterien in den Vergabeunterlagen oder in der Auftragsbekanntmachung anzugeben (vgl. § 12 Abs. 1 Nr. 2 r) VOB/A).

Die Anforderungen des § 14 VOB/A an die Durchführung einer der Angebotsöffnung wurden etwas gesenkt, so ist ein Protokoll nicht mehr mit einer Signatur zu versehen, § 14 Abs. 3 VOB/A. Die in § 14a VOB/A bei Zulassung schriftlicher Angebote vorgesehene Niederschrift des Eröffnungstermines muss nach § 13 Abs. 4 Satz 2 VOB/A nicht mehr zu verlesen.

Bei praktisch jedem Vergabeverfahren stellt sich die Frage, wie der Auftraggeber mit unvollständigen Angeboten umgeht. Die dafür maßgebliche Vorschrift des § 16a VOB/A wurde mit der VOB/A 2019 umfassend geändert.

Der Anwendungsbereich dieser Nachforderungspflicht wurde erheblich erweitert. So müssen auch fehlende oder unvollständige leistungsbezogene Unterlagen wie etwa Produktangaben nachgefordert werden (vgl. § 16a Abs. 1 VOB/A). Anders als nach der bisherigen VOB/A dürfen auch Preisangaben nachgefordert werden, allerdings nur bei unwesentlichen Positionen, weiterhin unter den auch schon bisher geltenden, sehr eingeschränkten Voraussetzungen, § 16a Abs. 2 VOB/A.

Für alle Nachforderungen wird nicht mehr eine feste Frist vorgesehen, sondern der Auftraggeber muss jeweils eine angemessene Frist festlegen, die sechs Kalendertage nicht überschreiten soll, § 16 Abs. 4 VOB/A.

Ausdrücklich werden die Vorschriften für die Nachforderungen bei unvollständigen Angeboten auch auf den Teilnahmewettbewerb für anwendbar erklärt, § 16a Abs. 6 VOB/A.

§ 1
Bauleistungen

Bauleistungen sind Arbeiten jeder Art, durch die eine bauliche Anlage hergestellt, instand gehalten, geändert oder beseitigt wird.

Für die Praxis: Im Unterschwellenbereich (also bei Aufträgen, die nicht die EU-Schwellenwerte übersteigen) werden Bauleistungen nach der VOB/A vergeben, Liefer- oder Dienstleistungen nach der UVgO. Die allgemeinere Vergabeordnung – die deswegen auch bei Zweifelsfällen angewendet werden sollte – ist dabei die UVgO.

§ 2
Grundsätze

(1) Bauleistungen werden im Wettbewerb und im Wege transparenter Verfahren vergeben. Dabei werden die Grundsätze der Wirtschaftlichkeit und der Verhältnismäßigkeit gewahrt. Wettbewerbsbeschränkende und unlautere Verhaltensweisen sind zu bekämpfen.

(2) Bei der Vergabe von Bauleistungen darf kein Unternehmen diskriminiert werden.

(3) Bauleistungen werden an fachkundige, leistungsfähige und zuverlässige Unternehmen zu angemessenen Preisen vergeben.

(4) Auftraggeber, Bewerber, Bieter und Auftragnehmer wahren die Vertraulichkeit aller Informationen und Unterlagen nach Maßgabe dieser Vergabeordnung oder anderer Rechtsvorschriften.

(5) Die Durchführung von Vergabeverfahren zum Zwecke der Markterkundung ist unzulässig.

(6) Der Auftraggeber soll erst dann ausschreiben, wenn alle Vergabeunterlagen fertig gestellt sind und wenn innerhalb der angegebenen Fristen mit der Ausführung begonnen werden kann.

(7) Es ist anzustreben, die Aufträge so zu erteilen, dass die ganzjährige Bautätigkeit gefördert wird.

§ 3
Arten der Vergabe

Die Vergabe von Bauleistungen erfolgt nach Öffentlicher Ausschreibung, Beschränkter Ausschreibung mit oder ohne Teilnahmewettbewerb oder nach Freihändiger Vergabe.

1. Bei Öffentlicher Ausschreibung werden Bauleistungen im vorgeschriebenen Verfahren nach öffentlicher Aufforderung einer unbeschränkten Zahl von Unternehmen zur Einreichung von Angeboten vergeben.
2. Bei Beschränkten Ausschreibungen (Beschränkte Ausschreibung mit oder ohne Teilnahmewettbewerb) werden Bauleistungen im vorgeschriebenen Verfahren nach Aufforderung einer beschränkten Zahl von Unternehmen zur Einreichung von Angeboten vergeben.
3. Bei Freihändiger Vergabe werden Bauleistungen in einem vereinfachten Verfahren vergeben.

§ 3a
Zulässigkeitsvoraussetzungen

(1) Dem Auftraggeber stehen nach seiner Wahl die Öffentliche Ausschreibung und die Beschränkte Ausschreibung mit Teilnahmewettbewerb zur Verfügung. Die anderen Verfahrensarten stehen nur zur Verfügung, soweit dies nach den Absätzen zwei und drei gestattet ist.

(2) Beschränkte Ausschreibung ohne Teilnahmewettbewerb kann erfolgen,

1. bis zu folgendem Auftragswert der Bauleistung ohne Umsatzsteuer[1]:
   a) 50 000 Euro für Ausbaugewerke (ohne Energie- und Gebäudetechnik), Landschaftsbau und Straßenausstattung,
   b) 150 000 Euro für Tief-, Verkehrswege- und Ingenieurbau,
   c) 100 000 Euro für alle übrigen Gewerke,
2. wenn eine Öffentliche Ausschreibung oder eine Beschränkte Ausschreibung mit Teilnahmewettbewerb kein annehmbares Ergebnis gehabt hat,
3. wenn die Öffentliche Ausschreibung oder eine Beschränkte Ausschreibung mit Teilnahmewettbewerb aus anderen Gründen (z. B. Dringlichkeit, Geheimhaltung) unzweckmäßig ist.

Für die Praxis: Mit der VOB/A 2019 wurde eine neue Rangfolge der Vergabeverfahren eingeführt. Als Regelverfahren stehen nunmehr gleichrangig die öffentliche Ausschreibung und die Beschränkte Ausschreibung mit vorgeschaltetem Teilnahmewettbewerb nebeneinander. Der Auftraggeber kann sich ohne jede Begründung frei zwischen diesen beiden Verfahren entscheiden.

Die Beschränkte Ausschreibung mit Teilnahmewettbewerb wurde schon früher in der VOB/A angesprochen, durfte aber nur in bestimmten Ausnahmefällen gewählt werden. Weil es aus diesem Grund bisher wenig Vorgaben für die Durchführung dieses Verfahrens gab, wird das Verfahren der Beschränkten Ausschreibung mit Teilnahmewettbewerb in § 3b Abs. 2 VOB/A detaillierter dargestellt. Danach fordert der Auftraggeber eine unbeschränkte Anzahl von Unternehmen öffentlich zur Abgabe von Teilnahmeanträgen auf. Die Auswahl der Unternehmen, die zur Angebotsabgabe aufgefordert werden, erfolgt durch die Auswertung des Teilnahmewettbewerbs anhand der vom Auftraggeber festgelegten Eignungskriterien. Der Auftraggeber muss die transparenten, objektiven und nichtdiskriminierenden Eignungskriterien für die Begrenzung der Zahl der Bewerber, die Mindestzahl und gegebenenfalls auch die Höchstzahl der einzuladenden Bewerber in der Auftragsbekanntmachung des Teilnahmewettbewerbs angeben. Die vorgesehene Mindestzahl der einzuladenden Bewerber darf, so ausdrücklich § 3b Abs. 2 Satz 5 VOB/A, nicht niedriger als fünf sein. Wenn die Zahl geeigneter Bewerber unter der Mindestzahl liegt, darf der Auftraggeber das Verfahren mit dem oder den geeigneten Bewerber(n) fortführen.

Dieses Verfahren hat damit für den öffentlichen Auftraggeber ebenso Vor- wie Nachteile. Als Vorteil ist zu sehen, dass der Auftraggeber einer Art „Wettbewerb der Besten" veranstalten kann, in-

1 Für Bauleistungen zu Wohnzwecken kann bis zum 31. Dezember 2021 eine Beschränkte Ausschreibung ohne Teilnahmewettbewerb für jedes Gewerk bis zu einem Auftragswert von 1 000 000 Euro ohne Umsatzsteuer erfolgen.

dem er sich nur von den am besten geeigneten Unternehmen Angebote einholt. Das ist zugleich eine Beschränkung der Zahl der zu prüfenden Angebote. Nachteilig ist aber, dass der Teilnahmewettbewerb als ein eigener Verfahrensschritt auch Zeit in Anspruch nimmt. Außerdem sucht sich der Auftraggeber auf diese Weise den „besten" Bieter aus, ohne dass es in irgendeiner Weise um Wirtschaftlichkeit im Sinne eines Preisvergleiches geht. Ob die so ausgesuchten Bieter dann auch ein realistisches Preisspektrum anbieten, ist nicht Gegenstand des Teilnahmewettbewerbes. Außerdem kann es durchaus passieren, dass die so ausgesuchten Bieter gar kein Angebot abgeben, und dann bleiben als Grundlage für die Vergabeentscheidung nur noch die wenigen anderen Angebote.

Für die weiterhin nur in bestimmten Fällen zulässige Beschränkte Ausschreibung ohne vorherigen Teilnahmewettbewerb sieht § 3b Abs. 3 VOB/A vor, dass der Auftraggeber mehrere, im Allgemeinen mindestens drei geeignete Unternehmen auffordern soll. Nach wie vor ist die Beschränkte Ausschreibung ohne Teilnahmewettbewerb nur in bestimmten, näher beschriebenen Ausnahmefällen zulässig.

Gerade bei den Wertgrenzen, die Abweichungen von den Regelverfahren zulassen, gibt es eine Vielzahl von haushaltsrechtlichen Vorgaben, sodass die ausdrücklich in der VOB/A genannten Werte für den einzelnen öffentlichen Auftraggeber nicht zwingend maßgeblich sind. So wurden zahlreiche Sondervorschriften für Maßnahmen der Pandemie-Bekämpfung erlassen.

Ebenfalls 2019 eingeführt wurde der sog. Direktauftrag. Bis zu einer Wertgrenze von 3.000 Euro ohne Umsatzsteuer kann der Auftraggeber einen Direktauftrag vergeben (vgl. § 3a Abs. 4 VOB/A). Auch insoweit sehen die maßgeblichen haushaltsrechtlichen Vorschriften teils abweichende Wertgrenzen vor. Hierfür ist kein Vergabeverfahren nötig, wohl aber sind die haushaltsrechtlichen Grundsätze der Wirtschaftlichkeit und Sparsamkeit zu beachten und es soll zwischen den Auftragnehmern gewechselt werden. Dies soll die Vergabe kleiner und kleinster Aufträge erleichtern. Es ist aber besonders darauf zu achten, dass dies nicht zu einer Bevorzugung bestimmter Unternehmen und damit zu einer unwirtschaftlichen Beschaffung führt. „Bekannt und bewährt" ist auch in Zukunft kein zulässiges Vergabekriterium, sondern allenfalls Teil der Eignungsüberlegungen.

Ist bei einem Bauvorhaben der EU-Schwellenwert überschritten, so gelten die Grenzwerte in § 3a VOB/A nur für Losvergaben, die nicht nach den strengeren Vorgaben der EU-Paragrafen zu vergeben sind.

(3) Freihändige Vergabe ist zulässig, wenn die Öffentliche Ausschreibung oder Beschränkte Ausschreibungen unzweckmäßig sind, besonders,

1. wenn für die Leistung aus besonderen Gründen (z. B. Patentschutz, besondere Erfahrung oder Geräte) nur ein bestimmtes Unternehmen in Betracht kommt,
2. wenn die Leistung besonders dringlich ist,
3. wenn die Leistung nach Art und Umfang vor der Vergabe nicht so eindeutig und erschöpfend festgelegt werden kann, dass hinreichend vergleichbare Angebote erwartet werden können,
4. wenn nach Aufhebung einer Öffentlichen Ausschreibung oder Beschränkten Ausschreibung eine erneute Ausschreibung kein annehmbares Ergebnis verspricht,
5. wenn es aus Gründen der Geheimhaltung erforderlich ist,
6. wenn sich eine kleine Leistung von einer vergebenen größeren Leistung nicht ohne Nachteil trennen lässt.

Freihändige Vergabe kann außerdem bis zu einem Auftragswert von 10 000 Euro ohne Umsatzsteuer erfolgen[2].

2 Für Bauleistungen zu Wohnzwecken kann bis zum 31. Dezember 2021 eine Freihändige Vergabe bis zu einem Auftragswert von 100 000 Euro ohne Umsatzsteuer erfolgen.

(4) Bauleistungen bis zu einem voraussichtlichen Auftragswert von 3 000 Euro ohne Umsatzsteuer können unter Berücksichtigung der Haushaltsgrundsätze der Wirtschaftlichkeit und Sparsamkeit ohne die Durchführung eines Vergabeverfahrens beschafft werden (Direktauftrag). Der Auftraggeber soll zwischen den beauftragten Unternehmen wechseln.

Für die Praxis: Bei der Auftragserteilung in einer freihändigen Vergabe muss der Auftraggeber nach der Auftragserteilung Informationen über den erteilten Auftrag veröffentlichen, § 20 Abs. 3 VOB/A. Diese Veröffentlichung muss auf geeignete Weise erfolgen, wenn bei der freihändigen Vergabe der Auftragswert 15.000 € netto übersteigt. Als Beispiele geeigneter Wege der Veröffentlichung werden Internetportale und Beschafferprofil genannt.

§ 3b
Ablauf der Verfahren

(1) Bei einer Öffentlichen Ausschreibung fordert der Auftraggeber eine unbeschränkte Anzahl von Unternehmen öffentlich zur Abgabe von Angeboten auf. Jedes interessierte Unternehmen kann ein Angebot abgeben.

(2) Bei Beschränkter Ausschreibung mit Teilnahmewettbewerb erfolgt die Auswahl der Unternehmen, die zur Angebotsabgabe aufgefordert werden, durch die Auswertung des Teilnahmewettbewerbs. Dazu fordert der Auftraggeber eine unbeschränkte Anzahl von Unternehmen öffentlich zur Abgabe von Teilnahmeanträgen auf. Die Auswahl der Bewerber erfolgt anhand der vom Auftraggeber festgelegten Eignungskriterien. Die transparenten, objektiven und nichtdiskriminierenden Eignungskriterien für die Begrenzung der Zahl der Bewerber, die Mindestzahl und gegebenenfalls Höchstzahl der einzuladenden Bewerber gibt der Auftraggeber in der Auftragsbekanntmachung des Teilnahmewettbewerbs an. Die vorgesehene Mindestzahl der einzuladenden Bewerber darf nicht niedriger als fünf sein. Liegt die Zahl geeigneter Bewerber unter der Mindestzahl, darf der Auftraggeber das Verfahren mit dem oder den geeigneten Bewerber(n) fortführen.

(3) Bei Beschränkter Ausschreibung ohne Teilnahmewettbewerb sollen mehrere, im Allgemeinen mindestens drei geeignete Unternehmen aufgefordert werden.

(4) Bei Beschränkter Ausschreibung ohne Teilnahmewettbewerb sollen mehrere, im Allgemeinen mindestens drei geeignete Unternehmen aufgefordert werden.

§ 4
Vertragsarten

(1) Bauleistungen sind so zu vergeben, dass die Vergütung nach Leistung bemessen wird (Leistungsvertrag), und zwar:

1. in der Regel zu Einheitspreisen für technisch und wirtschaftlich einheitliche Teilleistungen, deren Menge nach Maß, Gewicht oder Stückzahl vom Auftraggeber in den Vertragsunterlagen anzugeben ist (Einheitspreisvertrag),

2. in geeigneten Fällen für eine Pauschalsumme, wenn die Leistung nach Ausführungsart und Umfang genau bestimmt ist und mit einer Änderung bei der Ausführung nicht zu rechnen ist (Pauschalvertrag).

(2) Abweichend von Absatz 1 können Bauleistungen geringeren Umfangs, die überwiegend Lohnkosten verursachen, im Stundenlohn vergeben werden (Stundenlohnvertrag).

(3) Das Angebotsverfahren ist darauf abzustellen, dass der Bieter die Preise, die er für seine Leistungen fordert, in die Leistungsbeschreibung einzusetzen oder in anderer Weise im Angebot anzugeben hat.

(4) Das Auf- und Abgebotsverfahren, bei dem vom Auftraggeber angegebene Preise dem Auf- und Abgebot der Bieter unterstellt werden, soll nur ausnahmsweise bei regelmäßig wiederkehrenden Unterhaltungsarbeiten, deren Umfang möglichst zu umgrenzen ist, angewandt werden.

§ 4a
Rahmenvereinbarungen

(1) Rahmenvereinbarungen sind Aufträge, die ein oder mehrere Auftraggeber an ein oder mehrere Unternehmen vergeben können, um die Bedingungen für Einzelaufträge, die während eines bestimmten Zeitraumes vergeben werden sollen, festzulegen, insbesondere über den in Aussicht genommenen Preis. Das in Aussicht genommene Auftragsvolumen ist so genau wie möglich zu ermitteln und bekannt zu geben, braucht aber nicht abschließend festgelegt zu werden. Eine Rahmenvereinbarung darf nicht missbräuchlich oder in einer Art angewendet werden, die den Wettbewerb behindert, einschränkt oder verfälscht. Die Laufzeit einer Rahmenvereinbarung darf vier Jahre nicht überschreiten, es sei denn, es liegt ein im Gegenstand der Rahmenvereinbarung begründeter Ausnahmefall vor.

(2) Die Erteilung von Einzelaufträgen ist nur zulässig zwischen den Auftraggebern, die ihren voraussichtlichen Bedarf für das Vergabeverfahren gemeldet haben, und den Unternehmen, mit denen Rahmenvereinbarungen abgeschlossen wurden.

§ 5
Vergabe nach Losen, Einheitliche Vergabe

(1) Bauleistungen sollen so vergeben werden, dass eine einheitliche Ausführung und zweifelsfreie umfassende Haftung für Mängelansprüche erreicht wird; sie sollen daher in der Regel mit den zur Leistung gehörigen Lieferungen vergeben werden.

(2) Bauleistungen sind in der Menge aufgeteilt (Teillose) und getrennt nach Art oder Fachgebiet (Fachlose) zu vergeben. Bei der Vergabe kann aus wirtschaftlichen oder technischen Gründen auf eine Aufteilung oder Trennung verzichtet werden.

> **Für die Praxis:** Die Regelung in § 5 Abs. 2 VOB/A entspricht der gesetzlichen Regelung zur Losvergabe. Ihr ist eine Pflicht des Auftraggebers zur Losaufteilung zu entnehmen, die nur dann nicht greift, wenn Gründe i.S.d. Abs. 2 Satz 2 vorliegen. Diese wirtschaftlichen und technischen Gründe dürfen nicht allein auf den typischen Schwierigkeiten, die sich aus einer Losaufteilung ergeben, beruhen. So reicht allein der Verweis auf den dadurch verursachten Koordinationsaufwand nicht aus. Es müssen vielmehr beispielsweise eine besondere technische Verbindung der Leistungen und daraus resultierende Abgrenzungsprobleme bei Gewährleistungsfragen hinzukommen.

§ 6
Teilnehmer am Wettbewerb

(1) Der Wettbewerb darf nicht auf Unternehmen beschränkt werden, die in bestimmten Regionen oder Orten ansässig sind.

(2) Bietergemeinschaften sind Einzelbietern gleichzusetzen, wenn sie die Arbeiten im eigenen Betrieb oder in den Betrieben der Mitglieder ausführen.

(3) Am Wettbewerb können sich nur Unternehmen beteiligen, die sich gewerbsmäßig mit der Ausführung von Leistungen der ausgeschriebenen Art befassen.

§ 6a
Eignungsnachweise

(1) Zum Nachweis ihrer Eignung ist die Fachkunde, Leistungsfähigkeit und Zuverlässigkeit der Bewerber oder Bieter zu prüfen. Bei der Beurteilung der Zuverlässigkeit werden Selbstreinigungsmaßnahmen in entsprechender Anwendung des § 6f EU Absatz 1 und 2 berücksichtigt.

(2) Der Nachweis umfasst die folgenden Angaben:

1. den Umsatz des Unternehmens jeweils bezogen auf die letzten drei abgeschlossenen Geschäftsjahre, soweit er Bauleistungen und andere Leistungen betrifft, die mit der zu vergebenden Leistung vergleich-

bar sind, unter Einschluss des Anteils bei gemeinsam mit anderen Unternehmen ausgeführten Aufträgen,

2. die Ausführung von Leistungen in den letzten bis zu fünf abgeschlossenen Kalenderjahren, die mit der zu vergebenden Leistung vergleichbar sind. Um einen ausreichenden Wettbewerb sicherzustellen, kann der Auftraggeber darauf hinweisen, dass auch einschlägige Bauleistungen berücksichtigt werden, die mehr als fünf Jahre zurückliegen,
3. die Zahl der in den letzten drei abgeschlossenen Kalenderjahren jahresdurchschnittlich beschäftigten Arbeitskräfte, gegliedert nach Lohngruppen mit gesondert ausgewiesenem technischem Leitungspersonal,
4. die Eintragung in das Berufsregister ihres Sitzes oder Wohnsitzes,

sowie Angaben,

5. ob ein Insolvenzverfahren oder ein vergleichbares gesetzlich geregeltes Verfahren eröffnet oder die Eröffnung beantragt worden ist oder der Antrag mangels Masse abgelehnt wurde oder ein Insolvenzplan rechtskräftig bestätigt wurde,
6. ob sich das Unternehmen in Liquidation befindet,
7. dass nachweislich keine schwere Verfehlung begangen wurde, die die Zuverlässigkeit als Bewerber oder Bieter in Frage stellt,
8. dass die Verpflichtung zur Zahlung von Steuern und Abgaben sowie der Beiträge zur Sozialversicherung ordnungsgemäß erfüllt wurde,
9. dass sich das Unternehmen bei der Berufsgenossenschaft angemeldet hat.

(3) Andere, auf den konkreten Auftrag bezogene zusätzliche, insbesondere für die Prüfung der Fachkunde geeignete Angaben können verlangt werden.

(4) Der Auftraggeber wird andere ihm geeignet erscheinende Nachweise der wirtschaftlichen und finanziellen Leistungsfähigkeit zulassen, wenn er feststellt, dass stichhaltige Gründe dafür bestehen.

Für die Praxis: Bei der Eignungsprüfung gibt es mit der VOB/A 2019 weitere Erleichterungen. Dabei geht es vor allem um die Vorlage von Nachweisen, bei denen es Möglichkeiten der Verschlankung gibt. Damit soll erreicht werden, dass die Beteiligung an Vergaben der öffentlichen Hand einfacher und damit attraktiver wird.

So kann der Auftraggeber nach § 6a Abs. 5 VOB/A bis zu einer Wertgrenze von 10.000 Euro auf bestimmte Angaben zur Eignung verzichten, wenn dies durch Art und Umfang des Auftrags gerechtfertigt ist. Hiervon ausgenommen bleiben Angaben, die die Zuverlässigkeit im engeren Sinne betreffen, insbesondere, ob das Unternehmen Steuern, Abgaben und Beiträge zur Sozialversicherung entrichtet hat, bei der Berufsgenossenschaft angemeldet und in das Berufsregister eingetragen ist. Auftraggeber sollten prüfen, wie sie von dieser Erleichterung Gebrauch machen – die möglichst rege Beteiligung an Vergabeverfahren ist natürlich in ihrem Interesse. Dies muss abgewogen werden gegen das Risiko, ein nicht geeignetes Unternehmen zu beauftragen.

(5) Der Auftraggeber kann bis zu einem Auftragswert von 10 000 Euro auf Angaben nach Absatz 2 Nummer 1 bis 3, 5 und 6 verzichten, wenn dies durch Art und Umfang des Auftrags gerechtfertigt ist.

§ 6b
Mittel der Nachweisführung, Verfahren

(1) Der Nachweis der Eignung kann mit der vom Auftraggeber direkt abrufbaren Eintragung in die allgemein zugängliche Liste des Vereins für die Präqualifikation von Bauunternehmen e.V. (Präqualifikationsverzeichnis) erfolgen.

Für die Praxis: Das in § 6b Abs. 1 VOB/A angesprochene PQ-Verfahren hat sich mittlerweile etabliert und enthält für die meisten Leistungsbereiche eine ausreichend große Anzahl von Unternehmen. Die Bezugnahme auf diese Präqualifikation erleichtert dem Auftraggeber nicht nur die erste Prüfung der Angebote, sondern erspart ihm auch die Nachforderung nach § 16a VOB/A.

Bei der Zulassung von Eigenerklärungen ist zu beachten, dass die Bieter in der engeren Wahl diese durch Bescheinigungen bestätigen lassen müssen. Die Bieter in der engeren Wahl sind diejenigen, die ein wertbares und vollständiges Angebot abgegeben haben und die auch preislich so eng beieinander sind, dass eine Auftragsvergabe möglich erscheint.

(2) Die Angaben können die Bewerber oder Bieter auch durch Einzelnachweise erbringen. Der Auftraggeber kann dabei vorsehen, dass für einzelne Angaben Eigenerklärungen ausreichend sind. Eigenerklärungen, die als vorläufiger Nachweis dienen, sind von den Bietern, deren Angebote in die engere Wahl kommen, oder von den in Frage kommenden Bewerbern durch entsprechende Bescheinigungen der zuständigen Stellen zu bestätigen.

(3) Der Auftraggeber verzichtet auf die Vorlage von Nachweisen, wenn die den Zuschlag erteilende Stelle bereits im Besitz dieser Nachweise ist.

Für die Praxis: Nach § 6b Abs. 3 VOB/A verzichtet der Auftraggeber auf die Vorlage von Nachweisen, wenn die den Zuschlag erteilende Stelle bereits im Besitz dieser Nachweise ist. Dadurch soll verhindert werden, dass ein Unternehmen bei der immer gleichen Vergabestelle die immer gleichen Nachweise vorlegt. Dabei ist zweierlei zu beachten. Zum einen geht es um die „Vergabestelle", also nicht den öffentlichen Auftraggeber als solchen. Die meisten öffentlichen Auftraggeber haben mehrere Vergabestellen, sodass jeweils genau geprüft werden muss, welche davon schon über die Nachweise verfügt. Zum anderen gibt es Nachweise, die nur für eine bestimmte Zeit gültig sind. Dennoch bleibt es bei der Anforderung, dass der Auftraggeber zum Zeitpunkt des Vergabeverfahrens über die gültigen Nachweise verfügt. Insoweit bleibt es also dabei, dass eine Vorlage des jeweils aktuellen Nachweises erfolgen muss.

(4) Bei Öffentlicher Ausschreibung sind in der Aufforderung zur Angebotsabgabe die Nachweise zu bezeichnen, deren Vorlage mit dem Angebot verlangt oder deren spätere Anforderung vorbehalten wird. Bei Beschränkter Ausschreibung mit Teilnahmewettbewerb ist zu verlangen, dass die Eigenerklärungen oder Nachweise bereits mit dem Teilnahmeantrag vorgelegt werden.

(5) Bei Beschränkter Ausschreibung und Freihändiger Vergabe ist vor der Aufforderung zur Angebotsabgabe die Eignung der Unternehmen zu prüfen. Dabei sind die Unternehmen auszuwählen, deren Eignung die für die Erfüllung der vertraglichen Verpflichtungen notwendige Sicherheit bietet; dies bedeutet, dass sie die erforderliche Fachkunde, Leistungsfähigkeit und Zuverlässigkeit besitzen und über ausreichende technische und wirtschaftliche Mittel verfügen.

§ 7
Leistungsbeschreibung

(1) 1. Die Leistung ist eindeutig und so erschöpfend zu beschreiben, dass alle Unternehmen die Beschreibung im gleichen Sinne verstehen müssen und ihre Preise sicher und ohne umfangreiche Vorarbeiten berechnen können.

2. Um eine einwandfreie Preisermittlung zu ermöglichen, sind alle sie beeinflussenden Umstände festzustellen und in den Vergabeunterlagen anzugeben.

3. Dem Auftragnehmer darf kein ungewöhnliches Wagnis aufgebürdet werden für Umstände und Ereignisse, auf die er keinen Einfluss hat und deren Einwirkung auf die Preise und Fristen er nicht im Voraus schätzen kann.

4. Bedarfspositionen sind grundsätzlich nicht in die Leistungsbeschreibung aufzunehmen. Angehängte Stundenlohnarbeiten dürfen nur in dem unbedingt erforderlichen Umfang in die Leistungsbeschreibung aufgenommen werden.
5. Erforderlichenfalls sind auch der Zweck und die vorgesehene Beanspruchung der fertigen Leistung anzugeben.
6. Die für die Ausführung der Leistung wesentlichen Verhältnisse der Baustelle, z. B. Boden- und Wasserverhältnisse, sind so zu beschreiben, dass das Unternehmen ihre Auswirkungen auf die bauliche Anlage und die Bauausführung hinreichend beurteilen kann.
7. Die „Hinweise für das Aufstellen der Leistungsbeschreibung" in Abschnitt 0 der Allgemeinen Technischen Vertragsbedingungen für Bauleistungen, DIN 18299 ff., sind zu beachten.

Für die Praxis: Zu Nr. 1 – In gefestigter Rechtsprechung wird den öffentlichen Auftraggebern ein großer Spielraum bei der Festlegung seines Beschaffungsbedarfs gelassen (OLG Düsseldorf, Beschl. v. 17.2.2010, Verg 42/09). Dabei erfolgt diese Festlegung, bevor das Vergaberecht greift. Einschränkungen des Wettbewerbs sind dabei hinzunehmen, wenn der Auftraggeber darlegen und begründen kann, dass er sich aus objektiv vorliegenden, sachlichen und im Zusammenhang mit dem Auftragsgegenstand stehenden Gründen für eine bestimmte prozess- oder produktspezifische Festlegung entschieden hat. Der so definierte Beschaffungsgegenstand ist dann in der Leistungsbeschreibung nach den Vorgaben der VOB/A zu beschreiben.

Zu Nr. 7 - die VOB/C bietet in den Abschnitten 0 wertvolle „Checklisten" für die Leistungsbeschreibung. Das Abarbeiten dieser Checklisten bietet eine erhöhte Sicherheit, keine wesentlichen Regelungen vergessen zu haben. Nach der Rechtsprechung darf ein Auftragnehmer ein Schweigen der Leistungsbeschreibung zu Punkten, die nach der VOB/C anzusprechen wären, bei seiner Kalkulation berücksichtigen und davon ausgehen, dass er insoweit nicht mit Besonderheiten rechnen muss (z.B. wenn Kontaminationen des Untergrunds nicht beschrieben werden). Allerdings muss der Bieter eine Leistungsbeschreibung mit den Augen des fachkundigen Unternehmens lesen und auswerten. Er muss daher Leistungen auch dann einkalkulieren, wenn sie zwar nicht ausdrücklich genannt werden, aber aus Sicht eines fachkundigen Unternehmens unbedingt anfallen werden.

(2) In technischen Spezifikationen darf nicht auf eine bestimmte Produktion oder Herkunft oder ein besonderes Verfahren, das die von einem bestimmten Unternehmen bereitgestellten Produkte charakterisiert, oder auf Marken, Patente, Typen oder einen bestimmten Ursprung oder eine bestimmte Produktion verwiesen werden, es sei denn

1. dies ist durch den Auftragsgegenstand gerechtfertigt oder
2. der Auftragsgegenstand kann nicht hinreichend genau und allgemein verständlich beschrieben werden; solche Verweise sind mit dem Zusatz „oder gleichwertig" zu versehen.

(3) Bei der Beschreibung der Leistung sind die verkehrsüblichen Bezeichnungen zu beachten.

§ 7a
Technische Spezifikationen

(1) Die technischen Anforderungen (Spezifikationen – siehe Anhang TS Nummer 1) an den Auftragsgegenstand müssen allen Unternehmen gleichermaßen zugänglich sein.

(2) Die technischen Spezifikationen sind in den Vergabeunterlagen zu formulieren:

1. entweder unter Bezugnahme auf die in Anhang TS definierten technischen Spezifikationen in der Rangfolge
   a) nationale Normen, mit denen europäische Normen umgesetzt werden,
   b) europäische technische Bewertungen,

c) gemeinsame technische Spezifikationen,

d) internationale Normen und andere technische Bezugssysteme, die von den europäischen Normungsgremien erarbeitet wurden oder,

e) falls solche Normen und Spezifikationen fehlen, nationale Normen, nationale technische Zulassungen oder nationale technische Spezifikationen für die Planung, Berechnung und Ausführung von Bauwerken und den Einsatz von Produkten.

Jede Bezugnahme ist mit dem Zusatz „oder gleichwertig" zu versehen;

2. oder in Form von Leistungs- oder Funktionsanforderungen, die so genau zu fassen sind, dass sie den Unternehmen ein klares Bild vom Auftragsgegenstand vermitteln und dem Auftraggeber die Erteilung des Zuschlags ermöglichen;

3. oder in Kombination der Nummern 1 und 2, d.as heißt

   a) in Form von Leistungs- oder Funktionsanforderungen unter Bezugnahme auf die Spezifikationen gemäß Nummer 1 als Mittel zur Vermutung der Konformität mit diesen Leistungs- oder Funktionsanforderungen;

   b) oder mit Bezugnahme auf die Spezifikationen gemäß Nummer 1 hinsichtlich bestimmter Merkmale und mit Bezugnahme auf die Leistungs- oder Funktionsanforderungen gemäß Nummer 2 hinsichtlich anderer Merkmale.

(3) Verweist der Auftraggeber in der Leistungsbeschreibung auf die in Absatz 2 Nummer 1 genannten Spezifikationen, so darf er ein Angebot nicht mit der Begründung ablehnen, die angebotene Leistung entspräche nicht den herangezogenen Spezifikationen, sofern der Bieter in seinem Angebot dem Auftraggeber nachweist, dass die von ihm vorgeschlagenen Lösungen den Anforderungen der technischen Spezifikation, auf die Bezug genommen wurde, gleichermaßen entsprechen. Als geeignetes Mittel kann eine technische Beschreibung des Herstellers oder ein Prüfbericht einer anerkannten Stelle gelten.

(4) Legt der Auftraggeber die technischen Spezifikationen in Form von Leistungs- oder Funktionsanforderungen fest, so darf er ein Angebot, das einer nationalen Norm entspricht, mit der eine europäische Norm umgesetzt wird, oder einer europäischen technischen Bewertung, einer gemeinsamen technischen Spezifikation, einer internationalen Norm oder einem technischen Bezugssystem, das von den europäischen Normungsgremien erarbeitet wurde, entspricht, nicht zurückweisen, wenn diese Spezifikationen die geforderten Leistungs- oder Funktionsanforderungen betreffen. Der Bieter muss in seinem Angebot mit geeigneten Mitteln dem Auftraggeber nachweisen, dass die der Norm entsprechende jeweilige Leistung den Leistungs- oder Funktionsanforderungen des Auftraggebers entspricht. Als geeignetes Mittel kann eine technische Beschreibung des Herstellers oder ein Prüfbericht einer anerkannten Stelle gelten.

(5) Schreibt der Auftraggeber Umwelteigenschaften in Form von Leistungs- oder Funktionsanforderungen vor, so kann er die Spezifikationen verwenden, die in europäischen, multinationalen oder anderen Umweltzeichen definiert sind, wenn

1. sie sich zur Definition der Merkmale des Auftragsgegenstands eignen,
2. die Anforderungen des Umweltzeichens auf Grundlage von wissenschaftlich abgesicherten Informationen ausgearbeitet werden,
3. die Umweltzeichen im Rahmen eines Verfahrens erlassen werden, an dem interessierte Kreise – wie z. B. staatliche Stellen, Verbraucher, Hersteller, Händler und Umweltorganisationen – teilnehmen können, und
4. wenn das Umweltzeichen für alle Betroffenen zugänglich und verfügbar ist.

Der Auftraggeber kann in den Vergabeunterlagen angeben, dass bei Leistungen, die mit einem Umweltzeichen ausgestattet sind, vermutet wird, dass sie den in der Leistungsbeschreibung festgelegten technischen Spezifikationen genügen. Der Auftraggeber muss jedoch auch jedes andere geeignete Beweismittel, wie technische Unterlagen des Herstellers oder Prüfberichte anerkannter Stellen, akzeptieren. Anerkannte

Stellen sind die Prüf- und Eichlaboratorien sowie die Inspektions- und Zertifizierungsstellen, die mit den anwendbaren europäischen Normen übereinstimmen. Der Auftraggeber erkennt Bescheinigungen von in anderen Mitgliedstaaten ansässigen anerkannten Stellen an.

§ 7b
Leistungsbeschreibung mit Leistungsverzeichnis

(1) Die Leistung ist in der Regel durch eine allgemeine Darstellung der Bauaufgabe (Baubeschreibung) und ein in Teilleistungen gegliedertes Leistungsverzeichnis zu beschreiben.

(2) Erforderlichenfalls ist die Leistung auch zeichnerisch oder durch Probestücke darzustellen oder anders zu erklären, z. B. durch Hinweise auf ähnliche Leistungen, durch Mengen- oder statische Berechnungen. Zeichnungen und Proben, die für die Ausführung maßgebend sein sollen, sind eindeutig zu bezeichnen.

(3) Leistungen, die nach den Vertragsbedingungen, den Technischen Vertragsbedingungen oder der gewerblichen Verkehrssitte zu der geforderten Leistung gehören (§ 2 Absatz 1 VOB/B), brauchen nicht besonders aufgeführt zu werden.

(4) Im Leistungsverzeichnis ist die Leistung derart aufzugliedern, dass unter einer Ordnungszahl (Position) nur solche Leistungen aufgenommen werden, die nach ihrer technischen Beschaffenheit und für die Preisbildung als in sich gleichartig anzusehen sind. Ungleichartige Leistungen sollen unter einer Ordnungszahl (Sammelposition) nur zusammengefasst werden, wenn eine Teilleistung gegenüber einer anderen für die Bildung eines Durchschnittspreises ohne nennenswerten Einfluss ist.

§ 7c
Leistungsbeschreibung mit Leistungsprogramm

(1) Wenn es nach Abwägen aller Umstände zweckmäßig ist, abweichend von § 7b Absatz 1 zusammen mit der Bauausführung auch den Entwurf für die Leistung dem Wettbewerb zu unterstellen, um die technisch, wirtschaftlich und gestalterisch beste sowie funktionsgerechteste Lösung der Bauaufgabe zu ermitteln, kann die Leistung durch ein Leistungsprogramm dargestellt werden.

(2) 1. Das Leistungsprogramm umfasst eine Beschreibung der Bauaufgabe, aus der die Unternehmen alle für die Entwurfsbearbeitung und ihr Angebot maßgebenden Bedingungen und Umstände erkennen können und in der sowohl der Zweck der fertigen Leistung als auch die an sie gestellten technischen, wirtschaftlichen, gestalterischen und funktionsbedingten Anforderungen angegeben sind, sowie gegebenenfalls ein Musterleistungsverzeichnis, in dem die Mengenangaben ganz oder teilweise offengelassen sind.

2. § 7b Absatz 2 bis 4 gilt sinngemäß.

(3) Von dem Bieter ist ein Angebot zu verlangen, das außer der Ausführung der Leistung den Entwurf nebst eingehender Erläuterung und eine Darstellung der Bauausführung sowie eine eingehende und zweckmäßig gegliederte Beschreibung der Leistung – gegebenenfalls mit Mengen- und Preisangaben für Teile der Leistung – umfasst. Bei Beschreibung der Leistung mit Mengen- und Preisangaben ist vom Bieter zu verlangen, dass er

1. die Vollständigkeit seiner Angaben, insbesondere die von ihm selbst ermittelten Mengen, entweder ohne Einschränkung oder im Rahmen einer in den Vergabeunterlagen anzugebenden Mengentoleranz vertritt, und dass er
2. etwaige Annahmen, zu denen er in besonderen Fällen gezwungen ist, weil zum Zeitpunkt der Angebotsabgabe einzelne Teilleistungen nach Art und Menge noch nicht bestimmt werden können (z. B Aushub-, Abbruch- oder Wasserhaltungsarbeiten) – erforderlichenfalls anhand von Plänen und Mengenermittlungen – begründet.

Für die Praxis: Die Leistungsbeschreibung mit Leistungsverzeichnis (§ 7b) ist in der VOB/A als Regelfall vorgesehen. Dennoch kann sich der Auftraggeber auch ohne nähere Begründung für die

Leistungsbeschreibung mit Leistungsprogramm (oder auch funktionale Leistungsbeschreibung) entscheiden).

Die Rechtsordnung lässt es grundsätzlich zu, dass Auftragnehmer auch unkalkulierbare Risiken übernehmen. Ist die Leistung zu ungenau und „pauschal" (im untechnischen Sinn) beschrieben, führt dies zu Unsicherheiten auf beiden Seiten. Daher sollte ein Auftraggeber immer genau überlegen, wann und mit welcher Detailtiefe er die Leistung ganz oder teilweise pauschaliert vergibt und dem Auftragnehmer hierdurch Kalkulationsrisiken überträgt. Letztlich werden Bieter diese Risiken als Faktor der Preiskalkulation berücksichtigen (müssen).

§ 8
Vergabeunterlagen

(1) Die Vergabeunterlagen bestehen aus

1. dem Anschreiben (Aufforderung zur Angebotsabgabe) gemäß Absatz 2 Nummer 1 bis 3), gegebenenfalls Teilnahmebedingungen (Absatz 2 Nummer 6) und
2. den Vertragsunterlagen (§§ 7 bis 7c und 8a).

(2) 1. Das Anschreiben muss alle Angaben nach § 12 Absatz 1 Nummer 2 enthalten, die außer den Vertragsunterlagen für den Entschluss zur Abgabe eines Angebots notwendig sind, sofern sie nicht bereits veröffentlicht wurden.

2. In den Vergabeunterlagen kann der Auftraggeber kann die Bieter auffordern, in ihrem Angebot die Leistungen anzugeben, die sie an Nachunternehmen zu vergeben beabsichtigen.

3. Der Auftraggeber hat anzugeben:

   a) ob er Nebenangebote nicht zulässt,

   b) ob er Nebenangebote ausnahmsweise nur in Verbindung mit einem Hauptangebot zulässt.

   Die Zuschlagskriterien sind so festzulegen, dass sie sowohl auf Hauptangebote als auch auf Nebenangebote anwendbar sind. Es ist dabei auch zulässig, dass der Preis das einzige Zuschlagskriterium ist.

   Von Bietern, die eine Leistung anbieten, deren Ausführung nicht in Allgemeinen Technischen Vertragsbedingungen oder in den Vergabeunterlagen geregelt ist, sind im Angebot entsprechende Angaben über Ausführung und Beschaffenheit dieser Leistung zu verlangen.

4. Der Auftraggeber kann in den Vergabeunterlagen angeben, dass er die Abgabe mehrerer Hauptangebote nicht zulässt.

5. Der Auftraggeber hat an zentraler Stelle in den Vergabeunterlagen abschließend alle Unterlagen im Sinne von § 16a Absatz 1 mit Ausnahme von Produktangaben anzugeben.

6. Auftraggeber, die ständig Bauleistungen vergeben, sollen die Erfordernisse, die die Unternehmen bei der Bearbeitung ihrer Angebote beachten müssen, in den Teilnahmebedingungen zusammenfassen und dem Anschreiben beifügen.

Für die Praxis: Zu Abs. 2, Nr. 3 schweigt der Auftraggeber trotz dieser Regelung zu Nebenangeboten, müssen die Nebenangebote gewertet werden (§ 16d Abs. 3 VOB/A). Die anderen Vorschriften zur Vergabe (§ 35 Abs. 1 VgV, § 16 EU Nr. 5 VOB/A, § 8 Abs. 4 VOL/A) sehen dies genau anders vor: Danach sind bei einem Schweigen des Auftraggebers Nebenangebote nicht zugelassen.

Mit der VOB/A 2016 wurde die neue Regelung eingefügt, dass Nebenangebote auch dann gewertet werden dürfen, wenn der Preis das einzige Zuschlagskriterium ist. Auftraggeber müssen allerdings entscheiden, ob sie allein mit dem Preis die besonderen Vorteile von Nebenangeboten berücksichtigen und in der Wertung abbilden können.

Zu Abs. 2, Nr. 5: Für die interne Prüfung der eingegangenen Angebote muss es zwangsläufig eine Art Prüfliste geben, anhand der die vorhandenen und die fehlenden Unterlagen geprüft werden. Der Auftraggeber muss also sowieso einmal als Liste zusammenstellen, welche Unterlagen vorliegen müssen. Es ist daher im Ergebnis für den Auftraggeber kein zusätzlicher Aufwand, wenn § 8 Abs. 2 Nr. 5 VOB/A verlangt, dass der Auftraggeber an zentraler Stelle in den Vergabeunterlagen alle verlangten Unterlagen i.S.d. § 16a Abs. 1 VOB/A (außer Produktangaben) abschließend nennt.

Eine ziemlich ähnliche Regelung gab es schon einmal in der VOL/A. Die Rechtsprechung hat dazu u.a. entschieden, dass ein Nachweis, der nicht in dieser abschließenden Zusammenstellung, aber an anderer Stelle in den Vergabeunterlagen genannt wird, dennoch wirksam gefordert wird. Allerdings muss der Auftraggeber insoweit auf jeden Fall eine Nachforderung vornehmen.

§ 8a
Allgemeine, Besondere und Zusätzliche Vertragsbedingungen

(1) In den Vergabeunterlagen ist vorzuschreiben, dass die Allgemeinen Vertragsbedingungen für die Ausführung von Bauleistungen (VOB/B) und die Allgemeinen Technischen Vertragsbedingungen für Bauleistungen (VOB/C) Bestandteile des Vertrags werden. Das gilt auch für etwaige Zusätzliche Vertragsbedingungen und etwaige Zusätzliche Technische Vertragsbedingungen, soweit sie Bestandteile des Vertrags werden sollen.

(2) 1. Die Allgemeinen Vertragsbedingungen bleiben grundsätzlich unverändert. Sie können von Auftraggebern, die ständig Bauleistungen vergeben, für die bei ihnen allgemein gegebenen Verhältnisse durch Zusätzliche Vertragsbedingungen ergänzt werden. Diese dürfen den Allgemeinen Vertragsbedingungen nicht widersprechen.

2. Für die Erfordernisse des Einzelfalles sind die Allgemeinen Vertragsbedingungen und etwaige Zusätzliche Vertragsbedingungen durch Besondere Vertragsbedingungen zu ergänzen. In diesen sollen sich Abweichungen von den Allgemeinen Vertragsbedingungen auf die Fälle beschränken, in denen dort besondere Vereinbarungen ausdrücklich vorgesehen sind und auch nur soweit es die Eigenart der Leistung und ihre Ausführung erfordern.

(3) Die Allgemeinen Technischen Vertragsbedingungen bleiben grundsätzlich unverändert. Sie können von Auftraggebern, die ständig Bauleistungen vergeben, für die bei ihnen allgemein gegebenen Verhältnisse durch Zusätzliche Technische Vertragsbedingungen ergänzt werden. Für die Erfordernisse des Einzelfalles sind Ergänzungen und Änderungen in der Leistungsbeschreibung festzulegen.

(4) 1. In den Zusätzlichen Vertragsbedingungen oder in den Besonderen Vertragsbedingungen sollen, soweit erforderlich, folgende Punkte geregelt werden:

a) Unterlagen (§ 8b Absatz 3; § 3 Absatz 5 und 6 VOB/B),

b) Benutzung von Lager- und Arbeitsplätzen, Zufahrtswegen, Anschlussgleisen, Wasser- und Energieanschlüssen (§ 4 Absatz 4 VOB/B),

c) Weitervergabe an Nachunternehmen (§ 4 Absatz 8 VOB/B),

d) Ausführungsfristen (§ 9; § 5 VOB/B),

e) Haftung (§ 10 Absatz 2 VOB/B),

f) Vertragsstrafen und Beschleunigungsvergütungen (§ 9a; § 11 VOB/B),

g) Abnahme (§ 12 VOB/B),

h) Vertragsart (§§ 4, 4a), Abrechnung (§ 14 VOB/B),

i) Stundenlohnarbeiten (§ 15 VOB/B),

j) Zahlungen, Vorauszahlungen (§ 16 VOB/B),

k) Sicherheitsleistung (§ 9c; § 17 VOB/B),

l) Gerichtsstand (§ 18 Absatz 1 VOB/B),

m) Lohn- und Gehaltsnebenkosten,

n) Änderung der Vertragspreise (§ 9d).

2. Im Einzelfall erforderliche besondere Vereinbarungen über die Mängelansprüche sowie deren Verjährung (§ 9b; § 13 Absatz 1, 4 und 7 VOB/B) und über die Verteilung der Gefahr bei Schäden, die durch Hochwasser, Sturmfluten, Grundwasser, Wind, Schnee, Eis und dergleichen entstehen können (§ 7 VOB/B), sind in den Besonderen Vertragsbedingungen zu treffen. Sind für bestimmte Bauleistungen gleichgelagerte Voraussetzungen im Sinne von § 9b gegeben, so dürfen die besonderen Vereinbarungen auch in Zusätzlichen Technischen Vertragsbedingungen vorgesehen werden.

§ 8b
Kosten- und Vertrauensregelung, Schiedsverfahren

(1) 1. Bei Öffentlicher Ausschreibung kann eine Erstattung der Kosten für die Vervielfältigung der Leistungsbeschreibung und der anderen Unterlagen sowie für die Kosten der postalischen Versendung verlangt werden.

2. Bei Beschränkter Ausschreibung und Freihändiger Vergabe sind alle Unterlagen unentgeltlich abzugeben.

(2) 1. Für die Bearbeitung des Angebots wird keine Entschädigung gewährt. Verlangt jedoch der Auftraggeber, dass der Bieter Entwürfe, Pläne, Zeichnungen, statische Berechnungen, Mengenberechnungen oder andere Unterlagen ausarbeitet, insbesondere in den Fällen des § 7c, so ist einheitlich für alle Bieter in der Ausschreibung eine angemessene Entschädigung festzusetzen. Diese Entschädigung steht jedem Bieter zu, der ein der Ausschreibung entsprechendes Angebot mit den geforderten Unterlagen rechtzeitig eingereicht hat.

2. Diese Grundsätze gelten für die Freihändige Vergabe entsprechend.

(3) Der Auftraggeber darf Angebotsunterlagen und die in den Angeboten enthaltenen eigenen Vorschläge eines Bieters nur für die Prüfung und Wertung der Angebote (§§ 16c und 16d) verwenden. Eine darüber hinausgehende Verwendung bedarf der vorherigen schriftlichen Vereinbarung.

(4) Sollen Streitigkeiten aus dem Vertrag unter Ausschluss des ordentlichen Rechtswegs im schiedsrichterlichen Verfahren ausgetragen werden, so ist es in besonderer, nur das Schiedsverfahren betreffender Urkunde zu vereinbaren, soweit nicht § 1031 Absatz 2 der Zivilprozessordnung (ZPO) auch eine andere Form der Vereinbarung zulässt.

§ 9
Einzelne Vertragsbedingungen, Ausführungsfristen, Einzelfristen, Verzug

(1) 1. Die Ausführungsfristen sind ausreichend zu bemessen; Jahreszeit, Arbeitsbedingungen und etwaige besondere Schwierigkeiten sind zu berücksichtigen. Für die Bauvorbereitung ist dem Auftragnehmer genügend Zeit zu gewähren.

2. Außergewöhnlich kurze Fristen sind nur bei besonderer Dringlichkeit vorzusehen.

3. Soll vereinbart werden, dass mit der Ausführung erst nach Aufforderung zu beginnen ist (§ 5 Absatz 2 VOB/B), so muss die Frist, innerhalb derer die Aufforderung ausgesprochen werden kann, unter billiger Berücksichtigung der für die Ausführung maßgebenden Verhältnisse zumutbar sein; sie ist in den Vergabeunterlagen festzulegen.

(2) 1. Wenn es ein erhebliches Interesse des Auftraggebers erfordert, sind Einzelfristen für in sich abgeschlossene Teile der Leistung zu bestimmen.

2. Wird ein Bauzeitenplan aufgestellt, damit die Leistungen aller Unternehmen sicher ineinandergreifen, so sollen nur die für den Fortgang der Gesamtarbeit besonders wichtigen Einzelfristen als vertraglich verbindliche Fristen (Vertragsfristen) bezeichnet werden.

(3) Ist für die Einhaltung von Ausführungsfristen die Übergabe von Zeichnungen oder anderen Unterlagen wichtig, so soll hierfür ebenfalls eine Frist festgelegt werden.

(4) Der Auftraggeber darf in den Vertragsunterlagen eine Pauschalierung des Verzugsschadens (§ 5 Absatz 4 VOB/B) vorsehen; sie soll 5 Prozent der Auftragssumme nicht überschreiten. Der Nachweis eines geringeren Schadens ist zuzulassen.

§ 9a
Vertragsstrafen, Beschleunigungsvergütung

Vertragsstrafen für die Überschreitung von Vertragsfristen sind nur zu vereinbaren, wenn die Überschreitung erhebliche Nachteile verursachen kann. Die Strafe ist in angemessenen Grenzen zu halten. Beschleunigungsvergütungen (Prämien) sind nur vorzusehen, wenn die Fertigstellung vor Ablauf der Vertragsfristen erhebliche Vorteile bringt.

§ 9b
Verjährung der Mängelansprüche

Andere Verjährungsfristen als nach § 13 Absatz 4 VOB/B sollen nur vorgesehen werden, wenn dies wegen der Eigenart der Leistung erforderlich ist. In solchen Fällen sind alle Umstände gegeneinander abzuwägen, insbesondere, wann etwaige Mängel wahrscheinlich erkennbar werden und wieweit die Mängelursachen noch nachgewiesen werden können, aber auch die Wirkung auf die Preise und die Notwendigkeit einer billigen Bemessung der Verjährungsfristen für Mängelansprüche.

§ 9c
Sicherheitsleistung

(1) Auf Sicherheitsleistung soll ganz oder teilweise verzichtet werden, wenn Mängel der Leistung voraussichtlich nicht eintreten. Unterschreitet die Auftragssumme 250 000 Euro ohne Umsatzsteuer, ist auf Sicherheitsleistung für die Vertragserfüllung und in der Regel auf Sicherheitsleistung für die Mängelansprüche zu verzichten. Bei Beschränkter Ausschreibung sowie bei Freihändiger Vergabe sollen Sicherheitsleistungen in der Regel nicht verlangt werden.

(2) Die Sicherheit soll nicht höher bemessen und ihre Rückgabe nicht für einen späteren Zeitpunkt vorgesehen werden, als nötig ist, um den Auftraggeber vor Schaden zu bewahren. Die Sicherheit für die Erfüllung sämtlicher Verpflichtungen aus dem Vertrag soll fünf Prozent der Auftragssumme nicht überschreiten. Die Sicherheit für Mängelansprüche soll 3 Prozent der Abrechnungssumme nicht überschreiten.

§ 9d
Änderung der Vergütung

Sind wesentliche Änderungen der Preisermittlungsgrundlagen zu erwarten, deren Eintritt oder Ausmaß ungewiss ist, so kann eine angemessene Änderung der Vergütung in den Vertragsunterlagen vorgesehen werden. Die Einzelheiten der Preisänderungen sind festzulegen.

§ 10
Angebots-, Bewerbungs-, Bindefristen

(1) Für die Bearbeitung und Einreichung der Angebote ist eine ausreichende Angebotsfrist vorzusehen, auch bei Dringlichkeit nicht unter zehn Kalendertagen. Dabei ist insbesondere der zusätzliche Aufwand für die Besichtigung von Baustellen oder die Beschaffung von Unterlagen für die Angebotsbearbeitung zu berücksichtigen.

(2) Bis zum Ablauf der Angebotsfrist können Angebote in Textform zurückgezogen werden.

(3) Für die Einreichung von Teilnahmeanträgen bei Beschränkter Ausschreibung mit Teilnahmewettbewerb ist eine ausreichende Bewerbungsfrist vorzusehen.

(4) Der Auftraggeber bestimmt eine angemessene Frist, innerhalb der die Bieter an ihre Angebote gebunden sind (Bindefrist). Diese soll so kurz wie möglich und nicht länger bemessen werden, als der Auftraggeber für eine zügige Prüfung und Wertung der Angebote (§§ 16 bis 16d) benötigt. Eine längere Bindefrist als 30 Kalendertage soll nur in begründeten Fällen festgelegt werden. Das Ende der Bindefrist ist durch Angabe des Kalendertages zu bezeichnen.

(5) Die Bindefrist beginnt mit dem Ablauf der Angebotsfrist.

(6) Die Absätze 4 und 5 gelten bei Freihändiger Vergabe entsprechend.

§ 11
Grundsätze der Informationsübermittlung

(1) Der Auftraggeber gibt in der Auftragsbekanntmachung oder den Vergabeunterlagen an, auf welchem Weg die Kommunikation erfolgen soll. Für den Fall der elektronischen Kommunikation gelten die Absätze 2 bis 6 sowie § 11a.[3] Eine mündliche Kommunikation ist jeweils zulässig, wenn sie nicht die Vergabeunterlagen, die Teilnahmeanträge oder die Angebote betrifft und wenn sie in geeigneter Weise ausreichend dokumentiert wird.

(2) Vergabeunterlagen sind elektronisch zur Verfügung zu stellen.

(3) Der Auftraggeber gibt in der Auftragsbekanntmachung eine elektronische Adresse an, unter der die Vergabeunterlagen unentgeltlich, uneingeschränkt, vollständig und direkt abgerufen werden können. Absatz 7 bleibt unberührt.

(4) Die Unternehmen übermitteln ihre Angebote und Teilnahmeanträge in Textform mithilfe elektronischer Mittel.

(5) Der Auftraggeber prüft im Einzelfall, ob zu übermittelnde Daten erhöhte Anforderungen an die Sicherheit stellen. Soweit es erforderlich ist, kann der Auftraggeber verlangen, dass Angebote und Teilnahmeanträge zu versehen sind mit

1. einer fortgeschrittenen elektronischen Signatur,
2. einer qualifizierten elektronischen Signatur,
3. einem fortgeschrittenen elektronischen Siegel oder
4. einem qualifizierten elektronischen Siegel.

(6) Der Auftraggeber kann von jedem Unternehmen die Angabe einer eindeutigen Unternehmensbezeichnung sowie einer elektronischen Adresse verlangen (Registrierung). Für den Zugang zur Auftragsbekanntmachung und zu den Vergabeunterlagen darf der Auftraggeber keine Registrierung verlangen. Eine freiwillige Registrierung ist zulässig.

(7) Enthalten die Vergabeunterlagen schutzwürdige Daten, kann der Auftraggeber Maßnahmen zum Schutz der Vertraulichkeit der Informationen anwenden. Der Auftraggeber kann den Zugriff auf die Vergabeunterlagen insbesondere von der Abgabe einer Verschwiegenheitserklärung abhängig machen. Die Maßnahmen sind in der Auftragsbekanntmachung anzugeben.

§ 11a
Anforderungen an elektronische Mittel

(1) Elektronische Mittel und deren technische Merkmale müssen allgemein verfügbar, nichtdiskriminierend und mit allgemein verbreiteten Geräten und Programmen der Informations- und Kommunikationstechnologie kompatibel sein. Sie dürfen den Zugang von Unternehmen zum Vergabeverfahren nicht einschränken. Der Auftraggeber gewährleistet die barrierefreie Ausgestaltung der elektronischen Mittel nach

3 Auftraggeber müssen bis zum 18. Oktober 2018 die Übermittlung der Angebote und Teilnahmeanträge auch auf nicht elektronischem Weg akzeptieren.

den §§ 4 und 11 des Behindertengleichstellungsgesetzes (BGG) vom 27. April 2002 (BGBl. I S. 1467, 1468) in der jeweils geltenden Fassung.

(2) Der Auftraggeber verwendet für das Senden, Empfangen, Weiterleiten und Speichern von Daten in einem Vergabeverfahren ausschließlich solche elektronischen Mittel, die die Unversehrtheit, die Vertraulichkeit und die Echtheit der Daten gewährleisten.

(3) Der Auftraggeber muss den Unternehmen alle notwendigen Informationen zur Verfügung stellen über

1. die in einem Vergabeverfahren verwendeten elektronischen Mittel,
2. die technischen Parameter zur Einreichung von Teilnahmeanträgen, Angeboten mithilfe elektronischer Mittel und
3. verwendete Verschlüsselungs- und Zeiterfassungsverfahren.

(4) Der Auftraggeber legt das erforderliche Sicherheitsniveau für die elektronischen Mittel fest. Elektronische Mittel, die vom Auftraggeber für den Empfang von Angeboten und Teilnahmeanträgen verwendet werden, müssen gewährleisten, dass

1. die Uhrzeit und der Tag des Datenempfangs genau zu bestimmen sind,
2. kein vorfristiger Zugriff auf die empfangenen Daten möglich ist,
3. der Termin für den erstmaligen Zugriff auf die empfangenen Daten nur von den Berechtigten festgelegt oder geändert werden kann,
4. nur die Berechtigten Zugriff auf die empfangenen Daten oder auf einen Teil derselben haben,
5. nur die Berechtigten nach dem festgesetzten Zeitpunkt Dritten Zugriff auf die empfangenen Daten oder auf einen Teil derselben einräumen dürfen,
6. empfangene Daten nicht an Unberechtigte übermittelt werden und
7. Verstöße oder versuchte Verstöße gegen die Anforderungen gemäß den Nummern 1 bis 6 eindeutig festgestellt werden können.

(5) Die elektronischen Mittel, die von dem Auftraggeber für den Empfang von Angeboten und Teilnahmeanträgen genutzt werden, müssen über eine einheitliche Datenaustauschschnittstelle verfügen. Es sind die jeweils geltenden Interoperabilitäts- und Sicherheitsstandards der Informationstechnik gemäß § 3 Absatz 1 des Vertrags über die Errichtung des IT-Planungsrats und über die Grundlagen der Zusammenarbeit beim Einsatz der Informationstechnologie in den Verwaltungen von Bund und Ländern vom 1. April 2010 zu verwenden.

(6) Der Auftraggeber kann im Vergabeverfahren die Verwendung elektronischer Mittel, die nicht allgemein verfügbar sind (alternative elektronische Mittel), verlangen, wenn er

1. Unternehmen während des gesamten Vergabeverfahrens unter einer Internetadresse einen unentgeltlichen, uneingeschränkten, vollständigen und direkten Zugang zu diesen alternativen elektronischen Mitteln gewährt.
2. diese alternativen elektronischen Mittel selbst verwendet.

(7) Der Auftraggeber kann für die Vergabe von Bauleistungen und für Wettbewerbe die Nutzung elektronischer Mittel im Rahmen der Bauwerksdatenmodellierung verlangen. Sofern die verlangten elektronischen Mittel für die Bauwerksdatenmodellierung nicht allgemein verfügbar sind, bietet der Auftraggeber einen alternativen Zugang zu ihnen gemäß Absatz 6 an.

§ 12
Bekanntmachung

(1) 1. Öffentliche Ausschreibungen sind bekannt zu machen, z. B. in Tageszeitungen, amtlichen Veröffentlichungsblättern oder auf unentgeltlich nutzbaren und direkt zugänglichen Internetportalen; sie können auch auf www.service.bund.de veröffentlicht werden.

2. Diese Auftragsbekanntmachungen sollen folgende Angaben enthalten:
   a) Name, Anschrift, Telefon-, Telefaxnummer sowie E-Mail-Adresse des Auftraggebers (Vergabestelle),
   b) gewähltes Vergabeverfahren,
   c) gegebenenfalls Auftragsvergabe auf elektronischem Wege und Verfahren der Ver- und Entschlüsselung,
   d) Art des Auftrags,
   e) Ort der Ausführung,
   f) Art und Umfang der Leistung,
   g) Angaben über den Zweck der baulichen Anlage oder des Auftrags, wenn auch Planungsleistungen gefordert werden,
   h) falls die bauliche Anlage oder der Auftrag in mehrere Lose aufgeteilt ist, Art und Umfang der einzelnen Lose und Möglichkeit, Angebote für eines, mehrere oder alle Lose einzureichen,
   i) Zeitpunkt, bis zu dem die Bauleistungen beendet werden sollen oder Dauer des Bauleistungsauftrags; sofern möglich, Zeitpunkt, zu dem die Bauleistungen begonnen werden sollen,
   j) gegebenenfalls Angaben nach § 8 Absatz 2 Nummer 3 zur Nichtzulässigkeit von Nebenangeboten,
   k) gegebenenfalls Angaben nach § 8 Absatz 2 Nummer 4 zur Nichtzulassung der Abgabe mehrerer Hauptangebote,
   l) Name und Anschrift, Telefon- und Telefaxnummer, E-Mail-Adresse der Stelle, bei der die Vergabeunterlagen und zusätzliche Unterlagen angefordert und eingesehen werden können; bei Veröffentlichung der Auftragsbekanntmachung auf einem Internetportal die Angabe einer Internetadresse, unter der die Vergabeunterlagen unentgeltlich, uneingeschränkt, vollständig und direkt abgerufen werden können; § 11 Absatz 7 bleibt unberührt,
   m) gegebenenfalls Höhe und Bedingungen für die Zahlung des Betrags, der für die Unterlagen zu entrichten ist,
   n) bei Teilnahmeantrag: Frist für den Eingang der Anträge auf Teilnahme, Anschrift, an die diese Anträge zu richten sind, Tag, an dem die Aufforderungen zur Angebotsabgabe spätestens abgesandt werden,
   o) Frist für den Eingang der Angebote und die Bindefrist,
   p) Anschrift, an die die Angebote zu richten sind, gegebenenfalls auch Anschrift, an die Angebote elektronisch zu übermitteln sind,
   q) Sprache, in der die Angebote abgefasst sein müssen,
   r) die Zuschlagskriterien, sofern diese nicht in den Vergabeunterlagen genannt werden, und gegebenenfalls deren Gewichtung,
   s) gegebenenfalls geforderte Sicherheiten,
   t) wesentliche Finanzierungs- und Zahlungsbedingungen und/oder Hinweise auf die maßgeblichen Vorschriften, in denen sie enthalten sind,
   u) gegebenenfalls Rechtsform, die die Bietergemeinschaft nach der Auftragsvergabe haben muss,
   v) verlangte Nachweise für die Beurteilung der Eignung des Bewerbers oder Bieters,

w) Bindefrist,

x) Name und Anschrift der Stelle, an die sich der Bewerber oder Bieter zur Nachprüfung behaupteter Verstöße gegen Vergabebestimmungen wenden kann.

Für die Praxis: In § 12 Abs. 1 Nr. 2 VOB/A sind alle potentiell für das Verfahren und die Bieter relevanten Sachverhalte zusammengefasst. Zu veröffentlichen bzw. den Bietern mitzuteilen sind immer nur die für das jeweilige Verfahren relevanten Informationen. Dies ist jeweils für das Verfahren anhand dieser als „Checkliste" gedachten Aufzählung zu prüfen.

Dieser Katalog ist auch dann zu beachten, wenn in einem Verfahren ohne vorherige Veröffentlichung die Bieter angeschrieben und über das Verfahren informiert werden.

Bezogen auf den **Zugang zu den Vergabeunterlagen** legt § 12 Abs. 1 l) VOB/A fest, dass der Auftraggeber diese unter einer Internetadresse bereit halten muss, auf der sie unentgeltlich, uneingeschränkt vollständig und direkt abgerufen werden können – das gilt jedenfalls dann, wenn die Auftragsbekanntmachung auf einem Internetportal erfolgt. Für diese Pflicht des Auftraggebers gilt die für den Oberschwellenbereich von der Rechtsprechung entwickelte Einschränkung, dass es um die Unterlagen geht, die jeweils für die Beschlussfassung des Unternehmens erforderlich sind. So ist es nicht unbedingt nötig, bereits für den Teilnahmewettbewerb alle Vertragsunterlagen bereitzustellen, da es den Unternehmen allein darum geht zu ermitteln, ob sie den Auftrag durchführen können oder nicht. Die für die spätere Preiskalkulation wichtigen Vertragsunterlagen sind dafür nicht nötig.

Allerdings sollten Auftraggeber berücksichtigen, dass auch bestimmte vertragliche Regelungen ein Unternehmen davon abhalten können, ein Angebot abzugeben. Wird ein solches Unternehmen vom Auftraggeber ausgesucht und nach dem Teilnahmewettbewerb zur Angebotsabgabe aufgefordert, hat der Auftraggeber das Nachsehen, weil er das eigentlich erhoffte Angebot nicht bekommt. Die ersparte – genau genommen nur verschobene – Arbeit an den Vertragsunterlagen hat ihm dann wenig genutzt.

Künftig ist der Auftraggeber verpflichtet, die **Zuschlagskriterien** in den Vergabeunterlagen oder in der Auftragsbekanntmachung anzugeben (vgl. § 12 Abs. 1 Nr. 2 r) VOB/A). Eine Gewichtung der Zuschlagskriterien kann er festlegen, muss diese dann aber ebenfalls angeben.

(2) 1. Bei Beschränkter Ausschreibung mit Teilnahmewettbewerb sind die Unternehmen durch Auftragsbekanntmachungen, z. B. in Tageszeitungen, amtlichen Veröffentlichungsblättern oder auf unentgeltlich nutzbaren und direkt zugänglichen Internetportalen, aufzufordern, ihre Teilnahme am Wettbewerb zu beantragen. Die Auftragsbekanntmachung kann auch auf www.service.bund.de veröffentlicht werden.

2. Diese Auftragsbekanntmachungen sollen die Angaben gemäß § 12 Absatz 1 Nummer 2 enthalten.

(3) Teilnahmeanträge sind auch dann zu berücksichtigen, wenn sie durch Telefax oder in sonstiger Weise elektronisch übermittelt werden, sofern die sonstigen Teilnahmebedingungen erfüllt sind.

§ 12a
Versand der Vergabeunterlagen

(1) Soweit die Vergabeunterlagen nicht elektronisch im Sinne von § 11 Absatz 2 und 3 zur Verfügung gestellt werden, sind sie

1. den Unternehmen unverzüglich in geeigneter Weise zu übermitteln,
2. bei Beschränkter Ausschreibung und Freihändiger Vergabe an alle ausgewählten Bewerber am selben Tag abzusenden.

(2) Wenn von den für die Preisermittlung wesentlichen Unterlagen keine Vervielfältigungen abgegeben werden können, sind diese in ausreichender Weise zur Einsicht auszulegen.

(3) Die Namen der Unternehmen, die Vergabeunterlagen erhalten oder eingesehen haben, sind geheim zu halten.

(4) Erbitten Unternehmen zusätzliche sachdienliche Auskünfte über die Vergabeunterlagen, so sind diese Auskünfte allen Unternehmen unverzüglich in gleicher Weise zu erteilen.

§ 13
Form und Inhalt der Angebote

(1) 1. Der Auftraggeber legt fest, in welcher Form die Angebote einzureichen sind. Schriftlich eingereichte Angebote müssen unterzeichnet sein. Elektronische Angebote sind nach Wahl des Auftraggebers in Textform oder versehen mit

a) einer fortgeschrittenen elektronischen Signatur,

b) einer qualifizierten elektronischen Signatur,

c) einem fortgeschrittenen elektronischen Siegel oder

d) einem qualifizierten elektronischen Siegel

zu übermitteln.

2. Der Auftraggeber hat die Datenintegrität und die Vertraulichkeit der Angebote auf geeignete Weise zu gewährleisten. Per Post oder direkt übermittelte Angebote sind in einem verschlossenen Umschlag einzureichen, als solche zu kennzeichnen und bis zum Ablauf der für die Einreichung vorgesehenen Frist unter Verschluss zu halten. Bei elektronisch übermittelten Angeboten ist dies durch entsprechende technische Lösungen nach den Anforderungen des Auftraggebers und durch Verschlüsselung sicherzustellen. Die Verschlüsselung muss bis zur Öffnung des ersten Angebots aufrechterhalten bleiben.

3. Die Angebote müssen die geforderten Preise enthalten.

4. Die Angebote müssen die geforderten Erklärungen und Nachweise enthalten.

5. Änderungen an den Vergabeunterlagen sind unzulässig. Änderungen des Bieters an seinen Eintragungen müssen zweifelsfrei sein.

6. Bieter können für die Angebotsabgabe eine selbstgefertigte Abschrift oder Kurzfassung des Leistungsverzeichnisses benutzen, wenn sie den vom Auftraggeber verfassten Wortlaut des Leistungsverzeichnisses im Angebot als allein verbindlich anerkennen; Kurzfassungen müssen jedoch die Ordnungszahlen (Positionen) vollzählig, in der gleichen Reihenfolge und mit den gleichen Nummern wie in dem vom Auftraggeber verfassten Leistungsverzeichnis wiedergeben.

7. Muster und Proben der Bieter müssen als zum Angebot gehörig gekennzeichnet sein.

Für die Praxis: Zu Abs. 1 Nr. 1 - der Auftraggeber darf inzwischen auch nur elektronische Angebote zulassen. Zu den Formerfordernissen von Angeboten ist in der Zusammenschau von § 11 Abs. 5 VOB/A und § 13 Abs. 1 VOB/A geregelt, dass erhöhte Anforderungen einer Signatur nur verlangt werden können, wenn dies erforderlich ist, im Übrigen reicht die Textform. Dies entspricht den Vorgaben der VOB/A-EU. Die wesentlichen Anforderungen an die Textform sind gut am Beispiel einer E-Mail erklärt: Sie kann gespeichert werden und enthält den Namen des Absenders. Allerdings kann die hier nur als erläuterndes Beispiel genannte E-Mail nicht ausreichend verschlüsselt werden, um auf diese Weise ein Angebot abzugeben!

Für die Öffnung elektronischer Angebote gilt § 14 VOB/A. Bei Zulassung von schriftlichen Angeboten ist § 14a VOB/A zu beachten.

Zu Abs. 1 Nr. 3 - Fehlende Preise können nach § 16a Abs. 2 VOB/A nachgefordert werden. Bei der Frage, ob ein Preis unwesentlich ist oder nicht, steht dem Auftraggeber ein Beurteilungsspielraum zu. Dabei kommt es auch auf den Gesamtpreis und sein Verhältnis zu dem fehlenden Preis an, bei dem vorab auf den höchsten Wettbewerbspreis zurückgegriffen werden kann. Liegen die Voraussetzungen für eine Nachforderung vor, ist der Auftraggeber zu einer solchen verpflichtet.

Zu Abs. 1 Nr. 4 - fehlende Erklärungen und Nachweise müssen nach § 16a Abs. 1 VOB/A nachgefordert werden.

(2) Eine Leistung, die von den vorgesehenen technischen Spezifikationen nach § 7a Absatz 1 abweicht, kann angeboten werden, wenn sie mit dem geforderten Schutzniveau in Bezug auf Sicherheit, Gesundheit und Gebrauchstauglichkeit gleichwertig ist. Die Abweichung muss im Angebot eindeutig bezeichnet sein. Die Gleichwertigkeit ist mit dem Angebot nachzuweisen.

(3) Die Anzahl von Nebenangeboten ist an einer vom Auftraggeber in den Vergabeunterlagen bezeichneten Stelle aufzuführen. Etwaige Nebenangebote müssen auf besonderer Anlage erstellt und als solche deutlich gekennzeichnet werden. Werden mehrere Hauptangebote abgegeben, muss jedes aus sich heraus zuschlagsfähig sein. Absatz 1 Nummer 2 Satz 2 gilt für jedes Hauptangebot entsprechend.

(4) Soweit Preisnachlässe ohne Bedingungen gewährt werden, sind diese an einer vom Auftraggeber in den Vergabeunterlagen bezeichneten Stelle aufzuführen.

(5) Bietergemeinschaften haben die Mitglieder zu benennen sowie eines ihrer Mitglieder als bevollmächtigten Vertreter für den Abschluss und die Durchführung des Vertrags zu bezeichnen. Fehlt die Bezeichnung des bevollmächtigten Vertreters im Angebot, so ist sie vor der Zuschlagserteilung beizubringen.

(6) Der Auftraggeber hat die Anforderungen an den Inhalt der Angebote nach den Absätzen 1 bis 5 in die Vergabeunterlagen aufzunehmen.

§ 14
Öffnung der Angebote, Öffnungstermin bei ausschließlicher Zulassung elektronischer Angebote

(1) Sind nur elektronische Angebote zugelassen, wird die Öffnung der Angebote von mindestens zwei Vertretern des Auftraggebers gemeinsam an einem Termin (Öffnungstermin) unverzüglich nach Ablauf der Angebotsfrist durchgeführt. Bis zu diesem Termin sind die elektronischen Angebote zu kennzeichnen und verschlüsselt aufzubewahren.

Für die Praxis: Die Vertreter des Auftraggebers müssen nicht zwingend seine eigenen Mitarbeiter sein. Der Auftraggeber darf auch einen externen Dienstleister mit dieser Aufgabe betrauen.

(2) 1. Der Verhandlungsleiter stellt fest, ob die elektronischen Angebote verschlüsselt sind.

2. Die Angebote werden geöffnet und in allen wesentlichen Teilen im Öffnungstermin gekennzeichnet.

3. Muster und Proben der Bieter müssen im Termin zur Stelle sein.

(3) Über den Öffnungstermin ist eine Niederschrift in Textform zu fertigen, in der die beiden Vertreter des Auftraggebers zu benennen sind. Der Niederschrift ist eine Aufstellung mit folgenden Angaben beizufügen:

a) Name und Anschrift der Bieter,

b) die Endbeträge der Angebote oder einzelner Lose,

c) Preisnachlässe ohne Bedingungen,

d) Anzahl der jeweiligen Nebenangebote.

Für die Praxis: Über die Angaben in § 14 Abs. 3 Nr. 2 Satz 2 VOB/A hinaus soll nichts verlesen oder protokolliert werden. Dies dient nicht nur dem Geheimnisschutz der Bieter, sondern schützt den Auftraggeber auch davor, versehentlich Geschäftsgeheimnisse mitzuteilen oder den Bietern unnötige oder irreführende Informationen zu geben.

(4) Angebote, die nach Ablauf der Angebotsfrist eingegangen sind, sind in der Niederschrift oder in einem Nachtrag besonders aufzuführen. Die Eingangszeiten und die etwa bekannten Gründe, aus denen die Angebote nicht vorgelegen haben, sind zu vermerken.

(5) Ein Angebot, das nachweislich vor Ablauf der Angebotsfrist dem Auftraggeber zugegangen war, aber dem Verhandlungsleiter nicht vorgelegen hat, ist mit allen Angaben in die Niederschrift oder in einen Nachtrag aufzunehmen. Den Bietern ist dieser Sachverhalt unverzüglich in Textform mitzuteilen. In die Mitteilung sind die Feststellung, ob die Angebote verschlüsselt waren, sowie die Angaben nach Absatz 3 Buchstabe a bis d aufzunehmen. Im Übrigen gilt Absatz 4 Satz 2.

(6) Bei Ausschreibungen stellt der Auftraggeber den Bietern die in Absatz 3 Buchstabe a bis d genannten Informationen unverzüglich elektronisch zur Verfügung. Den Bietern und ihren Bevollmächtigten ist die Einsicht in die Niederschrift und ihre Nachträge (Absätze 4 und 5 sowie § 16c Absatz 3) zu gestatten.

(7) Die Niederschrift darf nicht veröffentlicht werden.

(8) Die Angebote und ihre Anlagen sind sorgfältig zu verwahren und geheim zu halten.

§ 14a
Öffnung der Angebote, Eröffnungstermin bei Zulassung schriftlicher Angebote

(1) Sind schriftliche Angebote zugelassen, ist bei Ausschreibungen für die Öffnung und Verlesung (Eröffnung) der Angebote ein Eröffnungstermin abzuhalten, in dem nur die Bieter und ihre Bevollmächtigten zugegen sein dürfen. Bis zu diesem Termin sind die zugegangenen Angebote auf dem ungeöffneten Umschlag mit Eingangsvermerk zu versehen und unter Verschluss zu halten. Elektronische Angebote sind zu kennzeichnen und verschlüsselt aufzubewahren.

(2) Zur Eröffnung zuzulassen sind nur Angebote, die bis zum Ablauf der Angebotsfrist eingegangen sind.

(3) 1. Der Verhandlungsleiter stellt fest, ob der Verschluss der schriftlichen Angebote unversehrt ist und die elektronischen Angebote verschlüsselt sind.

2. Die Angebote werden geöffnet und in allen wesentlichen Teilen im Eröffnungstermin gekennzeichnet. Name und Anschrift der Bieter und die Endbeträge der Angebote oder einzelner Lose sowie Preisnachlässe ohne Bedingungen werden verlesen. Es wird bekannt gegeben, ob und von wem und in welcher Zahl Nebenangebote eingereicht sind. Weiteres aus dem Inhalt der Angebote soll nicht mitgeteilt werden.

3. Muster und Proben der Bieter müssen im Termin zur Stelle sein.

(4) 1. Über den Eröffnungstermin ist eine Niederschrift in Schriftform oder in elektronischer Form zu fertigen. In ihr ist zu vermerken, dass die Angaben nach Absatz 3 Nummer 2 verlesen und als richtig anerkannt oder welche Einwendungen erhoben worden sind.

2. Sie ist vom Verhandlungsleiter zu unterschreiben oder mit einer Signatur nach § 13 Absatz 1 Nummer 1 zu versehen; die anwesenden Bieter und Bevollmächtigten sind berechtigt, mit zu unterzeichnen oder eine Signatur nach § 13 Absatz 1 Nummer 1 anzubringen.

(5) Angebote, die zum Ablauf der Angebotsfrist nicht vorgelegen haben (Absatz 2), sind in der Niederschrift oder in einem Nachtrag besonders aufzuführen. Die Eingangszeiten und die etwa bekannten Gründe, aus denen die Angebote nicht vorgelegen haben, sind zu vermerken. Der Umschlag und andere Beweismittel sind aufzubewahren.

(6) Ein Angebot, das nachweislich vor Ablauf der Angebotsfrist dem Auftraggeber zugegangen war, aber dem Verhandlungsleiter nicht vorgelegen hat, ist mit allen Angaben in die Niederschrift oder in einen Nachtrag aufzunehmen. Den Bietern ist dieser Sachverhalt unverzüglich in Textform mitzuteilen. In die Mitteilung sind die Feststellung, ob der Verschluss unversehrt war und die Angaben nach Absatz 3 Nummer 2 aufzunehmen. Im Übrigen gilt Absatz 5 Satz 2 und 3.

(7) Den Bietern und ihren Bevollmächtigten ist die Einsicht in die Niederschrift und ihre Nachträge (Absätze 5 und 6 sowie § 16c Absatz 3) zu gestatten; den Bietern sind nach Antragstellung die Namen der Bieter sowie die verlesenen und die nachgerechneten Endbeträge der Angebote sowie die Zahl ihrer Nebenangebote nach der rechnerischen Prüfung unverzüglich mitzuteilen.

(8) Die Niederschrift darf nicht veröffentlicht werden.

(9) Die Angebote und ihre Anlagen sind sorgfältig zu verwahren und geheim zu halten; dies gilt auch bei Freihändiger Vergabe.

§ 15
Aufklärung des Angebotsinhalts

(1) 1. Bei Ausschreibungen darf der Auftraggeber nach Öffnung der Angebote bis zur Zuschlagserteilung von einem Bieter nur Aufklärung verlangen, um sich über seine Eignung, insbesondere seine technische und wirtschaftliche Leistungsfähigkeit, das Angebot selbst, etwaige Nebenangebote, die geplante Art der Durchführung, etwaige Ursprungsorte oder Bezugsquellen von Stoffen oder Bauteilen und über die Angemessenheit der Preise, wenn nötig durch Einsicht in die vorzulegenden Preisermittlungen (Kalkulationen), zu unterrichten.

2. Die Ergebnisse solcher Aufklärungen sind geheim zu halten. Sie sollen in Textform niedergelegt werden.

(2) Verweigert ein Bieter die geforderten Aufklärungen und Angaben oder lässt er die ihm gesetzte angemessene Frist unbeantwortet verstreichen, so ist sein Angebot auszuschließen.

(3) Verhandlungen, besonders über Änderung der Angebote oder Preise, sind unstatthaft, außer, wenn sie bei Nebenangeboten oder Angeboten aufgrund eines Leistungsprogramms nötig sind, um unumgängliche technische Änderungen geringen Umfangs und daraus sich ergebende Änderungen der Preise zu vereinbaren.

Für die Praxis: Verstöße gegen das Verhandlungsverbot können darin liegen, dass geänderte oder zusätzliche Leistungen bzw. Preise verlangt werden. Aber auch im Zusammenhang mit Nebenangeboten kommt es häufig zu Problemen. Bei der Aufklärung kann es nur darum gehen, ob ein eingereichtes Angebot durchführbar ist – und nicht darum, wie daraus ein durchführbares Angebot gemacht werden kann.

In einer Vielzahl von Fällen nimmt die Rechtsprechung eine Verpflichtung des Auftraggebers an, z.B. bei einem offensichtlichen Eintragungsversehen, vor einem Ausschluss eine Aufklärung vorzunehmen. Eine Aufklärung kann dazu dienen, Missverständnisse des Auftraggebers auszuräumen und mehr Angebote im Wettbewerb zu halten, und sollte daher im Zweifel vorgenommen werden.

Im Wege der Aufklärung können auch Widersprüche zwischen Vergabeunterlagen und Angebot beseitigt werden, wenn nach Streichung vom Auftragnehmer zusätzlich abgegebener Erklärungen („Es gelten unsere AGB") ein zuschlagsfähiges Angebot verbleibt (BGH, Urteil vom 18.06.2019, X ZR 86/17).

§ 16
Ausschluss von Angeboten

(1) Auszuschließen sind:

1. Angebote, die nicht fristgerecht eingegangen sind,

2. Angebote, die den Bestimmungen des § 13 Absatz 1 Nummer 1, 2 und 5 nicht entsprechen,

3. Angebote, die die geforderten Unterlagen im Sinne von § 8 Absatz 2 Nummer 5 nicht enthalten, wenn der Auftraggeber gemäß § 16a Absatz 3 festgelegt hat, dass er keine Unterlagen nachfordern wird. Satz 1 gilt für Teilnahmeanträge entsprechend,
4. Angebote, bei denen der Bieter Erklärungen oder Nachweise, deren Vorlage sich der Auftraggeber vorbehalten hat, auf Anforderung nicht innerhalb einer angemessenen, nach dem Kalender bestimmten Frist vorgelegt hat. Satz 1 gilt für Teilnahmeanträge entsprechend,
5. Angebote von Bietern, die in Bezug auf die Ausschreibung eine Abrede getroffen haben, die eine unzulässige Wettbewerbsbeschränkung darstellt,
6. Nebenangebote, wenn der Auftraggeber in der Auftragsbekanntmachung oder in den Vergabeunterlagen erklärt hat, dass er diese nicht zulässt,
7. Hauptangebote von Bietern, die mehrere Hauptangebote abgegeben haben, wenn der Auftraggeber die Abgabe mehrerer Hauptangebote in der Auftragsbekanntmachung oder in den Vergabeunterlagen nicht zugelassen hat,
8. Nebenangebote, die dem § 13 Absatz 3 Satz 2 nicht entsprechen,
9. Hauptangebote, die dem § 13 Absatz 3 Satz 3 nicht entsprechen,
10. Angebote von Bietern, die im Vergabeverfahren vorsätzlich unzutreffende Erklärungen in Bezug auf ihre Fachkunde, Leistungsfähigkeit und Zuverlässigkeit abgegeben haben.

Für die Praxis: § 16 Abs. 1 Nr. 1 VOB/A enthält zwingende Ausschlussgründe, bei § 16 Abs. 1 Nr. 2 VOB/A steht der Ausschluss im Ermessen des Auftraggebers. Bei Nr. 2 kann der Auftraggeber also von einem Ausschluss absehen. Dabei muss er zum einen alle Bieter gleichbehandeln, also bei gleichem Sachverhalt entweder alle betroffenen Bieter oder keinen von ihnen ausschließen. Zum anderen muss er die Gründe für seine Entscheidung dokumentieren, insbesondere wenn er von einem Ausschluss absieht.

(2) Außerdem können Angebote von Bietern ausgeschlossen werden, wenn

1. ein Insolvenzverfahren oder ein vergleichbares gesetzlich geregeltes Verfahren eröffnet oder die Eröffnung beantragt worden ist oder der Antrag mangels Masse abgelehnt wurde oder ein Insolvenzplan rechtskräftig bestätigt wurde,
2. sich das Unternehmen in Liquidation befindet,
3. nachweislich eine schwere Verfehlung begangen wurde, die die Zuverlässigkeit als Bewerber oder Bieter in Frage stellt,
4. die Verpflichtung zur Zahlung von Steuern und Abgaben sowie der Beiträge zur Sozialversicherung nicht ordnungsgemäß erfüllt wurde,
5. sich das Unternehmen nicht bei der Berufsgenossenschaft angemeldet hat.

§ 16a
Nachforderung von Unterlagen

(1) Der Auftraggeber muss Bieter, die für den Zuschlag in Betracht kommen, unter Einhaltung der Grundsätze der Transparenz und der Gleichbehandlung auffordern, fehlende, unvollständige oder fehlerhafte unternehmensbezogene Unterlagen – insbesondere Erklärungen, Angaben oder Nachweise – nachzureichen, zu vervollständigen oder zu korrigieren, oder fehlende oder unvollständige leistungsbezogene Unterlagen – insbesondere Erklärungen, Produkt- und sonstige Angaben oder Nachweise – nachzureichen oder zu vervollständigen (Nachforderung), es sei denn, er hat von seinem Recht aus Absatz 3 Gebrauch gemacht. Es sind nur Unterlagen nachzufordern, die bereits mit dem Angebot vorzulegen waren.

Für die Praxis: Mit der VOB/A 2019 wurde § 16a VOB/A umfassend umformuliert und erweitert.

Bei fehlenden Erklärungen und Nachweisen hält die VOB/A daran fest, dass der Auftraggeber zu einer Nachforderung verpflichtet ist, gibt aber nicht mehr eine starre Frist vor, § 16a Abs. 1 VOB/A. Nach Abs. 3 soll die Frist 6 Kalendertage nicht überschreiten, kann also sowohl länger als auch kürzer sein.

Auch mehrere fehlende Preise können unter den Voraussetzungen des Abs. 2 nachgefordert werden. Bei der Frage, ob ein Preis unwesentlich ist oder nicht, steht dem Auftraggeber ein Beurteilungsspielraum zu. Dabei kommt es auch auf den Gesamtpreis und sein Verhältnis zu dem fehlenden Preis an, bei dem vorab auf den höchsten Wettbewerbspreis zurückgegriffen werden kann. Liegen die Voraussetzungen für eine Nachforderung vor, ist der Auftraggeber hierzu verpflichtet.

(2) Fehlende Preisangaben dürfen nicht nachgefordert werden. Angebote, die den Bestimmungen des § 13 Absatz 1 Nummer 3 nicht entsprechen, sind auszuschließen. Dies gilt nicht für Angebote, bei denen lediglich in unwesentlichen Positionen die Angabe des Preises fehlt und sowohl durch die Außerachtlassung dieser Positionen der Wettbewerb und die Wertungsreihenfolge nicht beeinträchtigt werden als auch bei Wertung dieser Positionen mit dem jeweils höchsten Wettbewerbspreis. Hierbei wird nur auf den Preis ohne Berücksichtigung etwaiger Nebenangebote abgestellt. Der Auftraggeber fordert den Bieter nach Maßgabe von Absatz 1 auf, die fehlenden Preispositionen zu ergänzen. Die Sätze 3 bis 5 gelten nicht, wenn der Auftraggeber das Nachfordern von Preisangaben gemäß Absatz 3 ausgeschlossen hat.

(3) Der Auftraggeber kann in der Auftragsbekanntmachung oder den Vergabeunterlagen festlegen, dass er keine Unterlagen oder Preisangaben nachfordern wird.

(4) Die Unterlagen oder fehlenden Preisangaben sind vom Bewerber oder Bieter nach Aufforderung durch den Auftraggeber innerhalb einer angemessenen, nach dem Kalender bestimmten Frist vorzulegen. Die Frist soll sechs Kalendertage nicht überschreiten.

(5) Werden die nachgeforderten Unterlagen nicht innerhalb der Frist vorgelegt, ist das Angebot auszuschließen.

(6) Die Absätze 1, 3, 4 und 5 gelten für den Teilnahmewettbewerb entsprechend.

§ 16b
Eignung

(1) Bei Öffentlicher Ausschreibung ist die Eignung der Bieter zu prüfen. Dabei sind anhand der vorgelegten Nachweise die Angebote der Bieter auszuwählen, deren Eignung die für die Erfüllung der vertraglichen Verpflichtungen notwendigen Sicherheiten bietet; dies bedeutet, dass sie die erforderliche Fachkunde, Leistungsfähigkeit und Zuverlässigkeit besitzen und über ausreichende technische und wirtschaftliche Mittel verfügen.

(2) Abweichend von Absatz 1 können die Angebote zuerst geprüft werden, sofern sichergestellt ist, dass die anschließende Prüfung der Eignung unparteiisch und transparent erfolgt.

(3) Bei Beschränkter Ausschreibung und Freihändiger Vergabe sind nur Umstände zu berücksichtigen, die nach Aufforderung zur Angebotsabgabe Zweifel an der Eignung des Bieters begründen (vgl. § 6b Absatz 4).

Für die Praxis: Fehler oder Nachlässigkeiten bei der Bewerberauswahl lassen sich nach Angebotsabgabe bei beschränkter Ausschreibung und freihändiger Vergabe nicht mehr korrigieren, so jedenfalls die neueste Rechtsprechung zur Bindung des Auftraggebers an seine Auswahl (OLG Düsseldorf, Beschluss vom 29.03.2021, Verg 9/21). Auch können bei diesen Verfahren nach abgeschlossener Bewerberauswahl mit den Vergabeunterlagen keine eignungsbegründenden Unterlagen nachgefordert werden. Dementsprechend muss der Auftraggeber sich vor Durchführung des Teilnahmewettbewerbs überlegen, ob und ggf. welche Besonderheiten die zu vergebende Leistung aufweist, und diese bei den verlangten Eignungsnachweisen berücksichtigen.

Nur wenn sich nachträglich neue Tatsachen herausstellen oder ergeben (z.B. ein Insolvenzantrag nach Ende des Auswahlverfahrens), kann anhand dieser neuen Tatsachen die Eignung neu geprüft werden.

§ 16c
Prüfung

(1) Die nicht ausgeschlossenen Angebote geeigneter Bieter sind auf die Einhaltung der gestellten Anforderungen, insbesondere in rechnerischer, technischer und wirtschaftlicher Hinsicht zu prüfen.

(2) 1. Entspricht der Gesamtbetrag einer Ordnungszahl (Position) nicht dem Ergebnis der Multiplikation von Mengenansatz und Einheitspreis, so ist der Einheitspreis maßgebend.

2. Bei Vergabe für eine Pauschalsumme gilt diese ohne Rücksicht auf etwa angegebene Einzelpreise.

3. Die Nummern 1 und 2 gelten auch bei Freihändiger Vergabe.

(3) Die aufgrund der Prüfung festgestellten Angebotsendsummen sind in der Niederschrift über den (Er-)Öffnungstermin zu vermerken.

§ 16d
Wertung

(1) 1. Auf ein Angebot mit einem unangemessen hohen oder niedrigen Preis darf der Zuschlag nicht erteilt werden.

2. Erscheint ein Angebotspreis unangemessen niedrig und ist anhand vorliegender Unterlagen über die Preisermittlung die Angemessenheit nicht zu beurteilen, ist in Textform vom Bieter Aufklärung über die Ermittlung der Preise für die Gesamtleistung oder für Teilleistungen zu verlangen, gegebenenfalls unter Festlegung einer zumutbaren Antwortfrist. Bei der Beurteilung der Angemessenheit sind die Wirtschaftlichkeit des Bauverfahrens, die gewählten technischen Lösungen oder sonstige günstige Ausführungsbedingungen zu berücksichtigen.

3. In die engere Wahl kommen nur solche Angebote, die unter Berücksichtigung rationellen Baubetriebs und sparsamer Wirtschaftsführung eine einwandfreie Ausführung einschließlich Haftung für Mängelansprüche erwarten lassen.

4. Der Zuschlag wird auf das wirtschaftlichste Angebot erteilt. Grundlage dafür ist eine Bewertung des Auftraggebers, ob und inwieweit das Angebot die vorgegebenen Zuschlagskriterien erfüllt. Das wirtschaftlichste Angebot bestimmt sich nach dem besten Preis-Leistungs-Verhältnis. Zu dessen Ermittlung können neben dem Preis oder den Kosten auch qualitative, umweltbezogene oder soziale Aspekte berücksichtigt werden.

5. Es dürfen nur Zuschlagskriterien und gegebenenfalls deren Gewichtung berücksichtigt werden, die in der Auftragsbekanntmachung oder in den Vergabeunterlagen genannt sind. Zuschlagskriterien können neben dem Preis oder den Kosten insbesondere sein:

   a) Qualität einschließlich technischer Wert, Ästhetik, Zweckmäßigkeit, Zugänglichkeit, „Design für alle", soziale, umweltbezogene und innovative Eigenschaften;

   b) Organisation, Qualifikation und Erfahrung des mit der Ausführung des Auftrags betrauten Personals, wenn die Qualität des eingesetzten Personals erheblichen Einfluss auf das Niveau der Auftragsausführung haben kann, oder

   c) Kundendienst und technische Hilfe sowie Ausführungsfrist.

   Die Zuschlagskriterien müssen mit dem Auftragsgegenstand in Verbindung stehen. Zuschlagskriterien stehen mit dem Auftragsgegenstand in Verbindung, wenn sie sich in irgendeiner Hinsicht auf diesen beziehen, auch wenn derartige Faktoren sich nicht auf die materiellen Eigenschaften des Auftragsgegenstands auswirken.

6. Die Zuschlagskriterien müssen so festgelegt und bestimmt sein, dass die Möglichkeit eines wirksamen Wettbewerbs gewährleistet wird, der Zuschlag nicht willkürlich erteilt werden kann und eine wirksame Überprüfung möglich ist, ob und inwieweit die Angebote die Zuschlagskriterien erfüllen.

7. Es können auch Festpreise oder Festkosten vorgegeben werden, sodass der Wettbewerb nur über die Qualität stattfindet.

(2) Ein Angebot nach § 13 Absatz 2 ist wie ein Hauptangebot zu werten.

(3) Nebenangebote sind zu werten, es sei denn, der Auftraggeber hat sie in der Auftragsbekanntmachung oder in den Vergabeunterlagen nicht zugelassen.

(4) Preisnachlässe ohne Bedingung sind nicht zu werten, wenn sie nicht an der vom Auftraggeber nach § 13 Absatz 4 bezeichneten Stelle aufgeführt sind. Unaufgefordert angebotene Preisnachlässe mit Bedingungen für die Zahlungsfrist (Skonti) werden bei der Wertung der Angebote nicht berücksichtigt.

(5) Die Bestimmungen von Absatz 1 und § 16b gelten auch bei Freihändiger Vergabe. Die Absätze 2 bis 4, § 16 Absatz 1 und § 6 Absatz 2 sind entsprechend auch bei Freihändiger Vergabe anzuwenden.

§ 17
Aufhebung der Ausschreibung

(1) Die Ausschreibung kann aufgehoben werden, wenn:

1. kein Angebot eingegangen ist, das den Ausschreibungsbedingungen entspricht,
2. die Vergabeunterlagen grundlegend geändert werden müssen,
3. andere schwerwiegende Gründe bestehen.

(2) Die Bewerber und Bieter sind von der Aufhebung der Ausschreibung unter Angabe der Gründe, gegebenenfalls über die Absicht, ein neues Vergabeverfahren einzuleiten, unverzüglich in Textform zu unterrichten.

Für die Praxis: Ein öffentlicher Auftraggeber ist nicht gezwungen, ein Vergabeverfahren mit einer Auftragserteilung zu beenden. Er kann auch dann von einem Zuschlag absehen, wenn keiner der in § 17 VOB/A angesprochenen Gründe vorliegt. Eine solche „sonstige Beendigung", also ohne dass ein Aufhebungsgrund vorliegt, darf der Auftraggeber nur vornehmen, wenn hierfür ein sachlicher Grund vorliegt. Werden z.B. das vorhandene Budget und die ordnungsgemäße Schätzung nur geringfügig überschritten, rechtfertigt dies keine Aufhebung wegen fehlender Wirtschaftlichkeit. Dennoch darf der Auftraggeber im Wege der „sonstigen Beendigung" vom Zuschlag absehen.

Liegen die Voraussetzungen des § 17 VOB/A nicht vor, kann sich der Auftraggeber allerdings wegen dieses Vergabeverstoßes schadensersatzpflichtig machen. Dieser Schadensersatzanspruch steht regelmäßig nur dem Bieter zu, der den Auftrag hätte erhalten müssen. Der Höhe nach ist dieser Anspruch auf die Kosten für die Angebotserstellung beschränkt.

Ein weitergehender Anspruch kommt ausnahmsweise nur dann in Frage, wenn der Auftraggeber eine wirtschaftlich gleichwertige Leistung tatsächlich vergibt (BGH, Urteil vom 8.12.2020, XIII ZR 19/19). Dies ist ein Indiz dafür, dass er an seiner Beschaffungsaussicht festgehalten hat, und der ursprünglich erstrangige Bieter kann einen Schadensersatzanspruch bis zur Höhe des entgangenen Gewinns geltend machen.

§ 18
Zuschlag

(1) Der Zuschlag ist möglichst bald, mindestens aber so rechtzeitig zu erteilen, dass dem Bieter die Erklärung noch vor Ablauf der Bindefrist (§ 10 Absatz 4 bis 6) zugeht.

(2) Werden Erweiterungen, Einschränkungen oder Änderungen vorgenommen oder wird der Zuschlag verspätet erteilt, so ist der Bieter bei Erteilung des Zuschlags aufzufordern, sich unverzüglich über die Annahme zu erklären.

§ 19
Nicht berücksichtigte Bewerbungen und Angebote

(1) Bieter, deren Angebote ausgeschlossen worden sind (§ 16) und solche, deren Angebote nicht in die engere Wahl kommen, sollen unverzüglich unterrichtet werden. Die übrigen Bieter sind zu unterrichten, sobald der Zuschlag erteilt worden ist.

(2) Auf Verlangen sind den nicht berücksichtigten Bewerbern oder Bietern innerhalb einer Frist von 15 Kalendertagen nach Eingang ihres in Textform gestellten Antrags die Gründe für die Nichtberücksichtigung ihrer Bewerbung oder ihres Angebots in Textform mitzuteilen, den Bietern auch die Merkmale und Vorteile des Angebots des erfolgreichen Bieters sowie dessen Name.

(3) Nicht berücksichtigte Angebote und Ausarbeitungen der Bieter dürfen nicht für eine neue Vergabe oder für andere Zwecke benutzt werden.

(4) Entwürfe, Ausarbeitungen, Muster und Proben zu nicht berücksichtigten Angeboten sind zurückzugeben, wenn dies im Angebot oder innerhalb von 30 Kalendertagen nach Ablehnung des Angebots verlangt wird.

§ 20
Dokumentation, Informationspflicht

(1) Das Vergabeverfahren ist zeitnah so zu dokumentieren, dass die einzelnen Stufen des Verfahrens, die einzelnen Maßnahmen, die maßgebenden Feststellungen sowie die Begründung der einzelnen Entscheidungen in Textform festgehalten werden. Diese Dokumentation muss mindestens enthalten:

1. Name und Anschrift des Auftraggebers,
2. Art und Umfang der Leistung,
3. Wert des Auftrags,
4. Namen der berücksichtigten Bewerber oder Bieter und Gründe für ihre Auswahl,
5. Namen der nicht berücksichtigten Bewerber oder Bieter und die Gründe für die Ablehnung,
6. Gründe für die Ablehnung von ungewöhnlich niedrigen Angeboten,
7. Name des Auftragnehmers und Gründe für die Erteilung des Zuschlags auf sein Angebot,
8. Anteil der beabsichtigten Weitergabe an Nachunternehmen, soweit bekannt,
9. bei Beschränkter Ausschreibung ohne Teilnahmewettbewerb, Freihändiger Vergabe Gründe für die Wahl des jeweiligen Verfahrens,
10. gegebenenfalls die Gründe, aus denen der Auftraggeber auf die Vergabe eines Auftrags verzichtet hat.

Der Auftraggeber trifft geeignete Maßnahmen, um den Ablauf der mit elektronischen Mitteln durchgeführten Vergabeverfahren zu dokumentieren.

Für die Praxis: Die Dokumentation nach § 20 VOB/A ist kein einheitliches, in sich geschlossenes Dokument. Es geht vielmehr darum, fortlaufend während des gesamten Vergabeverfahrens die wichtigen Verfahrensschritte, Entschlüsse und ihre Gründe zu dokumentieren.

Die Aufzählung in Abs. 1 ist dabei nicht abschließend, wie die Verwendung des Wortes „mindestens" deutlich macht. Erfasst sind die bei den meisten Vergabeverfahren anzutreffenden Sachverhalte. Es können aber auch weitere Sachverhalte hinzukommen, die in Abs. 1 nicht angesprochen sind und dennoch dokumentiert werden müssen. Zu dokumentieren ist, was entweder Kontrollinteressen des Auftraggebers selbst berührt oder was in einem Gerichtsverfahren zur Verteidigung gegen Bietervorwürfe dienen könnte.

(2) Wird auf die Vorlage zusätzlich zum Angebot verlangter Unterlagen und Nachweise verzichtet, ist dies in der Dokumentation zu begründen. Dies gilt auch für den Verzicht auf Angaben zur Eignung gemäß § 6a Absatz 5.

(3) Nach Zuschlagserteilung hat der Auftraggeber auf geeignete Weise, z. B. auf Internetportalen oder im Beschafferprofil zu informieren, wenn bei

1. Beschränkten Ausschreibungen ohne Teilnahmewettbewerb der Auftragswert 25 000 Euro ohne Umsatzsteuer,
2. Freihändigen Vergaben der Auftragswert 15 000 Euro ohne Umsatzsteuer

übersteigt. Diese Informationen werden sechs Monate vorgehalten und müssen folgende Angaben enthalten:

a) Name, Anschrift, Telefon-, Telefaxnummer und E-Mail-Adresse des Auftraggebers,
b) gewähltes Vergabeverfahren,
c) Auftragsgegenstand,
d) Ort der Ausführung,
e) Name des beauftragten Unternehmens.

(4) Der Auftraggeber informiert fortlaufend Unternehmen auf Internetportalen oder in seinem Beschafferprofil über beabsichtigte Beschränkte Ausschreibungen nach § 3a Absatz 2 Nummer 1 ab einem voraussichtlichen Auftragswert von 25 000 Euro ohne Umsatzsteuer.

Diese Informationen müssen folgende Angaben enthalten:

1. Name, Anschrift, Telefon-, Telefaxnummer und E-Mail-Adresse des Auftraggebers,
2. Auftragsgegenstand,
3. Ort der Ausführung,
4. Art und voraussichtlicher Umfang der Leistung,
5. voraussichtlicher Zeitraum der Ausführung.

§ 21
Nachprüfungsstellen

In der Auftragsbekanntmachung und den Vergabeunterlagen sind die Nachprüfungsstellen mit Anschrift anzugeben, an die sich der Bewerber oder Bieter zur Nachprüfung behaupteter Verstöße gegen die Vergabebestimmungen wenden kann.

§ 22
Änderungen während der Vertragslaufzeit

Vertragsänderungen nach den Bestimmungen der VOB/B erfordern kein neues Vergabeverfahren; ausgenommen davon sind Vertragsänderungen nach § 1 Absatz 4 Satz 2 VOB/B.

Für die Praxis: Die Regelung des § 22 VOB/A wurde mit der VOB/A 2016 ganz neu aufgenommen. Früher fand sich in § 22 VOB/A aF eine Regelung zu Baukonzessionen, die nun in § 23

VOB/A zu finden ist. Parallel zur VOB/A – EU enthält die VOB/A Abschnitt 1 in § 22 nun eine Vorschrift dazu, wann eine Vertragsänderung ohne neues Vergabeverfahren zulässig ist. Die VOB/A – EU lehnt sich hierzu an das GWB an, die VOB/A Abschnitt 1 an die VOB/B. Danach sind ohne Verfahren Änderungen nach § 1 Abs. 3 VOB/B (Änderungen des Bauentwurfes) und nach § 1 Abs. 4 Satz 1 VOB/B (zur Ausführung der vertraglichen Leistung erforderliche Zusatzleistungen) zulässig.

§ 23
Baukonzessionen

(1) Eine Baukonzession ist ein Vertrag über die Durchführung eines Bauauftrages, bei dem die Gegenleistung für die Bauarbeiten statt in einem Entgelt in dem befristeten Recht auf Nutzung der baulichen Anlage, gegebenenfalls zuzüglich der Zahlung eines Preises besteht.

(2) Für die Vergabe von Baukonzessionen sind die §§ 1 bis 22 sinngemäß anzuwenden.

§ 24
Vergabe im Ausland

Für die Vergabe von Bauleistungen einer Auslandsdienststelle im Ausland oder einer inländischen Dienststelle, die im Ausland dort zu erbringende Bauleistungen vergibt, kann

1. Freihändige Vergabe erfolgen, wenn dies durch Ausführungsbestimmungen eines Bundes- oder Landesministeriums bis zu einem bestimmten Höchstwert (Wertgrenze) zugelassen ist,
2. auf Angaben nach § 6a verzichtet werden, wenn die örtlichen Verhältnisse eine Vergabe im Ausland erfordern und die Angaben aufgrund der örtlichen Verhältnisse nicht erlangt werden können,
3. abweichend von § 8a Absatz 1 von der Vereinbarung der VOB/B und VOB/C abgesehen werden, wenn die örtlichen Verhältnisse eine Vergabe im Ausland sowie den Verzicht auf die Vereinbarung der VOB/B und VOB/C im Einzelfall erfordern, durch das zugrunde liegende Vertragswerk eine wirtschaftliche Verwendung der Haushaltsmittel gewährleistet ist und die gewünschten technischen Standards eingehalten werden.

Technische Spezifikationen

1. „Technische Spezifikation" hat eine der folgenden Bedeutungen:
   a) bei öffentlichen Bauaufträgen die Gesamtheit der insbesondere in den Vergabeunterlagen enthaltenen technischen Beschreibungen, in denen die erforderlichen Eigenschaften eines Werkstoffs, eines Produkts oder einer Lieferung definiert sind, damit dieser/diese den vom Auftraggeber beabsichtigten Zweck erfüllt; zu diesen Eigenschaften gehören Umwelt- und Klimaleistungsstufen, „Design für alle" (einschließlich des Zugangs von Menschen mit Behinderungen) und Konformitätsbewertung, Leistung, Vorgaben für Gebrauchstauglichkeit, Sicherheit oder Abmessungen, einschließlich der Qualitätssicherungsverfahren, der Terminologie, der Symbole, der Versuchs- und Prüfmethoden, der Verpackung, der Kennzeichnung und Beschriftung, der Gebrauchsanleitungen sowie der Produktionsprozesse und -methoden in jeder Phase des Lebenszyklus der Bauleistungen; außerdem gehören dazu auch die Vorschriften für die Planung und die Kostenrechnung, die Bedingungen für die Prüfung, Inspektion und Abnahme von Bauwerken, die Konstruktionsmethoden oder -verfahren und alle anderen technischen Anforderungen, die der Auftraggeber für fertige Bauwerke oder dazu notwendige Materialien oder Teile durch allgemeine und spezielle Vorschriften anzugeben in der Lage ist;
   b) bei öffentlichen Dienstleistungs- oder Lieferaufträgen eine Spezifikation, die in einem Schriftstück enthalten ist, das Merkmale für ein Produkt oder eine Dienstleistung vorschreibt, wie Qualitätsstufen, Umwelt- und Klimaleistungsstufen, „Design für alle" (einschließlich des Zugangs von Menschen mit Behinderungen) und Konformitätsbewertung, Leistung, Vorgaben für Gebrauchstauglichkeit, Sicherheit oder Abmessungen des Produkts, einschließlich der Vorschriften über Verkaufsbezeichnung, Terminologie, Symbole, Prüfungen und Prüfverfahren, Verpackung, Kennzeichnung

und Beschriftung, Gebrauchsanleitungen, Produktionsprozesse und -methoden in jeder Phase des Lebenszyklus der Lieferung oder der Dienstleistung sowie über Konformitätsbewertungsverfahren;

2. „Norm" bezeichnet eine technische Spezifikation, die von einer anerkannten Normungsorganisation zur wiederholten oder ständigen Anwendung angenommen wurde, deren Einhaltung nicht zwingend ist und die unter eine der nachstehenden Kategorien fällt:

   c) internationale Norm: Norm, die von einer internationalen Normungsorganisation angenommen wurde und der Öffentlichkeit zugänglich ist;

   d) europäische Norm: Norm, die von einer europäischen Normungsorganisation angenommen wurde und der Öffentlichkeit zugänglich ist;

   e) nationale Norm: Norm, die von einer nationalen Normungsorganisation angenommen wurde und der Öffentlichkeit zugänglich ist;

3. „Europäische technische Bewertung" bezeichnet eine dokumentierte Bewertung der Leistung eines Bauprodukts in Bezug auf seine wesentlichen Merkmale im Einklang mit dem betreffenden Europäischen Bewertungsdokument gemäß der Begriffsbestimmung in Artikel 2 Nummer 12 der Verordnung (EU) Nr. 305/2011 des Europäischen Parlaments und des Rates;

4. „gemeinsame technische Spezifikationen" sind technische Spezifikationen im IKT-Bereich, die gemäß den Artikeln 13 und 14 der Verordnung (EU) Nr. 1025/2012 festgelegt wurden;

5. „technische Bezugsgröße" bezeichnet jeden Bezugsrahmen, der keine europäische Norm ist und von den europäischen Normungsorganisationen nach den an die Bedürfnisse des Marktes angepassten Verfahren erarbeitet wurde.

III.
Unterschwellenvergabeordnung – UVgO

– Ausgabe 2017 –

Bekanntmachung der Verfahrensordnung für die Vergabe öffentlicher Liefer- und Dienstleistungsaufträge unterhalb der EU-Schwellenwerte (Unterschwellenvergabeordnung – UVgO)

– Ausgabe 2017 –

des Bundesministeriums für Wirtschaft und Energie

vom 2. Februar 2017 (BAnz AT 07.02.2017 B1), berichtigt durch Bekanntmachung vom 8. Februar 2017 (BAnz AT 08.02.2017 B1)

Nachstehend wird die unter Einbeziehung der Länder zwischen den Bundesressorts abgestimmte Verfahrensordnung für die Vergabe öffentlicher Liefer- und Dienstleistungsaufträge unterhalb der EU-Schwellenwerte (Unterschwellenvergabeordnung – UVgO) veröffentlicht.

Sie ersetzt die Bekanntmachung der Vergabe- und Vertragsordnung für Leistungen – Teil A (VOL/A) – Ausgabe 2009 – vom 20. November 2009 (BAnz. Nr. 196a, BAnz. 2010 S. 755). Die UVgO tritt nicht bereits mit der Bekanntmachung im Bundesanzeiger in Kraft, sondern wird erst durch die Neufassung der Allgemeinen Verwaltungsvorschriften zu § 55 der Bundeshaushaltsordnung bzw. für die Länder durch die entsprechenden landesrechtlichen Regelungen in Kraft gesetzt. Nach ihrer Inkraftsetzung gelten die Vorschriften der UVgO für die Vergabe von Liefer- und Dienstleistungsaufträgen unterhalb der Schwellenwerte gemäß § 106 des Gesetzes gegen Wettbewerbsbeschränkungen (EU-Schwellenwerte).

Die UVgO orientiert sich strukturell an der für öffentliche Aufträge oberhalb der EU-Schwellenwerte geltenden Vergabeverordnung von April 2016.

Berlin, den 2. Februar 2017

I B 6 - 26 19 02

Bundesministerium für Wirtschaft und Energie

Im Auftrag

Dr. Solbach

Für die Praxis: Die UVgO wird als Ersatz der VOL/A zur Verwendung für den öffentlichen Auftraggeber angeboten. In Aufbau, Wortwahl und den allermeisten Formulierungen ähnelt die UVgO stark der VgV. Die UVgO verweist außerdem an vielen Stellen auf Regelungen des GWB und der VgV, die auf diese Weise mitgelten und mitzulesen sind. Dies dient nicht zuletzt der Verschlankung des Textes, zwingt den Nutzer aber, bei Anwendung der UVgO mehrere Regelungstexte zu verwenden.

Unterschiede zwischen UVgO und VgV sollen vor allem berücksichtigen, dass nach der UVgO Aufträge mit geringerem Volumen vergeben werden und daher die strengen Anforderungen des EU-Vergaberechts teilweise nicht mehr im Verhältnis zu den möglichen Vorteilen für Transparenz und Wettbewerb stehen.

Durch die Untergliederung in Abschnitte und Unterabschnitte soll die Auffindbarkeit der maßgeblichen Vorschriften erleichtert werden.

In **Abschnitt 1** sind allgemeine Bestimmungen und Vorgaben für die Kommunikation zu finden. In Unterabschnitt 1 (§§ 1-6 UVgO) finden sich u.a. Regelungen zu Vertraulichkeit und zur Dokumentation. Unterabschnitt 2 enthält nur § 7 UVgO mit den Grundsätzen der Kommunikation.

Der längste Abschnitt der UVgO ist der **Abschnitt 2** zu den diversen Vergabeverfahren. Unterabschnitt 1 (§§ 8-14 UVgO) enthält eine abschließende Aufzählung der zulässigen Verfahrensarten und der Voraussetzungen, unter denen sie gewählt werden dürfen. Unterabschnitt 2 (§§ 15-19 UvgO) betrifft besondere Gestaltungsmöglichkeiten wie z.B. die Rahmenvereinbarung. In Unterabschnitt 3 (§§ 20-26 UVgO) wird die Vorbereitung des Vergabeverfahrens behandelt, so geht es hier z.B. um die Markterkundung und die Leistungsbeschreibung. Die Vorgaben für Veröffentlichungen sind in Unterabschnitt 4 (§§ 27-30 UVgO) zu finden). In Unterabschnitt 5 (§§ 31-36 UVgO) geht es um die Anforderungen an die Unternehmen, die der Auftraggeber aufstellen und verlangen kann sowie um deren Nachweismöglichkeiten. Unterabschnitt 6 (§§ 37-40 UVgO) regelt die Einreichung der Angebote und ihre Öffnung. Die Prüfung und Wertung der Teilnahmeanträge und Angebote wird in Unterabschnitt 7 (§§ 41-48 UVgO) behandelt.

Besonderheiten für die Vergabe von besonderen Leistungen wie insbesondere von freiberuflichen Leistungen sind in **Abschnitt 3** (§§ 49-52 UVgO) zu finden.

In **Abschnitt 4** geht es in § 53 UVgO um Vergaben im Ausland und in § 54 UVgO um die Berechnung von Fristen.

Verfahrensordnung für die Vergabe öffentlicher Liefer- und Dienstleistungsaufträge unterhalb der EU-Schwellenwerte (Unterschwellenvergabeordnung – UVgO) – Ausgabe 2017 –

Abschnitt 1 Allgemeine Bestimmungen und Kommunikation

Unterabschnitt 1 Allgemeine Bestimmungen

§ 1 Gegenstand und Anwendungsbereich

(1) Diese Verfahrensordnung trifft nähere Bestimmungen über das einzuhaltende Verfahren bei der Vergabe von öffentlichen Liefer- und Dienstleistungsaufträgen und Rahmenvereinbarungen, die nicht dem Teil 4 des Gesetzes gegen Wettbewerbsbeschränkungen unterliegen, weil ihr geschätzter Auftragswert ohne Umsatzsteuer die Schwellenwerte gemäß § 106 des Gesetzes gegen Wettbewerbsbeschränkungen unterschreitet.

(2) Diese Verfahrensordnung ist ungeachtet des Erreichens des jeweiligen Schwellenwerts gemäß § 106 des Gesetzes gegen Wettbewerbsbeschränkungen ferner nicht auf Sachverhalte anzuwenden, für die das Gesetz gegen Wettbewerbsbeschränkungen in den §§ 107, 108, 109, 116, 117 oder 145 Ausnahmen von der Anwendbarkeit des Teils 4 des Gesetzes gegen Wettbewerbsbeschränkungen vorsieht.

(3) Die Regelung zu vorbehaltenen Aufträgen nach § 118 des Gesetzes gegen Wettbewerbsbeschränkungen ist auch im Geltungsbereich dieser Verfahrensordnung entsprechend anzuwenden.

Für die Praxis: Die UVgO ist Teil des Unterschwellen-Vergaberechts, das rechtlich zum Haushaltsrecht gehört. Anders als ein Gesetz gilt die UVgO nicht aus sich heraus, sondern benötigt, um verbindlich zu werden, eine Rechtsgrundlage. Diese wird von Bund und den Ländern in sehr unterschiedlicher Weise gestellt. Die Unterschiede beziehen sich dabei nicht nur auf die Form (als Vergabegesetz oder Erlass), sondern auch auf die Inhalte. So regelt das jeweilige Haushaltsrecht, **wer** die UVgO **für welche Vergaben** anzuwenden hat. Insbesondere die Frage, wer die UVgO anzuwenden hat, kann und muss das Haushaltsrecht regeln.

Inhaltlich kann das Haushaltsrecht die UVgO sowohl ergänzen als auch abweichende Regelungen vorsehen.

Die Vergabe von **Konzessionen** ist in der UVgO nicht angesprochen.

Die Vergabe von **Bauleistungen** ist in der VOB/A geregelt, die in Abhängigkeit von den haushaltsrechtlichen Vorgaben anzuwenden ist.

Im Zusammenhang mit der Corona-Pandemie haben viele Bundesländer Regelungen erlassen, nach denen Aufträge bis zum Erreichen bestimmter Wertgrenzen nach vereinfachten Verfahren vergeben werden dürfen.

Ausnahmen vom sachlichen Anwendungsbereich für bestimmte Verträge und Konstellationen sind in Abs. 2 durch Verweis auf das GWB geregelt. So sind z.B. über den Verweis auf § 108 GWB Inhouse-Vergaben und die interstaatliche/interkommunale Kooperation vom Anwendungsbereich ausgenommen.

§ 2
Grundsätze der Vergabe

(1) Öffentliche Aufträge werden im Wettbewerb und im Wege transparenter Verfahren vergeben. Dabei werden die Grundsätze der Wirtschaftlichkeit und der Verhältnismäßigkeit gewahrt.

(2) Die Teilnehmer an einem Vergabeverfahren sind gleich zu behandeln, es sei denn, eine Ungleichbehandlung ist aufgrund dieser Verfahrensordnung oder anderer Vorschriften ausdrücklich geboten oder gestattet.

(3) Bei der Vergabe werden Aspekte der Qualität und der Innovation sowie soziale und umweltbezogene Aspekte nach Maßgabe dieser Verfahrensordnung berücksichtigt.

(4) Mittelständische Interessen sind bei der Vergabe öffentlicher Aufträge vornehmlich zu berücksichtigen.

(5) Die Vorschriften über die Preise bei öffentlichen Aufträgen bleiben unberührt.

Für die Praxis: § 2 UVgO enthält viele auch in § 97 GWB vorgesehene grundsätzliche Regelungen. Die Vorgaben für die Aufteilung nach Losen (vgl. § 97 Abs. 4 GWB) sind in § 22 UVgO zu finden.

Diese allgemeinen Regelungen sind durchaus von Bedeutung für Verständnis und Anwendung der UVgO. So findet sich z.B. in der UVgO zwar keine ausdrückliche Regelung zu unangemessen hohen Angeboten, diese sind jedoch nach dem in Abs. 1 angesprochenen Wirtschaftlichkeitsgrundsatz nicht zuschlagsfähig.

§ 3
Wahrung der Vertraulichkeit

(1) Sofern in dieser Verfahrensordnung oder anderen Rechtsvorschriften nichts anderes bestimmt ist, darf der Auftraggeber keine von den Unternehmen übermittelten und von diesen als vertraulich gekennzeichneten Informationen weitergeben. Dazu gehören insbesondere Betriebs- und Geschäftsgeheimnisse und die vertraulichen Aspekte der Angebote einschließlich ihrer Anlagen.

(2) Bei der gesamten Kommunikation sowie beim Austausch und der Speicherung von Informationen muss der Auftraggeber die Integrität der Daten und die Vertraulichkeit der Teilnahmeanträge und Angebote einschließlich ihrer Anlagen gewährleisten. Die Teilnahmeanträge und Angebote einschließlich ihrer Anlagen sowie die Dokumentation über Öffnung und Wertung der Teilnahmeanträge und Angebote sind auch nach Abschluss des Vergabeverfahrens vertraulich zu behandeln.

(3) Der Auftraggeber kann Unternehmen Anforderungen vorschreiben, die auf den Schutz der Vertraulichkeit der Informationen im Rahmen des Vergabeverfahrens abzielen. Hierzu gehört insbesondere die Abgabe einer Verschwiegenheitserklärung.

§ 4
Vermeidung von Interessenkonflikten

(1) Organmitglieder oder Mitarbeiter des Auftraggebers oder eines im Namen des Auftraggebers handelnden Beschaffungsdienstleisters, bei denen ein Interessenkonflikt besteht, dürfen in einem Vergabeverfahren nicht mitwirken.

(2) Ein Interessenkonflikt besteht für Personen, die an der Durchführung des Vergabeverfahrens beteiligt sind oder Einfluss auf den Ausgang eines Vergabeverfahrens nehmen können und die ein direktes oder indirektes finanzielles, wirtschaftliches oder persönliches Interesse haben, das ihre Unparteilichkeit und Unabhängigkeit im Rahmen des Vergabeverfahrens beeinträchtigen könnte.

(3) Es wird vermutet, dass ein Interessenkonflikt besteht, wenn die in Absatz 1 genannten Personen

1. Bewerber oder Bieter sind,
2. einen Bewerber oder Bieter beraten oder sonst unterstützen oder als gesetzliche Vertreter oder nur in dem Vergabeverfahren vertreten, oder
3. beschäftigt oder tätig sind
   a) bei einem Bewerber oder Bieter gegen Entgelt oder bei ihm als Mitglied des Vorstandes, Aufsichtsrates oder gleichartigen Organs oder
   b) für ein in das Vergabeverfahren eingeschaltetes Unternehmen, wenn dieses Unternehmen zugleich geschäftliche Beziehungen zum Auftraggeber und zum Bewerber oder Bieter hat.

(4) Die Vermutung des Absatzes 3 gilt auch für Personen, deren Angehörige die Voraussetzungen nach Absatz 3 Nummer 1 bis 3 erfüllen. Angehörige sind Verlobte, Ehegatten, Lebenspartner, Verwandte und Verschwägerte gerader Linie, Geschwister, Kinder der Geschwister, Ehegatten und Lebenspartner der Geschwister und Geschwister der Ehegatten und Lebenspartner, Geschwister der Eltern sowie Pflegeeltern und Pflegekinder.

§ 5
Mitwirkung an der Vorbereitung des Vergabeverfahrens

(1) Hat ein Unternehmen oder ein mit ihm in Verbindung stehendes Unternehmen den Auftraggeber beraten oder war auf andere Art und Weise an der Vorbereitung des Vergabeverfahrens beteiligt (vorbefasstes Unternehmen), so ergreift der Auftraggeber angemessene Maßnahmen, um sicherzustellen, dass der Wettbewerb durch die Teilnahme dieses Unternehmens nicht verzerrt wird.

(2) Die Maßnahmen nach Absatz 1 umfassen insbesondere die Unterrichtung der anderen am Vergabeverfahren teilnehmenden Unternehmen in Bezug auf die einschlägigen Informationen, die im Zusammenhang mit der Einbeziehung des vorbefassten Unternehmens in der Vorbereitung des Vergabeverfahrens ausgetauscht wurden oder daraus resultieren, und die Festlegung angemessener Fristen für den Eingang der Angebote und Teilnahmeanträge.

(3) Kann der Wettbewerbsvorteil eines vorbefassten Unternehmens nicht durch andere, weniger einschneidende Maßnahmen beseitigt werden, so kann dieses Unternehmen vom Vergabeverfahren ausgeschlossen werden. Zuvor ist ihm die Möglichkeit zu geben nachzuweisen, dass seine Beteiligung an der Vorbereitung des Vergabeverfahrens den Wettbewerb nicht verzerren kann.

§ 6
Dokumentation

(1) Das Vergabeverfahren ist von Anbeginn fortlaufend in Textform nach § 126b des Bürgerlichen Gesetzbuchs zu dokumentieren, sodass die einzelnen Stufen des Verfahrens, die einzelnen Maßnahmen sowie die Begründung der einzelnen Entscheidungen festgehalten werden.

(2) Die Dokumentation sowie die Angebote, Teilnahmeanträge und ihre Anlagen sind mindestens für drei Jahre ab dem Tag des Zuschlags aufzubewahren. Anderweitige Vorschriften zur Aufbewahrung bleiben unberührt.

Für die Praxis: Die Vorgaben für die Dokumentation sind in der UVgO eher knapp gehalten. Auftraggeber dürfen jedoch nicht unterschätzen, dass die Dokumentation in Verfahren zur Überprüfung von Vergabeverfahren eine entscheidende Rolle hat. Dies betrifft z.B. in einigen Bundesländern vorgesehene **Rechtsschutzmöglichkeiten**, aber auch spätere Schadensersatzansprüche oder Zuwendungsprüfungen.

Vor diesem Hintergrund sollte die Dokumentation nicht als Selbstzweck im Vordergrund stehen, aber auch nicht vernachlässigt werden.

Unterabschnitt 2
Kommunikation

§ 7
Grundsätze der Kommunikation

(1) Für das Senden, Empfangen, Weiterleiten und Speichern von Daten in einem Vergabeverfahren verwenden der Auftraggeber und die Unternehmen grundsätzlich Geräte und Programme für die elektronische Datenübermittlung (elektronische Mittel) nach Maßgabe dieser Verfahrensordnung.

(2) Die Kommunikation in einem Vergabeverfahren kann mündlich erfolgen, wenn sie nicht die Vergabeunterlagen, die Teilnahmeanträge oder die Angebote betrifft und wenn sie ausreichend und in geeigneter Weise dokumentiert wird.

(3) Der Auftraggeber kann von jedem Unternehmen die Angabe einer eindeutigen Unternehmensbezeichnung sowie einer elektronischen Adresse verlangen (Registrierung). Für den Zugang zur Auftragsbekanntmachung und zu den Vergabeunterlagen darf der Auftraggeber keine Registrierung verlangen; eine freiwillige Registrierung ist zulässig.

(4) Die §§ 10 bis 12 der Vergabeverordnung gelten für die Anforderungen an die verwendeten elektronischen Mittel und deren Einsatz entsprechend.

Für die Praxis: Durch den Verweis auf die §§ 10-12 VgV werden letztlich Anforderungen aufgestellt, die nur ein E-Vergabe-System erfüllen kann.

Abschnitt 2
Vergabeverfahren

Unterabschnitt 1
Verfahrensarten

§ 8
Wahl der Verfahrensart

(1) Die Vergabe von öffentlichen Aufträgen erfolgt durch Öffentliche Ausschreibung, durch Beschränkte Ausschreibung mit oder ohne Teilnahmewettbewerb und durch Verhandlungsvergabe mit oder ohne Teilnahmewettbewerb.

(2) Dem Auftraggeber stehen die Öffentliche Ausschreibung und die Beschränkte Ausschreibung mit Teilnahmewettbewerb nach seiner Wahl zur Verfügung. Die anderen Verfahrensarten stehen nur zur Verfügung, soweit dies nach den Absätzen 3 und 4 gestattet ist. Abschnitt 3 bleibt unberührt.

(3) Der Auftraggeber kann Aufträge im Wege der Beschränkten Ausschreibung ohne Teilnahmewettbewerb vergeben, wenn

1. eine Öffentliche Ausschreibung kein wirtschaftliches Ergebnis gehabt hat oder
2. eine Öffentliche Ausschreibung oder eine Beschränkte Ausschreibung mit Teilnahmewettbewerb für den Auftraggeber oder die Bewerber oder Bieter einen Aufwand verursachen würde, der zu dem erreichten Vorteil oder dem Wert der Leistung im Missverhältnis stehen würde.

(4) Der Auftraggeber kann Aufträge im Wege der Verhandlungsvergabe mit oder ohne Teilnahmewettbewerb vergeben, wenn

1. der Auftrag konzeptionelle oder innovative Lösungen umfasst,
2. der Auftrag aufgrund konkreter Umstände, die mit der Art, der Komplexität oder dem rechtlichen oder finanziellen Rahmen oder den damit einhergehenden Risiken zusammenhängen, nicht ohne vorherige Verhandlungen vergeben werden kann,
3. die Leistung nach Art und Umfang, insbesondere ihre technischen Anforderungen, vor der Vergabe nicht so eindeutig und erschöpfend beschrieben werden kann, dass hinreichend vergleichbare Angebote erwartet werden können,
4. nach Aufhebung einer Öffentlichen oder Beschränkten Ausschreibung eine Wiederholung kein wirtschaftliches Ergebnis verspricht,
5. die Bedürfnisse des Auftraggebers nicht ohne die Anpassung bereits verfügbarer Lösungen erfüllt werden können,
6. es sich um die Lieferung von Waren oder die Erbringung von Dienstleistungen zur Erfüllung wissenschaftlich-technischer Fachaufgaben auf dem Gebiet von Forschung, Entwicklung und Untersuchung handelt, die nicht der Aufrechterhaltung des allgemeinen Dienstbetriebs und der Infrastruktur einer Dienststelle des Auftraggebers dienen,
7. im Anschluss an Entwicklungsleistungen Aufträge im angemessenen Umfang und für angemessene Zeit an Unternehmen, die an der Entwicklung beteiligt waren, vergeben werden müssen,
8. eine Öffentliche Ausschreibung oder eine Beschränkte Ausschreibung mit oder ohne Teilnahmewettbewerb für den Auftraggeber oder die Bewerber oder Bieter einen Aufwand verursachen würde, der zu dem erreichten Vorteil oder dem Wert der Leistung im Missverhältnis stehen würde,
9. die Leistung aufgrund von Umständen, die der Auftraggeber nicht voraussehen konnte, besonders dringlich ist und die Gründe für die besondere Dringlichkeit nicht dem Verhalten des Auftraggebers zuzurechnen sind,
10. die Leistung nur von einem bestimmten Unternehmen erbracht oder bereitgestellt werden kann,
11. es sich um eine auf einer Warenbörse notierte und erwerbbare Lieferleistung handelt,
12. Leistungen des ursprünglichen Auftragnehmers beschafft werden sollen,
    a) die zur teilweisen Erneuerung oder Erweiterung bereits erbrachter Leistungen bestimmt sind,
    b) bei denen ein Wechsel des Unternehmens dazu führen würde, dass der Auftraggeber eine Leistung mit unterschiedlichen technischen Merkmalen kaufen müsste und
    c) bei denen dieser Wechsel eine technische Unvereinbarkeit oder unverhältnismäßige technische Schwierigkeiten bei Gebrauch und Wartung mit sich bringen würde,
13. Ersatzteile und Zubehörstücke zu Maschinen und Geräten vom Lieferanten der ursprünglichen Leistung beschafft werden sollen und diese Stücke in brauchbarer Ausführung von anderen Unternehmen nicht oder nicht unter wirtschaftlichen Bedingungen bezogen werden können,
14. eine vorteilhafte Gelegenheit zu einer wirtschaftlicheren Beschaffung führt, als dies bei Durchführung einer Öffentlichen oder Beschränkten Ausschreibung der Fall wäre,
15. es aus Gründen der Sicherheit oder Geheimhaltung erforderlich ist,
16. der öffentliche Auftrag ausschließlich vergeben werden soll

a) gemäß § 1 Absatz 3 an Werkstätten für Menschen mit Behinderungen oder an Unternehmen, deren Hauptzweck die soziale und berufliche Integration von Menschen mit Behinderungen oder von benachteiligten Personen ist, oder

b) an Justizvollzugsanstalten oder

17. dies durch Ausführungsbestimmungen eines Bundes- oder Landesministeriums bis zu einem bestimmten Höchstwert (Wertgrenze) zugelassen ist; eine solche Wertgrenze kann auch festgesetzt werden für die Vergabe von Liefer- oder Dienstleistungsaufträgen einer Auslandsdienststelle im Ausland oder einer inländischen Dienststelle, die im Ausland für einen dort zu deckenden Bedarf beschafft.

Für die Praxis: Die Entscheidung für ein nicht als Regelverfahren vorgesehenes Vergabeverfahren ist nur unter den **eng zu verstehenden und abschließenden Voraussetzungen** zulässig.

Die Entscheidungen zu Oberschwellenvergaben, dass soweit möglich zumindest ein „Wettbewerb light" vorzusehen ist, sind für Unterschwellenvergaben entsprechend anwendbar (OLG Rostock, Beschl. v. 09.12.2020, 17 Verg 4/20).

§ 9
Öffentliche Ausschreibung

(1) Bei einer Öffentlichen Ausschreibung fordert der Auftraggeber eine unbeschränkte Anzahl von Unternehmen öffentlich zur Abgabe von Angeboten auf. Jedes interessierte Unternehmen kann ein Angebot abgeben.

(2) Der Auftraggeber darf von den Bietern nur Aufklärung über ihre Eignung, das Vorliegen von Ausschlussgründen oder über das Angebot verlangen. Verhandlungen, insbesondere über Änderungen der Angebote oder Preise, sind unzulässig.

§ 10
Beschränkte Ausschreibung mit Teilnahmewettbewerb

(1) Bei einer Beschränkten Ausschreibung mit Teilnahmewettbewerb fordert der Auftraggeber eine unbeschränkte Anzahl von Unternehmen im Rahmen eines Teilnahmewettbewerbs öffentlich zur Abgabe von Teilnahmeanträgen auf. Jedes interessierte Unternehmen kann einen Teilnahmeantrag abgeben. Mit dem Teilnahmeantrag übermitteln die Unternehmen die vom Auftraggeber geforderten Informationen für die Prüfung ihrer Eignung und des Nichtvorliegens von Ausschlussgründen.

(2) Nur diejenigen Unternehmen, die vom Auftraggeber nach Prüfung der übermittelten Informationen gemäß § 37 dazu aufgefordert werden, dürfen ein Angebot abgeben. Der Auftraggeber kann die Zahl der Bewerber, die zur Angebotsabgabe aufgefordert werden, gemäß § 36 begrenzen.

(3) § 9 Absatz 2 gilt entsprechend.

§ 11
Beschränkte Ausschreibung ohne Teilnahmewettbewerb

(1) Bei einer Beschränkten Ausschreibung ohne Teilnahmewettbewerb fordert der Auftraggeber ohne vorherige Durchführung eines Teilnahmewettbewerbs mehrere, grundsätzlich mindestens drei Unternehmen zur Abgabe eines Angebots auf.

(2) Für die Auswahl darf der Auftraggeber nur geeignete Unternehmen auffordern, bei denen keine Ausschlussgründe vorliegen. Soweit der Auftraggeber die Erfüllung der Eignungskriterien und das Nichtvorliegen von Ausschlussgründen eines beteiligten Unternehmens im Vorfeld nicht abschließend feststellen kann, darf er die notwendigen Nachweise und Erklärungen auch noch mit oder nach Versendung der Aufforderung zur Angebotsabgabe von dem betreffenden Unternehmen verlangen.

(3) § 9 Absatz 2 gilt entsprechend.

(4) Der Auftraggeber soll zwischen den Unternehmen, die zur Abgabe eines Angebots aufgefordert werden, wechseln.

Für die Praxis: Bei der beschränkten Ausschreibung ohne Teilnahmewettbewerb stellt sich insbesondere die Frage, wie der Auftraggeber geeignete Bewerber identifizieren soll. Damit der Auftraggeber nicht nur „bekannte und bewährte" Unternehmen (deren Eignung ihm aus früheren Verträgen bekannt ist) auffordern kann, gibt ihm Abs. 2 eine interessante Handlungsmöglichkeit: Der Auftraggeber kann auch ihm **bisher nicht als geeignet bekannte Unternehmen** zur Angebotsabgabe auffordern und von ihnen zusammen mit dem Angebot Eignungsnachweise verlangen.

§ 12
Verhandlungsvergabe mit oder ohne Teilnahmewettbewerb

(1) Der Auftraggeber kann eine Verhandlungsvergabe mit oder ohne Teilnahmewettbewerb durchführen. Bei einer Verhandlungsvergabe mit Teilnahmewettbewerb gilt § 10 Absatz 1 und 2 entsprechend.

Für die Praxis: Der Begriff der Verhandlungsvergabe wurde bewusst gewählt, um zu verdeutlichen, dass es sich um ein geregeltes Vergabeverfahren handelt.

Der Auftraggeber kann frei zwischen Verhandlungsvergaben mit oder ohne Teilnahmewettbewerb wählen.

(2) Bei einer Verhandlungsvergabe ohne Teilnahmewettbewerb fordert der Auftraggeber mehrere, grundsätzlich mindestens drei Unternehmen zur Abgabe eines Angebots oder zur Teilnahme an Verhandlungen auf. § 11 Absatz 2 gilt entsprechend. Der Auftraggeber soll zwischen den Unternehmen, die zur Abgabe eines Angebots oder zur Teilnahme an Verhandlungen aufgefordert werden, wechseln.

(3) Im Falle einer Verhandlungsvergabe nach § 8 Absatz 4 Nummer 9 bis 14 darf auch nur ein Unternehmen zur Abgabe eines Angebots oder zur Teilnahme an Verhandlungen aufgefordert werden.

Für die Praxis: Die Beteiligung nur eines Unternehmens ist der absolute Ausnahmefall von der auch in der UVgO ausdrücklich geforderten Vergabe im Wettbewerb. Der Auftraggeber muss auch im Unterschwellenbereich soweit irgend möglich einen „Wettbewerb light" durch konkurrierende Angebote durchführen. Die Rechtsprechung zum Oberschwellenbereich ist insoweit auch auf die UVgO anwendbar (OLG Rostock, Beschl. v. 09.12.2020, 17 Verg 4/20).

(4) Es darf über den gesamten Angebotsinhalt verhandelt werden mit Ausnahme der vom Auftraggeber in der Leistungsbeschreibung festgelegten Mindestanforderungen und Zuschlagskriterien. Der Auftraggeber kann den Zuschlag, auch ohne zuvor verhandelt zu haben, unter Beachtung der Grundsätze nach § 2 Absatz 1 und 2 auf ein Angebot erteilen, wenn er sich dies in der Auftragsbekanntmachung, den Vergabeunterlagen oder bei der Aufforderung zur Abgabe des Angebots vorbehalten hat und die Bindefrist für den Bieter noch nicht abgelaufen ist.

(5) Der Auftraggeber stellt sicher, dass alle Bieter bei den Verhandlungen gleich behandelt werden. Insbesondere enthält er sich jeder diskriminierenden Weitergabe von Informationen, durch die bestimmte Bieter gegenüber anderen begünstigt werden könnten. Er unterrichtet alle Bieter über etwaige Änderungen der Leistungsbeschreibung, insbesondere der technischen Anforderungen oder anderer Bestandteile der Vergabeunterlagen. Der Auftraggeber darf vertrauliche Informationen eines an den Verhandlungen teilnehmenden Bieters nicht ohne dessen Zustimmung an die anderen Bieter, mit denen verhandelt wird, weitergeben. Eine solche Zustimmung darf nicht allgemein, sondern nur in Bezug auf die beabsichtigte Mitteilung bestimmter Informationen erteilt werden.

(6) Beabsichtigt der Auftraggeber, nach geführten Verhandlungen diese abzuschließen, so unterrichtet er die Bieter und legt eine einheitliche Frist für die Einreichung der endgültigen Angebote, über die nicht mehr verhandelt werden darf, fest.

§ 13
Angemessene Fristsetzung; Pflicht zur Fristverlängerung

(1) Der Auftraggeber legt angemessene Fristen für den Eingang der Teilnahmeanträge (Teilnahmefrist) und Angebote (Angebotsfrist) nach den §§ 9 bis 12 sowie für die Geltung der Angebote (Bindefrist) fest. Bei der Festlegung der Fristen sind insbesondere die Komplexität der Leistung, die beizubringenden Erklärungen und Nachweise (Unterlagen), die Zeit für die Ausarbeitung der Teilnahmeanträge und Angebote, die Zeit für die Auswertung der Teilnahmeanträge und Angebote, die gewählten Kommunikationsmittel und die zuvor auf Beschafferprofilen veröffentlichten Informationen angemessen zu berücksichtigen.

(2) Allen Bewerbern und Bietern sind gleiche Fristen zu setzen.

(3) Können Angebote nur nach einer Besichtigung am Ort der Leistungserbringung oder nach Einsichtnahme in die Anlagen zu den Vergabeunterlagen vor Ort beim Auftraggeber erstellt werden, so sind die Angebotsfristen so festzulegen, dass alle Unternehmen von allen Informationen, die für die Erstellung des Angebots erforderlich sind, unter gewöhnlichen Umständen Kenntnis nehmen können.

(4) Die nach Absatz 1 gesetzten Fristen sind, soweit erforderlich, angemessen zu verlängern, wenn

1. zusätzliche wesentliche Informationen vom Auftraggeber vor Ablauf der Angebotsfrist zur Verfügung gestellt werden oder
2. der Auftraggeber wesentliche Änderungen an den Vergabeunterlagen vornimmt.

> **Für die Praxis:** Für anbietende Unternehmen ist es wichtig, dass sie ihre Angebote angemessen erstellen können. Deswegen sollten Auftraggeber auch im eigenen Interesse zu kurze Fristsetzungen vermeiden. Dies gilt insbesondere im Hinblick auf die aktuellen Marktsituationen, die Unternehmen oft einen Verzicht auf öffentliche Aufträge ermöglichen.
>
> Die UVgO hat angesichts der Breite der betroffenen Leistungen keine festen Vorgaben für Fristen gemacht. Um so wichtiger ist die angemessene Fristsetzung im Einzelfall.

§ 14
Direktauftrag

Leistungen bis zu einem voraussichtlichen Auftragswert von 1 000 Euro ohne Umsatzsteuer können unter Berücksichtigung der Haushaltsgrundsätze der Wirtschaftlichkeit und Sparsamkeit ohne die Durchführung eines Vergabeverfahrens beschafft werden (Direktauftrag). Der Auftraggeber soll zwischen den beauftragten Unternehmen wechseln.

Unterabschnitt 2
Besondere Methoden und Instrumente in Vergabeverfahren

§ 15
Rahmenvereinbarungen

(1) Rahmenvereinbarungen sind Vereinbarungen zwischen einem oder mehreren Auftraggebern und einem oder mehreren Unternehmen, die dazu dienen, die Bedingungen für die öffentlichen Aufträge, die während eines bestimmten Zeitraums vergeben werden sollen, festzulegen, insbesondere in Bezug auf den Preis.

(2) Der Abschluss einer Rahmenvereinbarung erfolgt im Wege einer nach dieser Verfahrensordnung anwendbaren Verfahrensart. Das in Aussicht genommene Auftragsvolumen ist so genau wie möglich zu ermitteln und bekannt zu geben, braucht aber nicht abschließend festgelegt zu werden. Eine Rahmenvereinbarung darf nicht missbräuchlich oder in einer Art angewendet werden, die den Wettbewerb behindert, einschränkt oder verfälscht.

(3) Auf einer Rahmenvereinbarung beruhende Einzelaufträge werden entsprechend den Bedingungen der Rahmenvereinbarung vergeben. Die Erteilung von Einzelaufträgen ist nur zulässig zwischen den in der

Auftragsbekanntmachung oder in den Vergabeunterlagen genannten Auftraggebern und den Unternehmen, mit denen Rahmenvereinbarungen abgeschlossen wurden. Es dürfen keine wesentlichen Änderungen an den Bedingungen der Rahmenvereinbarung vorgenommen werden.

(4) Die Laufzeit einer Rahmenvereinbarung darf höchstens sechs Jahre betragen, es sei denn, es liegt ein im Gegenstand der Rahmenvereinbarung begründeter Sonderfall vor.

Für die Praxis: Die UVgO lässt abweichend von der VgV für Rahmenvereinbarungen eine Laufzeit von bis zu 6 Jahren zu.

§ 16
Gelegentliche gemeinsame Auftragsvergabe; zentrale Beschaffung

Für die Nutzung zentraler Beschaffungsstellen und die gelegentliche gemeinsame Auftragsvergabe finden § 120 Absatz 4 des Gesetzes gegen Wettbewerbsbeschränkungen und § 4 der Vergabeverordnung entsprechende Anwendung.

§ 17
Dynamische Beschaffungssysteme

(1) Der Auftraggeber kann für die Beschaffung marktüblicher Leistungen ein dynamisches Beschaffungssystem nutzen.

(2) Bei der Auftragsvergabe über ein dynamisches Beschaffungssystem befolgt der Auftraggeber die Vorschriften für die Beschränkte Ausschreibung mit Teilnahmewettbewerb.

(3) Ein dynamisches Beschaffungssystem wird ausschließlich mithilfe elektronischer Mittel eingerichtet und betrieben. Die §§ 11 oder 12 der Vergabeverordnung finden entsprechende Anwendung.

(4) Ein dynamisches Beschaffungssystem steht im gesamten Zeitraum seiner Einrichtung allen Bietern offen, die die im jeweiligen Vergabeverfahren festgelegten Eignungskriterien erfüllen. Die Zahl der zum dynamischen Beschaffungssystem zugelassenen Bewerber darf nicht begrenzt werden.

(5) Der Zugang zu einem dynamischen Beschaffungssystem ist für alle Unternehmen kostenlos.

(6) Für den Betrieb eines dynamischen Beschaffungssystems findet § 23 Absatz 1 und 3 bis 6 der Vergabeverordnung entsprechende Anwendung.

§ 18
Elektronische Auktionen

Der Auftraggeber kann im Rahmen einer Öffentlichen Ausschreibung oder einer Beschränkten Ausschreibung mit Teilnahmewettbewerb eine elektronische Auktion durchführen, sofern der Inhalt der Vergabeunterlagen hinreichend präzise beschrieben und die Leistung mithilfe automatischer Bewertungsmethoden eingestuft werden kann. Geistig-schöpferische Leistungen können nicht Gegenstand elektronischer Auktionen sein. Eine elektronische Auktion kann mehrere, aufeinander folgende Phasen umfassen und findet unter entsprechender Beachtung der Grundsätze für die Durchführung elektronischer Auktionen gemäß § 25 Absatz 2 bis 4 und § 26 der Vergabeverordnung statt.

§ 19
Elektronische Kataloge

(1) Der Auftraggeber kann festlegen, dass Angebote in Form eines elektronischen Kataloges einzureichen sind oder einen elektronischen Katalog beinhalten müssen. Angeboten, die in Form eines elektronischen Kataloges eingereicht werden, können weitere Unterlagen beigefügt werden.

(2) § 27 Absatz 2 bis 4 der Vergabeverordnung findet entsprechende Anwendung.

Unterabschnitt 3
Vorbereitung des Vergabeverfahrens

§ 20
Markterkundung

(1) Vor der Einleitung eines Vergabeverfahrens darf der Auftraggeber Markterkundungen zur Vorbereitung der Auftragsvergabe und zur Unterrichtung der Unternehmen über seine Auftragsvergabepläne und -anforderungen durchführen.

(2) Die Durchführung von Vergabeverfahren lediglich zur Markterkundung und zum Zwecke der Kosten- oder Preisermittlung ist unzulässig.

Für die Praxis: Diese Regelung zur Markterkundung verdeutlicht, dass auch der öffentliche Auftraggeber den Kontakt zum Markt halten kann und soll. Dies soll ihm ermöglichen, seinen Beschaffungsbedarf marktgerecht zu definieren und so möglichst viele Unternehmen mit möglichst wirtschaftlichen Angeboten zu interessieren.

§ 21
Vergabeunterlagen

(1) Die Vergabeunterlagen umfassen alle Angaben, die erforderlich sind, um dem Bewerber oder Bieter eine Entscheidung zur Teilnahme am Vergabeverfahren zu ermöglichen. Sie bestehen in der Regel aus

1. dem Anschreiben, insbesondere der Aufforderung zur Abgabe von Teilnahmeanträgen oder Angeboten oder Begleitschreiben für die Abgabe der angeforderten Unterlagen,
2. der Beschreibung der Einzelheiten der Durchführung des Verfahrens (Bewerbungsbedingungen), einschließlich der Angabe der Eignungs- und Zuschlagskriterien, sofern nicht bereits in der Auftragsbekanntmachung genannt, und
3. den Vertragsunterlagen, die aus der Leistungsbeschreibung und den Vertragsbedingungen bestehen.

(2) Der Teil B der Vergabe- und Vertragsordnung für Leistungen in der bei Einleitung des Vergabeverfahrens jeweils geltenden Fassung ist in der Regel in den Vertrag einzubeziehen.

Für die Praxis: Gemeint ist die Allgemeine Vertragsbedingungen für die Ausführung von Leistungen (VOL/B), derzeit gültig immer noch in der Fassung der Bekanntmachung vom 05.08.2003 (BAnz. Nr. 178a). Weil aber die VOL/B nicht (mehr) durchweg aktuell ist und auch für viele Leistungen – insbesondere Dienstleistungen – nur beschränkt passt, kann der Auftraggeber auch von ihr abweichen.

(3) Vertragsstrafen sollen nur für die Überschreitung von Ausführungsfristen vereinbart werden, wenn die Überschreitung erhebliche Nachteile verursachen kann. Die Strafe ist in angemessenen Grenzen zu halten.

(4) Andere Verjährungsfristen als die in Teil B der Vergabe- und Vertragsordnung für Leistungen in der bei Einleitung des Vergabeverfahrens jeweils geltenden Fassung enthaltenen Verjährungsfristen sind nur vorzusehen, wenn dies nach der Eigenart der Leistung erforderlich ist.

(5) Auf Sicherheitsleistungen soll ganz oder teilweise verzichtet werden, es sei denn, sie erscheinen ausnahmsweise für die sach- und fristgemäße Durchführung der verlangten Leistung notwendig. Die Sicherheit für die Erfüllung sämtlicher Verpflichtungen aus dem Vertrag soll fünf Prozent der Auftragssumme nicht überschreiten.

§ 22
Aufteilung nach Losen

(1) Leistungen sind in der Menge aufgeteilt (Teillose) und getrennt nach Art oder Fachgebiet (Fachlose) zu vergeben. Bei der Vergabe kann auf eine Aufteilung oder Trennung verzichtet werden, wenn wirtschaftliche oder technische Gründe dies erfordern. Der Auftraggeber kann festlegen, ob die Angebote nur für ein Los, für mehrere oder für alle Lose eingereicht werden dürfen. Er kann, auch wenn Angebote für mehrere oder alle Lose eingereicht werden dürfen, die Zahl der Lose auf eine Höchstzahl beschränken, für die ein einzelner Bieter den Zuschlag erhalten kann.

(2) Der Auftraggeber gibt die Vorgaben nach Absatz 1 bei Öffentlichen Ausschreibungen und Verfahrensarten mit Teilnahmewettbewerb bereits in der Auftragsbekanntmachung, ansonsten in den Vergabeunterlagen bekannt. Er gibt die objektiven und nichtdiskriminierenden Kriterien in den Vergabeunterlagen an, die er bei der Vergabe von Losen anzuwenden beabsichtigt, wenn die Anwendung der Zuschlagskriterien dazu führen würde, dass ein einzelner Bieter den Zuschlag für eine größere Zahl von Losen als die Höchstzahl erhält.

(3) In Fällen, in denen ein einziger Bieter den Zuschlag für mehr als ein Los erhalten kann, kann der Auftraggeber Aufträge über mehrere oder alle Lose vergeben, wenn er bei Öffentlichen Ausschreibungen und Verfahrensarten mit Teilnahmewettbewerb bereits in der Auftragsbekanntmachung, ansonsten in den Vergabeunterlagen angegeben hat, dass er sich diese Möglichkeit vorbehält und die Lose oder Losgruppen angibt, die kombiniert werden können.

Für die Praxis: Diese Regelung entspricht in ihrem Abs. 1 dem § 97 Abs. 4 GWB. Wie der Auftraggeber bei Losbeschränkungen und -zusammenfassungen verfahren soll, sprechen Abs. 2 und 3 an.

§ 23
Leistungsbeschreibung

(1) In der Leistungsbeschreibung ist der Auftragsgegenstand so eindeutig und erschöpfend wie möglich zu beschreiben, sodass die Beschreibung für alle Unternehmen im gleichen Sinne verständlich ist und die Angebote miteinander verglichen werden können. Die Leistungsbeschreibung enthält die Funktions- oder Leistungsanforderungen oder eine Beschreibung der zu lösenden Aufgabe, deren Kenntnis für die Erstellung des Angebots erforderlich ist, sowie Umstände und Bedingungen der Leistungserbringung.

(2) Die Leistungsbeschreibung kann auch Aspekte der Qualität sowie soziale, innovative und umweltbezogene Merkmale umfassen. Diese können sich auch auf den Prozess oder die Methode zur Herstellung oder Erbringung der Leistung oder auf ein anderes Stadium im Lebenszyklus des Auftragsgegenstands einschließlich der Produktions- und Lieferkette beziehen, auch wenn derartige Faktoren keine materiellen Bestandteile der Leistung sind, sofern diese Merkmale in Verbindung mit dem Auftragsgegenstand stehen und zu dessen Wert und Beschaffungszielen verhältnismäßig sind.

(3) In der Leistungsbeschreibung kann ferner festgelegt werden, ob Rechte des geistigen Eigentums übertragen oder dem Auftraggeber daran Nutzungsrechte eingeräumt werden müssen.

(4) Bei der Beschaffung von Leistungen, die zur Nutzung durch natürliche Personen vorgesehen sind, sind bei der Erstellung der Leistungsbeschreibung außer in ordnungsgemäß begründeten Fällen die Zugänglichkeitskriterien für Menschen mit Behinderungen oder die Konzeption für alle Nutzer zu berücksichtigen.

(5) Bezeichnungen für bestimmte Erzeugnisse oder Verfahren wie beispielsweise Markennamen dürfen ausnahmsweise, jedoch nur mit dem Zusatz „oder gleichwertig", verwendet werden, wenn eine hinreichend genaue Beschreibung durch verkehrsübliche Bezeichnungen nicht möglich ist. Der Zusatz „oder gleichwertig" kann entfallen, wenn ein sachlicher Grund die Produktvorgabe ansonsten rechtfertigt. Ein solcher Grund liegt insbesondere dann vor, wenn die Auftraggeber Erzeugnisse oder Verfahren mit unter-

schiedlichen Merkmalen zu bereits bei ihnen vorhandenen Erzeugnissen oder Verfahren beschaffen müssten und dies mit unverhältnismäßig hohem finanziellen Aufwand oder unverhältnismäßigen Schwierigkeiten bei Integration, Gebrauch, Betrieb oder Wartung verbunden wäre. Die Gründe sind zu dokumentieren.

§ 24
Nachweisführung durch Gütezeichen

(1) Als Beleg dafür, dass eine Leistung bestimmten, in der Leistungsbeschreibung geforderten Merkmalen entspricht, kann der Auftraggeber die Vorlage von Gütezeichen nach Maßgabe der Absätze 2 bis 4 verlangen.

(2) Das Gütezeichen muss allen folgenden Bedingungen genügen:

1. Die Anforderungen des Gütezeichens beruhen auf objektiv nachprüfbaren und nichtdiskriminierenden Kriterien, die für die Bestimmung der Merkmale der Leistung geeignet sind.
2. Das Gütezeichen wurde im Rahmen eines offenen und transparenten Verfahrens entwickelt, an dem alle interessierten Kreise teilnehmen können.
3. Alle betroffenen Unternehmen haben Zugang zum Gütezeichen.
4. Die Anforderungen wurden von einem Dritten festgelegt, auf den das Unternehmen, das das Gütezeichen erwirbt, keinen maßgeblichen Einfluss ausüben konnte.

> **Für die Praxis:** Die Voraussetzungen für die Verwendung eines Gütezeichens sind gegenüber § 34 Abs. 2 VgV leicht abgeschwächt, insbesondere in der Nr. 1, die in der UVgO anders als in der VgV nicht „alle" Anforderungen anspricht.

(3) Für den Fall, dass die Leistung nicht allen Anforderungen des Gütezeichens entsprechen muss, hat der Auftraggeber die betreffenden Anforderungen anzugeben.

(4) Der Auftraggeber muss andere Gütezeichen akzeptieren, wenn der Bieter nachweist, dass diese gleichwertige Anforderungen an die Leistung stellen.

(5) Hatte ein Unternehmen aus Gründen, die ihm nicht zugerechnet werden können, nachweislich keine Möglichkeit, das vom Auftraggeber angegebene oder ein gleichwertiges Gütezeichen innerhalb einer einschlägigen Frist zu erlangen, so muss der Auftraggeber andere geeignete Belege akzeptieren, sofern das Unternehmen nachweist, dass die von ihm zu erbringende Leistung die Anforderungen des geforderten Gütezeichens oder die vom Auftraggeber angegebenen spezifischen Anforderungen erfüllt.

§ 25
Nebenangebote

Der Auftraggeber kann Nebenangebote bei Öffentlichen Ausschreibungen und Verfahrensarten mit Teilnahmewettbewerb bereits in der Auftragsbekanntmachung, ansonsten in den Vergabeunterlagen zulassen. Fehlt eine entsprechende Angabe, sind keine Nebenangebote zugelassen. Nebenangebote müssen mit dem Auftragsgegenstand in Verbindung stehen. Bei der Entscheidung über den Zuschlag sind die Grundsätze der Transparenz und Gleichbehandlung zu beachten.

> **Für die Praxis:** Mindestanforderungen muss der Auftraggeber bei der Zulassung von Nebenangeboten nicht festlegen. Es empfiehlt sich aber, für eine nachvollziehbare und transparente **Gleichwertigkeitsprüfung** den Bietern die anzuwendenden Kriterien mitzuteilen. Dies erlaubt den Bietern eine passgenaue Gestaltung der Nebenangebote und ermöglicht dem Auftraggeber eine rechtssichere Beurteilung der Gleichwertigkeit.

§ 26
Unteraufträge

(1) Der Auftraggeber kann Unternehmen in der Auftragsbekanntmachung oder den Vergabeunterlagen auffordern, bei Angebotsabgabe die Teile des Auftrags, die sie im Wege der Unterauftragsvergabe an Dritte zu vergeben beabsichtigen, sowie, falls zumutbar, die vorgesehenen Unterauftragnehmer zu benennen. Vor Zuschlagserteilung kann der Auftraggeber von den Bietern, deren Angebote in die engere Wahl kommen, verlangen, die Unterauftragnehmer zu benennen und nachzuweisen, dass ihnen die erforderlichen Mittel dieser Unterauftragnehmer zur Verfügung stehen. Wenn ein Bewerber oder Bieter die Vergabe eines Teils des Auftrags an einen Dritten im Wege der Unterauftragsvergabe beabsichtigt und sich zugleich im Hinblick auf seine Leistungsfähigkeit gemäß § 34 Absatz 2 auf die Kapazitäten dieses Dritten beruft, ist auch § 35 anzuwenden.

(2) Die Haftung des Hauptauftragnehmers gegenüber dem Auftraggeber bleibt von Absatz 1 unberührt.

(3) Für Unterauftragnehmer aller Stufen gilt § 128 Absatz 1 des Gesetzes gegen Wettbewerbsbeschränkungen entsprechend.

(4) Der Auftraggeber kann in den Vertragsbedingungen vorschreiben, dass der Auftragnehmer spätestens bei Beginn der Auftragsausführung die Namen, die Kontaktdaten und die gesetzlichen Vertreter seiner Unterauftragnehmer mitteilt und dass jede im Rahmen der Auftragsausführung eintretende Änderung auf der Ebene der Unterauftragnehmer mitzuteilen ist. Des Weiteren können die Mitteilungspflichten des Auftragnehmers auch auf Lieferanten, die an Dienstleistungsaufträgen beteiligt sind, sowie auf weitere Stufen in der Kette der Unterauftragnehmer ausgeweitet werden.

(5) Erhält der Auftraggeber Kenntnis darüber, dass Gründe für einen zwingenden Ausschluss eines Unterauftragnehmers nach § 31 vorliegen, so verlangt der Auftraggeber die Ersetzung des Unterauftragnehmers. Betrifft die Kenntnis fakultative Ausschlussgründe nach § 31, kann der Auftraggeber verlangen, dass dieser ersetzt wird. Der Auftraggeber setzt dem Bewerber oder Bieter dafür eine Frist. Die Frist ist so zu bemessen, dass dem Auftraggeber durch die Verzögerung keine Nachteile entstehen. Ist dem Bewerber oder Bieter ein Wechsel des Unterauftragnehmers innerhalb dieser Frist nicht möglich, wird das Angebot ausgeschlossen.

(6) Der Auftraggeber kann vorschreiben, dass alle oder bestimmte Aufgaben bei der Leistungserbringung unmittelbar vom Auftragnehmer selbst oder im Fall einer Bietergemeinschaft von einem Teilnehmer der Bietergemeinschaft ausgeführt werden müssen.

Unterabschnitt 4
Veröffentlichungen; Transparenz

§ 27
Auftragsbekanntmachung; Beschafferprofil

(1) Der Auftraggeber teilt seine Absicht, im Wege einer Öffentlichen Ausschreibung, einer Beschränkten Ausschreibung mit Teilnahmewettbewerb oder einer Verhandlungsvergabe mit Teilnahmewettbewerb einen öffentlichen Auftrag zu vergeben oder eine Rahmenvereinbarung abzuschließen, in einer Auftragsbekanntmachung mit.

(2) Der Auftraggeber kann im Internet zusätzlich ein Beschafferprofil einrichten. Es enthält die Veröffentlichung von Angaben über geplante oder laufende Vergabeverfahren, über vergebene Aufträge oder aufgehobene Vergabeverfahren sowie alle sonstigen für die Auftragsvergabe relevanten Informationen wie zum Beispiel Kontaktstelle, Anschrift, E-Mail- Adresse, Telefon- und Telefaxnummer des Auftraggebers.

§ 28
Veröffentlichung von Auftragsbekanntmachungen

(1) Auftragsbekanntmachungen sind auf den Internetseiten des Auftraggebers oder auf Internetportalen zu veröffentlichen. Zusätzlich können Auftragsbekanntmachungen in Tageszeitungen, amtlichen Veröf-

fentlichungsblättern oder Fachzeitschriften veröffentlicht werden. Auftragsbekanntmachungen auf Internetseiten des Auftraggebers oder auf Internetportalen müssen zentral über die Suchfunktion des Internetportals www.bund.de ermittelt werden können.

(2) Aus der Auftragsbekanntmachung müssen alle Angaben für eine Entscheidung zur Teilnahme am Vergabeverfahren oder zur Angebotsabgabe ersichtlich sein. Sie enthält mindestens:

1. die Bezeichnung und die Anschrift der zur Angebotsabgabe auffordernden Stelle, der den Zuschlag erteilenden Stelle sowie der Stelle, bei der die Angebote oder Teilnahmeanträge einzureichen sind,
2. die Verfahrensart,
3. die Form, in der Teilnahmeanträge oder Angebote einzureichen sind,
4. gegebenenfalls in den Fällen des § 29 Absatz 3 die Maßnahmen zum Schutz der Vertraulichkeit und die Informationen zum Zugriff auf die Vergabeunterlagen,
5. Art und Umfang der Leistung sowie den Ort der Leistungserbringung,
6. gegebenenfalls die Anzahl, Größe und Art der einzelnen Lose,
7. gegebenenfalls die Zulassung von Nebenangeboten,
8. etwaige Bestimmungen über die Ausführungsfrist,
9. die elektronische Adresse, unter der die Vergabeunterlagen abgerufen werden können oder die Bezeichnung und die Anschrift der Stelle, die die Vergabeunterlagen abgibt oder bei der sie eingesehen werden können,
10. die Teilnahme- oder Angebots- und Bindefrist,
11. die Höhe etwa geforderter Sicherheitsleistungen,
12. die wesentlichen Zahlungsbedingungen oder die Angabe der Unterlagen, in denen sie enthalten sind,
13. die mit dem Angebot oder dem Teilnahmeantrag vorzulegenden Unterlagen, die der Auftraggeber für die Beurteilung der Eignung des Bewerbers oder Bieters und des Nichtvorliegens von Ausschlussgründen verlangt, und
14. die Angabe der Zuschlagskriterien, sofern diese nicht in den Vergabeunterlagen genannt werden.

§ 29
Bereitstellung der Vergabeunterlagen

(1) Der Auftraggeber gibt in der Auftragsbekanntmachung eine elektronische Adresse an, unter der die Vergabeunterlagen unentgeltlich, uneingeschränkt, vollständig und direkt abgerufen werden können.

(2) Der Auftraggeber kann die Vergabeunterlagen auf einem anderen geeigneten Weg übermitteln, wenn die erforderlichen elektronischen Mittel zum Abruf der Vergabeunterlagen

1. aufgrund der besonderen Art der Auftragsvergabe nicht mit allgemein verfügbaren oder verbreiteten Geräten und Programmen der Informations- und Kommunikationstechnologie kompatibel sind,
2. Dateiformate zur Beschreibung der Angebote verwenden, die nicht mit allgemein verfügbaren oder verbreiteten Programmen verarbeitet werden können oder die durch andere als kostenlose und allgemein verfügbare Lizenzen geschützt sind, oder
3. die Verwendung von Bürogeräten voraussetzen, die dem Auftraggeber nicht allgemein zur Verfügung stehen.

(3) Der Auftraggeber gibt in der Auftragsbekanntmachung an, welche Maßnahmen er zum Schutz der Vertraulichkeit von Informationen anwendet und wie auf die Vergabeunterlagen zugegriffen werden kann.

§ 30
Vergabebekanntmachung

(1) Der Auftraggeber informiert nach der Durchführung einer Beschränkten Ausschreibung ohne Teilnahmewettbewerb oder einer Verhandlungsvergabe ohne Teilnahmewettbewerb für die Dauer von drei Monaten über jeden so vergebenen Auftrag ab einem Auftragswert von 25 000 Euro ohne Umsatzsteuer auf seinen Internetseiten oder auf Internetportalen.

Diese Information enthält mindestens folgende Angaben:

1. Name und Anschrift des Auftraggebers und dessen Beschaffungsstelle,
2. Name des beauftragten Unternehmens; soweit es sich um eine natürliche Person handelt, ist deren Einwilligung einzuholen oder deren Name zu anonymisieren,
3. Verfahrensart,
4. Art und Umfang der Leistung,
5. Zeitraum der Leistungserbringung.

(2) Der Auftraggeber ist nicht verpflichtet, einzelne Angaben zu veröffentlichen, wenn deren Veröffentlichung

1. den Gesetzesvollzug behindern,
2. dem öffentlichen Interesse zuwiderlaufen,
3. den berechtigten geschäftlichen Interessen eines Unternehmens schaden oder
4. den lauteren Wettbewerb zwischen Unternehmen beeinträchtigen würde.

Unterabschnitt 5
Anforderungen an Unternehmen; Eignung

§ 31
Auswahl geeigneter Unternehmen; Ausschluss von Bewerbern und Bietern

(1) Öffentliche Aufträge werden an fachkundige und leistungsfähige (geeignete) Unternehmen vergeben, die nicht in entsprechender Anwendung der §§ 123 oder 124 des Gesetzes gegen Wettbewerbsbeschränkungen ausgeschlossen worden sind.

(2) Der Auftraggeber überprüft die Eignung der Bewerber oder Bieter anhand der nach § 33 festgelegten Eignungskriterien. Die Eignungskriterien können die Befähigung und Erlaubnis zur Berufsausübung oder die wirtschaftliche, finanzielle, technische oder berufliche Leistungsfähigkeit betreffen. Bei Vorliegen von Ausschlussgründen sind § 125 des Gesetzes gegen Wettbewerbsbeschränkungen zur Selbstreinigung und § 126 des Gesetzes gegen Wettbewerbsbeschränkungen zur zulässigen Höchstdauer des Ausschlusses entsprechend anzuwenden. § 123 Absatz 1 Nummer 4 und 5 des Gesetzes gegen Wettbewerbsbeschränkungen findet auch insoweit entsprechende Anwendung, soweit sich die Straftat gegen öffentliche Haushalte richtet. § 124 Absatz 1 Nummer 7 des Gesetzes gegen Wettbewerbsbeschränkungen findet mit der Maßgabe entsprechende Anwendung, dass die mangelhafte Vertragserfüllung weder zu einer vorzeitigen Beendigung des Vertrags, noch zu Schadensersatz oder einer vergleichbaren Rechtsfolge geführt haben muss.

(3) Bei Verfahrensarten mit Teilnahmewettbewerb fordert der Auftraggeber nur solche Bewerber zur Abgabe eines Angebots auf, die ihre Eignung nachgewiesen haben und nicht ausgeschlossen worden sind.

(4) Bei einer Öffentlichen Ausschreibung kann der Auftraggeber entscheiden, ob er die Angebotsprüfung vor der Eignungsprüfung durchführt.

Für die Praxis: Durch die Festlegung der Eignungsanforderungen nehmen Auftraggeber Einfluss darauf, welche Unternehmen sich überhaupt am Vergabeverfahren beteiligen können. **Kleinere und jüngere Unternehmen** können Unterschwellenaufträge eher ausführen als Oberschwellenaufträge. Die Durchführung von Unterschwellenaufträgen bietet ihnen wertvolle Erfahrungen und ein Ansammeln von Referenzobjekten. Dies wiederum führt sie an Oberschwellenaufträge heran und verschafft dem Auftraggeber perspektivisch weitere potentielle Bieter. Auftraggeber sollten deswegen wettbewerbsbeschränkende Anforderungen stets hinterfragen und nur verhältnismäßige Anforderungen an die Unternehmen aufstellen.

§ 32
Rechtsform von Unternehmen und Bietergemeinschaften

(1) Bewerber oder Bieter, die gemäß den Rechtsvorschriften des Staates, in dem sie niedergelassen sind, zur Erbringung der betreffenden Leistung berechtigt sind, dürfen nicht allein deshalb zurückgewiesen werden, weil sie gemäß den deutschen Rechtsvorschriften eine natürliche oder juristische Person sein müssten. Juristische Personen können jedoch bei Dienstleistungsaufträgen sowie bei Lieferaufträgen, die zusätzlich Dienstleistungen umfassen, verpflichtet werden, in ihrem Antrag auf Teilnahme oder in ihrem Angebot die Namen und die berufliche Befähigung der Personen anzugeben, die für die Erbringung der Leistung als verantwortlich vorgesehen sind.

(2) Bewerber- und Bietergemeinschaften sind wie Einzelbewerber und -bieter zu behandeln. Der Auftraggeber darf nicht verlangen, dass Gruppen von Unternehmen eine bestimmte Rechtsform haben müssen, um einen Antrag auf Teilnahme zu stellen oder ein Angebot abzugeben. Sofern erforderlich, kann der Auftraggeber in den Vergabeunterlagen Bedingungen festlegen, wie Gruppen von Unternehmen die Eignungskriterien zu erfüllen und den Auftrag auszuführen haben; solche Bedingungen müssen durch sachliche Gründe gerechtfertigt und angemessen sein.

(3) Unbeschadet des Absatzes 2 kann der Auftraggeber verlangen, dass eine Bietergemeinschaft nach Zuschlagserteilung eine bestimmte Rechtsform annimmt, soweit dies für die ordnungsgemäße Durchführung des Auftrags erforderlich ist.

§ 33
Eignungskriterien

(1) Der Auftraggeber kann im Hinblick auf die Befähigung und Erlaubnis zur Berufsausübung und die wirtschaftliche, finanzielle, technische und berufliche Leistungsfähigkeit Anforderungen stellen, die sicherstellen, dass die Bewerber oder Bieter über die erforderliche Eignung für die ordnungsgemäße Ausführung des Auftrags verfügen. Die Anforderungen müssen mit dem Auftragsgegenstand in Verbindung und zu diesem in einem angemessenen Verhältnis stehen. Sie sind bei Öffentlichen Ausschreibungen und Verfahrensarten mit Teilnahmewettbewerb bereits in der Auftragsbekanntmachung, ansonsten in den Vergabeunterlagen aufzuführen.

(2) Soweit eintragungs-, anzeige- oder erlaubnispflichtige Tätigkeiten Gegenstand der Leistung sind, kann der Auftraggeber zu jedem Zeitpunkt des Verfahrens entsprechende Nachweise der Befähigung und Erlaubnis zur Berufsausübung verlangen.

§ 34
Eignungsleihe

(1) Ein Bewerber oder Bieter kann für einen bestimmten öffentlichen Auftrag im Hinblick auf die erforderliche wirtschaftliche, finanzielle, technische und berufliche Leistungsfähigkeit die Kapazitäten anderer Unternehmen in Anspruch nehmen, wenn er nachweist, dass ihm die für den Auftrag erforderlichen Mittel tatsächlich zur Verfügung stehen werden, indem er beispielsweise eine entsprechende Verpflichtungserklärung dieser Unternehmen vorlegt. Diese Möglichkeit besteht unabhängig von der Rechtsnatur der zwischen dem Bewerber oder Bieter und den anderen Unternehmen bestehenden Verbindungen. Ein Bewerber oder Bieter kann jedoch im Hinblick auf Nachweise für die erforderliche berufliche Leistungsfähigkeit

wie Ausbildungs- und Befähigungsnachweise oder die einschlägige berufliche Erfahrung die Kapazitäten anderer Unternehmen nur dann in Anspruch nehmen, wenn diese die Leistung erbringen, für die diese Kapazitäten benötigt werden.

(2) Der Auftraggeber überprüft im Rahmen der Eignungsprüfung, ob die Unternehmen, deren Kapazitäten der Bewerber oder Bieter für die Erfüllung bestimmter Eignungskriterien in Anspruch nehmen will, die entsprechenden Eignungskriterien erfüllen und ob Ausschlussgründe vorliegen. § 26 Absatz 5 gilt entsprechend. Legt der Bewerber oder Bieter eine Einheitliche Europäische Eigenerklärung nach § 50 der Vergabeverordnung vor, so muss diese auch die Angaben enthalten, die für die Überprüfung nach Satz 1 erforderlich sind.

(3) Nimmt ein Bewerber oder Bieter die Kapazitäten eines anderen Unternehmens im Hinblick auf die erforderliche wirtschaftliche und finanzielle Leistungsfähigkeit in Anspruch, so kann der Auftraggeber eine gesamtschuldnerische Haftung des Bewerbers oder Bieters und des anderen Unternehmens für die Auftragsausführung entsprechend dem Umfang der Eignungsleihe verlangen.

(4) Die Absätze 1 bis 3 gelten auch für Bewerber- oder Bietergemeinschaften.

§ 35
Beleg der Eignung und des Nichtvorliegens von Ausschlussgründen

(1) In der Auftragsbekanntmachung oder bei Verfahrensarten ohne Teilnahmewettbewerb in der Aufforderung zur Abgabe eines Angebots ist neben den Eignungskriterien ferner anzugeben, mit welchen Unterlagen (Eigenerklärungen, Angaben, Bescheinigungen und sonstige Nachweise) Bewerber oder Bieter ihre Eignung gemäß den §§ 33 und 34 und das Nichtvorliegen von Ausschlussgründen zu belegen haben.

(2) Der Auftraggeber fordert grundsätzlich die Vorlage von Eigenerklärungen an.

(3) Als vorläufigen Beleg der Eignung und des Nichtvorliegens von Ausschlussgründen kann der Auftraggeber die Vorlage einer Einheitlichen Europäischen Eigenerklärung nach § 50 der Vergabeverordnung verlangen. § 50 Absatz 1 Satz 1 und Absatz 2 Satz 1 der Vergabeverordnung gelten entsprechend.

(4) Der Auftraggeber kann Bewerber oder Bieter auffordern, die erhaltenen Unterlagen zu erläutern.

(5) Kann ein Bewerber oder Bieter aus einem berechtigten Grund die geforderten Unterlagen nicht beibringen, so kann er die Befähigung und Erlaubnis zur Berufsausübung oder seine wirtschaftliche, finanzielle, technische oder berufliche Leistungsfähigkeit durch Vorlage anderer, vom Auftraggeber als geeignet angesehener Unterlagen belegen.

(6) Sofern der Bewerber oder Bieter in einem amtlichen Verzeichnis eingetragen ist oder über eine Zertifizierung verfügt, die jeweils den Anforderungen des Artikels 64 der Richtlinie 2014/24/EU entsprechen, werden die im amtlichen Verzeichnis oder dem Zertifizierungssystem niedergelegten Unterlagen und Angaben vom Auftraggeber nur in begründeten Fällen in Zweifel gezogen (Eignungsvermutung). Ein den Anforderungen des Artikels 64 der Richtlinie 2014/24/EU entsprechendes amtliches Verzeichnis kann auch durch Industrie- und Handelskammern eingerichtet werden. Die Industrie- und Handelskammern bedienen sich bei der Führung des amtlichen Verzeichnisses einer gemeinsamen verzeichnisführenden Stelle.

§ 36
Begrenzung der Anzahl der Bewerber

(1) Bei allen Verfahrensarten mit Teilnahmewettbewerb kann der Auftraggeber die Zahl der geeigneten Bewerber, die zur Abgabe eines Angebots oder zur Teilnahme an Verhandlungen aufgefordert werden, begrenzen, sofern genügend geeignete Bewerber zur Verfügung stehen. Dazu gibt der Auftraggeber in der Auftragsbekanntmachung die von ihm vorgesehenen objektiven und nichtdiskriminierenden Eignungskriterien für die Begrenzung der Zahl, die vorgesehene Mindestzahl und gegebenenfalls auch die Höchstzahl der aufzufordernden Bewerber an.

(2) Die vom Auftraggeber vorgesehene Mindestzahl der zur Angebotsabgabe oder zur Teilnahme an Verhandlungen aufzufordernden Bewerber darf nicht niedriger als drei sein. In jedem Fall muss die vorgese-

hene Mindestzahl ausreichend hoch sein, sodass der Wettbewerb gewährleistet ist. Sofern die Zahl geeigneter Bewerber unter der Mindestzahl liegt, kann der Auftraggeber das Vergabeverfahren fortführen, indem er alle Bewerber zur Angebotsabgabe oder zur Teilnahme an Verhandlungen auffordert, die über die geforderte Eignung verfügen. Unternehmen, die sich nicht um die Teilnahme beworben haben, oder Bewerber, die nicht über die geforderte Eignung verfügen, dürfen nicht zugelassen werden.

Unterabschnitt 6
Einreichung, Form und Umgang mit Teilnahmeanträgen und Angeboten

§ 37
Aufforderung zur Angebotsabgabe oder zur Verhandlung nach Teilnahmewettbewerb

(1) Ist ein Teilnahmewettbewerb durchgeführt worden, wählt der Auftraggeber alle geeigneten, nicht ausgeschlossenen Bewerber oder gemäß § 36 eine begrenzte Anzahl an geeigneten, nicht ausgeschlossenen Bewerbern aus, die er auffordert, ein Angebot einzureichen oder an Verhandlungen teilzunehmen.

(2) Die Aufforderung nach Absatz 1, ein Angebot einzureichen, enthält mindestens:

1. einen Hinweis auf die veröffentlichte Auftragsbekanntmachung,
2. den Tag, bis zu dem ein Angebot eingehen muss, die Anschrift der Stelle, bei der es einzureichen ist, die Art der Einreichung sowie die Sprache, in der es abzufassen ist,
3. die Bezeichnung der gegebenenfalls beizufügenden Unterlagen, sofern nicht bereits in der Auftragsbekanntmachung enthalten.

§ 38
Form und Übermittlung der Teilnahmeanträge und Angebote

(1) Der Auftraggeber legt fest, ob die Unternehmen ihre Teilnahmeanträge und Angebote in Textform nach § 126b des Bürgerlichen Gesetzbuchs mithilfe elektronischer Mittel gemäß § 7, auf dem Postweg, durch Telefax oder durch einen anderen geeigneten Weg oder durch Kombination dieser Mittel einzureichen haben. Dasselbe gilt für die sonstige Kommunikation nach § 7.

(2) Ab dem 1. Januar 2019 akzeptiert der Auftraggeber die Einreichung von Teilnahmeanträgen und Angeboten in Textform nach § 126b des Bürgerlichen Gesetzbuchs mithilfe elektronischer Mittel gemäß § 7, auch wenn er die Übermittlung auf dem Postweg, durch Telefax oder durch einen anderen geeigneten Weg oder durch Kombination dieser Mittel vorgegeben hat. Dasselbe gilt für die sonstige Kommunikation nach § 7.

> **Für die Praxis:** Abs. 2 ist so zu verstehen, dass seit dem 01.01.2019 die UVgO nur noch elektronische Angebote erlaubt. Haushaltsrechtlich kann hiervon (wie von allen anderen Regelungen der UVgO) abgewichen werden.

(3) Ab dem 1. Januar 2020 gibt der Auftraggeber vor, dass die Unternehmen ihre Teilnahmeanträge und Angebote in Textform nach § 126b des Bürgerlichen Gesetzbuchs ausschließlich mithilfe elektronischer Mittel gemäß § 7 übermitteln. Dasselbe gilt für die sonstige Kommunikation nach § 7.

(4)[1] Der Auftraggeber ist zur Akzeptanz oder Vorgabe elektronisch eingereichter Teilnahmeanträge oder Angebote nach den Absätzen 2 und 3 nicht verpflichtet, wenn

1. der geschätzte Auftragswert ohne Umsatzsteuer 25 000 Euro nicht überschreitet oder
2. eine Beschränkte Ausschreibung ohne Teilnahmewettbewerb oder eine Verhandlungsvergabe ohne Teilnahmewettbewerb durchgeführt wird. Dasselbe gilt für die sonstige Kommunikation nach § 7.

---

1 Amtliche Fußnote: Das Bundesministerium für Wirtschaft und Energie wird die Auswirkungen der Ausnahmen von der umfassenden Verpflichtung zur Übermittlung der Teilnahmeanträge und Angebote in elektronischer Form auf die Vergabepraxis innerhalb von zwei Jahren nach dem in § 38 Absatz 3 UVgO genannten Datum evaluieren.

(5) Eine Verpflichtung zur Einreichung von Angeboten mithilfe elektronischer Mittel gemäß § 7 besteht nicht, wenn auf die zur Einreichung erforderlichen elektronischen Mittel einer der in § 29 Absatz 2 genannten Gründe zutrifft oder wenn zugleich physische oder maßstabsgetreue Modelle einzureichen sind, die nicht elektronisch übermittelt werden können. In diesen Fällen erfolgt die Kommunikation auf dem Postweg oder auf einem anderen geeigneten Weg.

(6) Ist die Verwendung elektronischer Mittel vorgegeben, prüft der Auftraggeber, ob zu übermittelnde Daten erhöhte Anforderungen an die Sicherheit stellen. Soweit es erforderlich ist, kann der Auftraggeber verlangen, dass Teilnahmeanträge und Angebote

1. mit einer fortgeschrittenen elektronischen Signatur gemäß Artikel 3 Nummer 11 der Verordnung (EU) Nr. 910/2014 oder mit einem fortgeschrittenen elektronischen Siegel gemäß Artikel 3 Nummer 26 der Verordnung (EU) Nr. 910/ 2014 oder
2. mit einer qualifizierten elektronischen Signatur gemäß Artikel 3 Nummer 12 der Verordnung (EU) Nr. 910/2014 oder mit einem qualifizierten elektronischen Siegel gemäß Artikel 3 Nummer 27 der Verordnung (EU) Nr. 910/2014 zu versehen sind.

(7) Der Auftraggeber kann festlegen, dass Angebote mithilfe anderer als elektronischer Mittel einzureichen sind, wenn sie besonders schutzwürdige Daten enthalten, die bei Verwendung allgemein verfügbarer oder alternativer elektronischer Mittel nicht angemessen geschützt werden können, oder wenn die Sicherheit der elektronischen Mittel nicht gewährleistet werden kann.

(8) Auf dem Postweg oder direkt übermittelte Teilnahmeanträge und Angebote sind in einem verschlossenen Umschlag einzureichen und als solche zu kennzeichnen.

(9) Auf dem Postweg oder direkt übermittelte Teilnahmeanträge und Angebote müssen unterschrieben sein. Bei Abgabe mittels Telefax genügt die Unterschrift auf der Telefaxvorlage.

(10) Änderungen an den Vergabeunterlagen sind unzulässig. Die Teilnahmeanträge und Angebote müssen vollständig sein und alle geforderten Angaben, Erklärungen und Preise enthalten. Nebenangebote müssen als solche gekennzeichnet sein.

(11) Die Unternehmen haben anzugeben, ob für den Auftragsgegenstand gewerbliche Schutzrechte bestehen, beantragt sind oder erwogen werden.

(12) Bewerber- oder Bietergemeinschaften haben im Teilnahmeantrag oder im Angebot jeweils die Mitglieder sowie eines ihrer Mitglieder als bevollmächtigten Vertreter für den Abschluss und die Durchführung des Vertrags zu benennen. Fehlt eine dieser Angaben, so ist sie vor der Zuschlagserteilung beizubringen.

§ 39
Aufbewahrung ungeöffneter Teilnahmeanträge und Angebote

Elektronisch übermittelte Teilnahmeanträge und Angebote sind auf geeignete Weise zu kennzeichnen und verschlüsselt zu speichern. Auf dem Postweg und direkt übermittelte Teilnahmeanträge und Angebote sind ungeöffnet zu lassen, mit Eingangsvermerk zu versehen und bis zum Zeitpunkt der Öffnung unter Verschluss zu halten. Mittels Telefax übermittelte Teilnahmeanträge und Angebote sind ebenfalls entsprechend zu kennzeichnen und auf geeignete Weise unter Verschluss zu halten.

§ 40
Öffnung der Teilnahmeanträge und Angebote

(1) Der Auftraggeber darf vom Inhalt der Teilnahmeanträge und Angebote erst nach Ablauf der entsprechenden Fristen Kenntnis nehmen. Dies gilt nicht, wenn nach § 12 Absatz 3 nur ein Unternehmen zur Abgabe eines Angebots aufgefordert wurde.

(2) Die Öffnung der Angebote wird von mindestens zwei Vertretern des Auftraggebers gemeinsam an einem Termin unverzüglich nach Ablauf der Angebotsfrist durchgeführt. Bieter sind nicht zugelassen.

Für die Praxis: Es empfiehlt sich, den wichtigen Schritt der Angebotsöffnung von Personen vornehmen zu lassen, die ansonsten nicht mit dem Vergabeverfahren befasst sind. Diese Personen müssen keine Mitarbeiter des Auftraggebers sein.

Auch im Unterschwellenbereich werden an die Dokumentation der Angebotsöffnung hohe Anforderungen gestellt (vgl. z.B. VK Berlin, Beschl. v. 09.06.2021, VK-B1-12/20).

Unterabschnitt 7
Prüfung und Wertung der Teilnahmeanträge und Angebote; Zuschlag

§ 41
Prüfung der Teilnahmeanträge und Angebote; Nachforderung von Unterlagen

(1) Die Teilnahmeanträge und Angebote sind auf Vollständigkeit und fachliche Richtigkeit, Angebote zudem auf rechnerische Richtigkeit zu prüfen.

(2) Der Auftraggeber kann den Bewerber oder Bieter unter Einhaltung der Grundsätze der Transparenz und der Gleichbehandlung auffordern, fehlende, unvollständige oder fehlerhafte unternehmensbezogene Unterlagen, insbesondere Eigenerklärungen, Angaben, Bescheinigungen oder sonstige Nachweise, nachzureichen, zu vervollständigen oder zu korrigieren, oder fehlende oder unvollständige leistungsbezogene Unterlagen nachzureichen oder zu vervollständigen. Der Auftraggeber ist berechtigt, in der Auftragsbekanntmachung oder den Vergabeunterlagen festzulegen, dass er keine Unterlagen nachfordern wird.

(3) Die Nachforderung von leistungsbezogenen Unterlagen, die die Wirtschaftlichkeitsbewertung der Angebote anhand der Zuschlagskriterien betreffen, ist ausgeschlossen. Dies gilt nicht für Preisangaben, wenn es sich um unwesentliche Einzelpositionen handelt, deren Einzelpreise den Gesamtpreis nicht verändern oder die Wertungsreihenfolge und den Wettbewerb nicht beeinträchtigen.

(4) Die Unterlagen sind vom Bewerber oder Bieter nach Aufforderung durch den Auftraggeber innerhalb einer von diesem festzulegenden angemessenen, nach dem Kalender bestimmten Frist vorzulegen.

(5) Die Entscheidung zur und das Ergebnis der Nachforderung sind zu dokumentieren.

§ 42
Ausschluss von Teilnahmeanträgen und Angeboten

(1) Angebote von Unternehmen, die gemäß § 31 die Eignungskriterien nicht erfüllen oder die wegen des Vorliegens von Ausschlussgründen ausgeschlossen worden sind, werden bei der Wertung nicht berücksichtigt. Darüber hinaus werden Angebote von der Wertung ausgeschlossen, die nicht den Erfordernissen des § 38 genügen, insbesondere

1. Angebote, die nicht form- oder fristgerecht eingegangen sind, es sei denn, der Bieter hat dies nicht zu vertreten,
2. Angebote, die nicht die geforderten oder nachgeforderten Unterlagen enthalten,
3. Angebote, in denen Änderungen des Bieters an seinen Eintragungen nicht zweifelsfrei sind,
4. Angebote, bei denen Änderungen oder Ergänzungen an den Vergabeunterlagen vorgenommen worden sind,
5. Angebote, die nicht die erforderlichen Preisangaben enthalten, es sei denn, es handelt sich um unwesentliche Einzelpositionen, deren Einzelpreise den Gesamtpreis nicht verändern oder die Wertungsreihenfolge und den Wettbewerb nicht beeinträchtigen, oder
6. nicht zugelassene Nebenangebote.

(2) Hat der Auftraggeber Nebenangebote zugelassen und hierfür Mindestanforderungen vorgegeben, so berücksichtigt er nur die Nebenangebote, die die von ihm verlangten Mindestanforderungen erfüllen.

(3) Absatz 1 findet auf die Prüfung von Teilnahmeanträgen entsprechende Anwendung.

§ 43
Zuschlag und Zuschlagskriterien

(1) Der Zuschlag wird auf das wirtschaftlichste Angebot erteilt.

(2) Die Ermittlung des wirtschaftlichsten Angebots erfolgt auf der Grundlage des besten Preis-Leistungs-Verhältnisses. Neben dem Preis oder den Kosten können auch qualitative, umweltbezogene oder soziale Zuschlagskriterien berücksichtigt werden, insbesondere:

1. die Qualität, einschließlich des technischen Werts, Ästhetik, Zweckmäßigkeit, Zugänglichkeit der Leistung insbesondere für Menschen mit Behinderungen, ihrer Übereinstimmung mit Anforderungen des „Designs für Alle", soziale, umweltbezogene und innovative Eigenschaften sowie Vertriebs- und Handelsbedingungen,
2. die Organisation, Qualifikation und Erfahrung des mit der Ausführung des Auftrags betrauten Personals, wenn die Qualität des eingesetzten Personals erheblichen Einfluss auf das Niveau der Auftragsausführung haben kann, oder
3. die Verfügbarkeit von Kundendienst und technischer Hilfe sowie Lieferbedingungen wie Liefertermin, Lieferverfahren sowie Liefer- oder Ausführungsfristen. Der Auftraggeber kann auch Festpreise oder Festkosten vorgeben, sodass das wirtschaftlichste Angebot ausschließlich nach qualitativen, umweltbezogenen oder sozialen Zuschlagskriterien nach Satz 2 bestimmt wird.

(3) Die Zuschlagskriterien müssen mit dem Auftragsgegenstand in Verbindung stehen. Diese Verbindung ist auch dann anzunehmen, wenn sich ein Zuschlagskriterium auf Prozesse im Zusammenhang mit der Herstellung, Bereitstellung oder Entsorgung der Leistung, auf den Handel mit der Leistung oder auf ein anderes Stadium im Lebenszyklus der Leistung bezieht, auch wenn sich diese Faktoren nicht auf die materiellen Eigenschaften des Auftragsgegenstands auswirken.

(4) Der Auftraggeber kann vorgeben, dass das Zuschlagskriterium „Kosten" auf der Grundlage der Lebenszykluskosten der Leistung in entsprechender Anwendung des § 59 der Vergabeverordnung berechnet wird.

(5) Die Zuschlagskriterien müssen so festgelegt und bestimmt sein, dass die Möglichkeit eines wirksamen Wettbewerbs gewährleistet wird, der Zuschlag nicht willkürlich erteilt werden kann und eine wirksame Überprüfung möglich ist, ob und inwieweit die Angebote die Zuschlagskriterien erfüllen.

(6) Der Auftraggeber gibt in der Auftragsbekanntmachung oder den Vergabeunterlagen an, wie er die einzelnen Zuschlagskriterien gewichtet, um das wirtschaftlichste Angebot zu ermitteln. Diese Gewichtung kann auch mittels einer Spanne angegeben werden, deren Bandbreite angemessen sein muss. Ist die Gewichtung aus objektiven Gründen nicht möglich, so gibt der Auftraggeber die Zuschlagskriterien in absteigender Rangfolge an.

(7) Für den Beleg, ob und inwieweit die angebotene Leistung den geforderten Zuschlagskriterien entspricht, gilt § 24 entsprechend.

(8) An der Entscheidung über den Zuschlag sollen in der Regel mindestens zwei Vertreter des Auftraggebers mitwirken.

§ 44
Ungewöhnlich niedrige Angebote

(1) Erscheinen der Preis oder die Kosten eines Angebots, auf das der Zuschlag erteilt werden soll, im Verhältnis zu der zu erbringenden Leistung ungewöhnlich niedrig, verlangt der Auftraggeber vom Bieter Aufklärung.

(2) Der Auftraggeber prüft die Zusammensetzung des Angebots und berücksichtigt die übermittelten Unterlagen. Die Prüfung kann insbesondere betreffen:

1. die Wirtschaftlichkeit des Fertigungsverfahrens einer Lieferleistung oder der Erbringung der Dienstleistung,

2. die gewählten technischen Lösungen oder die außergewöhnlich günstigen Bedingungen, über die das Unternehmen bei der Lieferung der Waren oder bei der Erbringung der Dienstleistung verfügt,
3. die Besonderheiten der angebotenen Leistung,
4. die Einhaltung der Verpflichtungen nach § 128 Absatz 1 des Gesetzes gegen Wettbewerbsbeschränkungen, insbesondere der für das Unternehmen geltenden umwelt-, sozial- und arbeitsrechtlichen Vorschriften, oder
5. die etwaige Gewährung einer staatlichen Beihilfe an das Unternehmen.

(3) Kann der Auftraggeber nach der Prüfung gemäß den Absätzen 1 und 2 die geringe Höhe des angebotenen Preises oder der angebotenen Kosten nicht zufriedenstellend aufklären, darf er den Zuschlag auf dieses Angebot ablehnen. Der Auftraggeber lehnt das Angebot ab, wenn er festgestellt hat, dass der Preis oder die Kosten des Angebots ungewöhnlich niedrig sind, weil Verpflichtungen nach Absatz 2 Satz 2 Nummer 4 nicht eingehalten werden. Der Auftraggeber lehnt das Angebot auch dann ab, wenn der Bieter an der Aufklärung nach den Absätzen 1 und 2 nicht mitwirkt.

(4) Stellt der Auftraggeber fest, dass ein Angebot ungewöhnlich niedrig ist, weil der Bieter eine staatliche Beihilfe erhalten hat, so lehnt der Auftraggeber das Angebot nur dann ab, wenn der Bieter nicht innerhalb einer vom Auftraggeber gesetzten angemessenen Frist nachweisen kann, dass d e staatliche Beihilfe rechtmäßig gewährt wurde.

§ 45
Auftragsausführung

(1) Für die Ausführung von öffentlichen Aufträgen gilt § 128 Absatz 1 des Gesetzes gegen Wettbewerbsbeschränkungen entsprechend.

Für die Praxis: In § 128 Abs. 1 GWB geht es insbesondere um die Beachtung der rechtlichen Verpflichtungen der Unternehmen wie die Zahlung von Steuern, Abgaben etc. sowie die Einhaltung der arbeitsrechtlichen Vorschriften etwa aus dem MiLoG.

(2) Auftraggeber können Bedingungen für die Ausführung eines Auftrags festlegen, sofern diese mit dem Auftragsgegenstand in entsprechender Anwendung des § 127 Absatz 3 des Gesetzes gegen Wettbewerbsbeschränkungen in Verbindung stehen. Die Ausführungsbedingungen müssen sich aus der Auftragsbekanntmachung oder den Vergabeunterlagen ergeben. Sie können insbesondere wirtschaftliche, innovationsbezogene, umweltbezogene, soziale oder beschäftigungspolitische Belange oder den Schutz der Vertraulichkeit von Informationen umfassen.

(3) Für den Beleg, dass die angebotene Leistung den geforderten Ausführungsbedingungen entspricht, gilt § 24 entsprechend.

§ 46
Unterrichtung der Bewerber und Bieter

(1) Der Auftraggeber unterrichtet jeden Bewerber und jeden Bieter unverzüglich über den Abschluss einer Rahmenvereinbarung oder die erfolgte Zuschlagserteilung. Gleiches gilt hinsichtlich der Aufhebung oder erneuten Einleitung eines Vergabeverfahrens einschließlich der Gründe dafür. Der Auftraggeber unterrichtet auf Verlangen des Bewerbers oder Bieters unverzüglich, spätestens innerhalb von 15 Tagen nach Eingang des Antrags die nicht berücksichtigten Bieter über die wesentlichen Gründe für die Ablehnung ihres Angebots, die Merkmale und Vorteile des erfolgreichen Angebots sowie den Namen des erfolgreichen Bieters, und die nicht berücksichtigten Bewerber über die wesentlichen Gründe ihrer Nichtberücksichtigung.

(2) § 30 Absatz 2 gilt für Informationen nach Absatz 1 Satz 3 entsprechend.

§ 47
Auftragsänderung

(1) Für die Änderung eines öffentlichen Liefer- oder Dienstleistungsauftrags ohne Durchführung eines neuen Vergabeverfahrens gilt § 132 Absatz 1, 2 und 4 des Gesetzes gegen Wettbewerbsbeschränkungen entsprechend.

(2) Darüber hinaus ist die Änderung eines öffentlichen Auftrags ohne Durchführung eines neuen Vergabeverfahrens zulässig, wenn sich der Gesamtcharakter des Auftrags nicht ändert und der Wert der Änderung nicht mehr als 20 Prozent des ursprünglichen Auftragswertes beträgt. Bei mehreren aufeinander folgenden Änderungen ist der Gesamtwert der Änderungen maßgeblich.

Für die Praxis: Abs. 2 entspricht § 132 Abs. 3 GWB, erlaubt aber umfangreichere Auftragsänderungen. § 132 Abs. 3 GWB sieht bei Liefer- und Dienstleistungsaufträgen nur 10 % Änderungen ohne neues Vergabeverfahren vor. Weitere Möglichkeiten der Vertragsänderung ohne neues Vergabeverfahren ergeben sich über den Verweis in Abs. 1.

§ 48
Aufhebung von Vergabeverfahren

(1) Der Auftraggeber ist berechtigt, ein Vergabeverfahren ganz oder teilweise aufzuheben, wenn

1. kein Teilnahmeantrag oder Angebot eingegangen ist, das den Bedingungen entspricht,
2. sich die Grundlage des Vergabeverfahrens wesentlich geändert hat,
3. kein wirtschaftliches Ergebnis erzielt wurde oder
4. andere schwerwiegende Gründe bestehen.

(2) Im Übrigen ist der Auftraggeber grundsätzlich nicht verpflichtet, den Zuschlag zu erteilen.

Für die Praxis: In § 48 UVgO geht es um die rechtmäßige Aufhebung von Vergabeverfahren. Diese zieht in den in Abs. 1 aufgeführten Fällen keine Schadensersatzpflicht des Auftraggebers nach sich. Der Auftraggeber kann jedoch auch noch in weiteren Fällen ein Vergabeverfahren ohne Zuschlag beenden, allerdings sind diese dann mit einem Schadensersatzrisiko verbunden. Dies betrifft alle Fälle, in denen sich der Auftraggeber auf einen nachvollziehbaren sachlichen Grund stützen kann. Es ist dabei unerheblich, ob der Auftraggeber diesen Grund selber herbeigeführt hat (z.B. eine zu niedrige Budgetierung oder Fehler in den Vergabeunterlagen). Der Schadensersatz umfasst in der Regel die Aufwendungen für die Teilnahme am Vergabeverfahren. Nur in Ausnahmefällen kann der übergangene Bieter entgangenen Gewinn geltend machen (grundsätzlich BGH, Urt. v. 08.12.2020, XIII ZR 19/19). Kann der Auftraggeber noch nicht einmal einen solchen sachlichen Grund benennen, steht ihm auch die Möglichkeit der Beendigung mit Schadensersatzrisiko nicht zur Verfügung.

Abschnitt 3
Vergabe von Aufträgen für besondere Leistungen; Planungswettbewerbe

§ 49
Vergabe von öffentlichen Aufträgen über soziale und andere besondere Dienstleistungen

(1) Abweichend von § 8 Absatz 2 steht dem Auftraggeber für die Vergabe öffentlicher Aufträge über soziale und andere besondere Dienstleistungen im Sinne von § 130 Absatz 1 des Gesetzes gegen Wettbewerbsbeschränkungen neben der Öffentlichen Ausschreibung und der Beschränkten Ausschreibung mit Teilnahmewettbewerb stets auch die Verhandlungsvergabe mit Teilnahmewettbewerb nach seiner Wahl zur Verfügung. In den Fällen, in denen die Voraussetzungen des § 8 Absatz 3 beziehungsweise Absatz 4 vorliegen, kann der Auftraggeber auf einen Teilnahmewettbewerb verzichten. Für soziale und andere be-

sondere Dienstleistungen, die im Rahmen einer freiberuflichen Tätigkeit erbracht oder im Wettbewerb mit freiberuflichen Tätigen angeboten werden, gilt § 50.

(2) Bei der Bewertung der in § 43 Absatz 2 Satz 1 Nummer 2 genannten Zuschlagskriterien können insbesondere der Erfolg und die Qualität bereits erbrachter Leistungen des Bieters oder des vom Bieter eingesetzten Personals berücksichtigt werden. Bei Dienstleistungen nach dem Zweiten und Dritten Buch Sozialgesetzbuch können für die Bewertung des Erfolgs und der Qualität bereits erbrachter Leistungen des Bieters insbesondere berücksichtigt werden:

1. Eingliederungsquoten,
2. Abbruchquoten,
3. erreichte Bildungsabschlüsse und
4. Beurteilungen der Vertragsausführung durch den Auftraggeber anhand transparenter und nichtdiskriminierender Methoden.

§ 50
Sonderregelung zur Vergabe von freiberuflichen Leistungen

Öffentliche Aufträge über Leistungen, die im Rahmen einer freiberuflichen Tätigkeit erbracht oder im Wettbewerb mit freiberuflich Tätigen angeboten werden[2], sind grundsätzlich im Wettbewerb zu vergeben. Dabei ist so viel Wettbewerb zu schaffen, wie dies nach der Natur des Geschäfts oder nach den besonderen Umständen möglich ist.

Für die Praxis: Insbesondere bei der Vergabe freiberuflicher Leistungen sollte der Auftraggeber darauf achten, einen angemessenen Wettbewerb durchzuführen. Diese Leistungen haben oft einen erheblichen Einfluss auf andere Leistungen, so z.B. die freiberufliche Leistung eines Architekten/Ingenieurs auf das später nach den Plänen zu errichtende Gebäude. Deswegen sollten Auftraggeber insbesondere auf die angemessene Berücksichtigung qualitativer Zuschlagskriterien achten.

§ 51
Vergabe von verteidigungs- oder sicherheitsspezifischen öffentlichen Aufträgen

(1) Abweichend von § 8 Absatz 2 stehen dem Auftraggeber für die Vergabe von verteidigungs- oder sicherheitsspezifischen öffentlichen Aufträgen im Sinne von § 104 des Gesetzes gegen Wettbewerbsbeschränkungen die Beschränkte Ausschreibung mit oder ohne Teilnahmewettbewerb oder die Verhandlungsvergabe mit oder ohne Teilnahmewettbewerb nach seiner Wahl zur Verfügung.

(2) Im Falle eines verteidigungs- oder sicherheitsspezifischen öffentlichen Auftrags im Sinne von § 104 Absatz 1 bis 3 des Gesetzes gegen Wettbewerbsbeschränkungen gilt § 7 der Vergabeverordnung Verteidigung und Sicherheit entsprechend.

(3) Auftraggeber legen in der Auftragsbekanntmachung oder den Vergabeunterlagen ihre Anforderungen an die Versorgungssicherheit fest. Auftraggeber können insbesondere verlangen, dass der Teilnahme-

2 vgl. § 18 Absatz 1 Nummer 1 des Einkommensteuergesetzes: (1) Einkünfte aus selbständiger Arbeit sind: 1. Einkünfte aus freiberuflicher Tätigkeit. Zu der freiberuflichen Tätigkeit gehören die selbständig ausgeübte wissenschaftliche, künstlerische, schriftstellerische, unterrichtende oder erzieherische Tätigkeit, die selbständige Berufstätigkeit der Ärzte, Zahnärzte, Tierärzte, Rechtsanwälte, Notare, Patentanwälte, Vermessungsingenieure, Ingenieure, Architekten, Handelschemiker, Wirtschaftsprüfer, Steuerberater, beratenden Volks- und Betriebswirte, vereidigten Buchprüfer (vereidigten Bücherrevisoren), Steuerbevollmächtigten, Heilpraktiker, Dentisten, Krankengymnasten, Journalisten, Bildberichterstatter, Dolmetscher, Übersetzer, Lotsen und ähnlicher Berufe. Ein Angehöriger eines freien Berufs im Sinne der Sätze 1 und 2 ist auch dann freiberuflich tätig, wenn er sich der Mithilfe fachlich vorgebildeter Arbeitskräfte bedient; Voraussetzung ist, dass er auf Grund eigener Fachkenntnisse leitend und eigenverantwortlich tätig wird. Eine Vertretung im Fall vorübergehender Verhinderung steht der Annahme einer leitenden und eigenverantwortlichen Tätigkeit nicht entgegen; ...

antrag oder das Angebot die in § 8 Absatz 2 der Vergabeverordnung Verteidigung und Sicherheit aufgeführten Angaben enthält.

(4) § 31 Absatz 1 gilt bei verteidigungs- oder sicherheitsspezifischen öffentlichen Aufträgen mit der Maßgabe, dass ein Unternehmen in entsprechender Anwendung des § 124 Absatz 1 des Gesetzes gegen Wettbewerbsbeschränkungen auch dann von der Teilnahme an einem Vergabeverfahren ausgeschlossen werden kann, wenn das Unternehmen nicht die erforderliche Vertrauenswürdigkeit aufweist, um Risiken für die nationale Sicherheit auszuschließen. Der Nachweis, dass Risiken für die nationale Sicherheit nicht auszuschließen sind, kann auch mit Hilfe geschützter Datenquellen erfolgen.

§ 52
Durchführung von Planungswettbewerben

Planungswettbewerbe können insbesondere auf den Gebieten der Raumplanung, des Städtebaus und des Bauwesens oder der Datenverarbeitung durchgeführt werden.

Abschnitt 4
Schlussbestimmungen

§ 53
Vergabe im Ausland

Auslandsdienststellen oder inländische Dienststellen in den Fällen des § 8 Absatz 4 Nummer 17 Halbsatz 2 sind bei der Vergabe von Liefer- und Dienstleistungsaufträgen im Ausland nicht verpflichtet, § 28 Absatz 1 Satz 1 und 3, § 29 Absatz 1, § 30 und § 38 Absatz 2 bis 4 dieser Verfahrensordnung anzuwenden.

§ 54
Fristenbestimmung und -berechnung

(1) Der Auftraggeber soll Fristen festlegen, die nach dem Kalendertag bestimmt sind.

(2) Für die Berechnung der im Rahmen dieser Verfahrensordnung festgelegten Fristen gelten die §§ 186 bis 193 des Bürgerlichen Gesetzbuchs.

C

Rechtsschutz

I. Rechtsschutz im Vergaberecht

1. Warum Rechtsschutz?

Bieter haben Anspruch darauf, dass der Auftraggeber die Vorschriften über das Verfahren einhält. Für den Bereich **oberhalb der Schwellenwerte** stellt dies § 97 Abs. 6 GWB ausdrücklich klar. Daher unterliegt die Vergabe öffentlicher Aufträge der Nachprüfung durch die Vergabekammern (§ 155 GWB). Dabei kann übrigens nicht nur der ungerechtfertigte Ausschluss, die Wahl der falschen Verfahrensart oder der Zuschlag an das falsche Unternehmen wegen einer fehlerhaften Wertung, sondern gemäß § 135 Abs. 1 Nr. 2 GWB auch das Unterlassen eines förmlichen Vergabeverfahrens oder eine ungerechtfertigte Aufhebung des Vergabeverfahrens angefochten werden.

Zwar gelten die vorgenannten ausdrücklichen Regelungen (derzeit) nur oberhalb der Schwellenwerte. **Unterhalb der Schwellenwerte** gilt jedoch im Ergebnis Ähnliches. Der Grundsatz, dass Rechtsschutz gewährt wird, ist seit Jahrzehnten anerkannt und wird von der Rechtsprechung auch immer wieder angewandt. In der Praxis gibt es jedoch erhebliche Probleme, tatsächlich rechtzeitig Rechtsschutz zu erlangen. Für Beschaffungen mit **Binnenmarktrelevanz** hat die Europäische Kommission das Erfordernis effektiven Rechtsschutzes in der „Mitteilung zu Auslegungsfragen in Bezug auf das Gemeinschaftsrecht, das für die Vergabe öffentlicher Aufträge gilt, die nicht oder nur teilweise unter die Vergaberichtlinien fallen" vom 23.6.2006 (ABl. C 179, S. 2, dort Ziff. 2.3.3) ausdrücklich klargestellt. Einzelne Bundesländer haben mittlerweile Regelungen zum Rechtsschutz unterhalb der Schwellenwerte eingeführt (siehe unten Punkt 2. a) bb).

Auch wenn der Rechtsschutz für Bieter immer wieder kritisiert wird – weder handelt es sich um ein Investitionshemmnis noch ist der Bieterschutz gegen die öffentlichen Auftraggeber gerichtet. Im Gegenteil:

- Keinesfalls ist das Vergaberecht einseitig gegen die öffentlichen Auftraggeber gerichtet. Gerade auch die Präklusionsregeln in § 135 Abs. 2 und 3 GWB und § 160 Abs. 3 GWB zeigen, dass der Bieter zwar eine faire Chance haben soll, sich gegen Ungerechtigkeiten zu wehren. Es soll aber auch zügig Rechtssicherheit eintreten und Auftraggeber und Auftragnehmer sollen auf den Bestand der Zuschlagsentscheidung vertrauen können.
- Diese Bewertung wird dadurch untermauert, dass der Einleitung eines Nachprüfungsverfahrens im Regelfall eine Rüge vorauszugehen hat (vgl. § 160 Abs. 3 GWB), weshalb sich dem Auftraggeber bereits vor einem Nachprüfungsverfahren die Möglichkeit der Prüfung und ggf. Selbstkorrektur bietet.
- Im vergaberechtlichen Rechtsschutz wird, wie in keinem anderen Rechtsgebiet sonst, auf Investitionsbedarf Rücksicht genommen. Dies zeigen das Beschleunigungsprinzip (§ 167 GWB) und ein fein abgestuftes System des Eilrechtsschutzes. So können gemäß §§ 169 Abs. 2 und 176 GWB ausdrücklich vorzeitige Zuschlagserteilungen gestattet werden (siehe unten Punkt 6.). Die grundsätzliche Rücksicht des Vergaberechts auf Investitionsbedarf zeigt auch § 163 Abs. 1 Satz 3 GWB, wonach die Vergabekammer bei ihrer gesamten Tätigkeit darauf achtet, „dass der Ablauf des Vergabeverfahrens nicht unangemessen beeinträchtigt wird".

Letztlich nimmt ein Antragsteller z.B. mit der Rüge einer unwirtschaftlichen Vergabe (etwa wegen eines ungerechtfertigten Ausschlusses des Bestbieters) auch Interessen der Allgemeinheit wahr, indem er auf eine rechtmäßige, wirtschaftliche Vergabe hinwirkt. Vor diesem Hintergrund sollten Auftraggeber den Rechtsschutz nicht als „lästiges Übel" und Bieter nicht als „Drohszenario" missverstehen. Alle am Vergabeverfahren Beteiligten sollten den **Rechtsschutz als Chance** begreifen, Rechtsstaats-, Gleichbehandlungs-, Transparenz- und Wettbewerbsprinzip zur Durchsetzung zu verhelfen.

2. Zweiteilung des Rechtsschutzes

Im Vergaberecht hängt die konkrete Ausgestaltung des Rechtsschutzes, insbesondere des Primärrechtsschutzes, davon ab, ob der Auftragswert **unterhalb oder oberhalb** der maßgeblichen Schwellenwerte liegt. Mittels des vergaberechtlichen Primärrechtsschutzes können vergaberechtliche Verfahrensentscheidungen (z.B. Wiederholung der Wertung, Ausschluss von Konkurrenten, im Ausnahmefall sogar der Zuschlag) erzwungen werden.

a) Rechtsschutz unterhalb der Schwellenwerte

Noch immer erliegen einige Rechtsanwender dem Irrtum, dass es unterhalb der Schwellenwerte keinen Primärrechtsschutz gäbe, weil häufig ausdrückliche Regelungen fehlen. Diese Annahme ist falsch: Es existiert eine gefestigte Rechtsprechung zum Rechtsschutz unterhalb der Schwellenwerte (siehe nachfolgend Punkt aa). In einigen Bundesländern gibt es zudem bereits ausdrückliche Regelungen zum Rechtsschutz unterhalb der Schwellenwerte (siehe Punkt bb).

aa) Rechtsprechung zum Rechtsschutz unterhalb der Schwellenwerte

Auch jenseits der unten näher dargestellten Regelungen einzelner Bundesländer gibt es eine gefestigte Rechtsprechung, aus der sich das Bestehen eines **Anspruchs auf Primärrechtsschutz auch unterhalb der Schwellenwerte** ergibt. § 97 Abs. 6 GWB ist keine abschließende Regelung. Es gibt nämlich auch unterhalb der Schwellenwerte Anspruchsgrundlagen, um abweichende Vergabeentscheidungen erzwingen zu können, die auch in ständiger Praxis von angerufenen Gerichten angewendet werden (dazu *Zeiss*, Sichere Vergabe unterhalb der Schwellenwerte, 3. Aufl. 2016, S. 425 ff.).

In diesem Zusammenhang ist darauf hinzuweisen, dass die Entscheidung des BVerfG zum Rechtsschutz unterhalb der Schwellenwerte (Beschl. v. 13.6.2006, 1 BvR 1160/03) immer wieder missverstanden wird. Danach wird der Gleichheitsgrundsatz des Art. 3 GG nicht dadurch verletzt, dass der Rechtsschutz im Vergabeverfahren unterhalb und oberhalb der Schwellenwerte jeweils abweichend gestaltet ist. Aus dieser Entscheidung ist nicht abzuleiten, dass eine Nichtexistenz eines Rechtsschutzes unterhalb der Schwellenwerte verfassungsmäßig wäre. Im Gegenteil: Aus dem **Justizgewährungsanspruch** (vgl. Art. 19 Abs. 4 GG) folgt vielmehr auch unterhalb der Schwellenwerte ein Anspruch auf wirksamen Rechtsschutz. Das BVerfG hat lediglich entschieden, dass dieser Rechtsschutz **anders gestaltet sein darf als oberhalb** der Schwellenwerte. Zudem gilt auch unterhalb der Schwellenwerte das Willkürverbot.

Der Justizgewährungsanspruch wird insbesondere auch aus dem **Rechtsstaatsprinzip** abgeleitet und gilt daher nicht nur gegenüber Maßnahmen institutioneller (staatlicher oder kommunaler) Auftraggeber, sondern grundsätzlich auch gegenüber Maßnahmen privater Sektorenauftraggeber.

Zwar folgt aus dem Justizgewährungsanspruch **kein Anspruch auf eine 1:1-Umsetzung** des vergaberechtlichen Rechtsschutzes aus dem GWB. Es gibt aber einige Mindestanforderungen, die beachtet werden müssen: Die grundgesetzlich gewährleistete Rechtsschutzgarantie umfasst den Anspruch auf Zugang zu den Gerichten, die Prüfung des Streitbegehrens in einem förmlichen Verfahren und eine verbindliche gerichtliche Entscheidung (st. Rspr., vgl. BVerfG, Beschl. v. 30.4.2003, 1 PBvU 1/02).

Zudem ist zu beachten, dass mit dem Zuschlag ein **zivilrechtlich wirksamer Vertrag** zustande kommt (vgl. § 168 Abs. 2 Satz 1 GWB). Ein wirksamer Primärrechtsschutz auch unterhalb der Schwellenwerte erfordert daher also auch eine **Vorabinformation mit Zuschlagsverbot**, beispielsweise nach dem Muster des § 134 GWB. Soweit keine solche Vorabinformations-Pflicht besteht, ist die Anrufung von Gerichten für Bieter mit besonderen Risiken behaftet.

Eine weitere Lücke des vergaberechtlichen Rechtsschutzes unterhalb der Schwellenwerte ergibt sich daraus, dass es unterhalb der Schwellenwerte kein dem § 165 GWB vergleichbares Recht auf **Einsicht in die Vergabeakte (Akteneinsicht)** gibt. Diese Rechtsschutzlücke kann in der Praxis teilweise durch die **Informationsfreiheitsgesetze** des Bundes und der Länder geschlossen werden (vgl. VG Stuttgart, Beschl. v. 17.5.2011, 13 K 3505/09 – Verbrauchsmaterial für Drucker). Allerdings droht dabei eine Rechtswegspaltung, denn für Ansprüche nach dem Informationsfreiheitsgesetz sind die Verwaltungsgerichte zuständig, für den Rechtsschutz unterhalb der Schwellenwerte im Übrigen die Zivilgerichte. Jedenfalls bei einem anhängigen Nachprüfungsverfahren geht das spezielle Akteneinsichtsrecht gemäß § 165 GWB vor (vgl. § 4 Abs. 2 Satz 1 IFG NRW).

Festzuhalten ist, dass der Gesetzgeber keinesfalls daran gehindert ist, den Rechtsschutz oberhalb und unterhalb der Schwellenwerte weitestgehend parallel auszugestalten. In Österreich sowie einzelnen deutschen Bundesländern (siehe unten Punkt bb) wurde dies erfolgreich getan.

Noch fehlt es in der Mehrzahl der deutschen Bundesländer aber an ausdrücklichen Regeln für den Rechtsschutz unterhalb der Schwellenwerte. Jedenfalls für die Zivilgerichte hat sich mittlerweile eine weitgehend identische Rechtsprechung herausgebildet. Frühere, teils scharfe Unterschiede in der Entscheidungspraxis sind in der Praxis nicht mehr so häufig zu beobachten. Es hat sich die Auffassung durchgesetzt, dass eine objektive Verletzung von bieterschützenden Vergaberechtsregelungen ausreicht. Dennoch sind die individuellen Regelungen einiger Bundesländer zum Rechtsschutz unterhalb der Schwellenwerte wegen der damit verbundenen Rechtsklarheit zu begrüßen. Die Erfahrungen in den betroffenen Bundesländern deuten nicht darauf hin, dass der Rechtsschutz die öffentliche Beschaffung flächendeckend beeinträchtigt hätte.

Jedenfalls sind ohne abweichende Regelung in den jeweiligen Landesvergabegesetzen (siehe unten Punkt bb) für den Primärrechtsschutz bei Vergaben zivilrechtlicher Verträge unterhalb der Schwellenwerte die **Zivilgerichte zuständig** (BVerwG, Urt. v. 2.5.2007, 6 B 10/07). Dies bedeutet: In erster Instanz sind regelmäßig die **Landgerichte**, in zweiter Instanz die **Oberlandesgerichte** zuständig (dazu *Zeiss*, Sichere Vergabe unterhalb der Schwellenwerte, 3. Aufl. 2016, S. 415 f.). In Fällen – bei Vergabe eher seltener – öffentlich-rechtlicher Verhältnisse bleiben die Verwaltungsgerichte zuständig.

Ein Problem des Rechtsschutzes unterhalb der Schwellenwerte scheint durch die Rechtsprechung nun entschärft zu sein: Es bestand nämlich die paradoxe Situation, dass das **Kostenrisiko** beim Rechtsschutz unterhalb der Schwellenwerte in vielen Fällen höher war als das Kostenrisiko beim Rechtsschutz oberhalb der Schwellenwerte (dazu *Zeiss*, Sichere Vergabe unterhalb der Schwellenwerte, 3. Aufl. 2016, S. 422 f.). Die Rechtsprechung hat dieses Paradoxon jedoch nun aufgelöst und geht auch beim Rechtsschutz unterhalb der Schwellenwerte davon aus, dass der **Streitwert** – ebenso wie oberhalb der Schwellenwerte – lediglich **5 % der Bruttoangebotssumme** entspricht (OLG Saarbrücken, Beschl. v. 25.1.2010, 1 W 333/09).

Im Übrigen kann ein (vermeintlich) übergangenes oder benachteiligtes Unternehmen auch

- die Fach- und Rechtsaufsicht einschalten,
- sich an die Europäische Kommission wenden oder
- Schadensersatzansprüche vor den Zivilgerichten geltend machen.

Durch eine Überprüfung des Vergabeverfahrens durch die **Fach- und Rechtsaufsicht** oder die **Europäische Kommission** kann zwar die Zuschlagserteilung nicht verhindert werden, doch beachten die Vergabestellen in der Regel die Weisungen der Aufsichtsbehörden.

Außerdem stehen Bewerbern oder Bietern **zivilrechtliche Schadensersatzansprüche** wegen Verletzung eines vorvertraglichen Vertrauensverhältnisses (§§ 311 Abs. 2, 241 Abs. 2, 280 Abs. 1 BGB) zu, wenn bei der Ausschreibung Vergabevorschriften verletzt worden sind (BGH, Urt. v. 9.6.2011, X ZR 143/2010 – Schadensersatz Rettungsdienstleistungen). Auch bei einer Ausschreibung unterhalb der Schwellenwerte entsteht zwischen den Beteiligten, also der Vergabestelle und dem Interessenten, ein vorvertragliches Vertrauensverhältnis, welches die Vergabestelle verpflichtet, auf die Rechtsgüter und Interessen aller Bewerber und Bieter Rücksicht zu nehmen. Zu den Grundpflichten des öffentlichen Auftraggebers gehört, alle Wettbewerbsteilnehmer gleich zu behandeln, die in den Vergabe- und Vertragsordnungen getroffenen Regelungen einzuhalten und eine Ausschreibung nicht grundlos aufzuheben. Eine vorherige Rüge/ein Nachprüfungsverfahren sind für die Geltendmachung von Schadensersatzansprüchen i.d.R. nicht erforderlich (BGH, Urt. v. 18.6.2019, X ZR 86/17).

bb) Regelungen in den Bundesländern

Einzelne Bundesländer haben den Rechtsschutz für Bieter und Interessenten durch ausdrückliche Regelungen zum Rechtsschutz unterhalb der Schwellenwerte verbessert (Thüringen, Hessen, Sachsen und Sachsen-Anhalt). Dabei gibt es zwei grundsätzliche Regelungsansätze:

- Thüringen, Rheinland-Pfalz und Sachsen-Anhalt haben sich für die **Zuständigkeit der Vergabekammern** entschieden (§ 19 ThürVgG, § 19 LVG LSA, Rheinland-Pfalz in der VV Öffentliches Auftragswesen).

- Sachsen und Hessen haben sich für ein **verwaltungsinternes Nachprüfungsverfahren** entschieden (§ 8 Abs. 2 SächsVergG, § 20 HTVG).
- Rheinland-Pfalz Sachsen und Hessen haben sich für ein **verwaltungsinternes Nachprüfungsverfahren** entschieden (§ 8 Abs. 2 SächsVergG, § 20 HTVG).

Besondere praktische Defizite weist der Rechtsschutz unterhalb der Schwellenwerte regelmäßig deshalb auf, weil ausdrückliche Regelungen zur Vorabinformationspflicht und zum Zuschlagsverbot nach dem Muster des § 134 GWB fehlen. Im Landesvergaberecht besonders rechtsschutzfreundlicher Bundesländer sind nunmehr erstmals ausdrückliche Zuschlagsverbote und Vorabinformationspflichten formuliert (§ 19 Abs. 2 ThürVgG, § 19 Abs. 2 LVG LSA, § 8 Abs. 2 SächsVergabeG), die § 134 Abs. 2 GWB vergleichbar sind.

b) Rechtsschutz oberhalb der Schwellenwerte

Oberhalb der Schwellenwerte gilt § 97 Abs. 6 GWB. Die Unternehmen haben einen vor den Vergabenachprüfungsinstanzen **einklagbaren Anspruch auf Beachtung des Vergaberechts**.

Oberhalb der Schwellenwerte wird der Rechtsschutz in der ersten Instanz durch die **Vergabekammern** und in der zweiten Instanz durch die **Vergabesenate** bei den Oberlandesgerichten gewährt.

3. Fehlerfreie Dokumentation als Schlüssel zu einem erfolgreichen Vergabeverfahren

Mitunter interpretieren Auftraggeber das Anlegen und Führen einer Dokumentation als „lästige Pflicht" oder „unnötigen Formalismus". Dass diese Bewertung falsch ist, zeigt sich spätestens im Rechtsschutz:

Jetzt wird die Bedeutung einer von Anfang an geführten, lückenlosen Vergabeakte und des das gesamte Verfahren nachvollziehbar dokumentierenden Vergabevermerks deutlich. Die Mitglieder der Vergabekammer und Vergabesenate müssen rekonstruieren, ob das Vergabeverfahren tatsächlich rechtmäßig abgelaufen ist: Zu welchem Zeitpunkt haben welche Personen aus was für Gründen eine bestimmte Entscheidung getroffen? Für diese Rekonstruktion der Abläufe sind die Nachprüfungsinstanzen auf eine **lückenlose Dokumentation** angewiesen. Daher hat jeder Bieter einen Rechtsanspruch i.S.v. § 97 Abs. 6 GWB auf eine lückenlose Dokumentation in Form einer **vollständigen Vergabeakte** (§ 8 Abs. 1 VgV) und eines **vollständigen Vergabevermerks** (§ 8 Abs. 2 VgV). Unvollständigkeiten und Widersprüche gehen zu Lasten des öffentlichen Auftraggebers. Beispielsweise kann ohne entsprechende Nachweise nicht die fristgerechte Absendung von Bekanntmachung oder Vorabinformation oder die Ausübung eines erforderlichen Ermessens nachgewiesen werden.

Der **Vergabevermerk** muss enthalten:

Wichtige **Weichenstellungen** in der Vorbereitung, z.B.	Entscheidungen für bestimmte Eignungsanforderungen Entscheidungen für bestimmte Hersteller/Produkte
Abweichungen vom Regelfall, z.B.	Entscheidungen für Verhandlungsverfahren/freihändige Vergabe
Wichtige **Verfahrensschritte**, z.B.	Absendung von Bekanntmachungen Ausschluss von Bietern

Im Übrigen soll sich der Auftraggeber am Katalog des § 8 Abs. 2 VgV orientieren. Selbst dieser Katalog ist jedoch nicht vollständig. Daher ist bei der Verwendung von Formularvordrucken Vorsicht geboten, insbesondere wenn diese bereits älter sind. Denn in den vergangenen Jahren kamen vor allem neue begründungsbedürftige Entscheidungen hinzu (siehe näher Anmerkung zu § 8 VgV).

Allerdings führt eine mangelhafte Dokumentation allein nicht zum Erfolg eines Nachprüfungsverfahrens. Es muss vielmehr ein materieller Vergaberechtsverstoß hinzukommen, wobei dieser auch darin bestehen kann, dass eine ordnungsgemäße Durchführung des Vergabeverfahrens wegen der Dokumentationsmängel nicht nachvollzogen werden kann.

4. Was wird im Nachprüfungsverfahren geltend gemacht? – Gegenstand des Nachprüfungsverfahrens

In der Regel geht es in einem Vergabeverfahren um folgende Aspekte:

- Sind alle notwendigen **Formalien** bei der Durchführung des Vergabeverfahrens eingehalten worden? (siehe dazu unten Punkt a)
- Sind die **Grundprinzipien des Vergaberechts** (siehe dazu Anmerkung zu § 97 GWB) während des Verfahrens beachtet worden? Beispiele: Wahl der falschen Verfahrensart, Diskriminierung ausländischer Bewerber etc. (siehe dazu unten Punkt b)
- Hat die Vergabestelle beachtet, dass ihr ein Ermessen zustand, und hat sie dieses Ermessen im richtigen Rahmen ausgeübt? (siehe dazu unten Punkt c)

a) Beachtung von Formalien

Häufige Fehlerquelle im Vergabeverfahren ist die Nichtbeachtung von

- Bekanntmachungspflichten und
- Vorabinformationspflichten.

Diese Pflichten sind allerdings keine inhaltsleeren Formalien, sondern sie erzeugen wichtige Transparenz für die am Auftrag interessierten Unternehmen.

b) Beachtung der Grundprinzipien des Vergaberechts

Zahllose Entscheidungen der Vergabenachprüfungsinstanzen wären unnötig, wenn die Grundprinzipien des Vergaberechts beachtet würden. Erforderlich ist beispielsweise die Beachtung des

- **Transparenzprinzips** durch
  - verständliche Leistungsbeschreibung,
  - vorhersehbare Zuschlagskriterien,
  - Vorabinformation der Bieter und
  - vollständigen Vergabevermerk.
- **Gleichbehandlungsgebots** durch
  - einheitliche Behandlung aller Bieter (z.B. durch gleiche Informationen an alle Bieter),
  - Beachtung des Verbots direkter und indirekter Diskriminierung (z.B. produkt- und markenneutrale Leistungsbeschreibung).
- **Wettbewerbsprinzips** durch
  - die Wahl der richtigen Verfahrensart,
  - nicht übertriebene Eignungsanforderungen und
  - ausreichend lange Bekanntmachungsfristen.

c) Gerichtliche Nachprüfungsbefugnis bei der Ermessensausübung

Bei zahlreichen Entscheidungen muss der Auftraggeber seine Entscheidung auf der Grundlage einer Interessenabwägung vornehmen, also sein Ermessen ausüben. So muss er z.B. nach der VgV entscheiden, ob und mit welchen Fristen er fehlende Unterlagen nachfordert oder ob er von einem fakultativen Ausschlussgrund Gebrauch machen will oder nicht.

Für den Richter stellt die Überprüfung von Ermessensentscheidungen des Auftraggebers eine besondere Herausforderung dar. Einerseits dürfen auch Ermessensentscheidungen nicht im rechtsfreien Raum gefällt werden. Andererseits darf der Richter nicht sein Ermessen an die Stelle des Ermessens des Auftraggebers setzen. Folge dieses Zielkonflikts ist eine **eingeschränkte Prüfungsbefugnis**. Der Richter prüft die Entscheidung der Vergabestelle lediglich auf folgende Aspekte:

- Liegt ein **Ermessensnichtgebrauch** vor? War der Vergabestelle bewusst, dass ihr ein Ermessensspielraum zusteht? Fehlerhaft wäre es beispielsweise, wenn die Vergabestelle einen fakultativen Ausschlussgrund irrtümlich für einen obligatorischen Ausschlussgrund hält.
- Liegt ein **Ermessensmissbrauch** vor? Ein Ermessensmissbrauch im Vergabeverfahren liegt vor, wenn die Vergabestelle von dem Ermessen in einer Art und Weise Gebrauch gemacht hat, dass die Entscheidung nach den aus dem Vergabevermerk ersichtlichen Gründen objektiv nicht zu rechtfertigen ist. Fehlerhaft wäre es beispielsweise, einen Bieter abzuwerten, weil man mit diesem einmal schlechte Erfahrungen gemacht hat.

Auch in den seltenen Fällen einer **Ermessensreduzierung auf Null** dürfen die Nachprüfungsinstanzen allerdings nicht an der Stelle des Auftraggebers entscheiden. So kann ein Auftraggeber etwa nur unter dem Vorbehalt, dass seine Beschaffungsabsicht fortbesteht, zur Zuschlagserteilung an einen Bieter angewiesen werden. In Einzelfällen kann aus einer Aufklärungsmöglichkeit eine Aufklärungspflicht werden, z.B. bei offensichtlichen Versehen von Bietern.

Die vorstehenden Ausführungen zeigen: Ein Auftraggeber braucht den Vergaberechtsschutz nicht zu fürchten, wenn er im Verfahren das Vergaberecht beachtet und dies – insbesondere im Vergabevermerk – dokumentiert hat. Wenn

- die in einem Vergabeverfahren getroffenen Entscheidungen nachvollziehbar, vollständig und gut begründet sind und
- gestellte Anforderungen (insbesondere im Leistungsverzeichnis oder Eignungskriterien) objektiv durch die zu lösende Aufgabe gerechtfertigt werden können, darf die Entscheidung nicht durch Entscheidung der Vergabenachprüfungsinstanzen geändert werden.

Oft sind sich öffentliche Auftraggeber zu wenig bewusst, welche **Gestaltungsmöglichkeiten** sie bei Definition des Beschaffungsbedarfes, Leistungsverzeichnis, Eignungs- und Zuschlagskriterien haben („**Leistungsbestimmungsrecht**"). Im Vergaberecht wird (jedenfalls für den Regelfall, Ausnahmen sind z.B. im SaubFahrzeugBeschG zu finden) nicht bestimmt, **was** der Auftraggeber zu kaufen hat. Vielmehr ist das Vergaberecht hier bewusst offen, um dem Auftraggeber projektbezogene Gestaltungsspielräume zu eröffnen (vgl. OLG Düsseldorf, Beschl. v. 12.2.2014, Verg 29/13 – HIS Software, Entscheidung für Bestandssoftware; OLG Düsseldorf, Beschl. v. 9.1.2013, Verg 33/12 – Außenputz mit Glimmereffekt; OLG Düsseldorf, Beschl. v. 27.6.2012, VII Verg 7/12 – Impfstoff in Fertigspritzen). Daher führt der Gesetzgeber in der Begründung zum GWB 2016 auch treffend aus, dass der Auftraggeber selbst bestimmt, „welche konkrete Leistung seinem Beschaffungsbedarf am besten entspricht".

Auch die Frage, nach welchen Kriterien die Gleichwertigkeit zugelassener Nebenangebote bestimmt wird, eröffnet den Auftraggebern einen Ermessensspielraum. Nur Willkür, Diskriminierung und Ungleichbehandlung sind verboten.

Ein wesentlich engerer – und gerichtlich überprüfbarer! – Beurteilungsspielraum für die Auftraggeber besteht jedoch bei folgenden Fragen:

- Wird der **Schwellenwert** erreicht?
- Welche **Verfahrensordnung** ist anzuwenden (VgV, VOB/A, SektVO, VSVgV oder KonzVgV)?
- Mit welcher **Verfahrensart** (offen, nicht offen, Verhandlungsverfahren) soll die Beschaffung abgewickelt werden?
- Werden **Energieeffizienzkriterien** angemessen berücksichtigt?

5. Die Nachprüfungsverfahren des GWB

a) 1. Instanz: Nachprüfungsverfahren vor der Vergabekammer

aa) Rügeobliegenheit

Die Vergabekammer leitet gemäß § 160 Abs. 1 GWB ein Nachprüfungsverfahren nur auf **Antrag** ein. Daher wird der Anstoß zum Nachprüfungsverfahren immer von einem Unternehmen ausgehen, welches einen aus seiner Sicht gegebenen Verfahrensverstoß feststellt. Das Unternehmen kann dabei – je nach Fallgestaltung –

- bereits anhand der **Bekanntmachung** (z.B. wegen unzulässiger Eignungskriterien),
- anhand der **Vergabeunterlagen** (insbesondere anhand des Leistungsverzeichnisses) oder
- anhand des **Verhaltens der Vergabestelle** (z.B. wegen nicht gleichzeitiger ergänzender Bieterinformationen)

einen Verstoß gegen Vergabevorschriften erkennen.

Dieser Verstoß muss, sobald er vom Unternehmer **erkannt** wurde, seitens des Unternehmens grundsätzlich innerhalb von 10 Kalendertagen vor Antragstellung gegenüber der Vergabestelle **gerügt** werden (§ 160 Abs. 3 Satz 1 Nr. 1 GWB). Ist ein Verstoß bereits aufgrund der Bekanntmachung oder der Vergabeunterlagen **erkennbar**, muss der Verstoß bis spätestens zum Ablauf der genannten Vergabefrist bzw. Bewerbungsfrist gegenüber dem Auftraggeber gerügt werden (§ 160 Abs. 3 Satz 1 Nr. 2 und 3 GWB). Dabei muss der Bieter nach Absenden der Rüge keine weitere Wartefrist einhalten. Dies gilt auch dann, wenn der Auftraggeber faktisch keine Möglichkeit erhält, auf die ansonsten rechtzeitige Rüge zu reagieren.

Eine besondere Frist müssen Bieter beachten, wenn der Auftraggeber eine Rüge zurückweist, dann dürften bis zur Einreichung des Nachprüfungsantrages nicht mehr als 15 Kalendertage seit Eingang der Mitteilung des Auftraggebers, der Rüge nicht abhelfen zu wollen, vergangen sind (§ 160 Abs. 3 Satz 1 Nr. 4 GWB),

Ein Verstoß gegen die Rügeobliegenheit führt gemäß § 160 Abs. 3 Satz 1 GWB dazu, dass ein Nachprüfungsantrag hinsichtlich des betroffenen möglichen Vergabeverstoßes (ggf. teilweise) unzulässig ist.

In seltenen Ausnahmefällen kann die **Rüge entbehrlich** sein. Dies ist beispielsweise der Fall, wenn sich der Auftraggeber im Rahmen einer früheren Rüge bereits einmal mit einer Frage befasst hat und durch seine Abhilfe-Entscheidung nur feststellt, dass er der Rüge nicht abhelfen will. Eine Rüge ist ebenfalls entbehrlich, wenn die Verfahrensfehler erst im Rahmen eines Nachprüfungsverfahrens (z.B. nach erfolgter Akteneinsicht, § 165 GWB) aufgedeckt werden.

bb) Zuständige Vergabekammer

Der Nachprüfungsantrag ist bei der zuständigen Vergabekammer einzureichen. Welche Vergabekammer zuständig ist, ergibt sich aus den detaillierten Regelungen des § 159 GWB. Nach § 159 Abs. 1 GWB ist die **Vergabekammer des Bundes** insbesondere zuständig für Vergabeverfahren

- des Bundes (§ 159 Abs. 1 Nr. 1 GWB; Beispiele bilden etwa Beschaffungen der Bundesministerien und Bundesbehörden);
- von öffentlichen Auftraggebern i.S.d. § 99 Nr. 2 GWB (Auftraggeber im funktionalen Sinne), sofern die in § 159 Abs. 1 Nr. 2 GWB angegebenen Bedingungen erfüllt werden (Beispiele bilden Gesellschaften in Privatrechtsform, an denen der Bund beteiligt ist, z.B. g.e.b.b. GmbH);
- von öffentlichen Sektorenauftraggebern i.S.d. § 100 Abs. 1 Nr. 1 GWB), soweit die in § 159 Abs. 1 Nr. 2 GWB angegebenen Bedingungen erfüllt werden (Beispiel: DB AG);
- von privaten Sektorenauftraggebern i.S.d. § 100 Abs. 1 Nr. 2 GWB, soweit die in § 159 Abs. 1 Nr. 3 GWB angegebenen Bedingungen erfüllt werden (Beispiel: Energienetzbetreiber);

- von Konzessionsgebern (§ 101 GWB), soweit die in § 159 Abs. 1 Nr. 2 oder 3 GWB angegebenen Bedingungen erfüllt werden (Beispiel: mautfinanzierter Autobahnbau);
- von Auftraggebern i.S.d. § 99 Nr. 4 GWB (überwiegend öffentlich finanzierte Bauvorhaben), sofern der Bund die Mittel überwiegend bewilligt hat (§ 159 Abs. 1 Nr. 4 GWB);
- die im Rahmen der **Organleihe** für den Bund durchgeführt werden (§ 159 Abs. 1 Nr. 5 GWB; z.B. Bundeshochbauverwaltung).

Anders ist es hingegen bei Vergabeverfahren im Rahmen der **Auftragsverwaltung** (z.B. Straßenbauverwaltung) für den Bund. In diesen Fällen sind die Vergabekammern der jeweiligen Länder zuständig (§ 159 Abs. 2 GWB).

Sind für ein Vergabeverfahren sowohl die Vergabekammer des Bundes als auch die Vergabekammer eines Landes oder die Vergabekammern mehrerer Länder zuständig, wird die Zuständigkeit bei der Vergabekammer des Bundes konzentriert (§ 159 Abs. 1 Nr. 6 GWB).

In allen anderen Vergabeverfahren ist die zuständige Vergabekammer nach dem Sitz des Auftraggebers zu bestimmen (§ 159 Abs. 3 Satz 1 GWB). Dies bedeutet praktisch, dass das Nachprüfungsverfahren vor der jeweils sachlich und örtlich zuständigen Vergabekammer des Landes durchzuführen ist. Bei länderübergreifenden Beschaffungen (z.B. betreffend Software-Rahmenverträgen) benennen die Auftraggeber gemäß § 159 Abs. 3 Satz 2 GWB eine zuständige Vergabekammer.

Im Regelfall sollte das Auffinden der zuständigen Vergabekammer für die betroffenen Unternehmen kein Problem darstellen. Die Vergabestellen sind nämlich verpflichtet, in der Vergabebekanntmachung und den Vergabeunterlagen die zuständige Vergabekammer mit Anschrift zu benennen (§ 37 Abs. 3 VgV).

cc) Antragsbefugnis

Das Unternehmen muss antragsbefugt sein. Dazu muss im Nachprüfungsantrag dargelegt werden, dass es ein Interesse am Auftrag hat und durch den Vergabeverstoß in seinen Rechten verletzt ist (§§ 160 Abs. 2, 161 GWB). Außerdem muss ihm durch den Vergabeverstoß ein Schaden drohen, insbesondere durch Beeinträchtigung seiner Chancen auf den Auftrag.

Das Unternehmen muss also nicht zwingend Bieter im angegriffenen Vergabeverfahren sein. Es reicht ein Interesse am Erhalt des Auftrags aus, sodass auch potenzielle Bieter oder Bewerber antragsbefugt sein können. Nicht ausreichend ist hingegen ein nur mittelbares Interesse von Subunternehmern oder Lieferanten, die nicht unmittelbar in eigenen Rechten verletzt sein können.

dd) Prüfungsumfang der Vergabekammer und weiteres Verfahren

Die Vergabekammer erforscht den Sachverhalt von Amts wegen, kann sich aber beim Umfang der Prüfung auf das beschränken, was von den Beteiligten vorgetragen wurde (§ 163 Abs. 1 GWB). Dies ist auch die übliche Praxis. Vergabeverstöße werden von Amts wegen nur ausnahmsweise aufgegriffen, wenn sie die Fortsetzung des Vergabeverfahrens unmöglich machen, zum Beispiel, weil eine vergaberechtskonforme Wertung der vorliegenden Angebote und ein entsprechender Zuschlag auf der Grundlage der vorliegenden Ausschreibung nicht möglich ist.

Nach Eingang des Nachprüfungsantrags prüft die Vergabekammer zunächst, ob der Antrag offensichtlich unzulässig oder unbegründet ist (§ 163 Abs. 2 Satz 1 GWB). In diesem Rahmen wird auch eine etwa vom Auftraggeber bereits hinterlegte Schutzschrift berücksichtigt (§ 163 Abs. 2 Satz 2 GWB). Erst nach dieser Prüfung informiert die Vergabekammer den Auftraggeber in Textform (also z.B. per **E-Mail**!) über den Eingang des Nachprüfungsantrags und löst damit das Zuschlagsverbot aus (§ 169 Abs. 1 GWB). Gleichzeitig übermittelt die Vergabekammer gemäß § 163 Abs. 2 Satz 3 GWB eine Kopie des Nachprüfungsantrags an den Auftraggeber und fordert dort die Vergabeakten an.

Aus der Information über den Eingang des Nachprüfungsantrags ergeben sich zahlreiche Rechtsfolgen für die Vergabestelle:

- Die weitreichendsten Konsequenzen hat das **Zuschlagsverbot** (§ 169 Abs. 1 GWB). Ein Vertrag, der trotz dieses Verbots geschlossen würde, ist gemäß § 134 BGB nichtig.
- In der Regel werden gleichzeitig auch die **Vergabeakten** angefordert. Daher muss der Auftraggeber der Vergabekammer gemäß § 163 Abs. 2 Satz 4 GWB „**sofort**" die Vergabeakten zur Verfügung stellen. Dabei meint „sofort" einen noch kürzeren Zeitraum als „unverzüglich". In der Regel sollte die Vergabeakte binnen **zwei Werktagen** bei der Vergabekammer sein. Bei elektronisch geführten Vergabeakten empfiehlt es sich, Art und Umfang der Übermittlung mit der Vergabekammer abzustimmen.
- Ferner sollte der Auftraggeber seine **Verteidigung vorbereiten** und zum Vorbringen des Antragstellers Stellung nehmen. In diesem Rahmen kann der Auftraggeber insbesondere prüfen, ob aus seiner Sicht Anhaltspunkte für eine **Präklusion** gemäß § 160 Abs. 3 GWB bestehen. Die Präklusion würde nämlich zur **Unzulässigkeit des Antrags** führen. Wäre der Antrag unzulässig, könnte die Vergabekammer gemäß § 166 Abs. 1 Satz 3 GWB ohne mündliche Verhandlung entscheiden und das Nachprüfungsverfahren wäre bereits in dieser frühen Phase zu Ende.
- Der Auftraggeber kann außerdem prüfen, ob er einen Antrag auf **vorzeitige Gestattung des Zuschlags** nach § 169 Abs. 2 GWB stellt.

Bei bestimmten **Verschlusssachenaufträgen** (die nicht in den Anwendungsbereich der VSVgV fallen) kann der Auftraggeber bereits nach fünf Tagen eine Beendigung des Zuschlagsverbots erreichen (§ 169 Abs. 4 Satz 1 GWB i.V.m. § 117 GWB oder i.V.m. § 150 Nr. 1 oder 6 GWB).

Die Vergabekammer prüft nach Zugang der Vergabeakten die Zulässigkeit des Antrags. Dazu prüft sie insbesondere, ob das Vergabeverfahren die jeweils einschlägigen EU-**Schwellenwerte** erreicht oder übersteigt.

Weiterhin prüft die Vergabekammer die **Antragsbefugnis** des Antragstellers. Dazu muss der Antragsteller gemäß § 160 Abs. 2 GWB schlüssig darlegen,

- dass er ein **Interesse** an dem Auftrag hat,
- worin der **Verstoß** gegen Vergabevorschriften gesehen wird,
- dass es sich bei den verletzten Vorschriften um **bieterschützende Bestimmungen** handelte und
- dass ihm hierdurch ein **Schaden** entstanden ist oder zu entstehen droht.

Im Verfahren selbst gilt gem. § 163 Abs. 1 Satz 1 GWB der Untersuchungsgrundsatz. Allerdings entbindet dies den Antragsteller – wie bereits § 160 Abs. 2 GWB zeigt – nicht von der Darlegung, worin er die Verletzung des Vergaberechts sieht. Daher stellt § 163 Abs. 1 Satz 3 GWB klar, dass die Vergabekammer nicht zu einer umfassenden Rechtmäßigkeitskontrolle verpflichtet ist. Vielmehr kann sich die Vergabekammer beim Umfang der Prüfung auf das beschränken, was von den Beteiligten vorgetragen wurde (§ 163 Abs. 1 Satz 2 GWB).

Gemäß § 162 GWB kann die Vergabekammer Unternehmen **beiladen**, deren Interessen von einer Entscheidung berührt sein können. Dies erfolgt regelmäßig gegenüber dem Unternehmen, dass der Auftraggeber für die Zuschlagserteilung vorgesehen hat.

Zur wirksamen Rechtsverteidigung können alle Beteiligten (§ 162 GWB) gemäß § 165 Abs. 1 GWB die **Vergabeakten einsehen** und Kopien fertigen lassen.

Zum Schutz von **Verschlusssachen, Geschäfts- und Betriebsgeheimnissen** kann die Vergabekammer aber die Akteneinsicht im erforderlichen Umfang verweigern (§ 165 Abs. 2 GWB). Unterlagen, die von dem betroffenen Unternehmen als Geschäfts- und Betriebsgeheimnisse eingestuft werden, sollten bereits bei ihrer Erstellung entsprechend gekennzeichnet werden (z.B. im Angebot), wenn die Gefahr gemindert werden soll, dass diese Unterlagen im Wege der Akteneinsicht im Vergabenachprüfungsverfahren an die Konkurrenz gelangen. In gleicher Weise sollte durch die Auftraggeber der Schutz von Verschlusssachen gewährleistet werden. Nach langjähriger Rechtsprechung erhält ein Antragsteller nur Akteneinsicht, um bereits zulässig erhobene Rügen vertiefen zu können, nicht aber um darüber hinaus Vergabefehler „suchen" zu können.

In diesem Zusammenhang ist besonders auf § 165 Abs. 3 GWB hinzuweisen. Jeder Beteiligte hat mit der Übersendung seiner Akten oder Stellungnahmen auf vorgenannte Geheimnisse hinzuweisen und diese in den Unterlagen entsprechend kenntlich zu machen (§ 165 Abs. 3 Satz 1 GWB). Fehlt eine entsprechende Kennzeichnung, darf die Vergabekammer gemäß § 165 Abs. 3 Satz 2 GWB von der Zustimmung zur Akteneinsicht ausgehen.

ee) Entscheidung durch die Vergabekammer und Wirkungen

Im Regelfall darf im Vergabenachprüfungsverfahren nur nach einer **mündlichen Verhandlung** entschieden werden (§ 166 GWB). Auf eine Entscheidung nach Lage der Akten darf gemäß § 166 Abs. 1 Satz 3 GWB nur mit Zustimmung der Beteiligten oder ausnahmsweise bei Unzulässigkeit oder bei offensichtlicher Unbegründetheit des Antrags ausgewichen werden.

Der vergaberechtliche Rechtsschutz soll kein Investitionshemmnis sein. Daher gilt das Beschleunigungsprinzip. Aus diesem Grund muss die Vergabekammer die Entscheidung im Regelfall **binnen fünf Wochen** ab Eingang des Antrags treffen (§ 167 Abs. 1 Satz 1 GWB). Es besteht jedoch gemäß § 167 Abs. 1 Satz 2 GWB die Möglichkeit, diese fünfwöchige Frist zu verlängern, wovon die Vergabekammern in unterschiedlicher Weise häufig Gebrauch machen.

Die Vergabekammer stellt in ihrer Entscheidung fest, ob der Antragsteller in seinen Rechten verletzt worden ist, und trifft mit ihrer Entscheidung geeignete Maßnahmen zur Beseitigung der Rechtsverletzung (§ 168 Abs. 1 GWB).

Die Entscheidung der Vergabekammer ergeht durch Verwaltungsakt (§ 168 Abs. 3 Satz 1 GWB). Dabei kann gemäß § 168 Abs. 3 Satz 2 GWB auch gegenüber einem Hoheitsträger (z.B. Auftraggeber im institutionellen Sinn gemäß § 99 Nr. 1 GWB) nach den Verwaltungsvollstreckungsgesetzen des Bundes und der Länder **vollstreckt** werden.

Die Entscheidung der Vergabekammer entfaltet auch für ordentliche Gerichte **Bindungswirkung** bei der Geltendmachung von Schadensersatzansprüchen (§ 179 Abs. 1 GWB).

Auf Folgendes ist besonders hinzuweisen: Auch wenn der Nachprüfungsantrag durch die Vergabekammer abgelehnt wird, gilt zunächst das **Zuschlagsverbot** weiter (§ 169 Abs. 1 i.V.m. § 172 Abs. 1 GWB). Erst nach Ablauf der zweiwöchigen Beschwerdefrist darf, wenn kein Rechtsmittel eingelegt wurde, der Zuschlag erteilt werden.

ff) Übersicht: Ablauf des Nachprüfungsverfahrens vor der Vergabekammer

Wer handelt? ↓	**Was wird getan? ↓**
Unternehmen	– überprüft Bekanntmachung, Vergabeunterlagen und Handlungen der Vergabestelle im Vergabeverfahren auf Beachtung des Vergaberechts. – rügt Verfahrensverstoß.
Auftraggeber	– hilft nicht ab oder – erklärt ggf. ausdrücklich, nicht abhelfen zu wollen (vgl. § 160 Abs. 3 Satz 1 Nr. 4 GWB).
Unternehmen	– stellt schriftlichen Nachprüfungsantrag bei der zuständigen Vergabekammer. – Dabei sind die Anforderungen der §§ 160, 161 GWB zu beachten und es ist Kostenvorschuss zu leisten (§ 182 GWB).

Wer handelt? ↓	Was wird getan? ↓
Vergabekammer	– prüft, ob der Antrag offensichtlich unzulässig oder unbegründet ist (§ 163 Abs. 2 Satz 1 GWB). – Dabei muss eine etwa eingereichte Schutzschrift berücksichtigt werden (§ 163 Abs. 2 Satz 2 GWB). – informiert den Auftraggeber in Textform (z.B. per E-Mail) über den eingegangenen Nachprüfungsantrag (§ 169 Abs. 1 GWB). – übermittelt dem Auftraggeber eine Kopie des Nachprüfungsantrags und fordert bei ihm die Vergabeakten an (§ 163 Abs. 2 Satz 3 GWB).
Auftraggeber	– muss das Zuschlagsverbot beachten (§ 169 Abs. 1 GWB). – sendet die vollständigen Vergabeakten sofort an die Vergabekammer (§ 163 Abs. 2 Satz 4 GWB) bzw. verschafft der Vergabekammer Zugang zu einem E-Vergabe-System. Dabei ist darauf zu achten, dass Verschlusssachen, Geschäfts- und Betriebsgeheimnisse als solche kenntlich gemacht und damit für die Akteneinsicht gesperrt sind (vgl. § 165 Abs. 3 GWB). – nimmt zum Nachprüfungsantrag Stellung. Dazu kann insbesondere geprüft werden, ob eine Präklusion nach § 160 Abs. 3 GWB vorliegt und ob ein Antrag auf vorzeitige Gestattung des Zuschlags nach § 169 Abs. 2 GWB gestellt werden soll.
Vergabekammer	– prüft die Zulässigkeit, insbesondere ob der Schwellenwert überschritten wird (§ 163 Abs. 2 Satz 1 GWB) und ob der Antragsteller antragsbefugt ist (§ 160 Abs. 2 GWB). – prüft die Zuständigkeit (§ 159 GWB). – beachtet den Untersuchungsgrundsatz (Sachverhaltsermittlung von Amts wegen, § 163 Abs. 1 Satz 1 GWB), beschränkt sich dabei aber grundsätzlich auf das, was von den Beteiligten vorgebracht wird (§ 163 Abs. 1 Satz 2 GWB). – lädt die Unternehmen bei, deren Interessen betroffen sind (§ 162 GWB). – gewährt Akteneinsicht (§ 165 GWB), wobei Verschlusssachen und als solche kenntlich gemachte Geschäfts- und Betriebsgeheimnisse zu beachten sind (§§ 164, 165 Abs. 2 und 3 GWB). – entscheidet regelmäßig nach mündlicher Verhandlung (§ 166 GWB) binnen 5 Wochen, wobei im Ausnahmefall eine Verlängerungsmöglichkeit besteht (§ 167 Abs. 1 GWB). – In der Entscheidung stellt die Vergabekammer fest, ob der Antragsteller in seinen Rechten verletzt ist, und trifft geeignete Maßnahmen zur Beseitigung der Rechtsverletzung (§ 168 Abs. 1 GWB). – Die Entscheidung der Vergabekammer ist ein Verwaltungsakt (§ 168 Abs. 3 Satz 1 GWB) und kann auch gegenüber institutionellen öffentlichen Auftraggebern vollstreckt werden (§ 168 Abs. 3 Satz 2 GWB).
Auftraggeber	– muss auch bei Ablehnung des Nachprüfungsantrags die Fortdauer des Zuschlagsverbots beachten. Erst wenn innerhalb der Beschwerdefrist von 2 Wochen kein Rechtsmittel eingelegt wurde, kann der Zuschlag erteilt werden (§ 169 Abs. 1 i.V.m. § 173 Abs. 1 GWB).

b) 2. Instanz: Beschwerdeverfahren beim OLG

aa) Zuständigkeit

Die unterlegene Partei, aber auch ein (mitunterlegener) Beigeladener können **sofortige Beschwerde** gegen die Entscheidung der Vergabekammer einlegen (§ 171 Abs. 1 GWB). Zuständig sind immer die **Vergabesenate** bei den Oberlandesgerichten (§ 11 Abs. 3 GWB).

bb) Frist, Begründung, Anwaltszwang, Zustellungspflicht des Beschwerdeführers

Die Frist für die sofortige Beschwerde ist eine Notfrist, d.h., sie kann nicht verlängert werden. Sie beträgt **zwei Wochen**, gerechnet ab Zustellung der Entscheidung (§ 172 Abs. 1 GWB).

Für die sofortige Beschwerde ist zu beachten, dass diese bereits mit der Einlegung **begründet** werden muss (§ 172 Abs. 2 Satz 1 GWB). Es ist daher nicht etwa – wie in vielen anderen Verfahrensordnungen – zulässig, zunächst Beschwerde einzulegen und dann erst die Begründung nachzureichen.

Anders als vor der Vergabekammer besteht vor dem Beschwerdegericht grundsätzlich **Anwaltszwang** (vgl. § 175 Abs. 1 Satz 1 GWB, § 172 Abs. 3 Satz 1 GWB). Der Anwaltszwang wird nur für juristische Personen des öffentlichen Rechts (z.B. Bund, Länder, Kommunen) durchbrochen. Diese können sich vor dem Oberlandesgericht durch eigene Mitarbeiter mit der Qualifikation Volljurist vertreten lassen (vgl. § 175 Abs. 1 Satz 2 GWB, § 172 Abs. 3 Satz 2 GWB).

Wichtig ist, dass der Beschwerdeführer eine **Ausfertigung der Beschwerdeschrift an alle Verfahrensbeteiligten** unmittelbar zu übermitteln hat. Hier hat der Gesetzgeber ausnahmsweise eine Zustellungspflicht für einen Verfahrensbeteiligten normiert. Diese Regelung des § 172 Abs. 4 GWB hat den Sinn, Zeitverzögerungen durch Zustellzeiten zu vermeiden. Wird gegen diese Vorschrift verstoßen, so wird dadurch die Einlegung der Beschwerde nicht unwirksam. Denn das Oberlandesgericht muss die Beschwerdeschrift gemäß § 175 Abs. 2 GWB von Amts wegen zustellen.

In diesem Zusammenhang stellt sich die Frage, ob der **Zuschlag** rechtswirksam ist, den der Auftraggeber in Unkenntnis der Beschwerde erteilte, weil ihm diese durch den Antragsteller nicht übermittelt worden ist. Sofern die Beschwerde rechtzeitig eingelegt wurde, ist der erteilte Zuschlag nichtig. Zwar wollte der Gesetzgeber mit der direkten Zustellungspflicht für den Beschwerdeführer der Vergabestelle die Möglichkeit einräumen, den Zuschlag nach Ablauf der Beschwerdefrist ohne weitere Erkundigungen rechtswirksam zu erteilen. Doch kann eine Nichtbeachtung dieser Pflicht nicht die weit reichende Rechtsfolge haben, den gesetzlich angeordneten Suspensiveffekt zu durchbrechen. Die Vergabestelle muss sich daher nach Ablauf der zweiwöchigen Beschwerdefrist beim zuständigen Vergabesenat erkundigen, ob dort rechtzeitig eine Beschwerde eingegangen ist, wenn sie sicher sein will, dass sie jetzt den Zuschlag erteilen kann. Eine zeitliche Verzögerung tritt dadurch nur in geringem Umfang (maximal 2 Tage) ein.

cc) Aufschiebende Wirkung der sofortigen Beschwerde

Die Vergabestelle muss nach Erhalt des Beschwerdeschriftsatzes sicherstellen, dass keine Zuschlagserteilung erfolgt (§ 173 Abs. 1 Satz 1 GWB). Die Dauer der aufschiebenden Wirkung der sofortigen Beschwerde beträgt gemäß § 173 Abs. 1 Satz 2 GWB zwei Wochen nach Ablauf der Beschwerdefrist. Auch wenn die Beschwerde „in letzter Minute" vor Ablauf der Beschwerdefrist eingelegt wird, tritt der **Suspensiveffekt** des § 173 Abs. 1 Satz 1 GWB ein, sodass die aufschiebende Wirkung insgesamt also vier Wochen dauern kann.

Der Suspensiveffekt kann sogar noch länger andauern, wenn vom Vergabesenat die aufschiebende Wirkung auf Antrag des Beschwerdeführers verlängert wird (§ 173 Abs. 1 Satz 3 GWB). Daher wird das vor der Vergabekammer unterlegene Unternehmen (Beschwerdeführer) regelmäßig mit seinem Beschwerdeschriftsatz auch einen Antrag auf Verlängerung der aufschiebenden Wirkung stellen. Über die Verlängerung der aufschiebenden Wirkung entscheidet gemäß § 173 Abs. 1 Satz 3 und Abs. 2 GWB der Vergabesenat. Allerdings löst diese Entscheidung zusätzliche Gerichtskosten aus, die allerdings unvermeidlich sind wenn der Antragsteller die Zuschlagserteilung sicher verhindern will.

Wichtig: Soweit der Beschwerdeführer anwaltlich vertreten wird (was wegen des Anwaltszwangs regelmäßig der Fall sein wird), wird das Unterlassen der Stellung eines Antrags auf Verlängerung der aufschiebenden Wirkung regelmäßig einen anwaltlichen Sorgfaltsfehler darstellen.

Der Auftraggeber nimmt zum Antrag auf Verlängerung der aufschiebenden Wirkung Stellung.

dd) Vorabentscheidung über den Zuschlag

Soweit der Vergabesenat dem Antrag auf Fortsetzung der aufschiebenden Wirkung stattgegeben hat, kann der Auftraggeber prüfen, ob er einen **Antrag auf vorzeitige Gestattung der Zuschlagserteilung** nach § 176 Abs. 1 GWB stellt.

Sofern die Vergabestelle einen Antrag auf vorzeitige Gestattung der Zuschlagserteilung nach § 176 GWB gestellt hat, muss der Vergabesenat im Regelfall binnen fünf Wochen über diesen Antrag entscheiden (§ 176 Abs. 3 Satz 1 Hs. 1 GWB). Nur in Ausnahmefällen darf diese Entscheidungsfrist verlängert werden (§ 176 Abs. 3 Satz 1 Hs. 2 GWB).

ee) Entscheidung durch den Vergabesenat

Für den Vergabesenat gibt es – anders als für die Vergabekammer – für die Hauptsache keine Entscheidungsfrist.

Wenn das OLG die Beschwerde für begründet erachtet, wird die Entscheidung der Vergabekammer aufgehoben (§ 178 Satz 1 GWB). In diesem Fall hat das OLG gemäß § 178 Satz 2 GWB zwei Möglichkeiten:

- Es kann in der Sache selbst entscheiden. Der Auftraggeber hat dann unter Berücksichtigung der Beschwerdeentscheidung das Verfahren ggf. bis zum Zuschlag fortzusetzen. Sollte aber beispielsweise bereits zwischenzeitlich ein wirksamer Zuschlag erteilt worden sein, kann diesen auch das OLG nicht aufheben. Auf Antrag kann das OLG aber aussprechen, dass der Auftraggeber den Antragsteller in seinen Rechten verletzt hat (§ 178 Satz 3 GWB).
- Das OLG kann die Angelegenheit an die Vergabekammer zurückverweisen, welche dann unter Berücksichtigung der Rechtsauffassung des OLG erneut entscheiden muss.

Soweit die Beschwerdeentscheidung zugunsten des Auftraggebers getroffen wird, ist diese Entscheidung sogleich rechtskräftig und die Vergabestelle kann das Vergabeverfahren fortsetzen und den Zuschlag erteilen.

ff) Übersicht: Ablauf des Beschwerdeverfahrens vor dem Vergabesenat beim OLG

Beschwerdeführer	Der mit der Entscheidung Beschwerte (Unternehmen oder Auftraggeber) legt sofortige Beschwerde ein und muss dabei Folgendes beachten: – zuständig: Vergabesenate der OLG (§ 171 Abs. 3 GWB). – Notfrist: 2 Wochen ab Zustellung der Entscheidung der Vergabekammer (§ 172 Abs. 1 GWB). – Begründung bereits mit Erhebung der Beschwerde zwingend erforderlich (§ 172 Abs. 2 GWB). – Anwaltszwang mit Ausnahme der juristischen Personen des öffentlichen Rechts (§§ 172 Abs. 3, 175 Abs. 1 GWB). – Ausfertigung der Beschwerdeschrift ist an alle Verfahrensbeteiligte unmittelbar zu übermitteln (§ 172 Abs. 4 GWB). – Dauer der aufschiebenden Wirkung der sofortigen Beschwerde: grundsätzlich 2 Wochen nach Ablauf der Beschwerdefrist (§ 173 Abs. 1 Satz 2 GWB). – Soweit von der Vergabekammer der Nachprüfungsantrag abgelehnt wurde, kann der Vergabesenat die Beschwerdefrist ausnahmsweise verlängern. Diese Verlängerung ist jedoch nur auf Antrag des betroffenen Unternehmens möglich (§ 173 Abs. 1 Satz 3 GWB). Daher sollte das betroffene Unternehmen prüfen, ob ein Antrag auf Verlängerung der aufschiebenden Wirkung gestellt werden soll.

Auftraggeber	– muss das Zuschlagsverbot beachten (§ 173 Abs. 1 Satz 1 GWB). – nimmt zur sofortigen Beschwerde Stellung. – nimmt ggf. zum Antrag auf Verlängerung der aufschiebenden Wirkung durch das vor der Vergabekammer unterlegene Unternehmen Stellung. – prüft, ob ggf. ein Antrag auf vorzeitige Gestattung des Zuschlags nach § 176 Abs. 1 GWB gestellt wird.
Vergabesenat beim OLG	– führt das Verfahren entsprechend den Verfahrensgrundsätzen wie beim Verfahren vor der Vergabekammer durch (Amtsermittlung, aber begrenzt durch Anträge). – entscheidet – soweit ein entsprechender Antrag vorliegt – über die Verlängerung der aufschiebenden Wirkung (§ 173 Abs. 1 Satz 3, Abs. 2 GWB). – entscheidet grundsätzlich binnen einer Frist von 5 Wochen – soweit ein entsprechender Antrag vorliegt – über den Antrag auf Gestattung der Zuschlagserteilung nach § 176 GWB. – hebt in der Hauptsache die Entscheidung der Vergabekammer auf, wenn die Beschwerde begründet ist. In diesem Fall entscheidet das OLG in der Sache selbst oder verweist an die Vergabekammer zurück (§ 178 GWB). – Für die Entscheidung in der Hauptsache ist keine Entscheidungsfrist gesetzt. – Die Entscheidung ist rechtskräftig.
Auftraggeber	– Sollte dem Nachprüfungsantrag durch die Beschwerdeentscheidung stattgegeben worden sein, muss bei der Fortsetzung des Verfahrens die Entscheidung des OLG beachtet werden. – Sollte das OLG die Sache an die Vergabekammer zurückverwiesen haben, ist die Entscheidung der Vergabekammer abzuwarten. – Sollte der Nachprüfungsantrag durch das OLG abgewiesen worden sein, kann der Auftraggeber das Vergabeverfahren fortsetzen und den Zuschlag erteilen.

6. Vorläufiger Rechtsschutz

a) 1. Instanz: Vorabgestattung des Zuschlags (§ 169 Abs. 2 GWB)

Auftraggeber und Bestbieter haben ein verständliches Interesse an einer zügigen Projektrealisation. Daher sind für sie die Vorschriften über die Vorabgestattung des Zuschlags von besonderer Bedeutung. Durch eine Vorabgestattung des Zuschlags kann das durch die Information über den Nachprüfungsantrag ausgelöste Zuschlagsverbot (§ 169 Abs. 1 GWB) durchbrochen werden. Zu diesem Zweck kann der Auftraggeber oder der Bestbieter bereits im Verfahren vor der Vergabekammer einen Antrag auf Vorabgestattung des Zuschlags gemäß § 169 Abs. 2 GWB stellen.

Bei der Stellung eines Antrags auf vorzeitige Gestattung des Zuschlags ist insbesondere die aus § 169 Abs. 2 Satz 1 GWB abzuleitende Anforderung zu beachten: Die Vergabestelle oder der Bestbieter muss darlegen, dass bei **Abwägung** der möglicherweise geschädigten Interessen und des Interesses der Allgemeinheit an einem raschen Abschluss des Vergabeverfahrens die nachteiligen Folgen einer Verzögerung einer Vergabe bis zum Abschluss des Nachprüfungsverfahrens die mit der Nachprüfung verbundenen Vorteile überwiegen. Tatsachenvortrag und Eilbedürftigkeit sind im Schriftsatz glaubhaft zu machen (§ 169 Abs. 2 Satz 7 GWB, § 176 Abs. 2 Satz 2 GWB).

Bei der Entscheidung wägt die Vergabekammer folgende Aspekte ab:

- Wirtschaftliches Interesse der Allgemeinheit, des Auftraggebers und des Bestbieters an der vorzeitigen Gestattung des Zuschlags (vgl. § 169 Abs. 2 Satz 2 GWB). Bei verteidigungs- oder sicherheitsrelevanten Aufträgen i.S.d. § 104 GWB (also im Anwendungsbereich der VSVgV) sind zusätzlich besondere Verteidigungs- und Sicherheitsinteressen in der Regel als überwiegend zu berücksichtigen (vgl. § 169 Abs. 2 Satz 2 Hs. 2 GWB).

- Interesse des Antragstellers an der Aufrechterhaltung des Suspensiveffekts. Dabei ist zu bedenken, dass dieser Aspekt besonders schwer wiegt: Das Zuschlagsverbot ist nämlich der vom Gesetzgeber gewollte Regelfall.
- Allgemeine Erfolgsaussichten des Antragstellers, im Vergabeverfahren den Auftrag zu erhalten (vgl. § 165 Abs. 2 Satz 3 GWB).

Wichtig: Selbst wenn die Vergabekammer dem Antrag stattgibt, darf der Auftraggeber nicht sofort den Zuschlag erteilen. Vielmehr muss er die **Rechtsmittelfrist** von zwei Wochen gemäß § 172 Abs. 2 Satz 1 GWB beachten. Erst wenn diese Rechtsmittelfrist ohne sofortige Beschwerde abgelaufen ist, kann der Zuschlag erteilt werden.

Hintergrund dieser Frist ist, dass es für die vorzeitige Gestattung des Zuschlags **Rechtsmittel** gibt:

- Wenn die Vergabekammer den Antrag auf Vorabgestattung des Zuschlags ablehnt, kann der Auftraggeber Antrag auf Gestattung des Zuschlags beim Beschwerdegericht (OLG) stellen (§ 169 Abs. 2 Satz 6 GWB).
- Sofern die Vergabekammer dem Antrag des Auftraggebers stattgibt, kann das beschwerdeführende Unternehmen beim OLG gemäß § 169 Abs. 2 Satz 5 GWB die Wiederherstel ung des Zuschlagverbots beantragen.

Auftraggeber oder Bestbieter	– stellt nach Zustellung des Antragsschriftsatzes zum Nachprüfungsverfahren bei der Vergabekammer Antrag auf Gestattung des Zuschlags (§ 169 Abs. 2 Satz 1 GWB). – Dabei muss dargelegt werden, dass bei einer Interessenabwägung die nachteiligen Folgen einer Verzögerung der Vergabe bis zum Abschluss des Nachprüfungsverfahrens die mit der Nachprüfung verbundenen Vorteile überwiegen. – Ferner müssen Tatsachenvortrag und Eilbedürftigkeit glaubhaft gemacht werden (§§ 169 Abs. 2 Satz 7, 176 Abs. 2 Satz 2 GWB).
Vergabekammer	– entscheidet über den Antrag.
Auftraggeber	– Falls die Vergabekammer dem Antrag stattgibt, darf der Zuschlag erst nach Ablauf der Rechtsmittelfrist von 2 Wochen (§ 169 Abs. 2 Satz 1 GWB) erteilt werden. – Wenn die Vergabekammer den Antrag auf vorzeitige Gestattung des Zuschlags ablehnt, kann der Auftraggeber Antrag auf Gestattung des Zuschlags beim OLG stellen (§ 169 Abs. 2 Satz 6 GWB).
Unternehmen	– Sofern die Vergabekammer dem Antrag des Auftraggebers oder des Bestbieters stattgibt, kann Antrag auf Wiederherstellung des Zuschlagsverbots beim Beschwerdegericht (OLG) gestellt werden (§ 169 Abs. 2 Satz 5 GWB).
Vergabesenat beim OLG	– entscheidet über den Antrag des Auftraggebers oder Bestbieters (§ 169 Abs. 2 Satz 6 GWB) oder über den Antrag des Unternehmens (§ 169 Abs. 2 Satz 5 GWB).

) 2. Instanz: Vorabgestattung des Zuschlags (§ 176 GWB)

Wie vor der Vergabekammer in der ersten Instanz gibt es auch vor dem OLG (zweite Instanz) Eilrechtsschutz, der auf vorzeitige Gestattung des Zuschlags gerichtet ist. Auftraggeber oder Bestbieter können bei einer für sie nachteiligen Entscheidung der Vergabekammer zusammen mit der **sofortigen Beschwerde beim OLG** Antrag auf vorzeitige Gestattung des Zuschlags gemäß § 176 Abs. 1 GWB stellen.

Dabei bestehen die gleichen Darlegungspflichten wie im Rahmen des entsprechenden Antrags nach § 169 Abs. 2 GWB. Es müssen also Angaben zur **Interessenabwägung** (§ 176 Abs. 1 Satz 1 GWB) gemacht werden. Auch sind der Tatsachenvortrag sowie Eilbedürftigkeit gemäß § 176 Abs. 2 Satz 2 GWB glaubhaft zu machen.

Der Vergabesenat beim OLG muss über den Antrag im Regelfall **binnen 5 Wochen** entscheiden (§ 176 Abs. 3 Satz 1 Hs. 1 GWB). Gemäß § 176 Abs. 3 Satz 2 GWB ist die mündliche Verhandlung entbehrlich. Ausnahmsweise hat der Vergabesenat die Möglichkeit zur Verlängerung der fünfwöchigen Frist, sofern dies durch besondere Umstände gerechtfertigt ist (§ 176 Abs. 3 Satz 1 Hs. 2 GWB).

Gegen die Entscheidung des OLG sind **keine Rechtsmittel** gegeben (§ 176 Abs. 4 GWB). Wenn der Vergabesenat dem Antrag auf Vorabgestattung des Zuschlags stattgibt, kann die Vergabestelle den Zuschlag unverzüglich erteilen. Lehnt der Vergabesenat den Antrag ab, ergibt sich aus § 177 GWB eine besondere Möglichkeit der Beendigung des Vergabeverfahrens. Das Vergabeverfahren gilt nach dieser Vorschrift nach 10 Tagen ab Zustellung der Entscheidung als beendet, sofern die Vergabestelle nicht die erforderlichen (und in der Entscheidung geforderten) Maßnahmen ergreift, die zur Herstellung der Rechtmäßigkeit des Verfahrens führen. Wenn das **Vergabeverfahren** gemäß § 177 GWB **als beendet gilt**, darf es **nicht fortgesetzt** werden, es ist **kein Zuschlag** mehr möglich.

Praxistipp: Im Hinblick auf diese schwerwiegenden Rechtsfolgen sollten sich Auftraggeber und Bestbieter genau überlegen, ob sie noch in der Beschwerdeinstanz einen Antrag auf vorzeitige Gestattung des Zuschlags stellen.

Wer handelt? ↓	**Was wird getan?** ↓
Auftraggeber oder Bestbieter	– stellt nach sofortiger Beschwerde beim OLG Antrag auf Zuschlagserteilung (§ 176 Abs. 1 GWB). – Voraussetzungen wie beim Antrag nach § 169 Abs. 2 GWB.
Vergabesenat beim OLG	– setzt ggf. Beschwerdeverfahren bis zur Entscheidung über den Antrag aus (§ 176 Abs. 2 Satz 3 GWB). – entscheidet binnen 5 Wochen über den Antrag. Ausnahmsweise besteht eine Verlängerungsmöglichkeit (§ 176 Abs. 3 Satz 1 GWB). – mündliche Verhandlung kann entfallen (§ 176 Abs. 3 Satz 2 GWB). – kein Rechtsmittel gegen die Entscheidung möglich (§ 176 Abs. 4 GWB).
Auftraggeber oder Bestbieter	– Auftraggeber darf Zuschlag – in Abhängigkeit vom Stand des ursprünglichen Vergabeverfahrens – ggf. sofort erteilen, soweit das OLG dem Antrag stattgegeben hat. – Soweit der Vergabesenat den Antrag ablehnt, gilt 10 Tage nach Zustellung der Entscheidung das Vergabeverfahren als beendet, es sei denn, die Vergabestelle ergreift die sich aus der Entscheidung ergebenden Maßnahmen zur Herstellung der Rechtmäßigkeit des Verfahrens (§ 177 GWB). Wenn das Vergabeverfahren gemäß § 177 GWB als beendet gilt, darf es nicht fortgesetzt werden; ein Zuschlag ist nicht mehr möglich.

II.
Gesetz gegen Wettbewerbsbeschränkungen (GWB)

In der Fassung der Bekanntmachung vom 26. Juni 2013 (BGBl. I S. 1750, 3245), zuletzt geändert durch Artikel 3 des Gesetzes vom 12. Juni 2024 (BGBl. 2024 I Nr. 190)

– Auszug –

Teil 4
Vergabe von öffentlichen Aufträgen und Konzessionen

Kapitel 2
Nachprüfungsverfahren

Vorbemerkung: Auf die grundlegenden Ausführungen in Kapitel „C. I. Rechtsschutz im Vergaberecht" wird vorab verwiesen. Zum Verfahren vor der Vergabekammer siehe die Anmerkungen zu § 160 GWB (Einleitung, Antrag) und § 169 GWB (Aussetzung des Vergabeverfahrens).

Abschnitt 1
Nachprüfungsbehörden

§ 155
Grundsatz

Unbeschadet der Prüfungsmöglichkeiten von Aufsichtsbehörden unterliegt die Vergabe öffentlicher Aufträge und von Konzessionen der Nachprüfung durch die Vergabekammern.

§ 156
Vergabekammern

(1) Die Nachprüfung der Vergabe öffentlicher Aufträge und der Vergabe von Konzessionen nehmen die Vergabekammern des Bundes für die dem Bund zuzurechnenden öffentlichen Aufträge und Konzessionen, die Vergabekammern der Länder für die diesen zuzurechnenden öffentlichen Aufträge und Konzessionen wahr.

(2) Rechte aus § 97 Absatz 6 sowie sonstige Ansprüche gegen Auftraggeber, die auf die Vornahme oder das Unterlassen einer Handlung in einem Vergabeverfahren gerichtet sind, können nur vor den Vergabekammern und dem Beschwerdegericht geltend gemacht werden.

(3) Die Zuständigkeit der ordentlichen Gerichte für die Geltendmachung von Schadensersatzansprüchen und die Befugnisse der Kartellbehörden zur Verfolgung von Verstößen insbesondere gegen die §§ 19 und 20 bleiben unberührt.

§ 157
Besetzung, Unabhängigkeit

(1) Die Vergabekammern üben ihre Tätigkeit im Rahmen der Gesetze unabhängig und in eigener Verantwortung aus.

(2) Die Vergabekammern entscheiden in der Besetzung mit einem Vorsitzenden und zwei Beisitzern, von denen einer ein ehrenamtlicher Beisitzer ist. Der Vorsitzende und der hauptamtliche Beisitzer müssen Beamte auf Lebenszeit mit der Befähigung zum höheren Verwaltungsdienst oder vergleichbar fachkundige Angestellte sein. Der Vorsitzende oder der hauptamtliche Beisitzer muss die Befähigung zum Richteramt haben; in der Regel soll dies der Vorsitzende sein. Die Beisitzer sollen über gründliche Kenntnisse des Vergabewesens, die ehrenamtlichen Beisitzer auch über mehrjährige praktische Erfahrungen auf dem Gebiet des Vergabewesens verfügen. Bei der Überprüfung der Vergabe von verteidigungs- oder sicherheitsspezifi-

schen Aufträgen im Sinne des § 104 können die Vergabekammern abweichend von Satz 1 auch in der Besetzung mit einem Vorsitzenden und zwei hauptamtlichen Beisitzern entscheiden.

(3) Die Kammer kann das Verfahren dem Vorsitzenden oder dem hauptamtlichen Beisitzer ohne mündliche Verhandlung durch unanfechtbaren Beschluss zur alleinigen Entscheidung übertragen. Diese Übertragung ist nur möglich, sofern die Sache keine wesentlichen Schwierigkeiten in tatsächlicher oder rechtlicher Hinsicht aufweist und die Entscheidung nicht von grundsätzlicher Bedeutung sein wird.

(4) Die Mitglieder der Kammer werden für eine Amtszeit von fünf Jahren bestellt. Sie entscheiden unabhängig und sind nur dem Gesetz unterworfen.

§ 158
Einrichtung, Organisation

(1) Der Bund richtet die erforderliche Anzahl von Vergabekammern beim Bundeskartellamt ein. Einrichtung und Besetzung der Vergabekammern sowie die Geschäftsverteilung bestimmt der Präsident des Bundeskartellamts. Ehrenamtliche Beisitzer und deren Stellvertreter ernennt er auf Vorschlag der Spitzenorganisationen der öffentlich-rechtlichen Kammern. Der Präsident des Bundeskartellamts erlässt nach Genehmigung durch das Bundesministerium für Wirtschaft und Energie eine Geschäftsordnung und veröffentlicht diese im Bundesanzeiger.

(2) Die Einrichtung, Organisation und Besetzung der in diesem Abschnitt genannten Stellen (Nachprüfungsbehörden) der Länder bestimmen die nach Landesrecht zuständigen Stellen, mangels einer solchen Bestimmung die Landesregierung, die die Ermächtigung weiter übertragen kann. Die Länder können gemeinsame Nachprüfungsbehörden einrichten.

§ 159
Abgrenzung der Zuständigkeit der Vergabekammern

(1) Die Vergabekammer des Bundes ist zuständig für die Nachprüfung der Vergabeverfahren

1. des Bundes;
2. von öffentlichen Auftraggebern im Sinne des § 99 Nummer 2, von Sektorenauftraggebern im Sinne des § 100 Absatz 1 Nummer 1 in Verbindung mit § 99 Nummer 2 und Konzessionsgebern im Sinne des § 101 Absatz 1 Nummer 1 in Verbindung mit § 99 Nummer 2, sofern der Bund die Beteiligung überwiegend verwaltet oder die sonstige Finanzierung überwiegend gewährt hat oder über die Leitung überwiegend die Aufsicht ausübt oder die Mitglieder des zur Geschäftsführung oder zur Aufsicht berufenen Organs überwiegend bestimmt hat, es sei denn, die an dem Auftraggeber Beteiligten haben sich auf die Zuständigkeit einer anderen Vergabekammer geeinigt;
3. von Sektorenauftraggebern im Sinne des § 100 Absatz 1 Nummer 2 und von Konzessionsgebern im Sinne des § 101 Absatz 1 Nummer 3, sofern der Bund auf sie einen beherrschenden Einfluss ausübt; ein beherrschender Einfluss liegt vor, wenn der Bund unmittelbar oder mittelbar die Mehrheit des gezeichneten Kapitals des Auftraggebers besitzt oder über die Mehrheit der mit den Anteilen des Auftraggebers verbundenen Stimmrechte verfügt oder mehr als die Hälfte der Mitglieder des Verwaltungs-, Leitungs- oder Aufsichtsorgans des Auftraggebers bestellen kann;
4. von Auftraggebern im Sinne des § 99 Nummer 4, sofern der Bund die Mittel überwiegend bewilligt hat;
5. die im Rahmen der Organleihe für den Bund durchgeführt werden;
6. in Fällen, in denen sowohl die Vergabekammer des Bundes als auch eine oder mehrere Vergabekammern der Länder zuständig sind.

(2) Wird das Vergabeverfahren von einem Land im Rahmen der Auftragsverwaltung für den Bund durchgeführt, ist die Vergabekammer dieses Landes zuständig. Ist in entsprechender Anwendung des Absatzes 1 Nummer 2 bis 5 ein Auftraggeber einem Land zuzuordnen, ist die Vergabekammer des jeweiligen Landes zuständig.

(3) In allen anderen Fällen wird die Zuständigkeit der Vergabekammern nach dem Sitz des Auftraggebers bestimmt. Bei länderübergreifenden Beschaffungen benennen die Auftraggeber in der Vergabebekanntmachung nur eine zuständige Vergabekammer.

Abschnitt 2
Verfahren vor der Vergabekammer

§ 160
Einleitung, Antrag

(1) Die Vergabekammer leitet ein Nachprüfungsverfahren nur auf Antrag ein.

(2) Antragsbefugt ist jedes Unternehmen, das ein Interesse an dem öffentlichen Auftrag oder der Konzession hat und eine Verletzung in seinen Rechten nach § 97 Absatz 6 durch Nichtbeachtung von Vergabevorschriften geltend macht. Dabei ist darzulegen, dass dem Unternehmen durch die behauptete Verletzung der Vergabevorschriften ein Schaden entstanden ist oder zu entstehen droht.

(3) Der Antrag ist unzulässig, soweit

1. der Antragsteller den geltend gemachten Verstoß gegen Vergabevorschriften vor Einreichen des Nachprüfungsantrags erkannt und gegenüber dem Auftraggeber nicht innerhalb einer Frist von zehn Kalendertagen gerügt hat; der Ablauf der Frist nach § 134 Absatz 2 bleibt unberührt,
2. Verstöße gegen Vergabevorschriften, die aufgrund der Bekanntmachung erkennbar sind, nicht spätestens bis zum Ablauf der in der Bekanntmachung benannten Frist zur Bewerbung oder zur Angebotsabgabe gegenüber dem Auftraggeber gerügt werden,
3. Verstöße gegen Vergabevorschriften, die erst in den Vergabeunterlagen erkennbar sind, nicht spätestens bis zum Ablauf der Frist zur Bewerbung oder zur Angebotsabgabe gegenüber dem Auftraggeber gerügt werden,
4. mehr als 15 Kalendertage nach Eingang der Mitteilung des Auftraggebers, einer Rüge nicht abhelfen zu wollen, vergangen sind.

Satz 1 gilt nicht bei einem Antrag auf Feststellung der Unwirksamkeit des Vertrags nach § 135 Absatz 1 Nummer 2. § 134 Absatz 1 Satz 2 bleibt unberührt.

Für die Praxis: 1. Normzweck. § 160 GWB ist die Schlüsselnorm für die **Zulässigkeit** eines Nachprüfungsverfahrens. Das Nachprüfungsverfahren dient dazu, den Rechtsanspruch der Bieter und Bewerber gemäß § 97 Abs. 6 GWB auf Einhaltung des Vergaberechts durchzusetzen.

2. Antragserfordernis. Die Überprüfung eines Vergabeverfahrens findet nach § 160 **Abs. 1** GWB **nur auf Antrag** statt.

3. Antragsbefugnis. Nur ein Unternehmen, das darlegen kann, dass ihm durch die Verletzung der Vorschriften des Vergaberechts ein Schaden entstanden ist oder zu entstehen droht, ist nach § 160 **Abs. 2** GWB antragsberechtigt. Dies ist der Fall, wenn

- sich der Antragsteller mit einem Angebot oder Teilnahmeantrag am Vergabeverfahren **beteiligt** hat oder
- der Antragsteller darlegt, gerade daran durch den behaupteten Verstoß gegen Vorschriften des Vergaberechts **an der Beteiligung gehindert** gewesen zu sein.

4. Prüfungsgegenstand. Die Nachprüfungsinstanzen prüfen nicht die Rechtsmäßigkeit des gesamten Nachprüfungsverfahrens, sondern beschränken sich auf die vom Antragsteller dargestellten möglichen Rechtsverstöße. Nur ausnahmsweise werden Verstöße von Amts wegen aufgegriffen, wenn sie die Fortsetzung des Vergabeverfahrens unmöglich machen, zum Beispiel, weil eine vergaberechtskonforme Wertung der vorliegenden Angebote und ein entsprechender Zuschlag auf der Grundlage der vorliegenden Ausschreibung nicht möglich ist. Nachprüfbar ist auch die **Aufhebung bzw. Beendigung einer Ausschreibung**.

5. Unzulässigkeit des Nachprüfungsantrags. Mit § 160 **Abs. 3** GWB verfolgt der Gesetzgeber zwei Zwecke: Zum einen soll dem Auftraggeber aus Anlass der Rüge des Bieters die Möglichkeit zur **Selbstkorrektur** gegeben werden. Zum anderen soll **Rechtssicherheit** hergestellt werden. Daher ist ein Nachprüfungsantrag nur zulässig, wenn die in § 160 Abs. 3 GWB genannten Voraussetzungen erfüllt werden, also **eine rechtzeitige Rüge vorliegt und keine Rügepräklusion** eingetreten ist:

- Sofern der Verstoß gegen Vergabevorschriften schon in der Bekanntmachung oder in den Vergabeunterlagen **erkennbar** war (z.B. Wahl der falschen Vergabeordnung oder Verfahrensart, diskriminierende Leistungsbeschreibung), muss die Rüge bis zum Ablauf der Angebots- bzw. Bewerbungsfrist erfolgt sein (§ 160 Abs. 3 Satz 1 Nr. 2 und 3 GWB).
- In allen anderen Fällen, in denen der Antragsteller den Vergabeverstoß erkannt hat, ist die Rüge innerhalb einer Frist von zehn Kalendertagen zu erheben (§ 160 Abs. 3 Satz 1 Nr. 1 GWB).
- Nach § 160 Abs. 3 Satz 1 Nr. 4 GWB ist auch eine **provozierte Präklusion** möglich: Wenn der Auftraggeber mitteilt, der Rüge nicht abhelfen zu wollen, so muss der Bieter oder Bewerber innerhalb von 15 Tagen nach Eingang der Nichtabhilfemitteilung den Nachprüfungsantrag einreichen.

§ 160 Abs. 3 GWB findet keine Anwendung, wenn der Antragsteller die Unwirksamkeit gemäß § 135 GWB geltend macht. Grund hierfür ist, dass in § 135 Abs. 2 GWB eine spezielle, der allgemeinen Präklusionsregel des § 160 Abs. 3 GWB vorgehende Antragsfrist bestimmt ist (OLG Naumburg, Beschl. v. 22.12.2011, 2 Verg 10/11).

Erkennbar i.S.d. § 160 Abs. 3 Satz 1 Nr. 2 und 3 GWB sind Vergaberechtsverstöße, die von einem **Durchschnittsbieter** bei üblicher Sorgfalt und den üblichen Kenntnissen erkannt werden. Es ist nicht auf die individuellen Erkenntnismöglichkeiten des Antragstellers abzustellen (EuGH, Urt. v. 12.3.2015, C-538/13 – Kauf eines Systems der Warnung und Information der Öffentlichkeit unter Verwendung der Netzinfrastruktur der öffentlichen Mobiltelefonbetreiber, „eVigilio".

Für die Erkennbarkeit ist auf die sich als Bieter beteiligenden Unternehmen als solche abzustellen; **unterschiedliche Kenntnisstände der Mitarbeiter** bei innerbetrieblicher Arbeitsteilung sind unbeachtlich.

Nähere Bestimmungen zur **Fristberechnung** enthält das GWB nicht, auch sind EU-Regelungen zur Fristberechnung nicht unmittelbar anwendbar und es fehlt ein § 82 VgV vergleichbarer Verweis auf die EU-Regeln zur Fristberechnung (siehe dazu ausführlich die Anmerkung zu § 82 VgV). Daher sind die allgemeinen Regelungen (§ 31 Abs. 1 VwVfG, §§ 187 f. ZPO) entsprechend anwendbar. Für rechtzeitige Einlegung des Nachprüfungsantrages innerhalb der Frist des § 160 Abs. 3 Satz 1 Nr. 4 GWB gilt die Regelung des § 193 BGB: Fällt das **Ende einer Frist auf einen Sonntag, einen allgemeinen Feiertag oder einen Sonnabend**, so endet die Frist mit Ablauf des nächsten Werktages (VK Bund, Beschl. v. 15. 7.2021, VK 2 - 73/21).

Praxistipp: Unternehmen sind befugt, die Frist aber bis zur letzten Sekunde auszuschöpfen. Da der Auftraggeber demgegenüber nicht berechtigt ist, die Frist zu verkürzen oder zu verlängern, benötigt jeder Auftraggeber für die Briefpost einen **Nachtbriefkasten** sowie für Faxe und elektronische Kommunikation verlässliche Zeitstempel, welche die vor Mitternacht eingesendeten Rügen von den später eingehenden trennt.

Eine Rüge führt **nicht** zu einer **Verlängerung des Zuschlagsverbots** gemäß § 134 Abs. 2 GWB. Es besteht aber auch **keine Wartefrist**, d.h. bei Zeitdruck kann ein Unternehmen den Nachprüfungsantrag auch unmittelbar nach Versendung der Rüge verschicken. Entscheidend ist dann neben der Rechtzeitigkeit der Rüge die richtige Reihenfolge der Versendung.

6. Wichtige Praxishinweise. Auf folgende Aspekte ist besonders hinzuweisen:

- Die Rüge ist ein rechtlich zulässiges Instrument zur Durchsetzung des Vergaberechts und zur Gewährleistung des Rechtsschutzes. Ein Auftraggeber darf daher keine negativen Konsequenzen an die Erhebung einer Rüge knüpfen. Ganz im Gegenteil schützt ihn die Rüge vor einem vergaberechtswidrigen Verhalten und er sollte sie daher entsprechend sorgfältig prüfen.
- Die Rechtsfigur unzulässige Verdachtsrüge gibt es nicht mehr: Die Bieter und Interessenten werden im Hinblick auf die strengen Präklusionsregeln nämlich faktisch zur Verdachtsrüge gezwungen, um sich die Chance auf wirksamen Primärrechtsschutz zu erhalten.

Bietern ist dazu zu raten, frühzeitig die Vergabeunterlagen auf **typische Vergaberechtsverstöße** zu **überprüfen** und alles, was auffällig erscheint, zu rügen: Schließlich könnte es später als erkennbarer Vergaberechtsverstoß angesehen werden, was zur Folge hat, dass ohne unverzügliche Rüge ein Nachprüfungsantrag unzulässig wäre. Da die Vergabeunterlagen häufig erst bei der Erstellung des Angebots richtig durchgearbeitet werden, ist Bietern dringend zu raten, zeitig mit der Erstellung des Angebots zu beginnen. Dies erschließt möglicherweise nicht nur die Chance auf Rechtsschutz. Es bleibt auch genügend Zeit für eine Bitte um Aufklärung bei Unklarheiten. Sollte die Antwort der Vergabestelle unzureichend bleiben, kann auch dies gerügt werden.

§ 161
Form, Inhalt

(1) Der Antrag ist schriftlich bei der Vergabekammer einzureichen und unverzüglich zu begründen. Er soll ein bestimmtes Begehren enthalten. Ein Antragsteller ohne Wohnsitz oder gewöhnlichen Aufenthalt, Sitz oder Geschäftsleitung im Geltungsbereich dieses Gesetzes hat einen Empfangsbevollmächtigten im Geltungsbereich dieses Gesetzes zu benennen.

(2) Die Begründung muss die Bezeichnung des Antragsgegners, eine Beschreibung der behaupteten Rechtsverletzung mit Sachverhaltsdarstellung und die Bezeichnung der verfügbaren Beweismittel enthalten sowie darlegen, dass die Rüge gegenüber dem Auftraggeber erfolgt ist; sie soll, soweit bekannt, die sonstigen Beteiligten benennen.

§ 162
Verfahrensbeteiligte, Beiladung

Verfahrensbeteiligte sind der Antragsteller, der Auftraggeber und die Unternehmen, deren Interessen durch die Entscheidung schwerwiegend berührt werden und die deswegen von der Vergabekammer beigeladen worden sind. Die Entscheidung über die Beiladung ist unanfechtbar.

§ 163
Untersuchungsgrundsatz

(1) Die Vergabekammer erforscht den Sachverhalt von Amts wegen. Sie kann sich dabei auf das beschränken, was von den Beteiligten vorgebracht wird oder ihr sonst bekannt sein muss. Zu einer umfassenden Rechtmäßigkeitskontrolle ist die Vergabekammer nicht verpflichtet. Sie achtet bei ihrer gesamten Tätigkeit darauf, dass der Ablauf des Vergabeverfahrens nicht unangemessen beeinträchtigt wird.

(2) Die Vergabekammer prüft den Antrag darauf, ob er offensichtlich unzulässig oder unbegründet ist. Dabei berücksichtigt die Vergabekammer auch einen vorsorglich hinterlegten Schriftsatz (Schutzschrift) des Auftraggebers. Sofern der Antrag nicht offensichtlich unzulässig oder unbegründet ist, übermittelt die Vergabekammer dem Auftraggeber eine Kopie des Antrags und fordert bei ihm die Akten an, die das Vergabeverfahren dokumentieren (Vergabeakten). Der Auftraggeber hat die Vergabeakten der Kammer sofort zur Verfügung zu stellen. Die §§ 57 bis 59 Absatz 1 bis 4, § 59a Absatz 1 bis 3 und § 59b sowie § 61 gelten entsprechend.

§ 164
Aufbewahrung vertraulicher Unterlagen

(1) Die Vergabekammer stellt die Vertraulichkeit von Verschlusssachen und anderen vertraulichen Informationen sicher, die in den von den Parteien übermittelten Unterlagen enthalten sind.

(2) Die Mitglieder der Vergabekammern sind zur Geheimhaltung verpflichtet; die Entscheidungsgründe dürfen Art und Inhalt der geheim gehaltenen Urkunden, Akten, elektronischen Dokumente und Auskünfte nicht erkennen lassen.

§ 165
Akteneinsicht

(1) Die Beteiligten können die Akten bei der Vergabekammer einsehen und sich durch die Geschäftsstelle auf ihre Kosten Ausfertigungen, Auszüge oder Abschriften erteilen lassen.

(2) Die Vergabekammer hat die Einsicht in die Unterlagen zu versagen, soweit dies aus wichtigen Gründen, insbesondere des Geheimschutzes oder zur Wahrung von Betriebs- oder Geschäftsgeheimnissen, geboten ist.

(3) Jeder Beteiligte hat mit Übersendung seiner Akten oder Stellungnahmen auf die in Absatz 2 genannten Geheimnisse hinzuweisen und diese in den Unterlagen entsprechend kenntlich zu machen. Erfolgt dies nicht, kann die Vergabekammer von seiner Zustimmung auf Einsicht ausgehen.

(4) Die Versagung der Akteneinsicht kann nur im Zusammenhang mit der sofortigen Beschwerde in der Hauptsache angegriffen werden.

§ 166
Mündliche Verhandlung

(1) Die Vergabekammer entscheidet aufgrund einer mündlichen Verhandlung, die sich auf einen Termin beschränken soll. Alle Beteiligten haben Gelegenheit zur Stellungnahme. Mit Zustimmung der Beteiligten oder bei Unzulässigkeit oder bei offensichtlicher Unbegründetheit des Antrags kann nach Lage der Akten entschieden werden.

(2) Auch wenn die Beteiligten in dem Verhandlungstermin nicht erschienen oder nicht ordnungsgemäß vertreten sind, kann in der Sache verhandelt und entschieden werden.

§ 167
Beschleunigung

(1) Die Vergabekammer trifft und begründet ihre Entscheidung schriftlich innerhalb einer Frist von fünf Wochen ab Eingang des Antrags. Bei besonderen tatsächlichen oder rechtlichen Schwierigkeiten kann der Vorsitzende im Ausnahmefall die Frist durch Mitteilung an die Beteiligten um den erforderlichen Zeitraum verlängern. Dieser Zeitraum soll nicht länger als zwei Wochen dauern. Er begründet diese Verfügung schriftlich.

(2) Die Beteiligten haben an der Aufklärung des Sachverhalts mitzuwirken, wie es einem auf Förderung und raschen Abschluss des Verfahrens bedachten Vorgehen entspricht. Den Beteiligten können Fristen gesetzt werden, nach deren Ablauf weiterer Vortrag unbeachtet bleiben kann.

§ 168
Entscheidung der Vergabekammer

(1) Die Vergabekammer entscheidet, ob der Antragsteller in seinen Rechten verletzt ist und trifft die geeigneten Maßnahmen, um eine Rechtsverletzung zu beseitigen und eine Schädigung der betroffenen Interessen zu verhindern. Sie ist an die Anträge nicht gebunden und kann auch unabhängig davon auf die Rechtmäßigkeit des Vergabeverfahrens einwirken.

(2) Ein wirksam erteilter Zuschlag kann nicht aufgehoben werden. Hat sich das Nachprüfungsverfahren durch Erteilung des Zuschlags, durch Aufhebung oder durch Einstellung des Vergabeverfahrens oder in sonstiger Weise erledigt, stellt die Vergabekammer auf Antrag eines Beteiligten fest, ob eine Rechtsverletzung vorgelegen hat. § 167 Absatz 1 gilt in diesem Fall nicht.

(3) Die Entscheidung der Vergabekammer ergeht durch Verwaltungsakt. Die Vollstreckung richtet sich, auch gegen einen Hoheitsträger, nach den Verwaltungsvollstreckungsgesetzen des Bundes und der Länder. Die Höhe des Zwangsgeldes beträgt mindestens 1.000 Euro und höchstens 10 Millionen Euro. § 61 Absatz 1 und 2 gilt entsprechend.

§ 169
Aussetzung des Vergabeverfahrens

(1) Informiert die Vergabekammer den Auftraggeber in Textform über den Antrag auf Nachprüfung, darf dieser vor einer Entscheidung der Vergabekammer und dem Ablauf der Beschwerdefrist nach § 172 Absatz 1 den Zuschlag nicht erteilen.

(2) Die Vergabekammer kann dem Auftraggeber auf seinen Antrag oder auf Antrag des Unternehmens, das nach § 134 vom Auftraggeber als das Unternehmen benannt ist, das den Zuschlag erhalten soll, gestatten, den Zuschlag nach Ablauf von zwei Wochen seit Bekanntgabe dieser Entscheidung zu erteilen, wenn unter Berücksichtigung aller möglicherweise geschädigten Interessen sowie des Interesses der Allgemeinheit an einem raschen Abschluss des Vergabeverfahrens die nachteiligen Folgen einer Verzögerung der Vergabe bis zum Abschluss der Nachprüfung die damit verbundenen Vorteile überwiegen. Bei der Abwägung ist das Interesse der Allgemeinheit an einer wirtschaftlichen Erfüllung der Aufgaben des Auftraggebers zu berücksichtigen; bei verteidigungs- oder sicherheitsspezifischen Aufträgen im Sinne des § 104 sind zusätzlich besondere Verteidigungs- und Sicherheitsinteressen zu berücksichtigen. Die besonderen Verteidigungs- und Sicherheitsinteressen überwiegen in der Regel, wenn der öffentliche Auftrag oder die Konzession im unmittelbaren Zusammenhang steht mit

1. einer Krise,
2. einem mandatierten Einsatz der Bundeswehr,
3. einer einsatzgleichen Verpflichtung der Bundeswehr oder
4. einer Bündnisverpflichtung.

Die Vergabekammer berücksichtigt dabei auch die allgemeinen Aussichten des Antragstellers im Vergabeverfahren, den Auftrag oder die Konzession zu erhalten. Die Erfolgsaussichten des Nachprüfungsantrags müssen nicht in jedem Fall Gegenstand der Abwägung sein. Das Beschwerdegericht kann auf Antrag das Verbot des Zuschlags nach Absatz 1 wiederherstellen; § 168 Absatz 2 Satz 1 bleibt unberührt. Wenn die Vergabekammer den Zuschlag nicht gestattet, kann das Beschwerdegericht auf Antrag des Auftraggebers unter den Voraussetzungen der Sätze 1 bis 4 den sofortigen Zuschlag gestatten. Für das Verfahren vor dem Beschwerdegericht gilt § 176 Absatz 2 Satz 1 und 2 und Absatz 3 entsprechend. Eine sofortige Beschwerde nach § 171 Absatz 1 ist gegen Entscheidungen der Vergabekammer nach diesem Absatz nicht zulässig.

(3) Sind Rechte des Antragstellers aus § 97 Absatz 6 im Vergabeverfahren auf andere Weise als durch den drohenden Zuschlag gefährdet, kann die Kammer auf besonderen Antrag mit weiteren vorläufigen Maßnahmen in das Vergabeverfahren eingreifen. Sie legt dabei den Beurteilungsmaßstab des Absatzes 2 Satz 1 zugrunde. Diese Entscheidung ist nicht selbständig anfechtbar. Die Vergabekammer kann die von ihr getroffenen weiteren vorläufigen Maßnahmen nach den Verwaltungsvollstreckungsgesetzen des Bundes und der Länder durchsetzen; die Maßnahmen sind sofort vollziehbar. § 86a Satz 2 gilt entsprechend.

(4) Macht der Auftraggeber das Vorliegen der Voraussetzungen nach § 117 Nummer 1 bis 3 oder § 150 Nummer 1 oder 6 geltend, entfällt das Verbot des Zuschlags nach Absatz 1 fünf Werktage nach Zustellung eines entsprechenden Schriftsatzes an den Antragsteller; die Zustellung ist durch die Vergabekammer unverzüglich nach Eingang des Schriftsatzes vorzunehmen. Auf Antrag kann das Beschwerdegericht das Ver-

bot des Zuschlags wiederherstellen. § 176 Absatz 1 Satz 1, Absatz 2 Satz 1 sowie Absatz 3 und 4 ist entsprechend anzuwenden.

Für die Praxis: 1. Bedeutung des Zuschlagsverbots. § 169 GWB ist eine Schlüsselnorm für die Gewährleistung eines **effektiven Rechtsschutzes** der Bieter, da dem öffentlichen Auftraggeber nach Einleitung eines Nachprüfungsverfahrens die **Zuschlagserteilung untersagt** wird. Wäre nämlich die Zuschlagserteilung trotz eingeleiteten Nachprüfungsverfahrens möglich, käme ein zivilrechtlich wirksamer Vertrag mit dem ausgewählten Unternehmen oder Bewerber zustande (vgl. § 168 Abs. 2 Satz 1 GWB). Die Abänderung der angefochtenen Zuschlagsentscheidung und ein Erhalt des Auftrages wäre dann nicht mehr möglich. Dem benachteiligten Bieter bliebe nur noch die Möglichkeit, die Rechtswidrigkeit des Verfahrens feststellen zu lassen und auf dieser Grundlage Schadensersatz zu verlangen.

Daher bestimmt § 169 **Abs. 1** GWB, dass, nachdem die Vergabekammer den Auftraggeber über den Nachprüfungsantrag informiert hat, der **Zuschlag nicht mehr erteilt** werden darf („**Suspensiveffekt**"). Diese Wirkung tritt aber nicht schon dadurch ein, dass der Antrag auf Überprüfung bei der Vergabekammer eingereicht wird oder durch Zustellung (oder Vorankündigung) des Antrags an den Auftraggeber, sondern nach einer durch die Vergabekammer veranlassten **Information über die Einlegung des Antrags** an den Auftraggeber in Textform.

Die **Textform** (§ 126b BGB) wird beispielsweise durch Fax, Computerfax ohne eingescannte Unterschrift oder E-Mail gewahrt (zur Textform siehe die Anmerkung zu § 126b BGB); siehe ferner auch die E-Vergabe (§ 97 **Abs. 5** GWB; siehe dazu die Anmerkung vor § 9 VgV).

2. Eilverfahren – Antrag auf vorzeitige Zuschlagserteilung. § 169 **Abs. 2** GWB sieht (wie § 176 GWB) ein **Eilverfahren** vor, in dem es nur um die Frage geht, ob der Zuschlag vorab erteilt werden darf oder ob es beim Zuschlagsverbot bleibt. Hinter diesem Eilverfahren steht folgender Zweck: In Ausnahmefällen kann es sein, dass die wirtschaftlichen oder tatsächlichen (z.B. drohender Ausfall einer Grippeschutzimpfung) Folgen einer Unterbrechung des Vergabeverfahrens so gravierend sind, dass die damit für den öffentlichen Auftraggeber und seine Aufgabenerfüllung verbundenen Nachteile erheblich größer sind als der Schaden, der dem Antragsteller dadurch droht, dass das Vergabeverfahren fehlerhaft abläuft.

3. Besonderheiten im Verteidigungs- und Sicherheitsbereich. Durch § 169 Abs. 2 Satz 2 Hs. 2 GWB (identisch § 176 Abs. 1 Satz 2 Hs. 2 GWB) wird klargestellt, dass im Anwendungsbereich der VSVgV im Rahmen der **Abwägung** auch „**besondere Verteidigungs- und Sicherheitsinteressen**" zu berücksichtigen sind, und zwar in den aufgeführten Fällen als in der Regel überwiegend. Im Rahmen des Abwägungsvorgangs ist auch zu bedenken, dass die Überprüfung eines Vergabeverfahrens nur in Ausnahmefällen (Ermessensreduzierung bei der Auswahlentscheidung auf Null) zu dem Ergebnis führt, dass gerade der Antragsteller den zu vergebenden Auftrag erhält.

§ 170
Ausschluss von abweichendem Landesrecht

Soweit dieser Abschnitt Regelungen zum Verwaltungsverfahren enthält, darf hiervon durch Landesrecht nicht abgewichen werden.

Abschnitt 3
Sofortige Beschwerde

§ 171
Zulässigkeit, Zuständigkeit

(1) Gegen Entscheidungen der Vergabekammer ist die sofortige Beschwerde zulässig. Sie steht den am Verfahren vor der Vergabekammer Beteiligten zu.

(2) Die sofortige Beschwerde ist auch zulässig, wenn die Vergabekammer über einen Antrag auf Nachprüfung nicht innerhalb der Frist des § 167 Absatz 1 entschieden hat; in diesem Fall gilt der Antrag als abgelehnt.

(3) Über die sofortige Beschwerde entscheidet ausschließlich das für den Sitz der Vergabekammer zuständige Oberlandesgericht. Bei den Oberlandesgerichten wird ein Vergabesenat gebildet.

(4) Rechtssachen nach den Absätzen 1 und 2 können von den Landesregierungen durch Rechtsverordnung anderen Oberlandesgerichten oder dem Obersten Landesgericht zugewiesen werden. Die Landesregierungen können die Ermächtigung auf die Landesjustizverwaltungen übertragen.

Für die Praxis: In den §§ 171 bis 184 GWB wird das Beschwerdeverfahren geregelt. Für diese zweite (und grundsätzlich abschließende) Instanz sind die **Oberlandesgerichte** zuständig. Grundsätzlich gilt **Anwaltszwang** (§ 175 Abs. 1 Satz 1 GWB, § 172 Abs. 3 Satz 1 GWB); nur juristische Personen des öffentlichen Rechts dürfen sich gemäß § 175 Abs. 1 Satz 2 GWB, § 172 Abs. 3 Satz 2 GWB durch Beamte oder Angestellte mit Befähigung zum Richteramt vertreten lassen.

§ 172
Frist, Form, Inhalt

(1) Die sofortige Beschwerde ist binnen einer Notfrist von zwei Wochen, die mit der Zustellung der Entscheidung, im Fall des § 171 Absatz 2 mit dem Ablauf der Frist beginnt, schriftlich bei dem Beschwerdegericht einzulegen.

(2) Die sofortige Beschwerde ist zugleich mit ihrer Einlegung zu begründen. Die Beschwerdebegründung muss enthalten:

1. die Erklärung, inwieweit die Entscheidung der Vergabekammer angefochten und eine abweichende Entscheidung beantragt wird,
2. die Angabe der Tatsachen und Beweismittel, auf die sich die Beschwerde stützt.

(3) Die Beschwerdeschrift muss durch einen Rechtsanwalt unterzeichnet sein. Dies gilt nicht für Beschwerden von juristischen Personen des öffentlichen Rechts.

(4) Mit der Einlegung der Beschwerde sind die anderen Beteiligten des Verfahrens vor der Vergabekammer vom Beschwerdeführer durch Übermittlung einer Ausfertigung der Beschwerdeschrift zu unterrichten.

Für die Praxis: § 172 Abs. 1 GWB dient dem **Beschleunigungsprinzip**. Das Rechtsmittel der sofortigen Beschwerde kann nur innerhalb einer **Notfrist** von zwei Wochen eingelegt werden. Eine Notfrist kann nicht verlängert werden. Daher sollte diese Frist bereits mit der Zustellung der Entscheidung im Fristenkalender notiert werden, damit nicht etwa die Beschwerdefrist versäumt wird.

Da die Entscheidung der Vergabekammer gemäß § 168 Abs. 3 Satz 1 GWB als Verwaltungsakt ergeht, sind für die **Zustellung** die Vorschriften das Verwaltungszustellungsgesetzes (§§ 2 ff. VwZG) maßgebend. Der Tag der Zustellung der Entscheidung wird gemäß § 187 Abs. 1 BGB nicht mitgerechnet. Die sofortige Beschwerde muss bei dem Vergabesenat des zuständigen Oberlandesgerichts eingelegt werden.

Üblicherweise obliegt die Zustellung der Abschriften von Rechtsmittelschriftsätzen dem Gericht. Für den Bereich des vergaberechtlichen Nachprüfungsverfahrens weicht § 172 Abs. 4 GWB von dem üblichen Verfahrensablauf ab: Der Beschwerdeführer muss alle anderen Beteiligten (also auch Beigeladene, vgl. § 162 GWB) des erstinstanzlichen Verfahrens durch Übersendung einer Ausfertigung der Beschwerdeschrift unterrichten. Auch diese Regelung dient der Verfahrensbeschleunigung. Allerdings wird die Wirksamkeit der fristgerecht eingelegten Beschwerde nicht dadurch berührt, dass diese Unterrichtung vergessen wird. Jedoch kann eine schuldhafte Verletzung dieser Pflicht Schadensersatzansprüche in Bezug auf die im Verfahren eingetretene Verzögerung auslösen.

§ 173
Wirkung

(1) Die sofortige Beschwerde hat aufschiebende Wirkung gegenüber der Entscheidung der Vergabekammer. Die aufschiebende Wirkung entfällt zwei Wochen nach Ablauf der Beschwerdefrist. Hat die Vergabekammer den Antrag auf Nachprüfung abgelehnt, so kann das Beschwerdegericht auf Antrag des Beschwerdeführers die aufschiebende Wirkung bis zur Entscheidung über die Beschwerde verlängern.

(2) Das Gericht lehnt den Antrag nach Absatz 1 Satz 3 ab, wenn unter Berücksichtigung aller möglicherweise geschädigten Interessen die nachteiligen Folgen einer Verzögerung der Vergabe bis zur Entscheidung über die Beschwerde die damit verbundenen Vorteile überwiegen. Bei der Abwägung ist das Interesse der Allgemeinheit an einer wirtschaftlichen Erfüllung der Aufgaben des Auftraggebers zu berücksichtigen; bei verteidigungs- oder sicherheitsspezifischen Aufträgen im Sinne des § 104 sind zusätzlich besondere Verteidigungs- und Sicherheitsinteressen zu berücksichtigen. Die besonderen Verteidigungs- und Sicherheitsinteressen überwiegen in der Regel, wenn der öffentliche Auftrag oder die Konzession im unmittelbaren Zusammenhang steht mit

1. einer Krise,
2. einem mandatierten Einsatz der Bundeswehr,
3 einer einsatzgleichen Verpflichtung der Bundeswehr oder
4. einer Bündnisverpflichtung.

Das Gericht berücksichtigt bei seiner Entscheidung auch die Erfolgsaussichten der Beschwerde, die allgemeinen Aussichten des Antragstellers im Vergabeverfahren, den öffentlichen Auftrag oder die Konzession zu erhalten, und das Interesse der Allgemeinheit an einem raschen Abschluss des Vergabeverfahrens.

(3) Hat die Vergabekammer dem Antrag auf Nachprüfung durch Untersagung des Zuschlags stattgegeben, so unterbleibt dieser, solange nicht das Beschwerdegericht die Entscheidung der Vergabekammer nach § 176 oder § 178 aufhebt.

§ 174
Beteiligte am Beschwerdeverfahren

An dem Verfahren vor dem Beschwerdegericht beteiligt sind die an dem Verfahren vor der Vergabekammer Beteiligten.

§ 175
Verfahrensvorschriften

(1) Vor dem Beschwerdegericht müssen sich die Beteiligten durch einen Rechtsanwalt als Bevollmächtigten vertreten lassen. Juristische Personen des öffentlichen Rechts können sich durch Beamte oder Angestellte mit Befähigung zum Richteramt vertreten lassen.

(2) Die §§ 65, 69 bis 72 mit Ausnahme der Verweisung auf § 227 Absatz 3 der Zivilprozessordnung, § 75 Absatz 1 bis 3, § 76 Absatz 1 und 6, die §§ 165 und 167 Absatz 2 Satz 1 sind entsprechend anzuwenden.

§ 176
Vorabentscheidung über den Zuschlag

(1) Auf Antrag des Auftraggebers oder auf Antrag des Unternehmens, das nach § 134 vom Auftraggeber als das Unternehmen benannt ist, das den Zuschlag erhalten soll, kann das Gericht den weiteren Fortgang des Vergabeverfahrens und den Zuschlag gestatten, wenn unter Berücksichtigung aller möglicherweise geschädigten Interessen die nachteiligen Folgen einer Verzögerung der Vergabe bis zur Entscheidung über die Beschwerde die damit verbundenen Vorteile überwiegen. Bei der Abwägung ist das Interesse der Allgemeinheit an einer wirtschaftlichen Erfüllung der Aufgaben des Auftraggebers zu berücksichtigen; bei verteidigungs- oder sicherheitsspezifischen Aufträgen im Sinne des § 104 sind zusätzlich besondere Verteidigungs- und Sicherheitsinteressen zu berücksichtigen. Die besonderen Verteidigungs-

und Sicherheitsinteressen überwiegen in der Regel, wenn der öffentliche Auftrag oder die Konzession im unmittelbaren Zusammenhang steht mit

1. einer Krise,
2. einem mandatierten Einsatz der Bundeswehr,
3. einer einsatzgleichen Verpflichtung der Bundeswehr oder
4. einer Bündnisverpflichtung.

Das Gericht berücksichtigt bei seiner Entscheidung auch die Erfolgsaussichten der sofortigen Beschwerde, die allgemeinen Aussichten des Antragstellers im Vergabeverfahren, den öffentlichen Auftrag oder die Konzession zu erhalten, und das Interesse der Allgemeinheit an einem raschen Abschluss des Vergabeverfahrens.

(2) Der Antrag ist schriftlich zu stellen und gleichzeitig zu begründen. Die zur Begründung des Antrags vorzutragenden Tatsachen sowie der Grund für die Eilbedürftigkeit sind glaubhaft zu machen. Bis zur Entscheidung über den Antrag kann das Verfahren über die Beschwerde ausgesetzt werden.

(3) Die Entscheidung ist unverzüglich, längstens innerhalb von fünf Wochen nach Eingang des Antrags zu treffen und zu begründen; bei besonderen tatsächlichen oder rechtlichen Schwierigkeiten kann der Vorsitzende im Ausnahmefall die Frist durch begründete Mitteilung an die Beteiligten um den erforderlichen Zeitraum verlängern. Die Entscheidung kann ohne mündliche Verhandlung ergehen. Ihre Begründung erläutert Rechtmäßigkeit oder Rechtswidrigkeit des Vergabeverfahrens. § 175 ist anzuwenden.

(4) Gegen eine Entscheidung nach dieser Vorschrift ist ein Rechtsmittel nicht zulässig.

Für die Praxis: § 176 GWB sieht (wie § 169 Abs. 2 GWB) ein **Eilverfahren** vor, in dem es nur um die Frage geht, ob der **Zuschlag vorab** erteilt werden darf oder ob es beim Zuschlagsverbot bleibt. Siehe dazu auch die Anmerkung zu § 169 GWB.

§ 177
Ende des Vergabeverfahrens nach Entscheidung des Beschwerdegerichts

Ist der Auftraggeber mit einem Antrag nach § 176 vor dem Beschwerdegericht unterlegen, gilt das Vergabeverfahren nach Ablauf von zehn Tagen nach Zustellung der Entscheidung als beendet, wenn der Auftraggeber nicht die Maßnahmen zur Herstellung der Rechtmäßigkeit des Verfahrens ergreift, die sich aus der Entscheidung ergeben; das Verfahren darf nicht fortgeführt werden.

Für die Praxis: § 177 GWB regelt folgende Situation: In einem Nachprüfungsverfahren ist der öffentliche Auftraggeber unterlegen. Er hat sofortige Beschwerde eingelegt und darüber hinaus beantragt, vorab im Eilverfahren den weiteren Fortgang des Vergabeverfahrens und die Zuschlagserteilung zu gestatten. Diesen Antrag hat der Vergabesenat abgelehnt. Für diesen Fall bestimmt § 177 GWB Folgendes:

Nach Ablauf der 10-Tages-Frist **gilt das gesamte Vergabeverfahren als beendet**. Die hier vom Gesetzgeber angeordnete Wirkung entspricht der einer Aufhebung der Ausschreibung gemäß § 63 VgV, § 57 SektVO, § 17 EU VOB/A. Diese weitreichende Wirkung kann der öffentliche Auftraggeber nur verhindern, wenn er – nach Zustellung der ablehnenden Entscheidung – Maßnahmen zur Herstellung der Rechtmäßigkeit des Vergabeverfahrens ergreift. Dabei kann die Entscheidung des Oberlandesgerichts der Leitfaden für diese Maßnahmen sein.

§ 178
Beschwerdeentscheidung

Hält das Gericht die Beschwerde für begründet, so hebt es die Entscheidung der Vergabekammer auf. In diesem Fall entscheidet das Gericht in der Sache selbst oder spricht die Verpflichtung der Vergabekammer aus, unter Berücksichtigung der Rechtsauffassung des Gerichts über die Sache erneut zu entscheiden. Auf Antrag stellt es fest, ob das Unternehmen, das die Nachprüfung beantragt hat, durch den Auftraggeber in seinen Rechten verletzt ist. § 168 Absatz 2 gilt entsprechend.

§ 179
Bindungswirkung und Vorlagepflicht

(1) Wird wegen eines Verstoßes gegen Vergabevorschriften Schadensersatz begehrt und hat ein Verfahren vor der Vergabekammer stattgefunden, ist das ordentliche Gericht an die bestandskräftige Entscheidung der Vergabekammer und die Entscheidung des Oberlandesgerichts sowie gegebenenfalls des nach Absatz 2 angerufenen Bundesgerichtshofs über die Beschwerde gebunden.

(2) Will ein Oberlandesgericht von einer Entscheidung eines anderen Oberlandesgerichts oder des Bundesgerichtshofs abweichen, so legt es die Sache dem Bundesgerichtshof vor. Der Bundesgerichtshof entscheidet anstelle des Oberlandesgerichts. Der Bundesgerichtshof kann sich auf die Entscheidung der Divergenzfrage beschränken und dem Beschwerdegericht die Entscheidung in der Hauptsache übertragen, wenn dies nach dem Sach- und Streitstand des Beschwerdeverfahrens angezeigt scheint. Die Vorlagepflicht gilt nicht im Verfahren nach § 173 Absatz 1 Satz 3 und nach § 176.

§ 180
Schadensersatz bei Rechtsmissbrauch

(1) Erweist sich der Antrag nach § 160 oder die sofortige Beschwerde nach § 171 als von Anfang an ungerechtfertigt, ist der Antragsteller oder der Beschwerdeführer verpflichtet, dem Gegner und den Beteiligten den Schaden zu ersetzen, der ihnen durch den Missbrauch des Antrags- oder Beschwerderechts entstanden ist.

(2) Ein Missbrauch des Antrags- oder Beschwerderechts ist es insbesondere,

1. die Aussetzung oder die weitere Aussetzung des Vergabeverfahrens durch vorsätzlich oder grob fahrlässig vorgetragene falsche Angaben zu erwirken;
2. die Überprüfung mit dem Ziel zu beantragen, das Vergabeverfahren zu behindern oder Konkurrenten zu schädigen;
3. einen Antrag in der Absicht zu stellen, ihn später gegen Geld oder andere Vorteile zurückzunehmen.

(3) Erweisen sich die von der Vergabekammer entsprechend einem besonderen Antrag nach § 169 Absatz 3 getroffenen vorläufigen Maßnahmen als von Anfang an ungerechtfertigt, hat der Antragsteller dem Auftraggeber den aus der Vollziehung der angeordneten Maßnahme entstandenen Schaden zu ersetzen.

§ 181
Anspruch auf Ersatz des Vertrauensschadens

Hat der Auftraggeber gegen eine den Schutz von Unternehmen bezweckende Vorschrift verstoßen und hätte das Unternehmen ohne diesen Verstoß bei der Wertung der Angebote eine echte Chance gehabt, den Zuschlag zu erhalten, die aber durch den Rechtsverstoß beeinträchtigt wurde, so kann das Unternehmen Schadensersatz für die Kosten der Vorbereitung des Angebots oder der Teilnahme an einem Vergabeverfahren verlangen. Weiterreichende Ansprüche auf Schadensersatz bleiben unberührt.

Für die Praxis: 1. Normzweck. § 181 Satz 1 GWB gewährt den Unternehmen einen **Schadensersatzanspruch**. Rechtsdogmatisch handelt es sich dabei um eine Variante des Schadensersatzanspruchs aus Verschulden bei Vertragsschluss (culpa in contrahendo – c.i.c., § 311 Abs. 2 BGB). Der Anspruch aus § 181 GWB beruht – ebenso wie derjenige aus den §§ 311 Abs. 2, 241 BGB – darauf, dass die Bieter darauf vertrauen können, dass Vergabeverfahren rechtmäßig und ohne Beeinträchtigung der Bieterrechte (vgl. § 97 Abs. 6 GWB) vom Auftraggeber durchgeführt werden. Weil der Anspruch aus den §§ 311 Abs. 2, 241 BGB in gewissen Konstellationen auch Schadensersatz in Höhe des entgangenen Gewinns ermöglicht, wird in der Praxis eher diese Anspruchsgrundlage gewählt als § 181 GWB.

2. Anspruchsberechtigung. Anspruchsberechtigt sind nur solche Unternehmen, welche nachweisen können, dass sie im Vergabeverfahren ohne den Verstoß eine **„echte Chance"** auf den Zuschlag gehabt hätten. Dabei können die anspruchsberechtigten Unternehmen/Personen nur im

Einzelfall bestimmt werden. Allerdings darf der Kreis der anspruchsberechtigten Personen nicht zu eng gezogen werden. Keinesfalls darf der Kreis der möglichen Anspruchsberechtigten pauschal auf die ersten vier bis fünf Plätze beschränkt werden. Eine derartige Eingrenzung würde in der Praxis zu willkürlichen Ergebnissen führen. Sobald mehr als fünf Bieter für den Zuschlag in Betracht kommen, würde die – in diesem Zusammenhang – gerichtlich nicht überprüfbare Wertung des Auftraggebers darüber entscheiden, wer einen Spitzenplatz bekommt. Der Auftraggeber hätte es somit über das Merkmal der „echten Chance" in der Hand, den Kreis der Schadensersatzberechtigten zu bestimmen. Sicher nicht zum Kreis der Anspruchsberechtigten zählen solche Bewerber, deren Angebote – insbesondere wegen formaler Mängel – zu Recht ausgeschlossen wurden.

3. Anspruchsumfang. Der **Anspruchsumfang** des § 181 GWB geht auf das negative Interesse: Der Bieter/Bewerber ist so zu stellen, wie er stehen würde, wenn er an dem Vergabeverfahren nicht teilgenommen hätte. Die nutzlos aufgewandten Kosten zur Angebotserstellung sind ebenso zu ersetzen wie die Kosten für die Teilnahme am Verfahren selbst. Dies umfasst insbesondere die Kosten für die mit der Bearbeitung betrauten Mitarbeiter (BGH, Urt. v. 8.12.2020, XIII ZR 19/19). Der Anspruch aus § 181 GWB ist – anders als z.B. der Parallelanspruch aus § 311 Abs. 2 BGB – **verschuldensunabhängig**.

4. Verhältnis zu weiteren Anspruchsgrundlagen. Gemäß § 181 Satz 2 GWB bleiben weiterreichende Ansprüche auf Schadensersatz unberührt. Aus diesem Grund können neben dem Schadensersatzanspruch aus § 182 Satz 1 GWB insbesondere folgende Schadensersatzansprüche geltend gemacht werden:

- Culpa in contrahendo (c.i.c.) (§§ 280 Abs. 1, 311 Abs. 2, 241 Abs. 2 BGB) und
- Ansprüche aus Amtshaftung (§ 839 BGB i.V.m. Art. 34 GG).

Sofern der Bieter/Bewerber darüber hinaus noch das positive Interesse fordert, also auch den **entgangenen Gewinn** als Schadensersatz geltend macht, muss er auf andere (allgemeine) Anspruchsgrundlagen neben § 181 GWB zurückgreifen.

Nach der neueren Rechtsprechung wird die Geltendmachung von Schadensersatzansprüchen auf der Grundlage der allgemeinen Regelungen (c.i.c. – §§ 280 Abs. 1, 311 Abs. 2, 241 Abs. 2 BGB) erleichtert. Zwar müssen nach den allgemeinen Regelungen des Zivilrechts die anspruchsbegründenden Tatsachen bewiesen werden. Bei den vergaberechtlichen Schadensersatzansprüchen kommt es jedoch auf ein **Verschulden des Auftraggebers** bzw. einer dem Auftraggeber zurechenbaren Person **nicht** an, da die Auftraggeber zur Beachtung der vergaberechtlichen Vorschriften verpflichtet sind (vgl. EuGH, Urt. v. 30.9.2010, C-314/09 – Graz ./. Strabag u.a.; BGH, Urt. v. 9.6.2011, X ZR 143/2010 – Schadensersatz Rettungsdienstleistungen). Der Ersatz auch des entgangenen Gewinns setzt voraus, dass der Auftraggeber das Unternehmen bei einem in jeder Hinsicht rechtmäßigen Verhalten hätte beauftragen müssen und dass tatsächlich ein wirtschaftlich gleichwertiger Auftrag erteilt wurde (BGH, Urt. v. 8.12.2020, XIII ZR 19/19).

§ 182
Kosten des Verfahrens vor der Vergabekammer

(1) Für Amtshandlungen der Vergabekammern werden Kosten (Gebühren und Auslagen) zur Deckung des Verwaltungsaufwandes erhoben. Das Verwaltungskostengesetz vom 23. Juni 1970 (BGBl. I S. 821) in der am 14. August 2013 geltenden Fassung ist anzuwenden.

(2) Die Gebühr beträgt mindestens 2 500 Euro; dieser Betrag kann aus Gründen der Billigkeit bis auf ein Zehntel ermäßigt werden. Die Gebühr soll den Betrag von 50 000 Euro nicht überschreiten; sie kann im Einzelfall, wenn der Aufwand oder die wirtschaftliche Bedeutung außergewöhnlich hoch ist, bis zu einem Betrag von 100 000 Euro erhöht werden.

(3) Soweit ein Beteiligter im Verfahren unterliegt, hat er die Kosten zu tragen. Mehrere Kostenschuldner haften als Gesamtschuldner. Kosten, die durch Verschulden eines Beteiligten entstanden sind, können die-

sem auferlegt werden. Hat sich der Antrag vor Entscheidung der Vergabekammer durch Rücknahme oder anderweitig erledigt, ist die Hälfte der Gebühr zu entrichten. Die Entscheidung, wer die Kosten zu tragen hat, erfolgt nach billigem Ermessen. Aus Gründen der Billigkeit kann von der Erhebung von Gebühren ganz oder teilweise abgesehen werden.

(4) Soweit ein Beteiligter im Nachprüfungsverfahren unterliegt, hat er die zur zweckentsprechenden Rechtsverfolgung oder Rechtsverteidigung notwendigen Aufwendungen des Antragsgegners zu tragen. Die Aufwendungen der Beigeladenen sind nur erstattungsfähig, soweit sie die Vergabekammer aus Billigkeit der unterlegenen Partei auferlegt. Hat sich der Antrag durch Rücknahme oder anderweitig erledigt, erfolgt die Entscheidung, wer die zur zweckentsprechenden Rechtsverfolgung oder Rechtsverteidigung notwendigen Aufwendungen anderer Beteiligter zu tragen hat, nach billigem Ermessen; in Bezug auf die Erstattung der Aufwendungen der Beigeladenen gilt im Übrigen Satz 2 entsprechend. § 80 Absatz 1, 2 und 3 Satz 2 des Verwaltungsverfahrensgesetzes und die entsprechenden Vorschriften der Verwaltungsverfahrensgesetze der Länder gelten entsprechend. Ein gesondertes Kostenfestsetzungsverfahren findet nicht statt.

§ 183
Korrekturmechanismus der Kommission

(1) Erhält die Bundesregierung im Laufe eines Vergabeverfahrens vor Abschluss des Vertrags eine Mitteilung der Europäischen Kommission, dass diese der Auffassung ist, es liege ein schwerer Verstoß gegen das Recht der Europäischen Union zur Vergabe öffentlicher Aufträge oder zur Vergabe von Konzessionen vor, der zu beseitigen sei, teilt das Bundesministerium für Wirtschaft und Energie dies dem Auftraggeber mit.

(2) Der Auftraggeber ist verpflichtet, innerhalb von 14 Kalendertagen nach Eingang dieser Mitteilung dem Bundesministerium für Wirtschaft und Energie eine umfassende Darstellung des Sachverhalts zu geben und darzulegen, ob der behauptete Verstoß beseitigt wurde, oder zu begründen, warum er nicht beseitigt wurde, ob das Vergabeverfahren Gegenstand eines Nachprüfungsverfahrens ist oder aus sonstigen Gründen ausgesetzt wurde.

(3) Ist das Vergabeverfahren Gegenstand eines Nachprüfungsverfahrens oder wurde es ausgesetzt, so ist der Auftraggeber verpflichtet, das Bundesministerium für Wirtschaft und Energie unverzüglich über den Ausgang des Verfahrens zu informieren.

Für die Praxis: Da die betroffenen Unternehmen selbst nicht in jedem Falle eines Vergaberechtsverstoßes ein Nachprüfungsverfahren anstrengen, hat die Europäische Kommission ein System geschaffen, bei dem sie im Falle eines schweren Vergaberechtsverstoßes beim betroffenen Mitgliedstaat intervenieren und dessen Beseitigung verlangen kann (sog. **Korrekturmechanismus**). Es besteht allerdings kein Anspruch darauf, dass die Kommission einschreitet. Die Regelung des Korrekturmechanismus ist nicht drittschützend (*Zeiss* in: Heiermann/Zeiss/Summa, jurisPK-Vergaberecht, 5. Aufl. 2016, § 183 GWB Rn. 3).

Neben dem Korrekturmechanismus besteht für die Europäische Kommission Falle eines schweren Vergaberechtsverstoßes auch die Möglichkeit der Einleitung eines **Vertragsverletzungsverfahrens** (Art. 258 AEUV). Dabei wird das Vertragsverletzungsverfahren durch das besondere gesetzliche **Kündigungsrecht** des § 133 Abs. 1 Nr. 3 GWB ergänzt.

§ 184
Unterrichtungspflichten der Nachprüfungsinstanzen

Die Vergabekammern und die Oberlandesgerichte unterrichten das Bundesministerium für Wirtschaft und Energie bis zum 31. Januar eines jeden Jahres über die Anzahl der Nachprüfungsverfahren des Vorjahres und deren Ergebnisse.

Teil 5
Anwendungsbereich der Teile 1 bis 3

(§ 185 GWB - nicht abgedruckt)

Teil 6
Übergangs- und Schlussbestimmungen

(§ 186 GWB - nicht abgedruckt)

§ 187
Übergangs- und Schlussbestimmungen

(1) § 29 ist nach dem 31. Dezember 2027 nicht mehr anzuwenden.

(2) Vergabeverfahren, die vor dem 18. April 2016 begonnen haben, einschließlich der sich an diese anschließenden Nachprüfungsverfahren sowie am 18. April 2016 anhängige Nachprüfungsverfahren werden nach dem Recht zu Ende geführt, das zum Zeitpunkt der Einleitung des Verfahrens galt.

(§ 187 Abs. 3 bis 11 GWB – nicht abgedruckt)

D

Vertragsrecht

I.
Vergabe- und Vertragsordnung für Bauleistungen Teil B (VOB/B) – Ausgabe 2016 – Allgemeine Vertragsbedingungen für die Ausführung von Bauleistungen[1]

In der Fassung der Bekanntmachung vom 31. Juli 2009 (BAnz. Nr. 155a vom 15. Oktober 2009), zuletzt geändert durch Bekanntmachung vom 7. Januar 2016 (BAnz. AT 19.01.2016 B3, berichtigt am 21. März 2016 (BAnz. AT 01.04.2016 B1)

In der Fassung 2016 in Anwendung seit dem 18.4.2016 gem. § 2 Vergabeverordnung (Art. 1 der Verordnung vom 12.04.2016, BGBl. I S. 624) i. V. m. § 8a Abs. 1 VOB/A 2016

Hinweise für die VOB/B 2016

Im Zuge der Umsetzung der Richtlinie 2014/24/EU des Europäischen Parlamentes und des Rates vom 26. Februar 2014 über die öffentliche Auftragsvergabe in deutsches Recht hat der Deutsche Vergabe- und Vertragsausschuss für Bauleistungen (DVA) Änderungen der VOB/B beschlossen, um neben der Umsetzung der vergaberechtlichen Vorschriften der Richtlinie 2014/24/EU in deutsches Vergaberecht auch die vertragsrechtlichen Vorschriften der Artikel 71 und 73 der Richtlinie 2014/24/EU in die VOB/B aufzunehmen.

Vorbemerkung: 1. Umgang mit der VOB/B. Die VOB/B wurde im Jahre 1926 veröffentlicht und blieb bis 1952 unverändert. Das Werkvertragsrecht des BGB enthielt lange nur unzureichende Regelungen zu Verträgen über Bauleistungen. Dies hat sich zwar geändert, in den §§ 650a ff. BGB finden sich gesetzliche Vorgabe für die in § 650a BGB legaldefinierten Bauverträge. Diese gesetzlichen Regelungen werden von der Praxis aber eher zäh angenommen, die Anforderungen an eine wirksame Änderungsanordnung des Auftraggebers in § 650b BGB werden fast durchweg als praxisfremd beurteilt. Dennoch habe sie eine wichtige Ausstrahlungswirkung auf die Anwendung der VOB/B.

Die öffentliche Hand ist nach § 8a Abs. 1 VOB/A, § 8a EU Abs. 1 VOB/A zur Anwendung der VOB/B verpflichtet. Aber auch außerhalb des öffentlichen Auftragswesens hat die VOB/B bisher ihre Bedeutung als praxisgerechtes und anerkanntes Vertragswerk behalten.

Das liegt nicht zuletzt daran, dass nur in der VOB/B alle Phasen des Bauvorhabens angesprochen werden, während das BGB diesbezüglich lückenhaft bleibt. So verlangt das BGB zum Beispiel eine prüffähige Abrechnung, beschreibt aber die Anforderungen an die Prüffähigkeit nicht. Die VOB/B schließt – gemeinsam mit der VOB/C – solche Lücken. Die Verbindung mit der VOB/C ist sowieso einer der Vorteile der VOB/B, weil im Gesamtwerk rechtliche wie technische Fragen umfassend geregelt werden. Insbesondere im Hinblick auf die nicht zuletzt durch BIM (Building Information Modeling) geförderte Standardisierung ist die VOB/C unentbehrlicher denn je.

Die VOB/B soll die partnerschaftliche und möglichst konfliktfreie Abwicklung von Bauvorhaben ermöglichen: Was sind eigentlich die Aufgaben des Bauherrn? Wofür hat dieser Sorge zu tragen? Welche Rechte und Pflichten hat der Unternehmer? Was passiert, wenn der Bauherr nach Vertragsschluss Änderungswünsche hat? Muss der Unternehmer diese berücksichtigen und wenn ja, welchen Preis kann der Unternehmer fordern? Was passiert, wenn der Unternehmer mit der Ausführung der Arbeiten nicht beginnt? Was macht der Bauherr, wenn der Unternehmer insolvent wird? Die Reihe der Fragen ließe sich fortsetzen. Die VOB/B dient dazu, die häufigsten **Konfliktsituationen** auf der Baustelle in Form von Allgemeinen Geschäftsbedingungen zu regeln. Wenn

1 Diese Allgemeinen Geschäftsbedingungen werden durch den DVA ausschließlich zur Anwendung gegenüber Unternehmen, juristischen Personen des öffentlichen Rechts und öffentlich-rechtlichen Sondervermögens empfohlen (§ 310 BGB).

man die Vorschriften der VOB/B liest, ist es daher hilfreich, sich zu vergegenwärtigen, welcher Konfliktfall durch die anwendbare Vorschrift geregelt werden soll.

2. Rechtscharakter der VOB/B. Die VOB/B wird durch den Deutschen Vertrags- und Vergabeausschuss (DVA) erarbeitet. Es handelt sich eindeutig um Allgemeine Geschäftsbedingungen (AGB), auch wenn sie z.B. in der als Gesetz anzusehenden VOB/A-EU zur Anwendung vorgegeben wird.

Der rechtliche Charakter als **Allgemeine Geschäftsbedingungen (AGB)** führt dazu, dass es auch zu einer AGB-rechtlichen Überprüfung einzelner Klauseln der VOB/B kommen kann, wenn sie im jeweiligen Einzelvertrag nicht privilegiert vereinbart wurden.

3. Privilegierung der VOB/B. Unter dem Stichwort „Privilegierung der VOB/B" wird verstanden, dass Einzelregelungen der VOB/B unter bestimmten Voraussetzungen keiner Inhaltskontrolle unterzogen werden, sondern dass diese Regelungen auch dann wirksam bleiben, wenn sie, isoliert betrachtet, gegen Regelungen der §§ 307 ff. BGB verstoßen. Diese Privilegierung ergibt sich aus § 310 Abs. 1 Satz 3 BGB und besteht nur bei Verträgen zwischen **Unternehmen, juristischen Personen des öffentlichen Rechts und öffentlich-rechtlichen Sondervermögens** (§ 310 BGB).

Voraussetzung hierfür ist aber nach dem BGB, dass die **VOB/B unverändert vereinbart** worden ist. In diesem Fall kommt es nicht zu einer Überprüfung der einzelnen Regelungen der VOB/B.

Weicht der Vertrag hingegen von der VOB/B ab oder wird die VOB/B in einem Vertrag verwendet, der von vornherein nicht der Privilegierung unterfällt (z.B. im Verhältnis zu einem Verbraucher), kann es dazu kommen, dass eine einzelne Klausel der VOB/B daraufhin überprüft wird, ob sie als AGB den gesetzlichen Anforderungen standhält. Diese Überprüfungen finden seit vielen Jahren statt und haben letztlich nur in ganz wenigen Fällen dazu geführt, dass eine Klausel tatsächlich für unwirksam erklärt wurde. **In der Praxis spielt die Frage der Privilegierung bzw. der AGB-rechtlichen Überprüfung daher letztlich so gut wie nie eine Rolle.** Die Entscheidung des BGH zur AGB-rechtlichen Unwirksamkeit von § 4 Abs. 7 Satz 3 VOB/B (BGH, Urt. v. 19.01.2023, VII ZR 34/20) führt letztlich nur zur Anwendung von § 648a BGB und der (auch bei der VOB/B anerkannten) Beschränkung der Kündigungsmöglichkeit auf nicht nur unerhebliche Mängel.

Umstritten und bisher nicht höchstrichterlich entschieden ist die Frage, ob diese „Privilegierung" auch dann bestehen bleibt, wenn die VOB/B selbst eine andere vertragliche Regelung gestattet, z.B. in § 13 Abs. 4 Nr. 1 Satz 1 VOB/B bezüglich der Verjährung. Hierzu gibt es widersprüchliche Urteile der Oberlandesgerichte (Privilegierung bleibt bei gestatteter Abweichung: OLG Brandenburg, Urt. v. 8.11.2007, 12 U 30/07, IBR 2008, 320; Privilegierung entfällt trotz gestatteter Abweichung: OLG Dresden, Beschl. v. 13.12.2007, 12 U 1498/07, IBR 2008, 94). Bis diese Frage durch den BGH entschieden ist, sollte von jeder Veränderung der Regelungen in der VOB/B abgesehen werden.

§ 1
Art und Umfang der Leistung

(1) Die auszuführende Leistung wird nach Art und Umfang durch den Vertrag bestimmt. Als Bestandteil des Vertrags gelten auch die Allgemeinen Technischen Vertragsbedingungen für Bauleistungen (VOB/C).

Für die Praxis: Abs. 1 Satz 1 umschreibt das sog. **Bausoll**, also den Leistungsumfang, den der Unternehmer zu erbringen hat. Das Bausoll ist Grundlage für die Beurteilung von zwei Fragen:

- Welche Leistungen schuldet der Unternehmer? Diese Frage muss immer dann geprüft werden, wenn es um die Vollständigkeit der Leistung und/oder darum geht, ob ein Nachtrag zu Recht geltend gemacht wird. Denn was zum geschuldeten Bausoll gehört, kann kein Nachtrag sein.

- Ist die Unternehmerleistung mangelhaft? Ein Mangel liegt nicht nur bei einer Mangelhaftigkeit des Werkes vor, sondern auch dann, wenn der Unternehmer die Leistung nicht vollständig erbracht hat, also das Bausoll nicht erfüllt hat.

Die Bestimmung des Bausolls ist eine schwierige Aufgabe, denn juristisch bilden alle Unterlagen, die in den Bauvertrag einbezogen wurden, den Bauvertrag und sind daher Grundlage für die Bestimmung des Bausolls. Das Bausoll ergibt sich aus der **Gesamtheit aller Vertragsunterlagen**. Zu beachten sind darüber hinaus aber auch für einen Fachmann erkennbare Umstände, also z.B. auch ohne ausdrückliche Beschreibung bei der Ausführung zwangsläufig anfallende Arbeitsschritte (BGH Urt. v. 22.12.2011 - VII ZR 67/11 und v. 21.3.2013, VII ZR 122/11) oder z.B. bei der Lage in einem Torfgebiet die entsprechenden Bodenverhältnisse (OLG Frankfurt, Urt. v. 19.8.2019, 13 U 249/17)

Zum Bausoll gehören also:

• der Bauvertrag mit Baubeschreibung und Leistungsverzeichnis oder	• Allgemeine Vertragsbedingungen (VOB/B)
• der Bauvertrag mit Leistungsprogramm	• Besondere Vertragsbedingungen (BVB) • Zusätzliche Vertragsbedingungen (ZVB)
• sonstige Anlagen zum Bauvertrag, z.B. – Pläne – Musterzeichnungen – Baugrundgutachten	• Allgemeine Technische Vertragsbedingungen ATV (VOB/C) • Zusätzliche Technische Vertragsbedingungen (ZTV)
• Sachverständigengutachten • ggf. Herstellerrichtlinien • ggf. Versicherungsbedingungen • Verkehrssitte • für einen Fachmann erkennbare Umstände/Leistungen	• Eingeführte Technische Baubestimmungen (ETB) (das Bauordnungsrecht der Länder) • sonstige technische Regelungswerke, z.B. VDI-Normen, Normen des DVGW (Deutscher Verein des Gas- und Wasserfaches), VDE-Normen

(2) Bei Widersprüchen im Vertrag gelten nacheinander:

1. die Leistungsbeschreibung,
2. die Besonderen Vertragsbedingungen,
3. etwaige Zusätzliche Vertragsbedingungen,
4. etwaige Zusätzliche Technische Vertragsbedingungen,
5. die Allgemeinen Technischen Vertragsbedingungen für Bauleistungen,
6. die Allgemeinen Vertragsbedingungen für die Ausführung von Bauleistungen.

Für die Praxis: Die Regelung des Abs. 2 wird oft missverstanden. Es gibt **keinen grundsätzlichen Vorrang des Leistungsverzeichnisses**, da das Leistungsverzeichnis nur ein Teil der Leistungsbeschreibung ist, die sowohl Pläne als auch Vorbemerkungen umfasst. Unternehmen behaupten dies deshalb, weil sie sich im Rahmen der Angebotserstellung nur das Leistungsverzeichnis ansehen und bepreisen bzw. bei einer fehlenden LV-Position daraus einen Nachtrag generieren wollen.

Wie falsch dies ist, beweist § 2 Abs. 1 VOB/B: Leistungen, die nach den Vertragsbedingungen, den Technischen Vertragsbedingungen oder der gewerblichen Verkehrssitte zu der geforderten Leistung gehören, werden durch die vereinbarten Preise abgegolten.

Die Rangregelung des Abs. 2 greift nur dann ein, wenn die **vorrangige Vertragsauslegung** mit dem Ziel, einen widerspruchsfreien Vertrag zu erhalten, durch den das Bausoll eindeutig bestimmt wird, nicht gelingt. Daher lautet der Text des Abs. 2 auch: „**Bei Widersprüchen** im Vertrag (…).“

Weil aber Widersprüche auch innerhalb der Vertragsbestandteile auftauchen können (z.B. zwischen Plan und Leistungsverzeichnis), empfiehlt sich eine entsprechende vertragliche Ergänzung dieser Regelung.

(3) Änderungen des Bauentwurfs anzuordnen, bleibt dem Auftraggeber vorbehalten.

(4) Nicht vereinbarte Leistungen, die zur Ausführung der vertraglichen Leistung erforderlich werden, hat der Auftragnehmer auf Verlangen des Auftraggebers mit auszuführen, außer wenn sein Betrieb auf derartige Leistungen nicht eingerichtet ist. Andere Leistungen können dem Auftragnehmer nur mit seiner Zustimmung übertragen werden.

Für die Praxis: Grundsätzlich kann ein abgeschlossener Vertrag nur einvernehmlich, also mit Zustimmung des Unternehmers, geändert werden. Davon machen Abs. 3 und 4 eine Ausnahme, da die 1:1 Ausführung der beauftragten Leistungen auf Baustellen die äußerst seltene Ausnahme sein dürfte: Dem Bauherrn steht auf ihrer Grundlage ein **einseitiges Leistungsänderungs- bzw. Leistungserweiterungsrecht** zu, weil der Unternehmer durch die Vereinbarung der VOB/B als AGB diesen Rechten des Bauherrn im Vorhinein zugestimmt hat. Deswegen ist der Auftragnehmer verpflichtet, die Anordnungen des Auftraggebers umzusetzen. Daraus folgt, dass sich diese beiden Rechte des Bauherrn am Bauvertrag orientieren müssen und Grenzen unterliegen. Nach überwiegender Auffassung umfasst das Recht, den Bauentwurf zu ändern, nicht nur die Baupläne, sondern alle vertraglichen Rahmenbedingungen, mit denen der Bauunternehmer bei Angebotskalkulation rechnen bzw. auf die er sich einstellen musste, also z.B. die Erreichbarkeit des Baugrundstücks, die Einhaltung von Lärmschutz- und/oder Ruhezeitbestimmungen oder zugewiesene Lagerflächen sowie die Termine.

Das BGB hat inzwischen in § 650b BGB ebenfalls einen Mechanismus zur Änderung von Bauverträgen, der sich vor allem in einer 30-tägigen Verhandlungsphase von § 1 VOB/B unterscheidet.

Die Änderung des Bauentwurfs ist – ebenso wie die Leistungsänderung gemäß § 1 Nr. 4 VOB/B – ein Verpflichtungsgeschäft i.S.d. Kommunalgesetze für Städte, Gemeinden und Landkreise. Diese werden durch eine Erklärung eines Vertreters, der nicht der Bürgermeister oder Landrat ist, immer nur dann wirksam verpflichtet, wenn die in den Kommunalgesetzen der Bundesländer geregelten Voraussetzungen für eine wirksame Vertretung beachtet worden sind.

§ 2
Vergütung

(1) Durch die vereinbarten Preise werden alle Leistungen abgegolten, die nach der Leistungsbeschreibung, den Besonderen Vertragsbedingungen, den Zusätzlichen Vertragsbedingungen, den Zusätzlichen Technischen Vertragsbedingungen, den Allgemeinen Technischen Vertragsbedingungen für Bauleistungen und der gewerblichen Verkehrssitte zur vertraglichen Leistung gehören.

Für die Praxis: Abs. 1 beinhaltet den Grundsatz, dass alle vertraglich vereinbarten Leistungen durch den vereinbarten Werklohn abgegolten sind. Wie oben angesprochen, können aber auch darüber hinaus nicht ausdrücklich genannte Leistungen von der Vergütung erfasst sein.

(2) Die Vergütung wird nach den vertraglichen Einheitspreisen und den tatsächlich ausgeführten Leistungen berechnet, wenn keine andere Berechnungsart (z.B. durch Pauschalsumme, nach Stundenlohnsätzen, nach Selbstkosten) vereinbart ist.

Für die Praxis: Abs. 2 hält als Grundsatz die Abrechnung auf Einheitspreis-Basis fest. Da die tatsächlich ausgeführten Leistungen bezahlt werden sollen, muss der Auftragnehmer Art und Umfang dieser Leistungen auch nachweisen, was dazu führt, dass seine Abrechnung diesen Nachweis für den Auftraggeber prüffähig erbringen muss.

(3) 1. Weicht die ausgeführte Menge der unter einem Einheitspreis erfassten Leistung oder Teilleistung um nicht mehr als 10 v. H. von dem im Vertrag vorgesehenen Umfang ab, so gilt der vertragliche Einheitspreis.

2. Für die über 10 v. H. hinausgehende Überschreitung des Mengenansatzes ist auf Verlangen ein neuer Preis unter Berücksichtigung der Mehr- oder Minderkosten zu vereinbaren.

3. Bei einer über 10 v. H. hinausgehenden Unterschreitung des Mengenansatzes ist auf Verlangen der Einheitspreis für die tatsächlich ausgeführte Menge der Leistung oder Teilleistung zu erhöhen, soweit der Auftragnehmer nicht durch Erhöhung der Mengen bei anderen Ordnungszahlen (Positionen) oder in anderer Weise einen Ausgleich erhält. Die Erhöhung des Einheitspreises soll im Wesentlichen dem Mehrbetrag entsprechen, der sich durch Verteilung der Baustelleneinrichtungs- und Baustellengemeinkosten und der Allgemeinen Geschäftskosten auf die verringerte Menge ergibt. Die Umsatzsteuer wird entsprechend dem neuen Preis vergütet.

4. Sind von der unter einem Einheitspreis erfassten Leistung oder Teilleistung andere Leistungen abhängig, für die eine Pauschalsumme vereinbart ist, so kann mit der Änderung des Einheitspreises auch eine angemessene Änderung der Pauschalsumme gefordert werden.

Für die Praxis: Die Abs. 3 bis 7 regeln die Fälle, in denen es zu Abweichungen zwischen den vereinbarten Leistungen und den tatsächlich ausgeführten Leistungen kommt.

Abs. 3 erfasst den häufigen Fall der **Mengenänderungen**. Immer dann, wenn es zu Mengenänderungen kommt, glauben die Beteiligten, die **10-%-Regel** des Abs. 3 anwenden zu können. Das ist aber falsch, denn Mengenmehrungen oder Mengenminderungen können verschiedene Ursachen haben. Abs. 3 erfasst nur den Fall, dass sich **ohne Planungsänderungen** bzw. **ohne Eingriffe des Bauherrn in den Bauablauf** nach Abschluss der Bauausführung im Rahmen des gemeinsamen Aufmaßes andere Mengen ergeben, als vorher im Leistungsverzeichnis geschätzt worden sind. Weil die Angaben im Leistungsverzeichnis notwendigerweise im Vorhinein nur grob ermittelt werden können, weiß man bei einem EP-Vertrag nie, welcher Werklohn endgültig zu zahlen ist. Greift der Bauherr in den Bauablauf durch Planungsänderungen oder zusätzliche Leistungsanforderungen ein, gelten für die Nachtragsberechnung die Regelung des Abs. 5 bzw. Abs. 6. Nur bei unbeeinflussten Mengenänderungen schreibt Abs. 3 vor, auf welche Art und Weise die Preisbildung zu erfolgen hat.

Bei einer **Mengenminderung** soll der Unternehmer einen Ausgleich dafür erhalten, dass die im Rahmen der Kalkulation auf den Einheitspreis umgelegten Baustelleneinrichtungs- und Baustellengemeinkosten (BGK) sowie die allgemeinen Geschäftskosten (AGK) auf einer größeren Menge in der Kalkulation umgerechnet wurden, sodass zu dem Verlust durch Unternehmeraufschläge auf das Material noch dieser Verlustposten hinzukäme. Folgerichtig sind Erhöhungen in anderen LP-Positionen zu berücksichtigen, weil bereits dadurch der gewollte Verlustausgleich geschieht.

Ein Bauherr sollte daher Nachträge, gerade auch in Bezug auf die vorgenommene Kalkulation, unter Vorlage der Urkalkulation genau prüfen.

Die Preisanpassung kann nach gefestigter Rechtsprechung bereits allein wegen der Mengenabweichung verlangt werden, eine Änderung auf der Kostenseite ist keine Voraussetzung.

Der angepasste Preis ist, wenn sich die Vertragspartner nicht anders einigen, auf Grundlage der tatsächlich erforderlichen Kosten zzgl. angemessener Zuschläge zu ermitteln. Dies hat der BGH seit 2019 wiederholt entschieden (seit BGH Urt. v. 8.8.2019, VII ZR 34/18). Dies ist gerade **keine Fortschreibung der Kalkulation**, wie sie lange Zeit gehandhabt wurde und verlangt daher ein Umdenken (jedenfalls bei streitigen Nachträgen). Auftragnehmer sollten im Hinblick auf diese Rechtsprechung die tatsächlich entstehenden Kosten möglichst genau dokumentieren, um später eine Nachweismöglichkeit zu haben.

(4) Werden im Vertrag ausbedungene Leistungen des Auftragnehmers vom Auftraggeber selbst übernommen (z.B. Lieferung von Bau-, Bauhilfs- und Betriebsstoffen), so gilt, wenn nichts anderes vereinbart wird, § 8 Absatz 1 Nummer 2 entsprechend.

Für die Praxis: Der falsche Umgang mit der Regelung des Abs. 4 zeigt, dass die zivilrechtlichen Grundlagen des Bauvertrages in der Praxis nicht verstanden werden. Wenn der Unternehmer weniger leisten muss, weil der Auftraggeber diese Leistungen selbst ausführt, dann soll der Unternehmer, so die falsche Vorstellung, auch einen geringeren Werklohn bekommen. Richtig hingegen ist, dass es sich bei der Übernahme von Leistungen durch den Auftraggeber um eine Teilkündigung des Werkvertrages handelt, sodass dem Unternehmer dafür gemäß § 648 BGB grundsätzlich der volle Werklohn abzüglich ersparter Aufwendungen zusteht.

(5) Werden durch Änderung des Bauentwurfs oder andere Anordnungen des Auftraggebers die Grundlagen des Preises für eine im Vertrag vorgesehene Leistung geändert, so ist ein neuer Preis unter Berücksichtigung der Mehr- oder Minderkosten zu vereinbaren. Die Vereinbarung soll vor der Ausführung getroffen werden.

Für die Praxis: Die bereits bei Abs. 3 angesprochene neue Rechtsprechung des BGH führt, dazu, dass im Falle eines **Nachtrags wegen geänderter Leistung** i.S.v. Abs. 5 die **Mehrkosten nicht aus der Urkalkulation** fortzuschreiben sind. Zwar ist das Urteil des BGH zu Abs. 3 ergangen, sie wird aber von mehreren OLG auf den insoweit gleich formulierten Abs. 5 angewandt (BGH Urt. v. 8.8.2019, VII ZR 34/18; KG Urt. v. 27. 8.2019, 21 U 160/18; OLG Düsseldorf Urt. v. 19.12.2019, 5 U 52/19; OLG Brandenburg Urt. v. 22. 4.2020, 11 U 153/18).

Wenn sich die Vertragspartner nicht anderweitig einigen, kommt es allein auf die tatsächlich erforderlichen Kosten zzgl. angemessener Zuschläge an. Auftragnehmer sollten deswegen die tatsächlichen Kosten dokumentieren, um sie im Streitfall nachweisen zu können.

(6) 1. Wird eine im Vertrag nicht vorgesehene Leistung gefordert, so hat der Auftragnehmer Anspruch auf besondere Vergütung. Er muss jedoch den Anspruch dem Auftraggeber ankündigen, bevor er mit der Ausführung der Leistung beginnt.

2. Die Vergütung bestimmt sich nach den Grundlagen der Preisermittlung für die vertragliche Leistung und den besonderen Kosten der geforderten Leistung. Sie ist möglichst vor Beginn der Ausführung zu vereinbaren.

Für die Praxis: Die **Abgrenzung** zwischen **Abs. 5** (Nachtragsregelung für eine Änderung des Bauentwurfs gemäß § 1 Abs. 3 VOB/B) und **Abs. 6** (Nachtragsregelung für zusätzliche Leistungen gemäß § 1 Abs. 4 VOB/B) ist oft schwierig, aber für die Durchsetzung von Nachträgen wichtig. Der Grund liegt darin, dass der Nachtragsanspruch des Abs. 6 von einer **Ankündigung des Unternehmers vor Ausführungsbeginn** abhängig ist, die in der Praxis häufig vergessen wird. Das Ankündigungserfordernis gilt nur für **neue Leistungen**. Der Auftraggeber soll dadurch in die Lage versetzt werden, seine Forderung nach einer neuen Leistung noch einmal zu überdenken.

Eine Ankündigung ist daher entbehrlich, wenn diese im konkreten Fall für den Schutz des Auftraggebers entbehrlich war. Das ist der Fall, wenn

1. der Bauherr selbst von einer Zusatzvergütung ausging oder damit rechnen musste, dass diese nur gegen Entgelt erbracht wird,
2. keine Alternative zur sofortigen Leistung durch den Auftragnehmer blieb oder
3. der Auftragnehmer die Ankündigung schuldlos versäumt hat (seltener Fall).

Sehr oft lassen sich im Vorhinein die Kosten einer Änderung nicht sicher ermitteln (Wie viel Zeit wird die Arbeit in Anspruch nehmen? Wie viel Material genau muss zusätzlich verwendet werden?), sodass die Ankündigung nur den Anspruch den Grunde nach benennen muss.

Auch für Abs. 6 wenden die Gerichte inzwischen die Rechtsprechung des BGH zur Ermittlung der Vergütung auf Grundlage der tatsächlich erforderlichen Kosten zzgl. angemessener Zuschläge an, auch wenn diese ursprünglich zu Abs. 3 ergangen ist und Abs. 6 nicht ganz wortgleich ist (BGH Urt. v. 8.8.2019, VII ZR 34/18; KG Urt. v. 27. 8.2019, 21 U 160/18; OLG Düsseldorf Urt. v. 19.12.2019, 5 U 52/19; OLG Brandenburg Urt. v. 22. 4.2020, 11 U 153/18). Dies gilt immer dann, wenn sich die Vertragspartner nicht anderweitig einigen.

(7) 1. Ist als Vergütung der Leistung eine Pauschalsumme vereinbart, so bleibt die Vergütung unverändert. Weicht jedoch die ausgeführte Leistung von der vertraglich vorgesehenen Leistung so erheblich ab, dass ein Festhalten an der Pauschalsumme nicht zumutbar ist (§ 313 BGB), so ist auf Verlangen ein Ausgleich unter Berücksichtigung der Mehr- oder Minderkosten zu gewähren. Für die Bemessung des Ausgleichs ist von den Grundlagen der Preisermittlung auszugehen.

2. Die Regelungen der Absatz 4, 5 und 6 gelten auch bei Vereinbarung einer Pauschalsumme.

3. Wenn nichts anderes vereinbart ist, gelten die Nummern 1 und 2 auch für Pauschalsummen, die für Teile der Leistung vereinbart sind; Absatz 3 Nummer 4 bleibt unberührt.

Für die Praxis: Viele Auftraggeber glauben immer noch, die Vereinbarung einer Pauschalsumme erlaube Leistungskürzungen, Leistungsänderungen und Leistungsmehrungen ohne Kostenfolgen. Die VOB/B schreibt exakt und ausdrücklich das Gegenteil vor. Unabhängig davon, ob ein Globalpauschalvertrag oder ein Detailpauschalvertrag geschlossen wurde, gilt, dass die Kalkulation des Unternehmers auf einem bestimmbaren Leistungsumfang beruht, der nach Vertragsschluss grundsätzlich nicht geändert werden kann. Diesen Grundsatz hat der BGH in seinem sog. Bistrofall (BGH, Urt. v. 13.3.2008, VII ZR 194/06, BauR 2008, 1131) bestätigt und in späteren Urteilen fortgeführt. **Jede ändernde Anordnung** des Auftraggebers führt unmittelbar zu einem Anspruch auf Anpassung der Vergütung, unabhängig vom Umfang der Änderung. Nur bei gewissermaßen zufälligen, ohne ändernden Eingriff auftretende Änderungen kann es auf die Zumutbarkeit ankommen.

(8) 1. Leistungen, die der Auftragnehmer ohne Auftrag oder unter eigenmächtiger Abweichung vom Auftrag ausführt, werden nicht vergütet. Der Auftragnehmer hat sie auf Verlangen innerhalb einer angemessenen Frist zu beseitigen; sonst kann es auf seine Kosten geschehen. Er haftet außerdem für andere Schäden, die dem Auftraggeber hieraus entstehen.

2. Eine Vergütung steht dem Auftragnehmer jedoch zu, wenn der Auftraggeber solche Leistungen nachträglich anerkennt. Eine Vergütung steht ihm auch zu, wenn die Leistungen für die Erfüllung des Vertrags notwendig waren, dem mutmaßlichen Willen des Auftraggebers entsprachen und ihm unverzüglich angezeigt wurden. Soweit dem Auftragnehmer eine Vergütung zusteht, gelten die Berechnungsgrundlagen für geänderte oder zusätzliche Leistungen der Absätze 5 oder 6 entsprechend.

3. Die Vorschriften des BGB über die Geschäftsführung ohne Auftrag (§§ 677 ff. BGB) bleiben unberührt.

(9) 1. Verlangt der Auftraggeber Zeichnungen, Berechnungen oder andere Unterlagen, die der Auftragnehmer nach dem Vertrag, besonders den Technischen Vertragsbedingungen oder der gewerblichen Verkehrssitte, nicht zu beschaffen hat, so hat er sie zu vergüten.

2. Lässt er vom Auftragnehmer nicht aufgestellte technische Berechnungen durch den Auftragnehmer nachprüfen, so hat er die Kosten zu tragen.

(10) Stundenlohnarbeiten werden nur vergütet, wenn sie als solche vor ihrem Beginn ausdrücklich vereinbart worden sind (§ 15).

Für die Praxis: Mit Stundenlohnzetteln lässt sich so mancher Euro zusätzlich verdienen. Um zu verhindern, dass ohne Wissen des Auftraggebers **Stundenlohnarbeiten** ausgeführt werden, schreibt Abs. 10 i.V.m. § 15 Abs. 1 Nr. 1 VOB/B vor, dass Stundenlohnarbeiten nur dann vergütungspflichtig sind, wenn diese vertraglich vereinbart wurden.

Die **Unterzeichnung** von Stundenlohnzetteln **ersetzt** diese vertragliche **Vereinbarung nicht**. Durch unterschriebene Stundenlohnzettel wird lediglich anerkannt, dass diese Stunden auch tatsächlich geleistet wurden. Davon zu trennen ist die Frage, ob der Unternehmer überhaupt berechtigt war, Stundenlohnarbeiten auszuführen und ob es sich um zusätzliche Arbeiten handelt. Daher stellen unterschriebene Stundenlohnzettel kein Anerkenntnis dar. Vielmehr gilt bei fehlender vertraglicher Vereinbarung die Regelung des Abs. 8: kein Vergütungsanspruch des Auftragnehmers.

§ 3
Ausführungsunterlagen

(1) Die für die Ausführung nötigen Unterlagen sind dem Auftragnehmer unentgeltlich und rechtzeitig zu übergeben.

Für die Praxis: Abs. 1 enthält eine grundlegende **Mitwirkungspflicht des Bauherrn**: Er ist dafür verantwortlich, dass vor Baubeginn die Baugenehmigung erteilt ist und dem Unternehmer ausführungsreife Pläne vorliegen. Durch die Pläne wird die vertraglich vereinbarte Werkleistung konkretisiert. Die Ausführungsunterlagen umfassen alle planerischen Hilfsmittel, die der Unternehmer benötigt, um die beauftragte Leistung rechtzeitig und mangelfrei erbringen zu können. Die **Rechtzeitigkeit** bestimmt sich nach dem Einzelfall. Zwar sollten die Ausführungsunterlagen schon bei der Ausschreibung vorliegen. Aber die Praxis ist anders (Stichwort: baubegleitende Planung). Die Frage der Rechtzeitigkeit bemisst sich danach, ob dem Unternehmer ein ausreichender Zeitraum verbleibt, seine Arbeitsvorbereitungen so zu treffen, dass er zu dem vorgesehenen Zeitpunkt mit der Ausführung der beauftragten Leistung beginnen kann. Die VOB/B stellt damit auch klar, dass der Auftraggeber die inhaltliche Verantwortung für die Planungen trägt.

Die VOB/B kennt zahlreiche **Mitwirkungspflichten des Bauherrn**, und zwar:

- Pflicht zur Bereitstellung des Baugrundstücks bzw. der baulichen Anlagen;
- Pflicht zur rechtzeitigen Übergabe der Ausführungsunterlagen, wie z.B. Pläne, Zeichnungen (§ 3 Abs. 1);
- Pflicht zur Absteckung der Hauptachsen der baulichen Anlagen (§ 3 Abs. 2);
- Pflicht zur Zustandsfeststellung (§ 3 Abs. 4);
- Pflicht zur Aufrechterhaltung der allgemeinen Ordnung auf der Baustelle (§ 4 Abs. 1 Nr. 1 Satz 1);
- Koordinierungspflicht hinsichtlich des Zusammenwirkens der verschiedenen Unternehmer (§ 4 Abs. 1 Nr. 1 Satz 1);

- Pflicht zur Herbeiführung der erforderlichen öffentlich-rechtlichen Genehmigungen und Erlaubnisse (§ 4 Abs. 1 Nr. 1 Satz 2);
- Pflicht zu sachgerechten Anordnungen im Rahmen von Bedenkenhinweisen (§ 4 Abs. 1 Nr. 4 und § 4 Abs. 3);
- Pflicht zur unentgeltlichen Überlassung von Lager- und Arbeitsplätzen und Anschlüssen (§ 4 Abs. 4);
- Pflicht zur Auskunft über den voraussichtlichen Beginn der Ausführung und zum Abruf der Leistungen (§ 5 Abs. 2);
- Pflicht zur Kooperation im Rahmen von geänderten und zusätzlichen Leistungen (§ 2 Abs. 5 und 6);
- Pflicht zur gemeinsamen Zustandsfeststellung, wenn Teile der Leistung durch die weitere Ausführung der Prüfung und Feststellung entzogen werden (§ 4 Abs. 10);
- Pflicht zum gemeinsamen Aufmaß für Leistungen, die bei Weiterführung der Arbeiten nur schwer feststellbar sind, falls der Auftragnehmer rechtzeitig gemeinsame Feststellungen beantragt (§ 14 Abs. 2);
- Mitwirkungs- und Kooperationspflichten nach dem 3. Abschnitt der DIN-Normen der VOB/C.

Der Auftraggeber ist gut beraten, seinen Mitwirkungspflichten nachzukommen, sonst drohen – nach entsprechender Aufforderung durch den Unternehmer – **Entschädigungsansprüche** gemäß § 642 BGB oder sogar die Kündigung des Bauvertrages durch den Unternehmer.

(2) Das Abstecken der Hauptachsen der baulichen Anlagen, ebenso der Grenzen des Geländes, das dem Auftragnehmer zur Verfügung gestellt wird, und das Schaffen der notwendigen Höhenfestpunkte in unmittelbarer Nähe der baulichen Anlagen sind Sache des Auftraggebers.

(3) Die vom Auftraggeber zur Verfügung gestellten Geländeaufnahmen und Absteckungen und die übrigen für die Ausführung übergebenen Unterlagen sind für den Auftragnehmer maßgebend. Jedoch hat er sie, soweit es zur ordnungsgemäßen Vertragserfüllung gehört, auf etwaige Unstimmigkeiten zu überprüfen und den Auftraggeber auf entdeckte oder vermutete Mängel hinzuweisen.

Für die Praxis: Abs. 3 zeigt die **Mitwirkungspflicht des Unternehmers bei übergebenen Plänen** auf. Dieser darf die Pläne nicht nur einfach entgegennehmen, sondern ist verpflichtet, **vor Beginn der Bauarbeiten** die übergebenen Unterlagen auf **Unrichtigkeiten und Widersprüche** zu überprüfen (Abs. 3 Satz 2). Dabei geht es zunächst nicht um die inhaltliche (technische) Richtigkeit, sondern um eine Kontrolle, ob überhaupt alle notwendigen Unterlagen vorliegen und ob es Unklarheiten oder Widersprüche gibt. Hierzu besteht es vor allem dann Anlass, wenn die einzelnen Unterlagen zu verschiedenen Zeiten und/oder von verschiedenen Verfassern (Architekt, Ingenieurbüro, Statiker) erstellt wurden. Gibt es **offenkundige Fehler und Lücken** in den Unterlagen, die für den Unternehmer ohne Schwierigkeiten erkennbar sind, muss er dies dem Auftraggeber unverzüglich mitteilen, damit dieser Abhilfe schaffen kann.

Verletzt der Unternehmer diese Prüfpflicht in Bezug auf Vollständigkeit und Widerspruchsfreiheit, kann dies insbesondere im Bereich der Geltendmachung von Behinderungen gravierende Konsequenzen haben, eventuell sogar **Schadensersatzansprüche** des Bauherrn auslösen. Für einen daraus resultierenden Baumangel haftet der Unternehmer ggf. allein.

Wie sorglos manche Unternehmer mit ihrer Prüfpflicht umgehen, zeigt der Fall eines Tiefbauunternehmers. In den Plänen war eine Gasleitung vergessen worden. Der Verlauf der Gasleitung war durch Markierungen aber erkennbar. Der Unternehmer ließ trotzdem das Erdreich ausgraben, als gäbe es die Gasleitung nicht. Zu Recht haftet er für die durch die Explosion entstandenen Schäden allein.

(4) Vor Beginn der Arbeiten ist, soweit notwendig, der Zustand der Straßen und Geländeoberfläche, der Vorfluter und Vorflutleitungen, ferner der baulichen Anlagen im Baubereich in einer Niederschrift festzuhalten, die vom Auftraggeber und Auftragnehmer anzuerkennen ist.

(5) Zeichnungen, Berechnungen, Nachprüfungen von Berechnungen oder andere Unterlagen, die der Auftragnehmer nach dem Vertrag, besonders den Technischen Vertragsbedingungen, oder der gewerblichen Verkehrssitte oder auf besonderes Verlangen des Auftraggebers (§ 2 Absatz 9) zu beschaffen hat, sind dem Auftraggeber nach Aufforderung rechtzeitig vorzulegen.

(6) 1. Die in Absatz 5 genannten Unterlagen dürfen ohne Genehmigung ihres Urhebers nicht veröffentlicht, vervielfältigt, geändert oder für einen anderen als den vereinbarten Zweck benutzt werden.

2. An DV-Programmen hat der Auftraggeber das Recht zur Nutzung mit den vereinbarten Leistungsmerkmalen in unveränderter Form auf den festgelegten Geräten. Der Auftraggeber darf zum Zwecke der Datensicherung zwei Kopien herstellen. Diese müssen alle Identifikationsmerkmale enthalten. Der Verbleib der Kopien ist auf Verlangen nachzuweisen.

3. Der Auftragnehmer bleibt unbeschadet des Nutzungsrechts des Auftraggebers zur Nutzung der Unterlagen und der DV-Programme berechtigt.

§ 4
Ausführung

(1) 1. Der Auftraggeber hat für die Aufrechterhaltung der allgemeinen Ordnung auf der Baustelle zu sorgen und das Zusammenwirken der verschiedenen Unternehmer zu regeln. Er hat die erforderlichen öffentlich-rechtlichen Genehmigungen und Erlaubnisse – z. B. nach dem Baurecht, dem Straßenverkehrsrecht, dem Wasserrecht, dem Gewerberecht – herbeizuführen.

2. Der Auftraggeber hat das Recht, die vertragsgemäße Ausführung der Leistung zu überwachen. Hierzu hat er Zutritt zu den Arbeitsplätzen, Werkstätten und Lagerräumen, wo die vertragliche Leistung oder Teile von ihr hergestellt oder die hierfür bestimmten Stoffe und Bauteile gelagert werden. Auf Verlangen sind ihm die Werkzeichnungen oder andere Ausführungsunterlagen sowie die Ergebnisse von Güteprüfungen zur Einsicht vorzulegen und die erforderlichen Auskünfte zu erteilen, wenn hierdurch keine Geschäftsgeheimnisse preisgegeben werden. Als Geschäftsgeheimnis bezeichnete Auskünfte und Unterlagen hat er vertraulich zu behandeln.

3. Der Auftraggeber ist befugt, unter Wahrung der dem Auftragnehmer zustehenden Leitung (Absatz 2) Anordnungen zu treffen, die zur vertragsgemäßen Ausführung der Leistung notwendig sind. Die Anordnungen sind grundsätzlich nur dem Auftragnehmer oder seinem für die Leitung der Ausführung bestellten Vertreter zu erteilen, außer wenn Gefahr im Verzug ist. Dem Auftraggeber ist mitzuteilen, wer jeweils als Vertreter des Auftragnehmers für die Leitung der Ausführung bestellt ist.

4. Hält der Auftragnehmer die Anordnungen des Auftraggebers für unberechtigt oder unzweckmäßig, so hat er seine Bedenken geltend zu machen, die Anordnungen jedoch auf Verlangen auszuführen, wenn nicht gesetzliche oder behördliche Bestimmungen entgegenstehen. Wenn dadurch eine ungerechtfertigte Erschwerung verursacht wird, hat der Auftraggeber die Mehrkosten zu tragen.

Für die Praxis: 1. Anordnungsrecht des Auftraggebers (Abs. 1 Nr. 3). Das Anordnungsrecht des Abs. 1 Nr. 3 ist von dem des § 1 Abs. 3 und 4 VOB/B abzugrenzen. Stellt der Auftraggeber bei der Bauüberwachung oder aufgrund sonstiger Umstände fest, dass eine **geschuldete Leistung nicht vertragsgerecht** erbracht wird, kann er **Anordnungen** treffen, um sicherzustellen, dass er eine vertragsgerechte Leistung erhält. Stellt er z.B. bei Tiefbauarbeiten fest, dass eine Abgrabung zu nahe an der Grundstücksgrenze erfolgt und dadurch die Standfestigkeit des Nachbargrundstücks gefährdet ist, kann er anordnen, dass die Arbeiten sofort eingestellt und notwendige Sicherungsmaßnahmen ergriffen werden. Diese Anordnung ändert den Leistungsumfang nicht und löst daher **keinen Mehrvergütungsanspruch** aus.

Aber Vorsicht, denn mit jeder Anordnung entsteht für den Auftraggeber das **Risiko der Mithaftung**, wenn die Anordnung über eine reine Sicherung der vertragsgemäßen Ausführung (also ohne Änderung des Vertrages) hinausgeht und durch die Art und Weise der angeordneten Ausführung z.B. vermeidbare Mehrkosten entstehen. In der Praxis sollte man daher von diesem Recht mit Augenmaß Gebrauch machen, denn dadurch kann die Risikoverteilung verändert werden.

Wird eine solche Anordnung erteilt, muss diese unmissverständlich sein und darf als empfangsbedürftige Willenserklärung nur dem rechtsgeschäftlichen Vertreter des Unternehmers gegenüber erteilt werden. Daher die Regelung in Abs. 1 Nr. 3 Satz 3, dass der Auftraggeber mitzuteilen hat, wer sein **rechtsgeschäftlich bestellter Vertreter** ist.

2. Mitteilungspflicht des Auftragnehmers (Abs. 1 Nr. 4). Die Regelung des Abs. 1 Nr. 4 ist Ausfluss der Kooperationspflicht der Baubeteiligten. Wenn der Unternehmer erkennt, dass eine mangelfreie Leistung auch auf andere Art und Weise als angeordnet hergestellt werden kann oder die Anordnung unzweckmäßig ist oder dadurch kostspieligere Bauabläufe ausgelöst werden, muss er dies dem Auftraggeber mitteilen.

(2) 1. Der Auftragnehmer hat die Leistung unter eigener Verantwortung nach dem Vertrag auszuführen. Dabei hat er die anerkannten Regeln der Technik und die gesetzlichen und behördlichen Bestimmungen zu beachten. Es ist seine Sache, die Ausführung seiner vertraglichen Leistung zu leiten und für Ordnung auf seiner Arbeitsstelle zu sorgen.

2. Er ist für die Erfüllung der gesetzlichen, behördlichen und berufsgenossenschaftlichen Verpflichtungen gegenüber seinen Arbeitnehmern allein verantwortlich. Es ist ausschließlich seine Aufgabe, die Vereinbarungen und Maßnahmen zu treffen, die sein Verhältnis zu den Arbeitnehmern regeln.

(3) Hat der Auftragnehmer Bedenken gegen die vorgesehene Art der Ausführung (auch wegen der Sicherung gegen Unfallgefahren), gegen die Güte der vom Auftraggeber gelieferten Stoffe oder Bauteile oder gegen die Leistungen anderer Unternehmer, so hat er sie dem Auftraggeber unverzüglich – möglichst schon vor Beginn der Arbeiten – schriftlich mitzuteilen; der Auftraggeber bleibt jedoch für seine Angaben, Anordnungen oder Lieferungen verantwortlich.

Für die Praxis: Die Bedenkenhinweispflicht des Unternehmers gemäß Abs. 3 spielt in der Praxis eine große Rolle. Sie darf mit der Bedenkenhinweispflicht des Abs. 1 Nr. 4 nicht verwechselt werden, denn sie greift nur dann ein, wenn der Unternehmer sich vertragstreu verhält und trotzdem wegen der vorgesehenen Art der Ausführung oder wegen zur Verfügung gestellter Stoffe oder Bauteile oder wegen der **mangelhaften Vorleistung eines anderen Unternehmers** eine mangelhafte Leistung zu befürchten ist. Der letztgenannte Fall kommt in der Praxis am häufigsten vor. Streitpunkt ist immer die Frage, zu welchen Voruntersuchungen der Nachunternehmer verpflichtet ist. Diese Frage kann stets nur im Einzelfall beantwortet werden. Hilfreiche Leitlinien für den Umfang der Voruntersuchungspflicht geben die Hinweise im jeweils 3. Abschnitt – Ziffer 1 – einer ATV DIN der VOB/C, in denen normiert ist, wann der Unternehmer Bedenken anzumelden hat.

Unterlässt der Unternehmer diese Bedenkenanzeige, haftet er gemäß § 13 Abs. 3 VOB/B auch dann für ein mangelhaftes Werk, wenn seine Eigenleistung mangelfrei ist.

Beweistechnisch ist zu beachten, dass die Bedenkenhinweispflicht kein Haftungstatbestand, sondern ein Befreiungstatbestand für den Unternehmer ist: Grundsätzlich haftet er, es sei denn, er hat eine Bedenkenanzeige vorgenommen. Daher muss der Unternehmer beweisen, dass er Bedenken angemeldet hat.

(4) Der Auftraggeber hat, wenn nichts anderes vereinbart ist, dem Auftragnehmer unentgeltlich zur Benutzung oder Mitbenutzung zu überlassen:

1. die notwendigen Lager- und Arbeitsplätze auf der Baustelle,
2. vorhandene Zufahrtswege und Anschlussgleise,
3. vorhandene Anschlüsse für Wasser und Energie. Die Kosten für den Verbrauch und den Messer oder Zähler trägt der Auftragnehmer, mehrere Auftragnehmer tragen sie anteilig.

(5) Der Auftragnehmer hat die von ihm ausgeführten Leistungen und die ihm für die Ausführung übergebenen Gegenstände bis zur Abnahme vor Beschädigung und Diebstahl zu schützen. Auf Verlangen des Auftraggebers hat er sie vor Winterschäden und Grundwasser zu schützen, ferner Schnee und Eis zu beseitigen. Obliegt ihm die Verpflichtung nach Satz 2 nicht schon nach dem Vertrag, so regelt sich die Vergütung nach § 2 Absatz 6.

(6) Stoffe oder Bauteile, die dem Vertrag oder den Proben nicht entsprechen, sind auf Anordnung des Auftraggebers innerhalb einer von ihm bestimmten Frist von der Baustelle zu entfernen. Geschieht es nicht, so können sie auf Kosten des Auftragnehmers entfernt oder für seine Rechnung veräußert werden.

(7) Leistungen, die schon während der Ausführung als mangelhaft oder vertragswidrig erkannt werden, hat der Auftragnehmer auf eigene Kosten durch mangelfreie zu ersetzen. Hat der Auftragnehmer den Mangel oder die Vertragswidrigkeit zu vertreten, so hat er auch den daraus entstehenden Schaden zu ersetzen. Kommt der Auftragnehmer der Pflicht zur Beseitigung des Mangels nicht nach, so kann ihm der Auftraggeber eine angemessene Frist zur Beseitigung des Mangels setzen und erklären, dass er nach fruchtlosem Ablauf der Frist den Vertrag kündigen werde (§ 8 Absatz 3).

Für die Praxis: Abs. 7 regelt das **Recht des Bauherrn**, schon **vor der Abnahme** Mängel zu **rügen**. Die Bedeutung dieses Rügerechts wird in der Praxis verkannt, obwohl es zahlreiche Mängel bei der Bauüberwachung nicht nur durch externe Büros, sondern auch durch den Bauherrn selbst gibt. § 9c VOB/A schreibt vor, dass bei einer Auftragssumme unter 250.000 € in der Regel auf eine Gewährleistungsbürgschaft zu verzichten ist. Da dies ein nicht unerheblicher Betrag ist, wenn es zu einem Gewährleistungsfall kommt, muss der Bauherr verhindern, dass bei der Abnahme Mängel vorhanden sind. Dies geht nur durch eine rechtzeitige Mängelrüge vor Fertigstellung. Der Bauüberwachung kommt daher eine erhebliche Bedeutung zu.

Bei der Ausübung dieses Rügerechts handelt es sich nicht um ein Gewährleistungsrecht – dieses entsteht erst *nach* der rechtsgeschäftlichen Abnahme –, sondern um die **Durchsetzung des Vertragserfüllungsanspruchs**: Der Auftraggeber hat Anspruch darauf, dass der Unternehmer ein mangelfreies Werk herstellt. Daher stehen dem Unternehmer keine Gegenrechte zu, die er im Rahmen der Gewährleistung hätte, z.B. gemäß § 13 Abs. 6 VOB/B.

Stellt der Auftraggeber eine mangelhafte Leistung fest, dann muss er

- an den Unternehmer schriftlich eine eindeutige und hinreichend bestimmte Mängelbeschreibung richten, aus der dieser ersehen kann, was als Mangel angesehen wird, und
- eine Mängelbeseitigungsaufforderung aussprechen, verbunden mit
- einer angemessenen Frist zur Mangelbeseitigung und
- der Erklärung, dass er ihm nach fruchtlosem Ablauf dieser Frist den Vertrag kündigen werde (= Kündigungsandrohung).

Nur wenn diese Voraussetzungen alle eingehalten sind, kann der Auftraggeber nach Ablauf der Frist den Vertrag kündigen und den Mangel auf Kosten des Auftragnehmers beseitigen.

Der BGH hat entschieden, dass die Regelung des § 4 Abs. 7 Satz 3 VOB/B einer AGB-rechtlichen Überprüfung nicht standhält (BGH, Urt. v. 19.01.2023, VII ZR 34/20). Der Auftraggeber kann seine Kündigung jedoch bei praktisch identischen Voraussetzungen auch auf § 648a BGB stützen. Die Entscheidung des BGH stellt vor allem klar, dass eine Kündigung bei unwesentlichen Mängeln unzulässig ist.

(8) 1. Der Auftragnehmer hat die Leistung im eigenen Betrieb auszuführen. Mit schriftlicher Zustimmung des Auftraggebers darf er sie an Nachunternehmer übertragen. Die Zustimmung ist nicht notwendig bei Leistungen, auf die der Betrieb des Auftragnehmers nicht eingerichtet ist. Erbringt der Auftragnehmer ohne schriftliche Zustimmung des Auftraggebers Leistungen nicht im eigenen Betrieb, obwohl sein Betrieb darauf eingerichtet ist, kann der Auftraggeber ihm eine angemessene Frist zur Aufnahme der Leistung im eigenen Betrieb setzen und erklären, dass er nach fruchtlosem Ablauf der Frist den Vertrag kündigen werde (§ 8 Absatz 3).

2. Der Auftragnehmer hat bei der Weitervergabe von Bauleistungen an Nachunternehmer die Vergabe- und Vertragsordnung für Bauleistungen Teile B und C zugrunde zu legen.

3. Der Auftragnehmer hat dem Auftraggeber die Nachunternehmer und deren Nachunternehmer ohne Aufforderung spätestens bis zum Leistungsbeginn des Nachunternehmers mit Namen, gesetzlichen Vertretern und Kontaktdaten bekannt zu geben. Auf Verlangen des Auftraggebers hat der Auftragnehmer für seine Nachunternehmer Erklärungen und Nachweise zur Eignung vorzulegen.

Für die Praxis: 1. Grundsatz der Eigenausführung; schriftliche Zustimmung (Abs. 8 Nr. 1). Die VOB geht gemäß Abs. 8 vom Grundsatz der Eigenausführung aus, an dem der Auftraggeber grundsätzlich festhalten sollte. Abs. 8 betrifft nur die Ausführung der nach VOB/A vergebenen Leistung.

Der Auftragnehmer darf nur dann Subunternehmer einsetzen, wenn vorher eine schriftliche **Zustimmung** des Auftraggebers vorliegt (Abs. 8 Nr. 1). Diese ist nicht notwendig, wenn der Betrieb des Auftragnehmers auf diese Leistung nicht eingerichtet ist. Denn wenn der Auftraggeber, anstatt einen weiteren Fachbetrieb einzuschalten, auch diese Leistung an einen Unternehmer vergibt, weiß er bereits, dass dieser eine bestimmte Leistung nicht selbst erbringen kann.

Beachtet der Unternehmer den Grundsatz der Eigenausführung nicht, steht dem Auftraggeber ein **Kündigungsrecht** zu. Es kommt häufiger vor, dass Unternehmer, obwohl sie die Leistung selbst erbringen könnten, einen Subunternehmer einschalten, weil dieser billiger ist und sie ihre Kapazitäten für die Ausführung weiterer Aufträge nutzen können. Dieser Praxis sollte der Auftraggeber einen Riegel vorschieben.

Der Grundsatz der Eigenausführung gilt auch bei europaweiten Vergaben, soweit der Auftragnehmer nicht bereits in der Angebotsphase Nachunternehmer benannt hat. Das Recht, die Ausführung durch Nachunternehmer anzubieten, beruht auf der Rechtsprechung des EuGH (EuGH, Urt. v. 2.12.1999, Rs. C-176/98 – Holst Italia; EuGH, Urt. v. 18.3.2004, Rs. C-314/01 – Siemens und ARGE Telekom). Bei Abs. 8 geht es allerdings um Vertragsänderungen nach Zuschlagserteilung. In diesem Fall hat der Auftraggeber ein berechtigtes Interesse daran, dass der Vertrag soweit möglich wie abgeschlossen durchgeführt wird und der Auftragnehmer nicht durch nachträglichen Einsatz zusätzlicher Nachunternehmer den Werkerfolg in Frage stellt.

Die schriftliche **Zustimmung** des Auftraggebers für den Einsatz von Subunternehmern nach Abs. 8 Nr. 1 erfolgt im VOB/A-Bereich bereits durch den **Zuschlag**, da mit dem Angebot ein NU-Verzeichnis eingereicht werden muss. Vorher hat der Auftraggeber die Möglichkeit, weitere Eignungsnachweise für den Subunternehmer zu fordern. Denn im Fall einer Eignungsleihe ist es erforderlich, dass der Bieter bereits zum Zeitpunkt der Angebotsabgabe den Namen des Nachunternehmers benennt und eine Verpflichtungserklärung dieses Nachunternehmers beibringt (für den Oberschwellenbereich § 6d EU VOB/A).

Wenn der Auftraggeber bei Unterschwellenvergaben einen zu hohen NU-Anteil vermeiden will, muss er bei der Ausschreibung zur Bedingung machen, welche Arbeiten der Bewerber selbst ausführen muss bzw. wie hoch der NU-Anteil sein darf.

2. Zugrundelegung von VOB/B und VOB/C (Abs. 8 Nr. 2). Die Verpflichtung des Hauptunternehmers nach Abs. 8 Nr. 2, in seinen Verträgen mit den Nachunternehmern die VOB/B und die

VOB/C zugrunde zu legen, löst allein in der Praxis zahlreiche Probleme nicht. Denn diese beiden Regelwerke enthalten nur die Allgemeinen Vertragsbestimmungen. Wichtig ist aber ein Vertrag, durch den der Hauptauftragnehmer verpflichtet wird, alle relevanten **konkreten Projektdurchführungsvereinbarungen**, z.B. Beginn und Ende der Arbeiten, BTV (Besondere Technische Vertragsbedingungen) und ZTV (Zusätzliche Technische Vertragsbedingungen) sowie **Material-, Produkt- bzw. Qualitätsvereinbarungen**, auch seinen Subunternehmern als Vertragspflichten aufzuerlegen. Außerdem hat dann der Hauptunternehmer z.B. ein Anordnungsrecht gegenüber seinen Subunternehmern, aber es gibt keine Regelung, wonach das Anordnungsrecht des Bauherrn gegenüber den Subunternehmern durchgreift.

3. Bekanntgabe des Nachunternehmers (Abs. 8 Nr. 3). Durch die Neufassung des Abs. 8 Nr. 3 werden die Regelungen des Art. 71 Abs. 5 UAbs. 1, 2, 3 und 4 Buchst. b) der Richtlinie 2014/241/EU in die VOB/B aufgenommen.

4. Wichtig: Das **Problem der Subunternehmerketten** lässt sich nur durch eine höhere Kontrolldichte und gute Verträge mit dem Hauptunternehmer in den Griff bekommen. Der Mehraufwand lohnt sich, denn jeder weiß, dass mit wachsenden Subunternehmerketten das Risiko einer unzulässigen Unterbezahlung der Beschäftigten steigt und der Profit des Hauptunternehmers größer wird, im gleichen Umfang aber die Qualität sinkt und das Insolvenzrisiko zunimmt.

(9) Werden bei Ausführung der Leistung auf einem Grundstück Gegenstände von Altertums-, Kunst- oder wissenschaftlichem Wert entdeckt, so hat der Auftragnehmer vor jedem weiteren Aufdecken oder Ändern dem Auftraggeber den Fund anzuzeigen und ihm die Gegenstände nach näherer Weisung abzuliefern. Die Vergütung etwaiger Mehrkosten regelt sich nach § 2 Absatz 6. Die Rechte des Entdeckers (§ 984 BGB) hat der Auftraggeber.

(10) Der Zustand von Teilen der Leistung ist auf Verlangen gemeinsam von Auftraggeber und Auftragnehmer festzustellen, wenn diese Teile der Leistung durch die weitere Ausführung der Prüfung und Feststellung entzogen werden. Das Ergebnis ist schriftlich niederzulegen.

Für die Praxis: Trotz des eindeutigen Wortlauts des Abs. 10 („Der Zustand von Teilen der Leistung ist ... festzustellen, ...") wird diese bloße Zustandsfeststellung öfter **irrtümlich** als Teilabnahme bezeichnet. Es handelt sich aber gerade nicht um eine rechtsgeschäftliche Teilabnahme, richtig ist allein die Bezeichnung als **Zustandsfeststellung**. Es geht darum, in Vorbereitung der Gesamtabnahme und der Rechnungsstellung vor der Abnahme noch prüfen zu können, ob die Leistungen überhaupt und, wenn ja, auf welche Art und Weise und mit welcher Qualität tatsächlich mangelfrei ausgeführt wurden. Hinzuweisen ist auch auf die Regelung des § 14 Abs. 2 VOB/B zur gemeinsamen Feststellung des Umfangs der erbrachten Leistungen. Für diese trägt der Auftragnehmer die Verantwortung.

Die Zustandsfeststellung muss von einer Vertragspartei **verlangt** werden; das kann schon im Bauvertrag geschehen. Jeder Auftraggeber ist gut beraten, dieses Recht wahrzunehmen, wenn feststeht, dass durch den Baufortschritt diese Kontrollmöglichkeit später nicht mehr gegeben ist.

§ 5
Ausführungsfristen

(1) Die Ausführung ist nach den verbindlichen Fristen (Vertragsfristen) zu beginnen, angemessen zu fördern und zu vollenden. In einem Bauzeitenplan enthaltene Einzelfristen gelten nur dann als Vertragsfristen, wenn dies im Vertrag ausdrücklich vereinbart ist.

(2) Ist für den Beginn der Ausführung keine Frist vereinbart, so hat der Auftraggeber dem Auftragnehmer auf Verlangen Auskunft über den voraussichtlichen Beginn zu erteilen. Der Auftragnehmer hat innerhalb von 12 Werktagen nach Aufforderung zu beginnen. Der Beginn der Ausführung ist dem Auftraggeber anzuzeigen.

(3) Wenn Arbeitskräfte, Geräte, Gerüste, Stoffe oder Bauteile so unzureichend sind, dass die Ausführungsfristen offenbar nicht eingehalten werden können, muss der Auftragnehmer auf Verlangen unverzüglich Abhilfe schaffen.

Für die Praxis: Häufig nehmen Auftragnehmer eine Vielzahl von Aufträgen an, besonders wenn es sich um einen öffentlichen Auftraggeber handelt, da komplizierte Verwaltungswege, die Angst vor Entscheidungen und die Gutmütigkeit der Handelnden eine Auftragsannahme trotz Vollauslastung ermöglichen. Es dauert eben, ehe der öffentliche Auftraggeber auf unzureichende Vertragserfüllung durch einen Unternehmer reagiert.

Verzögert der Auftragnehmer den Baubeginn oder sind Arbeitskräfte, Geräte, Gerüste, Stoffe oder Bauteile so unzureichend, dass die Arbeiten nicht innerhalb der vereinbarten Zeit erledigt werden können, hat der Auftraggeber gemäß Abs. 3 das Recht, ein **Abhilfeverlangen** geltend zu machen. Das setzt voraus, dass **objektiv hinreichende Anhaltspunkte** dafür gegeben sind, dass der Unternehmer seine Leistung nicht mehr innerhalb des vereinbarten Zeitraumes fertigstellen kann. Der Auftraggeber muss daher einen **Leistungsvergleich** zwischen der bisher geleisteten Arbeit und der noch verbleibenden Arbeit im Verhältnis zur verstrichenen Ausführungszeit vornehmen.

Soweit der Vertrag keine oder nur wenige Vertragsfristen enthält, ist die Steuerung des Auftraggebers allerdings nur eingeschränkt möglich. Insbesondere bei länger dauernden Leistungen sollte der Auftraggeber daher unbedingt sog. Meilenstein-Termine als Vertragsfristen vereinbaren.

Ein Abhilfeverlangen ist **keine kostenpflichtige Beschleunigungsanordnung**. Es kann sich empfehlen, dies im Aufforderungsschreiben ergänzend klarzustellen.

(4) Verzögert der Auftragnehmer den Beginn der Ausführung, gerät er mit der Vollendung in Verzug oder kommt er der in Absatz 3 erwähnten Verpflichtung nicht nach, so kann der Auftraggeber bei Aufrechterhaltung des Vertrages Schadensersatz nach § 6 Absatz 6 verlangen oder dem Auftragnehmer eine angemessene Frist zur Vertragserfüllung setzen und erklären, dass er nach frucht osem Ablauf der Frist den Vertrag kündigen werde (§ 8 Absatz 3).

§ 6
Behinderung und Unterbrechung der Ausführung

(1) Glaubt sich der Auftragnehmer in der ordnungsgemäßen Ausführung der Leistung behindert, so hat er es dem Auftraggeber unverzüglich schriftlich anzuzeigen. Unterlässt er die Anzeige, so hat er nur dann Anspruch auf Berücksichtigung der hindernden Umstände, wenn dem Auftraggeber offenkundig die Tatsache und deren hindernde Wirkung bekannt waren.

Für die Praxis: Eine **Behinderungsanzeige** ist nur dann ordnungsgemäß, wenn sie

- unverzüglich,
- schriftlich,
- gegenüber dem Auftraggeber (nach umstrittener Auffassung reicht eine Anzeige gegenüber dem Bauleiter nicht) abgegeben wird und
- eine Konkretisierung der Tatsachen, wegen derer der Auftragnehmer glaubt, behindert zu sein
- sowie eine Darstellung der von der Behinderung betroffenen Arbeiten enthält.

Der Auftragnehmer muss nicht tatsächlich behindert sein; es reicht aus, wenn er Gründe vorbringt, die diese Annahme rechtfertigen. Aber gerade deshalb ist es wichtig, dass diese Gründe genannt werden; pauschale Behinderungsanzeigen sind unzulässig. Erforderlich ist außerdem, gleichzeitig die Auswirkungen der Behinderung in Bezug auf die Baudurchführung darzulegen, damit der Auftraggeber insoweit seiner Prüfpflicht nachkommen kann.

Jede Behinderungsanzeige erfordert eine unverzügliche Prüfung und Reaktion des Auftraggebers, jedenfalls dann, wenn er ihr entgegentreten will.

Berechtigte Behinderungsanzeigen können verschiedene Ansprüche des Unternehmers auslösen:

- Behinderungsnachtrag (§ 2 Abs. 5 VOB/B),
- Schadensersatzanspruch (§ 6 Abs. 6 VOB/B) oder
- Entschädigungsanspruch (§ 642 BGB).

Weil sich Voraussetzungen, Reichweite und Berechnungsweise der Ansprüche sehr unterscheiden, muss die Darstellung und Begründung für jede einzelne Behinderung gesondert erfolgen.

(2) 1. Ausführungsfristen werden verlängert, soweit die Behinderung verursacht ist:

a) durch einen Umstand aus dem Risikobereich des Auftraggebers,

b) durch Streik oder eine von der Berufsvertretung der Arbeitgeber angeordnete Aussperrung im Betrieb des Auftragnehmers oder in einem unmittelbar für ihn arbeitenden Betrieb,

c) durch höhere Gewalt oder andere für den Auftragnehmer unabwendbare Umstände.

2. Witterungseinflüsse während der Ausführungszeit, mit denen bei Abgabe des Angebots normalerweise gerechnet werden musste, gelten nicht als Behinderung.

(3) Der Auftragnehmer hat alles zu tun, was ihm billigerweise zugemutet werden kann, um die Weiterführung der Arbeiten zu ermöglichen. Sobald die hindernden Umstände wegfallen, hat er ohne weiteres und unverzüglich die Arbeiten wieder aufzunehmen und den Auftraggeber davon zu benachrichtigen.

Für die Praxis: Auftragnehmer übersehen die Regelung des Abs. 3 oder kennen sie nicht. Eine **berechtigte Behinderungsanzeige** führt nicht dazu, dass der Unternehmer die Arbeiten vollständig einstellen kann bzw. abwarten darf, bis die Behinderung beseitigt ist. Vielmehr muss er prüfen, welche Arbeiten trotzdem noch ohne besondere Erschwernisse oder Mehrkosten ausgeführt werden können. Er muss sich auch darum kümmern, wann er die Arbeiten wieder vollumfänglich aufnehmen kann, und dem Auftraggeber die Wiederaufnahme der Arbeit anzeigen. Sollte eine Weiterführung mit zusätzlichen Kosten verbunden sein, sollte der Auftragnehmer die Zustimmung des Auftraggebers einholen.

(4) Die Fristverlängerung wird berechnet nach der Dauer der Behinderung mit einem Zuschlag für die Wiederaufnahme der Arbeiten und die etwaige Verschiebung in eine ungünstigere Jahreszeit.

(5) Wird die Ausführung für voraussichtlich längere Dauer unterbrochen, ohne dass die Leistung dauernd unmöglich wird, so sind die ausgeführten Leistungen nach den Vertragspreisen abzurechnen und außerdem die Kosten zu vergüten, die dem Auftragnehmer bereits entstanden und in den Vertragspreisen des nicht ausgeführten Teils der Leistung enthalten sind.

(6) Sind die hindernden Umstände von einem Vertragsteil zu vertreten, so hat der andere Teil Anspruch auf Ersatz des nachweislich entstandenen Schadens, des entgangenen Gewinns aber nur bei Vorsatz oder grober Fahrlässigkeit. Im Übrigen bleibt der Anspruch des Auftragnehmers auf angemessene Entschädigung nach § 642 BGB unberührt, sofern die Anzeige nach Absatz 1 Satz 1 erfolgt oder wenn Offenkundigkeit nach Absatz 1 Satz 2 gegeben ist.

Für die Praxis: Insbesondere wenn die Behinderung auf eine verspätete Leistung eines anderen vom Auftraggeber beauftragten Unternehmens zurückzuführen ist, muss der Auftraggeber diese Behinderung nicht vertreten.

(7) Dauert eine Unterbrechung länger als 3 Monate, so kann jeder Teil nach Ablauf dieser Zeit den Vertrag schriftlich kündigen. Die Abrechnung regelt sich nach den Absätzen 5 und 6; wenn der Auftragnehmer die Unterbrechung nicht zu vertreten hat, sind auch die Kosten der Baustellenräumung zu vergüten, soweit sie nicht in der Vergütung für die bereits ausgeführten Leistungen enthalten sind.

§ 7
Verteilung der Gefahr

(1) Wird die ganz oder teilweise ausgeführte Leistung vor der Abnahme durch höhere Gewalt, Krieg, Aufruhr oder andere objektiv unabwendbare vom Auftragnehmer nicht zu vertretende Umstände beschädigt oder zerstört, so hat dieser für die ausgeführten Teile der Leistung die Ansprüche nach § 6 Absatz 5; für andere Schäden besteht keine gegenseitige Ersatzpflicht.

(2) Zu der ganz oder teilweise ausgeführten Leistung gehören alle mit der baulichen Anlage unmittelbar verbundenen, in ihre Substanz eingegangenen Leistungen, unabhängig von deren Fertigstellungsgrad.

(3) Zu der ganz oder teilweise ausgeführten Leistung gehören nicht die noch nicht eingebauten Stoffe und Bauteile sowie die Baustelleneinrichtung und Absteckungen. Zu der ganz oder teilweise ausgeführten Leistung gehören ebenfalls nicht Hilfskonstruktionen und Gerüste, auch wenn diese als Besondere Leistung oder selbständig vergeben sind.

§ 8
Kündigung durch den Auftraggeber

(1) 1. Der Auftraggeber kann bis zur Vollendung der Leistung jederzeit den Vertrag kündigen.

2. Dem Auftragnehmer steht die vereinbarte Vergütung zu. Er muss sich jedoch anrechnen lassen, was er infolge der Aufhebung des Vertrags an Kosten erspart oder durch anderweitige Verwendung seiner Arbeitskraft und seines Betriebs erwirbt oder zu erwerben böswillig unterlässt (§ 649 BGB).

Für die Praxis: Abs. 1 enthält das sog. **freie Kündigungsrecht**. Von ihm wird in der Praxis eher selten Gebrauch gemacht, weil der Bauherr dann nach § 648 BGB den vollen Werklohn schuldet, wenn auch unter Abzug ersparter Aufwendungen. Erklären Auftraggeber eine Kündigung aus wichtigem Grund, sollten sie in der Kündigungserklärung klarstellen, ob sie hilfsweise auch eine ordentliche Kündigung erklären wollen oder nicht.

Bei Bauverträgen iSd § 650a BGB muss die Kündigung schriftlich erklärt werden, § 650h BGB, wobei die Mail das gesetzliche Schriftformerfordernis **nicht** erfüllt.

(2) 1. Der Auftraggeber kann den Vertrag kündigen, wenn der Auftragnehmer seine Zahlungen einstellt, von ihm oder zulässigerweise vom Auftraggeber oder einem anderen Gläubiger das Insolvenzverfahren (§§ 14 und 15 InsO) beziehungsweise ein vergleichbares gesetzliches Verfahren beantragt ist, ein solches Verfahren eröffnet wird oder dessen Eröffnung mangels Masse abgelehnt wird.

2. Die ausgeführten Leistungen sind nach § 6 Absatz 5 abzurechnen. Der Auftraggeber kann Schadensersatz wegen Nichterfüllung des Restes verlangen.

Für die Praxis: Abs. 2 **Nr. 1** enthält **vier Kündigungsgründe** für den Auftraggeber:

- Der Auftraggeber kann den Bauvertrag kündigen, wenn der Unternehmer seine Zahlungen einstellt. Dieses Kündigungsrecht ist gefährlich, daher sollte von ihm kaum Gebrauch gemacht werden. Denn wenn der Auftragnehmer z.B. wegen Kreditschwierigkeiten mit seiner Hausbank oder weil Zahlungen anderer Auftraggeber ausbleiben, nur **vorübergehend** die Zahlungen einstellt, greift dieses Kündigungsrecht nicht. Der Auftraggeber kann in der Regel nicht beurteilen, ob eine *endgültige* Zahlungseinstellung vorliegt.
- Ein weiteres Kündigungsrecht entsteht, wenn ein Insolvenzantrag gestellt wurde entweder
  - vom Bauunternehmer selbst oder
  - vom Auftraggeber oder
  - von einem anderen Gläubiger des Bauunternehmers.
- Ferner besteht das Kündigungsrecht, wenn ein Insolvenzverfahren eröffnet wurde oder
- wenn die Eröffnung des beantragten Insolvenzverfahrens mangels Masse abgelehnt wurde.

Das Baugewerbe hat seit Jahren die höchste Insolvenzquote. Eine Insolvenz am Bau ist daher keine Seltenheit und führt mindestens zu Unterbrechungen, wenn nicht sogar zum Stillstand der Baustelle sowie zu höheren Kosten. Vorrangiges Ziel des Bauherrn muss es daher sein, im **Vorfeld der Vergabe** entsprechende Nachweise zu bekommen, dass diese Gefahr nicht droht, vgl. § 6a Abs. 2 Nr. 5 VOB/A.

Allerdings bietet **§ 6a VOB/A** nur einen begrenzten Schutz, denn er erfasst nicht den kritischen Zeitraum, in dem die Eröffnung des Insolvenzverfahrens droht. Der Unternehmer, der eigentlich weiß, dass er Insolvenzantrag stellen müsste, dies aber deshalb nicht tut, weil er – unberechtigt – auf eine Verbesserung seiner wirtschaftlichen Lage hofft, kann alle Fragen zur Insolvenz verneinen. Der äußerst komplizierte Straftatbestand der Insolvenzverschleppung löst die Probleme auf der Baustelle nicht.

Einen weiteren Schutz, vor einem Insolvenzverfahren überrascht zu werden, bietet die **Überwachung der Baustelle**. Hier gibt es zahlreiche Hinweise auf eine drohende Insolvenz:

- Der Unternehmer verlangt Vorschüsse in nicht gerechtfertigter Höhe.
- Der Unternehmer verlangt die Bezahlung von Baumaterialien.
- Der Unternehmer zahlt die Löhne verzögert, gar nicht oder nicht in der richtigen Höhe aus.
- Der Unternehmer versucht, Nachträge mit völlig überhöhten Preisen abzurechnen.
- Der Unternehmer hat Schwierigkeiten, geeignete Baugeräte zu beschaffen.

Wird ein **Eigeninsolvenzantrag** gestellt, ist sicher, dass der Unternehmer über keine ausreichende Liquidität mehr verfügt. Durch das Grundsatzurteil vom 7.4.2016 (VII ZR 56/15) hat der BGH entschieden, dass die Kündigungsregelung in der VOB/B nicht gegen die Insolvenzordnung verstößt (ebenso BGH, Urt. v. 27.10.2022, IX ZR 213/21).

Auch wenn ein **Fremdantrag**, also von einem Dritten, gestellt wird, besteht das Kündigungsrecht des Bauherrn. Doch auch hier ist Vorsicht geboten. Denn das Kündigungsrecht greift nur bei einem zulässigerweise gestellten Antrag. Die Kündigung ist unberechtigt, wenn der Antrag z.B. von einem Konkurrenten gestellt wird, um dem Unternehmer zu schaden. Im Falle der unberechtigten Kündigung stehen dem Auftragnehmer Schadensersatzansprüche gegen den Auftraggeber zu. Da der Auftraggeber die Begründung des Fremdantrags nicht kennt, sollte die Eröffnung des Insolvenzverfahrens abgewartet werden.

Der **Insolvenzverwalter** hat ein Wahlrecht, ob der Bauvertrag fortgeführt wird oder nicht. Er kann durchaus ein Interesse an der Vertragserfüllung haben, wenn sich durch den noch ausstehenden Restwerklohn die Masse mehren lässt. Daher sollte der Kontakt zum Insolvenzverwalter gesucht werden, um diese Frage zu klären. Gemäß § 103 Abs. 2 InsO muss der Insolvenzverwalter, wenn er gefragt wird, ob der Vertrag erfüllt wird oder nicht, unverzüglich antworten. Erteilt er diese Antwort nicht, kann er nicht mehr auf Vertragserfüllung bestehen.

(3) 1. Der Auftraggeber kann den Vertrag kündigen, wenn in den Fällen des § 4 Absätze 7 und 8 Nummer 1 und des § 5 Absatz 4 die gesetzte Frist fruchtlos abgelaufen ist. Die Kündigung kann auf einen in sich abgeschlossenen Teil der vertraglichen Leistung beschränkt werden.

2. Nach der Kündigung ist der Auftraggeber berechtigt, den noch nicht vollendeten Teil der Leistung zu Lasten des Auftragnehmers durch einen Dritten ausführen zu lassen, doch bleiben seine Ansprüche auf Ersatz des etwa entstehenden weiteren Schadens bestehen. Er ist auch berechtigt, auf die weitere Ausführung zu verzichten und Schadenersatz wegen Nichterfüllung zu verlangen, wenn die Ausführung aus den Gründen, die zur Kündigung geführt haben, für ihn kein Interesse mehr hat.

3. Für die Weiterführung der Arbeiten kann der Auftraggeber Geräte, Gerüste, auf der Baustelle vorhandene andere Einrichtungen und angelieferte Stoffe und Bauteile gegen angemessene Vergütung in Anspruch nehmen.

4. Der Auftraggeber hat dem Auftragnehmer eine Aufstellung über die entstandenen Mehrkosten und über seine anderen Ansprüche spätestens binnen 12 Werktagen nach Abrechnung mit dem Dritten zuzusenden.

Für die Praxis: Die Regelung des Abs. 3 **Nr. 3** dient dazu, Bauzeitverzögerungen, welche durch die Kündigung eintreten, zu minimieren. Aber Eigentümer oder Verfügungsberechtigter über Geräte, Gerüste, Baustoffe und Bauteile bleibt der gekündigte Auftragnehmer. Der Auftraggeber darf diese Dinge also nicht eigenmächtig in Besitz nehmen, nutzen oder verbrauchen, sondern muss sich vorher – dies zeigt der Vergütungsanspruch des gekündigten Auftragnehmers – mit diesem über Verwendung bzw. Nutzung gegen angemessene Vergütung einigen.

(4) Der Auftraggeber kann den Vertrag kündigen,

1. wenn der Auftragnehmer aus Anlass der Vergabe eine Abrede getroffen hatte, die eine unzulässige Wettbewerbsbeschränkung darstellt. Absatz 3 Nummer 1 Satz 2 und Nummer 2 bis 4 gilt entsprechend.
2. sofern dieser im Anwendungsbereich des 4. Teils des GWB geschlossen wurde,
   a) wenn der Auftragnehmer wegen eines zwingenden Ausschlussgrundes zum Zeitpunkt des Zuschlags nicht hätte beauftragt werden dürfen. Absatz 3 Nummer 1 Satz 2 und Nummer 2 bis 4 gilt entsprechend.
   b) bei wesentlicher Änderung des Vertrages oder bei Feststellung einer schweren Verletzung der Verträge über die Europäische Union und die Arbeitsweise der Europäischen Union durch den Europäischen Gerichtshof. Die ausgeführten Leistungen sind nach § 6 Absatz 5 abzurechnen. Etwaige Schadensersatzansprüche der Parteien bleiben unberührt.

Die Kündigung ist innerhalb von 12 Werktagen nach Bekanntwerden des Kündigungsgrundes auszusprechen.

Für die Praxis: Die Änderung von Abs. 4 setzt § 133 GWB um. Der Auftraggeber kann kündigen,

- wenn der Unternehmer anlässlich der Vergabe eine unzulässige Wettbewerbsabrede getroffen hat,
- wenn ihm nach der Vergabe ein zwingender Ausschlussgrund bekannt wird,
- bei einer wesentlichen Vertragsänderung und
- wenn durch den EuGH festgestellt wurde, dass bei der Vergabe gegen EU-Recht verstoßen wurde.

Die hier normierten neuen Gründe für eine außerordentliche Kündigung durch den Auftraggeber sowie die Rechtsfolgen einer solchen Kündigung hinsichtlich Vergütung und Schadensersatz wurden nun in die VOB/B aufgenommen und in den Katalog der Kündigungsgründe und -folgen des § 8 VOB/B integriert.

(5) Sofern der Auftragnehmer die Leistung, ungeachtet des Anwendungsbereichs des 4. Teils des GWB, ganz oder teilweise an Nachunternehmer weitervergeben hat, steht auch ihm das Kündigungsrecht gemäß Absatz 4 Nummer 2 Buchstabe b zu, wenn der ihn als Auftragnehmer verpflichtende Vertrag (Hauptauftrag) gemäß Absatz 4 Nummer 2 Buchstabe b gekündigt wurde. Entsprechendes gilt für jeden Auftraggeber der Nachunternehmerkette, sofern sein jeweiliger Auftraggeber den Vertrag gemäß Satz 1 gekündigt hat.

Für die Praxis: Abs. 5 ermöglicht es dem Auftragnehmer, auch seinem Nachunternehmer außerordentlich zu kündigen, sobald der Auftraggeber den Hauptauftrag wegen einer wesentlichen Vertragsänderung oder eines Vertragsverletzungsverfahrens vor dem EuGH gekündigt hat, sofern zwischen diesen Vertragsparteien, also Unternehmer und seinem Sub, die VOB/B, und damit auch die Geltung des § 8 Abs. 5 VOB/B, vereinbart wurde. Auf diesem Wege bleibt der Hauptauftragnehmer nicht auf die Möglichkeit zur ordentlichen Kündigung seines Nachunternehmers mit der Rechtsfolge, den vollen Werklohn an den Nachunternehmer zahlen zu müssen, verwiesen. Dieselbe Kündigungsmöglichkeit soll im Rahmen einer **Nachunternehmerkette** mit jeweiliger Vereinbarung der VOB/B allen folgenden Auftraggebern entsprechend zustehen.

Das **außerordentliche Kündigungsrecht des Hauptunternehmers** ist aber auf diese beiden Fälle – wesentliche Vertragsänderung bzw. Feststellung einer Vertragsverletzung durch den EuGH – beschränkt. Denn in den Fällen einer unzulässigen, den Wettbewerb beschränkenden Abrede oder beim Vorliegen eines zwingenden Ausschlussgrundes trifft den Auftragnehmer keine Verantwortlichkeit für den Kündigungsgrund.

(6) Die Kündigung ist schriftlich zu erklären.

Für die Praxis: Das Schriftformerfordernis für die Kündigung ist zwingend; eine nur mündlich erklärte Kündigung ist unwirksam. Bei Bauverträgen iSd § 650a BGB muss die Kündigung schriftlich erklärt werden, § 650h BGB, wobei die Mail das gesetzliche Schriftformerfordernis **nicht** erfüllt.

(7) Der Auftragnehmer kann Aufmaß und Abnahme der von ihm ausgeführten Leistungen alsbald nach der Kündigung verlangen; er hat unverzüglich eine prüfbare Rechnung über die ausgeführten Leistungen vorzulegen.

(8) Eine wegen Verzugs verwirkte, nach Zeit bemessene Vertragsstrafe kann nur für die Zeit bis zum Tag der Kündigung des Vertrags gefordert werden.

§ 9
Kündigung durch den Auftragnehmer

(1) Der Auftragnehmer kann den Vertrag kündigen:

1. wenn der Auftraggeber eine ihm obliegende Handlung unterlässt und dadurch den Auftragnehmer außerstande setzt, die Leistung auszuführen (Annahmeverzug nach §§ 293 ff. BGB),
2. wenn der Auftraggeber eine fällige Zahlung nicht leistet oder sonst in Schuldnerverzug gerät.

Für die Praxis: Die Frage, ob eine Zahlung des Auftraggebers fällig ist oder nicht, ist regelmäßig hoch streitig und mit erheblichen Risiken behaftet. Die häufig verwendeten Argumente nicht erbrachter oder mangelhafter Leistungen, nicht berechtigter Nachträge und fehlender Prüffähigkeit lassen sich oft nicht mit letzter Sicherheit entkräften. Aus Sicht des Auftragnehmers ist daher ein Vorgehen nach § 650f BGB mit dem Verlangen nach einer Bauhandwerkersicherheit deutlich sicherer.

(2) Die Kündigung ist schriftlich zu erklären. Sie ist erst zulässig, wenn der Auftragnehmer dem Auftraggeber ohne Erfolg eine angemessene Frist zur Vertragserfüllung gesetzt und erklärt hat, dass er nach fruchtlosem Ablauf der Frist den Vertrag kündigen werde.

(3) Die bisherigen Leistungen sind nach den Vertragspreisen abzurechnen. Außerdem hat der Auftragnehmer Anspruch auf angemessene Entschädigung nach § 642 BGB; etwaige weitergehende Ansprüche des Auftragnehmers bleiben unberührt.

§ 10
Haftung der Vertragsparteien

(1) Die Vertragsparteien haften einander für eigenes Verschulden sowie für das Verschulden ihrer gesetzlichen Vertreter und der Personen, deren sie sich zur Erfüllung ihrer Verbindlichkeiten bedienen (§§ 276, 278 BGB).

(2) 1. Entsteht einem Dritten im Zusammenhang mit der Leistung ein Schaden, für den auf Grund gesetzlicher Haftpflichtbestimmungen beide Vertragsparteien haften, so gelten für den Ausgleich zwischen den Vertragsparteien die allgemeinen gesetzlichen Bestimmungen, soweit im Einzelfall nichts anderes vereinbart ist. Soweit der Schaden des Dritten nur die Folge einer Maßnahme ist, die der Auftraggeber in dieser Form angeordnet hat, trägt er den Schaden allein, wenn ihn der Auftragnehmer auf die mit der angeordneten Ausführung verbundene Gefahr nach § 4 Absatz 3 hingewiesen hat

2. Der Auftragnehmer trägt den Schaden allein, soweit er ihn durch Versicherung seiner gesetzlichen Haftpflicht gedeckt hat oder durch eine solche zu tarifmäßigen, nicht auf außergewöhnliche Verhältnisse abgestellten Prämien und Prämienzuschlägen bei einem im Inland zum Geschäftsbetrieb zugelassenen Versicherer hätte decken können.

(3) Ist der Auftragnehmer einem Dritten nach den §§ 823 ff. BGB zu Schadenersatz verpflichtet wegen unbefugten Betretens oder Beschädigung angrenzender Grundstücke, wegen Entnahme oder Auflagerung von Boden oder anderen Gegenständen außerhalb der vom Auftraggeber dazu angewiesenen Flächen oder wegen der Folgen eigenmächtiger Versperrung von Wegen oder Wasserläufen, so trägt er im Verhältnis zum Auftraggeber den Schaden allein.

(4) Für die Verletzung gewerblicher Schutzrechte haftet im Verhältnis der Vertragsparteien zueinander der Auftragnehmer allein, wenn er selbst das geschützte Verfahren oder die Verwendung geschützter Gegenstände angeboten oder wenn der Auftraggeber die Verwendung vorgeschrieben und auf das Schutzrecht hingewiesen hat.

(5) Ist eine Vertragspartei gegenüber der anderen nach den Absätzen 2, 3 oder 4 von der Ausgleichspflicht befreit, so gilt diese Befreiung auch zugunsten ihrer gesetzlichen Vertreter und Erfüllungsgehilfen, wenn sie nicht vorsätzlich oder grob fahrlässig gehandelt haben.

(6) Soweit eine Vertragspartei von dem Dritten für einen Schaden in Anspruch genommen wird, den nach den Absätzen 2, 3 oder 4 die andere Vertragspartei zu tragen hat, kann sie verlangen, dass ihre Vertragspartei sie von der Verbindlichkeit gegenüber dem Dritten befreit. Sie darf den Anspruch des Dritten nicht anerkennen oder befriedigen, ohne der anderen Vertragspartei vorher Gelegenheit zur Äußerung gegeben zu haben.

§ 11
Vertragsstrafe

(1) Wenn Vertragsstrafen vereinbart sind, gelten die §§ 339 bis 345 BGB.

Für die Praxis: Abs. 1 zeigt – ebenso wie § 17 Abs. 1 Nr. 1 VOB/B – den Zusammenhang zwischen VOB/B und BGB. Die materiellen Bedingungen für die Vertragsstrafe sind im BGB geregelt und nicht in der VOB/B. Dabei setzt Abs. 1 die vertragliche Vereinbarung einer Vertragsstrafe voraus. Ohne eine solche Vereinbarung geht die Regelung ins Leere.

„Keine Vertragsstrafe ohne Verschulden" – dieser Grundsatz ergibt sich aus § 339 Satz 1 BGB.

Vereinbarungen über eine Vertragsstrafe müssen dem **Transparenzgebot** entsprechen, d.h., es muss unzweifelhaft feststehen, wann die Vertragsstrafe eintritt und welche Bezugssumme für deren Berechnung zugrunde gelegt wird. Die Höhe darf in AGB 5 % der Auftragssumme nicht überschreiten. Der Tagessatz einer Vertragsstrafe darf nicht unangemessen hoch sein. Wird die Vertragsstrafenregelung als AGB verwendet, ist in AGB eine Vertragsstrafe bis zu 0,3 % der Auftragssumme pro Arbeitstag für die Überschreitung des Fertigstellungstermins zulässig (BGH, Urt. v. 6.12.2007, VII ZR 28/07), nicht hingegen 0,3 % pro Kalendertag (OLG Dresden, Urt. v. 8.2.2001, 16 U 2507/00).

Wird nicht nur der Fertigstellungstermin, sondern werden auch weitere Termine (sog. Vertragsfristen, vgl. § 5 Abs. 1 VOB/B, § 9 Abs. 2 Nr. 2 VOB/A) mit einer Vertragsstrafe bewehrt, ist darauf zu achten, dass die dann fällig werdende Vertragsstrafe nicht zu hoch und daher unangemessen ist und auf weitere anfallende Vertragsstrafen angerechnet wird, um eine Mehrfach-Sanktionierung eines Verstoßes zu verhindern. Die Vertragsstrafe ist in einem solchen Fall an die bisher fällige Auftragssumme zu koppeln; die Obergrenze von 5 % ist zu beachten.

Falsch ist die Vorstellung, eine Vertragsstrafe könne nur dann verlangt werden, wenn dem Auftraggeber auch ein Schadensersatzanspruch zusteht. Die Regelung des § 340 Abs. 2 BGB bedeutet nur, dass der Gläubiger zwischen Vertragsstrafe und Schadensersatzanspruch wegen Verzug wählen kann, wobei er diese nicht kumulativ verlangen kann. Der Anspruch auf Vertragsstrafe besteht auch dann, wenn kein Schaden entstanden ist.

(2) Ist die Vertragsstrafe für den Fall vereinbart, dass der Auftragnehmer nicht in der vorgesehenen Frist erfüllt, so wird sie fällig, wenn der Auftragnehmer in Verzug gerät.

(3) Ist die Vertragsstrafe nach Tagen bemessen, so zählen nur Werktage; ist sie nach Wochen bemessen, so wird jeder Werktag angefangener Wochen als 1/6 Woche gerechnet.

(4) Hat der Auftraggeber die Leistung abgenommen, so kann er die Strafe nur verlangen, wenn er dies bei der Abnahme vorbehalten hat.

§ 12
Abnahme

(1) Verlangt der Auftragnehmer nach der Fertigstellung – gegebenenfalls auch vor Ablauf der vereinbarten Ausführungsfrist – die Abnahme der Leistung, so hat sie der Auftraggeber binnen 12 Werktagen durchzuführen; eine andere Frist kann vereinbart werden.

(2) Auf Verlangen sind in sich abgeschlossene Teile der Leistung besonders abzunehmen.

Für die Praxis: Abs. 2 gibt dem Unternehmer das Recht, eine **Teilabnahme** zu verlangen. Das Thema der Teilabnahme ist ein häufiges Problem, denn wegen der Rechtswirkungen der Abnahme drängen Unternehmer häufig darauf, dass eine Abnahme stattfindet. Eine Teilabnahme ist nur für in sich abgeschlossene Teile einer Leistung möglich. Nach der Verkehrsauffassung muss der abnahmefähige Teil **selbstständig** bestehen und **für sich gebrauchsfähig** sein. Wenn eine komplette Heizungsanlage geschuldet wird, sind die montierten Heizkörper einer Teilabnahme nicht zugänglich, denn geschuldet ist eine funktionsfähige Anlage und nicht nur die mangelfreie Montage der Heizkörper.

Teilabnahmeverlangen sollten daher immer genau geprüft werden. Denn durch eine Teilabnahme beginnt für den abgenommenen Teil die **Verjährungsfrist** für die Gewährleistung. Zur Vermeidung von Streitigkeiten sollten Teilabnahmen vorher vertraglich festgelegt werden.

Auftraggebern muss geraten werden, Teilabnahmen nur dann durchzuführen, wenn Abhängigkeiten zu anderen, nicht abgenommenen Leistungen ausgeschlossen sind.

(3) Wegen wesentlicher Mängel kann die Abnahme bis zur Beseitigung verweigert werden.

Für die Praxis: Die **Abnahmeverweigerung** wegen wesentlicher Mängel gemäß Abs. 3 ist ein weiterer häufiger Streitpunkt. Es geht um die Frage, wann **wesentliche Mängel** vorliegen. Auszugehen ist vom Abnahmeanspruch des Unternehmers, der nicht durch das Vorliegen geringfügiger Mängel beeinträchtigt werden soll. Mängel, welche die Funktionsfähigkeit nicht beeinträchtigen, schnell zu beseitigen sind, nur eine geringfügige optische Beeinträchtigung bewirken und im Verhältnis zur Auftragssumme geringe Beseitigungskosten verursachen, rechtfertigen keine Verweigerung der Abnahme. Sicherheitsrelevante Mängel hingegen rechtfertigen in der Regel die Abnahmeverweigerung unabhängig von der Höhe der Beseitigungskosten. Eine Vielzahl kleinerer Mängel kann in ihrer Gesamtheit eine Abnahmeverweigerung rechtfertigen. Es kommt immer auf eine **Gesamtschau** und die **Umstände des Einzelfalles** an.

(4) 1. Eine förmliche Abnahme hat stattzufinden, wenn eine Vertragspartei es verlangt. Jede Partei kann auf ihre Kosten einen Sachverständigen zuziehen. Der Befund ist in gemeinsamer Verhandlung schriftlich niederzulegen. In die Niederschrift sind etwaige Vorbehalte wegen bekannter Mängel und wegen Vertragsstrafen aufzunehmen, ebenso etwaige Einwendungen des Auftragnehmers. Jede Partei erhält eine Ausfertigung.

2. Die förmliche Abnahme kann in Abwesenheit des Auftragnehmers stattfinden, wenn der Termin vereinbart war oder der Auftraggeber mit genügender Frist dazu eingeladen hatte. Das Ergebnis der Abnahme ist dem Auftragnehmer alsbald mitzuteilen.

Für die Praxis: Eine **förmliche Abnahme** gemäß Abs. 4 **Nr. 1** sollte der Regelfall sein, denn aufgrund der gemeinsamen Objektbegehung und der gemeinsam getroffenen Feststellungen über Mängel stellt sie für den späteren Streitfall über Gewährleistungsansprüche eine gute Beweisgrundlage dar.

Der Auftragnehmer hat das Recht, sich zu jedem vom Auftraggeber behaupteten Mangel zu erklären; deshalb ist darüber ein Protokoll zu führen. Die Unterschrift des Unternehmers unter dieses „**Abnahmeprotokoll**" ist daher nur eine Bestätigung, dass er mit dem Inhalt des Protokolls, also mit den bei der Abnahme getroffenen Feststellungen und dazu abgegebenen Erklärungen, einverstanden ist; die Abnahme selbst kann nur der Auftraggeber erklären.

(5) 1. Wird keine Abnahme verlangt, so gilt die Leistung als abgenommen mit Ablauf von 12 Werktagen nach schriftlicher Mitteilung über die Fertigstellung der Leistung.

2. Wird keine Abnahme verlangt und hat der Auftraggeber die Leistung oder einen Teil der Leistung in Benutzung genommen, so gilt die Abnahme nach Ablauf von 6 Werktagen nach Beginn der Benutzung als erfolgt, wenn nichts anderes vereinbart ist. Die Benutzung von Teilen einer baulichen Anlage zur Weiterführung der Arbeiten gilt nicht als Abnahme.

3. Vorbehalte wegen bekannter Mängel oder wegen Vertragsstrafen hat der Auftraggeber spätestens zu den in den Nummern 1 und 2 bezeichneten Zeitpunkten geltend zu machen.

Für die Praxis: Die **fiktive Abnahme** gemäß Abs. 5 **Nr. 1** geschieht unabhängig vom Abnahmewillen des Auftraggebers. Hier wird der Abnahmewille des Auftraggebers, welcher sich nicht erklärt hat, fingiert. Es gibt gerade keine Handlung des Auftraggebers, an die eine Vermutung geknüpft werden könnte.

Anders ist dies bei der **konkludenten Abnahme** des Abs. 5 **Nr. 2**. Hier gibt es eine Handlung des Bauherrn, die als Abnahmeerklärung gewertet wird. Der häufigste Fall ist die Abnahme durch **Ingebrauchnahme**. Will der Auftraggeber verhindern, dass diese Handlung als konkludente Abnahme gewertet wird, muss er ausdrücklich darauf hinweisen. Werden z.B. neue oder sanierte Klassenräume ohne Abnahme nur deshalb genutzt, weil eine weitere Nutzung der Ersatzschulcontainer nicht mehr möglich ist, dann steht diese Zwangssituation einer konkludenten Abnahme entgegen, wenn der Auftraggeber dies bei Einzug ausdrücklich klargestellt hat.

Auftragnehmern steht auch die Möglichkeit offen, nach **§ 640 Abs. 2 BGB** einseitig die Wirkungen der Abnahme herbeizuführen, indem sie den Auftraggeber zur Abnahme auffordern.

(6) Mit der Abnahme geht die Gefahr auf den Auftraggeber über, soweit er sie nicht schon nach § 7 trägt.

§ 13
Mängelansprüche

(1) Der Auftragnehmer hat dem Auftraggeber seine Leistung zum Zeitpunkt der Abnahme frei von Sachmängeln zu verschaffen. Die Leistung ist zur Zeit der Abnahme frei von Sachmängeln, wenn sie die verein-

barte Beschaffenheit hat und den anerkannten Regeln der Technik entspricht. Ist die Beschaffenheit nicht vereinbart, so ist die Leistung zur Zeit der Abnahme frei von Sachmängeln,

1. wenn sie sich für die nach dem Vertrag vorausgesetzte,

   sonst

2. für die gewöhnliche Verwendung eignet und eine Beschaffenheit aufweist, die bei Werken der gleichen Art üblich ist und die der Auftraggeber nach der Art der Leistung erwarten kann.

(2) Bei Leistungen nach Probe gelten die Eigenschaften der Probe als vereinbarte Beschaffenheit, soweit nicht Abweichungen nach der Verkehrssitte als bedeutungslos anzusehen sind. Dies gilt auch für Proben, die erst nach Vertragsabschluss als solche anerkannt sind.

(3) Ist ein Mangel zurückzuführen auf die Leistungsbeschreibung oder auf Anordnungen des Auftraggebers, auf die von diesem gelieferten oder vorgeschriebenen Stoffe oder Bauteile oder die Beschaffenheit der Vorleistung eines anderen Unternehmers, haftet der Auftragnehmer, es sei denn, er hat die ihm nach § 4 Absatz 3 obliegende Mitteilung gemacht.

Für die Praxis: In der Praxis werden die Anforderungen an eine ordnungsgemäße Bedenkenanmeldung von Auftragnehmern oft unterschätzt. Die Anmeldung muss zum einen genau den Mangel beschreiben, allgemeine Beschreibungen wie „nicht normgemäß", „nur eingeschränkt" o.ä. sind nicht ausreichend. Zum anderen muss der Auftragnehmer möglichst genau die Auswirkungen eines möglichen Mangels mit den drohenden Risiken erläutern und so deutlich machen, dass er seine Erfolgshaftung nur eingeschränkt erfüllen könnte.

(4) 1. Ist für Mängelansprüche keine Verjährungsfrist im Vertrag vereinbart, so beträgt sie für Bauwerke 4 Jahre, für andere Werke, deren Erfolg in der Herstellung, Wartung oder Veränderung einer Sache besteht und für die vom Feuer berührten Teile von Feuerungsanlagen 2 Jahre. Abweichend von Satz 1 beträgt die Verjährungsfrist für feuerberührte und abgasdämmende Teile von industriellen Feuerungsanlagen 1 Jahr.

2. Ist für Teile von maschinellen und elektrotechnischen/elektronischen Anlagen, bei denen die Wartung Einfluss auf die Sicherheit und Funktionsfähigkeit hat, nichts anderes vereinbart, beträgt für diese Anlagenteile die Verjährungsfrist für Mängelansprüche abweichend von Nummer 1 zwei Jahre, wenn der Auftraggeber sich dafür entschieden hat, dem Auftragnehmer die Wartung für die Dauer der Verjährungsfrist nicht zu übertragen; dies gilt auch, wenn für weitere Leistungen eine andere Verjährungsfrist vereinbart ist.

3. Die Frist beginnt mit der Abnahme der gesamten Leistung; nur für in sich abgeschlossene Teile der Leistung beginnt sie mit der Teilabnahme (§ 12 Absatz 2).

(5) 1. Der Auftragnehmer ist verpflichtet, alle während der Verjährungsfrist hervortretenden Mängel, die auf vertragswidrige Leistung zurückzuführen sind, auf seine Kosten zu beseitigen, wenn es der Auftraggeber vor Ablauf der Frist schriftlich verlangt. Der Anspruch auf Beseitigung der gerügten Mängel verjährt in 2 Jahren, gerechnet vom Zugang des schriftlichen Verlangens an, jedoch nicht vor Ablauf der Regelfristen nach Absatz 4 oder der an ihrer Stelle vereinbarten Frist. Nach Abnahme der Mängelbeseitigungsleistung beginnt für diese Leistung eine Verjährungsfrist von 2 Jahren neu, die jedoch nicht vor Ablauf der Regelfristen nach Absatz 4 oder der an ihrer Stelle vereinbarten Frist endet.

2. Kommt der Auftragnehmer der Aufforderung zur Mängelbeseitigung in einer vom Auftraggeber gesetzten angemessenen Frist nicht nach, so kann der Auftraggeber die Mängel auf Kosten des Auftragnehmers beseitigen lassen.

Für die Praxis: Abs. 5 **Nr. 1** verlängert die Regelgewährleistungsfrist des Abs. 4 Nr. 1. Wird vor Ablauf der 4-jährigen Verjährung ein Mangel gerügt, wird die Verjährungsfrist dadurch geändert. Die Mängelbeseitigungsaufforderung kurz vor Ablauf der Regelverjährung nach VOB/B wahrt den

Nachbesserungsanspruch des Auftraggebers über die Vollendung der Verjährung hinaus. Der Auftragnehmer sollte – im Gegensatz zur Regelung im BGB – nicht gezwungen werden, zu den allgemeinen gesetzlichen Mitteln zu greifen, die eine Hemmung oder den Neubeginn der Verjährung herbeiführen. Nur in Bezug auf den gerügten Mangel hat der Auftragnehmer 2 Jahre Zeit, den Mangel zu beseitigen. Nach der Abnahme der Mängelbeseitigung beginnt eine neue Verjährungsfrist von 2 Jahren. Wird ein Mangel nach einem Jahr gerügt, spielt die Zweijahresfrist keine Rolle. Diese Sonderregelung greift nur einmal für jeden gerügten Mangel, denn sonst könnte der Auftraggeber die Verjährung durch permanente Mängelrügen ständig verlängern.

Vorsicht ist geboten mit dem Ratschlag, erst kurz vor Ablauf der 4-jährigen Verjährungsfrist eine Prüfung vorzunehmen. Das Ziel, eine möglichst lange Gewährleistungsfrist zu erreichen, erweist sich als trügerisch, wenn der Auftragnehmer nachweisen kann, dass eine Mängelrüge sehr viel früher hätte erfolgen können und müssen und zu diesem früheren Zeitpunkt der Mangel nicht den jetzt vorhandenen Umfang erreicht hätte. Dann muss der Auftraggeber die durch die **verspätete Mängelrüge verursachten Mehrkosten** für die Mangelbeseitigung tragen.

(6) Ist die Beseitigung des Mangels für den Auftraggeber unzumutbar oder ist sie unmöglich oder würde sie einen unverhältnismäßig hohen Aufwand erfordern und wird sie deshalb vom Auftragnehmer verweigert, so kann der Auftraggeber durch Erklärung gegenüber dem Auftragnehmer die Vergütung mindern (§ 638 BGB).

Für die Praxis: Häufig geben sich Auftraggeber mit dem **Minderungsrecht** des Abs. 6 zufrieden, obwohl sie grundsätzlich einen Rechtsanspruch darauf haben, ein mangelfreies Werk zu erhalten. Öffentliche Auftraggeber verzichten oft vorschnell auf das Nachbesserungsrecht. Die Minderung ist bequemer, weil die Kontrolle der Mängelbeseitigung entfällt und – vordergründig – Geld in die Kasse kommt. Wer mindert, gibt sich mit einem dauerhaft mangelbehafteten Werk zufrieden.

Abs. 6 sieht **drei Gründe** vor, die den Auftragnehmer berechtigen, die Mängelbeseitigung abzulehnen und den Auftraggeber auf das Minderungsrecht zu verweisen:

- Der Auftraggeber beruft sich darauf, dass die Mängelbeseitigung für ihn unzumutbar ist, z.B. weil diese mit erheblichen Beeinträchtigungen verbunden ist oder von Anfang an fraglich ist, ob die Mängelbeseitigung überhaupt erfolgreich durchgeführt werden kann.
- Die Mängelbeseitigung ist objektiv weder durch den Auftragnehmer noch durch einen Dritten möglich.
- Der Auftragnehmer beruft sich darauf, dass die Mängelbeseitigung einen unverhältnismäßig hohen Aufwand erfordern würde.

Diese dritte Möglichkeit, eine Mängelbeseitigung abzulehnen, ist bei Auftragnehmern beliebt. Nach deren Vorstellungsbild bestimmt sich der Maßstab des **unverhältnismäßig hohen Aufwands** nach den Kosten der Mängelbeseitigung oder danach, ob ihnen noch ein Gewinn verbleibt. Diese Sichtweise ist falsch. Da der Auftraggeber grundsätzlich einen Anspruch auf ein mangelfreies Werk hat, ist Maßstab für einen unverhältnismäßig hohen Aufwand die **Relation zwischen dem unternehmerischen Aufwand für die Mängelbeseitigung und die dadurch für den Aufraggeber erreichte Mangelfreiheit** oder zumindest geringere Mangelhaftigkeit des Werkes, so der BGH in ständiger Rechtsprechung (z.B. Urt. v. 6.12.2001, VII ZR 241/00). Unverhältnismäßigkeit liegt nur vor, wenn einem objektiv geringen Interesse des Auftraggebers an einer mangelfreien Vertragsleistung ein ganz erheblicher und deshalb vergleichsweise unangemessener Aufwand gegenübersteht. Wird z.B. als Mangel gerügt, dass eine verputzte Außenfassade, 200 m² groß, an drei Stellen nicht die Toleranzen nach DIN einhält, ist die Beseitigung des Mangels unverhältnismäßig. Denn die Kosten für das erneute Verputzen der Gesamtfläche sind erheblich, während die drei Fehlstellen nicht ins Gewicht fallen, abgesehen davon, dass bei einer Überarbeitung Fehlstellen erneut an anderer Stelle auftreten werden.

Erfüllt die Leistung nicht die beauftragte Funktion, kann grundsätzlich nicht von einer Unverhältnismäßigkeit der Mangelbeseitigungskosten ausgegangen werden.

(7) 1. Der Auftragnehmer haftet bei schuldhaft verursachten Mängeln für Schäden aus der Verletzung des Lebens, des Körpers oder der Gesundheit.

2. Bei vorsätzlich oder grob fahrlässig verursachten Mängeln haftet er für alle Schäden.

3. Im Übrigen ist dem Auftraggeber der Schaden an der baulichen Anlage zu ersetzen, zu deren Herstellung, Instandhaltung oder Änderung die Leistung dient, wenn ein wesentlicher Mangel vorliegt, der die Gebrauchsfähigkeit erheblich beeinträchtigt und auf ein Verschulden des Auftragnehmers zurückzuführen ist. Einen darüber hinausgehenden Schaden hat der Auftragnehmer nur dann zu ersetzen,

a) wenn der Mangel auf einem Verstoß gegen die anerkannten Regeln der Technik beruht,

b) wenn der Mangel in dem Fehlen einer vertraglich vereinbarten Beschaffenheit besteht

oder

c) soweit der Auftragnehmer den Schaden durch Versicherung seiner gesetzlichen Haftpflicht gedeckt hat oder durch eine solche zu tarifmäßigen, nicht auf außergewöhnliche Verhältnisse abgestellten Prämien und Prämienzuschlägen bei einem im Inland zum Geschäftsbetrieb zugelassenen Versicherer hätte decken können.

4. Abweichend von Absatz 4 gelten die gesetzlichen Verjährungsfristen, soweit sich der Auftragnehmer nach Nummer 3 durch Versicherung geschützt hat oder hätte schützen können oder soweit ein besonderer Versicherungsschutz vereinbart ist.

5. Eine Einschränkung oder Erweiterung der Haftung kann in begründeten Sonderfällen vereinbart werden.

Für die Praxis: Die Berechnungsweise der Schadenshöhe ist nach einer inzwischen gefestigten Rechtsprechung des BGH nicht mehr auf Grundlage der voraussichtlichen Mangelbeseitigungskosten möglich (seit BGH, Urt. v. 22.2.2018, VII ZR 46/17). Es ist vielmehr ein Wertvergleich vorzunehmen zwischen dem Wert einer mangelfreien Leistung und der mangelhaften Leistung.

§ 14
Abrechnung

(1) Der Auftragnehmer hat seine Leistungen prüfbar abzurechnen. Er hat die Rechnungen übersichtlich aufzustellen und dabei die Reihenfolge der Posten einzuhalten und die in den Vertragsbestandteilen enthaltenen Bezeichnungen zu verwenden. Die zum Nachweis von Art und Umfang der Leistung erforderlichen Mengenberechnungen, Zeichnungen und andere Belege sind beizufügen. Änderungen und Ergänzungen des Vertrags sind in der Rechnung besonders kenntlich zu machen; sie sind auf Verlangen getrennt abzurechnen.

Für die Praxis: Abs. 1 verpflichtet den Auftragnehmer, eine **Schlussrechnung** aufzustellen, die es dem Auftraggeber ohne größeren Aufwand ermöglicht zu prüfen, ob die abgerechneten Leistungen mit den vertraglich vereinbarten Leistungen übereinstimmen. Daher sind die Bezeichnungen, die Positionen und der Aufbau des Leistungsverzeichnisses zu übernehmen. Aufmaßblätter sind, den jeweiligen Positionen zugeordnet, beizufügen, ebenso die gegengezeichneten Stundenlohnzettel. Der erforderliche **Detaillierungsgrad** bestimmt sich nach dem Kontroll- und Informationsinteresse des Auftraggebers und dessen Sach- und Fachkunde.

Die Prüffähigkeit ist keine überflüssige formale Anforderung, sondern folgt direkt daraus, dass der Auftragnehmer beim Einheitspreisvertrag seine Leistungen genau im ausgeführten Umfang bezahlt bekommt, weswegen dieser Umfang als Voraussetzung für seinen Zahlungsanspruch auch nachgewiesen werden muss.

Wenn gegen diese Anforderungen in einer Art und Weise verstoßen wird, dass ein fachkundiger Auftraggeber diese Zuordnungen nicht mehr vornehmen kann, ist die Rechnung **nicht prüfbar** und aus diesem Grunde unverzüglich zurückzuweisen. Im Rahmen dieser **Rüge** müssen die Punkte, weshalb die Rechnung nicht prüfbar ist, konkret dargelegt werden. Es empfiehlt sich, den Auftragnehmer deutlich darauf hinzuweisen, dass ohne Vorlage der Belege oder angesichts deren fehlender Zuordnung nicht in die sachliche Prüfung der Rechnung eingetreten werden kann und die Forderung nicht fällig wird.

Von dieser Rügemöglichkeit sollte in der Praxis häufiger Gebrauch gemacht werden. Oft bemühen sich kommunale Mitarbeiter darum, die Rechnung irgendwie zu verstehen. Das ist falsch und fördert unvollständig erstellte Rechnungen.

Prüfbarkeit darf nicht mit **Rechenfehlern** oder anderen inhaltlichen Fehlern verwechselt werden. Enthält die Abrechnung Rechen- oder Messfehler, ist sie trotzdem prüfbar. Die Möglichkeit, diese Fehler festzustellen, ist gewissermaßen der Beweis, dass die Rechnung prüfbar ist.

(2) Die für die Abrechnung notwendigen Feststellungen sind dem Fortgang der Leistung entsprechend möglichst gemeinsam vorzunehmen. Die Abrechnungsbestimmungen in den Technischen Vertragsbedingungen und den anderen Vertragsunterlagen sind zu beachten. Für Leistungen, die bei Weiterführung der Arbeiten nur schwer feststellbar sind, hat der Auftragnehmer rechtzeitig gemeinsame Feststellungen zu beantragen.

Für die Praxis: Das gemeinsame Aufmaß gemäß Abs. 2 dient dazu, später – bei der Abrechnung – über diese Rechnungsgröße Streit zu vermeiden. Die Vorschrift ist Ausdruck der Kooperationsverpflichtung der Vertragsparteien und trifft eine Regelung zur **Streitvermeidung**. Das Aufmaß ist möglichst gemeinsam vorzunehmen. Dafür, dass dies geschieht, hat der Auftragnehmer im eigenen Interesse zu sorgen.

Es geht erstens um die Feststellung, ob bestimmte Leistungen überhaupt ausgeführt wurden (z.B. Isolierungen, Abdichtungen), und zweitens, ob nach Zeichnungen abgerechnet werden kann oder ein körperliches Aufmaß genommen werden muss.

Das gemeinsam genommene Aufmaß hat hinsichtlich der festgestellten Tatsachen, Maß, Zahl und Gewicht der erbrachten Leistungen die Wirkung eines **deklaratorischen Anerkenntnisses**. Weitergehende Einwendungen, z.B. die Leistung sei bereits von einer anderen Position umfasst oder sie dürfe nach den vertraglichen Vereinbarungen gar nicht bzw. nicht in dieser Weise abgerechnet werden, werden dem Auftraggeber dadurch aber nicht genommen.

Die gemeinsam getroffene Feststellung ist für beide Vertragsparteien, auch für das Rechnungsprüfungsamt, verbindlich.

Nimmt der **Auftragnehmer einseitig** das Aufmaß, ohne dass der Auftraggeber seine Mitwirkung verweigert hat, kann er dieses seiner Abrechnung zugrunde legen, muss aber, wenn der Auftraggeber Einwendungen erhebt, die Richtigkeit der einzelnen Rechnungspositionen in vollem Umfang nachweisen.

Verweigert der **Auftraggeber** seine **Mitwirkung**, kann das zu für ihn nachteiligen Folgen hinsichtlich der Anforderungen an die Prüfbarkeit der Rechnung und an die **Darlegungs- und Beweislast** im Prozess führen. Bleibt der Auftraggeber dem Termin zum gemeinsamen Aufmaß fern und ist ein neues Aufmaß oder eine Überprüfung des einseitig genommenen Aufmaßes nicht mehr möglich, trägt der Auftraggeber im Prozess die Darlegungs- und Beweislast für die Unrichtigkeit des Aufmaßes. Er muss darlegen und beweisen, warum und inwieweit das einseitig vom Auftragnehmer gefertigte Aufmaß unrichtig sein soll.

Das Gleiche gilt, wenn der Auftraggeber zunächst die einseitig vom Auftragnehmer ermittelten Mengen bestätigt und daraufhin der Auftragnehmer auf eine gemeinsame Feststellung verzichtet. Ist später eine Überprüfung nicht mehr möglich, weil die Leistungen durch den weiteren Baufortschritt verdeckt sind, muss der Auftraggeber darlegen und beweisen, welche Maße zutreffend sein sollen.

Im Rahmen der Abrechnung sind die **Abrechnungsbestimmungen** in den Technischen Vertragsbedingungen und den Vertragsunterlagen zu beachten. Alle ATV der VOB/C enthalten in Abschnitt 5 Abrechnungsbestimmungen. Diese bestimmen daher die Art und Weise der Abrechnung. Rechtlich handelt es sich insoweit um Allgemeine Geschäftsbedingungen.

Werden in TVB davon abweichende Abrechnungsbestimmungen vereinbart (z.B. Verarbeitung in Form von GAEB-VB Dateien), sind diese maßgeblich.

Zu welchem **Zeitpunkt** die Feststellungen zu treffen sind, hängt von den Umständen des Einzelfalles ab.

(3) Die Schlussrechnung muss bei Leistungen mit einer vertraglichen Ausführungsfrist von höchstens 3 Monaten spätestens 12 Werktage nach Fertigstellung eingereicht werden, wenn nichts anderes vereinbart ist; diese Frist wird um je 6 Werktage für je weitere 3 Monate Ausführungsfrist verlängert.

(4) Reicht der Auftragnehmer eine prüfbare Rechnung nicht ein, obwohl ihm der Auftraggeber dafür eine angemessene Frist gesetzt hat, so kann sie der Auftraggeber selbst auf Kosten des Auftragnehmers aufstellen.

Für die Praxis: Es kommt häufiger vor, dass keine Schlussrechnung gestellt wird oder Mängel einer gerügten Schlussrechnung nicht beseitigt werden. Statt ständig daran zu erinnern bzw. den Vorgang auf Wiedervorlage zu legen, sollte der Auftraggeber dem Unternehmer gemäß Abs. 4 eine angemessene Frist für die Vorlage einer prüfbaren Schlussrechnung setzen. Nach Fristablauf kann der Auftraggeber auf der **Grundlage der bei ihm vorhandenen Unterlagen** die **Schlussrechnung selbst erstellen** oder erstellen lassen. Dabei sind von der ausgewiesenen Restwerklohnforderung die Kosten abzuziehen, die dem Auftraggeber dadurch entstanden sind. Es gibt Tabellen, die ausweisen, welche Kosten ein Beamter bzw. Angestellter im öffentlichen Dienst verursacht. Man sollte diesen Mehraufwand in Kauf nehmen, denn der öffentliche Auftraggeber hat einen Anspruch auf eine korrekte Schlussrechnung und ein solches Vorgehen wird sich der Unternehmer, dessen Rechnung gekürzt worden ist, merken.

Erstellt der Auftraggeber die Schlussrechnung selbst, ändert sich der **Fälligkeitszeitpunkt** für die Zahlungsforderung. Weil der Auftraggeber die Rechnung selbst aufgestellt hat, entfällt die Prüffrist. Der Werklohn wird daher nach Fertigstellung und Übermittlung der Schlussrechnung an den Auftragnehmer fällig. Den festgestellten Betrag sollten Sie daher sofort zur Auszahlung anweisen.

§ 15
Stundenlohnarbeiten

(1) 1. Stundenlohnarbeiten werden nach den vertraglichen Vereinbarungen abgerechnet.

2. Soweit für die Vergütung keine Vereinbarungen getroffen worden sind, gilt die ortsübliche Vergütung. Ist diese nicht zu ermitteln, so werden die Aufwendungen des Auftragnehmers für Lohn- und Gehaltskosten der Baustelle, Lohn- und Gehaltsnebenkosten der Baustelle, Stoffkosten der Baustelle, Kosten der Einrichtungen, Geräte, Maschinen und maschinellen Anlagen der Baustelle, Fracht-, Fuhr- und Ladekosten, Sozialkassenbeiträge und Sonderkosten, die bei wirtschaftlicher Betriebsführung entstehen, mit angemessenen Zuschlägen für Gemeinkosten und Gewinn (einschließlich allgemeinem Unternehmerwagnis) zuzüglich Umsatzsteuer vergütet.

(2) Verlangt der Auftraggeber, dass die Stundenlohnarbeiten durch einen Polier oder eine andere Aufsichtsperson beaufsichtigt werden, oder ist die Aufsicht nach den einschlägigen Unfallverhütungsvorschriften notwendig, so gilt Absatz 1 entsprechend.

(3) Dem Auftraggeber ist die Ausführung von Stundenlohnarbeiten vor Beginn anzuzeigen. Über die geleisteten Arbeitsstunden und den dabei erforderlichen, besonders zu vergütenden Aufwand für den Verbrauch von Stoffen, für Vorhaltung von Einrichtungen, Geräten, Maschinen und maschinellen Anlagen, für Frachten, Fuhr- und Ladeleistungen sowie etwaige Sonderkosten sind, wenn nichts anderes vereinbart ist, je nach der Verkehrssitte werktäglich oder wöchentlich Listen (Stundenlohnzettel) einzureichen. Der Auftraggeber hat die von ihm bescheinigten Stundenlohnzettel unverzüglich, spätestens jedoch innerhalb von 6 Werktagen nach Zugang, zurückzugeben. Dabei kann er Einwendungen auf den Stundenlohnzetteln oder gesondert schriftlich erheben. Nicht fristgemäß zurückgegebene Stundenlohnzettel gelten als anerkannt.

(4) Stundenlohnrechnungen sind alsbald nach Abschluss der Stundenlohnarbeiten, längstens jedoch in Abständen von 4 Wochen, einzureichen. Für die Zahlung gilt § 16.

(5) Wenn Stundenlohnarbeiten zwar vereinbart waren, über den Umfang der Stundenlohnleistungen aber mangels rechtzeitiger Vorlage der Stundenlohnzettel Zweifel bestehen, so kann der Auftraggeber verlangen, dass für die nachweisbar ausgeführten Leistungen eine Vergütung vereinbart wird, die nach Maßgabe von Absatz 1 Nummer 2 für einen wirtschaftlich vertretbaren Aufwand an Arbeitszeit und Verbrauch von Stoffen, für Vorhaltung von Einrichtungen, Geräten, Maschinen und maschinellen Anlagen, für Frachten, Fuhr- und Ladeleistungen sowie etwaige Sonderkosten ermittelt wird.

§ 16
Zahlung

Für die Praxis: § 16 VOB/B regelt drei verschiedene Arten von Zahlungen: Abschlagszahlungen (Abs. 1), Vorauszahlungen (Abs. 2) und die Schlusszahlung (Abs. 3).

(1) 1. Abschlagszahlungen sind auf Antrag in möglichst kurzen Zeitabständen oder zu den vereinbarten Zeitpunkten zu gewähren, und zwar in Höhe des Wertes der jeweils nachgewiesenen vertragsgemäßen Leistungen einschließlich des ausgewiesenen, darauf entfallenden Umsatzsteuerbetrags. Die Leistungen sind durch eine prüfbare Aufstellung nachzuweisen, die eine rasche und sichere Beurteilung der Leistungen ermöglichen muss. Als Leistungen gelten hierbei auch die für die geforderte Leistung eigens angefertigten und bereitgestellten Bauteile sowie die auf der Baustelle angelieferten Stoffe und Bauteile, wenn dem Auftraggeber nach seiner Wahl das Eigentum an ihnen übertragen ist oder entsprechende Sicherheit gegeben wird.

2. Gegenforderungen können einbehalten werden. Andere Einbehalte sind nur in den im Vertrag und in den gesetzlichen Bestimmungen vorgesehenen Fällen zulässig.

3. Ansprüche auf Abschlagszahlungen werden binnen 21 Tagen nach Zugang der Aufstellung fällig.

4. Die Abschlagszahlungen sind ohne Einfluss auf die Haftung des Auftragnehmers; sie gelten nicht als Abnahme von Teilen der Leistung.

Für die Praxis: Abschlagszahlungen sind gemäß Abs. 1 vorläufige Zahlungen auf die Schlussrechnung für nachgewiesene und vertragsgemäß erbrachte Leistungen. Daher ist es nicht zulässig, Abschlagszahlungen für Leistungen zu fordern, die erst bis zum Zahlungszeitpunkt fertiggestellt werden.

Der Unternehmer hat Anspruch auf Abschlagszahlungen in Höhe von 100 % der erbrachten Leistungen. Eine in Allgemeinen Geschäftsbedingungen des Auftraggebers enthaltene Klausel, wonach geringere Abschlagszahlungen zu leisten sind (z.B. i.H.v. 90 %), benachteiligt den Auftragnehmer unangemessen und ist unwirksam (OLG Düsseldorf, Urt. v. 25.11.2014, 21 U 172/12, BauR 2015, 1868).

Soweit die in der Abschlagsrechnung nachgewiesenen Bauleistungen **mangelhaft** sind, steht dem Auftraggeber ein **Zurückbehaltungsrecht** mit Druckzuschlag zur Seite. Nach § 641 Abs. 3 BGB darf er in der Regel das Doppelte der für die Mangelbeseitigung erforderlichen Kosten zurückbehalten.

Auch eine Abschlagsrechnung für einen Pauschalvertrag muss prüfbar sein. Zwar muss der Auftragnehmer beim Pauschalpreisvertrag kein exaktes Aufmaß wie bei einem Einheitspreisvertrag beifügen, jedoch muss dem Auftraggeber die Möglichkeit gegeben sein, anhand der eingereichten Nachweise zu überprüfen, ob die jetzt in Rechnung gestellte Abschlagssumme im Verhältnis zum vereinbarten Pauschalpreis dem erreichten Leistungsstand entspricht.

Entspricht die ausgeführte Leistung den Plänen, ist anhand der Pläne abzurechnen (DIN 18299 Abschnitt 5). Die VOB geht also als Regelfall nicht von einem Aufmaß vor Ort auf der Baustelle aus, sondern davon, dass die Mengen/Massen aus den Plänen „gezogen" werden. Existieren keine Pläne oder wurde abweichend von den Plänen gebaut, muss für die davon betroffenen Leistungen ein körperliches Aufmaß vor Ort stattfinden.

Aus dem vorläufigen Charakter der Abschlagszahlung folgt, dass der Auftraggeber nachfolgende Abschlagsrechnungen **kürzen** darf, wenn er vorher überhöhte Zahlungen geleistet hat. Mit einer Abschlagszahlung ist keinerlei Anerkenntnis des Auftraggebers hinsichtlich der Vertragsgemäßheit der Leistung oder der Vergütungspflicht verbunden. Bei der Prüfung der Schlussrechnung kann der Auftraggeber deshalb auch Positionen streichen, die schon bezahlt sind, weil es sich nur um vorläufige Zahlungen gehandelt hat.

Manchmal versuchen Auftragnehmer oder auch Gerichte in den unteren Instanzen, Abschlagszahlungen als **stillschweigendes Anerkenntnis** in Bezug auf den Umfang und die Mangelfreiheit der damit bezahlten Leistung zu werten. Dabei wird übersehen, dass der BGH ein Anerkenntnis nur dann annimmt, wenn sich die Parteien in Kenntnis des Klärungsbedarfs oder der Regelungsbedürftigkeit über einen Streitpunkt oder eine Ungewissheit geeinigt haben, also ein Anerkenntnisvertrag abgeschlossen wurde, für den ein entsprechendes Angebot und seine Annahme nachgewiesen sein müssen. Folgerichtig ist der **Prüfvermerk eines Architekten** auf den Abschlagsrechnungen kein Anerkenntnis der abgerechneten Leistungen.

Ansprüche auf Abschlagszahlungen werden binnen **21 Tagen** nach Zugang der Aufstellung **fällig** (Abs. 1 Nr. 3). Im Rahmen der Harmonisierung mit dem EU-Recht und der Zahlungsverzugsrichtlinie wurden die Fristenregelungen in Abs. 1 Nr. 3 und Abs. 3 auf Kalendertage umgestellt.

Verlängerte Verzugsfristen – bis 60 Tagen – kommen bei Abschlagszahlungen nicht in Betracht, da es sich bei Abschlagszahlungen um vorläufige Zahlungen auf bereits erbrachte Leistungen handelt, die im Rahmen der Schlussrechnung noch einmal überprüft und ggf. korrigiert werden können.

(2) 1. Vorauszahlungen können auch nach Vertragsabschluss vereinbart werden; hierfür ist auf Verlangen des Auftraggebers ausreichende Sicherheit zu leisten. Diese Vorauszahlungen sind, sofern nichts anderes vereinbart wird, mit 3 v. H. über dem Basiszinssatz des § 247 BGB zu verzinsen.

2. Vorauszahlungen sind auf die nächstfälligen Zahlungen anzurechnen, soweit damit Leistungen abzugelten sind, für welche die Vorauszahlungen gewährt worden sind.

Für die Praxis: Vorauszahlungen gemäß Abs. 2 sind das Gegenteil von Abschlagszahlungen, denn sie erfolgen als Anzahlung für noch zu erbringende Leistungen. Im Gegensatz zu Abschlagszahlungen besteht **kein Rechtsanspruch** des Auftragnehmers auf solche Zahlungen, diese müssen vielmehr **individuell vereinbart** werden. Vorauszahlungen sind für den Auftraggeber gefährlich, da er noch keine Gegenleistung erhalten hat.

Vertraglich sind daher folgende Punkte zu regeln:

- Umfang der Vorauszahlung,
- Zeitpunkt der Vorauszahlung,
- Sicherheit für die Vorauszahlung,
- Verzinsung der Vorauszahlung, mindestens 3 % über dem Basiszinssatz,
- Verrechnung der Vorauszahlung mit später fällig werdenden Zahlungen.

(3) 1. Der Anspruch auf die Schlusszahlung wird alsbald nach Prüfung und Feststellung fällig, spätestens innerhalb von 30 Tagen nach Zugang der Schlussrechnung. Die Frist verlängert sich auf höchstens 60 Tage, wenn sie aufgrung der besonderen Natur oder Mermale der Vereinbarung sachlich gerechtfertigt ist und ausdrücklich vereinbart wurde. Werden Einwendungen gegen die Prüfbarkeit unter Angabe der Gründe nicht bis zum Ablauf der jeweiligen Frist erhoben, kann der Auftraggeber sich nicht mehr auf die fehlende Prüfbarkeit berufen. Die Prüfung der Schlussrechnung ist nach Möglichkeit zu beschleunigen. Verzögert sie sich, so ist das unbestrittene Guthaben als Abschlagszahlung sofort zu zahlen.

2. Die vorbehaltlose Annahme der Schlusszahlung schließt Nachforderungen aus, wenn der Auftragnehmer über die Schlusszahlung schriftlich unterrichtet und auf die Ausschlusswirkung hingewiesen wurde.

3. Einer Schlusszahlung steht es gleich, wenn der Auftraggeber unter Hinweis auf geleistete Zahlungen weitere Zahlungen endgültig und schriftlich ablehnt.

4. Auch früher gestellte, aber unerledigte Forderungen werden ausgeschlossen, wenn sie nicht nochmals vorbehalten werden.

5. Ein Vorbehalt ist innerhalb von 28 Tagen nach Zugang der Mitteilung nach den Nummern 2 und 3 über die Schlusszahlung zu erklären. Er wird hinfällig, wenn nicht innerhalb von weiteren 28 Tagen – beginnend am Tag nach Ablauf der in Satz 1 genannten 28 Tage – eine prüfbare Rechnung über die vorbehaltenen Forderungen eingereicht oder, wenn das nicht möglich ist, der Vorbehalt eingehend begründet wird.

6. Die Ausschlussfristen gelten nicht für ein Verlangen nach Richtigstellung der Schlussrechnung und -zahlung wegen Aufmaß-, Rechen- und Übertragungsfehlern.

Für die Praxis: 1. Fälligkeit der Schlusszahlung (Abs. 3 Nr. 1). Der Anspruch auf die Schlusszahlung wird alsbald nach Prüfung und Feststellung fällig, spätestens innerhalb von 30 Tagen nach Zugang der Schlussrechnung (Abs. 3 Nr. 1 Satz 1).

Eine Schlussrechnung muss nicht als solche bezeichnet werden. Es reicht aus, dass deutlich wird, dass das Bauvorhaben endgültig abgerechnet werden soll.

Der BGH entscheidet seit vielen Jahren konsequent, dass die Fälligkeit der Schlussrechnung automatisch eintritt, wenn die Prüffrist verstrichen ist.

Die Fälligkeit der Werklohnforderung tritt selbst dann ein, wenn die Rechnung objektiv nicht prüfbar ist (BGH, Urt. v. 27.1.2011, VII ZR 41/10, NZBau 2011, 227). Nach Fristablauf muss in die Sachprüfung der vorgelegten Schlussrechnung eingetreten werden. Das hat für den Bauunternehmer den Vorteil, dass es nicht zu einer weiteren Verzögerung kommt. Das hat aber auch den Nachteil für ihn, dass über die Begründetheit der Schlussrechnung trotz ihrer fehlenden Prüfbarkeit nunmehr endgültig entschieden wird.

Beachte: Die einmal eingetretene Fälligkeit kann durch Vorlage weiterer Schlussrechnungen nicht mehr rückwirkend beseitigt werden.

Legt der Unternehmer nach Ablauf der zwei Monate eine erneute Schlussrechnung vor, die wiederum nicht prüfbar ist, und wird dies sogar innerhalb der Zweimonatsfrist nach Zugang gerügt, so ändert dies nichts daran, dass die frühere Schlussrechnung fällig wird und Grundlage der materiellen Prüfung des Zahlungsanspruchs ist. Denn sonst hätte der Auftraggeber die Möglichkeit, den Verjährungszeitraum beliebig zu verändern.

Ist die Frist von 30 bzw. maximal 60 Tagen abgelaufen, kann der Auftraggeber trotzdem alle **materiellen Einwendungen** gegen die Schlussrechnung weiterhin erheben, insbesondere, dass abgerechnete Leistungen gar nicht ausgeführt wurden; insoweit bleibt der Auftragnehmer in der Nachweis- und Beweislast. Eine Verwirkung in Bezug auf diese Einwände entfaltet die Frist nicht. Der Auftraggeber kann also weiterhin Einwände gegen den Auftragsumfang, die festgestellten Mengen, Nachtragsberechnungen usw. erheben.

2. Wirkung der Schlusszahlung; vorbehaltlose Annahme. Aus **Abs. 3 Nr. 2** lässt sich folgern, dass es beim Unternehmer keine Bindungswirkung an seine Schlussrechnung gibt. Er kann daher „vergessene" Vergütungsansprüche nachschieben.

Erst die **vorbehaltlose Annahme** der Schlusszahlung schließt unter den Voraussetzungen des Abs. 3 Nr. 2 Nachforderungen aus.

Die Regelung über die vorbehaltlose Annahme der Schlusszahlung ist, isoliert betrachtet, **AGB-widrig**, so ausdrücklich der BGH. Denn Forderungen erlöschen durch Bezahlung, Aufrechnung oder Verzicht, nicht aber durch eine einseitige Erklärung einer Vertragspartei. Daher kann sich der Auftraggeber darauf nur noch berufen, wenn er die VOB/B unverändert vereinbart hat.

Wird dem Auftragnehmer die (korrigierte) Schlussrechnung mit dem **Prüfvermerk** „... sachlich und rechnerisch richtig, festgestellt am ..." übersandt, hat dieser Vermerk nur Auftraggeberinterne Wirkungen, aber keine Bindungswirkung im Außenverhältnis. Der Auftraggeber kann daher das Ergebnis seiner Rechnungsprüfung wegen Rechenfehler oder falscher Aufmaße immer noch korrigieren.

(4) In sich abgeschlossene Teile der Leistung können nach Teilabnahme ohne Rücksicht auf die Vollendung der übrigen Leistungen endgültig festgestellt und bezahlt werden.

Für die Praxis: Eine **Teilschlussrechnung** gemäß Abs. 4 kann der Auftraggeber nur dann stellen, wenn eine Teilabnahme zulässig war und erfolgt ist. Der Auftragnehmer hat einen Rechtsanspruch auf Vorlage einer Teilschlussrechnung. Das folgt aus seinem Anspruch auf Teilabnahme gemäß § 12 Abs. 2 VOB/B.

Eine Zustandsfeststellung (§ 4 Abs. 10 VOB/B) begründet keinen Anspruch auf eine Teilschlusszahlung.

Mit der Teilschlussrechnung wird der davon erfasste Anteil an der Gesamtbauleistung endgültig abgerechnet. Daher treten die Wirkungen der Schlusszahlung gemäß § 16 Abs. 3 Nr. 2 bis 5 VOB/B ein.

Die Teilschlussrechnung unterliegt allen Regelungen für eine prüffähige Schlussrechnung.

Die Forderung aus der Teilschlussrechnung **verjährt** – im Gegensatz zu einer Abschlagsforderung – selbstständig.

(5) 1. Alle Zahlungen sind aufs äußerste zu beschleunigen.

2. Nicht vereinbarte Skontoabzüge sind unzulässig.

3. Zahlt der Auftraggeber bei Fälligkeit nicht, so kann ihm der Auftragnehmer eine angemessene Nachfrist setzen. Zahlt er auch innerhalb der Nachfrist nicht, so hat der Auftragnehmer vom Ende der Nachfrist an Anspruch auf Zinsen in Höhe der in § 288 Absatz 2 BGB angegebenen Zinssätze, wenn er nicht einen höheren Verzugsschaden nachweist. Der Auftraggeber kommt jedoch, ohne dass es einer Nachfristsetzung bedarf, spätestens 30 Tage nach Zugang der Rechnung oder der Aufstellung bei Abschlagszahlungen in Zahlungsverzug, wenn der Auftragnehmer seine vertraglichen

und gesetzlichen Verpflichtungen erfüllt und den fälligen Entgeltbetrag nicht rechtzeitig erhalten hat, es sei denn, der Auftraggeber ist für den Zahlungsverzug nicht verantwortlich. Die Frist verlängert sich auf höchstens 60 Tage, wenn sie aufgrund der besonderen Natur oder Merkmale der Vereinbarung sachlich gerechtfertigt ist und ausdrücklich vereinbart wurde.

4. Der Auftragnehmer darf die Arbeiten bei Zahlungsverzug bis zur Zahlung einstellen, sofern eine dem Auftraggeber zuvor gesetzte angemessene Frist erfolglos verstrichen ist.

Für die Praxis: Mit Abs. 5 Nr. 3 wurde Art. 4 Abs. 3 und 6 Richtlinie 2011/7/EU (Zahlungsverzugsrichtlinie) umgesetzt. Dort wird vorschrieben, dass bei öffentlichen Auftraggebern eine Vereinbarung, wonach die Zeit für die Erfüllung der Entgeltforderung 30 Tage nach Zugang einer Rechnung überschreitet, nur wirksam ist, wenn sie ausdrücklich getroffen und aufgrund der besonderen Natur oder Merkmale der Vereinbarung sachlich gerechtfertigt ist. Die Fälligkeitsfrist darf in keinem Fall 60 Kalendertage überschreiten. Erweiterte Zahlungsfristen kommen im Baubereich beispielsweise in Betracht, wenn die Prüfungsunterlagen bzw. Schlussrechnungen komplex sind und fachtechnischer Sachverstand notwendig ist. Bei komplexen Bauvorhaben mit schwierigen Abrechnungsmodalitäten muss daran gedacht werden, diese verlängerte Prüffrist vertraglich zu vereinbaren. Es ist unzulässig, AGB aufzustellen, die automatisch eine Prüffrist von 60 Tagen vorsehen.

(6) Der Auftraggeber ist berechtigt, zur Erfüllung seiner Verpflichtungen aus den Absätzen 1 bis 5 Zahlungen an Gläubiger des Auftragnehmers zu leisten, soweit sie an der Ausführung der vertraglichen Leistung des Auftragnehmers aufgrund eines mit diesem abgeschlossenen Dienst- oder Werkvertrags beteiligt sind, wegen Zahlungsverzugs des Auftragnehmers die Fortsetzung ihrer Leistung zu Recht verweigern und die Direktzahlung die Fortsetzung der Leistung sicherstellen soll. Der Auftragnehmer ist verpflichtet, sich auf Verlangen des Auftraggebers innerhalb einer von diesem gesetzten Frist darüber zu erklären, ob und inwieweit er die Forderungen seiner Gläubiger anerkennt; wird diese Erklärung nicht rechtzeitig abgegeben, so gelten die Voraussetzungen für die Direktzahlung als anerkannt.

Für die Praxis: In Abs. 6 findet sich eine Regelung, mit welcher versucht wird, ein **Subunternehmerproblem** in den Griff zu bekommen. Der Auftraggeber ist danach befugt, einen nicht bezahlten Subunternehmer zu Lasten des Hauptunternehmers direkt zu bezahlen, wenn der Hauptunternehmer sich mit der Zahlung des Werklohns gegenüber seinem Subunternehmer in Verzug befindet und dieser deshalb die Weiterarbeit auf der Baustelle verweigert. Abgesehen davon, dass kein Unternehmer auf Nachfrage eingestehen wird, dass er sich mit einer Werklohnzahlung gegenüber seinem Subunternehmer in Verzug befindet, sondern in der Regel Mängel des Subunternehmerwerkes behaupten wird, so dass er den Werklohn aus berechtigten Gründen zurückbehält, verstößt die in Abs. 6 Satz 2 am Ende vorgesehene Fiktion gegen §§ 362 Abs. 2, 185 BGB. Eine schuldbefreiende Leistung an einen Dritten ist nur mit Zustimmung des Gläubigers möglich, nicht aufgrund einer Fiktion. Außerdem ist der Abzug vom Werklohn des Hauptunternehmers nicht insolvenzfest. Ist der Hauptunternehmer insolvent, kann der Insolvenzverwalter die vom Werklohn abgezogene Werklohnforderung für dessen Subunternehmer erneut verlangen, so dass eine Doppelzahlung zu leisten ist. Diese Regelung sollte daher in der Praxis nicht angewandt werden.

§ 17
Sicherheitsleistung

(1) 1. Wenn Sicherheitsleistung vereinbart ist, gelten die §§ 232 bis 240 BGB, soweit sich aus den nachstehenden Bestimmungen nichts anderes ergibt.

2. Die Sicherheit dient dazu, die vertragsgemäße Ausführung der Leistung und die Mängelansprüche sicherzustellen.

(2) Wenn im Vertrag nichts anderes vereinbart ist, kann Sicherheit durch Einbehalt oder Hinterlegung von Geld oder durch Bürgschaft eines Kreditinstituts oder Kreditversicherers geleistet werden, sofern das Kreditinstitut oder der Kreditversicherer

1. in der Europäischen Gemeinschaft oder
2. in einem Staat der Vertragsparteien des Abkommens über den Europäischen Wirtschaftsraum oder
3. in einem Staat der Vertragsparteien des WTO-Übereinkommens über das öffentliche Beschaffungswesen

zugelassen ist.

(3) Der Auftragnehmer hat die Wahl unter den verschiedenen Arten der Sicherheit; er kann eine Sicherheit durch eine andere ersetzen.

(4) Bei Sicherheitsleistung durch Bürgschaft ist Voraussetzung, dass der Auftraggeber den Bürgen als tauglich anerkannt hat. Die Bürgschaftserklärung ist schriftlich unter Verzicht auf die Einrede der Vorausklage abzugeben (§ 771 BGB); sie darf nicht auf bestimmte Zeit begrenzt und muss nach Vorschrift des Auftraggebers ausgestellt sein. Der Auftraggeber kann als Sicherheit keine Bürgschaft fordern, die den Bürgen zur Zahlung auf erstes Anfordern verpflichtet.

(5) Wird Sicherheit durch Hinterlegung von Geld geleistet, so hat der Auftragnehmer den Betrag bei einem zu vereinbarenden Geldinstitut auf ein Sperrkonto einzuzahlen, über das beide Parteien nur gemeinsam verfügen können („Und-Konto"). Etwaige Zinsen stehen dem Auftragnehmer zu.

(6) 1. Soll der Auftraggeber vereinbarungsgemäß die Sicherheit in Teilbeträgen von seinen Zahlungen einbehalten, so darf er jeweils die Zahlung um höchstens 10 v. H. kürzen, bis die vereinbarte Sicherheitssumme erreicht ist. Sofern Rechnungen ohne Umsatzsteuer gemäß § 13b UStG gestellt werden, bleibt die Umsatzsteuer bei der Berechnung des Sicherheitseinbehalts unberücksichtigt. Den jeweils einbehaltenen Betrag hat er dem Auftragnehmer mitzuteilen und binnen 18 Werktagen nach dieser Mitteilung auf ein Sperrkonto bei dem vereinbarten Geldinstitut einzuzahlen. Gleichzeitig muss er veranlassen, dass dieses Geldinstitut den Auftragnehmer von der Einzahlung des Sicherheitsbetrags benachrichtigt. Absatz 5 gilt entsprechend.

2. Bei kleineren oder kurzfristigen Aufträgen ist es zulässig, dass der Auftraggeber den einbehaltenen Sicherheitsbetrag erst bei der Schlusszahlung auf ein Sperrkonto einzahlt.

3. Zahlt der Auftraggeber den einbehaltenen Betrag nicht rechtzeitig ein, so kann ihm der Auftragnehmer hierfür eine angemessene Nachfrist setzen. Lässt der Auftraggeber auch diese verstreichen, so kann der Auftragnehmer die sofortige Auszahlung des einbehaltenen Betrags verlangen und braucht dann keine Sicherheit mehr zu leisten.

4. Öffentliche Auftraggeber sind berechtigt, den als Sicherheit einbehaltenen Betrag auf eigenes Verwahrgeldkonto zu nehmen; der Betrag wird nicht verzinst.

(7) Der Auftragnehmer hat die Sicherheit binnen 18 Werktagen nach Vertragsabschluss zu leisten, wenn nichts anderes vereinbart ist. Soweit er diese Verpflichtung nicht erfüllt hat, ist der Auftraggeber berechtigt, vom Guthaben des Auftragnehmers einen Betrag in Höhe der vereinbarten Sicherheit einzubehalten. Im Übrigen gelten die Absätze 5 und 6 außer Nummer 1 Satz 1 entsprechend.

(8) 1. Der Auftraggeber hat eine nicht verwertete Sicherheit für die Vertragserfüllung zum vereinbarten Zeitpunkt, spätestens nach Abnahme und Stellung der Sicherheit für Mängelansprüche zurückzugeben, es sei denn, dass Ansprüche des Auftraggebers, die nicht von der gestellten Sicherheit für Mängelansprüche umfasst sind, noch nicht erfüllt sind. Dann darf er für diese Vertragserfüllungsansprüche einen entsprechenden Teil der Sicherheit zurückhalten.

2. Der Auftraggeber hat eine nicht verwertete Sicherheit für Mängelansprüche nach Ablauf von 2 Jahren zurückzugeben, sofern kein anderer Rückgabezeitpunkt vereinbart worden ist. Soweit jedoch zu diesem Zeitpunkt seine geltend gemachten Ansprüche noch nicht erfüllt sind, darf er einen entsprechenden Teil der Sicherheit zurückhalten.

Für die Praxis: Fünf Grundsätze zur Sicherheitsleistung

Grundsatz 1: Für die **Arten** der Sicherheit gelten die §§ 232 bis 240 BGB.

Grundsatz 2: Bei der Sicherungsabrede ist darauf zu achten, dass ein **kongruentes Deckungsverhältnis** zwischen der Sicherungsabrede, die zwischen dem Bauherrn und dem Unternehmer getroffen wird, und der Bürgschaftserklärung, die zwischen dem Unternehmer und der Bank vereinbart wird, besteht. Der Umfang der Sicherungsabrede muss in beiden Vertragsverhältnissen deckungsgleich sein.

Keine kongruente Deckung liegt z.B. vor, wenn Auftragnehmer und Auftraggeber ohne Mitwirkung des Bürgen die Gewährleistungsfrist verlängern und der Mangel erst in der verlängerten Frist gerügt wird. Dann muss die Bürgschaft trotzdem herausgegeben werden.

Ebenso sind Ansprüche aus Nachträgen, Zusatzleistungen und selbstständigen Zusatzverträgen usw. ohne die nach § 767 Abs. 1 Satz 3 BGB erforderliche Zustimmung des Bürgen nicht von einer Erfüllungssicherheit umfasst, falls der Text der Bürgschaft exakt auf einen bestimmten Leistungsumfang abgestimmt ist.

Ebenfalls keine kongruente Deckung ist gegeben, wenn auf eine vertraglich vereinbarte, förmliche Abnahme verzichtet wird, weil daraus Beweisnachteile für den Bürgen, die Bank, resultieren können.

Will der Auftraggeber, dass der Sicherheitseinbehalt und die zur Ablösung bestimmte Bürgschaft nicht nur Gewährleistungsansprüche absichern sollen, sondern auch andere Ansprüche des Auftraggebers (z.B. wegen Verstößen gegen das Arbeitnehmer-Entsendegesetz oder Zahlung des Mindestlohnes, Haftung für Sozialabgaben und Überzahlung des Auftragnehmers), muss dies in der Sicherungsabrede und der Bürgschaftserklärung vereinbart werden. Nachträglich lassen sich solche Erweiterungen des Sicherungszwecks nicht einseitig unter Verweis auf den Satz „Die Bürgschaft ist nach Vorgabe des Auftraggebers auszustellen." erreichen.

Grundsatz 3: Der Auftragnehmer hat ein **Wahlrecht** und ein **Ersetzungsrecht** (vgl. § 17 Abs. 3 VOB/B).

Welche Art der Sicherheitsleistung zulässig ist, richtet sich primär nach dem Bauvertrag. Ist dort keine Regelung getroffen worden, so sind alle Sicherungsformen des **Abs. 2** zulässig, nämlich Einbehalt, Hinterlegung von Geld oder Bürgschaft.

Der Auftragnehmer hat, soweit nichts anderes vereinbart wurde, das Wahlrecht unter den verschiedenen Arten der Sicherheit. Er kann eine Sicherheit durch eine andere ersetzen, auch wiederholt. In der Praxis spielen nur die Sicherheitsformen Einbehalt und Bürgschaft eine Rolle.

Hinzuweisen ist auf den Verlust des Sicherungsanspruches, wenn der Auftraggeber eine einbehaltene Summe nicht fristgerecht auf ein Konto einzahlt, vgl. Abs. 6.

Grundsatz 4: Bei Sicherheitsleistung durch **Bürgen** gilt § 771 BGB.

Eine Bürgschaft, die den Bürgen zur Zahlung auf erstes Anfordern verpflichtet, ist als AGB unzulässig (**Abs. 4** = Umsetzung der Rechtsprechung des BGH).

Grundsatz 5: Eine Sicherheit darf **nicht zur Übersicherung beim Auftraggeber** führen.

Abschlagszahlungsregelungen, die vorsehen, dass der Auftraggeber trotz vollständig erbrachter Werkleistung einen Teil des Werklohns einbehalten darf, können zur Unwirksamkeit einer Sicherungsabrede betreffend eine Vertragserfüllungsbürgschaft führen, wenn sie in Verbindung mit dieser bewirken, dass die Gesamtbelastung durch die vom Auftragnehmer zu stellenden Sicherheiten das Maß des Angemessenen überschreitet. Gemäß einem VOB/B-Vertrag hatte der Auftragnehmer zur Absicherung der Vertragserfüllung seiner Leistungspflichten eine Erfüllungsbürgschaft i.H.v. 5 % der Bruttoauftragssumme zu stellen. Zusätzlich wurde vereinbart, dass die drei letzten Abschlagszahlungen zu je 5 % der vereinbarten Vergütung erst nach vollständiger Fertigstellung des Objektes und bei Vorliegen weiterer Umstände zu zahlen waren. Bei der Klausel über die Vertragserfüllungsbürgschaft handelt es sich um vom Auftraggeber vorformulierte Allgemeine Geschäftsbedingungen (AGB). Darin sieht der BGH eine unangemessene Benachteiligung gemäß § 307 Abs. 1 BGB, die zur Unwirksamkeit einer AGB-Klausel führt (BGH, Urt. v. 16.6.2016, VII ZR 29/13).

Dies ergibt sich aus einer **Gesamtwirkung** mehrerer, jeweils für sich genommen nicht zu beanstandender Vertragsbestimmungen. Eine solche Gesamtschau ist hinsichtlich der Abschlagszahlungsregelungen und der Sicherungsabrede zur Vertragserfüllungsbürgschaft vorzunehmen.

Abschlagszahlungsregelungen, wonach der Auftraggeber trotz vom Auftragnehmer vollständig erbrachter Werkleistung einen Teil des Werklohns einbehalten darf, stellen eine Sicherung sämtlicher vertraglicher Ansprüche des Auftraggebers dar, also auch solcher, auf die sich die der Vertragserfüllungsbürgschaft zugrunde liegende Sicherungsabrede bezieht.

Vorsicht bei der **vorschnellen Rückgabe einer Vertragserfüllungsbürgschaft nach der Abnahme**: Die VOB gestattet, diese dann zurückzuhalten, wenn dadurch noch Ansprüche gesichert werden, die nicht der Gewährleistungsbürgschaft unterfallen. Der Auftraggeber muss daher vor der Rückgabe diese Prüfung vornehmen. Vor der Abnahme gemäß § 4 Abs. 7 VOB/B gerügte Mängel werden, da es sich um einen Vertragserfüllungsanspruch handelt, von dieser Art der Bürgschaft gedeckt, nicht durch die Gewährleistungsbürgschaft. Ebenso von der Vertragserfüllungsbürgschaft gedeckt werden der Ersatz von Restfertigstellungsmehrkosten, Verzögerungsschäden, Mangelfolgeschäden und Schadensersatzansprüche aus § 6 Abs. 6, § 5 Abs. 4 VOB/B. Ebenso wird ein Vertragsstrafeanspruch von der Vertragserfüllungsbürgschaft erfasst.

Obwohl die Regelung des **Abs. 8 Nr. 2** zeitgleich mit der Verdopplung der Verjährungsfrist in die VOB/B eingeführt wurde, um Kostensteigerungen durch längere Bürgschaftskosten zu verhindern, ist sie in der Praxis, auch auf Auftragnehmerseite, teilweise unbekannt. Dabei bedarf es einer besonderen vertraglichen Vereinbarung, wenn die Gewährleistungsbürgschaft länger als 2 Jahre einbehalten werden soll, es sei denn, ihr unterfallende Ansprüche sind noch zu sichern.

Sofern für Mängelbeseitigungsarbeiten eine neue Gewährleistungsfrist läuft (vgl. § 13 Abs. 5 Nr. 1 Satz 3 VOB/B), die nach der regulären Verjährungsfrist noch nicht abgelaufen ist, ist die alte Gewährleistungsbürgschaft Zug um Zug gegen eine neue **Austauschbürgschaft** herauszugeben. Diese Regelung greift nur für tatsächlich geltend gemachte Mängel. Auch hier ist zu prüfen, in welcher Höhe voraussichtlich Mängelbeseitigungskosten entstehen werden, denn nur in dieser Höhe besteht ein Sicherungsanspruch des Auftraggebers, so dass im Übrigen auch hier ein Austausch der Bürgschaft durchzuführen ist.

§ 18
Streitigkeiten

(1) Liegen die Voraussetzungen für eine Gerichtsstandvereinbarung nach § 38 Zivilprozessordnung vor, richtet sich der Gerichtsstand für Streitigkeiten aus dem Vertrag nach dem Sitz der für die Prozessvertretung des Auftraggebers zuständigen Stelle, wenn nichts anderes vereinbart ist. Sie ist dem Auftragnehmer auf Verlangen mitzuteilen.

(2) 1. Entstehen bei Verträgen mit Behörden Meinungsverschiedenheiten, so soll der Auftragnehmer zunächst die der auftraggebenden Stelle unmittelbar vorgesetzte Stelle anrufen. Diese soll dem Auftragnehmer Gelegenheit zur mündlichen Aussprache geben und ihn möglichst innerhalb von 2 Monaten nach der Anrufung schriftlich bescheiden und dabei auf die Rechtsfolgen des Satzes 3 hinweisen. Die Entscheidung gilt als anerkannt, wenn der Auftragnehmer nicht innerhalb von 3 Monaten nach Eingang des Bescheides schriftlich Einspruch beim Auftraggeber erhebt und dieser ihn auf die Ausschlussfrist hingewiesen hat.

2. Mit dem Eingang des schriftlichen Antrages auf Durchführung eines Verfahrens nach Nummer 1 wird die Verjährung des in diesem Antrag geltend gemachten Anspruchs gehemmt. Wollen Auftraggeber oder Auftragnehmer das Verfahren nicht weiter betreiben, teilen sie dies dem jeweils an-

deren Teil schriftlich mit. Die Hemmung endet 3 Monate nach Zugang des schriftlichen Bescheides oder der Mitteilung nach Satz 2.

Für die Praxis: § 18 VOB/B regelt in Abs. 2 ein besonderes Streitbeilegungsverfahren für Verträge mit öffentlichen Auftraggebern. Es handelt sich aber um kein zwingend vorgeschriebenes Verfahren, sondern um eine Soll-Vorschrift.

(3) Daneben kann ein Verfahren zur Streitbeilegung vereinbart werden. Die Vereinbarung sollte mit Vertragsabschluss erfolgen.

(4) Bei Meinungsverschiedenheiten über die Eigenschaft von Stoffen und Bauteilen, für die allgemein gültige Prüfungsverfahren bestehen, und über die Zulässigkeit oder Zuverlässigkeit der bei der Prüfung verwendeten Maschinen oder angewendeten Prüfungsverfahren kann jede Vertragspartei nach vorheriger Benachrichtigung der anderen Vertragspartei die materialtechnische Untersuchung durch eine staatliche oder staatlich anerkannte Materialprüfungsstelle vornehmen lassen; deren Feststellungen sind verbindlich. Die Kosten trägt der unterliegende Teil.

(5) Streitfälle berechtigen den Auftragnehmer nicht, die Arbeiten einzustellen.

Für die Praxis: Die Regelung des Abs. 5 wird von Auftraggebern oft missverstanden. Sofern der Auftragnehmer nach BGB oder VOB/B die Leistung berechtigt verweigert (z.B. bei Weigerung des Auftraggebers, einen schlüssig dargelegten Nachtrag gemäß § 2 Abs. 6 Nr. 1 zu vergüten), wird seine Rechtsposition durch diese Regelung nicht berührt.

Zahlt der Auftraggeber eine fällige Abschlagszahlung des Auftragnehmers nicht und stellt dieser daraufhin seine Leistungen vorübergehend ein, steht dem Auftragnehmer ein Anspruch auf Ersatz des dadurch entstandenen Verzögerungsschadens zu. In dem vom OLG Köln entschiedenen Fall (Urt. v. 7.6.2016, 22 U 45/12) war der Auftragnehmer zur Arbeitseinstellung nach § 16 Abs. 5 Nr. 4 VOB/B bis zur Zahlung durch den Auftraggeber berechtigt. Denn der Auftragnehmer hatte seine **strittigen Leistungen erbracht** und sich zu **Einigungsgesprächen bereitgefunden**. Er war seiner **Kooperationspflicht** hinreichend nachgekommen und deshalb nach Treu und Glauben zur **Leistungseinstellung berechtigt**. Daran hindert ihn auch § 18 Abs. 5 VOB/B nicht, denn diese Regelung soll lediglich sicherstellen, dass Meinungsverschiedenheiten der Vertragsparteien über Vertragsinhalt und Bauausführung das **Bauvorhaben selbst nicht gefährden**, sondern einer gesonderten Auseinandersetzung vorbehalten bleiben. Damit wird dem Auftragnehmer das ihm zustehende Leistungsverweigerungsrecht nach § 16 Abs. 5 Nr. 4 VOB/B bei Zahlungsverzug oder anderen gesetzlichen Vorschriften nicht abgeschnitten. Dies gilt auch bei einem öffentlichen Auftraggeber, obwohl bei diesem kein Insolvenzrisiko besteht. Der Auftragnehmer ist nicht verpflichtet, in erheblichem Maße in Vorleistung zu gehen. Im Übrigen liegt das Risiko einer unberechtigten Arbeitseinstellung beim Auftragnehmer: Ist seine Auffassung unrichtig, ist der Auftraggeber zur außerordentlichen Kündigung berechtigt.

Durch die Regelung des Abs. 5 soll nur klargestellt werden, dass **allein das Bestehen von Meinungsverschiedenheiten** nicht dazu berechtigt, die Arbeiten einzustellen.

II.
VOL/B
Bekanntmachung der Neufassung der Allgemeinen Vertragsbedingungen für die Ausführung von Leistungen (VOL/B)

in der Fassung der Bekanntmachung vom 5. August 2003

(BAnz. Nr. 178a vom 23. September 2003)

Nachstehend wird die vom Hauptausschuss des Deutschen Verdingungsausschusses (DVAL) erarbeitete und vom Vorstand des DVAL genehmigte Neufassung der Verdingungsordnung für Leistungen, Teil B, Allgemeine Vertragsbedingungen für die Ausführung von Leistungen (VOL/B)" bekannt gegeben (Anlage).

Wegen des zwischenzeitlich in Kraft getretenen Gesetzes zur Modernisierung des Schuldrechts vom 29. November 2001 (BGBl. I S. 3138) war die VOL Teil B unter Berücksichtigung von Rechtsprechung und Literatur zu überarbeiten.

Berlin, den 5. August 2003

Bundesministerium für Wirtschaft und Technologie

Im Auftrag

Dr. Marx

Präambel

Die nachstehenden Allgemeinen Vertragsbedingungen sind bestimmt für Verträge über Leistungen, insbesondere für Dienst-, Kauf- und Werkverträge sowie für Verträge über die Lieferung herzustellender oder zu erzeugender beweglicher Sachen.

Für die Praxis: 1. Rechtscharakter der VOL/B. Auch bei der VOL/B handelt es sich – ebenso wie bei der VOB/B – um **Allgemeine Geschäftsbedingungen (AGB)**. Daraus folgt, dass die VOL/B nicht automatisch Vertragsgrundlage wird, vielmehr muss deren Geltung **ausdrücklich vereinbart** werden. Dies geschieht durch einen entsprechenden Hinweis in den Vergabeunterlagen (vgl. § 21 Abs. 1 UVgO, § 29 Abs. 2 VgV), und zwar entweder durch einen entsprechenden Hinweis im Angebotsschreiben, in den Vorbemerkungen zum Leistungsverzeichnis in den Zusätzlichen Vertragsbedingungen oder durch eine entsprechende Regelung in dem abzuschließenden Vertrag selbst. Ein Hinweis in der Aufforderung zur Angebotsabgabe soll dagegen nicht genügen.

Auch an dieser Stelle sei nochmals darauf hingewiesen, dass die VOL/A inzwischen im Oberschwellenbereich gar nicht mehr anwendbar ist und im Unterschwellenbereich in den allermeisten haushaltsrechtlichen Regelungen durch die UVgO verdrängt wurde. VgV und UVgO enthalten deutlich weniger Regelungen zum Vertragsinhalt als die VOL/A.

2. Keine Privilegierung der VOL/B. Da es sich bei der VOL/B um AGB handelt, ging die Rechtsprechung jahrzehntelang ebenfalls von einer Privilegierung dieses Regelwerkes aus und zwar in dem Sinne, dass einzelne Klauseln dann nicht überprüft werden konnten, wenn das Regelwerk im Wesentlichen vereinbart worden war. Diese Rechtsprechung ist jedoch durch eine Ergänzung des § 310 BGB durch das Forderungssicherungsgesetz (FoSiG) vom 23.10.2008 (BGBl. I S. 2022) überholt. In § 310 Abs. 1 BGB wurde mit Wirkung zum 1.1.2009 folgender Satz 3 angefügt:

„In den Fällen des Satzes 1 findet § 307 Absatz 1 und 2 [BGB] auf Verträge, in die die Vergabe- und Vertragsordnung für Bauleistungen Teil B (VOB/B) in der jeweils zum Zeitpunkt des Vertrags-

schlusses geltenden Fassung ohne inhaltliche Abweichungen insgesamt einbezogen ist, in Bezug auf eine Inhaltskontrolle einzelner Bestimmungen keine Anwendung."

Der Gesetzgeber hat also die Privilegierung ausdrücklich nur noch auf die VOB/B, nicht auf die VOL/B erstreckt. Da im Bereich der Vergabe öffentlicher Aufträge Unternehmen, juristische Personen des öffentlichen Rechts oder öffentlich-rechtliche Sondervermögen handeln, ist daraus Folgendes zu schließen:

- Die besonderen Klauselverbote (§§ 308, 309 BGB) finden im Bereich der öffentlichen Beschaffung keine Anwendung auf die VOL/B (§ 310 Abs. 1 Satz 1 BGB).
- Die VOL/B unterliegt aber, wie aus § 310 Abs. 1 Satz 2 und 3 BGB zu schließen ist, der allgemeinen Billigkeitskontrolle nach § 307 Abs. 1 und 2 BGB. Die allgemeine Billigkeitskontrolle kann dabei gemäß § 310 Abs. 1 Satz 2 BGB auch zur Unwirksamkeit von Klauseln führen, die ausdrücklich in den Katalogen der besonderen Klauselverbote (§§ 308, 309 BGB) genannt sind.

Aus der dargestellten Rechtslage ist zu schließen, dass ein Gericht die Regelungen der VOL/B untersuchen und für unwirksam erklären kann. Wenn ein Gericht die Regeln untersucht, gilt freilich weiterhin § 310 Abs. 1 Satz 2 Hs. 2 BGB, der lautet: *„auf die im Handelsverkehr geltenden Gewohnheiten und Gebräuche ist angemessen Rücksicht zu nehmen."*. Daher ist bei einer allgemeinen Billigkeitskontrolle nach § 307 Abs. 1 und 2 BGB auch zu berücksichtigen, dass die Klauseln einvernehmlich zwischen Auftraggeber und Auftragnehmer **ausgehandelt** wurden. Diese „Privilegierung" der VOL/B im weiteren Sinne wäre aber gefährdet, wenn von einzelnen Bestimmungen der VOL/B abgewichen wird. Dabei spielt es keine Rolle, ob von einzelnen Klauseln explizit abgewichen wird oder in ergänzenden oder zusätzlichen Vertragsbedingungen inhaltlich abweichende Regelungen vorgegeben werden.

Dies kann nun durchaus zu der Ansicht führen, den Anwendungsbereich der VOL/B gegenüber dem Anwendungsbereich der VOB/B wegen der fehlenden ausdrücklichen Privilegierung nach § 310 Abs. 1 Satz 3 BGB für benachteiligt zu halten. Allerdings ist zu bedenken, dass zum einen erhebliche Zweifel daran bestehen, ob § 310 Abs. 1 Satz 3 BGB wegen des dynamischen Verweises auf die VOB/B („in der jeweils ... geltenden Fassung") dem verfassungsrechtlichen Bestimmtheitsgebot genügt. Zum anderen hat auch die praktische Bedeutung der VOL/B im Bereich der Beschaffung von Liefer- und Dienstleistungen erheblich abgenommen, da bei vielen Beschaffungsvorhaben mittlerweile auf ergänzende, teilweise auch von der VOL/B abweichende standardisierte Vertragsbedingungen (z.B. EVB-IT) zurückgegriffen wird – zumal die Regelungen der VOL/B für viele Leistungen auch nicht passgenau sind.

Auch im Sektorenbereich dürfen VOB/B und VOL/B zur Vertragsgrundlage gemacht werden.

3. Anwendungsbereich der VOL/B (Präambel). Anders als bei der VOB/B gibt es hier bei der VOL/B eine Präambel, welche den Anwendungsbereich des Regelwerkes umschreibt. Die VOL/B gilt nur für Verträge über **rechtsgeschäftliche Leistungen**, nicht für dingliche Rechtsgeschäfte. **Nicht** zu diesen Leistungen gehören **Bauleistungen**. Das Wort „insbesondere" zeigt, dass die aufgeführten Vertragsarten nicht abschließend sind und daher auch Leasingverträge, Lizenzverträge und Sponsoringverträge vom Anwendungsbereich der VOL/B erfasst sein können. Auf eine modifizierte Anwendung der VOL/B ist dann zu achten.

§ 1
Art und Umfang der Leistungen

1. Art und Umfang der beiderseitigen Leistungen werden durch den Vertrag bestimmt.
2. Bei Widersprüchen im Vertrag gelten nacheinander
   a) die Leistungsbeschreibung
   b) Besondere Vertragsbedingungen

c) etwaige Ergänzende Vertragsbedingungen

d) etwaige Zusätzliche Vertragsbedingungen

e) etwaige allgemeine Technische Vertragsbedingungen

f) die Allgemeinen Vertragsbedingungen für die Ausführung von Leistungen (VOL/B)

Für die Praxis: Auf die Anmerkung zu § 1 Abs. 2 VOB/B wird verwiesen.

§ 2
Änderungen der Leistung

1. Der Auftraggeber kann nachträglich Änderungen in der Beschaffenheit der Leistung im Rahmen der Leistungsfähigkeit des Auftragnehmers verlangen, es sei denn, dies ist für den Auftragnehmer unzumutbar.

Für die Praxis: Im Gegensatz zur VOB/B regelt die VOL/B nur Beschaffenheitsänderungen für die Leistung. Auch hier gilt, dass der Auftraggeber diese Änderung einseitig anordnen kann. Das Änderungsverlangen muss nach der Zuschlagserteilung erfolgen; Änderungswünsche während des Vergabeverfahrens sind nicht erfasst. Es darf – im Gegensatz zur VOB/B – keine neue oder zusätzliche Leistung verlangt werden, sondern es geht nur um eine Änderung in der Beschaffenheit der Leistung.

Bezüglich der Beschaffenheit hilft ein Rückgriff auf § 434 BGB wenig. Diese ist vielmehr konkret unter Bezugnahme auf die Leistungsbeschreibung gemäß §§ 31, 32 VgV zu ermitteln.

Anders als in der VOB/B sind nach überwiegender Auffassung Änderungen der Ausführungsbedingungen, der Leistungszeit, des Leistungsortes etc. nicht durch dieses Änderungsrecht gedeckt.

2. Hat der Auftragnehmer Bedenken gegen die Leistungsänderung, so hat er sie dem Auftraggeber unverzüglich schriftlich mitzuteilen. Teilt der Auftraggeber die Bedenken des Auftragnehmers nicht, so bleibt er für seine Angaben und Anordnungen verantwortlich. Zu einer gutachtlichen Äußerung ist der Auftragnehmer nur aufgrund eines gesonderten Auftrags verpflichtet.

Für die Praxis: Im Gegensatz zur VOB/B ist der Umfang der **Bedenkenmitteilung** gemäß Nr. 2 eingeschränkt, denn eine präzise Auflistung der Gründe für eine Bedenkenmitteilung, wie in § 4 Abs. 3 VOB/B gefordert, fehlt. Der Auftragnehmer ist nur verpflichtet, die Verträglichkeit der nach Vertragsschluss angeordneten Beschaffenheitsänderung mit der ursprünglichen Leistung und dem angestrebten Leistungszweck zu prüfen. Wenn er dann glaubt, dass dadurch die Leistung mangelhaft wird, hat er Bedenken anzumelden.

3. Werden durch Änderung in der Beschaffenheit der Leistung die Grundlagen des Preises für die im Vertrag vorgesehene Leistung geändert, so ist ein neuer Preis unter Berücksichtigung der Mehr- und Minderkosten zu vereinbaren. In der Vereinbarung sind etwaige Auswirkungen der Leistungsänderung auf sonstige Vertragsbedingungen, insbesondere auf Ausführungsfristen, zu berücksichtigen. Diese Vereinbarung ist unverzüglich zu treffen.

Für die Praxis: Auch in Bezug auf die Preisbildung bei geänderter Beschaffenheit macht die VOL/B in Nr. 3 keine Vorgaben zur Preisermittlung wie § 2 VOB/B, sondern schreibt nur vor, dass ein neuer Preis zu vereinbaren ist. Hierbei handelt es sich – ebenso wie bei der VOB/B – um einen jeder Vertragsseite zustehenden Preisanpassungsanspruch, um das vertragliche Gleichgewicht zwischen Ware und Entgelt durch die Beschaffenheitsänderung nicht zu stören. Auch bei der VOL/B ist die neue Rechtsprechung des BGH zu § 2 Abs. 3 Nr. 2 VOB/B anzuwenden, wonach bei fehlender Einigung der Vertragspartner auf die tatsächlich erforderlichen Kosten zzgl. angemessener Zuschläge zurückzugreifen ist (BGH, Urt. v. 8.8.2019, VII ZR 34/18).

Umstritten ist, ob das Risiko von Mengenänderungen auf den Auftragnehmer abgewälzt werden darf, d.h. eine Preisanpassung durch eine geänderte Preisbildung bis zu einer Menge von X % des Ursprungsauftrags ausgeschlossen werden kann. Nachdem die VOL/B die Überbürdung eines ungewöhnlichen Wagnisses nicht mehr verbietet, ist umstritten, ob ein solches Verbot noch besteht (dafür: OLG Dresden, Beschl. v. 2.8.2011, WVerg 4/11) oder nicht (a.A. teilw. die Literatur). Diskutiert wird auch, ob das Verbot zwar nicht mehr besteht, aber die Grenzen der Zumutbarkeit für eine vernünftige kaufmännische Kalkulation einzuhalten sind (OLG Düsseldorf, Beschl. v. 7.12.2011, VII-Verg 96/11 i.V.m. OLG Düsseldorf, Beschl. v. 19.10.2011, Verg 54/11). Man sollte sich an der Entscheidung des OLG Düsseldorf orientieren. Auch eine sog. offene Risikoausweisung, die vertraglich möglich ist, bringt insbesondere kleinere Unternehmen, die doch gerade gefördert werden sollen, in eine Zwangslage. Wenn der Auftraggeber nicht in der Lage ist, eine genaue Bedarfsermittlung durchzuführen, kann dies eine vertragliche Aufhebung des Preisanpassungsanspruchs nicht rechtfertigen.

4. (1) Leistungen, die der Auftragnehmer ohne Auftrag oder unter eigenmächtiger Abweichung vom Vertrag ausführt, werden nicht vergütet. Solche Leistungen hat er auf Verlangen innerhalb einer angemessenen Frist zurückzunehmen oder zu beseitigen, sonst können sie auf seine Kosten und Gefahr zurückgesandt oder beseitigt werden. Eine Vergütung steht ihm jedoch zu, wenn der Auftraggeber solche Leistungen nachträglich annimmt.

   (2) Weitergehende Ansprüche des Auftraggebers bleiben unberührt.

§ 3
Ausführungsunterlagen

1. Die für die Ausführung erforderlichen Unterlagen sind dem Auftragnehmer unentgeltlich und rechtzeitig zu übergeben, soweit sie nicht allgemein zugänglich sind.
2. Die von den Vertragsparteien einander überlassenen Unterlagen dürfen ohne Zustimmung des Vertragspartners weder veröffentlicht, vervielfältigt noch für einen anderen als den vereinbarten Zweck genutzt werden. Sie sind, soweit nichts anderes vereinbart ist, auf Verlangen zurückzugeben.

Für die Praxis: Die Ausführungsunterlagen i.S.v. Nr. 1 umfassen alle Unterlagen, die der Auftragnehmer für die sach-, fach- und fristgerechte Leistungserbringung benötigt. Dies sind schriftliche, bildliche oder ggf. auch gegenständliche Darstellungen in Bezug auf die gewünschte Lieferung.

Welche Unterlagen für die Ausführung der Leistung erforderlich sind, ist immer eine Frage des Einzelfalles. In den Vertragsbedingungen sollte festgelegt werden, welche Unterlagen zur Konkretisierung des Leistungsumfangs dienen bzw. ob und welche Ausführungsunterlagen dem Auftragnehmer erst nach Auftragserteilung überlassen werden.

§ 4
Ausführung der Leistung

1. (1) Der Auftragnehmer hat die Leistung unter eigener Verantwortung nach dem Vertrag auszuführen. Dabei hat er die Handelsbräuche, die anerkannten Regeln der Technik sowie die gesetzlichen Vorschriften und behördlichen Bestimmungen zu beachten.

Für die Praxis: Nr. 1 Abs. 1 schreibt den Grundsatz der **Selbstausführung** fest. Bei Vergaben im Oberschwellenbereich ist der Grundsatz der Selbstausführung insoweit obsolet, als der Auftraggeber sie nicht von vornherein verlangen kann, abgesehen von bestimmten kritischen Aufgaben i.S.d. § 47 Abs. 5 VgV. Nr. 1 Abs. 1 erweitert die Pflichten des Auftragnehmers dadurch, dass dieser – im Gegensatz zu § 4 Abs. 2 Nr. 1 VOB/B – zusätzlich die **Handelsbräuche** zu beachten hat. § 346 HGB schreibt vor, dass „... unter Kaufleuten ... in Ansehung der Bedeutung und Wirkung von Handlungen und Unterlassungen auf die im Handelsverkehr geltenden Gewohnheiten und Gebräuche Rücksicht zu nehmen ist". Ob ein Handelsbrauch, vorliegt ist Tatfrage.

(2) Der Auftragnehmer ist für die Erfüllung der gesetzlichen, behördlichen und berufsgenossenschaftlichen Verpflichtungen gegenüber seinen Arbeitnehmern allein verantwortlich. Es ist ausschließlich seine Aufgabe, die Vereinbarungen und Maßnahmen zu treffen, die sein Verhältnis zu seinen Arbeitnehmern regeln.

2. (1) Ist mit dem Auftraggeber vereinbart, dass er sich von der vertragsgemäßen Ausführung der Leistung unterrichten kann, so ist ihm innerhalb der Geschäfts- oder Betriebsstunden zu den Arbeitsplätzen, Werkstätten und Lagerräumen, in denen die Gegenstände der Leistung oder Teile von ihr hergestellt oder die hierfür bestimmten Stoffe gelagert werden, Zutritt zu gewähren. Auf Wunsch sind ihm die zur Unterrichtung erforderlichen Unterlagen zur Einsicht vorzulegen und die entsprechenden Auskünfte zu erteilen.

Für die Praxis: Ein **Unterrichtungsrecht vor Ort** gemäß Nr. 2 Abs. 1 hat der Auftraggeber nur dann, wenn dies vertraglich vereinbart wurde.

(2) Dabei hat der Auftraggeber keinen Anspruch auf Preisgabe von Fabrikations- oder Geschäftsgeheimnissen des Auftragnehmers.

(3) Alle bei der Besichtigung oder aus den Unterlagen und der sonstigen Unterrichtung erworbenen Kenntnisse von Fabrikations- oder Geschäftsgeheimnissen sind vertraulich zu behandeln. Bei Missbrauch haftet der Auftraggeber.

Für die Praxis: Wenn der Auftraggeber Teile der **Leistung durch Dritte zuliefern** lässt oder durch Dritte ebenfalls Leistungen erbringen lässt, entfällt gemäß Nr. 3 eine **Haftung** des Auftragnehmers, weil er auf Dritte keinen Einfluss hat. Allerdings obliegt dem Auftragnehmer im Rahmen der verkehrsüblichen Sorgfalt eine Prüfpflicht. Beruht eine mangelhafte Leistung auf der Verletzung dieser Prüf- und Hinweispflicht, haftet der Auftragnehmer auch für diese Leistungen Dritter.

3. Für die Qualität der Zulieferungen des Auftraggebers sowie für die von ihm vereinbarten Leistungen anderer haftet der Auftraggeber, soweit nichts anderes vereinbart ist. Der Auftragnehmer hat die Pflicht, dem Auftraggeber die bei Anwendung der verkehrsüblichen Sorgfalt erkennbaren Mängel der Zulieferungen des Auftraggebers und der vom Auftraggeber vereinbarten Leistungen anderer unverzüglich schriftlich mitzuteilen. Unterlässt er dies, so übernimmt er damit die Haftung.

4. Der Auftragnehmer darf die Ausführung der Leistung oder wesentlicher Teile davon nur mit vorheriger Zustimmung des Auftraggebers an andere übertragen. Die Zustimmung ist nicht erforderlich bei unwesentlichen Teilleistungen oder solchen Teilleistungen, auf die der Betrieb des Auftragnehmers nicht eingerichtet ist. Diese Bestimmung darf nicht zum Nachteil des Handels ausgelegt werden.

Für die Praxis: Das Zustimmungsrecht des Auftraggebers in Nr. 4 kann beispielsweise dadurch ausgestaltet werden, dass die Zustimmung an die Vorlage von Eignungsnachweisen der Unterauftragnehmer geknüpft wird.

§ 5
Behinderung und Unterbrechung der Leistung

1. Glaubt sich der Auftragnehmer in der ordnungsgemäßen Ausführung der Leistung behindert, so hat er dies dem Auftraggeber unverzüglich schriftlich anzuzeigen. Die Anzeige kann unterbleiben, wenn die Tatsachen und deren hindernde Wirkung offenkundig sind.

Für die Praxis: Wie auch die VOB/B, so geht auch Nr. 1 davon aus, dass Grundlage der Behinderungsanzeige die subjektive Sicht des Auftragnehmers ist. Die Ursache für die Behinderung muss aus der Sphäre des Auftraggebers kommen. Auch hier gilt, dass die Behinderungsanzeige so ausgestaltet sein muss, dass der Auftraggeber, der Abhilfe schaffen soll, konkret weiß, was er zu tun hat. Beispielsweise reicht die Mitteilung, es fehlen noch Pläne, nicht aus. Der Auftragnehmer hat konkret anzugeben, welche Pläne, die zur Auftragsausführung erforderlich sind, nach seiner Auffassung noch fehlen.

2. (1) Die Ausführungsfristen sind angemessen zu verlängern, wenn die Behinderung im Betrieb des Auftragnehmers durch höhere Gewalt, andere vom Auftragnehmer nicht zu vertretende Umstände, Streik oder durch rechtlich zulässige Aussperrung verursacht worden ist. Gleiches gilt für solche Behinderungen von Unterauftragnehmern und Zulieferern, soweit und solange der Auftragnehmer tatsächlich oder rechtlich gehindert ist, Ersatzbeschaffungen vorzunehmen.

   (2) Falls nichts anderes vereinbart ist, sind die Parteien, wenn eine nach Absatz 1 vom Auftragnehmer nicht zu vertretende Behinderung länger als drei Monate seit Zugang der Mitteilung gemäß Nr. 1 Satz 1 oder Eintritt des offenkundigen Ereignisses gemäß Nr. 1 Satz 2 dauert, berechtigt, binnen 30 Tagen nach Ablauf dieser Zeit durch schriftliche Erklärung den Vertrag mit sofortiger Wirkung zu kündigen oder ganz oder teilweise von ihm zurückzutreten.

3. Sobald die hindernden Umstände wegfallen, hat der Auftragnehmer unter schriftlicher Mitteilung an den Auftraggeber die Ausführung der Leistung unverzüglich wieder aufzunehmen.

§ 6
Art der Anlieferung und Versand

Der Auftragnehmer hat, soweit der Auftraggeber die Versandkosten gesondert trägt, unter Beachtung der Versandbedingungen des Auftraggebers dessen Interesse sorgfältig zu wahren. Dies bezieht sich insbesondere auf die Wahl des Beförderungsweges, die Wahl und die Ausnutzung des Beförderungsmittels sowie auf die tariflich günstigste Warenbezeichnung.

Für die Praxis: § 6 ist nur anwendbar, wenn folgende zwei Voraussetzungen erfüllt sind:

- Der Auftraggeber muss die Versandkosten gesondert tragen; davon ist nicht auszugehen, wenn diese in den Preis einkalkuliert werden.
- Der Auftragnehmer muss die Versandbedingungen des Auftraggebers beachten. Diese muss der Auftragnehmer dahingehend prüfen, ob diese Versandbedingungen technisch und wirtschaftlich zur Auftragsausführung geeignet sind. Sind sie es nicht, besteht eine Hinweispflicht des Auftragnehmers.

§ 7
Pflichtverletzungen des Auftragnehmers

1. Im Fall von Pflichtverletzungen des Auftragnehmers finden vorbehaltlich der Regelungen des § 14 VOL/B die gesetzlichen Vorschriften nach Maßgabe der folgenden Bestimmungen Anwendung.

Für die Praxis: Nr. 1 knüpft die Haftung des Auftragnehmers an eine Pflichtverletzung. Pflichtverletzungen stellen die Nichterfüllung der Leistungspflicht, die Schlechtleistung und die Verletzung von Nebenpflichten dar. Hierunter fallen auch ein Verhalten, das die Leistung unmöglich macht, die Lieferung einer mangelhaften Sache durch den Auftragnehmer sowie der Verzug mit der Leistungserbringung.

Im Falle von Pflichtverletzungen des Auftragnehmers finden grundsätzlich die gesetzlichen Vorschriften Anwendung, aber modifiziert durch die Regelungen in § 7 Nr. 2 bis 4 VOL/B und § 14 VOL/B. Hiernach braucht der Auftragnehmer dem Auftraggeber den entgangenen Gewinn nicht zu ersetzen, wenn der Schaden leicht fahrlässig verursacht wurde (§ 7 Nr. 2 Abs. 1 Satz 1 VOL/B). Auch der Verzugs- oder Nichterfüllungsschaden ist nicht zu ersetzen, wenn der Verzug durch Unterauftragnehmer, die der Auftraggeber dem Auftragnehmer vorgeschrieben hat, verursacht wurde (§ 7 Nr. 2 Abs. 1 Satz 2 VOL/B). Darüber hinaus kann die Schadensersatzpflicht im Einzelfall weiter begrenzt werden. Dabei sollen branchenübliche Lieferbedingungen z.B. dann berücksichtigt werden, wenn die Haftung summenmäßig oder auf die Erstattung von Mehraufwendungen für Ersatzbeschaffungen beschränkt werden soll (§ 7 Nr. 2 Abs. 2 VOL/B).

Nr. 1 gibt dem Auftraggeber im Falle von Pflichtverletzungen alle Möglichkeiten des Leistungsstörungsrechts an die Hand. Es kann nur dringend an den öffentlichen Auftraggeber appelliert werden, von den Rechten auf Schadensersatz bzw. Aufwendungsersatz oder vom Rücktrittsrecht Gebrauch zu machen. Schlechtleistungen sind häufig bei der Gebäudereinigung zu beobachten. In einem solchen Falle muss der öffentliche Auftraggeber abmahnen und bei Wiederholungen ggf. die Kündigung erwägen. Bei wiederholten Pflichtverletzungen besteht der Verdacht, dass der Auftragnehmer zu verschleiern versucht, dass er zur ordnungsgemäßen Leistung gar nicht in der Lage ist.

2. (1) Der Auftragnehmer hat dem Auftraggeber im Fall leicht fahrlässig verursachter Schäden aufgrund von Pflichtverletzungen den entgangenen Gewinn des Auftraggebers nicht zu ersetzen. Die Pflicht zum Ersatz dieser Schäden ist ebenfalls ausgeschlossen, wenn der Verzug durch Unterauftragnehmer verursacht worden ist, die der Auftraggeber dem Auftragnehmer vorgeschrieben hat.

(2) Darüber hinaus kann die Schadensersatzpflicht im Einzelfall weiter begrenzt werden. Dabei sollen branchenübliche Lieferbedingungen z. B. dann berücksichtigt werden, wenn die Haftung summenmäßig oder auf die Erstattung von Mehraufwendungen für Ersatzbeschaffungen beschränkt werden soll.

(3) Macht der Auftraggeber Schadensersatz statt der ganzen Leistung oder anstelle davon Aufwendungsersatz geltend, so ist der Auftragnehmer verpflichtet, die ihm überlassenen Unterlagen (Zeichnungen, Berechnungen usw.) unverzüglich zurückzugeben. Der Auftraggeber hat dem Auftragnehmer unverzüglich eine Aufstellung über die Art seiner Ansprüche mitzuteilen. Die Mehrkosten für die Ausführung der Leistung durch einen Dritten hat der Auftraggeber dem Auftragnehmer innerhalb von 3 Monaten nach Abrechnung mit dem Dritten mitzuteilen. Die Höhe der übrigen Ansprüche hat der Auftraggeber dem Auftragnehmer unverzüglich anzugeben.

Für die Praxis: Nr. 2 Abs. 3 räumt dem Auftraggeber dann, wenn er wegen einer Pflichtverletzung des Auftragnehmers die Leistung ablehnt, ein **Wahlrecht** ein. Anstelle der Leistung kann er den sog. großen Schadensersatz oder Aufwendungsersatz fordern. Der Auftraggeber kann also wählen, ob er so gestellt werden will, als wenn ordnungsgemäß erfüllt worden wäre, oder ob er stattdessen seine fehlgeschlagenen Aufwendungen ersetzt haben möchte.

Alle überlassenen Unterlagen müssen sofort zurückgegeben werden, damit sich der Auftraggeber die Leistung durch Dritte beschaffen kann. Ebenfalls sofort hat der Auftraggeber im Gegenzug eine Aufstellung über die Art seiner Ansprüche zu machen. Da nur die Art, aber nicht die Höhe der Ansprüche sofort mitzuteilen ist, muss der Auftraggeber diese Ansprüche der Höhe nach noch nicht sofort beziffern. Das kann er erst, wenn im Wege der Ersatzvornahme der Dritte, der mit der Leistungserbringung beauftragt wurde, abgerechnet hat. Dann allerdings muss der Auftraggeber dadurch eventuell entstandene Mehrkosten innerhalb von 3 Monaten nach der Abrechnung mitteilen.

(4) Macht der Auftraggeber bei bereits teilweise erbrachter Leistung Ansprüche auf Schadensersatz statt der Leistung oder anstelle davon Aufwendungsersatz nur wegen des noch ausstehenden Teils der Leistung geltend, so hat der Auftragnehmer dem Auftraggeber unverzüglich eine prüfbare Rechnung über den bereits bewirkten Teil der Leistung zu übermitteln. Im Übrigen findet Absatz 3 Anwendung.

3. Übt der Auftraggeber ein Rücktrittsrecht aus, finden Nr. 2 Absatz 3 Sätze 1 und 4 entsprechende Anwendung; bei teilweisem Rücktritt gilt zusätzlich Nr. 2 Absatz 4 Satz 1 entsprechend.

4. (1) Gerät der Auftragnehmer in Verzug, setzt der Auftraggeber dem Auftragnehmer vor Ausübung des Rücktrittsrechtes eine angemessene Frist zur Leistung oder Nacherfüllung.

(2) Der Auftraggeber ist verpflichtet, auf Verlangen des Auftragnehmers zu erklären, ob er wegen der Verzögerung der Leistung vom Vertrag zurücktritt oder auf der Leistung besteht. Diese Anfrage ist vor

Ablauf der Frist nach Absatz 1 zu stellen. Bis zum Zugang der Antwort beim Auftragnehmer bleibt dieser zur Leistung berechtigt.

Für die Praxis: Nr. 4 regelt abweichend vom BGB, wie die Vertragsparteien sich zu verhalten haben, wenn sich der Auftragnehmer in Verzug befindet.

Der Auftraggeber muss dann in jedem Falle eine angemessene Frist setzen, die es dem Auftragnehmer ermöglicht, doch noch zu leisten bzw. mangelfrei zu leisten (Nr. 4 Abs. 1). Diese Fristsetzung muss – im Gegensatz zur Regelung des § 323 Abs. 2 BGB – auch dann erfolgen, wenn sie nach den Regelungen im BGB entbehrlich wäre. Die Fristsetzung ist formfrei, sollte aber zu Beweiszwecken immer schriftlich erfolgen. Die Angemessenheit der Frist kann nur fallbezogen bestimmt werden; in jedem Fall sollte ein Endtermin festgelegt werden.

Nr. 4 Abs. 2 trägt dem Umstand Rechnung, dass die Fristsetzung nicht mehr mit einer Ablehnungsandrohung verbunden sein muss, so dass der Auftragnehmer nicht weiß, ob der Auftraggeber die Leistung, wenn auch verspätet, noch annimmt oder ob er zurücktritt. In der Praxis werden diese klaren Regelungen viel zu wenig beachtet, sondern durch Hinhaltetaktiken, Entscheidungsangst und Flucht vor der Verantwortung verwässert, so dass später darüber nachgedacht werden muss, wie entsprechende Erklärungen auszulegen sind. Dabei ist allen Beteiligten besser geholfen, wenn im Leistungsstörungsfall klare Verhältnisse geschaffen werden.

§ 8
Lösung des Vertrags durch den Auftraggeber

1. Der Auftraggeber kann vom Vertrag zurücktreten oder den Vertrag mit sofortiger Wirkung kündigen, wenn über das Vermögen des Auftragnehmers das Insolvenzverfahren oder ein vergleichbares gesetzliches Verfahren eröffnet oder die Eröffnung beantragt oder dieser Antrag mangels Masse abgelehnt worden ist oder die ordnungsgemäße Abwicklung des Vertrags dadurch in Frage gestellt ist, dass er seine Zahlungen nicht nur vorübergehend einstellt.

Für die Praxis: Auf die Anmerkung zu § 8 Abs. 2 Nr. 1 VOB/B kann Bezug genommen werden.

2. Der Auftraggeber kann auch vom Vertrag zurücktreten oder den Vertrag mit sofortiger Wirkung kündigen, wenn sich der Auftragnehmer in Bezug auf die Vergabe an einer unzulässigen Wettbewerbsbeschränkung im Sinne des Gesetzes gegen Wettbewerbsbeschränkungen beteiligt hat.
3. Im Falle der Kündigung ist die bisherige Leistung, soweit der Auftraggeber für sie Verwendung hat, nach den Vertragspreisen oder nach dem Verhältnis des geleisteten Teils zu der gesamten vertraglichen Leistung auf der Grundlage der Vertragspreise abzurechnen; die nicht verwendbare Leistung wird dem Auftragnehmer auf dessen Kosten zurückgewährt.
4. Die sonstigen gesetzlichen Rechte und Ansprüche des Auftraggebers bleiben unberührt.

Für die Praxis: Die Vorschrift des § 8 VOL/B ermöglicht es dem Auftraggeber, sich vom Vertrag zu lösen, wenn besonders gravierende Umstände – z.B. Insolvenz (Nr. 1) oder unzulässige Wettbewerbsbeschränkung (Nr. 2) – die ordnungsgemäße Erfüllung des Vertrages ernsthaft gefährden.

§ 9
Verzug des Auftraggebers, Lösung des Vertrags durch den Auftragnehmer

1. Im Fall des Verzugs des Auftraggebers als Schuldner und als Gläubiger finden die gesetzlichen Vorschriften nach Maßgabe der folgenden Bestimmungen Anwendung.

Für die Praxis: § 9 VOL/B regelt – ebenso wie § 9 VOB/B – die Rechte des Auftragnehmers bei **Verzug des Auftraggebers** (Nr. 1) oder bei **fehlender Mitwirkungshandlung** (Nr. 2). Häufig realisieren öffentliche Auftraggeber nicht, dass sie im Rahmen eines Vertragsverhältnisses

– ebenso wie der Auftragnehmer – Rechten und Pflichten unterworfen sind. Mitwirkungspflichten sind in § 2 Nr. 2, § 3 Nr. 1 und § 4 Nr. 3 geregelt.

2. (1) Unterlässt der Auftraggeber ohne Verschulden eine ihm nach dem Vertrag obliegende Mitwirkung und setzt er dadurch den Auftragnehmer außerstande, die Leistung vertragsgemäß zu erbringen, so kann der Auftragnehmer dem Auftraggeber zur Erfüllung dieser Mitwirkungspflicht eine angemessene Frist setzen mit der Erklärung, dass er sich vorbehalte, den Vertrag mit sofortiger Wirkung zu kündigen, wenn die Mitwirkungspflicht nicht bis zum Ablauf der Frist erfüllt werde.

Für die Praxis: Nr. 2 Abs. 1 gibt dann, wenn sich der **Auftraggeber in Verzug** befindet, dem Auftragnehmer **kein freies Kündigungsrecht**, sondern gibt der Vertragserfüllung den Vorzug. Das Kündigungsrecht des Auftragnehmers setzt stets einen wichtigen Grund voraus.

Die vorgeschriebene angemessene Frist, innerhalb derer die Mitwirkungshandlung nachzuholen ist, und die Erklärung, bei fruchtlosem Ablauf der Frist zu kündigen, müssen zwingend erfolgen. Die Androhung zu kündigen ersetzt die **Kündigungserklärung** nicht; diese muss nach Ablauf der Frist zusätzlich ausgesprochen werden. Der Auftragnehmer kann kündigen, muss es aber nicht. Hat er allerdings die Ankündigung vergessen, darf er nicht kündigen.

(2) Im Fall der Kündigung sind bis dahin bewirkte Leistungen nach den Vertragspreisen abzurechnen. Im Übrigen hat der Auftragnehmer Anspruch auf eine angemessene Entschädigung, deren Höhe in entsprechender Anwendung von § 642 Abs. 2 des Bürgerlichen Gesetzbuches zu bestimmen ist.

3. Ansprüche des Auftragnehmers wegen schuldhafter Verletzung von Mitwirkungspflichten durch den Auftraggeber bleiben unberührt.

Für die Praxis: Im Gegensatz zu § 9 VOB/B regelt die VOL/B kein Kündigungsrecht für den Fall, dass der Auftraggeber eine fällige Zahlung nicht leistet oder sonst in Schuldnerverzug gerät. Hier hilft Nr. 3, d.h., der Auftragnehmer kann Rücktritts- oder Schadensersatzansprüche nach §§ 324, 325 BGB geltend machen.

§ 10
Obhutspflichten

Der Auftragnehmer hat bis zum Gefahrübergang die von ihm ausgeführten Leistungen und die für die Ausführung übergegebenen Gegenstände vor Beschädigungen oder Verlust zu schützen.

§ 11
Vertragsstrafe

1. Wenn Vertragsstrafen vereinbart sind, gelten die §§ 339 bis 345 des Bürgerlichen Gesetzbuches. Eine angemessene Obergrenze ist festzulegen.

2. Ist die Vertragsstrafe für die Überschreitung von Ausführungsfristen vereinbart, darf sie für jede vollendete Woche höchstens 1/2 vom Hundert des Wertes desjenigen Teils der Leistung betragen, der nicht genutzt werden kann. Diese beträgt maximal 8 vom Hundert. Ist die Vertragsstrafe nach Tagen bemessen, so zählen nur Werktage; ist sie nach Wochen bemessen, so wird jeder Werktag einer angefangenen Woche als 1/6 Woche gerechnet.

   Der Auftraggeber kann Ansprüche aus verwirkter Vertragsstrafe bis zur Schlusszahlung geltend machen.

Für die Praxis: Eine Vertragsstrafe muss ausdrücklich vereinbart werden. Im Einzelfall können Rechtsverordnungen, die Vertragsinhalt werden, die Vereinbarung einer Vertragsstrafe ersetzen, z.B. § 23 der Verordnung über Allgemeine Bedingungen für die Versorgung mit Wasser (AVBWasserV).

Die Vertragsstrafenregelung in der VOL/B ist präziser als in der VOB/B. Für die Geltendmachung der Vertragsstrafe bestimmt **Nr. 2** einen anderen Bezugspunkt als die VOB/B. Während die Geltendmachung der Vertragsstrafe nach VOB/B spätestens bis zur Abnahme vorbehalten werden muss, kann sie nach VOL/B **bis zur Schlusszahlung** geltend gemacht werden.

Problematisch ist die Vorgabe, dass die Vertragsstrafe bis maximal 8 % betragen darf, denn seit dem Urteil des BGH vom 23.1.2003 (VII ZR 210/01, BGHZ 153, 311 = NZBau 2003, 321) liegt in Bausachen die Obergrenze bei 5 %. Ob man daraus den Rückschluss ziehen kann, dass in anderen Verträgen eine höhere Obergrenze möglich ist, oder diese Entscheidung als allgemeine Obergrenze für alle Vertragsstrafen zu interpretieren ist, ist fraglich. Es ist zu empfehlen, vertraglich die Obergrenze von 5 % nicht zu überschreiten, da AGB-rechtlich problematisch ist, ob diese Regelung noch Bestand haben kann.

§ 12
Güteprüfung

1. Güteprüfung ist die Prüfung der Leistung auf Erfüllung der vertraglich vereinbarten technischen und damit verbundenen organisatorischen Anforderungen durch den Auftraggeber oder seinen gemäß Vertrag benannten Beauftragten. Die Abnahme bleibt davon unberührt.

Für die Praxis: Die Güteprüfung ist eine Besonderheit der VOL/B. Sie bezweckt festzustellen, ob die Leistung den vertraglich vereinbarten technischen und damit verbundenen organisatorischen Anforderungen entspricht, wie sich aus der Definition der Nr. 1 Satz 1 ergibt.

Die Güteprüfung ist **keine Abnahme** (Nr. 1 Satz 2), sondern stellt – ebenso wie die Zustandsfeststellung in § 4 Abs. 10 VOB/B – einen rein **tatsächlichen Prüfvorgang** dar. Auch hier gibt die VOL/B exakt vor, auf welche Art und Weise die Vertragsparteien verfahren müssen. Die VOL/B ist hier Handlungsanleitung zur praktischen Konfliktlösung.

2. Ist im Vertrag eine Vereinbarung über die Güteprüfung getroffen, die Bestimmungen über Art, Umfang und Ort der Durchführung enthalten muss, so gelten ergänzend hierzu, falls nichts anderes vereinbart worden ist, die folgenden Bestimmungen:

Für die Praxis: Zu wenig beachtet wird, dass eine Güteprüfung gemäß Nr. 2 grundsätzlich **vertraglich vereinbart** werden muss. Die in Nr. 2 Buchst. a) bis g) genannten ergänzenden Bestimmungen gelten nur, wenn eine vertragliche Vereinbarung vorliegt.

Der Auftraggeber muss Angaben über die Art, den Umfang und den Ort der Durchführung der Güteprüfung machen (vgl. Nr. 2 Einleitungssatz). In der Regel wird die Prüfung am Ort der Fertigungsstätte stattfinden. Dabei ist der Auftraggeber verpflichtet, Geschäfts- und Betriebsgeheimnisse des Auftragnehmers zu wahren.

a) Auch Teilleistungen können auf Verlangen des Auftraggebers oder Auftragnehmers geprüft werden, insbesondere in den Fällen, in denen die Prüfung durch die weitere Ausführung wesentlich erschwert oder unmöglich würde.

b) Der Auftragnehmer hat dem Auftraggeber oder dessen Beauftragten den Zeitpunkt der Bereitstellung der Leistung oder Teilleistungen für die vereinbarten Prüfungen rechtzeitig schriftlich anzuzeigen. Die Parteien legen dann unverzüglich eine Frist fest, innerhalb derer die Prüfungen durchzuführen sind Verstreicht diese Frist aus Gründen, die der Auftraggeber zu vertreten hat, ungenutzt, kann der Auftragnehmer dem Auftraggeber eine angemessene Nachfrist setzen mit der Forderung, entweder innerhalb der Nachfrist die Prüfungen durchzuführen oder zu erklären, ob der Auftraggeber auf die Güteprüfung verzichtet. Führt der Auftraggeber die Prüfungen nicht innerhalb der Nachfrist durch und verzichtet der Auftraggeber auf die Prüfungen nicht, so hat er nach dem Ende der Nachfrist Schadensersatz nach den Vorschriften über den Schuldnerverzug zu leisten.

Für die Praxis: Nr. 2 Buchst. b) legt fest, wie zu verfahren ist, wenn der Auftraggeber, in der Regel aus Fahrlässigkeit, den **Prüftermin versäumt**. Der Auftragnehmer muss wissen, ob der Auftraggeber die Güteprüfung, die er bereits bezahlt hat, noch durchführen will oder darauf verzichtet. Erklärt sich der Auftraggeber innerhalb der Nachfrist nicht, steht dem Auftragnehmer ein Schadensersatzanspruch zu. Der Schaden wird regelmäßig in den nutzlosen Aufwendungen für die Durchführung der Prüfung bestehen, z.B. Personalkosten und/oder Maschinenstillstandzeiten als Nutzungsausfall. Weitergehende Schadensersatzansprüche können geltend gemacht werden.

c) Der Auftragnehmer hat die zur Güteprüfung erforderlichen Arbeitskräfte, Räume, Maschinen, Geräte, Prüf- und Messeinrichtungen sowie Betriebstoffe zur Verfügung zu stellen.

Für die Praxis: Da der Auftragnehmer die **Kosten** der Güteprüfung tragen muss (vgl. Nr. 2 Buchst. c), muss er bei seinem Angebot den Vertragspreis anders kalkulieren (vgl. Nr. 2 Buchst. g). Daher muss der Auftraggeber eine Vereinbarung über eine Güteprüfung in die **Ausschreibungsunterlagen** aufnehmen.

d) Besteht aufgrund der Güteprüfung Einvernehmen über die Zurückweisung der Leistung oder von Teilleistungen als nicht vertragsgemäß, so hat der Auftragnehmer diese durch vertragsgemäße zu ersetzen.

e) Besteht kein Einvernehmen über die Zurückweisung der Leistung aufgrund von Meinungsverschiedenheiten über das angewandte Prüfverfahren, so kann der Auftragnehmer eine weitere Prüfung durch eine mit dem Auftraggeber zu vereinbarende Prüfstelle verlangen, deren Entscheidung endgültig ist. Die hierbei entstehenden Kosten trägt der unterliegende Teil.

Für die Praxis: Nr. 2 Buchst. e) verdeutlicht das Ziel dieser Regelung in der VOL/B: eine außergerichtliche **Konfliktbeilegung**, wenn Meinungsverschiedenheiten über das angewandte Prüfverfahren bestehen. Nur der Auftragnehmer hat das Recht, eine weitere Prüfung zu fordern, denn in der Regel werden die Meinungsdifferenzen darauf beruhen, dass die erste Prüfung in der Betriebsstätte des Auftragnehmers stattgefunden hat. Daher wird die weitere Prüfung an einem anderen Ort stattfinden, über den sich die Parteien verständigen müssen.

Zu beachten ist, dass Buchst. e) nur Meinungsdifferenzen über die Eignung und Zuverlässigkeit des angewandten Prüfverfahrens regelt. Beruhen die Differenzen auf anderen Ursachen, bleibt nur die Abnahmeverweigerung oder die Geltendmachung von Gewährleistungsrechten.

f) Der Auftraggeber hat vor Auslieferung der Leistung einen Freigabevermerk zu erteilen. Dieser ist die Voraussetzung für die Auslieferung an den Auftraggeber.

Für die Praxis: Der Auftragnehmer hat einen **Rechtsanspruch** auf die Erteilung des **Freigabevermerks**, denn sonst könnte der Auftraggeber die Auslieferung verhindern. Der Freigabevermerk hindert den Auftraggeber nicht daran, weitere Einwände bei der Abnahme vorzubringen, denn er ist nur Voraussetzung für die Auslieferung der Leistung.

g) Der Vertragspreis enthält die Kosten, die dem Auftragnehmer durch die vereinbarte Güteprüfung entstehen. Entsprechend der Güteprüfung unbrauchbar gewordene Stücke werden auf die Leistung nicht angerechnet.

§ 13
Abnahme

1. (1) Für den Übergang der Gefahr gelten, soweit nichts anderes vereinbart ist, die gesetzlichen Vorschriften.

Für die Praxis: Gefahr i.S.v. Nr. 1 Abs. 1 meint die durch keinen Vertragspartner zu vertretende, zufällig eintretende Unmöglichkeit der Leistung. Bei gegenseitigen Verträgen liegt sie gemäß § 323 BGB grundsätzlich beim Auftragnehmer, also dem Lieferanten. Diese Gefahr kann grundsätzlich nicht auf einen anderen Vertragspartner abgewälzt werden. Die Gefahr geht beim Kaufvertrag im Zeitpunkt der Übergabe der Kaufsache auf den Auftraggeber über. Gerät der Auftraggeber mit seiner Annahme- und Abnahmeverpflichtung in Verzug, geht die Gefahr des zufälligen Untergangs oder der Verschlechterung der Sache schon mit Eintritt des Verzugs auf diesen über.

(2) Wenn der Versand oder die Übergabe der fertig gestellten Leistung auf Wunsch des Auftraggebers über den im Vertrag vorgesehenen Termin hinausgeschoben wird, so geht, sofern nicht ein anderer Zeitpunkt vereinbart ist, für den Zeitraum der Verschiebung die Gefahr auf den Auftraggeber über.

Für die Praxis: Bei einem Versendungskauf geht die Gefahr bereits mit Auslieferung der Sache an den Spediteur oder Frachtführer über (§ 447 Abs. 1 BGB). Wenn der Versand oder die Übergabe der fertiggestellten Leistung auf Wunsch des Auftraggebers über den im Vertrag vorgesehenen Termin hinausgeschoben wird, so geht für den Zeitraum der Verschiebung die Gefahr auf den Auftraggeber über, soweit nicht ein anderer Zeitpunkt vereinbart ist (Nr. 1 Abs. 2).

2. (1) Abnahme ist die Erklärung des Auftraggebers, dass der Vertrag der Hauptsache nach erfüllt ist. Ist eine Abnahme gesetzlich vorgesehen oder vertraglich vereinbart, hat der Auftraggeber innerhalb der vorgesehenen Frist zu erklären, ob er die Leistung abnimmt.

Liegt ein nicht wesentlicher Mangel vor, so kann der Auftraggeber die Abnahme nicht verweigern, wenn der Auftragnehmer seine Pflicht zur Beseitigung des Mangels ausdrücklich anerkennt.

Bei Nichtabnahme gibt der Auftraggeber dem Auftragnehmer die Gründe bekannt und setzt, sofern insbesondere eine Nacherfüllung möglich und beiden Parteien zumutbar ist, eine Frist zur erneuten Vorstellung zur Abnahme, unbeschadet des Anspruchs des Auftraggebers aus der Nichteinhaltung des ursprünglichen Erfüllungszeitpunkts.

Für die Praxis: Komplizierter hätte man das **Abnahmeverweigerungsrecht** des Auftraggebers in Nr. 2 Abs. 1 kaum formulieren können. Ohne die doppelte Verneinung ergibt sich, dass der Auftraggeber auch bei **unwesentlichen Mängeln** die Abnahme verweigern kann, wenn der Auftragnehmer seine Mangelbeseitigungspflicht ablehnt. Im allgemeinen Kaufrecht kann der Käufer wegen unwesentlicher Mängel der Kaufsache nicht vom Vertrag zurücktreten, sondern nur den Kaufpreis mindern (vgl. § 441 Abs. 1 Satz 2 BGB i.V.m. § 323 Abs. 5 Satz 2 BGB).

Bei **Nichtabnahme** regelt Nr. 2 Abs. 1, wie danach zu verfahren ist. Sofern eine Nacherfüllung möglich und zumutbar ist, setzt der Auftraggeber dem Auftragnehmer eine Frist bis zum zweiten Abnahmetermin unbeschadet seines Anspruchs aus der Nichteinhaltung des ursprünglichen Erfüllungszeitpunkts.

(2) Mit der Abnahme entfällt die Haftung des Auftragnehmers für erkannte Mängel, soweit sich der Auftraggeber nicht die Geltendmachung von Rechten wegen eines bestimmten Mangels vorbehalten hat.

(3) Hat der Auftraggeber die Leistung in Benutzung genommen, so gilt die Abnahme mit Beginn der Benutzung als erfolgt, soweit nichts anderes vereinbart ist.

Für die Praxis: Da in der Praxis die Abnahmeerklärung häufig vergessen wird, sieht Nr. 2 Abs. 3 die Abnahme durch Ingebrauchnahme vor. Will der Auftraggeber die Leistung zunächst nur zu Testzwecken nutzen, muss er dies in den Vergabeunterlagen angeben oder spätestens vor Beginn der Testphase gegenüber dem Auftragnehmer erklären.

(4) Bei der Abnahme von Teilen der Leistung gelten die vorstehenden Absätze entsprechend.

3. Der Auftraggeber kann dem Auftragnehmer eine angemessene Frist setzen, um Sachen, die der Auftraggeber als nicht vertragsgemäß zurückgewiesen hat, fortzuschaffen. Nach Ablauf der Frist kann er diese Sachen unter möglichster Wahrung der Interessen des Auftragnehmers auf dessen Kosten veräußern.

Für die Praxis: Der **Selbsthilfeverkauf** ist eine weitere Besonderheit der VOL/B. Voraussetzung dafür ist nur, dass die Sache mangelhaft ist und der Auftraggeber den Auftragnehmer aufgefordert hat, die Sachen fortzuschaffen. Kommt der Auftragnehmer dieser Aufforderung nicht nach, kann der Selbsthilfeverkauf durchgeführt werden.

Dieses Recht ist äußerst problematisch, denn wenn noch keine Abnahme erfolgt ist, dann ist Eigentümer der – wenn auch mangelhaften – Sachen nach wie vor der Auftragnehmer. Der Auftraggeber verkauft also Sachen, die ihm nicht gehören. Es wird daher davon abgeraten, von diesem Recht Gebrauch zu machen.

§ 14
Mängelansprüche und Verjährung

1. Ist ein Mangel auf ein Verlangen des Auftraggebers nach Änderung der Beschaffenheit der Leistung (§ 2 Nr. 1) auf die von ihm gelieferten oder vorgeschriebenen Stoffe oder von ihm geforderten Vorlieferungen eines anderen zurückzuführen, so ist der Auftragnehmer von Ansprüchen aufgrund dieser Mängel frei, wenn er die schriftliche Mitteilung nach § 2 Nr. 2 oder § 4 Nr. 3 erstattet hat oder wenn die vom Auftraggeber gelieferten Stoffe mit Mängeln behaftet sind, die bei Anwendung verkehrsüblicher Sorgfalt nicht erkennbar waren.

Für die Praxis: § 14 VOL/B regelt die Haftung des Auftragnehmers bei Mängeln und die Verjährung. Nach der Präambel gilt die VOL/B auch für Dienstverträge, Miet- und Leasingverträge. Die Bestimmungen des § 14 VOL/B passen aber auf diese Vertragstypen nicht – das muss beachtet werden. Auch für Rahmenvereinbarungen i.S.v. § 4 EG VOL/A passt diese Regelung zunächst nicht, denn die Rahmenvereinbarung setzt eben nur die Rahmenbedingungen; die Rechte und Pflichten werden noch nicht abschließend beschrieben. Daher findet § 14 VOL/B erst mit dem ersten Vertragsabruf, durch den die Rahmenvereinbarung konkretisiert wird, Anwendung. Um die Anwendung der VOL/B zu ermöglichen, muss der Auftraggeber aber im Rahmen des Vergabeverfahrens bereits festlegen, dass dieses Regelwerk für Einzelaufträge Geltung hat.

2. Für die Mängelansprüche gelten die gesetzlichen Vorschriften mit folgenden Maßgaben:

Für die Praxis: Nr. 2 Buchst. a) verbessert die Position des Auftragnehmers, denn im Gegensatz zu der Regelung im allgemeinen Kaufrecht (§ 439 BGB), wonach das Wahlrecht zwischen Mangelbeseitigung und Neulieferung dem Käufer zusteht, gewährt die VOL/B dem Verkäufer zunächst das Nachbesserungsrecht.

Minderungs-, Rücktritts- oder Schadensersatzansprüche stehen dem Auftraggeber nur dann zu, wenn er eine **angemessene Frist** zur Mangelbeseitigung, verbunden mit der **Ablehnungsandrohung**, gesetzt hat. Hier fordert die VOL/B vom Auftraggeber mehr als das BGB. In der Praxis ist deshalb darauf zu achten, dass diese Ablehnungsandrohung nicht vergessen wird.

Nach fruchtlosem Fristablauf zur Nacherfüllung stehen dem Auftraggeber das **Selbstvornahmerecht** und ein **Kostenerstattungsanspruch** zu. Hier gleicht sich die VOL/B dem Werkvertragsrecht an, denn das Kaufrecht kennt kein Selbstvornamerecht des Käufers. Der Auftragnehmer hätte dies durch Nacherfüllung verhindern können. Wählt der Auftraggeber diesen Weg, erlischt sein Mangelbeseitigungsanspruch. Sein Kostenerstattungsanspruch umfasst den Aufwand, der zur endgültigen Beseitigung des Mangels erforderlich war, inklusive der Kosten für Vor- und Nacharbeiten. Oft vergessen wird, dass dazu auch die Kosten gehören für das Auffinden des Mangels, Sachverständigenkosten, Transport-, Wege- und Materialkosten sowie die Kosten der eigenen Arbeitskräfte des Auftraggebers, welche mit der Nachbesserung befasst waren, denn diese muss der Auftraggeber nicht kostenlos zur Verfügung stellen. Weil aber Mitarbeitern im öffentlichen Dienst kaum bewusst ist, welche Kosten sie selbst verursachen, werden manche ersatzfähigen Kosten leider nicht geltend gemacht; hier ist größere Aufmerksamkeit notwendig.

a) Weist die Leistung Mängel auf, so ist dem Auftragnehmer zunächst Gelegenheit zur Nacherfüllung innerhalb angemessener Frist zu gewähren. Alle diejenigen Teile oder Leistungen sind nach Wahl des Auftragnehmers unentgeltlich nachzubessern, neu zu liefern oder neu zu erbringen, die innerhalb der Verjährungsfrist einen Sachmangel aufweisen, soweit dessen Ursache bereits im Zeitpunkt des Gefahrübergangs vorlag.

   Nach Ablauf der Frist zur Nacherfüllung kann der Auftraggeber die Mängel auf Kosten des Auftragnehmers selbst beseitigen oder durch einen Dritten beseitigen lassen.

   Der Auftraggeber kann eine angemessene Frist auch mit dem Hinweis setzen, dass er die Beseitigung des Mangels nach erfolglosem Ablauf der Frist ablehne; in diesem Fall kann der Auftraggeber nach Maßgabe der gesetzlichen Bestimmungen

   1. die Vergütung mindern oder vom Vertrag zurücktreten sowie
   2. Schadensersatz oder Ersatz vergeblicher Aufwendungen verlangen.

b) Ein Anspruch des Auftraggebers auf Schadensersatz bezieht sich auf den Schaden am Gegenstand des Vertrages selbst, es sei denn,

   aa) der entstandene Schaden ist durch Vorsatz oder grobe Fahrlässigkeit des Auftragnehmers selbst, seiner gesetzlichen Vertreter oder seiner Erfüllungsgehilfen (§ 278 des Bürgerlichen Gesetzbuches) verursacht,

   bb) der Schaden ist durch die Nichterfüllung einer Garantie für die Beschaffenheit der Leistung verursacht oder

   cc) der Schaden resultiert aus einer Verletzung des Lebens, des Körpers oder der Gesundheit.

   Soweit der Auftragnehmer nicht nach aa)–cc) haftet, ist der Anspruch auf Ersatz vergeblicher Aufwendungen begrenzt auf den Wert der vom Mangel betroffenen Leistung.

   Die Schadens- und Aufwendungsersatzpflicht gemäß aa) entfällt, wenn der Auftragnehmer nachweist, dass Sabotage vorliegt, oder wenn der Auftraggeber die Erfüllungsgehilfen gestellt hat oder wenn der Auftragnehmer auf die Auswahl der Erfüllungsgehilfen einen entscheidenden Einfluss nicht ausüben konnte.

Für die Praxis: Nr. 2 Buchst. b) stellt eine **Haftungsbeschränkung zugunsten des Auftragnehmers** dar. Er muss nur den Schaden am Gegenstand des Vertrages selbst ersetzen, also die reinen Reparaturkosten einschließlich der Nebenkosten. Dagegen entfällt die Haftung für entgangenen Gewinn, Betriebsausfall oder Schäden an anderen Rechtsgütern des Auftraggebers.

Die Haftungsbeschränkung entfällt nur dann, wenn einer der drei Fälle des Buchst. b) Doppelbuchst. aa) bis cc) vorliegt. Praxisrelevant hiervon ist nur die erweiterte Haftung bei Vorsatz oder grober Fahrlässigkeit des Auftragnehmers.

Die VOL/B sagt nichts darüber, wann ein **Mangel** vorliegt, sondern setzt diesen Begriff als Tatbestandsmerkmal voraus. Da die VOL/B für verschiedene Vertragstypen gilt, muss im Einzelfall zunächst einmal bestimmt werden, was überhaupt ein Mangel ist. Ausgangspunkt hierfür muss gemäß § 7 VOL/A bzw. gemäß §§ 31, 32 VgV die **Leistungsbeschreibung** sein. Diese muss eindeutig und erschöpfend sein. Würde man sich in der Praxis damit mehr Mühe geben, wäre die Feststellung eines Mangels nicht so schwierig, denn dieser liegt immer dann vor, wenn die Beschaffenheit der gelieferten Ware (= Ist-Beschaffenheit) von der in der Leistungsbeschreibung umschriebenen Beschaffenheit (= Soll-Beschaffenheit) abweicht. Ungenaue Leistungsbeschreibungen mit Auslegungsspielräumen erschweren die Mangelfeststellung. Im Kauf- und Werkvertragsrecht gilt der dreistufige Mangelbegriff der §§ 434 Abs. 1, 633 Abs. 1 und 2 BGB. Da für Mietverträge ein anderer Mangelbegriff gilt bzw. das Dienstrecht überhaupt keinen Mangelbegriff kennt, passt § 14 VOL/B auf diese Vertragsarten nicht. Bei gemischten Verträgen, z.B. Facility-Management-Verträgen, Projektentwicklungsverträgen oder Beraterverträgen, müssen der rechtliche Schwerpunkt des Vertrages sowie dann der Mangel unter Bezugnahme auf die im Vertrag definierten Leistungen ermittelt werden.

c) Der Auftraggeber kann dem Auftragnehmer eine angemessene Frist setzen, mangelhafte Sachen fortzuschaffen. Nach Ablauf der Frist kann er diese Sachen unter möglichster Wahrung der Interessen des Auftragnehmers auf dessen Kosten veräußern.

d) Für vom Auftraggeber unsachgemäß und ohne Zustimmung des Auftragnehmers vorgenommene Änderungen oder Instandsetzungsarbeiten und deren Folgen haftet der Auftragnehmer nicht.

3. Soweit nichts anderes vereinbart ist, gelten für die Verjährung der Mängelansprüche die gesetzlichen Fristen des Bürgerlichen Gesetzbuches. Andere Regelungen sollen vorgesehen werden, wenn dies wegen der Eigenart der Leistung erforderlich ist; hierbei können die in dem jeweiligen Wirtschaftszweig üblichen Regelungen in Betracht gezogen werden. Der Auftraggeber hat dem Auftragnehmer Mängel unverzüglich schriftlich anzuzeigen.

Für die Praxis: Grundsätzlich gelten die gesetzlichen Verjährungsregelungen des BGB. Die Verjährungsfrist beträgt gemäß § 195 BGB regelmäßig 3 Jahre. Spezielle gesetzliche Verjährungsregelungen sind vorrangig, also § 438 Abs. 1 Nr. 1 und 2 BGB für Kaufverträge und § 634a Abs. 1 Nr. 1 und 2 BGB für Werkverträge, die eine 2-jährige Verjährungsfrist vorschreiben, sofern keine Grundstücksgeschäfte oder Bauwerke betroffen sind.

§ 15
Rechnung

1. (1) Der Auftragnehmer hat seine Leistung nachprüfbar abzurechnen. Er hat dazu Rechnungen übersichtlich aufzustellen und dabei die im Vertrag vereinbarte Reihenfolge der Posten einzuhalten, die in den Vertragsbestandteilen enthaltenen Bezeichnungen zu verwenden sowie gegebenenfalls sonstige im Vertrag festgelegte Anforderungen an Rechnungsvordrucke zu erfüllen und Art und Umfang der Leistung durch Belege in allgemein üblicher Form nachzuweisen. Rechnungsbeträge, die für Änderungen und Ergänzungen zu zahlen sind, sollen unter Hinweis auf die getroffenen Vereinbarungen von den übrigen getrennt aufgeführt oder besonders kenntlich gemacht werden.

Für die Praxis: Wie in der VOB/B, so ist der Auftragnehmer auch nach der VOL/B verpflichtet, eine **prüfbare Rechnung** aufzustellen. Die dazu in Nr. 1 Abs. 1 gemachten Vorgaben sind zu beachten. Zwar ist die Prüfbarkeit kein Selbstzweck und abhängig vom Informationsinteresse des (sachkundigen) Auftraggebers, doch muss dieser ohne größeren Aufwand in der Lage sein, die Berechtigung der geltend gemachten Forderung anhand der vertraglichen Vereinbarungen zu überprüfen. Daher müssen den Vertag ändernde Vereinbarungen mit Kostenauswirkungen getrennt aufgeführt oder besonders kenntlich gemacht werden.

(2) Wenn vom Auftragnehmer nicht anders bezeichnet, gilt diese Rechnung als Schlussrechnung.

2. Wird eine prüfbare Rechnung gemäß Nr. 1 trotz Setzung einer angemessenen Frist nicht eingereicht, so kann der Auftraggeber die Rechnung auf Kosten des Auftragnehmers für diesen aufstellen, wenn er dies angekündigt hat.

Für die Praxis: Eine **Frist** für die Erstellung der Rechnung sieht die VOL/B – im Gegensatz zu § 14 Abs. 3 VOB/B – nicht vor. Der Auftraggeber ist durch das Recht in Nr. 1 Abs. 2, selbst die Schlussrechnung erstellen zu können, ausreichend geschützt. In der Praxis wird häufiger vergessen, neben der Fristsetzung auch anzukündigen, dass nach fruchtlosem Fristablauf die **Rechnung**

selbst erstellt wird. Das ist unbedingt erforderlich, denn der Auftraggeber kann die mit der Aufstellung der Schlussrechnung verbundenen Kosten dem Auftragnehmer in Rechnung stellen, also auch mit dieser Schadensersatzposition gegenüber dem Zahlungsanspruch des Auftragnehmers aufrechnen.

§ 16
Leistungen nach Stundenverrechnungssätzen

1. Leistungen werden zu Stundenverrechnungssätzen nur bezahlt, wenn dies im Vertrag vorgesehen ist oder wenn sie vor Beginn der Ausführung vom Auftraggeber in Auftrag gegeben worden sind.

Für die Praxis: Auch die VOL/B fordert, dass **Stundenverrechnungssätze** – unabhängig davon, ob es sich um selbstständige Stundenlohnarbeiten oder angehängte Stundenlohnarbeiten handelt – nur abgerechnet werden dürfen, wenn darüber vorher eine vertragliche **Vereinbarung** getroffen wurde. Zwar muss diese Vereinbarung nicht schriftlich getroffen werden. Um aber Beweisschwierigkeiten und Diskussionen über Umfang und Höhe der getroffenen Vereinbarung zu vermeiden, sollte dies immer in schriftlicher Form geschehen. Wegen der Verschiedenheit des Regelungsgegenstandes weicht die Regelung in der VOL/B von der Regelung des § 15 VOB/B erheblich ab.

2. Dem Auftraggeber sind Beginn und Beendigung von derartigen Arbeiten anzuzeigen. Soweit nichts anderes vereinbart ist, sind über die Arbeiten nach Stundenverrechnungssätzen wöchentlich Listen einzureichen, in denen die geleisteten Arbeitsstunden und die etwa besonders zu vergütenden Roh- und Werkstoffe, Hilfs- und Betriebsstoffe sowie besonders vereinbarte Vergütungen für die Bereitstellung von Gerüsten, Werkzeugen, Geräten, Maschinen und dergleichen aufzuführen sind.

Für die Praxis: Der Auftragnehmer muss **Beginn und Beendigung** der auf Stundenlohnbasis vergüteten Arbeiten anzeigen. Außerdem muss er **wöchentlich Listen**über die durchgeführten Arbeiten einreichen. Beide Pflichten dienen dazu, dem Auftraggeber die Überprüfung der abgerechneten Stunden zu ermöglichen. Davon sollte in der Praxis häufiger Gebrauch gemacht werden, denn man kann kaum schneller Geld verdienen als mit tatsächlich nicht geleisteten, aber in Rechnung gestellten Stunden. Es verwundert, dass die VOL/B keine Pflicht statuiert, auch den Namen des Mitarbeiters, dessen Qualifikation und die Art und Weise der ausgeführten Arbeit sowie den Zeitraum aufzuführen. Denn nur dann, wenn der Auftraggeber auch über diese Informationen verfügt, ist eine tatsächliche Kontrolle der berechneten Stunden möglich. In der Praxis sollte vereinbart werden, dass auch diese Angaben in den Listen erfolgen müssen.

3. Soweit nichts anderes vereinbart ist, sind Listen wöchentlich, erstmalig 12 Werktage nach Beginn, einzureichen.

§ 17
Zahlung

1. Die Zahlung des Rechnungsbetrages erfolgt nach Erfüllung der Leistung. Sie kann früher gemäß den vereinbarten Zahlungsbedingungen erfolgen. Fehlen solche Vereinbarungen, so hat die Zahlung des Rechnungsbetrages binnen 30 Tagen nach Eingang der prüfbaren Rechnung zu erfolgen. Die Zahlung geschieht in der Regel bargeldlos. Maßgebend für die Rechtzeitigkeit ist der Zugang des Überweisungsauftrages beim Zahlungsinstitut des Auftraggebers.

Für die Praxis: Nr. 1 Satz 1 bestimmt die Vorleistungspflicht des Auftragnehmers auch beim Kaufvertrag. Nr. 1 Satz 2 regelt einen anderen Fälligkeitszeitpunkt. Eigentlich ist eine Kaufpreisforderung bei Vertragsabschluss, in der Regel Zug um Zug gegen Leistung, fällig. Die VOL/B schreibt als zusätzliche Fälligkeitsvoraussetzungen eine prüfbare Schlussrechnung (§ 15 Nr. 1 Abs. 1

Satz 1) und den Ablauf einer Frist von 30 Tagen vor. Damit ist sichergestellt, dass der Auftraggeber vor der Bezahlung die Leistung vollständig, funktionsfähig und mangelfrei erhalten hat.

Nicht mehr mit dem europäischen Gemeinschaftsrecht vereinbar dürfte die Regelung in Satz 5 sein, wonach der Auftragnehmer das Risiko der Überweisungslaufzeit durch das vom Auftraggeber beauftragte Bankinstitut trägt, jedenfalls dann, wenn es sich um europaweite Ausschreibungen handelt. Denn der EuGH hat in seinem Urteil vom 3.4.2008 (Rs. C-306/2006) festgestellt, dass es für die Rechtzeitigkeit des Zahlungseingangs nur darauf ankommt, wann der Betrag tatsächlich dem Konto des Gläubigers, also dem Konto des Auftragnehmers, gutgeschrieben wurde.

Nicht geregelt ist in § 17 VOL/B der **Zahlungsverzug des Auftraggebers**, eine § 16 Abs. 5 Nr. 3 VOB/B entsprechende Regelung fehlt. Im Falle des Zahlungsverzugs ist auf die Regelung in § 9 Nr. 1 VOL/B zurückzugreifen, also auf die §§ 286 ff. BGB.

2. Sofern Abschlagszahlungen vereinbart sind, sind sie in angemessenen Fristen auf Antrag entsprechend dem Wert der erbrachten Leistungen in vertretbarer Höhe zu leisten. Die Leistungen sind durch nachprüfbare Aufstellungen nachzuweisen. Abschlagszahlungen gelten nicht als Abnahme von Teilen der Leistung.

3. Bleiben bei der Schlussrechnung Meinungsverschiedenheiten, so ist dem Auftragnehmer gleichwohl der ihm unbestritten zustehende Betrag auszuzahlen.

Für die Praxis: Diese wichtige Regelung wird häufiger nicht beachtet. Weil der Auftragnehmer nicht sofort mit dem Abschluss der Leistungserbringung seine Forderung geltend machen kann, sondern drei zusätzliche Elemente hinzutreten müssen, damit diese fällig wird (siehe hierzu die Anmerkung zu Nr. 1), schreibt die VOL/B, ebenso wie die VOB/B, vor, dass **unstreitige Forderungen** unverzüglich auszuzahlen sind.

4. Die vorbehaltlose Annahme der als solche gekennzeichneten Schlusszahlung schließt Nachforderungen aus. Ein Vorbehalt ist innerhalb von zwei Wochen nach Eingang der Schlusszahlung zu erklären.

   Ein Vorbehalt wird hinfällig, wenn nicht innerhalb eines weiteren Monats eine prüfbare Rechnung über die vorbehaltenen Forderungen eingereicht oder, wenn dies nicht möglich ist, der Vorbehalt eingehend begründet wird.

Für die Praxis: Es bestehen erhebliche Zweifel daran, ob die sog. **Vorbehaltsregelung** einer AGB-Prüfung standhält. Denn im Ergebnis bedeutet die Regelung einen **Forderungsverzicht**. Dieser muss jedoch ausdrücklich erklärt werden. Im Übrigen verliert der Auftragnehmer durch diese Regelung auch sein Recht, dass seine Restforderung innerhalb eines bestimmten Zeitraumes verjährt, er sich also überlegen kann, ob er diese noch gerichtlich geltend machen will. Die Regelung widerspricht dem gesetzlichen Leitbild, welches ein Erlöschen der Forderung nur durch Erfüllung, Erlass oder Verzicht vorsieht, so dass diese Regelung gemäß § 307 Abs. 2 Nr. 1 BGB unwirksam sein dürfte. In der Praxis sollte daher auf diese Möglichkeit, Geld zu sparen, verzichtet werden.

5. Werden nach Annahme der Schlusszahlung Fehler in den Unterlagen der Abrechnung festgestellt, so ist die Schlussrechnung zu berichtigen. Solche Fehler sind Fehler in der Leistungsermittlung und in der Anwendung der allgemeinen Rechenregeln, Komma- und Übertragungs- einschließlich Seitenübertragungsfehler. Auftraggeber und Auftragnehmer sind verpflichtet, die sich daraus ergebenden Beträge zu erstatten.

§ 18
Sicherheitsleistung

1. (1) Soweit nichts anderes vereinbart ist, sind Sicherheitsleistungen unter den Voraussetzungen des § 14 VOL/A erst ab einem Auftragswert von 50 000, Euro zulässig. Wenn eine Sicherheitsleistung vereinbart ist, gelten die §§ 232–240 des Bürgerlichen Gesetzbuches, soweit sich aus den nachstehenden Bestimmungen nichts anderes ergibt.

Für die Praxis: Die VOL/B legt eine andere Mindestgrenze (50.000 €) als die VOB/A, ab der eine Sicherheitsleistung zulässig ist, fest. VgV und UVgO enthalten keine Regelungen zu Sicherheiten, anders als die VOL/A. Die Sicherheitsleistung muss unter Beachtung der Bestimmungen der §§ 232 bis 240 BGB ausdrücklich vertraglich vereinbart werden.

(2) Die Sicherheit dient dazu, die vertragsgemäße Ausführung der Leistung und die Durchsetzung von Mängelansprüchen sicherzustellen.

Für die Praxis: Nr. 1 Abs. 2 definiert, allerdings nicht abschließend, den **Zweck** der Sicherheitsleistung: Die Sicherheit dient sowohl der Vertragserfüllung als auch der Gewährleistung. Die Sicherheit umfasst auch die Vertragsstrafe sowie Verzugsschäden, nicht aber Rückzahlungsansprüche aus Überzahlung. In der Praxis ist daher bei der Vereinbarung von Abschlagszahlungen immer darauf zu achten, dass keine Überzahlung erfolgt.

2. (1) Wenn im Vertrag nichts anderes vereinbart ist, kann Sicherheit durch Hinterlegung von Geld oder durch Bürgschaft eines in der Europäischen Union oder in einem Staat, der Vertragspartei des Abkommens über den Europäischen Wirtschaftsraum oder Mitglied des WTO-Dienstleistungsübereinkommens (GATS) ist, zugelassenen Kreditinstituts oder Kreditversicherers geleistet werden. Sofern der Auftraggeber im Einzelfall begründete Bedenken gegen die Tauglichkeit des Bürgen hat, hat der Auftragnehmer die Tauglichkeit nachzuweisen.

Für die Praxis: Da die Sicherheit auch durch Stellung eines **Bürgen** erfolgen kann (vgl. Nr. 3 und 4), steht dem Auftraggeber das Recht zu, vom Auftragnehmer Nachweise über dessen **Tauglichkeit** zu verlangen, wenn er daran berechtigte Zweifel hat. Diese Zweifel müssen im Einzelfall konkret und in Bezug auf den gestellten Bürgen begründet werden und auf nachweisbaren Fakten beruhen.

(2) Der Auftragnehmer hat die Wahl unter den verschiedenen Arten der Sicherheit; er kann eine Sicherheit durch eine andere ersetzen.

3. Bei Bürgschaft durch andere als zugelassene Kreditinstitute oder Kreditversicherer ist Voraussetzung, dass der Auftraggeber den Bürgen als tauglich anerkannt hat.

4. (1) Die Bürgschaftserklärung ist schriftlich mit der ausdrücklichen Bestimmung, dass die Bürgschaft deutschem Recht unterliegt, unter Verzicht auf die Einreden der Aufrechenbarkeit, der Anfechtbarkeit und der Vorausklage abzugeben (§§ 770, 771 des Bürgerlichen Gesetzbuches); sie darf nicht auf bestimmte Zeit begrenzt und muss nach Vorschrift des Auftraggebers ausgestellt sein. Die Bürgschaft muss unter den Voraussetzungen von § 38 der Zivilprozessordnung1) die ausdrückliche Vereinbarung eines vom Auftraggeber gewählten inländischen Gerichtsstands für alle Streitigkeiten über die Gültigkeit der Bürgschaftsvereinbarung sowie aus der Vereinbarung selbst enthalten.

   (2) Der Auftraggeber kann als Sicherheit keine Bürgschaft fordern, die den Bürgen zur Zahlung auf erstes Anfordern verpflichtet.

Für die Praxis: Durch die Regelung der Nr. 4 Abs. 2 wird auch in der VOL/B die Rechtsprechung umgesetzt, die eine **Bürgschaft auf erstes Anfordern** deshalb für **unzulässig** erklärt hat, weil damit dem Auftragnehmer das Insolvenzrisiko des Auftraggebers für den Fall überbürdet wird, dass beispielsweise ein Gewährleistungsfall entweder gar nicht oder nicht in diesem Umfang vorliegt, so dass die Bürgschaft zurückzugeben oder zu reduzieren ist.

5. Wird Sicherheit durch Hinterlegung von Geld geleistet, so hat der Auftragnehmer den Betrag bei einem zu vereinbarenden Geldinstitut auf ein Sperrkonto einzuzahlen, über das beide Parteien nur gemeinsam verfügen können. Etwaige Zinsen stehen dem Auftragnehmer zu.
6. Der Auftragnehmer hat die Sicherheit binnen 18 Werktagen nach Vertragsschluss zu leisten, wenn nichts anderes vereinbart ist.
7. Der Auftraggeber hat eine Sicherheit entsprechend dem völligen oder teilweisen Wegfall des Sicherungszwecks unverzüglich zurückzugeben.

Für die Praxis: Im Interesse der Liquidität der Auftragnehmer muss der Auftraggeber sicherstellen, dass **nicht benötigte Sicherheiten** ganz oder teilweise sofort und ohne schuldhaftes Zögern zurückgereicht werden.

§ 19
Streitigkeiten

1. Bei Meinungsverschiedenheiten sollen Auftraggeber und Auftragnehmer zunächst versuchen, möglichst binnen zweier Monate eine gütliche Einigung herbeizuführen.

Für die Praxis: Verträge der öffentlichen Hand über Lieferungen und Leistungen unterfallen dem Zivilrecht. Für Streitigkeiten aus solchen Verträgen sind daher gemäß § 13 GVG grundsätzlich die ordentlichen Gerichte zuständig. Allerdings bietet die VOL/B mit der Regelung der Nr. 1 eine weitere Möglichkeit, Konflikte schnell und außergerichtlich zu lösen. Im Gegensatz zu § 18 VOB/B wird aber der Weg dafür nicht vorgeschrieben.

Der Text erweckt mit dem Wort *„sollen"* den Eindruck, als sei eine **außergerichtliche Streitbeilegung** in das Ermessen der Vertragsparteien gestellt. Tatsächlich handelt es sich aber um eine Vorschrift, welche durch die Auftraggeber beachtet werden „muss".

2. Liegen die Voraussetzungen für eine Gerichtsstandsvereinbarung nach § 38 Zivilprozessordnung vor, richtet sich der Gerichtsstand für alle Streitigkeiten über die Gültigkeit des Vertrages und aus dem Vertragsverhältnis ausschließlich nach dem Sitz der für die Prozessvertretung des Auftraggebers zuständigen Stelle, soweit nichts anderes vereinbart ist. Die auftraggebende Stelle ist auf Verlangen verpflichtet, die den Auftraggeber im Prozess vertretende Stelle mitzuteilen.
3. Streitfälle berechtigen den Auftragnehmer nicht, die übertragenen Leistungen einzustellen, wenn der Auftraggeber erklärt, dass aus Gründen besonderen öffentlichen Interesses eine Fortführung der Leistung geboten ist.

Für die Praxis: Nr. 3 formuliert auch für die VOL/B den Grundsatz, dass der Auftragnehmer durch das Bestehen eines Streitfalles nicht seine Rechte, welche ihm nach BGB oder der VOL/B zustehen, verliert. Er darf nur nicht mit der Begründung, dass ein Streitfall vorliegt, seine vertragliche Leistung einstellen. Grundsätzlich kann er aber **Zurückbehaltungsrechte** am Vertragsgegenstand (§ 273 BGB), die Einrede des nicht erfüllten Vertrages oder sein Kündigungsrecht gemäß § 9 Nr. 2 Abs. 1 VOL/B geltend machen.

Nur dann, wenn der Auftraggeber erklärt, dass an der Fortführung der Leistung ein besonderes öffentliches Interesse besteht, kann sich der Auftragnehmer nicht mehr auf seine Rechte berufen. Da somit die Rechte des Auftragnehmers beschnitten werden, sind an die Begründung des Ausnahmefalles hohe Anforderungen zu stellen. Formularmäßige Begründungen kommen nicht in Betracht. Denkbar sind nur Situationen, in denen die Leistungsverweigerung Auswirkungen auf die öffentliche Sicherheit und Ordnung oder die Daseinsvorsorge hat oder dann, wenn durch die Einstellung der Leistung Gefahr im Verzug droht.

III.
Bürgerliches Gesetzbuch (BGB)

In der Fassung der Bekanntmachung vom 2. Januar 2002 (BGBl. I S. 42; ber. BGBl. I 2002 S. 2909 und 2003 S. 738), zuletzt geändert durch Art. 17 des Gesetzes vom 6. Mai 2024 (BGBl. 2024 I Nr. 149)

– Auszüge –

Vorbemerkung: Die europäischen und deutschen Vergabevorschriften – die EU-Richtlinien, das GWB, die VgV, SektVO, KonzVgV und die VOB/A sowie die UVgO – regeln das **Verfahren**, auf welche Art und Weise ein öffentlicher Auftraggeber vorgehen soll, um für eine von ihm benötigte Bau-, Liefer- oder Dienstleistung den Auftragnehmer zu finden, von dem er erwarten kann, dass dieser die ausgeschriebene Leistung wirtschaftlich und mangelfrei erbringt. Dieses Verfahren wird dadurch abgeschlossen, dass der wirtschaftlichste Bieter den Zuschlag erhält. Mit dem Zuschlag hat das Vergabeverfahren seinen Zweck erfüllt, danach geht es um die **Vertragsdurchführung**.

Wenn der öffentliche Auftraggeber „einkauft", wird er nicht hoheitlich tätig, vielmehr gelten auch für ihn die zivilrechtlichen Regelungen. Daher wird das **Vertragsverhältnis** durch das Bürgerliche Gesetzbuch (BGB) geregelt. Wenn es um den **Vertragsschluss** geht, regelt das BGB die grundsätzlichen Fragen, z.B. in welcher Form Willenserklärungen abgegeben werden müssen, wann ein Vertrag zustande kommt und welche Regeln für die Vertretung und Bevollmächtigung gelten. Diese Vorschriften können beispielsweise durch kommunale Vertretungsregelungen modifiziert werden.

Das BGB enthält die grundsätzlichen Vorschriften des Kauf- bzw. Werkvertragsrechts, die z.B. durch die VOB/B oder die VOL/B in Form von AGB modifiziert werden können. **Fristenberechnungen** unterliegen den Regeln der §§ 186 ff. BGB, die Vertragsstrafe wird in den §§ 336 ff. BGB geregelt. Vertragserfüllungs- und Gewährleistungsbürgschaften können wirksam nur unter Beachtung der §§ 232 ff. BGB vereinbart werden, und Verjährungsfragen sind in den §§ 194 ff. BGB geregelt.

Auch die die Vergaberechtsprechung beherrschende **Vertragsauslegung** findet ihre Grundlagen in den §§ 133, 157 BGB.

Wer daher die Grundlage **BGB** bei der Vertragsdurchführung „vergisst", wird Rechtsfragen kaum zutreffend lösen. Daher sind die wichtigsten Vorschriften des BGB nachfolgend abgedruckt und mit Anmerkungen versehen.

Buch 1
Allgemeiner Teil

Abschnitt 3
Rechtsgeschäfte

Titel 2
Willenserklärung

§ 125
Nichtigkeit wegen Formmangels

Ein Rechtsgeschäft, welches der durch Gesetz vorgeschriebenen Form ermangelt, ist nichtig. Der Mangel der durch Rechtsgeschäft bestimmten Form hat im Zweifel gleichfalls Nichtigkeit zur Folge.

Für die Praxis: Grundsätzlich sind Rechtsgeschäfte formfrei. Wenn der Gesetzgeber einen Formzwang, z.B. Schriftlichkeit, angeordnet hat, so bezweckt er damit eine Warnfunktion und/oder

Klarstellungs- und Beweisfunktion. Das Gesetz kennt die **Schriftform (§ 126 BGB)**, die grundsätzlich durch die **elektronische Form (§ 126a BGB)** ersetzt werden kann, die **Textform (§ 126b BGB)** und die **notarielle Beurkundung**.

Ein Rechtsgeschäft, welches eine gesetzlich vorgeschriebene Form nicht beachtet, ist nichtig, wenn die Rechtsnorm nach ihrem Sinn und Zweck die Gültigkeit des Rechtsgeschäfts von der Einhaltung der Form abhängig macht.

§ 126
Schriftform

(1) Ist durch Gesetz schriftliche Form vorgeschrieben, so muss die Urkunde von dem Aussteller eigenhändig durch Namensunterschrift oder mittels notariell beglaubigten Handzeichens unterzeichnet werden.

(2) Bei einem Vertrag muss die Unterzeichnung der Parteien auf derselben Urkunde erfolgen. Werden über den Vertrag mehrere gleichlautende Urkunden aufgenommen, so genügt es, wenn jede Partei die für die andere Partei bestimmte Urkunde unterzeichnet.

(3) Die schriftliche Form kann durch die elektronische Form ersetzt werden, wenn sich nicht aus dem Gesetz ein anderes ergibt.

(4) Die schriftliche Form wird durch die notarielle Beurkundung ersetzt.

Für die Praxis: Schriftform im Sinne des Gesetzes bedeutet, dass bei einem Vertrag die Unterschrift der Vertragsparteien grundsätzlich **auf derselben Urkunde** erfolgen muss (**Abs. 2 Satz 1**). Durch ein Vertragsangebot, welches nur eine Unterschrift enthält, und eine Annahmeerklärung, die ebenfalls nur eine Unterschrift enthält, kommt kein Vertrag zustande, für den die gesetzliche Schriftform gefordert wird. Die HOAI 2021 beispielsweise setzt niedrigere Anforderungen an eine wirksame Honorarvereinbarung, diese muss nach § 7 Abs. 1 HOAI in Textform getroffen werden, so dass ein Austausch von Erklärungen (z.B. per Mail) ausreicht.

§ 126a
Elektronische Form

(1) Soll die gesetzlich vorgeschriebene schriftliche Form durch die elektronische Form ersetzt werden, so muss der Aussteller der Erklärung dieser seinen Namen hinzufügen und das elektronische Dokument mit seiner qualifizierten elektronischen Signatur versehen.

(2) Bei einem Vertrag müssen die Parteien jeweils ein gleichlautendes Dokument in der in Absatz 1 bezeichneten Weise elektronisch signieren.

Für die Praxis: Die **Schriftform** kann durch die **elektronische Form** nur **ersetzt** werden, wenn der Erklärungsempfänger oder der andere Vertragspartner damit **einverstanden** ist. Denn es handelt sich gemäß § 130 BGB bei vertragsrelevanten oder rechtsgeschäftlichen einseitigen Erklärungen um Willenserklärungen, die sehr häufig gegenüber Abwesenden abgegeben werden. Daher muss der Empfänger durch Bekanntgabe seiner Faxnummer, seiner E-Mail-Adresse, seiner Computer-Faxnummer oder durch ein anderes schlüssiges Verhalten sein Einverständnis erklärt haben, den Geschäftsverkehr elektronisch abzuwickeln.

Das elektronische Dokument muss das **gesamte formbedürftige Rechtsgeschäft** enthalten.

Eine **Mängelrüge per E-Mail** erfüllt das Schriftformerfordernis des § 13 Abs. 5 Nr. 1 Satz 2 VOB/B nicht, sofern keine **qualifizierte elektronische Signatur** vorliegt. Mit einer „einfachen" E-Mail kann deshalb – nach allerdings strittiger Auffassung – die Verjährungsfrist für Mängel nicht wirksam verlängert werden (OLG Jena, Urt. v. 26.11.2015, 1 U 209/15, a.A. z.B. OLG Hamm, Urt. v. 4.10.2016, 21 U 142/15). Formwahrend möglich ist aber z.B. auch die Übersendung eines eingescannten Schreibens (OLG Frankfurt, Beschl. v. 16.3.2015, 4 U 265/14).

Behinderungsanzeigen sind gemäß § 6 Abs. 1 Satz 1 VOB/B schriftlich zu erheben. Auch hier gilt, dass eine Anzeige per E-Mail nach der vorgenannten umstrittenen Auffassung mangels eigenhändiger Unterschrift dem Schriftformgebot nicht entspricht. Wird dies nicht beachtet, gilt die Behinderung als nicht geltend gemacht.

Förmliche Abnahmen sind zu protokollieren und schriftlich niederzulegen (§ 12 Abs. 4 Nr. 1 VOB/B).

Kündigungserklärungen können aufgrund des modernen technischen Standards und der mittlerweile weiten Verbreitung auch durch E-Mail und Computerfax erfolgen. Das OLG Frankfurt geht in seinem Beschluss vom 16.3.2015 (4 U 265/14) davon aus, dass bei einer grundsätzlich formlos möglichen Kündigung des Werkvertrages die Kündigung eingescannt und als Anhang an die E-Mail übermittelt werden kann. Sofern es sich allerdings um eine **Kündigung nach VOB/B** handelt, muss die Unterschrift unter der Kündigung mit einer qualifizierten elektronischen Signatur versehen sein.

§ 126b
Textform

Ist durch Gesetz Textform vorgeschrieben, so muss eine lesbare Erklärung, in der die Person des Erklärenden genannt ist, auf einem dauerhaften Datenträger abgegeben werden. Ein dauerhafter Datenträger ist jedes Medium, das

1. es dem Empfänger ermöglicht, eine auf dem Datenträger befindliche, an ihn persönlich gerichtete Erklärung so aufzubewahren oder zu speichern, dass sie ihm während eines für ihren Zweck angemessenen Zeitraums zugänglich ist, und
2. geeignet ist, die Erklärung unverändert wiederzugeben.

Für die Praxis: § 126b BGB regelt mit der Textform den neuen Formtyp der **lesbaren, aber unterschriftslosen Erklärung**. Der **dauerhafte Datenträger** wird in Satz 2 definiert. Derzeit erfüllen Papier, USB-Stick, CD-ROM, Speicherkarten, Festplatten, E-Mails und Computerfaxe diese Voraussetzungen. Bei **E-Mails** genügt, dass der Empfänger diese tatsächlich abspeichern und ausdrucken kann; es ist nicht erforderlich, dass dies auch geschieht. Bei Texten, die in das Internet eingestellt werden (Homepage), dem Empfänger aber nicht übermittelt worden sind, ist § 126b BGB nur gewahrt, wenn es tatsächlich zu einem Download kommt. Bei E-Mails etc. ist zu beachten, dass auch der Absender genannt sein muss, d.h. insbesondere bei allgemeinen Adressen (wie z.B. „info@...“) muss zusätzlich der Absender genannt werden.

§ 127
Vereinbarte Form

(1) Die Vorschriften des § 126, des § 126a oder des § 126b gelten im Zweifel auch für die durch Rechtsgeschäft bestimmte Form.

(2) Zur Wahrung der durch Rechtsgeschäft bestimmten schriftlichen Form genügt, soweit nicht ein anderer Wille anzunehmen ist, die telekommunikative Übermittlung und bei einem Vertrag der Briefwechsel. Wird eine solche Form gewählt, so kann nachträglich eine dem § 126 entsprechende Beurkundung verlangt werden.

(3) Zur Wahrung der durch Rechtsgeschäft bestimmten elektronischen Form genügt, soweit nicht ein anderer Wille anzunehmen ist, auch eine andere als die in § 126a bestimmte elektronische Signatur und bei einem Vertrag der Austausch von Angebots- und Annahmeerklärung, die jeweils mit einer elektronischen Signatur versehen sind. Wird eine solche Form gewählt, so kann nachträglich eine dem § 126a entsprechende elektronische Signierung oder, wenn diese einer der Parteien nicht möglich ist, eine dem § 126 entsprechende Beurkundung verlangt werden.

Für die Praxis: Haben die Parteien für eine Willenserklärung oder einen Vertrag Schriftform (§ 126 BGB), elektronische Form (§ 126a BGB) oder Textform (§ 126b BGB) vereinbart, können sie die an die Wahrung der Form zu stellenden Anforderungen frei bestimmen.

In der Praxis hat sich die Korrespondenz per E-Mail weitgehend durchgesetzt. Im Zweifel erfüllt daher die E-Mail auch die in der VOB/B aufgestellten Schriftformerfordernisse – mit Ausnahme der Kündigung bei Bauverträge, diese muss nach § 650h BGB die gesetzliche Schriftform einhalten und kann daher nicht per E-Mail erfolgen.

§§ 127a bis 129
(nicht abgedruckt)

§ 130
Wirksamwerden der Willenserklärung gegenüber Abwesenden

(1) Eine Willenserklärung, die einem anderen gegenüber abzugeben ist, wird, wenn sie in dessen Abwesenheit abgegeben wird, in dem Zeitpunkt wirksam, in welchem sie ihm zugeht. Sie wird nicht wirksam, wenn dem anderen vorher oder gleichzeitig ein Widerruf zugeht.

(2) Auf die Wirksamkeit der Willenserklärung ist es ohne Einfluss, wenn der Erklärende nach der Abgabe stirbt oder geschäftsunfähig wird.

(3) Diese Vorschriften finden auch dann Anwendung, wenn die Willenserklärung einer Behörde gegenüber abzugeben ist.

Für die Praxis: Durch den elektronischen Rechtsverkehr wird die Bedeutung dieser Vorschrift für den Rechtsverkehr verkannt. Eine Mängelrüge wird per Fax übermittelt, eine Kündigung vom Smartphone geschickt, E-Mails werden geschrieben. Es wird kaum geprüft, ob diese Erklärungen in dieser Form abgegeben werden dürfen. Noch weniger wird darauf geachtet, ob die Erklärung zugegangen ist.

Ein **Sendeprotokoll eines Faxgerätes beweist nicht** den **Zugang des Faxes** beim Empfänger, sondern nur, dass von dem in der Sendeleiste gekennzeichneten Fax an einem bestimmten Tag zu einer bestimmten Uhrzeit eine oder mehrere Seiten versandt worden sind. Das Sendeprotokoll ist nur ein Indiz, das ggf. durch Sende- und Empfangsjournale zu unterstützen bzw. zu widerlegen ist (BGH, Urt. v. 19.2.2014, IV ZR 163/13). Bei einer **Faxsendung** sollte man deshalb ein unterschriebenes Rückfax fordern oder den Empfang telefonisch abfragen.

Eine **E-Mail** ist **zugegangen**, wenn sie in der Mailbox des Empfängers oder der Mailbox von dessen Provider **abrufbar gespeichert** sind. Hat der Auftraggeber Anhaltspunkte dafür, dass einem Bieter eine E-Mail nicht zugegangen ist, muss er sich nach dem Verbleib der Nachricht beim Bieter erkundigen (VK Bund, Beschl. v. 18.8.2015, VK 2-43/15). Denn im Rechtsverkehr muss derjenige den **Zugang beweisen**, der sich auf den **Zugang der Willeneerklärung beruft**. Bei Übermittlungen per E-Mail besteht die Gefahr, dass eine E-Mail-Nachricht den Empfänger wegen einer technischen Störung bei der Übermittlung nicht erreicht. Um sicherzustellen, dass sie den Adressaten erreicht hat, trifft den Versender die Obliegenheit, über die Optionsverwaltung seines E-Mail-Programms die Möglichkeit zu nutzen, eine **Lesebestätigung** vom Empfänger anzufordern (VK Bund, Beschl. v. 3.2.2014, VK 2-1/14). Aus ihr geht aber nicht hervor, ob der tatsächliche Adressat die E-Mail gelesen hat, wenn mehrere Personen Zugriff auf die E-Mail-Anschrift haben. Daher muss die Lesebestätigung immer vom Empfänger ausgestellt werden.

Abschnitt 5
Verjährung

Titel 1
Gegenstand und Dauer der Verjährung

§ 194
Gegenstand der Verjährung

(1) Das Recht, von einem anderen ein Tun oder Unterlassen zu verlangen (Anspruch), unterliegt der Verjährung.

(2) (...)

§ 195
Regelmäßige Verjährungsfrist

Die regelmäßige Verjährungsfrist beträgt drei Jahre.

Für die Praxis: Die Regelverjährung beträgt **3 Jahre**, sofern gesetzlich nicht etwas anderes bestimmt ist. Abweichend von der Regelverjährung beträgt die Verjährungsfrist für Gewährleistungsansprüche im Kaufrecht 2 Jahre (§ 438 Abs. 1 Nr. 3 BGB). Die Verjährungsfrist für Gewährleistungsansprüche bei einem Werk, dessen Erfolg in der Herstellung, Wartung oder Veränderung einer Sache oder in der Erbringung von Planungs- oder Überwachungsleistungen hierfür besteht, beträgt ebenfalls **2 Jahre** (§ 634a Abs. 1 Nr. 1 BGB). Geht es also um erfolgsbezogene Arbeiten an einer Sache, z.B. Wartung oder Reparatur eines Kfz, von Maschinen oder EDV-Geräten oder um Softwareanpassungen, gilt ebenfalls eine Verjährungsfrist von 2 Jahren.

Im **Werkvertragsrecht** beträgt die Verjährung grundsätzlich **5 Jahre** (§ 634a Abs. 1 Nr. 2 BGB). Die Verjährung für **Planungs- und Überwachungsleistungen bei Bauwerken** beträgt ebenfalls 5 Jahre (§ 634a Abs. 1 Nr. 2 BGB).

Schadensersatzansprüche aus pVV (positiver Vertragsverletzung) oder c.i.c. (Verschulden bei Vertragsschluss, § 311 BGB) verjähren ebenfalls in 3 Jahren.

Für einen Mangelfolgeschaden und für die Haftung bei Organisationsverschulden, welches dem arglistigen Verschweigen gleichgestellt ist, gilt ebenfalls die Regelverjährung von 3 Jahren.

Die 30-jährige Verjährungsfrist gilt nur für Schadensersatzansprüche wegen der Verletzung von Leib oder Leben (§ 197 Abs. 1 Nr. 1 BGB), für titulierte Ansprüche (§ 197 Abs. 1 Nr. 3 BGB) und Ansprüche aus vollstreckbaren Vergleichen oder vollstreckbaren Urkunden (§ 197 Abs. 1 Nr. 4 BGB).

§ 196
Verjährungsfrist bei Rechten an einem Grundstück

Ansprüche auf Übertragung des Eigentums an einem Grundstück sowie auf Begründung, Übertragung oder Aufhebung eines Rechts an einem Grundstück oder auf Änderung des Inhalts eines solchen Rechts sowie die Ansprüche auf die Gegenleistung verjähren in zehn Jahren.

§ 197
Dreißigjährige Verjährungsfrist

(1) In 30 Jahren verjähren, soweit nicht ein anderes bestimmt ist,

1. Schadensersatzansprüche, die auf der vorsätzlichen Verletzung des Lebens, des Körpers, der Gesundheit, der Freiheit oder der sexuellen Selbstbestimmung beruhen,
2. Herausgabeansprüche aus Eigentum, anderen dinglichen Rechten, den §§ 2018, 2130 und 2362 sowie die Ansprüche, die der Geltendmachung der Herausgabeansprüche dienen,

3. rechtskräftig festgestellte Ansprüche,
4. Ansprüche aus vollstreckbaren Vergleichen oder vollstreckbaren Urkunden,
5. Ansprüche, die durch die im Insolvenzverfahren erfolgte Feststellung vollstreckbar geworden sind, und
6. Ansprüche auf Erstattung der Kosten der Zwangsvollstreckung.

(2) Soweit Ansprüche nach Absatz 1 Nr. 3 bis 5 künftig fällig werdende regelmäßig wiederkehrende Leistungen zum Inhalt haben, tritt an die Stelle der Verjährungsfrist von 30 Jahren die regelmäßige Verjährungsfrist.

§ 198
Verjährung bei Rechtsnachfolge

Gelangt eine Sache, hinsichtlich derer ein dinglicher Anspruch besteht, durch Rechtsnachfolge in den Besitz eines Dritten, so kommt die während des Besitzes des Rechtsvorgängers verstrichene Verjährungszeit dem Rechtsnachfolger zugute.

§ 199
Beginn der regelmäßigen Verjährungsfrist und Verjährungshöchstfristen

(1) Die regelmäßige Verjährungsfrist beginnt, soweit nicht ein anderer Verjährungsbeginn bestimmt ist, mit dem Schluss des Jahres, in dem

1. der Anspruch entstanden ist und
2. der Gläubiger von den den Anspruch begründenden Umständen und der Person des Schuldners Kenntnis erlangt oder ohne grobe Fahrlässigkeit erlangen müsste.

(2) Schadensersatzansprüche, die auf der Verletzung des Lebens, des Körpers, der Gesundheit oder der Freiheit beruhen, verjähren ohne Rücksicht auf ihre Entstehung und die Kenntnis oder grob fahrlässige Unkenntnis in 30 Jahren von der Begehung der Handlung, der Pflichtverletzung oder dem sonstigen, den Schaden auslösenden Ereignis an.

(3) Sonstige Schadensersatzansprüche verjähren

1. ohne Rücksicht auf die Kenntnis oder grob fahrlässige Unkenntnis in zehn Jahren von ihrer Entstehung an und
2. ohne Rücksicht auf ihre Entstehung und die Kenntnis oder grob fahrlässige Unkenntnis in 30 Jahren von der Begehung der Handlung, der Pflichtverletzung oder dem sonstigen, den Schaden auslösenden Ereignis an.

Maßgeblich ist die früher endende Frist.

(3a) Ansprüche, die auf einem Erbfall beruhen oder deren Geltendmachung die Kenntnis einer Verfügung von Todes wegen voraussetzt, verjähren ohne Rücksicht auf die Kenntnis oder grob fahrlässige Unkenntnis in 30 Jahren von der Entstehung des Anspruchs an.

(4) Andere Ansprüche als die nach den Absätzen 2 bis 3a verjähren ohne Rücksicht auf die Kenntnis oder grob fahrlässige Unkenntnis in zehn Jahren von ihrer Entstehung an.

(5) Geht der Anspruch auf ein Unterlassen, so tritt an die Stelle der Entstehung die Zuwiderhandlung.

§ 200
Beginn anderer Verjährungsfristen

Die Verjährungsfrist von Ansprüchen, die nicht der regelmäßigen Verjährungsfrist unterliegen, beginnt mit der Entstehung des Anspruchs, soweit nicht ein anderer Verjährungsbeginn bestimmt ist. § 199 Abs. 5 findet entsprechende Anwendung.

Für die Praxis: Der Gesetzgeber hat den Verjährungsbeginn für die regelmäßige Verjährungsfrist anders geregelt als den Verjährungsbeginn für die übrigen Verjährungsfristen von 2, 5 oder 10 Jahren. Nur die **Regelverjährung** (§ 195 BGB) beginnt gemäß § 199 Abs. 1 BGB mit dem Schluss des Jahres, in dem der Anspruch entstanden ist und der Gläubiger hiervon Kenntnis erlangt hat oder Kenntnis hätte erlangen müssen.

Für **andere Verjährungsfristen**, wie z.B. die Verjährung von Gewährleistungsansprüchen im Kauf- oder **Werkvertragsrecht**, beginnt die Verjährung mit der Entstehung des Anspruchs, also im Kaufrecht mit der Ablieferung der Sache (§ 438 Abs. 2 BGB) und im Werkvertragsrecht mit der **Abnahme** (§ 634a Abs. 2 BGB). Diese Verjährungsfrist ist immer genau zu berechnen, dabei zählt der Tag der Ablieferung der Sache oder der Abnahme des Werkes nicht mit (§ 187 Abs. 1 BGB).

Wichtig: Die Berechnung der Verjährungsfristen im Baurecht ist deshalb kompliziert, weil die **Einzelgewerke** in der Regel zu unterschiedlichen Zeitpunkten abgenommen werden.

§ 201
Beginn der Verjährungsfrist von festgestellten Ansprüchen

Die Verjährung von Ansprüchen der in § 197 Abs. 1 Nr. 3 bis 6 bezeichneten Art beginnt mit der Rechtskraft der Entscheidung, der Errichtung des vollstreckbaren Titels oder der Feststellung im Insolvenzverfahren, nicht jedoch vor der Entstehung des Anspruchs. § 199 Abs. 5 findet entsprechende Anwendung.

§ 202
Unzulässigkeit von Vereinbarungen über die Verjährung

(1) Die Verjährung kann bei Haftung wegen Vorsatzes nicht im Voraus durch Rechtsgeschäft erleichtert werden.

(2) Die Verjährung kann durch Rechtsgeschäft nicht über eine Verjährungsfrist von 30 Jahren ab dem gesetzlichen Verjährungsbeginn hinaus erschwert werden.

Titel 2
Hemmung, Ablaufhemmung und Neubeginn der Verjährung

§ 203
Hemmung der Verjährung bei Verhandlungen

Schweben zwischen dem Schuldner und dem Gläubiger Verhandlungen über den Anspruch oder die den Anspruch begründenden Umstände, so ist die Verjährung gehemmt, bis der eine oder der andere Teil die Fortsetzung der Verhandlungen verweigert. Die Verjährung tritt frühestens drei Monate nach dem Ende der Hemmung ein.

Für die Praxis: § 203 **Satz 1** BGB zeigt das Bestreben des Gesetzgebers, die außergerichtliche Konfliktbeilegung zu fördern. Früher bestand die Gefahr, dass die Verhandlungsbereitschaft einer Partei ausgenutzt wird, um durch den während der Verhandlung verstreichenden Zeitraum die Verjährung der Forderung herbeizuführen. Diese Gefahr ist zwischenzeitlich beseitigt: Für alle Ansprüche des BGB gilt, dass die Verjährung gehemmt ist, solange zwischen den Parteien darüber **Verhandlungen** geführt werden. Allerdings muss zwischen den Parteien **ernsthaft**über den Anspruch verhandelt werden. Ein formularmäßig abgefasstes Empfangsschreiben über den Eingang einer Mängelanzeige reicht nicht aus. Von ,,Verhandlungen" kann auch dann keine Rede sein, wenn eine Partei auf das Angebot der anderen Partei, in außergerichtliche Verhandlungen einzutreten, einfach nicht reagiert.

Praxistipp: Kontrollieren Sie daher, ob auf **Mängelanzeigen reagiert** wird. Ist dies nicht der Fall, besteht die Verjährungsfalle weiter.

Sind die außergerichtlichen Verhandlungen **erfolglos**, gewährt § 203 **Satz 2** BGB eine weitere, **3-monatige Hemmungsfrist** nach Ende der gescheiterten Gespräche. Dazu muss aber eine Partei eindeutig klarstellen, dass sie die außergerichtlichen Regulierungsbemühungen als gescheitert ansieht, oder die Verhandlungen abbrechen. Die weitere Frist von 3 Monaten greift nur dann, wenn die Verjährung an sich zu einem früheren Zeitpunkt eintreten würde.

§ 204
Hemmung der Verjährung durch Rechtsverfolgung

(1) Die Verjährung wird gehemmt durch

1. die Erhebung der Klage auf Leistung oder auf Feststellung des Anspruchs, auf Erteilung der Vollstreckungsklausel oder auf Erlass des Vollstreckungsurteils,

1a. (...)

2. (...)

3. die Zustellung des Mahnbescheids im Mahnverfahren oder des Europäischen Zahlungsbefehls im Europäischen Mahnverfahren nach der Verordnung (EG) Nr. 1896/2006 des Europäischen Parlaments und des Rates vom 12. Dezember 2006 zur Einführung eines Europäischen Mahnverfahrens (ABl. EU Nr. L 399 S. 1),

4. die Veranlassung der Bekanntgabe eines Antrags, mit dem der Anspruch geltend gemacht wird, bei einer

   a) staatlichen oder staatlich anerkannten Streitbeilegungsstelle oder

   b) anderen Streitbeilegungsstelle, wenn das Verfahren im Einvernehmen mit dem Antragsgegner betrieben wird;

   die Verjährung wird schon durch den Eingang des Antrags bei der Streitbeilegungsstelle gehemmt, wenn der Antrag demnächst bekannt gegeben wird,

5. die Geltendmachung der Aufrechnung des Anspruchs im Prozess,

6. die Zustellung der Streitverkündung,

6a. (...)

7. die Zustellung des Antrags auf Durchführung eines selbständigen Beweisverfahrens,

8. den Beginn eines vereinbarten Begutachtungsverfahrens,

9. die Zustellung des Antrags auf Erlass eines Arrests, einer einstweiligen Verfügung oder einer einstweiligen Anordnung, oder, wenn der Antrag nicht zugestellt wird, dessen Einreichung, wenn der Arrestbefehl, die einstweilige Verfügung oder die einstweilige Anordnung innerhalb eines Monats seit Verkündung oder Zustellung an den Gläubiger dem Schuldner zugestellt wird,

10. die Anmeldung des Anspruchs im Insolvenzverfahren oder im Schifffahrtsrechtlichen Verteilungsverfahren,

10a. die Anordnung einer Vollstreckungssperre nach dem Unternehmensstabilisierungs- und -restrukturierungsgesetz, durch die der Gläubiger an der Einleitung der Zwangsvollstreckung wegen des Anspruchs gehindert ist,

11. den Beginn des schiedsrichterlichen Verfahrens,

12. die Einreichung des Antrags bei einer Behörde, wenn die Zulässigkeit der Klage von der Vorentscheidung dieser Behörde abhängt und innerhalb von drei Monaten nach Erledigung des Gesuchs die Klage erhoben wird; dies gilt entsprechend für bei einem Gericht oder bei einer in Nummer 4 bezeichneten Streitbeilegungsstelle zu stellende Anträge, deren Zulässigkeit von der Vorentscheidung einer Behörde abhängt,

13. die Einreichung des Antrags bei dem höheren Gericht, wenn dieses das zuständige Gericht zu bestimmen hat und innerhalb von drei Monaten nach Erledigung des Gesuchs die Klage erhoben oder der Antrag, für den die Gerichtsstandsbestimmung zu erfolgen hat, gestellt wird, und

14. die Veranlassung der Bekanntgabe des erstmaligen Antrags auf Gewährung von Prozesskostenhilfe oder Verfahrenskostenhilfe; wird die Bekanntgabe demnächst nach der Einreichung des Antrags veranlasst, so tritt die Hemmung der Verjährung bereits mit der Einreichung ein.

(2) Die Hemmung nach Absatz 1 endet sechs Monate nach der rechtskräftigen Entscheidung oder anderweitigen Beendigung des eingeleiteten Verfahrens. Gerät das Verfahren dadurch in Stillstand, dass die Parteien es nicht betreiben, so tritt an die Stelle der Beendigung des Verfahrens die letzte Verfahrenshandlung der Parteien, des Gerichts oder der sonst mit dem Verfahren befassten Stelle. Die Hemmung beginnt erneut, wenn eine der Parteien das Verfahren weiter betreibt.

(3) Auf die Frist nach Absatz 1 Nr. 6a, 9, 12 und 13 finden die §§ 206, 210 und 211 entsprechende Anwendung.

Für die Praxis: Alle Tatbestände des Abs. 1 bewirken die Hemmung der Verjährung.

Zu Abs. 1 Nr. 4: Die Förderung der **außergerichtlichen Streitbeilegung** ist seit vielen Jahren ein Anliegen des Gesetzgebers, der Baurechtsanwälte und der Justiz. Langwierige und kostspielige Prozesse, die in der Regel mit einem Vergleich enden, sollen vermieden werden. Stattdessen sollen die Parteien mit Hilfe eines außergerichtlich tätigen Mediators, in der Regel ein Rechtsanwalt, oder durch eine gerichtliche Mediation Wege zur einvernehmlichen Konfliktbeilegung finden.

Zu Abs. 1 Nr. 11: Auch die Streitbeilegung durch ein **Schiedsgericht** ist hilfreich. Dabei sollte nicht außer Acht gelassen werden, dass dieses Gericht immer mit sachkundigen Richtern besetzt ist, das Verfahren weniger Zeit in Anspruch nimmt und eine intensive Erörterung des gesamten Streitstoffes stattfindet, weil das Gericht nur mit diesem Verfahren befasst ist. Der angebliche Nachteil, dass kein Rechtsmittel gegen das Urteil eines Schiedsgerichts möglich ist, stimmt so nicht. § 1059 ZPO ermöglicht in Ausnahmefällen die gerichtliche Aufhebung des Schiedsspruchs.

Eine andere Möglichkeit zur außergerichtlichen Streitbeilegung bietet **§ 18 Abs. 2 Nr. 1 VOB/B**. Entstehen bei Verträgen mit Behörden Meinungsverschiedenheiten, so soll der Auftragnehmer zunächst die der auftraggebenden Stelle unmittelbar vorgesetzte Stelle anrufen. Diese soll dem Auftragnehmer Gelegenheit zur mündlichen Aussprache geben und ihn möglichst innerhalb von 2 Monaten nach der Anrufung schriftlich bescheiden. Mit dem Eingang des schriftlichen Antrags auf Durchführung eines Verfahrens nach Nr. 1 wird die Verjährung des in diesem Antrag geltend gemachten Anspruchs gehemmt. Der Vorteil des Verfahrens ist, dass die vorgesetzte Dienststelle in der Regel auch Weisungsbefugnis gegenüber der Behörde besitzt, die in den Vertragskonflikt eingebunden ist. Der Nachteil des Verfahrens liegt darin, dass berechtigte Zweifel an der Unparteilichkeit der vorgesetzten Behörde bestehen können.

Für das Bauwesen bedeutsam sind somit:

- Nr. 4: Verfahren vor einer Streitbeilegungsstelle
- Nr. 7: Durchführung eines selbständigen Beweisverfahrens;
- Nr. 11: Schiedsverfahren.

Erfasst werden sowohl staatliche oder staatlich anerkannte Streitbeilegungsstellen als auch andere Streitbeilegungsstellen, wenn das Verfahren im Einvernehmen mit dem Antragsgegner betrieben wird.

Wird ein **Schiedsgericht** angerufen (Abs. 1 Nr. 11), reicht für den Eintritt der Hemmung der Verjährung der Beginn des schiedsgerichtlichen Verfahrens aus. Gemäß § 1044 ZPO beginnt dieses Verfahren bereits mit dem Tag, an dem der Beklagte den Antrag empfangen hat, die Streitigkeit einem Schiedsgericht vorzulegen.

Beispiel zu **§ 204 Abs. 2 Satz 2** BGB: Die Verjährung der Forderung eines Bauherrn auf Ausgleich der Kosten der Ersatzvornahme wird 2 Tage vor Ablauf der Verjährungsfrist durch Zustellung eines Mahnbescheids gehemmt. Wird nach Erhebung des Widerspruchs vergessen, die weiteren Gerichtskosten einzuzahlen, endet die Hemmungswirkung 6 Monate nach Zugang der Aufforderung des Mahngerichts, die weiteren Gerichtskosten einzuzahlen, mit der Folge, dass die Forderung zwei Tage später verjährt ist. Eine Verlängerung um 3 Monate entfällt, weil die Hemmung nicht durch Verhandlungen, sondern durch gerichtliche Geltendmachung eingetreten ist.

§ 205
Hemmung der Verjährung bei Leistungsverweigerungsrecht

Die Verjährung ist gehemmt, solange der Schuldner auf Grund einer Vereinbarung mit dem Gläubiger vorübergehend zur Verweigerung der Leistung berechtigt ist.

§ 206
Hemmung der Verjährung bei höherer Gewalt

Die Verjährung ist gehemmt, solange der Gläubiger innerhalb der letzten sechs Monate der Verjährungsfrist durch höhere Gewalt an der Rechtsverfolgung gehindert ist.

§§ 207, 208
(nicht abgedruckt)

§ 209
Wirkung der Hemmung

Der Zeitraum, während dessen die Verjährung gehemmt ist, wird in die Verjährungsfrist nicht eingerechnet.

§§ 210, 211
(nicht abgedruckt)

§ 212
Neubeginn der Verjährung

(1) Die Verjährung beginnt erneut, wenn

1. der Schuldner dem Gläubiger gegenüber den Anspruch durch Abschlagszahlung, Zinszahlung, Sicherheitsleistung oder in anderer Weise anerkennt oder
2. eine gerichtliche oder behördliche Vollstreckungshandlung vorgenommen oder beantragt wird.

(2) Der erneute Beginn der Verjährung infolge einer Vollstreckungshandlung gilt als nicht eingetreten, wenn die Vollstreckungshandlung auf Antrag des Gläubigers oder wegen Mangels der gesetzlichen Voraussetzungen aufgehoben wird.

(3) Der erneute Beginn der Verjährung durch den Antrag auf Vornahme einer Vollstreckungshandlung gilt als nicht eingetreten, wenn dem Antrag nicht stattgegeben oder der Antrag vor der Vollstreckungshandlung zurückgenommen oder die erwirkte Vollstreckungshandlung nach Absatz 2 aufgehoben wird.

Für die Praxis: Der **Neubeginn** der Verjährung ist nur für zwei Fallgestaltungen vorgesehen, nämlich für das Anerkenntnis und für Vollstreckungshandlungen.

§ 213
Hemmung, Ablaufhemmung und erneuter Beginn der Verjährung bei anderen Ansprüchen

Die Hemmung, die Ablaufhemmung und der erneute Beginn der Verjährung gelten auch für Ansprüche, die aus demselben Grunde wahlweise neben dem Anspruch oder an seiner Stelle gegeben sind.

Titel 3
Rechtsfolgen der Verjährung

§ 214
Wirkung der Verjährung

(1) Nach Eintritt der Verjährung ist der Schuldner berechtigt, die Leistung zu verweigern.

(2) Das zur Befriedigung eines verjährten Anspruchs Geleistete kann nicht zurückgefordert werden, auch wenn in Unkenntnis der Verjährung geleistet worden ist. Das Gleiche gilt von einem vertragsmäßigen Anerkenntnis sowie einer Sicherheitsleistung des Schuldners.

§ 215
Aufrechnung und Zurückbehaltungsrecht nach Eintritt der Verjährung

Die Verjährung schließt die Aufrechnung und die Geltendmachung eines Zurückbehaltungsrechts nicht aus, wenn der Anspruch in dem Zeitpunkt noch nicht verjährt war, in dem erstmals aufgerechnet oder die Leistung verweigert werden konnte.

§ 216
Wirkung der Verjährung bei gesicherten Ansprüchen

(1) Die Verjährung eines Anspruchs, für den eine Hypothek, eine Schiffshypothek oder ein Pfandrecht besteht, hindert den Gläubiger nicht, seine Befriedigung aus dem belasteten Gegenstand zu suchen.

(2) Ist zur Sicherung eines Anspruchs ein Recht verschafft worden, so kann die Rückübertragung nicht auf Grund der Verjährung des Anspruchs gefordert werden. Ist das Eigentum vorbehalten, so kann der Rücktritt vom Vertrag auch erfolgen, wenn der gesicherte Anspruch verjährt ist.

(3) Die Absätze 1 und 2 finden keine Anwendung auf die Verjährung von Ansprüchen auf Zinsen und andere wiederkehrende Leistungen.

§ 217
Verjährung von Nebenleistungen

Mit dem Hauptanspruch verjährt der Anspruch auf die von ihm abhängenden Nebenleistungen, auch wenn die für diesen Anspruch geltende besondere Verjährung noch nicht eingetreten ist.

§ 218
Unwirksamkeit des Rücktritts

(1) Der Rücktritt wegen nicht oder nicht vertragsgemäß erbrachter Leistung ist unwirksam, wenn der Anspruch auf die Leistung oder der Nacherfüllungsanspruch verjährt ist und der Schuldner sich hierauf beruft. Dies gilt auch, wenn der Schuldner nach *§ 275 Absatz 1 bis 3, § 439 Absatz 4 oder § 635 Absatz 3*[1] nicht zu leisten braucht und der Anspruch auf die Leistung oder der Nacherfüllungsanspruch verjährt wäre. § 216 Abs. 2 Satz 2 bleibt unberührt.

(2) § 214 Abs. 2 findet entsprechende Anwendung.

---

1 *Kursive Hervorhebung:* Geplante Änderung durch Art. 1 Nr. 2 des Entwurfs eines Gesetzes zur Reform des Bauvertragsrechts und zur Änderung der kaufrechtlichen Mängelhaftung (RegE, BT-Drucks. 18/8486, S. 8). Die **derzeit geltende Fassung** von Absatz Satz 2 lautet: „Dies gilt auch, wenn der Schuldner nach § 275 Abs. 1 bis 3, § 439 Abs. 3 oder § 635 Abs. 3 nicht zu leisten braucht und der Anspruch auf die Leistung oder der Nacherfüllungsanspruch verjährt wäre."

§§ 219 bis 225
(weggefallen)

§§ 226 bis 240
(nicht abgedruckt)

Buch 2
Recht der Schuldverhältnisse

Abschnitt 1
Inhalt der Schuldverhältnisse

Titel 1
Verpflichtung zur Leistung

§ 241
Pflichten aus dem Schuldverhältnis

(1) Kraft des Schuldverhältnisses ist der Gläubiger berechtigt, von dem Schuldner eine Leistung zu fordern. Die Leistung kann auch in einem Unterlassen bestehen.

(2) Das Schuldverhältnis kann nach seinem Inhalt jeden Teil zur Rücksicht auf die Rechte, Rechtsgüter und Interessen des anderen Teils verpflichten.

§§ 242 bis 278
(nicht abgedruckt)

§§279
(weggefallen)

§ 280
Schadensersatz wegen Pflichtverletzung

(1) Verletzt der Schuldner eine Pflicht aus dem Schuldverhältnis, so kann der Gläubiger Ersatz des hierdurch entstehenden Schadens verlangen. Dies gilt nicht, wenn der Schuldner die Pflichtverletzung nicht zu vertreten hat.

(2) Schadensersatz wegen Verzögerung der Leistung kann der Gläubiger nur unter der zusätzlichen Voraussetzung des § 286 verlangen.

(3) Schadensersatz statt der Leistung kann der Gläubiger nur unter den zusätzlichen Voraussetzungen des § 281, des § 282 oder des § 283 verlangen.

Für die Praxis: Gemäß § 280 Abs. 1 BGB ist Voraussetzung für den Schadensersatzanspruch des Gläubigers bei einer Schlechtleistung des Schuldners nur die Verletzung irgendeiner Pflicht aus dem Schuldverhältnis durch den Schuldner. Unbeachtlich ist also, ob es sich um eine Hauptleistungs- oder eine Nebenleistungspflicht handelt.

§ 281
Schadensersatz statt der Leistung wegen nicht oder nicht wie geschuldet erbrachter Leistung

(1) Soweit der Schuldner die fällige Leistung nicht oder nicht wie geschuldet erbringt, kann der Gläubiger unter den Voraussetzungen des § 280 Abs. 1 Schadensersatz statt der Leistung verlangen, wenn er dem Schuldner erfolglos eine angemessene Frist zur Leistung oder Nacherfüllung bestimmt hat. Hat der Schuldner eine Teilleistung bewirkt, so kann der Gläubiger Schadensersatz statt der ganzen Leistung nur verlangen, wenn er an der Teilleistung kein Interesse hat. Hat der Schuldner die Leistung nicht wie geschuldet

bewirkt, so kann der Gläubiger Schadensersatz statt der ganzen Leistung nicht verlangen, wenn die Pflichtverletzung unerheblich ist.

(2) Die Fristsetzung ist entbehrlich, wenn der Schuldner die Leistung ernsthaft und endgültig verweigert oder wenn besondere Umstände vorliegen, die unter Abwägung der beiderseitigen Interessen die sofortige Geltendmachung des Schadensersatzanspruchs rechtfertigen.

(3) Kommt nach der Art der Pflichtverletzung eine Fristsetzung nicht in Betracht, so tritt an deren Stelle eine Abmahnung.

(4) Der Anspruch auf die Leistung ist ausgeschlossen, sobald der Gläubiger statt der Leistung Schadensersatz verlangt hat.

(5) Verlangt der Gläubiger Schadensersatz statt der ganzen Leistung, so ist der Schuldner zur Rückforderung des Geleisteten nach den §§ 346 bis 348 berechtigt.

Für die Praxis: Diese Vorschrift erfasst den **Schadensersatzanspruch statt der Leistung**. Wählt der Auftraggeber den Schadensersatzanspruch, wird der Anspruch auf die Leistung ausgeschlossen (vgl. § 281 **Abs. 4** BGB). Wegen dieser Rechtsfolge ist das Wahlrecht ausdrücklich durch eine eindeutige Erklärung auszuüben.

Hat der Auftraggeber zunächst den Rücktritt erklärt, hindert ihn dies nicht, noch auf den Schadensersatzanspruch statt der Leistung zu wechseln.

§ 281 BGB erfasst sowohl den sog. kleinen Schadensersatzanspruch, d.h., der Auftraggeber behält die mangelhafte Leistung und verlangt nur den durch den Mangel verursachten Schaden, als auch den sog. großen Schadensersatzanspruch, d.h., der Auftraggeber weist das Werk insgesamt zurück und fordert Ersatz des Schadens, der durch die Nichterfüllung des Vertrages eingetreten ist.

Bei der Ausübung des Wahlrechts sind die Beschränkungen in § 281 **Abs. 1 Satz 2 und 3** BGB zu beachten. Bei der Geltendmachung von Gewährleistungsrechten ist daher vor deren Ausübung sorgfältig zu prüfen, welches Recht man mit welcher Rechtsfolge geltend machen will.

§ 282
Schadensersatz statt der Leistung wegen Verletzung einer Pflicht nach § 241 Abs. 2

Verletzt der Schuldner eine Pflicht nach § 241 Abs. 2, kann der Gläubiger unter den Voraussetzungen des § 280 Abs. 1 Schadensersatz statt der Leistung verlangen, wenn ihm die Leistung durch den Schuldner nicht mehr zuzumuten ist.

§ 283
Schadensersatz statt der Leistung bei Ausschluss der Leistungspflicht

Braucht der Schuldner nach § 275 Abs. 1 bis 3 nicht zu leisten, kann der Gläubiger unter den Voraussetzungen des § 280 Abs. 1 Schadensersatz statt der Leistung verlangen. § 281 Abs. 1 Satz 2 und 3 und Abs. 5 findet entsprechende Anwendung.

§ 284
Ersatz vergeblicher Aufwendungen

Anstelle des Schadensersatzes statt der Leistung kann der Gläubiger Ersatz der Aufwendungen verlangen, die er im Vertrauen auf den Erhalt der Leistung gemacht hat und billigerweise machen durfte, es sei denn, deren Zweck wäre auch ohne die Pflichtverletzung des Schuldners nicht erreicht worden.

§ 285
Herausgabe des Ersatzes

(1) Erlangt der Schuldner infolge des Umstands, auf Grund dessen er die Leistung nach § 275 Abs. 1 bis 3 nicht zu erbringen braucht, für den geschuldeten Gegenstand einen Ersatz oder einen Ersatzanspruch, so kann der Gläubiger Herausgabe des als Ersatz Empfangenen oder Abtretung des Ersatzanspruchs verlangen.

(2) Kann der Gläubiger statt der Leistung Schadensersatz verlangen, so mindert sich dieser, wenn er von dem in Absatz 1 bestimmten Recht Gebrauch macht, um den Wert des erlangten Ersatzes oder Ersatzanspruchs.

§ 286
Verzug des Schuldners

(1) Leistet der Schuldner auf eine Mahnung des Gläubigers nicht, die nach dem Eintritt der Fälligkeit erfolgt, so kommt er durch die Mahnung in Verzug. Der Mahnung stehen die Erhebung der Klage auf die Leistung sowie die Zustellung eines Mahnbescheids im Mahnverfahren gleich.

(2) Der Mahnung bedarf es nicht, wenn

1. für die Leistung eine Zeit nach dem Kalender bestimmt ist,
2. der Leistung ein Ereignis vorauszugehen hat und eine angemessene Zeit für die Leistung in der Weise bestimmt ist, dass sie sich von dem Ereignis an nach dem Kalender berechnen lässt,
3. der Schuldner die Leistung ernsthaft und endgültig verweigert,
4. aus besonderen Gründen unter Abwägung der beiderseitigen Interessen der sofortige Eintritt des Verzugs gerechtfertigt ist.

(3) Der Schuldner einer Entgeltforderung kommt spätestens in Verzug, wenn er nicht innerhalb von 30 Tagen nach Fälligkeit und Zugang einer Rechnung oder gleichwertigen Zahlungsaufstellung leistet; dies gilt gegenüber einem Schuldner, der Verbraucher ist, nur, wenn auf diese Folgen in der Rechnung oder Zahlungsaufstellung besonders hingewiesen worden ist. Wenn der Zeitpunkt des Zugangs der Rechnung oder Zahlungsaufstellung unsicher ist, kommt der Schuldner, der nicht Verbraucher ist, spätestens 30 Tage nach Fälligkeit und Empfang der Gegenleistung in Verzug.

(4) Der Schuldner kommt nicht in Verzug, solange die Leistung infolge eines Umstands unterbleibt, den er nicht zu vertreten hat.

(5) Für eine von den Absätzen 1 bis 3 abweichende Vereinbarung über den Eintritt des Verzugs gilt § 271a Absatz 1 bis 5 entsprechend.

Für die Praxis: Der Schuldnerverzug spielt auch im Baugeschehen eine ganz erhebliche Rolle. Seine Bedeutung liegt darin, dass der Gläubiger Anspruch auf Ersatz des Verspätungsschadens hat (vgl. §§ 280 Abs. 2, 286 BGB), der Schuldner während der Dauer des Verzugs verschärft haftet (§ 287 BGB) und der Gläubiger einer Geldforderung Verzugszinsen verlangen kann (§ 288 BGB).

Verzug tritt gemäß § 286 Abs. 1 BGB grundsätzlich nur ein, wenn nach Fälligkeit eine Mahnung erfolgt ist und der Schuldner die Verspätung der Leistung zu vertreten hat.

Diese Mahnung ist entbehrlich, wenn für die Leistung eine **Zeit nach dem Kalender bestimmt** ist (§ 286 Abs. 2 Nr. 1 BGB).

Die Mahnung ist auch dann entbehrlich, wenn der Schuldner die Leistung **ernsthaft und endgültig verweigert** (§ 286 Abs. 2 Nr. 3 BGB). Hauptanwendungsbereich für diese Verzugsvariante sind **Mängelrügen**. Vorsicht ist geboten mit der vorschnellen Annahme, jede Unmutsäußerung des Schuldners sei bereits als endgültige Erfüllungsverweigerung zu werten. Wenn der Schuldner nur erklärt, „er habe jetzt keine Zeit" oder „darum würde er sich später kümmern" oder behauptet, „mit dem Mangel habe er nichts zu tun", so liegt darin noch keine endgültige Erfüllungsverweigerung. Die Rechtsprechung stellt an diese Voraussetzung hohe Anforderungen. Der Schuldner muss klar zu erkennen geben, dass er unter keinen Umständen zur Leistung bereit ist.

Handelt es sich um eine **Zahlungsverpflichtung**, kommt der Schuldner automatisch, d.h. ohne eine Mahnung, in Verzug, wenn 30 Tage nach Fälligkeit und Zugang der Rechnung verstrichen sind (vgl. § 286 Abs. 3 Satz 1 BGB). Wenn der Gläubiger für die Zahlungsverpflichtung einen kürzeren Zeitraum als 30 Tage bestimmt hat, tritt der Verzug bereits mit dem Ablauf des früheren Zeitpunkts ein. Sofern der Zeitpunkt des Zugangs der Rechnung unsicher ist, muss zusätzlich zur Fälligkeit der Schuldner, der nicht Verbraucher ist, auch die Gegenleistung bekommen haben (§ 286 Abs. 3 Satz 2 BGB).

§ 287
Verantwortlichkeit während des Verzugs

Der Schuldner hat während des Verzugs jede Fahrlässigkeit zu vertreten. Er haftet wegen der Leistung auch für Zufall, es sei denn, dass der Schaden auch bei rechtzeitiger Leistung eingetreten sein würde.

§ 288
Verzugszinsen und sonstiger Verzugsschaden

(1) Eine Geldschuld ist während des Verzugs zu verzinsen. Der Verzugszinssatz beträgt für das Jahr fünf Prozentpunkte über dem Basiszinssatz.

(2) Bei Rechtsgeschäften, an denen ein Verbraucher nicht beteiligt ist, beträgt der Zinssatz für Entgeltforderungen neun Prozentpunkte über dem Basiszinssatz.

(3) Der Gläubiger kann aus einem anderen Rechtsgrund höhere Zinsen verlangen.

(4) Die Geltendmachung eines weiteren Schadens ist nicht ausgeschlossen.

(5) Der Gläubiger einer Entgeltforderung hat bei Verzug des Schuldners, wenn dieser kein Verbraucher ist, außerdem einen Anspruch auf Zahlung einer Pauschale in Höhe von 40 Euro. Dies gilt auch, wenn es sich bei der Entgeltforderung um eine Abschlagszahlung oder sonstige Ratenzahlung handelt. Die Pauschale nach Satz 1 ist auf einen geschuldeten Schadensersatz anzurechnen, soweit der Schaden in Kosten der Rechtsverfolgung begründet ist.

(6) Eine im Voraus getroffene Vereinbarung, die den Anspruch des Gläubigers einer Entgeltforderung auf Verzugszinsen ausschließt, ist unwirksam. Gleiches gilt für eine Vereinbarung, die diesen Anspruch beschränkt oder den Anspruch des Gläubigers einer Entgeltforderung auf die Pauschale nach Absatz 5 oder auf Ersatz des Schadens, der in Kosten der Rechtsverfolgung begründet ist, ausschließt oder beschränkt, wenn sie im Hinblick auf die Belange des Gläubigers grob unbillig ist. Eine Vereinbarung über den Ausschluss der Pauschale nach Absatz 5 oder des Ersatzes des Schadens, der in Kosten der Rechtsverfolgung begründet ist, ist im Zweifel als grob unbillig anzusehen. Die Sätze 1 bis 3 sind nicht anzuwenden, wenn sich der Anspruch gegen einen Verbraucher richtet.

§§ 289 bis 304
(nicht abgedruckt)

Abschnitt 2
Gestaltung rechtsgeschäftlicher Schuldverhältnisse durch Allgemeine Geschäftsbedingungen

Für die Praxis: Gerade im Bereich des öffentlichen Beschaffungswesens haben Allgemeine Geschäftsbedingungen große Bedeutung. So sind die Auftraggeber regelmäßig verpflichtet, VOB/B, VOB/C, VOL/B und EVB-IT bzw. weitere allgemeine Regelwerke, wie z.B. die Handbücher für die verschiedenen Bauleistungen (z.B. Handbuch für die Vergabe und Ausführung von Bauleistungen im Straßen- und Brückenbau – HVA B-StB), zu vereinbaren. Dabei handelt es sich um Allgemeine

Geschäftsbedingungen. Auch die Architekten- und Ingenieurverträge unterliegen diesen Rechtsvorschriften, weil in der Regel Formulare dafür verwandt werden. Für diese Regelwerke gelten die nachfolgenden Bestimmungen zum Recht über Allgemeine Geschäftsbedingungen.

§ 305
Einbeziehung Allgemeiner Geschäftsbedingungen in den Vertrag

(1) Allgemeine Geschäftsbedingungen sind alle für eine Vielzahl von Verträgen vorformulierten Vertragsbedingungen, die eine Vertragspartei (Verwender) der anderen Vertragspartei bei Abschluss eines Vertrags stellt. Gleichgültig ist, ob die Bestimmungen einen äußerlich gesonderten Bestandteil des Vertrags bilden oder in die Vertragsurkunde selbst aufgenommen werden, welchen Umfang sie haben, in welcher Schriftart sie verfasst sind und welche Form der Vertrag hat. Allgemeine Geschäftsbedingungen liegen nicht vor, soweit die Vertragsbedingungen zwischen den Vertragsparteien im Einzelnen ausgehandelt sind.

(2) Allgemeine Geschäftsbedingungen werden nur dann Bestandteil eines Vertrags, wenn der Verwender bei Vertragsschluss

1. die andere Vertragspartei ausdrücklich oder, wenn ein ausdrücklicher Hinweis wegen der Art des Vertragsschlusses nur unter unverhältnismäßigen Schwierigkeiten möglich ist, durch deutlich sichtbaren Aushang am Ort des Vertragsschlusses auf sie hinweist und
2. der anderen Vertragspartei die Möglichkeit verschafft, in zumutbarer Weise, die auch eine für den Verwender erkennbare körperliche Behinderung der anderen Vertragspartei angemessen berücksichtigt, von ihrem Inhalt Kenntnis zu nehmen,

und wenn die andere Vertragspartei mit ihrer Geltung einverstanden ist.

(3) Die Vertragsparteien können für eine bestimmte Art von Rechtsgeschäften die Geltung bestimmter Allgemeiner Geschäftsbedingungen unter Beachtung der in Absatz 2 bezeichneten Erfordernisse im Voraus vereinbaren.

§ 305a
(nicht abgedruckt)

§ 305b
Vorrang der Individualabrede

Individuelle Vertragsabreden haben Vorrang vor Allgemeinen Geschäftsbedingungen.

§ 305c
Überraschende und mehrdeutige Klauseln

(1) Bestimmungen in Allgemeinen Geschäftsbedingungen, die nach den Umständen, insbesondere nach dem äußeren Erscheinungsbild des Vertrags, so ungewöhnlich sind, dass der Vertragspartner des Verwenders mit ihnen nicht zu rechnen braucht, werden nicht Vertragsbestandteil.

(2) Zweifel bei der Auslegung Allgemeiner Geschäftsbedingungen gehen zu Lasten des Verwenders.

§ 306
Rechtsfolgen bei Nichteinbeziehung und Unwirksamkeit

(1) Sind Allgemeine Geschäftsbedingungen ganz oder teilweise nicht Vertragsbestandteil geworden oder unwirksam, so bleibt der Vertrag im Übrigen wirksam.

(2) Soweit die Bestimmungen nicht Vertragsbestandteil geworden oder unwirksam sind, richtet sich der Inhalt des Vertrags nach den gesetzlichen Vorschriften.

(3) Der Vertrag ist unwirksam, wenn das Festhalten an ihm auch unter Berücksichtigung der nach Absatz 2 vorgesehenen Änderung eine unzumutbare Härte für eine Vertragspartei darstellen würde.

§ 306a
Umgehungsverbot

Die Vorschriften dieses Abschnitts finden auch Anwendung, wenn sie durch anderweitige Gestaltungen umgangen werden.

§ 307
Inhaltskontrolle

(1) Bestimmungen in Allgemeinen Geschäftsbedingungen sind unwirksam, wenn sie den Vertragspartner des Verwenders entgegen den Geboten von Treu und Glauben unangemessen benachteiligen. Eine unangemessene Benachteiligung kann sich auch daraus ergeben, dass die Bestimmung nicht klar und verständlich ist.

(2) Eine unangemessene Benachteiligung ist im Zweifel anzunehmen, wenn eine Bestimmung

1. mit wesentlichen Grundgedanken der gesetzlichen Regelung, von der abgewichen wird, nicht zu vereinbaren ist oder
2. wesentliche Rechte oder Pflichten, die sich aus der Natur des Vertrags ergeben, so einschränkt, dass die Erreichung des Vertragszwecks gefährdet ist.

(3) Die Absätze 1 und 2 sowie die §§ 308 und 309 gelten nur für Bestimmungen in Allgemeinen Geschäftsbedingungen, durch die von Rechtsvorschriften abweichende oder diese ergänzende Regelungen vereinbart werden. Andere Bestimmungen können nach Absatz 1 Satz 2 in Verbindung mit Absatz 1 Satz 1 unwirksam sein.

Für die Praxis: Das BGB oder spezialgesetzliche Regelungen haben grundsätzlich das Ziel, die verschiedenen Interessen der Vertragsparteien ausgewogen und so zu regeln, dass Rechte und Pflichten angemessen verteilt sind. AGB dienen in der Regel dazu, diese Ausgewogenheit zum Nachteil desjenigen, welcher den AGB unterworfen wird, abzuändern. Die Dispositionsbefugnis von Verwendern von AGB ist aber nicht unbeschränkt. Der BGH misst der Inhaltskontrolle von AGB, auch im Bauvertragsrecht, zunehmend Bedeutung zu. Verwender von AGB sollten daher Vorsicht walten lassen, wenn sie durch AGB die Rechte ihrer Vertragspartner einschränken wollen.

Nach der Rechtsprechung des BGH (Urt. v. 9.6.2011, III ZR 157/10) sind Verwender von AGB entsprechend dem Grundsatz von Treu und Glauben verpflichtet, Rechte und Pflichten ihrer Vertragspartner möglichst klar und durchschaubar darzustellen. AGB müssen wirtschaftliche Nachteile und Belastungen soweit erkennen lassen, wie dies nach den Umständen gefordert werden kann. Der Verwender muss daher die tatbestandlichen Voraussetzungen und Rechtsfolgen so genau beschreiben, dass für ihn kein ungerechtfertigter Beurteilungsspielraum entsteht. Die Beschreibung muss für den anderen Vertragsteil nachprüfbar und darf nicht irreführend sein. Überlange und verschachtelte Formulierungen in Kaufverträgen, Bauträgerverträgen oder Werkverträgen, deren Verständnis für den Verbraucher dadurch erheblich erschwert wird oder sogar nicht mehr nachvollziehbar ist, können daher alleine aus diesem Grund unwirksam sein (vgl. § 307 **Abs. 1 Satz 2** BGB).

§ 308
Klauselverbote mit Wertungsmöglichkeit

In Allgemeinen Geschäftsbedingungen ist insbesondere unwirksam

1. (Annahme- und Leistungsfrist)

   eine Bestimmung, durch die sich der Verwender unangemessen lange oder nicht hinreichend bestimmte Fristen für die Annahme oder Ablehnung eines Angebots oder die Erbringung einer Leistung vorbehält; ausgenommen hiervon ist der Vorbehalt, erst nach Ablauf der Widerrufsfrist nach § 355 Absatz 1 und 2 zu leisten;

1a. (Zahlungsfrist)

eine Bestimmung, durch die sich der Verwender eine unangemessen lange Zeit für die Erfüllung einer Entgeltforderung des Vertragspartners vorbehält; ist der Verwender kein Verbraucher, ist im Zweifel anzunehmen, dass eine Zeit von mehr als 30 Tagen nach Empfang der Gegenleistung oder, wenn dem Schuldner nach Empfang der Gegenleistung eine Rechnung oder gleichwertige Zahlungsaufstellung zugeht, von mehr als 30 Tagen nach Zugang dieser Rechnung oder Zahlungsaufstellung unangemessen lang ist;

1b. (Überprüfungs- und Abnahmefrist)

eine Bestimmung, durch die sich der Verwender vorbehält, eine Entgeltforderung des Vertragspartners erst nach unangemessen langer Zeit für die Überprüfung oder Abnahme der Gegenleistung zu erfüllen; ist der Verwender kein Verbraucher, ist im Zweifel anzunehmen, dass eine Zeit von mehr als 15 Tagen nach Empfang der Gegenleistung unangemessen lang ist;

2. (Nachfrist)

eine Bestimmung, durch die sich der Verwender für die von ihm zu bewirkende Leistung abweichend von Rechtsvorschriften eine unangemessen lange oder nicht hinreichend bestimmte Nachfrist vorbehält;

3. (Rücktrittsvorbehalt)

die Vereinbarung eines Rechts des Verwenders, sich ohne sachlich gerechtfertigten und im Vertrag angegebenen Grund von seiner Leistungspflicht zu lösen; dies gilt nicht für Dauerschuldverhältnisse;

4. (Änderungsvorbehalt)

die Vereinbarung eines Rechts des Verwenders, die versprochene Leistung zu ändern oder von ihr abzuweichen, wenn nicht die Vereinbarung der Änderung oder Abweichung unter Berücksichtigung der Interessen des Verwenders für den anderen Vertragsteil zumutbar ist;

5. (Fingierte Erklärungen)

eine Bestimmung, wonach eine Erklärung des Vertragspartners des Verwenders bei Vornahme oder Unterlassung einer bestimmten Handlung als von ihm abgegeben oder nicht abgegeben gilt, es sei denn, dass

a) dem Vertragspartner eine angemessene Frist zur Abgabe einer ausdrücklichen Erklärung eingeräumt ist und

b) der Verwender sich verpflichtet, den Vertragspartner bei Beginn der Frist auf die vorgesehene Bedeutung seines Verhaltens besonders hinzuweisen;

6. (Fiktion des Zugangs)

eine Bestimmung, die vorsieht, dass eine Erklärung des Verwenders von besonderer Bedeutung dem anderen Vertragsteil als zugegangen gilt;

7. (Abwicklung von Verträgen)

eine Bestimmung, nach der der Verwender für den Fall, dass eine Vertragspartei vom Vertrag zurücktritt oder den Vertrag kündigt,

a) eine unangemessen hohe Vergütung für die Nutzung oder den Gebrauch einer Sache oder eines Rechts oder für erbrachte Leistungen oder

b) einen unangemessen hohen Ersatz von Aufwendungen verlangen kann;

8. (Nichtverfügbarkeit der Leistung)

die nach Nummer 3 zulässige Vereinbarung eines Vorbehalts des Verwenders, sich von der Verpflichtung zur Erfüllung des Vertrags bei Nichtverfügbarkeit der Leistung zu lösen, wenn sich der Verwender nicht verpflichtet,

a) den Vertragspartner unverzüglich über die Nichtverfügbarkeit zu informieren und

b) Gegenleistungen des Vertragspartners unverzüglich zu erstatten;

9. (Abtretungsausschluss)

eine Bestimmung, durch die die Abtretbarkeit ausgeschlossen wird

a) für einen auf Geld gerichteten Anspruch des Vertragspartners gegen den Verwender oder

b) für ein anderes Recht, das der Vertragspartner gegen den Verwender hat, wenn

aa) beim Verwender ein schützenswertes Interesse an dem Abtretungsausschluss nicht besteht oder

bb) berechtigte Belange des Vertragspartners an der Abtretbarkeit des Rechts das schützenswerte Interesse des Verwenders an dem Abtretungsausschluss überwiegen;

Buchstabe a gilt nicht für Ansprüche aus Zahlungsdiensterahmenverträgen und die Buchstaben a und b gelten nicht für Ansprüche auf Versorgungsleistungen im Sinne des Betriebsrentengesetzes.

§ 309
Klauselverbote ohne Wertungsmöglichkeit

Auch soweit eine Abweichung von den gesetzlichen Vorschriften zulässig ist, ist in Allgemeinen Geschäftsbedingungen unwirksam

1. (Kurzfristige Preiserhöhungen)

eine Bestimmung, welche die Erhöhung des Entgelts für Waren oder Leistungen vorsieht, die innerhalb von vier Monaten nach Vertragsschluss geliefert oder erbracht werden sollen; dies gilt nicht bei Waren oder Leistungen, die im Rahmen von Dauerschuldverhältnissen geliefert oder erbracht werden;

2. (Leistungsverweigerungsrechte)

eine Bestimmung, durch die

a) das Leistungsverweigerungsrecht, das dem Vertragspartner des Verwenders nach § 320 zusteht, ausgeschlossen oder eingeschränkt wird oder

b) ein dem Vertragspartner des Verwenders zustehendes Zurückbehaltungsrecht, soweit es auf demselben Vertragsverhältnis beruht, ausgeschlossen oder eingeschränkt, insbesondere von der Anerkennung von Mängeln durch den Verwender abhängig gemacht wird;

3. (Aufrechnungsverbot)

eine Bestimmung, durch die dem Vertragspartner des Verwenders die Befugnis genommen wird, mit einer unbestrittenen oder rechtskräftig festgestellten Forderung aufzurechnen;

4. (Mahnung, Fristsetzung)

eine Bestimmung, durch die der Verwender von der gesetzlichen Obliegenheit freigestellt wird, den anderen Vertragsteil zu mahnen oder ihm eine Frist für die Leistung oder Nacherfüllung zu setzen;

5. (Pauschalierung von Schadensersatzansprüchen)

die Vereinbarung eines pauschalierten Anspruchs des Verwenders auf Schadensersatz oder Ersatz einer Wertminderung, wenn

a) die Pauschale den in den geregelten Fällen nach dem gewöhnlichen Lauf der Dinge zu erwartenden Schaden oder die gewöhnlich eintretende Wertminderung übersteigt oder

b) dem anderen Vertragsteil nicht ausdrücklich der Nachweis gestattet wird, ein Schaden oder eine Wertminderung sei überhaupt nicht entstanden oder wesentlich niedriger als die Pauschale;

6. (Vertragsstrafe)

eine Bestimmung, durch die dem Verwender für den Fall der Nichtabnahme oder verspäteten Abnahme der Leistung, des Zahlungsverzugs oder für den Fall, dass der andere Vertragsteil sich vom Vertrag löst, Zahlung einer Vertragsstrafe versprochen wird;

7. (Haftungsausschluss bei Verletzung von Leben, Körper, Gesundheit und bei grobem Verschulden)

   a) (Verletzung von Leben, Körper, Gesundheit)

      ein Ausschluss oder eine Begrenzung der Haftung für Schäden aus der Verletzung des Lebens, des Körpers oder der Gesundheit, die auf einer fahrlässigen Pflichtverletzung des Verwenders oder einer vorsätzlichen oder fahrlässigen Pflichtverletzung eines gesetzlichen Vertreters oder Erfüllungsgehilfen des Verwenders beruhen;

   b) (Grobes Verschulden)

      ein Ausschluss oder eine Begrenzung der Haftung für sonstige Schäden, die auf einer grob fahrlässigen Pflichtverletzung des Verwenders oder auf einer vorsätzlichen oder grob fahrlässigen Pflichtverletzung eines gesetzlichen Vertreters oder Erfüllungsgehilfen des Verwenders beruhen;

   die Buchstaben a und b gelten nicht für Haftungsbeschränkungen in den nach Maßgabe des Personenbeförderungsgesetzes genehmigten Beförderungsbedingungen und Tarifvorschriften der Straßenbahnen, Obusse und Kraftfahrzeuge im Linienverkehr, soweit sie nicht zum Nachteil des Fahrgasts von der Verordnung über die Allgemeinen Beförderungsbedingungen für den Straßenbahn- und Obusverkehr sowie den Linienverkehr mit Kraftfahrzeugen vom 27. Februar 1970 abweichen; Buchstabe b gilt nicht für Haftungsbeschränkungen für staatlich genehmigte Lotterie- oder Ausspielverträge;

8. (Sonstige Haftungsausschlüsse bei Pflichtverletzung)

   a) (Ausschluss des Rechts, sich vom Vertrag zu lösen)

      eine Bestimmung, die bei einer vom Verwender zu vertretenden, nicht in einem Mangel der Kaufsache oder des Werkes bestehenden Pflichtverletzung das Recht des anderen Vertragsteils, sich vom Vertrag zu lösen, ausschließt oder einschränkt; dies gilt nicht für die in der Nummer 7 bezeichneten Beförderungsbedingungen und Tarifvorschriften unter den dort genannten Voraussetzungen;

   b) (Mängel)

      eine Bestimmung, durch die bei Verträgen über Lieferungen neu hergestellter Sachen und über Werkleistungen

      aa) (Ausschluss und Verweisung auf Dritte)

          die Ansprüche gegen den Verwender wegen eines Mangels insgesamt oder bezüglich einzelner Teile ausgeschlossen, auf die Einräumung von Ansprüchen gegen Dritte beschränkt oder von der vorherigen gerichtlichen Inanspruchnahme Dritter abhängig gemacht werden;

      bb) (Beschränkung auf Nacherfüllung)

          die Ansprüche gegen den Verwender insgesamt oder bezüglich einzelner Teile auf ein Recht auf Nacherfüllung beschränkt werden, sofern dem anderen Vertragsteil nicht ausdrücklich das Recht vorbehalten wird, bei Fehlschlagen der Nacherfüllung zu mindern oder, wenn nicht eine Bauleistung Gegenstand der Mängelhaftung ist, nach seiner Wahl vom Vertrag zurückzutreten;

      cc) (Leistungen und Aufwendungen bei Nacherfüllung)

          die Verpflichtung des Verwenders ausgeschlossen oder beschränkt wird, die zum Zweck der Nacherfüllung erforderlichen Aufwendungen nach § 439 Absatz 2 und 3 oder § 635 Absatz 2 zu tragen oder zu ersetzen;

      dd) (Vorenthalten der Nacherfüllung)

der Verwender die Nacherfüllung von der vorherigen Zahlung des vollständigen Entgelts oder eines unter Berücksichtigung des Mangels unverhältnismäßig hohen Teils des Entgelts abhängig macht;

ee) (Ausschlussfrist für Mängelanzeige)

der Verwender dem anderen Vertragsteil für die Anzeige nicht offensichtlicher Mängel eine Ausschlussfrist setzt, die kürzer ist als die nach dem Doppelbuchstaben ff zulässige Frist;

ff) (Erleichterung der Verjährung)

die Verjährung von Ansprüchen gegen den Verwender wegen eines Mangels in den Fällen des § 438 Abs. 1 Nr. 2 und des § 634a Abs. 1 Nr. 2 erleichtert oder in den sonstigen Fällen eine weniger als ein Jahr betragende Verjährungsfrist ab dem gesetzlichen Verjährungsbeginn erreicht wird;

9. bei einem Vertragsverhältnis, das die regelmäßige Lieferung von Waren oder die regelmäßige Erbringung von Dienst- oder Werkleistungen durch den Verwender zum Gegenstand hat,

   a) eine den anderen Vertragsteil länger als zwei Jahre bindende Laufzeit des Vertrags,

   b) eine den anderen Vertragsteil bindende stillschweigende Verlängerung des Vertragsverhältnisses, es sei denn das Vertragsverhältnis wird nur auf unbestimmte Zeit verlängert und dem anderen Vertragsteil wird das Recht eingeräumt, das verlängerte Vertragsverhältnis jederzeit mit einer Frist von höchstens einem Monat zu kündigen, oder

   c) eine zu Lasten des anderen Vertragsteils längere Kündigungsfrist als einen Monat vor Ablauf der zunächst vorgesehenen Vertragsdauer;

   dies gilt nicht für Verträge über die Lieferung zusammengehörig verkaufter Sachen sowie für Versicherungsverträge;

10. (Wechsel des Vertragspartners)

   eine Bestimmung, wonach bei Kauf-, Darlehens-, Dienst- oder Werkverträgen ein Dritter anstelle des Verwenders in die sich aus dem Vertrag ergebenden Rechte und Pflichten eintritt oder eintreten kann, es sei denn, in der Bestimmung wird

   a) der Dritte namentlich bezeichnet oder

   b) dem anderen Vertragsteil das Recht eingeräumt, sich vom Vertrag zu lösen;

11. (Haftung des Abschlussvertreters)

   eine Bestimmung, durch die der Verwender einem Vertreter, der den Vertrag für den anderen Vertragsteil abschließt,

   a) ohne hierauf gerichtete ausdrückliche und gesonderte Erklärung eine eigene Haftung oder Einstandspflicht oder

   b) im Falle vollmachtsloser Vertretung eine über § 179 hinausgehende Haftung

   auferlegt;

12. (Beweislast)

   eine Bestimmung, durch die der Verwender die Beweislast zum Nachteil des anderen Vertragsteils ändert, insbesondere indem er

   a) diesem die Beweislast für Umstände auferlegt, die im Verantwortungsbereich des Verwenders liegen, oder

   b) den anderen Vertragsteil bestimmte Tatsachen bestätigen lässt;

   Buchstabe b gilt nicht für Empfangsbekenntnisse, die gesondert unterschrieben oder mit einer gesonderten qualifizierten elektronischen Signatur versehen sind;

13. (Form von Anzeigen und Erklärungen)

eine Bestimmung, durch die Anzeigen oder Erklärungen, die dem Verwender oder einem Dritten gegenüber abzugeben sind, gebunden werden

a) an eine strengere Form als die schriftliche Form in einem Vertrag, für den durch Gesetz notarielle Beurkundung vorgeschrieben ist oder

b) an eine strengere Form als die Textform in anderen als den in Buchstabe a genannten Verträgen oder

c) an besondere Zugangserfordernisse.

14. (Klageverzicht)

eine Bestimmung, wonach der andere Vertragsteil seine Ansprüche gegen den Verwender gerichtlich nur geltend machen darf, nachdem er eine gütliche Einigung in einem Verfahren zur außergerichtlichen Streitbeilegung versucht hat;

15. (Abschlagszahlungen und Sicherheitsleistung)

eine Bestimmung, nach der der Verwender bei einem Werkvertrag

a) für Teilleistungen Abschlagszahlungen vom anderen Vertragsteil verlangen kann, die wesentlich höher sind als die nach § 632a Absatz 1 und § 650m Absatz 1 zu leistenden Abschlagszahlungen, oder

b) die Sicherheitsleistung nach § 650m Absatz 2 nicht oder nur in geringerer Höhe leisten muss.

§ 310
Anwendungsbereich

(1) § 305 Absatz 2 und 3, § 308 Nummer 1, 2 bis 9 und § 309 finden keine Anwendung auf Allgemeine Geschäftsbedingungen, die gegenüber einem Unternehmer, einer juristischen Person des öffentlichen Rechts oder einem öffentlich-rechtlichen Sondervermögen verwendet werden. § 307 Abs. 1 und 2 findet in den Fällen des Satzes 1 auch insoweit Anwendung, als dies zur Unwirksamkeit von in § 308 Nummer 1, 2 bis 9 und § 309 genannten Vertragsbestimmungen führt; auf die im Handelsverkehr geltenden Gewohnheiten und Gebräuche ist angemessen Rücksicht zu nehmen. In den Fällen des Satzes 1 finden § 307 Absatz 1 und 2 sowie § 308 Nummer 1a und 1b auf Verträge, in die die Vergabe- und Vertragsordnung für Bauleistungen Teil B (VOB/B) in der jeweils zum Zeitpunkt des Vertragsschlusses geltenden Fassung ohne inhaltliche Abweichungen insgesamt einbezogen ist, in Bezug auf eine Inhaltskontrolle einzelner Bestimmungen keine Anwendung.

(1a) *(nicht abgedruckt)*

(2) Die §§ 308 und 309 finden keine Anwendung auf Verträge der Elektrizitäts-, Gas-, Fernwärme- und Wasserversorgungsunternehmen über die Versorgung von Sonderabnehmern mit elektrischer Energie, Gas, Fernwärme und Wasser aus dem Versorgungsnetz, soweit die Versorgungsbedingungen nicht zum Nachteil der Abnehmer von Verordnungen über Allgemeine Bedingungen für die Versorgung von Tarifkunden mit elektrischer Energie, Gas, Fernwärme und Wasser abweichen. Satz 1 gilt entsprechend für Verträge über die Entsorgung von Abwasser.

(3) Bei Verträgen zwischen einem Unternehmer und einem Verbraucher (Verbraucherverträge) finden die Vorschriften dieses Abschnitts mit folgenden Maßgaben Anwendung:

1. Allgemeine Geschäftsbedingungen gelten als vom Unternehmer gestellt, es sei denn, dass sie durch den Verbraucher in den Vertrag eingeführt wurden;
2. § 305c Abs. 2 und die §§ 306 und 307 bis 309 dieses Gesetzes sowie Artikel 46b des Einführungsgesetzes zum Bürgerlichen Gesetzbuche finden auf vorformulierte Vertragsbedingungen auch dann Anwendung, wenn diese nur zur einmaligen Verwendung bestimmt sind und soweit der Verbraucher auf Grund der Vorformulierung auf ihren Inhalt keinen Einfluss nehmen konnte;

3. bei der Beurteilung der unangemessenen Benachteiligung nach § 307 Abs. 1 und 2 sind auch die den Vertragsschluss begleitenden Umstände zu berücksichtigen.

(4) Dieser Abschnitt findet keine Anwendung bei Verträgen auf dem Gebiet des Erb-, Familien- und Gesellschaftsrechts sowie auf Tarifverträge, Betriebs- und Dienstvereinbarungen. Bei der Anwendung auf Arbeitsverträge sind die im Arbeitsrecht geltenden Besonderheiten angemessen zu berücksichtigen; § 305 Abs. 2 und 3 ist nicht anzuwenden. Tarifverträge, Betriebs- und Dienstvereinbarungen stehen Rechtsvorschriften im Sinne von § 307 Abs. 3 gleich.

Für die Praxis: Mit dem Forderungssicherungsgesetz vom 23.10.2008 (BGBl. I S. 2022) wurde eine ausdrückliche **Privilegierung der VOB/B** eingefügt. Diese gilt aber nur für Verträge, die mit einem Unternehmer, einer juristischen Person des öffentlichen Rechts oder einem öffentlich-rechtlichen Sondervermögen geschlossen werden. Außerdem greift die Privilegierung nur dann, wenn die **VOB/B insgesamt – also ohne Abweichung** – vereinbart wurde. Bei Verwendung gegenüber einem **Verbraucher** ist die **VOB/B nicht privilegiert**; jede Klausel unterfällt der AGB-rechtlichen Prüfung, unabhängig davon, ob der Vertrag von der VOB/B abweicht oder nicht.

Abschnitt 3
Schuldverhältnisse aus Verträgen

Titel 1
Begründung, Inhalt und Beendigung

Untertitel 1
Begründung

§ 311
Rechtsgeschäftliche und rechtsgeschäftsähnliche Schuldverhältnisse

(1) Zur Begründung eines Schuldverhältnisses durch Rechtsgeschäft sowie zur Änderung des Inhalts eines Schuldverhältnisses ist ein Vertrag zwischen den Beteiligten erforderlich, soweit nicht das Gesetz ein anderes vorschreibt.

(2) Ein Schuldverhältnis mit Pflichten nach § 241 Abs. 2 entsteht auch durch

1. die Aufnahme von Vertragsverhandlungen,
2. die Anbahnung eines Vertrags, bei welcher der eine Teil im Hinblick auf eine etwaige rechtsgeschäftliche Beziehung dem anderen Teil die Möglichkeit zur Einwirkung auf seine Rechte, Rechtsgüter und Interessen gewährt oder ihm diese anvertraut, oder
3. ähnliche geschäftliche Kontakte.

(3) Ein Schuldverhältnis mit Pflichten nach § 241 Abs. 2 kann auch zu Personen entstehen, die nicht selbst Vertragspartei werden sollen. Ein solches Schuldverhältnis entsteht insbesondere, wenn der Dritte in besonderem Maße Vertrauen für sich in Anspruch nimmt und dadurch die Vertragsverhandlungen oder den Vertragsschluss erheblich beeinflusst.

Für die Praxis: Diese Vorschrift hat im Vergaberecht – unabhängig davon, ob es sich um eine europaweite oder eine nationale Ausschreibung handelt – eine zentrale Bedeutung. In ständiger Rechtsprechung wird judiziert, dass bei einer Ausschreibung zwischen dem öffentlichen Auftraggeber und den Bewerbern grundsätzlich ein **vorvertragliches Schuldverhältnis** entsteht, aus dem sich eine **Vertrauenshaftung** ergibt. Denn im Vertrauen auf die Richtigkeit der Veröffentlichung, im Vertrauen darauf, dass alle Vergabevorschriften eingehalten und richtig angewandt werden, und im Vertrauen darauf, dass eine **reale Chance** auf den Auftrag besteht, investieren Bewerber Zeit und Geld. Deshalb können zu Unrecht übergangene Bewerber ebenso Schadensersatz fordern wie der Bieter, der bei einer zu Unrecht aufgehobenen Ausschreibung den Zuschlag hätte erhalten müssen, sofern der Zuschlag tatsächlich wirtschaftlich gleichwertig an ein anderes Unternehmen erteilt wurde (BGH, Urt. v. 8.12.2020, XIII ZR 19/19).

Bieter sind wiederum gegenüber dem Auftraggeber verpflichtet, die Vergabeunterlagen auf fehlerhafte und unvollständige Leistungsbeschreibungen zu überprüfen und können ggf. gegenüber dem Auftraggeber haften.

Der für europaweite Ausschreibungen in **§ 181 GWB** normierte **Schadensersatzanspruch** setzt nach ständiger Rechtsprechung – in Abwandlung der Rechtsfigur des Verschuldens bei Vertragsverhandlungen (c.i.c.) – **keinen Verschuldensnachweis** voraus. Ausreichend ist der Nachweis, dass gegen eine bieterschützende Norm verstoßen wurde und im Wege hypothetischer Kausalität außerdem nachgewiesen wird, dass der betroffene Bieter ohne diesen Verstoß eine echte Chance gehabt hätte, den Zuschlag zu bekommen.

Auch im Unterschwellenwertbereich besteht dieses geschützte Vertrauensverhältnis.

§§ 311a bis 319
(nicht abgedruckt)

Titel 2
Gegenseitiger Vertrag

§ 320
Einrede des nicht erfüllten Vertrags

(1) Wer aus einem gegenseitigen Vertrag verpflichtet ist, kann die ihm obliegende Leistung bis zur Bewirkung der Gegenleistung verweigern, es sei denn, dass er vorzuleisten verpflichtet ist. Hat die Leistung an mehrere zu erfolgen, so kann dem einzelnen der ihm gebührende Teil bis zur Bewirkung der ganzen Gegenleistung verweigert werden. Die Vorschrift des § 273 Abs. 3 findet keine Anwendung.

(2) Ist von der einen Seite teilweise geleistet worden, so kann die Gegenleistung insoweit nicht verweigert werden, als die Verweigerung nach den Umständen, insbesondere wegen verhältnismäßiger Geringfügigkeit des rückständigen Teils, gegen Treu und Glauben verstoßen würde.

§ 321
Unsicherheitseinrede

(1) Wer aus einem gegenseitigen Vertrag vorzuleisten verpflichtet ist, kann die ihm obliegende Leistung verweigern, wenn nach Abschluss des Vertrags erkennbar wird, dass sein Anspruch auf die Gegenleistung durch mangelnde Leistungsfähigkeit des anderen Teils gefährdet wird. Das Leistungsverweigerungsrecht entfällt, wenn die Gegenleistung bewirkt oder Sicherheit für sie geleistet wird.

(2) Der Vorleistungspflichtige kann eine angemessene Frist bestimmen, in welcher der andere Teil Zug um Zug gegen die Leistung nach seiner Wahl die Gegenleistung zu bewirken oder Sicherheit zu leisten hat. Nach erfolglosem Ablauf der Frist kann der Vorleistungspflichtige vom Vertrag zurücktreten. § 323 findet entsprechende Anwendung.

Für die Praxis: Die sog. **Unsicherheitseinrede** führt immer noch ein Schattendasein. Wer aus einem gegenseitigen Vertrag vorleistungspflichtig ist (Architekten, Ingenieure, Bauunternehmen), kann gemäß § 321 **Abs. 1** BGB die ihm obliegende Leistung verweigern, wenn nach Abschluss des Vertrages erkennbar wird, dass sein Anspruch auf die Gegenleistung (Honorar, Werklohn) durch mangelnde Leistungsfähigkeit des anderen Teils gefährdet ist. Die Gefährdung muss erst nach Vertragsschluss erkennbar geworden sein; dass sie ggf. objektiv bereits vorher bestand, schließt den Anspruch nicht aus. Immer ist eine wirtschaftliche Betrachtungsweise Grundlage der Beurteilung.

Die Arten der Sicherheit ergeben sich aus § 232 BGB. Neben der Bestellung einer Bauhandwerkersicherungshypothek (§ 650e BGB) ist gemäß § 650f BGB auch die Stellung einer Sicherheit durch eine Garantie oder ein sonstiges Zahlungsversprechen eines im Geltungsbereich des BGB zum Geschäftsbetrieb befugten Kreditinstituts oder Kreditversicherers möglich. Im Bereich des öffentlichen Beschaffungswesens sind diese Sicherungsmöglichkeiten nicht relevant, da öffentliche Auftraggeber nicht insolvent werden können, also immer zahlungsfähig sind; vgl. die Ausschlussregelung in § 650f Abs. 6 Nr. 1 BGB.

§ 321 **Abs. 2** BGB gibt dem Vorleistungspflichtigen das Recht, nach fruchtlosem Fristablauf vom Vertrag zurückzutreten, wenn nach Fristsetzung keine Sicherheit bestellt wurde.

§ 322
Verurteilung zur Leistung Zug-um-Zug

(1) Erhebt aus einem gegenseitigen Vertrag der eine Teil Klage auf die ihm geschuldete Leistung, so hat die Geltendmachung des dem anderen Teil zustehenden Rechts, die Leistung bis zur Bewirkung der Gegenleistung zu verweigern, nur die Wirkung, dass der andere Teil zur Erfüllung Zug um Zug zu verurteilen ist.

(2) Hat der klagende Teil vorzuleisten, so kann er, wenn der andere Teil im Verzug der Annahme ist, auf Leistung nach Empfang der Gegenleistung klagen.

(3) Auf die Zwangsvollstreckung findet die Vorschrift des § 274 Abs. 2 Anwendung.

§ 323 Rücktritt wegen nicht oder nicht vertragsgemäß erbrachter Leistung

(1) Erbringt bei einem gegenseitigen Vertrag der Schuldner eine fällige Leistung nicht oder nicht vertragsgemäß, so kann der Gläubiger, wenn er dem Schuldner erfolglos eine angemessene Frist zur Leistung oder Nacherfüllung bestimmt hat, vom Vertrag zurücktreten.

(2) Die Fristsetzung ist entbehrlich, wenn

1. der Schuldner die Leistung ernsthaft und endgültig verweigert,
2. der Schuldner die Leistung bis zu einem im Vertrag bestimmten Termin oder innerhalb einer im Vertrag bestimmten Frist nicht bewirkt, obwohl die termin- oder fristgerechte Leistung nach einer Mitteilung des Gläubigers an den Schuldner vor Vertragsschluss oder auf Grund anderer den Vertragsabschluss begleitenden Umstände für den Gläubiger wesentlich ist, oder
3. im Falle einer nicht vertragsgemäß erbrachten Leistung besondere Umstände vorliegen, die unter Abwägung der beiderseitigen Interessen den sofortigen Rücktritt rechtfertigen.

(3) Kommt nach der Art der Pflichtverletzung eine Fristsetzung nicht in Betracht, so tritt an deren Stelle eine Abmahnung.

(4) Der Gläubiger kann bereits vor dem Eintritt der Fälligkeit der Leistung zurücktreten, wenn offensichtlich ist, dass die Voraussetzungen des Rücktritts eintreten werden.

(5) Hat der Schuldner eine Teilleistung bewirkt, so kann der Gläubiger vom ganzen Vertrag nur zurücktreten, wenn er an der Teilleistung kein Interesse hat. Hat der Schuldner die Leistung nicht vertragsgemäß bewirkt, so kann der Gläubiger vom Vertrag nicht zurücktreten, wenn die Pflichtverletzung unerheblich ist.

(6) Der Rücktritt ist ausgeschlossen, wenn der Gläubiger für den Umstand, der ihn zum Rücktritt berechtigen würde, allein oder weit überwiegend verantwortlich ist oder wenn der vom Schuldner nicht zu vertretende Umstand zu einer Zeit eintritt, zu welcher der Gläubiger im Verzug der Annahme ist.

Für die Praxis: Ist die Leistung fällig, so braucht der Gläubiger vor der Ausübung des Rücktrittsrechts nur eine angemessene Nachfrist zu setzen (§ 323 Abs. 1 BGB); eine Ablehnungsandrohung in Bezug auf die Annahme der Leistung braucht er nicht zu erklären. Diese Vorschrift ist dispositives Recht. Abweichende Regelungen enthält § 4 Abs. 7 VOB/B i.V.m. § 8 Abs. 3 VOB/B.

§ 324
Rücktritt wegen Verletzung einer Pflicht nach § 241 Abs. 2

Verletzt der Schuldner bei einem gegenseitigen Vertrag eine Pflicht nach § 241 Abs. 2, so kann der Gläubiger zurücktreten, wenn ihm ein Festhalten am Vertrag nicht mehr zuzumuten ist.

§ 325
Schadensersatz und Rücktritt

Das Recht, bei einem gegenseitigen Vertrag Schadensersatz zu verlangen, wird durch den Rücktritt nicht ausgeschlossen.

§ 326
Befreiung von der Gegenleistung und Rücktritt beim Ausschluss der Leistungspflicht

(1) Braucht der Schuldner nach § 275 Abs. 1 bis 3 nicht zu leisten, entfällt der Anspruch auf die Gegenleistung; bei einer Teilleistung findet § 441 Abs. 3 entsprechende Anwendung. Satz 1 gilt nicht, wenn der Schuldner im Falle der nicht vertragsgemäßen Leistung die Nacherfüllung nach § 275 Abs. 1 bis 3 nicht zu erbringen braucht.

(2) Ist der Gläubiger für den Umstand, auf Grund dessen der Schuldner nach § 275 Abs. 1 bis 3 nicht zu leisten braucht, allein oder weit überwiegend verantwortlich oder tritt dieser vom Schuldner nicht zu vertretende Umstand zu einer Zeit ein, zu welcher der Gläubiger im Verzug der Annahme ist, so behält der Schuldner den Anspruch auf die Gegenleistung. Er muss sich jedoch dasjenige anrechnen lassen, was er infolge der Befreiung von der Leistung erspart oder durch anderweitige Verwendung seiner Arbeitskraft erwirbt oder zu erwerben böswillig unterlässt.

(3) Verlangt der Gläubiger nach § 285 Herausgabe des für den geschuldeten Gegenstand erlangten Ersatzes oder Abtretung des Ersatzanspruchs, so bleibt er zur Gegenleistung verpflichtet. Diese mindert sich jedoch nach Maßgabe des § 441 Abs. 3 insoweit, als der Wert des Ersatzes oder des Ersatzanspruchs hinter dem Wert der geschuldeten Leistung zurückbleibt.

(4) Soweit die nach dieser Vorschrift nicht geschuldete Gegenleistung bewirkt ist, kann das Geleistete nach den §§ 346 bis 348 zurückgefordert werden.

(5) Braucht der Schuldner nach § 275 Abs. 1 bis 3 nicht zu leisten, kann der Gläubiger zurücktreten; auf den Rücktritt findet § 323 mit der Maßgabe entsprechende Anwendung, dass die Fristsetzung entbehrlich ist.

§§ 327 bis 345
(nicht abgedruckt)

Titel 5
Rücktritt; Widerrufsrecht bei Verbraucherverträgen

Untertitel 1
Rücktritt

(nicht abgedruckt)

Untertitel 2
Widerrufsrecht bei Verbraucherverträgen

§ 355 BGB
Widerrufsrecht bei Verbraucherbauverträgen

(1) Wird einem Verbraucher durch Gesetz ein Widerrufsrecht nach dieser Vorschrift eingeräumt, so sind der Verbraucher und der Unternehmer an ihre auf den Abschluss des Vertrags gerichteten Willenserklärun-

gen nicht mehr gebunden, wenn der Verbraucher seine Willenserklärung fristgerecht widerrufen hat. Der Widerruf erfolgt durch Erklärung gegenüber dem Unternehmer. Aus der Erklärung muss der Entschluss des Verbrauchers zum Widerruf des Vertrags eindeutig hervorgehen. Der Widerruf muss keine Begründung enthalten. Zur Fristwahrung genügt die rechtzeitige Absendung des Widerrufs.

(2) Die Widerrufsfrist beträgt 14 Tage. Sie beginnt mit Vertragsschluss, soweit nichts anderes bestimmt ist.

(3) Im Falle des Widerrufs sind die empfangenen Leistungen unverzüglich zurückzugewähren. Bestimmt das Gesetz eine Höchstfrist für die Rückgewähr, so beginnt diese für den Unternehmer mit dem Zugang und für den Verbraucher mit der Abgabe der Widerrufserklärung. Ein Verbraucher wahrt diese Frist durch die rechtzeitige Absendung der Waren. Der Unternehmer trägt bei Widerruf die Gefahr der Rücksendung der Waren.

§§ 356 bis 357d
(nicht abgedruckt)

§ 357e BGB
Rechtsfolgen des Widerrufs bei Verbraucherbauverträgen

Ist die Rückgewähr der bis zum Widerruf erbrachten Leistung ihrer Natur nach ausgeschlossen, schuldet der Verbraucher dem Unternehmer Wertersatz. Bei der Berechnung des Wertersatzes ist die vereinbarte Vergütung zugrunde zu legen. Ist die vereinbarte Vergütung unverhältnismäßig hoch, ist der Wertersatz auf der Grundlage des Marktwertes der erbrachten Leistung zu berechnen.

Für die Praxis: Die Vorschriften §§ 355, 357e BGB wurden neu in das BGB aufgenommen. Dadurch wurden spezielle Regelungen für einen **Verbraucherbauvertrag** geschaffen. Erstmalig wird damit ein besonderer Schutz für Verbraucher bei Bauverträgen eingeführt; diese Regelungen finden sich in den **§§ 650i bis 650n BGB** als Kapitel 3 „Verbraucherbauvertrag" (siehe dort).

Ein Verbraucherbauvertrag liegt gemäß § 650i BGB dann vor, wenn ein Verbraucher i.S.v. § 13 BGB mit einem Unternehmer einen Bauvertrag abschließt, durch den ein neues Gebäude errichtet oder erhebliche Umbaumaßnahmen an einem bestehenden Gebäude vorgenommen werden sollen. § 650l BGB verweist bezüglich des **Widerrufsrechts des Verbrauchers** auf § 355 BGB.

In Ergänzung zu § 355 BGB wurden zum Bauvertragsrecht ergänzende Vorschriften zur Ausgestaltung des Widerrufsrechts eingeführt, die den Besonderheiten des Bauvertrages Rechnung tragen:

§ 356e BGB regelt den **Beginn der Widerrufsfrist**.

§ 357e BGB befasst sich mit den **Rechtsfolgen**, wenn der Verbraucher von seinem Widerrufsrecht Gebrauch gemacht hat. Bauarbeiten, die in der Regel auf dem Grundstück des Verbrauchers durchgeführt werden, führen zu einem Wertzuwachs auf Seiten des Verbrauchers, weil dieser Eigentümer der Baumaterialien wird bzw. durch Baumaßnahmen sich der Grundstückswert erhöht. Die Gegenleistung des Unternehmers kann im Fall eines Widerrufs oft nicht gemäß §§ 357 Abs. 1, 346 BGB zurückgegeben werden. Ist beispielsweise die Baugrube ausgehoben, der Keller fertig gestellt oder der Dachstuhl ausgebaut, dann verbleiben diese Leistungen vor Ort. § 357e Satz 1 BGB normiert daher eine – **verschuldensunabhängige – Verpflichtung des Verbrauchers auf Wertersatz** für die vom Unternehmer erbrachten Leistungen. Bei der Berechnung dieses Wertersatzes ist nach § 357e Satz 2 BGB die vereinbarte Vergütung zugrunde zu legen. Besteht zwischen den vereinbarten Vertragsleistungen und deren tatsächlichem Wert ein erhebliches Missverhältnis, regelt § 357e Satz 3 BGB, dass der Wertersatz auf der Grundlage des Marktwertes zu berechnen ist. So wird verhindert, dass ein Unternehmer, der einen Verbraucher übervorteilt hat, auch im Falle des Rücktritts daraus noch profitiert.

§§ 358 bis 361
(nicht abgedruckt)

Abschnitte 4 bis 7
(nicht abgedruckt)

Abschnitt 8
Einzelne Schuldverhältnisse

Titel 1
Kauf, Tausch

Untertitel 1
Allgemeine Vorschriften

§ 433
Vertragstypische Pflichten beim Kaufvertrag

(1) Durch den Kaufvertrag wird der Verkäufer einer Sache verpflichtet, dem Käufer die Sache zu übergeben und das Eigentum an der Sache zu verschaffen. Der Verkäufer hat dem Käufer die Sache frei von Sach- und Rechtsmängeln zu verschaffen.

(2) Der Käufer ist verpflichtet, dem Verkäufer den vereinbarten Kaufpreis zu zahlen und die gekaufte Sache abzunehmen.

§ 434
Sachmangel

(1) Die Sache ist frei von Sachmängeln, wenn sie bei Gefahrübergang den subjektiven Anforderungen, den objektiven Anforderungen und den Montageanforderungen dieser Vorschrift entspricht.

(2) Die Sache entspricht den subjektiven Anforderungen, wenn sie

1. die vereinbarte Beschaffenheit hat,
2. sich für die nach dem Vertrag vorausgesetzte Verwendung eignet und
3. mit dem vereinbarten Zubehör und den vereinbarten Anleitungen, einschließlich Montage- und Installationsanleitungen, übergeben wird.

Zu der Beschaffenheit nach Satz 1 Nummer 1 gehören Art, Menge, Qualität, Funktionalität, Kompatibilität, Interoperabilität und sonstige Merkmale der Sache, für die die Parteien Anforderungen vereinbart haben.

(3) Soweit nicht wirksam etwas anderes vereinbart wurde, entspricht die Sache den objektiven Anforderungen, wenn sie

1. sich für die gewöhnliche Verwendung eignet,
2. eine Beschaffenheit aufweist, die bei Sachen derselben Art üblich ist und die der Käufer erwarten kann unter Berücksichtigung
   a) der Art der Sache und
   b) der öffentlichen Äußerungen, die von dem Verkäufer oder einem anderen Glied der Vertragskette oder in deren Auftrag, insbesondere in der Werbung oder auf dem Etikett, abgegeben wurden,
3. der Beschaffenheit einer Probe oder eines Musters entspricht, die oder das der Verkäufer dem Käufer vor Vertragsschluss zur Verfügung gestellt hat, und
4. mit dem Zubehör einschließlich der Verpackung, der Montage- oder Installationsanleitung sowie anderen Anleitungen übergeben wird, deren Erhalt der Käufer erwarten kann.

Zu der üblichen Beschaffenheit nach Satz 1 Nummer 2 gehören Menge, Qualität und sonstige Merkmale der Sache, einschließlich ihrer Haltbarkeit, Funktionalität, Kompatibilität und Sicherheit. 3 Der Verkäufer ist durch die in Satz 1 Nummer 2 Buchstabe b genannten öffentlichen Äußerungen nicht gebunden, wenn er sie nicht kannte und auch nicht kennen konnte, wenn die Äußerung im Zeitpunkt des Vertragsschlusses in derselben oder in gleichwertiger Weise berichtigt war oder wenn die Äußerung die Kaufentscheidung nicht beeinflussen konnte.

(4) Soweit eine Montage durchzuführen ist, entspricht die Sache den Montageanforderungen, wenn die Montage

1. sachgemäß durchgeführt worden ist oder
2. zwar unsachgemäß durchgeführt worden ist, dies jedoch weder auf einer unsachgemäßen Montage durch den Verkäufer noch auf einem Mangel in der vom Verkäufer übergebenen Anleitung beruht.

(5) Einem Sachmangel steht es gleich, wenn der Verkäufer eine andere Sache als die vertraglich geschuldete Sache liefert.

Für die Praxis: Die **Beschaffenheit** ist auch im Kaufrecht der zentrale Begriff für die Sachmängelhaftung. Die Beschaffenheit ist der tatsächliche Zustand der Sache einschließlich ihrer Eigenschaften (neu, gebraucht, Größe, Gewicht, Alter, Herstellungsmaterial, Energieverbrauch, Verarbeitung, Verschleiß etc.).

Abs. 2 dieser Vorschrift ist wirtschaftlich von großer Bedeutung. Sie gilt für alle Kaufverträge, sofern die **Montage** der gekauften Sache vereinbart wurde. Vor allem bei technischen Verbrauchsgütern, insbesondere Maschinen, müssen die Aufstellung und Montage von versiertem Fachpersonal durchgeführt werden. Durch diese Vorschrift wird die **fehlerfreie Montage** zur **Hauptpflicht** des Vertrages. Die Montage umfasst alle zum vertraglich vorausgesetzten Gebrauch der Kaufsache notwendigen Arbeiten, also Zusammenbau von Einzelteilen, die Aufstellung und ggf. den Einbau vor Ort. Ist die Montage fehlerhaft, bestimmen sich die Mängelrechte des Käufers nach Kaufrecht, also nach den §§ 437 bis 441 BGB. Der Käufer hat somit kein Recht auf Selbstvornahme. Die Abgrenzung zu § 650 BGB ist zu beachten.

Bei sog. Unternehmenskäufen, bei Kaufverträgen zwischen zwei Kaufleuten, ist bei Mängelansprüchen noch die **Rügepflicht** in § 377 HGB zu beachten. Nach dieser Vorschrift muss der Käufer die gelieferte Ware unmittelbar nach der Anlieferung untersuchen und vorhandene Mängel gegenüber dem Verkäufer rügen. Unterlässt der Käufer diese Rüge, kann er nur dann noch Mängelansprüche gegen den Verkäufer geltend machen, wenn der Mangel nicht erkennbar war. Später entdeckte Mängel sind ebenfalls unverzüglich dem Verkäufer mitzuteilen.

§ 435
Rechtsmangel

Die Sache ist frei von Rechtsmängeln, wenn Dritte in Bezug auf die Sache keine oder nur die im Kaufvertrag übernommenen Rechte gegen den Käufer geltend machen können. Einem Rechtsmangel steht es gleich, wenn im Grundbuch ein Recht eingetragen ist, das nicht besteht.

§ 436
Öffentliche Lasten von Grundstücken

(1) Soweit nicht anders vereinbart, ist der Verkäufer eines Grundstücks verpflichtet, Erschließungsbeiträge und sonstige Anliegerbeiträge für die Maßnahmen zu tragen, die bis zum Tage des Vertragsschlusses bautechnisch begonnen sind, unabhängig vom Zeitpunkt des Entstehens der Beitragsschuld.

(2) Der Verkäufer eines Grundstücks haftet nicht für die Freiheit des Grundstücks von anderen öffentlichen Abgaben und von anderen öffentlichen Lasten, die zur Eintragung in das Grundbuch nicht geeignet sind.

§ 437
Rechte des Käufers bei Mängeln

Ist die Sache mangelhaft, kann der Käufer, wenn die Voraussetzungen der folgenden Vorschriften vorliegen und soweit nicht ein anderes bestimmt ist,

1. nach § 439 Nacherfüllung verlangen,
2. nach den §§ 440, 323 und 326 Abs. 5 von dem Vertrag zurücktreten oder nach § 441 den Kaufpreis mindern und
3. nach den §§ 440, 280, 281, 283 und 311a Schadensersatz oder nach § 284 Ersatz vergeblicher Aufwendungen verlangen.

Für die Praxis: Auch an dieser Stelle ist nochmals darauf hinzuweisen, dass bei Kaufverträgen zwischen zwei Kaufleuten ist bei Mängelansprüchen noch die Rügepflicht in § 377 HGB zu beachten ist. Nach dieser Vorschrift muss der Käufer die gelieferte Ware unmittelbar nach der Anlieferung untersuchen und vorhandene Mängel gegenüber dem Verkäufer rügen. Unterlässt der Käufer diese Rüge, kann er nur dann noch Mängelansprüche gegen den Verkäufer geltend machen, wenn der Mangel nicht erkennbar war. Später entdeckte Mängel sind ebenfalls unverzüglich dem Verkäufer mitzuteilen.

§ 438
Verjährung der Mängelansprüche

(1) Die in § 437 Nr. 1 und 3 bezeichneten Ansprüche verjähren

1. in 30 Jahren, wenn der Mangel
   a) in einem dinglichen Recht eines Dritten, auf Grund dessen Herausgabe der Kaufsache verlangt werden kann, oder
   b) in einem sonstigen Recht, das im Grundbuch eingetragen ist,

   besteht,
2. in fünf Jahren
   a) bei einem Bauwerk und
   b) bei einer Sache, die entsprechend ihrer üblichen Verwendungsweise für ein Bauwerk verwendet worden ist und dessen Mangelhaftigkeit verursacht hat, und
3. im Übrigen in zwei Jahren.

(2) Die Verjährung beginnt bei Grundstücken mit der Übergabe, im Übrigen mit der Ablieferung der Sache.

(3) Abweichend von Absatz 1 Nr. 2 und 3 und Absatz 2 verjähren die Ansprüche in der regelmäßigen Verjährungsfrist, wenn der Verkäufer den Mangel arglistig verschwiegen hat. Im Falle des Absatzes 1 Nr. 2 tritt die Verjährung jedoch nicht vor Ablauf der dort bestimmten Frist ein.

(4) Für das in § 437 bezeichnete Rücktrittsrecht gilt § 218. Der Käufer kann trotz einer Unwirksamkeit des Rücktritts nach § 218 Abs. 1 die Zahlung des Kaufpreises insoweit verweigern, als er auf Grund des Rücktritts dazu berechtigt sein würde. Macht er von diesem Recht Gebrauch, kann der Verkäufer vom Vertrag zurücktreten.

(5) Auf das in § 437 bezeichnete Minderungsrecht finden § 218 und Absatz 4 Satz 2 entsprechende Anwendung.

Für die Praxis: Gemäß § 438 Abs. 1 Nr. 2 Buchst. b BGB verjähren Gewährleistungsansprüche, welche aus dem Kauf mangelhafter Baustoffe resultieren, ebenso wie im Werkvertragsrecht in 5 Jahren. Sind Baustoffe oder Bauteile – also z.B. Zement, Bauholz, Fenster, Rohrleitungen, Heizung, Sanitärobjekte – in einem Bauwerk eingebaut worden, unabhängig davon, ob durch den Bauherrn selbst, den Bauunternehmer oder den Handwerker, gilt die längere Verjährungsfrist von 5 Jahren. Der Mangel der gekauften Sache muss mitursächlich für den Mangel am Bauwerk sein, nicht notwendig der einzige.

§ 439 BGB
Nacherfüllung

(1) Der Käufer kann als Nacherfüllung nach seiner Wahl die Beseitigung des Mangels oder die Lieferung einer mangelfreien Sache verlangen.

(2) Der Verkäufer hat die zum Zwecke der Nacherfüllung erforderlichen Aufwendungen, insbesondere Transport-, Wege-, Arbeits- und Materialkosten zu tragen.

(3) Hat der Käufer die mangelhafte Sache gemäß ihrer Art und ihrem Verwendungszweck in eine andere Sache eingebaut oder an eine andere Sache angebracht, bevor der Mangel offenbar wurde, ist der Verkäufer im Rahmen der Nacherfüllung verpflichtet, dem Käufer die erforderlichen Aufwendungen für das Entfernen der mangelhaften und den Einbau oder das Anbringen der nachgebesserten oder gelieferten mangelfreien Sache zu ersetzen.

(4) Der Verkäufer kann die vom Käufer gewählte Art der Nacherfüllung unbeschadet des § 275 Abs. 2 und 3 verweigern, wenn sie nur mit unverhältnismäßigen Kosten möglich ist. Dabei sind insbesondere der Wert der Sache in mangelfreiem Zustand, die Bedeutung des Mangels und die Frage zu berücksichtigen, ob auf die andere Art der Nacherfüllung ohne erhebliche Nachteile für den Käufer zurückgegriffen werden könnte. Der Anspruch des Käufers beschränkt sich in diesem Fall auf die andere Art der Nacherfüllung; das Recht des Verkäufers, auch diese unter den Voraussetzungen des Satzes 1 zu verweigern, bleibt unberührt.

(5) Der Käufer hat dem Verkäufer die Sache zum Zweck der Nacherfüllung zur Verfügung zu stellen.

(6) Liefert der Verkäufer zum Zwecke der Nacherfüllung eine mangelfreie Sache, so kann er vom Käufer Rückgewähr der mangelhaften Sache nach Maßgabe der §§ 346 bis 348 verlangen. 2 Der Verkäufer hat die ersetzte Sache auf seine Kosten zurückzunehmen.

§ 440 BGB
Besondere Bestimmungen für Rücktritt und Schadensersatz

Außer in den Fällen des § 281 Absatz 2 und des § 323 Absatz 2 bedarf es der Fristsetzung auch dann nicht, wenn der Verkäufer beide Arten der Nacherfüllung gemäß § 439 Absatz 4 verweigert oder wenn die dem Käufer zustehende Art der Nacherfüllung fehlgeschlagen oder ihm unzumutbar ist. Eine Nachbesserung gilt nach dem erfolglosen zweiten Versuch als fehlgeschlagen, wenn sich nicht insbesondere aus der Art der Sache oder des Mangels oder den sonstigen Umständen etwas anderes ergibt.

§ 441
Minderung

(1) Statt zurückzutreten, kann der Käufer den Kaufpreis durch Erklärung gegenüber dem Verkäufer mindern. Der Ausschlussgrund des § 323 Abs. 5 Satz 2 findet keine Anwendung.

(2) Sind auf der Seite des Käufers oder auf der Seite des Verkäufers mehrere beteiligt, so kann die Minderung nur von allen oder gegen alle erklärt werden.

(3) Bei der Minderung ist der Kaufpreis in dem Verhältnis herabzusetzen, in welchem zur Zeit des Vertragsschlusses der Wert der Sache in mangelfreiem Zustand zu dem wirklichen Wert gestanden haben würde. Die Minderung ist, soweit erforderlich, durch Schätzung zu ermitteln.

(4) Hat der Käufer mehr als den geminderten Kaufpreis gezahlt, so ist der Mehrbetrag vom Verkäufer zu erstatten. § 346 Abs. 1 und § 347 Abs. 1 finden entsprechende Anwendung.

§ 442
Kenntnis des Käufers

(1) Die Rechte des Käufers wegen eines Mangels sind ausgeschlossen, wenn er bei Vertragsschluss den Mangel kennt. Ist dem Käufer ein Mangel infolge grober Fahrlässigkeit unbekannt geblieben, kann der Käufer Rechte wegen dieses Mangels nur geltend machen, wenn der Verkäufer den Mangel arglistig verschwiegen oder eine Garantie für die Beschaffenheit der Sache übernommen hat.

(2) Ein im Grundbuch eingetragenes Recht hat der Verkäufer zu beseitigen, auch wenn es der Käufer kennt.

§ 443
Garantie

(1) Geht der Verkäufer, der Hersteller oder ein sonstiger Dritter in einer Erklärung oder einschlägigen Werbung, die vor oder bei Abschluss des Kaufvertrags verfügbar war, zusätzlich zu der gesetzlichen Mängelhaftung insbesondere die Verpflichtung ein, den Kaufpreis zu erstatten, die Sache auszutauschen, nachzubessern oder in ihrem Zusammenhang Dienstleistungen zu erbringen, falls die Sache nicht diejenige Beschaffenheit aufweist oder andere als die Mängelfreiheit betreffende Anforderungen nicht erfüllt, die in der Erklärung oder einschlägigen Werbung beschrieben sind (Garantie), stehen dem Käufer im Garantiefall unbeschadet der gesetzlichen Ansprüche die Rechte aus der Garantie gegenüber demjenigen zu, der die Garantie gegeben hat (Garantiegeber).

(2) Soweit der Garantiegeber eine Garantie dafür übernommen hat, dass die Sache für eine bestimmte Dauer eine bestimmte Beschaffenheit behält (Haltbarkeitsgarantie), wird vermutet, dass ein während ihrer Geltungsdauer auftretender Sachmangel die Rechte aus der Garantie begründet.

§ 444
Haftungsausschluss

Auf eine Vereinbarung, durch welche die Rechte des Käufers wegen eines Mangels ausgeschlossen oder beschränkt werden, kann sich der Verkäufer nicht berufen, soweit er den Mangel arglistig verschwiegen oder eine Garantie für die Beschaffenheit der Sache übernommen hat.

§ 445
(nicht abgedruckt)

§ 445a
Rückgriff des Verkäufers

(1) Der Verkäufer kann beim Verkauf einer neu hergestellten Sache von dem Verkäufer, der ihm die Sache verkauft hatte (Lieferant), Ersatz der Aufwendungen verlangen, die er im Verhältnis zum Käufer nach § 439 Absatz 2, 3 und 6 Satz 2 sowie nach § 475 Absatz 4 zu tragen hatte, wenn der vom Käufer geltend gemachte Mangel bereits beim Übergang der Gefahr auf den Verkäufer vorhanden war oder auf einer Verletzung der Aktualisierungspflicht gemäß § 475b Absatz 4 beruht.

(2) Für die in § 437 bezeichneten Rechte des Verkäufers gegen seinen Lieferanten bedarf es wegen des vom Käufer geltend gemachten Mangels der sonst erforderlichen Fristsetzung nicht, wenn der Verkäufer die verkaufte neu hergestellte Sache als Folge ihrer Mangelhaftigkeit zurücknehmen musste oder der Käufer den Kaufpreis gemindert hat.

(3) Die Absätze 1 und 2 finden auf die Ansprüche des Lieferanten und der übrigen Käufer in der Lieferkette gegen die jeweiligen Verkäufer entsprechende Anwendung, wenn die Schuldner Unternehmer sind.

(4) § 377 des Handelsgesetzbuchs bleibt unberührt.

Für die Praxis: § 445a BGB wurde mit der Reform des Bauvertragsrechts neu eingefügt. Die Regelung des **Abs. 1** entspricht § 478 BGB. Der Verkäufer, der seinem Käufer – neben der Lieferung einer mangelfreien Ware – die Ausbau- und Einbaukosten ersetzen muss (vgl. dazu § 439 Abs. 3 Satz 1 BGB), soll seinerseits **Rückgriff in der Lieferkette** nehmen können. Denn in der Regel hat auch der Verkäufer den Mangel nicht verschuldet, vielmehr ist der Mangel häufig auf Fehler in der Lieferantenkette zurückzuführen (z.B. Fehler bei Herstellung, unsachgemäße Aufbewahrung bei Zwischenhändler/Lieferant). § 445a Abs. 2 und 3 BGB gelten daher gem. **Abs. 3** in der weiteren Lieferkette entsprechend, sofern die Parteien des jeweiligen Kaufvertrages Unternehmer i.S.v. § 14 BGB sind. Nachteile aus der Mangelhaftigkeit einer Sache sollen so möglichst bis zu dem Unternehmer weitergegeben werden, in dessen Bereich der Mangel entstanden ist.

Die neue Regressvorschrift hat zur Folge, dass etwaige **Fristsetzungen** als Voraussetzung für Rücktritt, Minderung oder Schadensersatz innerhalb einer Lieferkette ebenfalls entbehrlich sind, wenn der jeweilige Gläubiger die Sache als Folge ihrer Mangelhaftigkeit von seinem Abnehmer zurücknehmen musste (§ 445a **Abs. 2** BGB).

§ 445b BGB
Verjährung von Rückgriffsansprüchen

(1) Die in § 445a Absatz 1 bestimmten Aufwendungsersatzansprüche verjähren in zwei Jahren ab Ablieferung der Sache.

(2) Die Verjährung der in den §§ 437 und 445a Absatz 1 bestimmten Ansprüche des Verkäufers gegen seinen Lieferanten wegen des Mangels einer verkauften neu hergestellten Sache tritt frühestens zwei Monate nach dem Zeitpunkt ein, in dem der Verkäufer die Ansprüche des Käufers erfüllt hat.

(2) Die Absätze 1 und 2 finden auf die Ansprüche des Lieferanten und der übrigen Käufer in der Lieferkette gegen die jeweiligen Verkäufer entsprechende Anwendung, wenn die Schuldner Unternehmer sind.

Für die Praxis: Auch § 445b BGB wurde durch die Reform des Bauvertragsrechts neu eingefügt. § 445b Abs. 2 BGB entspricht § 479 Abs. 2 BGB.

§ 445b **Abs. 2** BGB sieht zugunsten des Letztverkäufers eine Sonderregelung der Verjährung vor. Diese Regelung soll in einem zeitlich begrenzten Rahmen gewährleisten, dass ein Verkäufer, der den Gewährleistungsansprüchen seines Käufers ausgesetzt ist, an dem Rückgriff in der Lieferkette nicht aufgrund der Verjährung seiner Ansprüche gehindert ist.

§ 445c
(nicht abgedruckt)

§ 446
Gefahr- und Lastenübergang

Mit der Übergabe der verkauften Sache geht die Gefahr des zufälligen Untergangs und der zufälligen Verschlechterung auf den Käufer über. Von der Übergabe an gebühren dem Käufer die Nutzungen und trägt er die Lasten der Sache. Der Übergabe steht es gleich, wenn der Käufer im Verzug der Annahme ist.

§ 447, 448
(nicht abgedruckt)

§ 449
Eigentumsvorbehalt

(1) Hat sich der Verkäufer einer beweglichen Sache das Eigentum bis zur Zahlung des Kaufpreises vorbehalten, so ist im Zweifel anzunehmen, dass das Eigentum unter der aufschiebenden Bedingung vollständiger Zahlung des Kaufpreises übertragen wird (Eigentumsvorbehalt).

(2) Auf Grund des Eigentumsvorbehalts kann der Verkäufer die Sache nur herausverlangen, wenn er vom Vertrag zurückgetreten ist.

(3) Die Vereinbarung eines Eigentumsvorbehalts ist nichtig, soweit der Eigentumsübergang davon abhängig gemacht wird, dass der Käufer Forderungen eines Dritten, insbesondere eines mit dem Verkäufer verbundenen Unternehmens, erfüllt.

Titel 9
Werkvertrag und ähnliche Verträge

Vorbemerkung: Das Werkvertragsrecht – „Titel 9: Werkvertrag und ähnliche Verträge" – ist wie folgt gegliedert:

- Untertitel 1: Werkvertragsrecht
  - Kapitel 1: Allgemeine Vorschriften (§§ 631 bis 650 BGB)
  - Kapitel 2: Bauvertrag (§§ 650a bis 650g BGB)
  - Kapitel 3: Verbraucherbauvertrag (§§ 650h bis 650n BGB)
  - Kapitel 4: Unabdingbarkeit (§ 650o BGB)
- Untertitel 2: Architektenvertrag und Ingenieurvertrag (§§ 650p bis 650t BGB)
- Untertitel 3: Bauträgervertrag (§§ 650u, 650v BGB)

Das 2018 eingeführte Bauvertragsrecht verfolgt **drei Zielsetzungen**:

1. mehr Rechtssicherheit und Rechtsklarheit,
2. mehr Rechte für den Verbraucher und
3. mehr Transparenz.

Kapitel 1
Allgemeine Vorschriften

§ 631
Vertragstypische Pflichten beim Werkvertrag

(1) Durch den Werkvertrag wird der Unternehmer zur Herstellung des versprochenen Werkes, der Besteller zur Entrichtung der vereinbarten Vergütung verpflichtet.

(2) Gegenstand des Werkvertrags kann sowohl die Herstellung oder Veränderung einer Sache als auch ein anderer durch Arbeit oder Dienstleistung herbeizuführender Erfolg sein.

Für die Praxis: § 631 Abs. 1 BGB verdeutlicht, wie rudimentär im BGB die Regelungen für das Werkvertragsrecht sind. In der Grundnorm – § 631 BGB – wird nur die Herstellungs- und Verschaffungspflicht des Werkunternehmers bzw. die Zahlungspflicht des Bestellers geregelt. Der Unternehmer schuldet den werkvertraglich vereinbarten Erfolg bzw. die vereinbarte Funktion verschuldensunabhängig; dies ist ein wesentliches Kennzeichen des Werkvertragsrechts, das sich auf zahlreiche Einzelfragen auswirkt und z.B. zu Prüf- und Hinweispflichten des Auftragnehmers wie bei der Behinderung führt.

Für die Reparatur eines Schuhes reicht diese rudimentäre Regelung aus, nicht aber für komplexe Bauwerke, an deren Herstellung und Errichtung eine Vielzahl von Unternehmen und Personen beteiligt ist. In der Praxis hilft man sich daher mit zahlreichen zusätzlichen vertraglichen Vereinbarungen.

Am bekanntesten sind die Allgemeinen Vertragsbedingungen für die Ausführung von Bauleistungen **(VOB/B)**. Ergänzt werden diese AGB durch Allgemeine Vertragsbedingungen **(AVB)**, Zusätzliche Vertragsbedingungen **(ZVB)** und Besondere Vertragsbedingungen **(BVB)** sowie Allgemeine **(ATV)**, Zusätzliche **(ZTV)** und Besondere Technische Vertragsbedingungen **(BTV)**.

Der Unterschied zwischen Besonderen Vertragsbedingungen (BVB) und Zusätzlichen Vertragsbedingungen (ZVB) ist in § 8 Abs. 4 bis 6 VOB/A beschrieben:

- Die Allgemeinen Vertragsbedingungen (VOB/B und VOB/C) bleiben grundsätzlich unverändert.
- Für Auftraggeber, die ständig Bauleistungen vergeben, enthalten die Zusätzlichen Vertragsbedingungen (ZVB) *allgemeine* Bedingungen, die bei jeder vergebenen Bauleistung zu beachtenden sind.
- Die Besonderen Vertragsbedingungen (BVB) erfassen darüber hinaus zusätzlich die Besonderheiten, welche bei der Ausführung der in Auftrag gegebenen Bauleistung zu beachten sind. Sie sind *auf diesen Auftrag konkretisiert*.

In der Praxis wird dieser unterschiedliche Bedeutungsinhalt oft nicht beachtet, sondern alle Arten von Vertragsbestimmungen werden bunt gemischt. Das ist nicht ungefährlich, weil daraus die Unwirksamkeit einzelner Vereinbarungen resultieren kann. Eine Klausel an der falschen Stelle kann als überraschende Klausel i.S.v. § 305c BGB gewertet werden. Wenn es z.B. um Technische Vertragsbestimmungen geht, dürfen darin keine Regelungen zur Sicherheitsleistung enthalten sein.

§ 632
Vergütung

(1) Eine Vergütung gilt als stillschweigend vereinbart, wenn die Herstellung des Werkes den Umständen nach nur gegen eine Vergütung zu erwarten ist.

(2) Ist die Höhe der Vergütung nicht bestimmt, so ist bei dem Bestehen einer Taxe die taxmäßige Vergütung, in Ermangelung einer Taxe die übliche Vergütung als vereinbart anzusehen.

(3) Ein Kostenanschlag ist im Zweifel nicht zu vergüten.

Für die Praxis: Man sollte annehmen, dass in § 632 Abs. 1 BGB eine Selbstverständlichkeit geregelt ist. Zahlreiche Probleme bei Architekten- und Ingenieurverträgen resultieren aber aus der Frage, ob von Architekten/Ingenieure erbrachte **Planungsleistungen** tatsächlich zu vergüten sind oder ob es sich hierbei noch um eine **kostenlose Akquisitionstätigkeit** des Planers gehandelt hat. Das Bauvertragsrecht regelt inzwischen in **§ 650p i.V.m. § 650r Abs. 3** BGB einen Ausschnitt aus dieser Problematik. Im Interesse aller Beteiligten sollte diese Schnittstelle durch eine klare vertragliche Regelung erfasst werden, um nachträgliche Interpretationskünste und Indizienbeweisführungen bei Gericht zu vermeiden. Die Darlegungslast für einen vergütungspflichtigen Vertrag liegt grundsätzlich beim Planer.

Aber auch bei Verträgen über Bauleistungen werden oft Änderungen vorgenommen, ohne dass sich die Vertragspartner über die Folgen für Bauzeit und Vergütung einig sind. Insoweit soll für Bauverträge § 650b unterstützen.

§ 632 Abs. 3 BGB bestimmt, dass ein **Kostenanschlag**, also eine fachmännische Berechnung der voraussichtlichen Kosten für die angefragte Werkleistung, im Zweifel kostenlos ist. Wenn der Unternehmer trotzdem seine Vergütung für einen Kostenanschlag für den Fall sicherstellen will, dass es nicht zur Auftragserteilung kommt, muss er den Besteller besonders darauf hinweisen und eine individuelle Vereinbarung mit ihm darüber treffen. Eine Regelung in AGB ist unwirksam, denn sie ist entweder überraschend gemäß § 305c BGB oder unangemessen i.S.v. § 307 BGB.

§ 632a BGB
Abschlagszahlungen

1) Der Unternehmer kann von dem Besteller eine Abschlagszahlung in Höhe des Wertes der von ihm erbrachten und nach dem Vertrag geschuldeten Leistungen verlangen. Sind die erbrachten Leistungen nicht vertragsgemäß, kann der Besteller die Zahlung eines angemessenen Teils des Abschlags verweigern.

Die Beweislast für die vertragsgemäße Leistung verbleibt bis zur Abnahme beim Unternehmer. § 641 Abs. 3 gilt entsprechend. Die Leistungen sind durch eine Aufstellung nachzuweisen, die eine rasche und sichere Beurteilung der Leistungen ermöglichen muss. Die Sätze 1 bis 5 gelten auch für erforderliche Stoffe oder Bauteile, die angeliefert oder eigens angefertigt und bereitgestellt sind, wenn dem Besteller nach seiner Wahl Eigentum an den Stoffen oder Bauteilen übertragen oder entsprechende Sicherheit hierfür geleistet wird.

(2) Die Sicherheit nach Absatz 1 Satz 6 kann auch durch eine Garantie oder ein sonstiges Zahlungsversprechen eines im Geltungsbereich dieses Gesetzes zum Geschäftsbetrieb befugten Kreditinstituts oder Kreditversicherers geleistet werden.

Für die Praxis: § 632a BGB verdeutlicht eines der Grundprobleme des Werkvertragsrechts. Gemäß dem Grundsatz in § 641 Abs. 1 Satz 1 BGB wird die Vergütung des Werkunternehmers erst mit der Abnahme fällig, weil dann auch sicher festgestellt werden kann, ob seine Leistung die geschuldete Funktion hat. Daraus resultiert das Problem, dass der Unternehmer grundsätzlich bis zur Abnahme vorleistungspflichtig ist, der Besteller dadurch einen Vermögenszuwachs erhält, aber der Unternehmer in immer größerem Umfang das Insolvenzrisiko des Bestellers trägt. Deshalb kann der Unternehmer Abschlagszahlungen fordern.

Die Konfliktsituation besteht darin, dass der Unternehmer möglichst hohe Abschlagszahlungen erhalten will, der Besteller aber die unfertigen Leistungen des Unternehmers nicht überzahlen möchte.

Nach der geltenden Fassung des § 632a BGB kommt es bezüglich der Höhe der Abschlagszahlungen jetzt auf den **Wert der vom Unternehmer erbrachten und nach dem Vertrag geschuldeten Leistungen** an. Die Regelung orientiert sich an **§ 16 Abs. 1 Nr. 1 VOB/B**. Der Gesetzgeber geht davon aus, dass der Unternehmer ohne viel Aufwand dem Bauherrn gegenüber nachweisen kann, welche Aufwendungen er bisher getätigt hat. Zur Begründung seiner Abschlagsforderung muss der Unternehmer eine Aufstellung vorlegen, die eine rasche und sichere Beurteilung seiner Leistungen ermöglicht. Diese Formulierng entspricht den Anforderungen an eine **prüfbare Abschlagsrechnung** in § 16 Abs. 1 Nr. 1 VOB/B und wird auch genau so verstanden. Der Bauherr kann diese Aufstellung anhand des Angebots, der dort ausgewiesenen Preise und des tatsächlichen Baufortschritts kontrollieren.

Der Bauherr hat das Recht, Abschlagszahlungen ganz oder teilweise zu **verweigern**, wenn keine vertragsgemäßen Leistungen erbracht wurden (vgl. § 632a Abs. 1 Satz 2 BGB). Ist die bisher erbrachte Werk- bzw. Bauleistung mangelhaft, kann der Bauherr den geforderten Abschlag kürzen. Maßstab für die Kürzung ist in der Regel das Doppelte der geschätzten Mangelbeseitigungskosten, § 641 Abs. 3 BGB.

§ 633
Sach- und Rechtsmangel

(1) Der Unternehmer hat dem Besteller das Werk frei von Sach- und Rechtsmängeln zu verschaffen.

(2) Das Werk ist frei von Sachmängeln, wenn es die vereinbarte Beschaffenheit hat. Soweit die Beschaffenheit nicht vereinbart ist, ist das Werk frei von Sachmängeln,

1. wenn es sich für die nach dem Vertrag vorausgesetzte, sonst
2. für die gewöhnliche Verwendung eignet und eine Beschaffenheit aufweist, die bei Werken der gleichen Art üblich ist und die der Besteller nach der Art des Werkes erwarten kann.

Einem Sachmangel steht es gleich, wenn der Unternehmer ein anderes als das bestellte Werk oder das Werk in zu geringer Menge herstellt.

(3) Das Werk ist frei von Rechtsmängeln, wenn Dritte in Bezug auf das Werk keine oder nur die im Vertrag übernommenen Rechte gegen den Besteller geltend machen können.

Für die Praxis: Die Bedeutung dieser Regelung wird in der Praxis immer noch verkannt. Ob ein Werk **mangelhaft** ist oder nicht, richtet sich ausschließlich nach der Beschaffenheit, welche die Vertragsparteien **vereinbart** haben und zwar unabhängig davon, ob der Mangel tatsächlich auch zu einer Minderung der Funktions- und/oder Gebrauchstauglichkeit des Werkes führt. So kann also auch eine qualitativ höherwertigere Leistung einen Mangel darstellen. Erst bei den aus dem Mangel resultierenden Folgen sind ggf. die Schwere des Mangels und die erforderlichen Mangelbeseitigungskosten zu berücksichtigen.

Grundsätzlich ist die **Parteivereinbarung über die Beschaffenheit** des Werkes maßgeblich, nachrangig die objektiv ermittelte Soll-Beschaffenheit.

Das Werk ist mangelhaft, wenn die „Ist"-Beschaffenheit von der vertraglich geschuldeten „Soll"-Beschaffenheit abweicht. Für die Bestimmung der „Soll"-Beschaffenheit (§ 633 Abs. 2 Satz 1 BGB) sind der Vertrag und die zur Grundlage des Vertrages gemachten Leistungsverzeichnisse, Baupläne und Objektbeschreibungen von entscheidender Bedeutung. Gemäß § 7b VOB/A wird die Leistung in der Regel durch eine allgemeine Darstellung der Bauaufgabe (Baubeschreibung) und ein in Teilleistungen gegliedertes **Leistungsverzeichnis** beschrieben. In der Praxis wird die Bedeutung einer **Baubeschreibung** immer noch verkannt. Die darin geäußerten Ziel- und Funktionsvorstellungen des Bauherrn sind ebenfalls als vereinbarte Beschaffenheit zu qualifizieren. Eine Beschaffenheitsvereinbarung kann sich auch aus den weiteren Ausführungsunterlagen, insbesondere den Ausführungsplänen, oder aus Sachverständigengutachten, Hersteller-Richtlinien und technischen Sondervorschriften ergeben. Die in einem Bauvertrag getroffenen Bestimmungen bezüglich der technischen Verfahrensweise, eines Fabrikats oder eine konkrete Typenbezeichnung sind ebenfalls als Beschaffenheitsvereinbarung i.S.d. § 13 Abs. 1 VOB/B anzusehen (OLG Stuttgart, IBR 2008, 1056).

Praxistipp: (Öffentliche) Auftraggeber sollten daher bei der **Beschreibung der gewünschten Leistung höchste Sorgfalt** anwenden und Auftragnehmer sollten sich peinlich genau an diese Vorgaben halten.

Grundsätzlich gilt: Der Besteller muss **exakt das bekommen, was er bestellt hat**, sonst ist die Leistung mangelhaft.

Die Rechtsprechung hat den **Mangelbegriff** sehr ausgedehnt:

Werden in einer Leistungsbeschreibung konkrete Vereinbarungen zur Ausführung der Leistung getroffen, kommt es bei eigenmächtigen Abweichungen des Auftragnehmers nicht darauf an, ob die erbrachte Leistung den anerkannten Regeln der Technik entspricht (OLG Düsseldorf, IBR 2010, 139). Allein die **Abweichung** von Vereinbarungen in der **Leistungsbeschreibung** stellt einen Mangel dar (OLG Brandenburg, IBR 2007, 305; OLG Hamm, IBR 2007, 421).

Eine Leistung ist mangelhaft, wenn sie nicht die Beschaffenheit hat, die sie für den vertraglich vorausgesetzten Gebrauch haben muss (OLG Bamberg, IBR 2008, 212 für ein Wärmedämmverbundsystem).

Unabhängig von der vereinbarten Beschaffenheit ist ein Werk auch dann mangelhaft, wenn es nicht die **vereinbarte Funktionstauglichkeit** aufweist. Der **funktionale Mangelbegriff** wurde vom BGH zugunsten des Bestellers entwickelt. Der werkvertraglich geschuldete Erfolg bestimmt sich nicht alleine nach der vereinbarten Leistung oder der Ausführungsart, sondern auch danach, welche Funktion das Werk erfüllen soll. Daher ist die ordnungsgemäß installierte Heizungsanlage mangelhaft, wenn die Heizkörper nicht warm werden (BGH, Urt. v. 8.11.2007, VII ZR 183/05 – Forsthausfall), denn gerade darin liegt die der Heizung zugedachte Funktion (ebenso OLG Hamm, Urt. v. 27.9.2012, I-17 U 170/11 – Rohrleitungsfall; BGH, Beschl. v. 9.7.2014, VII ZR 161/13 – Glasbruch bei Stahl-Glas-Fassade).

§ 633 Abs. 2 Satz 1 Nr. 1 BGB enthält eine **konkludent** („schlüssig") vereinbarte Soll-Beschaffenheit, die sich aus dem **vertraglich vorausgesetzten Verwendungszweck** ergibt. Die nach dem Vertrag vorausgesetzte Verwendung richtet sich nach den Interessen, welche der Bauherr mit dem Vertrag verfolgt. Dazu gehören die technischen Eigenschaften, die mit der vertraglich geschuldeten Ausführung erreichbar sind und die aus der Sicht des Bauherrn für die Funktion des Werkes von Bedeutung sind.

Der Unternehmer ist auch dann verpflichtet, diesen Werkerfolg herbeizuführen, wenn die Parteien eine Ausführungsart vereinbart haben, mit der die vereinbarte Funktionstauglichkeit oder der anerkannte Stand der Technik nicht erreicht werden kann. Ergibt sich z.B. aus der Baubeschreibung, dass eine Lüftungsanlage für einen Konzertsaal bestellt wird, dann ist die Anlage mangelhaft, wenn diese bei Betrieb eine Lautstärke aufweist, die den ungestörten Konzertgenuss beeinträchtigt, auch wenn konkrete Vereinbarungen über die Geräuschstärke der Anlage fehlen bzw. die Anlage im Übrigen den anerkannten Regeln der Technik entspricht. Der Auftragnehmer ist dann zur Anmeldung von Bedenken verpflichtet und muss im Zweifel eine mangelfreie Leistung ausführen.

Erst wenn weder eine ausdrückliche Beschaffenheitsvereinbarung (§ 633 Abs. 2 Satz 1 BGB) vorliegt, noch aus dem vertraglichen Verwendungszweck auf die „Soll"-Beschaffenheit geschlossen werden kann, greift der **objektive Fehlerbegriff** des § 633 Abs. 2 Satz 1 Nr. 2 BGB ein.

§ 634
Rechte des Bestellers bei Mängeln

Ist das Werk mangelhaft, kann der Besteller, wenn die Voraussetzungen der folgenden Vorschriften vorliegen und soweit nicht ein anderes bestimmt ist,

1. nach § 635 Nacherfüllung verlangen,
2. nach § 637 den Mangel selbst beseitigen und Ersatz der erforderlichen Aufwendungen verlangen,
3. nach den §§ 636, 323 und 326 Abs. 5 von dem Vertrag zurücktreten oder nach § 638 die Vergütung mindern und
4. nach den §§ 636, 280, 281, 283 und 311a Schadensersatz oder nach § 284 Ersatz vergeblicher Aufwendungen verlangen.

§ 634a
Verjährung der Mängelansprüche

(1) Die in § 634 Nr. 1, 2 und 4 bezeichneten Ansprüche verjähren

1. vorbehaltlich der Nummer 2 in zwei Jahren bei einem Werk, dessen Erfolg in der Herstellung, Wartung oder Veränderung einer Sache oder in der Erbringung von Planungs- oder Überwachungsleistungen hierfür besteht,
2. in fünf Jahren bei einem Bauwerk und einem Werk, dessen Erfolg in der Erbringung von Planungs- oder Überwachungsleistungen hierfür besteht, und
3. im Übrigen in der regelmäßigen Verjährungsfrist.

(2) Die Verjährung beginnt in den Fällen des Absatzes 1 Nr. 1 und 2 mit der Abnahme.

(3) Abweichend von Absatz 1 Nr. 1 und 2 und Absatz 2 verjähren die Ansprüche in der regelmäßigen Verjährungsfrist, wenn der Unternehmer den Mangel arglistig verschwiegen hat. Im Fall des Absatzes 1 Nr. 2 tritt die Verjährung jedoch nicht vor Ablauf der dort bestimmten Frist ein.

(4) Für das in § 634 bezeichnete Rücktrittsrecht gilt § 218. Der Besteller kann trotz einer Unwirksamkeit des Rücktritts nach § 218 Abs. 1 die Zahlung der Vergütung insoweit verweigern, als er auf Grund des Rücktritts dazu berechtigt sein würde. Macht er von diesem Recht Gebrauch, kann der Unternehmer vom Vertrag zurücktreten.

(5) Auf das in § 634 bezeichnete Minderungsrecht finden § 218 und Absatz 4 Satz 2 entsprechende Anwendung.

Für die Praxis: Die Vorschrift regelt eine 2-jährige, eine 5-jährige und eine 3-jährige Verjährungsfrist für Mängelansprüche. In 2 Jahren verjähren Arbeiten, die an der Sache selbst vorgenommen werden, wie Wartungs-, Reparatur- und Veränderungsleistungen, sowie die dazu gehörenden Planungsleistungen, und in 5 Jahren, wenn diese Arbeiten an einem Bauwerk ausgeführt wurden, ebenso die dazu gehörenden Planungsleistungen. Alle nicht unter Abs. 1 Nr. 1 und 2 fallenden Ansprüche verjähren in 3 Jahren bzw. im Rahmen der Höchstfristen.

Verschweigt der Unternehmer arglistig einen Mangel, greift die Regelverjährung von 3 Jahren, es sei denn, es handelt sich um Mängelansprüche bei einem Bauwerk. Dann wird durch die Arglist die 5-jährige Verjährungsfrist nicht verkürzt. **Arglist** bedeutet, dass der Unternehmer einen ihm bekannten Mangel bewusst verschweigt. Gleichgestellt ist die Situation, dass der Unternehmer bei der Abnahme mit einem Mangel rechnet oder sich bewusst der Erkenntnis verschließt, dass ein Mangel vorliegt. Beispielsfälle sind das wissentliche Abweichen von der erteilten Baugenehmigung oder die Verwendung von Baustoffen, die Risiken in sich bergen. Bei Architekten liegt Arglist z.B. dann vor, wenn der bauüberwachende Architekt erkennt, dass es während der Bauausführung zu Mängeln gekommen ist, er die Baufirma nicht zur Mängelbeseitigung auffordert und sogar dem Bauherrn zur Abnahme rät.

Die gleiche Verjährungsfrist wie bei Arglist greift auch bei einem **Organisationsverschulden** des Unternehmers. Bei einer arbeitsteiligen Herstellung des Werkes, z.B. durch Subunternehmer, muss der Unternehmer die organisatorischen Voraussetzungen dafür schaffen, dass er sachgerecht beurteilen kann, ob sein Werk bei Abnahme mangelfrei ist. Unterlässt er dies und wäre der Mangel bei ordnungsgemäßer Organisation entdeckt worden, beträgt die Verjährungsfrist ebenfalls 3 Jahre. Diese Gleichsetzung gilt aber nicht bei jedem Fehler des Unternehmers. Vielmehr muss ihm vorzuwerfen sein, dass er gerade durch diese mangelhafte Organisation die Haftung wegen eines arglistigen Verschweigens des Mangels vermeiden wollte (BGH, Urt. v. 27.11.2008, VII ZR 206/06).

§ 635
Nacherfüllung

(1) Verlangt der Besteller Nacherfüllung, so kann der Unternehmer nach seiner Wahl den Mangel beseitigen oder ein neues Werk herstellen.

(2) Der Unternehmer hat die zum Zwecke der Nacherfüllung erforderlichen Aufwendungen, insbesondere Transport-, Wege-, Arbeits- und Materialkosten zu tragen.

(3) Der Unternehmer kann die Nacherfüllung unbeschadet des § 275 Abs. 2 und 3 verweigern, wenn sie nur mit unverhältnismäßigen Kosten möglich ist.

(4) Stellt der Unternehmer ein neues Werk her, so kann er vom Besteller Rückgewähr des mangelhaften Werkes nach Maßgabe der §§ 346 bis 348 verlangen.

Für die Praxis: Die Beseitigung des Mangels durch den Auftragnehmer selbst ist ein grundsätzliches Recht des Unternehmers und daher **vorrangig**. Nun unter besonderen Voraussetzungen kann der Bauherr andere Gewährleistungsrechte geltend machen. Der bekannteste Fall ist der, dass der Unternehmer nach Aufforderung zur Mängelbeseitigung die Beseitigung des Mangels endgültig verweigert. Hier gilt der Rat, diese endgültige Verweigerungshaltung zu dokumentieren, denn nicht jeder Erklärung des Unternehmers kommt diese Bedeutung zu. Kein Unternehmer bessert gerne nach. Erklärungen in dem Sinne, dass er jetzt keine Zeit habe oder nicht komme, um sich vom Vorliegen des Mangels zu überzeugen, stellen noch keine endgültige Verweigerung der Nachbesserung dar. Die Rechtsprechung stellt an die **endgültige Erfüllungsverweigerung** strenge Anforderungen.

Nach gefestigter Rechtsprechung des BGH kann der Auftraggeber Mängelansprüche grundsätzlich erst **nach der Abnahme der Leistung** geltend machen (BGH Urt. v. 19.1.2017, VII ZR 301/13). Der BGH weist aber ergänzend auf die in § 314 BGB geregelte Kündigung aus wichtigem Grund hin, wenn der einen Seite die Fortsetzung des Vertrages auch nach einer Interessenabwägung nicht zugemutet werden kann.

Zu dieser Vorschrift hat das OLG Hamburg (Urt. v. 1.10.2015, 5 U 146/10) entschieden, dass der Auftraggeber einen Vertrag kündigen kann, wenn ganz erhebliche Mängel an der vom Auftragnehmer erbrachten Leistung vorliegen und der Auftraggeber diese Mängel mehrfach gerügt sowie den Auftragnehmer erfolglos zur Nachbesserung aufgefordert hat. Dann ist dem Auftraggeber die Fortsetzung des Vertragsverhältnisses nicht zuzumuten.

§ 636
Besondere Bestimmungen für Rücktritt und Schadensersatz

Außer in den Fällen der § 281 Abs. 2 und 323 Abs. 2 bedarf es der Fristsetzung auch dann nicht, wenn der Unternehmer die Nacherfüllung gemäß § 635 Abs. 3 verweigert oder wenn die Nacherfüllung fehlgeschlagen oder dem Besteller unzumutbar ist.

§ 637
Selbstvornahme

(1) Der Besteller kann wegen eines Mangels des Werkes nach erfolglosem Ablauf einer von ihm zur Nacherfüllung bestimmten angemessenen Frist den Mangel selbst beseitigen und Ersatz der erforderlichen Aufwendungen verlangen, wenn nicht der Unternehmer die Nacherfüllung zu Recht verweigert.

(2) § 323 Abs. 2 findet entsprechende Anwendung. Der Bestimmung einer Frist bedarf es auch dann nicht, wenn die Nacherfüllung fehlgeschlagen oder dem Besteller unzumutbar ist.

(3) Der Besteller kann von dem Unternehmer für die zur Beseitigung des Mangels erforderlichen Aufwendungen Vorschuss verlangen.

Für die Praxis: Das Ersatzvornahmerecht des Bestellers ist nur von dem erfolglosen Ablauf einer dem Unternehmer gesetzten **Frist zur Nacherfüllung** abhängig, besteht aber wie oben dargestellt grundsätzlich erst nach der Abnahme. Es kommt nicht darauf an, ob die unterbliebene Nacherfüllung vom Unternehmer zu vertreten ist oder nicht. Das Ersatzvornahmerecht, die Minderung des Werklohnes und das Rücktrittsrecht des Bestellers werden also gleichbehandelt.

Wird vom Ersatzvornahmerecht **ohne vorherige Fristsetzung** Gebrauch gemacht, steht dem Besteller **kein Aufwendungsersatzanspruch** zu. Daher muss der Besteller immer erst unter Fristsetzung zur Nachbesserung auffordern, bevor er eine Ersatzvornahme vornimmt. Das Gesetz ist deshalb so rigoros, weil durch die Selbstvornahme die Sache verändert wird und daher eine Überprüfung des Umfangs des Mangels und die kostengünstigste Art der Beseitigung nicht mehr möglich sind. In diesem Fall steht dem Besteller auch kein Bereicherungsanspruch wegen ersparter Aufwendungen gegenüber dem Unternehmer zu.

Achten Sie darauf, konsequent zu handeln. Wenn die Frist erfolglos verstrichen ist, steht dem Besteller das Selbstvornamerecht zu, der Unternehmer hat sein Recht auf Nacherfüllung verloren. Wird nach fruchtlosem Fristablauf eine erneute Frist zur Mangelbeseitigung gesetzt – das geschieht in der Praxis häufiger –, gibt der Besteller dem Unternehmer eine „zweite Chance", die dieser auch wahrnehmen kann. Vor Ablauf der neuen Frist darf der Besteller daher keine Ersatzvornahme ausführen (BGH, Urt. v. 27.11.2003, VII ZR 93/01).

Zu den **Kosten der Ersatzvornahme** gehören nicht nur alle Kosten, die zur Mängelbeseitigung erforderlich sind, sondern auch die Aufwendungen für erforderliche Vor- bzw. Nacharbeiten, die Kosten für die Beseitigung nachbesserungsbedingter Schäden am sonstigen Eigentum des Bestellers und der eigene Arbeitsaufwand des Bestellers, der ggf. gemäß § 287 ZPO zu schätzen ist.

Will oder kann der Auftraggeber mit den Kosten für die Mangelbeseitigung nicht in Vorleistung treten, kann er nach Abs. 3 einen **Vorschuss** vom Auftragnehmer verlangen. Wird die Ersatzvornahme durchgeführt und stellt sich dabei heraus, dass diese teurer ist als kalkuliert, muss der Unternehmer die Kostendifferenz zum bereits gezahlten Vorschuss zusätzlich tragen. Überlegen Sie daher genau, welches Recht Sie geltend machen wollen.

Der **Vorschussanspruch** des § 637 Abs. 3 BGB steht dem Besteller nur dann zu, wenn er ernsthaft vorhat, die Mängel zu beseitigen. Der Betrag darf also nicht dazu verwandt werden, in Wirklichkeit den Werklohn zu mindern. Daher steht dem Unternehmer auch ein Abrechnungsanspruch gegenüber dem Besteller zu. Nicht verbrauchte Beträge sind, einschließlich der darauf entfallenden Zinsen, zurückzuzahlen.

§ 638
Minderung

(1) Statt zurückzutreten, kann der Besteller die Vergütung durch Erklärung gegenüber dem Unternehmer mindern. Der Ausschlussgrund des § 323 Abs. 5 Satz 2 findet keine Anwendung.

(2) Sind auf der Seite des Bestellers oder auf der Seite des Unternehmers mehrere beteiligt, so kann die Minderung nur von allen oder gegen alle erklärt werden.

(3) Bei der Minderung ist die Vergütung in dem Verhältnis herabzusetzen, in welchem zur Zeit des Vertragsschlusses der Wert des Werkes in mangelfreiem Zustand zu dem wirklichen Wert gestanden haben würde. Die Minderung ist, soweit erforderlich, durch Schätzung zu ermitteln.

(4) Hat der Besteller mehr als die geminderte Vergütung gezahlt, so ist der Mehrbetrag vom Unternehmer zu erstatten. § 346 Abs. 1 und § 347 Abs. 1 finden entsprechende Anwendung.

Für die Praxis: Die Minderung muss ausdrücklich erklärt werden. Es handelt sich um eine einseitige, empfangsbedürftige Erklärung, die formfrei abgegeben werden kann. Aus Gründen der Beweissicherung sollte die Minderung immer **schriftlich** erklärt werden.

Die Erklärung muss deutlich zum Ausdruck bringen, **wegen welcher Mängel** die Minderung **in welcher Höhe** erklärt wird.

Die Erklärung ist nach überwiegender Auffassung bedingungsfeindlich und kann nicht widerrufen werden. Folge davon ist, dass mit Ausübung dieses Rechts der Nacherfüllungsanspruch bezüglich der Mängel, welche in der Minderungserklärung genannt sind, erlischt. Wie sich aus § 638 Abs. 1 BGB ergibt, erlischt damit auch das Rücktrittsrecht. Auch der Schadensersatzanspruch statt der Leistung entfällt, denn eine mit § 325 BGB vergleichbare Regelung fehlt. Das bedeutet: Mit der Minderung erklärt sich der Besteller damit einverstanden, **auf Dauer** ein **mangelhaftes Werk** zu **behalten**.

Diese Rechtsfolge sollte man gründlich überlegen. Mit einer Minderung sind im Zweifel alle direkten und indirekten Mangelfolgen erledigt und berechtigten den Auftraggeber nicht zu weiteren Ansprüchen. Außerdem ist der Auftraggeber dauerhaft gezwungen, eine nur mangelhafte Bauleistung nutzen zu können. Daher sollte von diesem Recht nicht vorschnell Gebrauch gemacht werden.

§ 639
Haftungsausschluss

Auf eine Vereinbarung, durch welche die Rechte des Bestellers wegen eines Mangels ausgeschlossen oder beschränkt werden, kann sich der Unternehmer nicht berufen, soweit er den Mangel arglistig verschwiegen oder eine Garantie für die Beschaffenheit des Werkes übernommen hat.

Für die Praxis: § 639 BGB ist eine spezielle Ausgestaltung der Fallgruppe des widersprüchlichen Verhaltens i.S.d. § 242 BGB. Ein Unternehmer kann sich dann nicht auf einen Gewährleistungsausschluss berufen, wenn er den Mangel arglistig verschwiegen oder eine Garantie für die Beschaffenheit des Werkes übernommen hat. Die Formulierung des Gesetzes zeigt, dass weder die Ausschlussklausel an sich noch der der Klausel zugrunde liegende Werkvertrag unwirksam sind.

Vielmehr ist eine Einzelfallprüfung insbesondere bezüglich des Umfangs der ausgeschlossenen Mängelrechte erforderlich. Sofern es sich – dies dürfte die Regel sein – um formularmäßig verwandte Ausschlussklauseln handelt, ist insbesondere § 309 Nr. 8 Buchst. b BGB zu beachten, der regelt, wann eine solche Klausel generell unwirksam ist.

§ 640 BGB
Abnahme

(1) Der Besteller ist verpflichtet, das vertragsmäßig hergestellte Werk abzunehmen, sofern nicht nach der Beschaffenheit des Werkes die Abnahme ausgeschlossen ist. Wegen unwesentlicher Mängel kann die Abnahme nicht verweigert werden.

(2) Als abgenommen gilt ein Werk auch, wenn der Unternehmer dem Besteller nach Fertigstellung des Werks eine angemessene Frist zur Abnahme gesetzt hat und der Besteller die Abnahme nicht innerhalb dieser Frist unter Angabe mindestens eines Mangels verweigert hat. Ist der Besteller ein Verbraucher, so treten die Rechtsfolgen des Satzes 1 nur dann ein, wenn der Unternehmer den Besteller zusammen mit der Aufforderung zur Abnahme auf die Folgen einer nicht erklärten oder ohne Angabe von Mängeln verweigerten Abnahme hingewiesen hat; der Hinweis muss in Textform erfolgen.

(3) Nimmt der Besteller ein mangelhaftes Werk gemäß Absatz 1 Satz 1 ab, obschon er den Mangel kennt, so stehen ihm die in § 634 Nr. 1 bis 3 bezeichneten Rechte nur zu, wenn er sich seine Rechte wegen des Mangels bei der Abnahme vorbehält.

Für die Praxis: 1. Rechtsfolgen der Abnahme. Die Abnahme ist das zentrale Ereignis im Werkvertragsrecht. Das Gesetz knüpft daran sechs wichtige Rechtsfolgen:

- Das Erfüllungsstadium endet.
- Es erfolgt der Übergang der Leistungs- und Vergütungsgefahr.
- Der Werklohn wird fällig;
- Eine Vertragsstrafe verfällt, wenn diese nicht bei Abnahme vorbehalten wurde.
- Es erfolgt eine Umkehr der Beweislast für Mängel.
- Es beginnt die Verjährungsfrist für Gewährleistungsansprüche zu laufen.

Wegen dieser Rechtsfolgen ist die Abnahme ein strategisches Ziel der Auftragnehmer. Auftraggeber sollten bei der Abnahme größte Sorgfalt anwenden und nicht in die Falle einer konkludenten oder fiktiven Abnahme treten. Entscheidend ist, dass die Abnahme eine **rechtsgeschäftliche Willenserklärung** ist. Wenn der Bauherr nicht persönlich abnimmt oder es sich um einen öffentlichen Auftraggeber handelt, muss daher immer darauf geachtet werden, dass der den öffentlichen Auftraggeber Vertretende, z.B. nach den kommunalrechtlichen Vorschriften oder internen Regelungen ordnungsgemäß **bevollmächtigt** ist.

Wichtig: **Architekten** sind im Rahmen der originären Beauftragung nicht bevollmächtigt, den Bauherrn auch bei der Abnahme zu vertreten; dazu bedarf es einer besonderen Vollmacht.

2. Förmliche Abnahme. Die sicherste Art der Abnahme ist die förmliche Abnahme, d.h., die Vertragspartner treffen sich vor Ort und führen gemeinsam die Abnahme durch. In der Praxis besteht teilweise der Irrtum, auch der Unternehmer müsse abnehmen. Anlass für diesen Irrtum ist, dass der Unternehmer auch das Abnahmeprotokoll unterschreiben muss. Das muss er jedoch nicht deswegen tun, weil er das Werk abnimmt – der Unternehmer kann sein eigenes Werk gar nicht abnehmen –, sondern deshalb, weil der Unternehmer mit seiner Unterschrift die im Protokoll getroffenen Feststellungen und Vereinbarungen, z.B. über vorbehaltene Mängel und deren Beseitigung, bestätigt.

3. Konkludente Abnahme. Bei der konkludenten Abnahme wird die notwendige Willenserklärung durch ein tatsächliches Verhalten des Bauherrn ersetzt und daraus der Rückschluss gezogen, dass dieses Verhalten wie eine Abnahmeerklärung zu bewerten ist, also wie die Erklärung, dass das Werk im Wesentlichen mangelfrei hergestellt wurde. Als konkludente Abnahme gilt:

- die vollständige Zahlung der Schlussrechnung; daher sind organisatorische Vorkehrungen zu treffen, dass diese nur bezahlt wird, wenn das Abnahmeprotokoll vorliegt;
- der Ablauf einer angemessenen Prüffrist ohne Mängelrüge und die unbeanstandete Nutzung;
- die vorbehaltlose Ingebrauchnahme des Werkes (ein in der Praxis häufiger vorkommender Fall);
- die Rückgabe der Vertragserfüllungsbürgschaft;
- das Nichterscheinen zum selbst anberaumen Abnahmetermin.

Dieser Wertung, dass ein tatsächliches Verhalten als Abnahme gilt, kann durch eine ausdrückliche gegenteilige Erklärung widersprochen werden. Werden mangelhaft errichtete Schulcontainer nur deshalb genutzt, weil das Schuljahr begonnen hat und eine anderweitige Unterbringung der Schüler nicht möglich ist, dann muss dies dem Unternehmer schriftlich mitgeteilt werden. Die Nutzung der Schulcontainer ist dann keine Abnahme durch Ingebrauchnahme.

Die Dauer der Prüffrist ist jeweils im Einzelfall zu ermitteln und kann z.B. bei einer Heizungsanlage durchaus auch eine ganze Heizperiode dauern.

4. Fiktive Abnahme. Die fiktive Abnahme ist in § 640 **Abs. 2** BGB geregelt. Im Unterschied zur konkludenten Abnahme gibt es bei der fiktiven Abnahme kein tatsächliches Verhalten des Bauherrn, an welches wertungsmäßig angeknüpft werden könnte. Der Bauherr tut einfach nichts, obwohl ihn der Unternehmer aufgefordert hat, das vollendete Werk innerhalb einer angemessenen Frist abzunehmen. Auch diese Form der Abnahme setzt ein im Wesentlichen mangelfrei hergestelltes Werk voraus, d.h., es muss abnahmefähig sein, sonst scheidet diese Form der Abnahme aus.

Die fiktive Abnahme gemäß § 640 Abs. 2 Satz 1 BGB dient dem Schutz des Unternehmers. Die Wirkung der fiktiven Abnahme tritt nur dann nicht ein, wenn der Bauherr die Abnahme unter **Angabe mindestens eines Mangels** verweigert hat. Denn in der Praxis hat der Besteller häufiger die **Abnahme verweigert**, ohne die von ihm beanstandeten Mängel zu benennen. Die Rechtsfolge war dann, dass sich der Unternehmer, obwohl ihm keine Mängel bekannt waren, nicht auf eine fiktive Abnahme berufen konnte. Das Gesetz schweigt allerdings dazu, ob der Mangel eine gewisse Schwere haben muss. Jedenfalls nach der Gesetzesbegründung soll der Auftraggeber wegen ganz geringfügigen Mängeln die Abnahme nicht verweigern dürfen.

Zum Schutz des Verbrauchers (§ 13 BGB) soll außerdem neu geregelt werden, dass der Unternehmer diesen **schriftlich** darauf **hinweisen** muss, dass eine Abnahmeverweigerung ohne Mängelangabe oder das Nichtstun als Rechtsfolge die fiktive Abnahme auslöst (§ 640 Abs. 2 Satz 2 BGB). Fehlt dieser Hinweis bei der mit Fristsetzung erfolgten Abnahmeaufforderung, tritt die fiktive Abnahme nicht ein. Diese Vorschrift ist gemäß § 650f BGB zwingendes Recht und kann vertraglich nicht abgeändert werden.

5. Abnahme von Planerleistungen. In der Praxis wird nicht immer beachtet, dass auch Architekten- und Ingenieurleistungen, weil diese dem Werkvertragsrecht unterliegen, abgenommen werden müssen. Eine allgemeine **Abnahmereife** für Planerleistungen gibt es nicht, denn es kommt immer auf den Umfang des erteilten Auftrags an. Soll der Architekt erreichen, dass eine Baugenehmigung vorliegt, dann ist seine Leistung abnahmefähig, wenn eine auf Dauer erteilte Baugenehmigung vorliegt. Soll der Architekt auch die Bauüberwachung erledigen, ist seine Leistung abnahmefähig, wenn das Bauwerk auf der Grundlage der genehmigten Pläne im Wesentlichen mangelfrei errichtet worden ist. Auch beim Architekten-/Ingenieurwerk treten mit der Abnahme die genannten Rechtsfolgen ein. Wird – das ist der Regelfall – keine ausdrückliche Abnahme durchgeführt, ist der Streit über den Beginn der Verjährung von gegen den Planer gerichteten Ansprüchen vorprogrammiert. In der Praxis sollte man daher die Abnahme von Planerleistungen exakt regeln und durchführen.

§ 641
Fälligkeit der Vergütung

(1) Die Vergütung ist bei der Abnahme des Werkes zu entrichten. Ist das Werk in Teilen abzunehmen und die Vergütung für die einzelnen Teile bestimmt, so ist die Vergütung für jeden Teil bei dessen Abnahme zu entrichten.

(2) Die Vergütung des Unternehmers für ein Werk, dessen Herstellung der Besteller einem Dritten versprochen hat, wird spätestens fällig,

1. soweit der Besteller von dem Dritten für das versprochene Werk wegen dessen Herstellung seine Vergütung oder Teile davon erhalten hat,
2. soweit das Werk des Bestellers von dem Dritten abgenommen worden ist oder als abgenommen gilt oder
3. wenn der Unternehmer dem Besteller erfolglos eine angemessene Frist zur Auskunft über die in den Nummern 1 und 2 bezeichneten Umstände bestimmt hat.

Hat der Besteller dem Dritten wegen möglicher Mängel des Werks Sicherheit geleistet, gilt Satz 1 nur, wenn der Unternehmer dem Besteller entsprechende Sicherheit leistet.

(3) Kann der Besteller die Beseitigung eines Mangels verlangen, so kann er nach der Fälligkeit die Zahlung eines angemessenen Teils der Vergütung verweigern; angemessen ist in der Regel das Doppelte der für die Beseitigung des Mangels erforderlichen Kosten.

(4) Eine in Geld festgesetzte Vergütung hat der Besteller von der Abnahme des Werkes an zu verzinsen, sofern nicht die Vergütung gestundet ist.

Für die Praxis: § 641 Abs. 2 BGB bezweckt den Schutz der Subunternehmer. Diese müssen in der Regel viel zu lange auf ihr Geld warten, obwohl sie ihre Leistung gegenüber ihrem Auftraggeber, dem Hauptunternehmer, ordnungsgemäß erbracht haben. Häufig verweigern Hauptunternehmer gegenüber dem Subunternehmer die Abnahme mit der – unzutreffenden – Begründung, der Bauherr habe noch nicht abgenommen oder bezahlt. Darauf kommt es jedoch nicht an, sondern nur auf die Abnahmefähigkeit des Werkes, zu dessen Herstellung der Subunternehmer verpflichtet ist.

Besteller i.S.d. Abs. 2 ist der Hauptunternehmer, Unternehmer i.S.d. Abs. 2 der Subunternehmer und Dritter der Bauherr. Es liegen gestaffelte Werkverträge vor, nämlich zum einen zwischen dem Bauherrn und dem Hauptunternehmer und zum anderen zwischen dem Hauptunternehmer und dessen Subunternehmer; beide Vertragsverhältnisse sind grundsätzlich selbstständig.

Die fehlende Abnahme durch den Hauptunternehmer wird durch drei Fallgestaltungen ersetzt, welche zur Fälligkeit des Werklohnes des Subunternehmers führen: Der Subunternehmer hat Anspruch auf seinen Werklohn,

- sobald der Bauherr den Hauptunternehmer, zumindest teilweise, bezahlt hat oder
- sobald der Bauherr das Werk des Hauptunternehmers abgenommen hat oder
- wenn der Subunternehmer seinen Auftraggeber, also den Hauptunternehmer, mit Fristsetzung aufgefordert hat, darüber Auskunft zu erteilen, ob der Bauherr bereits bezahlt oder das Werk abgenommen hat, und der Hauptunternehmer diese Auskunft innerhalb der gesetzten Frist nicht erteilt hat.

Hat der Hauptunternehmer dem Bauherrn eine Gewährleistungsbürgschaft gestellt, muss der Subunternehmer gegenüber seinem Auftraggeber, dem Hauptunternehmer, ebenfalls eine seinem Werkanteil entsprechende Sicherheit leisten. Durch diese Stärkung der Rechte des Subunternehmers sollte dem Hauptunternehmer auch die Möglichkeit genommen werden, zu Lasten seiner Subunternehmer seine Liquidität zu sichern oder zu erhöhen.

Der Hauptunternehmer hat das Recht, die Zahlung des Werklohnes ganz oder teilweise zu verweigern, wenn das Werk des Subunternehmers mangelhaft ist (vgl. § 641 Abs. 3 BGB). In der Praxis wird von diesem Recht vermehrt Gebrauch gemacht, um die besser durchsetzbaren Zahlungsansprüche des Subunternehmers zu blockieren.

§ 641a
(aufgehoben)

§ 642
Mitwirkung des Bestellers

(1) Ist bei der Herstellung des Werkes eine Handlung des Bestellers erforderlich, so kann der Unternehmer, wenn der Besteller durch das Unterlassen der Handlung in Verzug der Annahme kommt, eine angemessene Entschädigung verlangen.

(2) Die Höhe der Entschädigung bestimmt sich einerseits nach der Dauer des Verzugs und der Höhe der vereinbarten Vergütung, andererseits nach demjenigen, was der Unternehmer infolge des Verzugs an Aufwendungen erspart oder durch anderweitige Verwendung seiner Arbeitskraft erwerben kann.

Für die Praxis: Nicht ohne Grund hat der BGH seit vielen Jahren seine Rechtsprechung zur **Kooperationsverpflichtung** der Vertragsparteien eines Bauvertrages entwickelt (vgl. BGH, Grundsatzurteil v. 28.10.1999, VII ZR 393/98). Beim Bauvertrag sind die Vertragsparteien aufeinander angewiesen, jeder muss mitwirken. Der Bauherr muss sagen, was geplant werden soll, im Dialog mit dem Planer bleiben, die Baugenehmigung besorgen, die Verträge mit allen Beteiligten rechtzeitig schließen und Mitwirkungshandlungen während des Baufortschritts vornehmen. Der Architekt ist das Bindeglied zu den Firmen, welche rechtzeitig ausführungsreife Pläne benötigen bzw. bezüglich des Bauablaufs koordiniert werden müssen. Das gilt erst recht, wenn der Bauablauf anders verläuft als geplant. Von öffentlichen Auftraggebern wird häufiger verkannt, dass ihnen als Bauherr Mitwirkungspflichten obliegen, denen sie sich nicht dadurch entledigen können, dass sie ein externes Planerbüro beauftragen.

Nicht rechtzeitig erfüllte Mitwirkungspflichten können zu einem **Annahmeverzug des Bauherrn** führen, wenn der Planer oder der Unternehmer leistungsbereit ist. Liegt z.B. zu Beginn des Bauvorhabens keine Baugenehmigung vor, darf der Unternehmer nicht mit dem Bau beginnen. Durch die unterlassene Mitwirkungshandlung kann der Unternehmer seine dem Bauherrn angebotene Leistung nicht erbringen und der Bauherr befindet sich mit der ihm frist- und ordnungsgemäß angebotenen Unternehmerleistung in Annahmeverzug. Das Gleiche gilt, wenn der Bauherr z.B. eine vorbehaltene Bemusterungsentscheidung nicht trifft. Dann kann die Ware, die zur Herstellung benötigt wird, nicht bestellt werden.

§ 642 BGB gibt dem Unternehmer in solchen Fällen das Recht, vom Bauherrn eine angemessene **Entschädigung** zu verlangen. Gemäß § 304 BGB kann der Unternehmer Aufwendungsersatz für seine Mehraufwendungen fordern, die ihm durch das erfolglose Leistungsangebot entstanden sind, z.B. die angemieteten Baumaschinen mussten erneut angefordert werden. Der Unternehmer kann auch eine Entschädigung für die Aufbewahrung und Erhaltung des geschuldeten Gegenstands verlangen. Dieser Entschädigungsanspruch ist im Prozess beliebt, denn er ist – im Gegensatz zum Anspruch aus § 6 Abs. 6 Satz 1 VOB/B – verschuldensunabhängig. Der Schadensersatzanspruch nach VOB/B besteht ggf. neben dem Entschädigungsanspruch, der als vergütungsähnlicher Anspruch qualifiziert wird.

In der Höhe richtet sich der Anspruch nach den unproduktiv vorgehaltenen Produktionsmitteln, also vor allem Maschinen und Geräten sowie Arbeitskräften. Es sind dann die hierauf entfallenden Anteile aus der vereinbarten Gesamtvergütung zu berücksichtigen. Nicht entschädigungsfähig ist entgangener Gewinn. Die Höhe kann ggf. vom Gericht geschätzt werden (BGH, Urt. v. 30.1.2020, VII ZR 33/19).

Allerdings ist die Entschädigung nur auf die Dauer des Verzugs zu zahlen, d.h. nach Ende des Verzugs eintretende Mehrkosten (z.B. wegen Verschiebung von Arbeiten in eine ungünstige Jahreszeit) sind nicht umfasst, BGH Urt. v. 26.10.2017, VII ZR 16/17.

§ 643
Kündigung bei unterlassener Mitwirkung

Der Unternehmer ist im Falle des § 642 berechtigt, dem Besteller zur Nachholung der Handlung eine angemessene Frist mit der Erklärung zu bestimmen, dass er den Vertrag kündige, wenn die Handlung nicht bis zum Ablauf der Frist vorgenommen werde. Der Vertrag gilt als aufgehoben, wenn nicht die Nachholung bis zum Ablauf der Frist erfolgt.

Für die Praxis: Kommen Auftraggeber den ihnen obliegenden Mitwirkungspflichten nicht nach und wird dadurch der Bauablauf behindert (z.B. durch fehlende Pläne, fehlende Genehmigungen, nicht rechtzeitig getroffene Entscheidungen oder durch eine fehlende Baugrunduntersuchung), ist der Unternehmer im Falle des § 642 BGB (Gläubigerverzug) berechtigt, dem Besteller eine Nachfrist zu setzen und mit Kündigung zu drohen.

Zu beachten ist, dass die Vertragskündigung gemäß § 643 BGB eine **doppelte Fristsetzung** – nämlich Verzug und Nachfristsetzung – erfordert. Mit Ablauf der zweiten Frist ist der Vertrag aufgehoben; einer ausdrücklichen Kündigungserklärung bedarf es nicht mehr. Der Unternehmer kann also dadurch den Weg der Vertragsauflösung beschreiten und seine eigene Leistungspflicht beenden. Die Vorstellung, kein Unternehmer habe ein Interesse daran, einen Auftrag durch Kündigung zu beenden, ist falsch. Wenn der Unternehmer beispielsweise sein Angebot nicht richtig kalkuliert hat, wenn er einen anderen, lukrativeren Auftrag erhalten hat bzw. ausführen kann oder wenn es Schwierigkeiten bei der Auftragsdurchführung gibt, kann dies Motiv sein, den Weg der Kündigung zu beschreiten.

Für alle bis zum Kündigungszeitpunkt vertragsgemäß und mangelfrei erbrachten Leistungen behält der Unternehmer seinen Werklohnanspruch, zusätzlich steht ihm der Entschädigungsanspruch aus § 642 Abs. 1 BGB zu. Außerdem bleibt eine weitergehende Haftung des Bauherrn wegen Verschuldens von diesen Ansprüchen unberührt, wie § 645 Abs. 2 BGB ausdrücklich anordnet. Alle diese Gründe müssen jeden Bauherrn veranlassen, seinen Mitwirkungspflichten sorgfältig und rechtzeitig nachzukommen, vgl. § 9 Abs. 1 Nr. 1 VOB/B.

§ 644
Gefahrtragung

(1) Der Unternehmer trägt die Gefahr bis zur Abnahme des Werkes. Kommt der Besteller in Verzug der Annahme, so geht die Gefahr auf ihn über. Für den zufälligen Untergang und eine zufällige Verschlechterung des von dem Besteller gelieferten Stoffes ist der Unternehmer nicht verantwortlich.

(2) Versendet der Unternehmer das Werk auf Verlangen des Bestellers nach einem anderen Ort als dem Erfüllungsort, so finden die für den Kauf geltenden Vorschriften des § 447 entsprechende Anwendung.

§ 645
Verantwortlichkeit des Bestellers

(1) Ist das Werk vor der Abnahme infolge eines Mangels des von dem Besteller gelieferten Stoffes oder infolge einer von dem Besteller für die Ausführung erteilten Anweisung untergegangen, verschlechtert oder unausführbar geworden, ohne dass ein Umstand mitgewirkt hat, den der Unternehmer zu vertreten hat, so kann der Unternehmer einen der geleisteten Arbeit entsprechenden Teil der Vergütung und Ersatz der in der Vergütung nicht inbegriffenen Auslagen verlangen. Das Gleiche gilt, wenn der Vertrag in Gemäßheit des § 643 aufgehoben wird.

(2) Eine weitergehende Haftung des Bestellers wegen Verschuldens bleibt unberührt.

§ 646
Vollendung statt Abnahme

Ist nach der Beschaffenheit des Werkes die Abnahme ausgeschlossen, so tritt in den Fällen des § 634a Abs. 2 und der §§ 641, 644 und 645 an die Stelle der Abnahme die Vollendung des Werkes.

§ 647
Unternehmerpfandrecht

Der Unternehmer hat für seine Forderungen aus dem Vertrag ein Pfandrecht an den von ihm hergestellten oder ausgebesserten beweglichen Sachen des Bestellers, wenn sie bei der Herstellung oder zum Zwecke der Ausbesserung in seinen Besitz gelangt sind.

§ 647a BGB
Sicherungshypothek des Inhabers einer Schiffswerft *(nicht abgedruckt)*

§ 648 BGB
Kündigungsrecht des Bestellers

Der Besteller kann bis zur Vollendung des Werkes jederzeit den Vertrag kündigen. Kündigt der Besteller, so ist der Unternehmer berechtigt, die vereinbarte Vergütung zu verlangen; er muss sich jedoch dasjenige anrechnen lassen, was er infolge der Aufhebung des Vertrags an Aufwendungen erspart oder durch anderweitige Verwendung seiner Arbeitskraft erwirbt oder zu erwerben böswillig unterlässt. Es wird vermutet, dass danach dem Unternehmer 5 vom Hundert der auf den noch nicht erbrachten Teil der Werkleistung entfallenden vereinbarten Vergütung zustehen.

Für die Praxis: Die Vorschrift zeigt eine weitere Besonderheit des Werkvertragsrechts: das **freie Kündigungsrecht des Bauherrn**. Dieser kann jederzeit und ohne Angabe von Gründen, also auch willkürlich, den Bauvertrag beenden. Allerdings trifft ihn dann die Verpflichtung, den vollen Werklohn zu zahlen. In einem solchen Fall ist eine gespaltene Abrechnung notwendig: nämlich einmal für den Werklohn, der bis zur Kündigung entstanden ist, und zum anderen für den Werklohn, der nach der Kündigung noch entstanden wäre. Nur für diesen Teil muss sich der Unternehmer ersparte Aufwendungen oder anderweitigen Verdienst, der deshalb möglich geworden ist oder möglich geworden wäre, weil der Unternehmer aufgrund der Beendigung des Vertragsverhältnisses jetzt andere Aufträge ausführen kann, anrechnen lassen. Er soll durch die Kündigung nicht besser gestellt werden. Dies würde aber geschehen, wenn das Gesetz es zulassen würde, dass der Unternehmer durch die Kündigung zum Doppelverdiener wird.

Bezüglich der **ersparten Aufwendungen** muss der Unternehmer die konkret ersparten Kosten beziffern, er kann nicht auf seine Wagnis- und Gewinnkalkulation zurückgreifen. Um komplizierte Berechnungen zu vermeiden, hat der Gesetzgeber eine Vermutung dahingehend aufgestellt, dass der Unternehmer in der Regel **5 % des ausstehenden Werklohns** fordern kann. Ob das praxisgerecht ist, kann bezweifelt werden, denn in der Regel werden andere Gewinnspannen kalkuliert. Will der Unternehmer einen höheren Werklohnanteil, muss er dies beweisen.

Problematisch ist, dass diese Regelung auch für den gekündigten **Planervertrag** gilt. Die 5-%-Regelung ist dort völlig verfehlt, da das Planerhonorar anders als ein Unternehmerhonorar kalkuliert wird. Im Falle der Kündigung ist der Planer daher immer gezwungen, das noch ausstehende Honorar konkret darzulegen.

§ 648a BGB
Kündigung aus wichtigem Grund

(1) Beide Vertragsparteien können den Vertrag aus wichtigem Grund ohne Einhaltung einer Kündigungsfrist kündigen. Ein wichtiger Grund liegt vor, wenn dem kündigenden Teil unter Berücksichtigung aller Um-

stände des Einzelfalls und unter Abwägung der beiderseitigen Interessen die Fortsetzung des Vertragsverhältnisses bis zur Fertigstellung des Werks nicht zugemutet werden kann.

(2) Eine Teilkündigung ist möglich; sie muss sich auf einen abgrenzbaren Teil des geschuldeten Werks beziehen.

(3) § 314 Absatz 2 und 3 gilt entsprechend.

(4) Nach der Kündigung kann jede Vertragspartei von der anderen verlangen, dass sie an einer gemeinsamen Feststellung des Leistungsstandes mitwirkt. Verweigert eine Vertragspartei die Mitwirkung oder bleibt sie einem vereinbarten oder einem von der anderen Vertragspartei innerhalb einer angemessenen Frist bestimmten Termin zur Leistungsstandfeststellung fern, trifft sie die Beweislast für den Leistungsstand zum Zeitpunkt der Kündigung. Dies gilt nicht, wenn die Vertragspartei infolge eines Umstands fernbleibt, den sie nicht zu vertreten hat und den sie der anderen Vertragspartei unverzüglich mitgeteilt hat.

(5) Kündigt eine Vertragspartei aus wichtigem Grund, ist der Unternehmer nur berechtigt, die Vergütung zu verlangen, die auf den bis zur Kündigung erbrachten Teil des Werks entfällt.

(6) Die Berechtigung, Schadensersatz zu verlangen, wird durch die Kündigung nicht ausgeschlossen.

Für die Praxis: In § 648a BGB regelt der Gesetzgeber das beiderseitige **Recht der Vertragsparteien zur fristlosen Kündigung**.

1. „Wichtiger Grund". Die Rechtsprechung hatte schon immer eine außerordentliche Kündigung aus wichtigem Grund beim Werkvertrag ermöglicht. Allerdings, so scheint es, hat der Gesetzgeber den Vertragsparteien keine Handlungsanleitung gegeben, wann von einem „wichtigen Grund" auszugehen ist. Denn § 648a Abs. 1 BGB bestimmt nur, dass beide Vertragsparteien ohne Einhaltung einer Kündigungsfrist aus wichtigem Grund kündigen können, wenn dem kündigenden Teil unter Berücksichtigung aller Umstände des Einzelfalls und unter Abwägung der beiderseitigen Interessen die Fortsetzung des Vertragsverhältnisses bis zur Fertigstellung des Werkes nicht zugemutet werden kann.

Der Gesetzgeber hat sehr wohl überlegt, ob er einzelne Kündigungsgründe aufführen soll, dann aber davon abgesehen, weil die möglichen Fallkonstellationen, die eine fristlose Kündigung rechtfertigen können, zu vielgestaltig sind. Der Kündigungstatbestand wurde der Vorschrift des § 314 BGB nachgebildet, also der fristlosen Kündigung bei Dauerschuldverhältnissen. Der Bauvertrag ist zwar kein Dauerschuldverhältnis im Rechtssinne, diesem aber deshalb angenähert, weil die Vertragsparteien für längere Zeit miteinander verbunden sind.

Eine fristlose Kündigung ist immer dann möglich, wenn die Parteien **Kardinalvertragspflichten** verletzen. Der Bauherr beschafft z.B. eine Baugenehmigung nicht, er zahlt nicht oder er kommt seinen Mitwirkungspflichten mehrfach in keiner Weise nach. Das Gleiche gilt, wenn der Bauunternehmer trotz mehrfacher Aufforderung beispielsweise nicht mit der Bauausführung beginnt oder trotz Abmahnung und Fristsetzung nur unzureichend Arbeitskräfte, Geräte oder Baustoffe zur Verfügung stellt, so dass die Termine, insbesondere der Baufertigstellungstermin, nicht eingehalten werden können, oder der Bauunternehmer führt die Arbeiten wiederholt mangelhaft aus. Auch dann, wenn der Bauunternehmer keine Löhne mehr zahlt oder eine Insolvenz eintritt, kann eine fristlose Kündigung erfolgen.

2. Frist zur Abhilfe. Jede fristlose Kündigung ist erst nach erfolglosem Ablauf einer zur Abhilfe bestimmten Frist zulässig.

3. Feststellung des Leistungsstandes. Durch die Kündigung wird zwar das Vertragsverhältnis beendet, aber es muss noch abgewickelt werden. Daher bestimmt § 648a Abs. 4 BGB, dass nach der Kündigung eine gemeinsame Leistungsfeststellung zu erfolgen hat. Die Leistungsfeststellung ist keine Abnahme, sondern dient ausschließlich dazu, den tatsächlich erbrachten Leistungsstand festzuhalten, um Streitigkeiten über die Höhe des Werklohnes zu vermeiden. Denn wenn eine berechtigte Kündigung des Auftraggebers aus wichtigem Grund vorliegt, hat der Unternehmer gemäß § 648a Abs. 5 BGB nur Anspruch auf den Teil des Werklohnes, der den tatsächlich erbrachten, mangelfreien Leistungen entspricht.

Der Bauherr soll den gekündigten Unternehmer zur Leistungsfeststellung **auffordern**, um die Grundlage für dessen Werklohanspruch festzulegen. Die Aufforderung an den Unternehmer muss **nachweisbar zugehen**. Gekündigte Bauunternehmer sind verärgert und ziehen es vor, „abzutauchen".

Der Gesetzgeber hat auch geregelt, wie es weitergeht, wenn eine Vertragspartei ihre Mitwirkung an der Leistungsfeststellung **verweigert** oder dem Termin **unentschuldigt fernbleibt**. Dann kann die andere Vertragspartei den Leistungsstand bestimmen. Die Beweislast dafür, dass diese Leistungsbestimmung unrichtig ist, trifft dann die Vertragspartei, welche die Mitwirkung verweigert hat (§ 648a Abs. 4 Satz 2 BGB).

4. Abnahme des Werkes. Der BGH hat schon vor längerer Zeit festgestellt, dass beim gekündigten Werkvertrag die Abnahmepflicht fortbesteht. Auch die Gewährleistungsrechte des Bauherrn bestehen fort.

Wichtig: Der gekündigte Bauvertrag erfordert – trotz Leistungsfeststellung – eine Abnahme.

§ 649 BGB
Kostenanschlag

(1) Ist dem Vertrag ein Kostenanschlag zugrunde gelegt worden, ohne dass der Unternehmer die Gewähr für die Richtigkeit des Anschlags übernommen hat, und ergibt sich, dass das Werk nicht ohne eine wesentliche Überschreitung des Anschlags ausführbar ist, so steht dem Unternehmer, wenn der Besteller den Vertrag aus diesem Grund kündigt, nur der im § 645 Abs. 1 bestimmte Anspruch zu.

(2) Ist eine solche Überschreitung des Anschlags zu erwarten, so hat der Unternehmer dem Besteller unverzüglich Anzeige zu machen.

§ 650 BGB
Werklieferungsvertrag; Verbrauchervertrag über die Herstellung digitaler Produkte

(1) Auf einen Vertrag, der die Lieferung herzustellender oder zu erzeugender beweglicher Sachen zum Gegenstand hat, finden die Vorschriften über den Kauf Anwendung. § 442 Abs. 1 Satz 1 findet bei diesen Verträgen auch Anwendung, wenn der Mangel auf den vom Besteller gelieferten Stoff zurückzuführen ist. Soweit es sich bei den herzustellenden oder zu erzeugenden beweglichen Sachen um nicht vertretbare Sachen handelt, sind auch die §§ 642, 643, 645, 648 und 649 mit der Maßgabe anzuwenden, dass an die Stelle der Abnahme der nach den §§ 446 und 447 maßgebliche Zeitpunkt tritt.

(2) Auf einen Verbrauchervertrag, bei dem der Unternehmer sich verpflichtet,

1.digitale Inhalte herzustellen,

2.einen Erfolg durch eine digitale Dienstleistung herbeizuführen oder

3.einen körperlichen Datenträger herzustellen, der ausschließlich als Träger digitaler Inhalte dient, sind die §§ 633 bis 639 über die Rechte bei Mängeln sowie § 640 über die Abnahme nicht anzuwenden. An die Stelle der nach Satz 1 nicht anzuwendenden Vorschriften treten die Vorschriften des Abschnitts 3 Titel 2a. Die §§ 641, 644 und 645 sind mit der Maßgabe anzuwenden, dass an die Stelle der Abnahme die Bereitstellung des digitalen Produkts (§ 327b Absatz 3 bis 5) tritt.

(3) Auf einen Verbrauchervertrag, bei dem der Unternehmer sich verpflichtet, einen herzustellenden körperlichen Datenträger zu liefern, der ausschließlich als Träger digitaler Inhalte dient, sind abweichend von Absatz 1 Satz 1 und 2 § 433 Absatz 1 Satz 2, die §§ 434 bis 442, 475 Absatz 3 Satz 1, Absatz 4 bis 6 und die §§ 476 und 477 über die Rechte bei Mängeln nicht anzuwenden. An die Stelle der nach Satz 1 nicht anzuwendenden Vorschriften treten die Vorschriften des Abschnitts 3 Titel 2a.

(4) Für einen Verbrauchervertrag, bei dem der Unternehmer sich verpflichtet, eine Sache herzustellen, die ein digitales Produkt enthält oder mit digitalen Produkten verbunden ist, gilt der Anwendungsaus-

schluss nach Absatz 2 entsprechend für diejenigen Bestandteile des Vertrags, welche die digitalen Produkte betreffen. Für einen Verbrauchervertrag, bei dem der Unternehmer sich verpflichtet, eine herzustellende Sache zu liefern, die ein digitales Produkt enthält oder mit digitalen Produkten verbunden ist, gilt der Anwendungsausschluss nach Absatz 3 entsprechend für diejenigen Bestandteile des Vertrags, welche die digitalen Produkte betreffen.

Für die Praxis: § 650 BGB ermöglicht eine klare Abgrenzung zwischen Kaufrecht und Werkvertragsrecht. Verträge über die Lieferung herzustellender oder zu erzeugender **beweglicher Sachen** werden durch die Verweisung in § 650 BGB dem **Kaufrecht** unterstellt, dessen Anwendungsbereich dadurch ausgeweitet wird.

Der Begriff „bewegliche Sache" darf aber nicht nur unter Beachtung der §§ 90 ff. BGB ausgelegt werden. Zur Abgrenzung ist darauf abzustellen, ob die Sache ohne Zerstörung oder Funktionsbeeinträchtigung des Bauwerkes ortsungebunden, also beweglich, ist.

Bei der Beurteilung, ob Kaufrecht oder Werkvertragsrecht anzuwenden ist, muss analysiert werden, welche Verpflichtungen der Vertrag enthält. Beinhaltet der Vertrag nur eine Herstellungsverpflichtung, z.B. Aufbringung eines Wärmedämmverbundsystems, ohne dass dessen Lieferung geschuldet wird, gilt Werkvertragsrecht. Die §§ 631 ff. BGB gelten auch, wenn es um Arbeiten an einem Grundstück geht, also um dessen Erhaltung, Wartung, Reparatur, Umgestaltung, Sanierung Erweiterung oder Umbau.

Eine **Kombination zwischen beiden Vertragstypen** tritt dann ein, wenn es sich bei der herzustellenden oder zu erzeugenden beweglichen Sache um eine **nicht vertretbare Sache** handelt. Nicht vertretbare Sachen sind solche, die durch die Art ihrer Herstellung individuell nach Bestellerwünschen gefertigt werden, daher auf ein bestimmtes Bauvorhaben zugeschnitten und im Übrigen (fast) unverkäuflich sind. Darunter fällt z.B. die Errichtung eines Wintergartens. Maße und Gestaltung, Größe der Fensterflächen und Konstruktion werden individuell auf das Gebäude und die Kundenwünsche abgestimmt, an welches der Wintergarten angebaut werden soll. Die Errichtungs- und Montageverpflichtung ist neben der Lieferung Hauptleistungspflicht. Bei dieser Sachlage ist es notwendig, dass auch die Vorschriften des Werkvertragsrechts Anwendung finden, welche die Mitwirkungspflicht des Bestellers (§ 642 BGB), seine Verantwortlichkeit für gelieferte Stoffe oder erteilte Anweisungen (§ 645 BGB), das Kündigungsrecht (§ 648 BGB; bisher § 649 BGB) und den Kostenanschlag (§ 649 BGB; bisher § 650 BGB) regeln.

Da aber grundsätzlich Kaufrecht anwendbar bleibt, tritt an die Stelle der Abnahme des Werkes die Übergabe bzw. Auslieferung des Werkes.

§ 650 BGB gilt nicht für geistige Leistungen.

Sowohl im Kaufrecht als auch im Werkvertragsrecht gilt bei einem Bauwerk die 5-jährige Verjährungsfrist. Zu beachten ist aber der unterschiedliche Beginn der Verjährungsfrist. Verjährungsbeginn ist im Kaufrecht die **Übergabe** der Sache, im Werkvertragsrecht die **Abnahme**.

Kapitel 2
Bauvertrag

Für die Praxis: In Kapitel 2 sind die Regelungen zum sog. Bauvertrag zusammengefasst. Dieser Begriff wird rechtlich definiert in § 650a BGB. Die Regelungen zum Anordnungsrecht des Bestellers (§ 650b BGB) sowie Vorgaben für die Preisberechnung bei Mehr- oder Minderleistungen (§ 650c BGB) regeln auf praktisch allen Baustellen auftretende Problemfälle. Für den Bauvertrag in diesem Sinn gelten noch weitere Besonderheiten wie die Pflicht zur prüffähigen Abrechnung und die Möglichkeit, eine Bauhandwerkersicherheit zu verlangen.

§ 650a BGB
Bauvertrag

(1) Ein Bauvertrag ist ein Vertrag über die Herstellung, die Wiederherstellung, die Beseitigung oder den Umbau eines Bauwerks, einer Außenanlage oder eines Teils davon. Für den Bauvertrag gelten ergänzend die folgenden Vorschriften dieses Kapitels.

(2) Ein Vertrag über die Instandhaltung eines Bauwerks ist ein Bauvertrag, wenn das Werk für die Konstruktion, den Bestand oder den bestimmungsgemäßen Gebrauch von wesentlicher Bedeutung ist.

Für die Praxis: In Abs. 1 definiert der Gesetzgeber den Begriff des **Bauvertrages**. Danach ist der Bauvertrag ein Vertrag über die Herstellung, die Wiederherstellung, die Beseitigung oder den Umbau eines Bauwerks oder eines Teils davon.

Aber auch Verträge, die der Instandhaltung des Bauwerkes dienen, unterliegen den neuen Regelungen. Nicht in das neue Bauvertragsrecht sollen Verträge fallen, bei denen es um letztlich für das Bauwerk unwesentliche Instandhaltungsmaßnahmen geht. Nur wenn die Instandhaltungsleistung für die Konstruktion, den Bestand oder den bestimmungsgemäßen Gebrauch von wesentlicher Bedeutung ist, handelt es sich um einen Bauvertrag. Zur Abgrenzung kann man ganz grob fragen: „funktioniert" das Bauwerk auch ohne die Instandhaltungsmaßnahme? Wenn ja, handelt es sich nicht um einen Bauvertrag im Sinne des BGB. Bei Modernisierungs- und Umbauarbeiten sind im Zweifel alle Arbeiten, bei denen in konstruktive Elemente des Gebäudes eingegriffen wird, erfasst. Aber auch andere Arbeiten können erforderlich sein, die Funktion eines Gebäudes zu erhalten, z.B. die Wartung von technischen Anlagen.

§ 650b BGB
Änderung des Vertrags; Anordnungsrecht des Bestellers

(1) Begehrt der Besteller

1. eine Änderung des vereinbarten Werkerfolgs (§ 631 Absatz 2) oder
2. eine Änderung, die zur Erreichung des vereinbarten Werkerfolgs notwendig ist,

streben die Vertragsparteien Einvernehmen über die Änderung und die infolge der Änderung zu leistende Mehr- oder Mindervergütung an. Der Unternehmer ist verpflichtet, ein Angebot über die Mehr- oder Mindervergütung zu erstellen, im Falle einer Änderung nach Satz 1 Nummer 1 jedoch nur, wenn ihm die Ausführung der Änderung zumutbar ist. Macht der Unternehmer betriebsinterne Vorgänge für die Unzumutbarkeit einer Anordnung nach Absatz 1 Satz 1 Nummer 1 geltend, trifft ihn die Beweislast hierfür. Trägt der Besteller die Verantwortung für die Planung des Bauwerks oder der Außenanlage, ist der Unternehmer nur dann zur Erstellung eines Angebots über die Mehr- oder Mindervergütung verpflichtet, wenn der Besteller die für die Änderung erforderliche Planung vorgenommen und dem Unternehmer zur Verfügung gestellt hat. Begehrt der Besteller eine Änderung, für die dem Unternehmer nach § 650c Absatz 1 Satz 2 kein Anspruch auf Vergütung für vermehrten Aufwand zusteht, streben die Parteien nur Einvernehmen über die Änderung an; Satz 2 findet in diesem Fall keine Anwendung.

(2) Erzielen die Parteien binnen 30 Tagen nach Zugang des Änderungsbegehrens beim Unternehmer keine Einigung nach Absatz 1, kann der Besteller die Änderung in Textform anordnen. Der Unternehmer ist verpflichtet, der Anordnung des Bestellers nachzukommen, einer Anordnung nach Absatz 1 Satz 1 Nummer 1 jedoch nur, wenn ihm die Ausführung zumutbar ist. Absatz 1 Satz 3 gilt entsprechend.

Für die Praxis: Auf praktisch jeder Baustelle kommt es nachträglich zu Änderungen. In den §§ 650b und 650c BGB geht es um Änderungen, die entweder für die Vertragserfüllung notwendig sind oder die auf geänderten Wünschen des Auftraggebers beruhen, und ihre Folgen für die Vergütung. Bei der Vergütung wird außerdem in § 650c Abs. 1 Satz 2 BGB danach unterschieden, ob der Auftraggeber oder der Auftragnehmer für die Planung verantwortlich ist.

Die jeweils einzuhaltenden Prozessschritte sind relativ kleinteilig beschrieben und sollten von den Vertragspartnern eingehalten werden. Ein entscheidender Unterschied zum Anordnungsrecht in § 1 Abs. 3, 4 Satz 1 VOB/B ist, dass das BGB vor Wirksamwerden einer Anordnung verlangt, dass die Vertragspartner über die Folgen verhandeln, und zwar 30 Tage lang. Auch kennt die VOB/B keine ausdrückliche Regelung, dass der Auftragnehmer, der für die Planung verantwortlich ist, u.U. keinen Anspruch auf eine zusätzliche Vergütung haben kann.

Die in § 650b BGB aufgestellten Voraussetzungen für eine wirksame Anordnung sollten beide Vertragspartner beachten. Dies sind:

a) wenn der Auftraggeber für die Planung verantwortlich ist

- Änderungsverlangen des Auftraggebers
- bei einer nicht zur Erreichung des Werkerfolgs notwendigen Leistung die Zumutbarkeit
- Übergabe der Planung durch den Auftraggeber
- Erstellung eines Angebots durch den Auftragnehmer
- Versuch, in 30 Tagen Einvernehmen über die Ausführung und die Vergütung herzustellen,
- nur bei nicht erzieltem Einvernehmen kann der Auftraggeber die Leistung einseitig verbindlich anordnen.

b) Wenn der Auftragnehmer für die Planung verantwortlich ist

- bei einer Änderung des vereinbarten Werkerfolgs ein entsprechender Wunsch des Auftraggebers
- bei einer nicht zur Erreichung des Werkerfolgs notwendigen Leistung die Zumutbarkeit
- bei einer nicht zur Erreichung des Werkerfolgs notwendigen Leistung ein Angebot des Auftragnehmers
- Versuch, in 30 Tagen Einvernehmen über die Ausführung und (bei Änderungen, die nicht zur Erreichung des Werkerfolgs notwendig sind) die Vergütung herzustellen,
- nur bei nicht erzieltem Einvernehmen kann der Auftraggeber die Leistung einseitig verbindlich anordnen, wobei dem Auftragnehmer bei Leistungen, die für die Erreichung des Werkerfolgs notwendig sind, keine Vergütung zusteht.

Offen ist aber, ob der für die Planung verantwortliche Auftraggeber eine Leistung auch dann anordnen kann, wenn er dem Auftragnehmer keine Planung übergeben hat. Auch die Folgen einer vorzeitigen Ausführung eines Änderungswunsches durch den Auftragnehmer sind derzeit noch nicht sicher festzustellen.

Rein praktisch muss der Auftraggeber beachten, dass der Auftragnehmer im Zweifel bis zu einer verbindlichen Anordnung verpflichtet ist, den ursprünglichen Vertrag unverändert auszuführen. Dies kann zur Folge haben, dass die Umsetzung einer Änderung erschwert, verteuert oder sogar unmöglich gemacht wird.

§ 650c BGB
Vergütungsanpassung bei Anordnungen nach § 650b Absatz 2

(1) Die Höhe des Vergütungsanspruchs für den infolge einer Anordnung des Bestellers nach § 650b Absatz 2 vermehrten oder verminderten Aufwand ist nach den tatsächlich erforderlichen Kosten mit angemessenen Zuschlägen für allgemeine Geschäftskosten, Wagnis und Gewinn zu ermitteln. Umfasst die Leistungspflicht des Unternehmers auch die Planung des Bauwerks oder der Außenanlage, steht diesem im Fall des § 650b Absatz 1 Satz 1 Nummer 2 kein Anspruch auf Vergütung für vermehrten Aufwand zu.

(2) Der Unternehmer kann zur Berechnung der Vergütung für den Nachtrag auf die Ansätze in einer vereinbarungsgemäß hinterlegten Urkalkulation zurückgreifen. Es wird vermutet, dass die auf Basis der Urkalkulation fortgeschriebene Vergütung der Vergütung nach Absatz 1 entspricht.

(3) Bei der Berechnung von vereinbarten oder gemäß § 632a geschuldeten Abschlagszahlungen kann der Unternehmer 80 Prozent einer in einem Angebot nach § 650b Absatz 1 Satz 2 genannten Mehrvergütung ansetzen, wenn sich die Parteien nicht über die Höhe geeinigt haben oder keine anderslautende gerichtliche Entscheidung ergeht. Wählt der Unternehmer diesen Weg und ergeht keine anderslautende gerichtliche Entscheidung, wird die nach den Absätzen 1 und 2 geschuldete Mehrvergütung erst nach der Abnahme des Werks fällig. Zahlungen nach Satz 1, die die nach den Absätzen 1 und 2 geschuldete Mehrvergütung übersteigen, sind dem Besteller zurückzugewähren und ab ihrem Eingang beim Unternehmer zu verzinsen. 4 § 288 Absatz 1 Satz 2, Absatz 2 und § 289 Satz 1 gelten entsprechend.

Für die Praxis: § 650c BGB ergänzt das in § 650b BGB gesetzlich verankerte Anordnungsrecht des Bauherrn und regelt die Vergütungsfolgen für den Fall, dass sich die Vertragspartner nicht über die Anpassung der Vergütung einigen können.

Wenn dieser seine Anordnung durchsetzen kann, die Parteien sich aber nicht darüber verständigen können, in welcher Höhe die notwendigen Änderungs- und/oder Mehrleistungen vergütet werden müssen, ist der Gesetzgeber gefragt.

Abs. 1 schreibt vor, dass Maßstab für die Berechnung der geänderten Leistung die **tatsächlich erforderlichen Kosten** mit angemessenen Zuschlägen für allgemeine Geschäftskosten und Wagnis und Gewinn sind. Damit soll erreicht werden, dass nur die tatsächliche Kostenentwicklung berücksichtigt wird.

Alternativ wird dem Auftragnehmer aber in **Abs. 2** erlaubt, auf seine vereinbarungsgemäß hinterlegte **Urkalkulation** bei der Kostenermittlung zurückzugreifen. In diesem Fall wird vermutet, dass die Fortschreibung den tatsächlich erforderlichen Kosten zzgl. angemessener Zuschläge entspricht. Diese Wahlmöglichkeit kann der Auftragnehmer für jede Leistungsänderung gesondert wahrnehmen. Der Auftraggeber kann dieser Vermutung entgegentreten. Es dürfte aber für den Auftraggeber oft schwierig werden, nachzuweisen, dass die Fortschreibung der Kalkulation nicht der tatsächlichen Kostenentwicklung entspricht, da er normalerweise keinen Einblick in diese Kosten hat.

Dies setzt den Auftraggeber dem Risiko aus, spekulativ kalkulierte Preise zahlen müssen – nach Wahl des Auftragnehmers, wenn es für ihn günstiger ist als die tatsächlichen Kosten abzurechnen.

Die Hinterlegung der Kalkulation muss vereinbarungsgemäß sein, die Vertragspartner müssen sich also einigen, wo sie hinterlegt wird und wer wie Zugang erhält.

Abs. 3 regelt den Fall, dass die Parteien **keine Einigung über die Mehrkosten** erzielt haben. Dann soll der Unternehmer 80 % der ermittelten Mehrkosten auch bei Abschlagszahlungen fordern können. Die genaue Berechnung der Mehrvergütung erfolgt dann in der Schlussrechnung.

§ 650d BGB
Einstweilige Verfügung

Zum Erlass einer einstweiligen Verfügung in Streitigkeiten über das Anordnungsrecht gemäß § 650b oder die Vergütungsanpassung gemäß § 650c ist es nach Beginn der Bauausführung nicht erforderlich, dass der Verfügungsgrund glaubhaft gemacht wird.

Für die Praxis: Die in § 650d BGB geregelte einstweilige Verfügung wird in mehreren Entscheidungen behandelt. Besonders die Entscheidung KG, Urt. v. 2.3.2021, 21 U 1098/20, hat große Aufmerksamkeit gefunden, denn darin konnte der Auftragnehmer erreichen, dass der Auftraggeber durch eine einstweilige Verfügung zur Zahlung verpflichtet wurde. Das ist deswegen wichtig, weil in Verfahren über die einstweilige Verfügung nicht so intensiv Beweis erhoben wird wie in Hauptsacheverfahren. Im Verfahren über die einstweilige Verfügung reicht die Glaubhaftmachung von Ansprüchen.

Diese Möglichkeit hat der Auftragnehmer bei Streitigkeiten über das Anordnungsrecht nach § 650b BGB oder die Vergütungsanpassung nach § 650c BGB, also bei Streitigkeiten über die Vergütung bei geänderten oder zusätzlichen Leistungen.

Nach der genannten Entscheidung des KG gilt dies auch bei Nachträgen, die auf Grundlage der VOB/B angeordnet und abgerechnet wurden.

Dem Auftragnehmer wird damit eine weitere und vergleichsweise einfache Möglichkeit eröffnet, Vergütungsansprüche für Nachträge gerichtlich geltend zu machen. Es kann allerdings bei einem solchen Verfahren dazu kommen, dass im Hauptsacheverfahren eine andere Entscheidung getroffen wird. In diesem Fall ist der Auftragnehmer unabhängig von einem Verschulden gegenüber dem Auftraggeber schadensersatzpflichtig, § 945 ZPO.

§ 650e BGB
Sicherungshypothek des Bauunternehmers

§ 650f BGB
Bauhandwerkersicherung

(1) Der Unternehmer kann vom Besteller Sicherheit für die auch in Zusatzaufträgen vereinbarte und noch nicht gezahlte Vergütung einschließlich dazugehöriger Nebenforderungen, die mit 10 Prozent des zu sichernden Vergütungsanspruchs anzusetzen sind, verlangen. Satz 1 gilt in demselben Umfang auch für Ansprüche, die an die Stelle der Vergütung treten. Der Anspruch des Unternehmers auf Sicherheit wird nicht dadurch ausgeschlossen, dass der Besteller Erfüllung verlangen kann oder das Werk abgenommen hat. Ansprüche, mit denen der Besteller gegen den Anspruch des Unternehmers auf Vergütung aufrechnen kann, bleiben bei der Berechnung der Vergütung unberücksichtigt, es sei denn, sie sind unstreitig oder rechtskräftig festgestellt. Die Sicherheit ist auch dann als ausreichend anzusehen, wenn sich der Sicherungsgeber das Recht vorbehält, sein Versprechen im Falle einer wesentlichen Verschlechterung der Vermögensverhältnisse des Bestellers mit Wirkung für Vergütungsansprüche aus Bauleistungen zu widerrufen, die der Unternehmer bei Zugang der Widerrufserklärung noch nicht erbracht hat.

(2) Die Sicherheit kann auch durch eine Garantie oder ein sonstiges Zahlungsversprechen eines im Geltungsbereich dieses Gesetzes zum Geschäftsbetrieb befugten Kreditinstituts oder Kreditversicherers geleistet werden. Das Kreditinstitut oder der Kreditversicherer darf Zahlungen an den Unternehmer nur leisten, soweit der Besteller den Vergütungsanspruch des Unternehmers anerkennt oder durch vorläufig vollstreckbares Urteil zur Zahlung der Vergütung verurteilt worden ist und die Voraussetzungen vorliegen, unter denen die Zwangsvollstreckung begonnen werden darf.

(3) Der Unternehmer hat dem Besteller die üblichen Kosten der Sicherheitsleistung bis zu einem Höchstsatz von 2 Prozent für das Jahr zu erstatten. Dies gilt nicht, soweit eine Sicherheit wegen Einwendungen des Bestellers gegen den Vergütungsanspruch des Unternehmers aufrechterhalten werden muss und die Einwendungen sich als unbegründet erweisen.

(4) Soweit der Unternehmer für seinen Vergütungsanspruch eine Sicherheit nach Absatz 1 oder 2 erlangt hat, ist der Anspruch auf Einräumung einer Sicherungshypothek nach § 650e ausgeschlossen.

(5) Hat der Unternehmer dem Besteller erfolglos eine angemessene Frist zur Leistung der Sicherheit nach Absatz 1 bestimmt, so kann der Unternehmer die Leistung verweigern oder den Vertrag kündigen. Kündigt er den Vertrag, ist der Unternehmer berechtigt, die vereinbarte Vergütung zu verlangen; er muss sich jedoch dasjenige anrechnen lassen, was er infolge der Aufhebung des Vertrages an Aufwendungen erspart oder durch anderweitige Verwendung seiner Arbeitskraft erwirbt oder böswillig zu erwerben unterlässt. Es wird vermutet, dass danach dem Unternehmer 5 Prozent der auf den noch nicht erbrachten Teil der Werkleistung entfallenden vereinbarten Vergütung zustehen.

(6) Die Absätze 1 bis 5 finden keine Anwendung, wenn der Besteller

1. eine juristische Person des öffentlichen Rechts oder ein öffentlich-rechtliches Sondervermögen ist, über deren Vermögen ein Insolvenzverfahren unzulässig ist, oder
2. Verbraucher ist und es sich um einen Verbraucherbauvertrag nach § 650i oder um einen Bauträgervertrag nach § 650u handelt.

Satz 1 Nummer 2 gilt nicht bei Betreuung des Bauvorhabens durch einen zur Verfügung über die Finanzierungsmittel des Bestellers ermächtigten Baubetreuer.

(7) Eine von den Absätzen 1 bis 5 abweichende Vereinbarung ist unwirksam.

Für die Praxis: 1. Normzweck. Seit 1993 kennt das BGB die Bauhandwerkersicherung, die das Vorleistungsrisiko des Unternehmers mindern soll. Durch das Verlangen nach einer Sicherung i.S.d. § 650f BGB kann der Auftragnehmer das Recht zur Einstellung der Arbeiten und sogar zur Kündigung des Vertrages bekommen.

2. Anwendungsbereich. Die Vorschrift gilt für alle Auftragnehmer von Bauverträgen i.S.d. § 650a BGB, also auch für Subunternehmer, nicht dagegen für Baustofflieferanten oder für Vertragsverhältnisse, welche dem Kaufrecht zuzuordnen sind (z.B. Kauf einer Satellitenanlage mit Montageverpflichtung des Lieferanten). Auch Architekten und Ingenieure können eine Bauhandwerkersicherung fordern, vgl. § 650q Abs. 1 BGB.

Die Sicherheit umfasst den gesamten voraussichtlichen **Vergütungsanspruch**, weitere Vergütungsansprüche, die aus Zusatzvereinbarungen resultieren, sowie die Nebenforderungen bis zu 10 % des Vergütungsanspruchs. Es geht ausschließlich um die Sicherung dieses Anspruchs. Daher muss die Leistung nicht erbracht sein und Mängelansprüche gegen den Unternehmer führen zu keiner Verringerung der zu stellenden Sicherheit.

§ 650f BGB erfasst jedenfalls nach seinem Wortlaut keine Ansprüche aus **streitigen Nachträgen!** Dies hatte bereits das LG Halle durch Urteil vom 9.2.2016 (8 O 40/15) entschieden (ebenso *Ingenstau/Korbion-Joussen,* VOB Teile A und B, 21. Aufl. 2020, Anhang 1 Rn. 166 a.E.). Bei **Nachträgen** soll der Sicherungsanspruch nur bestehen, wenn diese dem Grunde und der Höhe nach unstreitig sind, die Parteien also eine Preisvereinbarung i.S.v. § 2 Abs. 5 und Abs. 6 Nr. 2 VOB/B getroffen haben. Dies entspricht der gesetzlichen Formulierung von Satz 1, wonach nur die in einem Zusatzauftrag vereinbarte und nicht gezahlte Vergütung abgesichert werden soll.

Der Anspruch aus § 642 BGB wegen **Bauzeitverlängerung** ist hingegen inzwischen über § 650f Abs. 1 Satz 2 BGB absicherbar.

3. Leistungsverweigerungsrecht, Kündigungsrecht. Erfüllt der Bauherr das Sicherungsverlangen innerhalb einer vom Unternehmer gesetzten angemessenen Frist nicht, steht dem Unternehmer ein Leistungsverweigerungsrecht oder ein Kündigungsrecht zu (Abs. 5). Um dieses Recht des Unternehmers auszulösen, ist nur der Fristablauf erforderlich; es bedarf keiner Nachfristsetzung.

4. Unanwendbarkeit. Die Regelungen zur Sicherungshypothek des Bauunternehmers gelten nicht für juristische Personen des öffentlichen Rechts (Abs. 6 Satz 1 Nr. 1). Im Übrigen wurde das Verbraucherprivileg angepasst. Ausgenommen vom Anwendungsbereich sind der Verbraucherbauvertrag nach § 650i BGB sowie der Bauträgervertrag nach § 650u BGB (Abs. 6 Satz 1 Nr. 2). Somit sind jetzt auch Verträge eines Verbrauchers über den Bau eines Mehrfamilienhauses vom Privileg erfasst. Denn durch die Stellung einer Bauhandwerkersicherung werden trotz der **Kostenerstattungspflicht des Unternehmers** gemäß **Abs. 3 Satz 1** Mehrkosten ausgelöst und zusätzliche Probleme bei der Stellung dieser Sicherheit geschaffen. Nicht privilegiert sind kleinere Baumaßnahmen.

5. Unabdingbarkeit. Die vom Gesetz vorgeschriebenen Bedingungen und die in § 650f BGB festgelegten Rechte und Pflichten können vertraglich nicht geändert werden (Abs. 7).

§ 650g BGB
Zustandsfeststellung bei Verweigerung der Abnahme; Schlussrechnung

(1) Verweigert der Besteller die Abnahme unter Angabe von Mängeln, hat er auf Verlangen des Unternehmers an einer gemeinsamen Feststellung des Zustands des Werks mitzuwirken. Die gemeinsame Zustandsfeststellung soll mit der Angabe des Tages der Anfertigung versehen werden und ist von beiden Vertragsparteien zu unterschreiben.

(2) Bleibt der Besteller einem vereinbarten oder einem von dem Unternehmer innerhalb einer angemessenen Frist bestimmten Termin zur Zustandsfeststellung fern, so kann der Unternehmer die Zustandsfeststellung auch einseitig vornehmen. Dies gilt nicht, wenn der Besteller infolge eines Umstands fernbleibt, den er nicht zu vertreten hat und den er dem Unternehmer unverzüglich mitgeteilt hat. Der Unternehmer hat die einseitige Zustandsfeststellung mit der Angabe des Tages der Anfertigung zu versehen und sie zu unterschreiben sowie dem Besteller eine Abschrift der einseitigen Zustandsfeststellung zur Verfügung zu stellen.

(3) Ist das Werk dem Besteller verschafft worden und ist in der Zustandsfeststellung nach Absatz 1 oder 2 ein offenkundiger Mangel nicht angegeben, wird vermutet, dass dieser nach der Zustandsfeststellung entstanden und vom Besteller zu vertreten ist. Die Vermutung gilt nicht, wenn der Mangel nach seiner Art nicht vom Besteller verursacht worden sein kann.

(4) Die Vergütung ist zu entrichten, wenn

1. der Besteller das Werk abgenommen hat oder die Abnahme nach § 641 Absatz 2 entbehrlich ist und
2. der Unternehmer dem Besteller eine prüffähige Schlussrechnung erteilt hat.

Die Schlussrechnung ist prüffähig, wenn sie eine übersichtliche Aufstellung der erbrachten Leistungen enthält und für den Besteller nachvollziehbar ist. Sie gilt als prüffähig, wenn der Besteller nicht innerhalb von 30 Tagen nach Zugang der Schlussrechnung begründete Einwendungen gegen ihre Prüffähigkeit erhoben hat.

Für die Praxis: Wenn der Bauherr die Abnahme unter Angaben von Gründen verweigert, hat er auf Verlangen des Unternehmers an einer **gemeinsamen** Zustandsfeststellung mitzuwirken (Abs. 1). Diese Zustandsfeststellung **ersetzt nicht** die **Abnahme**. Sie dient vielmehr dazu, den Zustand des Werkes insgesamt zu dokumentieren. Hat der Bauherr das Bauwerk z.B. in Benutzung genommen, weil er aus der Mietwohnung ausziehen musste, und verdeutlicht, dass durch die Ingebrauchnahme keine Abnahme erfolgt ist, ist häufig streitig, ob Mängel bereits im Abnahmezeitpunkt vorhanden waren oder erst durch die Nutzung entstanden sind. Deshalb soll eine gemeinsame Zustandsfeststellung, die dokumentiert werden muss, stattfinden.

Diese Regelung darf nicht mit der Zustandsfeststellung gemäß § 4 Abs. 10 VOB/B verwechselt werden. Diese dient dazu, den Zustand von Bauteilen festzustellen, wenn diese Zustandsfeststellung durch die weitere Bauausführung nicht mehr möglich ist.

Abs. 2 ermöglicht dem Unternehmer eine **einseitige** Zustandsfeststellung, wenn der Bauherr die Mitwirkung verweigert. Die Feststellungen des Unternehmers führen zu einer Beweislastumkehr.

§ 650h BGB
Schriftform der Kündigung

Die Kündigung des Bauvertrags bedarf der schriftlichen Form.

Kapitel 3
Verbraucherbauvertrag

§ 650i BGB
Verbraucherbauvertrag

(1) Verbraucherbauverträge sind Verträge, durch die der Unternehmer von einem Verbraucher zum Bau eines neuen Gebäudes oder zu erheblichen Umbaumaßnahmen an einem bestehenden Gebäude verpflichtet wird.

(2) Der Verbraucherbauvertrag bedarf der Textform.

(3) Für Verbraucherbauverträge gelten ergänzend die folgenden Vorschriften dieses Kapitels.

Für die Praxis: Mit den Vorschriften der §§ 650i bis 650n BGB wird ein eigenes **Verbraucherschutzrecht für Bauverträge** geregelt. Jedes Jahr bauen oder kaufen in Deutschland 250.000 Familien ein Haus oder eine Eigentumswohnung, das sind rund 21.000 pro Monat. Die Immobilien sind die wichtigsten Investitionen im Leben dieser Menschen und volkswirtschaftlich von enormer Bedeutung.

Der Gesetzgeber versteht unter einem **Verbraucherbauvertrag** einen Vertrag, den ein Verbraucher i.S.v. § 13 BGB mit einem Bauunternehmer abschließt, um ein neues Gebäude zu errichten oder um erhebliche Umbaumaßnahmen an einem bestehenden Gebäude vornehmen zu lassen. Der BGH hat entschieden, dass kein Verbraucherbauvertrag vorliegt, wenn es nur um den Vertrag über ein einzelnes Gewerk geht (BGH, Urt. v. 16.03.2023, VII ZR 94/22). Der Verbraucherschutz im neuen Bauvertragsrecht gilt auch für den privaten Bauherrn, der erhebliche Umbaumaßnahmen vornehmen lassen.

Damit schließt der Gesetzgeber eine Lücke im Verbraucherschutz, denn diese Verträge werden vom Anwendungsbereich der EU-Verbraucherschutzrichtlinie nicht erfasst. Nur für kleine Bauvorhaben gelten die EU-Richtlinie und die darin geregelten Informationspflichten und das Widerrufsrecht sowie die bisher erfolgte Umsetzung im BGB. Das Bauvertragsrecht gleicht den Verbraucherschutz der EU-Richtlinie dem Verbraucherschutz für größere Bauvorhaben und den „Häuslebauer" an.

Der Verbraucher soll dadurch geschützt werden, dass er

- vor Vertragsschluss eine **Baubeschreibung** bekommt und
- über sein **Widerrufsrecht** belehrt wird.

§ 650j BGB
Baubeschreibung

Der Unternehmer hat den Verbraucher über die sich aus Artikel 249 des Einführungsgesetzes zum Bürgerlichen Gesetzbuche ergebenden Einzelheiten in der dort vorgesehenen Form zu unterrichten, es sei denn, der Verbraucher oder ein von ihm Beauftragter macht die wesentlichen Planungsvorgaben.

Artikel 249 EGBGB
Informationspflichten bei Verbraucherbauverträgen

§ 1
Informationspflichten bei Verbraucherbauverträgen

Der Unternehmer ist nach § 650j des Bürgerlichen Gesetzbuchs verpflichtet, dem Verbraucher rechtzeitig vor Abgabe von dessen Vertragserklärung eine Baubeschreibung in Textform zur Verfügung zu stellen.

§ 2
Inhalt der Baubeschreibung

(1) In der Baubeschreibung sind die wesentlichen Eigenschaften des angebotenen Werks in klarer Weise darzustellen. 2Sie muss mindestens folgende Informationen enthalten:

1. *allgemeine Beschreibung des herzustellenden Gebäudes oder der vorzunehmenden Umbauten, gegebenenfalls Haustyp und Bauweise,*
2. *Art und Umfang der angebotenen Leistungen, gegebenenfalls der Planung und der Bauleitung, der Arbeiten am Grundstück und der Baustelleneinrichtung sowie der Ausbaustufe,*
3. *Gebäudedaten, Pläne mit Raum- und Flächenangaben sowie Ansichten, Grundrisse und Schnitte,*
4. *gegebenenfalls Angaben zum Energie-, zum Brandschutz- und zum Schallschutzstandard sowie zur Bauphysik,*
5. *Angaben zur Beschreibung der Baukonstruktionen aller wesentlichen Gewerke,*
6. *gegebenenfalls Beschreibung des Innenausbaus,*
7. *gegebenenfalls Beschreibung der gebäudetechnischen Anlagen,*
8. *Angaben zu Qualitätsmerkmalen, denen das Gebäude oder der Umbau genügen muss,*
9. *gegebenenfalls Beschreibung der Sanitärobjekte, der Armaturen, der Elektroanlage, der Installationen, der Informationstechnologie und der Außenanlagen.*

(2) Die Baubeschreibung hat verbindliche Angaben zum Zeitpunkt der Fertigstellung des Werks zu enthalten. Steht der Beginn der Baumaßnahme noch nicht fest, ist ihre Dauer anzugeben.

§ 3
Widerrufsbelehrung

(abgedruckt bei § 650l)

Für die Praxis: § 650j BGB regelt die **vorvertraglichen Informationspflichten** des Unternehmers beim Verbraucherbauvertrag. Danach ist der Unternehmer verpflichtet, den Verbraucher über die sich aus **Art. 249 EGBGB**, der ebenfalls seinerzeit durch das Reformgesetz zum Bauvertragsrecht neu eingeführt wurde, ergebenden Einzelheiten in der dort vorgegebenen Form zu unterrichten.

Der Unternehmer ist demnach verpflichtet, dem Verbraucher/Besteller **vor Vertragsschluss** in Textform **eine Baubeschreibung** zur Verfügung zu stellen (§ 1), in der klar und deutlich die wesentlichen Eigenschaften des Objektes beschrieben werden (§ 2 Abs. 1 Satz 1). Der Inhalt der Information/Baubeschreibung steht nicht im Belieben des Unternehmers. Vielmehr hat der Unternehmer den Verbraucher vor Vertragsschluss über die in § 2 Abs. 1 Satz 2 aufgezählten Punkte zu unterrichten, es sei denn, der Verbraucher bedient sich z.B. der Hilfe eines Architekten.

Dadurch soll der Verbraucher in die Lage versetzt werden, den Umfang der angebotenen Leistung besser beurteilen zu können, eine bessere Grundlage für Preisvergleiche zu erhalten und ggf. mit Hilfe eines Sachverständigen Umfang und Qualität der angebotenen Bauleistung überprüfen zu können.

Unklar ist, wann die Baubeschreibung Angaben zum Innenausbau, zur technischen Gebäudeausrüstung und zu den Gewerken Sanitär, Elektro und den Außenanlagen enthalten muss. Diese Angaben muss der Unternehmer wohl nur auf besondere Anforderung des Verbrauchers liefern. Unklar ist auch, ob der Verbraucher für diese zusätzlichen Angebotsangaben etwas bezahlen muss.

Wichtig ist die Verpflichtung des Unternehmers, eine **verbindliche Angabe zum Zeitpunkt der Fertigstellung des Werkes** abzugeben. Denn häufig bewohnt der Verbraucher vorher eine Mietwohnung. Diese muss fristgerecht gekündigt werden. Ist das neue Haus zum Kündigungszeitpunkt nicht fertig, steht der Besteller nach der Kündigung im wahrsten Sinne des Wortes auf der Straße, wenn der Mietvertrag nicht noch einmal für einen begrenzten Zeitraum abgeschlossen werden kann. Vom Baubeginn hängt auch die Gestaltung der Kreditverträge ab. Der Verbraucher soll davor geschützt werden, Bereitstellungszinsen, die erheblich höher liegen als die Darlehenszinsen, zahlen zu müssen.

Diese Pflichten entfallen, wenn der Verbraucher sich der Hilfe eines Architekten bedient.

§ 650k BGB
Inhalt des Vertrags

(1) Die Angaben der vorvertraglich zur Verfügung gestellten Baubeschreibung in Bezug auf die Bauausführung werden Inhalt des Vertrags, es sei denn, die Vertragsparteien haben ausdrücklich etwas anderes vereinbart.

(2) Soweit die Baubeschreibung unvollständig oder unklar ist, ist der Vertrag unter Berücksichtigung sämtlicher vertragsbegleitender Umstände, insbesondere des Komfort- und Qualitätsstandards nach der übrigen Leistungsbeschreibung, auszulegen. Zweifel bei der Auslegung des Vertrags bezüglich der vom Unternehmer geschuldeten Leistung gehen zu dessen Lasten.

(3) Der Bauvertrag muss verbindliche Angaben zum Zeitpunkt der Fertigstellung des Werks oder, wenn dieser Zeitpunkt zum Zeitpunkt des Abschlusses des Bauvertrags nicht angegeben werden kann, zur Dauer der Bauausführung enthalten. Enthält der Vertrag diese Angaben nicht, werden die vorvertraglich in der Baubeschreibung übermittelten Angaben zum Zeitpunkt der Fertigstellung des Werks oder zur Dauer der Bauausführung Inhalt des Vertrags.

Für die Praxis: § 650k BGB befasst sich mit dem **Inhalt des Bauvertrages**. Die Vorschrift legt in Abs. 1 fest, dass die vorvertraglich zur Verfügung gestellte Baubeschreibung zum Schutz des Verbrauchers dann Vertragsinhalt wird, wenn zwischen den Vertragsparteien nichts anderes vereinbart wird. Allein dieser Umstand ist bereits Grund genug, eine Baubeschreibung sorgfältig zu prüfen.

Ist die **Baubeschreibung unvollständig oder unklar**, muss der Vertrag gemäß Abs. 2 Satz 1 unter Berücksichtigung sämtlicher vertragsbegleitender Umstände ausgelegt werden. Dabei gehen Zweifel, was denn gemeint sein könnte, zu Lasten des Unternehmers (Abs. 2 Satz 2). Der Gesetzgeber will eine Benachteiligung des Verbrauchers für den Fall unterbinden, dass der Unternehmer versucht, in der Baubeschreibung unklare Qualitätsangeben zu machen, damit er später geringwertigere Baumaterialien verwenden kann. Nach der Rechtsprechung des BGH gehören zu den vertragsbegleitenden Umständen erläuternde oder konkretisierende Erklärungen der Vertragsparteien, die konkreten Verhältnisse des Bauwerkes und seines Umfelds, der qualitative Zuschnitt, der architektonische Anspruch und die Zweckbestimmung des Gebäudes (z.B. BGH, Urt. v. 14.7.2007, VII ZR 45/06; Urt. v. 27.11.2013, VII ZR 275/12). Der Rechtsgedanke, dass unklare AGB zu Lasten des Verwenders gehen, hat auch Eingang in diese Regelung gefunden.

Sofern durch den Verbraucher einzelne Punkte der Baubeschreibung im Gespräch mit dem Unternehmer geändert wurden (z.B. bezüglich der Qualität der Bodenfliesen oder der Armaturen oder der Anzahl der Steckdosen), sollten diese Änderungen/Ergänzungen schriftlich festgehalten und von beiden Vertragsparteien auf derselben Urkunde unterschrieben oder im Bauvertrag ergänzt werden. Sonst kann es passieren, dass sich der Unternehmer an diese Absprachen, für welche der Bauherr beweispflichtig ist, „nicht mehr erinnert".

§ 650l BGB
Widerrufsrecht

Dem Verbraucher steht ein Widerrufsrecht gemäß § 355 zu, es sei denn, der Vertrag wurde notariell beurkundet. Der Unternehmer ist verpflichtet, den Verbraucher nach Maßgabe des Artikels 249 § 3 des Einführungsgesetzes zum Bürgerlichen Gesetzbuche über sein Widerrufsrecht zu belehren.

Artikel 249 EGBGB

Informationspflichten bei Verbraucherbauverträgen (…)

§ 3

Widerrufsbelehrung

(1) Steht dem Verbraucher ein Widerrufsrecht nach § 650l Satz 1 des Bürgerlichen Gesetzbuchs zu, ist der Unternehmer verpflichtet, den Verbraucher vor Abgabe von dessen Vertragserklärung in Textform über sein Widerrufsrecht zu belehren. Die Widerrufsbelehrung muss deutlich gestaltet sein und dem Verbraucher seine wesentlichen Rechte in einer an das benutzte Kommunikationsmittel angepassten Weise deutlich machen. Sie muss Folgendes enthalten:

1. *einen Hinweis auf das Recht zum Widerruf,*
2. *einen Hinweis darauf, dass der Widerruf durch Erklärung gegenüber dem Unternehmer erfolgt und keiner Begründung bedarf,*
3. *den Namen, die ladungsfähige Anschrift und die Telefonnummer desjenigen, gegenüber dem der Widerruf zu erklären ist, gegebenenfalls seine Telefaxnummer und E-Mail-Adresse,*
4. *einen Hinweis auf die Dauer und den Beginn der Widerrufsfrist sowie darauf, dass zur Fristwahrung die rechtzeitige Absendung der Widerrufserklärung genügt, und*
5. *einen Hinweis darauf, dass der Verbraucher dem Unternehmer Wertersatz nach § 357e des Bürgerlichen Gesetzbuchs schuldet, wenn die Rückgewähr der bis zum Widerruf erbrachten Leistung ihrer Natur nach ausgeschlossen ist.*

(2) Der Unternehmer kann seine Belehrungspflicht dadurch erfüllen, dass er dem Verbraucher das in Anlage 10 vorgesehene Muster für die Widerrufsbelehrung zutreffend ausgefüllt in Textform übermittelt.

Anlage 10 (zu Artikel 249 § 3) Muster für die Widerrufsbelehrung bei Verbraucherbauverträgen

Widerrufsbelehrung

Widerrufsrecht

Sie haben das Recht, binnen 14 Tagen ohne Angabe von Gründen diesen Vertrag zu widerrufen.
Die Widerrufsfrist beträgt 14 Tage ab dem Tag des Vertragsabschlusses. Sie beginnt nicht zu laufen, bevor Sie diese Belehrung in Textform erhalten haben.
Um Ihr Widerrufsrecht auszuüben, müssen Sie uns (*) mittels einer eindeutigen Erklärung (z.B. Brief, Telefax oder E-Mail) über Ihren Entschluss, diesen Vertrag zu widerrufen, informieren.
Zur Wahrung der Widerrufsfrist reicht es aus, dass Sie die Erklärung über die Ausübung des Widerrufsrechts vor Ablauf der Widerrufsfrist absenden.

Folgen des Widerrufs

Wenn Sie diesen Vertrag widerrufen, haben wir Ihnen alle Zahlungen, die wir von Ihnen erhalten haben, unverzüglich zurückzuzahlen.
Sie müssen uns im Falle des Widerrufs alle Leistungen zurückgeben, die Sie bis zum Widerruf von uns erhalten haben. Ist die Rückgewähr einer Leistung ihrer Natur nach ausgeschlossen, lassen sich etwa verwendete Baumaterialien nicht ohne Zerstörung entfernen, müssen Sie Wertersatz dafür bezahlen.

Gestaltungshinweis:

** Fügen Sie Ihren Namen oder den Namen Ihres Unternehmens, Ihre Anschrift und Ihre Telefonnummer ein. Sofern verfügbar sind zusätzlich anzugeben: Ihre Telefaxnummer und E-Mail-Adresse.*

Für die Praxis: 1. Belehrungspflicht über das Widerrufsrecht. Wenn der Vertrag nicht notariell beurkundet wurde, steht dem Verbraucher nach Abschluss des Verbraucherbauvertrages ein **Widerrufsrecht** gemäß § 355 BGB zu (§ 650l Satz 1 BGB). Auch über dieses Widerrufsrecht muss der Unternehmer den Verbraucher **belehren**. Die Belehrung muss in Textform vor Abgabe von dessen Vertragserklärung erfolgen. Der Inhalt der Belehrung über das Widerrufsrecht des Verbrauchers ist gesetzlich in **§ 3** des neuen **Art. 249 EGBGB** festgelegt (vgl. § 650l Satz 2 BGB). Der Unternehmer kann seine Belehrungspflicht dadurch erfüllen, dass er das als **Anlage 10** vorgeschriebene **Muster** verwendet. Davon abweichende Muster einer Widerrufsbelehrung sollten genau geprüft werden, ob sie die gesetzlichen Vorgaben erfüllen.

Der unter Nr. 5 des Art. 249 § 3 Abs. 1 EGBGB der Widerrufsbelehrung geschuldete **Hinweis auf den Wertersatz** trägt dem Umstand Rechnung, dass im Baurecht bei einem Widerruf die bis zum Zeitpunkt des Widerrufs gewährten Leistungen in der Regel nicht zurückgegeben werden können. Eine bereits gegossene Bodenplatte kann man ebenso wenig „zurückgeben" wie ein teilweise errichtetes Haus. Daher ist stattdessen Wertersatz zu leisten. Damit der Unternehmer nicht an überhöhten Baupreisen verdient, ist Grundlage der Berechnung des Wertersatzes der Marktwert der erbrachten Leistung.

2. Widerrufsrecht. Das Widerrufsrecht ist auf Verbraucherbauverträge i.S.v. § 650i Abs. 1 BGB beschränkt. Die Widerrufsfrist beträgt gemäß § 355 BGB 14 Tage und beginnt mit dem Vertragsschluss. Hat der Unternehmer keine Widerrufsbelehrung beigefügt, erlischt das Widerrufsrecht gemäß § 356d Satz 2 BGB spätestens 12 Monate und 14 Tage nach Vertragsschluss.

Das Widerrufsrecht entfällt, wenn der Bauvertrag notariell beurkundet wurde. Notare sollten sich der daraus für sie folgenden Verantwortung bewusst sein. Es stellt keinen Verbraucherschutz dar, wenn vom Unternehmer vorgegebene Bauverträge im Beurkundungstermin nur vorgelesen werden.

§ 650m BGB
Abschlagszahlungen; Absicherung des Vergütungsanspruchs

(1) Verlangt der Unternehmer Abschlagszahlungen nach § 632a, darf der Gesamtbetrag der Abschlagszahlungen 90 Prozent der vereinbarten Gesamtvergütung einschließlich der Vergütung für Nachtragsleistungen nach § 650c nicht übersteigen.

(2) Dem Verbraucher ist bei der ersten Abschlagszahlung eine Sicherheit für die rechtzeitige Herstellung des Werks ohne wesentliche Mängel in Höhe von 5 Prozent der vereinbarten Gesamtvergütung zu leisten. Erhöht sich der Vergütungsanspruch infolge einer Anordnung des Verbrauchers nach den §§ 650b und 650c oder infolge sonstiger Änderungen oder Ergänzungen des Vertrags um mehr als 10 Prozent, ist dem Verbraucher bei der nächsten Abschlagszahlung eine weitere Sicherheit in Höhe von 5 Prozent des zusätzlichen Vergütungsanspruchs zu leisten. Auf Verlangen des Unternehmers ist die Sicherheitsleistung durch Einbehalt dergestalt zu erbringen, dass der Verbraucher die Abschlagszahlungen bis zu dem Gesamtbetrag der geschuldeten Sicherheit zurückhält.

(3) Sicherheiten nach Absatz 2 können auch durch eine Garantie oder ein sonstiges Zahlungsversprechen eines im Geltungsbereich dieses Gesetzes zum Geschäftsbetrieb befugten Kreditinstituts oder Kreditversicherers geleistet werden.

(4) Verlangt der Unternehmer Abschlagszahlungen nach § 632a, ist eine Vereinbarung unwirksam, die den Verbraucher zu einer Sicherheitsleistung für die vereinbarte Vergütung verpflichtet, die die nächste Abschlagszahlung oder 20 Prozent der vereinbarten Vergütung übersteigt. 2Gleiches gilt, wenn die Parteien Abschlagszahlungen vereinbart haben.

Für die Praxis: § 650m BGB regelt den Risikoausgleich zwischen dem Unternehmer, der Abschlagszahlungen fordert und erhält, und dem Bauherrn, der keine Überzahlungen leisten will und Schutz vor dem Insolvenzrisiko des Unternehmers benötigt.

Grundsätzlich darf der Unternehmer gemäß § 632a BGB Abschlagszahlungen bis zur Höhe des Wertes der bis dahin erbrachten Leistungen fordern. Zum Schutz des Verbrauchers vor versteckten Überzahlungen senkt § 650m **Abs. 1** BGB die Höhe der auf diese Art und Weise ermittelten Abschlagszahlungen auf **90 %** der vereinbarten Vergütung. Dies gilt auch für Nachtragsleistungen.

Der Schutz des Bestellers, dass der Unternehmer dem Besteller bei der ersten Abschlagszahlung eine Sicherheit in Höhe von 5 % der vereinbarten Gesamtvergütung zu leisten hat, wird durch § 650m **Abs. 2** BGB auf den Verbraucherbauvertrag beschränkt. Ebenso bleibt die Regelung, dass der Unternehmer dann, wenn sich sein Vergütungsanspruch infolge von Nachträgen, gemessen an der ursprünglichen Summe des vereinbarten Werklohnes, um mehr als 10 % erhöht, seine Sicherheit um 5 % des zusätzlichen Vergütungsanspruchs aufstocken muss. Die Sicherheit kann auch dadurch geleistet werden, dass der Bauherr seine Abschlagszahlungen kürzt, bis 5 % des Werklohnes erreicht sind.

Fordert der Unternehmer einen Abschlag, der nur in Höhe des Wertes der erbrachten Leistungen zu zahlen ist, kann es sein, dass die vom Unternehmer zu leistende Sicherheit höher ist, denn deren Höhe beträgt 5 % von der vereinbarten Gesamtvergütung. Damit diese Schutzvorschriften nicht durch AGB des Unternehmers umgangen werden können, wird § 309 BGB im Zuge der Reform des Bauvertragsrechts um eine neue Nr. 15 ergänzt, welche solche Klauseln verbietet.

In **Abs. 4** hat der Gesetzgeber geregelt, in welchem Verhältnis der Unternehmer **Abschlagszahlungen und eine Sicherheit** fordern kann. Der Verbraucher ist – im Gegensatz zum sonstigen Besteller – gesetzlich nicht verpflichtet, dem Unternehmer auf dessen Anforderung eine Sicherheit zu stellen. Dieses Verbraucherprivileg soll durch die Kumulation einer Sicherheit mit Abschlagszahlungen nicht umgangen werden. Daher kann der Unternehmer, der Abschlagszahlungen fordert, nur noch eine Sicherheit in Höhe der nächsten Abschlagszahlung fordern. Insgesamt darf die Sicherheit 20 % der vereinbarten Vergütung nicht übersteigen. Davon abweichende vertragliche Regelungen sind unwirksam.

§ 650n BGB
Erstellung und Herausgabe von Unterlagen

(1) Rechtzeitig vor Beginn der Ausführung einer geschuldeten Leistung hat der Unternehmer diejenigen Planungsunterlagen zu erstellen und dem Verbraucher herauszugeben, die dieser benötigt, um gegenüber Behörden den Nachweis führen zu können, dass die Leistung unter Einhaltung der einschlägigen öffentlich-rechtlichen Vorschriften ausgeführt werden wird. Die Pflicht besteht nicht, soweit der Verbraucher oder ein von ihm Beauftragter die wesentlichen Planungsvorgaben erstellt.

(2) Spätestens mit der Fertigstellung des Werks hat der Unternehmer diejenigen Unterlagen zu erstellen und dem Verbraucher herauszugeben, die dieser benötigt, um gegenüber Behörden den Nachweis führen zu können, dass die Leistung unter Einhaltung der einschlägigen öffentlich-rechtlichen Vorschriften ausgeführt worden ist.

(3) Die Absätze 1 und 2 gelten entsprechend, wenn ein Dritter, etwa ein Darlehensgeber, Nachweise für die Einhaltung bestimmter Bedingungen verlangt und wenn der Unternehmer die berechtigte Erwartung des Verbrauchers geweckt hat, diese Bedingungen einzuhalten.

Für die Praxis: Das Thema „Herausgabe der relevanten Bauunterlagen" an den Bauherrn hat in der Praxis zu zahlreichen Problemen geführt, weil häufig vergessen wurde, diesen Komplex zu regeln.

Dies betrifft insbesondere den Schlüsselfertigbau, aber auch viele geförderte Projekte. Unternehmer sind öfters der Auffassung, diese Planunterlagen nicht herausgeben zu müssen, weil diese nur für sie als Grundlage für die mangelfreie Erstellung des Bauwerkes dienten. Dabei wird übersehen, dass der Bauherr gegenüber der Bauordnungsbehörde für die Einhaltung aller öffentlich-rechtlichen Bestimmungen verantwortlich ist. Wie will der Bauherr den statischen Nachweis, den Brandschutznachweis, also die Einhaltung der Regelungen des Bauordnungsrechts des Landes, oder die Einhaltung der Werte nach der Energieeinsparverordnung nachweisen, wenn er keine Unterlagen hat?

Daher ist in Abs. 1 vorgesehen, dass der Unternehmer dem Verbraucher rechtzeitig vor Beginn der Ausführung die Planungsunterlagen herauszugeben hat, die dieser benötigt, um gegenüber

Behörden den Nachweis führen zu können, dass die öffentlich-rechtlichen Vorschriften eingehalten wurden. Sofern der Nachweis gegenüber der Behörde nicht vor Beginn der Bauleistung zu führen ist, sondern erst nach der Fertigstellung, trifft den Unternehmer gemäß Abs. 2 der Vorschrift die Herausgabepflicht für die Unterlagen zu diesem Zeitpunkt. Außerdem werden diese Unterlage für spätere Unterhaltungs- und/oder Instandsetzungsmaßnahmen benötigt. Diese Unterlagen sind spätestens mit der Fertigstellung zu übergeben.

Abs. 3 stellt sicher, dass der Bauherr diese Unterlagen auch bekommt, wenn Nachweise z.B. gegenüber der Bank oder der Förderbank KfW oder anderen Dritten zu erbringen sind.

Kapitel 4
Unabdingbarkeit

§ 650o BGB
Abweichende Vereinbarungen

Von § 640 Absatz 2 Satz 2, den §§ 650i bis 650l und 650n kann nicht zum Nachteil des Verbrauchers abgewichen werden. Diese Vorschriften finden auch Anwendung, wenn sie durch anderweitige Gestaltungen umgangen werden.

Für die Praxis: Der neue Verbraucherschutz würde ins Leere laufen, wenn nicht der Gesetzgeber bestimmt hätte, dass diese durch die Reform des Bauvertragsrechts neu eingeführten Vorschriften durch AGB nicht zu Lasten des Bauherrn abgeändert werden dürfen bzw. nicht versucht werden darf, diese durch trickreiche Gestaltung des Bauvertrages zu umgehen.

Untertitel 2
Architektenvertrag und Ingenieurvertrag

§ 650p BGB
Vertragstypische Pflichten aus Architekten- und Ingenieurverträgen

(1) Durch einen Architekten- oder Ingenieurvertrag wird der Unternehmer verpflichtet, die Leistungen zu erbringen, die nach dem jeweiligen Stand der Planung und Ausführung des Bauwerks oder der Außenanlage erforderlich sind, um die zwischen den Parteien vereinbarten Planungs- und Überwachungsziele zu erreichen.

(2) Soweit wesentliche Planungs- und Überwachungsziele noch nicht vereinbart sind, hat der Unternehmer zunächst eine Planungsgrundlage zur Ermittlung dieser Ziele zu erstellen. Er legt dem Besteller die Planungsgrundlage zusammen mit einer Kosteneinschätzung für das Vorhaben zur Zustimmung vor.

Für die Praxis: 1. Normzweck. Durch die Vorschriften des geplanten neuen Untertitels 2 – §§ 650p bis 650t BGB – regelt der Gesetzgeber zumindest teilweise das Vertragsverhältnis zwischen dem Bauherrn und seinem Planer, Architekt oder Ingenieur, ein. § 650p BGB definiert die vertragstypischen Pflichten aus Architekten- und Ingenieurverträgen. Die HOAI regelt – seit Anfang 2021 nur noch in unverbindlicher Weise – Fragen der Vergütung.

2. Festlegung der Planungs- und Überwachungsziele. Abs. 1 schreibt vor, dass der Architekt/Ingenieur verpflichtet ist, die Leistungen zu erbringen, die erforderlich sind, um die zwischen den Parteien **vereinbarten** Planungs- und Überwachungsziele zu erreichen. Nach den Feststellungen des Gesetzgebers ist aber die Beratung des Bauherrn durch Architekten/Ingenieure unzureichend. Viel zu oft zerplatzt der Traum von den eigenen vier Wänden, weil sich der Bauherr übernommen hat bzw. er Vorstellungen von „seinem Haus" hat, die sich mit der ihm möglichen Bausumme nicht verwirklichen lassen. Es ist auch schon vorgekommen, dass dem Bauherrn – insbesondere Verbrauchern - die tatsächlichen Kosten durch Beteiligte bewusst verschwiegen wurden, um die Auftragserteilung nicht zu gefährden. Die Insolvenzgefahr für den Bauherrn lässt sich nur durch eine frühzeitige, umfassende, realistische und sorgfältige Information durch den Fachmann beseitigen. Denn die Planungsphase ist die einzige Phase, in der das „Traumhaus" noch der Realität angepasst werden kann. Im Architekten-/Ingenieurvertrag muss also, bevor der erste Bauauftrag unterschrieben ist, vereinbart werden, welche Vorstellungen der Bauherr von seinem Haus hat. Diese bestimmen den Umfang aller Aufträge.

Der Gesetzgeber erläutert nicht, auf welche Art und Weise er sich die Umsetzung der Vereinbarung über die Planungs- und Überwachungsziele zwischen den Vertragsparteien in der Praxis gedacht hat. Es wird kaum vorkommen, dass der Bauherr exakt weiß, was er möchte. Die **Zielfindungsphase** (manchmal auch in Anlehnung an die Leistungsbilder der HOAI „Phase 0" genannt) ist daher der Zeitraum, in dem der Architekt/Ingenieur zusammen mit dem Bauherrn dessen Vorstellungen konkretisiert, um den geschuldeten Planungserfolg genau beschreiben zu können. Der geschuldete Werkerfolg in der Zielfindungsphase besteht darin, die Ziele und Grundlagen der geschuldeten Planungsleistungen nach den Vorgaben des Bestellers zu ermitteln und hierbei auch die Einschätzung der voraussichtlichen Kosten der geplanten Maßnahme vorzunehmen. Es müssen also z.B. die Größe des Hauses, die Anzahl der Zimmer, die Anzahl und die Art der Sanitäranlagen, die Art und Weise der Energieversorgung und das Ausstattungsniveau vertraglich definiert werden. Auch über die daraus resultierenden Kosten muss gesprochen werden. Sinnvoll ist die – ggf. mit einer Abweichungstoleranz definierte – Vereinbarung einer Baukostenobergrenze.

Richtig ist, dass der vertraglich geschuldete Erfolg bei Abschluss eines Architekten- oder Ingenieurvertrages regelmäßig noch nicht abschließend beschreibbar ist. Insbesondere in der frühen Planungsphase muss der beabsichtigte Bauerfolg nach den Vorstellungen des Bestellers zusammen mit diesem erst noch entwickelt bzw. konkretisiert werden. Dies müsste eigentlich gängige Praxis sein, denn man kann nicht ein Stück Haus bestellen. Berücksichtigt man die Einordnung dieser Regelung in den Verbraucherschutz und die Tatsache, dass der Planer bei entsprechender Vereinbarung nach den Leistungsbildern ab Lph 1 bis Lph 3 verpflichtet ist, die jeweils gefundenen Ergebnisse zusammenzufassen, zu erläutern und zu dokumentieren, dürfte die Vorschrift so zu verstehen sein, dass der Gesetzgeber erreichen wollte, dass die jeweils entwickelten Planungslösungen auch **vertraglich verbindlich vereinbart** werden. Damit kommt der Festlegung der Planungsziele eine größere Bedeutung zu. Eigentlich hätte der Gesetzgeber vorschreiben müssen, dass dies schriftlich geschieht, um phasenweise die konkretisierte Planerleistung zu dokumentieren. Die vertragliche Vereinbarung der Planungsziele hat den Vorteil, dass dadurch gleichzeitig eine Grundlage geschaffen wird, wenn der Planer wegen vertraglicher Änderung des Leistungsumfangs – § 10 Abs. 1 HOAI – einen Honorarergänzungsanspruch hat.

3. Zielfindungsphase/Planungsgrundlage. Die Regelung des Abs. 2 geht von dem Verbraucher aus, der nur weiß, dass er bauen will. Ob dieses Bild in Zeiten des Internet gerechtfertigt ist, mag bezweifelt werden. Aber es gibt anscheinend eine Vielzahl von Bauprojekten, die deshalb nicht ausgeführt werden, weil der Bauherr keine oder unklare Vorstellungen über seinen Bau hat. Genau dieses Manko will der Gesetzgeber beseitigen.

Weiß der Bauherr nicht, was er will, enthält Abs. 2 Vorgaben für die Fälle, in denen sich der Besteller nur mit vagen Vorstellungen von dem zu planenden Bauvorhaben an den Architekten oder Ingenieur wendet und daher bei Vertragsschluss noch keine Vereinbarung über die Planungs- und Überwachungsziele möglich ist. Der Gesetzgeber löst dieses Problem durch die Einführung einer **Zielfindungsphase**, in deren Mittelpunkt die **Ermittlung der Bedürfnisse und Ziele des Bauherrn** steht, und zwar auf der **Grundlage der Vorschläge des Planers**.

Der Architekt/Ingenieur muss vor Abschluss des Architekten-/Ingenieurvertrages dem Besteller eine **Planungsgrundlage** vorlegen mit dem Ziel einer Konkretisierung der Bauherrnwünsche. Der Planer muss dazu eine Planungsgrundlage erstellen. Der Gesetzgeber äußert sich nicht dazu, welchen Detaillierungsgrad diese haben muss und auf welche Art und Weise diese erstellt werden kann. Denkbar wäre eine Anwendung der in der **DIN 18205 – Bedarfsplanung im Hochbau –** geregelten Verfahren. Die dortigen drei Prüflisten – A: Projekterfassung, B: Rahmenbedingungen, Ziele und Mittel und C: Anforderungen an den Entwurf und die Leistungen des Objekts – bieten eine gute Grundlage.

Die Juristen werden sicherlich noch darüber streiten, wie genau eine Planungsgrundlage sein muss und was diese alles enthalten muss. Aus dem Gesetz lässt sich aber ablesen, welche Zielvorstellung der Gesetzgeber hat. Der Architekt/Ingenieur soll von sich aus eine Grundlage entwickeln, z.B. durch Skizzen oder eine kurze Baubeschreibung, die es dem Besteller ermöglicht, nunmehr auf dieser Grundlage die Planungsziele zu definieren, also zu ermitteln, wie sich der Bauherr sein Haus vorstellt und welche Kosten damit schätzungsweise verbunden sind.

Die Vergütung richtet sich nach der Vereinbarung der Vertragspartner, da die HOAI schon deswegen nicht eingreift, weil keine Grundleistung betroffen ist.

4. Kosteneinschätzung. Außerdem muss der Planer eine Kosteneinschätzung vorlegen. Diesen Begriff kennt weder die HOAI noch die DIN 276. Wie detailliert diese sein muss, welche Grundlagen sie haben muss und ab wann bei fehlerhafter Kosteneinschätzung eine Haftung des Planers in Betracht kommt, sind offene Fragen, die wohl die Rechtsprechung klären muss. Die Gesetzesbegründung zu § 650p BGB spricht in diesem Zusammenhang von einer „groben Einschätzung der zu erwartenden Kosten" für die Finanzierungsplanung, durch die dem Bauherrn ein erstes Vorstellungsbild über die zu erwartenden Kosten vermittelt werden soll.

5. Zustimmung. Diese Planungsgrundlage muss dem Bauherrn zur Zustimmung vorgelegt werden. Hier zeigt sich, dass auch die Planungsgrundlage nicht ohne konkretisierende Vorstellungen des Bauherrn erarbeitet werden kann.

§ 650q BGB
Anwendbare Vorschriften

(1) Für Architekten- und Ingenieurverträge gelten die Vorschriften des Kapitels 1 des Untertitels 1 sowie die §§ 650b, 650e bis 650h entsprechend, soweit sich aus diesem Untertitel nichts anderes ergibt.

(2) Für die Vergütungsanpassung im Fall von Anordnungen nach § 650b Absatz 2 gelten die Entgeltberechnungsregeln der Honorarordnung für Architekten und Ingenieure in der jeweils geltenden Fassung, soweit infolge der Anordnung zu erbringende oder entfallende Leistungen vom Anwendungsbereich der Honorarordnung erfasst werden. Im Übrigen gilt § 650c entsprechend.

Für die Praxis: 1. Anwendbare Vorschriften. Für Architekten- und Ingenieurverträge gelten grundsätzlich alle Vorschriften des Werkvertragsrechts, also die §§ 631 bis 650 BGB, sowie die §§ 650b, 650e bis 650h BGB entsprechend, soweit diese nicht durch § 650p und §§ 650r bis 650t BGB modifiziert werden. Anwendbar sind daher insbesondere:

- Das beiderseitige **Kündigungsrecht aus wichtigem Grund** (§ 648a BGB) wird übernommen, d.h. auch ein Planer kann sich auf diese Regelung berufen.
- Das **Anordnungsrecht** des Bestellers (§ 650b BGB) gilt jetzt auch gegenüber Architekten und Ingenieuren.
- Die Regelungen zur **Sicherungshypothek** des Unternehmers (§ 650e BGB) und zur **Bauhandwerkersicherung** (§ 650f BGB) sind für die Sicherung des Honoraranspruchs des Planers anwendbar. Das galt bereits nach bisheriger Rechtsprechung, wird nunmehr aber ausdrücklich festgeschrieben.
- Übernommen werden auch die Regelung zur **Zustandsfeststellung** (§ 650g BGB) sowie das **Schriftformerfordernis** bei Kündigungen (§ 650h BGB).

Die Frage, ob es ein **Anordnungsrecht des Bauherrn gegenüber seinem Architekten** gibt, hat der Gesetzgeber somit jetzt geklärt. Es bleibt abzuwarten, wie Bauherren diese Möglichkeit nutzen werden. Unabhängig davon, dass dann, wenn der Bauherr nach erfolglosem Versuch sich zu einigen, von seinem Anordnungsrecht Gebrauch macht, das Vertrauensverhältnis zumindest gestört sein dürfte, wird der Architekt durch den auch ihm möglichen Einwand der Unzumutbarkeit wohl weniger geschützt, es sei denn, er verfügt nicht über entsprechende Fachkenntnisse.

2. Vergütungsanpassung bei Anordnungen nach § 650b BGB. In Abs. 2 hat der Gesetzgeber bestimmt, auf welche Art und Weise der zusätzliche Honoraranspruch des Planers zu ermitteln ist. Für die Vergütungsanpassung im Fall von Anordnungen nach § 650b Abs. 2 BGB gelten die Entgeltberechnungsregeln der HOAI, soweit die infolge der Anordnung zu erbringenden oder entfallenden Leistungen vom Anwendungsbereich der HOAI erfasst sind.

Ob darüber hinaus auch die **Grundsätze des § 10 HOAI** herangezogen werden können, wenn sich infolge der Anordnung der Umfang der beauftragten Leistung ändert oder Grundleistungen zu wiederholen sind, erscheint zumindest zweifelhaft. Denn § 10 HOAI setzt nach seinem Wortlaut sowohl hinsichtlich der Änderung als auch hinsichtlich der Vergütungsanpassung eine Vereinbarung der Parteien voraus, hier aber geht es um eine Anordnung des Bestellers. Auch die Klärung dieser Frage bleibt wohl der Rechtsprechung überlassen. Im Übrigen ist die Vergütungsanpassung für den vermehrten oder verminderten Aufwand aufgrund der angeordneten Leistungen frei vereinbar. In der Regel wird dies eine Vergütung auf Stundensatzbasis sein. Soweit die Vertragsparteien keine Vereinbarung treffen, gilt § 650c BGB entsprechend. Das bedeutet, der Architekt/Ingenieur hat konkret Zeitaufwand und Kostenkalkulation darzulegen. Eine Urkalkulation gibt es bei in der HOAI geregelten Leistungen nicht.

§ 650r BGB
Sonderkündigungsrecht

(1) Nach Vorlage von Unterlagen gemäß § 650p Absatz 2 kann der Besteller den Vertrag kündigen. Das Kündigungsrecht erlischt zwei Wochen nach Vorlage der Unterlagen, bei einem Verbraucher jedoch nur dann, wenn der Unternehmer ihn bei der Vorlage der Unterlagen in Textform über das Kündigungsrecht, die Frist, in der es ausgeübt werden kann, und die Rechtsfolgen der Kündigung unterrichtet hat.

(2) Der Unternehmer kann dem Besteller eine angemessene Frist für die Zustimmung nach § 650p Absatz 2 Satz 2 setzen. Er kann den Vertrag kündigen, wenn der Besteller die Zustimmung verweigert oder innerhalb der Frist nach Satz 1 keine Erklärung zu den Unterlagen abgibt.

(3) Wird der Vertrag nach Absatz 1 oder 2 gekündigt, ist der Unternehmer nur berechtigt, die Vergütung zu verlangen, die auf die bis zur Kündigung erbrachten Leistungen entfällt.

Für die Praxis: 1. Sonderkündigungsrecht des Bestellers und Unterrichtungspflicht des Planers. Sofern der Planer dem Bauherrn eine Planungsgrundlage nebst Kosteneinschätzung vorgelegt hat (§ 650p Abs. 2 BGB), musste die Frage geklärt werden, wie es danach weitergeht, wenn der Bauherr diese Vorlage nur entgegennimmt und sich danach nicht mehr meldet oder wenn ihm aufgrund der Vorlage klargeworden ist, dass er das Bauvorhaben nicht durchführen kann. Denn aufbauend auf den Ergebnissen der Zielfindungsphase ist der Besteller jetzt in der Lage, seine Planungsziele zu konkretisieren.

Durch **Abs. 3** wird klargestellt, dass es sich bei diesen Leistungen des Planers nicht um kostenlose Akquiseleistungen handelt, vielmehr ein **vergütungspflichtiger Vertrag** und – jedenfalls im Rahmen der Zielfindungsphase – wohl ein **Dienstvertrag**, kein Werkvertrag, zustande gekommen ist. Denn isolierte Beratungsleistungen unterliegen dem Recht des Dienstvertrages, weil nicht festgelegt werden kann, welchen Erfolg der Planer – dazu noch verschuldensunabhängig – in dieser Phase schuldet. Diesen Vertrag können beide Vertragsparteien **kündigen**.

Damit der Vertrag mit dem Planer nicht zu lange eine Phase der Unsicherheit durchläuft – kündigt der Bauherr oder kündigt er nicht? –, erlischt das Kündigungsrecht **zwei Wochen** nach Vorlage der Unterlagen nach § 650p BGB, also Planungsgrundlage und Kosteneinschätzung, sofern der Bauherr darauf mit Übergabe der Unterlagen schriftlich hingewiesen wurde. Dem Planer ist es unbenommen, dem Bauherrn eine davon abweichende längere Frist zu setzen.

Der Architekt/Ingenieur muss daher dem Verbraucher die Planungsunterlagen zusammen mit einer Kosteneinschätzung vorlegen und ihn **schriftlich unterrichten**

- über sein besonderes **Kündigungsrecht**,
- über die **Zweiwochenfrist**, in der dieses ausgeübt werden kann, sofern nichts anderes vereinbart wurde, und
- darüber, dass der Verbrauerer alle bis dahin vom Planer erbrachten Leistungen **bezahlen** muss.

Eine Möglichkeit, diese Unterrichtung später nachzuholen, sieht das Gesetz nicht vor. Durch diese „scharfe" Rechtsfolge soll sichergestellt werden, dass die Belehrungspflicht von Seiten des Planers ernstgenommen wird.

Das Kündigungsrecht des § 650r Abs. 1 BGB soll den Verbraucher insbesondere vor den Rechtsfolgen eines häufig übereilt abgeschlossenen, umfassenden Architektenvertrages schützen, der alle neun Leistungsphasen des § 34 HOAI beinhaltet, bzw. davor, ohne hinreichende Prüfung seiner finanziellen Möglichkeiten, ein Bauprojekt zu beginnen.

Das besondere Kündigungsrecht erstreckt sich darüber hinaus auch auf Ingenieurverträge und auf Verträge zwischen Unternehmern (BGB-Verträge). Auch bei Ingenieurleistungen gibt es häufig Verträge, die hinsichtlich der Beschreibung des Planungserfolgs noch konkretisierungsbedürftig sind und bei denen der Besteller nach der „Zielfindungsphase" zu der Erkenntnis kommt, dass er die Gesamtkosten des Vorhabens unterschätzt hat und er von seiner Durchführung absehen will.

2. Kündigungsrecht des Architekten/Ingenieurs. Abs. 2 der Vorschrift gibt dem Architekten oder Ingenieur unter bestimmten Umständen ebenfalls das Recht, sich vom Vertrag zu lösen. Dem Planer steht dann ein Kündigungsrecht zu, wenn der Besteller nicht an der Fortführung der Planung mitwirkt, indem er die Zustimmung zu den übermittelten Planungsgrundlagen und der Kosteneinschätzung verweigert oder dazu innerhalb der ihm vom Planer gesetzten angemessenen Frist keine Erklärung abgibt.

Mit dieser Neuregelung erfolgt eine Besserstellung des Planers, der den Vertrag bisher nur aus wichtigem Grund kündigen konnte. Im Übrigen, d.h. bei einem regulären Planervertrag, steht dem Planer nach wie vor kein reguläres Kündigungsrecht zu. Das wird durch die besondere Konstellation der Zielfindungsphase und das daraus resultierende „Sonder-"Kündigungsrecht belegt.

§ 650s BGB
Teilabnahme

Der Unternehmer kann ab der Abnahme der letzten Leistung des bauausführenden Unternehmers oder der bauausführenden Unternehmer eine Teilabnahme der von ihm bis dahin erbrachten Leistungen verlangen.

Für die Praxis: Durch die Regelung wird die bisherige BGH-Rechtsprechung umgesetzt und festgeschrieben, dass es bei einem **Vollarchitekturauftrag** (= Lph 1 bis Lph 9) bis Lph 8 eine Teilabnahme nicht zulässig ist. Durch § 650s BGB erhält der Architekt/Ingenieur nun einen Rechtsanspruch darauf, dass er die Teilabnahme nach Lph 8 fordern kann. Sonst ist dies nur möglich, wenn das Recht zur Teilabnahme zwischen den Parteien vereinbart war. Die Abnahme der Gesamtleistung des Planers erfolgt also durch die Abnahme von zwei Teilleistungen: Zunächst werden die bis zum Abschluss der Bauausführung erbrachten Leistungen des Architekten/Ingenieurs und später die danach erbrachten Leistungen abgenommen. Im Übrigen ist die Abnahme der Planerleistung grundsätzlich vom Umfang des erteilten Auftrags abhängig.

§ 650t BGB
Gesamtschuldnerische Haftung mit dem bauausführenden Unternehmer

Nimmt der Besteller den Unternehmer wegen eines Überwachungsfehlers in Anspruch, der zu einem Mangel an dem Bauwerk oder an der Außenanlage geführt hat, kann der Unternehmer die Leistung verweigern, wenn auch der ausführende Bauunternehmer für den Mangel haftet und der Besteller dem bauausführenden Unternehmer noch nicht erfolglos eine angemessene Frist zur Nacherfüllung bestimmt hat.

Für die Praxis: Mit dieser Vorschrift wird ein „**Vorrang der Nacherfüllung**" im Verhältnis zwischen Architekt/Ingenieur, ausführendem Bauunternehmer und Besteller geregelt.

Dem vom Besteller auf Schadensersatz nach den §§ 634 Nr. 4, 280, 281 BGB in Anspruch genommenen Architekten/Ingenieur steht ein **Leistungsverweigerungsrecht** zu, wenn nicht der Besteller dem bauausführenden Unternehmer bereits vorher erfolglos eine angemessene Frist zur Nacherfüllung nach § 634 Nr. 1 BGB bestimmt hat, sofern dieser ebenfalls für den Baumangel haftet. Eine erfolglose Klage des Bauherrn gegen den Bauunternehmer ist nicht erforderlich.

Ziel der Regelung ist es, die überproportionale Belastung der Architekten und Ingenieure im Rahmen der gesamtschuldnerischen Haftung mit dem bauausführenden Unternehmer zu reduzieren. Auch wenn die Verjährungsfrist für Baumängel gegenüber dem bauausführenden Unternehmer noch nicht abgelaufen ist, nehmen Bauherren bei Mängeln, die sowohl der Bauunternehmer als auch der Architekt oder Ingenieur zu verantworten haben, vorrangig Letztere in Anspruch, da Architekten und Ingenieure aufgrund ihrer Berufsordnung zum Abschluss einer Berufshaftpflichtversicherung verpflichtet sind und damit die Realisierung von Schadensersatzansprüchen gesichert ist. Denn Bauunternehmen greifen zur Tricktaste der Insolvenz und sind zahlungsunfähig oder unterliegen als GmbH nur einer beschränkten Haftung.

Das Leistungsverweigerungsrecht ist auf Bauüberwachungsfehler des Planers, also auf die Bauüberwachung, beschränkt.

Zum Schutz des Bestellers hat der Gesetzgeber die gesamtschuldnerische Haftung zwischen Unternehmer und Architekt aber nicht beseitigt.

Untertitel 3
Bauträgervertrag

§ 650u BGB
Bauträgervertrag; anwendbare Vorschriften

(1) Ein Bauträgervertrag ist ein Vertrag, der die Errichtung oder den Umbau eines Hauses oder eines vergleichbaren Bauwerks zum Gegenstand hat und der zugleich die Verpflichtung des Unternehmers enthält, dem Besteller das Eigentum an dem Grundstück zu übertragen oder ein Erbbaurecht zu bestellen oder zu übertragen. Hinsichtlich der Errichtung oder des Umbaus finden die Vorschriften des Untertitels 1 Anwendung, soweit sich aus den nachfolgenden Vorschriften nichts anderes ergibt. 3Hinsichtlich des Anspruchs auf Übertragung des Eigentums an dem Grundstück oder auf Übertragung oder Bestellung des Erbbaurechts finden die Vorschriften über den Kauf Anwendung.

(2) Keine Anwendung finden die §§ 648, 648a, 650b bis 650e, 650k Absatz 1 sowie die §§ 650l und 650m Absatz 1.

Für die Praxis: Die Besonderheit des **Bauträgervertrags** besteht nicht nur darin, dass der Unternehmer in der Regel auf eigenem Grund baut, der Bauherr also trotz Wertzuwachses während der Bauzeit davon nicht profitiert, sondern auch darin, dass den Bauträger eine Doppelverpflichtung trifft: Grundstücksveräußerung und Bauwerkserrichtung.

Hinsichtlich des Anspruchs auf Übertragung des Eigentums am Grundstück finden die Vorschriften über den Kauf Anwendung (§§ 433 ff. BGB). Hinsichtlich der Errichtung des Baues oder des Umbaus finden die Vorschriften des Werkvertragsrechts Anwendung (§§ 631 ff. BGB). Diese Kombination schlägt sich auch in der Kalkulation des Bauträgers nieder. Daher wurde schon bisher von der Rechtsprechung eine freie Kündigung des Bauträgervertrages, welche im Werkvertragsrecht grundsätzlich möglich ist, abgelehnt. Es soll verhindert werden, dass der Erwerber ohne triftigen Grund das Grundstück erwerben kann, dann aber den Bau durch einen anderen Unternehmer errichten lässt. In Abs. 2 werden die Vorschriften aus dem Werk- und Bauvertragsrecht aufgezählt, die **nicht** auf den Bauträgervertrag **anwendbar** sind:

- Die Vorschrift des § 648 BGB (bisher § 649 BGB) über die freie **Kündigung** eines Werkvertrages.
- Es erstaunt, dass auch die Vorschrift über die **Kündigung aus wichtigem Grund** (§ 648a BGB) auf den Bauträgervertrag nicht anwendbar sein soll. Dadurch will der Gesetzgeber erreichen, dass ein Bauträgervertrag nur einheitlich abgewickelt werden kann und eine Aufspaltung in den kaufvertraglichen und den werkvertraglichen Teil nicht möglich ist. Stattdessen kann der Erwerber bei Mängeln oder gravierenden Vertragsverletzungen zurücktreten.
- Auch die Vorschriften über das **Anordnungsrecht des Bestellers** beim Bauvertrag (§§ 650b, 650c BGB) können keine Anwendung finden, denn dadurch würde nicht nur die Gesamtkalkulation des Bauträgers beeinträchtigt. Vielmehr wäre ein solches Anordnungsrecht im Geschosswohnungsbau rechtlich überhaupt nicht zu regeln.
- Die Vorschrift über die **Bauhandwerkersicherungshypothek** (§ 650e BGB) kann rechtlich deshalb nicht greifen, weil der Besteller nicht Eigentümer des Grundstücks ist.
- Die Vorschrift zur **Baubeschreibung** (§ 650k Abs. 1 BGB) ist nicht anwendbar, weil gemäß § 311b Abs. 1 BGB der gesamte Inhalt des Bauträgervertrages – einschließlich der Baubeschreibung – notariell zu beurkunden ist. Damit wird die Baubeschreibung unmittelbar zum Vertragsinhalt.
- Im Hinblick auf die notarielle Beurkundung des Bauträgervertrages gibt es auch keinen Anlass, das **Widerrufsrecht** (§ 650l BGB) anzuwenden. Man kann nur hoffen, dass Notare ihre neutrale Stellung und die ihnen obliegende Belehrungspflicht gegenüber einem Erwerber auch dann ernst nehmen, wenn sie durch den Bauträger Millionen verdienen.
- Eine Regelung über die Obergrenze für **Abschlagszahlungen** (§ 650m Abs. 1 BGB) ist deshalb überflüssig, weil § 3 Abs. 2 der Makler- und Bauträgerverordnung die Höhe der Zahlungen, gekoppelt an den Baufortschritt, regelt.

Fazit: Der Verbraucher soll dagegen geschützt werden, voreilig einen ihn über eine lange Zeit belastenden Bauvertag abzuschließen, dessen Inhalt, Auswirkungen und finanzielle Konsequenzen er nicht überblickt. Bauunternehmen beklagen bereits jetzt die „Mehrbelastungen" – die sicherlich gegeben sind. Aber es ist wie beim Recht zur Regelung der Allgemeinen Geschäftsbedingungen: Der Gesetzgeber hat eingegriffen, weil diejenigen, welche eine überlegene Vertragsposition innehaben, diese ausnutzen, um Rechte des Vertragspartners zu beschneiden und den Profit zu erhöhen.

§ 650v BGB
Abschlagszahlungen

Der Unternehmer kann von dem Besteller Abschlagszahlungen nur verlangen, soweit sie gemäß einer Verordnung auf Grund von Artikel 244 des Einführungsgesetzes zum Bürgerlichen Gesetzbuche vereinbart sind.

Titel 26
Ungerechtfertigte Bereicherung

§ 812
Herausgabeanspruch

(1) Wer durch die Leistung eines anderen oder in sonstiger Weise auf dessen Kosten etwas ohne rechtlichen Grund erlangt, ist ihm zur Herausgabe verpflichtet. Diese Verpflichtung besteht auch dann, wenn der rechtliche Grund später wegfällt oder der mit einer Leistung nach dem Inhalt des Rechtsgeschäfts bezweckte Erfolg nicht eintritt.

(2) Als Leistung gilt auch die durch Vertrag erfolgte Anerkennung des Bestehens oder des Nichtbestehens eines Schuldverhältnisses.

Titel 27
Unerlaubte Handlungen

§ 823
Schadensersatzpflicht

(1) Wer vorsätzlich oder fahrlässig das Leben, den Körper, die Gesundheit, die Freiheit, das Eigentum oder ein sonstiges Recht eines anderen widerrechtlich verletzt, ist dem anderen zum Ersatz des daraus entstehenden Schadens verpflichtet.

(2) Die gleiche Verpflichtung trifft denjenigen, welcher gegen ein den Schutz eines anderen bezweckendes Gesetz verstößt. Ist nach dem Inhalt des Gesetzes ein Verstoß gegen dieses auch ohne Verschulden möglich, so tritt die Ersatzpflicht nur im Falle des Verschuldens ein.

Für die Praxis: Im Bauwesen ist der wichtigste Anwendungsfall für diese Vorschrift die **Verletzung der Verkehrssicherungspflicht** mit der Folge, dass eine andere Person dadurch Schaden an Leib und/oder Leben erleidet. Wer eine Baustelle eröffnet, schafft damit eine bisher nicht vorhandene Gefahrensituation, die ihn verpflichtet, alles zu tun, damit Dritte keine Verletzungen erleiden. Allerdings besteht keine Verpflichtung, jede denkbare mögliche Schädigung auszuschließen. Es geht im Kern um eine Risikoabgrenzung. Der Verkehrssicherungspflichtige muss nur die Sicherungsmaßnahmen treffen, die nach den konkreten Umständen zur Gefahrenbeseitigung erforderlich und zumutbar sind. Von der rechtlich gebotenen Verkehrssicherungspflicht werden alle Maßnahmen erfasst, die ein verständiger, umsichtiger, vorsichtiger und gewissenhafter Bauherr, Unternehmer, Architekt für ausreichend erachten darf, um eine Gefahrensituation für Ditte zu verhindern.

Wer unbefugt in eine gesicherte Baustelle eindringt, gefährdet sich selbst und trägt, wenn er verletzt wird, ein Mitverschulden.

Auf der Baustelle selbst besteht zwar nur eine eingeschränkte Verkehrssicherungspflicht, aber zum Schutz der auf dem Bau Beschäftigten sind dem Bauherrn durch die **Baustellenverordnung** (Verordnung über Sicherheit und Gesundheitsschutz auf Baustellen – BaustellV) vom 10.6.1998 (BGBl. I S. 1283; mit späteren Änderungen) auch für diesen Bereich strengere Pflichten zur Unfallverhütung auferlegt worden.

Die Regelungen in § 823 Abs. 1 BGB i.V.m. § 4 Arbeitsschutzgesetz sowie die Pflichten in § 3 BaustellV stellen ein Schutzgesetz i.S.v. § 823 Abs. 2 BGB dar.

Der Bauherr oder der von ihm beauftragte Dritte wird durch die Bestellung eines geeigneten Koordinators nicht von seiner Verantwortung nach der BaustellV befreit (§ 3 Abs. 1a BaustellV).

Jeder Bauherr sollte auf die Auswahl des **SiGeKo** große Sorgfalt verwenden. Es gibt kein geschütztes Berufsbild. Dem Bauherrn fällt ein seine Haftung auslösendes **Auswahlverschulden** zur Last, wenn er einen ungeeigneten Koordinator bestellt. Hilfe zur Auswahl geben die **RAB**

(Regeln zum Arbeitsschutz auf Baustellen) **Nr. 30**, die – wie alle RAB – leider nicht mehr fortgeschrieben wurden. In der Praxis wird aus Kostengründen häufig der beauftragte Unternehmer zum SiGeKo bestellt. Das ist zwar nicht verboten, birgt aber Risiken in sich. Arbeitsschutz kostet Geld und wer sich selbst überwacht, wird in der Regel feststellen, dass er alles richtig macht. Die **Unabhängigkeitdes SiGeKo** ist eine wichtige Voraussetzung für eine gute Überwachungstätigkeit.

Der Bauherr muss die Tätigkeit eines bestellten SiGeKo regelmäßig überwachen, sonst kann er wegen eines Überwachungsverschuldens zur Verantwortung gezogen werden. Vertraglich muss geregelt werden, wie oft der SiGeKo mindestens auf der Baustelle sein muss und welche Berichts- und Meldepflichten er gegenüber dem Bauherrn hat.

§ 831
Haftung für den Verrichtungsgehilfen

(1) Wer einen anderen zu einer Verrichtung bestellt, ist zum Ersatz des Schadens verpflichtet, den der andere in Ausführung der Verrichtung einem Dritten widerrechtlich zufügt. Die Ersatzpflicht tritt nicht ein, wenn der Geschäftsherr bei der Auswahl der bestellten Person und, sofern er Vorrichtungen oder Gerätschaften zu beschaffen oder die Ausführung der Verrichtung zu leiten hat, bei der Beschaffung oder der Leitung die im Verkehr erforderliche Sorgfalt beobachtet oder wenn der Schaden auch bei Anwendung dieser Sorgfalt entstanden sein würde.

(2) Die gleiche Verantwortlichkeit trifft denjenigen, welcher für den Geschäftsherrn die Besorgung eines der im Absatz 1 Satz 2 bezeichneten Geschäfte durch Vertrag übernimmt.

§ 836
Haftung des Grundstücksbesitzers

(1) Wird durch den Einsturz eines Gebäudes oder eines anderen mit einem Grundstück verbundenen Werkes oder durch die Ablösung von Teilen des Gebäudes oder des Werkes ein Mensch getötet, der Körper oder die Gesundheit eines Menschen verletzt oder eine Sache beschädigt, so ist der Besitzer des Grundstücks, sofern der Einsturz oder die Ablösung die Folge fehlerhafter Errichtung oder mangelhafter Unterhaltung ist, verpflichtet, dem Verletzten den daraus entstehenden Schaden zu ersetzen. Die Ersatzpflicht tritt nicht ein, wenn der Besitzer zum Zwecke der Abwendung der Gefahr die im Verkehr erforderliche Sorgfalt beobachtet hat.

(2) Ein früherer Besitzer des Grundstücks ist für den Schaden verantwortlich, wenn der Einsturz oder die Ablösung innerhalb eines Jahres nach der Beendigung seines Besitzes eintritt, es sei denn, dass er während seines Besitzes die im Verkehr erforderliche Sorgfalt beobachtet hat oder ein späterer Besitzer durch Beobachtung dieser Sorgfalt die Gefahr hätte abwenden können.

(3) Besitzer im Sinne dieser Vorschriften ist der Eigenbesitzer.

§ 837
Haftung des Gebäudebesitzers

Besitzt jemand auf einem fremden Grundstück in Ausübung eines Rechts ein Gebäude oder ein anderes Werk, so trifft ihn anstelle des Besitzers des Grundstücks die im § 836 bestimmte Verantwortlichkeit.

§ 838
Haftung des Gebäudeunterhaltungspflichtigen

Wer die Unterhaltung eines Gebäudes oder eines mit einem Grundstück verbundenen Werkes für den Besitzer übernimmt oder das Gebäude oder das Werk vermöge eines ihm zustehenden Nutzungsrechts zu unterhalten hat, ist für den durch den Einsturz oder die Ablösung von Teilen verursachten Schaden in gleicher Weise verantwortlich wie der Besitzer.

§ 839
Haftung bei Amtspflichtverletzung

(1) Verletzt ein Beamter vorsätzlich oder fahrlässig die ihm einem Dritten gegenüber obliegende Amtspflicht, so hat er dem Dritten den daraus entstehenden Schaden zu ersetzen. Fällt dem Beamten nur Fahrlässigkeit zur Last, so kann er nur dann in Anspruch genommen werden, wenn der Verletzte nicht auf andere Weise Ersatz zu erlangen vermag.

(2) Verletzt ein Beamter bei dem Urteil in einer Rechtssache seine Amtspflicht, so ist er für den daraus entstehenden Schaden nur dann verantwortlich, wenn die Pflichtverletzung in einer Straftat besteht. Auf eine pflichtwidrige Verweigerung oder Verzögerung der Ausübung des Amts findet diese Vorschrift keine Anwendung.

(3) Die Ersatzpflicht tritt nicht ein, wenn der Verletzte vorsätzlich oder fahrlässig unterlassen hat, den Schaden durch Gebrauch eines Rechtsmittels abzuwenden.

Für die Praxis: Die Vorschrift ist in Abs. 1 Anspruchsgrundlage für Dritte, die dadurch geschädigt werden, dass ein Beamter eine ihm obliegende Amtspflicht verletzt hat. Allerdings erfasst diese Haftungsnorm nur Beamte im staatsrechtlichen Sinne, keine Angestellten im öffentlichen Dienst. Außerdem muss eine Amtspflicht verletzt worden sein. Bei der Wahrnehmung von Verkehrssicherungspflichten oder von Aufgaben nach der BaustellV (Verordnung über Sicherheit und Gesundheitsschutz auf Baustellen) handelt der Staat aber privatrechtlich, so dass diese Haftungsgrundlage bei Bauvorhaben in der Regel ausscheidet.

§ 839a
Haftung des gerichtlichen Sachverständigen

(1) Erstattet ein vom Gericht ernannter Sachverständiger vorsätzlich oder grob fahrlässig ein unrichtiges Gutachten, so ist er zum Ersatz des Schadens verpflichtet, der einem Verfahrensbeteiligten durch eine gerichtliche Entscheidung entsteht, die auf diesem Gutachten beruht.

(2) § 839 Abs. 3 ist entsprechend anzuwenden.

§ 840
Haftung mehrerer

(1) Sind für den aus einer unerlaubten Handlung entstehenden Schaden mehrere nebeneinander verantwortlich, so haften sie als Gesamtschuldner.

(2) Ist neben demjenigen, welcher nach den §§ 831, 832 zum Ersatz des von einem anderen verursachten Schadens verpflichtet ist, auch der andere für den Schaden verantwortlich, so ist in ihrem Verhältnis zueinander der andere allein, im Falle des § 829 der Aufsichtspflichtige allein verpflichtet.

(3) Ist neben demjenigen, welcher nach den §§ 833 bis 838 zum Ersatz des Schadens verpflichtet ist, ein Dritter für den Schaden verantwortlich, so ist in ihrem Verhältnis zueinander der Dritte allein verpflichtet.

E

Anhang

Eignungsnachweis durch Einheitliche Europäische Eigenerklärung und Präqualifikation

Es gibt grundsätzlich drei Wege zur Überprüfung bzw. zum Nachweis der Eignung, nämlich

- durch Einzelnachweise bzw. die Verwendung von Formularvordrucken (z.B. VHB 124),
- die Einheitliche Europäische Eigenerklärung (EEE) und
- die Präqualifikation (vgl. § 122 Abs. 6 GWB; § 48 Abs. 2, 3, 8 VgV; § 6b EU Abs. 1 VOB/A 2016).

I. Einheitliche Europäische Eigenerklärung (EEE)

Die Einheitliche Europäische Eigenerklärung (EEE) ist durch die Vergaberechtsreform 2016 neu hinzugekommen (vgl. Durchführungsverordnung (EU) 2016/7 vom 5. Januar 2016 zur Einführung des Standardformulars für die Einheitliche Europäische Eigenerklärung, ABl. EU L 3 vom 6.1.2016, S. 16).

Der Auftraggeber muss eine eingereichte EEE als (vorläufigen) Eignungsnachweis akzeptieren (§ 48 Abs. 3 VgV; § 6b EU Abs. 1 Nr. 2 Satz 2 VOB/A 2016). Die EEE ist allerdings sehr lang und enthält Erklärungen, deren Beantwortung für den Bieter gefährlich sein kann, wenn ohne vorangegangene Rechtsberatung gehandelt wird. Deutlich wird dies insbesondere an der Frage danach, ob „in der Vergangenheit" schon einmal ein Vertrag „vorzeitig beendigt" wurde. Auch für den Auftraggeber stellt sich zunächst die Frage, worin bei der EEE die „Erleichterung" des Vergabeverfahrens liegen soll. Schließlich ist die EEE nur ein **vorläufiger** Eignungsnachweis (§ 48 Abs. 3 VgV; § 6b EU Abs. 1 Nr. 2 Satz 2 VOB/A 2016). Durch die EEE wird also nicht verbindlich die Eignung nachgewiesen. Der Auftraggeber muss zumindest vom Bestbieter grundsätzlich auch Originaleignungsnachweise fordern (§ 50 Abs. 2 Satz 2 VgV; § 6b EU Abs. 2 Nr. 2 VOB/A 2016). Mit der Bezeichnung „Originaleignungsnachweise" ist allerdings nicht gemeint, dass nur Originalschreiben und keine Kopien vorgelegt werden dürften. Ein Nachweis darf regelmäßig durch Kopien erbracht werden.

Praxistipp: Hier öffnet sich eine **Hintertür für den Bestbieter**, wenn er die **Bindefrist unterlaufen** will. Diese Hintertür kann der Auftraggeber verschließen, wenn er erst gar keine Originalnachweise fordert. Eine ähnliche „Hintertür" existierte bereits seit Längerem im Bereich der Bauaufträge, soweit fehlende Nachweise nachgefordert werden müssen.

II. Präqualifikation

1. Zweck: Vereinfachung und Absicherung

Im Vergleich zur EEE ist die Präqualifikation von Unternehmen eine einfache und handhabungssichere Methode, die Qualifikation von Unternehmen nachzuweisen bzw. nachzuprüfen. Die Präqualifikation ist der Nachweis der Leistungsfähigkeit, losgelöst von einem konkreten Vergabeverfahren. In einem **eigenständigen Präqualifikationsverfahren** weist das Unternehmen seine Leistungsfähigkeit nach, erhält hierüber eine Bestätigung (typischerweise eine Registrierungsnummer) und kann diese anstelle vieler Einzelnachweise einem nachfragenden Auftraggeber vorlegen (oder noch einfacher: nur die Registrierungsnummer nennen).

Für den Auftraggeber entfällt die Prüfung der Einzelnachweise – und auch die ggf. notwendige Nachforderung fehlender Nachweise. Für das bietende Unternehmen verringert sich das Risiko, einen Nachweis zu vergessen und deswegen vom Vergabeverfahren ausgeschlossen zu werden. Ganz nebenbei ist damit auch die oben bei der EEE skizzierte „Hintertür" zum Unterlaufen der Bindefrist verschlossen.

2. Anwendungsbereich und Eignungsvermutung

Die Präqualifikation kann für Verträge im Unterschwellen- und im Oberschwellenbereich angewendet werden. Die Präqualifikationssysteme wie „PQ-VOL" oder die „Präqualifikation von Bauunternehmen" sind so ausgelegt, dass sie auch die rechtlichen Anforderungen im gesamten Vergaberecht erfüllen. Übrigens brauchen auch im Rahmen des Eignungsnachweises mittels der EEE vom Bestbieter keine Originalnachweise beigebracht zu werden, wenn diese über ein Präqualifikationssystem verfügbar sind (§ 50 Abs. 3 Nr. 1 VgV; § 6b EU Abs. 3 Spiegelstrich 1 VOL/A 2016).

Gemäß § 122 Abs. 3 GWB ist es im Oberschwellenbereich ausdrücklich zulässig, den „Nachweis der Eignung und des Nichtvorliegens von Ausschlussgründen (...) ganz oder teilweise durch die Teilnahme an Präqualifizierungssystemen" zu erbringen. Die damit einhergehende **Eignungsvermutung** darf nur „in begründeten Fällen in Zweifel gezogen werden" (§ 48 Abs. 8 Satz 1 VgV; § 6b EU Abs. 1 Nr. 1 Satz 2 VOB/A 2016).

Voraussetzung ist aber, dass die in dem Präqualifikationssystem hinterlegten Unterlagen auch den Anforderungen des Auftraggebers entsprechen. Verlangt der Auftraggeber z.B. Referenzen, müssen die im Präqualifikationssystem hinterlegten Referenzen inhaltlich und zahlenmäßig den Vorgaben des Auftraggebers entsprechen.

3. Zusätzliche Eignungsnachweise

Allerdings reichen die im PQ-Verfahren (oder mit der EEE) abgefragten Erklärungen nicht für jeden Beschaffungsfall aus. Daher darf der Auftraggeber auf den konkreten Auftrag bezogene zusätzliche Angaben und Nachweise verlangen, insbesondere wenn diese für die Prüfung der Fachkunde geeignet sind. Dies beruht auf der Wahlfreiheit des Auftraggebers bei den Eignungsnachweisen (EuGH, Urt. v. 18.10.2012, C-218/11 – Eignungsanforderungen bei Bauauftrag in Ungarn). Beispielsweise besagt die Eintragung eines Bauunternehmens im Bereich Garten- und Landschaftsbau in der PQ-Liste noch nichts darüber, ob das Unternehmen auch Spielplätze bauen kann. In diesen Fällen kann der Bieter seine Eignung auch nicht allein durch Verweis auf seine Qualifikation nachweisen.

Praxistipp: Wenn der öffentliche Auftraggeber aber im konkreten Beschaffungsfall – über EEE und PQ-Verfahren hinaus – Bescheinigungen und sonstige Nachweise fordert, darf er in der Regel nur solche verwenden, die vom Online-Dokumentenarchiv **e-Certis** abgedeckt sind (§ 48 Abs. 2 Satz 2 VgV; § 6b EU Abs. 2 Nr. 4 VOB/A 2016). Zudem müssen die zusätzlich geforderten Eignungsnachweise bereits in der **Vergabebekanntmachung ausdrücklich genannt** werden (§ 48 Abs. 1 VgV; EuGH, Urt. v. 18.10.2012, C-218/11 – Eignungsanforderungen bei Bauauftrag in Ungarn; OLG Düsseldorf, Beschl. v. 26.3.2012, Verg 4/12 – „Berufspraktische Erfahrungen" als Eignungsanforderung der Beschaffung von Hilfsmitteln).

III. Prüfsystem/Qualifizierungssystem

1. Allgemeines

Auftraggeber dürfen auch selbst ein Präqualifikationssystem einrichten (sog. **Prüfsystem**, Qualifizierungssystem). Dies lohnt sich aber nur für wenige Auftraggeber, nämlich für solche, die laufend Aufträge vergeben und die damit durch das hauseigene Präqualifikationssystem deutliche Arbeitserleichterungen erzielen können. Einrichtung und Aufrechterhaltung eines Präqualifikationssystems erfordern nämlich einen insgesamt nicht unerheblichen Aufwand. Der Vorteil eines vom Auftraggeber selber getragenen Präqualifikationssystems ist natürlich, dass es auf die Bedürfnisse des Auftraggebers zugeschnitten werden kann. So kann ein Auftraggeber für von ihm häufig vergebene Leistungen gesonderte Präqualifikationssysteme einrichten und diese auch auftragswertbezogen differenzieren. Durch Einbeziehung der wirtschaftlichen und technischen Leistungsfähigkeit können so weite Teile der Eignungsprüfung vorab im Präqualifikationssystem erfolgen

2. SektVO

In der SektVO findet sich eine eigenständige Regelung zu Präqualifikationssystemen, die dort als „Qualifizierungssysteme" bezeichnet werden. In § 48 SektVO sind Einrichtung und Durchführung von Prüfungssystemen vergleichsweise ausführlich geregelt. Sektorenauftraggeber dürfen aber auch auf die allgemeinen Präqualifikationssysteme zurückgreifen.

IV. Rechtsschutz

Entscheidungen in allgemeinen Präqualifikationsverfahren sind nicht nach den §§ 155 ff. GWB angreifbar, weil sie nicht in einem Vergabeverfahren erfolgen. Hingegen ist für die „Qualifizierungssysteme" im Sektorenbereich der Rechtsschutz eröffnet (*Summa* in: Heiermann/Zeiss/Summa, jurisPK-Vergaberecht, 5. Aufl. 2016, § 48 SektVO Rn. 108 ff.).